湖北交通运输年鉴

（2013）

《湖北交通运输年鉴》编辑委员会　编

人民交通出版社
China Communications Press

图书在版编目（CIP）数据

湖北交通运输年鉴 . 2013 /《湖北交通运输年鉴》编辑委员会编 . —北京：人民交通出版社，2013.12
ISBN 978-7-114-11036-8

Ⅰ . ①湖… Ⅱ . 湖… Ⅲ . ①交通运输业 – 湖北省 – 2013 – 年鉴 Ⅳ . ① F512.763-54

中国版本图书馆 CIP 数据核字（2013）第 282765 号

书　　名：湖北交通运输年鉴（2013）
著 作 者：《湖北交通运输年鉴》编辑委员会
责任编辑：张征宇　赵瑞琴　陈鹏
出版发行：人民交通出版社
地　　址：（100011）北京市朝阳区安定门外外馆斜街3号
网　　址：http://www.ccpress.com.cn
销售电话：（010）59757973
总 经 销：人民交通出版社发行部
经　　销：各地新华书店
印　　刷：北京盛通印刷股份有限公司
开　　本：880 × 1230　1/16
印　　张：36.5
字　　数：1278千
版　　次：2013年12月　第1版
印　　次：2013年12月　第1次印刷
书　　号：ISBN 978-7-114-11036-8
定　　价：180.00元

领导关怀

2012 年 3 月 9 日，交通运输部党组书记、部长李盛霖（左二）在北京与湖北省领导会谈

2012 年 9 月 10 日至 12 日，交通运输部党组书记、部长杨传堂（右二）到湖北省调研交通运输安全生产工作

2012 年 1 月 5 日，省委书记李鸿忠（右一）亲切看望全省交通运输工作会议代表

2012 年 3 月 19 日，省长王国生（右四）调研汉十高速公路郧西收费站

2012年7月26日，交通运输部党组副书记、副部长兼国家民航局局长李家祥（右二）出席武汉天河机场三期工程和机场交通中心开工仪式

2012年7月25日，交通运输部党组副书记、副部长翁孟勇（左一）在北京会见湖北省领导

2012年1月11日，交通运输部副部长高宏峰（右一）到湖北京港澳高速公路检查指导春运工作

2012 年 11 月 3 日，交通运输部副部长冯正霖（左三）视察鄂东长江公路大桥

2012 年 9 月 7 日，原中纪委委员、中央纪委驻交通运输部纪检组组长杨利民（前右一）视察黄冈长江大桥

2012 年 7 月 10 日，交通运输部总工程师周海涛（左二）在湖北检查全国公路交通联合应急演练指挥中心筹建工作

2012 年 1 月 1 日，省政协主席杨松（右三）为京珠高速公路管理处荣获“全国文明单位”揭牌

2012 年 10 月 29 日，省委副书记张昌尔（右三）出席在省交通运输厅召开的省直机关优化发展环境现场会

2012 年 2 月 17 日，省委常委、常务副省长王晓东（前左）到省交通运输厅调研

2012年11月8日，副省长许克振（右二）调研全省交通运输发展情况

2012年9月19日，省人大常委会副主任林志慧（中）出席省交通运输系统第五届职工摄影书画展

2012年9月26日，省政府资政段轮一（左三）出席宜昌至张家界高速公路宜昌段开工仪式

领导活动

2012 年 3 月 27 日，省交通运输厅厅长、党组书记尤习贵（左）接受在线访谈

2012 年 8 月 16 日，省交通运输厅副厅长、党组副书记唐元（右三）检阅湖北道路运输防汛抢险暨交通战备应急演练队伍

2012 年 4 月 23 日，省交通运输厅巡视员徐佑林（右二）到黄黄高速公路管理处检查工作

2012年12月3日，省交通运输厅巡视员徐健(左三)会见新疆维吾尔自治区交通运输厅援疆代建工作回访考察团

2012年4月18日，省交通运输厅副厅长马立军(前左一)在黄石铁贺省道金牛段标准化施工现场

2012年4月25日，省交通运输厅副厅长张云(左一)向随岳高速公路管理处“阳光书屋”赠送图书

2012 年 4 月 17 日，省交通运输厅副厅长谢强（左三）出席武汉国际交通建设博览会

2012 年 5 月 8 日，省交通运输厅副厅长田文彪（中）出席“一江两山”旅游直通车开通仪式

2012 年 6 月 21 日，省交通运输厅巡视员张月斌（右三）在十堰出席全国出租车行业和谐劳动关系创建活动推进会

2012 年 4 月 30 日，省交通运输厅总工程师程武（中）在黄冈长江大桥施工现场调研

2012 年 9 月 24 日，省交通运输厅重点办主任姜友生（左三）看望汉江整治工程一线建设者

2012 年 6 月 6 日，省交通运输厅副巡视员高玉玲（左二）在潜江市督察交通运输系统政风行风评议工作

2012 年 4 月 6 日，省交通运输厅副巡视员魏公民（右四）参加湖北交通职业技术学院沃尔沃建筑设备中南区能力发展基地启动仪式

交通工程建设

↑ 2012年5月通车的大广高速公路黄石段

↑ 2012年12月30日，汉鄂高速公路通车

↑ 宜巴高速公路香溪河大桥

↑ 谷竹高速公路堵河大桥

↑ 十白高速公路水西沟大桥

↑ 郧十高速公路指挥部组织劳动竞赛活动

十房高速公路桥梁梁场

2012年10月11日，保宜高速公路首座大桥——麻洋河大桥胜利合龙

黄咸高速公路大冶段鸡公尖隧道

恩黔、恩来高速公路建设

江南高速公路桥梁施工

↑ 2012年10月14日，黄冈长江大桥152根斜拉索全部成功挂设到位

↑ 2012年12月26日，襄阳绕城高速东段、316国道城区段和207国道襄阳北段改建工程开工

↑ 引江济汉工程船闸施工

↑ 汉江整治工程沉D型排作业

↑ 2012年阳逻集装箱港吞吐量达到76.48万标箱

↑ 黄石棋盘洲港区一期工程施工现场

↑荆州李埠港区综合码头

↑松滋港区车阳河综合码头

↑正在生产作业的公安县朱家湾码头

↑荆州盐卡港区集装箱吞吐量突破7万标箱

↑南漳县山区公路

↑巴东县茶店子镇农村公路通畅工程

↑竹山县庸镇移民新村通村水泥路

↑村路带我回家

↑高速公路收费广场维护人员在烈日下维护并清理高杆摄像机

↑宣恩境内209国道扫雪防滑工作

↑新建的咸丰甲马池镇筒车坝至旋坨公路安保工程

↑咸丰朝阳画廊旅游公路

↑绘就美好蓝图

↑春运期间，工程人员做好道路养护和恶劣天气应急处置工作

↑整治后的大石门险段

↑巴东县境内国道治理

↑公安县工作人员在养护公路

↑宜昌柏临河大桥科研项目施工

↑改造后的宣恩209国道洪家河段

部省重大活动

↑ 2012 年 3 月 29 日至 30 日，全国农村公路建设与管理养护现场会在黄冈市召开

↑ 2012 年 12 月 13 日，全国公路交通联合应急演练在武英高速公路举行

↑ 2012 年 5 月 31 日，长江中游城市群四省对接交通重点项目

↑ 2012 年 9 月 12 日，湖北省交通运输厅与交通运输部规划研究院签署战略合作协议

↑ 中国交通报全国记者站工作会议在湖北武汉召开

↑ 2012 年 8 月 31 日，全省农村公路安保工程建设大会战促进会在恩施召开

↑ 2012 年 4 月 18 日，湖北省船舶检验局举行挂牌仪式

↑ 2012 年 6 月 15 日至 16 日，交通运输部督查汉江航道整治工程质量安全工作

↑ 2012 年 2 月 29 日，大别山红色旅游公路大悟段开工

↑ 2012 年 6 月 14 日，中国物流与采购信息化推进大会在武汉召开

↑ 2012 年 10 月 19 日，黄石物流中心开工建设

行业管理和交通文化

↑武汉新荣公路客运站

↑停靠在武汉火车站的和谐号动车

↑2012 年 12 月 6 日，天河机场至武汉火车站“空铁快线”开通

↑2012 年 6 月 26 日，武汉天河国际机场正式开通武汉——新加坡国际邮政快递

↑咸宁绿色快巴

↑“一江两山”旅游直通车

↑2012年5月30日，省交通运输厅为新农村建设驻点村援建的两个“学生候车亭”正式交付使用

↑清江旅游客运

↑改造升级后的公安县乡镇渡船

↑节日期间，高速公路收费站员工在客货分流道口指挥疏导车辆

↑国庆节期间，7座以下小型客车免费通行

↑ 2012年1月23日，湖北客运集团在全省公路运输行业首次推出统一客服热线“96513”

↑ 学生有序上船过渡

↑ 安全宣传走进学校

↑ 2012年11月16日，省交通运输厅热烈欢迎党的十八大代表陈刚毅、王静光荣归来

↑ 2012年7月5日，黄冈市交通运输行业召开深入学习王静精神推进会

2012 年 5 月 3 日，在共青团湖北省委举行纪念建团 90 周年大会上，武汉市公交车司机张兵荣获“湖北跨越发展先锋青年”光荣称号

2012 年 7 月 2 日，全省交通运输系统乒乓球、羽毛球大赛在湖北交通职业技术学院举行

2012 年 6 月 24 日，黄石首届“的士之夜”文艺晚会在“水上莲花”大剧院上演

2012 年 9 月 28 日，交通运输系统参加湖北省优秀行业歌曲展播展演活动

2012 年 8 月 28 日，鄂西高速公路管理处举办第三届女儿会

编辑说明

一、《湖北交通运输年鉴 (2013)》，主要反映 2012 年全省交通运输发展的新情况、新成就、新经验和新问题。本年鉴既突出 2012 年度交通运输发展的特点，又保持与历年年鉴内容的连续性，为各级领导、全省交通运输系统干部职工和各界人士研究湖北交通运输提供信息，积累资料。

二、本年鉴设特载、大事记、概况、交通运输发展战略研究及前期工作、交通基础设施建设、交通基础设施养护和管理、综合交通和水陆运输、安全应急管理、交通财务费收和筹融资、交通法制、交通科技与培训教育、交通综合管理、党群工作和精神文明建设、调查研究、专题资料、全省交通运输系统领导名录、获奖名录、统计资料等 18 个栏目。

三、本年鉴照片由各单位提供，编辑室补充并审定编排。

四、本年鉴统计资料由湖北省交通运输厅计划处提供，其他栏目的同口径统计数字，均以统计资料数字为准。

五、本年鉴由各市 (州) 交通运输局 (委) 和湖北省交通运输厅厅直单位、厅机关各处室供稿。稿件均经有关部门领导审核，编辑复审，主编审定，年鉴编委会终审。

六、《湖北交通运输年鉴 (2013)》的出版发行，得到了全省交通运输系统各级领导和职工的大力支持，在此一并致谢。错漏之处，敬请读者指正。

《湖北交通运输年鉴》编辑委员会

顾　　问：尤习贵　湖北省交通运输厅 厅长、党组书记
主任委员：唐　元　湖北省交通运输厅 副厅长、党组副书记
副主任委员：周佑林　湖北省交通运输厅《省志·交通志编辑室》 主任
阮云旻　湖北省交通运输厅办公室 主任
李　敢　湖北省交通运输厅政策法规处 处长
施载玲　湖北省交通运输厅计划处 处长
委　　员：
彭善玲　武汉市交通运输委员会 正局级
方朝阳　黄石市交通运输局 副局长
卫　真　十堰市交通运输局 副局长
陈岘山　襄阳市交通运输局 党委副书记、副局长
梅昌建　宜昌市交通运输局 纪检组长
肖元芳　荆州市交通运输局 副局长
高宏林　荆门市交通运输局 副局长
张劲松　鄂州市交通运输局 纪检组长
张建友　孝感市交通运输局 纪检组长
黄文浩　黄冈市交通运输局 纪检组长
叶金才　咸宁市交通运输局 副局长
沈新燕　随州市交通运输局 副局长
郭　英　恩施土家族苗族自治州交通运输局 副调研员
李水祥　仙桃市交通运输局 副局长
赵　杰　天门市交通运输局 副局长
徐一平　潜江市交通运输局 党委委员
杨　权　神农架林区交通运输局 党组成员、办公室主任
洪文革　湖北省交通运输厅公路管理局 党委副书记、副局长
邓其春　湖北省交通运输厅道路运输管理局、物流发展局 副局长
王宪龙　湖北省交通运输厅港航管理局、地方海事局 副局长
陈　缅　湖北省交通运输厅高速公路管理局 副局长

《湖北交通运输年鉴》编辑室

主　　编：周佑林
编　　辑：王汉荣　甘惠萍

目 录

特 载

大 事 记

概 况

交通运输发展战略研究及前期工作

交通基础设施建设

交通基础设施养护和管理

综合交通和水陆运输

安全应急管理

交通财务费收和筹融资

交 通 法 制

交通科技与培训教育

交通综合管理

党群工作和精神文明建设

调 查 研 究

专题资料

全省交通运输系统领导名录

获奖名录

统计资料

特载

深入推进建设祖国立交桥战略　为全面建成小康社会奋力先行

——尤习贵厅长在2013年全省交通运输工作暨廉政工作会议上的讲话

(2013年1月12日)

各位领导、同志们：

经省政府同意，今天召开2013年全省交通运输工作暨廉政工作会议。主要任务是贯彻党的十八大、省十次党代会、中央和省经济工作会议、全国交通运输工作会议、全国交通运输廉政工作会议精神，总结成绩，交流经验，表彰先进，深入分析当前交通运输面临的形势，明确当前和今后一个时期的工作思路和目标，着眼“十二五”后三年，部署2013年工作任务。下面，我讲三个方面的意见。

一、2012年工作回顾

(一)逆势拼搏奋进，交通建设投资再创历史纪录

2012年，是国际金融危机爆发以来交通运输发展极为困难的一年，也是全省交通运输系统稳神竞进、逆势而进、拼搏奋进、大步迈进的一年。面对资金、土地、环境等空前的压力，我们心无旁骛抓发展，咬定目标不放松，充满激情抓落实。从年初开始，促进度、保目标的劳动竞赛一季连一季，促前期、保开工的调度督办一月连一月，各级领导深入一线、解决困难的调研督导贯穿全年。在省委省政府正确领导下，在各市州县党委政府、省直部门、有关单位大力支持下，在广大交通运输干部职工共同努力下，圆满完成了“服务提升年”各项目标任务：全省公路水路交通固定资产投资首次突破600亿元大关，达628亿元，为年度目标的139%，同比增长12%。其中高速公路完成投资337亿元，同比增长13%；普通公路完成投资196亿元，同比增长4%；港航建设完成投资63亿元，同比增长24%；站场物流建设完成投资32亿元，同比增长48%。普通公路和站场物流建设投资大幅超额完成年度计划，内河航运建设投资排名全国第二位。已建和在建高速公路里程达到6503公里，位居全国前列，为全面实现“十二五”规划目标奠定了扎实基础。

(二)狠抓开工续建，“重大项目建设年”活动成效显著

“十二五”规划重点交通项目全面开工。年初大别山红色旅游路大悟段率先开工建设，拉开“重大项目建设年”交通项目密集开工的序幕。23个总投资101亿元的“十二五”规划重点项目分两批开工，实现了“十二五”规划水运重点项目全部开工的目标；客运枢纽和物流园区建设呈现集群发展态势，34个总投资127亿元重点项目分三批开工；国省干线公路新建和改扩建工程全面开工，十堰环库公路、恩施城区至汾水河公路等78个一二级公路新改建项目完成开工准备。武汉至深圳高速公路武汉段、宜昌至张家界高速公路当阳枝江段等8条高速公路231公里获得批复核准并先后开工建设，在建里程达到2496公里。

加强续建项目进度质量管理。保宜、十白、谷竹、宜巴等一批高速公路项目进展加快。麻竹高速黄冈段、襄阳东等一批重点工程实质性推进。引江济汉通航工程船闸主体完工，汉江航道整治进展顺利。

前期工作超常推进。所有“十二五”规划高速公路项目已基本完成工可研究，一批长江大桥项目先后启动国家报批程序，一批中远期规划项目先后启动方案研究。通过整合资源，专班推进，加强调度督办，争取多方支持，真正形成了“谋划一批、推进一批、建设一批、储备一批”的前期工作良性发展机制。

全面加强项目质量管理。全面推进高速公路建设标准化，我省在全国高速公路建设标准化会议上大会经验交流。深入推进建设领域突出问题专项治理，完善诚信体系建设和信息公开，创新“五主二辅”质量安全监管新模式，坚持“一月一检、半年小评”，交通工程建设质量稳步提升。

(三)着力多措并举，全方位多层次筹融资格局基本形成

普通公路筹融资工作取得突破。省政府出台普通公路可持续发展意见和化解二级公路债务方案，批准以燃油税资金为还款来源、以省交通运输厅为融资主体、建立新的普通公路融资平台，国开行明确了“十二五”期普通公路120亿元信贷规模。争取部交通专项补助资金72.3亿元。交通规费超额完成年度任务。省交投公司发行中期票据40亿元、租赁融资50亿元、银行信贷238亿元，积极筹措高速公路建设资金。宜昌、黄冈、荆门等地积极争取利用中央代发地方政府债券资金。咸宁、武汉、黄石等地充分发挥地方交通融资平台作用。咸宁、荆州、天门等地引进中交集团、中基集团等大型央企，成功运用BT、BOT、EPC等模式建设交通基础设施。大冶、竹溪等县市政府积极履行农村公路建养主体责任，从地方一般预算列支建立农村公路养护专项资金，形成长效机制。我省交通筹融资工作在政府大力支持、部门共同努力下，形成了多措并举、上下联动的格局，为交通建设和发展提供了有力保障。

(四)坚持科学谋划，综合运输体系建设迈出新步伐

坚持规划引领。《湖北省省道网规划》、《恩施港总体规划》、大别山、秦巴山、武陵山《集中连片特困地区交通建设扶贫规划纲要(2011—2020

年）》先后出台。积极推动武汉、襄阳等中心城市启动综合交通体系规划。

加强顶层设计，形成了构建综合运输体系的基本思路：突出“一主两副”，加强省市共建，打造“十大工程”，围绕服务和改善民生，实行点（枢纽）、线（多式联运）、面（信息平台）同步推进。武汉至宜昌、北京高铁开通、武汉至巴黎、洛杉矶航线启航、武汉地铁2号线建成运营。宜昌汽车客运东站等一批综合运输枢纽建成使用，荆州、黄石等6家异地候机楼投入运营。武汉机场三期工程交通中心、阳逻港三期工程、武当山机场等一批重要枢纽开工建设。武汉站和武汉机场之间开通“空铁快线”。

铁水联运、公水联运、公铁联运规模不断扩大，我省集装箱运输量稳居中部第一位。四大综合运输信息平台建设进展加快。联合湘赣皖三省，依托长江中游城市群，积极争取国家设立综合交通示范区取得重要进展。交通一体化、城乡一体化、区域一体化水平提升，“走得了”向“走得好”转变步伐加快。

（五）着力创新驱动，现代物流业呈现蓬勃发展态势

国务院、省政府相继出台加快物流业发展的意见，为物流发展提供了有利的政策环境。货运物流园区建设提速加力，临港物流、临空物流、专业物流、专线物流发展迅猛。“一港双园”模式在多地推广，物流园、产业园与港口同步建设、集群发展。物流运输方式不断创新。甩挂运输取得突破，省汽运、大通等5家企业纳入国家甩挂运输试点项目，获得2000万元补助。农村物流发展迅速，出现了以长阳、南漳、竹溪等地为代表的交邮共建、资源共享、综合服务站等模式。物流运能大幅提升。杨泗港至洋山港“江海直达”物流航线开通，全程1万多公里的武汉至欧洲6国“汉新欧国际货运专列”首开成功，武汉至美、澳、中东货运航线即将启运，我省水陆空国际物流大通道进一步拓展。第九届武汉国际物流节成功举办，创历届物流节规模、交易、投资多项之最。多家百强物流企业落户湖北，我省已成为物流投资的“洼地”和高端物流服务商聚集的“宝地”。

（六）注重提质提能，“服务提升年”活动取得实效

交通服务能力进一步提升。高速公路网络进一步完善，普通公路通行能力进一步增强，农村公路进一步深度通达，道路运输服务水平进一步提升，交通行业管理进一步加强。

服务“两圈一带”战略，推动一体化发展。黄陂、老河口、宜都试点城乡客运一体化，取得良好开局。第二批城际公交线“仙桃—天门”、“十堰—郧县”成功运行。武汉至鄂州公交线开通，武鄂同城化、一体化步伐加快。宜昌—武当山—神农架定线旅游客运班线首开成功。优化客运线路，主动与高铁对接，客运组织一体化程度、集聚功能进一步提升。落实公交优先战略，湖北在全国城市公交会议上做经验交流。“一主两副”和黄石、十堰、荆州等城市公交服务水平明显提升。武汉被纳入交通运输部“公交都市”建设示范工程试点城市，十堰顺强出租汽车公司创建和谐劳动关系的经验在全国推广。全省更新近30%公交车辆，改造450处公交站场，智能调度系统推广应用，快速大容量公交系统建设破题上路，文明示范线开花结果。

公路服务水平进一步提升。组建高速公路联网收费中心。建成高速公路应急指挥中心。建成ETC不停车收费车道68条。打造温馨舒适安全环保星级服务区。调整部分高速公路收费标准。深入开展公路治超、路域环境综合整治、“农村公路管养年”活动，公路技术状况和服务水平进一步提升。新增通村公路1.2万公里，农村人民群众出行条件进一步改善。投资5亿元、启动新“三万”活动，新建5000公里“村村连”公路。交通运输部在黄冈召开全国农村公路建设与管养现场会，全面推广湖北经验。

（七）加强整顿监管，安全、应急等保障工作进一步加强

道路客运安全年活动深入开展。道路旅游客运专项整治活动全面展开，长途客运驾驶人停车换人、落地休息等“六项制度”得到全面落实。“安全带—生命带”专项行动扎实推进，“两客一危”车辆实现安全带全覆盖。“平安水域”创建活动取得成效，全省辖区连续28个月未发生统计范围内的上报事故。农村公路安保工程大会战取得实效。投入3.9亿元，改造危桥153座、危险路段3100多公里，抢通路段900处，完成国省干线大修1175公里、农村公路安保工程3280公里。深入开展重点工程建设“平安杯”安全竞赛、“安全生产月”等活动，安全生产态势平稳。

出色完成应急保障任务。我省承办的2012年全国公路交通联合应急演练获得圆满成功，与周边五省一市、与武警、公安、卫生、通信、气象等部门建立长效合作机制，受到交通运输部充分肯定。襄阳、十堰特大暴雨造成严重公路水毁后，交通运输部门3天抢通国省干线、7天抢通县乡道、10天抢通村道；中秋国庆长假首次免征7座以下小客车通行费，交通运输部门圆满完成保畅通、保安全任务，先后两次受到省委省政府通报表彰。

（八）围绕中心重点，法治、科技、教育提供坚强保障

《湖北省水路交通条例》、《湖北省公路超限运输管理办法》、《湖北省高速公路养护管理办法》等一批重要交通法规规章和规范性文件颁布施行。行政执法“四统一”工作整体推进，并在高速公路路政系统率先完成，执法信息化建设成效明显。进一步精简归并行政审批事项，我省成为东中部地区交通运输行政审批事项最少的省份，省委给予充分肯定，并在我厅召开省直机关优化发展环境现场会予以推广。

科技信息和职业教育工作取得新进展。沪渝高速鄂西段“山区高速公路高陡边坡失稳预测与处治技术研究”、“荆岳长江公路大桥建造关键技术研究”分别荣获省政府科技进步一等奖和全国公路学会一等奖。省交通运输统计分析监测与投资计划管理

信息系统列入部示范工程。水上搜救应急管理系统(一期)、省交通运输监控中心等三大平台建成使用。高速公路指路标志信息标牌数据库、交通重点工程建设管理信息系统、客运售票联网移动平台开发完成。十堰市列入全国第二批出租车信息化服务管理试点城市。宜昌市升级机动车驾驶员培训计时、视频监控管理信息系统，实现教学信息化全面管理。汽车不解体诊断技术在维修行业推广应用。省厅门户网站名列省政府绩效考核第一名，获得部“最佳政府网站奖”。省厅被评为省语言文字工作先进集体。交通职业技术学院获得省“‘依法治校’示范校”、“‘就业湖北’先进高校”称号。

(九)凸显亮点特色，交通文化建设结出丰硕成果

行业品牌文化绽放光彩。新时期交通运输行业重大先进典型——武汉市公交集团“三零”司机张兵脱颖而出，张兵式班组、张兵式标兵不断涌现。“十行百佳”评选活动深入展开。全省交通运输系统职工乒乓球、羽毛球大赛和第五届职工摄影书画大赛成功举办。陈刚毅、王静、郑启湘同志光荣当选十八大代表。海事文化、高路文化在形式和内容上不断创新，服务司乘、扶贫济困、环境保护等志愿者文化广为传播，开路先锋、铺路石、信义渡工、文明公交示范线、敬老出租车队等文化品牌影响力不断增强。省厅连续3次获得“全国文明单位”殊荣。19名同志被评为省劳动模范，27个单位、3名个人分别获得全国和省“五一劳动奖状(章)”、“工人先锋号”光荣称号。

廉政文化建设形成体系。深入开展廉政文化进机关、进站所、进工地、进企业、进校园、进家庭 “六进”活动，创新工程建设、质量监督、招标采购、财务管理“四个标准化”建设，打造“阳光工程”、“防火墙”工程、“特色工程”，构建了以“廉政交通”主题教育机制、廉政风险预警防控机制等“六大机制”为支撑的具有交通运输行业特色的惩防体系。

民主评议政风行风工作全面提升服务水平。把政风行风建设作为一把手工程，层层深入发动，全员参与，走近群众真诚沟通，深入查摆问题，对症下药抓整改。紧扣加快发展、服务民生、优化环境，围绕人民群众关心的实际问题，着力在“真抓、真查、真改”上下功夫、全面加强行业管理，塑造了交通运输行业新形象。

另外，审计、工会、团委、老干、史志、宣传、设计、造价、世行贷款、外事、后勤、交通战备、援藏援疆、对口支援等方面工作都取得新成绩，发挥了有力的支撑保障作用。

回顾2012年工作，湖北交通运输呈现出以下四个方面的鲜明特点：

一是激情奋进追求卓越，形成了各级领导重视支持交通发展的良好氛围。省主要领导和分管领导多次深入交通一线，书记省长乘坐公交车、体验地铁，研究制定支持交通发展的政策，给全省交通运输系统极大鼓舞。部领导多次到湖北考察指导，支持湖北建设“祖国立交桥”。交通运输部一年3次在湖北召开现场会，我省3次在全国性会上作大会交流发言，5次在全省性大会上介绍经验，两次受到省委省政府通报表彰。

二是高度重视顶层设计，形成了引领交通运输发展的强大气场。部省领导提出的“打牢发展大底盘、建设祖国立交桥”战略，高度概括了交通运输服务经济社会发展、湖北交通服务中部和全国的使命，凝聚了交通发展的共识，指明了交通发展的方向，并已正式写入《湖北省“十二五”综合交通发展规划》和2013年《省政府工作报告》，上升为省政府战略。

三是不断创新合作模式，形成了全方位合力共建的良好格局。部省主要领导两度高峰会谈，共建内涵不断丰富。厅市共建进一步拓展，先后与武汉市、黄石市、荆门市政府签订共建协议，三级干部大会成为新的共建平台。区域共建不断延伸。长江中游四省交通运输部门两次在鄂会商，已经共同向国务院申报设立长江中游城市集群综合运输示范区。岳九咸“小三角”交通运输一体化加快推进。部门共建不断扩大。省厅与部规划研究院、中交集团、邮政开展战略合作，与移动、气象、广播等部门携手打造交通移动信息平台。省客运集团与武汉大学、省海外旅游集团开辟产学研一体化发展的新路子。

四是主题活动依次展开，形成了助推交通发展的“场效应”和“正能量”。省委巡视工作、班子集中考核、“三抓一促”、“三万”活动、“两会”提案办理、治庸问责等活动，给我们鼓舞与鞭策，提高我们驾驭复杂局面、解决复杂问题的能力。

在十分困难的形势下，交通运输行业能取得良好成绩，来之不易。这是省委省政府正确领导的结果，是省直相关部门、各市州党委政府、各兄弟单位大力支持的结果，是全省交通运输系统干部职工奋力拼搏的结果。在此，我代表厅党组，向长期以来大力支持交通运输工作的党委政府领导、政府各部门领导、各兄弟单位领导，向离退休老领导、老同志，向全省交通运输广大干部职工，表示衷心的感谢和崇高的敬意!

回顾2012年工作，我们清醒认识到还存在许多问题和不足：一是公路水路规模总量不足，普通公路通行能力不高，网络结构不完善，建设标准偏低。在建高速公路项目推进亟待加强。二是资金、资源、土地和生态环境等刚性约束日趋强化，高投入、高消耗、高排放的粗放发展方式没有根本改变。三是交通基础设施总量快速增长与对养护管理重视和投入不足的矛盾日益突出，县乡公路和通村公路的养护管理水平亟待提高。四是运输行业集约化规模化程度不高的现状没有根本改变。五是交通队伍自身建设亟待加强，行业管理、执法、窗口服务水平、效率有待进一步提高。

二、当前和今后一个时期交通运输发展思路

2013年是贯彻十八大和省十次党代会精神的起始年，也是实施“十二五”规划承上启下的重要一年。科学分析当前交通运输发展面临的新形势，准

确把握交通运输发展的总基调，明确交通运输发展的思路，要牢牢把握以下五个方面：

一是党的十八大制定了全面建成小康社会的宏伟目标和实现GDP、人均收入两个“倍增”计划，中央经济工作会议决定，要继续实行积极财政政策和稳健货币政策，交通运输发展的外部环境总体上将长期向好，“十二五”后三年仍然是交通运输发展的重要战略机遇期。二是省十次党代会描绘了建设“五个湖北”的壮丽蓝图，未来十年是湖北发展的黄金十年，新一届党委政府对交通发展的希望十分迫切，人民群众对高品质、均等化、个性化运输服务的需求将进一步提高，交通运输发展潜力和发展空间仍然巨大。三是随着新型城镇化的推进，交通运输行业将获得新一轮重大发展机遇，发挥服务和引领新型城镇化的重要作用。四是“打牢发展大底盘、建设祖国立交桥”的发展战略已经深入人心，改革发展的思路已非常清晰，加快发展的保障机制基本建立。五是要认识到交通建设任务的艰巨性、资金资源环境趋紧的约束性、结构调整转型发展的紧迫性、解决深层次矛盾的复杂性，始终保持清醒冷静的头脑，始终保持昂扬奋发的精神，始终坚定打好攻坚战、实现新突破的决心。

根据上述形势分析研判，当前和今后一个时期，要牢固树立“五个坚定不移”、“五个更加注重”的指导方针和工作思路：

坚定不移贯彻落实十八大和省十次党代会精神。要实事求是地制定建成小康社会的交通运输服务指标，明确服务“五个湖北”的具体任务，围绕支点战略、一元多层次体系，为人民群众打造“幸福之路、幸福之家、幸福之旅”。坚定不移地贯彻实施“打牢发展大底盘、建设祖国立交桥”的发展战略。加快打通交通通道，加快建设重要枢纽，构建由交通网络、枢纽和信息平台组成的多层“立交桥”，最终形成以武汉城市圈为核心的紧密圈、覆盖省内主要大中城市的扩展圈、至周边省市300～500公里的辐射圈、至北上广渝蓉1000公里的延伸圈，建成支点坚实、构架坚固、衔接紧密、内畅外联、通达九州的“祖国立交桥”，提升我省对中部的辐射力、对全国的影响力。坚定不移推进综合运输体系建设。突出战略规划、重点布局和体制机制建设。重视通道建设和形成网络，枢纽建设和合理布局，信息化建设和多网融通，为中部地区和全国构建综合运输体系先行探索试验。坚定不移深化交通运输改革创新。要全面深化计划管理、投融资、公路养护、行政审批、执法治超、基层交通事权财权配套等方面的改革，从改革中获得发展“红利”。坚定不移推进五年规划和一元多层次战略交通任务的全面实现。要算好“十二五”前两年的“收入账”，盘点好中期评估的“明细账”，结好后三年的“决算账”。后三年将是大干快上的三年，将是大有作为的三年。

更加注重以人为本、服务和改善民生。要把满足人民群众愿望作为出发点，把增进人民群众福祉作为改革的着力点，把人民群众的评价作为判断得失的标尺。人民群众期盼出行更便捷、更舒适、更安全，期盼交通服务更加人性化、亲民化，期盼尽快解决一些地方存在的“出行难”、“换乘难”、“打的难”、“学驾难”等问题。这些愿望和诉求，就是我们的奋斗目标。

更加注重交通运输转型发展。把握好交通建设的规模和节奏，把准交通发展的重点和方向。在保持较高发展速度的同时，要更加注重发展的质量和可持续性。高度重视公路、站场的存量改造，在提高通行能力和运行效率上下功夫。高度重视“两个公路体系”建设，发挥两个体系各自作用。高度重视交通运输部门自身建设、发挥好市州交通运输部门的协调作用、激发县市交通运输部门活力、解决基层交通运输部门的实际困难。

更加注重服务一元多层次体系战略。突出“两圈一带”，加快推进武汉城市圈同城化、交通一体化，加快鄂西生态旅游圈客运一体化。全面规划、加快推进长江经济带市县港口、码头和疏港公路建设，科学合理使用岸线资源，助推沿江经济走廊形成。重视发挥武汉作为祖国立交桥“圆心”、综合运输体系“龙头”的作用，以及襄阳、宜昌两个副省域中心城市和其他区域性城市的支点支撑作用。

更加注重交通运输生态文明建设。牢固树立“实用最好、自然最美、生态最优、安全至上”的建设理念，加强交通基础设施建设的景观设计、环境评价、生态保护，注重节能产品的使用，在快速推进交通大建设、大发展的同时，给荆楚大地留下碧水蓝天，为子孙后代留下优美景观，为建设“美丽湖北”作贡献。

更加注重信息技术与行业发展的深层融合。没有信息化的全面应用，就没有行业的全面进步。要把互联网、物联网、移动通信等信息技术，与改进服务方式、提升管理执法水平、推进综合交通和物流发展、提高运输生产效率、改进新闻宣传、传播交通文化、加强职业教育和培训等，紧密结合起来。

概括起来讲，就是“坚持五个统筹、建设五个交通”：统筹公路、水路交通和其他交通方式协调发展，大力建设综合交通；统筹城际交通、城市交通、农村交通均衡发展，大力建设民生交通；统筹交通运输与资源环境科学发展，大力建设生态交通；统筹交通基础设施建设与信息技术应用同步发展，大力建设智慧交通；统筹交通运输改革、稳定、安全、廉政全面发展，大力建设和谐交通。

三、2013年指导思想、主要目标和任务

贯彻中央、全省经济工作会议和全国交通运输工作会议精神，结合湖北交通发展实际，厅党组决定2013年为湖北交通运输“攻坚突破年”，指导思想是：

以科学发展观为统领，以贯彻党的十八大和省十次党代会精神为主线，紧紧围绕一元多层次战略和“十二五”规划后三年任务，全面推进“打牢发

展大底盘、建设祖国立交桥”发展战略，深化改革创新，加快结构调整，推进转型升级，奋力攻坚突破，为全面建成小康社会、“五个湖北”做好服务保障。

主要目标：完成公路水路固定资产投资650亿元。其中：高速公路400亿元，普通公路180亿元，港航建设50亿元，站场物流20亿元。建成高速公路328公里，一级公路1000公里，二级公路1500公里，农村公路15000公里。新增码头泊位45个，年港口吞吐能力2100万吨。建成10个综合客运枢纽、8个货运物流中心。力争征收交通规费120亿元。

主要任务是打好“十个攻坚战”、实现“十个新突破”：

（一）打好“十二五”规划后三年攻坚战，在公路建设上实现新突破

发展是硬道理，建设是硬任务，规划是硬指标。“十二五”后三年，要向六个标志性的规划目标全力冲刺。今年，要强力启动组织好后三年的两场决战。

切实组织好普通公路“三年决战”。前两年一二级公路路基分别完成规划目标的33%和17%，路面分别完成18%和10%，后期任务还十分艰巨，后三年必须补齐短板，攻坚保目标。做到“五个必须”：必须明确总体目标。2013—2015年普通公路要投资639亿元，建成一级公路路基2248公里、路面2577公里，二级公路路基5898公里、路面6045公里，农村公路39000公里。必须完成今年建设任务。建设一级公路路基1000公里、路面644公里，二级公路路基2359公里、路面1511公里，完成农村公路15000公里，农村公路桥梁12142延米。必须明确“两个不变”的政策，即“十二五”规划目标不变、“十一五”补助标准不变。必须有强有力的保障措施。在省政府统一领导下，建立各级政府组织领导、交通主管部门具体实施、资金由省补助和地方配套相结合的各项保障机制。必须加快推进前期工作。一二级公路工可尤其是初步设计滞后比较严重，2013年必须完成剩余370个项目的前期工作。市州要切实加大协调督办力度，采取干线和区域打捆审批方式。省厅和公路局要加大技术指导和争取政策力度。要将前期工作列入年度考核。

切实组织好高速公路“三年决战”。当前全国高速公路建设呈现竞相追赶超越之势，周边省份发展势头十分强劲，我省高速公路建设任务艰巨繁重。高速公路建设事关全省经济社会发展大局，是“富强湖北”、“幸福湖北”的重要支撑，必须大力争取省委省政府重视和领导，举全省之力，统筹协调，强力推进高速公路建设，重点由集中开工转向促建成、保在建。打好“三年决战”，首先要攻“保建成”之坚。要确保九江长江大桥北接线、十堰至白河高速公路、咸宁至通山高速公路、城市圈环线大冶段、咸宁东段、武汉机场二通道等6个项目188公里建成，力争宜昌至巴东高速公路、黄冈至鄂州高速公路140公里基本建成。其次要攻“保在建”之坚。要采取切实措施，推动在建项目中24条高速公路1250公里加快形成实物指标。三是要攻“保障机制”之坚。大力争取政府支持，形成部门联动、各尽其责、合力共建的格局，多方筹资，为“决战”提供坚强的组织保障、资金保障。另外，要力争潜石高速江陵段等4个项目上半年开工。开展新增1000公里高速公路的规划论证和前期工作，为2015年前陆续开工建设创造条件。

（二）打好水运强省攻坚战，在打造黄金水道上实现新突破

要以长江水运协调领导小组第四次会议在我省召开为契机，深入贯彻《湖北省水路交通条例》，加快武汉长江中游航运中心建设步伐。

要继续加快推进水运大通道建设。争取部省合作启动长江干线武汉至安庆段6米深水航道建设项目研究论证，力争2015年完成前期工作。争取省政府研究制定汉江航运统一管理办法，有效整合汉江航运资源。争取省政府协调加快新集、雅口、碾盘山3个枢纽前期工作，确保2015年以前分年开工建设。确保汉江兴隆至汉川航道整治和引江济汉通航工程建成投入使用。

要突出抓好港口集疏运体系建设。集疏运体系建设已成为制约港口枢纽功能发挥的瓶颈。要会同有关部门研究制定武汉、宜昌、荆州、黄石、襄阳五大港口集疏运体系建设方案，加快专用公路、专用铁路建设，研究制定对专用公路项目的补助政策。大力发展铁水联运、公水联运、多式联运，争取武汉新港集装箱江海联运、铁水联运纳入交通运输部示范建设项目。

要继续加快主要港口重点港口建设。开工武汉新港花山码头二期、武汉新港三江港区综合码头、宜昌港三峡枢纽客运翻坝转运中心码头等7个重点项目，建成武汉新港唐家渡港区楚江综合码头、荆州港李埠港区一期综合码头等5个重点项目。

（三）打好筹融资攻坚战，在搭建地方交通融资平台上实现新突破

全面构建省市县三级交通建设投融资平台。充分发挥好省级普通公路融资机制。落实省政府83号专题会议纪要，充分发挥普通公路省级融资平台作用。尽快落实开行120亿元贷款资金。各市州县已有的融资平台要完善机制，更好发挥作用，没有的要争取政府支持尽快建立。要继续支持省交投发挥融资平台功能，搞好资本运营，放大资金效应，创新金融工具。各市州要学习借鉴咸宁、宜昌、黄冈、天门等地经验，按照“大招商、招大商”思路，创造良好投资环境，做到引商、利商、暖商、留商，争取大型央企和省企投资，打好交通建设投融资“组合拳”。

（四）打好改革创新攻坚战，在构建行业管理体制机制上实现新突破

改革普通公路计划管理模式。对普通公路实行计划切块和项目管理相结合的方式。采取“四定一调”原则，即“定规模、定标准、定基数、定额度、可调控”，注重调动省、市、县各级交通运输部门积极性，加大项目计划调控力度。

改革农村公路管养体制。省厅已报请省政府出台《关于进一步加强农村公路管理养护的意见》，进一步落实县市政府对农村公路管养的主体责

任，设立专职农村公路管理机构，指导乡镇、村对乡道、村道的日常养护，养护资金筹措以县市财政投入为主，乡镇、村投入为辅，省、市州给予补助，社会各界捐资捐助。

创新高速公路和普通公路养护管理。要运用信息技术和检测设备，加强对高速公路，尤其是长大桥梁隧道、高危边坡状况检查，开发桥梁隧道养护信息系统，建立完善养护数据库。科学制定养护方案，严格养护计划管理，合理确定养护资金。加强委管高速公路的养护投入。要落实“十二五”迎国检的要求，加大养护资金投入，逐步提高燃油税和增量资金用于普通公路养护的比例。要加强养护技术创新，争取在路面再生、快速养护技术研究和应用、预防性养护、养护新材料新工艺研究方面，取得新进展。

创新交通重点工程建设管理。要紧紧抓住以“五化”为主要内容的现代工程管理，大力推进工程标准化建设，促进技术革新，提升工程品质。标准化建设要由试点示范推向全覆盖，由工地建设推向工艺工法，由高速公路推向普通公路和水运工程。做好总结验收工作，建立长效常态机制，建立保障支撑机制，建立考核奖惩机制。要紧紧抓住诚信体系建设和信息公开，由高速公路向普通公路、水运延伸，由施工、监理、检测单位向设计、咨询单位延伸，由评价从业单位向评价主要从业人员延伸。要紧紧抓住交通建设市场管理，加强招投标监管，加强建设单位能力考核，加强质量投诉处理，加强突出问题专项治理，完善市场准入和退出机制，进一步规范建设市场。要进一步提高勘察设计水平。选择几条高速公路进行长寿命路面建设试点，提高工程耐久性和质量可靠性。

进一步加强路政和治超工作。高速公路要按照“多元化投资、一体化管理”要求，进一步加强路政管理和执法，维护路产路权，提升应急管理信息化水平。研究制定委托管理和路政派出管理政策。坚持政府主导，加大联合治超力度，推进区域联动，形成治超网络。新增和调整部分治超站点。加强源头治超。要严格规范执法行为，坚决治理治超执法中的只罚款不卸载、人情执法等问题。

进一步提高依法治交水平。要切实宣贯好、落实好、执行好《湖北省水路交通条例》、《湖北省公路超限运输管理办法》等新出台法规规章。加快城市公交、出租车、汽车租赁的立法，制定与部省规章相配套的相关规范性文件。继续推进交通执法形象建设“四统一”，对执法人员开展三年轮训，组织开展全省交通执法人员大比武活动。扎实推进道路运输从业人员素质提升工程，切实提高行业队伍整体水平。

(五)打好综合运输发展攻坚战，在构建体系、完善机制上实现新突破

要进一步加强综合协调和统筹规划。在省综合交通运输协调领导小组领导下，交通、发改、铁路、民航、邮政、长航、管道等部门形成更紧密的联系、更完善的协调机制。协调机制要从战略层面向具体项目延伸，从方案制订向技术标准延伸，从前期工作向建设和运营衔接延伸。要加快编制和完善各地综合运输体系规划，充分发挥综合运输体系规划对各运输方式专项规划及重大建设项目的指导作用。

要继续加快通道、枢纽建设和运输体系构建。加快推进省际断头路建设，加强高速公路、普通公路的联通，加强公路与铁路、航空、城市道路的连接，加快形成完善的综合交通网络。要加快武汉机场交通中心等一体化枢纽建设，确保建成襄阳东客运中心等示范性综合运输枢纽。大力推进道路运输与铁路、航空、水运、城市交通的对接。大力支持发展甩挂运输，研究制定支持甩挂运输发展的优惠政策和措施，支持组建区域甩挂运输企业联盟。

要大力推进综合运输试点示范。围绕市域范围内通达性一体化运输网络、城际间复合型快速运输网络、区域间通达型干线运输网络和全覆盖的交通运输信息化网络形成，继续加大支持力度，以厅市共建“十项工程”为载体，推进以武汉、襄阳、宜昌等中心城市为支撑的综合运输体系建设。以长江中游城市集群为依托，争取国家批准设立“长江中游城市集群综合运输示范区”。

(六)打好物流发展攻坚战，在引领引导、试点示范上实现新突破

大力推广“一港双园驱动”模式。加快研究长江沿线46个县市区港口建设，使港口建设与“双园”建设紧密结合，以港兴业、以业兴城、港城互动，优化空间布局，打造特色产业，形成长江经济带的一道靓丽风景。

推进交通物流基地布局。规划建设产业集聚、功能集成、布局集中、经营集约的国家级物流示范园区。突出武汉作为现代物流基地的作用，把武汉建成中国“孟菲斯”。突出抓好武汉新港、高桥保税物流中心、宜昌三峡物流中心、襄阳鄂西北物流中心、北煤南运荆州煤炭储运物流中心建设。

打造龙头物流企业。打破行业垄断、部门分割、地方保护，培育跨各种运输方式的全程运输服务供应商。充分运用国家、省和地方政府扶持物流业发展的政策，引进有影响、有实力的零售物流、仓储物流、冷链物流和网络型物流企业。促进传统运输向现代物流转型。

抓好物流公共信息平台建设。优化省物流信息平台建设方案，力争列入交通运输部建设试点项目。探索物流企业诚信评价的机制和方法。做好物流业振兴规划立功竞赛总结表彰。

(七)打好结构调整攻坚战，在交通运输转型升级上实现新突破

要在加快基础设施建设的同时，着力改善投资效益，同步提高养护、管理水平，实现由外延式增长向内涵式增长的转变。要紧紧抓住城镇化的重大机遇，继续加快农村交通建设，加强综合运输体系与城镇化布局的有机衔接，推动城乡一体化发展。各级交通运输主管部门，尤其是县市区交通运输局要高度关注城镇化发展趋势，主动参与当地城镇化规划，使交通运输服务城镇化、引领城镇化、助推城

镇化。

要充分运用高铁、航空的倒逼机制，大力促进道路运输业结构调整。抓住交通运输业“营改增”试点机遇，抓住“简易征收、合理抵扣、财政兜底”三个关键环节，引导企业集约化经营。继续推动城际客运公交化改造，有条件的市州至少改造一条城乡客运公交化线路。增开到大学城等乘客集中地的直通车。增开精品旅游直通车，新建旅游集散中心。大力推进接驳运输、节点运输。引导规范包车客运发展。大力促进汽车租赁业发展，创新政策，积极推进在武汉城市圈试点约租服务新模式。

推进城市公交服务水平提升。落实国务院关于优先发展公交交通的指导意见，大力推进武汉“公交都市”建设。加强地铁运营服务和安全管理。加快 BRT 快速公交建设。采取有效措施，切实提高公交准点率、覆盖率、分担率。大力推动公交进小区、进社区、进新区，打通公交微循环。开展全省公共交通发展水平考核评价，推动地方政府落实公交优先战略。增加武汉等城市出租车运力，推广出租车电召、约租服务，切实缓解部分城市“打的难”问题。

加快向低碳绿色发展转型。争取武汉列入交通运输部区域性低碳交通试点城市。加大低碳节能材料和产品在公路桥梁隧道上的应用。编制“两圈”低碳交通体系建设纲要和交通基本建设领域节能减排实施指南，发挥低碳推广基地和示范企业龙头作用，将节能减排向工程建设、企业和项目延伸。

（八）打好科技创新攻坚战，在信息化建设上实现新突破

开展重大科技攻关和科技成果的推广应用。加强科技项目的统筹与资源整合，力争在大型桥梁防灾减灾技术、山区高速公路路面材料使用性能研究、长汉江航道通过能力提升技术等方面取得突破。重点支持路面材料循环利用技术、高速公路附属区污水处理及中水回用技术。加快 ETC 建设，争取车道数比上年翻番。加快推进信息技术在交通建设、管理、服务中的集成应用。加快高速公路预警信息系统建设。组织实施全国高速公路（湖北段）信息通信系统联网工程，加快客运联网售票等系统的建设和应用。争取区域物流公共信息服务、城市客运智能化、全国高速公路信息通信联网项目列入交通运输部试点示范。支持北斗导航技术在交通运输行业推广应用。加强交通运输职业教育。全力推进交通职业技术学院新校区建设，推动湖北交通职业教育集团发展，不断加强专业建设，提高教学水平。

（九）打好安全监管攻坚战，在交通运输安全发展上实现新突破

落实好水上交通安全八项制度和六项工作。深入落实县、乡镇、村、船主乡镇船舶和渡口安全管理主体责任制度，水上交通安全隐患排查治理制度等八项制度。突出做好水上交通安全大检查、安全隐患大整改等六项工作。狠抓交通基础设施建设安全生产工作，构建安全风险管理体系。建立风险预防、风险辨识、风险防控、风险分散等机制，逐步推动安全管理方式由事故管理向风险和系统管理转变。落实项目负责人带班生产和重大事故隐患挂牌督办制度。继续推进国省干线和山区农村公路安保工程建设。继续抓好道路运输安全综合管理，加快推进企业安全生产标准化建设达标考评。加强地铁运营安全监管。突出抓好客运站、“两客一危”企业安全管理，落实新出台的驾校培训安全管理相关规定。推进安全生产标准化，强化隐患排查治理。坚持平战结合，圆满履行各项战备应急保障任务，落实国防交通计划等战备工作。

（十）打好转变作风攻坚战，在行风建设、文化建设、队伍建设和廉政建设上实现新突破

坚决贯彻中央政治局、省委及厅党组关于转变工作作风、密切联系群众的规定，加强和改进调查研究，精简会议和文件简报，厉行勤俭节约，大力弘扬讲求效率、雷厉风行、深入基层、勤勉务实的作风，坚决克服形式主义、官僚主义，努力用作风建设引领政风行风建设、文化建设、队伍建设和党风廉政建设。

巩固扩大交通政风行风建设的成果。要以政风行风建设为抓手，全面提升行业管理水平，提升行业服务品质。继续深化行政审批制度改革，进一步解放思想，建设服务型行业，不断优化发展环境。要针对人民群众关心的出行环境问题开展重点整治，不断改善路域环境、服务区环境、客运站环境、汽车维修环境、驾校培训环境。

加强交通文化建设。围绕交通运输行业核心价值体系建设，创树在全国有影响的高速公路文化品牌和个性鲜明的交通子系统文化品牌体系。深入开展“十行百佳”创建。在铁路、民航、长航、邮政、公路、运管物流、港航海事、高速公路、城市公交、出租汽车等 10 个行业开展“十行百佳”创建活动，评选表彰“百佳标兵”，引导激励广大交通运输干部职工在推进交通运输跨越发展中建功立业、争创一流。继续加大张兵等重大先进典型的宣传和培树力度。加强新闻宣传、发布和舆论引导工作。

加强交通队伍建设。坚持五湖四海、任人唯贤，坚持德才兼备、以德为先，坚持注重实绩、群众公认，深化干部人事制度改革。进一步加强领导班子、干部队伍建设，进一步拓宽干部教育、培养、监督渠道。加强交通人才工作和交通职业资格管理，有计划地引进、储备和培育建设养护、公交物流、设计勘探、法律和信息化等方面的专门人才。深入研究解决改革遗留问题，未雨绸缪做好新一轮机构改革前期工作。深化事业单位分类改革，积极稳妥实施事业单位绩效工资改革。规范公务员管理。组织省市县三级交通干部轮训，深入学习十八大精神、交通发展新战略、新理念，提高履职履责水平和能力。继续做好工会、共青团、老干、外事、史志、社团等工作。

进一步加强交通廉政建设。一要健全以贯彻落实党风廉政责任制和“一岗双责”为核心的组织领导体系。二要健全以践行交通运输行业核心价值观和建设廉政文化为重点的廉政教育

体系。三要健全以廉政风险防控和体制机制创新为重点的预防制度体系。四要健全以规范执法行为和纠正行业不正之风为重点的社会监督体系。五要健全以纪检监察部门履职尽责、党政齐抓共管为主体的内部监督惩处体系。六要抓住重点领域和关键环节，继续深入推进四个标准化建设，打造具有湖北交通特色的廉政阳光模式。

2013年春运工作即将开始，我们要切实做好应对低温雨雪冰冻等极端灾害天气和客流高峰的各项准备，确保人民群众走得了、走得好、走得安全。春节临近，借此机会，向大家提前致以节日祝贺，祝愿大家佳节快乐，工作顺利！

同志们，2013年的工作目标、工作思路、工作任务已经明确，希望全省交通运输系统干部职工万众一心，奋发努力，勇于担当，狠抓落实，为圆满完成今年交通运输各项目标任务拼搏奋斗，为建设“五个湖北”、全面建成小康社会提供坚强的服务保障！

大事记

2012年大事记

1月

1日　省交通运输厅厅长尤习贵检查武汉市金家墩汽车客运站元旦安全工作，慰问客运站员工。

省交通运输厅厅长尤习贵深入京珠高速公路应急物资仓库和收费现场，检查指导京珠高速公路“两节”期间安全保畅工作，并慰问一线员工。

省政协主席杨松一行到湖北京珠高速公路管理处，慰问节日期间坚守岗位的交通系统职工，并为该处荣获“全国文明单位”揭牌。省交通运输厅厅长尤习贵参加揭牌仪式。

5日　2012年全省交通运输工作会议在汉召开。尤习贵厅长作了题为《砥砺奋进 提升服务 全力推进交通运输跨越发展上水平》的工作报告，明确2012年为湖北交通运输“服务提升年”。段轮一副省长作重要讲话。会议期间，省委书记李鸿忠，省委副书记、省长王国生，省人大副主任任世茂，省政府副省长段轮一，省政协副主席仇小乐，省政府秘书长傅德辉等亲切看望会议代表。李鸿忠强调，全省交通运输部门要继续当好“先行官”，大力推动全省交通运输事业大发展，为全省经济社会发展打牢“大底盘”。

省政府召开全省春运电视电话会议，副省长段轮一对2012年全省春运工作进行了动员部署，省政府办公厅副秘书长文振富主持会议，省交通运输厅厅长尤习贵及省春运领导小组各成员单位负责人、各市州政府分管领导及春运领导小组成员单位在各视频分会场参加会议。

6日　省交通运输厅厅长尤习贵、纪检组长张月斌到武汉航空社区开展“情系社区，温暖群众”春节送温暖活动，以实际行动向社区困难群众献上一份爱心。

8日　2012年湖北省春运暨“创先争优”竞赛启动仪式在武昌傅家坡汽车客运站举行，省交通运输厅厅长尤习贵主持启动仪式并启动竞赛。

鄂西高速公路管理处、省公安厅高速公路警察总队联合举办“安全出行，平安春运”启动仪式，全面保障沪渝高速鄂西段春运道路安全畅通，确保广大驾乘人员走得舒适、安全、满意。

10日　省交通运输厅高速公路路政执法总队武黄支队与省公安厅高速公路警察总队二支队鄂州大队联席会议决定，从即日起，在武黄高速公路内实行警察、路政联勤巡逻制度，交警和路政原则上实行“一车单向交替巡逻”。遇特殊情况或重要节日车流量大时，则调整为“两车对向巡逻”。备勤车要处在能快速出勤状态。通过这样的安排既保证了巡逻的密度，节约了成本，又体现出联合执勤的灵活性。

11日至12日　交通运输部副部长高宏峰率交通运输部公路局、道路运输司、公安局等部门到湖北检查春运工作。高宏峰副部长一行深入京珠高速咸宁应急养护基地、咸宁市咸安区官埠道班、省公路局路网视频监控室、中外运长航客船等进行安全检查并慰问一线职工，听取省交通运输厅、长江航务管理局、省交通投资有限公司、武汉市交委春运工作汇报。高宏峰副部长强调，春运工作做到安全准点畅通是对群众出行最优质的服务。

12日　省交通运输厅认真履行片长单位职责，主持召开省直机关驻荆州片“万名干部进万村挖万塘”活动第二次工作座谈会。省直13个单位驻荆州片区工作队队长参加座谈会，副厅长唐元参加会议并作重要讲话。

13日　全省春运安全工作视频会议召开。省交通运输厅厅长尤习贵、副厅长田文彪，省公安厅副厅长周家柱，省安监局副局长李祖新参加会议。

省交通运输厅厅领导尤习贵、徐健、田文彪、程武慰问援藏援疆干部，尤习贵厅长鼓励他们虚心学习、勤奋工作，为促进西藏新疆发展做出更大的贡献。

省交通运输厅与中国移动武汉分公司联合开通面向公众出行春运短信平台，实时面向公众发布道路、水路春运路况信息、安全信息、天气信息以及车船班次信息，方便公众选择出行。

14日　武汉市欢送农民工平安返乡客车发车仪式在江夏区流芳镇举行。活动由省运管物流局、武汉运管处、湖北省客集团共同举办，省运管物流局、武汉市运管处、武汉富士康公司负责人参加启动仪式。

15日　楚天高速公路枝江服务区正式开通。枝江服务区地处枝江市安福寺镇，沪渝高速K1166公里处，占地面积137.91亩，建筑面积14150平方米，绿化面积16105平方米。项目概算总投资1.146亿元。该项目作为湖北省环一江两山交通沿线重点工程，严格按照高速公路现代化综合服务区标准设置。在全省首次设置生态停车场、垃圾处理中转站、污水深度处理装置等环保设施。

18日　交通运输部正式确定第二批低碳交通运输体系建设试点城市名单，湖北十堰市榜上有名。至此，全省有武汉和十堰两市进入全国26个低碳交通运输体系建设试点城市行列。

19日　武黄高速公路路警双方通力配合，快速处置了一起因5车追尾导致高速公路临时中断的突发事件，避免了车辆长时间滞留现象的发生。

20日　春节将至，省交通运输厅厅长尤习贵冒雨到省交通规划设计院看望专家劳模及困难职工。

21日　湖北突降中雪，省交通运

输厅厅长尤习贵、副厅长田文彪一行到武汉新荣客运站、省港航海事局、省运管物流局检查春运，看望驾驶员，向奋战在春运第一线的交通干部职工和广大乘客祝福拜年，要求客运企业和司机确保安全、确保有序疏运。

23日 中央电视台《新闻直播间》和湖北卫视《新闻联播》分别以“温暖回家——风雪中的护送”为题，报道了南漳县交通运输部门安全护送农民工回家过年的事迹。

25日 省交通运输厅厅长尤习贵深入到鄂皖交界的麻武高速公路鄂东管理所检查春运，并慰问节日期间坚守岗位的黄黄管理处干部职工。

2月

4日 湖北、湖南、江西、安徽四省交通运输厅负责人齐聚武汉，共同签订长江中游城市群综合交通运输示范区合作意向书。示范区集航空、公路、铁路、水运和管道等运输方式为一体，覆盖武汉、长沙、合肥和南昌及其邻近39个中心城市，旨在打通高速公路“断头路”、消除长江“肠梗阻”、推进多种运输方式联运，建立便捷、经济、可靠、安全的综合交通运输体系。国务院研究室工交贸易司司长马传景、副司长张泰，交通运输部办公厅副主任黄小平，湖北省政府副秘书长文振富，湖南、安徽、江西省交通运输部门领导，省直有关部门及大交通单位领导，厅领导尤习贵、唐元、马立军、张云、谢强、田文彪、姜友生出席座谈会。

8日 省物价局、省交通运输厅联合印发《湖北省汽车客运站收费项目及标准通知》，取消补票手续费、客运班车清洗费两项汽车客运站收费项目，并调整部分收费标准。新的收费项目及标准从2月20日起执行。

14日 中共中央、国务院在北京隆重举行国家科学技术奖励大会。党和国家领导人胡锦涛、温家宝、李长春、李克强出席大会并为获奖代表颁奖。由湖北沪蓉西高速公路建设指挥部为第一完成单位组织开展的科研项目《复杂地形地质条件下山区高速公路建设成套技术》喜获国家科学技术进步二等奖，成为湖北交通行业首个获此殊荣的科研项目。

15日 新疆建设兵团农五师副师长宋国安一行，对省交通运输厅进行回访交流。厅长尤习贵会见了农五师一行，厅领导徐健、程武参加回访交流座谈会。

17日 省委常委、常务副省长王晓东到省交通运输厅调研时指出，面对全国交通大格局、中部崛起大使命、全省“一元多层次”大战略提出的新要求，交通运输部门既要“拼命”更要“拼智”，努力实现更大的跨越。省政府副秘书长文振富，省交投公司领导张嗣义、龙传华等陪同调研。

19日 一辆满载10吨汽油的大型油罐车在麻武高速公路大别山隧道内起火，黄黄高速公路管理处依托应急联动机制快速处置，源头控制并成功处置了特大险情。此次特大隧道险情的成功处置，历时2个小时，无次生事故发生、无人员伤亡，未造成大规模车辆拥堵。

23日 由省交通运输厅牵头，组织召集22家对口帮扶单位在武汉市召开对口帮扶大悟县脱贫奔小康试点联络员工作协调会，共商对口帮扶工作。省卫生厅、省地税局、省广电局、中油所、华中农大、空降兵十五军、福汉木业集团、省煤投公司、中铝华中铜业、省路桥公司、三环集团等16家对口帮扶单位领导和联络员参加会议。

由南漳县交通运输局引进的湖北文东集团南漳“文明东方”生态园招商项目正式签约。该项目总投资10.5亿元，是襄阳市第一个投资规模过亿元的农业生态园项目。

28日 省气象局与省交通运输厅召开合作座谈会，就进一步深化合作，共建交通气象自动监测网络，共享信息资源，合力推进湖北交通气象服务工作进行深入探讨，达成广泛共识。双方商定，成立由省气象局、省交通运输厅等部门组成的湖北省交通气象服务协调小组，组建由双方专业技术人员组成的交通气象服务技术工作小组，合作推进全省交通气象观测网络建设。同时，充分利用双方信息系统，为保障公路交通安全畅通开展交通气象预报预警服务。

29日 大别山红色旅游公路大悟段开工兴建。省委副书记张昌尔宣布开工，并考察石武高铁孝感北站。省政协副主席陈柏槐出席开工仪式。大悟“红旅路”全长68.896公里，东与2011年年底竣工通车的黄冈大别山“红旅路”相接于大悟黄站镇，西至大悟城关，按二级公路标准建设，总投资2.756亿元，计划2014年年底建成通车。

3月

1日至2日 湖南省省长助理袁建尧带领湖南交通港航部门一行到湖北就内河港口建设发展进行调研。湖北省政府资政段轮一、副秘书长文振富，省交通运输厅厅长尤习贵、巡视员徐佑林等参加调研。

1日 省发改委、省交通运输厅在武汉联合组织召开《湖北省低碳交通发展规划(2011–2015)(送审稿)》(以下简称“《规划》”)评审会。来自武汉理工大学、中交二公院、中外运长航集团等单位的专家认真听取规划研究小组的工作汇报，审阅《规划》和相关资料，进行了充分的讨论，一致通过评审。

2日 全省交通扶贫开发规划工作暨促进普通公路持续健康发展视频会议召开。会议动员部署全省集中连片特困地区交通扶贫规划工作，启动武陵山、秦巴山、大别山和幕阜山4个片区交通扶贫开发规划编制工作。厅长尤习贵、副厅长张云出席会议并讲话，厅重点办主任姜友生主持会议。

全国高速公路信息通信系统联网工程湖北段建设领导小组及工作小组会议召开，标志着全国高速公路信息通信系统联网工程湖北段建设全面展开。

4日 省交通运输厅厅长尤习贵赴红安调研大别山红色旅游路建设和

管理养护工作，参观考察了红安李家大屋新农村示范点、七里坪五级客运站、七里坪农村公路养护管理站，并与黄冈市、红安县及省公路局、黄冈市交通运输局等相关负责人座谈，现场督办全国农村公路现场会筹备工作。强调大别山红色旅游路建设要争一流，管理养护要创品牌，要通过打造“千里大别山、红色旅游路”积极服务大别山试验区建设。

5日 省交通运输厅“万名干部进万村挖万塘”工作在洪湖市乌林镇廖墩村圆满通过省“三万”办荆州片考评组的考评验收。副厅长唐元出席了此次考评验收工作。“三万”活动中，投入资金160万元，村民投工投劳、发动成功人士捐助6.6万元，共计166.6万元支持村组进行塘堰整治，四个村共计开挖整治17口蓄水塘堰、土方114703立方米，整治26条沟渠、总长25040米，改造7个泵站。

6日 省交通运输厅隆重举行“学习雷锋精神、争做服务先锋”活动启动仪式暨张兵同志事迹报告会。厅长尤习贵讲话，纪检组长张月斌主持。省文明办主任蒋南平，省总工会副主席李如春，团省委副书记邹霞出席会议。

9日 省委书记、省人大常委会主任李鸿忠，省委副书记、省长王国生，在北京拜会交通运输部部长李盛霖。李盛霖表示，交通运输部将进一步加大力度，支持湖北建设全国“立交桥”，为湖北构建促进中部地区崛起重要战略支点打牢交通“大底盘”。交通运输部领导翁孟勇、杨利民、何建中会谈时在座。翁孟勇就支持湖北省交通运输发展的有关事项作了说明。省政府资政段轮一就湖北省交通运输发展的有关情况，以及希望交通运输部解决的有关事项作了汇报。武汉市市长唐良智，省政府秘书长傅德辉，厅领导尤习贵、唐元、马立军、张云、谢强、田文彪等参加会谈。

11日 中铁大桥局施工的黄冈长江大桥2号墩下游塔柱顺利封顶。至此，黄冈大桥主桥塔柱全部实现封顶。黄冈长江大桥全长4010.81米，主塔高193米，是武汉至黄冈城际铁路的关键性控制工程，是集城际、铁路、公路三位一体的过江通道，建成后将成为世界上跨度最大的公铁两用斜拉桥。

12日 交通运输部规划研究院、湖北省交通运输厅、襄阳市政府就襄阳市综合交通发展在北京进行座谈讨论。李兴华院长就充分发挥襄阳市省域副中心城市功能，促进区域协调发展，构建湖北省中部崛起重要战略支点，尽快形成市域范围内通达型一体化运输网、圈域城际间复合型快速运输网、区域间综合型干线运输网和全覆盖交通运输信息网的综合交通运输体系等问题作了主题发言，湖北省交通运输厅巡视员徐佑林、襄阳市副市长朱慧也就襄阳市综合交通发展取得的成就、存在的问题、面临的机遇与下一步的发展思路等作了发言。

14日 湖北鄂东长江公路大桥有限公司成立“鄂东大桥路网监测与应急处置中心”，主要负责组织、协调鄂东大桥突发事件的预防和应对工作，对提高鄂东大桥运行监测和应急保畅能力、保障鄂东大桥全线安全稳定运行将起到重要作用。

15日 湖北省交通运输厅行政服务中心揭牌成立，省级交通运输17个行政审批项目全面进驻行政服务中心集中审批办理，省级交通行政许可实现“一个窗口对外”和“一门式服务”，对规范交通行政许可行为、提高办事效率、方便行政相对人均有积极意义。省纪委监察厅主任陈继平出席仪式。厅长尤习贵讲话并与陈继平共同为行政服务中心揭牌。

16日 “全省交通运输服务明星”张兵同志先进事迹巡回报告会首场演讲在孝感市交通运输局举行。

17日 省长王国生一行来到千里汉十高速公路最末端收费站——郧西收费站，慰问一线员工。省政府秘书长傅德辉、省交通运输厅厅长尤习贵陪同。

19日 省运管物流局在汉举办交通运输部行业标准《机动车维修服务规范》宣贯暨新维修新技术培训会。副厅长唐元要求，抓好《规范》宣贯落实，规范汽车维修水平，提升汽车维修服务水平，努力适应快速到来的汽车时代。来自全省运管部门及维修企业的130名代表参加培训。

20日 省委常委、常务副省长王晓东，省政府副秘书长卢焱群、研究室副主任刘月明在黄冈市长刘雪荣陪同下，视察黄冈唐家渡港区建设项目和黄冈长江大桥等临港经济区其他项目。

20日至24日 交通运输部综合规划司副司长蔡玉贺率部水规处、规划院、长航局等相关部门负责人到湖北现场调研水运发展情况。蔡玉贺一行先后考察了宜昌港云池作业区、茅坪作业区，长江航道，武汉新港阳逻港区等，分别在宜昌和武汉与交通运输部门进行座谈。省交通运输厅厅长尤习贵、副厅长马立军、总工程师程武陪同调研。

22日 省交通运输厅团委网站改版升级，新网站正式上线运行。厅团委网站是宣传介绍湖北交通共青团工作的门户网站，是有效联系、服务和凝聚青年的重要阵地，是实现团内信息资源共享的重要阵地，是展示交通共青团形象的重要阵地。

23日 省政府在武昌召开全省农村公路交通安全工作电视电话会议。会议贯彻落实省政府《关于加强全省农村公路交通安全工作的意见》精神，部署全省农村公路交通安全工作，促进全省农村公路交通安全形势稳定好转。省政府资政段轮一、副秘书长文振富，省交通运输厅厅长尤习贵、省财政厅副厅长洪流、省安监局副局长龚效峰、省公安厅副厅长周家柱、省农业厅副厅长王红玲参加会议。会议由文振富主持。

26日 省交通运输厅厅长尤习贵、副厅长张云深入京珠高速公路检查指导工作，并就清明节前后安全保畅工作提出明确要求。

27日 省交通运输厅厅长尤习贵作客省政府门户网站在线访谈，畅谈把湖北打造成全国综合交通运输和中部地区崛起的“立交桥”。

集邮政快递和客运售票服务为一体的红安县七里坪综合运输服务站窗口正式启用。七里坪镇老百姓在家门口既能乘上舒适快捷的农村巴士，还能选择以邮政快递为主、班线客运捎带为辅、零担货物兼营的“三结合”农村物流服务。

28日 汉十高速公路管理处拓展信息服务，在十漫段试点启动集信息采集、处理、分析与传递为一体的综合服务平台建设。

29日至30日 全国农村公路建设与管理养护现场会在黄冈市召开，300多名会议代表赴红安、麻城、罗田等地，考察大别山区农村公路建、养、管、运现场。交通运输部部长李盛霖、副部长翁孟勇、冯正霖参加现场考察并出席会议，李盛霖作重要讲话，翁孟勇传达国家农村工作和扶贫工作会议有关精神并主持会议，冯正霖作工作报告。省委书记李鸿忠看望与会代表，省长王国生看望代表并作重要讲话，常务副省长王晓东陪同考察并致辞，省政府资政段轮一陪同考察。厅长尤习贵就湖北省农村公路交通发展作典型发言。

30日 交通运输部公路局副局长陈胜营在省交通运输厅重点办主任姜友生陪同下视察鄂东长江公路大桥。

31日 交通运输部工程质量监督局局长李彦武一行，在省交通运输厅巡视员徐健陪同下，到保宜高速视察标准化建设工作。李彦武一行对保宜高速第四、五、七合同段标准化拌和场、钢筋加工场、预制场和办公基地建设等进行认真检查，对沿线的工程建设标准化管理情况、标准化质量安全控制情况、标准化施工工艺等进行详细检查和指导。

4月

6日 省交通运输厅、省公安厅、省安监局联合召开“道路客运安全年”活动动员部署视频会议。会议主要对开展“道路客运安全年”活动进行动员部署。厅领导马立军、程武，省公安厅副厅长周家柱、省公安厅交警总队总队长马国宪、省安监局副局长李祖新出席会议，会议由程武主持。

沃尔沃建筑设备中南区能力发展基地启动仪式在湖北交通职业技术学院隆重举行。省交通运输厅副巡视员魏公民，沃尔沃建筑设备(中国)有限公司总裁罗东、武汉中南工程机械设备有限公司董事长胡嘉慧等300余人参加启动仪式。

省交通运输厅厅长尤习贵深入京珠高速一线调研指导工作。在孝感管理所驻地，深入了解孝感所、养护站、路政大队关于人员构成、主营业务、“三抓一促”活动开展等工作情况，对站所队承担的省委、省政府孝感现场办公会服务保畅工作予以高度肯定，强调各单位要努力构筑“四个支点”，实现发展能力大提升。

秦巴山毗邻地区的南阳、安康、商洛、巫溪、襄阳、神农架、十堰等四省(市)七地交通运输部门负责人齐聚武当山，共商秦巴山片区交通一体化发展大计，达成十巫高速等30多个省际通道项目意向协议。省交通运输厅副厅长张云出席会议。

9日 省交通运输厅厅长尤习贵、副厅长谢强一行到鄂西高速公路管理处，调研山区高速公路运营管理，并为鄂西高速公路管理处揭牌。

10日 中国交通报社2012年记者站工作会议在湖北武汉召开。交通运输部党组成员、政策法规司司长何建中出席会议并强调，全行业都要关心和支持中国交通报社的发展，不断巩固和强化报社在行业新闻宣传工作中的地位和作用。

省人大常委会党组副书记、副主任刘友凡率省人大法制委员会、法规工作室和相关立法咨询专家一行到省交通运输厅进行立法调研，重点就《湖北省湖泊保护条例(草案)》涉及交通运输领域的相关专题进行交流座谈。厅领导尤习贵、徐佑林、谢强、程武、姜友生参加调研座谈。

省交通运输厅厅长尤习贵，巡视员徐佑林，副厅长、省高管局局长谢强，重点办主任姜友生就大广南高速公路通车营运筹备工作进行调研，听取武黄管理处、投资建设方广东广晟投资公司通车筹备工作情况汇报。

11日 省交通运输厅召开荆州、直管市片区2012年新农村建设工作队第一次工作会，省交通运输厅厅长尤习贵要求新农村建设工作队员们牢记使命，主动作为，努力在建设新农村的伟大实践中建功立业，推进片区驻点村经济社会发展再上新台阶。

省人大常委会副主任林志慧、城环委主任委员霍小平、副主任委员张小菁等到鄂西高速公路管理处调研指导工作，省交通运输厅巡视员徐健陪同调研。

12日 2012年全省第一批重点客运枢纽、物流园区开工暨郢城客运换乘中心奠基仪式在荆州隆重举行。省交通运输厅厅长尤习贵出席开工仪式并宣布“2012年全省第一批重点客运枢纽、物流园区建设项目开工”。

武汉至黄冈城际铁路路口特大桥提篮拱桥合龙仪式在黄冈隆重举行，标志着武汉至黄冈城际铁路江北段的架梁通道全面实现贯通。

13日 综合交通无缝换乘研讨会在汉召开，省政府资政段轮一、法国驻华大使白琳女士、省交通运输厅巡视员徐佑林等领导出席会议。本次研讨会由省发改委、省交通运输厅、武汉市交委、法国企业国际发展局、法国凯奥雷斯集团公司共同举办，中法专家就未来综合交通枢纽的发展设想、推动综合交通无缝换乘的关键性问题进行了深入探讨。

17日至19日 2012年武汉国际交通建设博览会在武汉国际会展中心举行。省交通运输厅副厅长谢强出席开幕式并讲话。本届博览会以“推进交通跨越发展，构建中部战略支点”为主题，展示湖北交通建设“十一五”辉煌成就与创新成果，“十二五”重点工程与发展规划；展出国内外先进交通设备与材料，公路、桥梁、轨道技术与装备，桥梁钢结构新技术、新产品，筑路、养路技术设备与工程机械、建筑机械；以及港口、航运设施，船舶工业产品与科技创新成果等。

17日 省交通运输厅厅长尤习贵连夜在黄冈召集省交通投资有限公司、省联合发展投资有限公司、黄冈市交通运输局主要负责人，并邀请黄冈市政府主要领导，就贯彻落实省委省政府黄冈现场办公会精神、共同推进黄冈交通发展提出研究意见。

省人大常委会副主任林志慧一行到黄黄高速公路管理处武英高速路调研指导工作，省交通运输厅副巡视员高玉玲、魏公民等陪同调研。

省交通运输厅出台《加强普通公路建设筹融资工作的指导意见》，该意见提出将通过四项措施破解全省普通公路筹融资难题，突破全省普通公路建设、管理和养护资金需求瓶颈，促进普通公路可持续发展。

18日 湖北省船舶检验局揭牌暨海事执法艇交接仪式在汉口汉江江滩举行，湖北省14艘海事执法艇进入长、汉江巡航执法救助。省交通运输厅厅长尤习贵为检验局揭牌，并为执法艇颁发船舶检验证书。省政府办公厅、省直机关工委、省编办、省发改委、省财政厅、省安监局有关领导、省交通运输厅总工程师程武出席仪式。

省交通运输厅与黄石市政府签订《综合交通引领黄石资源枯竭城市转型跨越发展合作协议》，省市联合投资336亿元，其中“十二五”期投资211亿元，将黄石打造成为区域性综合交通枢纽、鄂东交通门户、现代物流业基地，综合交通引领黄石资源枯竭城市转型步入可持续发展轨道。根据协议，双方共同推进4大类工程、61个重点项目。省交通运输厅厅长尤习贵、副厅长马立军，黄石市委书记王建鸣、市长杨晓波等出席签字仪式。

2012年度全省普通公路持续发展推进会在黄石市召开。省交通运输厅厅长尤习贵出席会议并作重要讲话。副厅长马立军，黄石市市长杨晓波、副市长刘圣华等出席会议。代表们参观了黄石市区域经济发展“交通先行示范区”的河金省道大冶至金牛段，毛灵公路灵乡段，以及黄石市铁贺省道二级公路建设标准化施工现场。

19日 全省道路旅游客运安全专项整治办公室主任会议在宜昌召开。按照专项整治要求，验收合格的道路旅游客运车辆喷贴统一标识和换发专段号牌工作将于2012年12月31日前完成，逾期未喷贴统一标识和换发专段号牌的旅游客运车辆，交通运管部门不再向其核发包车牌。

23日 省委督察组到省交通运输厅调研，听取省交通运输厅关于武汉城市圈交通一体化建设情况汇报。督察组一行检查走访了阳逻港二期工程、武英高速、鄂东长江公路大桥、杨春湖换乘中心，厅巡视员徐佑林陪同调研。

24日 武陵山片区交通扶贫开发规划出口公路衔接会议召开，湖北、湖南、重庆三省市的恩施、宜昌、神农架、湘西、黔江、万州等地的20余个县市区交通运输部门齐聚湖北恩施，共商武陵山集中连片特困地区交通扶贫开发工作，就加快武陵山区交通扶贫开发达成重要共识。

24日至25日 受交通运输部委托，省交通运输厅组织有关单位及专家，对大广北项目进行竣工验收，交通运输部公路局和国内的有关专家参加了验收会。竣工验收委员会通过听取建设、设计、施工、监理、质量监督等单位的工作报告，详细审阅工程建设有关文件和原始档案资料，现场分组检查，并对交工验收报告、工程质量鉴定报告中提出问题的处理情况进行重点核查，经竣工验收委员会综合评定，该项目竣工验收工程质量得分92.86分，项目综合评价得分93.13分，工程质量评定和项目综合评价等级为优良。

26日 省政府举办“打牢发展大底盘、建设祖国立交桥”新闻发布会，33家媒体记者出席发布会。省交通运输厅厅长尤习贵介绍了“打牢发展大底盘、建设祖国立交桥”的深刻内涵、主要任务和重要举措，并回答了记者提问。

合力共建综合交通运输枢纽座谈会在汉召开，省委常委、常务副省长王晓东强调，全省各交通运输部门要形成合力、统一规划、分头建设、衔接一致、统筹推进，努力把湖北建成中部乃至全国重要的综合交通运输枢纽。省政府资政段轮一、副秘书长文振富，省交通运输厅厅领导尤习贵、唐元、谢强、姜友生、徐佑林、徐健，省发改委、武汉铁路局、长江航务管理局、长江海事局、长江航道局、长航公安局、民航湖北监管局、湖北机场集团公司、中国东方航空武汉有限责任公司、中国南方航空股份有限公司湖北分公司、中国国际航空股份有限公司湖北分公司、湖北省邮政管理局、湖北邮政公司等部门主要负责人出席座谈会。唐元主持会议。

27日 省交通运输厅厅长尤习贵接受交通运输部网站在线访谈，畅谈把湖北打造成为全国综合交通运输和中部崛起的“立交桥”。

省委副书记张昌尔，省委常委、省委秘书长李春明，省委常委、组织部部长楼阳生，到傅家坡客运站调研“迎创”主题实践活动和“三抓一促”活动开展情况，要求进一步深化和拓展为民服务创先争优活动，争创群众满意的服务窗口、服务品牌、服务标兵，做到“工作一流、群众满意”。

28日 省委省政府在洪山礼堂举行劳动模范表彰大会，武汉市公交司机张兵等交通运输系统17人获得表彰，荣获“湖北省劳动模范”荣誉称号。省委书记李鸿忠，省人大、省政府、省政协、省军区领导出席大会并为劳模颁奖。

30日 省交通运输厅厅长尤习贵一行深入汉鄂高速公路和黄石大桥局调研并慰问一线干部职工。尤习贵一行自汉鄂高速公路起点沿主线向终点行进，全程察看项目进展。在HETJ-1合同段的徐刘柳大桥和HETJ-4合同段的广山高架桥两处跨铁路施工点，尤习贵听取了项目负责人关于跨铁路施工推进情况的汇报，指出施工单位要精心组织，紧抓有限的时间点，确保按时完成任务。厅重点办主任姜友生陪同检查慰问；鄂州市委常委、常务副市长陈新林和汉鄂公司负责人，黄石市市长杨晓波、副市长刘圣华分别陪同检查。

5 月

1 日 武汉机场路收费标准下调，8座以下客车通行费由15元/车次降为10元/车次。武汉机场路是通向武汉天河机场的一条快速通道，全长17.8公里，1995年4月正式通车运营。

3 日 在共青团湖北省委举行纪念建团90周年大会上，武汉市公交车司机张兵荣获“湖北跨越发展先锋青年”光荣称号。省委书记李鸿忠、省长王国生、省委副书记张昌尔等领导出席会议并颁奖。

湖北大广南高速公路正式通车。总投资63亿元，全长107公里。大广南的通车，意味着全省再添一条南北大通道。省政府资政段轮一、副秘书长文振富，省交通运输厅厅领导唐元、谢强、程武、姜友生参加通车仪式。湖北大广南高速公路是国家高速公路“7918”网南北向的纵5线大庆至广州公路在湖北境内的最南段，也是湖北省“六纵五横一环”公路主骨架的重要组成部分。项目北起武黄高速公路与鄂东长江大桥接线交叉的花湖枢纽，途经鄂州市鄂城区，黄石市下陆区、铁山区、大冶市、阳新县，终点为咸宁市通山县的王家畈，向南通过太平山隧道进入江西省。

襄阳交通重点项目群开工暨推进会在枣阳召开，17个重点交通项目集中开工。这批总投资近60亿元的17个重点交通项目，包括2处国道改线，6条二级公路、3组汽车客运站、6个物流园区建设。是支撑襄阳交通运输体系的重要组成部分，这些项目竣工后，将优化襄阳的交通体系，突破制约襄阳发展的交通环境，改善襄阳的投资环境，对襄阳建设现代化区域中心城市，促进襄阳跨越发展具有重要意义。

武汉出租车行业成立“敬老车队”，112台出租车、224名的哥的姐自发加入车队，学习张国贤为75岁及以上老人提供免费服务。2010年起，大通公司的哥张国贤、刘艳翠夫妻开始为75岁以上老人和癌症患者提供免费搭载服务。

7 日 省交通运输厅厅长尤习贵一行到湖北广播电视总台，上线经济广播(99.8MHZ)“政风行风热线”节目，倾听群众对交通运输工作的意见，与听众进行现场交流。在长达1小时的热线节目里，尤习贵一行先后接听了有关“黑车”营运、高速公路建设及收费、农村公路质量等热线电话，现场进行解答，提出整改措施。

8 日 “一江两山”旅游直通车开通仪式在宜昌举行，宜昌市民到神农架和武当山可乘旅游直通车，同时到三峡大坝景区直通车也将投入运营。省交通运输厅副厅长田文彪出席开通仪式。

8 日至 9 日 全省交通建设质量工作暨高速公路建设标准化推进会在保宜指挥部召开。省交通运输厅厅长尤习贵作重要讲话，厅领导徐健、程武、姜友生出席会议。宜昌市委常委、副市长腾刚出席会议并致欢迎辞。

9 日至 11 日 省纪委副书记、监察厅厅长吴琦深入宜巴高速公路建设指挥部、保宜高速公路建设指挥部督导调研，并出席鄂西交通重点工程项目群建设座谈会作重要讲话。监察厅执法和效能监察室主任沈东升、监察综合室主任陈继平，交通运输厅厅长尤习贵、纪检组长张月斌，省交通投资公司主要负责人陪同调研。

10 日 省政府召开全省农村公路安保工程建设推进会，明确农村公路安保工程建设目标，部署农村公路安保工程建设大会战。省政府资政段轮一到会讲话，省政府副秘书长文振富主持，厅长尤习贵作工作报告，副厅长唐元宣读《湖北省农村公路安保工程建设实施方案》，副厅长田文彪及省公安厅、省财政厅、省安监局相关领导出席会议。

13 日至 18 日 世界银行代表团邓菲女士一行对宜巴项目进行第五次现场监测，18日，现场监测圆满结束，省交通运输厅副厅长张云带领宜巴指挥部领导班子和质量、技术、协调、安全、环保等部门技术骨干与世行现场监测团在宜昌会晤，就此次现场监测交换意见，形成备忘录，副厅长张云与邓菲女士在备忘录上签字。

16 日 全国政协副主席孙家正在省政协副主席涂勇等的陪同下，视察汉十高速公路。

17 日 全省出租汽车行业和谐劳动关系推进会在汉召开，副厅长田文彪在会上强调，开展出租汽车行业和谐劳动关系创建活动是交通运输行业加强和创新社会管理的一项重要工作，要以此创建活动为契机，不断规范行业管理，提升行业服务质量，努力推进出租汽车行业稳定健康规范发展。

襄阳汽车客运东站正式开工建设。该站位于襄州区张湾街道办事处洪山头村肖湾，紧邻襄阳火车东站，是“十二五”襄阳交通建设重点项目，占地面积80亩，属一级枢纽站，设计旅客发送能力15000人次/日。

18 日 湖北省交通建设工程质量检验鉴定中心揭牌仪式在汉举行，省交通运输厅厅长尤习贵，总工程师程武出席揭牌仪式，视察了中心基地并为检验鉴定中心揭牌。

襄阳24路“预备役军人示范线”正式运营。该线路贯穿襄城、樊城、襄州三大城区，日客流量达3万人次。襄阳公交总公司投入700多万元购置27台新车，将24路全线换新。公交司机全部身着统一的新式预备役军服上岗，成为城市亮丽的风景线。

省人大常委会副主任林志慧莅临汉十高速随州服务区视察文明服务情况。

5 月中旬 由交通运输部海事局提供的120套船载自动识别系统在湖北汉江沿线的武汉、襄阳等6个市州的客渡船上投入使用。这标志着湖北汉江客渡船安全航运能力将显著提高。

25 日 省交通运输厅召开第二季度“廉政交通”主题教育报告会。省检察院反贪局局长龚举文作反腐倡廉教育专题讲座，厅长尤习贵作重要讲话，纪检组长张月斌主持会议。

青山船厂为德国麦斯远洋海运股份公司建造的37000吨多用途船“蓝色长老Ⅱ”号顺利下水，这是湖北省首艘满足PSPC新涂层标准规范的船舶。“PSPC”是一种船舶涂装新标准，要求涂层破损率小于2%，涂层的使用寿命达到15年。

省直机关工委常务副书记郭玉吉率调研组一行4人到省交通运输厅进行机关党建工作调研。厅长尤习贵、纪检组长张月斌等参加座谈会。

26日 武汉大学和湖北公路客运(集团)有限公司“产学研战略合作”签字仪式在汉口隆重举行。厅长尤习贵、副厅长田文彪，武汉大学常务副校长李清泉，武汉新港建设投资开发集团有限公司董事长李建华等领导出席签约仪式。

27日 引江济汉通航工程拍马大道桥主跨连续梁正式合龙。拍马大道桥由中铁十一局一公司承建，全长557米，主桥为75+130+75米三跨变截面预应力混凝土连续箱梁，引桥为跨径30米的T梁，主桥是全线单跨最长的桥梁，是引江济汉通航工程全线首个开工建设的桥梁。

28日 郧阳汉江大桥试通车。郧阳汉江大桥是国家南水北调中线工程的补偿替代项目，2008年9月26日开工建设，总投资2.53亿元。国家南水北调办公室、湖北省政府发来贺电。省政协副主席陈天会宣布通车。

湖北省交通建设监理协会第一次会员大会在武汉召开。厅纪检组长张月斌当选会长。全省134家交通监理、检测企业的134名会员代表出席大会，通过湖北省交通建设监理行业协会章程，选举产生了第一届理事会和常务理事、会长等协会领导机构及成员，集体通过协会会费收取标准等相关制度。省交通运输厅厅长尤习贵、纪检组长张月斌、总工程师程武、重点办主任姜友生，省民政厅巡视员文增显和中国交通建设监理行业协会秘书长周元超与会指导。中国交通建设监理行业协会发来贺信。

26日至29日 交通运输行业管理干部培训平台协作组2012年工作会议在湖北交通职业技术学院召开。来自全国交通系统近30家平台建设单位代表参加会议。交通运输部科技司副司长李祖平、省交通运输厅总工程师程武等出席会议。本次会议旨在贯彻落实交通运输部行业干部工作会议精神，推进交通行业管理干部队伍培训平台建设，服务交通运输事业发展和交通干部成长。

30日 省交通运输厅为新农村建设驻点村援建的两个“学生候车亭”，正式交付使用。

以湖北公路客运(集团)有限公司为龙头的武汉城市圈9家道路客运企业会聚孝感，共同推出五条举措，共筑“8+1”城市圈城际客运一体化网络，助推祖国立交桥建设。

31日 鄂湘赣皖四省交通运输厅负责人齐聚湖北咸宁，实施四省高速公路、港航、运输重点项目对接，标志着长江中游城市群综合交通运输步入协同发展轨道。四省签署了高速公路、港航、运输重点项目合作协议。

6月

6日 湖北公路客运集团与省海外旅游集团签定战略合作协议，双方将在旅游接待网点布局、旅游景区直通车、旅游包车、景区环保运输等领域开展广泛的合作，携手湖北“两圈一带”所属的景区共同发展旅游和交通事业。省交通运输厅厅长尤习贵、省旅游局副局长李开寿、鄂西圈投资公司董事长马清明、武汉新港投资公司董事长李建华出席会议并讲话。

9日至12日 国家林业局专家组到恩施州就鹤(峰)来(凤)二级公路改扩建工程、五(峰)来(凤)高速公路穿越七姊妹山国家级自然保护区开展环境影响考察。专家组由中科院生态环境中心主任、研究员马克明，北京林业大学自然保护区管理学院副院长、教授张明祥，国家林业局调查规划院总工办高级工程师王春玲等组成。经过现场路线实地踏勘，专家组认为，五来高速公路主要是以隧道和桥梁的形式穿越七姊妹山国家级自然保护区，隧道入口和出口处均为人工林区，对生物多样性影响较小。原有老路占用的大部分山脊可恢复为生物廊道，有利于恢复生物多样性和生态廊道的完整性，有利于对保护区的保护。专家组建议，施工过程中应采取严格措施，减少施工对沿线动植物影响，保护生态环境和生物多样性。

13日 省交通规划设计院党委书记陈刚毅，武汉市公交集团第五营运公司578路驾驶员王静，长航局洪湖航道管理处航标器材维修中心党总支书记、总工郑启湘光荣当选为党的十八大代表。

13日至14日 交通运输部党组副书记、副部长翁孟勇带领部综合规划司、公路局、水运局负责人赴宜昌就三峡通过能力进行专题考察和调研。湖北省交通运输厅、重庆市交通委员会、长江航务管理局及宜昌市负责同志陪同调研并座谈。

18日 省交通运输厅与中国移动有限公司湖北分公司签订战略合作协议，双方共建的“智慧交通”手机客户端同时启动。省交通运输厅厅长尤习贵，厅领导张云、田文彪、魏公民，中国移动湖北分公司总经理郭永宏等出席签约启动仪式。

19日 交通运输部副部长冯正霖一行到汉十高速公路管理处视察指导工作。

20日 全国出租汽车行业和谐劳动关系创建活动推进会在十堰市召开。交通运输部副部长冯正霖作重要讲话。会议由部党组成员、政策法规司司长何建中主持，省政府资政段轮一致辞，尤习贵厅长介绍了湖北推进出租汽车行业健康和谐发展的经验，全国总工会中国海员建设工会主席丁小岗、部道路运输司司长李刚，省政府副秘书长文振富，十堰市委书记周霁，省交通运输厅副厅长田文彪、纪检组长张月斌等出席会议。

长江中上游最大吨级“江海直达”班轮——8000载重吨、582标箱的“盛达和谐”号长江内支线集装箱船16时20分从阳逻港首航，满载驶往上海洋山港。该船2012年2月建成下水，长110米，船宽19米，满载吃水6.2米。航行计划为每周一次，72小时内抵达上海洋山港。此前，阳逻港"江海直达"班轮航线最大吨级集装箱船为5000载重吨、300标箱。

武汉至阳新一级公路宏卿至塘堍段正式破土动工。武阳一级公路宏卿至塘堍段全长14.29公里，总投资约2.2亿元，建设工期24个月。该公路起于阳新县城区，止于富池镇，对接省道阳枫线（S112），东西分别连接麻阳高速和大广高速。武阳一级公路宏卿至塘堍段、兴国至富池段的建设，将改变阳新交通运输网只有沿江没有通江的格局。

21日 省政府资政段轮一在省交通运输厅副厅长田文彪的陪同下视察十白高速，要求指挥部要注重安全和质量，确保十白高速顺利建成。

26日 全省高速公路项目建设推进会在汉召开。省委常委、常务副省长王晓东要求，解放思想，抢抓机遇，千方百计确保完成"十二五"建成6500公里高速公路的目标任务。省政府资政段轮一出席会议。

28日 武汉天河机场鄂州城市候机楼正式启用。鄂州城市候机楼是继黄石、宜昌、荆州、孝感、随州之后，武汉机场建设的省内第六家异地城市候机楼。该城市候机楼由鄂州交通发展有限公司承建，面积约150平方米，设有值机柜台、售票柜台、旅客休息区，旅客可以在城市候机楼享受到购买机票、查询航班信息、领取登机牌、乘坐机场直达班车的"一站式"服务。

28日至29日 全国高速公路施工标准化活动现场会在陕西西安召开。交通运输部副部长冯正霖，陕西省委常委、副省长江泽林出席会议并讲话，会议由交通运输部总工程师周海涛主持。湖北省交通运输厅巡视员徐健带队参加会议，保宜高速公路指挥部作为全国先进典型在会上作交流发言。

30日 襄阳市首个普通公路服务区——316国道谷城卧伏服务区建成投入使用。该服务区位于316国道K1534+100处，占地面积260余平方米，内设接待室、休息室、公共卫生间、免费停车场，可为过往驾乘人员、车辆和周边群众提供各种路线咨询、应急电话、免费茶水、休息、停车等服务。

7月

1日 省委书记李鸿忠、省长王国生在前往宜昌市夷陵区雾渡河察看山洪泥石流灾情途中，现场调研宜（昌）巴（东）高速公路建设，强调要强化基础设施的承载功能，做大做强支撑湖北长远发展的"底盘"，按照适度超前的原则，抓住"十二五"发展的机遇，全面加快推进交通基础设施建设，构建全国重要的综合交通运输枢纽，为全省科学发展、跨越式发展，构建促进中部地区崛起重要战略支点提供有力支撑。常务副省长王晓东，省政府秘书长傅德辉，副省长、宜昌市委书记郭有明及省直相关部门负责人陪同调研。

汉宜高铁正式开通，宜昌汽车客运中心站同时投入使用。客运中心站紧邻宜昌火车东站，投资2.2亿元，用地面积86.4亩。客运中心站与宜昌东站组成城市交通枢纽中心，承担公铁中转的配套服务功能，公路、铁路、城市公交、出租车等多种客运方式在此无缝对接、换乘、集聚、转运。同时，承担宜昌东南方向的中长途旅客发送任务，以跨省、跨地市客运线路为主，实现多种方式联运，发挥综合效益。

湖北省"十二五"第四批港航项目暨宜昌交通"四港六路"建设工程启动仪式在枝江白洋作业区综合码头现场举行。副省长、宜昌市委书记郭有明宣布开工。厅领导尤习贵、徐佑林、马立军、张云、田文彪出席启动仪式。

2日 2012年"高路杯"全省交通运输职工乒乓球、羽毛球大赛在湖北交通职业技术学院正式拉开序幕。省直机关工委副书记梅水芳，省交通运输厅厅长尤习贵，厅领导徐佑林、马立军、谢强、张月斌、姜友生、高玉玲、魏公民等出席开幕式。全省交通系统40支代表队，300余人参加比赛。

4日 交通运输部纪检监察局专员赵建昌一行3人赴京珠管理处检查指导工作，慰问武汉西管理所一线员工。

10日 交通运输部总工程师周海涛在省交通运输厅厅长尤习贵陪同下，赴京珠管理处检查指导全国公路交通联合应急演练指挥中心筹建工作。厅领导谢强、姜友生，中交第二公路勘察设计研究院有限公司董事长孟黔灵陪同检查。

12日 316国道孝感段改建工程在云梦县开工。省交通运输厅厅长尤习贵出席开工仪式并讲话，孝感市市长陶宏宣布工程开工。316国道孝感段改建工程起于孝南区毛陈镇焦湖村，止于涢水镇毛庙村。全长76公里，总投资17亿元，计划工期36个月。其中云梦境内长33.15公里，设计为一级公路，双向四车道，总投资6.89亿元。

13日 湖北机场集团和武汉铁路局合作，武汉天河机场铁路售票点正式启用，武汉空铁联运迈出重要一步。

17日 交通运输部、财政部2012年第二批节能减排支持项目公示完毕，湖北省又有4个项目获得交通运输部、财政部交通运输节能减排专项资金支持，它们是：九州通GPS车辆智能调度系统、武汉交通出行信息服务系统（一期）、十堰公交智能化运营调度监控系统、十堰亨运绿色汽车维修技术应用，全省累计9个项目获得国家交通运输节能减排专项资金补助2304万元，是全国获得支持较多的省份之一。

19日 由中宣部、中央综治办、公安部、解放军总政治部、全国总工会、共青团中央、全国妇联和中华见义勇为基金会联合主办的"正义礼赞"——第十一届全国见义勇为英雄模范表彰大会在北京隆重举行。湖北交通运输职工李豪（已牺牲）荣获"全国见义勇为模范"称号。

21日 长江中游湘鄂赣皖四省水运规划座谈会在宜昌市召开，四省就长江水运发展规划达成共识。交通运输部规划司高工刘林，省交通运输厅副厅长唐元，长江航务管理局副局长魏志刚，长江航道局，长江水系航运规划办公室，武汉新港管委会，湘鄂赣皖四省交通规划办（室）及航运部门负责人参加座谈会。

25日 省委常委、常务副省长王晓东在北京拜会了交通运输部党组副书记、副部长翁孟勇一行，就进一步深化部省共建、大力推进湖北交通运输重大项目建设、加快构建"祖国立交桥"进行了会谈。省政府副秘书长卢焱群会谈时在座，省交通运输厅厅长尤习贵、副厅长马立军、张云参加会谈。

26日 武汉天河机场T3航站楼正式动工，计划于2015年建成，届时武汉将拥有中部最大的航空枢纽，并有望跻身国内第四大航空城。根据国家发改委批复意见，本期工程按照满足2020年旅客吞吐量3500万人次、货邮吞吐量44万吨的目标设计。主要建设内容包括：新建1条长3600米、宽60米的第二跑道，2条平行滑行道、4条连接东西飞行区的垂直联络道；新建总面积37万平方米的T3航站楼。交通运输部副部长、国家民航局局长李家祥，省委书记李鸿忠，省长王国生，省政协主席杨松，武汉市委书记阮成发、市长唐良智，省交通运输厅副厅长唐元等出席仪式。

27日至29日 交通运输部总工程师周海涛，部公路局副局长成平、陈胜营等一行在省交通运输厅巡视员徐健、总工程师程武陪同下，莅临沪渝高速鄂西段视察工作。

29日 省交通运输厅厅长尤习贵做客湖北电视台厅局长访谈，畅谈实现"五个湖北"的具体工作思路和措施，解答观众朋友们提出的关于转车难等问题。

31日 湖北省交通运输厅宣传中心正式挂牌。省交通运输厅厅长尤习贵强调，充分发挥宣传中心专业职能，做好新闻宣传和舆论引导工作，为行业发展创造良好舆论环境。尤习贵为宣传中心授牌。副厅长唐元主持会议。副厅长马立军宣读交通运输部新闻办公室贺信，副厅长张云宣读中国交通报社贺信。厅领导徐佑林、徐健、谢强、程武、姜友生、高玉玲、魏公民出席仪式。

8月

1日 武汉阳逻港试点启运港退税政策，成为首个也是唯一一个试行启运港退税政策的长江沿线港口。适用该政策的出口货物启运地口岸为武汉阳逻港，出口口岸为洋山保税港区，运输方式为水路运输。

由省物价局、省交通运输厅联合制定的《关于进一步完善全省高速公路清障施救收费管理有关问题的通知》正式实施，通知指出，收费主体必须是具备清障施救工作资质且在工商登记的单位。公安机关高速公路管理机构依法拖移违章停放车辆，属于行政执法行为，不得向当事人收取费用，也不得指定社会救援机构实施并收取费用。

省纪委副书记、省监察厅厅长、省预防腐败局局长、省纠风办主任吴琦和省监察厅副厅长、省纠风办副主任马世永一行到省交通运输厅调研指导交通运输系统民主评议政风行风工作。厅长尤习贵作工作汇报，副厅长兼省高管局局长谢强出席会议。

7日 省交通运输厅厅长尤习贵、巡视员徐佑林在北京与中国交通建设股份有限公司董事长周纪昌等，就加强交通基础设施投资建设领域合作事宜进行会谈。

10日 全省第二批物流园区、客运枢纽建设项目启动暨荆门杨家桥物流中心奠基仪式在荆门举行。厅领导尤习贵、唐元、马立军、张云，荆门市领导王玲、万勇，省运管物流局局长石先平，省港航海事局局长朱晓光出席开工仪式。第二批集中开工的物流园区、客运枢纽建设项目共有14个，项目建设总投资21.01亿元，建成后，将新增货物年转运能力2116万吨，新增旅客日发送能力6.76万人次。项目的开工，标志着全省大中城市客运枢纽项目和重点交通物流园区项目建设全面启动并加速推进。

省交通运输厅厅长尤习贵与荆门市市长万勇签订共建协议，共同加快交通运输跨越发展，力推"中国农谷"建设。荆门市委书记王玲，省交通运输厅副厅长唐元、马立军、张云出席签字仪式。

14日 省交通运输厅厅长尤习贵到汉川市调研交通建设情况。尤习贵厅长听取了汉川市汉蔡快线、小罗汉北河大桥、孝仙高速及通村公路建设情况汇报。汉川市委书记刘有年、市长翁晔、市委副书记张育英、副市长李铁新参加调研。

15日 省交通运输厅与武汉市政府共同签署《合力推进"十二五"时期武汉市综合运输体系建设协议》。根据协议，省交通运输厅将对武汉市重大交通运输事项予以重点支持。武汉市综合运输体系重点项目达82个，总投资3131.49亿元，其中"十二五"期间投资2329.37亿元。

16日 省港航管理局与省南水北调局举行《南水北调中线一期工程汉江中下游局部航道整治工程建设管理委托协议》签字仪式，省南水北调局将汉江丹江口至汉川段局部航道整治工程委托给省港航管理局统一进行建设管理。省交通运输厅厅长尤习贵、巡视员徐佑林、总工程师程武，省南水北调局局长郭志高等领导参加签字仪式。

22日 全省三家低碳交通运输推广基地之一的湖北新捷天然气有限公司，继5月与黄冈东方客运集团公司共同出资5000万元，成立"黄冈新捷天然气有限公司"，并改装50台柴油道路客运车辆使用液化天然气(LNG)后，又与十堰市城市公交集团有限公司共同出资5000万元，在十堰市组建"十堰新捷天然气有限公司"，共推十堰低碳交通运输试点城市清洁能源利用。

23日 交通运输部党组成员、纪检组长李建波率水运局副局长李天碧、纪检组监察局纪检监察专员曹江洪等到省交通运输厅调研指导工作。省纪委常委何万勤陪同调研，副厅长唐元做工作汇报。厅领导徐佑林、徐健、张云、谢强、程武、姜友生、高玉玲出席会议。

26 日 湖北来凤、湖南龙山、重庆酉阳交通部门达成协议，同意按照“同标准、同规模、同建设”目标，加速交通对接，携手打造武陵山地区交通枢纽。

27 日 武汉新港阳逻集装箱三期工程开工仪式隆重举行，省委书记李鸿忠，省长王国生，省政协主席杨松，常务副省长王晓东，武汉市委书记阮成发，省委秘书长傅德辉，省政府资政段轮一，武汉市政协主席吴超等出席仪式。李鸿忠宣布武汉新港集装箱三期工程开工，王国生、阮成发致辞，唐良智主持仪式。李鸿忠、王国生、杨松、王晓东、阮成发、傅德辉、段轮一、唐良智、尤习贵为武汉新港阳逻集装箱三期工程培土奠基。

武黄高速路口收费站改建工程如期完工，恢复通车。此次改造由湖北马鄂公司投资，湖北路桥公司承建，对建站21年的路口收费站进行全面拆除改造，工程历时两个月，耗资500多万元，硬件设施得到极大提升，有效缓解了高峰期间道路通行压力，对服务梁子湖旅游发展和武汉经济圈大融合将产生积极的推动作用。

28 日 鄂西高速公路管理处“幸福之约，缘自鄂西”第三届女儿会在宜昌举行。省总工会、省文明办、省交通运输厅、省高管局，汉十、黄黄、武黄、随岳高速公路管理处等单位部门负责人及亲友团嘉宾出席现场活动。

31 日 全省交通运输系统第五届职工摄影书画展暨《公路杯》、《运管杯》、《港航杯》大奖赛专家评审会在省公路局举行。会议由厅纪检组长、湖北交通摄影书画协会主席张月斌主持，邀请省书法家协会、省摄影家协会和有关摄影专家担任评委。经过评委们严格细致的评审，遴选出摄影、书法、绘画一、二、三等奖和优秀作品。

9 月

4 日 由省委宣传部、省精神文明建设办公室、省交通运输厅、省广播电视台、省公安交通管理局、中国广播电视协会交通宣传委员会联合主办的百万驾驶员“文明行车 从我做起”签名承诺和荆楚飘起绿丝带大型公益宣传活动在汉口江滩隆重举行，省交通运输厅副厅长唐元出席宣传活动并为代表车辆系上绿丝带。

10 日 省交通运输厅厅长尤习贵、总工程师程武专程到交通职业技术学院，为辛勤工作在教育一线的广大教师们送上节日的祝福和诚挚的慰问，并与优秀教师代表亲切会谈。

10 日至 12 日 交通运输部党组书记、部长杨传堂到湖北调研交通运输安全生产工作。杨传堂强调，湖北省交通运输部门和长航系统要讲政治、讲大局，时刻绷紧安全生产这根弦，确保少发生事故，不发生大的事故，以科学发展安全发展的优异成绩迎接党的十八大召开。交通运输部办公厅主任杨咏、水运局局长宋德星、政策法规司副巡视员高强华，省交通运输厅厅长尤习贵、副厅长唐元等陪同调研。

11 日 省委书记李鸿忠，省委副书记、省长王国生，在武汉东湖宾馆会见交通运输部党组书记、部长杨传堂一行。双方就共同推动湖北交通运输事业大发展进行了会谈。省委常委、常务副省长王晓东，省委常委、省委秘书长傅德辉，省政府资政段轮一、秘书长王祥喜，交通运输部办公厅主任杨咏、水运局局长宋德星、政策法规司副巡视员高强华，省交通运输厅厅长尤习贵、副厅长唐元、马立军、张云等参加会见。

交通运输部科技司副司长洪晓枫一行，在省交通运输厅副厅长、高管局局长谢强，厅副巡视员魏公民陪同下，莅临省联网中心检查指导省交通运输系统网络与信息安全保密工作情况。

12 日 湖北省交通运输厅与交通运输部规划研究院签署战略合作协议，双方就交通运输战略规划、项目实施、技术指导、教育培训等展开全方位合作。

19 日 “全省交通运输系统第五届职工摄影书画展”在湖北省美术学院美术馆隆重开幕。此次书画展展示了湖北交通运输事业发展的辉煌成就和职工优秀文化成果，弘扬了交通运输主旋律和时代精神，全面展示湖北交通人的精神风貌和能力素质。省人大副主任林志慧，省总工会、省直机关工委、省文明办、省摄影家协会相关负责人，省交通运输厅全体在家厅领导参加了书画展开幕式。

22 日 省长王国生、中交集团董事长周纪昌共同启动按钮，武深高速公路嘉鱼至通城段开工，省长王国生、常务副省长王晓东、省委秘书长傅德辉、省政府秘书长王祥喜、省交通运输厅厅长尤习贵、中交集团董事长周纪昌、咸宁市委书记任振鹤等为工程开工奠基。武深高速公路是国家规划的又一条南北运输大通道，全长1083公里，由北向南横跨湖北、湖南、广东三省，整体位于京港澳高速公路以东，其中湖北段全长168公里，起于武汉四环线，止于咸宁市通城县湘鄂界，分为武汉至嘉鱼段、嘉鱼至通城段、通城至界上(鄂湘界)段三个项目。嘉鱼至通城段全长91.36公里，投资82亿元，由中交集团投资建设。

24 日 湖北高速公路系统重大节假日小型客车免费通行部署会举行。会议公布了湖北省收费公路重大节假日免收小型客车通行费实施方案，免费通行的范围为每年春节、清明节、劳动节、国庆节及其连休日。免费时段从第一日的零时开始，最后一日的24时结束，其中普通公路以车辆通过收费站收费车道时间为准，高速公路以车辆驶离出口收费车道的时间为准。免费通行的车辆为7座及以下的载客车辆，包含允许在普通收费公路行驶的摩托车。

26 日 随着省委常委、宜昌市委书记黄楚平一声令下，宜昌至张家界高速公路宜昌段正式开工。宜张高速通车后，张家界和长江三峡两旅游区将打破武陵山脉的阻隔，实现2小时直达。省政府资政段轮一、副秘书长陈新武，省交通运输厅副厅长马立军、谢强，厅重点办主任姜友生，省交投公司董事长张嗣义、总经理龙传华等出席开工仪式。

27日 全省民主评议政风行风集中评议大会举行。交通、住建、物价、安监、国税、地税、国土、环保等8个省直部门负责人，接受110名行评督查员和各界代表的民主评议。省委常委、常务副省长王晓东出席并讲话，省委常委、省纪委书记侯长安主持。根据程序，厅局长们不仅要做自评报告、自曝“家丑”，听取省纠风办督查组的暗访通报和评议报告，还要接受行评督查员和各界代表的当面质询。

30日 重大节假日免收小型客车通行费第一天，省交通运输厅厅长尤习贵，副厅长唐元、张云等领导到武黄、黄黄、汉十高速公路检查指导工作。尤习贵强调，一定要把好事办好、好事办实，一定要实现首战必胜、首战全胜，确保首个重大节假日小型客车免收通行费及安全保畅工作任务圆满完成。

10月

1日 省交通运输厅厅长尤习贵到随岳高速荆岳大桥收费站检查节日安全保畅工作。在收费站现场，尤习贵强调，要继续巩固小长假首日保畅成果，再接再厉加大工作措施，确保首战全胜。

11日 保宜高速公路宜昌段第五合同段麻洋河大桥右幅最后一片T梁架设完成，标志着保宜高速全线首座大桥胜利合龙。

“2011—2012年度全省（杰出）青年文明号评审会”在崔家营管理处落下帷幕。此次会议由团省委主办，省交通运输厅团委承办，团省委副书记吴朝安出席会议，全省近40家省直单位代表参加会议。

12日 省交通运输厅厅长尤习贵到西藏慰问交通援藏技术干部。尤习贵强调，要继续发扬湖北交通特别能战斗，特别能吃苦，特别能奉献的精神，把山南地区当成第二故乡，全力做好援藏工作，向藏区群众交一份满意的答卷。

15日 交通运输部工程质量监督局李彦武局长率领交通运输部督查组一行9人，到湖北检查指导工作。厅总工程师程武陪同检查。

黄黄高速公路管理处协调武警交通、高警、医疗救护、公安消防、清障施救等参演各方，在演练第二现场成功组织了第一次大规模多方合成推演。此次推演共投入各类车辆20余台、机械10余台，人员120余名。

17日 在湖北省企业界人大代表“楚天行”（荆州）座谈会暨项目签订仪式上，省交投公司总经理龙传华与荆州市长李建明第一个签订沙市至公安、监利至江陵、潜江至石首高速公路荆州境段（含石首长江大桥）、武汉城市圈环线高速洪湖段等四条高速公路投资建设项目，总长213.58公里，估算总投资260亿元。加上在建的岳阳至宜昌高速公路石首至松滋段，省交投公司在荆州投资高速公路总里程将达318.69公里，资金总规模328.68亿元。

22日 宜洋一级公路三江收费站开始征收车辆通行费。省政府10月10日印发《省人民政府关于设立宜昌长江公路大桥至宜都市洋溪公路改扩建公路收费站有关问题的批复》（鄂政函〔2012〕282号），批准设立宜洋一级公路三江收费站，同时撤销清江二桥收费站。

24日 由湖南省交通、发改、口岸办、检验检疫局和岳阳市政府、商务局组成的综合调研组来湖北考察临港临空经济发展和综合运输体系建设情况，先后现场查看武汉新港阳逻港区港航设施及集疏运体系、临港产业及临港产业园、港口物流及航运服务发展情况，重点了解湖北综合运输体系建设、武汉新港总体规划以及《武汉新港空间发展规划》、《武汉新港集疏运网络规划》、《武汉新港产业发展规划》等专项规划的实施情况。湖北省交通运输厅邀请湖北省发改委、商务厅、口岸办、武汉海关、湖北省出入境检验检疫局、武汉市交委的相关负责同志与湖南省调研组进行对口交流座谈。湘鄂双方还就加强长江中游航运合作、武汉长江中游航运中心建设、中游港口的分工和合作、建设长江中游港口群等相关问题进行了探讨。

24日至26日 省人大常委会党组副书记、副主任任世茂率执法调研组赴恩施州就《湖北省农村公路条例》贯彻执行情况开展专项执法调研。省人大财经委副主任委员张友松，省交通运输厅巡视员徐佑林，恩施州委书记肖旭明、州长杨天然等陪同调研。

26日 全省港航海事系统第二届航道养护技术比武在天门汉江岳口码头拉开帷幕，来自全省汉江沿线航道段的8支代表队共32人参加了比武。

省委常委、襄阳市委书记范锐平到省交通运输厅调研指导工作。襄阳市委副书记、老河口市委书记朱厚伦、副市长朱慧等党政领导陪同调研。省交通运输厅厅长尤习贵，厅领导徐佑林、张云、程武、姜友生参加调研座谈会。

28日 二广高速公路荆州东岳庙至卷桥段改建工程正式开工。荆州东岳庙至卷桥段是二广国家高速公路鄂湘省际衔接湖北境内路段，起于荆东高速公路东岳庙主线收费站以南，荆东高速公路与207国道交叉处，止于东岳庙至卷桥一级公路鄂湘省界，对接湖南东常高速公路，全长3.47公里。估算总投资2.011亿元，全线采用设计速度100公里/小时、路基宽度26米的双向四车道高速公路标准建设。建设工期24个月。

省人大常委会副主任刘友凡率省人大法制委员会、法规工作室和省交通运输厅相关负责人到宜昌、武汉开展湖北省水路交通建设与管理条例立法调研。

29日 省直机关优化发展环境现场会在省交通运输厅召开。省委副书记张昌尔，省委常委、省纪委书记侯长安出席会议并讲话。省委常委、组织部部长楼阳生作书面讲话。省委常委、省委秘书长傅德辉主持会议。张昌尔在讲话中全面肯定省交通运输厅在优化发展环境方面作出的成绩。他要求，省交通运输厅要以喜迎十八大为动力，再接再厉，再加力度，掀起“迎创”活动新高潮，在打造最优发展环境中当好标杆、做好表率。

29日至30日 全国城市公交工作会议在深圳召开。全国各省(市)交通运输部门及道路运输管理机构、骨干公共交通运输企业等单位的代表，来自国务院办公厅、国务院法制办、国家发改委、公安部、住房和城乡建设部、受表彰的全国城市公交先进集体和个人代表，15个公交都市创建城市的特邀市政府领导400余人参加会议。省交通运输厅厅长尤习贵参加会议，并在大会作了《推动公交优先发展，打造群众满意公交》的专题发言。交通运输部部长杨传堂、副部长冯正霖在讲话中肯定了湖北的公交管理经验。

30日 省政府办公厅出台《关于进一步加快推进全省交通物流业发展意见的通知》(鄂政办发〔2012〕74号)，旨在加快推进全省交通物流业发展，努力构建中部乃至全国重要的物流基地，促进中部地区崛起重要战略支点建设。

交通运输部公布首批“公交都市”试点城市名单，武汉被列为全国“公交都市”建设示范工程第一批15个城市之一。“十二五”期间，交通运输部将选择30个城市组织开展“公交都市”建设示范工程，在城市公交基础设施、信息化建设和节能减排等方面给予支持，并对其中达到考核标准的授予“公交都市”示范城市称号。

11月

2日 省交通运输厅牵头组织省卫生厅、省地税局、省广电局、华中农业大学、中科院油料所、三江航天集团、空降兵十五军、福汉木业集团、省路桥公司等22家定点帮扶单位，同时邀请省扶贫办，在武汉市召开对口帮扶大悟县脱贫奔小康试点联络员工作协调会，共商大悟县脱贫奔小康试点2012年度帮扶工作举措。

4日 第二届中部六省道路运输发展联席会议在安徽合肥举行。会议以“新时期道路货物运输发展”为主题，以“创新发展 合作共赢”为宗旨，深入交流中部六省道路货物运输发展的现状和趋势，研讨中部六省货物运输的热点和难点等问题，总结交流中部六省道路货物运输的工作经验，讨论通过中部六省道路运输发展联席会议制度，签署《中部六省推进公路货物甩挂运输发展战略协议》和《中部六省道路货运信息共享合作协议》。

鄂州市委书记梁惠玲一行到省交通运输厅走访。省交通运输厅厅长尤习贵，厅领导徐佑林、徐健、谢强、张月斌、程武等参加座谈。

6日 省交通运输厅厅长尤习贵在湖北交通职业技术学院为全校师生作形势政策报告，希望广大青年学生立足交通、胸怀祖国，志存高远、勇于担当，在中部崛起的火热浪潮中实现美好人生。

7日 省交通运输厅厅长尤习贵与世行代表团团长邓斐签定宜巴高速公路监测备忘录。

8日 省政府副省长许克振前往省交通运输厅，调研全省交通运输发展情况。省交通运输厅厅长尤习贵作交通运输情况汇报。省政府副秘书长陈新武，厅领导徐佑林、徐健、谢强、张月斌、程武、姜友生、高玉玲等参加会议。

9日 省交通运输厅厅长尤习贵拜会交通运输部道路运输司司长李刚，就进一步加快湖北道路运输转型发展、推进祖国立交桥建设进行了会谈。

总投资约60亿元的咸宁(嘉鱼)长江公路大桥及武汉城市圈环线高速公路咸宁西段投资协议签约。咸宁将结束拥有128公里长江岸线却没有长江大桥的历史。该项目由省交投公司投资兴建，是武汉城市圈环线高速公路的重要组成部分。从咸宁由陆路到洪湖需绕道武汉或岳阳，车程约4小时；工程建成后，两地车程不足1小时。

13日 省交通运输厅厅长尤习贵赴洪湖调研社会管理综合治理和新农村建设，强调社会管理要强化综合意识，新农村建设要强化造血功能，努力探索农村管理和建设的新途径，营造经济发展和人民安居乐业的良好环境，在全省起示范带头作用。

“2012年政府网站集约化建设与精品栏目管理经验交流大会”在广西召开，省交通运输厅“网上交通党校”栏目获得电子政务理事会颁发的“2012•政府网站政民互动类精品栏目”奖。湖北交通运输行业及基层党员可以通过“网上交通党校”进行面对面网上交流，农民工可通过“农民工讲堂”学习新规范、新技术、新技能。

16日 由中国公路学会高速公路运营分会主办、湖北省高速公路管理局承办的第二届全国高速公路路政管理工作研讨会在武汉召开。来自全国各省市区的100多名高速公路路政执法代表参加会议，重点就当前高速公路路政管理工作职能定位、发展趋势及超限超载治理等热点难点问题进行交流探讨。

17日 鄂、豫、湘、赣、皖、陕、渝等中部六省一市高速公路路政管理部门在湖北武汉共同签署《中部六省一市高速公路路政执法协作框架协议》。

20日 省委书记李鸿忠，武汉市委书记阮成发，省委秘书长傅德辉一行以普通乘客的身份，专程乘坐党的十八大代表王静驾驶的公交车，感受公交服务，关心公交发展。李鸿忠强调，公共交通服务是百姓观察社会的窗口，也是交通服务社会的窗口，各级党委、政府要高度重视公共交通，进一步落实公交优先政策，不断优化公交网络，改善公交设施，提供优质服务，为老百姓创造便捷、舒适、安全的出行环境，为改善社会民生作出更大贡献。

21日 国家发改委在武汉召开长江干流桥梁(隧道)建设规划座谈会。国家发改委基础产业司司长黄民，省政府资政段轮一，副秘书长陈新武，省交通运输厅巡视员徐佑林及交通运输部，长江干流沿线各省市发改委、交通运输部门相关领导参加会议。根据规划，到2030年，长江干流自云南水富以下江段主航道各类过江通道将达到185座，其中湖北39座。另有两省(市)跨界桥8座，其中湖北与湖南1座、湖北与江西3座。规划新建过江通道86座，其中湖北17座。另有两省(市)跨界桥3座，其中湖北与江西1座。

23日 京港澳高速武汉西医疗救护站正式成立，这是湖北省交通部门联合卫生部门建立社会联动机制建立的第一个高速公路医疗救护站。省交通运输厅副厅长唐元、谢强为救护站揭牌。

湖北省高速公路应急指挥中心建成。省交通运输厅厅长尤习贵，副厅长唐元、张云、谢强，纪检组长张月斌，总工程师程武，重点办主任姜友生，巡视员徐佑林、副巡视员高玉玲在监控指挥中心现场察验应急指挥系统。该中心与厅大楼的监控中心联网，厅领导可以不出机关大楼，进行现场应急指挥。

国家道路交通安全科技行动计划湖北京港澳示范工程顺利通过验收。省交通运输厅副厅长唐元、谢强，交通运输部公路科学研究院高级工程师李长城及厅局相关处室参加验收会。

27日 第九届中国国际物流节在汉开幕。第十届全国人大常委会副委员长热地、省人大常委会副主任罗辉、副省长许克振出席开幕式。武汉、南京、西安、青岛等全国40座城市共同签署《中国物流城市联盟章程》，成立中国物流城市联盟，并发表《武汉宣言》，今后将在建立合作体系、运输网络、物流信息网等8个方面，实现互联互动、统一规划、资源共享、协调发展。

28日 黄石港棋盘洲港区二期工程等12个港航重点项目正式启动，这是全省“十二五”港航建设的第五批项目，总投资52.4亿元。副省长许克振出席开工仪式并宣布项目开工。省政府副秘书长陈新武，黄石市、省交通运输厅等单位领导出席开工仪式。

29日 省交通运输厅厅长尤习贵，厅领导张云、张月斌、魏公民一行在武汉市交委主任彭俊、武汉地铁集团负责人的陪同下视察即将开通试运营的轨道交通2号线一期工程。

12月

1日 湖北省京珠高速公路管理处与湖南省临长高速公路管理处签订京港澳高速公路鄂湘两省联合保畅治超共建合作协议。协议明确建立重大突发事件交流协调、省际联合治超、营运管理信息沟通交流、绿通车辆信息定期交换共享、跨省市逃费车辆协查、通报、拦截和年度会晤、经验交流“六大机制”。

3日 副省长许克振、副秘书长陈新武、省交通运输厅厅长尤习贵共同启动水晶球，宣布全省第三批10个(5个物流园区和5个客运站场)总投资33亿元的物流园区、客运枢纽项目集中开工。项目建成后，湖北可新增旅客日发送能力6.2万人次，货物年吞吐量750万吨。

省第十一届人民代表大会常务委员会第三十三次会议审议通过《湖北省水路交通条例》(以下简称《水条》)。新《水条》于12月中旬正式颁布，2013年2月1日起施行。新《水条》的颁布实施，将有利于加快长江黄金水道和武汉长江中游航运中心的建设步伐，充分发挥湖北水运优势和潜力，促进航运、港口、产业、城市互动，形成现代综合交通运输体系，服务和带动经济社会发展。

三峡翻坝高速公路调整车辆通行费收费标准，车型分类标准由原0.836元/车公里降为0.44元/车公里(17座及以下)，载货类汽车计重收费标准基本费率由原0.132元/吨公里降为0.088元/车公里。

4日 黄黄高速公路交通气象站完成安装调试，成功传回该站点的第一条自动站数据，这标志着湖北省首套专业为高速公路服务的交通气象站点正式建成。高速公路交通气象自动站建成后，将大大满足湖北省公路交通发展对气象保障服务的需求，促进气象、交通运输、公安、安全监管等部门合作，有效预防和减少交通事故的发生。

省港航海事局分别与中国交通信息中心有限公司、省交通科学研究所签订湖北省水上搜救应急管理系统二期工程建设合作协议。省交通运输厅副厅长唐元，副巡视员魏公民，省港航海事局局长朱晓光出席签字仪式。

5日 王国生省长签发省政府令，颁布《湖北省公路超限运输管理办法》(以下简称《办法》)，于2013年2月1日起施行。《办法》的颁布实施，对加强公路超限运输管理，维护公路完好，保障公路安全畅通具有重要作用，有利于健全和完善治理车辆超限超载工作的长效机制。

6日 恩施港总体规划经征求交通运输部意见后，由省政府以鄂政函〔2012〕345号文批准实施。恩施港总体规划获批为恩施州清江流域水运建设发展、有效保护和合理利用港口岸线资源提供了重要依据。

天河机场至武汉火车站“空铁快线”开通仪式在武汉站东广场隆重举行，该线开通标志着天河机场与武汉火车站之间将实现无缝对接，为乘坐飞机、高铁中转的旅客提供安全、舒适、便捷、优质的服务。

8日 武当山机场奠基仪式在十堰市经济开发区举行。省委常委、常务副省长王晓东宣布武当山机场奠基，副省长许克振、广州军区空军司令部参谋长助理姚丽君大校，十堰市委书记周霁出席奠基仪式。武当山机场位于茅箭区胡家村和十堰经济开发区方块村交接处，距离市中心约15公里，是国家“十二五”规划的重要支线机场。机场项目总投资15.4亿元，规划设计飞行区标准为4C级，服务半径为3万平方公里的鄂西北地区，辐射陕南地区，与周围的铁路、高速公路、国道、省道和汉江港口交错连接，形成以机场为中心的现代化区域交通中心。机场设计跑道长2600米，停机位5个，航站楼9000平方米，可起降B757、737—800、A320等系列机型，目标是2020年旅客吞吐量为90万人次，计划2015年建成通航。

通城客运中心正式投入营运，整装一新的客车徐徐开出车站向省内外发送旅客。该客运中心于2010年在县城杭瑞高速公路连接线路段动工兴建，耗资6000余万元，占地51亩，建筑面积近万平方米，堪称咸宁市第一、鄂湘赣三省毗邻数县一流的客运中心。

8日至9日 水利部长江水利委员会在湖北省恩施市组织了沪蓉国道主干线湖北宜昌(长江大桥)至恩施(吉心)段及恩施(吉心)至利川(鱼泉口)段(以下简称沪蓉西高速公路宜恩段和恩利段)两个部批项目的工程水土保持设施竣工验收，沪蓉西高速公路宜恩段和恩利段成为省内继十堰至漫川关段高速公路之后，顺利通过水保验收的第二、第三个部批高速公路建设项目。

9日 《襄阳市现代物流业中长期发展规划研究报告(2012—2020)》通过专家评审。力争用5至10年，将襄阳打造成全国区域性物流中心城市、中部地区物流节点城市和物流产业核心服务区。

12日 省交通运输厅与湖南、安徽、江西、河南、陕西、重庆五省一市交通运输主管部门签订协议，建立区域高速公路路网应急联动机制；与武警交通直属工程部建立警地应急联动工作机制。副省长许克振、总后勤部军事交通运输部副部长姜锐刚、武警交通指挥部副主任刘根水出席签字仪式。

黄梅县沿江一级公路黄梅段开工，率先在黄冈市启动沿江一级公路建设。黄冈市沿江一级公路是该市“十二五”交通规划重点项目，总投资28.01亿元，起点位于黄黄高速蕲州互通附近，沿长江向东跨越武穴市，止于黄梅县刘佐乡，与安徽省宿松县北沿江一级路相接，全长约106公里。黄梅沿江一级公路是黄冈市沿江一级公路的重要组成部分，全长50.6公里，路面等级为一级，沥青混凝土路面，工程概算总投资8亿元。

13日 由交通运输部、湖北省人民政府、武警交通指挥部共同主办的2012年度公路交通联合应急演练在湖北省武(汉)英(山)高速公路英山县境内成功举行。交通运输部副部长冯正霖、武警部队副司令员戴肃军、副省长许克振，国家发改委、国务院应急办、交通运输部、武警交通部队及湖北、江西、安徽、湖南、河南、陕西、重庆等省市近500人现场观摩。

17日 荆州港盐卡集装箱码头装卸量突破7万标箱。该码头2011年完成63432标箱，2012年再破7万标箱，实现了集装箱装卸量“两年两大步”的目标。2011年开工的盐卡三期工程完工后，集装箱吞吐能力将达到100万标箱。

18日 武汉城市圈环线高速公路咸宁西段开工仪式在咸宁隆重举行，标志着咸宁首条跨江高速、全市第8条高速公路正式开工建设。省交通运输厅厅长尤习贵、巡视员徐佑林，省交投公司董事长张嗣义、总经理龙传华，咸宁市委书记任振鹤、市长丁小强等出席仪式。

19日 省交通投资有限公司和宜昌市政府联合举行新闻发布会，宣布岳阳至宜昌高速公路宜昌段正式开工。宜岳高速公路建成后，开车从宜昌到岳阳只需1小时40分钟，比目前缩短1个半小时，不仅将弥补荆江南岸无东西向高速公路的空白，还将在宜昌、荆州、岳阳之间形成一条快速运输大通道，推动洞庭湖平原与江汉平原、宜昌三峡地区资源的整合开发。省委常委、宜昌市委书记黄楚平，省交通运输厅厅长尤习贵、巡视员徐佑林，省交通投资有限公司董事长张嗣义、总经理龙传华，宜昌市市长李乐成等出席新闻发布会。

22日 “武鄂同城化、交通一体化”工作推进会暨项目启动仪式在鄂州举行。武汉市交委与鄂州市交通运输局签订武鄂交通一体化合作共建协议，葛店开发区与武汉市公交集团签订葛店至武汉公交开通协议。副省长许克振出席启动仪式并讲话。省交通运输厅厅长尤习贵讲话，并宣布武昌至鄂州葛店开发区301路城际公交线路正式开通。

湖北省交通运输厅乒乓球协会成立。

26日 湖北武陵山绿色旅游公路建始红岩寺至景阳河段正式动工建设，标志着武陵山绿色旅游公路建设正式启动。该项目建成后，将明显改善恩施及建始公路交通条件，提高公路运营服务水平、串联恩施主要旅游景区、带动沿线野三河及清江等旅游景区的开发，促进武陵山集中连片特困地区经济社会快速发展。

襄阳绕城高速东段、316国道城区段和207国道襄阳北段改建工程正式开工建设，三项目总投资近30亿元。省委常委、襄阳市委书记范锐平宣布开工。

湖北大部分地区出现雨雪天气，位于鄂西北的汉十高速公路更是迎来了路段第七次雨雪冰冻天气。省交通运输厅厅长尤习贵十分关心恶劣天气下高速公路通行情况，在途经汉十高速公路时专程到正在进行除雪作业的响水河大桥上，亲切慰问现场工作人员，详细询问除雪物资、人员、车辆的准备情况，以及当前除雪保畅工作面临的困难和问题，并与坚守在一线的干部职工一起进行人工除雪作业。

27日 省运管物流局主办2012年全省汽车维修技能大比武。来自全省17个地市州的63家维修企业、102名优秀维修工，参加年度维修大比武的决赛。本次比赛首次将“汽车不解体检测诊断”新技术作为比赛项目。副厅长唐元出席比赛开幕式。

28日 武汉轨道交通2号线一期工程开通试运营。武汉轨道交通2号线一期工程起于汉口常青花园金银潭，终点是武昌光谷广场，线路全长27.73公里，共设车站21座。武汉轨道交通2号线一期工程作为武汉市首条地下轨道交通工程，是武汉市第一条真正意义上的地铁，也是我国第一条穿越长江的地铁，串起了长江两岸的武广、江汉路、中南、街道口、光谷等武汉多个重要商圈，是武汉市的黄金交通走廊，与轻轨“十”字相交，形成了武汉轨道交通基本骨架。

28日至30日 省交通运输厅厅长尤习贵、纪检组长张月斌参加2013年全国交通运输工作会议和全国交通运输廉政工作会议。尤习贵厅长在会上作了题为《优化行风政风 提升服务水平 努力塑造交通运输行业新形象》的交流发言。

29日 省交投公司、荆州市政府在荆州市召开武汉城市圈环线高速公路洪湖段开工新闻发布会。荆州市委书记李新华宣布开工。该项目全长19.816公里，项目总投资为35.129亿元，建设工期36个月。它的建设是武汉发展城际交通的重要载体，是实现武汉城市圈交通先导战略目标的需要，对于荆州市进一步优化高速公路网络，更好更快地融入“两圈一带”战略具有极其重要和深远的意义。

30日 汉鄂高速公路通车，武汉至鄂州的车程仅需半小时，较原来经武黄高速公路节省一半时间。至此，汉孝、汉洪、汉蔡、武麻、武英、青郑、和左等7条武汉高速出口路以及互通的城市圈高速公路全部通车，武汉“1+8”城市圈1小时交通网格局正式形成。

概况

【全省交通运输概况】 2012年，全省公路水路交通固定资产投资首次突破600亿元大关，达628亿元，为年度目标的139%，同比增长12%。其中高速公路完成投资337亿元，同比增长13%；普通公路完成投资196亿元，同比增长4%；港航建设完成投资63亿元，同比增长24%；站场物流建设完成投资32亿元，同比增长48%。普通公路和站场物流建设投资大幅超额完成年度计划，内河航运建设投资排名全国第二位。已建和在建高速公路里程达到6503公里，位居全国前列，为全面实现“十二五”规划目标奠定了扎实基础。

“十二五”规划重点交通项目全面开工。年初大别山红色旅游路大悟段率先开工建设，拉开“重大项目建设年”交通项目密集开工的序幕。23个总投资101亿元的“十二五”规划重点项目分两批开工，实现了“十二五”规划水运重点项目全部开工的目标；客运枢纽和物流园区建设呈现集群发展态势，34个总投资127亿元重点项目分三批开工；国省干线公路新建和改扩建工程全面开工，十堰环库公路、恩施城区至汾水河公路等78个一二级公路新改建项目完成开工准备。武汉至深圳高速公路武汉段、宜昌至张家界高速公路当阳枝江段等8条高速公路231公里获得批复核准并先后开工建设，在建里程达到2496公里。加强续建项目进度质量管理。保宜、十白、谷竹、宜巴等一批高速公路项目进展加快。麻竹高速黄冈段、襄阳东等一批重点工程实质性推进。引江济汉通航工程船闸主体完工，汉江航道整治进展顺利。前期工作超常推进。所有“十二五”规划高速公路项目已基本完成工可研究，一批长江大桥项目先后启动国家报批程序，一批中远期规划项目先后启动方案研究。通过整合资源，专班推进，加强调度督办，争取多方支持，真正形成了“谋划一批、推进一批、建设一批、储备一批”的前期工作良性发展机制。全面加强项目质量管理。全面推进高速公路建设标准化，我省在全国高速公路建设标准化会议上大会经验交流。深入推进建设领域突出问题专项治理，完善诚信体系建设和信息公开，创新“五主二辅”质量安全监管新模式，坚持“一月一检、半年小评”，交通工程建设质量稳步提升。

普通公路筹融资工作取得突破。省政府出台普通公路可持续发展意见和化解二级公路债务方案，批准以燃油税资金为还款来源、以省交通运输厅为融资主体、建立新的普通公路融资平台，国开行明确了“十二五”期普通公路120亿元信贷规模。争取交通运输部交通专项补助资金72.3亿元。交通规费超额完成年度任务。省交投公司发行中期票据40亿元、租赁融资50亿元、银行信贷238亿元，积极筹措高速公路建设资金。宜昌、黄冈、荆门等地积极争取利用中央代发地方政府债券资金。咸宁、武汉、黄石等地充分发挥地方交通融资平台作用。咸宁、荆州、天门等地引进中交集团、中基集团等大型央企，成功运用BT、BOT、EPC等模式建设交通基础设施。大冶、竹溪等县市政府积极履行农村公路建养主体责任，从地方一般预算列支建立农村公路养护专项资金，形成长效机制。

全面谋划综合运输体系建设。坚持规划引领，《湖北省省道网规划》、《恩施港总体规划》、大别山、秦巴山、武陵山《集中连片特困地区交通建设扶贫规划纲要(2011 ~ 2020年)》先后出台。积极推动武汉、襄阳等中心城市启动综合交通体系规划。加强顶层设计，形成了构建综合运输体系的基本思路：突出“一主两副”，加强省市共建，打造“十大工程”，围绕服务和改善民生，实行点(枢纽)、线(多式联运)、面(信息平台)同步推进。武汉至宜昌、北京高铁开通，武汉至巴黎、洛杉矶航线启航，武汉地铁2号线建成运营。宜昌汽车客运东站等一批综合运输枢纽建成使用，荆州、黄石等6家异地候机楼投入运营。武汉机场三期工程交通中心、阳逻港三期工程、武当山机场等一批重要枢纽开工建设。武汉站和武汉机场之间开通“空铁快线”。铁水联运、公水联运、公铁联运规模不断扩大，我省集装箱运输量稳居中部第一位。四大综合运输信息平台建设进展加快。联合湘赣皖三省，依托长江中游城市群，积极争取国家设立综合交通示范区取得重要进展。交通一体化、城乡一体化、区域一体化水平提升，“走得了”向“走得好”转变步伐加快。

物流蓬勃发展。国务院、省政府相继出台加快物流业发展的意见，为物流发展提供了有利的政策环境。货运物流园区建设提速加力，临港物流、临空物流、专业物流、专线物流发展迅猛。“一港双园”模式在多地推广，物流园、产业园与港口同步建设、集群发展。物流运输方式不断创新。甩挂运输取得突破，省汽运、大通等5

11月2日，黄冈长江大桥全桥贯通

家企业纳入国家甩挂运输试点项目，获得2000万元补助。农村物流发展迅速，出现了以长阳、南漳、竹溪等地为代表的交邮共建、资源共享、综合服务站等模式。物流运能大幅提升。杨泗港至洋山港“江海直达”物流航线开通，全程1万多公里的武汉至欧洲6国“汉新欧国际货运专列”首开成功，武汉至美、澳、中东货运航线即将启运，全省水陆空国际物流大通道进一步拓展。第九届武汉国际物流节成功举办，创历届物流节规模、交易、投资多项之最。多家百强物流企业落户湖北，我省已成为物流投资的“洼地”和高端物流服务商聚集的“宝地”。

运输一体化加快推进。黄陂、老河口、宜都试点城乡客运一体化，取得良好开局。第二批城际公交线“仙桃—天门”、“十堰—郧县”成功运行。武汉至鄂州公交线开通，武鄂同城化、一体化步伐加快。宜昌—武当山—神农架定线旅游客运班线首开成功。优化客运线路，主动与高铁对接，客运组织一体化程度、集聚功能进一步提升。落实公交优先战略，湖北在全国城市公交会议上作经验交流。“一主两副”和黄石、十堰、荆州等城市公交服务水平明显提升。武汉被纳入交通运输部“公交都市”建设示范工程试点城市，十堰顺强出租汽车公司创建和谐劳动关系的经验在全国推广。全省更新近30%公交车辆，改造450处公交站场，智能调度系统推广应用，快速大容量公交系统建设破题上路，文明示范线开花结果。

公路服务水平进一步提升。组建高速公路联网收费中心。建成高速公路应急指挥中心。建成ETC不停车收费车道68条。打造温馨舒适安全环保星级服务区。调整部分高速公路收费标准。深入开展公路治超、路域环境综合整治、“农村公路管养年”活动，公路技术状况和服务水平进一步提升。新增通村公路1.2万公里，农村人民群众出行条件进一步改善。投资5亿元、启动新“三万”活动，新建5000公里“村村连”公路。交通运输部在黄冈召开全国农村公路建设与管养现场会，全面推广湖北经验。

安全态势良好。道路客运安全年活动深入开展。道路旅游客运专项整治活动全面展开，长途客运驾驶人停车换人、落地休息等“六项制度”得到全面落实。“安全带—生命带”专项行动扎实推进，“两客一危”车辆实现安全带全覆盖。“平安水域”创建活动取得成效，全省辖区连续28个月未发生统计范围内的上报事故。农村公路安保工程大会战取得实效。投入3.9亿元，改造危桥153座、危险路段3100多公里，抢通路段900处，完成国省干线大修1175公里、农村公路安保工程3280公里。深入开展重点工程建设“平安杯”安全竞赛、“安全生产月”等活动，安全生产态势平稳。出色完成应急保障任务。我省承办的2012年全国公路交通联合应急演练获得圆满成功，与周边五省一市、与武警、公安、卫生、通信、气象等部门建立长效合作机制，受到交通运输部充分肯定。襄阳、十堰特大暴雨造成严重公路水毁后，交通运输部门3天抢通国省干线、7天抢通县乡道、10天抢通村道；中秋国庆长假首次免征7座以下小客车通行费，交通运输部门圆满完成保畅通、保安全任务，先后两次受到省委省政府通报表彰。

交通法制、科教有新成果。《湖北省水路交通条例》、《湖北省公路超限运输管理办法》、《湖北省高速公路养护管理办法》等一批重要交通法规规章和规范性文件颁布施行。行政执法“四统一”工作整体推进，并在高速公路路政系统率先完成，执法信息化建设成效明显。进一步精简归并行政审批事项，我省成为东中部地区交通运输行政审批事项最少的省份，省委给予充分肯定，并在交通运输厅召开省直机关优化发展环境现场会予以推广。科技信息和职业教育工作取得新进展。沪渝高速鄂西段“山区高速公路高陡边坡失稳预测与处治技术研究”、“荆岳长江公路大桥建造关键技术研究”分别荣获省政府科技进步一等奖和全国公路学会一等奖。省交通运输统计分析监测与投资计划管理信息系统列入部示范工程。水上搜救应急管理系统（一期）、省交通运输监控中心等三大平台建成使用。高速公路指路标志信息标牌数据库、交通重点工程建设管理信息系统、客运售票联网移动平台开发完成。十堰市列入全国第二批出租车信息化服务管理试点城市。宜昌市升级机动车驾驶员培训计时、视频监控管理信息系统，实现教学信息化全面管理。汽车不解体诊断技术在维修行业推广应用。省厅门户网站名列省政府绩效考核第一名，获得部“最佳政府网站奖”。交通职业技术学院获得省“‘依法治校’示范校”、“‘就业湖北’先进高校”称号。

行业品牌文化绽放光彩。新时期交通运输行业重大先进典型——武汉市公交集团“三零”司机张兵脱颖而出，张兵式班组、张兵式标兵不断涌现。“十行百佳”评选活动深入展开。全省交通运输系统职工乒乓球、羽毛球大赛和第五届职工摄影书画大赛成功举办。陈刚毅、王静、郑启湘同志光荣当选十八大代表。海事文化、高路文化在形式和内容上不断创新，服务司乘、扶贫济困、环境保护等志愿者文化广为传播，开路先锋、铺路石、信义渡工、文明公交示范线、敬老出租车队等文化品牌影响力不断增强。省厅连续3次获得“全国文明单位”殊荣。19名同志被评为省劳动模范，27个单位、3名个人分别获得全国和省“五一劳动奖状（章）”、“工人先锋号”光荣称号。

【全省高速公路概况】 费收管理。全省高速公路管理单位突出服务为先，坚持标准创建，高速公路费收管理水平显著提高。一是“三创”费收竞赛活动成效显著。坚持以“服务创优、管理创新、绩效创佳”为主题，将费收“三创”竞赛与高路系统“百佳标兵”和交通行业“十行百佳”评选活动有机结合，通过明确年度工作目标，详细制定活动方案，层层分解和落实责任，深入推进“四定一保”工作机制，有力确保了全年各项工作及任务指标全面完成。二是联网收费稽查活动效果明显。根据联网收费区域管理特点推出区域稽查模式，形成了省稽查专班、区域稽查、路段稽查相结合的稽查体系，全年组织开展了三次大规模联网专项稽查活动，稽查范围遍及所有路段和90%以上站所，全省共稽查车辆约36.71万辆，有效促进了路段和站所间的交流与学习，净化了收费运营环境，全省联网收费、联动管理的成效进一步得到显现。三是费收制度建设日趋完善。组织编写并印发了《全省高路系统联网收费现场操作规范》，制定了《关于加强入口车道自动发卡机管理的通知》，修订印发《湖北省高速公路系统费收管理综合考核办法》，基本完成了《标准化收费站实施指导意见》和《收费服务礼仪指导规范》的编写工作。四是ETC科技应用逐步推广。共有20个路段的40个收费站建成了68条ETC车道(另有9条在建)，ETC不停车系统覆盖率约为18%，非现金支付使用率达3.52%，分别比上年增长4%和1%，日均通行车辆约1.1万台次。已成立33个高速公路电子支付客服中心，拥有电子支付客户约4.6万个(其中ETC客户3.6万个)，累计预存金额5.5亿元。五是业务技能培训更重交流。组织全省高速公路联网收费成员单位的收费科长、营运部长和站(所)长开展高路系统收费业务培训活动。分批安排部分路段的中层管理人员考察外省高速公路营运管理。六是双节免费通行平稳有序。全省高速公路管理单位实行“五个统一”，千方百计保畅，全省高速公路实现了“四零”目标(长时间交通拥堵为零、较大以上安全责任事故为零、政策执行类有理投诉事件为零、服务类有理投诉事件为零)，受到了省委办公厅、省政府办公厅的通报表彰。七是收费公路清理惠及民生。严格按照国家五部委通知精神和《湖北省收费公路专项清理工作实施方案》要求，对省内各收费高速公路、长江大桥等相关重点项目进行再次自审、自查和梳理，会同有关部门先后下调了十漫高速、翻坝高速等路段的收费标准，

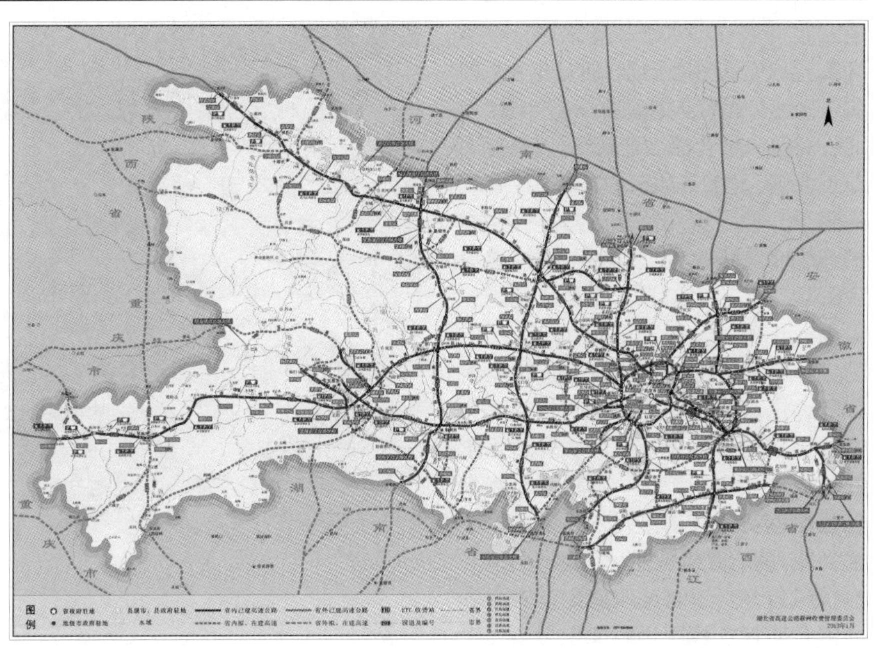

湖北高速公路示意图

全力打造服务于民、惠民利民的民生大通道。

路政管理。全省高速公路系统突出以人为本，坚持依法治路，高速公路路政管理水平显著提高。一是积极探索路政管理科学发展途径。组织承办了第二届全国高速公路路政管理工作研讨会，22个省市区高速公路路政管理单位200余名代表参加会议。会上，与会代表观看了“法治交通、高速引领”湖北高速公路路政管理探索科学发展宣传片，省高管局作了路政管理工作经验交流发言；中部六省一市高速公路路政管理单位共同签署了《中部六省一市高速公路路政执法协作框架协议》。二是路政执法形象建设深入推进。按照交通运输部执法形象建设“四个统一”要求，全省高速路政6月15日前统一完成执法服装换装，第一批新式执法证已发放到位；统一办公用具要求，加快推进“标准化示范路政大队”建设及执法场所外观标识改造，全省高速公路已有35个基层路政大队完成执法场所外观建设；8月3日组织召开由随岳管理处承办的“法治湖北、高速先行”全省高速公路路政执法服务形象展示活动，执法形象建设受到省政府法制办等参会领导高度肯定。三是执法队伍教育培训体系着力推进。着手构建执法人员专业化培训教育体系，制定《高速公路路政执法人员资质教育培训纲要》，执法人员在线教育培训系统完成开发并投入试用。组织约350名路政干部培训并进行闭卷考试。6名基层执法人员荣获全省交通运输系统路政执法岗位“十行百佳”，路政执法总队荣获2011—2012年度全国交通运输依法行政先进集体。四是路政执法科技体系逐渐完善。完成路政总队、支队、大队三级业务平台、路赔机打票据系统的开发工作，并投入使用。清障施救服务远程监管平台、路政执法电子监察系统、行政许可管理系统、超限运输管理信息系统正在积极建设中。五是清障施救服务日趋规范。制定印发《进一步加强清障施救服务监督管理的通知》，积极协调省物价局调整清障施救服务收费标准，召开全省高速公路清障施救规范服务推进会，统一清障施救服务收费标准公示牌，多措并举加大新政策的宣贯力度，清障施救监管力度进一步得到加强。汉十管理处在省内率先建立清障施救视频监控系统，完成标准化施救站点改造，并形成一整套标准化清障施救体系。

养护管理。全省高速公路管理单位突出路面养护，坚持科技创新，高

速公路养护管理水平显著提高。一是完善养护规章制度。配合省厅出台《湖北省高速公路养护管理办法》，印发《湖北省高速公路养护巡查制度》，制定《湖北省高速公路交通标志变更设计管理规定》，进一步规范全省高速公路养护行为和养护巡查及交通标志变更设计管理工作，为加强养护监督管理，提高养护质量，提升全省高速公路网的整体服务能力和管理水平提供制度保障。二是推广应用养护管理系统。开发完成全省高速公路养护管理系统并完成推广应用工作，为提高全省高速公路养护管理信息化水平提供了技术支撑。邀请省纠风办、省行评督查员、厅行风监督员、新闻媒体记者对全省高速公路标志标牌进行实地考察，建立全省高速公路指路标志信息数据库，所有高速公路标志标牌信息录入养护管理系统，供社会及各单位查询、使用，积极规范全省高速公路指路标志。三是组织开展全省高速公路养护大检查。组织6个检查组对全省高速公路路况、日常养护情况及养护管理综合工作进行检查考核，抽检部分路基、路面、沿线设施和桥隧构造物，极大地促进了全省养护管理工作水平的提高。配合交通运输部完成对鄂黄长江大桥和黄石长江大桥的抽检工作。四是加大养护技术指导力度。不断强化养护监管职能，倡导“四新”技术应用，楚天公司采用彩色防滑粘胶剂再撒布碎石刷乳化沥青的方式处理火烧路面，利用沥青还原剂处理路面轻微网裂。随岳管理处在全省首次采用摩擦阻荷梁体整体平移新技术，成功组织杨越匝道桥顶升复位专项施工。汉十管理处在全省养护施工中率先使用排水式沥青路面和无砂混凝土小桩等新材料和新技术，并在全线推广应用。

12月12日，湖北省与湖南、安徽、江西、河南、陕西、重庆五省一市交通运输主管部门签订协议，建立区域高速公路路网应急联动机制

应急管理。省高管局负责总承办2012年度全国公路交通联合应急演练，12月13日成功举行2012年度全国公路交通联合应急演练。深入开展应急联动处置机制、方式方法研究，与湖南、安徽、江西、河南、陕西、重庆五省一市签订区域高速公路路网应急联动机制，与武警交通直属工程部建立警地应急联动工作机制，与省卫生厅联合签订《高速公路医疗救助联动协议》。京珠管理处完成了《省级交通运输主管部门与武警交通部队应急联动机制》、《湖北省高速公路综合应急救援机制》专项课题研究。黄黄管理处加快应急预警管控系统建设，成功运行《鄂赣皖高速公路黄梅区域应急联动运行机制》，有效应对九江大桥堵点，省际收费站呈现出“堵点不再堵、高峰不见峰、集中无滞留”的全新局面，为通车14年来的首次突破。拟定《湖北省高速公路应急处置演练大纲》，编印《湖北省高速公路突发事件应急处置指南》共5册。完成“湖北省高速公路应急指挥系统”工可和一期工程。按照部省联网、资源共享的要求，积极争取政策支持，湖北省高速公路应急指挥中心顺利建成并投入使用。试点建设了英山服务区、赤壁服务区、孝感服务区、鄂州收费站、武汉西收费站等5个高速公路医疗救护站及鄂南、鄂东南2处应急救援基地；完成一期75处交通气象站建设，鄂西、汉宜、武黄、黄黄、杭瑞、大广南等高速公路实现气象监测全覆盖；京港澳高速公路恶劣气象条件下公路安全运行保障技术示范工程建成投入使用。联合省公安厅交管局出台《湖北省高速公路警路共建指导意见》和《湖北省高速公路实施路网联动指导意见》，进一步明确警路共建协商、联合执法、应急联动等工作机制。鄂西管理处与重庆交通综合执法部门、高警部门共同签订《沪渝高速公路鄂渝省际路警联动框架协议》，提高了鄂渝省际联动联勤效能。武黄管理处尝试警路“1+1”联合处置模式，在国庆长假应急保畅中发挥巨大作用，极大提升了路面管控能力。积极协调做好3次部队演习拉练通行高速公路保障工作；按照省委省政府要求，圆满完成“民企携手湖北、共促中部崛起”会议的交通运输保障工作。迅速反应、果断处理，成功处置汉十高速公路“6·22”黑火药爆炸事件，28小时内全面抢通道路，受到上级领导充分肯定。

经营管理。全省高速公路管理单位突出规范管理，坚持诚信经营，高速公路经营管理水平显著提高。一是开展服务质量大检查。按照年中交叉检查、年底综合检查的要求，组织17家路段经营单位分成2个检查组对16家路段的37对服务区进行两次大规模的质量检查活动，检查覆盖面达全省95%以上服务区。二是推进服务区创先争优。召开“为民服务、创先争优”活动推进会暨服务区经营管理人员培训会，进一步深化“共享服务价值”理念，加快推进服务区发展。约谈并督导服务区管理存在突出问题的经营管理单位。在汉宜高速公路枝江服务区组织召开高速公路服务区环境卫生与服务质量专项治理座谈会，签订服务区环境卫生与服务质量专项治理责任书，推动措施成效明显。三是强化服务区管控力度。进一步优化第三方暗访评估及通报整改制度，突出暗访及整改重点，初步搭建网络公开开放展示及监管平台，探索建立服务区经营商户资信体系，积极推动诚信经营、品牌经营。服务区全年未发生一起安全事件，服务纠纷的有理投诉率控制在2%之下，最大限度地保障和发挥了服务区应有的作用。四是拓展服务区服务内涵。以星级服务区创建活动为主线，积极拓展延伸服务种类和内涵，首批Wi-Fi服务区正式上线，覆盖沪渝高速白羊塘、恩施、高家堰、崔坝全线服务区和京港澳湖北段孝感服务区；黄黄高速界子墩服务区建设校园式餐厅；大广北高速浠水服务区开通全省首个凌晨大客车驾驶员免费休息室；随岳管理处理顺全线加油站经营管理，加强对经营方的监督力度，创新“同城同价、平价卖场”等特色服务。各单位也纷纷在功能完善、设施良好、价格合理、安全卫生、秩序良好、环境优美等方面提高服务质量和水平。五是加强服务区法制及信息化建设工作。制定《湖北省高速公路服务区管理办法》立法工作路线和计划书，委托法律专业咨询机构积极开展立法前期调研、初稿编制及业内座谈等工作，已形成初稿并提交省厅。按照交通运输部“十二五”建设信息化四大工程的总体部署，完成“湖北省交通运输统计分析监测和投资计划管理信息系统”、“全国高速公路信息通信系统联网工程（湖北段）”等项目的前期工可研究及建设方案制订等工作。六是积极推进经营管理上台阶。各单位注重挖潜增效，经营效益形势喜人。汉十管理处完成年度经营收入1900万元，实现年度目标的105%。武黄管理处按照“安全第一、科学布局、合理开发”的理念，对武黄段户外广告位进行全面摸底清查，加强广告位的申报力度，广告设施位单位租金上涨300%。交通职工培训中心以销售为龙头，以规范内部管理为要求，以提升服务质量为目标，加强硬件升级改造，7、8、9连续三个月销售收入实现“三级跳”，连超历史最高水平，超额完成全年目标任务，荣获“宜昌市餐饮酒店三十强”光荣称号。

综合管理。全省高速公路管理单位突出转变作风，坚持激发活力，高速公路综合管理水平显著提高。一是抓出行评工作效果。各单位按照省委省政府、省厅要求，始终按照“抓党风、促政风、带行风”的方针，以“优化经济发展环境、促进湖北跨越发展”为主题，将民主评议政风行风工作作为“一把手”工程，迅速启动，全面动员，广泛宣传，认真自查，强化整改，建章立制，做好行评各阶段工作。全省高速公路系统共收集问题136条，解决129条，还有7条在整改中，整改完成率达95 %，满意率99%。二是抓好各项主题实践活动。开展全省高速公路系统“喜迎十八大，争创新业绩”暨“三抓一促”主题实践活动，评选表彰全省高速公路系统“百佳标兵”，积极贯彻落实省厅“万名干部进万村洁万家”活动，切实抓好各项主题活动与实际工作相结合，确保活动达到预期效果。三是加大文化品牌建设力度。鼓励各高速公路管理单位因地制宜，发挥自身优势，深挖品牌内涵，提升核心竞争力。京珠管理处从“一个微笑圈＋四个总支区域”衍生，提出与地域文化特色相结合的“一区域一特色”；黄黄管理处召开“活力黄黄”品牌咨询会、内审会，构架形成包含理念文化、行为文化、形象文化的“活力黄黄”文化品牌体系。随岳管理处推出“阳光随岳”视觉识别(VIS)系统，塑造出直观、独特的“阳光随岳”形象。还有一些单位也开始建设文化品牌，如：大广北的平安大广，鄂黄大桥的“厚德载物，真情服务”文化也逐渐崭露头角。四是加大党群及精神文明创建力度。各单位注重丰富职工文化生活，积极改善职工工作、生活环境。随岳管理处建立贴心关爱体系，武黄管理处投入120万元建立机关单身职工生活公寓，建立22个“真情书屋”。鄂西管理处推进暖心民生工程，实行慰问帮扶“五必访、五必谈、五必贺”。全省多家高速公路管理单位完成省级最佳文明单位、省级文明路和省级文明单位的复核验收工作。全系统党风廉政建设责任制落实率100%，尚未发现重大违规违纪事件。五是加大高路队伍建设力度。配合省厅调整和完善高速公路管理处机构设置和人员配备工作，结合事业单位改革出台人员调配、岗位管理、绩效工资等方面的指导性意见。依托指挥部领导，加大对借调到重点工程干部职工的日常管理力度，完成宜巴、汉鄂高速公路路政人员招聘工作。成功举办全省高速公路系统第四届职工运动会。

【全省普通公路概况】 建设投资规模。全省普通公路建设投资达到196亿元，占年度目标105亿元的187.4%，再创历史新高水平。完成一级公路路基443公里，路面399公里，分别占年度目标的117%和244%；二级公路路基711公里，路面1666公里，分别占年度目标的1580%和173%；县乡公路改造2138公里，占年度目标的76%；通村沥青(水泥)路8903公里，占年度目标的127%，完成农村公路渡改桥138座9087延米。

公路规划体系日趋完善。《湖北省普通省道网规划》已经省政府批准；完成秦巴山区、武陵山区、大别山区、幕阜山区集中连片特困地区公路交通建设扶贫工作准备方案及丹江口库区通村公路项目方案等专项规划；完成黄石、鄂州、襄阳等省市交通共建协议项目审查。全省“十二五”规划国省道增至28000公里，基本保证所有县市、建制乡镇通达二级以上公路，所有行政村通沥青水泥路；增补完善了“十二五”普通公路发展规划体系。

项目前期工作。完成一级公路专家评审121个项目2720公里、工可批复76个项目1608公里，分别占规划里程的76%和46%；完成二级公路专家评审225个项目5024公里、工可批复64个项目1489公里，分别占规划里程的83%和25%；完成33个一级公路、6个二级公路、9个国防公路项目和9034公里县乡改造项目及29597延米农村公路桥梁(渡改桥)初步设计审查，为落实“十二五”规划提供了可靠保障。

养护管理水平。圆满完成交通运输部“十二五”期国检1000公里路况检测任务，全省年度目标考核路况检测水平明显提高，2012年全省公路PQI指数达到84.48,同比上升3.6个点;完成国省干线大修工程1323.27公里、中修工程783.98公里；完成地灾整治工程96.4公里、实施危桥改造165座、安保工程3280公里，国省干线路况质量水平得到进一步提升。

路政治超工作。深入贯彻《公路安全保护条例》，切实维护路产路权，加大各种涉路案件查处力度，完成40个集镇路段整治任务，拆除违法建筑、清理堆物占道6200平方米、非交通标志456块，实时办理超限许可1803件、林木采伐许可137件，路政案件查处率和结案率均达到90%以上；大力开展区域治超及部门联动治超工作，开展路网运行与应急中心示范工程和执法形象“四统一”建设，非法超限超载运输率控制在5%以内，有效维护了公路权益和道路安全通行能力。

农村公路建设。成功举办全国农村公路建设与管理养护现场会。加快实施以国家集中连片扶贫开发地区及大别山经济社会发展试验区、脱贫致富奔小康试点县、新农村建设试点乡镇为重点的农村公路通畅工程、连通工程、循环工程、脱贫工程和城乡一体化工程，超额完成省政府向社会承诺“十件大事”中的10000公里农村公路建设任务；开展农村公路安保工程大会战，完成农村公路安保工程10525公里。

安全应急能力。全省公路严格落实安全责任制，大力开展除患排查和平安工地创建活动，加大国省干线危桥改造监管；大力推行建养项目标准化建设，质量安全态势良好，未发生任何重特大事故；应急抢险能力显著增强。启动了26个集管理、养护、应急“三位一体”普通公路养护(应急)中心和3个公路应急物资储备中心建设。7月，十堰、襄阳等地发生百年一遇的重特大洪涝灾害，公路受到严重毁损。灾情发生后，两地公路部门在省厅省局及地方政府的正确指导下，全面动员，全员奋战，积极投入到毁损公路的抢修工作中，实现了三天抢通省道，一周抢通县乡道，十天抢通农村公路，两月实现全面恢复，各级政府和地方群众对此给予高度赞誉。2012年全省公路系统在汛期累计投入应急抢通资金7884万元，累计抢通毁损公路900处/410条，有力保障了抢险救灾及恢复生产工作的顺利推进。

公路筹融资格局。加大普通公路投入力度，全年筹措各类资金100亿元。其中：车购税资金45亿元，燃油税资金12亿元，政府还贷二级公路偿债资金29亿元，贷款资金4亿元，其他资金10亿元。在上年预算基础上调增小修保养资金2.25亿元。全省治超人员经费问题得到较好解决；完成公路通行费收入4129万元，过渡费收入1995万元，超额完成年度目标任务；普通公路债务化解取得实质进展。省政府下发《关于全省二级公路债务偿还的会议纪要》，确定省级核定内债务还本付息渠道，核定外债务划转省交通投资公司；14个市州已出台化解债务会议纪要，签订债务偿还协议和重组方案，10个市州落实地方配套偿债资金7.66亿元；行业财务监管机制逐步完善，制订下发《湖北省“十二五”公路财务工作指导意见》，建立资金使用绩效考核制度，以制度规范行为，以标准衡量工作，以数据检验结果，保证资金专款专用。

政策法规体系。省政府出台《关于促进全省普通公路持续健康发展的意见》、《关于加强全省农村公路交通安全工作的意见》、《关于研究全省普通公路建设融资有关问题的会议纪要》、《湖北省公路超限运输管理办法》和《湖北省公路超限运输行政处罚自由裁量执行标准》等政策法规，省公路局先后印发《湖北省公路养护(应急)中心建设实施方案》、《湖北省公路养护作业现场规范化管理实施方案》及《湖北省公路交通应急物资储备管理暂行规定》等规范性文件。

行业文明形象。深入开展创先争优、“喜迎十八大、争创新业绩”、“三抓一促”、“三万”、“大战四季度、攻坚保目标”劳动竞赛等主题活动，公路文明建设成效显著；培树了以全国劳模叶宗节为代表的15名全省交通运输系统“十行百佳”标兵，方晓睿、庞连玉等5人被授予湖北省劳动模范光荣称号，省公路局荣获“2010—2011年度全国交通运输行业文明单位”称号；持续推进惩防体系和内控机制建设，党员干部廉洁从政观念不断增强；认真开展政风行风评议，组织实施公路大巡查、大暗访、大自查等活动，解决多起社会群众反响强烈的突出问题，行业风气不断好转，社会形象大力提升；积极回复办理人大政协提案和公众诉求。(耿峥)

【全省道路运输与交通物流发展概况】 完成道路客运量11.84亿人、旅客周转量804.07亿人公里、货运量9.71亿吨、货物周转量1565.45亿吨公里，同比分别增长12.8%、14.9%、17.4%、22.5%，圆满完成“春运”、“五一”、“防汛”、“中秋”、“十一”等重点时段的道路运输保障任务。省公路局受到部省多次表彰。全国出租汽车行业和谐劳动关系创建推进会在湖北成功召开，全国城市公共交通会议上交流了湖北经验，充分肯定了湖北的运输与物流工作。

一、站场建设实现新突破

紧扣省委、省政府“重大项目建设年”主题，以“站场项目推进大行动”为重要抓手，深入开展“大战四季度，攻坚保目标”劳动竞赛活动，采取领导包片督导、召开调度会等形式，全力推进综合客运枢纽和物流园区建设，取得较好成效。完成站场物流投资31.93亿元，为年度目标任务(19亿元)的168.05%，为调整任务(30亿元)的106.4%，是“十一五”投资总额(22亿元)的145.14%，创下了运管物流场站建设投资历史新高。先后集中开工三批共34个客运枢纽(物流园区)项目，总规模达127亿元。建成客运站6个(宜昌伍家岗客运换乘中心、当阳客运站、巴东高速客运站、宜昌港客运站、十堰客运中心站、沙市长途客运站)，建成物流园区(中心)5个(武汉高桥物流园年检大楼、长江物流园二期、江陵飞达物流园、随县冷链物流中心、武汉青山钢铁物流园)。

积极争取交通运输部资金支持。荆州郢城综合客运枢纽和武汉高桥物流园被交通运输部纳入全国首批综合枢纽建设示范项目，分别获得4000万元、5000万元的资金补助；宜昌三峡物流园(伍家岗货运中心)列为资金申请报告制度实施以来的首个申报项目，成功通过交通运输部组织的专家审查，获得1000万元的年度补助。全省4个综合客运枢纽和5个重点物流园区列入交通运输部2013年计划投资备选审查项目。

二、城乡客运取得新成效

城乡道路客运一体化取得重大进展。省运管局制定下发《关于积极推进湖北省城乡道路客运一体化发展的实施意见》及城乡道路客运公交化运行指导意见，明确了客运一体化、公交化的发展目标和政策措施。黄陂、老河口、宜都先行先试，在多级客运网络有效衔接、城市公交和农村客运融合发展以及政府统一规划强力推进等方面取得成功经验。以县城为中心，至20公里范围内的城乡客运班线公交化改造大踏步推进。城际客运公交化改造又取得新进展，继鄂(州)黄(冈)线后，天(门)仙(桃)、十(堰)郧(县)等城际公交线开通运行，在选择清洁能源公交车型、优化服务标准、合理降低票价、统一标识和调度等方面得到政府和群众的好评。

公交优先战略扎实推进。省市主要领导多次乘坐体验公交车，出台支持政策，集聚了公交优先发展的正能量。武汉市成功入选部"十二五""公交都市"第一批示范项目，出台了《武汉"公交都市"示范城市建设行动方案》和《关于加快城市公共交通站场建设的通知》等文件，在建设新式智能停靠站、大规模更新运力、驾驶员统一着装等方面迈出坚实的一步。积极推进公交规划编制和考核考评工作，出台《湖北省城市公共交通规划编制管理办法》和《关于在城市公交行业开展星级驾驶员和星级线路考核的指导意见》，完成《湖北省城市公共交通发展水平考核评价体系》研究。部分地方启动城市公交规划编制工作。积极推进大中城市快速公交系统(BRT)研究，武汉、宜昌等地开展BRT建设前期工作。湖北省首条地铁线——武汉2号地铁线开通运行，开辟了新的公共交通走廊。鄂州公交在推动公车公营等方面取得新进展。宜昌公交集团、襄阳27路公交线路和武汉公交司机张兵受到交通运输部表彰。湖北城市公交经验在全国城市公共交通会议上作交流发言，得到交通运输部领导高度肯定。

出租车和谐劳动关系创建成效斐然。积极推进"公司化经营，员工化管理"模式，强化出租车服务质量信誉考核和经营合同、劳动合同管理，深化出租车"双创"活动，联合公安交警部门开展打击非法营运活动，出租车发展环境进一步优化。编辑完成出租车和谐三部曲：一本书《和谐之歌》、一本画册《和谐之韵》、一个专题片《和谐之路》，得到全国同行的关注和认同。全国出租汽车行业和谐劳动关系创建推进会在湖北成功召开，交通运输部对湖北的工作给予充分肯定，十堰顺强公司的经验发挥了示范作用。

三、物流发展迈上新台阶

发展环境不断优化。省政府批转了《关于进一步加快推进全省交通物流业发展意见》,省交通运输厅下发《交通物流基础设施投资补助项目管理办法(试行)》，并安排1亿元专项资金计划。武汉、襄阳、荆州、黄石、随州等22个市、县政府成立物流发展工作领导小组，将办公室设在物流发展局。武汉、襄阳等9个市、县政府出台促进物流发展的指导意见。武汉市成功举办第九届国际物流节，强力助推武汉国家物流中心建设。成立了湖北省运输与物流协会，建立了物流园区联系制度，一批物流企业(园区)被列入交通运输部重点联系企业。临港物流、临空物流、专业物流、专线物流发展迅猛，多家世界、中国百强物流企业落户湖北，物流运能大幅提升。

农村物流初见成效。积极推进农村物流发展，开展试点示范，以农村综合运输服务站为基础，初步形成引进物流企业改造经营、多部门资源共享、交邮共建、招商引资、交农对接等各具特色的农村物流发展模式。《湖北日报》、《农村新报》、《中国交通报》进行了专题报道。罗田九资河五级客运站"以站带商、以商补站"的发展模式，得到交通运输部主要领导的充分肯定。农村综合运输服务站改扩建工程已开工31个、竣工23个。

甩挂运输强力推进。全省有5个

武汉杨春湖客运换乘中心

8月10日，全省第二批物流园区、客运枢纽建设项目启动暨荆门杨家桥物流中心奠基仪式在荆门举行

项目被交通运输部纳入甩挂运输试点项目，已有两家企业共获得国家补助资金2000万。各试点企业正按照要求稳步推进站场建设、运输组织优化等项工作。区域合作进一步加强，签署了《中部六省推进公路货物甩挂运输发展战略协议》、《中部六省道路货运信息共享合作协议》及《川、渝、鄂发展长江公水甩挂运输协议》，形成合力推进甩挂运输发展的良好局面。

物流信息化工作稳步展开。省交通物流公共信息平台不断进行改版升级，增加了手机短信发布信息功能，改版后的平台做到了"全省数据共享、各地自主使用"。网上注册企业达3000家，注册率40%以上，在册车辆近5000辆，累计点击16万次以上。全省已有80余家物流企业推广使用普通货物运输管理软件和仓储软件。湖北省交通物流公共信息平台获得中国物流与采购联合会颁发的"2012年中国物流与采购信息化优秀案例"奖。

四、行业监管取得新进步

安全维稳总体平稳。先后联合公安、安监等部门开展长途客运班车清理整顿"生命带—安全带"、"打非治违"等各类专项行动，共出动运政人员7万人次，检查车辆17.2万辆次，形成齐抓共管、上下联动、政企合力抓安全、保安全的高压态势。全省道路运输安全形势总体平稳，全年共发生道路交通运输安全责任事故27起，死亡49人，受伤75人，同比分别下降49%、62%、57%。全力推进道路运输安全标准化建设，先后组织3期1332人进行安全规范管理培训。开展湖北道路运输防汛抢险暨交通战备应急演练。省运管物流局共受理投诉咨询882起，办结率99%，未出现非正常上访事件，全省道路运输行业总体上保持和谐稳定。

旅游客运整治成效显著。由省政府发文并组织实施道路旅游客运安全专项整治活动，对94家旅游客运企业、2716辆旅游客车、774家旅行社进行清理整顿。在全国率先统一旅游客运车辆标识，率先使用旅游客运车辆专段号牌，清理隐形挂靠车辆，规范旅游客运经营行为，取得了较好成效。在此基础上，积极发展定线旅游客运，开通宜昌至神农架、武当山的定线旅游车和三峡大坝景区直通车。全省"旅游直通车"线路已达40余条，实现旅游资源和客运资源有效整合。

运输相关业务管理逐步加强。全面宣贯《机动车维修服务规范》，大力提升机动车维修业服务水平。印发《道路运输从业人员素质提升工程实施方案》，明确了10条措施。省运管局举办驾校校长培训班和素质提升工程启动仪式。推广应用驾校计时培训系统，加大教练员培训力度，提升培训质量。道路运输高级经理人资格统一考试顺利实施，全省汽车维护技能大比武成功举办。扎实推进道路运输节能减排工作，清洁能源车、节能减排技术得到推广应用，十堰亨运集团绿色汽车维修技术应用项目获得交通运输部67万元补助。省运管物流局获省节能先进集体称号。

科技信息应用水平明显提升。省运管物流局GPS中心平台完成升级达标，成为全国第一批通过符合性审查的省级监管平台，GPS平台入网营运车辆在线排名保持全国前5名。全省客运市场视频监控系统建设（一期）进展顺利，武汉城市圈基本建成，鄂西生态文化旅游圈全力推进。全省运管物流视频会议系统全面建成。省运管物流局门户网站（运物网）完成改版升级。省运管物流局完成道路运输视频监控和应急指挥系统、道路客运联网售票系统和道路运输市场信用信息系统等三个可行性研究报告，并上报省交通运输部正在研究。包车客运标识牌管理系统已完成研发，并在宜昌、十堰两地进行试运行。十堰市出租车信息系统纳入交通运输部试点示范项目，武汉、襄阳、荆州等部分客运站借助邮政网点代售客票。武汉市出租车电召系统得到广泛运用。市州大部分公交企业运用公交智能系统，提升管理服务水平。公交电子站台在武汉、黄石、十堰等地率先运用。

五、文明创建展示新形象

积极发挥先进典型的示范引领作用，大力宣传张兵先进事迹，先后在全省各市州和省直机关组织张兵先进事迹报告会30余场次，社会反响强烈。全省运管物流系统深入开展学习张兵活动，组织"弘扬雷锋精神、学习张兵事迹"、"学习张兵事迹、立足岗位创先争优"座谈会。王静光荣当选十八大党代表，鸿忠书记视察武汉公交，乘坐了王静驾驶的578路公交车。全系统广泛开展"八个十佳"创建活动，"文明进公交"、示范线创建、物流立功竞赛等活动有声有色，全省运管物流系统30佳荣获省交通运输厅"百行十佳"标兵称号。

着力推进运政执法形象"四统一"建设。保康、蕲春、石首、黄陂、宜都等五个形象建设试点单位通过验收。组织开展全省运管系统标准化建设暨所长培训研讨班和全省县(市)物流局长培训班，组织部分地方负责人到兄弟省市学习调研，促进工作开展。举办运政执法人员培训班，逐步提高运政执法人员素质，规范道路运输执法行为。

深入开展“喜迎十八大，争创新业绩”主题实践活动，省运管物流局成立领导小组，印发《实施方案》，组织开展一系列主题实践活动。开展“三抓一促”和民主评议政风行风工作，全面优化服务环境和质量，有效促进了服务意识、管理能力和执法水平提升。（白云峰）

【全省水路交通概况】 固定资产投资取得新突破。累计完成固定资产投资63亿元，为年度确保目标的140%。“十二五”前两年完成投资113亿元，占“十二五”规划投资目标的63%。新开工项目23个，在建项目达到93个，总规模突破250亿元，“十二五”规划的重点港航项目全部开工建设。完成水路货运量1.99亿吨、货物周转量1933亿吨公里、港口货物吞吐量2.3亿吨、集装箱吞吐量95万标箱，比2011年分别增长12.1%、22.4%、8.3%、11.8%，船舶运力新增31万载重吨。更新老旧渡船268艘，消除省、市、县分级挂牌督办113处重点隐患，启动建设水上搜救应急系统二期工程，全省水上交通安全形势持续稳定。固定资产投资中，部省补助资金10.34亿元，社会投资52.66亿元(其中企业投资40.1亿元)，社会投资比重达到84%，同比增长4%。完成“两费”收入1.84亿元，为年计划的103%。《湖北省水路交通条例》顺利出台，港航授权执法、水运发展资金、岸线资源保护、水资源综合利用等核心问题通过立法建章立制。湖北省船舶检验局正式挂牌。“同心同行、创新超越”港航海事精神得到弘扬，成功举办首届港航海事文化月活动，各级文明单位覆盖率达90%，新增“六型”窗口15个、共达42个。

“一港双园”助推综合运输。依托重点港区，优先建设与工业园、物流园联为一体的港口项目，坚持港口布局与综合运输通道相互衔接、港口功能分区与产业布局相互衔接、建设时序与经济发展重点相互衔接，形成港口开发、工业园和物流园同步建设、互动发展的“一港双园”驱动模式，推动50多个“港园一体”项目日渐成型，聚集一批总投资百亿元以上的重点项目临江而建。

“四项制度”管控港航建设。在前期工作中实施目标考核制、在工程进度中实施督办检查制、在建设市场中实施信用评价制、在施工管理中实施标准化管理制，对港航项目前期工作、工程进度、建设市场和质量、安全等进行全过程管控，保证项目开工、建设投资等目标全面超额完成，在建工程质量安全无事故，交完工项目合格率100%。

“三化”壮大水运市场。着力实施船型标准化、企业规模化和港口现代化，逐步壮大水路运输市场。全省千吨级以上船舶达到1568艘、553万载重吨，货船平均吨位超过1500载重吨；90家航运企业运力规模超过万吨，占全省总运力的3/4以上。马士基、地中海等全球领先航运企业入驻武汉，全球排名前16位的航运企业有14家在湖北设有办事处和分支机构；千吨级以上泊位达到844个。

“双基建设”保障水运安全。紧扣打基础、强基层，保障水上交通安全稳定。建立安全责任状备案制度，实施目标考核和约谈制度，推进乡镇船舶安全管理主体责任落实和海事机构全面履责；深入开展船舶治超、“打非治违”、客渡船乘客定额复查等专项活动，改善水上交通安全环境；推进船检资质建设，加强船舶建造、营运检验和吨位复核，提升船检工作质量；为基层站所配备57辆海事车、19艘海巡艇，免费为汉江120艘客渡船安装AIS终端，为16个市州配备130余台微机，夯实安全监管基础。

“双指标”保护岸线资源。港口建设严格按照“投资强度、产能强度”进行“双指标”审查，不达标的项目不得开展前期工作、不办理岸线审批。长、汉江每延米岸线投资强度、港口通过能力较“十一五”期分别提高38%、150%，岸线资源利用效率明显提高。

“四管齐下”收好管好港航资金。制度规范、现场稽查、审计监督、整改督办“四管齐下”，逆势而上完成规费目标。编制《湖北省港航海事系统依法征费工作指南》，规范执收执罚行为；强化现场稽查，保障源头规费征收，补征规费968万元；加强建设项目审计，开展专项资金检查，保障资金安全合理使用；采取通报、约谈、跟踪检查、重点督办等措施，查处一例、教育一方、规范一片。

“三部曲”培育水运文化。出台水运文化建设指导意见，通过营造机关文化、争创示范窗口、打造行业品牌，将水运文化建设一步步向纵深。在省局机关开展“三抓一促”劳动竞赛，铸造效能型机关文化；在基层培育“六型”文明示范窗口，塑造崭新行业形象；在行业掀起热潮，举办半军事化培训，武汉、荆州、宜昌、十堰等地文化建设呈现“一地一品”。（省港航管理局）

【全省铁路运输概况】 保持运输安全基本稳定。扎实开展以查管理、查作风为重点的安全大检查，持续开展“十百千”和“两大”现场安全风险控制活动，确保现场作业有序可控。积极探索高铁和山区铁路安全规律，完善防控体系，确保汉宜铁路、京广高铁郑武段安全顺利开通运营，确保武广高铁、合武客专、宜万铁路运营持续安全。加大客车安全、施工安全、设备质量、汛期安全、路外安全等关键环节整治力度，提高应急处置能力，安全风险得到有效控制，责任行车事故和设备故障同比下降19.6%和26.1%。

实现多元化经营稳步发展。沉着应对宏观经济下行压力加大的严峻挑战，坚持向内挖潜与向外拓展并举，取得好于预期的成效。客货运输负重爬坡。客运抓住汉宜铁路开通、京广高铁全线贯通的契机，实施“市场、产品、运能、营销、服务”一体化经营战略，旅客发送量完成9764.9万人，同比增长14.7%，增幅居全路第一；货运在困境中坚持“抓大减亏、以小补大、以白补黑”，落实“百千战略”，大力实施公铁、水铁联运，最大限度降低大宗货物运量下滑带来的影响。全年完成运输收入196.88亿元、同比增长6.1%。非运输业合力攻坚。狠抓一体化经营，实行领导分工包保，综合部门与专业部门协调配合，非运输企业与站段合力共为，举全局之力，全方位拓展非运输业务。全年非运输企业收入完成176.7亿元、同比增长30.4%，实现利润1.43亿元、增长98.6%；其他业务收入完成40.6亿元、增长10.3%。同时，按照“抓源头、调结构、统资源、多消化”的原则，深入推进集约经营，严格预算管理，严控成本支出，深化内涵挖潜，加强审计监督、执法检查和“小金库”治理，强化对合资公司的指导和监管，经营管理进一步规范。全局完成多元化经营总收入414.2亿元、增长15.9%，实现了盈亏目标。

加快了体制机制转换步伐。认真落实“权力制衡、运行有序、合力形成、考核有效”的要求，加快转换经营机制，体制机制改革取得重要进展。围绕落实铁路局市场主体权责，建立投资决策管理、预算管理等方面的运行机制以及129个配套办法，基本形成适应市场主体地位的运行机制和制度体系。按照“一体化、网络化、规范化和高度融合”的思路，建立健全多元化经营管理体系，推动了各类经营业务相互促进、协调发展。适应实施盈亏考核倒逼机制的要求，出台集中补主、全口径预算、工效挂钩、经营业绩考核等一系列激励约束机制，为实现全年经营目标提供制度保障。

促进运输服务质量提升。坚持运力资源公开公平公正服务于社会，全面推行以货运业务网上受理和“实货制”运输为重点的货运组织改革，取得阶段性成效。坚持把国家利益、社会效益放在首位，优先保证煤炭、粮食、化肥、石油等关系国计民生的重点物资运输，有力保证经济平稳运行和人民群众生产生活需要。建立实施服务质量和路风行风综合评价体系，健全落实优质服务和路风管理长效机制，实现服务质量不断提升和路风持续稳定可控。

2月11日，新建的汉宜铁路正式通车

实现铁路建设有序推进。认真落实新一轮省部会谈和湖北省铁路建设工作会议精神，加大工程建设的推进力度，全年完成基本建设投资108.02亿元，投入更新改造资金25.59亿元。重点工程有序推进。汉宜铁路、京广高铁郑武段按期建成开通运营，大功率机车检修段、客专调度楼等项目按期投用，城际铁路等项目顺利推进，蒙西至华中煤运通道、高铁训练段等项目按期开工，一批重点项目前期工作取得新进展。全年新增营业里程736.8公里，是武汉局历史上投产新线最多的一年。深化建设项目标准化管理，强化建设风险全过程控制，持续开展工程质量安全专项检查，规范招投标、验工计价、变更设计、资金拨付等工作，妥善处理征地拆迁、施工扰民、环境影响等问题，保证了管内铁路建设健康、顺利推进。

巩固和谐稳定的局面。始终坚持把职工群众利益放在重中之重的位置，着力改善和保障民生，努力让职工群众共享发展成果。稳步增加职工收入，全年职工人均收入达到64635元、同

武黄城际铁路黄石山南段正在施工

比增长18.1%。大力推进保障性住房建设，新开工5139户、竣工5059户、配售5226户，职工住房条件进一步改善。投入2.22亿元，推进沿线生产生活配套设施建设，一线职工通勤、吃饭、住宿、就医等实际困难逐步得到解决，其中定点医院、药店的规模分别扩大到39家和92家，为860户1420人办理了武汉市户口。深入开展困难职工帮扶救助工作，累计投入“三不让”救助资金3770万元，资助职工26363人次。紧紧依靠职工群众办企业，进一步加强企业民主管理，完善职工代表大会制度，推进政务公开和厂务公开，积极组织实施职工代表提案，提案实施率达100%、办结率达88.2%。同时，正确把握改革发展与稳定的关系，认真倾听干部职工诉求，及时接待和受理信访问题，加大信访突出问题排查化解、稳控包保工作力度，保持职工队伍基本稳定。　（欧阳书娟）

【全省民航运输概况】　湖北民航共完成航空旅客运输1552.58万人次，货邮运输13.98万吨、安全飞行起降19.46万架次，分别比2011年同期增加14.04%、53.1%、4.87%；通用航空飞行5.5万小时、起降架次14.27万次，分别比去年增加44.8%、70.7%。

民航湖北辖区企事业单位数量多、种类全。共有4家运输航空公司、6家通用航空公司、6个机场、2家航校、1个空管单位、4个航油供应单位及18个适航维修单位。具体情况：4家运输航空公司：南航湖北分公司(注册6架737-700、14架737-800)、东航武汉有限公司(注册5架EMB145、5架737-300、7架737-800)、国航湖北分公司(注册6架A320)、友和道通航空公司(注册3架B747-200F)。4个运输机场：湖北机场集团属下3个子公司——武汉天河机场、襄阳机场、恩施机场，以及海南航空集团属下的宜昌三峡机场；2个通用机场：荆门机场和沙市机场。另外，还有2个机场正在筹建中——神农架机场已开工建设，十堰武当山机场通过预可研报告评审。6家通用航空公司：荆门通航公司(注册飞机9架：5架Y5、4架Y5B)、武汉直升机公司(注册恩斯特龙480和480B各1架、正在申请2架斯瓦泽300C)、楚天通航公司(注册7架Y5和2架PC-6)、同诚通航公司(注册飞机5架：3架R44、2架小松鼠)、飞人航空俱乐部(注册1架海燕)；沙市银燕通航公司(2架EC120)。另外，经管理局批准，还有2家通航公司正在筹建中——武汉新民通航公司(基地在随州)和恩施鹏鑫通航公司(基地在恩施)。2个航校：湖北蔚蓝国际航校(注册3架DA42、17架塞斯纳C172R，计划2013年再引进6架)、海航宜昌航校(注册16架DA40、2架DA20、2架DA42，2013年底将引进2架豪客800高性能飞机)。1家空管单位：民航湖北空管分局。4家航油供应单位：华南蓝天航空油料有限公司属下的湖北分公司、恩施分公司和宜昌分公司，以及西南航空油料公司属下的襄阳供应站。适航维修单位：取得CCAR145适航维修许可证的单位有14个，包括4个运输航空公司、3个通航公司(楚天通航、荆门通航、武汉直升机公司)及2个机场(武汉天河机场、襄阳机场)，加上5个专业的航空维修企业：武汉航达科技发展有限公司(维修液压附件、气动附件、电器附件及燃油设备)、凌云科技集团(从事整机维修、电子电器附件以及燃油设备维修)、航宇救生装备公司(维修飞机座椅、救生装备)、湖北超卓航空技术有限公司和天河南方航空技术开发有限公司(均维修电器附件、液压、气动附件以及燃油设备)。

未取得CCAR145部维修许可证但在从事维修工作的单位有5个：同诚通航、银燕通航、蔚蓝航校、宜昌航校、恩施机场。另外，航海工程技术公司在宜昌机场设有航线维修室，负责宜昌机场的航线维修工作。

民航湖北监管局。紧紧围绕中南民航“28字工作方针”，强化持续安全理念，推进安全绩效管理，以提高监管能力建设为主线，严格落实监察计划，深入开展“打非治违”工作，狠抓人员资质排查和危险品检查，保障重大节假日特别是“十八大”期间的航空安全，督促企业落实安全主体责任，对外树形象、保安全、促发展，对内抓作风、正规范、暖人心。2012年，监管局共完成各类监察1796次，处理各类不安全事件信息300件；发出安全整改通知单145份，整改建议书29份；发布安全预警6份；行政约见2次；行政处罚3起；专机监察次数109次(其中辖区内起降9架次)。

民航湖北空管分局。圆满完成了各项工作任务，实现了“八创安全年”的目标。2012年，湖北空管分局共保证各类飞行496118架次，其中本场起降120400架次，进近飞行127559架次，区域飞行248159架次。其中军航19298架次，专机130架次，通航飞行18790架次。通导设备运行正常率100%，设备完好率99.72%。重要天气预报准确率91.03%，观测错情率0.009‰，气象设备正常率99.96%，杜绝了空中危险接近、事故征候、严重差错及不安全事件。管制服务质量投诉为零，消防和地面行车安全无事故，确保空管运行安全。

南航湖北分公司。安全方面：圆满完成亚欧博览会、党的十八大代表等重要运输保障任务。全年完成运输飞行7.7万小时，4万架次，保证了飞行安全，实现连续56个月无飞行严重差错以上事件，并连续保证223个月空防安全和180个月客舱安全，确保地面交通、消防和公共卫生安全。经营方面：公司共完成运输总周转量5.36亿吨公里，同比减少1.7%，承运旅客469.8万人次，同比增长1.7%，货邮运输量4.99万吨，同比减少4.7%。服务方面：公司围绕贯彻落实南航“国际品牌服务年”工作要求，以“两一”服务理念为指导，全面贯彻落实股份公司服务工作部署，以SKYTRAX四星对标为抓手，提升全员服务意识。全年公司执管航班正常率达到77.07%，出港航班综合正常率达到86.06%，超额完成指标4.06%。其他方面：9月24日、29日南航先后开通武汉—广州—新加坡、武汉—曼谷航线；10月28日首次引进A330宽体飞机执飞北京—武汉—北京航线；南航已正式批复，2013年将增加3架737-800型飞机；南航集团公司投入300余万元对沙市机场进行整改，达到通用航空运行标准，并申办沙市机场通用航空许可证，将沙市机场建成中部地区最大的通用机场，为湖北省加快构建中部地区战略支点作出积极贡献。

国航湖北分公司圆满完成2012年航班生产任务

东航武汉公司。抓好“三项制度”落实，实现历史最优安全记录。全年，共完成39629个飞行架次，69166个飞行小时，同比分别上升5.96%、8.55%。连续保持飞行事故征候万时率、飞行严重差错万时率“双零”纪录，空防和地面安全正常。实现新公司成立以来连续安全飞行10周年，连续5年在民航中南地区获评最佳，2012年被东航股份公司授予连续五年无事故征候优胜单位。正确处理“四大关系”，取得历史最优经营业绩。公司重点围绕“四大关系”，即量与价的关系、市场与航线的关系、管控模式的关系、不同营销渠道的关系，通过优化航线网络，拓展高端客户，细化收益管理，合理降本增效等有力举措，经营业绩再创新高。全年完成运输总周转量3.89亿吨公里，同比增长9.45%；旅客运输量355.95万人次，同比增长6.8%；主营业务收入33.65亿元，同比增长13%；实现利润3.6亿元。推行“全流程服务网”，获得历史最优品牌评价。服务质量考核排名居东航前列，两次受到中央电视台专题表扬报道，品牌影响力迈上历史新高度。公司优质的服务得到党和国家领导人、社会各界的高度赞扬，品牌形象不断提升，全年乘坐公司航班的高端旅客、要客人数同比增长28%，东航航班已成为省市政要和大型企事业单位要客出行的首选。航班总正点率66.52%，在东航排名第4位。紧紧抓住发展机遇，迎来加速发展的新时期。一是加强政企合作。东航总部和省市政府联手对公司实施战略重组，资增扩股稳步推进，公司迎来超越发展的新时期。二是加强企企合作。充分利用武汉天河机场兴建三期工程的契机，积极与湖北机场集团公司构建战略合作关系，为公司未来发展争取更多运行资源。与湖北省邮政公司成功签署战略合作协议，在航空物流、电子商务、集团客户等方面实现全面合作和共同发展。继东航集团与上海铁路局合作之后，在东航分(子)公司中率先与地方铁路局、机场集团公司联合开展空铁联运项目；三是加强校企合作。与中国民航大学签署“战略发展规划”和“培训体系构建与实施”技术开发合作协议。与中国地质大学合作，通过将B2G与校园网站直接对接，地质大学全体师生可便捷地在校园网上预订东航所有国内航班机票；四是加强银企合作。与浦发银行武汉分行签署银企全面合作协议。截至2012年底，公司总资产21亿元，总负债14亿元(其中银行借款7.3亿元)，净资产7亿元。资产负债率由去年的122%降为67%。

国航湖北分公司。安全指标：2012年国航湖北分公司安全飞行近1.78万小时，分公司连续40个月未发生一般差错以上不安全事件，安全态势总体平稳，连续三年被民航中南管理评为“安全考核达标单位”。生产经营指标：全年累计完成运输总周转量1.72亿吨公里，运输旅客近129万人次，分别同比增长10.8%和12.6%，旅客承运增速高于同期天河机场12.2%的平均水平，货邮运输量0.98万吨；客座率81%、载运率77.2%；年度累计在汉缴纳各项税收7967万元。运行服务指标：国航武汉出港航班放行正常率75%，在各驻场单位中排名第二；在天河机场“安康杯”航站楼服务竞赛中，国航代表队以综合评比总分第一的优异成绩荣获“最佳服务柜台”称号，分公司已连续三年获得服务竞赛年度最佳奖项。

友和道通航空有限公司。2012年，公司共安全飞行1258小时，起落269架次，飞机日利用率1.2小时，航班正常率为73.6%，出港货物7486.7吨，进港货物32.4吨，进出港货物共7519吨，安全运行总体形势平稳，未发生人为责任一般差错及以上不安全事件，确保空、地安全。

湖北机场集团公司。全年集团公司共完成旅客吞吐量1462.5万人次，货邮吞吐量13.1万吨，运输架次13.9万架次，同比分别增长14%、4.9%、16.3%。

(1)强化运行监管，安全形势总体平稳。集团公司主导的《民用机场安全规划编制指南》项目获民航局评审通过，填补国内空白，达到国际先进水平；飞行区推行的3个“1+1+1”模式受到首都机场集团领导好评；中南局航空安保审计组充分肯定天河机场自2009年初审以来取得的成绩，给出安保后续审计“符合”的结论；顺利完成十八大和年度春运保障工作，成功处置“8·30”虚假恐怖信息干扰航班事件，获得各级主管部门的表彰和嘉奖；支线场站安全服务水平明显提升。恩施、襄阳、宜昌先后通过局方空管SMS审核。恩施、襄阳机场应急资源得到补充。各项扩建不停航施工确保安全顺利。同时，在强化安全管理体系化建设、完善一体化运营管理、提高运营保障能力、增强突发事件应对处置等方面做了大量卓有成效的工作。9月，武汉机场成为民航局批准的首家A380飞机备降场。8月底，导流屏建设完成，T2机坪双通道正式运行，航空器滑行等待时间缩短50%，航班靠桥率提升至95%以上，运行效率和保障能力大大提升。

(2) 注重服务品质，品牌效应逐步彰显。以旅客满意度评价、航班正常性管理、大面积航班延误保障为着力点，落实服务品牌战略，大力倡行“中国服务”，稳步提升服务水平。“楚天情”品牌完成注册，并荣获“全国用户满意服务”荣誉称号；安检站“阳光行”作为子品牌，在民航资源网组织的相关评比中名列全国前三；在国内机场业首推服务体系建设，获得业内专家评审组高度肯定；2012年武汉机场ACI旅客满意度达到4.73分，位列全球机场第14位，比去年同期前进了6位；武汉机场航班放行正常率保持在99.2%以上，继续处于国内领先水平。

(3) 开展全面营销，经营业绩令人鼓舞。政府公关硕果累累，发展环境不断优化。一是武汉机场高峰小时容量于2月28日获民航局批复，由每小时27架次升至33架次；二是协调政府开发空铁联运，实现武汉机场和高铁站间10辆中巴高密度往返运输，并推出“空铁通”中转联运产品；三是政府补贴力度不断加大。恩施州政府航线补贴增加至每年2000万元，襄阳市政府补贴航线经营1.6亿元，宜昌航管站按4∶6比例享受民航中小机场补贴分成已获省市政府批复，正抓紧落实。“三高于、两提升、一路跑”，经营业绩令人鼓舞。武汉机场旅客量增幅回归两位数，高于全民航平均水平，高于首都集团机场板块平均水平，高于武汉市经济的增长幅度。国际和非航双双实现“量和质”的两提升。2012年新开国际航线超过去五年总和，航线已达20条，居中部之首。全年国际及地区旅客超过64万人次，同比增长56%。巴黎航线自开航以来，进港客座率最高达89.31%，出港客座率最高达86.34 %，获得Routes颁发的“运营特殊意义航线奖”。非航方面，四家在汉专业化公司均实现盈利。引进欧舒丹、施华洛世奇、菲拉格慕等多个高端品牌，逐步实现由功能化向品牌化转换。支线机场“一路跑”。恩施机场旅客吞吐量达24万人次，同比增长40.5%；襄阳机场旅客吞吐量突破40万人次大关，同比增幅达96.4%，均步入发展快车道。

(4) 着力多措并举，项目建设实现突破。资金筹措取得新突破。武汉机场三期工程资本金配置增至工程总投资的50%，在全国干线机场中比例最高；襄阳市政府补贴投资7个亿对机场进行扩建；省政府安排财政资金5000万元支持神农架机场建设。省及机场所在地政府还将从土地、税费、贴息等方面给予支持，降低机场负债比例，减轻机场财务压力。在建项目取得新进展。武汉机场国际航站楼扩建工程2月开建，4月投用；三期扩建工程可行性研究报告于6月28日获国家发改委批复，7月26日举行开工仪式，机场交通中心同时开建。1月18日，在北京召开三期工程初设评审会，推动三期建设不断向前；神农架机场完成跑道道面工程和主体建筑工程施工任务，力争2013年底投入使用；恩施机场二期扩建工程完成征地拆迁、招投标、项目设计等工作，工程建设正紧锣密鼓地进行，预计2013年完工。筹备项目迈出新步伐。襄阳机场改扩建工程预可研于8月30日获省发改委批复。12月28日，襄阳机场跑道和联络道道肩拓宽工程正式开工，标志着襄阳机场改扩建工程进入实质性建设阶段；神农架机场筹备运营正积极推进；与十堰市委市政府主动沟通，确定湖北机场集团不担任武当山机场业主，但大力提供支持。

(5) 坚持改革创新，管理效能明显提升。企业管理五项创新，管控能力不断彰显。一是创新规划编制。结合新形势、新定位，不断深化“十二五”规划各项子规划的编制工作、立法调研、公益性职能复位研究等。二是创新激励机制。完善后的薪酬制度已于9月起正式实施。《专业技术职务管理办法(修订)》和《职业技能管理办法(试行)》相继出台。绩效考核工作继续深入开展。三是创新管控模式，推出“恩施辅业+襄阳主业”模式、“宜昌航管站输出+神农架航管服务采购”模式和财税管理“三三”模式。四是创新管理手段，坚持执行“两压两保”，扎实推进“战略解码”，确保各项目标任务顺利实现。五是创新管理模块，8月和10月先后增设公务机地面代理服务和物流管理岗位，并补充到位相关人员。

(6) 加强党群建设，齐心合力共创和谐。党建工作充分体现“取信于民、回报于民”的思想。一方面加强党组织自身建设，深入学习贯彻党的十八大精神，深入开展“创先争优”活动，切实做好廉洁防控工作；另一方面积极开展“三百”、“五送”以及“三八节”系列活动，以“安康杯”为主题，形式多样、内涵丰富的文体活动贯穿全年。3月，集团公司重点关注的武汉机场员工倒班楼工程正式投入使用，700多名员工喜迁新居，有效缓解了生产一线员工值班住宿困难，成为广受好评的“民生”工程；同时想办法、下气力，在体检、乘车、就餐等方面积极为员工谋福利、创便利。2012年，集团公司党委被评为首都机场集团“四好”领导班子、被省国资委党委评为“先进基层党组织”。“三万”活动中，集团公司工作组被评为先进工作组。集团公司团委连续6个年度荣获首都机场集团“五四红旗团委”荣誉称号。

宜昌三峡机场有限责任公司。12月31日，宜昌三峡机场飞行区扩建站坪3.1万平方米一期主体工程完工。站坪面积由4万平方米增加到7.4万平方米，飞机机位也由目前6个停机位增加到11个，有效缓解停机坪拥挤的问题，改善了机场安全运行条件；登机桥由2条增加到4条，满足了机场高峰期运输量承载需要，为三峡机场长远发展、开拓更广阔的航空市场，更好地为中外旅客提供优质服务奠定坚实的基础。全年完成旅客吞吐量90.13万人次，同比增长15.85%；完成起降8950架次，同比增长19.7%；完成货邮行吞吐量9309.8吨，同比增长6.97%，呈现良好发展势头。

(1)安全保持持续平稳。落实主体责任，加快SeMS体系建设。年初，宜昌机场与各部门签订2012年航空安全责任书，制定年度安全工作方案、安全培训方案、安全检查计划、手册审核计划，明确安全工作重点，细化安全主体责任。宜昌机场对照监管局对机场SeMS建设评审意见，全面系统梳理整体安保控制点，审查SeMS建设工作的有效性和实用性，并对公司SeMS手册具体落实。宜昌机场通过信息驱动、危险源识别、威胁评估和风险管理为基础，建立绩效目标和指标相对应，有针对性的通过合理的KPI进行绩效考核，为全面展开SeMS奠定良好开端。加强安全培训，构建良性安全文化。宜昌机场在完善安全教员管理制度、安全考核制度及教材评估管理程序基础上，每个月由公司总经理、部门总经理等担任讲师对公司副主管以上人员进行安全培训。全年共发布15期安全运行业务通告，制作11期SMS学习材料，通过加大对培训各环节的监督检查力度，加强对培训大纲、教案的审核和检查，强化对培训过程的监督管理，进一步提高培训效果。通过宣传、教育培训、开展岗位技能比武等方法转变员工的安全价值观，倡导和实施安全信息自愿报告制度，鼓励员工自愿报告生产过程中的不安全环节和信息，提高安全文化持久性。强化风险前置管理，落实风险管控措施。根据宜昌机场站坪扩建工程7月份启动后，运行现场管理更趋复杂、运行风险进一步加大的实际情况，宜昌机场组织相关部门，加强施工方安全教育，细化不同时间段、不同区域施工管理措施。宜昌机场根据运行情况筛选出十大核心风险，通过每日、每周、每月、每季度、每半年、每年的方式对核心风险的控制情况进行监督检查。各部门确定部门运行核心风险，对高、中、低风险进行分类，此次分类完成高风险10项、中度风险50项、低风险40项，制定部门日检查单制度，依据动态变化情况，对本部门风险数据库不定期修订。在场务室、安检室、特车队、配载室等关键岗位，开展风险管理试点工作，建立风险评估档案，全年完成11个科室或岗位的风险评估档案，9份风险评估报告。扎实开展专项活动，提高应急救援水平。围绕安全生产月等主题，组织开展旅客携带枪支、不正常航班处置、离港系统故障、应急疏散和消防处置、危险品失火应急处置等单项演练。开展“机坪特种车辆与地面专用设备适用性”、“防松懈、反违章、弘扬诚信安全文化”、“机场备降航班管理情况”、“打非治违”、“锂电池航空安全运输”、“专业人员资质排查”、“净空障碍物排查”、“防雷”、“鸟害防治”等专项整治活动。组织开展安检、特车、配载、消防等岗位技能比武，通过比武促进突发情况处置能力、人员精神面貌、人员安全意识的全面提升。加快推进消防、医疗社会化管理，积极寻求外部支援，确保机场应急救援保障等级达标。

(2)航线开发成效显著。航线稳定增长。宜昌积极应对高铁冲击，通过努力，保持了宜昌至西安、贵阳、昆明、南京等航线的运营，增开三亚—宜昌—唐山包机，成功促使东航在宜增加一架过夜飞机，执行宜昌至上海航班，加密吉祥航空上海航班。宜昌至上海航班夏秋季达到每天4班，北京航班全年保持每天3班的密度，极大改善宜昌至枢纽机场的通达性。创新航班运营方式，在航线实施定额补贴基础上，实现北京、宜昌—海口航线保底运营，进一步增加航空公司在宜昌投放运力的信心。宜昌机场实现地区航班稳定运营，全年安全运营香港包机81班，班次和持续运营时间均创历史新高。

客源开发渠道增多。宜昌机场通过积极争取航空公司投放团队的优惠政策及优质的服务，成功扶持恩施团队，推进大新华运通旅行社香港游，出台客源奖励政策保障南京航班客座率同时，在有效规避高铁正面冲击时，创新启动与川航、黄金游轮和重庆机场合作“空水联运”项目，紧紧抓住“三峡游”的客源，多方举措保障旅客吞吐量逆势而上。

货运业务持续增长。为克服因全球经济萧条带来的货源缩减，宜昌机场积极开发中转货物运输业务，弥补本地货源不足。开通西北5省中转航空邮路和经深圳中转海口、贵阳、西安邮路，增加昆明、重庆货运中转航点，促使邮路网路扩展到本场出港航班，顺丰快递到港航线由深圳扩大到北上广深，更于7月下旬成功引进圆通快递业务，保障货运量在全国货运下降的趋势下实现增长。

(3)效益提升效果明显。积极创新业务管理模式，提升效益。行李打包业务实行经营目标责任考核方式。5月份，经过充分论证采用公开招标方式，客均收入从0.35元/人次提高到0.40元/人次，收入同比增长46.9%；预计可实现净利润40万元，比2011年增长110.9%。公司与宜昌劲森公司合作，采用“合同能源管理”模式，由合作方投资对候机楼、办公楼2949套照明灯具进行节能改造。据测算，在三年合同期内，每年可节约5万元电费（扣除合作方分享部分），期满后每年可产生超过16万元的节能综合效益。争取物价部门支持，重新调整散客、会员、公务机收费体系，收费标准最高增幅达50%。通过开展贵宾服务全员销售活动，冠名收入同比增长50%，会员客户收入同比增长41.9%。

(4)设施投入大幅增加。持续加大设施设备投入力度。一是投资3000余万元完成31000平方米站坪扩建（含助航灯光、两条登机桥），停机位由当前的6个增加到11个。二是完成PBN项目建设，程序已具备发布条件。该项目的实施将大幅提升本场航班飞行的安全性能。三是完成跑道嵌缝料更换、飞行区排水沟翻修、飞行区平整、围界改造、滑坡治理、机场供电专线

南航空中乘务员为人大代表提供热情周到的服务

整改等局方安保补贴资金建设项目。四是完成冷却塔和末端风柜更新改造、进近灯光和边线灯节能改造、机坪高杆灯和路灯LED改造、航站楼弧形玻璃屋面节能改造；供水管道、顺序闪光灯、候机楼自动扶梯大修等改造项目。五是购置客梯车、污水车、行李拖车、国际厅爆炸物检测仪等设备。设施设备投入。

(5)辅业开发异彩纷呈。为弥补主营业务收入不足，宜昌机场积极拓展经营范围，大力推广峡江特色精品，打造商业经营品牌。一是聘请业内专家，完成候机楼商业布局规划设计工作。二是咖啡厅、精品店、二楼自选商场收归自营后，收入较2011年同期增加167万元。三是新项目增收效果明显，通过利用候机楼有效经营面积新增“外交官”专卖店、开办房地产项目展示等业务，单位面积收入大幅提升，每年增加25万元租金收入。2012年，候机楼商业收入比2011年同期翻一番。累计达5000万元。

华南蓝天航空油料有限公司湖北分公司。湖北分公司被武汉市政府授予2012年度“武汉市安全生产先进单位”称号、获得中国航油有限责任公司2011年“先进单位”荣誉称号；湖北分公司获得蓝天公司管理进步奖、获得中国航油有限公司先进基层党支部、获得武汉天河机场最佳安全奖。湖北分公司团委获得中国航油集团、航油公司两级“五四红旗团委”荣誉称号；武汉航空加油站获得中国航油集团公司、航油公司两级“青年文明号”先进集体荣誉称号、及民航系统五四红旗团支部荣誉称号。武汉、宜昌、恩施三机场航煤业务量：航班加注航煤共计33.5万吨，采购33.9万吨。武汉机场因为武汉石化设备检修影响，5～9月份共计接卸铁路槽车2062车计10万吨。湖北分公司从夯实安全管理基础入手，做好隐患排查与治理、规范员工安全行为、完善设备设施基础等工作，实现“零事故、零伤害、零污染”和“三个杜绝、三个控制”安全目标，分公司安全形势平稳，安全基础扎实，安全管理创新，各项安全业绩目标均得以实现。在9月份接管宜昌供应站以来，加大了对其安全生产管控和指导力度，各项安全信息也归口湖北分公司统一管理。

（李文斌　符栋峰）

武汉市交通运输

【概况】　全年完成交通固定资产投资192亿元，同比增长25.5%。国际航站楼扩建工程完工投入使用，天河机场三期扩建工程、机场交通中心及航空企业总部区开工建设。武汉至咸宁、武汉至黄石(黄冈)、武汉至孝感城际铁路建设加快，武汉高速铁路职业技能训练段工程开工。机场第二通道主线基本贯通，四环线西段施工全面展开，惠安大道九通至荷沙段、汉施公路改造和普通干线公路大修工程等项目完工。80万吨乙烯码头二期工程建成，阳逻集装箱三期工程开工。黄陂汽车客运中心主站楼完工，汉口北客运站和公交枢纽站开工。江岸丹水池物流基地商务大楼建成，武汉国际钢铁物流服务中心等项目加快推进。项目前期工作取得进展。沌口长江大桥项目申请报告上报国家发改委待批，青山长江大桥工程可行性研究报告通过省内预审，四环线南段、武深高速(武汉段)具备开工条件。汉江海事搜救中心、武汉船舶交易服务中心前期工作完成，汉江航道整治三期工程获得国家立项批复。列入全省交通规划的38个一级公路项目前期工作全部启动。

交通运输保障。推进交通运输的组织化和集约化，在服务多元化和提高服务水平方面取得新成效。全年完成交通运输换算周转量3596亿吨公里，同比增长10.4%。

铁路运输。汉宜客专、京汉高铁开通运营，京汉广高速铁路和沪汉蓉快速铁路客运通道在武汉交汇，通过高铁5小时左右可通达全国50个主要城市，形成了武汉至长沙、南昌、合肥、郑州等周边省会城市1～2小时和至北、上、广、成渝等城市4～5小时高铁圈。“汉新欧”铁路国际货运专列开通，专列17天内穿越亚欧6国，直达欧洲捷克，武汉至欧洲的陆上货运大通道形成。铁路顺利调图，武汉铁路局管内旅客列车开行方案更优，既有京广线货物输送能力得到释放。

航空运输。中部地区首条洲际直飞航线——武汉至巴黎航线开通，全年新辟9条国际及地区航线，累计达到20条，武汉成为中部地区拥有国际及地区航线最多的城市。天河机场完成旅客吞吐量1398万人次，同比增长12.2%。机场高峰时航班容量由每小时27架次升至33架次，位居中部城市第一。天河机场航班放行正常率保持在99.2%以上，旅客满意度测评排名位列全球机场第16位，比上年同期前进了5位。

公路水路运输。全市新增道路客运车辆468台，新增座位数13041座；新增货运车辆12108台，新增吨位数16.2万吨；省汽运、武汉赤湾物流等企业纳入国家甩挂运输试点，50余台车投入甩挂运输运营。全市船舶运力新增15.2万吨，新增港口通过能力35万吨；“江海直达”班轮稳定运行，72小时点对点到达率98.8%。

公共交通。轨道交通地铁2号线一期工程开通试运营，轨道交通1号、2号线形成贯穿东西南北的城市交通“大动脉”。公交“五大工程”(站牌规范、站亭整治、车厢美化、智能安保、文明服务)圆满完成，公交硬件设施和管理服务水平全面提升。武汉成为国家首批公交都市建设示范工程创建城市。

多式联运。东航武汉公司、武汉铁路局、湖北机场集团联合推出“空铁通”，实现了空铁联运；省客集团开通连接武汉火车站和天河机场的“空铁快线”，方便高铁和航空旅客转乘。省交通运输厅、武汉市政府签订《合作推进“十二五”时期武汉市综合运输体系建设协议书》。

交通体制改革。武汉市邮政管理局组建挂牌，武汉邮政实现政企分开，企业自主经营、政府依法监管的邮政体制初步建立。市民航办、市轨道运营管理办公室获批设立。市、区物流管理机构组建基本完成。区域出租汽车发展取得突破，东西湖区300台区域出租汽车上路运营。建立以区为主、部门联动打击“黑的”长效机制，全年查处“黑的”2878台。

行业管理。公路养护路政“一体化”工作深入推进，公路治超工作成效显著，创建了107国道养护示范线，全市公路通行条件进一步改善。取消旅游客车挂靠经营，实行专用号牌和专用标识管理，旅游客车经营管理不断规范；开展驾培市场专项整顿，从严整治不规范教学点、训练场和培训行为，收费不规范、培训与考试不匹配等问题得到有效整改；建立客车出城路口签章制度，有效控制了站外揽客现象发生。探索建立船舶“黑名单”制度，船舶运输经营资质和经营行为监管加强。《武汉市物流业空间发展规划》、《武汉市物流园区(中心)项目用地计划管理办法》通过市政府常务会议审议；第九届中国国际物流节成功举办，参展面积、签约投资项目和参会人数均创历届物流节之最，发起成立“中国物流城市联盟”并发表《武汉宣言》。《武汉市轨道交通管理条例》、《武汉市道路运输管理规定》、《武汉市货运车辆超限运输治理办法》、《武汉市轨道交通运营服务规范》(试行)、《武汉市城市轨道交通乘客守则》(试行)等一批交通管理法规颁布施行。

治庸问责优化环境。按照市委、市政府治庸问责要求，进一步规范出租汽车营运秩序。中心城区新增1517辆出租汽车，推出“电话召车”服务，实行高峰时段不得交接班制度，取消出租汽车过桥单双号限制，对武昌火车站、汉口火车站等交通窗口实行保供，进一步缓解“打的难”；加大车容车貌整治力度，增加座套清洗更换综合服务点，拆除不规范防劫栏，车容车貌明显改观；严处违规行为，对查证属实的280起拒载、绕道行为予以停运15天的处罚。清理行政审批事项，缩短审批时限50%以上，制定标准化办事指南；成立行政审批处，完成交通行政审批窗口进驻市民之家工作，入驻以来办理交通审批事项3200多件。武汉市交委在全市民评民议优化发展环境工作考核中获得优秀等次。

交通企业实力提升。南航湖北公司围绕市场优化调整运力，不断开拓国内外市场，增加了销售收入。东航武汉公司战略重组和增资扩股协议签订，经营业绩再创新高。中远货运公司加强市场营销，集装箱箱量同比增幅达25%。中交二航局海外和投资业务占新签合同额的41%。中交二公院新业务增长势头良好。中交二航院“保基础、调结构、走出去”战略取得明显成效。武汉市公路勘察设计院省内外市场开拓取得良好业绩。国航湖北公司持续提升航线网络经营品质，承运旅客已连续三年保持两位数增长。武汉新港投资集团、武汉港务集团加

省市签定建设协议书

强经营管理，效益大幅增长。武汉交投集团采用BOT+EPC、BT模式推进项目建设，加大了融资力度。武汉市邮政局荣获“全国五一劳动奖状”、“湖北省五一劳动奖状”称号。武汉公交集团被授予中国交通节能减排示范企业称号。

交通安全生产。组织开展交通安全隐患排查整治和打非治违专项行动，全面推进企业安全达标创建。空管工作实现连续八年无差错。全年交通建设、地方交通海事部门监管的通航水域未发生死亡事故，轨道交通运营未发生责任伤亡事故，城市公交、道路运输、出租汽车等领域事故起数和死亡人数均比去年同期下降。

党建与精神文明建设。2012年深入开展“为民服务创先争优”和“三深入三服务”活动，交通各级基层党组织服务党员群众、创新交通管理能力不断增强，全市窗口单位、服务行业创先争优现场推进会在市交委召开。加强委管领导班子建设，调整配备了一批干部，优化了委管班子结构。开展多种形式的年轻干部挂职锻炼。加强干部职工教育培训，在上海复旦大学举行第二期处级干部学习培训班，交委教育培训中心全年培训干部职工5865人次。公开招聘一批机关公务员和事业单位工作人员。

制定并实施交通建设重点环节和交通运输管理重点部门、岗位廉政风险防控手册，对工程招标投标、重大资金拨付、设计变更、出租汽车经营权有偿出让、公路治超执法、水路交通规费现场征收等廉政风险点逐一制定工作流程图和防控措施。注重发挥审计监督作用，开展工程建设审计、经济责任审计等工作。

文明创建重点提升文明服务水平。开展武汉市交通运输系统全国城市文明指数测评迎检工作，确保检查测评活动不丢分、不失分。推动学雷锋志愿者服务活动常态化，成立交通志愿者服务队289个，志愿者达13168人。组建武汉精神践行者事迹报告团，推进武汉精神主题宣传。公交驾驶员王静当选党的十八大代表。公交驾驶员张兵被评为全国城市公共交通十佳先进个人。评选产生10名“我最感动的哥的姐”。交通系统5人荣获武汉市第十五届劳动模范，1人荣获武汉五一劳动奖章光荣称号，9人荣获省交通运输行业“十行百佳”荣誉称号，武汉市交委团委荣获全省“五四”红旗团委称号。（王呈华　王川）

【江岸区】 全区有货运企业298户(个体27户)，营运车辆6073辆、29874吨，年新增营运货车2054辆；有汽车维修企业134户，其中二类40户，三类94户。全年货运量621万吨，货运周转量22948万吨/公里。

2012年，以全面整治新荣村客运站周边环境和打击非法营运小轿车为重点，结合运输市场各项整治。一是积极组织执法人员对新荣客运站周边环境进行综合整治。整治好新荣客运站周边环境和营运秩序是区政府向全市人民作出的公开承诺。为实现政府对全市人民的承诺，从交通、公安、交管、城管等部门抽调45名执法人员成立整治专班，对新荣客运站周边环境和营运秩序进行全面整治，共出动执法人员2620人次，各类执法车辆620台次，查处无证经营、站外揽客各类交通运输违法违规车辆264台次，客运站周边主要道路安装20个电子探头，新设立“的士岛”，填补新荣客运站无“的士岛”空白，提升了该站服务功能。加大对站外拉客揽客、载客打圈等违法违规行为的执法力度，配合公安机关对扰乱正常经营秩序拉客“兔子”治安拘留15人。通过开展专项整治，客运站周边环境得到明显改善，客运市场秩序有了明显好转。二是组织力量，以客运站周边为重点开展打击查处“黑的”的专项整治。针对客运站周边小轿车从事非法营运突出，严重影响客运市场秩序和乘客的安全。在公安、交管、市客管处的协调、配合下，成立专班，加大打击查处“黑的”的力度，确定客运站、一六一医院、儿童医院等“黑的”比较集中地段为重点，集中力量开展重点查处。全年出动执法人员1540人次，执法车辆440台次，查扣从事非法营运车辆140台次。有效遏制了“黑车”非法营运势头，净化了市场秩序，保障了市民乘车安全。三是认真开展“打非治违”的专项行动。针对辖区汽车维修行业无证经营、出店占道经营等扰民突出问题，把“打非治违”的重点放在维修领域，对汽车维修比较集中的后湖、塔子、二七等地区，积极组织执法力量，集中开展三次专项查处行动，查处无证、占道经营53起，暂扣各类工具7件，下达处罚决定书、责令整改通知书41份。

治庸问责，改善投资软环境。按照武汉市、江岸区政府治庸问责的要求，江岸交通运输部门进一步优化区交通运输审批流程，实现行政许可，年审服务零收费，做到节假日不休息，全天候的管理服务，从10月份开始，严格按市治庸办《关于实施行政审批一次性告知制度的若干规定》，对每一位前来办事人员做到一次性告知，全年办理行政许可、备案等事项72件，核发旅游包车线路牌14539件。交通行政审批窗口严谨高效的工作作风、热情服务的态度，受到企业和市民的普遍好评，政务中心交通窗口被评为“先进窗口”，并被授予“党员先锋示范岗”的称号。

全年查办的各类交通运输违法违规案件，违法事实清楚，适用交通行政法规准确，处罚裁量适当，做到一案一档，受理的各类案件在市、区法制部门案卷抽查中，全部合格达标，1～11月份办理道路运输违法经营案件409起，无一例交通行政听证、复议、诉讼行为发生。受理“信访、投诉、举报”各类案件113件，处理率、办复率达到100%，满意率98%。及时制定《江岸区交通运输局行政执法案件查处办法》，按照交通行政案件“查处分离，罚缴分离”的要求，进一步明确各业务科室的职能和执法人员的职责，把查处案件的全过程纳入治庸问责机制。强化自我约束、互相监督，做到用制度管理人，用制度管事。

加强交通法规的广泛宣传，营造遵纪守法经营的社会氛围。在辖区主

江岸区交通运输局参加第十一届国际物流节

要路段悬挂了12条宣传横幅，制作了7块宣传展板，发放500多份《告知书》；4月1日、2日，通过楚天交通广播927“城市新干线”栏目宣传报道交通行政执法情况，对违规登录在案的客运车辆，在新荣客运站开辟专门的公示专栏，进行公开曝光。为了认真组织开展整治“黑的”非法营运活动，动员市民主动参与支持整治“黑的”行动，邀请武汉电视台及田克兢团队一起创作编排了2集电视小品《黑车之祸》，并于4月29日在“都市茶座”栏目中播放。组织区7家物流企业参加第九届国际物流节，签约金额8.7亿元。结合“六五普法　依法治交”工作，在执法人员中开展法规学习，组织执法人员集中培训4次，全局执法人员培训覆盖率100%。针对当前执法过程中取证难、查处难等问题，结合当前开展整治黑的、站外揽客工作，对执法中现场笔录和取证技巧等进行专题培训。聘请相关法律专家就交通运输行政执法过程中的执法权限、执法技巧以及行政强制法中相关条例的解释与运用进行详尽的辅导和讨论交流，进一步提高交通执法人员依法行政能力。（朱露华）

【江汉区】　全年实现货物运输量572万吨，货运周转量19060万吨公里。春运期间，汉口火车站发送旅客191.72万人次，同比增长22%；青年路客运站运送旅客8.7万人次，同比持平；金家墩客运站运送旅客80.2万人次，同比增长16%。多管齐下确保春运安全畅通。派员进驻金家墩客运站和青年路客运站，严把客车出站关，严禁“三品”上车。落实安全责任。与参与春运各单位签订《春运工作安全责任状》1000余份，做好车辆检验和驾驶员资格审查。加大客运站周边巡查力度，查处随意揽客车辆，制止车辆超载行为。春运期间查处违规违章车辆10辆，处理客运投诉件16起。江汉区交通运输局被武汉市政府授予2012年“春运先进工作集体”称号。

运输市场管理。江汉区交通部门强化属地管理，加大区辖交通窗口监管力度。重点整治金家墩、青年路客运站周边秩序，加强重点路段的日常监管，节假日做到有监管方案、有人员安排、有领导带班，节后有汇报，全年共查处违规违章车辆178台（其中“黑的”120台、非法营运面包车42台、站外揽客车辆16台），确保运输市场规范有序。严厉打击“客改货”行为。按照市区统一部署，联合其他城区交通运管部门进行六次集中整治行动，在汉正街市场周边对“客改货”和面包车运货进行检查，对小型客车座椅拆除改装非法从事货运行为进行严厉打击，共检查车辆400余台次，查处非法运营车辆34台，武汉广播电台对整治行动进行现场连线报道。加大对机动车维修扎堆的北湖西路、长江日报路、红旗渠路、长港路等地段的监管力度，引导经营者规范经营行为。

整治汉口火车站和客运站周边环境秩序是江汉区人民政府公开承诺整改“十大突出问题”之一，江汉区交通部门作为责任部门，将其作为全年治庸问责的中心工作来抓，认真研究部署，制订工作方案，采取有力措施，取得较好效果。调整整治工作领导小组，由主要领导任组长，分管领导任副组长，结合实际制定《江汉区关于开展打击“黑的”专项行动方案》和《关于开展金家墩客运站周边客运秩序专项整治的工作方案》。为弥补稽查人员不足，聘请协管人员充实到执法队伍，成立维护客运站周边秩序工作专班，全天候在客运站周边巡查执法，同时联合公安、交管、城管等执法部门和相关街道参与集中整治行动，实现马路办公、指挥前移。积极与市公交管理部门沟通协调，在后襄河北路设置公交站点，引进10路、38路、

江汉区人民防空交通战备运输专业队演练

政务中心窗口人员接待群众咨询

营户510家，从事货运经营车辆1090台，物流服务业420家；完成公路货运量17万吨(其中个体8万吨)，货运周转量670万吨(其中个体215万吨)；汽车维修企业67家。8月31日，区物流局挂牌。

运输市场管理。办理道路运输行业行政许可50件，保持道路运输行业行政许可无差错。客运旅游线路牌发放，牌照3527张(其中省际牌照1378张，市际牌照2149张)。与市运管处及各区执法队联合执法，全年开展专项整治60次。二类维修企业26家已有25家完成考核，1家因质量不达标终止年审，32家三类企业完成考核，完成率100%。开展从事道路运输经营的驾驶员诚信考核计分工作，全年有800人通过驾驶员诚信考试；年审货运企业515户，车辆1430台。推进国家A级物流企业评选工作，全年新增3家A级物流企业，有2家物流企业由2A升为3A。发展物流基地，重点建设蓝焰物流中心项目，零担货运中心已投入运营。

交通安全管理。按照"四不放过"的原则，坚持每季度一次安全专题例会，每月一次安全检查，严格安全生产资质审核，强化安全教育工作，与企业签订《2012年度硚口区道路运输行业安全生产工作责任书》，落实《道路旅客运输企业安全管理规范(试行)》的宣传贯彻工作。以安全生产隐患排查、"安全生产宣教行动"为载体，

603路3条转乘率高的线路，有效引导金家墩客运站出站旅客转乘。全年共查处"黑车"120台，处置拉客"兔子"100余名，有效地遏制非法营运，"兔子"扎堆现象基本消除，客运站周边秩序明显好转。

行政执法。开展规范性文件自查工作，在2008年规范性文件清理的基础上，对2009～2012年起草的规范性文件进行分类梳理，统一汇总。以"万名干部普法行"和"法律面对面"活动为契机，在辖区重点客、货运站点及地段设立普法宣传点，摆放宣传展板、发放宣传资料、悬挂横幅标语，向广大群众开展道路运输法律咨询服务。及时上报信息简报。1期简报被分别编入省级普法刊物《法治湖北》及《依法治市(普法)简讯》。提高行政执法文书制作水平，专人对违章调处案件进行上网登录。登录案件52件，其中一般货运违规经营行为案件34件，客运违规案件18件。同时，对执法文书以电子档案的形式分类管理，进一步提高行政执法机关办案质量和文书制作水平。

安全生产监管。严把行业"准入关"和"年审关"，严格资质审定。全年货运业新开户29家，机动车维修业新开户9家，运输服务业报备7家，共核发旅游客车线路牌11000余张。开展"安全生产年"和"安全生产月"活动，对6048台车进行年度审验，年审率90%以上。对29家货运企业进行信誉质量考核；对1025名驾驶员进行等级签注，驾驶员诚信考核计分率100%。完成二类机动车维修企业年审和质量信誉考核28家，考核面达90%以上，三类企业年审率达95%以上。着力提高交通战备运输专业队伍素质，增强处置城市突发事件应急救援能力，参与区人防办举办的战备演练，组织40余人、各类参演车辆10余台参加演练。

文明创建。深入开展武汉城市精神进局机关、进行业企业、进交通窗口的"三进"活动。辖区交通运输窗口发挥阵地作用，利用大型平面广告、LED屏广泛开展武汉城市精神宣传活动。全局干部职工集中学习了张兵、万文庆、"逼停哥"周国华、谢员生、徐永生等交通优质服务标兵事迹，全年组织12次执法学习活动。

【硚口区】　全区有长途汽车客运站2个，长途客运班次1058个；货运经

取缔关闭非法托运部

在全区道路运输企业开展“员工无违章、现场无隐患、企业无事故”竞赛活动，组织安全生产负责人、安全生产管理人员以及特种作业人员进行培训。对道路运输客运、危险化学品运输企业安全生产管理工作进行专项检查；在春节、中秋、国庆、十八大期间进行道路运输安全大检查。全年区域交通行业内未发生重大事故。

客运站周边环境整治。硚口区交通局作为市区两级公开承诺主责单位，牵头成立水厂、古田两个站前办，派出两名干部带队，从下属企业抽调12名工作人员充实站前办队伍。专班在6月底前通过加强硬件设施整改取得投入，全力消除出店占道经营，全面改善市容环境面貌，重点确保交通畅通、有序，进一步强化社会治安管控，大力提升站内管理水平，取得明显效果；8月底前通过加大督办力度，制定问责办法，实施攻坚方案，完善工作举措，巩固整改成果，实现根本好转，得到电视问政“回头看”和市督导组综合检查的肯定；9至12月按人员不减、范围不减、调度不减，开展自查自纠，消除残余问题的工作思路进行长效管理。全年共出动执法人员2600余人次，出动车辆340余车次；更换彩砖1000多平方米，并增设200个隔离柱；拆除客运站周边违法建设和乱搭乱盖8处共240平方米；查处窗口地区机动车违停3686起，纠正长途客运车辆站外揽客130起，查获“黑的”经营案件160起，收扣两轮电动车及摩托车339辆；水厂、古田客运站周边刑事警情较去年下降45.2%，在年底电视问政和年终检查中整体成绩较好，没有突出问题在媒体曝光。

整治“黑的”非法营运。打击“黑的”专班克服人员少、车辆少、取证难、特殊人群增多、暴力抗法现象突出等实际困难，发扬团结协作、吃苦耐劳、认真钻研的工作精神，每天安排3台车和12名执法队员上路执法，出动执法人员3937人次、执法车辆969台次，打击“黑的”419台。《武汉晨报》、《武汉晚报》、《长江商报》等媒体4次报道区整治“黑的”工作，全年5次拿到全市第一，3次拿到第二，2次拿到第三，年度综合排名全市前列。

企业给政务中心送来锦旗

汉正街专项整治。配合武汉市汉正街小商品市场搬迁工作，成立局汉正街整治工作专班，对汉正街物流企业采取拉网式摸底登记；依法取缔无照物流企业、外迁有照物流企业，集中开展宣传教育工作，发放宣传单《告汉正街物流企业的一封公开信》；积极协调工商、城管、公安、消防等部门，对违反道路运输管理规定的经营行为，出重拳打击，并冻结物流经营新办证照；充分运用日常联合执法、市区联动执法检查进出汉正街载客和载货面包车，出动执法人员640人次、执法车辆229台次，检查载客（货）面包车1950余辆，依法查扣非法运输载客载货面包车14起，取缔无证经营169户。

文明创建。开设机关道德讲堂、企业道德讲堂、行业道德讲堂、家庭美德讲堂。开展“学党史、知党情、跟党走”学习教育活动，广泛开展革命传统教育，组织开展学雷锋和志愿服务等系列活动，在“万名干部进万村挖万塘”活动中，帮助结对丰山村开展农田水利建设，铺设1000米长的U型水泥管沟渠。在“万名干部进万村洁万家”活动中，帮助清理暴露垃圾20堆、疏通沟渠5公里；新建垃圾池20个，维修破损道路1公里；改造无害化厕所5座，清理乱贴乱画30处，改善了村庄的卫生条件。在“结对共创”活动中，帮助共驻共建的荣华街荣华社区协调解决居民反映移动基础设施电磁辐射问题，提供慰问金2500元，为结对的宗关街井南社区提供6000元共建资金。（李雄风）

【汉阳区】 辖区内道路运输企业589家，道路运输车辆6185台，管理二类、三类汽车维修企业分别为33家、67家。全年完成货物运输量694万吨，货物周转量24290万吨公里，与2011年同期相比运输量增长8%，周转量增长7%。汉阳区交通运输局以建立统一、开放、竞争、有序的运输市场为目标，全面规范行业管理，通过全面推行交通行政执法责任制、公示制、错案追究制、监察制四制管理，规范执法队伍自身行为。通过运用法律、法规杠杆，加强运力调控和信息服务，加大稽查力度，严厉打击非法营运行为，有力维护了区道路运输市场的正常经营秩序。2012年，武汉市四环线汉阳段建设协调工作是汉阳区交通局2012年承担的市级特色目标。6月成立了市四环线汉阳段建设协调指挥部，区领导挂帅，全区13家有关单位充分发挥职能，通力合作，形成了搭架子、定目标、明责任的工作格局。共召开三次衔接协调会，做好四环线汉阳段建设规划、政策研究、拆迁费用测算、拆迁安置等前期调研工作，确定了建设用红线、勘测定界。四环线汉阳段南音湖至打鼓渡段设置路基、桥涵通道等已完成初步设计评审，施工图外业测量已完成，进入征求意见阶段，并完成入户调查，实地测量了拆迁面积。

运输市场管理。按照建立统一开放，竞争有序的交通运输市场要求，积极履行职能，发挥作用，不断加大道路运输市场的监管力度。一是打击“黑的”工作继续保持高压态势。针对王家湾商圈、钟家村商圈“黑的”非法营运现象，按照“周密部署，宣传劝阻、调查取证、重拳打击”的工作方针，把握节奏、科学调度、快速行动，对非法营运“黑的”进行严厉打击，取得较为明显的成果。治理专班每天出动交通、公安、交警执法人员50余人次，执法车辆10余台次，查扣“黑的”455台。二是加强机动车维修业日常监管。全区共有二、三类机动车维修企业97家，二类客运站1家，从业人员1580人。为了规范维修行业经营行为，倡导企业诚信服务，年初与维修企业签订诚信服务承诺书和安全生产责任状。坚持月检查，季考评，按相关规定和标准对26户进行质量信誉考核。严把维修企业车辆维修竣工检验关，开展维修市场“两无”专项整治行动，对全区主次干道、背街小巷无证经营占道维修企业进行清理整治，有效打击了无证经营和占道维修现象。结合“3.15”优质服务活动，在辖区34家二类机动车维修企业中，对维修企业在服务质量、服务意识、信誉指数等方面进行评价、考核。对辖区40家维修企业“三合一”场所进行清查，对存在问题的17家维修企业下达整改通知书，全部整改到位。三是强化客运市场监管工作。针对汉阳客运市场违规发案具有流动性和固定性的特点，对重点地段王家湾、琴台和国棉一场附近加强守控，确保在重点地区加大针对违规经营行为的打击力度；对不按规定站点停靠，站外揽客、中途甩客、超范围经营等违法行为，采取流动执法、不定时检查、交叉执法、联合检查等方式，有效地打击各类违法行为。加强节假日期间客运市场监管工作。全年查处各类客运违规经营行为1144起，督促58台在汉阳客运站停靠经营的侏儒客运车辆办理《道路运输证》。四是严格遵守处罚程序，全年办理交通行政执法案件1178份，没有发生一起行政执法错案、行政复议及行政诉讼案件。采取“月度案例分析会”、“以案学法”等形式组织干部职工学习法律法规知识，参加考试200余人次，参考率100%。修改和完善行政执法责任制度，新建立《交通行政执法监督检查制度》、《行政案件预审制度》。五是规范审批程序，进一步加强行政许可工作。在办理行政审批事项过程中，严格做到一站式服务，一次性告之，开展向企业送法规、送服务、送年审、送资料“四送”活动，宣传交通法规及政策。在客运标志牌发放工作中，窗口人员在双休日实行预约服务，为服务对象解决燃眉之急，受到业户一致好评，全年发放线路牌4369块。

对辖区内19家规模较大物流企业进行摸底调查，制定区现代物流业“十二五”规划。重点支持九州通集团打造“千百亿”医药物流产业集群，统筹协调全区物流市场服务与监管工作，培育壮大物流产业和龙头企业。11月27日，组织辖区多家物流企业组团参加第九届中国国际物流节，被组委会授予特别贡献奖。

交通安全生产。紧紧围绕全年安全工作目标，层层落实安全责任制，以“安全生产年”活动为主线，规范管理，完善机制，总体保持较好的安全生产形势，未发生一起道路运输事故、火灾事故和其他事故，较好地完成各项安全目标。开展安全生产专项整治工作，深入推进消防安全专项整治、危险品运输专项整治、客运市场安全专项整治等工作，取得明显成效，有效维护了辖区交通运输行业安全，全年查处无证危险品运输车辆26台。完善安全管理长效机制，落实好安全隐患排查治理制度、重大危险源管理制度，对隐患分布和治理情况进行登记建档，实施分级管理、分级督办，排查一般安全隐患22处，确保隐患整改到位。

党建与精神文明创建。2012年，汉阳区被中组部确定为全国五个试点区(县)之一。汉阳区交通运输局党组以全面实施“五个要素强基础”，“五务合一”上台阶，“五个体系”治基层的“三个五”工程，作为科学发展观的重要保证。在建党91周年前夕，局党组被区委评为创先争优十佳先进单位。　　　　（涂军　李丽）

【武昌区】　组织5家物流企业参与第九届中国国际物流节，被组委会授予“特别贡献奖”。

客运站管理。武昌区有一级客运站2个，二级客运站1个。傅家坡客运站日发客运班次950余班，日均发

对汉阳客运站文明建设进行督查

送旅客1.3万人次，节假日高峰时段达4.9万人次，经营客运线路198条，营运辐射半径1900公里。宏基客运站日发班次1013班，日均发送旅客1.5万人次，节假日高峰时段达4.5万人次，经营客运线路236条，客运辐射半径1700公里。航海客运站日发班次295班，日均发送旅客3890人次，节假日高峰时段达1.3万人次，经营客运线路121条，营运辐射半径1600公里。武昌区交通运输局为加强客运站管理，在航海客运站设立运政监管室，明确责任科室和人员，配备视频监管设施。以制度建设促规范经营，督促客运站落实“三不进站、六不出站”制度、“三品”检查制度、报班制度、经理值班制度、车辆出站检查登记制度和消防安全管理制度。以加强值守促和谐稳定，工作日运政管理科坚守在监管室，周末及节假日全局工作人员上阵、轮流值班，为乘客提供帮助，在客流高峰科学调度运力，维护现场秩序。以隐患排查促安全生产，加大对出站车辆的检查工作，收缴活动小凳近百个，管制刀具20多把，杜绝超载出站、不系安全带出站等现象；加强重大节假日安全生产检查，排查隐患10余处，及时下达整改通知书。2012年春运，武昌区三家客运站安全发送旅客206.7万人次，被武汉市公路运输管理处授予先进单位称号。

运输市场管理。道路货运经营户663户，货车1932辆，核定吨位14610吨，货运量713万吨，货运周转量13621万吨；道路运输班线客车2500台，营运线路360条。全年受理行政事务9361件(包括新增业务发放旅游标志牌4314张)，同比增长83%，办结率100%。机动车维修行业获全市车辆技术档案评比活动优秀组织奖，无证经营整治工作被武昌区政府授予先进单位称号，行业流动人口计划生育服务与管理工作完成登记率、持证率、验证率100%的目标，连续6次被武昌区委、区政府授予先进单位称号。“武昌火车站周边环境整治”列入武汉市“十个突出问题”和武昌区“八个突出问题”整治重点。通过强化责任意识、调整和完善专班、建立和健全奖励机制、修改目标管理办法、加强自由裁量权管理、吃透“城管革命”考核细则、突出重点形成威慑等措施，取得明显成效。全年查处“黑的”344台，其中在傅家坡周边和武昌火车站周边查处的占72%，查处长途客车违章行为76起，其中在宏基客运站周边查处的占89%，依法销毁“黑的”9台，收缴管制刀具3把，行政拘留揽客“兔子”32人，交通窗口秩序得到明显改善，“黑的”、长途客车违法营运现象得到较好遏制。落实行政投诉处理机制，共处理各类行政举报投诉单、督办案件105件，办复率100%，满意率95%以上，全年无行政复议发生。

交通安全管理。按照“抓户头(运输企业)、抓人头(司机)、抓车头(车况)、抓苗头(事故苗头)”的基本工作思路，有效遏制和防止重特大交通事故发生。建立健全领导责任制和目标管理制，夯实安全生产工作基础。对企业重点抓好隐患排查、安全检查、宣传教育和组织开展专项活动四项工作。在行业管理中加强隐患排查，全年对108个企业下达整改意见230余条，严格督促整改，切实做到有记录、有台账、有整改、有销号。在重点时段(“春运”、“清明”、“五一”、“十一”等节假日及夏季、冬防特殊时段)对辖区内13家重点企业开展大规模安全检查，并安排专人通过GPS车辆监控系统加大对企业运输车辆的实时监控力度。认真开展安全生产宣传教育，制作宣传横幅6条、安全标识语300份、宣传画50份发放到企业，制作宣传展板2块，组织70余名安全管理员参加行业安全培训。全面开展安全生产月活动、“打非治违”及“回头看”专项整治行动、“进站场、除隐患、达标准”专项行动、“安全带－生命带”行动等。全年安全生产工作被武汉市公路运输管理处授予优秀单位称号。

文明创建。“三万”活动被武汉市委授予先进工作组称号。强化道德型机关建设，全年开展了四场道德讲堂，全年未发生“吃拿卡要”现象，拒收6起礼金礼物近万元。加强行业文明建设，重点开展四项工作。一是抓志愿服务工作，围绕“学习雷锋、奉献他人、提升自己”的志愿服务理念，在客运站多次开展志愿服务活动。二是抓全国文明程度指数测评工作，通过实施科室包保责任制、定期回访制、检查考核制，客运站基础设施、环境质量、服务水平得到明显改善。三是抓宣传教育活动，全年在武昌区委网和武汉市交通运输委员会网上报信息255篇，采用率78%；在交通窗口地带利用条幅、LED屏或平面广告大力宣传武汉城市精神和党的十八大精神。

航海客运站“海燕服务班”为乘客免费运送行李

四是抓“两型企业”创建和“四不承诺”活动，较好地保持了机动车维修行业文明创建成果。（孙杰）

【青山区】　运输市场管理。按照规范化要求，做好辖区内的装卸搬运、道路运输代理、货运配载信息服务、仓储理货报备工作，报备率达100%，全年货运量385万吨，货运周转量14514万吨公里;建立健全运服业台账，通过召开货运企业意见征求会、座谈会的方式，宣传运管法律法规，听取企业意见和建议，不断提高服务质量。开展货运市场专项检查、运输行为日常稽查，进一步强化货运市场监督检查，有效纠正违章经营行为，全年查处各类道路运输违章行为617起，未发生一例行政复议或行政诉讼案例。开展驾驶员诚信考核工作，严格按照规定，全面落实诚信考核及等级签注，在辖区举办道路运输驾驶员继续教育培训班，共有2000余名从业人员参加。

客运站点管理。重点提升青山长途客运站窗口服务形象，运管部门不断督促该站规范日常管理：一是组建专班，安排专人长期驻站，重点督查进站车辆各项运营指标，并对违规停靠、拒载和站外揽客行为进行严厉整治，严厉打击无证经营、非法营运行为。二是督促、检查客运站窗口经营及服务行为，严格落实“三不进站、六不出站”制度，严格审签《进站车辆登记表》，定期检查客运站《经营月报表》。三是发现问题及时督促、整改，在2012年创建全国文明城市活动中，利用客运站显示屏，大力开展宣传教育活动，集中派人轮流值班，配合市区相关部门开展多轮检查，对发现的问题限期整改、限时达标，有效提升了客运站管理水平、服务水平和文明形象，受到市区相关部门的好评。四是建立健全投诉处理机制，设置举报专线，安排专人处理，做到投诉处理有记录，有回复，投诉回复率、处理满意率均达到100%。

机动车维修管理。一是全面落实质量保证期制度，积极开展机动车维修企业无证经营整治，做好辖区内的维修市场监管工作。同时，结合城市综合管理，对违章占道、出店经营等行为进行不间断的巡查监管，发放张贴宣传资料60份，出动交通行政执法车辆107台次，执法人员239人次，查处无证修车、超范围修车行为80余起，下达《交通违法行为通知书》1份，开具《证据登记保存清单》1份，《责令整改通知书》21份，收缴保存汽车维修机具2台，汽车零配件11件，查处无证(照)机动车维修经营业户12家，取缔无证维修业户2家，有6家在无证整治专项工作中办理了《维修经营许可证》。二是在辖区维修行业内加大对《武汉市机动车维修合同》范本的推广应用，规范经营行为，督促辖区维修企业落实出厂合格证制度和维修合同制度，采取突击检查和随机抽查的方式，重点检查督促二类以上企业维修合同使用情况，进一步全面规范机动车维修行业档案。三是在辖区维修企业中开展《机动车维修服务规范》的大培训、大交流、大观摩活动，培训机动车维修企业负责人共128人次，并取得了结业证书，从业人员受训率达95%以上，有效提升了服务能力和水平。辖区内二类以上维修企业信誉质量考核达到90%以上。

“黑的”专项整治。武汉市、青山区两级政府将打击“黑的”非法营运作为全市治庸问责、廉政风暴、改善发展软环境重点问题之一，区交通运输局严格按照公开承诺内容，将打击“黑的”非法营运纳入城市管理目标，加强指挥协调，加大执法投入，查处非法营运车辆584辆，综合排名第二。在专项整治工作中，完善执法机制，加大打击力度。坚持和完善市区联动、部门配合的综合执法机制，进一步明确各职能部门责任分工，实行统一指挥、协调、监督检查和指导，形成各部门各司其责，齐抓共管打击“黑的”的工作局面。严格执法标准，加大处罚力度，对查获的“黑的”一律依法严厉处罚，不降标准，提高“黑的”车主违法成本，威慑“黑的”车主，不断健全处罚机制，杜绝人情处罚，坚持做到取证和处罚相分离，部门调处相制约。坚持疏堵并举，逐步建立长效机制，充分考虑市民出行需求，积极协调公交部门大力发展公共交通，优化公交线路，增设公交站点，更新公交车辆，扩大公交覆盖面，方便市民出行，挤压“黑的”生存空间。

交通行政执法。9月挂牌设立青山区物流局，其人员编制不变(青编〔2012〕22号文件)。区交通运输局局长兼任区物流局局长、1名交通运输局副局长兼任副局长，局机关增设物流管理科。开展执法行为规范教育活动，邀请武汉市运管处人员对执法人员进行《行政法制度》培训，组织全体人员学习《武汉市道路运输管理规定》，开展专题讲座，提高执法水平。加强信访投诉管理工作，安排专人处理信访投诉，受理行业各类信访投诉(包括上级部门督办单、转办单)10起，办复率、结案率100%，满意率达95%以上，没有发生一起因处置不当造成的再投诉或上访事件。在日常执法过程中，规范着装，持证上岗，使用文明用语，使用执法文书和运用法律法规得当，行政处罚案卷、行政许可案卷做到一案一档，无错案发生，严格按时按要求上报各类报表。

行政许可办理。认真做好辖区货运企业及车辆的年审、换证。对辖区内道路运输经营者开展道路运输经营许可证、道路运输相关业务备案证明检查(考核)和道路运输证的年审换证工作。共有2198台车辆进行年审换证，完成率达98%。审验货运企业505户。道路运输驾驶员诚信考核等级签注2300人次。全面落实“一站式”服务，首问负责制，新增许可货运企业(个体)63家，车辆295台。

重点项目建设。青山滨江区域沿江码头外迁是青山滨江区域开发建设的重要节点。围绕区政府滨江区域开发目标任务，做了大量的码头搬迁前期工作。青山区政府与市交委联合成立青山滨江区域砂石码头搬迁工作领导小组，专门负责青山滨江区域砂石码头搬迁工作；与市港航局一起抽调专人，通过实地走访、座谈等形式，对青山滨江区域沿江砂石码头进行深入、细致的调查摸底，基本上摸清青山滨江区域沿江砂石码头的现状，形成调查报告。实地考察工业港下游伟基砂场至阳逻大桥之间沿江区域，初步确定在该区域安置青山滨江区域外迁的砂石码头。组织人员分别到武汉新港阳逻港区第三作业区和硚口区学习取经。聘请有水上评估资质的评估公司对青山滨江区域沿江砂石码头资产进行评估，借鉴阳逻港区、硚口区砂石码头搬迁工作经验，结合青山滨江商务区砂石码头搬迁工作实际，对青山滨江商务区域砂石码头搬迁费用进行初步测算。

安全生产管理。牢固树立“安全发展”的意识，层层落实安全责任制，完善和落实安全生产的领导、保障、检查、考核机制；认真开展安全生产隐患排查，以局属运输企业、长途客运站、辖区危化运输企业为重点单位，督促企业建立和落实隐患自查自改制度，排查一般隐患65处，均及时得到整改；继续深化“安全生产年”、安全生产“三无”活动，深入开展消防安全、道路运输行业、危化品运输等专项整治和安全生产月主题教育活动，切实提高行业安全生产管理水平。严把重大危险源(中石油青运二公司加油站)日常监控关，切实做好源头预防工作。全年未发生一起道路运输事故、火灾事故，较好地完成各项安全目标。

文明行业创建。结合交通行业实际，不断加强青山长途客运站文明单位创建活动，局机关积极参与支持结对社区文明建设，签订共驻共建协议，投资千元更新小区公共服务设施，组织干部职工参加社区义务劳动，结对帮扶社区特困居民和特困学生。以增强诚信意识为重点，利用道德讲堂举办“职工职业道德与职业规划”讲座。深入开展基层党组织建设年活动，围绕庆祝建党91周年，召开表彰大会、举办党课讲座、开展麻城、井冈山红色之旅活动、党性教育活动等系列活动。十八大召开后，积极组织干部职工通过聘请党校老师专题讲座、撰写读书笔记等多种形式开展学习宣传活动。全面落实反腐倡廉工作责任制，继续深化治庸问责活动，进一步优化发展环境，制定“十个突出问题”承诺及整改方案，全面解决突出问题；继续抓好“群众满意基层站所”建设；积极组织开展民评民议活动；落实党风廉政建设责任制，开展第十三个党风廉政建设宣讲月活动，组织党员干部200余人观看革命历史教育片《忠诚与背叛》，并组织讨论、交流观后感；区交通运输局荣获区文明单位、武汉交通运输系统先进集体、全市交通运输安全生产目标考核优秀单位、武汉市道路运输行业安全生产优秀单位、青山区安全生产绩效目标考核优秀单位等称号。　（熊昌盛　马艳）

洪山区交通运输局开展学雷锋志愿服务

【洪山区】　2012年，洪山区交通部门有序推进四环线、武嘉高速洪山段建设。成立了四环线工作领导小组和工作专班，由局主要领导任组长，针对武嘉高速出口路的设计方案，通过科学论证，在省交通厅和市交委的支持下，调整设计方案，区段增设石咀互通，并争取建设资金2亿元。第九届中国国际物流节在汉举行期间，积极组织辖区内物流业参展，完成500平方米展位布展工作，实现招商签约20亿元。

全年完成货运量527.1万吨、货运周转量1.87亿吨公里，拥有运输企业660家，货运车辆1527台。全区有二类维修企业67家，三类维修企业168家。新发展道路运输企业69户，运输服务业15家，新发展维修企业13家，办理道路运输证审验1460余件，受理驾驶员从业资格证诚信考核签注1800余件。积极做好运输车辆年审工作，增加对驾驶员从业资格证检查登记，进一步建立健全车辆人员档案，对年审情况逐一在网上登记，完成年审率80%的目标任务。开展货运企业质量信誉考核工作，考核率80%。共完成42家二类汽车维修企业服务质量规范监督检查工作，考核率94%；完成辖区22家二类维修企业换证工作，完成率100%。积极做好打击无证经营活动，开展打击无证经营活动3次，清查无证经营户12家。共组织《机动车维修服务规范》宣传培训3次，参训人员290人。春运期间，出动执法人员255人次，执法车辆60台次，确保杨春湖客运站安全顺畅发班8152台次，运送旅客达11.7万人次，被评为洪山区春运工作先进单位。大城管“黑的”整治单项考核年度全市排名第三。

交通安全管理。全年道路运输安全达标，无重特大伤亡事故，安全生产责任事故为零。年初专题召开安全生产工作会议，健全安全生产组织网络。每季度组织各单位及企业负责人召开一次安全生产工作会议，严格按照“一岗双责”要求，与各企业及有关单位签订《安全生产责任书》。结合“安全生产月”活动，举办培训2次，编发安全生产《简报》8期，张贴安全生产画册37张，墙报4期、宣传标语15条。开展交通安全生产法规咨询和安全生产知识咨询活动2次，发放交通知识安全生产宣传资料500份。加强“春运”、“两会”、“国庆”、“春节”等重大节假日期间的安全生产管理，深入到客货运企业、渡口进行安全生产检查督导，共组织安全大检查7批次，检查企业350余家，查出隐患10处，已整改10处，整改率100%。

文明创建。制定《洪山区交通运输局文明交通行动计划实施方案》，在武汉火车站公交站场设置宣传横幅“知荣明耻崇尚文明，排队让座爱心同行”，志愿者引导乘客文明乘车，为有需要的乘客让座，共建文明城市。成立学雷锋志愿服务队，开展志愿服务，设立“洪山区学雷锋志愿服务工作岗”，在武汉火车站开展学雷锋志愿服务活动，弘扬雷锋精神，服务他人。开展道德大讲堂活动，邀请原区直机关工委书记、“洪山道德大讲堂”老干部宣讲团成员汪昌澍作报告。开展交通行业安全学习教育，集中学习行政处罚法等法律法规，组织全局交通运输行政执法人员考试，学习新湖北省道路运输条例，完成年度法治建设及“六五”普法工作。2012年，区交通运输管理部门获得“全区社会治安综合治理优胜单位”、“绩效管理工作先进单位”等市级相关单位以及洪山区委、区政府的多项表彰。运管所被授予“群众满意基层站所”荣誉称号，运管所稽查队被团市委授予“青年文明号”荣誉称号。　　（王梅）

【蔡甸区】　全年完成投资4.497亿元。完成客运周转量26016万人公里，货运周转量59358万吨公里，分别比2011年增长3.33%和16.6%。全区有公路总里程1921.65公里。其中：国道116.53公里，省道113.7公里，区道186.64公里，乡道757.33公里，村道742.95公里，专用路4.5公里。

基础设施建设。4月18日，武汉三官汉江公路大桥开工建设，蔡甸段概算投资6.4亿元。该项目起于蔡甸知音大道（又名新全大道）和十（升）永（安堂）线交叉点处，在蔡甸三官村和东西湖胡家台村之间跨汉江，止于东西湖区十六支沟处国道107。建设总里程7.03公里，蔡甸区建设里程4.39公里，其中主桥430米，引桥813米，接线3.15公里（含中桥1座66.08米）。4月8日，通城大道（大集段）一级公路新建工程开工建设，预算总投资2.05亿元。该项目起于蔡甸街姚家林村，止于大集街九如桥村（接天鹅湖大道），全长6.2公里，其中道路长5.6公里，知音湖大桥长639米。设计标准为一级公路兼城市主干道，行车速度60公里/小时，路基总宽30米，双向六车道宽24米，两侧对称布置宽3米人行道。四环线蔡甸段13公里征拆全面启动。完成五贤路白莲湖大桥亮化、景观外饰尾工程。优质修复龚侏公路三处6000多立方米路基塌方及桥台锥坡滑移。投资600万元完成奓张公路16公里大修工程。完成318国道奓山至永安段1.5公里改建、蔡城线10公里的“微表处理”、南环线2.6公里大修及永安、消泗街道路面修复。完成通自然村（湾）水泥路44.71公里和8.75公里3.8万平方米大中修养护工程。

运输市场管理。全区有道路班线客车220台、营运线路24条、5070客座。客运出租公司2家，出租车100辆。道路货运经营户1693户，货车11203辆，载货总吨位54922吨。全区有二级客运站1座，四级客运站2座，五级客运站3座，简易站及招呼站245个。汽车维修业户35家，其中二类汽车维修户12家，三类汽车维修户23家。全区乡镇渡口18处、渡船18艘、330客位；货船41艘、14824吨。辖区有码头（泊位）21处（长江11处、汉江10处），年货运量160万吨，周转量1750万吨公里。

投资150万元新增城关公交节能环保5辆，新建公交候车亭18个，延伸1路公交车至新幼儿园，2路公交车至凤凰山工业园区。持续对全区客运市场进行集中整治，查处违法违规行为153起，查扣“黑车”103台，抑制“黑车”非法经营的蔓延。投资1800万元更新侏儒、军山、索河线路老旧客车107台。

组建物流管理机构。开展全区规模以上物流企业调查，启动《蔡甸区物流发展“十二五”规划》编制。组团参加第九届中国国际物流节，荣获现代物流推动城市发展“特别贡献奖”。免费为汉江6艘渡船安装船舶自动识别系统。完成水路票据信息化和船检管理系统升级。

完善执法人员资格管理，健全路

三官桥钢栈桥施工

治超站工作人员为司机送水

政、运政、航政执法绩效评议考核机制，全年办理行政审批437件，办结率100%。

交通安全管理。开展“进站场、除隐患、达标准”、“打非治违”活动，有效杜绝水陆运输重特大事故发生。成功组织三官大桥施工水域水上搜救演习。组织各类检查29次，整改隐患22起。采取“四班三运转”的方式，组织人员全天候值守，检查车辆2369辆，处罚1465辆，卸载3990余吨，超限率控制在5%以内，“漏泼撒”现象得到有效遏制，全区水陆运输没有发生一起重特大交通事故。

精神文明建设。大力推动学雷锋志愿者服务活动常态化，成立志愿者服务队12个、志愿者达130人。积极参加“两项测评”创建活动，先后涌现出区治超站、郭先姣、李大纲等一批“巾帼文明岗”、“三八红旗手”、“五好文明家庭”。围绕创建文明城区，改善出行环境，整治车容车貌和运营秩序，提高服务质量。组队参加“第十六届知音文化艺术节”,荣获“金奖”。全系统10个单位全部荣获“文明单位”和“市级卫生先进单位”称号。（姜卫）

【江夏区】 全区公路里程累计达3069公里。其中高速公路116公里，一级公路163公里，二级公路304公里，三级公路112公里，四级公路2374公里。区内航道3条92.5公里。

营运车辆拥有量达9442辆，较上年同期增长17%。其中：规模性货运企业23家，营运货车9120辆，全年完成货运量1.04亿吨，货运周转量35.6亿吨公里，比2011年增长13.5%。客运企业4家，客运车辆322辆，6407客座，开通线路16条；全年完成公路客运量1.2亿人次，客运周转量3.26亿人公里，比2011年增长11%。

全面完成续建、新建工程14个，累计完成工程投资4.78亿元，出色完成市、区目标26项；成功组团参加第九届中国国际物流节，现场签约87亿元投资项目；江南机场国际物流港(山坡军民合用机场的改建工程)建设成功纳入《武汉市物流业空间发展规划》之中；上海通用有限公司和腾讯公司均顺利落户江夏区并如期举行奠基仪式。

基础设施建设。公路项目有26个，其中续建项目9个，新建项目7个，储备项目10个。建成的有天子山北段铺油及配套工程、纸贺公路改扩建工程、关山桥铁路桥工程、凤扬线路基路面工程、凤杨线加宽段、腾讯大道、政武路、港东路、园中路、站前路、中莲路、三三〇三门前路、省教导大队营区路、农村通村通湾公路50公里、农村公路危桥改造5座；在建的有凤杨线改线段、纵一路；拟开工的有南环线改造工程、107国道改扩建工程、凤杨大道扩建工程、金郑公路、金城大道、金口互通立交、金港铁路专用线。

完成交通基础设施建设投资1.4亿元，更新一级网络公交车辆130台，更新二级网络客运车辆280台，更新纸坊城区循环公交车辆60台；新建公交站亭75个、客运站棚60个；农村公路养护率达80%以上。完成7个省补工程项目省补资金申报手续，落实1.8亿元省补资金计划。资金拨付在燃油税和贷款资金到位后陆续启动。县乡三、四级公路补助已到位1117万元。

运输市场管理。加强道路运输市场监管，加大运政稽查力度。开展稽查活动160余天，出动稽查人员1500余人次深入到辖区内客货站场、驾培市场、机动车维修市场进行稽查。累计检查客货营运车辆、教练车辆2000余台次，对道路运输违章车辆实施暂扣98台，对严重违章的营运车辆实施行政处罚86起;共受理投诉案件36起，立案率、结案率100%，投诉单位及个人满意率达98%以上；春运期间，全区安全运送旅客179.83万人次，同比增长2.5%；落实“治庸问责”要求，完善行政执法公示制度，实施行政许可228起，其中：货运企业221家，维修企业7家。

行业安全生产监管。成立安全工作领导小组，建立健全道路运输企业安全生产管理制度。年初，与全区65家重点道路运输业负责人签订安全生产责任状，监督各企业负责人与本单位的每位员工签订安全生产责任书，明确企业安全生产责任主体。严把市场准入关，严格执行车辆更新及退出机制。全区二三级网络客运车辆322辆已经更新280余辆，注销8辆技术性能达不到标准的客运车辆，强制退出道路客运营运市场。所有的客运车辆均安装GPS监控系统，杜绝客车超速、超载等严重违反安全生产管理的行为；利用新安装的X光检测仪加强客运站安全管理，将“三品”堵在站外车下。主动配合区安监、公安、消防等部门，对全区运输市场进行安全生产大检查6次，查出各种隐患8起，现场责令改正4起，责令企业停业整改1家，对3台安全不符合运输条件的客车作出停运整顿一周的处罚决定。

建立重大节假日运输应急保障方案，开通24小时公交服务热线和网络信息平台；加强运力调配，春节、"五一"、"十一"安全运送旅客279.8万人次。全系统统一配置执法车10台，全年路政执法86起，运政执法1381起，治超处罚6193台次、处理3945台次，行政执法准确率100%，行政投诉办结率100%。

加强城乡客运站场监管。先后筹措350余万元对客运站场基础设施进行建设和改造。兴建武汉运杰汽车修理中心，该中心占地面积为1000平方米，具有一级车辆维修保养资质；在安山街主要干道兴建3个候车棚；在湖泗镇兴建一个占地面积为2300平方米的交通综合服务站。

加强安全生产指导，落实安全生产责任，定期开展安全生产大检查35次，出动安全生产检查人员200余人次，定期开展重点行业和领域安全生产专项治理，全年安全生产平稳有序。海事执法人员对全区15处乡镇渡口安全进行逐一检查，共检查船舶36艘；并对乡镇船主进行安全教育。运政执法人员处理违法经营车辆320余辆，配合江夏区安全性能检测站，累计检测车辆2000多台次，公路治超工作中，严格执法，累计卸载、处罚车辆1300余台次。

政府实事办理。2012年，江夏区委、区政府把《更新纸坊城区公交车辆，提升城市公共交通环境，解决市民出行难、出行贵问题》作为首件实事，交由交通部门承办。交通部门精心谋划，积极办理，已对宁港至新一中7路公交线路进行相对取直；5路、8路和918路公交延伸至大桥新区工业园；新增营运车辆4台，总线长51.8公里，日发车累计82班。按照区委、区政府的总体要求，认真筹备开通出租车事宜，已完成可行性研究，制定维稳应急预案，举办专题听证会议，草拟相关实施方案。提前两个月完成区人大1号议案，即纸贺线二期改扩建工程；办结2012年政协66号提案，即凤杨一级公路上海通用基地骨架道路。办结区人大、区政协议提案45件。

发展壮大交通企业。有序推进武汉振通监理工程咨询有限公司交通监理资质升级工作，相关资料已报交通运输部待批，该公司先后承担站前路、纵一路、羊子山、山坡明星街和黄金工业园市政工程、三三〇三门前路、政武路、港东路、园中路等12个在建工程项目的监理工作。拓展武汉公路勘察设计院江夏分院业务，该院独立完成凤杨一级公路加宽段、改线段、东延段、港东路、园中路5个工程项目的概念性方案，做到了及时、高效、优质。规范汽车修理行业，占领汽车修理市场。投资300余万元新建的武汉运杰汽车维修有限公司已正式运营，解决了全区320多辆客运车维修难题。建成天子山大道治超站、加油站。

精神文明建设。累计在新闻报刊、网站登载宣传报道50余次，其中在荆楚网、大众网、新华网登载10篇；省《学习月刊》专题报道江夏交通1期。自办刊物《江夏交通》20期，推出宣传专栏6期。出版《画说交通》画册一本。在《江夏报》专题报道35次，江夏电视台报道23次。加大系统内先进典型的选树力度。湖北电视台荆楚栏目中专题报道局纪委书记王承驰同志的先进事迹；江夏公交集团第五分公司第一班组被区总工会授予江夏工人先锋号称号；江夏交通窗口周燕红被区委授予全区创先争优十佳标兵称号。

全年募集帮扶基金解106.9万元，建立交通"扶贫帮困基金"，对交通系统因病致贫、因灾致贫等困难职工家庭进行救助。

参加第九届中国国际物流节活动，江夏物流工作被中国物流业大赛组委会授予"现代物流推动城市发展"特别贡献奖；江夏工程质监站被省交通运输厅工程质监局授予"学强比创"先进县级监督组织称号；江夏交通被市政府授予春运工作、安全生产工作先进单位，被区委、区政府授予2012环中国国际公路自行车赛武汉中心站江夏赛段立功单位、绩效目标工作优胜单位、综合治理工作先进单位称号；江夏交通运输局党委被区委授予先进基层党组织称号和2010～2012年"创先争优"先进基层党组织称号；交通运输局连续14年荣获全区党风廉政建设先进单位称号；连续16年全区实现水上交通安全零事故；局属单位90%以上成为区级文明单位。

（陈立忠　陈小刚）

【东西湖区】　东西湖已形成功能齐全、四通八达、布局合理、层次分明、连接有序、进出畅通的公路交通网络。具体包括建成的5条(武荆、京珠、绕城、机场路、三环线)、在建的3条(四环线、硚孝、机场二通道)高速公路和城市快速路、1条国道(G107)、1条省道(荷沙)、8条区域主干道(惠安、马池、金山、新径、五环路、柏银路、东柏路、环湖中路)。区内12个场镇区间公路全部贯通，全面实现村村通硬化路，公路总里程达1146.413公里，公路面积密度为229.42公里/百平方公里，位居全省同等县市首位。

区域内有轨道交通线路2条，包括轻轨1号线、地铁2号线；城市公交线路34条，营运车辆819台；农村二级客运线路8条，营运车辆95辆；区域出租汽车运力为300台；公共交通基础设施18处，其中公交停车场4处，农村五级客运站4处。全区行政村通车比率达98.8%，基本实现公交全覆盖，公共交通综合发展水平居全市各远城区之首。

道路运输。东西湖区在籍货运企业560余家，营运货车9631辆，成为物流产业迅猛发展的主力军。水运方面。东西湖区南西北为汉江、汉北河、沦河、府河所环抱，三面临水，现有航道77.5公里，拥有汉江36公里三级航道、汉北河5公里五级航道、沦河4公里五级航道、府河32.5公里六级航道。汉江黄金水岸线舵落口、青峰两大港区与其他运输方式融为一体，发挥了成本低、成批量的优势，支撑近年来的公路、房地产等建筑行业各种建材60%以上的运输量；沿线有投资额2000万元的中盐宏博、建华管桩码头，汉江8处渡口经改造全部达到省级标准。

在交通建设、行业管理等方面全

“微循环”公交 317 路、339 路正式开通

面践行“优质环保、绿色节能”的理念，节能环保的慈天公路被誉为东西湖区交通建设品牌路、示范路。广泛应用建设环保的“多锤头破碎板处理工艺”，新径公路、惠安大道采取多种环保设计思路，少砍树 2000 余株，少占耕地 50 余亩。开展运输市场节能减排，普及无纸化办公，交通各项能耗大幅度降低。

重点项目建设。积极争取市级基础设施建设资金 5000 万元，交通基础设施建设年投资近 6 亿元。惠安大道、革新大道、东吴大道、新径公路等一批重点公路建设完成预期目标。与中建三局签订投资达 30 亿元的环湖路等 BT 建设项目协议，全面开工建设。机场二通道等省市重点项目退地拆迁工作全面完成。五座危桥改造进场施工。

运输市场管理。9 月 28 日，300 台区域出租汽车投入试运营，取得良好的社会效益。联合多家执法部门开展综合整治非法营运专项行动，发放宣传册 20000 份、东西湖报专刊 9000 份、公开信 25200 份，悬挂宣传横幅 271 条。中秋及国庆节长假期间累计查处非法营运车辆 16 台，劝退涉嫌非法营运车辆 520 台，整治非法营运专项行动取得明显成效。引进金银湖新奥阳光城至华星花园 220 路、柏泉景德寺至万科西半岛 217 路城市公交线路。对农村二级客运进行集中整顿，建立质量信誉考核体系，强化执法检查，客运市场秩序明显好转。

公路养护安全管理。一是做好列养公路日常维护，共完成填补坑槽 8675 平方米，清扫灰带 921.6 公里，清洗防眩板 460.8 公里，更换窨井盖 542 块，更换花坛站石 2524 块。二是创新窨井管理方法，制作窨井标识 3400 余块，列养公路上的每一个窨井都有一个“身份证”，标明联系人姓名、联系电话、编号。三是强化路产路权维护工作。全年收取占利用公路补偿费 128300 元、路产损失赔偿费 11690 元，合计赔补偿费共 139990 元。四是狠抓国道超限治理。采取固定治超与流动治超相结合的方式进行常规执法，开展“超限治理”专项整治活动，在打靶堤站设置定点检查岗，严查车货总重 55 吨以上超限车辆。共检测车辆 14816 台次，查处超限车辆 5723 台次，教育放行 2452 台次，卸货转载分流 920 多吨，切实保护了区域公路安全畅通。五是全年交通运输无重大安全责任事故，乡渡船舶安全面达 100%，道路运输行车事故、工伤事故、火灾事故均控制在安全生产责任目标范围内。

精神文明建设。深入推进“科学发展主题培训计划”和党组织分类定级。顺利完成“迎接十八大，讲文明树新风”系列主题活动、迎接城市文明程度指数测评任务。东西湖区交通运输局荣获全市三万活动“先进工作组”、全市城乡互联结对共建活动“先进单位”、春运工作“先进集体”、武汉交通系统“先进集体”等多项荣誉。

（董蓬华　蒋慧）

【汉南区】 完成公路客运量 515.2 万人次，同比增长 1.9%；完成旅客周转量 20092 万人公里，同比增长 1.9%；完成公路货运量 351.94 万吨，同比增长 2.7%；完成货物周转量 26653.9 万吨公里，同比增长 2.5%。完成水路货运量 19 万吨，货物周转量 1082 万吨公里，同比分别下降 17% 和 78%。完成港口货物吞吐量 21.64 万吨，同比分别下降 13%。

全区通车公路里程达 676.48 公里，其中：高速公路 31.2 公里，省干道 45.4 公里，县道 43.406 公里，乡道 67.142 公里，村道 489.33 公里，每百平方公里拥有公路 2.3 公里。等级

东西湖区域出租车正式开通运营

公路达650.28公里，其中：高速公路31.2公里，一级公路8.25公里，二级公路63.8公里，三级公路26.41公里，四级公路520.62公里。

基础设施建设。全年完成投资2.87亿元，同比增长136%。公路建设：投资1.2亿元完成103省道(汉南大道至解放河桥)2.668公里改扩建；投资6004万元完成兴城大道6.298公里(兴城大道、纱帽正街至滨江大道汉南政务中心段)黑化工程。投资440万元完成20公里通村公路建设项目、投资380万元完成3公里汉仙线大修项目。港口和物流建设：8月纱帽港区公用码头开工建设，总投资38893万元，已完成投资9880万元，预计2013年8月全面完工。中技桩业综合码头、武汉卓尔专用码头、河润物流码头已开展前期工作，2013年全面启动建设。武汉国际宝湾物流中心12月开工建设，总投资1.02亿元。

运输市场管理。拥有客运企业2家，客运车辆135台3182座，其中一级网络66台，二级网络54台，外线(跨地区)15台，全区公交线路2条(5101、5102)，客运班线1条(5103)，农村道路客运公交4条(5201、5202、5203、5204)，运营总里程231.9公里，公交运营车辆万人拥有量10台。拥有货运企业98家，货运车辆2810台，总吨位达18364吨；拥有维修企业14家，其中：二类维修企业4家，三类维修企业10家。拥有水运企业3家，拥有货运船舶9艘、3507总吨、5345载重吨。可使用长江岸线23.6公里，已使用港口岸线4873米。相继建成长利玻璃、武汉航道造船厂等码头。

重点开展城市公交一体化改造工作。2月，区长陈平到区交通运输局调研，提出全面启动纱帽至中心城区城市公交改造工作。为加强客运企业管理，首次将2家道路客运企业纳入全局工作目标考核范畴，委托区运管所制定考核标准实施考核。审验营运客车135台，年审率100%；营运货车2810台，已审验2517台，年审率89.5%。检查货运车辆342台次，查处非法经营与违章经营车辆17台。积极开展公路“三乱”整治活动，出动执法人员423人次，出动执法车辆78台次，检查货运车辆665台次，检查客运车辆874台次，检查从业人员从业资质313人次，查处非法经营与违章经营行为57起，处罚金额13000元，警告教育21起。

为净化维修市场，开展2次机动车维修无证经营专项整治活动，取缔11家马路维修、占道维修的三类维修业户。针对驾培市场存在的收费标准不一、暗箱操作、变相收取学员费用等现象，开展驾培点专项整治工作，对辖区内报名点、训练场、教练员、教练车加强日常检查。检查1家驾校，11个驾校报名点，检查教练员42人次，检查教练车42台次，有力促进驾培市场规范化运行。公路局路政大队坚持“依法行政、确保公路安全畅通”的目标，进一步做好路政管理及安全管理工作。全年上路巡查268次719人，清理路障碍物178处13263平方米，清理摊点48处1449平方米；结合“大城管”工作，发放各种宣传单400余份，治理打场晒粮83起；清理非标91处(横幅)；路政管理无行政诉讼案件及投诉案件发生，完成“养护路政一体化”工作。9月6日，汉南区物流局挂牌成立。

交通安全管理。先后组织公路局、运管所、海事处等单位在“春节”、“安生产月”、“十一”黄金周重大节假日开展安全生产大检查活动，参加检查人员429人次，重点对车站、客运企业、乡镇渡口、港口企业、道路施工现场等开展检查，检查客运企业2家，客运站1个，营运客车146台次；检查水运企业4家，码头4处，渡口3处，各类船舶160艘次(渡船120艘次，囤船40艘次)，查处各类隐患62起，下达整改通知书12份，整改12起，跟踪治理1起；检查施工作业现场安全60余次，排查施工安全隐患5处，已整改5处，整改率100%，公路建设、道路运输、水上交通无人员死亡责任事故发生。

文明创建。组建“学雷锋”志愿服务队，定期到客运站开展“文明出行”志愿服务活动。驻站劝导乘客文明排队，不乱扔垃圾，保持客运站点及车辆环境卫生；公交车上引导乘客文明乘车，营造良好风气；引导客运企业开展区级文明单位创建工作。

公路部门开展“争创品牌职工”活动。在推进汉南幸福工业园基础设施建设中，积极推进103省道改建，涌现出高伯重、李国文等一批敬业、实干的身边典型，提炼出汉南交通部门的“103精神”，并在全局交通系统进行全面推广学习。

丰富文明创建载体，积极组织开展各类活动，增强队伍活力。组队参加汉南区“第七届甜玉米节文化节”、“汉南区首届家庭书屋读书品书活动”。在汉南区“喜迎十八大、巾帼创新业”暨“交通杯”文艺汇演中，交通部门

运政人员检查农村二级客运营运情况

选送的节目湖北渔鼓——《我为交通作贡献》喜获金奖。（李少勇）

【黄陂区】 重点公路建设项目17个、102公里，总投资达22.21亿元。完成货币工程量16.8亿元，超额完成全年目标任务；全年货运量1397万吨，货运周转量74235万吨公里，客运量118825万人。

交通基础设施建设。岱黄互通立交改造工程(三层环形立交)：次总投资5.8亿元，完成货币工程量8300万元，三个立交象限工程开工建设。黄武公路：全长26.49公里，总投资约4.39亿元，完成货币工程量2.89亿元，除八一农场段面外，实现水泥路面全线贯通。新十公路：全长20.45公里，总投资约5.67亿元，完成货币工程量2.97亿元，实现除新河大桥外水泥路面全线贯通。祁泡公路祁家湾段改造：道路工程部分投资额1909万元，下穿京广铁路立交桥预计投资1150万元，道路部分全部完工，在完善交安、绿化配套设施，下穿京广铁路立交桥已开工建设，预计2013年6月份完工。海航1号工程：完成主行车道路基、底基层、基层，预计2013年6月主体完工。临空产业园主干道路：园区内5条道路全长12.98公里，总投资为5.6亿元，5条主干道全部刷黑完工，累计完成货币工程量3.04亿元。后湖北路(汉口殡仪馆配套道路)：全长5.57公里，连接线长0.44公里，工程总投资11101.04万元，全线路基土石方基本完成，两座桥梁梁板已架设，进行桥面铺装，完成起点段1.3公里沥青混凝土面层及绿化等工作。"台创园"核心示范区创业中路、中环路：创业中路和中环路建设全长3.423公里，总投资14907万元，完成货币工程量5800万元。十素公路：全长15.2公里，二级公路沥青路面，主体工程已完工，剩余7.2公里在完善防护及交安设施，王家冲高路堤改高架桥变更工程预计2013年5月份完工。川龙大道13公里升级改造：完成7.6公里大修，川龙大道路面黑化、绿化、亮化改造工程总投资4.8亿元，完成货币工程量4.7亿元，主体工程全部完工，在完善交安设施。巨龙大道：全长13.79公里，总投资3900万元，8月18日开工，10月18日全线完工。滠口工业园主干道：起于新十公路，止于汉口北编组站现场道路，采用城市次干道(I)级标准建设，设计车速为40公里/小时，全长2.68公里，预算投资为8564.4万元，工期18个月(含调整两边各加5米的概算1085万元)。完成建安费6121万元，基本实现全线贯通。

刷黑后的岱黄公路

公路养护。提前完成全区列养和农村公路大中修任务，道路优良路率90%以上，公路路容路貌明显改观。"定养护人员、定养护路段里程、定养护质量标准、定养护工作时间、定养护安全操作程序"的"五定"管养模式，得到各级领导充分肯定。全区等级公路总里程达4597公里，等级公路密度位居全省首位。30座危桥改造和50公里农村公路大修全面完成。围绕新农村建设，农村断头路、基地路、循环路、防汛防火通道建设步伐加快，73.8公里通湾公路建设全部完工。围绕水毁恢复重建工程，临时抢通梳研大桥人行通道，以及30条影响群众出行的临时便道，清理山体滑坡32处，保证灾区老百姓生产、生活不受影响和大余湾顺利开园。

运输市场管理。加大引进城市公交力度，引进290路，开通295、292路，更新车辆55台，229路更新30台空调车。规范出租车管理。积极推行道路客运公交化改造，坚决取缔挂靠，实行公司化经营，依法取缔挂靠车辆320台。查处"黑的"33台、各类违章证照152起。加强GPS监控管理，利用GPS监控平台对长途客车、危险品运输车辆进行适时监控，严密注意车辆的运行线路及动态情况，发现问题及时向公司或驾驶员发出信号，督促其立即整改。黄陂区百秀街至钓台道的14个公交站亭建成投入使用。

行政许可执法。黄陂前川地区进一步优化行政审批服务流程，减少审批程序21个。认真抓好公交出租车监管、投诉处理工作。出动稽查车辆130余台次，执法人员520余人次，检查区内公交车260余台次，受理投诉举报总共54起，其中投诉城市公交44起(市长热线督办14起，区政府民意直通车26起，涉及部分地区线路4起)。落实行政许可"一站式"服务，提高行政审批和各项业务效率，按照提速增效的要求，进一步优化工作流程，做到公开公正、阳光操作。

路政管理。办理各种案件20起，收取赔(补)偿费15余万元，治超卸载120余吨，立案率、结案率100%，无一上诉；清理各类占道堆积物2375平方米/106处，拆除临时摊棚127平方米/64处，拆除非交通标志128块；进行法制宣传21场(次)，出动宣传人员216人，散发张贴图文宣传资料1780份；全体路政人员半年有效上路巡查1400人次，确保公路通行安全。

治理超限超载。黄陂区正值大发展，大建设时期，重载车辆运营呈“扎堆”现象，超载行为出现反弹趋势。针对这一情况，对非法加高墙板的重载车辆，强制将私自加高的墙板恢复到1.5米以下。组织160人的治超队伍，以石门和木兰两个治超站为依托，实行24小时全天候、全覆盖值守。通过集中整治，黄陂区境内超载率大幅降低，重载车主守法意识明显增强，严重超载行为得到有效遏制。

水上交通安全。对全区12处渡口、3个风景旅游区、1家水运企业进行不定期、不间断的安全隐患排查治理工作，全年进行安全检查128次，组成检查组135个，参加检查人员635人，出动安全检查车辆135台次，投入安全经费约15万元，发现安全隐患2处，下达整改通知书4份，现场责令整改1处，限期跟踪整改一处，整改隐患2起，安全隐患整改率100%，向渡口渡船免费发放救生衣100件、救生圈28个、灭火器8个，确保水上交通安全生产无事故发生。

精神文明建设。举办公民道德、文明礼仪知识讲座、“道德讲堂”、法律法规培训10期、培训职工1500人次。发放文明创建宣传资料2500余册，出宣传墙报25期，制作展板48块，开辟宣传栏20块，悬挂标语40幅。开展“迎新春交通专场文艺演出”、“三八”国际劳动妇女节“趣味运动会”、乒乓球、羽毛球、网球比赛活动共10余次；组织开展“学雷锋志愿者服务活动”，全系统成立8个分队，志愿服务队员达300余人，局属6个单位分别荣获市级、区级文明单位。 （熊小凤）

农村公路建设如火如荼

【新洲区】 完成交通基础设施投资资金5亿余元。全区拥有营运客车683台14421座，完成客运量2168万人次，客运周转量97560万人公里；拥有营运货车3223辆、30384吨，完成货运量317万吨，货运周转量22824万吨公里。

基础设施建设。全年完成40.05公里的刷黑建设任务，其中新施线14.84公里，新道线15.51公里。106国道与318国道连接线混凝土路面刷黑2.7公里；东辛线中修罩面工程7公里，东部红色旅游线全线27.5公里，完成全线路基及桥涵工程，铺设沥青混凝土路面3公里。完成李家岗中桥48米，官正中桥32米，圆管涵160道，盖桥涵14道，防护工程5.36万立方米的新建任务。新建农村公路57.1公里，完成农村公路大中修57.33公里。新施线刷黑工程被省公路局定为“全省示范工程”，被武汉市交委评为“优质工程”。启动汪辛公路和武英高速阳逻连接线建设。两路完成挖沟、放线、征用土地工作，房屋拆迁和“三杆”迁移有条不紊进行。江北快速路业主顺利移交新洲交通运输局，完成与中交集团隧道局签订三方协议并召开建设誓师大会。阳逻港至天河港两港连接线前期工作扎实推进；区中心客运站完成整体搬迁；顺利完成18户门面拆迁协议签订和退地工作，临时客运站建成营运。区水上应急中心完成前期准备工作，12月28日正式举行开工奠基仪式；进行阳逻汽车站整体搬迁工作。

公路养护。在公路养护上我们克服重建轻养的思想，列养干线公路养护优良率79%，占年计划的108%，支线公路优良路率基本达到48%，占年计划的95%。积极探索农村公路养护经验和做法，相继出台《武汉市新洲区农村公路养护管理暂行规定》，明确农村公路养护责任主体和管理部门职责及日常养护资金来源，做到“建好一条，养好一条”。4月成立炫坤公路养护工程有限公司，专门负责全区农村公路大、中修工程，提高农村公路的养护水平，保障农村公路大、中修质量，锻炼培养施工队伍，取得了一定经济效益，实现农村公路养护中心良性循环。

运输市场管理。坚持以科学发展为指导，市场培育为主体，品质提升为主线，创优服务为手段，狠抓效能建设强化运输市场监管。区运输市场管理所被市运管处授予“2012年度全市运管系统目标管理优秀单位”荣誉称号。以整治客运市场为重点，加强客运公交监管，加大巡查管理力度，抽调运政执法人员20名，成立6个工作小组，投入3辆执法车，加强邾城至汉口的客运管理，从早晨5点至晚上8点，节假日不间断，保持客运市场正常、稳定有序的进行。为解决东北部群众出行难问题，优化阳逻公交和邾城公交线路。10月在邾城现有3路公交的基础上进行优化，新增6台公交车，新开通邾城城北工业园至邾城新客运站公交专线。4月，为了解决园区和开发区居民出行问题，调整主城区与开发区循环公交收发班时间，增加班次密度，有针对性的调配4辆公交车，在园区内开通两条循环专线，完善站点设置、运营线路站牌设置，提高公交线路覆盖率。加强道路运输行政许可，加大对黑车的打击力度。严格执法程序，规范执法行为，加强案卷规范化管理。全年共扣证照510

国家发改委综合运输研究所副所长汪明考察华融钢茂物流企业

件，扣车60台，罚没13万元，教育放行400人次。认真受理服务质量投诉，对投诉举报做到专人接待，专人受理，及时调查处理，将查处情况第一时间反馈给当事人，共受理信访投诉135起，处理及回复率为100%。为了方便车主，在区政务服务中心设立交通窗口一站式服务，全年办理许可业务451件，新增车辆451台，客车年审676台，货车年审3071台。该窗口被区政务中心评为先进服务窗口。为了提高经营者素质，在新洲设立道路运输业人员继续教育培训点，培训就业人员3000人，完成道路运输业从业人员从业资格证3000本。全区5家驾校，167辆教练车，培训驾校学员5758人。组建工作专班，明确工作职责，深入了解辖区内驾培市场基本情况，对全区驾校进行登记建档工作。并加强培训市场日常监管工作。对全区驾校进行1次执法整顿，查扣2台无证教练车，下达1份整改通知书。进一步规范汽车维修行业的经营行为，以邾城街、阳逻街为重点，开展无证汽车经营调查取证工作，坚决取缔无证经营，出动168人次，10车次。全区汽车维修企业一类1家、二类11家、三类3家全部通过年度审验，为理顺汽车维修市场秩序打下基础。

公路治理超载超限。在区纪检、公安、交警、国土、水利等部门的密切配合下立足源头治理，组成工作专班到砂场、采石场，大型物流企业发放宣传资料，宣传法律法规，聘请30余名保安组建路面巡查队，设立刘集，郭三屋两个固定治超点，路面实行24小时巡查，全天候覆盖，形成强大的执法力量，有力地震慑了违法违规经营行为，收到明显效果，后八轮已基本退出新洲运输市场，运输沙石料的车辆基本做到“平斗、盖布、不漏水”的规定要求，治超工作步入常态化管理，被省、市主管部门誉为“部门联动，依法严管、标本兼治、立足源头、长效治理”的新洲治超经验。

交通安全管理。监管范围的水陆交通均未发生安全事故，安全生产形式保持良好的平稳态势。一是制定交通运输安全生产工作目标并层层签订责任状。与全系统15家二级单位签订交通运输安全责任状。二是继续抓好春运和节假日交通安全监管工作，在春运等重大节假日和重大活动期间，深入生产第一线，对重点部位进行现场监管，较好地完成了春运、清明、“五一”、“十一”等重大节假日的运输任务，实现“安全、有序、畅通、和谐”的目标。三是落实企业安全生产主体责任、第一责任人的责任，解决多年来举水河橡胶坝游乐船安全监管主体不清晰，存在监管真空的问题。四是深入隐患治理和专项整治，认真开展安全生产大检查。组织检查1029人次，检查单位56家，排查隐患43起，整改43起，整改率100%。五是继续深入开展“打非治违”专项行动，制定打击非法违法交通生产经营建设的专项行动实施方案，印发安全通告150余份，对双柳街陈路村一处非法违建码头进行强行拆除，出动执法艇7次，检查运沙船舶192艘次，处罚超载船舶78艘次，查处各类非法违法车辆3000多台次，查扣违法营运车辆41台次，收缴违法使用出租车专用标志灯25副，强制恢复车辆原色15台，查处各类超限超载车辆5800余台次。

精神文明建设。相继出台《新洲区交通运输局精神文明建设工作要点》、《新洲区交通运输局关于在全系统开展爱我新洲、传递文明优秀服务活动实施方案》等文件，把精神文明建设工作纳入年度绩效目标考核内容。抓公共文明指数评测和城管革命，在提高市民交通素质上下功夫，制定交通系统文明指数测评工作方案。筹备召开文明指数培训工作大会，主要二级单位相应的制定具体实施方案。确保客运车辆进站经营，不沿街揽客，督促客运站企业从业人员提高服务质量，中心客运站等窗口单位成立“明珠”服务班和“康乃馨”服务班，保证车站内乘车秩序良好；车容车貌美观整洁，劝导旅客文明乘车。区交通运输局把营造“干事”文化作为重要抓手，在全系统内开展“爱岗敬业”学习标兵评选活动，通过层层推荐，评选19位“爱岗敬业”学习标兵，在此基础上筛选出8位最佳人选，将他们的事迹编印成册，制成展牌，组成巡回演讲团，在系统内巡展和演讲，抓优质服务竞赛活动，在提升行业文明程度上下功夫。按照内强素质，外树形象的要求，年初以来积极开展“爱我新洲”传递文明系列优质服务活动，创建文明路3条，文明公路管理站3个，30台文明客车，30台文明出租车，2家文明出租车企业，5个文明班组。1个文明港航管理站，初步提升了交通运输业的形象，树立了交通运输行业的服务品牌。（王晓）

黄石市交通运输

交通安全设施工程——彩色防滑路面

【概况】 完成地方交通建设投资18.66亿元，为目标数的123.2%。其中：黄咸高速大冶段完成投资4.61亿元，地方普通公路完成投资6.98亿元；港航建设完成投资2.35亿元；站场和物流建设完成投资4.72亿元。完成一级公路路基59.1公里、路面15.8公里，完成二级公路73公里，改造县乡等级公路37.3公里，建成农村公路238.4公里；106国道阳新段一级公路、武汉至阳新一级公路三溪至兴国段开工建设，阳枫线富池至枫林段基本贯通，阳新朱梅线、阮殊线、星肖线及大冶刘金线、还黄线改造进展顺利，106国道军垦农场段、铁贺线路面改造已经竣工，富阳线、阳枫线大修工程均全面完成；棋盘洲港区二期工程开工建设，7～9号泊位总体形象进度完成98%，3～4号泊位水工部分和1～2号泊位后方堆场建设已经启动；黄石罗桥汽车客运站、阳新官桥汽车客运站已经建成，团城山综合客运枢纽站工可和初设已获批，在进行征地拆迁工作，完成农村五级汽车客运站4个、港湾式候车棚建4个、一般式候车棚5个；黄石物流中心动工兴建，罗桥物流园进行主体工程建设，棋盘洲物流园区项目初设已批复，新兴际华现代钢铁物流园、黄石粮食现代物流加工中心、大冶市兰天综合物流园等社会物流项目进展较好，投资进度均超过预期，成功组织38亿物流项目亮相第九届中国国际物流节，荣获2012中国物流城市最佳投资环境奖。

公路现状。公路通车总里程达到5394.30公里，公路密度达到117.7公里/百平方公里、22.21公里/万人。按行政等级分：国道3条242.20公里(国家高速公路2条147.09公里、普通国道1条95.11公里)、省道8条375.65公里、县道580.32公里、乡道1710.90公里、村道2478.10公里、专用公路7.13公里。按技术等级分：高速公路147.09公里、一级公路103.07公里、二级公路461.96公里、三级公路212.78公里、四级公路4469.41公里。黄石市现有桥梁728座19772.9延米，其中特大桥1座2580.08延米、大桥18座3362.42延米、中桥93座5048.28延米、小桥616座8782.12延米，涵洞11787道，隧道2道1880延米。

水运现状。黄石港口是全国53个、内河28个主要港口之一，国家一类对外开放口岸，可常年通航5000吨级船舶，具备海关、商检等通关功能，货轮可直达中国香港、日本以及菲律宾等国家和地区，连通欧美诸国的中转航线。按辖区分包括黄石市城区港区、棋盘洲港区、阳新港区和大冶港区四个港区，主要分布在上起花港、下迄天马岭(江西省与湖北省交界处)总长约76.87公里长江干线上，81.3公里的富水河和34.5公里的大冶湖也有部分码头。有各类码头泊位138个，其中生产性泊位132个，非生产性泊位6个，最大靠泊能力5000吨级；使用港口自然岸线长15517米，码头总延长7588米，水域面积34.22万平方米，陆域面积70.65万平方米。全港共有各类装卸机械398台(套)，最大起重能力为40吨，有码头铁路专用线3840米，生产用仓库面积约5.21万平方米，堆场面积约24.48万平方米。

航道概况。黄石市境内有长江黄金一级航道60.8公里(界河航道)，岸线76.87公里，其中可利用港口岸线为264000米。内河航道有186.8公里，通航水域主要有10条航道：大冶湖航道34.5公里(五级)；保安湖干流航道15.3公里(六级)；保安湖A航道3公里(六级)；杨桥水库干流航道3.7公里(八级)；杨桥水库A航道3公里(八级)；阳新富水航道81.3公里(六级、部分七级)；三溪河航道13公里(七级)；王英水库干流航道13公里(七级)；王英水库A航道8公里(七级)；王英水库B航道12公里(七级)。

公路运输。全社会营运车辆保有量达20629辆，其中营运客车1436辆、货车16305次辆、出租车1702辆、城市公交车1186辆。年综合客运能力达到4300万人次，年货运能力达到6400万吨。完成公路运输客运量4516万人、旅客周转量350940万人公里，分别比2011年同期增长11.6%、19.5%；完成货物运输量6433万吨、货物运输周转量974969万吨公里，分别比2011年同期增长18.4%和23.5%。

水路运输。全市水运企业共有19家，营业性船舶354艘，净载重吨达36.8万吨。其中海船83艘，净载重吨

32.5万吨；内河船舶271艘，载重吨4.3万吨，其中客船155艘，客位4313个。完成货物运输量1120万吨，货物周转量150.81亿吨公里，分别比2011年同期增长22.9%、25%；完成港口货物吞吐量1873.7万吨，较2011年同比增长5.2%；其中：外贸吞吐量完成265.86万吨，同比增长8.74%；集装箱吞吐量完成23049标箱，同比增长9.61%。

站场建设。有公路客运站19个，其中有一级站1个(市中心客运站)，二级站3个(市长途客运站、大冶中心客运站、阳新中心客运站)，三级站3个，四级站8个，简易站和等外站4个。正式货运站场有4个，其中二级站场3个(黄石公路集装箱货运站、武汉路货运中心、大冶城南货运站)，三级站1个(阳新城南货运站)，其余货运站均为简易站。农村五级客运站22个、候车棚334个、招呼站501个。全市现有农村客运班车857台，农村客运线路152条，客运里程4910公里，行政村通班车率达到100%。

水运安全。全年水上四项安全指数分别为零，船舶安全面100%。全市实现水上交通安全连续10年零死亡。

港航建设。棋盘洲二期工程开工建设，全年完成水运固定资产投资2.87亿元，同比增长9.1%，实现七连增。

港航管理。码头整治、“两河”航运规划修编工作取得初步成效。加强市场监管，核查企业145家，船舶267艘，全市水运企业经营资质水平明显提高。苦练内功，严格规范船检行为，经过不懈努力，海船检验资质恢复。行政执法能力有质的提升，两份执法案卷获全省十佳，获奖数量名列全省地级市第一。法制调研水平明显提高，积极参与新法征求意见活动，部分意见被国务院法制办等单位采纳，并给予充分肯定。OA办公系统、港政运政信息系统、行政执法学习考试无纸化软件系统已经安装运行，行政审批全面提速。

港航运输。新增执法艇4艘、执法车2台，执法装备水平大大提高。征收规费1363.4万元，同比增长9%。新增运力1.1万载重吨，占年计划的110%。

党建。开展“喜迎十八大、争创新业绩”、“基层组织建设年”、“治庸问责”等活动，成功实施局机关、五个二级单位领导班子和中层干部以及三级单位的领导班子等四个层面的竞职竞岗、机构设置等一系列人事制度改革。“结对共建”、“结对帮扶”、社区共驻共建等主题实践活动成效明显，三年来专项筹措结对帮扶公路项目资金达234万元，为贫困地区群众解决了通村、通组公路等实际困难。

廉政建设。推进行政副职兼任纪委书记的管理模式，得到市纪委的认可和肯定。全系统未出现重大违法违纪问题。

文明创建。全市交通运输系统事业单位文明创建覆盖面达100%。

(石磊)

黄石外贸码头

【大冶市】 全年完成交通项目建设总投资6.5亿元，再创历史新高。

公路建设。大广南高速境内实现全线贯通，5月，大冶、殷祖两个收费站正式开通运行；黄咸高速境内全长33公里，全线路基土石方工程、19座大中小桥梁吊装、75道涵管、45道通道已安装完毕。金湖、小雷山、金牛等三处连接线进行路基施工。铁贺线东边朱至金牛段大修工程、河金省道栖儒桥改造工程、县道殷南线4.6公里大修工程顺利完成。县道刘金线6座危桥改造全面开工，完成便道、桩基工程，并浇灌部分梁板。县道罗金线维修工程基础已全部完工，并完成6公里路面硬化；106国道罗家桥大道延伸段完成施工、监理招投标和征地房屋拆迁等前期工作，已签订施工合同，施工单位已进场；城西北开发区境内的铜都大道(也称6号路)南北延伸段建设已完成土方工程，其中南延伸段的路基、管网已完成；北延伸段路基完成90%，管网完成5%；106国道大冶一中至梁公铺段改造工程已完成工可、施工图设计、施工招投标等前期工作，施工单位已进场。

农村公路。大冶市10个试点村共需建设组级公路12.22公里，户户通公路32.4公里。已完成组级公路14.5公里，完成户户通公路32.6公里，超额完成年度计划。

站场建设。罗桥高速客运站5月全面完成站房内外装饰和水电管网工程，基本具备投入运营条件；城南二级客运站完成土地平整、临河挡土墙工程和站房设计等工作，进行站楼桩基施工；城际铁路430米延伸段开工，已完成100米长的土建工程。

公路养护管理。投入资金100多万元，对境内106国道，中大、河金、铁贺省道以及乡道毛灵公路进行全面美化，开展以“畅安舒美”为主题的公路养护示范工程创建活动，展示大冶干线公路良好形象。加强列养公路桥涵养护管理，制订桥涵日常养护办

大冶铁矿外运矿石

法和责任人名录，对全市79座列养公路桥涵全面普查并建立台账，落实法人责任、桥梁工程师技术责任制度，加强对重点桥梁的监控。制订《大冶市农村公路管养活动实施方案》，建立健全农村公路管理养护规章制度、技术规范和技术标准体系。为实现“四个提高”目标，农村公路局举办一期农村公路管养知识培训班，在全市组织开展2次农村公路养护质量季度检查考核，促进农村公路管养常态化。继续加大公路“治超”力度，组织路政、运政部门开展联合治超行动，累计检测超限车辆2230台次，其中查处超限车辆273台次，强制卸货5800吨。境内干线公路车辆超限率控制在4%以下。

城乡交通运输。圆满完成春运、清明、“五一”、“十一”期间旅客运输保障任务。完成道路客运量1522.79万人次，旅客周转量6.995亿人公里；完成货运量3958.14万吨，货物周转量34.91亿吨公里。分别比上年增长27%、23%、26%、31%。更新低排放量、低油耗客运车辆8台，新增符合国家标准的货运车辆335台。打造两条绿色公交线路，更新城区2路、5路公交车42台，全部使用天然气。

出租车清理整顿。受理乘客投诉68人次，严肃处理无从业资格证、无服务卡、拒载、不打表、乱涨价等违章行为，维护乘客的合法权益。注重提升行业服务形象，举办出租车驾驶员培训班4期，分别对主、副班驾驶员进行轮训。2012年高考期间，150台出租车自愿参加“爱心送考”活动，赢得社会普遍赞誉。

依法治交。运管部门按照“政府牵头、疏堵结合、标本兼治、综合治理、依法监督”的总体要求，坚持依法维护道路运输市场秩序，积极开展“打非治违”行动，道路运输市场环境得到改善，运输市场秩序进一步好转。暂扣违法违章车辆669台，采取其他行政强制措施902台，入网登记142台。组织运管、客管、出租车等行业管理单位执法人员组成城区整治工作专班，结合“平安城市”创建活动，协同交警、城管等部门全力投入到城区交通秩序整治行动之中，取得初步成效。查扣非法营运“黑的”129台次，“摩的”702台次，城区交通秩序明显好转。

安全生产。开展化学危险品的运输专项整治工作。以加强“双基”为建设重点，强化企业安全生产主体责任和部门安全监管责任。运管部门集中精力开展道路客运“进站场、除隐患、达标准”安全专项行动，改造升级营运车辆GPS平台，严控重特大安全事故发生。公路部门加强公路灾害预警防控，重点路段严防死守，恶劣天气，公路应急抢险分队24小时待命。同时，做好抢险设备物资储备，建立应急物资装备库，各类抢险物资备齐备足，推进安全应急系统保障长效化。

（石磊）

【阳新县】 完成年度投资3.60亿元。

公路建设。大广高速阳新段35公里，5月3日建成通车。106国道阳新县梁公铺至沿镇段一级公路建设工程16.3公里，完成6.62公里路基土石方、基层，完成1.3公里沥青路面下面层。BT模式建设武汉至阳新一级公路阳新宏卿至塘堍段14.29公里，完成路基土石方50万立方米、4座中桥桩基。阳枫省道富枫段二级公路21.39公里，完成路基20.99公里、路面18公里、全部小桥涵、中桥1座，2座中桥进行下构施工；富池大桥下构完成，进行梁板预制；富池隧道已贯通，并完成二衬，进行洞门端墙及洞内装饰施工。拟升省道排肖线二级公路27.76公里，进行路基施工。完成陶白线潘桥段四级公路4.3公里、连通公路168公里。大冶湖港口河渡改桥工程230延米进行桩基施工。阳枫省道黄颡口至老渡口段11.8公里、106国道军垦农场段2.4公里、富阳省道34公里大修工程全部完成。完成木洋国防公路21.73公里、河金省道阳新段30.67公里、朱黄线朱田畈至黄土坡24.3公里、大平线白沙至平湖林公路6.71公里、白三线白沙至三房公路12.71公里、荻石公路8公里、大(雅)盂(铺)公路10公里、大桥头至三角地3公里、排熊公路排市至红山村熊家塘组13公里等公路建设与交工验收工作。

站场项目。城北二级客运站，建筑面积2843平方米，主体工程全部完工，进行竣工验收工作。龙港三级客运站，位于龙港镇，建设规模2435平方米，已完成工可、施工图设计报批、征地拆迁及土地平整工作。

境内长江岸线码头专项整治。完成东湖汽渡拆迁工作，志达码头拆迁已进行，违建码头实施监控。黄石港阳新港区兴国作业区：位于富河北岸兴国镇段，主要建设7个300吨级件、杂货运及客运码头泊位，建设完成进港道路路面、1号引桥浇灌桩40根。协调完成棋盘洲深水码头5个(1、2、7、8、9)泊位、娲石水泥散货专用码头、华新骨料专用码头。

公路养护与路政管理。成立养护中心站，实现公路养护站和路政中队整合，实现日常养护和路政执法就近、及时、有效管理，将公路损坏控制在前期或较轻阶段。沿横省道、界浮省道补植意杨树苗17600株，绿化里程44公里。106国道白沙治超站检测货运车辆12189台辆，源头劝返214辆，查处超限案件960起，处罚超限车辆880台次，卸载399车次2143吨，过境检测率100%，结案率100%，无一起复议、诉讼、错案。辖区内超限控制率持续保持5%之内，其中106国道梁公铺段至梁兴公路兴国段超限控制率持续保持在3%以内。路政人员分别在106国道、316省道和237省道开展对车辆路面抛洒和超限运输问题进行专项集中整治活动23次，出动执法车辆78台次，清除路障1120余处，拆除非公路标志牌13处，受理行政许可案件8起，年审行政许可7起，查处损坏路产案件22起，查处超限车670辆次，处理处罚各类违规案件28起，路政案件查处率98%，结案率98%。行政处罚程序合理、文书制作规范，无行政复议、行政诉讼败诉案件发生。

黄石港航局渡船安全隐患专项大检查

道路运输。全县有客车487辆9892座(农村客运车辆373台6397座)，客运线路115条，其中，省际7条，市际14条，农村客运线路94条(全县312个行政村通班车275个，占全县行政村总数的89%)。货车4718辆23789.62吨，农用车935辆，简易车437辆，危险品运输货车52辆，出租小车304辆，教练车85辆。太子农村综合物流服务站建成营运。客运企业4家，客运站9个，物流企业18家，驾驶员培训学校4家，一类维修企业5家，二类维修企业23家，三类维修企业57家。全年完成公路客运量1200万人次，客运周转量60000万人公里，货运量558.9万吨，货物周转量25150.5万吨公里。百车事故死亡率控制在2人以内，无重特大事故发生。

武阳一级公路建设者

城市客运。全县拥有出租车客运企业3家(得福、安捷、安发)，出租车280台；公交车经营企业1家(平安公汽公司)，经营车辆152台，经营线路9条，线路总长150公里，城区公交线网覆盖率80%，在城市交通总出行中的比重占70%以上。城市客运行业从业人员800余人，日运送旅客98000人次(公汽8万人次，出租车18000人次)，年客运量3577万人次。无重特大事故发生。

水路运输。全县营运船舶268艘、21480总吨、15787千瓦。其中客(渡)船161艘2868客位，货船107艘21480总吨位。完成港口吞吐量570万吨。继续保持零事故记录。

安全监管。加强道路客运市场监管，纠正违章运输车辆2000多台次，制作行政执法案卷1200多份。建立公共客运市场综合治理机制和长效监管机制，开展城市客运市场“打非治违”集中清理整治活动，查处非法营运“黑的”130余台次、“摩的”30多台、“麻木”68台，一部分“黑的”司机经过从业资质学习培训合格后从事正规出租车营运。开展公交车噪声专项整治行动，152台公交车在规定时间内全部拆除高音喇叭，与出租车一起自愿参加2012年高考“爱心送考”活动；城市客运企业和干部员工捐款26000余元成立爱心助学基金，资助特困学生20名。纠正不打表、甩客、拒载等违规营运出租车180余台次、串线营运公交车1台。受理出租车、公交车举报投诉200余起，回复满意率达96%以上。制止出租车非法转让行为13台次，清理不合格驾驶员6名。开展机动车驾驶员驾培超市工作，成立集报名、培训、预考为一体的驾驶员理论培训中心。加强汽车维修行业的标准化建设和品牌化服务。完成客运车辆GPS安装工作。落实安全监管制度和措施，组织道路客运企业负责人参加省运管局组织的安全学习培训，组织各种安全检查50次，下达安全隐患整改通知书38份，整改率100%。强化港口航道管理，依法维护港口建设和安全生产秩序，保障水上交通安全。先后组织“安全生产月”、“百校千村安全教育和救生衣行动”、“创建文明示范渡口”等水上交通安全宣传教育活动，提高水上交通安全系数。在水域较集中的地方举办水上交通安全讲座20余场。全县水上运输从业人员持证上岗率100%；一批老旧渡船得到改造，全县已有37处渡口达标；继续开展“渡口渡船整顿”、“安全隐患排查”等专项整治工作，强制报废仙岛湖游船6艘。每个重大节假日对渡口码头和旅游船进行现场监管，确保监管航道水上交通安全。

（石磊）

十堰市交通运输

【概况】 全年完成交通建设投资总额113.06亿元。高速公路建设完成投资82.45亿元，地方公路水路建设完成投资30.56亿元（南水北调交通附件工程投资0.35亿元未计）。十房高速公路建设完成投资11.65亿元，占年度计划的114.6%；谷竹高速公路建设完成投资51.96亿元（十堰境内完成投资38.97亿元），占年度计划的93%；十白高速公路建设完成投资13.63亿元，占年度计划的115.5%；郧十高速公路建设完成投资18.2亿元，占年度计划的152%。十白、谷竹、十房三条高速公路路基工程基本完成，郧十高速公路完成路基工程的75%。一级公路建设完成投资12.34亿元，完成路基52.13公里，路面20.19公里。东环一级公路和汉江二桥建成通车，十堰市区至郧县实现全程一级公路通达；襄关公路竹溪绕城段一级公路完成路基8.67公里；丹土一级公路完成路基15.77公里，路面6公里；襄关线竹山县城至潘口河口段一级公路路基完成8公里；襄关线房县至军店段一级公路完成路基10公里；郧县长岭至沙洲一级公路完成路基5.5公里，全线所有标段均已开工。二级公路完成投资6.72亿元，完成路基106公里，路面184公里。十竹路完成路基62公里；竹溪水向路完成路基42公里；房县化龙堰至门古寺段完成路基2公里；竹山鲍双线城关至九华段、郧县丹郧线岔沟至安阳段、丹江丹郧线羊山段、竹溪县兴界线丰溪段、郧西上湖线上津口至关防段、竹溪鲍双线双桥段、武当山特区老武线等七条二级公路路面改造工程完成。县乡道改造工程完成投资2.54亿元、266.7公里，通村水泥路完成投资2.38亿元、1081.5公里，完成了全年计划目标任务。港航建设计划完成投资2亿元，已完成投资4.16亿元，占年度计划的208%。

高速公路隧道施工

丹白段航道整治项目完成投资0.9亿元；航道基地项目、郧县牛头岭码头、郧阳岛旅游码头、丹江口旅游港和11个码头复建工程建设加快推进。站场、物流建设项目12个，计划完成投资1.15亿元，已完成投资1.87亿元，占年度计划的162%。十堰市客运中心站主站楼改扩建工程全部完成；郧县青曲客运站初步设计通过评审；丹江口官山客运站完成征地和初步设计；郧西五龙河客运站完成工可报告编制；建成农村综合服务站8个。

综合运输。全市道路运输完成客运量6904万人次，客运周转量583996万人公里，货运量5035万吨，货运周转量939760万吨公里，分别比2011年同期增长20.45%、22.30%、20.87%、20.08%。完成“全国村长论坛”、“武当大兴六百年”等全市重大活动期间的运输保障任务。水上运输完成客运量30万人次，客运周转量686万人公里，比2011年同期分别增长3.5%和12.5%；货运量172吨，货运周转量4630万吨公里，比2011年同期增长3.4%；港口吞吐量340万吨，比2011年同期增长3%。城市公交运送旅客2.16亿人次，安全营运里程27.01万公里，同比增加49.72%。先后投入4000余万元新购126台豪华双温空调车；调整延伸2路、7路、31路等10条公交线路；10月20日，十堰市首条城际公交线路——十堰至郧县城际公交线路正式开通。全年社会公益性免费乘车服务达到1800万人次，公交日客运量由60万人次增至65万人次。

项目规划。完善《汉江生态经济带交通专项规划》、《竹房城镇带交通专项规划》、《十堰市秦巴山区交通扶贫专项规划》、《鄂豫陕渝毗邻地区区域性交通中心综合交通规划》。“十二五”期间规划一级公路项目11个156公里，工可完成批复项目8个114.5公里；规划二级公路项目27个711公里，完成批复9个379公里，通过省级专家评审13个260公里。争取一、二级公路改造项目35个1181公里，县乡道项目197公里，通村路规划685公里。先后10余次赴部、省争取秦巴山片区交通扶贫项目。秦巴山区交通规划项目争取交通运输部资金30多亿元，比原计划多争取项目资金11.5亿元。

行业管理。全年出动稽查车辆710台次，检查各类营运车辆18220台次，查处各类违章1513起，登记保存证牌427本(块)，暂扣“黑车”596台次，取缔非法练车点3处。无公路“三乱”行为、无因为不作为而引起的集体上访、无行政诉讼败诉案件。全市处理违章建筑46处2270平方米，整治集贸市场5处，拆除非交通标志牌136块，清理占道堆物386处18811平方米，取缔非法加水点6个。路政治超检查车辆62500辆，其中，超限车辆2950辆，卸载车辆290辆，卸载重量10560吨。全市8个路政大队、治超站的执法文书、案卷归档方式、站内公示内容、各项规章制度规范统一。水上运输完成拆解改造船舶83艘、5809总吨。完成2012年水路运输企业和船舶年度资质核查工作。

安全监管。一是构建责任体系。全面落实“一岗双责”安全生产责任制，建立主要领导负总责，分管领导直接负责的责任制度。加大对各单位建立和完善安全责任体系督促力度，层层分解责任目标，落实“谁主管、谁负责”、“管生产必须管安全”的责任机制，形成“横向到边、纵向到底、不漏死角”的交通运输安全生产责任制体系。二是宣传教育。通过张贴安全标语、警示标语、召开咨询会、发放安全知识手册、举办培训班等形式多样的宣传教育活动，加强安全教育，举办现场安全知识咨询和宣传会2场、安全管理培训班2期、安全讲座10余场，开展“安全文化下乡”活动，出动宣传车辆150辆次、宣传人员700多人次，增强了管理部门和企业安全责任感。三是排查安全隐患。多次组织全市公路、重点水域和航线安全生产大检查，对发现的安全隐患和事故苗头及时督办整改。组织专班在春节、清明节、“五一”、“十一”等节假日前进行安全排查，消除隐患。四是打击不法经营。在水运专项整治活动中，出动执法车船147台(艘)次，开展客渡船和旅游船安全航行技术检查412艘次，检查码头、渡口238处，严厉打击“三无”船、农用船、渔船非法载客行为。开展“二客一危”车辆GPS在线率专项整治行动，督促GPS营运商检修车辆终端设备327台次，更新安装226台，车辆在线率上升34%；利用监控平台，落实卧铺车凌晨2点到5点休息制度，进行GPS定期检查通报，对不依线运行、违章经营的25台客运车辆予以锁定，加强重点动态监控。

行业体制机制改革。9月13日，十堰市交通运输局在全国中心城市交通改革与发展研讨会第29次会议上作出租车长效管理机制典型发言。通村公路养护纳入十堰市政府十件实事，覆盖市、县、乡、村四级联动，纳入目标责任考核，各县市交通运输系统成立农村公路管理局(所)，147个乡镇有133个乡镇政府专设农村公路管理办公室，公开招标农村公路养护人员3158人，配套落实农村公路养护资金1197万元。

行风评议。完成民主评议政风行风宣传动员、自查自纠和集中整改、电视问政各个阶段的任务，针对群众反应比较突出“打的难”、“驾校乱收费”、“黑车违法经营”等问题进行整改，针对行评督察员暗访及自查的34条重点意见、建议，整改落实24条。对问题突出的一批干部职工实施问责，通报批评2人，待岗学习9人。结合开展“三服务一促进”、“十行百佳”评选以及争创“青年文明号”、“文明示范窗口”、“文明班线”、“文明港口”、“文明码头”、“文明车船”、星级服务大厅等文明创建活动，培树一批先进典型，十堰市交通运输局被评为“优秀单位”。

抗洪抢险。8月4～6日，十堰市遭受罕见暴雨和山洪自然灾害袭击，境内316、209国道、十房路、鲍竹路、郧庙路、兴界路等7条国省道中断交通，五赛路、柏叶路、青万路、五板路等12条县乡道中断交通，412条临水通村公路遭受毁灭性破坏，中断交通。全市公路损失5亿多元。灾情发生后，全市交通公路部门组成5个抢修指导专班，30多支抢修队伍，1000多名职工，300多台机械设备，全力投入公路抢险保畅，4天抢通7条水毁国省干线公路；7天抢通12条县乡道；10天抢通95%以上的通村公路。制定《十堰市公路水毁修复重建实施方案》，分两阶段推进后期重建工作。

建议及提案办理。承办十堰市政协委员提案50件，人大代表建议40件。涉及交通基础设施建设51件，道路运输管理8件，公交运输21件，公路路政管理2件，安全监管2件，站场建设2件，物流建设与发展1件，公路收费管理1件，8月底全部办理完毕，见面率达100%，满意率和基本满意率100%。

文明创建。公路部门开展“百日安全保畅通”劳动竞赛，掀起新一轮养护管理热潮；运管部门开展“学王静工作法、创王静式标兵、建节约型行业”活动，创建一批文明示范客运站、农村客运文明示范线、文明驾驶员、文明示范班组；港航海事部门开展“文明船舶”、“文明港口”、“文明码头”争创活动；物流部门多次与湖北汽车学院、省物流局联合举办物流知识培训班；城市公交集团公司开展“党员先进性承诺”活动；亨运集团公司开展“亨运天使”、“星级站务员”活动。十堰市交通运输局被十堰市委授予“创先争优先进基层党组织”、“党建工作先进单位”荣誉称号，荣获“市级最佳文明单位”，被省交通运输厅授予“全省交通运输系统党风廉政建设先进单位”。全市交通运输系统荣获“省级文明单位”、“全国交通技术能手”、

“十堰市十大女杰”等荣誉称号30余项，涌现出“最美公交女工”赵瑞等一大批先进典型。6月20日，国家交通运输部、人力资源和社会保障部、全国总工会联合在十堰市召开全国出租汽车行业和谐劳动关系创建活动推进会，来自全国各地的200多名代表参观十堰市顺强运业有限公司和亨运万顺达出租汽车公司，十堰市出租车行业公车公营和班费制经营管理模式受到广泛赞誉，并向全国推广。

党建工作。开展党员干部教育培训。积极探索职工培训新途径，在技能岗位从业人员中，开展“学习辅导、技术比武、技能鉴定”三位一体的从业人员培训，培育了一批理论知识和实践经验相结合的产业技能型人才。全系统创建了20个“党员先锋示范岗”、20个“党员责任岗”。建立党支部随党员延伸的基层党建新机制，在东环路等建设指挥部、汉江航道整治工程项目部、道路运输企业建立了16个基层党组织。强化基层党组织功能，运管部门在城区出租车公司开展“党工共建”活动，指导8家公司成立党组织和工会组织，对出租车行业稳定健康发展起到积极作用。

（辛文波）

【丹江口市】 基础设施建设。丹土一级公路路基工程全线贯通，路基土石方基本完成，东环路全线六个标段进行施工，路基已具雏形。羊山立交桥基本建成，累计完成投资4.6亿元。3月底前提交勘测报告并完成初步设计评审和驻地建设，4月份开始桩基试钻，5月份开始桥梁主塔下部施工，年底大桥主塔出水。六均路、丹郧路、茯大路改造工作有序推进。完成丹郧路36公里、茯大路18公里路面大修和安保工程。完成等级公路复建工作，完成复建桥梁3座，码头2座。旅游港至阳西沟桥段12公里及路线中的两座控制性大桥（阳西沟大桥和土牛大桥）年底建成通车。罗仓路改造工程全长12.8公里，完成70%路基工程，路面硬化4公里，年底全部建成通车。浪盐路改扩建工程完成该段三桥二隧及全部路基工程，完成投资8000万元。209国道41公里路基路面修复完成规划设计工作，已进行分段修复施工，年底全部完成。土关垭至武当山一级路9月开工建设。丹陶公路已列入南水北调水源公司工程项目建设计划，拟按二级公路进行建设，长江委设计院正在进行方案设计。丹老一级路项目全长7.2公里，起于新港经济开发管理处五龙山经丹江口汉江公路大桥止于右岸施工大桥桥头，与汉江大道相接，概算投资7000万元。枫土路全长17公里，其中丹江口市负责管理9.2公里，全年完成路基工程，完成工程投资4000万元。

争取项目。①土陶高速：丹江口市境内全长60公里，总投资30亿元。市交通局已组织工作专班，与河南省联系，共同做好土陶高速的争取工作。②丹西铁路：列入“丹江口库区及中上游经济社会发展规划”和省“十二五”规划项目库。③武汉至十堰城际铁路金山站：从谷城进入十堰市境内，丹江口市占十堰全线80%的里程。丹江口市土关垭金山站，距丹江口城区13公里，距土关垭高速入口3公里。④均武大桥：均武公路丹江口市境内25公里，总投资约3.72亿元，均武大桥投资1.4亿元。

抗灾救灾。8月5日，丹江口市部分乡镇遭遇特大暴雨，境内国省道路、通村公路受损严重。灾情发生后，丹江口市公路部门组织300余人的抢险队伍、50余台大型机械，主要领导带队，赶赴现场，日夜不停抢修，8月6日316国道恢复交通，8月8日抢通武当山至盐池河道路，8月9日抢通盐池河至官山道路，8月10日抢通209国道，所有中断交通的道路全部抢通。市交通运输局被市委、市政府授予“8.5抗灾救灾及灾后重建工作先进单位”荣誉称号。

安全生产。突出抓好春运、“五一”、“十一”等重点时段的运输保障工作，严把“三关一监督”，切实加强车站、渡口、码头等源头的日常安全监管工作，大力实施公路安保工程，加大险路险段排查整治，进一步强化措施，增强安全执法监管力度。全市水上、陆上未发生安全责任事故，安全形势保持稳定局面，被评为2012年安全生产工作先进单位。

行业管理。全市交通运输系统通过坚持“综合治理、疏堵结合”的方针，进行运输市场综合整治，依法打击和取缔“黑车”、无证修车、占道经营等违法违规行为，查处各种违规车辆197台次，暂扣“黑车”、“摩的”89台，运输市场保持有序发展。按照构建和谐、高效、便民的法制工作要求，进一步加强执法领导，规范制度建设，加大执法透明度，全体执法人员依法行政，文明执法，树立交通行政执法新形象。

党风廉政。按照党风廉政建设目标责任制的要求和上级纪检部门的安排部署，坚持教育、制度、监督并重的原则，切实促进党风廉政建设责任制的落实，未发生一起违法违纪事件。

党建工作。市交通运输局把“七一”党员大会会场搬到交通工程项目建设一线，开展“庆七一 看实际 找差距 添动力”专题活动，利用现场产生示范效应，市交通运输局分别获得创先争优和基层组织建设工作先进单位的荣誉称号。被评为民主评议政风行风建设优胜单位。

【郧县】 全年地方性交通建设累计完成投资近12亿元。汉江二桥、“郧十”一级路建成通车；长沙一级路完成投资2600万元；天马大道建设路基工程完工，完成投资1.3亿元；柳陂环湖路完成投资6100万元，一、二标段路基工程完工；南三路二期工程完工，三期工程完成90%的路基工程量；丹郧路建设总投资2450万元，11月中旬完工；五鲍路新修8.2公里路基工程完工；建设农村公路246公里；牛头岭综合码头完成货币工程量2400万元，占工程总投资的80%；农村渡改桥后河大桥开工建设；青曲客运站完成前期工作于11月26日开工；堰桑路、收江路、茶蓼路、牧红路等16个复建项目已完工；209国道后槽至挖断岗段、柳新路、柳陂湖大桥、环湖南路等复

建设郧县滨江大道

建项目快速推进；郧白路、柳五路等项目前期工作基本完成；郧阳沧浪洲大桥、谭山至刘洞公路、牛头岭物流园区等项目前期工作扎实有效开展。水陆工程建设齐头并进，“十二五”项目建设全面铺开、快速推进。

养护管理。十堰市政府将7000公里通村公路养护纳入十件实事之一，明确要求建立农村公路管理机构、人员纳入财政编制、经费纳入财政预算。2010年，郧县在全市率先成立农村公路管理所，开展农村公路养护监管、路政运政执法工作。实践证明，农村公路管理所这一新生机构扎实有效的工作使政府满意、社会认同、群众认可。郧县县政府同意将农村公路管理所编制和经费纳入财政预算，将每年每公里1000元农村公路配套养护资金纳入财政预算，2012年283万元已安排到位。

行政执法。组建打非治违联合执法专班，多次组织开展运输市场专项整治，严厉打击非法违法营运，净化运输市场环境，规范运输市场秩序。开展了“百日治超”、“联合治超”专项行动，加强路政管理，遏制超限运输，维护路产路权。依法实施港航监督，严厉打击了非法航运，坚决取缔“三无船舶”，规范了水上运输行为。全面加强执法队伍建设，加强执法队伍教育和培训，提高了执法人员执法和服务水平。大力治庸，严厉问责，切实纠正行业不正之风，规范了执法行为，全年无“乱设卡、乱收费、乱罚款”的“三乱”行为发生，维护交通行政执法的良好形象。

运输安全。加大安全工作力度，落实安全生产责任。健全运输市场安全监管网络，把住“三关一监督”源头管理，落实安全管理各项制度。抓好船舶管理，确保水上运输安全。加强建设施工安全管理，没有发生施工安全事故。加强领导，落实责任，整治隐患，立足防范，水陆运输安全面达100%，全年无运输安全责任事故发生，交通运输安全形势总体平稳。

交通保障。“郧十”一级路开通后，开通了湖北省首条县市城际公交线路——郧十公交线路，调整县城至周边乡镇的短途客运，推进“一江两湖四区六镇”新城区公交全覆盖；全县已开通村村通客运线路60多条，营运里程1600多公里。逐步推进国省道大中修、危病桥梁改造、险路险段整治、公路安保设施建设。开展国省道养护“文明路”和农村公路养护“示范路”创建活动。成功举行了水上搜救实地演练，开展应急救援能力大培训，应对强降雨等自然灾害，保障重要活动的交通运输安全。面对8月份特大暴雨灾害，全面抢通中断交通，修复受损道路。

队伍建设。开展“喜迎十八大、争创新业绩”、“交通杯职工运动会”、“一诺三评创十星”、“思想大讨论”、“三万”等活动，增强行业凝聚力、创造力和战斗力。推进行评工作，加强整改转变机关作风。局机关获得“省级最佳文明单位”称号，局属五个事业单位均获得市县两级文明单位表彰。

【郧西县】 基础设施建设。土地岭隧道、六郎乡金钱河大桥和佘家湾大桥全面竣工。羊景路汉江大桥至羊尾段5.8公里二级路路基完工，路面工程施工；观大路25公里二级路改造完成路基和部分路面工程；郧漫路孙家湾至上津段17.5公里改线工程，完成勘察、工可、图纸设计和实物登记，在招投标中。完成上湖路大修工程30公里，路面隐患全面整治，配套工程全部到位。26条84公里通村水泥路建设全面完成。完成涧池五级站和20个候车亭建设任务；五龙河旅游客运中心建设完成基础工程、70亩的场地平整及450米的防护工程；湖北口回族乡农村物流服务站建设开工；天河码头建设完成项目规划编制、工可报告等任务，改造船舶10艘。10公里羊龙路建设高标准完成，3.2公里天河景区旅游路路基工程完工，完成路面2公里，配套工程也在紧张推进。佘家湾大桥全面竣工，下北隅漫水桥、天河坪金钗桥、吴家营大桥、天河国际大酒店人行桥等市政桥梁工程正在紧张施工，婚博琴桥正在招投标，郧安桥方案评审和施工图正在设计之中。改造老城区路面4万平方米，完成城区新修路面6公里。观天路7.8公里二级路已完成招投标工作，将于近期开工建设。新增一条农村客运班线、新增通客车村3个，新增农村客运客车1辆、更新10辆。

公路管护。全面落实474公里干支公路和2800公里农村公路管养权，实现了“四个100%”，即：公路管养面100%，养护责任落实率100%，养护机制建立率100%，“五有”(有机构、有人员、有经费、有机具、有制度)落实率100%。全县干线好路率达89.9%、绿化率达60%，支线好路率达80%、绿化率达40%，创建管养示范路 1200 公里。

项目争取。争取郧漫路、观大路、羊夹路、上湖路、南水北调复建等干线路网改造项目，与陕西旬阳县、商南县就汉江兰滩口大桥建设、郧白路改造工程分别达成框架协议，为项目落实奠定基础；先后勘察、设计、编制 127 座县乡道危桥改造工程，争取 27 座改造任务；申报郧西至观音一级路、郧西至土门一级路、郧西到陕西白鲁族二级路、汉江兰滩口大桥、天河港口、移民内安交通复建、县物流园区等工程项目。

旅游公路。郧西县城至五龙河景区 19 公里公路升等改造，其中建成一级路 1 公路、二级路 9 公里、三级路 9 公里，景区上下入口之间刘家河至元门段 14 公里升为二级路；羊尾龙潭河景区 6.5 公里旅游路升为三级路，按二级路标准新修天河景区旅游路 3.2 公里，实施标准化边沟、标志标线和 GBM 配套工程。

行业管理。履行监督检查 1010 人次，检查营运车辆 2700 台次，检查企业 196 次，纠正违章 520 起，查扣车辆 285 辆，暂扣运输证件 243 本(次)，查处运政案件 400 余起，收取路产损失赔偿费 90 多万元，海事部门完成规费征收 10 万元。加强城区出租车、客运车辆管理，从票价、保洁、服务等方面实行统一标准，倡导文明服务；对维修摊点进行划行归市、集中管理。加大交通安全监管力度，交通安全形势平稳可控。

作风建设。县政府出台《郧西县加快推进“十二五”交通项目建设若干意见》，明确配套政策，交通部门落实一个项目、一名领导、一个专班、一个指挥部、一个廉政监察员的“五个一”措施；完善主体明确、责任清晰、量化具体的岗位责任制；实行日常督办、定期汇报、领导包联、考核奖励等制度，调配充足的人力和物力，优化施工方案，科学安排工期，采取“5+2”、“白 + 黑”和“现场工作法”。

【房县】 基础设施建设。十房高速公路境内累计完成土石方 1034 万立方米，完成生态防护工程 56 万平方米，完成圬工防护工程 24 万立方米。桥梁桩基完成 99.4%，墩柱完成 97.83%，完成隧道双幅掘进 4332 延米，十房高速公路(房县段)累计完成投资 27.82 亿元。谷竹高速公路境内长 77.9 公里，完成土石方开挖回填 1605 万方；防护砌筑工程 21 万方；完成桥梁桩基浇筑 3469 根，墩柱 2023 根，预制 T 梁 1455 片；完成通道、涵洞 103 道，隧道掘进 7440 米，衬砌 4913 米，谷竹高速公路(房县段)累计完成投资 15.2 亿元。杜阳路完成路基改造全部完成，完成路面铺筑 5 公里；十竹路房县段完成路面 27 公里；车泉路车家湾至门古寺完成路面 13 公里；十两路完成柳树垭段中修 30 公里。房白路改扩建工程全部完成，狮子岩至会子营路基全部完成，路面完成 7 公里。榔观路、秦姚路、武板路正在进行招标工作。完成通村水泥路 89 公里，2000 公里通村水泥路养护管理全面加强。开展了上龛乡堰塞湖地区公路设计规划和建设工作。建成万峪、中坝两座五级客运站，建成候车亭 20 个，建成军店农村综合交通服务站一座。

抗灾抢险。“8.6”自然灾害，全县 3 条国省道、4 条通乡公路和 88 条通村公路交通中断，公路水毁损失 1.89 亿元。县交通运输局遵照“先干线后普通、先重点后一般、先抢通后恢复”的原则，开展抢修保畅工作。国省道均在一日内抢通，县乡公路、农村公路均在三日内恢复通行。灾害过后，迅速启动水毁复建工作，六两路、十两路和305省道已全面完成水毁复建任务，农村公路水毁复建正在扎实推进。全县累计投入水毁资金 7800 多万元。

依法行政。开展行政执法监督检查，严查未经许可擅自从事出租车客运经营的“黑车”和异地经营的出租车，采取路检路查、入户检查、驻客运站驻乡镇检查等方式，共检查车辆 1800 余台次，其中查处各类违章 221 辆次，已接受处理 208 辆次；未取得营运许可的客车 207 台次、货车 83 台次；未取得从业资格证的 60 余次；超越许可范围经营的 20 台次；机动车维修经营户未建立维修档案 2 件。加强治超工作，检测车辆 5178 台次，其中超限运输车辆 1205 台次，卸载超限运输货物 605 吨，已全部转运，超限率控制在 5% 以内。集中开展城区交通秩序整治，依法清理了长期在车站附近乱停乱靠的车辆。

安全生产。集中进行交通安全生产隐患排查治理工作，特别在春节、“十一”等重大节假期间，组织专班，与安监、公安等部门联合执法，重点对车站、码头和险路险段进行安全检查，分别进行了整改。每两个月对涉水乡镇渡口、渡船例行巡检，对境内所有船舶进行了两年一度的性能检测，确保水上安全稳定。加强工程建设安全管理，组织专班，对高速公路安全员进行安全生产宣传、培训一次。做好杜阳路施工现场安全管理，确保过往车辆行人安全，做好十两路柳树垭段、华新水泥厂路段、房白路段等局部路段的除险加固。

文明创建。举办交通运输系统“交通杯”老龄门球赛和“喜看交通新变化”演讲比赛。认真调查回复上级批转的信访案件，完成县批转件 8 件。积极申报文明单位，精心做好行风评议回头看。

【竹山县】 基础设施建设。全县交通有 18 项重点工程建设，各重点工程如期推进，部分工程提前竣工。S236 省道鲍双线上庸镇大泉山至吉鱼段 20 公里二级路面大修工程、10.8 公里宝黄公路改造工程、146 公里通村水泥路、公路危桥改造、渡改桥工程、40 公里旅游公路建设已全部完工，省道襄关线竹山县城至潘口河口一级公路完成小漩电站至潘口电站段路基工程，十竹公路改建工程完成 15 公里路基工程，龙背湾交通复建鲍双线完成全部路基、40% 桥梁和 70% 隧道工程，柳洪线完成 2.1 公里路基和 50% 桥隧工程，305 改线工程完成路基土石方 10 万立方米，堵河三桥完成主体工程，南山公路完成路基工程，潘口电站交通复建鲍双线青龙段完成路基开挖土石方，10 对渡口建设任务完成，上庸旅游综合码头完成水下工程，完成固定资产投资11亿元。农村交通：新修水泥路135公里，全县通村水泥路达2100公里，254个行政村全面实现通村水泥路，对于改善农村交通环境、提升新农村建设档次、促进农村经济发展起到良性互动作用。

项目争取及项目前期。根据《湖北省省道网规划纲要（2011～2030年）》，全县境内新增国道2条、省道6条，国道达243.1公里，省道达197.6公里；县城至潘口河口段一级公路已获省发改委初步设计批复，鲍双线桃园公祖段改扩建工程获省发改委工可批复，305省道襄关线五房沟至韩溪河段改扩建工程可行性研究报告正在省发改委审批中，柳洪路、三深路可行性研究报告通过省发改委、省交通运输厅评审，进入“十二五”规划中县乡道、渡改桥项目已完成工程可行性研究报告；襄关线燕子山至韩溪河段19公里、潘口河至县河铺段55公里、竹山县城至竹溪双桥段150公里、白竹线界岭隧道2公里已列入秦巴片区交通扶贫规划。

公路管养。在省道干线管养路段推行“六位一体”路长制，修补坑槽达12000平方米，投入资金60余万元抢修水毁，实现列养公路路面使用性能指标达80%，干支好路率82%，其中干线好路率89.5%的目标。在农村公路上，狠抓“路基验收、原材料配合比、机械设备”等八个关键环节严格把关，全面提高工程关键性指标的合格率。保质保量完成2300公里农村公路示范路和1100公里精品示范路建设，落实好400名农村公路日常养护公益性岗位，确保农村公路管养机构、人员、经费和责任“四个到位”。组织专人对全县所有农村公路安全隐患大排查，对排查出的隐患进行分类建档并函告当地党委政府，在资金无着落的情况下完成200公里安保工程。在公路绿化美化上，列养公路新（补）植路树13000株，成活保存率85%；在竹房城镇带沿线完成5大景观点建设。对全县2300公里农村公路分段制定绿化美化方案，沿通村路植树16400株，将农村公路打造成立体化绿色长廊。

行业管理。制止违章建筑67处6300平方米，拆除非交通标志55块。清理乱堆乱放180处4800平方米，收回路产损失30万元。流动治超站和固定超限运输检测站共检测车辆2.5万台次，源头劝返750台次，收取赔补费50万元，卸货转运600吨，超限车辆控制率在5%以内。以集中开展“打非治违”专项活动为抓手，在305省道、鲍竹路沿线及客运站周边深入持久地对“黑车”进行重拳查处，出动稽查车800辆次，路检路查车辆3000辆次，依法查处非法经营车辆350辆次，暂扣“黑车”120台次，深入客运企业、客运站、驾校、维修厂家开展综合检查4次，下发《责令限期整改安全隐患通知书》2份，促进了运输市场公平竞争。

交通运输保障。新增农村客运线路12条、农村客运车辆42台。完成三台综合运输服务站和官渡、擂鼓农村物流综合服务站改建工程，启动潘口高速客运站前期征地工作。兑现2011年度清算资金和2012年度农村客运车辆燃油补贴397万元。全面开展运输行业服务质量信誉考核。

交通文明创建。积极开展以“十善十美、十星光荣”为主题的道德讲堂，大力选树先进典型，不断加大精神文明建设；围绕“完善五大体系、推行四大机制、突出三大重点”的总体思路，积极开展“作风建设年”和政风行风评议活动；针对人大建议和政协提案中反映的热点难点问题，把握好沟通、书面答复和工作落实三个环节，办理了83件建议提案。

【竹溪县】 基础设施建设。全年完成交通建设（不含高速公路）投资4.12亿元，占年度目标任务103%，兴界公路煞尾工程全面完工；水向公路龙背湾电站公路复建工程已完成路基工程。襄关公路竹溪县城绕城线一级公路项目，全长14.67公里，途经3个乡镇14个村，9月5日正式开工建设，完成路基3公里；水兵公路路面工程全长32.8公里，其中小田—新洲段16.25公里路面已全部竣工，新洲—兵营段16.55公里已完成路基工程；三是兵天公路项目：兵天公路全长25.48公里，按照县政府专题会议精神；龙双旅游公路项目全长16.8公里，已全面完工。兴界路龙王垭隧道1898米，已安全全线贯通；泉溪隧道240米，已全面完工；吴家湾大桥，已建成通车。通村水泥路建设完成80公里。安保工程、油路大修、站场建设、渡口建设、渡船改造等完成年度目标任务。

行业监管。一是抓好公路养护管理。以公路日常养护作为工作重点，以强化养护目标责任制管理为手段，在严格兑现上下硬功夫，狠抓全面养护，使路容、路况有了新的改观，确保管养公路安全畅通。全年完成干支好路率为77.98%，其中：干线87.38%，支线71.23%。以创建养护管理示范乡镇、示范路活动为契机，农村公路养管水平得到全面提升。二是做好物流工作。2012年3月9日揭牌成立物流发展局，编制完成了竹溪县“十二五”物流业发展规划和竹溪县农村物流试点实施方案，争取县政府成立了竹溪县物流发展工作领导小组，农村物流“五个一”工程试点取得成功。三是提高行业文明的服务。以运输企业为龙头，以设立“创先争优示范岗”活动为契机，加强长途客运服务行为和行业文明建设，不断提高长途客运的行业服务文明程度，督促企业加大从业人员的教育、培训力度，引导从业人员做守法人、开文明车，着力整治道路运输市场，开展运输市场考察、调研，严厉打击黑车，规范市场秩序，营造“和谐、平安”的道路旅客运输服务环境。四是加强安全保障。制定了《安全生产管理责任体系》、《竹溪县安全生产应急预案》，分解落实了安全管理责任，完善安全管理责任体系，切实提高了我县安全管理和应急处置能力。五是重抓运输生产。主要运输生产指标全部上升，全年完成旅客起运量17.8万人次，完成客运营收1983万元，实现劳务收入315.9万元，客运周转量实现7274万人公里，安全“四项”指数均控制为零。

廉政建设。一是加强党的建设。以创先争优活动为契机，深入开展基层党组织“五个基本”、“七个体系”建设，以优异的成绩迎接上级检查，“七一”前夕，县交通运输局被县委授予“四联四帮先进单位”荣誉称号；以反腐倡廉“十个全覆盖”活动为载体，深入开展“第十二个党风廉政教育月”活动，进一步完善教育先行、制度保障、监督并重的惩防体系，有效增强了交通运输系统干部职工的法纪意识、廉政意识和服务意识；以推进“廉政阳光工程”创建、“工程领域突出问题整治”、“行风评议‘回头看’”为重点，围绕工程建设、招标投标、物资采购、资金拨付、行政执法等控制环节和关键岗位，健全监管机制，完善工作流程，强化责任体系，确保工程优质、干部优秀、执法文明。二是加强文明建设。以迎接省级文明单位验收为契机，按照县文明办的要求，着力加强绿化、美化、亮化管理，并顺利通过省文明委的检查验收。

农村帮扶。按照县委“加强群众教育、推行社会管理创新”“千名干部进百村入万户”活动的统一部署和安排，县交通运输局成立工作队，进驻县河镇惠家沟村、安家沟村、先裕村3个行政村开展工作。5月3日至5日，局党委开展“进村入户走村路、访民支农办实事”专项活动，向当地群众送政策、送科技、送温暖，与村民一道参加农村公路养护管理劳动，帮助村庄办实事、谋发展，走访慰问特困户20户、发放慰问金7000元，捐赠由县交通运输局制作的“红歌经典”光碟100余盘、“三农”政策书籍600多册。完善帮扶方案，加大对村级扶持力度，帮助农民脱贫致富，县河镇惠家沟村以农村公路养护管理和发展养殖业为重点，先裕村以农村公路水毁修复为重点，安家沟村以创建农村公路养护管理示范路为重点。投入惠家沟村资金10万元化解村级债务，安家沟村资金20万元创建农村公路养护管理示范路，先裕村资金5万元修复水毁公路。

【茅箭区】　全年完成交通建设投资2.1亿元。东环路建设项目在茅箭段：全长2.2公里，总投资1.8亿元，茅箭段全部完工通车，涉迁农户、企业全部安置入住；段五路升级改造工程(续建项目)：完成路基开挖65000立方米，路基填方15000立方米，浆砌挡墙14000立方米，涵管325米，硬化路面25000平方米，完成投资800万元；马赛路提档升级项目(新建项目)：完成土石方开挖123000方，浆砌挡墙5000立方米，回填及分层碾压15000立方米，涵管225米，完成投资520万元；大五路县乡道升级改造项目：完成路面维修40000平方米，完成投资450万元；通村公路水泥路建设完成32公里，完成投资1120万元。胡枧大桥完成桥梁底座浇筑及桥面铺装，完成投资300万元。

水毁修复。8月4日至6日，茅箭区遭遇特大暴雨袭击，辖区通乡公路及南部山区18条通村公路交通全部中断。灾情发生后，区交通局加强技术监管，在5日内将受损通村公路抢通恢复通车。为彻底解决群众出行便利，迅速组织专班对辖区水毁道路进行恢复重建，全区通乡公路及桥梁水毁恢复重建启动项目建设12个，完成工程总投资约1210万元，恢复路基7公里，路基回填6.4万方，砌挡土墙2.6万方，占工程总量的97%，其中马赛路、南环路、茅大路、五茅路、大五路、段五路和茅塔大坪学校跨河桥已基本完工，白大路、廖东路属于通乡公路改造项目，正在抓紧实施，通村公路道路恢复完成投资471万元。

道路养护工作。成立了“茅箭区农村公路养护管理工作督导领导小组”，制定出合理完善的考核奖惩制度，将养护责任目标层层分解，并在日常养护管理工作中严格落实。重新修订完善了《茅箭区农村公路养护管理办法》经区政府常务会讨论通过，并予以印发，确保了养护工作有章可依。建立了自然灾害应急抢修基金，每年投入不低于100万元资金用于对水毁农村公路进行修复，保证了各项救灾工作的顺利展开。

交通行业安全生产。组织交通运输始终把安全放在交通工作的重要位置，全面落实“一岗双责”安全目标管理责任制，建立健全安全隐患排查管理台账，落实安全主体责任，确保安全隐患排查整改到位。开展百日安全生产竞赛活动、安全生产责任落实年活动、安全生产三项行动。对全区交通行业开展拉网式安全生产大检查，对存在安全隐患的下达的整改通知书，责成责任主体限期整改。今年共排查整治安全隐患约2起，其中已整改的隐患有2起。全年交通公路建设及公路养护事故均为零。

【张湾区】　交通工程建设。加快推进316国道十堰城区西部复线(风神大道)建设，做好征地、拆迁、建设的协调服务工作，完成了一期工程线内28户居民、东风(十堰)通用铸造有限公司、花果村等单位以及线外119户共计27032平方米房屋以及附属物的实物核查工作。拆除一期工程线内东风(十堰)通用铸造有限公司、花果村等单位及28户居民建筑面积13442.8平方米，其中合法面积11658.29平方米，临时面积1784.51平方米。一期工程已完成路基1590米；砌筑综合管沟、雨水和污水管沟各1510米，2道过街箱涵；铺设上水管1400米；完成稳定砂基层1510米计32610平方米，安装平石道牙2790米，铺设双边人行道板共计14300平方米；完成边坡绿化11000平方米，边坡防护2400米；清除塌方31000平方米；铺设通信管网700米；完成犟河桥桥梁工程；铺筑沥青混凝土路面1350米。累计完成工程投资2600万余元，占一期2868万元工程概算投资的95%。为进一步加快施工进度，指挥部进行科学调度，施工方倒排工期，完成一期工程1.5公里路面，年底风神大道一期工程基本建成。南水北调工程交通复建项目黄方公路、黄马、黄东公路5月20日正式通车投入使用。方滩综合码头完成投资480余万元，黄龙旅游码头完成投资350余万元，方滩综合码头、黄龙旅游码头工程全部完工。十竹公路张湾段堰西至杨家沟口段全长8.7公里，起点堰西与316国道相交，终点为西沟乡杨家沟口，路基宽度8.5米，路面宽7.5米，完成砌方6.3万立方米，挖方20.6万立方米，填方18万立方米，过路管涵24座，累计完成投资1880万元，主体工程完工。西叶公路二期4.5公里路基、路面改造工程全部完成，完成涵洞22座，完成投资380万元。通村公路建设完成路基改造55.5公里，路面硬化55.5公里，合格率100%。

行业管理。区财政拿出20万元用于通村公路养护。在特大水灾期间，做好十竹路、朱庄路、北环路、柏叶路等道路抢险抢通工作。区政府下发《关于开展农村公路管理养护年活动的实施意见》和《农村公路养护管理办法》，区交通运输局制定农村公路养护质量考核办法，按考核办法进行每季度检查，年终进行综合考评，对养护管理好的单位，分别给予一等奖3万元，二等奖2万元，三等奖1万元的奖励。

协调服务工作。安排专人服务十白高速公路、东环路等省市重点项目建设，抓好项目拆迁、安置等协调服务工作，创造良好的施工环境，确保重点交通建设项目顺利推进。十白高速张湾段完成投资6.9亿元，累计完成投资29亿元，预计2013年9月竣工通车；东环路10月顺利通车。

精神文明建设。认真抓好基层党组织“五个基本”建设，扎实开展“喜迎十八大，争创新业绩”活动，充分发挥支部的战斗堡垒作用和党员的先锋模范作用，10月区交通运输局党支部被区委授予“全区创先争优先进基层党组织”荣誉称号；开展“治庸问责”活动，抓好民主评议政风行风工作，进一步创优交通发展环境，在2012年区纪委、监察局组织的民主评议政风行风工作中，区交通运输局排名第一；办理人大代表建议、政协委员提案47件，办结率、见面率、满意率均达100%；落实综合治理各项工作制度，加强综治基础工作，确保全年无治安案件发生。妥善处理信访问题，及时办理信访案件，信访办结率100%，确保本单位无越级上访、集体上访等问题发生。认真抓好“六五”普法工作，重点抓好交通法律法规的宣传贯彻，提高依法治路水平。区交通运输局先后荣获“市级文明单位”、“十堰市卫生先进单位”、“全市交通运输系统先进集体”、“全市交通运输工作目标考核优秀单位”、“全区创先争优先进基层党组织”、“档案工作省一级”、“全区行风评议第一名”、“区级最佳文明单位”“人口和计划生育工作先进单位”、“全区安全生产责任目标考核先进单位”、“农业基础设施建设先进单位”、“社会治安综合治理先进单位”等荣誉称号。

武当山特区一级公路

【武当山特区】 交通基础设施建设。全年完成投资1.5亿元，其中公路建设实现投资6000万元，港航建设投资1000万元，站场建设投资1000万元，交运企业硬件及设备投资2000万元，通村公路建设投资2500万元，其他临时及综合性投资2500万元。316国道遇真宫段一级路改建：全线长2.271公里，总投资8000万元。路基完成60%，桥梁完成30%；武当山客运新站：项目投资4000余万元，完成周边环境清理和场平工作，预计2013年进入规模性施工阶段；武当山水上游客换乘中心(十堰市海事搜救中心)：拟投入9000余万元，场平基础和临水工程抓紧推进，完成投资15%，预计2013年完工。汉十高速武当山互通改建及周边旅游综合设施建设：投资总额约2.5亿元，集谋求城区拓展、新景点打造、交通路站场优化整合于一体，建成后将成为武当山旅游集散中心。完成项目方案及工可审查，预计2013上半年开工；完成新区环太极湖公路26.4公里油面铺筑、景区老乌路25公里大中修、武当山太子坡等4个停车场油面铺筑等工程，工程建设合格率100%，优良率90%。积极推进通村公路管理及安保建设工作，特区农村公路管理站已获批成立，农村公路建设和管养长效机制走向成熟。完成任务46.8公里，全区已经实现通村路网100%全覆盖，总里程计300余公里。

旅游交通。景区城区有客运企业4家，水路客运1家、道路客运3家，分别是太极湖水上游公司、武当山旅游开发公司、武当山骏通公司、武当山骏达公司。大中小客车200余辆，游船20余艘，太极湖大众牌出租车10台，乘座总计7000余个；城区小型车辆停车场(容量300辆)1个，城区大型车辆停车场(容量500辆)1个，景区旅游大型停车场(容量3000辆)1个，中小型停车场4个，旅游接待、消化和疏通能力较强。2012年实现区内及过境客运量400余万人次；辖区大中小货车800余辆，2012年实现货运量200余万吨，客运量400余万人，货运周转量7000万吨/公里，客运周转量28200万人/公里，全年水路客运人数5万，与"十一五"初相比，各项指标增长均达300%以上，交通运输窗口服务和安全保障能力大大提升，交运经济连年实现平安增长。

公路养护。坚持以国、省干线路面和桥梁养护为重点，突出抓好精细化养护，一是加强公路养护科学化管理水平，制定目标责任考核体系，实行养护公司、养护站点、养护人三级考核机制；二是把养路职工的工资与完成的生产任务、养护质量、工作进度和安全生产挂钩，履行奖惩兑现；三是采取重点治理与日常养护相结合，保持公路环境美观、实现全天候畅通。累计完成清理边沟173公里，清扫路面830公里，修补坑槽1977平方米，清理道路垃圾1020立方米，路面缝养28公里，桥涵养护76座(道)，绿化补植行道苗木1400余棵。"老乌"路25公里路面大中修工程已全面完成，其中路基挖盒补强25公里，沥青路面铺筑25公里；完成乌鸦岭、紫霄、剑河、太子坡等停车场路面铺筑，标线已刷新17公里，路肩带砌筑17公里，完成货币工程量1500余万元，占工程总量的95%。

道路及站场状况。建成景区道路2条，分别为"老乌线"25公里和"六五"线18公里，包括桥梁5座和隧道2条；规划建好通村公路290余公里，城乡互通水平进一步提高；规划建好城区道路13条，总计180余公里，分别为太和路、沿河路、环城路、永乐路、玉虚路、老营路、文博路、车站路、皇榜路、消防站路和太极湖新区道路等，与配套完善的市政设施一起，构成了崭新的武当山城区交通骨架。以特区"两委"提出的"四区"建设规划为依据，将城区交通布局与市政、土地、商业、观光、娱乐等诸多城市功能统筹考虑，改造5条旧道路，新建8条新道路；拟建一级客运站1个、三级客运站1个、大型物流管理货场1个、停车场7个、码头4个、车船等候点16处。建成景区大小停车场7个、水上码头2个、渡口5个、车船等候点13处、在建二级大型客运新站1个，投资5000余万元，拟建大型物流货场1个，投资4000万元。

路政执法。取缔、拆除非公路用标志16块，清理占道堆放物130处1150平方米，制止违章建房6处900平方米，取缔路边加水点、洗车点7处，收取路产赔(补)偿费用2万余元。路政案件查处率98%，结案率100%，执法文书使用率100%，案卷合格率100%，没有发生一起行政复议或上诉案件，杜绝了公路"三乱"现象。运政执法管理上半年印制发放宣传资料300多份，通过在城区公交车、出租车LED灯滚动播放"珍爱生命、远离黑车"等标语的形式加大宣传；出动稽查人员194人次，查获违章60起，查扣黑车66台，有效遏制了非法营运。

安全生产。重点搞好项目工地安全生产工作，落实安全监管资金、人员、制度和操作细则，确保项目建设平安进行、惠及长远；重点排查公路桥梁安全隐患，检查辖区公路桥梁10座，公路涵洞13个，排查地质灾害路段9处；加强运输安全日常监管，按照"三关一监督"行业安全管理职责，进一步加大对运输企业资质、车辆技术状况、驾驶员从业资格和客运站监督的源头管理力度，强化交运企业司乘人员的安全生产意识，保障特区旅游交通长治久安，完成车检170台次；加大对船舶及渡口渡船的管理，落实安全管理责任，对辖区渡口进行安全达标升级改造，督促完备渡船消防救生器材；特别是对水上旅游公司加强督导，帮助完善硬软件设施，保证水上安全生产检查每周不少于2次，使船舶安全面达到100%。组织道路运输和水路运输应急演练活动各1次，率武当功夫团参加由十堰市交通运输局带队，赴武汉观摩华中"六省一市高速路网应急演练"大型活动，作现场慰问汇报演出，取得较好评价。

邮政及快递。全年邮政营业总额370万元；民营快递经营业主2家，全年业务总额220万元。

机关建设。特区交通系统投入30余万元进行机关办公环境建设，添置会议室、阅览室、健身房、微机视频房设施，全面提升办公自动化水平。实现办公院落园林化，职工活动多元化。

襄阳市交通运输

【概况】 完成交通固定资产投资84.14亿元，占年计划76亿元的110.5%，刷新襄阳交通建设年度投资新纪录。其中：高速公路投资36.23亿元、公路投资16.06亿元、站场投资1.30亿元、物流园区投资30.1亿元、港航投资0.45亿元。全市公路通车里程达到25971.51公里，其中国道320.73公里，省道1107.79公里，县道1773.03公里，乡道9973.02公里，专用公路76.82公里，村道12720.12公里。拥有营运客车2600辆、营运货车68076辆(载货汽车42765辆)。交通运输生产完成客运量13980.36万人、旅客周转量774458.8万人公里、货运量13795.5万吨、货运周转量1993121万吨公里。积极抢抓国家加大交通建设投入、"五个湖北"、鄂西生态文化旅游圈、"厅市共建"等政策机遇，建立项目前期组织、经费、技术保障机制，探索项目提速审批"襄阳模式"，分别委托交通运输部规划研究院、东南大学交通学院、襄阳市城市规划设计研究院和湖北省交通规划设计院启动《襄阳市综合交通运输体系发展规划》、《襄阳市城市公共交通规划》、《襄阳港总体规划》编制工作，已完成规划初稿，《襄阳市现代物流业中长期发展规划研究报告》编制完成通过专家审查。

省厅召开襄阳十堰水毁公路灾后修复重建工作推进会

基础设施建设。按照“重大项目建设年”活动要求，精心策划谋项目，集中开工推项目。5月3日，两条一级公路、六条二级公路、三座客运站、六个物流园区17个总投资60亿元的交通项目集中开工；12月26日，总投资31亿元的襄阳绕城高速东段和207、316国道襄阳城区段改线3个项目集中开工。全年完成一级公路41.5公里，占年计划的100.5%；完成二级公路路基50.55公里、路面35.9公里，分别占年计划的230.8%、359%；完成县乡公路195.5公里，占年计划的131.2%；完成村级公路629.5公里，占年计划的102.2%。围绕服务城乡居民，大力推进“交通便民”工程建设，襄阳客运东站、宜城汽车客运中心站、襄阳物流信息中心、襄阳市汽车产业物流园、老河口孟楼农副产品物流中心等站场和物流园区陆续开工建设。

项目前期工作。始终坚持“前期就是投资、前期就是发展”的理念，创新前期工作推进方式，建立前期工作组织保障、经费保障和技术保障机制，实行项目集中设计、集中审查、集中审批的“襄阳模式”，打造项目报批的“襄阳速度”。6条高速公路前期工作全部完成；15条326公里一级公路全部完成工可编制，占规划里程的155%，14条通过审查或批复；31条657公里二级公路全部完成工可编制，占规划里程的98%，28条通过审查或批复；10个站场建设项目完成工可编制、7个通过审查或批复；3个港航建设项目完成工可编制。至2012年年底，获得各类批复251份。

交通筹融资。按照盘活存量、整合资源、滚动发展、服务大局的原则，完成襄阳市交投公司的组建，市级交通筹融资平台搭建完成。老河口市成立交投公司，积极争取政府配置资源；南漳县交投公司积极筹资，保障项目建设；宜城、谷城、枣阳等地大胆创新，采取征迁配套、BT融资等方式，筹措普通公路建设资金，形成多元融资新格局。大力开展招商引资，襄阳绕城高速公路东南段及麻竹高速公路连接线，采取BOT模式，与湖北省交投公司签订49.7亿元的投资协议。在市县两级政府和财政部门的大力支持下，“五年期等额还款”第一年还款任务顺利完成，有效化解了普通公路建设债务。

公路养护及改革。全市有县级公路养护单位9个，养护管理站42个，道班177个，有公路职工4012人，其中养护人员2054人，管理人员1958人。

养护管理水平稳步提升。全市完成坑槽修补46997.1平方米，灌缝559842米，整修边沟17938米，实施危桥改造22座，完成安保工程56处82公里，路肩种植三叶草36.8公里，补植路树20083株，修剪绿化带280公里，完成公路绿化140公里，路容路貌显著改善，国省干线路况水平得到进一步提升；完成交通运输部“十二五”期间国检207国道襄阳段路况检测任务；完成国省干线大修工程116.2公里、中修71公里；在全市范围深入推广和应用湖北省国省干线公路养护管理信息系统，为提高养护管理水平发挥积极作用。

养护改革取得成效。2012年将养护改革作为行业管理机制创新重点，以“两分离、两结合”为切入点，制定下发《襄阳市列养公路养护机制改革的实施意见》等管理办法。7月13日，组织召开全市养护机制改革推进会，养护改革由试点向全面铺开，基本建立日常保养与维修分离、人工费与维修费分离，路段保养个人承包与路面维修专业化相结合、合同管理计量支付与三级量化考核相结合“两分离、两结合”养管模式，公路养护质量、养护生产效率、养护管理水平、公路综合服务能力大幅度提升。粗放养护管理方式向精细化管理方式转变，养护生产单位由分散低效的作业方式向集约高效的专业化、机械化作业转变。通过科学化管理，有效降低养护成本，按照“设施齐全、功能完善”的思路，建成集养护、路政和应急抢险为一体的宜城、南漳综合养护中心，得到省公路局肯定。老河口、枣阳启动标准化、规范化建设工程，主要设施基本完成，正在配套完善中。结合国省道路网调整，完成全市32个公路管理站布点，完成南漳蛮河养护管理站标准化建设试点。

现代物流发展。会同襄阳市发改委编制《襄阳市现代物流业中长期发展规划》，12月9日通过襄阳市委、市政府组织的评审，得到来自国家发改委、商务部、工信部、中国生产力促进中心、湖北省发改委和武汉大学评审专家一致肯定。大力推广应用交通物流网，在交通物流网登记注册的物流企业达到307家，全年发布物流信息14300多条。全市A级物流企业达到18家，其中：4A级5家、3A级8家、2A级5家。8月14日，襄阳市政府办公室下发《关于调整规范政府有关部门职责的意见》(襄阳政办发〔2012〕121号)，决定以襄阳市交通物流发展局为基础，整合市发改、交通、商务部门的物流管理职责，设立襄阳市物流发展局，统一负责全市物流业规划、发展工作。在11月27至29日举办的第九届中国国际物流节上，襄阳市荣获“2012中国物流中心城市杰出成就奖”。

行业管理。以治庸问责、电视问政和民主评议政风行风为契机，建立以襄阳市治庸办牵头、多部门齐抓共管的联合执法平台，城区客运市场整治成效明显。全年查扣黑车314辆(黑出租127辆、电动三轮车159辆、摩的10辆，异地营运出租车18辆)。推行出租车驾驶员错时交接班制度，建立健全驾驶员信誉数据库，简化投诉受理程序，实行出租车座套免费清洗IC卡动态监管，群众反映的突出问题得到有效解决。围绕服务广大市民、服务重点园区和龙头企业，襄阳城区新开通线路6条、调整延伸线路170公里、日均增加班次257个，提前超额完成“十件实事”任务。加大公交车辆提档升级力度，新购空调车112台，实现城区空调公交车“零”的突破。公交管理迈向智能化、科技化、信息化，集行业内最先进的3G通讯、GPS卫星定位和计算机网络技术于一体的公交智能调度管理系统投入使用，车辆运营效率和行业服务水平得到质的提升。老河口市通过实行一家企业主导的公司化经营模式，构建了覆盖253个行政村、920个自然村的一体化运输网络，全省城乡道路客运一体化建设试点取得初步成效。

交通运输生产。全市完成道路客运量13963万人、旅客周转量774180万人公里、货运量13003万吨、货物周转量1881580万吨公里，同比分别增长18.9%、24.9%、20.0%和25.6%；完成水运客运量17.36万人、旅客周转量278.8万人公里、货运量792.5万吨、货物周转量111541万吨公里，同比分别增长12.0%、11.1%、17.0%和47.1%。

交通运输安全。道路客运安全年活动和道路旅游客运、“打非治违”等专项整治深入开展，长途客运驾驶人停车换人、落地休息等“六项制度”得到全面落实。“安全带—生命带”专项行动扎实推进，“两客一危”车辆实现安全带全覆盖。安全应急保障能力不断增强，9个公路应急抢险中心备战充分，道路运输行业18次应急救援演练和汉江水上水体溢油应急演练圆满成功。重点加强重要节假日、冰雪天气等重点时段安全监管，以及山区客运、旅游客运等重点环节安全防范和督办检查，全年未发生一起较大及以上道路交通行车安全责任事故。加大超限运输治理和市区汉江一桥、二桥重中型货车禁限行工作力度，查处超限车辆19143台，卸载货物32693吨。道路运输企业GPS定位系统、二级以上客运站视频系统、“三品”检测系统、车辆安全例检系统投入使用，交通安全基础工作逐步强化。扎实开展农村公路安保设施、危桥改造大会战及“平安工地”、“平安水域”创建活动和工程安全生产标准化试点工作，公路建设安全、水上安全实现零事故、零伤亡目标。

行政执法。认真落实行政执法责任制，将依法行政工作列入重要议事日程，纳入总体考核评价体系。进一步精简行政审批事项，由原51项归并为16项，全部进入襄阳市行政服务中心“集中受理、内部运转、限时办结、全程监督”。加强执法队伍教育、培训和管理，举办法制培训190场次，执法人员普遍轮训一遍。推进执法标志标识、证件、服装、场所外观“四统一”工作，公路路政、道路运政、港航行政“四统一”基本完成。启动全市53个执法单位1797名执法人员编码、信息采集和执法考试工作，1274名原持有交通行政执法证件并通过法律法规考试的执法人员，换发了新版交通行政执法证件。全年无一起因交通行政执法而发生的行政复议和行政诉讼案件。

文明创建。认真开展“喜迎十八大、争创新业绩”活动，以江苏徐州为标杆进行对标管理，以张兵为榜样学先进、见行动、促发展，全系统干部职工创先争优、争创一流的意识进一步增强，行业形象不断提升。谷城县交通运输局被湖北省委授予“学习型党组织建设先进单位”，襄阳公交27路“共产党员文明示范线路”获交通运输部通报表扬，517路“女子文明示范线路”被评为全省文明示范精品线路，27路驾驶员邹在兴、517路驾驶员沈莉被评为全省公交服务明星，谷城汽车运输公司王大富被评为全市为民服务创先争优“十佳服务明星”，襄城汽车客运站被市委授予“先进基层党组织”等。沈雪香、朱建伟、唐明秋三名同志光荣当选并出席省第十次党代会。全市交通系统97%以上的单位建成县级以上文明单位，其中省级文明单位6个、市级文明单位48个。

廉政建设。7月5日，组织市直交通运输系统170多名副科级以上党员干部到襄南监狱接受警示教育，开展主题为“市直交通运输系统预防职务犯罪警示教育”现场会。邀请襄阳市纪委常委熊玉峰作《学习准则，把握精髓，不断增强廉洁从政和依法行政的自觉性》讲座。实行廉政文化进机关、进车站、进车厢、进工地、进家庭，开展廉政书画比赛和征集廉政

12月26日，襄阳绕城高速东段、316国道城区段和207国道襄阳北段改建工程正式开工

格言警句等，营造风清气正干事环境和浓厚廉政文化氛围。积极开展廉政阳光示范工程创建活动，在207国道宜城城区段改建工程中，积极探索建立廉政阳光六同长效机制，建立“三级廉政合同”、“三级廉政责任书”工程廉政管理网络，健全完善《公路建设廉政管理规定》、《施工管理人员八要八不准》、《工程监理实施细则》等一整套工程管理制度和廉政制度，对工程计量、工程款拨付、材料采购单价和费用以及招待费实行公开，加强内部监督和社会群众监督，实现工程优廉、干部清廉。（徐旭贤）

【枣阳市】 干线公路建设。316国道枣阳城区改线一级路项目完成东段2公里路基及水稳基层，完成货币工程量700万元；桐枣路路面大修工程完成鹿头街道维修、边沟配套等项目，共完成货币工程量1100万元；桐枣路102段大修完成2.4公里半幅混凝土路面，完成货币工程量160万元。

城市道路与桥梁建设。车站路改建工程3月开工，按照二级公路标准进行。经过路面刷黑和绿化工程的实施，该路整体面貌焕然一新，一跃成为展示枣阳城市新风采的形象大道；东园桥改扩建工程采用在老桥左右两侧各新建6米宽T梁的改扩建方案，新桥建成后桥面总宽为24.5米，于9月底完工通车，完成货币工程量853万元，老桥加固于11月底完成。

农村公路。完成太王线、枣蔡线建设19.6公里，完成货币工程量550万元；完成草双路大修、七罗路续建工程；完成65个项目共97公里通村（水泥）路建设。

公路养护及改革。全年共挖补底层坑槽1.2万立方米，修补面层坑槽1.92万平方米，维修水泥混凝土路面1235平方米，整修标准路基350公里，完成路面灌缝167公里，完成东园桥加固，启动红光桥新建，确保了路况整体水平稳中有升。围绕公路保畅目标，稳步实施“两分离、两结合”养护改革，人工费和材料费分离、日常养护和路面养护分离改革到位，调动不同层面的积极性。日常养护实行“责任目标化”养护，根据管养路段路况水平、养护难度、养护标准划分为若干个标段，国省干线3公里一个标段，支线4公里一个标段，分别签定目标责任合同，实行“定额养护、合同管理”。路面养护组建成立东郊机械化管理站，下设路面维修、油路灌缝、水泥路灌缝等三个路面养护专班，采取专业队伍、专用材料、专用机械的方式负责路面维修和实施养护工程，对养护专班实行计量支付、合同管理，实现了养护中心负责计划下达、验收，专班负责具体实施的养护管理新模式。同时，推行“国路民养”的承包方式，结合全市列养公路实际，实行养护权内部招投标，有效提高了支线公路的管养水平。

交通运输和安全生产。鼓励客运企业积极发展中长途客运、快速客运、旅游客运，不断优化班线结构，加快客运服务班线建设，客货运输市场得到可持续发展。目前跨省客运线路23条、跨地市客运线路8条，农村客运线路102条，客运网络星罗棋布、四通八达。全年完成道路客运量2842万人次、旅客周转量152228万人公里，与去年同比增长15%、18%。加快发展甩挂运输、多式联运、集装箱运输、保鲜及冷链运输等高效率、高附加值的运输方式。加快货运车型由开放、散装型向厢式、甩挂型发展，推动甩挂运输、网络化运输等高效运输组织模式的发展，提高运输组织化程度。开展市场秩序大整顿，全年受理各类投诉51起，处理51起，反馈率100%，群众满意率100%。在安全生产方面，严格按照“三关一监督”职责，督促道路运输企业健全安全管理制度和突发事件应急预案。同时，强化汽车客运站安全源头管理，认真执行上级关于客运站“三不进站五不出站”的要求。春运期间，在大专院校和民工主要聚集地设立临时疏运联络站，及时、有效调配运力，共组织运力380台8650座，日均发车700余班，安全运送旅客75万人次，完成客运周转量3180万人公里，客运站日均客运量1.87万人次，较上年增长1.2%。道路运输生产无重特大事故发生，水运生产连续33年实现安全生产无事故。

城市客运市场秩序。继续加强出租车打表收费监管，全年共查出不打表营运34起，甩客、拒载12起。加强出租汽车经营行为的监管，采取日常稽查和集中稽查、定期稽查与不定时稽查相结合的方法，严厉打击非法经营行为。全年查处各类非法营运“黑车”110台次、客运三轮车175辆次，取缔出租车非法经营停车点5个。

（亢博谊）

【宜城市】 全年完成投资3.2亿元，占年度目标任务2亿元的160%，同比增长60%。主要完成207国道宜城城区段15.3公里改建工程，随南路14公里大修工程，306省道城区段2.84公里（振兴路北段）大修工程，宜远路5公里（界山至华光段）大修工程，燕京大道改造工程；完成县通乡公路改造22.38公里；完成王万路改建工程14.842公里；完成通村水泥路68公里；完成客运中心站新建工程和孔湾综合运输服务站主体工程；完成麻竹高速宜城段建设协调服务和雅口航运枢纽工程前期工作。

道路养护。共修补沥青路面坑槽1万平方米，修补基层4930平方米，水泥路面打沥青带4638平方米。巩固完善标准路基283公里，完成沥青路面灌缝12万米，水泥路面灌缝5.9万米。对74座桥梁进行安全排查，对2座病危桥梁采取交通管制、清理疏通桥梁锥（护）坡堆积物52座，疏通涵洞751道。

行业管理。在路政管理安面，建立“三位一体”路政管理网络，加大路产损失案件赔偿查处力度，全年共收取路产赔补偿费30万元，行政许可审批1.5万元。立案15起，结案15起。受理行政许可审批14起，无一起交通安全责任事故和行政复议案件发生。加大过境路段综合整治力度，共清理公路用地内堆积物4600平方米，拆除违法搭建屋棚、户外广告375平方米/23处、拆除非公路标牌9块。

清除路面占道物资630立方米/33处，制止、清除打场晒粮340平方米/24处，取缔加水站点1处，规范加水站点设施4处。会同公安交警、交通运政等部门不定期对超限车辆进行联合整治，共检测车辆9万余台次，查处超限车辆4700台次，卸载4100台次，卸载货物7000余吨。2012年4月，小河超限站被省公路局授予"文明示范站"；在道路运输市场整治方面，开展对违规客运经营行为、危货和农用货车、"黑驾校"、无证经营维修业户的专项整治。共检查车辆1.5万台次，纠正违章292台次，整治小农用货车87辆，处理违规车辆61辆，依法暂扣非法培训车辆11台，取缔非法培训点2个，查处无证经营维修业户13家，依法取缔2家。进一步规范城市客运市场，共检查出租汽车1120台次，查处违规违法出租车70台次，非法经营摩的、电动三轮车、残疾人三轮车等240台次；在港口经营秩序规范方面，加强对港口企业的现场管理和监督检查，对非法占用港口码头和在航道内乱采滥抛等行为进行清除整治。认真做好水路运输(服务)业经营资质核查工作，对符合规定的2家企业和18艘船舶及时办理年审、换证手续。在巩固"三无"船舶整治成果的基础上，与安监、公安、水务等多部门联合执法，对辖区内68艘运输船舶进行排查整治，共办理船舶证书证件59套，对7艘不合格船舶下达《禁止离港作业通知》，2艘问题船舶下达整改通知书，辖区内船舶持证率达到95%以上。

交通安全。认真开展安全生产大检查活动，深入车站、乡镇渡口、危险品运输企业、交通在建工程施工现场进行检查，协调解决安全生产重大问题。完成春运、清明节、"五一"、"十一"四个重点时段旅客运输工作。全年辖区监管水域未发生水上交通安全事故，道路客运未发生安全生产责任事故和交通运输人员伤亡事故，危险品运输未发生燃爆事故和危货运输事故，交通建设工程无各类工程施工事故和人员伤亡事故，国、省道路、桥梁保持安全畅通。

规费征收。克服建筑市场用沙量减少、汉江超低水位船舶数量减少、费收任务上调、征管对象极度不配合等困难，变压力为动力，采取目标责任、政策宣传、政务公开、优质服务落实"四到位"措施，积极挖掘费源，共完成水运规费70万元，占年计划的100%。

行政执法。不断规范交通行政执法工作，以"执法就是服务"为纲，大力实施执法人员素质提升工程，大力开展执法规范建设，严格督察执法行为，定期开展执法案卷评查活动，有效规范了交通行政执法行为，树立了良好的交通执法服务形象。

党风廉政建设。深入开展党风廉政建设年、创先争优、学习十八大、争创新业绩等活动，全系统创先争优意识进一步增强。以党风廉政建设责任制为抓手，做到宣传到位、落实到位，深入推进党风廉政建设。制定并完善《党风廉政建设责任制的规定》，抓好公路、水路"三乱"监控工作。同时，结合交通实际深入开展"治庸问责"、局长接待日工作，建立调度会、"马上办"工作制度，实行工作周报制，加大交通重点工程建设领域监督检查力度，扎实开展民主评议政风行风工作，交通运输行业形象得到进一步提升。

精神文明建设。市交通运输局被省委、省政府表彰为"省级文明单位"，被省档案局评为"档案管理省特级"，被襄阳市政府表彰为"安全生产先进单位"，被襄阳市交通运输局授予"襄阳市2012年春运工作先进单位"、"党风廉政建设先进单位"，被宜城市委、市政府表彰为"宜城市2012年度民主评议政风行风优秀单位"、"宜城市2012年度政协提案先进承办单位"、"十一五"期间推进慈善事业单位发展突出贡献先进单位等20余项荣誉。

（胡浩亮）

【南漳县】 交通基础设施。全年共启动襄阳磷化工园区兴发大道、10万吨钛白粉公路桥梁、305省道刘坪至黄潭二级公路改扩建等项目工程35个，其中竣工34个；完成社会固定资产投资8.3亿元，其中交通建设投资3.34亿元，占年初计划3亿元的111.3%，比2011年2.95亿元增长13.2%，项目开工、项目竣工数量和年度投资规模均刷新历史纪录。完成干线公路改、扩建总里程36.31公里；完成农村公路建设总里程199.13公里，其中通村水泥路建设完成134公里，占全年计划100公里的134%；完成公路危桥改造加固7座。

高速公路建设。麻竹、保宜高速公路南漳段协调服务工作稳步推进，其中保宜高速南漳段前期工作基本完成，两个项目部正加紧开展桥梁和隧道建设，累计完成货币工程量9500多万元；麻竹高速南漳段全面完成"田路分家"，并顺利通过省指挥部验收，征地拆迁、实物补偿按预定进度稳步推进，至2012年底已签订拆迁协议156户，拆迁房屋116户，各占拆迁总量183户的85.2%和63.4%。

交通运输生产。完成客运量1727万人、客运周转量67334万人公里，分别比2011年增长21.43%、29.26%；完成货运量1157万吨、货运周转量168199万吨公里，分别比2011年增长19.77%、26.05%。全年新增、更新农村客车73辆，在2011年161辆基础上增长45.3%，全县符合通车条件的行政村通车率达到100%；重型、专用货车总数159辆，比2011年143辆增长11.2%；甩挂运输车辆16辆，比2011年11辆增长45.5%。全年扎实开展山区客运、城区"三黑"非法客运车辆和城区交通秩序集中整治活动，共查处违规运输、无证经营等各类违法案件178起；对汽车维修、驾驶员培训、危险品运输、服务性停车场、出租车运输及水上运输等行业进行规范整治，运输市场秩序明显好转，运输行业服务质量明显改善。

公路养护及改革。扎实推进"两分离、两结合"公路养护改革，严格管理流程，量化考核办法，全年巩固完善标准路基320公里，列养公路干支平均好路率、干线好路率、标准化路基建设3项公路养护指标，比2011

工地夕照

年提升2个百分点。圆满完成干线公路大中修任务，全县公路通达通畅。深入推进乡镇交管站"五位一体"配套改革，积极搭建交通建设筹融资平台，与县邮政局联手构建农村综合物流运输站，三项改革受到省交通运输厅重点关注，并成为全市行业改革新亮点。

交通安全管理。道路客运安全年活动和道路旅游客运、"打非治违"等专项整治深入开展，重点加强重要节假日、冰雪天气等重点时段的安全监管，以及山区客运、旅游客运等重点环节的安全防范和督办检查。扎实开展农村公路安保设施、危桥改造大会战及"平安工地"、"平安水域"创建活动，排查治理各类安全隐患79处。全县公路桥梁工程建设、客运、水上交通无重大责任事故发生，顺利实现安全生产"九连冠"。

工程质量监督。牢固树立"依法监督，规范管理，科学服务，严谨公正"的质量管理理念，在全年35个路桥建设项目中，推行项目法人制、招标投标制、工程监理制、质量巡查制、工程合同制以及资金运行公开制、材料采购验收制、工程决算透明制等管理办法，实现了项目建设规范化管理。

党建和精神文明。严格落实"一岗双责"要求，深入推进廉政文化"六进"活动，始终坚持党员干部自我教育、警示教育不放松，局机关"廉政文化进家庭"成为全省试点单位，县公路局被省公路局授予全省公路系统廉政文化建设先进集体；局机关"省级文明单位"和县公路局、县物流局、县运管所、县乡道所"市级文明单位"顺利通过复查验收；县公路局被省公路局授予全省公路系统先进单位；全市交通运输系统2012年综合目标考核排名第一，实现"九连冠"；政风行风评议进入全县第一方阵；局党组被县委授予创先争优先进党组织；局机关被县委、县政府授予"推进'231'工程先进单位、固定资产投资及服务重点项目先进单位"等7项荣誉。此外，圆满完成"8·6"特大洪涝灾害水毁公路抢通保畅任务，抗灾救灾工作得到省、市交通主管部门和市、县党委政府充分肯定，局机关被市委、市政府授予抗御"8·6"特大洪涝灾害先进集体，别川银等6名干部职工受到市委、县委通报嘉奖。（何靖）

【保康县】 基础设施建设。谷竹高速保康段累计完成投资4.7亿元，一期路基工程基本完成。保宜高速保康段3月份正式启动挖沟放线，12月底征地拆迁基本完成，一期路基工程全面开展，完成货币工程量3.7亿元。麻竹高速保康段于8月份正式启动挖沟放线，11月启动征迁，沿线3个乡镇应拆迁407户，12月底完成签订房屋拆迁协议180份，拆除85户。保神高速项目工可通过省交通运输厅、省发改委评审。干线公路改造按期完成，全年完成干线路面大修工程4个34.44公里，县乡公路改造3个46.02公里，九路寨旅游公路路面工程12公里，襄关路县城北路面加宽工程1.1公里。完成黄土岭桥、田安桥新建和五道峡桥、峡口桥、温家湾桥3座危桥加固。农村公路网络逐步完善，全年计划完成100公里，实际完成160公里，农村公路大循环网络逐步形成。

项目前期工作。积极抢抓秦巴片区扶贫开发政策机遇，编制上报秦巴片区保康县2012—2020年交通项目规划，包括全县干线公路改造、农村公路、站场建设等项目，规划投资约3.5亿元。同时，克服资金紧缺等困难，请专业设计单位完成九路寨旅游公路、县城绕城路等项目的可行性研究报告、省道升国道、县道升省道项目的前期工作。通过积极争取，上级已明确对保康县2012至2020年交通建设投资2.6亿元。九路寨公路纳入全省"十二五"建设规划。县城绕城路于11月份通过省发改委批复，项目估算总投资1.4亿元。保宜路和襄关路拟升为国道，已由交通运输部报至国家发改委，待国务院审批。南石路、两峪至龙坪公路拟升为省道，前期工作已全面启动。

公路养护管理。全年养护投入达到1177万元，占全年养护经费计划的126%。探索实施以"两分离、两结合"为核心的养护机制改革，全年累计清理边沟3072公里（含重复清理路段），累计清扫路面11590公里（含重复清扫路段），巩固完善标准路基321.238公里。维修保宜路、襄关路、后高路水泥混凝土路面破碎板4250平方米，完成白茨路3处沉陷路段混凝土面板浇筑1520平方米，保宜路3处过渡路面水稳基层960平方米、沥青罩面900平方米，完成钢护栏维修2400米。完成保宜路、白茨路、襄关路共计59.8公里的路面灌缝，整修歇百路路肩带18.8公里。在襄关路、保宜路、保兴路、后高路、白茨路补植行道树19000余棵，其中香樟、紫薇等3000多棵。完成峰儿垭、简家坪公路管理站站房改造，完善公路应急体系，积极推进应急中心硬件建设。充实农村公路养护管理队伍，制定完善《日常养护工作目标》和《考核实施细则》，实行不定期巡查与定期考核相结合、单位自检与部门检查相结合的分级管理考核模式。组织专班对农村公路的安保工程进行专项调查，埋设公里桩，对每条线路做到“一路一档”。全县农村公路养护总里程2865.86公里，列养率100%，经常性养护里程2300公里。10月底，龙坪镇政府投资1万余元购买5台割草机正式上路进行高草清理作业，成为全县农村公路养护实现机械化的一个标志。

行业管理。加强路政管理，建立路政巡查与流动治超相结合的管理机制，严禁55吨以上车辆上路上桥行驶，大力打击“二次转运”及变相超限运输现象，强化公路环境整治和控制区管理，依法保障路产路权工作得到加强。加大对改型车辆和无证经营车辆的打击力度，道路客货运市场秩序进一步规范。同时，以春运、节假日为重点，做好旅客运输安全保障工作，全年完成客运起运量33.4万人次，客运周转量4490.8万人公里。强化安全生产责任制的落实，突出道路旅客运输、库区渡口渡船监管、工程施工监管、防汛应急管理等重点，确保了交通运输安全生产形势的持续稳定。

应急处置。在抗击“8·6”特大洪涝灾害中，全县交通系统快速反应，沉着应战，广大交通干部职工齐心协力，共投入人力3600多人次，机械车辆1800台班。清除山体垮方泥石流60000立方米，清理疏通淤塞边沟125公里，完成砂砾料回填117780立方米，仅用4天时间全面恢复公路通行，受到上级肯定，得到人民群众的认可，县交通运输局被市委、市政府授予“全市抗御8·6特大洪灾先进集体”，党组书记、局长张祖涛被即时记三等功。同时，在应急抢通任务结束后，立即启动水毁恢复建设，至12月底，已完成黄土岭桥拆除重建、峠峪河7座桥梁维修加固、混凝土挡墙、路基回填等工程，恢复重建投资约4000万元。（肖国亮）

【谷城县】 重点工程建设。南河三桥建设实质性动工，以BT模式建设，开创谷城交通建设史上的先河；庙盛路改建圆满完工，庙盛路全长25.77公里，4月1日动工，12月15日完工；路桥场站建设顺利推进，完成石呇路、丹双路局部路段改建，40.22公里县通乡公路，79.8公里通村水泥路建设和石花、美人潭、四道河、对湾4座危桥加固；五山物流中转站、茨河客运站、城西公交站投入使用，交通综合大楼主体工程完工；完成滨河路刷黑和纬七北路基层铺筑。

全年完成固定资产投资3.01亿元，占年任务2.98亿元的101%；完成争取政策性资金1.96亿元，占年任务1.95亿元的100.5%；完成招商引资5600万元，占年任务5000万元的112%；完成客运量3630万人，客运周转量13.14亿人公里；完成货运量2749万吨，货运周转量28.43亿吨公里。

抗洪抢险。“8·6”洪灾发生后，交通运输抗洪突击队第一时间赶赴现场，查险排险，确保了北河大堤红石亮至二道闸口堤防安全。同时，全力抓好水毁道路修复及灾后重建工作，完成316国道塌陷路段抢通、222省道水毁修复、谷粟路左庙涵（洞）改桥建设和新店桥、紫金将军坪桥、薤山高庙桥、石花牯牛绳桥的水毁重建，实现了灾后3天所有重点线路全部通达，灾后10天全县交通主干线全部通畅，灾后30天一般性重建工程全部竣工。

安保工程。加大安保工程建设力度，通过召开专题会议部署、采取专项摸排核查、实行专款分类施治、做到专人强化管护，安保工程顺利启动。对全县3085公里农村公路进行摸底排查，共有884公里危险路段需设置警示警告标志、标牌2230个，护栏107.7千米、减速板570处、示警桩1384根，凸面镜683处，需改造四、五类危桥189座，共需投入2.18亿元。按照农村公路急弯、陡坡、临水临崖三个条件同时具备的原则，确定特别危险路段23.3公里，需投资845万元。当年共筹资140万元，对全县农村公路主干线与国省干线公路交叉口全部安装减速板和部分标识牌。对温薤路、大薤路、南白路、紫沈路、南龙路5条特别危险道路配套设置防撞墩180个，广角镜41个，示警墩170个，警示、指示标志65处。

公路养护及改革。列养公路围绕“两分离、两结合”的改革目标，实现了日常保养和小修工程相分离，将原来的7个管理站调整为紫金、庙滩、卧伏、罗坪4个管理站，1个养护工程队，1个应急抢险中心。采取“双聘双选”，对工程队队长、管理站站长、副站长、记录员实行公开竞聘，促进公路的日常养护，推动小修工程和日常保养齐头并进，较好保持了列养线路的干支平衡。全年共处理翻浆931.6平方米，修补坑槽1412平方米，处理翻浆931.6立方米，处理沉陷2666立方米，垫补底层坑槽8164.8立方米，打沥青带1379.1平方米，清除垮方495.4立方米，整修高路肩202384平方米，完善标准路基45322.4立方米，维修303省道破碎板400平方米，灌缝76400米，清理边沟522.021公里，清扫路面14047.9公里，安装设置安全标志标牌45块，防护墙290米，钢护栏3000米，示警桩750根。农村公路养护改革断续加大，充分发挥农村公路管养协会职能作用，把农村公路养护情况与下达各乡镇农村建设计划挂钩，签订三级养护管理协议，基本实现村主干道专人养护，确保了全县2000公里农村水泥（沥青）路得到全面养护。

交通行业形象。通过综合治理、联合执法，加强城区客运管理，共受理投诉151件，查处非法营运车辆1680辆，取缔黑驾校2家，举办培训班3期350人次；通过合理调配运力，更新中高级客车8台，购置新能源公交车10台；新建茨河五级站1个，增开工业园、龚家河公交线，开行骆蓄、锻造、金洋公司职工接送专车，新增货车131台1887吨，服务能力不断提升；通过合理并站，加强日常监管，加大养护力度，实现列养公路行车安全；通过扩大农路养护里程，强化养护检查，推行专人列养，改善了农村公路通行环境；认真开展“两客一危”专项治理和“打非除违”专项工作，健全水上交通安全管理机制，强化超限超载车辆治理和危桥险段安全监管，实行农村交通安全专题督办，落实农村道路安全主体责任，实施特别危险路段安保工程，强化重要时间节点的安全监控，安全生产形势稳定。

党的建设。以“基层组织建设年”活动为抓手，以“喜迎十八大，争创新业绩”为主题，以解决干部职工切身利益为根本，落实事业单位编制核查、建立“五险合一”数据库、完成事业单位绩效工资报批，为职工收入倍增计划提供了支撑。落实党风廉政责任制和“局长信访接待日”制度，执行中央“八项规定”和省委“六条意见”，推行党务、政务、“三重一大”常态化公开，开展公路学会、行业协会的社会行为、经费来源、人员兼职、薪酬领取的清理。

行风建设。35件党代会、人代会、政协会提议案在规定时限全部办结，办理率、见面率、满意率100%。行评最终得分93.78分。认真开展“五城同创”、“三万”和系列文明创建活动。县交通运输局先后被省委授予学习型机关，被市委、市政府授予扶贫开发、抗洪抢险、“三万”活动、平安创建先进单位，被市交通运输局授予目标考核一等奖，被县委、县政府授予先进单位、争取政策性资金、固定资产投资、招商引资奖。（赵年雷）

【老河口市】 交通基础设施。全年启动干线公路、城市道路、农村公路、站场建设以及危桥加固等项目工程76个，竣工73个；完成公路建设总里程73.98公里，其中通村水泥路30公里；完成交通建设投资1.167亿元。

绕城公路建设。绕城公路（新316国道）是老河口市有史以来投资规模最大、建设里程最长、建设标准最高的公路建设工程，是城区“四个园区”主干道和环绕全城的重要枢纽。该公路起于北沟，终点与老河口市光化大桥相连接，全长15公里，设计标准为省道一级公路，路宽23米，设计速度80公里/小时，总投资2.6亿元。2012年完成续建工程环一路至电站路6公里路基、路面，完成大明渠小桥新建工程。配套工程完成雨污水管道3.2公里（双侧），非机动车道、人行道、绿化分隔带1.2公里（双侧），大明渠改渠330米。

交通项目建设。全年共启动完成李王路大修工程袁纪段，全长7.3公里；袁冲至八里岗段4.2公里；八里岗至纪洪街3.1公里，设计标准为二级公路，时速为40公里，投资457.5万元。完成国省干线公路危桥改造8座，分别为316国道王庄桥、大树沟桥、龙营桥、光化汉江大桥，302省道太山庙桥、付家寨桥、韩营桥、孟楼桥。完成渡改桥两座，分别为双石桥、王湾桥。完成安保工程2250米。全年共建成30个港湾式公交站台和8个候车棚。

交通运输生产。全年完成客运量1535万人次、客运周转量77607万人公里、货运量1126万吨、货运周转量163855万吨公里，同期相比分别增长32%、15%、46%和38%。港口起运量完成56万吨，占年计划56万吨的100%。吞吐量完成56万吨，占年计划56万吨的100%。周转量完成5600万吨公里，占年计划5600万吨公里的100%。运输安全四项指数均为零（全年无上报责任事故）。

公路养护管理。按照“统一领导，分级负责”的原则，老河口公路养护工作实行二级管理体制，即公路局养护处，管理站、养护工程队（养护中心）。公路局养护处下达年度养护生产任务，负责老河口市列养公路小修保养计划的编制与分解，管理站、养护工程队对日常养护及小修组织实施。在维修与保养分离后，干线公路日常养护作业实行路段岗位承包，路面维修由养护工程队实施。人工费与维修费分离后，养护资金得到充分保证，一线养护员工待遇得到提升。全年管养公路11条共计215.078公里，其中：干线全部列养为68.121公里（国道28.201公里、省道39.92公里），县道列养里程146.957公里。桥梁46座计3282.28延米。全面实施科学养护，完成路面坑槽修补3500平方米，处理沉陷15441平方米，路面灌缝94000米，完善标准路基90公里，新建边沟1030米，修复边沟730米，修整高路肩87830平方米，清理边沟72公里，路树补栽17000棵，标志刷新186块，路树刷白18800棵，清理路肩堆积物2900立方米。

交通安全管理。贯彻落实“安全第一，预防为主，综合治理”的安全生产工作方针，结合工作实际，认真落实安全防范措施，加强施工现场安全生产组织、险桥险段监管，深入开展安全隐患排查和专项整治活动。全年修补路面坑槽3500平方米，处理沉陷15441平方米，危桥改造8座，开展安全专项检查10次，确保了安全生产形势稳定。加强公路坑槽、翻浆等路面病害处治，积极排查整治险路、险桥、险段，完成安保工程18处38公里。层层成立安全保障组织机构，认真落实安全工作责任，严格开展“三关一监督”和“三品”安全检查，扎实开展交通运输安全专项整治，全年排查治理各类安全隐患76处。水上运输严格执行四级安全责任和巡查制度，全年共完成渡船改造2艘。交通运输行业安全管理连续九年实现公路桥梁工程建设、客运、水上交通无重大责任事故发生。

工程质量监督。牢固树立“依法监督，规范管理，科学服务，严谨公正”的质量管理理念，在全年76个建设项目中，推行项目法人制、招标投标制、工程监理制、质量巡查制、工程合同制以及资金运行公开制、材料采购验收制、工程决算透明制等管理办法，实现项目建设规范化管理。（申伟）

【襄州区】 交通基础设施建设。全年开工建设重点交通项目19个，完成货币工程量12654.6万元。开工国、省、县乡公路建设项目11个，建设里程50.971公里；建成通村公路65条128.5公里；完成龙王镇肖刘桥、古驿

襄阳黄龙镇的桥

镇下张村高干渠桥、石桥镇司岗桥、石桥镇杜家营桥、黄龙镇太山桥等5座桥梁维修加固改造，投资216万元。襄阳汽车客运东站于5月17日开工建设，估算总投资1.3亿元。

重点项目建设。抢抓"四个襄阳"建设、襄州现代农业示范区建设等机遇，积极规划争取交通建设项目，先后开工重点交通建设项目19个，全面完成民生工程交通运输建设任务，共完成货币工程量12654.6万元。在公路建设方面，全年开工国、省、县乡公路建设项目11个，完成建设50.971公里，投资3946.1万元。316国道双沟段改线工程前期工作基本完成，襄阳绕城高速东段、316国道襄阳城区段和207国道襄阳北段改建工程于12月26日在襄州区双沟镇陈湾村举行开工仪式，总投资近30亿元。埠双路、双张路大修工程开工建设，翟双路、姚店至马集、大渡槽至香亭寺、安沟至石桥公路、东鹿大修工程、唐白河砂场道路工程全部完工，黄老路、马集至龙王、黄龙至宋咀公路改造工程即将完工。完成通村公路建设65条128.5公里，完成投资3212.5万元。在桥梁建设方面，启动白河桥建设工程前期工作，纳入襄州区规划的"黄集经下涂、宋湾、朱集、程河至枣阳"二级公路改建项目，该项目《工程可行性研究报告》正加紧编制。完成龙王镇肖刘桥、古驿镇下张村高干渠桥、石桥镇司岗桥、石桥镇杜家营桥、黄龙镇太山桥等5座桥梁维修加固改造，投资216万元。在站场建设方面，襄阳客运东站于5月17日开工建设，总投资预计达1.3亿元。黄集综合运输服务站建成投入使用，龙王综合运输服务站正在建设之中，两站共实现投资80万元。

交通物流发展。全区现代物流项目建设共完成投资26.06亿元，光彩物流园和襄阳物流信息中心项目24万平方米工程已经开建，4500平方米的招商大楼已投入使用，36栋物流库房正在施工。占地200亩的襄阳乾通物流中心、占地600亩的东风合运公司二期工程、占地452亩的本昌钢铁物流园和正英集团四季青农贸物流园、国储五三八处等项目建设均顺利进展。积极创优全区现代物流发展环境，争取区政府出台现代物流税收等优惠政策，组织开展文明优质物流企业、诚信物流企业的创建活动，国邦物流园、凯鹏物流公司被中国物流与采购联合会授予"3A级"物流企业。深入开展物流企业大调查大走访活动，为企业年审办证、项目申报、项目建设等方面提供跟踪服务。大力开展企业从业人员大培训、企业发展理念大讨论活动，不断规范和提升企业经营管理水平。积极开展物流项目招商引资工作，与深圳华南城集团等单位达成投资意向。2012年全区物流综合营业收入达到315.7亿元，同比增长48.2%。

运输安全生产。新开通襄阳至安徽蚌埠长途客运线路，新获批襄阳至昆山线路，新开通双沟至张家集、三合至程河农村客运线路2条。2012年新增船舶运力5000吨；新增高级客车4台、农村客运车辆8台，更新高、中级客车31台；新增重型专用货车680台1632吨、甩挂货车505台15740吨，厢式货车367台2663吨，水陆运量运力持续提升；新增教练车155台，新增一类维修企业5家。对水、陆运输企业、车站、维修企业、驾校全面开展质量信誉考核，规范经营行为，在行业内树立了诚信经营、优质服务的良好风气。

党建和精神文明。深入开展学习教育、"三万"活动、"五亮五比五

襄州区路政大队在207国道黄集超限检测站开展"严格执法程序，规范治超行为"文明执法竞赛活动

创”等十项活动，营造了襄州交通运输跨越发展的强大态势；以“优化经济发展环境、促进襄州跨越发展”为主题，深入开展民主评议政风行风工作，进一步改善了发展环境，提高行政效能和依法行政水平；认真贯彻落实反腐倡廉“十个全覆盖”要求，全力打造工程优廉、干部清廉“双廉”行业；认真落实“一周一访”和信访稳定工作，提升了交通运输科学发展水平；结合2012交通“服务提升年”活动，在系统内开展多种形式的“学、创、建”活动，促进服务科学化、制度化、规范化发展；围绕“五城同创”活动，先后投入400多万元，硬化绿化美化净化院内院外环境，改善办公条件，亮化临街大门、房屋，树立了行业形象。（杨鹏）

【襄城区】 交通基础设施建设。全年共建设完成通村公路16公里，完成县乡公路5.5公里，为年计划的100%。襄城区通村公路与国道、省道、县乡道干支相连，形成区域循环、村村相通的农村路网，有力促进社会主义新农村建设。

农村公路质量监管。强化“百年大计，质量第一”和“质量重于泰山”的观念认识，结合历年农村公路建设项目分布广、散、偏的实际，在农村公路管理中坚持一线指导、一线检查、一线督办，加大监管力度。一是明确责任。与项目村和施工单位签订协议时，明确提出质量要求，确保责任落实到位。二是严格把好“四关”。从工程开工到验收，严把建设标准关，严把施工队伍准入关，严把材料进场关，严把质量监督关，做到全程监督、跟踪监督、现场监督、及时监督。对路基工程不合格的不准进入路面施工，对施工过程中出现质量缺陷，必须整改后，才能继续施工。三是全面推行义务质量监督员。在与项目村签订协议时，明确要求项目村指派1～2名义务质量监督员，把责任心强、懂业务的村民代表聘请为质量监督员，实行跟班作业，强化现场质量监管。四是及时兑现通村公路奖补资金，落实国家奖补政策。严格执行国家对农村公路补助资金使用的有关规定，将中央政府对农村公路建设的补助资金全部用于农村公路建设工程项目，不从中提取咨询、审查、管理、监督等费用。五是加强对施工单位的管理。要求施工方必须保证预垫资金，在开标之后，投标企业必须在规定的时间内向建设单位账户汇入可以垫付的全部资金，工程验收后格后返还。为增强施工企业的责任感，改变原来的审核方式，侧重企业的实际施工能力，在与中标单位签订合同前，首先核准进场的技术人员数量和施工机械是否达到要求，否则即使中标也不予签订施工合同，有效避免了转包、分包现象的发生。六是树立典型，提高示范工程的引导作用。在具体施工管理过程中，不定期组织通村公路建设的乡、镇、办、村负责人和施工单位，到施工技术过硬、操作工艺规范、管理到位、工程质量好的施工现场参观学习，开现场办公会，推广先进经验和做法。

交通运输。全区有汽车客运站7个，其中二级站1个，五级站6个。共开通汽车客运线路29条，日平均班次达536个，营运线路总里程达346公里。拥有营运客车81辆、中巴车81辆。全年完成客运量637万人，旅客周转量32689万人公里，货运量327万吨，货物周转量42192万吨公里。（邱丽华）

【樊城区】 全年建设完成通村公路18公里，为年计划的100%，争取国家补助投资180万元。投资412.5万元对五田路、竹兴路进行县乡公路改造，其中五田路6公里、投资330万元，竹兴路1.5公里、投资82.5万元。完成渡改桥项目两座计58延米。工程建设质量较好，得到市交通运输局和樊城区委、区政府的肯定。

农村公路建养管。成立区路网指挥部，各乡镇办均组建农村公路养护协调管理站，村委会成立养护小组，实现“乡乡建起协管站，村村都有协管员”的管理新格局。一方面，聘用公路沿线农民参与公路养护，协助公路管理部门做好本乡镇农村公路的养护工作。另一方面，注册成立襄阳跃达公路养护工程有限公司，专门负责全区范围内的农村公路养护管理，以更好地推进全区农村公路养护管理工作。同时，坚持“路、运、站一体化”原则，加快完善农村客货运输网络，探索农村公路客运发展新途径，让农民群众乘上方便车、放心车。大力推进“村村通班车”客运网络化工程，加快乡镇汽车站和行政村汽车停靠站建设，推广经济实用车型，推进城乡客运一体化进程。

运输生产。全区公路运输完成客运量998万人，旅客周转量46691万人公里，货运总量476万吨，货物周转量43282万吨公里。（张雷）

宜昌市交通运输

【概况】 全年完成地方交通固定资产投资39.72亿元，占年度目标28亿元的142%。其中，公路完成投资24.13亿元、港航完成投资9.92亿元、客运站场完成投资1.17亿元、物流站场完成投资4.5亿元，分别占年度目标的140.5%、119.5 %、133.1%和132.8%。

项目建设。总投资516亿元的62个交通重点项目整体推进，其中27个项目加快建设，15个项目主体工程完工，20个项目前期工作快速推进。宜张、宜岳高速公路开工建设，保宜高速公路顺利推进，宜巴高速公路白河至雾渡河段建成通车，宜昌辐射全国的“六线”高速公路构架初现雏形。陆渔一级路基本建成，五峰融入市域一小时经济圈。鸦来路宋左段、宜巴公路秭归段建成通车，西部出口干线公路全面畅通。318国道万城大桥至云池段、小鸦、当枝、宜黄、秭归县城出口等一级公路建设加快推进，“东部平原县市一级公路相连，西部山区县市一级公路上高速”的基础已经铸就。香溪长江公路大桥已经国家发改委立项，白洋长江大桥初步纳入国家过江通道规划，宜昌长江经济带将新增两座天堑通途。白洋一期、茅坪二期、云池二期、红花套、峡口、石鼓、姚家港等码头先后开工建设，三峡枢纽港重点港区建设提速。宜昌汽车客运中心站与汉宜高铁同步运营，宜港客运站、当阳客运站投入使用，东山高速客运站顺利完工，全市客运枢纽体系进一步完善。三峡机场新增2条登机桥投入使用，助航灯光等配套工程完工，机场安全运行保障能力进一步提升。三峡物流园、三峡坝区(茅坪)货运中心、红花套物流园等加速建设，三峡物流中心三级物流体系初步显现。完成县乡公路改造351公里、通村公路714公里、农村公路渡改桥659延米/8座、危桥改造1400延米/20座，新改建乡镇综合交通服务站8个，建设港湾式候车亭20个、普通候车亭20个、城郊公交候车亭20个，农村交通条件进一步改善。

公路养护。全市累计处理路面沉陷、翻浆、修补路面坑槽259237.9平方米，修补油面层62114.3平方米，完成水泥路、沥青路面清、灌缝238.83公里。整治危险路段9条：呼北线(G209)、沪聂线(G318)、两江线(S253)、鸦来线(S325)、宜巴线(S334)、乐大线(X206)、聚周线(X208)、五牛线(X219)、王学线(X237)。完成列养公路新建、维修波形钢护栏20084米、钢筋混凝土护栏1033米、标志牌57套，总投资1411万元。宜昌市国省干线优良率68.51%，MQI值79.18，PQI值78.01。

运输安全。道路运输完成客运量13114万人、旅客周转量683701万人公里，货运量11833万吨、货物周转量1642253万吨公里，同比分别增长18.21%、22.66%、22.04%和23.16%。完成港口吞吐量5051万吨。完成水路客运量195.3万人、旅客周转量20105.4万人公里、水路货运量2219万吨、货物周转量1358111万吨公里，同比分别增长8%、2.6%、8.9%和48.6%。完成铁路客运量565万人次，同比增长31.25%，货运量1616万吨。三峡机场完成旅客吞吐量90.14万人次，货邮行吞吐量9309.8吨。全年征收交通规费2.77亿元，占年计划的109%，比上年增长15%。

汉宜城际铁路建成营运，宜昌步入高铁时代。宜昌汽车客运中心站与火车东站同步开通启用，公交、出租、长途班线、旅游客运与火车实现无缝衔接。三峡机场与长江黄金系列游轮设立“空水联运服务中心”，实现游轮与机场客运业务互联互通，促进了游客快速便捷中转。交通运输市场便捷化、舒适化程度大幅提升。运输服务能力不断提升，开通9条定线旅游线路，为游客提供点对点旅游运输服务，提升了宜昌旅游城市品质。积极谋划应对高铁开通带来的冲击，交运集团新增22条长途客运班线，线路覆盖面由原来的20个省市增加到25个。通客车行政村新增30个，全市100%行政村通客车的目标有望近两年全面实现。宜都市城乡客运一体化试点工作稳步推进，各县市区城乡客运一体化建设取得明显成效。长阳县资丘镇“四点合一”多功能农村综合服务站建设模式广泛推广。城市公共交通不断完善，城区出租车实施错峰交班制度，缓解了高峰时段“打的难”问题。更新环保公交车170辆，全市城市公交保有量达1200标台，城市每万人拥有公交车辆8.6标台。完成2条客运班线公交化改造，新增2条、调整10条城区公交线路，宜昌城区公交线路达到71条，营运线路长达1042公里，城市公交出行分担率不断提升。

物流发展。全市A级物流企业达到23家，宜港集团、三峡物流园、宜达物流公司三家企业入选“2012～2014年度全国交通运输行业重点联系物流园区(企业)”。小件快运、汽车租赁、城市物流配送等现代运输组织形式快速发展。全市近千家物流企业形成以商贸、运输、仓储业务为主，特色业务快速推进的良好发展态势。第九届中国国际物流节上，宜昌荣获“2012中国物流城市最佳投资环境奖”。

行业管理。以“平安水域”、“平安工地”、“道路运输安全年”三大安全管理活动为主线，强化对水域、

省委常委、宜昌市委书记黄楚平视察交通建设

道路和建设领域的安全监管。先后开展6次水上安全隐患排查治理行动，长期困扰水上安全的一批“老大难”隐患得到消除，水上安全形势继续保持稳定；狠抓工程施工安全，施工现场做到安全防护标准化、场容场貌规范化、安全管理常态化，杜绝了重大质量安全事故，实现交通工程施工“零死亡”目标；全面开展道路运输安全隐患排查，检查道路运输企业322家，查出隐患345处，整改率100%。对火车站、长途车站、海通车站、宜昌商场周边等重点区域的“黑车”进行专项整治；对“宜兴线、宜秭线、宜远线”非法营运车辆开展专项治理；对城市出租车车容车貌开展专项整治，严厉打击不文明经营行为；对旅游客运市场开展联合稽查行动，规范旅游运输市场经营行为。有序推进执法标志标识、执法证件、执法服饰和执法场所外观“四统一”工作，全市1106名执法人员全部换发新式执法证件。积极探索和创新交通行政审批方式，改进行政审批工作流程，审批事项由原来的19项压缩到7大项。实行上门服务、预约服务、延时服务、重点项目跟踪服务等便民措施，倾力打造交通窗口服务品牌，交通行政服务窗口被评为全市“十佳优质服务窗口”。宜昌市交通运输局被交通运输部表彰为“全国行政执法考核评议工作先进单位”。

改革创新。宜昌市邮政管理局揭牌成立，强化邮政行业监管，促进邮政与交通运输资源整合；积极促成宜昌市政府出台公路债务化解方案，宜昌市公路局与各债权银行贷款重组全部完成，各县市区共汇缴债务本息13871万元，公路债务化解工作取得重大进展；两桥合并运营模式成功建立，全市桥梁管理向专业化、一体化发展迈出重要一步。夷陵大桥撤销收费站、宜昌大桥重大节假日免收小型客车通行费，减轻了社会大众出行负担。创新融资模式。坚持更新观念，转换思维，大胆探索，闯出“社会办交通”的三种多元化筹融资模式，即：兴山县的“政府统筹、企业出力”模式、宜都市的“政府主导、企业运作”模式、夷陵区的“明确事权、分层推进”模式。这些融资新模式的运用，有效破解了资金瓶颈，促进项目建设顺利推进。

自主研发“机动车驾驶员培训管理系统”并全面投入使用，其中“信息化教学日志”、“结业考试信息化管理”、“培训考试数据对接”等科技创新填补国内空白，“安全带侦测技术”获国家专利；“隧道施工事故中管道逃生系统”获国家实用新型专利，沥青路面基层冷再生技术、碎石化路面技术、玄武岩纤维沥青面层、胶粉沥青面层等“四新”技术在公路建设和养护中广泛运用，交通工程科技含量显著提升。

党建廉政。认真组织开展民主评议政风行风活动，采用多种形式问计于民，问需于民，着力提升交通系统干部职工队伍素质，确保交通运输行业风清气正。2012年宜昌市交通运输局和各县市区交通运输局均被评为“民主评议政风行风优秀单位”。深入推进廉政文化进机关、进站所、进工地、进车船、进家庭活动，开展“四型家庭”创建活动，深化“廉政阳光工程”，深入推进工程建设领域突出问题专项治理；强化治庸问责，开展党风廉政建设责任制落实情况和廉洁自律规定执行情况大检查；强化政务公开，向社会公开编印宜昌交通《公共服务白皮书》。通过不断创新方式与载体，富有交通特色的惩防体系建设加快推进。

文明创建。宜昌市交通运输局被评为市直机关首批6个“学习型示范单位”之一，经验做法被“中直党建网”重点推介；着力开展文明城市创建活动，交通运输系统“百名志愿者”进车厢、进社区、进公共场所开展文明劝导，宜昌市交通运输局被评为“全国文明城市创建先进单位”；着力创建交通品牌，“爱心送考”、“文明进公交”等服务品牌深入人心，100路公交线被评为省级“文明示范精品线路”、宜昌市交通运输局被评为“全省交通运输系统先进集体”，公交集团被评为“全国城市公共交通行业先进集体”；着力强化道德建设，涌现出一批道德模范人物，103路公交线以集体形式入选2012年度“宜昌十大新闻人物”和“感动宜昌十大年度致敬人物”，出租车司机朱东安、陈发科被授予“全国见义勇为英雄司机群体”荣誉称号。　（朱慧敏　吴新华）

【宜都市】 完成交通固定资产总投资17.57亿元，占年度计划16.5亿元的106.4%。陆渔一级公路累计完成投资14亿元，占概算总投资10.82亿元的129.3%，已于2012年年底基本建成通车。宜洋一级公路松滋段接线工程投资1260万元，已建成通车。投资6670万元完成省道雅澧线17公里的公路大修工程。新建通村水泥路110.5公里，完成投资2762.5万元，重点解决山区乡镇行路难和农村公路的断头路等连通工程。港航基础建设投资7000万元的石鼓综合码头主体工程已经完成。协调配合完成宜张、宜岳高速公路、白洋长江大桥前期工作。投资3.3亿元，全长42.182公里的陆松公路改扩建工程、吴家渡桥新建工程，枝城长江大桥公路桥维修工程等一批在建工程正在加速建设。概算投资4.87亿元的红花套作业区综合码头前期工作已全部完成。红花物流园水陆联运中转中心、枝城物流园物流配送中心、陆城新客运站等站场设施建设进展顺利。

行业管理。道路运输加强客运市场监管，组建专班对出租车不打表经营、乱收费、拒载、乱停乱放等行为进行了专项整治，依法打击“黑车”12辆，纠正违规经营出租车14辆次。港航为打造环保型港口，联合公安、运管、港航、公路路政对孙华路港区段进行了综合整治，使其货场围墙入口绿化率达98%，喷淋安装开启率达100%。深入开展“平安水域”创建活动。渡口、渡船隐患排查治理和船舶检验质量专项检查合格率为100%。强化公路路政、养护管理，推行公路市场化养护，分段承包养护、委托承包养护、专业养护等多样化养护模式，2012年列养国道优良路率达100%、省道80.6%、县道70%、乡道88.4%。以“治超治限”

基本建成通车的陆渔一级公路

为重点，严格落实鲜活农产品运输“绿色通道”政策。不断推进物流建设发展，打造物流信息平台，在全省率先建立交通物流信息网站，建立相关数据、信息台账，网站点击率已达21万，注册信息98家，会员1061名。强化应急救援队伍建设，根据行业特点修订完善了5个应急救援预案，全系统成立了5个专业救援分队，有在册应急救援队员180名。

规费征收。2012年，宜都市中路建设开发有限公司完成通行费收入1763万元，为年计划的97%，同比增加249万元，全年减免“绿色通道”23375车次，减免费用45万元。港航全年两费收入807.86万元，比上年1004.54万元下降19.58%，占年计划775万元的104.24%。

安全运输管理。全市航道通航里程87公里，在营客、渡船17艘，货运船舶77艘，从业船员785人，注册港口码头经营企业62家，泊位115个。在营客运车辆414辆，从业驾驶员886人，在营货运车辆2400辆，从业驾驶员3018人，出租车140辆。全市实现了100%的行政村通达客车，经营客运班线90条，其中：省际班线2条，市级班线25条，县际班线10条，市内班线53条。

2012年，全市共完成水陆运输客运量2827万人次、客运周转量247262万人公里、货运量2288.4万吨、货运周转量544961.69万吨公里。港航全年完成港口吞吐量996.18万吨，比上年同期638.58万吨上升36.28%，完成货运周转量481993.88万吨公里，比上年同期350541万吨公里上升37.5%。道路运输全年完成客运量1910万人次，客运周转量163027万人公里，货运量1311.55万吨、货运周转量59430.50万吨公里。

安全运输管理以推进安全生产长效机制建设和交通运输安全生产标准化管理为目标，突出抓好企业生产安全、道路旅客和危化品运输安全、重点工程建设施工安全、水上交通安全四大重点，建立和完善“人”的因素抓全员，物的监管全方位，事的监控全过程，时的值守应急全天候的安全运输生产保障体系。

完善责任机制，全系统共签订安全生产管理目标责任书953份。强化教育培训、提高全员安全素质，采取工程开(复)工前对进场人员进行全员安全教育、建卡登记，企业新招员工逢进必考，合格录用。开展各种形式的安全文化活动，组织港航海事、运管、公路等管理机构，发放安全宣传资料710份。发送安全警句和警示短信250余条。强化水陆运输企业安全隐患排查治理，发现排除大小车辆故障180余处，投入整改资金5万余元，机械设备隐患20余处，投入整改资金40余万元。加强道路运输安全源头监管，对全市三类及以上线路客车、危货运输车辆安装了GPS卫星监控设备，800公里的宜都至广东线路3辆客车，调整了班次，配足了驾驶员，落实了凌晨2点至5点往返驾驶员落地休息场所。

市港航局加大了对“三无”船舶的打击力度、对高坝洲库区等重点水域的无证船舶、超载船舶、农用船、渔船非法载客进行了专项治理，确保全年水上交通安全。

交通运输企业加大技改力度。市华运公司以提高车辆档次为重点，投资180万元更新车辆7台，投入资金100万元完成枝城车站综合楼改造。市装卸运输总公司以提速增效为目标，自行成功研发人力行走液压升降专用火车车皮装卸皮带机并投产。三家交通运输企业实现水运营业收入867万元，客运运输收入4530万元，装卸运输产值2500万元。

党建和精神文明建设。切实加强基层党组织建设，全系统1个党委、1个总支、22个支部全部完成了机关事业单位基层党组织换届选举工作。全系统基层党组织广泛开展“分类定级、对标进位、再评再议”活动，局属35个党支部全部定级为“好”等次，全部实现了进位升级。开辟道德讲堂，宣讲道德模范先进事迹，在先进人物的引领下，先后涌现了“见义勇为先进个人”勇救落水青年的老船长王全洲，“学雷锋先进个人”拾金不昧的出租车司机余锋。打造廉洁交通，认真落实党风廉政建设责任制，督促领导干部履行“一岗双责”。加强工程建设领域突出问题专项治理，工程设计、招投标、重大项目变更、竣工验收等环节实行全过程监督，重大事项实行集体研究、过程监督、结果公示、接受社会和群众监督。（王友贵　张娥）

【枝江市】 交通建设。公路建设完成318国道一级路改建工程云池至太保场段路基工程10.17公里；完成白雅路4.527公里征地拆迁和路基工程；完成318国道江口段、董市至石林段和窑马省道马仙段大修15.5公里，雅澧路安保工程2050米；完成仙一路改造8.405公里；完成七鸭路变电站至陈家港段一期工程5.986公里；完成农村公路建设172.3公里；完成安董路玛瑙河大桥主体工程、改造危桥5座。刘金二级路项目前期工作完成，开始征地拆迁；宜张高速、当枝一级路等重点项目成立了协调指挥部，完成放线、挖沟、物量清点工作，开始征地拆迁。码头建设项目。七星台金太源码头完成项目前期工作，岸线合理性评估上报待批；腾家河散货码头完成前期工作，即将开工建设；姚家港综合码头完成2个泊位水工部分。场站建设项目。枝江汽车客运站项目工可已上报待批，完成施工图设计。完成征地拆迁和土地平整。

公路养护。制定出台了《枝江市干线公路精细化养护管理实施办法》，公路局根据养护计划完成情况和养护质量，每月进行一次检查验收，将验收结果和养护经费的拨付挂钩，促进了日常养护中的路面保洁、小修保养、桥梁养护、绿化和沿线设施等各项工作规范化，国省干线优良路率达到85.6%。建立健全了农村公路养护管理体制。认真落实《湖北省农村公路管理条例》，健全完善了农村公路养护管理制度。按照市人民政府出台的《枝江市农村公路养护管理实施办法》，明确了乡镇(街道)是农村公路养护管理责任主体，建立了稳定的资金来源渠道，每年按每公里1000元标准，对农村公路养护管理进行补助，将全市3000多公里农村公路全部纳入养护管理，实现了有路必养工作目标，严格执行了农村公路养护管理考核评价制度，市农路办采取多种形式分的中、年末组织对全年的养护管理工作进行考核评分，考核结果与补助资金挂钩，基本保证了养护质量，引导乡镇街办对已破损的农村公路进行大修，全年共维修31公里，面积9800平方米。完成公路大修11.8公里，其中：318国道江口段2.3公里、董市至石林段8公里，窑马省道马仙段1.5公里。

运输安全生产。全市完成水陆运输行业货运周转量390672万吨公里，同比增长45%。其中：完成港口吞吐量436.70万吨，完成水上货运周转量172144万吨公里；道路运输全年共完成客运量2541万人次，同比增长45%；客运周转量190580万人公里，同比增长45%；货运量2470万吨，同比增长43%，货运周转量199470万吨公里，同比增长45%。通过开展“平安水域”、“平安工地”、“道路客运安全年”等创建活动，基本形成部门依法监督、企业全面负责、群众监督参与、社会广泛支持的安全生产格局。建立完善了施工安全定期检查督查、通报和整改落实制度，对重点建设项目开展了安全专项督查和安全风险评估。全年开展8次道路运输安全、水上安全隐患排查，共查隐患10处，整改率100%。认真组织开展“打非治违”，全年查处非法营运车辆122台次。同时，积极开展公路超限超载治理，共检查车辆4307台，处罚2479台，实行简易程序案件2477件、一般程序案件2起，全市车辆超限率控制在5%以内。全年交通安全态势保持稳定，全市道路运输无一起安全责任事故发生。

行业管理。制定出台了《交通行政许可和行政处罚决定合法性审查实施办法》，对系统内所有行政许可和重大行政处罚决定开展了合法性审查，全年审查交通行政许可案件5件，审查重大交通行政处罚案件32件，通过对一般处罚案件的备案，纠正处罚依据不准确案件17件；开展执法主体资格清理审查和执法监督检查，进一步明确了交通行政执法主体资格和执法依据，规范了交通行政执法行为；开展行政执法规范落实情况专项监督检查，顺利通过宜昌市交通运输局交通评议考核，全年受理调解交通行政纠纷2起，结案率100%。运输市场按照“规范有序、和谐发展”的要求，对枝江北站广场运输经营秩序、“黑车”非法载客、重点区域运输市场秩序进行了专项整治。全年查处违规经营出租车51辆，私下转卖19辆，撤除擅自改装加高栏板运输车42辆；查处黑教练车2台，对教练员脱岗等5起违规经营的车主和当事人实施记分或罚款的行政处罚；查处无证驾驶、非法载客船舱5艘。全市水陆运输市场秩序明显好转，出租车经营行为逐步规范，行业服务水平全面提升。城市公交出行覆盖延伸。2012年争取市委、市政府重视，财政新增投入300万元购置公汽10台，新开通了2路、8路、9路3条公交线路。城区公交实现全覆盖，延伸至江口、董市和仙女，提升了城市品位，方便了百姓出行。公路路政执法不断规范。全年办理路政案件41起、路政许可审批60份。公路超限治理检查车辆4307台，处罚2479台，全市车辆超限率控制在5%以内。通过加强路政巡查，开展专项整治，有效维护了公路路产路权。交通重点工程项目交工验收合格率达到100%，竣工验收优良率90%以上，一般工程项目交、竣工验收合格率100%。

精神文明。市文明办与市交通运输局联合开展讲诚信优质服务标兵创建活动，经推荐、公示，共表彰11台(艘)车船和14名个人，树立了交通行业的良好形象。市交通运输局被评为“民主评议政风行风优秀单位”。交通系统被市委市政府授予“文明系统”，市交通运输局、市公路局、市港航局、市公交处、市运管所、汽运公司和白洋汽车轮渡管理所被授予枝江市级文明单位，市公路局被确认为宜昌市级文明单位推荐上报为省级文明单位；市交通运输局、港航局推荐上报为宜昌市级文明单位。通过开展行业创建，市港航局被省港航局确认为“六型”文明示范窗口、枝江至问安客运班线被省运管局确认为文明示范线、枝江客运站站务一班被省运管局授予“十佳服务班组”、汽运公司公汽分公司环城公汽二队被枝江市总工会授予“工人先锋号”。通过广大干部职工的努力，2012年，枝江市交通运输局被市委、市政府授予“红旗单位”。曹军民等一大批个人获得各级表彰。 （覃华平）

【当阳市】 交通基础设施建设。全年实现交通基础设施建设投资5.4亿元。分当路、坝慈路、烟远路、慈广大桥、当阳三桥开工建设；当枝一级路一标段、谢育路、高溶路改建和分当路、两江路维修工程竣工；招商引资任务完成，精量衡器制造项目顺利引进；新建通村公路69公里；规划“十二五”通村公路建设项目已采集数据714.84公里上报宜昌市交通运输局。

公路养护和科研。全市158个村2200多公里通村公路全部列入养护，分期拨付了养护资金。全市干支线路实现有人养、有钱养、应养尽养，路容路况及通达深度进一步优化。完成育溪大桥、育溪小河桥、西泉河桥加固、友谊桥花岗石栏杆及人行道板安装改造。分当路大修计划5.4公里，实际完成11.5公里，同时完成二桥桥头沥青混凝土路面维修完成1320平方米。两江路C30水泥混凝土路面大修完成900米、沥青混凝土大修完成600米。完成汉宜路玉泉路口至墩子河桥左侧加宽水泥混凝土路面500平方米。修复远当路水毁180立方米，沥青路面缺陷1260平方米。维修窑湾街水泥路面路面620平方米、河溶街水泥路400平方米。全年完成基层修补2630.5平方米；油层修补15228.6平方米；填补砂石路坑槽53341.8平方米；清挖水沟129580米；铲路肩117614平方米；挖高路肩1722立方米；清扫路面30215公里；剪草719518平方米；清除路肩堆积2135.6处；沥青路灌缝4940公里；扫桥943座；疏通涵洞116道。公路科研新成果、新材料、新技术得到推广和应用。为了解决日益剧增的国产普通沥青抗水损害差的难题，满足目前重交通的要求，课题组经过上百次试验，利用纳米碳酸钙氯化钇超细粉的比表面积效应、界面效应、量子隧道效应，成功开发出纳米沥青抗剥落剂。将其添加于国产普通多蜡沥青中，大幅提高了国产多蜡沥青与各种石料的粘附性能；抗水剥落性能提高了二个等级，5℃、10℃低温延度和抗老化耐久性提高了2倍。解决了国产普通沥青水稳定性和耐久性差因水损害造成的沥青剥落病害的难题，延长了沥青路面的使用寿命。分别在穿玉路、汉宜路、两江路、分当路等路面新建、大修及养护中采用了该技术，经过时间的考验，路面完好如初。2011年7月20日由国家知识产权局授予发明专利，专利授权号为:z l2008 1 0197824.5，认为该课题水平达到国内领先水平。2012年被市人民政府授予“科学进步二等奖”。

交通运输生产。全市拥有货运汽车3417辆，8448吨位；客运汽车197辆、3496座位。拥有客运企业4家，货运企业38家，现已建成8个客运站，66个候车棚，99个招呼站。跨市高速运输网、市内快速运输网、农村便捷运输网基本形成。道路运输全年完成货运量2254吨，增长45%；货物周转量380866万吨公里，增长39.2%。完成客运量801万人次，增长9%；旅客周转量120900万人公里增长11%。当阳火车站发送旅客495413人，发送行李813件，包裹6519件。春运期间，车站共发送旅客60811人，日均1520人，售票人数30097人，实现客运收入225万元，较去年同期分别减少4%、18%、35%，高峰日达2516人。客流去向主要集中在武汉、广州、上海、北京、贵阳、湛江等地。车站专用线5条即：当阳玻璃厂专用线、华强化工专用线、华强煤专线、576专用线、国家粮库专用线。货源吸引范围为当阳市、远安县等地的中小矿企业；发送货物品类主要有玻璃、化肥 、粮食、饮食品及其他货物，到达货物品类主要有煤炭、矿石、化工等。全年装车12514台，发送货物78.4万吨，卸车21723台136万吨。

行业管理。完成出租车第三轮延包合同签订和出租车驾驶员资格认证。与交警、城管联合开展城区道路交通秩序整治，加大运政执法力度，严力打击 “黑车”非法营运和车辆超载超限行为。公汽线路优化调整，2路公汽延至环南路、4路公汽延至慈广大桥。新建当阳二级客运站8月6日开业营运，电子显示屏、监控摄像等硬件设施全面配置。当阳至官垱、当阳至河溶线路班车全部更新。车船燃油补贴和渡船改造资金及时发放，渡船改造资金发放168万元，核发农村客车、出租车、公汽燃油补贴808万元。强化安全生产和突发事件应急管理，勤检查及时发现安全隐患，重整改督促消除安全隐患，全市水上交通安全、道路运输安全均未发生重特大安全责任事故。交通物流行业成立交通物流协会，加强了行业自律。

廉政文明。先后集中110名党员开展春季培训；交通行政执法培训；集中党组成员、二级单位班子成员及机关干部集中学习14期750人次；举办四期道德讲堂。全年承办信访件220件，接待来访群众28批次，回复率100%；承办人大政协建议提案47件，办结率、见面率100%。在全系统实施“标杆工程”，开展树标杆、学标杆活动。加强作风效能和警示教育，全市交通运输系统党组织的凝聚力、战斗力进一步增强，干部职工的责任感普遍得到提升。深入开展政风行风评议工作，促成突出问题得以整治与纠正，在全市政风行风评议中获优秀，局党组被市委评为“先进基层党组织”。 （赵在海　沈艳丽）

【远安县】 全县交通基础设施建设投资完成14.06亿元，其中，保宜高速公路远安段完成投资8.5亿元，交通口径完成投资3.66亿元，荷花镇矿山公路完成投资1.9亿元。

保宜高速。全力做好保宜高速公路协调服务工作，相继完成土地征用、房屋拆迁、坟墓迁移和“三杆”线路迁改任务，其中征用土地5706.9亩，拆迁房屋208户50114.91平方米，迁坟3234座，“三杆”迁移169条173.23公里，工程施工顺利推进。2012年，保宜高速公路远安段完成货币量8.5亿元，占基础地面建设工程量18亿元的47.2%，共完成47座桥、125道涵洞、25处弃土场、1380万立方米挖填方建设任务。

项目建设。洋河18公里二级公路改建项目交工投入使用，完成投资7795万元；保宜公路10公里大修工程已交工投入使用，完成投资1649万

保宜高速公路拱形骨架施工中

元；远烟6公里、罗家院至百里荒3公里、横店至瓦仓7.8公里县乡道改造全面完工，并硬化农村公路114.37公里，共完成投资4917.7万元。安鹿渡改桥新建工程、鸣凤沮河一桥扩建工程已开工建设。

行业管理。行业监管力度加大。共开展专项整治活动15次，查处各类违法经营行为案件数380件，行政处罚198件，有效维护客运市场秩序。路政管理力度加强。共上路巡查254次，清理堆积物236处950平方米，拆除非公路标牌18块，立案查处路政赔偿案件14起，结案14起。全年共检测车辆28200台，其中超限车辆1380台，超限率控制在4.9%以内。运力结构调整有序推进。全年共更新出租车60辆，新增更新中高级客车11台，新增厢式货车20台，中高级客车和厢式货车比重分别达到6%，9%，出租车、客车的服务水平不断提升。

安全生产。严把客运站“三关一监督”职责，认真落实“三不进站”和“五不出站”制度，实现道路运输安全无责任事故。营运客车全年完成客运量632.5万人，完成客运周转量58185万人公里，比上年同期增长27%；完成货运量709万吨，完成货运周转量69130万吨公里，比上年同期增长46%、43%，无一起道路运输责任事故发生。着力改善公路安全通行条件。共完成安保建设投入575.7万元，其中列养公路修复防撞墙共21处1105米，增设钢护栏4436米，修复挡墙61处2210立方米，施划标线21处8165平方米，完成安保投入255.7万元。农村公路分别完成远烟、棚马线等县乡道6处安全隐患路段整治，并对部分农村公路安保设施进行完善，投入资金320万元。

公路养护。全年完成养护投资1022万元，处理路面沉陷、修补路面坑槽26052平方米，修补油面层24750平方米，清扫路面3566.6公里，清除坍方179处、28750立方米，浆砌挡墙2159立方米，修整路肩33250平方米，路肩带1097米，清理边沟365400米，疏通桥涵739道，割长草445500米。完成沥青、水泥路面清、灌缝45.38公里，维修、更换示警桩、轮廓标705个。

党建和精神文明建设。深入开展“迎创推”、“治庸问责”、“第一书记”、“庆七一”等系列活动，开展书法摄影展、演讲比赛等文体活动，文明单位创建率100%。（陈红斌）

【兴山县】 基础设施建设。全年完成交通建设投资1.9亿元，超计划完成0.45亿元。其中，公路桥梁建设完成投资12890.3万元，超计划完成2890.3万元；港航建设完成投资5000万元，超计划完成500万元；站场建设完成投资1103万元。古夫至昭君大桥连接线路：建设方案为沿古夫河右岸新建一条二级公路，全长10.5公里，路面宽12米，设计时速60公里/小时，概算总投资4.8976亿元；工可、初设及专题报告已完成批复，施工和监理已招标，已进行征地拆迁。峡口港作业区码头扩建：该工程设计扩建1000吨级泊位5个，设计吞吐量524万吨/年，占用岸线长度1270米，陆域占地面积86812平方米，概算投资32599.38万元；已完成征地拆迁和工可审批，挡墙挖基、水下抛石施工和桩基施工，累计完成货币工程量7200万元，2012年完成5000万元，形象进度22%。平邑口作业区码头新建：该工程新建500吨级件杂泊位2个，相应建设陆域及配套工程，设计吞吐量50万吨/年；占用岸线长度655米，陆域占地面积28880平方米，概算投资6734.43万元，已完成工可立项审批、地勘和施工图设计评审、航道安全评估，进入招投标程序；累计完成货币工程量1500万元，形象进度22.3%。

农村公路。全县8个乡镇全年计划完成100公里水泥路和100公里安保设施建设，计划总投资2300万元，年度计划全部完成。县乡公路改造年初预安排计划21.2公里，计划总投资3929.8万元，实际下达计划14公里。路基改造完成21.2公里，路面完成实际计划14公里，完成货币工程量3346万元。昭君镇三级汽车客运站：项目选址由香溪河右岸变更为集镇炭场沟，前期工作基本结束，预计2013年元月开工建设。多方争取农村公路建设计划，在市局下达的77公里计划外，又增加了23公里计划，建设里程达到100公里。

公路养护。将养护中心与养护公司合并办公，形成公路“大养护”格局。积极实施路网结构改造工程，完成209国道11.7公里大修和地灾治理，水毁修复完成41处/50340立方米，对该路段隧道照明系统进行了维修改造。完成防撞墙工程720米，修复公路沿线损毁护栏236处，更换波形板328块，立柱266根。邀请交通部第二公路勘察设计院桥梁专家团对全县96座公路桥梁安全隐患进行全面大排查，完成寒溪口桥、铁厂河桥(晚渡河桥)危桥加固工作，确保全县公路桥梁安全运行。对宜兴线界岭至古夫、昭君桥至三堆河全长105公里路段进行综合整治，加强公路沿线设施美化。高岚、南阳公路旅游服务点工程顺利通过竣(交)工验收，209国道顺利通过交通运输部年度检查。全县农村公路纳入养护里程1253.3公里，完善检查考核办法，严格奖惩兑现，实现养护全覆盖，农村公路养护水平不断提升。计划完成209国道大修11.7公里，计划投资1133万元，年度计划全部完成。完成地灾治理4处，完成投资450万元。完成安保工程329万元。渡改桥项目。勾儿滩大桥设计桥长185.4米，主跨150米，桥宽4.5米，车行道净宽3.5米，概算投资900万元，前期工作全面完成。竹溪墓桥全长302.5米，计划投资2334万元，属续建工程，现已完工，累计完成货币工程量2334万元，形象进度达100%。崖屋桥长20米，为石拱桥，计划投资80万元，已完工。

规费征收。水路交通规费年度计划任务335万元，实际完成征收339万元，占年计划的101%。

运输安全。完成陆路客运量240.1万人，旅客周转量26108万人公里，货运量188万吨，货运周转量17918万吨公里，分别比2011年同期增加27.51%、40.14%、42.42%、94.12%。水路完成货物吞吐量600万吨，占年度目标的150%。辖区新增运力0.4万载重吨，占年度目标的200%。扎实开展隐患排查和专项整治，全年无安全事故。春运陆路发送客车14862辆次，完成客运量22.22万人次；水路渡运送旅客6.9万人；公路投入防滑料340立方米，工业盐32吨。隐患治理彻底。重点开展了“安全生产年”、“平安水域”、“平安工地”、“道路客运安全年”等专项活动。按照“疏堵结合”原则，对“三无”船舶进行为期半年的清理整治，50艘渔船归口渔政部门管理，其余农用船归口到乡镇政府管理，彻底消除辖区监管水域安全隐患。严格农村客运准入，对从事农村客运的车辆严把车况、保险、驾驶人技术等关口，全年新增的229辆农村客运车辆第三责任险和承运人责任险均已达到50万元。

物流发展。着力强化物流发展组织领导，成立了兴山县现代物流业发展领导小组，正在筹备成立县物流协会。畅通农产品销售渠道，县政协会同榛子乡政府，远赴湖南长沙市农产品股份有限公司洽谈销售蔬菜等农产品，签订了供销合同。依托乡镇农村交通综合服务站，为老百姓购买种子、农药、化肥和日常用品等提供便利，帮助南阳村民销售柑橘140万斤。推荐兴发汽运有限公司为国家税收试点企业，帮助他们争取享受国家税收优惠政策。

行业管理。公交车、危货车、三类以上班线客运车辆全部安装GPS信息平台和SD卡，实施动态监控。以古夫城区和兴宜线为整治重点，联合交警、城管等部门开展“打非治违”专项行动，重点打击未办理经营许可、超范围、超区域经营等行为以及城区沿街揽客、乱停乱靠等现象，全年立案查处111件，暂扣非法营运车87辆，处罚违章罚款23万元，责令100多辆擅自改装的货运车辆恢复原状。全面清理整顿旅游客运市场，确保旅游客运安全。全县新增乡村客运线路39条，新增客车29辆、货车243辆，审核发放燃油补贴资金926万元。水上运输持久开展“大船小证”以及“持假证”专项治理工作，辖区全年累计进出港船舶1380艘次，依法依规签证率100%，规费征缴稳步增长。争取县政府出台《超限运输车辆治理实施方案》，由县政府常务副县长任超限超载运输车辆治理领导小组组长，县公安、住建等相关部门配合，在全县范围广泛布点，持续保持超限超载运输治理高压态势，取得良好效果。全年共检测货运机动车30万台次，其中超限车辆6000台，超限货物5500吨，卸载货物4500吨，依法收取超限运输补偿费、罚款约103万元，区域内超限超载率降至2%。

党建廉政。组织局机关全体干部职工和二级单位班子成员集中学习党的十八大精神，干部职工每人年做读书笔记2万字以上。继续抓好与县检察院联合开展的“学习型组织共建”活动，“七个一”(一日学堂行、一堂法制课、一本警示册、一册共建刊、一版形象展、一次友谊赛、一个帮扶点)活动全部完成。凡属重大事项、重大工程项目、大额资金使用等重大决策，都坚持集体讨论决定。健全领导班子岗位职责、议事决策、干部选拔任用、自身建设、监督管理五大类38项工作制度，形成了比较完善的党建工作制度。扶持20万元，帮助结对共建村黄粮镇火石岭村和南阳镇两河口村发展村集体经济和建设村级道路。组织全系统党员干部及执法人员开展廉政辅导讲座，组织干部职工在黄粮镇革命烈士纪念碑反腐倡廉警示教育基地进行警示教育。一把手与班子成员、班子成员与分管干部分别进行“凝心聚力，争做新时期的实干家”谈心谈话活动。对机关公务接待等涉及财经具体事项进行改革。认真开展治庸问责，签订《治庸问责责任书》，对违反要求的干部实施问责。把县《党员领导干部行为规范》、《关于损害经济发展环境行为实行问责的暂行办法》印制成小册子，发给干部职工在工作中执行。全年无“三乱”现象发生。被评为全县民主评议政风行风“群众最满意”单位。

文明创建。全系统先后举办“道德讲堂”5期，200人次接受教育。“七一”前夕开展党史教育活动，邀请讲师作了《立德践行 修养自我》的辅导讲座。组织客运企业开展“文明进公交”活动，组织“文明交通志愿服务队”深入古夫镇邓家坝小区发放文明宣传资料，对沿街道路进行清扫保洁。全年在各类媒体上稿144篇，其中市级以上媒体53篇。组织参加市交通系统第二届“公路杯”职工运动会和第二届职工文艺调演活动。组织女职工开展《关注生命、注重保健、提高生活质量》辅导讲座。组织机关全体职工开展迎“八一”军事日实弹射击活动。参加全县“激情跨越、魅力兴山”演讲比赛获第二名。积极开展困难职工慰问和帮扶；组织离退休老干部开展了座谈慰问；组织“慈善一日捐”活动，全系统捐款12070元。

（周勇　郑光荣）

【秭归县】　项目前期工作。香溪长江公路大桥取得实质性进展，获得国家发改委立项批复；县城出口一级公路经过多方努力，初涉、施工设计均获得批复，正式开工建设；完成武陵山片区秭归县区发展与扶贫攻坚—交通“十二五”规划编制工作，规划项目41个，规划投资121亿元；完成县道规划调整工作，新增县道13条，保留县道4条，规划总里程510公里。新增宜巴线国道1条，保留峡堡线省道1条，新增太平溪至泄滩、水田坝至高桥、两河口至梅家河、红土岭至磨坪省道4条；省交通厅将秭归纳入全省四个通自然村公路试点县之一，在全县进行通自然村公路数据采集和调研，申报通自然村公路达到2614公里；全县40多个交通基础设施项目进入各项规划，总投资100多亿元，10多个项目完成工可评审，投资近20亿元，10多个项目可望纳入2013年建设计划，计划资金5亿多元；省级固定治超站获得省政府审批。资金争取取得重大突破。茅坪作业区二期工程获得补助资金1.38亿元；宜巴省道路网资金7月份一次性到位1.139亿元，另外争取到位资金5525万元。

基础设施建设。宜巴高速秭归段主体工程基本结束，2座隧道全面贯通，路面工程进场。秭归县城出口一级公路新建段2.74公里已采用BT模式进行招商，在进行监理及施工招标，挖沟放线及实物指标调查工作基本完成，进行征地拆迁工作，举行了项目开工仪式；陈家冲大桥顺利开工，桥梁下构基本完成，梁体开始预制。宜巴省道改造全面完工。铲子岩隧道贯通。梅家河至郑家岭公路全长5公里路基、混凝土路面铺筑全部完成。通村公路31个项目74公里全部完成。

行业管理。按照全县六大市场秩序整治要求，突出规范运输市场管理，坚持疏堵结合，通过相关部门通力协作，以营运车辆及站点违规经营整治为重点，查处出租车违规经营30多起。对非法营运秭宜专线的“黑轿的”在宜昌待租点进行了查处。农村商业银行门口、客运站附近非法客运活动得到有效遏制。争取县政府出台了农村客运方案，努力实现班线客车与乡镇内农村客运无缝对接，乡村客运秩序得到规范，茅坪、水田坝农村客运全面开通。

安全生产取得重大突破。消除了省级挂牌督办安全隐患，全县水陆运输行业、专业渡口及交通项目建设均未发生安全责任事故，安全生产连续13年无事故，创历史最佳。

（周宗勇）

秭归县城出口一级公路开工

【长阳土家族自治县】　基础设施建设。全年完成交通基础设施建设投资额20901万元。青堡公路改建：一期工程15公里全部完成，二期工程18.3公里，已完成路基18.3公里、路面5公里。青资公路改建：全长29公里，完成路基29公里，路面10公里。县乡等级路改造：下达等级路改造计划37.6公里，其中榔坪至胡家坪公路30.6公里；大堰东岳庙至千丈坑公路7公里；胡榔公路招标中；东千线7公里全部完工。站场建设：全县“十二五”农村综合服务站点建设规划五级客运站5个，已完成鸭子口综合服务站建设和清江旅游客运站工可及前期筹备工作。农村公路硬化：省、市下达农村公路建设计划96公里，实际完成100公里。渡改桥：省、市下达渡改桥项目计划的鸭子口乡绿叶坪渡改桥在建设中。公路大中修：完成虎州线油路大修3.821公里、白三线油路大修1公里。

运输安全生产。全县拥有营运车辆2535辆。其中客车218辆3794座；货车2128辆6659吨；公交车19辆662座，出租车170辆1124座。完成客运量640万人次，客运周转量42610万人公里；货运量491万吨，货运周转量38605万吨公里。全县拥有各类船舶2460艘(含农用船舶211艘)。营运船舶357艘、7353载重吨、15297客位、10268.45千瓦。其中客船71艘、463客位、5840.5千瓦；货船73艘、7821吨、1947.45千瓦；交通船145艘、778吨、1448个客位、1236.83千瓦；其他船舶68艘、11426吨。完成水运货运量80.2万吨、货运周转量2998.5万吨公里，客运量63.99万人次、客运周转量1589.24万人公里。

以“平安工地”、“平安水域”、“道路客运安全年”等活动为载体，认真开展“打非治违”专项行动及隐患排查治理工作，规范安全生产执法秩序，有效防范各类事故的发生，全面推动交通运输企业安全生产主体责任的落实。突出重要节假日和特殊时段，深入水陆运输企业、车站码头、渡口及施工一线，开展安全生产检查治理。全县道路水路安全运输零事故，隐患整治卓有成效。

汛期，特别是4月中旬、5月下旬、6月下旬、7月下旬全县连续出现强降雨，公路交通基础设施接连多次受到重创，多条干支线路和农村公路出现不同程度的交通中断。灾情发生后，县交通局第一时间启动公路交通防汛应急预案，会同乡镇人民政府组成抢险应急专班，组织人员、机械开展抢险救灾工作，共投入抢险机械200台次，及时抢通中断线路，最大限度地减少自然灾害带来的损失，确保全县国省县道安全畅通，应急保障能力显著增强。

行业管理。创新安全管理模式，规范客货运输及旅游客运市场，与公安交警部门建立联合检查机制，与高管部门建立联动稽查机制，出动稽查车辆380余台次，出动稽查人员1300余人次，检查违法违章230余台次，暂扣车辆40余台，扣牌扣证216余套，结案74起。对全县班线客车、出租车、公交车发放燃油补贴661万元。完成鸭子口综合运输站建设和清江旅游客运站工可及前期筹备工作，客运站场项目投入100万元。完成1路、2路公交延伸的特许经营，新增31台出租车。全县新增客运班线行政许可6条，报废更新客车9台，新增客车8台。加强车辆动态监管，安装82台两客一危车辆GPS。

公路路政实行路政动态管理，强化日常公路巡查。先后在318国道白氏坪段、五高线三口堰段等处开展区域联动治超，取得良好效果。全年依法查处行政处罚案件12起，路赔案件15起，无行政许可、行政强制案件。依法拆除违章建筑2处210立方米，制止违章建筑16处489立方米，清除堆物占道575处2875平方米。流动治超检测车次3245台，超限3210台，卸货1261吨，固定治超检测车次4527台，超限2805台，卸货7244.3吨。

加强水上运输监管，严厉打击超

加强执法队伍建设

载运输、违章营运以及冒险夜航等行为，深入开展乡镇渡口达标、港口码头清理整治和渡船改造工作，着力解决库区人民行路难问题。突出对重点水域、重点船舶、重要区域和重要环节的监管，共检查各类船舶479艘次，乡镇渡口40处，发现安全隐患40处，现场整改39处，下达限期整改通知书1份。实施行政处罚21起，强制卸煤178吨。

物流发展。成立县现代物流发展领导小组，由常务副县长任组长，交通、公安、国土、税务、住建、商贸、邮政、供销、物流为成员单位。在全市率先成立物流协会，长阳物流协会于3月28日正式成立，招商引资深入推进“农村综合服务体系建设”。为方便农民解决“买与卖”的难题，通过招商引资建成资丘交通综合服务站，成功引进和培育长阳磨市花桥码头物流公司和长阳捷通物流有限公司两家新的物流企业，已步入正常运行轨道。顺利完成长阳物流信息网（www.cy56.org）建设，8月投入试运行。网站注册商家1576家，信息发布总量超过1万条，其中发布单位公务信息180多条。

创先争优。认真开展“三查一创”及民主评议政风行风工作。通过召开座谈会向代表征求政风行风工作方面的意见和建议。向部分乡镇干部、人大代表、政协委员、村组群众现场发放征求意见表200多份，收回93份。收集到的意见和建议为11条，主要涉及公路建设、公路养护、路政执法、机关效能四个方面。加强干部职工政治思想教育，开展“保持党的纯洁性，争创交通新跨越”主题党课教育，树立交通文明价值理念，不断强化交通运输系统干部职工的大局意识、为民意识、自律意识和争先意识，全面提高队伍素质，切实转变机关作风，提高工作效率。

积极服务新农村建设。完成农村公路建设100公里。完善城乡公交网，巩固县城到乡镇班线网，积极推进乡镇到行政村乡村客运网，三级客运网络逐步合理、衔接更加顺畅，城乡交通一体化建设取得明显成效。农村公路安保工程、渡改桥、危桥改造稳步展开。大力开展“三万”活动，积极帮扶共建村开展农田水利建设，走访农户300多家，解决困难42件，筹集帮扶资金10余万元，县局被县委授予“三万”活动先进单位。

在党的基层组织和党员中深入开展“保持党的纯洁性”教育活动，深入资丘五房岭村开展送党课下乡活动，作《加强党性修养，保持党的纯洁性》专题辅导报告。　（李作强）

【五峰土家族自治县】　宜昌市交通运输局下达交通固定资产投资计划为9000万元；县人民政府确定公路建设项目11个，总投资20500万元。实际完成投资13121.1万元，占市局计划的145.8%，占县定计划的64%。

重点项目建设。陆渔一级路五峰段，路基工程完工，完成投资3000万元；宋左连接线，除100米地质灾害路段，全部完工，完成投资3500万元；五巴公路采花至二叉口段，于10月下旬开工建设，11座新改建桥梁开工6座，基础全部完工，完成投资200万元。

农村公路建设。农村公路硬化建设年计划104公里，涉及8个乡镇22个行政村34条路，完成路基104公里，路面104公里，完成投资2600万元。加快推进县乡等级公路改造。界头至后河旅游公路，完成路基路面15公里，完成投资900万元；甘沟河至白溢寨旅游公路，完成路基路面15公里，完成投资900万元；五巴循环路牛庄至付家堰至谢家坪循环路，年度目标500万元已完成。

项目前期工作。陆渔一级路延伸段外业已验收，初设进入评审阶段；宜张高速正在进行初设，预计2013年上半年完成；宜来高速工可正在抓紧编制；天小二级路改造工可已批复，相关专题基本完成；新增国道台小公路五峰段(325省道)路面改造100公里、呼北国道五峰段(渔洋关至狗头井)升级改造30公里，已纳入2011至2015年普通国省道改造建设项目库，在进行前期工作；台小国道渔洋关绕城改线13公里，正在加紧对上争取。

公路养护。下达农村公路养护计划203条1250公里，覆盖全县所有行政村、产业村。列养干线和县乡公路428.630公里，其中：省道214.605公里、县道181.021公里、乡道33.004公里。省干线全年优良路率达76%，养护管理达到规范化要求，农村公路优良路率达70%。养护投入达到1521.1万元，其中：干线油路大修完成2.5公里，完成投资300万元，按照市局办公会议精神，全年大修计划任务暂停。农村公路、干线公路养护投入200万元。公路应急中心完成投资695万元，其中：机械设备600万元、场地建设55万元、沥青拌和楼调试安装30万元、水稳层拌和站调试安装10万元。安保工程投入资金326.1万元，其中：农村公路投入127万元，省干线投入199.1万元。全年处理坑槽沉陷等路面病害62273平方米(含鸦来线K163+000 ~ K199+000段特殊路段路基整治)；清理路基边沟565公里，清理路基塌方2102立方米；疏通桥涵753道；修复挡墙525立方米。

运输安全生产。全年完成客运量290万人，客运周转量11020万人公里，货运量291万吨，货运周转量20075万吨公里，与2011年同期相比分别上升5.5%、4.6%、6%、6.2%。全县拥有道路运输经营业户1573家，其中客运业户12家，货运经营业户1468家，客运站10个，机动车维修业户82家，机动车检测站1家；道路运输从业人员2537人；拥有道路营运车辆1831台，其中班线客车130台，出租车30辆，货运车辆1671台；全县有客运班线74条，其中跨省1条、跨市8条，跨县7条，县乡58条。乡镇通班车率100%，行政村通班车率100%。春运共投入客车161台，发送7865班次，增发250班次，累计运送旅客20万人次，无一例道路运输事故。强化安全隐患排查，对道路客运、危化品运输、工程施工等重点领域安全隐患排查形成常态工作机制。全年，共排查出各类安全隐患103起，其中运输安全隐患40起，通行安全隐患61处，水上安全隐患2处，均得到及时处置。水上渡口渡船安全主体责任得到落实，交通运输部门负责指导和协调水上安全管理工作，乡镇具体负责渡口渡船的安全管理。扎实开展“打非治违”、“安全生产年”、“平安工地”等活动，形成严管、勤查、快纠的高压态势，效果明显。2012年春运累计运送旅客20万人次，高考期间安全运送学生401人，无一例道路运输事故，圆满完成各项紧急运输任务。

行业管理。完成营运驾驶员诚信考核1600多人，考核率达80%以上。全面推行客运经营合同示范文本，客运企业资质合格率达100%，新增道路客运班线经营权行政合同签订率达100%；客运、危货企业质量信誉考核达100%，危货监控率100%；客、危车辆承运人责任险达100%，投保金额88.5万元。有效打击取缔未经许可非法从事客运经营的黑车68台，查处存在安全隐患和违规经营的客车103台，通过有效管理，全年客运车辆进站率达到100%。优化运输组织，指导行业节能减排，开展驾驶员节能培训，严格控制新增客运班线和运力，全年营运车辆单位周转量能耗下降2.5%，营运汽车尾气排放达标率72%，新开通农村客运班线3条，延伸改造农村客运班线1条。

加强培训，组织施工队管理人员、乡镇分管交通建设的领导、各村组由群众推选出来的责任心强的群众代表进行农村公路施工技术、质量安全培训，培训150人次。质量监督站不定期进行质量抽查，对发现的问题严肃查处，整改不到位，坚决不计量。进一步完善监管机制，明确责任主体，严格执行建设程序，严把五道关，即：施工队伍选择关、材料进场关、工程技术关、工程监理关、社会监督关。完工项目交工验收合格率100%，单位工程验收优良率达90%以上，基本建设程序执行率达到100%，全年无重大质量责任事故。

依法行政。进一步加大行政执法、法制培训和案卷评查工作，责任落实，措施具体。完成3个单位的执法主体资格清理和行政许可审批清理工作，共有行政许可项目14项，其中运管所7项，公路段7项，已全部进入县行政服务中心。全年进行两次案卷评查，抽查路政、运管两个单位的20份案卷，案卷质量有明显提高。分两批选送3个单位25名骨干参加省、市组织的执法培训和“大比武”活动，组织运管所和路政大队共10人参观鄂州市、远安县、夷陵区等3个县市的3个道路运输单位和4个超限站。将城关、渔洋关两镇运政执法人员统一调配，分块管理，执法成本明显下降；开通投诉举报电话，畅通监督管理的渠道；在电台连续播放交通法律法规一个月，在各大站点发放《珍爱生命，拒乘黑车》宣传单3000份、悬挂宣传横幅6条，出动宣传车40台次；深入到各乡镇和城关、渔关重点路段，采取蹲点守候、跟踪取证、突击检查等形式，有效打击非法从事客运经营的黑车68台、查处存在安全隐患和违规经营的客车103台，全年共出动执法人员767人次，检查各类车辆1137台次，查处各类违章经营行为329台次，处罚款32万元。全年共查处6起路产损失赔偿案件，结案6起，收取路产损失赔偿费8.5万元，路政案件查处率98%，结案率100%，执法文书使用率100%。治理超限超载收取路产损失赔偿费45万元，检测车辆8651台次，其中：超限车辆4500台，卸货1.6万吨，超限超载查处率达100%，结案率达100%。全年无行政诉讼败诉案件。

廉政建设。深入学习《廉政准则》，下发学习资料《保持党的纯洁性学习读本》、《廉文荐读》、《论共产党员的修养》等90余套；召开党风廉政工作会议，“一把手”作廉政辅导报告、讲廉政党课，全力推进腐败风险预警防控工作。以简报、网站、新闻媒体等多渠道促廉政，在全县交通运输系统推广以廉政画面做电脑屏保，组织系统党员干部进行廉政知识测试；利用OA办公系统网络平台向广大党员干部及家属发送警言警句。

政风行风建设。对收集整理的11条意见和建议，逐条整改落实。按照一岗双责的要求，结合工作实际，完善了工作、会议、管理等在内的制度20多种。在2012年的行风评议活动中获优胜单位称号。

党建工作。以“迎创跨”、“基层组织建设年”活动为载体，加强党的基层组织建设。开展“学党史 知党情跟党走”活动，开展庆七一专题活动，局长进村上党课，系统四名新党员与金山村新党员联合宣誓。发展新党员4名，培养入党积极分子7名，局机关党支部被县委授予先进基层党组织称号，运管所党支部和公路段党支部各有1名党员被县直机关工委授予优秀共产党员称号。

文明创建。积极组织参加全市“公路杯”第二届职工运动会和第二届职工文艺调演，组织观看红色电影《守望明天》、《忠诚与背叛》，参加市县为迎接党的十八大举办的职工摄影及书画展，开展“书香土家 文化五峰”阅读活动。与联系村开展“双联双促”庆“七一”专题活动、走进行风热线电台直播间回答听众提问、举办“激情跨越、魅力交通”系列成果展等活动。加大宣传力度，局网站发布宣传信息57条，宜昌市人民政府网站采用1条，市交通运输局采用信息7条，荆楚网站采用信息1条，在系统内开辟宣传专栏10多个，编发“五峰交通简报”16期，发放宣传资料1000余份。县交通运输局被市县两级授予“文明单位”称号。 （向常明）

五峰县宋家河至左家桥公路通车

【夷陵区】 基础设施建设。全区完成重点项目投资10.05亿元。重点工程小溪塔至鸦鹊岭公路改建工程小龙段于11月7日完成全部路面工程。龙鸦段完成路基12公里，桥梁完成80%，完成挡土墙90%；续建工程土三路、陈杨路、保宜路大修工程全面完工；百岁溪大桥接线工程完工，完成大桥主体工程1号墩桩基施工；江峡二道维修工程全面完工；小柏路改建工程完成路面基层11.57公里，水泥混凝土面层8公里；张莲路小牛段改建工程路基施工基本结束，顺利通过路基中验；赵沙路修复工程完成挡土墙19800立方米，路基土石方12500立方米，盖板涵10道，完成形象进度80%；黄柏河航道整治工程项目基本完工，累计完成各类航标43座，疏浚工程量约58万立方米，炸礁清渣工程量2.65万立方米；完成农村公路硬化100公里，完成农村公路安保工程投资200万元，完成危桥整治投资50万元。完成国省道调整方案、三峡移民后扶项目申报工作及雾莲路、宜黄一级路的申报；完成乐天溪磷矿码头改扩建工程可行性研究报告、初步设计、施工图设计等前期工作，完成监理、水工部分施工招标文件修编工作；太平溪客运码头改造、三峡游轮中心黄陵庙游客接待中心以及宜昌港主城港区太平溪作业二期工程进入各专项的批复阶段。全区完成水运工程固定资产投资9525万元，其中：黄柏河航道整治工程建设投资1775万元，环坝集团旅游码头建设投资4130万元，三斗坪旅游码头3620万元。

公路养护。完成国省道调整方案、三峡移民后扶项目申报工作及夷陵区磷矿石外运线路调研工作，续建工程土三路、陈杨路全面完工。完成保宜路大修、江峡二道维修、小柏路改建、张莲路小牛段改建工程路基、百岁溪大桥接线工程施工任务。百岁

夷陵区小鸦公路

溪大桥主体工程1号墩桩基施工基本完成。开展“创先争优养护年”活动，建立百分制考核办法，坚持月检查，季评比。实行领导分片包干联系道路制度，开展“公路大巡查”活动，抓好大中修质量管理及清灌缝、坑槽修补、桥涵养护等关键工艺和关键部位的养护质量跟踪管理，做好宜兴路及城郊结合部的道路养护。建立抢险应急机制，落实应急保障物资设备，加强重点路段监控。全年公路养护干支优良率72.13%，MQI值81.4；完成芭蕉溪、普溪河2座危桥维修改造工程；完成水毁修复投入155.4万元，完成省道水毁修复16处/782.83立方米，县乡道水毁修复49处/1594.5立方米，清除坍塌方7897立方米；完成波型钢护栏5388米，钢筋混凝土防护墙60米，设置各类标志25套，修复波型钢护栏47处/628米；完成土峡路绿化植树2公里/450株；完成水泥路清灌缝18.5公里，修补油路坑槽50112立方米，整修路肩45720立方米，清挖边沟538.12公里，清除堆积物5877立方米，扫雪防滑218000立方米，清割长草413.4公里。

运输生产。全区货运企业668家，客运企业12家(旅游客运企业2家)，危险货物运输企业10家；营运车12231辆，其中客车423辆、货车11678辆、危货车辆130辆。机动车维修业509个，其中一类14家、二类17家、三类421家、摩托车修理57家；机动车综合性能检测A级站1家，机动车驾驶员培训学校4家，报名点23个；二级客运站2个、五级客运站4个，候车棚(站)207个。从业人员1.37万人，其中客货运输1.27万人、机动车维修0.09万人、其他0.01万人。客运线路90条，其中跨省4条、跨市4条、跨县7条、境内75条。全年完成客运量1866.4万人次、周转量94761.6万人公里，货运量2922.8万吨、周转量339254万吨公里。实施城乡客运一体化、农村客运线路公交化，开通长江市场至军田坝、小溪塔至龙泉(107路)公交客运线，农村老百姓享受公共交通服务。同时，加密68路、63路公交车运行密度，延长公交车运行时间，缓解鄢家河工业园区的公共交通压力。完成投资135万元，新建三斗坪五级农村综合运输服务站，实现日运旅客1200人次、驻站客车50台次。完成“元旦”、“春运”、“清明”、“五一”小长假、中高考及“十一”黄金周的运输保障；节日期间发送旅客101万人，投放运力9518辆次，日均发班638班次，营运收入767.51万元；高考期间投入运力31辆次，运送学生2903名。

全年完成港口货物周转量10.66亿吨公里，港口货物吞吐量320万吨，港口旅客吞吐量31万人(不含太平溪港)，分别与2011年同比–28.9%、+26%、–3.1%。

交通规费。全年完成两费收入290万元(其中：船舶港务费104.71万元、货物港务费172.32万元，船舶停泊费6.47万元，航政费6.5万元)，占年计划248万元的116.9%，与去年同比下降14.7%。全年发放燃油补贴2471万元(2011年清算划拨资金1008万元、2012年预拨资金1463万元)，全区9家旅客运输企业359辆客车7000个座位受益。

行业管理。完成辖区5家水路运输企业、38艘船舶经营资质的核查工作，核查合格率100%。完成第二批4艘普通客船增设生活污水处理装置的改造任务。开展乡镇船舶安全管理专项检查活动，对少数乡镇存在换届后一、二、三责任明确不到位、渡口防护栏损坏及消防救生设备设施配备不足和失效等隐患进行排查和整改；开展乡镇船舶专项清理行动。共清理登记船舶156艘，其中客船20艘、渡船13艘、货船12艘、汽渡船2艘、农用船109艘。对三峡大坝坝上农用船水上超市专项整治活动，对3艘无证船舶进行行政处罚；开展平安水域创建、“安康杯”竞赛、“安全生产月”活动。参与省、市港航海事系统“十佳文明渡口”评比活动，辖区潘家河渡口、刘家河渡口分别被评为湖北省和宜昌市安全文明示范渡口。严格履行“三关一监督”职责，开展道路客运安全年、安全生产月活动，强化行业监督责任和企业主体责任，无重特大责任事故发生。实行营运客车、危险品运输车二级维护；加强车辆技术管理和营运车辆技术审查。驾驶员培训使用驾驶培训IC卡学时计时管理，强化教学管理，开展驾校、教练员质量信誉考核，提高培训质量。清理教练车，杜绝非法违规行为，清理非法“挂靠”教练车2台。

推进政务公开和“一站式”行政服务，区行政服务中心交通运输窗口发放3万份告知单，对所有服务事项以"卡片式"方式告知服务对象。加强内部规范化管理，完善各项管理制度和办事程序，全年共处理超限案件304件，姜家湾超限站检测车辆9.8万辆，查处超限超载车辆3200辆，卸转货物550吨；开展安全生产监管检查226次，消除安全隐患105起；完成辖区5家水路运输企业、38艘船舶经营资质的核查工作，核查合格率100%，水上安全12年零事故。

文明创建。开展"甘当铺路石、争做新愚公"系列创建活动，坚持"行风评议在路上、满意服务在路上"的原则，开门治庸，开门问责，共组织开展解放思想大讨论活动21次，参加人数达584人次。落实服务承诺制、首问责任制、岗位责任制、人员考勤制度。加大信访维稳力度，牢牢把握信访投诉"三关"，落实信访维稳"三挂钩"制度，加大来信来访及政风行风热线回复、查处力度，全年接待来信来访和访客留言22个，回复满意率100%，投诉事项处理率100%，办理回复建议提案13件。（李劲松）

【西陵区】 基础设施建设。东山四路(明珠路段)，路起于发展大道，止于宜秭公路。全长3580米，红线宽36米，双向6车道，总投资18062万元，为连接宜昌开发区与夷陵区新添了便捷通道。为统筹城乡发展，完成兴建村组道路5公里，其中窑湾乡3公里，峡口风景区2公里。为美化道路环境，西陵区分别在万石路石板段和茶庵村、后坪村共计3.8公里路段实施点亮工程，安装8米高自弯臂太阳能节能路灯40盏，既美化了乡村道路环境，又方便了广大村民出行。辖区内有国道8.5公里，省道10.219公里，县道13.207公里，乡道18.365公里，村道65.263公里，总里程为115.554公里。桥梁10座，总长254米。隧道2个，总长170米。

农村公路管理养护。每年3月份区政府组织有关单位会同西陵交警大队，对辖区道路安保设施进行全面检查。结合实际制订规划，全面整改，确保道路畅通。2012年全区筹资10万元，安装警示牌20余处，兴建防撞墩1公里，警示桩100米。组织开展绿化道路工程，将道路两侧被病虫危害的意杨200余株更新为樟树1000余株。扎实开展道路文明创建，积极宣传道路交通法律法规，区交通局会同西陵交警大队在乡道、村道上开展道路文明大检查。纠正不文明行车和违章行为，提高行人和车辆的文明行路意识。西陵区的农村公路，实行省道由国家和省专门管理养护；县道由城区公路分局委托西陵区交通局管理养护；乡道乡管，村道村管。西陵区财政每年拨出10万元专款，用于农村公路管理养护。2012年西陵区农村公路管理养护率达100%。

港口运输生产。拥有以明珠实业有限公司为龙头的港口运输码头5个，均分布在黄柏河沿线。其中明珠实业有限公司占地面积170余亩，岸线总长608米，货场面积8000余平方米，常年水位可提供万吨以下船舶装卸。从业人员306人，公司总资产5000余万元，净资产3200余万元。年货物吞吐量380万吨。滚装船运输是该公司的主营产业，可同时停车200余台，日平均进出港车辆480台次，年进出车辆达18万台。根据交通运输部关于三峡库区非标准载货汽车滚装船退出市场的要求，明珠实业有限公司寻找企业新的增长点，一是对码头护岸水域进行清理。采用大型清淤船对沿线护岸水域淤泥进行挖掘清理，挖掘淤泥5000立方米，清理出深4.5米，宽12米，长300多米的船舶作业通道。大大提高了码头水域作业的安全性和生产经营的高效性。二是对护岸进行修补。通过护岸河道清淤及护岸通道的修补，将原有的2个装卸泊位提高到现在的4个装卸泊位，进一步完善码头的作业条件，大大提高码头的吞吐能力和利用率，改善了码头的安全作业条件。为适应宜昌市旅游业发展，2012年年底公司改制，退出港口运输行业。

全面开展民主评议政风行风工作，严格按照工作方案，完成动员部署、查找问题、集中整改、集中测评和考核总结的各项工作。区交通局向全区60多家单位、部门发放征求意见函100份，回收95份。通统计，群众对该部门在服务意识、工作效率、勤政廉政、依法行政、解决群众利益突出问题等5个方面的工作满意率100%。9月，西陵区交通局在全区2012年政风行风工作评议大会上获得优异成绩，被授予西陵区政风行风评议优秀单位的荣誉称号，是西陵区交通局自2008年以来连续第4次获此殊荣。(王瑞琦)

【伍家岗区】 基础设施建设。全年共完成农村水泥公路建设6.9公里，完成投资300万元，其中魏家畈至南湾道路3.9公里、2013年计划3公里。全区16个自然村主干道全部通了水泥路，主干公路通达率100%。进一步缓解了旭光、南湾、灵宝村行路难的问题，大大方便了村民、市民生产生活。

道路养护。伍家岗区交通局在"一手抓建设，一手抓养护"的方针指导下，积极履行职能，通过政策引导、机制促进、服务保障、规范管理，农村公路养护管理责任得到全面落实，取得了农村公路养护管理工作的初步成果：乡道42公里，村道100公里的养护、保洁、绿化纳入养护范围，一批薄弱路线路况得到根本改善，缓解农村公路"重建轻养"的矛盾，好路率由年初的30%提高到72%；公路交通环境得到根本改善，形成了农村公路养护管理工作的良好环境。一是多方筹措资金。制定并实施《伍家岗区农村公路养护管理办法》。按照公路养护分级管理和受益负担的原则，多渠道筹集养护资金，争取国家农村公路养护经费21万元、区财政安排7万元、乡财政安排5万元对乡村公路养护、维修进行补贴，标准为乡村主干道养护补贴每公里1500元，维修补贴每公里2万元。农养护、维修不足的部分按照"谁受益谁管护"的原则，由受益企业出资养护或按照"村民自治"的原则，采取"一事一议"的办法，由村民自愿筹集养护经费。二是建立养护新机制。专题召开农村公路养护会议，研究部署农村公路养护工作。

区乡村层层落实养护责任，建立区乡补助、村级负责的公路养护体制，走出单一靠养路费的“死胡同”，积极探索公路养护体制改革，将公路养护工作推向市场，努力在降低养护成本、提高养护质量上寻求突破，扭转目前“靠路养人，人不养路”的被动局面。

运输生产。完成2012年春运和“十一”黄金周的旅客运输工作，累计发送旅客53万人次，伍家岗14个行政村开通了公汽，公汽开通率达87%，伍家至武汉周边县市、农村的运力不断增强。全年开展安全检查6次，下达整改通知书3份。船舶、港口和渡口事故死亡率为零，无特大责任事故发生，安全态势良好。

行业管理。按照国家《港口法》和《宜昌市港口管理规定》文件精神要求，区交通局会同长江海事宜昌管理局、市地方海事局、市港航管理局、区安监局联合开展渡口安全检查。审批白沙脑汽运渡口，完成白沙路客运渡口规划、选址。对非法占用港口岸线从事港口经营开展整治。（董淼）

【点军区】 基础设施建设。完成公路固定资产投资4072万元。全面完成通村公路硬化指标20公里，完成投资600万元；全面推进虎周省道至青龙峡景区路段改造升级，完成投资；联棚现代农业示范区公路改造项目6公里，完成投资565万元；完成土三国防战备公路改造工程，完成投资1400万元；全面完成笔小路工程建设，完成投资500万元；积极争取后备县乡道改造项目规划，完成土城三李路、艾家刘荆路、桥联路、李十路的勘察设计工作。补助资金到位1253.9万元，其中：中央补助913万元，省级补助158万元，市级补助42万元、其他补助122.91万元。一是江南一级路项目，江南一级路是全区“十二五”交通建设的重中之重，作为全区第一条地方自建道路，交通局克服人手少，资金短缺等困难，举全局之力完成11个专题评审工作，争取2013年开工建设。二是县乡道改造项目争取工作。积极争取后备县乡道改造计划，完成三李路、刘荆路、桥联路、李十路的勘察设计工作。

点军区山区公路养护

公路养护。在创新养护管理上下功夫，全区农村公路养护里程达到415.37公里，有84条线路列入养护计划。通过抽查和半年检查，全区养护线路目标任务基本达标。年初以来，针对市局将养护经费指定用于安保的困难，千方百计筹措养护经费、克服养护人员不稳定等不利因素，力保道路完好，交通畅通，各列养线路养护质量基本合格，农村公路养护质量监督覆盖率达到100%，有效保障了道路通行条件大幅提升。坚持公路超限超载治理和违章建筑治理并举，坚持严格执法，规范管理，超限超载和违章建筑等现象得到有效遏制，路产路权得到有力维护。

交通运输。按照“规范有序、和谐发展”的要求，加大运输市场监管力度，重点加强节假日旅客安全运输监管，加强危货运输和维修企业管理。配合文明城市创建活动，加大对长途客运、农村客运、公汽、客运站点服务质量整治力度，联合区内相关职能部门和市交通运输部门，严厉开展整治行动，全年共完成执法案件200余起，客运市场秩序明显好转，逐步营造了安全、文明、优质、便捷的客运环境；针对宜昌至车溪公交线路问题进行专题调研，提出意见和建议，加速推进该线路的开通；进一步巩固“村村通客车”工程，新增农村客运车辆17台，在2011年的基础上增加了15%，新增客运班线经营权行政合同签订率达100%；道路客运企业资质合格率达100%，客运车辆责任险投保率达100%，营运驾驶员从业资格持证上岗率100%；五是圆满完成了春运、国庆运输保障工作，投入运力93台，日发班次540次，完成客运量52.8万人次，客运周转量1000万人公里。

交通安全。开展“平安工地”、“平安水域”建设，建立安全生产管理体系，严格落实安全生产目标管理责任制，开展安全生产大检查和“安全生产月”活动，查出安全隐患10处，下发隐患整改2份，全区通报1次，整改10处，下发整改通知书较2011年减少50%；开展道路安全集中治理活动，检查车辆70台次，查处安全隐患20起，下达责令整改通知书2份，暂扣车辆2台，建立《点军区道路应急抢险预案》，储备运力客车300座，货车100吨，成立道路运输应急抢险分队，举行授旗仪式，开展一次实地演练；严格履行“三关一监督”职责，无道路运输人员责任事故发生。

文明创建。深入开展行风评议活动，全面推行行风评议工作责任制，切实转变机关作风，提高服务水平。深入开展“三万”活动，积极筹措资金10万元用于泉水村的堰塘整治工作，通过活动的开展，给村民带来了实惠，也拉近了与群众的距离。扎实开展“城乡互联、结对共建”活动。局领导多次深入联系村慰问危房户、留守儿童和空巢老人及困难党员，为联系村筹集交通建设补助资金10万元，用于该村300米道路硬化工程。认真办理议案提案，承办市区议案提案37件，见面率、满意率均100%，切实做到。2012年，被区委、区政府授予群众满意机关、最佳文明单位、对上争取三等奖、项目建设二等奖、先进基层党组织、安全生产先进单位、国防动员工作先进单位，被市交通运输局授予全市交通综合目标考核合格单位。（王琦）

【猇亭区】 全区交通基础设施建设涉及三块，分别是县乡路改造3公里，渡改桥1座26延米和通村公路硬化8公里。截至2012年年底，各项目建设顺利推进，累计完成建设总投资1008万元，占年度计划800万元的126%。县乡公路改造。年度计划安猇路改造工程3公里，于4月全面完工，完成投资300万元。自筹资金68万元，对磨高路进口段0.7公里进行了改造。提前启动下杨路前段1.2公里的改造项目，年内建成通车，完成投资320万元。渡改桥项目。高马渡改桥项目，全长26延米，桥面宽8米。该项目前期工作全部完成，已开工建设，年底完工。通村公路硬化。通村公路建设计划8公里，涉及6个村（居）。为保质保量，圆满完成目标任务，全区早安排、早动手，4月份在计划未下达的情况下，率先启动通村公路建设序幕。全区通村公路建设任务全面完成，完成总投资320万元。

农村公路养护管理。全面实施《猇亭区农村公路管理养护办法》，进一步巩固农村公路建设成果。由区交通局直接聘请养护工人，对磨高路进行日常养护，以点带面，全力推动养护质量的提升；开办养护知识培训班，对街办、居村具体负责同志及养护工人进行培训，明确养护要求，提升养护技能；安排专人对农村公路养护质量进行定期督促、指导，每季度进行检查考核并通报，年终评定结果与养护补助资金挂钩。同时，每逢暴雨来临之前，派出巡查组对所有乡道进行安全隐患排查，指导各村民，抓好暴雨前的村道交通安全防护；投入15万元实施安保工程0.5公里，投入3万元用于农村公路标志标牌和安全防护工程，投入5万元用于汛期水毁抢修。协调市公路局城区分局投资300万元对318国道进行小修保养。达到“有路必养、养必有质”，农村公路保持良好的运行状态，提高农村公路安全通行能力。

交通运输市场管理。一是规范出租客运，整治出租车市场。由于历史原因，我区存在相当数量的“麻木车”、“出租车”等非法营运车辆，给客运市场管理造成了混乱，严重影响了我区城市形象。为此，我们双管齐下，一方面严厉打击非法客运，在充分调研的基础上，制定了非法客运整治方案，提交区政府常务会讨论；另一方面积极向上争取出租车投放计划。按照省交通运输厅、省财政厅、省物价局联合下发《关于简化出租汽车经营权有偿使用审批程序的通知》（鄂交运[2012]141号）要求，积极配合运管部门，制定了出租车有偿使用实施方案，在抓紧筹备风险评估、听证会等前期工作。根据全区现有客流量调查，此次拟申报出租车指标150辆，分批投放市场。二是积极推行城乡公交一体化，优先发展公交。编制《猇亭区公交发展“十二五”规划》，并根据《规划》适时开通和调整新的公交线路。开通了41路区内首条循环公交线路，解决了居民集中的七里冲新村、桐岭新村和各大型企业与中心区对接；将猇亭至晓溪塔班线改为106路公交线路，营运车辆全部更换成环保型苏州金龙大客，并将该线路延伸至三峡全通1号门，更好地服务企业的发展，方便员工上下班；新安装站牌30个，移置不合理站牌3个，完成公交站点、站台及站牌合理设置。规范按站点停发车，既方便了群众，也缓解了交通拥堵。

交通安全监管。坚持“讲安全、保稳定、促发展”的理念，全面加强交通安全生产工作，努力构建平安交通、和谐交通。严格落实各项安全生产制度和措施，继续深入开展“安全生产年”活动，继续深化道路运输、水上交通和交通基础设施建设领域的三项安全专项整治。突出农村公路管养，大力实施交通安保工程，不断完善安全标志标牌等设施。加强公路客车管理和汽车站管理，强化“三关一监督”，完成对全区所有从事旅客运输、危险货物运输的车辆安装GPS终端设备，相关道路运输企业建立GPS监控应用平台，与道路运输管理机构联网，切实把安保维稳工作放在重要位置，全系统安保维稳形势始终保持平稳，杜绝了重大责任事故的发生。认真落实日常监管检查制度，深入一线监督检查、宣传，消除安全隐患，增强防范意识，确保水上交通安全无事故。与施工企业签订安全合同，责任落实到人，加强施工现场安全监管，加强安全隐患排查，消除安全隐患，安全形势保持稳定，没有出现一例事故。

政风行风评议。坚持以良好的精神面貌、以扎实有效的措施抓政风行风建设，一是统一思想，提高认识。要求工作定位必须高起点、工作目标必须高标准、宣传发动必须全方位、查找问题必须动真格、整改落实必须见成效；通过“请”、“询”、“征”、“问”、“查”，全方位、多渠道征求意见，对梳理出来的问题，逐条登记，建立行评意见库，在制度建设上下功夫，严防类似问题再次发生。民主评议工作的开展，极大地激发了干部职工的工作热情，全局上下精神面貌焕然一新，服务意识不断增强，机关形象得到改善，行政效能显著提高。在全区所有参评单位中，荣获第一名的好成绩。

港务费征收。全年完成港务费征收470.1万元，占年度目标计划（400万元）的118%，比2011年增长8.6%。（佟武峰）

荆州市交通运输

【概况】 全市交通基础设施有公路19893公里、桥梁4234座、客运站场3275个、航道2282公里(其中长江干流航道483公里)、港口泊位332个。交通运输工具有营运客车3656辆、公共汽车1112辆、客运出租汽车2939辆、营运货车28006辆(其中载货汽车23694辆)、营运船舶131万载重吨。交通运输生产完成道路客运量9360万人次、客运周转量728683万人公里，公共汽车与客运出租汽车完成客运量33154万人次，公路与水路完成货运量6835万吨、货运周转量311亿吨公里，港口完成货物吞吐量2304万吨、集装箱吞吐量8.69万箱。

交通投资。荆州市交通运输系统在2012年着力推进投资总规模536亿元的14个交通重点工程项目建设，全市公路水路交通固定资产投资在年内首次突破50亿元大关，达到54.12亿元，为年度目标的101.4%，比上年增长30.4%。其中高速公路完成投资25.75亿元，普通公路完成投资13.43亿元，港航建设完成投资12.19亿元，站场物流建设完成投资2.75亿元，全年争取交通项目财政资金达6.8亿元，创历史新高。

规划纲要。按照规划引领发展的指导思想，开展荆州市交通发展规划与省交通运输厅有发展规划对接工作。一是完成《荆州市综合交通规划纲要(2011 ~ 2020)》，与省交通运输厅综交处就江北高速增列全省“十二五”交通发展规划达成一致意见，前期工作全面展开。二是出台《荆州市道路运输发展规划》、《“十二五”客运站场规划》、《荆州市物流业发展规划》，编制了荆州首部公交发展规划。三是根据招商引资重点企业相继落户荆州、大批港口项目正在策划和推进的实际，启动《荆州港总体规划》调整工作，其港口规划调整方案通过市级审查，报送省政府和交通运输部待批复。

高速公路。全市克服诸多不利条件，江南高速、洪监高速、东卷高速、嘉鱼长江大桥北岸接线工程在年内开工建设，潜江至石首高速公路江陵段、江北高速、沙市至公安高速公路前期工作基本完成。截至2012年底，全市高速公路建设完成投资25.75亿元，其中江南高速公路年内完成投资16.9亿元，累计完成31.7亿元；洪监高速公路年内完成投资6亿元。在建高速公路总里程达到221.5公里，超过已建高速公路总里程。潜江至石首高速公路江陵段完成工可评审，石首长江大桥及两岸接线工可报告通过省内预审，所有专题通过评审。江北高速公路工可和所有专题研究已完成，沙市至公安高速公路完成工可主报告和部分专题，控制性工程公铁两用桥初步设计获得批复，进入开工前准备工作。

普通公路。普通公路建设完成投资13.43亿元，大修国省道及地方二级公路148公里，修建一、二级公路路基73.8公里、路面65.8公里，改造县乡道128.8公里；修建通村公路649公里，完成农村公路渡改桥3座309延米，完成公路安保工程折合投资2500万元。荆松一级公路11月1日开工建设，征迁工作已启动。318国道荆州段改扩建工程施工图设计通过专家审查，前期工作基本完成。洪湖至赤壁一级公路洪湖长江大桥项目工可修编工作完成，国家发改委原则通过项目过江通道规划。省交通运输厅同意将松滋市列为危桥改造示范市，重点支持800公里二级公路项目建设。荆州市政府召开公路危桥改造会议，会议纪要明确市财政安排专项资金支持危桥建设，与各市县区政府签订目标责任书，将危桥改造工作纳入绩效考核管理。全市691座危桥改造任务力争在“十二五”期间完成，2012年完成危桥改造42座1622延米。

港口航道。港航建设完成投资12.19亿元。其中，引江济汉通航工程完成投资3亿元，累计完成8.2亿元，荆州组合港“一港十区”建设全面铺开，完成投资8.6亿元。公安朱家湾码头、石首工业综合码头、荆州涉外旅游码头、沙隆达股份有限公司热电煤码头等4个项目基本竣工。盐卡(三期)多用途码头、李埠港区一期综合码头、国电沙市煤炭储备中心码头、柳林港

在建中的江南高速公路

区煤炭储运码头、松滋车阳河码头、洪湖新堤港区综合码头等6个项目按计划快速推进。观音寺港区江陵石化码头工程、观音寺港区宝莲综合码头一期工程完成前期工作年底开工建设，北煤南运江陵枢纽港等16个项目前期工作务实推进。

站场物流。站场物流建设完成投资2.75亿元。荆州郢城客运枢纽项目用地指标获批复，长途客运站一期土石方工程开工，一期站务综合楼建设工程完成招标投标工作，公交客运站完成停车场道路管网铺设和路面基础、水稳层施工和上下客区路面沥青铺设。沙市长途客运站改扩建工程初步设计获批复，已完成施工图设计，站房局部改造与地坪黑化完工。荆州开发区客运站、石首客运中心站初步设计获批复，进入施工图设计编制阶段。长江物流园二期工程、南湖物流园和江陵飞达物流中心完工，洪湖新滩物流中心、长江物流园二期工程和荆州开发区货运中心开工，荆岳物流园、石首物流园、监利物流中心和公安物流中心前期工作启动。《荆州市物流业发展规划》经市政府审定正式颁布实施，全市物流行业迈入规范有序的快速发展轨道。

招商引资。为完成“十二五”期间投资总规模达488亿元的高速公路和一级公路建设项目，全市交通运输部门重点面向央企、国企、省属投资公司和有实力的民间企业广泛开展招商，取得可喜成果。荆州郢城综合客运枢纽站上报交通运输部补助资金4000万元已到位，大遗址保护公路建设资金550万元已拨付。8月2日，荆州市政府与湖北省长江产业投资公司签订荆松一级公路建设合作协议；9月18日，荆州市政府与中国交通建设集团签署战略合作框架协议；10月17日，与湖北省交通投资公司再签4条高速公路投资协议，加上在建的江南高速，湖北省交通投资公司在荆州投资高速公路总里程达到318.69公里，投资总规模达328亿元。

行业管理。全市交通行业管理部门以公路路政、道路运政、港航海事、质量监督为重点，推进交通执法形象建设“四统一”，促进交通运输行政执法队伍的“四化”建设，规范行业管理，切实抓好交通运输行业安全防范，取得了较好成绩。一是公路水路交通运输安全态势稳。以“安全生产年”为主线，大力开展“道路客运安全年”、“平安水域”建设、“打非治违”专项行动、6月“安全生产月”等多项活动，道路运输安全形势持续好转。发生道路运输行业安全事故9起，死亡18人，受伤46人，比上年分别下降40%、57%、28%；全市辖区内无水上交通安全责任事故发生。二是整治旅游客运市场成效显著。开展了为期6个月的旅游客运市场联合整治，基本解决了旅游客运企业挂靠经营难题，荆州4家旅游运输企业全部进行了公车公营及股份制改造，在经营模式上实现了“五统一”，省政府整治办予以肯定，并向全省推广。

运输生产。全市交通运输系统把服务社会、改善民生、惠民利民作为中心，统筹城乡客运发展，扩大农村客运服务范围，让人民群众享受交通发展的成果。至年底，全市船舶运力达到131万吨，新增、更新中高级客车170辆，全市中、高级车比率达到63%。全市3471辆客运班车完成客运量9360万人次、旅客周转量728683万人公里，28006辆货运车辆完成货运量4635万吨、货运周转量882261万吨公里，分别比上年增长8.2%、16.7%、8.7%、13.7%，1112辆公交车完成客运量19593万人次，2939辆出租车完成客运量13561万人次，131万吨船舶完成货运量2200万吨、货运周转量222.75万吨公里，分别比上年增长11.8%、14.2%，完成港口吞吐量2304万吨、集装箱吞吐量8.69万标箱，分别比上年增长8.4%、11.5%。

公共交通服务。进一步落实公交优先战略，改善中心城区交通环境，提高公用交通服务水平，让人民群众享受便捷、舒适、快速、安全的公共交通服务。7月1日高铁开通后，为了做好道路旅客运输与火车站无缝对接，新增8条公交线路和120辆公交车，设立出租汽车候车点，搭建候车棚、安装隔离带，基本实现旅客“零换乘”，获荆州市政府充分肯定。中心城区出租车实现以GPS平台为核心的综合科技服务功能，1588辆出租车全部免费更换新座套并安装了GPS系统，极大地改善了出租车车容车貌，提升了城市整体面貌。

精神文明建设。全市交通运输系统以“喜迎十八大、争创新业绩”主题实践活动为抓手，以“创先争优”活动为动力，积极服务市委、市政府“四城同创”和“壮腰工程”，打造民生交通，塑造交通新形象。大力开展文明创建“十项活动”、“三万”活动、保持党的纯洁性学习教育、“1+1心连心”、基层组织建设年、“三抓一促”、“三讲一赛”、行风政风评议、党风廉政教育、“十行百佳”评选、交通重点工程劳动竞赛、“学雷锋、当标兵、作奉献”、“志愿者服务”等活动。在市直交通运输单位还开展了廉政文化示范点创建活动，推进廉政文化进机关、进工地、进站所、进家庭等，让党员干部在潜移默化中受到廉政文化的熏陶，大力营造“逢先必争、是优必创、有冠必夺、见旗必扛”的干事创业氛围，打造沙市长途客运站“爱心旅程”、红门路客运站“红飘带”和出租车“红丝带”爱心送考等服务品牌。一批交通运输服务先进典型脱颖而出，荆州市交通运输局连续两届被表彰为党建工作先进单位，全市交通运输系统先后创建了一批文明路、文明治超站、文明公路站、文明客运示范线、文明规范客运站、文明安全渡口、文明物流园区和青年文明号、工人先锋号等创建品牌，培树了全国五一劳动奖章1人、省级劳动模范3人、市级劳模8人等一大批先进个人，全面提升交通运输行业的文明程度指数。

（李进山　王昌福）

【荆州区】　全年完成交通建设投资4.23亿元，比2011年增长32%。至年底，全区交通基础设施有公路1748.7公里、桥梁203座、码头泊位21个，运输工具有客车456辆、货车7263

辆，船舶23.3万载货吨位。全年完成道路旅客运输量1067万人次、旅客周转量130915万人公里，公路与水路完成货物运输量1604万吨、货物周转量630134吨公里，港口完成货物吞吐量110万吨。

重点工程。省政府确立的壮腰工程张爆项目李埠港区一期综合码头工程自2011年12月5日浇灌混凝土一年后，累计完成工程量6300万元，项目完成投资额、工程质量和进度、安全生产及现场管理成为全省港航建设的示范工程。国家南水北调引江济汉通航工程完成红线内的征地、拆迁、安置工作，24座桥梁相继动工建设，龙洲垸船闸主体工程基本建成。还迁码头整治工程按计划稳步推进，发放征收补偿款1427.26万元，所有还建码头已进入紧张施工阶段。西环路延伸线1.6公里和滨江南路的1.1公里的建设工程已完成。322省道大修工程完成工程量1070万元，维修路面7公里。郢城综合客运枢纽站全面动工，楚都货运站建成投入使用。

民生交通。荆州区交通运输工作全面兑现政府十件实事承诺，积极服务荆州火车站开通、熊家冢遗址博物馆开馆、省政府荆州旅游现场会、全省民兵基层现场会、扶贫开发、三万活动等市委市政府中心工作受到赞誉。年内改造县乡公路27.8公里，其中：弥尹线8.1公里、弥幸线3.6公里、枣草线7公里、枣新线王场至新场段9.1公里。建设旅游公路13.6公里，其中：西门至桃花村5.6公里，新场至联山8公里。建设通村公路43.7公里。投入农村公路养护及安保资金400万元，安装农村公路交通安全标识牌1700块、道路安保设施6000米。荆川线候车亭全面修复，太湖、川店农村综合运输服务站启动建设。

筹建项目。荆安至李埠港10.4公里一级公路完成工可评审及修编，报送省发改委审批。花园至朱家岭13.4公里、太湖港至李埠5.6公里、紫荆至马山21.7公里新升省道二级公路完成工可编制和审查，年底完成立项批复工作。新场至高店26公里旅游公路在市发改委完成项目立项并纳入省厅建设计划。“十二五”后期112.8公里县乡公路完成工可编制，年底完成项目立项。

荆州梅槐古桥

公路养护。全年累计投入国省干线大中修资金1390余万元。修复207国道水泥路面破碎板876平方米，处治318国道沥青路面洒油罩面15.3公里，并对207、318国道沥青路面实施灌缝，枣渡线补坑槽6680平方米，熊家冢旅游公路实施灌缝养护11万平方米，修复破碎板3800平方米，建设标准路基262公里。农村公路养护管理中心机构正式成立，编制机构得到落实，体制得以理顺。建立了以乡镇为责任主体、区交通运输局为主管部门、农村公路养护管理中心具体负责、交管站具体实施的四级责任管理机制。全年投入农村公路养护资金524.7万元，维修通村公路35条，维修里程147公里，重点对太湖环场路、弥市镇弥里线、张窑路、弥幸路、马山镇联山村通村公路、川店镇宗南村油路、万草线、柳果线、雨海线、拍马大道实施维修整治。

运输能力。全年新增客货车辆1032台，其中新增中高级客车39辆，中高级客车所占比重提高到69%以上，辖区城市公交车辆更新达到53%以上，大型和厢式货运车辆所占比重提高12.1%、31.6%。水路运输按照长江干线船舶标准化发展要求，将不适应水运市场的44艘老旧船舶按规定拆解淘汰，同时按照《长江干线船型标准化补贴资金管理办法》规定的补贴范围及标准，帮船主落实补贴资金500余万元，并按就近、方便的原则选取定点船厂建造标准化船舶。至年底，全区有道路运输企业20家，客货运输车辆6617辆，道路运输驾驶从业人员9554人，客运班线102条784班次，完成道路客运量1067万人次、客运周转量130925万人公里，道路货运量1219万吨、周转量254363万吨公里。全区有水上运输企业4家，运输船舶已有118艘23.3万载重吨，完成水路货运量385万吨、周转量375771万吨公里。

行业管理。交通依法行政全面推进。全年共办理行政许可案件1015起，其中运管许可851起，路政许可申报3起，港航许可申报161起，行政处罚、赔补偿案件4855起，未发生一起行政复议和行政诉讼案件，无一起公路“三乱”行为发生。

安全态势。认真落实安全生产一岗双责，高度重视安全宣传教育，提高全员安全生产意识和素质。先后扎实深入开展了“安全生产年”、“道路客运安全年”、“旅游包车运输安全”、“危货运输”、“平安水域创建”、“农村道路交通安全”、“公路水运工程建设安全”、“打非治违”等各类专项整治活动。强化隐患排查整改。全年共排查安全隐患32起，共投入隐患整改资金1203.92万元，整改率达

100%，危货从业人员持证上岗率、车辆出站登记率、持证率、营运标志安装率均达100%，创下11年无安全生产事故记录。水上交通创下连续8年无安全责任事故记录。

党风廉政。紧贴交通实际，认真落实党风廉政建设责任制、政务公开试点工作、政风行风评议工作，坚持一岗双责和施工合同、安全合同一起签订，紧紧围绕“学习《廉政准则》，争做勤廉表率”这一主题，集中开展了“五廉”、“三公一金”治理、重点工程建设领域专项治理等廉政建设特色鲜明，成效显著。

文明和谐。全面掀起学习十八大精神热潮，扎实开展文明单位、文明细胞创建和文明城市指数提升行动，举办“先行跨越、壮腰惠民”迎春文艺汇演。区交通运输局先后荣获全国大遗址保护现场会荆州高峰论坛贡献奖、全省法制教育和法制宣传工作先进集体、省政府荆州旅游现场办公会筹备工作先进单位、全市卫生单位、政风行风优秀单位等荣誉称号。

（李华　唐亮）

【沙市区】 全区交通基础设施有公路1169.704公里、码头泊位74个、客货站场251个。运输工具有营运客车619辆，营运货车4801辆，营运船舶14.2万载货吨位，分别比上年增长5.4%、2.7%和10.2%。全年完成道路旅客运输量1047万人次、旅客周转量126043万人公里，公路与水路完成货物运输量1347万吨、货物运输周转量45.8亿吨公里，港口完成货物吞吐量1117万吨。

争取项目。全年向上争取项目35个、补助资金7494万元。刁杨线国防公路、宿驾至桂花拟升省道二级公路。“十二五”第二、三批县乡公路改善工程10个项目、渡改桥4个项目，分别得到省、市相关部门正式批复全部立项。省厅对沙市区申报的18个村31公里通村公路全部下达计划，豉湖渠桥危桥改造纳入部、省十二五规划的危桥项目库。

基础建设。完成通乡通村公路建设21个项目40.3公里，货币工程量2641万元。其中完成沙熊线二级公路项目岑河镇路段3.3公里、疏港道路电肖线改建工程5公里、通村公路19个村32公里。亮化整治农村公路主干道49公里，对十号路、刁杨线、刁六线进行重点养护，对六号路太湖港危桥进行抢修，农村公路安保工程新设置示警桩75根、防撞墩73个、波形梁钢护栏100米，完成130座三类以上桥梁管养责任牌的现场安设和107座四、五类危桥限载限行标志设置，确保了公路安全畅通。年内完成港航建设投资23590万元，沙隆达集团公司热电联产项目专用煤炭码头、荆州港涉外旅游码头2个项目基本竣工，盐卡三期多用途码头、荆州港柳林港区煤炭配送中心码头2个项目进展顺利，木沉渊港区港航建设项目工程通过多方协调，已进入码头勘探阶段。

安全保障。开展水上应急综合演练、公路损毁抢修演练和汽车客运站消防演练等应急演练活动，提高应急抢险保障能力。全区二级以上客运站全部配备行包安全检测仪率，所有长途客运班车、危货车、旅游车全部配备GPS，增强实时监管监控能力。坚持安全生产例会制度、安全生产检查制度，提高道路运输安全管理水平。强化源头监管，圆满完成节假日的交通运输监管和服务工作。春运期间，全区投入营运客车573辆，发送49483班次，其中加班车2828辆次，包车390辆次，完成客运量78.7万人次；水上运输投入渡船10艘，运送旅客5.8万人次。

改革创新。认真抓好三项改革，理顺管理机制，推进各项工作上台阶、上档次。组织实施新一轮事业单位领导人员聘任选任工作，圆满完成区公路局、运管所、港航海事处三家事业单位聘任选任工作，组织保障得以加强。组织实施农村公路养护管理机制改革和交管站运行机制改革，农村公路形成有路必养、养必有成的新格局。组织实施全系统全员绩效考核，激发广大干部职工活力，工作作风得到转变。

服务经济。开展“企业服务月”活动，先后上门到江汉精细化工厂、荆州市九菱科技有限公司、国电沙市煤炭储配中心、盐卡集装箱公司等企业，征求意见，提供行业服务。加强执法监督，对行政执法主体资格进行清查，对执法权限进行调查摸底，开展执法案卷评查，进一步规范执法行为。打通行政服务绿色通道，完善窗口单位审批受理“一站式”服务，提供“保姆式”服务，更好地方便广大经营业主。超额完成全年招商引资任务，到位资金10600万元，占年计划的100.6%。办理完成人大建议和政协提案12件，达到见面率、回复率、满意率三个100%。“三万”工作受到好评。启动全区交通运输系统“六五”普法依法治理工作，稳步推进荆江大堤综合整治，开展“打非治违”专项行动，严厉打击非法违规生产经营建设行为，取得了积极成效。

创先争优。围绕全年各项中心工作积极开展文明创建活动，沙市区交通运输局及系统分别被授予为2011—2012年度沙市区文明创建工作先进系统和沙市区最佳文明单位。在提档升级、创先争优中，区交通运输局被区委、区政府表彰为2012年度绩效考核优胜单位、招商引资工作二等奖、民主评议政风行风优秀单位、办理建议提案及“十件”实事工作先进单位、社会管理综合治理优胜单位，被市交通运输局表彰为2012年度全市交通运输系统先进单位，局党委被沙市区委表彰为“五好”领导班子。

（丁军保　吴前健）

【江陵县】 全年完成公路水路固定资产投资1.2亿元，全县交通基础设施有公路1603.857公里、桥梁269座，运输工具有营运客车200辆、营运货车1524辆、营运船舶32艘32087载重吨。完成道路旅客运输量395万人次、客运周转量18351万人公里，公共汽车与客运出租汽车完成客运量907万人次，公路与水路完成货物运输量154万吨、周转量84880万吨公里、港口完成货物吞吐量90.53万吨。

交通重点项目。高速公路前期工作进展顺利。潜石高速公路江陵段工可完成并通过专家咨询，所有专题获批复；沙公高速公路连接线2013年开工建设；江北高速公路工可报告编制完成，市政府与省交投公司签订潜石、沙公、江北3条高速公路投资协议，解决了资金问题。工业园区交通建设全面进行。招商大道和工业大道一期工程混凝土路面正在施工；沿江产业园次干道全面完工通车；仙鹤大道北延工程完成工程量60%。港航项目建设稳步推进。荆州港观音寺港区控制性详细规划县政府已批准实施，江陵石化码头项目举行签约仪式，江陵宝莲综合码头前期工作基本完成。站场建设迅速跟进。飞达物流项目基本完工，立项补贴待专家评审。运管所办公楼工程交付使用。公交公司修建港湾候车亭11个，办公楼、停车场项目正式动工。

农村公路网络。完成通村公路建设61.7公里，占计划的100%。完成二级公路续建工程17公里；完成县乡道升级改造27公里；完成拟升省道项目5.5公里、开工10.3公里。新孟中桥和彭家台中桥改造项目计划在建设中；资市古堤桥、汉沙线刘剅桥两座危桥改造工程顺利完成。

公路养护体系。全县管养公路里程222公里，共完成修补干支油面坑槽5850平方米。完成路树刷白2.5万株，路面保障97公里，路面整修26.3公里。完成水毁抢修4处、安保工程修复2处。制定印发《江陵县列养公路日常养护工程质量考核评定标准》，建立列养农村公路桥梁养护管理数据库，全县列养农村公路桥梁实现一桥一档，养护制度和养护数据得到完善；采取合同管理、计量支付手段，完善养护管理模式；合理部署养护站点、人员和装备，科学划分养护段面，实行挂牌养护，整合养护力量；对全年养护管理资金实行包干使用，每年拿出养护资金的五分之三作为农村公路养护管理专项资金，突出重点养护项目；狠抓路政管理，深入宣传做好农村公路养护管理工作的重要意义和相关政策法规，充分调动乡镇政府、村委会和沿线村民保护公路的积极性。

交通运输安全。客运安全管理更规范。加强营运车辆GPS动态监控，落实长途客车驾驶员落地休息制度；深入开展“安全车—生命带”专项行动。交通运输安全工作保持连续十四年无安全事故的好成绩，局机关被市安委评为安全生产先进单位。群众出行更畅通。投资2010万元完成荆新线11.1公里和汉沙线9.1公里大修工程；汉沙线与荆监一级公路重合路段的重点养护工作也即将开工。应急保障更出色。公路养护成立应急保障机构，储备应急抢险物资和机械设备，组织开展抢险应急演练。

行业监管水平。年内，客运班车运送旅客395万人次，公交车调整延伸公交线路，全年运送旅客640万人次，客运出租车运送旅客266万人次，货运车辆全年运输货物397万吨，水运企业新增船舶运力900吨，全年运输货物57万吨。公路管理部门联合多部门开展联合执法，超限超载治理取得阶段性成果。港航管理部门严格水运资格管理，水运企业全部通过市水运年审。2012年春运运送旅客37万人次，无安全事故发生，无旅客滞留现象，成为历年来最和谐的春运。

交通行业形象。交通行业形象以党建工作为龙头，大力开展“五个基本”建设，“三万”驻村常态化，绩效考核得到落实。精神文明建设以“喜迎十八大，争创新业绩”主题实践活动、文明创建“十项活动”和为民服务创先争优“十行百佳”创建活动为载体，均取得丰厚硕果。行业信息宣传对外上稿近百篇，采用率居全县前列，宣传工作被市局评为先进单位。党风行风建设重点抓好交通基础设施建设领域的廉政工作，建成具有交通特色的党风廉政惩防体系，在全县获优秀等次。江陵县交通运输局被市局评为全市纠风工作先进单位，被县委、县政府评为服务企业先进单位，授予绩效考核沿江开发贡献奖。（袁丹梅）

【松滋市】 全市交通基础设施有公路2966公里，桥梁301座，航道156公里，港口泊位19个，运输工具有道路客运汽车446辆，公交车48辆，客运出租汽车203辆，货运机动车2849辆，旅游船32艘，货运船舶24艘3.78万载重吨。全年完成道路客运量1304万人次，客运周转量79679万人公里，公共汽车与客运出租汽车完成1223万人次，公路与水路完成货运量416万吨，货运周转量11.4亿吨公里，港口完成货物吞吐量35万吨。

投资规模。全年实现交通建设投资10.65亿元，比2011年增长48%。一是江南高速公路松滋段建设有序推进，年底基本完成桥梁下构工程、通道及涵洞工程、土石方挖填工程，形成路基雏形，累计完成投资11.69亿元，占总投资的51%。二是荆州港松滋港区车阳河综合码头建设如期完成，一期工程两个泊位建成投入营运。三是荆松一级公路11月1日举行开工仪式，完成征地勘界钉桩、挖沟放线、房屋及地面附着物调查任务，施工单位进驻工地开展施工前期准备工作。四是进港铁路前期工作全面启动，通过与武汉铁路局、省铁路办、荆州发改委进行多次对接沟通，已委托中铁二院武汉公司开展工可设计，进行内审。还就该项目建设问题分别与荆州港务集团、松宜铁路、葛洲坝水泥公司进行沟通。五是省、县、乡、村道改造稳中求进，全年改造省、县、乡、村道路146公里。其中省道红东线杨林市盘古山至石子滩段8公里、沙渔线八宝至沙道观段5.3公里；县道街杨线街河市至涴水集镇段7公里、涴米线2公里大修；县乡公路万家至南坪段6.3公里、大岩咀至颜将军洞段11.5公里、黄林桥至杨树坪段7公里、杨官线6.4公里，庆贺寺至卸甲坪26公里改造通过省厅工可审查，进入路基整治阶段，老城至陈店段15.5公里改造进入初步设计，汪杨线纸厂河至杨林市段9.6公里改造进入施工图设计，新建通村水泥路92公里。六是农村公路危桥改造争取国、省专项补助资金1000万元，开工建设危桥42座，占全市121座危桥的34.7%，其中完成改造12座，货币工程量1358万元。

行业管理。着力规范道路运输经营行为，查处道路客运违法案件220起，处理旅客投诉60余起；查处“黑的、野的”60余辆，查处非法倒卖经营权行为4起、非法转租行为12起。客运出租车经营权第三轮有偿出让工作顺利通过省级验收。着力规范公路路政管理，查处超限车4411辆，卸货1422吨；拆除公路沿线违规建筑1处，拆除非路用标牌455块，清理公路堆物占道729处。深入开展“打非治违”活动，水陆运输安全覆盖面达100%。全年开展水陆运输安全拉网式排查24次，开展重点时段、重点区域、重点部位大检查12次，查处各类安全隐患32起，全部整改到位。对446辆长短途客车、48辆公交车、203辆客运出租车、200余辆重载货车进行实时GPS监控，对洈水库区32艘旅游船舶安装AIS终端安全动态管理系统。对全市49道乡镇渡口和洈水库区水上运输严格实行签证制、旅客救生衣穿戴制及“三位一体”的监管模式，实现水上运输连续十年无安全责任事故的目标。

运输生产。全市道路运输企业投入客车446辆，运送旅客1304万人次、完成客运周转量79679万人公里，比2011年增长5.1%和4.8%。全市48辆公交车完成客运量488万人次，实现营运收入732万元。出租车行业完成客运量305万人次，实现营运收入2100万元，上交税金38.1万元，上交有偿使用费91.35万元。其中春运、五一、中秋、国庆等重大节假日期间安全运送旅客250余万人次。全市2626辆载货汽车完成货运量353万吨，货物周转量5.3亿吨公里，增幅分别达到8%以上。洈水旅游船舶运送旅客3.8万人次，货运船舶完成货运量63万吨、货运周转量61237万吨公里。神通汽运集团公司面对市场不利因素，采取“做足短途、力保中途、巧抓长途”的应变决策，走转型发展之路，年内投入资金720.87万元，新增和更新高中级客车26台，优化运输能力，全年实现营运收入6633万元，上缴税金204.39万元，同比增幅8%。该集团公司还完成汽车维修作业1000余辆次，实现运输外产值132万元。汽车综合性能检测中心检测营运车辆8864台次，其中技术等级检测1632台次、二级维护4652台次，实现检测营业收入60万元。

文明创建。全市交通运输系统以“喜迎十八大、争创新业绩”活动为主线，深化基层党组织建设，党员干部凝聚力、工作活力进一步增强。在文明创建中，坚持服务为本，筹资30余万元开展驻村“三万”活动；着力维护行业和社会稳定，在改革、建设、行业管理等方面实现无越级上访、无恶性事件发生的目标；优化经济发展环境，为“葛洲坝松滋水泥公司、中储粮集团、中哈石油、丽源化工”等企业实行“直通车”服务和代办服务，受到企业好评；筹资300余万元办理荆州、松滋两级人大、政协议提案42件，满意度达95%以上。在车站、码头、城市公交和客运出租车等交通“窗口”深入开展“十项”文明创建活动，实现文明创建行业全覆盖，展示松滋交通良好的社会形象。在交通系统内部深化“治庸问责”，强化党风廉政建设，全面开展“两建设、两服务”创建活动，干部职工作风明显改观，营造了风清气正的发展软环境，全年未发生一起违法违纪行为。松滋交通运输局各项工作受到各级政府和上级主管部门充分肯定，先后被授予松滋市人民满意单位、优化环境口碑奖、招商引资与项目建设功勋奖、党风廉政建设先进单位、政协提案办理先进单位、社会管理综合治理工作优胜单位、支持农村工作先进单位、人口和计划生育工作先进单位、全市文明系统等殊荣。

（朱卫华　李宝婵）

【公安县】　全县交通基础设施有公路2923公里，桥梁548座，客运站场409个，航道308公里，港口泊位28个。全县交通运输工具有客运车辆502辆，公共汽车80辆、客运出租汽车260辆、货运车辆4549辆，营运船舶19.5万载重吨。全县交通运输生产在年内完成道路客运量1615万人次、周转量117706万人公里，公共汽车与客运出租汽车完成客运量2218万人次，公路与水路完成货运量933万吨，货运周转量43.87亿吨公里，港口完成货物吞吐量122万吨。

基础建设。公安县境内的江南高速公路建设完成投资7.2亿元，全县路网建设投入建设资金3.58亿元。完成109公里通村公路建设计划任务，改建境内公路毛米线19.7公里、汪郑线5.5公里、鲍郑线14.5公里，开工建设斗湖堤至黄金口互通连接线夹竹园段3.38公里，完成麻北线江南桥及斗湖堤总排渠桥桥面铺装、黄金口至沙道观二级公路毛家港段4.8公里改造工程和207国道黑狗当、南平、汪家汊三座危桥改建的设计报批等前期工作及金台至北闸红色旅游公路的工可、设计报批工作。大修境内公路红东线路面4.56公里、公石线路面10.7公里、港黄线路面2公里，对部分通村公路和桥梁进行了养护、维修和加固。孱陵一级客运站建设进入施工设计和开工准备工作阶段。朱家湾码头一期工程完成投资7100万元，相应的道路、堆场和吊机等辅助建筑和设施全部完工，初步形成年吞吐量达70万吨的生产能力，总概算为4亿元二期工程建设启动。

行业管理。紧紧围绕“安全生产年”目标，深入开展“打非治违”专项行动，大力开展安全教育培训，落实安全责任，强化监督检查，全年组织对乡镇船舶和内河渡口及水上安全和系统内部进行定期和不定期安全检查，实施道路运输从业人员培训3期586人次，培训船员2期113人次。以“安全月活动”为契机，坚持每月召开全系统安全例会，完善安全应急预案，加强应急物资储备，开展水上、陆上安全应急演练，极大地提高了全县交通运输应急应变能力。认真实施车辆综合性能检测和危货运输车辆安全监督，客运车辆检测率达100%，货运车辆检测率达95%以上。为解决出租车驾驶员更换频繁及疲劳驾驶的问题，加大了路检、路查力度，严格查处无从业资格证的违章驾驶员。同时，强化船舶安全管理，实行现场签验证，杜绝违章渡运，深化“打非治违”，加快老旧渡船更新改造，重点检查船舶技术性能、渡口设施和船员持证上岗情况，严格实施谁签证谁负责的管理制度，有效遏制了重特大运输安全事故。

行政执法。行政执法始终遵循“文明执法、热情服务”理念，实行“公开、公平、透明的”原则，加强执法人员业务技能和法律法规培训，提升文明执法程度和执法业务技能，加大内部执法监督检查力度和从社会各界各行业聘请义务监督员监督执法行为，杜绝不良投诉和“三乱”行为发生。为规范江南新区桥南客运市场秩序，组织专班实施管控，有效控制了违章行为向桥南转移的势头。为规范道路运输市场秩序，开展了城区道路客运市场秩序、站场秩序、维修市场秩序、城区货运市场秩序整治，加强对县城区非法营运摩托车的打击力度，全年共查处各类道路运输违章行为269起。为提升出租汽车文明服务程度，开展创“五星级文明出租车”活动，坚持对出租车车主进行职业道德培训，并为其驾驶员制作统一的服装，形成了一道新的城市风景线。为维护公路路产路权，加大了路政巡查和超限治理力度，集中开展集镇过境路段、违章建筑、乱搭乱建、非公路交通标志牌和超限治理的专项整治。全年共拆除违章商棚、电话棚68个，清除乱放公路堆积物432处，取缔占道为市65处，收缴非公路标牌及广告标牌92块，取缔路边加水点、洗车点33处，联合县人民法院以非诉行政执行的形式，共制止新的违章建筑15处、查封违法建房1户。查处超限车4964辆，有效地维护了公路路产路权，保证了公路完好，杜绝道路交通事故发生。同时，为确保人民生命财产安全，避免桥梁垮塌事件的发生，组织专班对207国道上的三座危桥实施24小时交通管制，确保公路桥梁的安全。

行评工作。公安县交通运输局被确定为政风行风评议单位，局党委及时召开政风行风评议动员会，制定下发《2012年全县交通运输系统民主评议政风行风工作实施方案》，提出了“统一组织、上下联动、内外结合、面向社会、群众参与、评议系统、覆盖行业、突出重点、整体推进、纠建并举、注重实效”的指导方针，明确政风行风评议的目标和要求。全面征求人大代表、政协委员、企业法人代表、村支部书记及服务对象的意见和建议，对收集的意见及时进行梳理和归纳，边查边改，查改结合，并将整改情况书面回复意见人。结合交通实际，加大交通基础设施建设投入，对群众反映强烈的黄胡线、毛米线、汪郑线提前进行养护维修和升级改造。通过一系列卓有成效的工作，行评工作在综合评议中获得第二名和优胜单位荣誉。

党风廉政。在党风廉政建设和反腐败工作中，县交通运输局建立党风廉政建设领导小组，定期研究党风廉政建设现状。根据责任制分工，明确局领导班子成员按照各自职责分工，在抓好片、线各项工作的基础上，对党风廉政建设负主要责任。按照县纪委统一安排部署，对各单位大操大办借机敛财、违规使用公务用车、违反“禁酒令”规定和上班时间休闲娱乐、炒股等四项突出问题集中开展专项督查，取得明显成效。

省道公石公路公安段

“三万”活动。根据县委、县政府的统一部署和安排，县交通运输局组建7个工作组，到章庄铺镇松林等7个村开展工作，为所驻村挖堰塘28口、完成土方75650立方米，疏挖沟渠15条13050米、完成土方15700立方米，维修电排站5座，硬化沟渠200米，整理村组路基3公里，铺通组级碎石路12公里。在“三万”活动中走访特困户123户，印发惠民政策宣传资料1250份，举办农业技术培训7次计465人次，共完成帮扶资金48万元，得到了群众的一致好评，在荆州市检查验收中一次验收过关，局工作组被荆州市委、市政府评为先进工作组，党委书记、局长苏振巨同志被市委、市政府评为先进个人，其做法已在孱陵时讯及公安电视台进行了多次报道。

文明创建。广泛开展爱岗敬业练兵活动，利用重大节假日组织干部职工开展丰富多彩的文体竞赛活动，用社会主义荣辱观占领职工思想文化阵地。在“讲文明、重礼仪、做表率”活动中，组织集体学习30次，写心得体会510多篇，聘请县委党校上专题辅导课3次。通过简化手续，原来15个工作日办理的经营许可缩短为当天受理、当时办结。出租汽车在高考期间组织爱心车队免费接送高考学子200多人次，7月1日举行“统一着装促规范、践行承诺展风采争创五星级文明出租车”大型活动的启动仪式，全面提高全县出租车行业文明服务水平。公交车投资350多万元，新增公汽8台，对21台老龄公汽提前进行更新，在全市县级城镇率先实现无售票IC卡系统，方便市民出行。认真办理人大代表、政协委员建议提案。县公路局被评为省级最佳文明单位，港航管理处、道路运输管理所被县委、县政府授予县级最佳文明单位，出租车管理所、通运公司、局机关被县委、县政府授予县级文明单位，县交通运输局在政风行风评议活动中排名全县综合第二并获得优胜单位荣誉。

（余国武）

【石首市】 石首市交通基础设施有公路2195公里、桥梁340座，有长江航道91公里、内河82公里航道，港口泊位29个。全市交通运输工具有营运客车372辆、公共汽车100辆、客运出租汽车228辆、营运货车1772辆、营运船舶19.3万载重吨。全年完成道路客运量1451万人次、周转量100024万人公里，公共汽车与客运出租汽车完成客运量2058万人次，公路与水路完成货运量583万吨、货运周转量38.9亿吨公里，港口完成货物吞吐量339万吨。

基础设施。完成石首长江公路大桥工可报告编制和省内预审工作，《石首长江公路大桥通航安全影响论证报告》10月10日在北京顺利通过由交通运输部组织的专家评审。积极做好江南高速石首段建设的协调配合工作，先后启动江南高速石首段公路沿线改沟、改路、改渠的“三改”工程和建设补充征地调查及协调荆岳铁路上跨江南高速石首南互通连接线等工作，为江南高速石首段顺利完成保驾护航。在公路升等升级建设中，军调线小河口至季家咀段9公里和旅游二级公路桃五线15公里动工建设，军调线杨波坦至小河口、南口至柳湖坝、高陵岗至过脉岭的工可报告编制完成，上报待批复，火车站至港口一级公路、白果庙至刘家场人高团公路、横沟市至赵家湾段江北公路进入工可报告进入编制阶段。石首市中心客运站一期工程完成50%，工业综合码头二期实体工程全部完工并通过省、荆州有关部门组织竣工验收，正式投入营运，石首物流中心完成项目工可报告初稿。

公路建养。建成通乡公路31.2公里、通村公路102公里，完成渡改桥高陵镇发展中桥建设任务。先后高质量完成省道秦黄线、荆新线大修工程，完成江波渡大桥桩基加固工程、梅江一桥危桥加固改造工程和县道军调线油路维修工程。

安全管理。全面落实水上交通“市、乡、村、船主”四级安全管理体制，大力推行“一周工作法”、“一会两报制”，全面提高干部职工应急处置能力。举行应急演练6次，举办各类安全知识培训8次。重拳整治安全隐患，采取常规检查和重点督导多种方式确保安全运输生产。开展安全生产检查和打非治违专项行动80次，排查隐患47处，整改率100%，未发生一起上报安全事故。市汽运总公司先后投资1300多万元，对18辆武昌、汉口线长途客车和30辆农村客车进行更新，为客运车辆行车安全打下坚实基础。

行业管理。加强客运站源头管理、规范站内经营行为，开展专项专线整治、持续从严打击“野的”、“摩的”等黑车非法营运行为。清收车辆14台，清除顶灯、“出租”字样车辆11台，打击“摩的”、“野的”200台次，大力维护了客运市场公平、安全、有效的运输竞争环境。加大路政巡查力度，制止新增违法建筑21处270平方米，检测车辆9.8万台，查处超限车辆4411台，卸转货物1.36万吨，超限超载率控制在5%以下，无公路“三乱”、交通安全责任事故和行政败诉案件发生。

文明建设。全市交通运输系统以“喜迎十八大、争创新业绩”主题实践活动为抓手，全面加强党的基层组织建设，实现“五个全覆盖”。组织开展了民主评议政风行风和“结对帮扶”等活动，深入联系村东升镇关路圻村开展“1+1心连心”双联双促活动，拿出资金5万元帮助改善村级办公环境，捐赠慰问帮扶资金2万多元，受到当地群众的好评，塑造交通新形象。并在民主评议政风行风中获得全市第一名的好成绩。大力开展了以“保持党的先进性、助推跨越发展”为主题的第十三个“党风廉政建设宣传月”活动，加大工程建设领域源头治腐力度，全力打造交通“阳光工程”，石首市公路部门还被石首检察院定为预防职务犯罪示范点。在深入开展文明创建活动中，以争创省级文明单位为目标，大力宣传在文明创建中涌现出来的典型人物、典型事迹，调动全局干部职工参与文明创建的积极性，形成全局上下齐心争创省级文明单位的合力，先后获得湖北省劳动五一奖状、湖北省工人锋号等荣誉。

（王永海　王军强）

【监利县】 全县交通基础设施有公路4504公里、桥梁1376座、长江航道140公里、内河航道340公里、港口泊位25个，运输工具有客车665辆、公共汽车68辆、客运出租汽车330辆、货车4373辆、货运船舶12.2万载重吨。全年完成道路客运量1468万人次、客运周转量95138万人公里，公共汽车与客运出租汽车完成客运量3949万人次，公路与水路完成货运量545万吨、货运周转量19.7亿吨公里、港口完成货物吞吐量377.75万吨。

基础设施。完成交通固定资产投资65854万元，比上年增长9.8%。其中汉沙线改建工程完成投资7800万元、干线公路大修7146万元、拟升省道二级公路项目9950万元、县乡公路11769万元、渡改桥2121万元、危桥改造2894万元、通村公路5385万元、章华路东延4306万元、新洲码头5000万元、白螺石化码头9483万元。续建的黄歇口大桥主体工程和引桥、道路接线全面完工，总投资3400万元；拟升省道朱三线在2011年完成8公里的基础上，投入资金2600万元，完成16.44公里；2011年获交通运输部批复建设的容城新洲码头工程争取到上级投资7500万元，全面开工建设。三项重点项目进展加快，洪监高速公路监利段和江北高速公路的前期工作全力配合完成；组织实施华容路北延和章华路东延工程，至年底完成投资2800万元；积极开展群进桥及其附属工程完成投资1700万元。五项新建工程全面启动，其中全长5公里的汉沙线至高速公路连接线完成前期工作，上级下达1000万补助资金；干线公路汉沙线刘铺至莲台段7.9公里的大修工程在上级计划资金没有下达的情况下，提前完成；计划新建的6条40.8公里县乡公路，已完工黄伍线5.8公里，其余项目陆续开工在建；上级下达的2012年通村公路建设计划125公里已全部完成；4座渡改桥改造计划3座在建，1座已组织招投标；8座危桥改造工程全面完工。

前期工作。监利县交通设施前期工作按照构筑大交通的理念加快了步伐。在县政府的大力支持下，争取省交通运输厅5月24日下达《关于监利县请求支持公路建设的意见》。将新峰线新沟街至公道桥15.7公里、熊新线交通村至新沟街1.8公里纳入2012年省交通运输厅计划，将汉沙线汪桥至姚集、刘铺至太马14.6公里纳入交通运输2013年部计划，将黄观线瞿家湾至福田段15.5公里纳入2013年省交通运输厅计划。在资金困难的情况下按照省厅要求提前实施。容城港区控制性详细规划和白螺作业区规划调整工作已经开展，物流园项目已列入规划，初步确定了项目选址，监利县二级货运站已经封顶，新沟二级客运站得到省交通运输厅批复。

公路养护。完成新峰线新沟至砂矶段3公里沥青路面维修、熊新线陈家垱桥至潜监线段路面大修、省道潜监线、仙监线路面破碎板挖补与油面坑槽处治，黄观线花木岭至毛市段路面坑槽、沉陷、涵顶跳车等病害修复工作。对汉沙线部分路段与一级公路重合的6.3公里路段，积极筹措资金，对严重损毁的部分路段进行重点养护维修，确保了省道干线公路安全畅通。修补路面坑槽处置7283平方米，修整路肩161公里，修补油面层22500平方米，清挖水沟10公里，水泥路面灌缝7.4公里，沥青路面灌缝15.3公里，补植行道树2万棵，路树刷白50公里。修补路面坑槽处置7283平方米，修整路肩161公里，修补油面层22500平方米，清挖水沟10公里，水泥路面灌缝7.4公里，沥青路面灌缝15.3公里，补植行道树2万棵，路树刷白50公里。为“全省重点龙头企业促进镇域‘三化’同步发展现场会”和“仙洪新农村建设试验区第18次现场会”在监利县召开提供保障。

行业管理。创建公路管理服务品牌方面以经济主干线为重点，以“文明路”创建为抓手，打造“畅、洁、绿、美、安、舒”的公路通行环境。以施家、白螺两个治超站为依托，学习外地先进经验，联合纪检、公安等部门，采取站点检测，路面巡查，蹲点守候，区域堵截，固定检测和流动巡查相合的方式，加大对超限超载车辆的打击力度。查处超限车辆7356台次，卸载、转载货物34586吨，超限超载车辆控制在5%以内。创建运输服务品牌方面以车、站、线、企、所、班组等为基本单元，开展文明示范线、文明车(船)、文明港站、文明示范窗口、优质服务班组等创建活动，推动运输服务水平整体提升。创建文明机关服务品牌方面结合治庸问责活动，继续开展“五型机关”、“五好班子”、“文明单位”、“十行百佳”等系列创建活动，进一步转变机关工作作风，提高工作效率。全系统有省级文明单位2个，局机关3月份申报市级文明单位。

安全管理。修订和完善十二项安全管理规定，落实安全管理责任，将行业安全贯穿于交通运输工作的全方位、全过程。在水上交通安全管理中，继续深化“平安水域”创建活动，落实“四级”安全责任，加强隐患排查整改，针对全县渡口点多、线长、面广的实际，积极争取县政府支持，将水上安全监管经费列入财政预算，为全县水上安全监管提供资金保障，全年无水上安全上报事故。在道路运输行业管理中，监利一级客运站3月1日顺利搬迁正式投入营运。通过开展为期6个月的重点整治，全县客运市场秩序明显好转。扎实开展“安全生产年”活动，集中精力搞好专项整治，督促落实运输企业安全主体责任，加强“三关一监督”，运用GPS等科技手段加强出租车、公交车、营运客车的营运过程监控，将道路运输安全指数较好地控制在目标责任范围以内。在公路安全管理中，开展“平安工地”建设活动，大力推进安全生产标准化，经常性开展安全培训教育、工程建设质量监督检查，推进列养桥梁、农村公路桥梁安全隐患排查。全县交通无重大安全责任事故发生。在应急维稳保障中，对照交通运输各行业应急保障预案，适时开展公路、水路、道路运输、城市客运应急演练，不断提高交通运输应急能力。按照“谁主管谁负责”的原则，及时处理一级客运站搬迁、客运市场整治中的矛盾，较好地维护了职工队伍稳定。

（王平祥　徐艺）

【洪湖市】 全市有公路2780.5公里、桥梁993座、客运站场506个，航道574公里、港口泊位108个。有营运客车396辆、公共汽车93辆、客运出租汽车250辆、营运货车875辆、营运船舶4.8万载重吨。完成道路客运量1013万人次、周转量60827万人公里，公共汽车与客运出租汽车完成客运量2925万人次，公路与水路完成货运量421万吨、货物周转量14.4亿吨公里、港口完成货物吞吐量112.6万吨。

交通规划。洪湖市交通运输局抢抓国省干线调整机遇，积极争取省交通运输厅的支持，在《2011～2030年湖北省省道网规划纲要》中列入国省干线公路规划的里程达到307公里，与调整前的202公里相比增加105公里，省道由原先的3条增加到5条，分别为省道103、214、329、353、469，乌林胡范至螺山段43.218公里被调整为国道，进一步拓宽了洪湖交通发展空间。同时，“十二五”规划内的项目，除214省道白庙至乌林渡口58公里一级公路外，前期工作全部完成，进展情况在荆州市县市区排名第一，为今后一段时期交通可持续发展提供了项目支撑。

重大项目。完成交通建设投资9.77亿元，其中高速公路完成投资7.88亿元，港口完成投资0.3亿元，其他一般改善项目完成投资1.59亿元，是2011年投资额的6倍，成为洪湖交通发展史上投资规模最大的一年。洪监高速公路8月份正式开工，年底完成投资7.88亿元，项目公司与银团签订45.92亿元贷款协议，为项目持续推进提供资金保障。武汉城市圈环线高速公路洪湖段年底由荆州市人民政府与

洪湖抢修省道仙崇公路莲子溪段路基滑坡，保障公路安全畅通

省交通投资有限公司正式签约。荆州港洪湖新堤港区综合码头完成一期工程建设年内投资3000万元，累计投资7500万元。洪湖长江大桥工可报告修编工作完成，国家发改委2012年11月在武汉召开会议，原则通过项目过江通道规划，进入资料上报及同步展开招商工作。

公路改造。全年完成二级公路大修33.8公里，是改造力度最大也是效果最好的一年，在没有项目计划和资金的情况下，洪湖市交通运输局不等不靠，主动出击，3月份先后启动省道仙崇线、汉沙线部分路段13.81公里大修工程，5月份全部竣工通车。10月份，329省道汉河至沙口段20公里大修及桥梁改造工程正式动工建设，指挥部人员、施工单位日夜奋战，精细管理，抢在春节前竣工通车，得到省、荆州市交通主管部门和洪湖市委市政府及沿线群众的高度评价。荆州市干线公路建设管理检查评比中，洪湖市位居荆州县市第一名。

农村路网。改造县乡公路29.9公里，新建通村公路139公里，超过年计划74公里，改造危桥15座，曹市、戴市、沙口、乌林等乡镇基本实现循环村级公路网络。道路养护工作进一步加强，大沙、曹市等乡镇基本实现“有路必养、养必优良、有路必管、管必到位”的工作目标，在荆州市农村公路管理养护工作交叉检查中，洪湖市排名第一。

行业市场。加大节假日及重点部位的安全监管力度，“打非治违”扎实开展，日常监管常抓不懈，春运期间市场平稳有序，水陆运输未发生一例安全责任事故；公路局按照市委市政府的要求，强化监管措施，配强执法队伍，发挥联合治超主力作用，查处超限车辆441台次，卸载货物1772吨，超限超载车辆上路率明显下降，公路治超取得明显突破；运管所、永通公司安排人员常年开展城区客运站内外经营秩序整顿，客运秩序有所好转，校车纳入运政管理范畴并逐步规范。针对出租车管理难度大、社会舆论压力大的情况，创新监管方式，加大宣传力度，出租车态势比较稳定；此外，城区客运站、新滩物流园项目前期工作取得一定进展。

文明建设。全市交通运输系统大力开展创先争优、“三万”、治庸问责、“十行百佳”等活动，争先进位氛围浓厚，服务质量进一步提升，得到了社会各界的一致好评。局机关被省委省政府命名表彰为“文明单位”，被荆州市委市政府表彰为“三万”活动先进工作组，被荆州市交通运输局表彰为2012年先进单位、法制建设先进集体；被洪湖市委市政府表彰为绩效考核红旗单位、党风廉政建设先进集体、社会管理综合治理优胜单位、争取项目资金先进单位、信访暨处信工作先进单位、城市管理工作先进单位；被市人大表彰为承办代表建议先进单位；被市政协表彰为承办委员提案先进单位；被市委组织部表彰为全市组织工作先进单位、老干工作先进单位；被市委宣传部表彰为全市宣传思想工作先进单位；民主评议政风行风工作测评在全市排名第一，人大代表评议部门工作测评在全市排名靠前；运管所被荆州市运管处表彰为先进单位，被洪湖市委市政府表彰为“先进基层党支部”、“社会满意站所”，汽车客运站被省运管局表彰为“十佳”文明客运站，峰口至新堤班线被评为“省级农村客运文明示范线”；市公路局、港航局被洪湖市委市政府表彰为“三万”活动先进工作组。

（汪伟　朱汤宁）

【荆州开发区】 全年完成道路建设投资5.05亿元，其中工程建设投资4亿元，征地0.45亿元，拆迁0.6亿元。开工建设了深圳大道、北京东路、镍业路、沿江大道、豉湖渠路、锅底渊路、沙岑路等工程，修建了滩桥镇、岑河农场、联合乡的通村公路。

道路规划。4月，市委市政府决定将荆州开发区面积由原来的64平方公里拓展为206平方公里。为保证道路适应开发区拓展后的需要。开发区交通部门与荆州市城市规划设计院、武汉市公路勘察设计院、荆州城隆设计院一道，认真规划开发区内55条全长约96公里总投资约12亿元的道路。该规划依托开发区内的荆监一级路、洪沙线、沙熊线以及城市东大门的主干道荆沙大道、北京东路、江津东路等道路的向东延伸，制定开发区深圳大道、上海大道两条南北向道路。深圳大道南起长江大堤边的沿江大道，横穿荆监一级路和沙熊线，北止豉湖渠。上海大道南起荆监一级路，横穿沙熊线，北止豉湖渠，按交通一级路和城市主干道的标准进行建设。另外把荆沙大道、江津东路、北京东路等六条道路从城区向东延伸至上海大道，形成“井”字形。其中深圳大道、上海大道、荆沙大道、江津东路、沿江大道等5条道路共30公里按一级路标准建设，豉湖渠、镍业路、亿钧路、沙岑路、洪沙线、农技路、东环路、习向线、三观线等9条道路共43公里按二级路标准建设。另有通村公路23公里，其中滩桥10公里、窑湾5公里、联合3公里、沙市农场5公里。

道路建设。8月份管委会以文件形式明确上海大道建设指挥部和深圳大道建设指挥部，派两名管委会副主任分别专任两条大道建设的指挥长，从机关抽人驻地办公，现场解决建设中出现的各种困难的问题。在雨天多、拆迁难的情况下，道路建设专班与乡、镇、场负责人一道，每天到现场办公，进驻工地，与工人一道上下班。在道路修建时，按照企业的要求，采取优先段建设的做法，提前与企业联系，直接服务企业的落户。在修建深圳大道时，与同洲电子、金禾太阳能、湖北能特、建华管桩、山东恒宇、长江镍业等企业先接通下水和道路，优先加快建设，使企业的生产和落户不受道路建设的影响。

建设管理。按照管委会要求，开发区道路基础设施建设出资人为开发区发展总公司，专门负责融资；财政局为工程全程监督单位，并负责工程审计决算；交通局为项目法人，负责项目实施。在实施过程中，严格按照开发区管委会办公室下发的《管理办法》执行。一是坚持监理负责制。工程管理过程中分标段在现场驻地监理，巡查总监，严格从原材料进场和按规范程序施工，严把质量关。二是坚持财政跟踪审计制。要求财政审计人员全程跟踪，特别是对地下隐蔽工程建立影像资料档案，把隐蔽工程公开化，对工程量增加的部分必须请财政局、总公司、监理、审计、项目法人共同到场，并报管委会分管领导同意后实施，否则，视为无效变更。三是坚持专款专用制。每项资金的支付，必须报管委会主要领导同意并签署意见。

行政服务。为提高服务质量，简化办事程序，交通管理部门在人手不够的情况下，在开发区行政服务中心设置服务窗口，对涉及交通部门的所有业务在窗口咨询和管理。虽然开发区交通局没有相关的办证权力，受理后积极与市公路局、市海事局、市道路运输管理处、沙市公路局等相关部门联系，争取主管部门的支持，对长江镍业、山东恒宇、宏安通勤、玉桥驾校等重点企业采取急事急办、特事特办，派专人负责全程跟踪。接待各类咨询86次，联系各类办件19次，办结19次，办结率100%，没有发生一件错办件和信访投诉件，维护了交通部门的形象。

公交线路。针对乡镇和企业反映的乘公交车难的问题，积极与市公交总公司一道，对滩桥镇、化工工业园、印染工业园、电子工业园、机械工业园、生物医药工业园进行走访，广泛征求意见，多次召开座谈会，开通2路公交支线经渔龙路过东方大道往印染工业园区、5路公交支线经燎原路上荆沙大道至机械工业园、11路公交支线经农技路往化工工业园至滩桥移民点、39路公交支线自王桥转盘至豉湖渠沿东方大道循环、10路公交线沿江津路至津东新村等公交线路。滩桥镇原有农村客运班线从滩桥镇至城区的票价从原来的8元降至全程5元，得到了企业和社会的好评。（张丰立　施静）

荆门市交通运输

【概况】 全市公路通车里程达到11559.184公里，公路密度按土地面积计算为93.19公里/百平方公里，按人口计算为40.14公里/万人。我市国道127.859公里，省道746.979公里，县道854.739公里，乡道4507.622公里，专用公路38.626公里，村道5283.359公里。等级公路达到10939.293公里，其中：一级公路达到84.583公里，二级公路达到1169.61公里，三级公路达到1044.363公里，四级公路达到8640.737公里，等级公路比重达94.63%，等外公路619.891公里。全市通车里程中有铺装（高级）路面里程达6832.464公里，其中水泥混凝土路面5752.355公里、沥青混凝土路面1080.109公里。简易铺装路面（次高级）里程达1975.4公里，未铺装路面（中级、低级、无路面）里程达2751.32公里。全市乡镇总数88个，100%通公路；行政村总数1726个，已通公路的行政村1726个，通公路行政村所占比重100%。全市现有公路桥梁40116.17延米/1494座，其中特大桥3367.2延米/2座、大桥3440.74延米/28座、中桥10047.48延米/179座、小桥23260.75延米/1285座；危桥13561.4延米/596座。全市共有公路渡口6处。全市公路养护里程为11549.367公里，其中列养里程为1910.862公里（国道127.859公里、省道746.979公里、县道列养里程854.739公里、乡道列养里程178.011公里）。

公路运输。全市营运车辆达到30328辆，其中货运车辆27314辆144154万吨；客运车辆3014辆52739座；非定线旅游客运车辆45辆。共开通班线客运线路744条，其中：跨省线路40条，投入客运车辆86辆，跨市（州）线路152条，投入客运车辆440辆。跨县（市）线路186条，投入客运车辆480辆，县市线路376条，投入客运车辆1181辆。全年完成道路客运量7127万人次，客运周转量479206万人公里，货运量10602万吨，货运周转量1875481万吨公里，分别与去年同比增长7.3%、8%、25%、20%。站级管理。全市共有一、二、三类维修企业294家（核发了经营许可证），其中一类19家、二类97家、三类178家，全市共有机动车综合性

荆门四通八达的交通要道

能检测站5家。2012年共进行综合性能检测车辆13900多台(次)，二级维护检测55000多台(次)。从业人员及培训。全市共有机动车驾驶员培训学校21所，年培训能力达4.6万人。

水路运输。全市有汉江、蛮河、利河、直河、漳河水库、仙居河水库、拾桥河、长湖、江汉航线、汉北河、皂市河等11处通航水域，共有26条航道，有航道通航里程424.89公里，其中Ⅳ航道154.5公里，Ⅴ级航道80.24公里，Ⅵ级航道127.15公里，Ⅶ级航道40.6公里，Ⅶ级以下航道22.40公里(汉江航道186.5公里)。目前，全市现有港口4座，即沙洋港、钟祥港、京山港、东宝港。其中钟祥港和沙洋港为省重点港口，东宝港和京山港为省一般性港口(其中京山港已停止使用)，岸线全长561.22公里。全市共有港区15个，泊位58个，占用岸线长29330延米，库场面积21.37万平方米；钟祥、沙洋两座省级重点港口，年港口吞吐能力约400万吨，是汉江中游最大的货物进出口集散中心，主要承载全市煤炭、矿石、建材、粮食、化肥、件杂货等各种货物的港口装卸、仓储及进出口运输等。现有港口企业26家，拥有泊位122个，占用岸线3.06万延米。年综合通过能力10万吨以上港口2个，最大靠泊能力1000吨级，装卸机械106台(套)。截至2012年年底，全市共有营运船舶151艘，其中：拖船12艘，功率2142千瓦；驳船32艘，15652载重吨；货船63艘，31398载重吨，10057千瓦；客船44艘，载客量1157客位，功率3552千瓦。

基础设施。完成投资80124.4万元，完成路基533.3公里，路面607公里，桥梁2207延米/46座，其中：一、二级路项目完成投资56576万元，完成路基27.3公里，路面97.4公里；三、四级路项目完成投资4760万元，完成路基45.6公里，路面45.6公里；通村公路项目完成投资9884万元，完成路基451公里，路面451公里；危桥改造项目完成投4622.4万元，1293延米/28座；国防公路项目完成投资842万元，完成路基13公里，路面13公里；安保工程完成投资458万元；渡改桥项目完成投资1612万元，914延米/18座；其他工程完成投资1370万元。建成长滩、长寿、两个农村综合服务站，完成投资100万元。建成4个农村港湾式候车亭。

港航建设。累计完成投资6200万元，占年计划的103.3%。其中钟祥港石牌综合码头工程完成投资4070万元，沙洋港中心港区一期综合码头工程完成投资2130万元。

公路养护。完成油路大修工程74.9公里，完成危桥加固改造工程6个，完成安保投资458万元。完成清理高路肩土1.8万平方米，累计完成修补沥青路面坑槽、沉陷等病害4.5万平方米。全市疏通涵管80道，桥梁见新45座；公里碑见新460块，更换波形钢护栏560米。完成绿化植树2.2万株。

路政管理。全市有路政执法车26台，其中，19辆安装了GPS。各固定治超站配备专用治超车和检测设备、卸货设备。检测车辆1059041台次，处理超限车辆57043台次，卸货20.7万吨，查处路损案件96起，受理路政许可63起，散货油布覆盖率达到90%以上，超限车辆控制在4%以内。全市收取公路路产损失赔(补)偿费15673827元，其中：路产损失赔偿费443769元，占利用公路补偿费683313元，超限运输补偿费14546745元，年底全额上解省公路局。

运政管理。组织15000人次开展各类执法检查活动，检查营运车辆近5万台次，查处纠正各类违章违法行为3000余起。其中查处非法营运车辆200台次，取缔机动车驾驶员非法培训窝点2处，调处维修质量纠纷2起。开展“打非治违”等专项活动排查安全隐患25个，责令整改到位24个。加强客运车辆和危货车辆动态监管，全市GPS入网率达100%，在线率达95%。发放宣传单600份，出动宣传车90台次，调处汽车维修质量纠纷2起，对企业下达《违法通知书》70份、《整改通知书》69份，查处维修企业违法经营行为13起，对24家具备开业条件的维修企业按许可程序办理《经营许可证》，对6家不具备经营条件的“路边店”依法取缔。全市115家一、二类维修企业评定出AAA级企业22家、AA级企业65家、A级企业28家。综合性能检测站AA级企业4家、A级企业1家。

水运行业管理。完成港口起运量113.86万吨，完成港口吞吐量210.78万吨。拆解船舶22艘、5682总吨，申报拆解补助资金244.38万元。经省交通运输厅、省财政厅批复同意，下达全市2012年长江干线船型标准化补助资金30万元，用于2艘荆门货船的拆解工作。检验各类船舶194艘、57068总吨、23136千瓦，新建船舶防污染设备率100%，营运船舶防污染设备整改合格率100%。全市船舶安全面为100%，船舶每载货吨直接经济损失控制在4.5万元以内，船舶每万总吨死亡人数为零，乡镇船舶安全无事故，无重大船舶污染水域责任事故，实现连续12年水上交通安全零事故。

现代物流发展。全市重点物流项目基础设施开展前期运作有3个，分别是荆门市公铁物流中心、荆门石牌港核心港区物流园、沙洋中心港区物流园；开工项目有3个，分别是荆门市杨家桥物流中心、屈家岭·中国农谷农产品物流园、京山物流中心；在建项目有3个，荆门市众诚物流园、钟祥现代交通物流园、荆门市腾飞达物流园；建设完成项目有2个，分别是钟祥旧口、京山钱场农村综合运输服务站。其中，荆门市公铁物流中心、荆门石牌港核心港区物流园、荆门市杨家桥物流中心、荆门市众诚物流园、钟祥现代交通物流园、沙洋中心港区物流园、京山物流中心7个项目进入省“十二五”规划。全年建设投资达23090万元，占省下达年度建设计划10925万元的211.35%，占市下达年度建设计划6120万元的377.29%。现代物流管理上有10家企业推广使用TMS软件，201家企业登录使用湖北交通物流信息平台，荆门市物流发展机构内网已建立运行。全年组织干部职工学习物流专业知识、统计技能、项目管理、财务软件操作、职业经理培训300余人次，近50人申报获得全国中级物流职业经理证书资质。

党风廉政建设。扎实开展“喜迎十八大、争创新业绩”主题实践活动，认真开展党风廉政宣教月、廉政文化进机关、腐败风险预警防控、治理“慵懒散软”等活动，大力推进交通工程领域“六同长效工作法”，不断深化“阳光示范工程”建设和交通工程建设领域专项治理、党政机关公务用车治理，全系统征集廉政格言短信100多条，查找风险点129个，完善和制定防范措施26项，全市交通运输系统没有发生违反党风廉政建设制度的案件。

政风行风评议。全市交通运输系统有3000多人参与行评工作，抽调212名人员成立行评工作专班53个。编发《便民服务手册》8000本、《行评简报》55期3万多份，发布信息500多条、稿件80余篇，从各行各业聘请行风监督员350名，共发放征求意见表（函）2.2万多份，公开政风行风承诺44个，设立征求意见箱75个，上门走访征求意见单位（业主）596个，走访座谈服务对象1.7万人，各级班子成员参加走访座谈586人次，主要领导参加走访座谈297人次，现场答复解决问题110余个（件），上门回访解决问题37件，征求各类意见和建议286条，制定整改措施14条。本次行评工作荆门市交通运输局被市纠风领导小组评为优秀等次，有东宝、掇刀、钟祥、沙洋交通运输局在县（市、区）行评中排名第一。

质量监督情况。交通工程质量监督覆盖率达到100%，抽检点数22681个，抽检总合格率为87.9%。其中路基工程抽检点数17533个（组），合格率88.3%；路面工程抽检点数4709个（组），合格率85.9%；桥梁工程抽检点数385个（组），合格率96.9%；原材料抽检54个（组）数据，合格率87%。交工项目工程合格率达100%，全年无重特大施工质量和安全事故发生。（王闻　赵津津　徐天林）

【京山县】 全县公路总里程2470.103公里，公路密度为每百平方公里70公里，其中随岳、武荆两条115.217公里高速公路呈“十”字形在南部交叉；随岳高速京山段72.43公里，武荆高速京山段42.787公里。省道汉宜线、分当线、小应线、大天线共长241.971公里。县道5条共201公里，乡道1104.422公里，村道807.493公里。全县14个乡镇405个行政村，全部通达了沥青或水泥路，道路通达、通畅率均为100%。京山辖区现有运输业经营户2759家，营运车辆5500辆，其中货车4902辆、计17044.86吨；客车353辆、计8278座；旅游客车5辆、181座。出租车202辆，乡村客运车辆38辆、计302座。跨省客运线路9条，跨市41条，跨县6条，县内63条。汽车维修与检测：一类维修企业3家，二类8家，三类60家，综合性能检测站1家。汽车客运站20个，其中二级站1个，四级站4个，五级站5个，简易客运站10个。驾驶员培训学校3所，京山县汽车驾驶员培训学校、京山东方汽车驾驶员培训学校、京山万通驾驶员培训学校。

基础设施建设。交通运输项目建设、养护项目76个，年度投资任务为32070万元，完成交通基础建设投资46600万元，为年度投资任务的142%。

重点建设项目。武荆高速公路京山连接线一级公路，全长14.837公里，总投资32344万元，已完成全部路基及桥涵工程，铺筑路面基层8公里，完成投资16000万元。农谷大道京山

随岳高速京山出口

段一级公路建设工程，全长12.7公里(京山段6.46公里，太子山段6.24公里)，总投资16000万元，已完成路面沥青下封，完成投资12000万元。坪客公路坪坝至三阳段二级公路路基改造工程，全长15.974公里，总投资约7900万元，已完成全部路基及桥涵工程，铺筑路面垫层12公里，完成投资近3000万元。

公路养护。小修保养完成路面保洁197771公里，清挖水沟123.52公里，标准路基131.7公里，割长草1576公里，补砂石坑槽35350平方米，路树整枝741公里，处治沥青路面病害34711平方米，路树刷白160公里，灌缝1640平方米，处治沥青路面沉陷50150平方米，清障835立方米，京王线备料2100立方米补栽标号志里程碑86块，挖补坑槽6658平方米。大中修工程分别完成汉宜线3.9公里大修工程，大天线10.4公里下面层铺筑，小应线宋河街道1.5公里大修工程，坪客线完成路基土方24万立方米，垫层10公里，圆管涵100道，桥梁2座，盖板涵2座。完成梭罗河桥及各流桥危桥加固工程。

路政管理。清除有各类堆物占道510余处1800余平方米；排查和清理具有安全隐患的枯死、断裂的行道树47棵，加固修复路用标志标牌12块；整改不符合标准的接道口及疏通水沟70余处，清理堵塞水沟270余米；发现制止各类违章建筑3处；拆除非公路标志16块，商业性横幅、标语350余处；查处各类路政案件21起，结案21起。超限治理检测车辆182786台次，处理超限车辆10104台次，卸货11387台次，共卸货36607吨；查处装载易遗洒飘散货物车辆410余辆。办理车辆超限运输通行证219台次；办理行政许可14个，路损案件21起。

财务费收和筹融资。财务收支：按京财预发〔2011〕15号文《关于编制2012年部门预算的通知》的要求，通过“二上二下”，最终人大批复年度预算指标2712.26万元(财政经费拨款1035.79万元、纳入预算管理的非税收入安排的拨款769.47万元、上级补助收入907万元)，其中：人员经费1225.6万元，公用经费454.82万元，专项经费1031.84万元。筹融资：地方累计筹资1.3个亿，用于普通公路建设和公路养护。

政风行风评议。行评办发简报11期；《荆门日报》、《今日京山》等媒体上稿6篇；上报市局行评办信息11篇，上稿4篇；上报县纠风办信息11篇，上稿4期；在京山电视台播放行评新闻三组。开展“四个查摆”，即干部职工自我查摆、系统内部相互查摆、社会各界帮助查摆、参评人员督促查摆。收集意见、建议68条，归纳整理为6大类。由班子成员牵头，组成7个工作专班，实行一个问题落实一名领导负责，组建一个专班，制定一套整改措施，规定一个整改时限，及时做好答复，逐条整改、逐条销号。在全县8个参评单位中名列第二。

（王闻 向勇）

【沙洋县】 公路通车总里程1805.584公里。其中，襄荆高速公路沙洋段34.61公里，国省道159.639公里，县乡道880.887公里，通村公路730.448公里。县列养公路里程为370.102公里，其中列养207国道37.764公里、省道汉宜线67.425公里、荆新线54.45公里、县道5条计210.463公里、列养线路桥梁总计60座，非列养乡道670.424公里、村道730.448公里。

道路运输。沙洋县有客运企业4家，客运线路132条，客运车辆415辆，其中跨省线路3条、跨市客运线路12条、跨县客运线路24条、县内客运线路28条、农村客运线路65条。危险品运输企业2家(沙洋县鼎力装卸运输有限责任公司、沙洋县凯达实业有限公司)。汽车客运站12个，其中二级站1个(沙洋中心客运站)、三级站2个(平湖客运站、后港活运客运站)、四级站3个(十里汽车站、毛李客运站、马良客运站)、五级简易站6个(纪山、曾集、张池、李市、官当、沈集)。所有客运企业(永盛、旭冉沙洋分公司)和危险品运输企业(鼎力、凯达)都建立了GPS监控平台。共有货运车辆2538台，10101.48万吨。载客汽车415辆，5602座，其中大型载客汽车51座，1427座。2012年客运量590万人，旅客周转量21300万人公里；货运量940万吨，货运周转量19980万吨公里。从事城市公共运输服务公交车40辆、出租汽车60辆。出租车采取挂靠公司经营方式(其中：荆门中鑫公司17台、沙洋永盛公司17台、沙洋远达公司26台)，公交车采取个体联营、挂靠经营模式。有机动车综合性能检测站1个(沙洋县安兴综合性能检测站)，一类维修企业1家(宏远汽修)，二类5家(高新、荣昌、自远、鑫源、万众汽修)，三类12家，驾校3个(新安、远达、华康驾校三所)，道路运输从业人员6000余人。

水路运输。沙洋县境内主要有汉江航道、江汉航线北航道、长湖以及拾回桥河，通航里程174公里，其中汉江56公里，江汉航线31.5公里，长湖52公里，拾回桥河34.5公里。辖区有沙洋、马良、长湖三个港区，港区自然岸线全长10800米。沙洋港区属中型河港，注册均为50～100吨级，货场面积15.7万平方米，仓库面积1.76万平方米，泊位39个，码头泊位占用岸线4.0公里，最大靠泊能力500吨级，装卸机械68台套，年综合通过能力货运278万吨，客运20万人次。港区有码头33座，年设计吞吐能力30万吨，其中直立框架式散货码头1个、起重岸吊码头1个、直立栈桥式码头4个。港口最大起重能力13吨。全港拥有港口经营单位11个。全县运输船舶拥有量76艘20650载重吨，总功率5476.4千瓦，4808净吨，10314总吨。2012年，完成客运量6.3万人次，货运量完成83万吨，港口吞吐量完成95万吨，货远周转量完成2750万吨/公里，客运周转量完成37.8万人/公里；船舶运力净增0.1万载重吨，水路运输(服务)业年度核查率达100%。

基础设施建设。公路建设：完成普通公路固定资产投资2.92亿元。荆新线一级公路沙洋段改建工程沈集镇双庙村至范家台大桥以北段37.72公里路面工程已完成了路面主体工程、附属工程及交通工程，共完成投资1.757亿元；江沙线沙洋段二级公路改建工程已完成全线27.4公里路基工程、25公里水稳基层铺筑和沥青下封、19.7公里沥青混凝土面层铺筑及七宝山桥新建任务，完成投资2900万元，与之相配套的红旗一桥与红旗二桥已进入项目前期准备阶段；沙河线沙洋至五里段路面改善工程已全部完工，共完成投资7500万元；雷(场)曾(巷)线三级公路改建工程已完工，完成投资1230万元；通村公路建设计划93.3公里，完工95.9公里，占年计划任务的103%；城区道路工业六路已完成2.1公里水稳基层铺筑、沥青下封。桥梁建设：完成投资额400万元，完成江沙线七宝山桥新建工程、农村公路渡改桥3座。港航建设：项目总投资10亿元，其中沙洋港中心港区码头及港口设施建设工程投资4亿元人民币，物流园区及配套工程投资6亿元人民币。沙洋港中心港区一期综合码头工程可行性研究报告和初步设计已经省发改委批复，成立沙洋港中心港区及物流园区工程指挥部。客运站场建设：投资10万元建设完成4个候车棚(杨集、吴集、孙店、陈池)、完成风情园五级客运站(张池)建设工作。

养护管理。公路养护：完成路基养护共割长草205.69公里、清理路肩480000平方米，路面养护共挖补沥青路面沉陷4342平方米、坑槽12372平方米，沥青路面灌缝56552.17米，渣石料修补水泥混凝土路面病害14015.98平方米，公路绿化共在207国道和汉宜公路上新(补)植2000余株，维修护肩带90立方米，修复波形钢护栏108米，道路划标线114120平方米；清挖水沟5000米；完成207国道关庙桥和金虾河桥危桥改造工程。港航养护：对辖区航道进行20次航道大检查，各航道站保证每两天巡航一次，航标员出勤率为100%，航标艇驻守浅滩共计60天艘次，全面保证辖区航道安全畅通。设岸水标51850座天(其中岸标915座天，水标50935座天)；日平均设标170座；平均设标密度为1.80座/公里；标位准确率为100%；标位正常率为99%。船舶安全通行沙洋公路大桥7480船次(其中上水2987船次，下水4493船次)。小修航标艇2艘次，大修鄂标402号航标艇，机艇完好率达到98%以上；维修标船、大修换底板24条；修理锥体和罐体各15个。导流明渠专设航标正常率、准确率均为100%，灯光保证率100%。

运政管理。公路：发放宣传单700余份，悬挂宣传标语22幅，检查出租车310台次，暂扣出租车46台次，暂扣证件31本，暂扣“黑的”8辆。暂扣客运线路牌、证件36套，处理处罚违规车辆25辆，中止客运车辆运行停业整顿28台次，扣证45个，扣牌34块。补贴全县65条线路乡村客运车辆燃油费1148万元，其中：城区60辆出租车汽车补贴燃油费124万元，40辆公交车补贴燃油费295万元，处理燃油补贴投诉5起。水路：审查港运输企业5家，审核船舶17艘，参审率100%；审核个体船舶16艘，年审率100%；《水路运输许可证》换证100%。进行运政、航政签证2560次；有2艘、785总吨船舶申报拆解，落实补贴资金38万元；更新改造渡船4艘，落实中央补助资金26万元；查处违法修建港口设施违法行为2起。查处各类隐患48处，其中现场整改47处，限期整改1处，净化了水路运输市场秩序。完成客运量6.3万人次，货运量完成83万吨，港口吞吐量完成95万吨，货运周转量完成2750万吨/公里，客运周转量完成37.8万人/公里；船舶运力净增0.1万载重吨，水路运输(服务)业年度核查率100%。

路政管理。超限超载车辆均按规范程序进行卸货处理，做到一车一档，检测率100%，公路超限率控制在5%以内；路政许可审批5起，行政处罚48起，公路路产赔偿18起，清除堆物占道377处1214平方米，拆除违法修建非公路标志牌45块，取缔非法经营加水点6处。

安全生产。组织排查治理隐患企业单位257家，排查一般隐患75处。全系统安全生产势态良好，道路运输未发生安全责任事故；水上交通安全四项指标(事故起数、受伤人数、死亡人数、经济损失)为“零”；交通施工无事故；实现全县“道路运输七年无事故，水上交通十年无事故”的好成绩。

筹资融资。争取项目资金7716万元；争取沙洋港中心港区及物流园区工程项目落户沙洋，先期引资9000余万元；完成水路交通规费征收148.05万元，超同期12%，完成年度计划的100.03%，其中：港务费140.97万元，航政费7.08万元。

政风行风。聘请34名行风监督员，确定539名电话询问对象。向社会各界发放意见表800余份，收回660余份，征求意见和建议145条。被评为“沙洋县民主评议政风行风优秀单位”。

(王闻　林峰)

【钟祥市】 境内主要有襄荆高速公路、武荆高速公路、207国道一级公路、寺沙线二级公路、分当线二级公路、汉宜线二级公路、文乐线二级公路、襄钟线二级公路等主要国省干线。全市公路总通车里程4712.403公里。其中，境内高速公路两条82.7公里(襄荆高速39.8公里，武荆高速42.9公里)，国道1条31.29公里(207国道)，省道5条259.234公里，县道8条204.961公里，乡道131条1714.634公里，村道2380.958公里，专用公路38.626公里。有永久性桥梁501座13550.59延米，其中特大桥(钟祥大桥)1座1548.70延米，大桥13座1706.84延米，中桥51座2640.72延米，小桥436座7654.33延米。

公路运输。有运输业经营业主1510家，营运车辆4544辆，其中，货车3433辆28015吨，客车507辆9356座(乡村客运车辆345辆5121座)，出租车350辆，教练车254辆。客运线路126条，其中跨省线路6条，跨市(州)线路31条，跨县(市)线路15条，县内客运班线74条(含农村客运线路8条)。汽车客运站8个，其中二级站1个(汽车客运中心站)，三级站1个(装卸公司中心站)，四级站3个(石牌汽车客运站、旧口汽车客运

钟祥镜月湖大桥

站、胡集汽车客运站)，五级站2个(东桥汽车客运站、张集汽车客运站)、简易站1个(磷矿客运站)。汽车维修与检测：一类维修企业6家，二类维修企业25家，三类维修企业42家，二级维护检测站1家，综合性能检测站2家。驾驶员培训学校8所，即钟祥市金盾机动车驾驶员培训有限公司、钟祥市新旺机动车驾驶员培训有限公司、钟祥市机动车驾驶员培训学校、荆门市老任方向盘驾驶员培训有限公司、钟祥市顺利达机动车驾驶员培训有限公司、湖北钟祥市亨达机动车驾驶员培训学校、钟祥市华中机动车驾驶员培训学校、钟祥市方向盘机动车驾驶员培训学校。完成货运量3435万吨，货运周转量531320万吨公里，同期增长1.4%；完成客运量3425万人，客运周转量158350万人公里，同期增长1.5%。

水路运输。境内航道以汉江为主干，另有蛮河、丰乐河、浰河、直河、竹陂河等支流航道，通航里程295.5公里。其中汉江航道144公里。钟祥港由转斗、浰河、皇庄、塘港、石牌、大同、旧口等7个港区组成，分布于汉江沿岸的7个乡镇。港口自然岸线长56.9公里，码头总长8940米，仓库面积1.21万平方米，堆场面积31.14万平方米；有泊位84个，最大靠泊能力500吨，码头前沿水深2米；有大型装卸机械9台(套)；年综合通过能力297万吨(其中港区年综合通过能力20万吨、44万吨、90万吨、107万吨的各1个，12万吨的3个)。全市运输船舶拥有量74艘22416载重吨，总功率5756千瓦，12580吨位。2012年，完成水路货运量32.4万吨，同期增长16.1%；完成货物周转量2.3亿吨公里，同期增长8.5%。

基础设施。公路：建设里程达290多公里。楚商大道一级公路全线4.6公里、宽100米。年底完成路基工程，2013年完成路面工程。北丰路完成三级公路改造29公里，全线44公里全部建成。九五路完成九里段三级公路改造10公里。江沙线全线24.3公里二级公路改造，完成油面层11.3公里、下封层12.3公里，幸福河中桥完成下部构造。胡转线全线14公里，完成胡集街道段二级公路改造2公里、转斗段三级公路改造10公里，汉江大道街道段2公里完成路基工程。洋大线全线9公里，完成3公里水泥路面。罗长线全线14公里三级公路改造年底完成路基工程，2013年完成路面工程。新建通村公路161.5公里，完成石牌彭墩路面刷黑5公里。新建市区石城中路959米，其中道路647米，广生庵桥185米，南北冲桥127米。开工建设楚商产业城A3路2.8公里，完成路基清表1万立方米、土石方7万立方米。完成省道分当线至文集雷达站三级公路改造8公里。荆钟一级公路项目完成防洪、水土、地质等三项专题报告评审。长汤路二级公路改造完成设计方案。桥梁：完成汉宜线红卫桥拆除重建工程、文乐线陈安桥、利河桥加固，分当线草庙河桥、襄钟线清河桥、丰乐二桥开工建设。汉江二桥完成全部14项专题报告及立项批复，进行初步设计招标。站场：物流中心、二级客运站、检测中心等三个项目同步建设，完成物流中心钢结构大厅和两栋检测中心钢结构车间；17栋物流市场楼有8栋封顶、6栋建到3楼、3栋建到2楼，5层仓储办公楼建到5层，仓库区和综合楼正在建设。完成长滩、长寿2个农村综合服务站的建设。港航：钟祥石牌港区项目完成工程立项，施工图设计通过双院制审查，在进行招商引资。

养护管理。公路：完成207国道大修1.2公里、省道文乐线大修5.3公里和中修4公里、分当线大修0.9公里、寺沙线大修2.8公里，襄钟线大修1.5公里。完成春季植树1.8万株；路面挖补坑槽13906.79平方米；修剪长草1658425平方米；铲培路肩148380平方米；清理边沟183530米；处治裂缝100291米；人工罩面2599.61平方米；整修路基28000米；修复钢护栏270米；红英街、文乐线、寺沙线43009平方米。完成通村公路沥青路面小修127.9公里。港航：设岸水标60590标座天，日平均设标166座，设标密度1.80座/公里，标位准确率100%，标位正常率达98%，船舶完好率达95%以上。

运政管理。公路：出动执法人员374人次，路检路查营运车辆400台次，查处违规经营车辆12台次，查处非法经营车辆2台，与公安交警部门联合开展清理、整顿电麻木车违法经营活动，查扣电麻木车6台；与磷矿公安交警部门每周一、周四联合开展钟祥至磷矿线经营行为治理行动，督促磷矿线车辆依法经营，查处违规经营车辆1台，黑车3台；与市交警、巡警部门联合开展城区客运市场、出租车市场整治，查处非法经营车辆2台；与高速巡警、高速路政联合查处高速路上客车违章行为，查处违停8起。与地方公安、铁路公安、出租车公司联动，加大对不打表营运、宰客、甩客、卖客、拼客等不规范经营打击，受理投诉举报46起，查处不规范经营行为

62起、“黑的”13辆。水路：在各港、所、渡口悬挂安全横幅6幅，张贴宣传标语45张，办宣传栏2期，召开水运企业和大型渡口负责人、船员参加专题会议2次、60人次。春节期间检查渡口，水库旅游19处，各类船舶324艘8551千瓦，550客位，12车位，组织货物3万吨。检查各类船舶150多艘、4520千瓦、17860载重吨，查出隐患90多起，补缴各种费用近5万元。

路政管理。清除占道堆积物147处3626平方米；检测超限运输车辆209021台次，查处超限运输车辆10510台次，处罚超限运输车辆124台次，办理不可解体车辆超限运输证271台次，卸货7000余吨。

安全生产。排查安全隐患39起，现场整改27起，下达隐患整改通知书23份，将安全事故消除在萌芽状态，保证全年无重大安全事故发生。

党群工作和精神文明建设。开展“喜迎十八大，争创新业绩”、“创先争优”、“政风行风民主评议”、“省级文明单位创建”等活动，干部职工素质得到提高。钟祥汉江航道管理段被省港航管理局命名表彰为“全省港航海事系统‘六型’文明示范窗口单位”，钟祥市交通运输局被评为“荆门市级最佳文明单位”，钟祥市汉江航道管理段被评为“荆门市级文明单位”。钟祥市交通运输局在民主评议参评的8个部门中名列第一。

（王闻　马雪丽）

【东宝区】 公路通车里程达1571.237公里，其中高速公路43公里，一级公路4.402公里，二级公路241.477公里，三级公路108.789公里，四级公路1164.31公里，等级外公路9.259公里。境内现有漳河、仙居南(北)河3座通航内河，渡口5个。境内已建成使用的客运站6个，其中，四级客运站1个、五级客运站5个；客运售票点1个(火车站)；候车棚72个；招呼站114个。境内现有货物运输车辆3795台，其中，普通货物运输车辆3779台，总吨位19654.6吨；危化品运输车辆16台，总吨位321.71吨；客运车辆176台，总客位2706座；二类客运班线29条，四类客运班线69条；144家机动车辆维修和检测企业，其中，一类维修业4家、二类维修企业24家、三类维修企业116家。

基础设施建设。一级公路：荆(荆门)新(石首新厂)线一级公路改建工程，全长8.97公里，总货币量5600万元。2011年10月开工建设，完成沥青面层铺筑14.35万平方米，波型钢护栏3386米，警示桩86根，轮廓标140根，完成工程货币量4700万元。二级公路：江沙线东宝段二级公路改建项目，全长9.8公里，项目总造价2693万元。2011年12月10日开工建设，完成该路段路基工程，封油6.7公里，下封3.2公里，沿线已栽植绿化树，安装安全标志标牌和勘划道路标线，完成工程货币量1400万元。石栗线仙栗段二级公路改建项目，全长27.5公里，项目总造价7668.23万元。3月开工，完成一期路基工程，验收为优良工程，完成工程货币量2300万元。三级公路：东宝区县乡三级公路建设任务2条9公里。宏图三岔路口至国宾酒店7公里和白泥河2公里全部完成。四级公路：实际完成通村公路建设105.5公里，占年计划的213.1%。农村公路渡改桥：完成农村公路渡改桥3座90米，已全部完工。危桥改造工程：对207国道竹皮河大桥实施加固工程，该桥全长101.4米，9月30日完工通车；对仙居乡许集桥进行危桥改造，该桥全长45.88米，10月中旬完工通车。园区路：完成东宝经济开发区富业路建设路基土石方11万立方米，雨污水管2754米，碴石垫层16800平方米。桥梁：新建农村公路桥梁4座139.6延米。分别为马院桥49.6延米、折旗河桥30延米、周集桥30延米，仙新桥30延米；列养公路危桥改造4座208.44延米。分别为龙王冲桥24.4延米、海慧沟二桥26.2延米、竹皮河桥101.04延米、石桥驿桥56.8延米；非列养公路危桥改造4座117延米。分别为南桥桥26延米、反帝桥14延米、石桥驿桥51延米、灯塔桥26延米。

公路养护。通村公路养护：对仙居乡、石桥驿镇、子陵铺镇、栗溪镇、牌楼镇5个乡镇的通村公路进行养护，投入养护资金106万元，养护里程达200.4公里，完成沙砾垫层2000立方米，水稳基层2161.9立方米，油面封油9861.8平方米，占年计划的99%。列养公路小修保养：完成列养公路小修保养16条，投入列养公路养护资金780万元，完成养护里程414公里，占年计划的90%。完成整修路肩179385平方米；割长草942.9公里；洒药除长草339.7公里；清理水沟103192米；疏通涵管258道；清塌方1086立方米；维修防撞墙15米；水稳料调平5103.89；沥青灌缝185715米；处治沉陷3480.5平方米；处治油包2715平方米；油补坑槽7625.74平方米；路树整枝21公里；路树刷白16公里；桥梁见新8座；公里碑、百米桩见新311块；完成南荆线养护大中修病害处治1200平方米，防护工程及路肩硬化1108.14平方米，上基层水稳38700平方米。低碳绿色公路打造：秉承“绿色、生态、环保”理念，对207国道、南荆线沿线公路进行绿化，新植、补植树木15000余棵，路树刷白200公里。

企事业单位改革。9月，东宝区交通运输局和漳河新区交通运输局签订《东宝区交通运输局关于移交漳河新区所涉交通问题的备忘录》，东宝区港航管理所(地方海事处)、漳河交通管理站两机构正式移交漳河新区。

运政管理。春运期间办理春运证151本，开具临时加班牌1块，包车加班牌2块，日投入运力264台，日发班次477班，完成客运量32.5万人次，节假日市场运输未出现旅客滞留和安全事故。新增客运线路10条，客运车辆14台，办理农村客运车辆更新2台，公路客运车辆更新13台。上半年许可物流货运公司3家，新增货运车辆247台，转入货运车辆110台，转出货运车辆166台，年审货运车辆1849台。按照2012年1月颁布的《机动车维修服务规范》标准，对全区维修市场进行宣传贯彻，严厉打击只签证不维护行为，完成一、二类汽车维修企业的资质认定和信誉考核评定工

作，许可维修企业9家

路政管理。检测超限运输车辆772817台次，处理超限车辆51682台次，卸货20.7万吨，查处路损案件46起，受理路政许可25起。办理超限运输通行证1362台次，制止违章建筑1起，清理堆物占道135处4563平方米，清理打场晒粮42处1995平方米，拆除非路用标牌320块。

安全生产。对全区47家货物运输企业进行隐患排查，查出安全隐患36起，整改36起，整改率100%。对危险化学品运输车辆严格执行交通运输部《道路危险货物运输管理规定》，实行“一户一档、一车一卡”管理。以“杜绝重特大事故，控制一般事故”为目标，扎实开展水路交通安全管理工作。督促指导有船乡镇和有船行政村与船主签订《安全生产责任书》，签订率100%。以“安全生产月”活动为契机，成立安全专项整治领导小组，下发宣传资料500余份，出动车、船安全检查200余次，查出船舶安全隐患22处，整改完成22处，隐患整改率100%。完成水路客货运输51艘船舶的安全年度审验工作，更换船员新证68本，更换救生衣54件。进行工程建设安全检查20次，督办工地安全隐患整改11处。对危险桥梁安排专人昼夜管护，采取发现一处锁定一处，存在一处整改一处的办法，排查桥梁隐患3处，全部整改销号。

政风行风评议。东宝区交通运输局作为行评单位，结合整治“庸懒散软”工作，做到“四落实”即落实目标责任制、落实承诺制、落实首问负责制、落实跟踪督办制，加强政风行风建设，在全区民主评议政风行风工作中取得第一名。（王闻　杨小国）

【掇刀区】　境内公路主要有荆宜高速公路、武荆高速公路、襄荆高速公路、207国道、219、251、311省道等主要干线公路。公路总里程达到1007.06公里，每百平方公里拥有163.83公里。其中高速公路36.83公里，国道24.75公里，省道38.81公里，县道31.20公里，乡道284.48公里，村道590.99公里。

公路运输。现有营运车辆3045辆，客运班线24条，行政村通班车率100%。其中营运客车60辆，591座；货车2985辆，17063吨，2012年新增货车265辆，3413吨。掇刀区内有机动车维修企业94家，其中一类维修企业9家，二类维修企业40家，三类维修企业45家，2012年新增一类维修企业1家，二类维修企业4家，三类维修企业2家。

公路建设。完成公路建设投资4197.5万元。其中，通村公路完成水泥混凝土铺筑32.7公里，完成投资817.5万元。县乡道改造，一是完成杨竹二级公路10公里水稳基层铺筑及沥青下封，新建沟院子及古院子2座桥梁，该项目为续建工程，完成投资2000万元；二是完成团林至李集公路10公里改建，完成投资1200万元；三是完成风袁线凤凰至谭店段1.5公里改建，完成投资180万元。

桥梁建设。完成危桥改建6座216米，投资360万元，分别是陈集桥、五岭二桥、白鹤桥、五岭一桥、路冲桥以及朱店桥。

公路养护。农村公路养护里程完成435.59公里，路面完好率达95%以上。处治沉陷、坑槽5024.9平方米，下封5123.7平方米，补油8949.62平方米，灌缝34095米。

公路运政管理。查处涉嫌非法营运车辆案件598起，出租车12台次，实施行政处罚20余万元，全区排查治理隐患道路运输企业累计6家，注销1家，整改2家，整改率达100%。

公路路政管理。制止打场晒粮行为15起，擅自开挖公路事件9处；按正常程序审批开挖、占用公路6处，强制清除占道建筑堆积6处182立方米；强制拆除麻火路违法埋设管线800米；强制回填、恢复开挖路肩2500米。

安全生产。重点开展危桥险段安全隐患排查治理，查出安全隐患25处。投入155万元整改隐患8处，包括陈集桥、五岭二桥重建，莲花铁路桥、张场桥、五岭一桥、五丰桥和白鹤桥设置标志牌、防撞墩，牯牛寺桥头险段增设减速板、防撞墩、标志牌等，全年未发生安全责任事故。

政风行风。聘请民主评议政风行风工作监督员12人，确定行评工作电话访问对象180名，公开人大工作评议及行风评议《公开承诺书》，广泛征求交通运输方面意见、建议，召开迎评工作督办会议5次，迎评培训2次，行评宣传，编印行评简报11期，办理人大建议、政协提案12件，开展自查自纠，形成集体自查报告7篇，个人自查报告15篇。取得掇刀区人大评议满意单位及民主评议政风行风第一名。

（王闻　罗汉钟）

【漳河新区】　漳河新区交通运输局组建于2012年3月，下设有地方海事处和漳河交管站，负责履行荆门市漳河新区辖区的交通基础设施建设、公路水路管理与养护、交通运输行业管理等职能，现有干部职工25人。

交通运输。境内有公路498.58公里，省道分当线18.56公里，县道仙谢线、李付线2条43.01公里，乡道214.64公里，通村公路222.38公里。有漳河水库一条通航河道，通航里程175.5公里。港区有漳河旅游码头1座，道子、姚家堰、王家湾、曲长坡4个渡口。旅游船舶44艘，马力3800千瓦，客位约1100个。

基础设施建设。完成通村通组公路建设项目11条28.5公里，占年计划建设任务的185%。完成港航建设投资1000万元，用于漳河旅游码头建设。

安全生产。全年检查水上客运船舶44艘，查出安全隐患62条，整改62条，责令不符合出航条件的船停机检修。漳河新区交通局投入74万元，完成漳河环库公路险段防护设施一处，完成农村公路危桥改造2处。投入资金50万元对仙杨路铁路立交桥进行加固维修。投资4万元对存在安全隐患的漳河镇清静庵大桥进行防护整治，实行限载通行，设置安全示警墩2座。投资20多万元对漳河环库公路的“石榴岩”和香山段的“冻河岩”两处险要路段，加设钢制防护设施总长810米。

交通规费征收。完成水上规费征

收 2.4 万元。（王闻　陈祺）

【屈家岭管理区】 公路通车里程达到 305.219 公里，县道 44.728 公里，乡道 190.407 公里，村道 70.084 公里。等级公路达到 297.751 公里，其中：二级公路达到 10.801 公里，三级公路达到 38.114 公里，四级公路达到 248.836 公里，等级公路比重达 97.55%，等外公路 7.468 公里。全区公路养护里程为 297.751 公里，其中：列养里程为 44.728 公里，非列养里程 253.023 公里。

公路运输。有运输业经营业主 62 家，营运车辆 774 辆，其中，货车 730 辆 6110 吨，客车 44 辆 1140 座，农村客运车辆 23 辆 330 座，城市公交车 16 辆。客运线路 12 条，其中跨省线路 1 条，班车 1 辆；跨市(州)线路 6 条，班车 16 辆；跨县(市)线路 3 条，班车 4 辆；区内客运班线 2 条(都是农村客运线路)班车 23 辆。汽车维修与检测：一类维修企业 1 家，二类维修企业 2 家，三类维修企业 56 家，二级维护检测中心 1 家。二级汽车客运站 1 个。驾驶员培训学校 1 所，即五三永安驾校。2012 年，公路交通运输完成货运量 52.8 万吨，货运周转量 2315 万吨公里，同期增长 2%；完成客运量 41.06 万人，客运周转量 2150 万人公里，同期增长 12%。

公路建设。完成公路建设投资 10450 万元。武荆高速至屈家岭连接线(农谷大道)：农谷大道全长 21.454 公里，其中屈家岭段 8.854 公里，总投资 1.22 亿元。工程于 2011 年 12 月 16 日破土动工，全面完成路基工程，完成土石方 75 万方，管涵 20 道、盖板涵 2 座，中桥一座，完成路基和路面下基层及稀浆工程，完成投资 6100 万元；10 月 25 日，农谷大道太子山段 6.2 公里交由区管委会担任项目业主。截至年底，工程上下基层全部完成，稀浆封层完成左幅 6.2 公里，右幅 3.9 公里；完成挡土墙 1597 米，水沟 180 米。五三大道刷黑和王家山桥加宽：全长 2.2 公里，扩宽至 20 米，2011 年 6 月开工，已完工，完成总投资 2000 万元。九五线屈家岭段二级公路改造升级：全长 26.102 公里，按二级公路技术标准建设，路基宽 12 米，路面宽 9 米，为沥青混凝土路面，工程总投资 1.08 亿元。该工程南起与 107 省道即汉宜公路交点，在屈家岭工业园区改线后接九五线，经过何集、长滩办事处、五三农场长滩办事处与钟祥长滩镇交界的季河桥头达到终点。9 月 28 日动工建设，长滩段面完成路基工程和垫层 7.2 公里，完成 0.7 公里水稳层施工；何集段面完成田路分家 15 公里；完成投资 600 万元。城区道路刷黑：总长 6.808 公里，刷黑面积 8.3 万平方米。10 月动工，已完工，完成总投资 1000 万元。通村公路：完成水泥路面 30 公里，占年计划的 100%，完成总投资 750 万元。

站场建设。五三二级汽车客运站项目于 2010 年 11 月正式破土动工，2012 年 3 月份建设完成，通过省交通运输厅竣工验收。工期 17 个月。总占地面积 31316 平方米(46.97 亩)，总建设面积 2801.83 平方米，其中客运站建设用地 27214 平方米(40.4 亩)。项目总投资 1596 万元，其中省投 435 万元，地方自筹 1161 万元。

物流发展。中国农谷农贸物流大市场建设总投资 5 亿元，占地面积 300 亩，规划总建筑面积 26 万平方米，其中冷库 12000 立方米、交易大棚 12000 平方米、仓库 14400 平方米、商铺 1133 个，采用电子交易平台等现代化设备，主要经营粮油、肉禽类、果品、蔬菜、水产品、冷链、干货、花木、农机、农资等产品。5 月底举行奠基仪式，8 月初正式动工。

城市公交。屈家岭分局及管理区相关部门以“统一规划、统一管理、政府主导、市场运作”的原则全面推动公共交通优先便民工程，通过招投标及督促中标企业五三易达汽运有限公司 6 月中旬投资 320 万元购置 16 辆公交车，先后开通 4 条公交线路投入营运，屈家岭管理区告别无公交车的历史。

公路养护。修复坑槽 1215.9 平方米，整理路肩 141200 平方米，路面灌缝 70.6 公里，清扫路面 439200 平方米，行道树、桥涵刷白 35.3 公里，疏通边沟 5316 米，铲除杂草 423.6 公里；完成挖补处理路面坑槽 750 平方米，灌缝处理 17.65 公里。

运政管理。出动稽查车 230 余台次，出动稽查人员 1600 余人次，查处客运违章 135 辆次、货运违章 387 辆次，下发维修企业《责令停止经营通知书》1 份，下达维修经营业户《责令改正通知书》33 份，暂扣黑教练车 1 辆。

路政管理。与辖区 4 个办事处签订公路过境路段整治协议，在本地电视台播报路政宣传信息 5 次，印发路政宣传单 500 余份，拆除违章标志牌 2 块，清理横幅广告 150 余条，开展专项行动治理路面打场晒粮及违法堆物占道现象 270 余处，收取占利用公路赔补偿费 4 万元。

安全生产。开展安全咨询活动 2 场，发放宣传材料 920 份，车站 LED 显示屏滚动播出安全标语、发布交通安全信息和预警信息 10 次 360 余条，举办 2 期道路运输从业人员安全知识培训。开展安全隐患排查专项行动 16 次，排查一般隐患 75 项，重大隐患 1 项，整改 55 项，整改率 73.33%。全年交通运输四项安全指标均控制为零，安全生产态势平稳，实现连续 9 年交通运输无安全事故。被评为屈家岭管理区安全生产优秀单位。

政风行风评议。成立行风评议领导小组，制定《荆门市交通运输局屈家岭分局民主评议政风行风工作实施方案》，把责任目标落实到岗位、落实到责任人。发放 100 份征求意见表，广泛征求意见和建议，对反映出来 4 个方面 12 条建议和意见，建立整改台账，明确责任领导、明确责任部门、明确整改时间，采取有效措施进行整改。

党群工作。深入开展“学、知、跟”学习教育活动，每人撰写读书笔记 4000 余字，读书心得 1000 余字；积极参加管理区 6 月份举办的“喜迎十八大、争创新业绩”党史知识竞赛活动，屈家岭分局代表队荣获优秀奖。

精神文明建设。组织女职工参

观桐柏革命教育基地。李超同志被授予第六届“荆门市十大杰出青年”和“2010–2012年全市创先争优优秀共产党员”荣誉称号。屈家岭分局被授予“2010–2011年度市级文明单位”称号。屈家岭分局组队参加市公路局举办的“楚维杯”篮球赛，荣获优胜奖。大力宣传“中国农谷”屈家岭核心区交通先行官的作用，及时报送交通信息，被市级以上电视报刊媒体采用信息41篇，较2011年增长24%，其中《荆门日报》采用9条，《荆门晚报》采用21条，《湖北交通报》采用7条，《湖北交通杂志》采用1条，《中国交通报》采用2条。 （王闻　王其龙）

鄂州市交通运输

【概况】 完成投资16.34亿元，为年计划的106.12%。交通在建续建项目11个，完工项目4个，开展前期工作项目5个。交通工程质量合格率100%，重点工程优良率100%。完成客运量2223万人次、客运周转量13.39万人公里，货运量3107万吨、货运周转量35.6亿吨公里，分别比上年度增长17.25%、19.77%、88.9%和46.9%。

项目建设。大广南高速鄂州段5月3日建成通车；汉鄂高速12月30日建成通车，累计完成投资340521万元；黄鄂高速拆迁工作完成98%，累计完成投资24073万元；鄂咸高速公路项目列入全省“十二五”高速公路路网建设规划，项目前期工作正式启动；东沟大桥9月16日建成通车，累计完成总投资2476万元；完成通村公路200公里，总投资5010万元。316国道粑铺堤段大修工程、铁贺线、106国道路面中修全部完工，总投资1788万元；吴楚大道项目全面启动建设；武汉凤莲大道与鄂州凤凰大道成功对接；大通公司甩挂运输项目纳入国家第一批试点；葛店货运站初步设计方案通过评审，葛华新城客运站、梧桐湖客运站前期工作启动，梧桐湖客运站完成土地征用，进入工可编制阶段；鄂钢矿石钢铁码头2个5000吨级泊位、超凡物流3个3000吨级泊位、光大船业舾装码头1个3000吨级泊位竣工投产；五丈港多用途码头、湖北星丰金属资源公司金属加工码头、三江物流园区三和管桩、超凡物流二期码头项目10个3000吨级兼顾5000吨级泊位顺利开工；三江港区一期综合码头8个5000吨级泊位、鄂钢矿石钢铁码头二期、白浒山物流园区左岭作业区煤码头、建华管桩等项目前期工作取得进展。

行业监管。路政管理不断完善。鄂州市政府专题办公会研究通过《联合治理超限超载运输工作方案》，成立高规格治超工作领导小组，全面参与鄂东南区域五市联动治超。全年检测货运车辆4090台次，处置超限车辆2485台次，卸载货物18180吨，制止处置挖、损公路案件10起，拆除违章建筑6处441平方米，清除违章占道591处1753平方米，拆除非路用标志牌92块，制止其他类侵占路权行为11起。重拳执法保障运营秩序。联合公安、工商等部门成立多个执法专班，形成联动机制，保持打击非法营运车辆的高压态势，有效遏制了重点区域“黑车”猖獗现象。全年检查客车1016台、货车3042台，查处违章客车251台、货车1320台，暂扣证件105本，暂扣非法营运车辆240台。动态监控杜绝安全隐患。在全省率先试点“巡航搜救一体化”，升级改造客渡船GPS定位系统和网络视频监控系统；新增32米海事监管搜救趸船、23米钢质海事巡逻艇、7米专业搜救艇，实现“全方位、全覆盖”立体巡航搜救；按照“安全第一、预防为主、综合治理”方针，加大公路、水路运输安全隐患排查和专项整治，落实四级安全责任制，车、船安全面达100%，水上安全保持33年无重大责任事故。

依法行政。全面推进交通行政执法风纪、执法用语、执法检查行为、处罚行为、执法文书制作“五规范”，不断创新执法管理手段，增强依法治交能力，加快行政审批“三集中”改革，认真开展行政处罚自由裁量试点工作，以路政治超、城市客管等部门为突破口，稳步推进交通执法“四统一”活动。进一步规范交通执法行为，切实抓好交通集中治理，加强对车站、重点时段、重点线路和城市客运市场监管，重点打击非法营运车辆，维护客运经营公平竞争，取得明显成效。

公交变革。全系统大力开展“服务提升年”活动，以实施“公交五项

12月30日汉鄂高速公路建成通车

变革”为抓手，畅通服务民生渠道，优化城市公交布局，倾力打造便民惠民工程，得到市民的广泛好评。推进公车公营，对挂靠经营和承包经营旧模式进行彻底改革，对1路、2路等8条公交线路123台车辆实行“公车公营”，占运营线路40%，公交服务质量进一步提升，赢得市民良好口碑。投资3000多万元引进新型公交车，对11条公交线路164台公交车进行提档升级，公交服务形象大幅提升。广纳民意，引导市民全面参与线路布局优化调整，整合3条线路调整为2条线路。新开通20路等4条公交线，延伸和调整1路和13路公交线，公交线路里程总长254.2公里，同比增长10%；6月28日，鄂州至武汉天河机场专线开通，鄂州城市候机楼正式投入运营；12月22日，武汉城市圈首条城际公交301路开通；四是科学设置站点。完成35座公交站台建设和83个城区公交站台站名站牌改造，建设裕江花园站首末站调度室。超额完成鄂州市政府“十件实事”中建设23座站台的任务，完成率152%；五是文化进车厢。以公交文化引领文明新风尚，提升公交文明素质，大力推动“文化进车厢”变革，完成10条公交线路车厢文化建设，占现有公交线路50%，做到“车车进文化，线线有特色”。

文明创建。通过举办“我为党旗添光彩”和“解放思想构筑精神高地大讨论”演讲比赛、“党员星级服务车”、“党员示范岗”、“喜迎十八大、璀璨交通”图片展等活动，充分发挥党员先锋示范作用，营造赶超先进、干事创业的浓厚氛围。开展物流诚信服务月和立功竞赛活动，对全市物流企业进行“诚信检阅”，根据评选标准确定星级，增强物流企业诚信意识，规范物流企业经营行为。开展公交、出租车行业“星级服务车”、“星级驾驶员”、“星级公交线路”评选表彰活动，增强从业人员责任感和使命感，提升行业服务水平。在省市举办的“喜迎十八大、争创新业绩”、“激情跨越、璀璨交通”、“同心同行、创新超越”等主题实践和文明创建活动中，积极培树先进典型。有7位同志获全省劳动模范、“厅级青年岗位能手”、十行百佳、优质服务明星等称号；有13个岗位和个人获市级劳动模范、道德模范、青年文明号、十大杰出青年、见义勇为先进个人等称号，通过典型带动，组织凝聚力不断增强。以公路“四化”(硬化、净化、绿化、亮化)为抓手，全方位开展“清洁乡村”活动，对全市国省干线进行大中修28.5公里；公路绿化8430株；整理国省干线公路路肩113公里，整理公路指路标志牌48块，新增地名标志牌93块，路面标线5400平方米，建设波形护栏2.3公里；建设港湾式候车棚21个，维修候车棚60个，改扩建迁移候车棚6个，全市公路清洁美化度明显提高。

党建工作。深入推进学习型党组织建设。举办“学党史 知党情 跟党走”党员干部培训班和保持党的纯洁性道德专题讲座，交通系统组织中心组学习82次，完成自学读书笔记61.5万字，培训党员干部1354人次，党员轮训率98%以上。加强基层党组织建设。全系统63个党支部实施分类定级，落实党建指导员负责制，确保后进党支部晋位升级。扩大党组织覆盖面，在黄鄂高速、东沟大桥建设指挥部成立临时党支部，规范党组织生活；选派30余名机关干部分别到9家交通非公经济社会组织和5个农村社区担任党建联络员，指导和帮助抓好党建工作。深入推进党风廉政建设。围绕“廉政交通三做起”主题实践活动，以推进腐败风险预警防控为重点，严格实行领导干部“一岗四责”，扎实推进腐败风险预警防控。在汉鄂高速等重点工程开展创建“交通廉政阳光示范工程”活动。扎实开展“三抓一促”和民主评议政风行风活动，切实转变工作作风，提升行业服务水平。鄂州市交通运输局在2012年度全市民主评议政风行风活动中被评为优秀单位，先后荣获“全省学习型党组织建设先进单位”、“全市创先争优先进基层党组织”、“党建工作先进单位”等多项荣誉。 (熊向华)

【鄂城区】 公路建设。全年争取到90公里的农村公路建设指标，已建成97%，合格率达85%。鄂城区公路总里程达1369.2公里，其中高速公路52公里，国道10.4公里，省道72.7公里，农村公路1234.1公里，公路密度达2.3公里/平方公里，高于全省平均水平。全区1404个村民小组中，有1264个通了水泥路，硬化路面通畅率达90%，区域内公路网已经形成了以武黄高等级公路、汉鄂快速通道、106国道、阳枫线、汽李线省道为主骨架，以杨团线、三山线、泽杜线、碧黄线、汀花线、永黄线等县道为次骨架的四通八达的公路网络。实现了交通主路网与武汉、黄冈、黄石城市圈的对接，形成了以中心城区为主轴，乡镇、村相互通达的区域交通“半小时经济圈”，为我区经济长期稳定持续的发展奠定了基础。

交通安全生产监管。建立桥梁、渡口相应的档案资料，对主要交通干线上的危桥，根据病害的程度，分出轻重缓急，创造条件进行必要的处置，及时消除隐患。累计完成两毁工程5处，兴建小型桥梁一座；完成渡船渡口的隐患排除工作，定期巡查，发现问题立即处置。投入2.6万元，对部分渡船进行改造维修，对所有渡工进行培训，协助长江海事部门对区域内的长江渡口进行必要的规范。全年没有发生一起重大安全责任事故，实现安全生产无重大管理责任事故的目标。

道路养护。上半年，投入50多万元完成对泽杜线上武黄高速公路上挂桥的维修工作；完成沙杨线走马段湖区路基沉降病害的处置和勘察工作，进入施工阶段；完成因汉鄂快速、城际铁路施工而造成部分路段毁损的修复工作。下半年，在相关乡镇的重视下，对鄂城区花湖、沙窝、新庙等乡镇的部分严重毁损通乡公路路面进行修复，完成路面修复7.8公里。 (王淑萍)

【华容区】 交通基础设施建设。总投资4200万元的华蒲路改造工程已完工。总投资1000万元的樊寺线(小港—大屋)改造工程审计验收工作已完成。总投资300万元的石竹至上倪改造工程，完成沥青路面铺设。总投资290万元的四海湖至吉刘连接线改造工程完成沥青路面铺设。筹融资3000万元启动华泥路改造工程，进入征地和拆迁阶段。筹融资2730万元启动农村公路建设，完成里程78公里。自筹资金20万元对区域段蒲线和华泥路等农村公路采取“填坑补缝”养护，确保群众出行安全。成立专班，积极协调黄鄂高速征地、拆迁工作，确保工程顺利施工，完成房屋拆迁121户、坟墓迁移399座、果园5个、苗圃2个、砖厂2个、鸡场1个，完成征地拆迁任务98%。积极申报交通补奖计划项目，争取国家补奖资金对交通项目建设的投入，争取农村公路补奖计划里程78公里，争取国家补奖资金780万元；争取国防公路(华蒲路)项目资金1020万；高新四路、高新六路申报一级公路，其中完成高新六路前期可行设计专家评审，可争取国家补奖资金1500万元；完成华泥路申报二级公路前期工程可行性设计专家评审，可争取国家补奖资金850万元；华容二级客运站建设项目纳入省交通规划，可争取国家补奖资金500万元。

城乡一体化。积极落实“万名干部进万村挖万塘”活动，完成郭垱村塘堰5口，建立垃圾池、垃圾房25个；选派优秀干部担任郭垱村(社区)党组织“第一书记”，争取国家补奖资金22万元，新修建通村公路0.585公里，社区道路1.656公里。

党风廉政建设。制定了《局党风廉政建设实施方案》、《交通建设工程招投标防控方案》、《腐败风险防控方案》、《交通工作运行办法》、《建设资金监督管理办法》等一整套切实可行的防范体系，着力打造交通阳光工程、廉政工程、民心工程，不断提高干部、职工抵抗腐败风险的能力。

（胡志斌）

【梁子湖区】　交通基础设施建设。完成总投资1254.45万元，目标任务完成率为141.8%。协助完成东沟大桥及连接线、东沟铁桥拆除工程；筹资150万元完成区府路路面铺油；完成总投资1698.2万元，实施通村公路建设计划67.928公里。争取上级扶持，筹资1000余万元完成牛梁线大修改造工程、东磨路改扩建工程。争取渡改桥项目一处，估算工程总投资254万元。质量监督覆盖率达100%，一般工程达90%。

交通安全生产监管。按照“三把关、一监督”的要求，联合公安、交警、安监、海事、路政等有关部门开展深化平安交通建设大行动，加强日常安全生产的监督，对公路水运安全隐患进行专项治理，全区渡口发放救生衣(圈)60余套，整治超限超载、非法营运、占道经营、违章建筑、乱堆乱放等违法现象200余起，有效防范和遏制了公路水路交通安全生产事故的发生。严格执行假期安保值班制度，严肃查处水运高峰期超载超限违法事件。

（徐达）

孝感市交通运输

【概况】　全市完成交通建养投资14.8亿元，占与市政府签订责任目标的128%。其中，完成普通公路建设投资12.15亿元，大别山红色旅游公路、316国道外迁改造、白水湖特大桥等一批重点工程相继开工建设。完成一级公路路基43公里、路面10公里；完成二级公路105公里；完成县乡公路改造73公里，占责任目标的105%；建成通村公路457公里，占责任目标的114%。完成公路大修77.05公里、中修14.8公里，均占责任目标的100%。完成站场物流建设投资2.19亿元，孝感北客运站开工建设，华中锦龙物流园完成投资8280万元，累计投资进度为31%；云梦物流中心完成投资7100万元，累计投资进度为89%。应城汤池客运站、安陆中心客运站建成投入使用。完成水运建设投资4258万元，新沟船闸项目完成工可批复。汉川港城关港区新河散货码头、应城港城关港区新港码头改建工程完工。完成水路规费238.6万元，占计划的100%， 比上年同期增长10%，其中，航政费完成63.1万元，占计划的137%；港务费完成175.5万元，占计划的92%。

交通发展规划。抢抓大别山连片特困地区交通扶贫的机遇，制定完善大别山连片特困地区交通扶贫规划，通过与省交通运输厅积极沟通，大部分重点项目列入交通运输部规划。抢抓国省干线调整机遇，进一步完善全市国省干线公路调整方案，对全市路网结构进行优化，拟新增国道3条220公里，新增省道12条721公里。继续做好省重点项目建设协调工作，着力解决麻竹高速公路大随段和武荆高速公路孝感段建设遗留问题，为大悟芳畈镇争取水系和道路恢复资金110万元，解决了武荆高速公路参建单位和地方800万元债务纠纷。

交通基础设施建设。项目前期工作。各地各单位想方设法筹集经费2000多万元，推动前期工作加快开展。全市“十二五”规划的8条一级公路完成前期工作有5条，形象进度达到75%。国省二级公路(含拟升国省道项目)工可上报项目9个，通过省专家审查程序的项目5个，上报工可项目的总里程占“十二五”建设规模的70%。县乡等级公路完成前期工作的有37个393公里，占里程的68%。“十二五”规划的站场、物流园区及水上交通建设项目前期工作顺利推进。农村公路建设。县乡等级公路三级路路面改造线路7条69公里(孝昌县赵

大悟火车站(孝感北站)

王线赵棚至王店、李邹线孝昌周巷镇周兴至邹岗段、三道线孝南区三汊至黄孝线段、天木线应城市天鹅至木楼段、辛台线云梦下辛店至台湖段、五黄线安陆市五一至大湾公路),总投资7325万元,全部完工;通村沥青(水泥)路计划402公里,总投资8844万元,全部完工。非列养农村公路危桥改造计划302延米/6座,全部完工。渡改桥项目645延米/2座,其中柏二孔桥长100米,已完工;仰棚桥长545米,已在建设中,计划2013年底全部竣工。旅游公路建设。大别山红色旅游公路大悟段是孝感市交通十大工程之一,东与黄冈市大别山红色旅游公路相通,西与107国道相连,并与京珠高速、京广高速铁路,以及大悟境内红色旅游线路悟宣线相连接。该段建设总里程68.896公里,工期两年,按二级公路建设,争取国家补助资金2.76亿元。港口工程建设。国电汉川电厂三期散货码头工程、应城港城关港区新港码头配套完善工程、汉川港城关港区新河散货码头改建工程等一批港口项目,完成工程投资4160万元,为全市年度港航建设计划总投资的104%。新沟二线船闸工可获省发改委批复,编制完成初步设计;孝感、汉川两级海事部门成立工作专班,继续做好汉江汉川至兴隆航道整治工程协调工作;加强航道巡查及管理,确保航道畅通。10月份,对全市航道进行了一次巡查,对施工单位施工废弃物清除情况进行现场监督检查,确保按标准清除到位;重点对征询通航标准的跨河电缆和桥梁航段进行调查,汉蔡一级公路跨越汉江大桥按规定程序进行通航论证,确保汉江航道畅通。

交通基础设施养护和管理。孝感市列养公路671.50公里,国道148.81公里、省道522.69公里。全市填补硬坑槽87260平方米,路面灌养缝163万延米,清理水沟1880公里,绿化植树46万余株;完成公路大修71.9公里,公路灾毁恢复重建工程5.15公里,货币工程量7787万元。安保工程完成633万元,66处209公里。公路水毁项目完成计划90万元。完成云梦、大悟两个大型综合养护(应急)中心建设188万元。完成应急及安全保障计划71万元,战备钢梁337万元。完善8个应急抢险中心达标建设,开展一次应急演练。无安全责任事故发生。在养护坑槽挖补作业中,首次应用沥青混合料加热保温箱,提高工作效率和养护质量,降低养护成本30%;在水泥混凝土路面大修工程中采用共振碎石化技术,增加破碎层的强度,彻底解决反射裂缝,是全市“白改黑”技术推广的方向;在路面龟网裂预防性养护工作中,采用稀浆封层和乳化沥青同步碎石封层技术。孝感市公路管理局承担的《半柔性路面结构应用研究》和《叠合结构在旧桥加固工程中的应用研究》项目被专家评审委员会分别鉴定为“国际先进”和“国内领先”水平。

综合交通和水陆运输。城市公交,多方筹资721.5万元,完成5路30台老旧公交车辆的更新换代工作,孝感城区老旧公交车辆全部更新完毕。积极推广公交IC卡乘车服务系统,除8路公交车实行梯度票价暂未安装该系统外,其他线路公交车全部安装了IC卡系统。针对暂时不能开通公交线路的局部地区,特别是开发区企业,孝感市公汽公司组建成立通勤分公司,购置车辆,着力服务厂矿企业及社会不同层次人群的出行需求,与三江各厂及维达纸业、华中科技等企业签订长期团体包车合同,解决了企业发展后顾之忧。克服资金紧缺和土地审批困难,多方协调,征地70亩,扩建2路长湖公交停车场,缓解公交夜间停车困难,减少行业安全隐患。针对市民反映强烈的出租车、公交车服务质量不高的问题进行专项整治。对公交车不按规定站点停靠、拒载老年人和出租车拒载、涨价、异地经营等违规经营行为进行重点整治,设立规范出租车营运专班和公交营运专班,分成11个小组在重点部位和重点路段巡查,对查处的违法违规营运出租车和公交车予以严处。组织公交、出租车公司层层签订规范营运承诺,增强行业自律意识,增强司机自觉规范文明营运行为。查处违规经营出租车135台,查扣“黑车”56台,对112台次公交车辆及相关工作人员进行处罚。通过集中整治,城区公交车、出租车违规经营和不文明经营行为减少,服务质量得到提高。

公路运输。全市有道路客运汽车2551辆53665座(旅游客车52辆2114座),出租汽车1969辆9845座,货运汽车11150辆42601吨(危货汽车232辆1900.59吨)。水路运输。完成港口货物吞吐量226万吨,比年度计划220万吨增加2.7%,比2011年138万吨增加了63.7%;完成货物周转量1.6亿吨公里。比2011年1.9亿吨公里下降了15.7%。船舶运力。全市拥有运输船舶225艘、13.3万吨,15.9万载重吨、4.8万千瓦,其中新增运力41艘、

3.3 万吨、3.8 万载重吨、1.07 万千瓦；注销运力 35 艘、2.4 万吨、2.8 万载重吨、8.47 万千瓦； 1000 载重吨以上船舶 60 艘。运营资质有新突破，对全市 8 家水运企业、5 家水路运输服务业的经营状况、经营资格、资质进行核查，有 2 家水运企业按期完善经营资格资质，保证依法经营。对水运企业船舶营运证进行及时换证和年审，换发营运证 37 艘(套)，年审 186 艘(份)。完成船舶拆解 2 艘，另有 20 艘老旧船舶相关拆解资料已上报。全市有 1 家水运企业资质经营范围扩展长江干线中下游运输。

行业管理。为抢抓驾培市场放开机遇，稳固城区及各县市驾培市场，在 316 复线卧龙复兴村征地 200 亩，规划建设集理论教学多媒体、实操场内道路综合训练和具备考试功能的考培一体化驾校，在汉川、应城、云梦、安陆、大悟等五县市采取多种合作形式建设二类驾校。汉川、应城、安陆、大悟等四县市驾校训练场和配套设施基本完工，汉川、应城通过验收，城区驾校开工建设；从加强廉政从教和规范服务入手，制定新的《教练员管理规定》，提出“六要九不准”的执教规范行为和纪律要求，及时淘汰老旧车辆。驾校招收驾证学员 15750 人，从业学员 3574 人，实现培训收入 3342 万元。对全市一、二类维修企业开展维修专项检查，注销达不到资质要求维修企业 1 家，降低类别 6 家，下达违法行为通知书 6 家，下达整改通知书 15 家，处罚 5.5 万元。对 2011 年度道路客货运输企业质量信誉等级进行认真核审。全市开展超限超载运输治理工作，通过交通、公安、质监联合执法、“五点”治超、市县联动、强化督办通报等措施，着力加强砂石等厂矿企业源头监管和路面执法。检测货运车辆 20382 台，查处超限车辆 9794 台，卸载货物 26067 吨，强制“割墙板”227 辆，6 名超限运输车辆驾驶人依法撤销其从业资格证，关闭非法砂石生产厂家 5 家，车辆超限超载现象得到遏制。坚持干线公路、农村公路建设监督并重，始终把桥梁建设质量监督作为重中之重，切实做到“每桥必检”。严格按部省有关规定及“孝感市公路工程交工检测实施方法”开展交工质量检测工作，确保在建工程质量合格率达到 100%，重点工程优良率达到 85% 以上。加强行业安全生产。以“安全生产年”活动和“平安杯”安全竞赛活动为载体，深入开展“打非治违”专项行动和“道路客运安全年”行动。有针对性地对水上安全隐患进行暗访检查，重点整治应城南垸渡口机渡船非法渡运和汉北河沿线云梦迎风渡口、应城铁塔渡口非法渡运机动车辆的重大安全隐患。在道路运输方面，重点开展旅游客运安全专项整治和“道路客运安全年”活动，与公安、安监、旅游等部门联合，对 2 家具备省际旅游客运资质的道路旅游客运企业和 44 家旅行社进行检查验收。全市交通安全态势较为平稳，水路运输行业没有发生上报事故；陆上交通专业运输企业未发生行车安全事故；公路施工单位未发生工伤和机械交通事故。

行业文明创建。开展“学党史、知党情、跟党走”专项活动和解放思想大讨论、党史知识有奖竞答。成立“交通十大重点项目”领导小组，开展“春季劳动竞赛”和“百日会战”活动，着力保障重点交通建设项目按预期完成前期工作和建成通车。以“双优杯”劳动竞赛、养护维修技能比武，“服务先锋”评比为载体，在全行业开展“让出行更满意”活动，全面提高交通行业尽责履职的能力和水平。继续推行治庸问责，实行“周清月结季考年总结”目标管理制，落实“交通干部十不准”制度，着力提高行政效能。继续深化行政审批制度改革，进一步落实“四减五制三集中”要求，精简办事程序，提高办事效率。深入基层树培先进典型，推出“稳当哥”高红新、“扎根基层的 80 后”万利等一批先进典型。

党风廉政建设。重点建立健全领导干部“一岗双责”制度、领导干部述职述廉制度、局党务公开责任追究制度、科级干部选拔任用工作权力节点监控办法等，发布孝感市交通运输局惩防体系建设制度。坚持“两个突出”(突出责任目标分解的针对性、突出责任目标考核方法的改进)，强化党政领导干部廉政建设责任主体意识。全市交通运输系统未发生重大贪污腐败案件、重点工程违纪违规案件和公路水路“三乱”现象，无党员干部违法乱纪受到查处。以工程建设领域突出问题专项治理为抓手，以“工程优质、干部优秀”为目标，在交通建设领域推广孝汉大道试点经验，按照“筑牢三道防线，把好八道关口”的做法，着力加强交通基础设施建设领域廉政工作，对交通重点工程招投标和非法转包、分包情况进行拉网式检查，检

孝感北汽车客运站于 6 月 18 日破土动工

查出316国道云梦段工程建设存在的问题，已督促整改。加强纠风正纪、行风评议、治庸问责等活动的组织领导，结合实际开展公开承诺、“四查”、“三评”、“四位一体”问政等活动。

（沈萍）

【孝南区】 完成乡村公路改造升等40.2公里，占目标任务的153%，完成危桥改造5座，占目标任务的100%。重点工程316国道改建工程，107国道孝感北段改扩建工程，天紫湖旅游公路、物流项目新建工程朱湖码头等重点项目顺利推进。

基础设施。完成二级公路改造40.2公里，黄孝线改造9公里，三八线公路改造升等23公里，三祝线公路改造升等1.2公里，肖张线公路改造升等6公里，陈三线公路改造升等1公里。完成公路危桥改造5个，即关帝桥、中学小桥、回龙桥、杨店1号中桥、杨店2号中桥。围绕农村客运“村村通客车”目标，开通了“杨店—(三汊)涂店”通村线路。提升农村出行环境，把发展农村客运便民行动落到实处。

道路运输。完成道路客运量183万人次，客运周转量3132万人公里，货运量387万吨，货运周转量9643万吨公里。有营运车辆2518台，其中客车170台，新增货车328台，在营货车保有量2450台、7826吨。新增农村客运班线2条，新增客车16台。客车承运人责任险投保率达100%。春运期间，全区投入运力6343台/次、开行班次32237班，安全运送旅客47万人次，保证了春运期间旅客运输安全畅通和节日重点物资及时疏运，没有发生一起安全事故。

安全生产。召开安全生产专题会议7次，组织开展安全检查11次，安全隐患排查活动8次，下达整改通知书7份，检查运输企业、车站、维修企业22家(次)，检查营运班车249台次，排除隐患18条处。全区所辖水域农村水路客运遍布七个乡镇区域，19条营运渡船，主机总功率703.88千瓦，最大客运量254客位。完成水上运输客渡运量4万余人次。开展“春运”、“六月安全月”、“汛期”、“十一黄金周”水上交通安全大检查及隐患排查、渡口渡船专项整治工作，强化现场监督管理，水上交通未发生一起事故。公路建设养护、公路桥梁施工安全没有发生死亡事故。全区交通行业安全生产继续保持平稳发展态势。

路政管理。抽调84名交管、路政人员与公安、质监、相关乡镇政府组成120人的治超专班，从4月1日开始实行24小时不间断工作机制。通过前期努力，黄孝线、蔡陡线、城肖线3个治超点拦截车辆1300多台次，其中超限超载车辆210台次，卸载210台次，卸砂石料1500吨，与货运司机签订规范运输承诺书800余份，拆除非法改装车辆墙板48台，处理冲岗车辆2台次，取得阶段性成效。加强路政执法工作，清除各类占道堆积物184处760平方米，清除非交通标志34块，拆除占用公路摊棚3处，清除垃圾24处384平方米，处理路政案件2起，办理路政许可1件。

公路养护。全区列养公路里程228.346公里，其中干线公路51.206公里，一级公路孝汉大道6.68公里，支线公路170.46公里，桥梁37座1176.04米。养护专班继续推行目标管理责任制，与公路管理站签订管养合同，细化任务，量化目标，养护工人积极性、主动性明显增强，养护质量大幅提升。完成修补软硬坑槽2277.3平方米，割除路肩蒿草、绿化整枝292公里，清理水沟7.95公里，清扫路面3327公里，沥青灌缝60.5公里，完成公路绿化补植46公里，补植意杨1.2万株。全区农村公路技术状态良好，交通顺畅。干线年均好路率100%，干支线年均好路率80%。

文明创建。全系统有5个单位被命名为区级文明单位，4个单位被命名为市级文明单位，其中区交通运输局机关、区运管所、区公路局被命名为最佳市级文明单位，文明单位覆盖率达到90%。区交通运输局被区委、区政府评为“区直最佳服务单位”。

【汉川市】 完成交通固定资产投资32000万元。全市公路通车里程3148.4公里。重点工程：荷沙复线完成路基土方12.1万立方米，占全部土方任务的58%，完成货币工程量1.62亿元。庙成线二级公路改造剎尾工程全面完工。汉北河大桥接线段8.2公里二级公路改线全部完成。完成通村公路182.8公里。公路养护：完成样板路328.7公里，投入养护资金171.8万元，提高了养护质量和公路路况。全市通村实现“有路必养”，公路养护率100%。港站建设：新沟二线船闸申报立项，汉川港新河港区汉川电厂三期煤建码头工程开工建设，物流园区

汉川市水运事业跨越发展

规划建设积极推进。城南客运站建设工程初步选定站址，客运中心站扩建工程上报升级征地报告，市道路运输指挥中心主体工程完成，水上搜救中心完成项目选址。运输管理：集中开展营运客车、出租车、公交车、“黑车”综合整治行动，及时开通城区至汉川火车站、马口镇的公交线路，调整、优化公交线路3条，更新、完善公交站点设施10处。

基础设施。公路：荷沙公路汉川城关至田二河段一级公路进展顺利，分三个标段先期实施城关至福星连接线段路基施工，完成货币工程量1.62亿元；蔡甸至汉川一级公路汉川段加快前期工作进度，9月5日获省发改委批准立项，完成初步设计，开始征地拆迁，在紧锣密鼓地遴选项目投资商；高榔线改造工程8月启动，基本完成路基工程；武荆高速汉川连接线绿化亮化工程完成勘察设计，庙成线改造工程全面完成，汉长线接线顺利完工；完成通乡公路10.5公里，通村公路182.8公里；全面开展“农村公路管理养护年”活动，投入养护资金171.8万元，建成通村公路养护样板路328.7公里，通村公路养护率100%，实现“有路必养”。桥梁建设：小罗汉北河大桥按预期建成；加固改造危桥4座，即尺干河桥、虾三线刘隔老桥、马北线合枫桥和分当线黄家一桥。申报了虾南线东方红桥、韩刁线泄洪闸桥改造项目。港站建设：新沟二线船闸正在申报立项，汉川港新河港区汉川电厂三期煤建码头工程开工建设，物流园区规划建设积极推进。城南客运站建设工程初步选定站址，客运中心站扩建工程已向市政府和上级主管部门上报升级征地报告，市道路运输指挥中心主体工程完成，水上搜救中心已完成项目选址。

道路运输。集中开展营运客车、出租车、公交车、“黑车”综合整治行动，强化对客运中心站站前秩序、“黑车窝点”、重点路段治理，加强源头管理，实施动态监管，规范公共交通经营行为。运输方式衔接不断优化，配合汉宜城际铁路的建成营运，汉川步入动车时代，及时开通城区至汉川火车站、马口镇的公交线路，实现公交、出租、班线客车与火车站的无缝衔接，交通运输市场便捷化、舒适化程度大幅提升。盛达客运公司巩固道路班线客运，调整优化线路，更新运输车辆，开发长途新线，获得城区公交新一轮特许经营权，进一步提升了交通运输水平。城市公共交通不断完善。严格落实公交车“按时发班、依线行驶、进站停靠”的运营规定，调整、优化公交线路3条，更新、完善公交站点设施10处。实行出租车行业服务质量信誉考核制度，及时处理出租车投诉，进一步满足市民出行要求。城乡客运一体化试点工作稳步推进，多功能农村综合服务站建设逐步实施。

质量安全。加强工程质量监督，在交通重点项目建立监督联系人负责制，加大实体质量抽查力度，重点工程项目质量处于受控之中。加强行业安全管理，贯彻安全责任制和一票否决制，以“安全生产年”活动和“平安杯”安全竞赛活动为载体，深入推进平安交通、平安水域、平安工地创建，深入开展了“打非治违”专项行动和“道路客运安全年”行动，组织全面的拉网式安全检查，开展隐患大排查，及时查找、整改安全隐患，全市交通安全态势较为平稳，水路运输行业没有发生上报事故；陆上交通专业运输企业未发生行车安全事故；公路施工单位未发生工伤和机械交通事故。

公路路政：开展全市超限超载车辆运输联合整治行动，坚持科学检测，卸载放行，保障公路、桥梁安全畅通。上路巡查730余次，出动清障机械52台次，共清障路障540余处，7800多平方米，依法查处路政案件5起，查处各类超限超载车辆2100多台，卸货700多吨。

文明建设。以建设学习型交通、诚信型交通和服务型交通为目标，更新创建思路，拓宽创建范围，丰富创建形式，深入开展“学树建创”活动，全面开展文明创建工作。市交通运输局接受省级文明单位检查验收，被表彰为“全省妇女创先争优先进集体”，市公路局被评为“孝感市最佳文明单位”，市盛达客运公司出租车分公司鄂KT2146号出租车被评为“湖北省文明示范车”。同时，交通运输各项中心工作取得新成绩，市交通运输局被评为全市目标考核优胜单位、争取项目先进单位、三农工作先进单位，完成了新一轮“三万”活动和农村驻村工作“双联双促”任务，被评为孝感市“三万”活动先进单位。落实了信访稳定、积案化解和重点案件包保，规范了财务审计管理，社会治安综合治理扎实有效，计划生育管理达到预控目标，电子政务工作保证文件、信息及时传达，交通宣传报道继续保持孝感市领先地位。

【应城市】 全年实施交通基础设施项目10项，完成建养总投1.1亿元，其中公路建设完成投资7973.5万元；桥梁建设完成投资2150万元；港站场建设完成投资200万元；完成养护工程投资474万元。

基础设施。公路：完成东城工业园味谷大道路基路面工程，全长3.04公里，总投资2200万元。长江赛孚新区发展二路建设工程，全长1.7公里，总投资1240.5万元。武荆高速公路应城连接线延伸段建设工程，全长0.413公里，总投资496万元。华能(应城)热电联产项目道路工程，全长350米，总投资120万元。完成南部湖区防汛通道建设和潘集街道道路改造任务，新建通村公路31公里。启动了八汤线西十村至联丰村段改(扩)建工程，全长2.087公里，总投资2338万元。已完成了绿化带迁移、三杆搬迁、房屋拆迁等前期工作。启动了天(鹅)木(楼)线改建工程，全长6.88公里，总投资897万元。完成2座危桥改造。桥梁：完成膏矿富水河大桥工程，桥长345米，宽8.5米，总投资1250万元。改造危桥8座，总投资近900万元。港站场：投入200万元，完善应城港城关港区新港码头配套工程。

交通运输。应城市公共汽车公司管理由市建设局移交市交通运输局。全市更新客车12台，新增货车184台，报废更新出租车200台。全市全年共完成客运量555.5万人次，客运周转量30527万人公里；货运量600.79万吨，货运周转量45436.16万吨公里，装卸量941万吨，水上规费收入64.11万元。

公路养护。坚持“建养并重、有路必养”的方针，切实加强公路养护管理。其中公路干支线技术状况评定综合值(MQI)为87.8，其中干线为92.4，干线平均路面质量指数(PQI)为82.5。完成挖软基9634.6平方米，补油路坑槽17283平方米，铺砂石料2023.66平方米，清挖水沟22.1公里，整修路基225公里，水泥路灌缝57.5公里、油路灌缝64公里，施划公路标线76公里，安装示警桩316根、百米桩108根、公里碑56块，更换修复波形护栏1080米。加大路政巡查和超限超载力度。全年共制止各类违章建筑1678平方米/60处，非交通标志标牌314块，清理摊点及占道堆积8798平方米/2715处；查处路政赔(补)偿案件11起、收取路产损失赔(补)偿费4.886万元；查处行政处罚案件6起，收取行政处罚款4.2万元；完成7项公路行政许可网上审批申报工作，收取占利用补偿费10.14万元；完成1项公路林木砍伐办证。查处超限车辆18168台次，卸载转载货物9200余吨，收取超限运输补偿费232万余元。

行业管理。开展规范中心城区客运市场秩序集中整治行动，查扣取缔“麻木车”30余台、小四轮营运车18台。加大对客运、货运、维修等成建制企业的诚信考核力度，道路客货运输企业质量信誉考核面达100%，营运车驾驶员诚信考核面达80%以上。深入推进“平安水域”、“平安大道”、“平安工地”建设，经常性开展安全隐患排查治理行动，筹资110万元，更新南垸货运渡船，为全市24艘客渡船购买乘客意外保险；投资20万元，刷新公路标志、标线，增设路面减速板和急转弯反光提示标志；整改汉宜公路沿线60处非交通标志、广告牌。强化“三关一监督”，开展客运消防应急演练，借用GPS全程监控，确保道路运输车辆的安全运行。全年公路、水上运输安全四项指数均控制在目标责任范围以内。水上安全管理连续21年无事故。

党风廉政和文明创建。以“喜迎十八大 争创新业绩”为主题，全面开展“五型机关”、“五好班子”、“文明单位”、“十行百佳”等系列创建活动。科学调整和规范党组织设置，全系统现有1个党组，2个总支，19个支部。认真落实党员经常性教育、“三会一课”、党员领导干部民主生活会、党员联系服务群众、选人用人公信度交心谈心、岗位承诺等制度，通过开展“三万”活动，承办27件人大代表建议和政协委员提案，切实提高工作效能，转变工作作风。严格执行党风廉政建设责任制，认真落实领导干部“一岗双责”，以交通工程建设领域、执法单位和各级机关为重点，不断健全交通运输特色惩治和预防腐败体系。

【云梦县】 基础设施建设。完成县乡公路改造4条23公里，总投资1804万元；完成通村道路建设40公里，总投资578.6万元；完成3座危桥改造任务，总投资350万元；316国道云梦城区段累计完成货币工程量2000余万元；城区外环路已完成货币工程量7980万元，占工程总量的80%。湖北宝金物流园项目已经完成园区围院建设，园区内2座公路桥梁开工建设；白云物流园建设项目一期工程已经建成开业，二期工程正在进行主体工程建设；交通汽车城建设项目正在加快建设；云梦物流中心一期工程建设基本完成，二期正在建设之中。湖北长舟铁路货运物流中心又追加投资800万元，购买配套设备。完成国省道灌缝1.9万延米、铣刨罩面1500米，稀浆封层3200米、乳化沥青封层处理龟网裂4万余处理桥面裂缝21176延米及新建盖板水沟1500米等工作；完成省厅下达危桥改造及维修任务；完成国省干线及乡道绿化种植18000株。

路政管理。上路巡查1950人次，清除路障168处，清除占道堆积物2021平方米，纠正各类违章302次，拆除乱搭、乱建摊棚等违法建筑38处共620平方米，摊点7处，清除堆积物500余方，电杆8根，全年制止公路两侧建筑控制区内违法建筑42起，拆除非公路标志牌68块，完好的控制公路两侧红线；查出路损赔(补)偿案件30起，追缴路产损失82500元，路产损失赔(补)偿费上缴率达100%，办理路政许可12起，路政案件查处率98%，结案率达到97%以上，执法文书使用率达100%，案卷合格率达98%。

道路运输。投入16台崭新公交客车运行3条公交线路，建造48个公交停靠站，解决了云梦城区人民群众出行不便的难题，提升了道路运输行业的整体形象。规范出租客运的经营行为，成立客管办，对少数出租车乱涨价、不打表、拒载等违规经营行为，全天候监控服务质量投诉，加大执法力度，极大地维护了出租车市场的经营秩序，保障了广大乘客的合法权益。

水上运输。加大水上规费的征收力度，水上交通规费来源重点是航政费，全县船舶少，完成航政费任务有难度。通过走访船厂，了解船舶建造情况，联系船厂当地海事部门，争取运力回港并争取到部分船舶建造检验，促进规费征收任务顺利完成。全县完成两费收入13万元；认真开展水路运输业和水路运输服务业核查换证工作，对三家水运公司及其运输船舶(含拖轮、驳船)开展核查换证，通过严格发证程序，坚决取缔“三无”船舶，规范水上运输市场。

安全管理。坚持每月一次安全检查和安全例会，积极排查安全隐患，对查出的安全问题下达安全隐患通知书督促整改。多项措施齐头并进，实现全县水路交通无重大交通事故发生，公路运输企业无上报责任事故，交通建设工程、安保工程、行业管理无重大责任事故的目标。

文明建设。开展“三万”活动。成立2个工作队，入住前湖、河边村等2个行政村开展工作。整个“三万”活动，全局系统共投入帮扶资金10万元。开展服务质量大提升专项行动。以“双优杯”劳动竞赛、养护维修技能比武、“服务先锋”评比为载体，在全系统开展“让出行更满意”活动，全面提高交通行业尽责履职的能力和水平。大力开展工作作风大转变专项行动，继续推行“三抓一促”、“纠风正纪促跨越”、治庸问责工作，认真落实“交通干部十不准”制度，着力提高行业形象和行政效能。切实转变干部职工的工作作风，促进全局各项工作的顺利开展。开展窗口文明活动。局职工代红燕获全省“三八”红旗手光荣称号；运管所、公汽公司、客运公司在精神文明创建专项活动方面，除了在所内部开展“文明示范窗口”，“优秀运管员”评比活动外，在公交和出租客运中，推行精神文明“双创”活动和倡导优质服务“文明之星”活动。云梦县养护中心获得市交通系统先进单位；云梦县公路局路政大队获得孝感市“十佳平安交通大道”先进集体荣誉称号。

【安陆市】　完成建养总投资17757万元。完成316国道改建工程放线、边沟开挖、设计优化、征地拆迁、监理和施工招标。改建安桃线、五黄线、黄刘线、肖仁线共54.9公里。新建通村公路70公里。开工建设凤凰物流园区。客运中心站完成配套设施建设，投入使用。普通公路完成大修23公里，农村公路挖补维修80公里。

交通建设。316国道改建工程长23.92公里，宽24米，一级公路，总投资5.02亿元，其中国家补助9468万元。2月29日，成立建设指挥部。3月13日开始放线，3月底进行征地建筑物测量，5月初完成征地建筑物测量统计，6月初确定征地拆迁补偿标准，开始征地拆迁，三次优化设计，同步建设至城区连接线、三环连接线和南城渡改桥，地方追加投资1.2亿元，6月份确定“BOT”模式，9月22日改为“建安”模式，11月底完成监理招标，12月底完成施工招标。五黄线建设工程长10.5公里，5月份动工，10月底竣工。黄刘线改建工程长9.5公里，7月份动工，12月底竣工。安挑线改造工程长22公里，二级公路，10月3日改造开工，年底竣工。完成南城渡改桥前期各项工作，改造危桥3座。站场建设：客运中心站完成停车场及站前广场硬化等配套设施，6月22日正式投入运营。建设凤凰物流配送中心，总投资5.2亿元，5月份开工建设，年度完成投资1.5亿元；完成综合物流配送中心项目工可、环境评估、土地预审、工可评审等前期工作；建成赵棚农村综合运输服务站。

公路养护。列养公路养护，及时清扫路面、整修路肩、清理边沟，挖补坑槽6700立方米，修补油面3100平方米；维修桥梁16座，维修护栏3100米，新增标识牌100块。农村公路养护，组建农村公路养护中心，设置2个养护站，协助乡镇养护管理，完成殷饶线3.6公里、大河线2.1公里大修、钱冲旅游公路13.3公里维修、挖补通村油路59.8公里。

交通运输。4月1日开通城区9路公交车，进一步方便市民乘车。8月份落实“现役军人、老年人、下肢残疾人、盲人免费乘坐公交”，惠及特殊群体6.88万人。道路运输业进一步发展，新增货车224台、客车8台，更新客车62台，新增客运线路2条。汽运总公司完成营业收入972万元，上交税金95万元，完成客运量1470万人、客运周转量33546万人/公里。水路运输完成货运量27万吨、货运周转量270万吨公里。

建设管理。农村公路建设实行项目集中申报审批，杜绝乡镇村盲目开工建设。道路运输管理：圆满完成春运及重大节假日运输。查处“黑车”210台次，查处货物扬撒750台次，查处出租车非法转让9台、违规经营195台次，查处投诉87件。完成11家企业质量信誉考核、2248名从业人员资格诚信考核、1465台营运车辆检测年审。清理规范三类维修业户61家、托运部26家。

水路运输。开展非法采运河砂专项整治，下达《禁止离港通知》30份，纠违150余次，清理河道障碍物2处。安全生产管理：开展“安全生产年”活动，推进“平安杯”劳动竞赛，落实安全生产制度，定期开展检查，加强隐患排查整改。投入490万元，完成公路安保工程，配置公路应急抢险车辆、设备8台(套)，购置行包检测仪，建成客车技术检测站。开展公路抢通、客运救生演练，开展长途卧铺、旅游、危货运输专项整治，水陆安全控制在目标范围内。

路政管理。4月份，召开全市治理车辆超限超载工作会议，首次开展货源地、车辆改装和路面执法综合治理。市政府与乡镇处、部门签订责任书，乡镇设立检测点，严控超限车辆驶出货源地；路政、运政、公安、质监和乡镇95人，分3个点联合执法。全年查处超限车辆0.9万台次，卸货5100余吨，清除占道堆物328处，控制违章建筑19处，查处损路案件12起。

廉政建设和文明创建。开展行评活动，查找并整改三个方面8个问题。承办企业服务订单4个，承办建议提案36件。开展“纠风正纪促跨越”活动，公开服务承诺，实行“问廉、问效、问责”。推进重点领域信息公开、廉政风险防控、源头治理，开展廉政教育18场次，无违法违纪行为。开展“喜迎十八大，争创新业绩”活动。深入开展“五亮五比五创”、“重大项目建设年”等6项活动，2个单位被市选为示范现场。推进“十行百佳”、“文明路、站、车”等创建活动，组织开展出租车星级评定，开展文娱活动28场次，组织出租、公交车免费送考，推行长途客运“接到厂、送到家”延伸服务、小红帽志愿者服务。开展“三万”活动。投资20余万元，帮驻村挖塘30口、清洁乡村。文明创建。有5个单位获孝感市级文明单位，公路局申报创建省级文明单位。局获孝感市“安全生产先进单位”，汽运总公司获省“最佳诚信单位”、“消费者满意单位”、孝感市“十佳平安企业”等荣誉。

【大悟县】　完成交通总投资达3亿元，主要完成石武高速铁路孝感北站连接公路工程；悟宣线城关至高店段改造工程；河乔线改造工程及刘四线大中修工程；新建通村通湾公路170公里；完成省道宋应线、大天线、黄土线安保工程；大黄线顺利开工建设；基本完成了吕高、吕刘、宋应线外迁等项目的前期和申报工作；新开通高铁孝感北站至城区公汽线路，新建68个公汽站牌。荣获县委县政府表彰的"先进局级单位"，市委表彰的"先进基层党组织"，省厅表彰的"湖北省交通运输系统先进集体"，省级"文明单位"等殊荣。

重点项目建设。麻竹高速公路大悟段完成西段2.3公里建设任务，东段争取省交通运输厅、市交通运输局支持，采取BT、BOT方式与投资商达成合作框架协议。麻竹高速夏店至高铁孝感北站连接线初步设计为二级公路，将与麻竹高速公路同时建成通车。石武高速铁路孝感北站连接公路，是大悟县城区与孝感北火车站衔接贯通的重要交通通道，建设标准为一级公路，全长12.525公里，路基宽60米，沥青混凝土路面，设计时速80公里/小时，工程总投资2.85亿元，9月28日建成通车。大别山红色旅游公路大悟段，东与黄冈市大别山红色旅游公路在108省道黄土线处相通，西与107国道相连接。沿线经过大新、东新、丰店、黄站4个乡镇，全长69公里，总投资6.4亿元，按二级公路标准建设，设计速度60公里/小时，路面宽10米，路基宽12米。沿线征地拆迁工作已开展，9月6日完成监理招标工作，由湖北江汉工程咨询有限责任公司中标，10月完成施工招投标工作，已开工建设。绕城南路工程，起于宋应线老路与京港澳高速公路分离式交叉处，沿老路改建至与省道大天线平面交叉后走新线跨澴水河，至泉水寨山下，新建隧道穿越泉水寨，在熊家冲水库上游出隧道，至双河村，全长5.9公里。由县城市投资公司负责建设，基本完成路基工程和桥梁工程，隧道完工400米。已完成工程可行性研究、各项专题及设计工作等前期工作。孝感北(大悟)客运总站，一级客运站，占地70余亩，建设面积5000平方米，总投资4000万元，已施工，同时积极争取纳入国家级枢纽站项目计划。河乔线改造工程及刘四线大中修工程，河乔线24.1公里路面改造10月10日完工，刘四线7.1公里大修工程10月25日完工。新建通村通湾公路170公里。

公路养护。全年修补硬坑槽28493.7平方米，软坑槽862.4平方米，灌淋油56437.4平方米，灌养缝81000余米。预防性养护。积极推广应用预防性养护的新设备、新技术和新工艺。在黄土线采用稀浆坡封层技术，达到地表水不渗入路基，保障路基稳定，提高路况技术指标。安保工程建设。安装桥栏杆板10块、栏杆柱10柱，安装安全警示牌442块，危桥限载牌116块，安装安全警示柱880根，限速钢构牌24块，村庄提示牌49块。完成大界线两白一黄标线30公里。购置安全桶100个。

路政治超。开展联合治超专项整治，全县六个联合治超执法点路政执法人员共检测涉嫌超限车辆5015台(次)，其中超限车辆87台，共卸载、转运货物190余吨，罚款7800元，收取补偿费8700元。吕王超限检测站依托市公路局信息监控中心，高标准实施联网管理系统，实现数据与视频上传入市级监控网络，治超信息覆盖100%。

路政管理。重点查处建筑控制区内违法建筑，对控制区内新增违法建筑，要做到发现一起，拆除一起。重点对新城过境路段、大界线城区段进行了整治。清除路障285处2668平方米，拆除临时棚摊9处275平方米，拆除非公路标志牌33块，办理行政许可案件1件。共检测车辆57901车次，整治超限运输车辆2478余辆，超限率3.5%，收取公路赔(补)偿费27.36万元。

运输监管。落实道路运输市场监管责任制。强化节假日客运组织管理工作，重点对春运、清明、端午、"五一"、"两考"以及"中秋"、"十一"期间的旅客运输工作平稳有序。城区客运秩序监管。重点查处班线客车站外揽客、兜圈载客以及城区出租车乱涨票价等违规违章行为，对中心客运站内外秩序进行严格监管，每星期组织开展两次以上非法载客"黑车"集中整治行动，大力打击非法营运活动。全年共组织打黑集中行动64次，查获非法载客"黑车"287台次，全县道路运输市场秩序明显好转。贯彻《机动车维修服务规范》。严格对全县48家维修企业做好配件质量追溯制度，使用三单一证一合同，完善节能减排设施，对全县机动车维修企业开展专项检查活动，促进维修行业持续、健康、稳定发展。提升公汽服务质量。新开通高铁孝感北站至城区公汽线路，新建68个公汽站牌。

安全应急。开展交通安全百日隐患整治、道路运输"打非治违"、全县农村客运安全生产月等一系列专项整治行动，对全县客运企业、客运站、危货运输企业、营运车辆、客运从业人员等组织开展了"一户不漏、一车不缺、一人不放"的大排查、大整改、大督查。大力开展"平安工地"建设为主题的安全生产月等活动在继续完善县、乡、村、工程队"四级质量监控体系"的基础上，进一步强化乡镇政府的业主地位，验收后资金由交通运输局兑付到乡镇财政所。

改革创新。成立农村公路管理局、海事管理办公室、质量监督管理站。交通运输系统事业单位编制核定、岗位工作顺利完成，实现机构、人员、资金、职责、措施到位，疏通管理脉络，激发行业活力。推进物流发展。明确将县物流发展建成"一个园区、六个集散地"的物流工程，培树以县物流园区为中心，县金源农特产品加工储运有限责任公司、新城花生集散地、宣化板栗集散地、夏店石材集散地、河口小商品批发集散地、大新优质稻米集散地，大宗商品物流和农村物流工程。国有企业擦亮服务"窗口"。国企恒达公司狠抓经济效益，强化企业管理，全年完成营运收入4350万元。营造服务氛围，改变运乘环境，真正做到满意在车站，温暖在车上，舒适在途中，充分展现大悟"窗口"的新形象。

【孝昌县】 全年完成交通建养总投资1.76亿元，等级公路里程2280.86公里。

交通基础设施建设。公路：京珠连接线完成全线路基路面、桥梁、绿化、给排水工程，累计完成货币工程量1.4亿元，其中本年度完成投资3500万元。完成省道大天线大修工程19.6公里，总投资1700万元。完成张白线改造工程20.3公里，采用沥青混凝土路面，项目总投资3000万元。改造建设通村公路160公里，总投资3600万元，超额完成县政府实事工程建设任务。桥梁：完成王河大桥、高档河桥、李邹线桥梁等建设任务，完成总投资1600余万元。同时，对全县非列养公路上的120座桥梁进行普查，对存在严重安全隐患的7座桥梁采取限行措施，完成11座四、五类危桥的地质钻探和改造设计工作。站场建设。县交通应急救援中心已完成场地三通一平和桩基施工，正在进行围墙和办公楼主体施工，累计完成货币工程量3500万元。县长途客运站已完成项目环评、建设用地规划、土地预审等前期工作，12月28日正式开工建设。

交通运输。县裕通客运有限责任公司实现收入698.2万元，比2011年增长21 %，上缴税金58万元，经济效益呈现逐步增长态势。完成运送旅客325万人次，旅客周转量8000万公里。完成座票收入1947万元，比去年增长6.3 %。

公路养护。按照“先重后轻、先干后支、远近结合”的原则，对10多条列养线路上出现的病害进行了处治。完成软(硬)坑槽挖补1.27平方米、补油1.6万平方米、逢养102公里、整修路肩711公里、清理边沟352公里，公路GBM工程58.48公里，107挖补1500平方米计货币工程量19万元，完成公路绿化21公里。组织实施“农村公路养护管理年”活动，确定邹岗、小河为试点，实行专业养护与日常养护相结合，切实提高了农村公路整体水平。

行业管理。由县政府牵头，组织乡镇及公安等相关部门，开展公路联合治超和打击“黑车”行动，建立联合整治工作机制，进一步加大执法力度。查处超限运输车辆1.9万台次，切割墙板162块，卸载3200余吨，超限运输车辆得到有效控制。查处“黑车”210台次，纠正出租车违章经营行为19余起，运输市场秩序明显好转。开通丰山至孝昌客运线路，结束了全县唯一一个乡镇到县城无直达班车的历史。富斌、鑫昌两所驾校开学，培训学员500多人，教学管理质量不断提高。切实加强在建工程质量的监督检查，工程合格率达100%，优良率达90%。全面落实安全生产制度，水、陆交通无责任事故。加大安全投入，向省公路局争取资金90余万元，配置公路应急抢险车辆和设备。向县政府争取资金325万元，完成一批安保工程。2012年荣获全市安全生产先进单位。

党风廉政和文明创建。组织开展“五亮五比五创”、“三抓一促”、“重大项目建设年”、“十行百佳”等活动，有力规范了交通职能和权利行使，促进作风大转变，行评工作在全县排名第一，“双百”评议均进入前十名。以治庸问责、纠风正纪促跨越为抓手，治理“庸懒散”，实行“问责、问廉、问效”。实施廉政风险防控，加强廉政风险环节的管理和监督。实施源头治理，开展工程建设、行政审批等重点领域源头治理，预防了交通各个环节的不廉洁行为发生，全系统无违法违纪行为。

黄冈市交通运输

【概况】 完成投资70亿元，占年度目标的140%。

重大项目。以黄冈长江大桥为龙头的城区五大交通项目强势推进，全年完成投资37.4亿元。黄冈长江大桥9月16日成功实现主跨钢梁合龙，10月31日全桥钢梁全部架设完成；12月26日，武冈城际铁路黄冈段全部贯通；黄鄂高速公路桥梁桩基全面完成，转入上部结构施工；黄鄂高速公路团风段征地拆迁全部完成；黄冈大道按照“门户主干道、城市快速路”要求抓紧推进。麻竹高速公路完成投资4亿元，征地拆迁启动，附着物拆迁完成；麻武高速公路完成投资8.54亿元，沿线征地拆迁工作快速推进，至12月底房屋拆迁完成56.8%。

公路建设。建成一级公路路基49公里、路面27公里，二级公路路基285公里、路面152公里，完成国省

在建的黄冈长江大桥

道大中修208公里、通村公路883公里、县乡公路改造182公里、835公里危险路段整治。改造危桥20座、渡改桥37座，绿化6条154公里国省道；全市121个乡镇建设了农村公路养护示范路。

站场建设。完成投资8551万元。建成蕲春客运站、麻城金通湾客运站、英山长途客运站、罗田货运站；开工建设武穴客运站、罗田客运站；新建农村五级站5个，港湾式候车亭23个，一般候车亭50个。大力推进客货运站配套建设，初步形成以黄州、麻城、武穴为枢纽，辐射各县市区的快速客货运网，全市“路站港运”一体化及服务功能明显提高。全市拥有客货运站117个，客运站111个，货运站6个。

港航建设。完成投资5.1亿元。武穴件杂货码头建成；武汉新港唐家渡港区楚江综合码头、武汉新港唐家渡港区禹杰综合码头建设快速推进。武汉新港唐家渡港区临港新城综合码头、黄梅港小池滨江综合码头、钟家湾综合码头、锦江综合码头、团风罗霍洲综合码头和龙感湖费湾综合码头项目前期工作快速推进。全市港口6个，拥有160个码头，泊位234个，内河航道里程497.5公里，通航里程461.7公里，其中三级航道20公里，四级航道13.7公里，五级航道23.7公里，六级航道14公里，七级航道108.7公里，等外级航道281.6公里。

物流建设。完成投资6688万元。武汉新港楚江物流园被省交通运输厅列入第一批物流开工项目，蕲春大别山现代物流园、黄州东站物流中心、浠水物流中心以及黄梅物流中心项目全面启动，前期工作进展顺利。改造完成英山石咀镇、黄梅蔡山、浠水团陂三个农村综合运输服务站。另外储备一批物流园区项目，力争形成覆盖全市的交通物流基础设施节点。

交通规划。抢抓集中连片特困地区扶贫开发机遇，全市31条632公里一、二级公路和4个县级客运站、72个乡镇等级客运站、2260个农村汽车停靠点列入交通运输部扶贫开发规划，争取交通运输部新增补助投资规模约8.2亿元；抢抓国省道规划调整机遇，争取一批项目上等升级，国道从3条336公里增加到7条830余公里，省道从17条960公里增加到36条2100余公里。

路桥化债。鄂黄大桥债务移交工作取得重大突破，有关资产、债务、人员已经锁定，已在移交协调。政府还贷二级公路债务化解工作取得突破性进展。各县市区多方筹措资金，已偿还2012年度银行部分贷款本金8875万元。

城市客运。黄冈城区城市公交发展规划通过评审，调整优化黄冈城区城市公交线路6条，提高了公交服务覆盖面和通达率。全面推行出租车、公交车企业和驾驶员质量信誉考核，加大出租车服务质量专项整治活动，设立临时稽查点，受理旅客投诉，严厉打击拼客、宰客、拒载、乱涨价等违规行为，规范了城市客运市场秩序。

运输生产。全市营运客车5687辆、货车23554辆、旅游车88辆、公交车774辆，省际客运线路81条、市际客运线路76条、市内县际客运线路77条、农村客运线路576条。完成公路客运量1.23亿人次、客运周转量88.7亿人公里，公路货运量0.31亿吨、货运周转量43.9亿吨公里，同比分别增长15.5%、15.6%、19.8%和19.6%。拥有机动船、驳船667艘，新增运力13.55万载重吨，船舶总运力达88万载重吨，完成港口货物吞吐量2521万吨，货物周转量702261万吨公里。

交通安全。开展“安全生产年”活动，狠抓各项安全生产专项行动的落实，不断深化薄弱环节的治理，有效防范和杜绝重大级以上安全生产事故发生，全市交通建设工程、安保工程、道路运输“三关一监督”无重大责任事故，水上四项安全指标均控制在目标范围之内，交通运输安全态势平稳。

行业文明。以“喜迎十八大、争创新业绩”系列主题实践活动为载体，广泛开展“学王静精神、做服务标兵”活动，邀请王静与司机面对面交流并现场示范，开展“文明进公交”、“爱心助考”、“雷锋车队”志愿服务等系列活动，激发干部职工爱岗敬业，展示城市客运行业文明形象。黄冈市交通运输局荣获全市民主评议政风行风第一名。（周本和）

招商引资项目华海重工位居全省第2的300吨行吊

【黄州区】 农村公路建设。完成通村公路新建23.4公里；完成危桥及渡改桥改造4座，建设质量合格率达100%，抽检合格率达98%。截至目前，黄州区共计创建农村公路示范路21.7公里，消除63.13公里特别危险路段安全隐患，修护农村公路路肩206公里；新植补植绿化树林8.8万株，新增绿化里程182公里；修复破损和水毁通村公路215公里，全区农村公路重点路段好路率由2010年的67.54%提高至2012年的85.65%。

重点项目建设。组成交通工作专

新建的唐家渡楚江综合码头

班，全力协调服务城际铁路、黄鄂高速、黄冈大道等重点工程前期和征地拆迁工作。完成城际铁路拆迁5万平方米，征地700亩；黄鄂高速拆迁1万平方米，征地1300亩；启动黄冈大道计划拆迁6500平方米，征地960亩；黄州国盛综合码头一期工程完工；黄冈楚江综合码头两个高桩泊位完成水工部分构筑物；黄冈禹杰物流综合码头、黄州临港新城综合码头(明灿)开工建设。配合完成武汉新港规划(黄州段)、武汉新港空间布局规划和张家湾港区规划，积极配合推进武汉新港产业规划和集疏运规划，衔接启动黄州临港新城规划；启动必可矿业、临港新城、中粮油脂、锦江综合、林纸一体化和祥宏物流等六个码头项目前期工作，其中必可矿业和临港新城码头列入省政府批准的水上“十二五”重点建设项目。黄州区航运中心暨水上搜救中心项目启动前期审批工作。

国省干线公路养护。以“全国农村公路管理养护黄冈现场会”为契机，开展路域环境综合整治，加强公路日常精细养护，完善公路设施，维修破损路面，规范标志标线，及时清除公路路障、杂物，保持干线公路整洁美观。认真抓好国省干线绿化景观工程建设，积极实施黄上线、阳枫线、江北路互通、禹王收费站站前广场景观绿化，全区累计完成绿化面积11.5万平方米，城区出口路美丽干线景观效果显现。

农村公路养护。通过设置错车平台、标志牌、反光镜，安装减速带、防护警示墩，维修破损路面，整修路基边坡，绿化修枝刷白行道树，投入大量人力物力财力，完成农村公路63.13公里安保工程建设，创建农村公路示范路21.7公里，占区政府年计划16公里目标任务的135.63%，实现每个乡镇建有一条示范路的目标，陶孙线成为“全区示范、全市领先”的示范样板路。2010—2012年，连续三年，被黄冈市交通运输局授予“黄冈市交通运输系统先进集体”、“黄冈市公路养护管理工作先进单位”荣誉称号。

文明创建。黄州区交通运输局系统连续三届被评为“区级文明系统”，全系统市级以上文明单位覆盖率为100%。区运管所为省级文明单位，局机关、区公路段、区港航管理所为市级最佳文明单位，区交管总站为市级文明单位。区公路段砂子岗超限检测站、禹王收费站、区运管所运政服务大厅、区港航所服务大厅为市级文明窗口。

【团风县】 全年累计完成交通建设投入4.87亿元。

基础设施。全县通车总里程1982.298公里。其中，高速公路58.52公里，普通公路1923.778公里。普通公路中有一级公路30.128公里，二级公路100.796公里，三级公路98.546公里，四级公路1624.319公里，等外公路69.989公里。公路密度237.97公里/百平方公里。全县有二级客运站1个，五级客运站4个，候车亭及招呼站230个，有集客运、货运、小件快运为一体的农村综合运输服务站一个(黄湖客运物流站)。境内主要内河航道有长江航道8.224公里(三级以上航道)、举水河航道18公里(四级航道)、巴河航道28.8公里(四级航道)，航道总里程55.024公里。京九铁路贯穿境内3个镇22公里，境内设有1个站点。

重点项目。罗霍洲大桥完成可行性研究报告、施工图设计、施工单位招投标等前期工作，开始施工。黄鄂高速公路团风段进行路基土方施工。黄鄂高速延长段完成房屋拆迁地面附着物清理，青苗补偿费、征地补偿款基本发放到位，全线开工。

公路路网。106国道方高坪至标云岗15公里一级公路改造完成工可报告初审；县道芦总线19公里、漆宋线

正在建设的团风县罗霍洲大桥效果图

26公里、夏上线获省政府批准升格为省道，芦总线、漆宋线定名S241，夏上线定名为S207。漆宋线改建可研报告11月底获省发改委批复。

农村公路。完成乡道夏(铺河)贺(坳)线6公里建设，徐(家垅)铁(治)线6.8公里，漆(柱山)宋(墙)线2公里。完成通村公路成100公里，建设质量合格率100%，抽检合格率100%。

港航建设。罗霍洲一期码头工程获省发改委批复。罗霍洲将新建5000吨杂货泊和通用水位各一个，设计年吞吐能力151.6万吨。

公路养护。开展国省干线过境路段整治2处，完成国道大修1.1公里，危桥改造5座，公路路况达到国检和规范化要求。

运输市场。运送旅客460万人次，完成旅客周转量22000万人公里，货运量600万吨，货物周转量24000万吨公里。新增农村客运班线5条，新增农村客车8台，更新客车59台。

公路治超。查处超限超载车辆788台，卸载黄沙等其他货物6975吨，车辆超限超载控制在5%以下。

安全生产。以“平安杯”安全竞赛为载体，深入开展“安全生产年”、“安全生产月”等活动。更新农村客运渡船10艘，配备水上救生设施80余套，完善渡口安全渡运警示设施16处，投资10万元完成举水河大桥导航安全设施，设置公路安全标志90块，建设公路安全防护设施30余处，有效地保障了公路交通安全。

规费征收。完成港航水上规费征收70万元。

招商引资。宜昌新型建材构件厂落户工业园，已完成工程可行性研究报告。企业预计投资9500万元。

文明创建。县公路管理局为省级文明单位，县道路运输管理所、县交通物流发展局、县港航管理所为市级文明单位。团风至黄湖客运线路被授予市文明示范线；方高坪至团风公路被授予市级文明样板路。

【红安县】 交通投资。完成交通固定资产投资5.78亿元，占全年目标任务的222.3%。其中公路建设5.68亿元，站场建设320万元。

基础设施建设。新升国道四条193.23公里，分别是通化至武汉国道红安段82.40公里、上海至安康国道红安段49.33公里、沪蓉高速红安段24.5公里、麻竹高速红安段37公里；新增省道一纵、两横、两支5条167.9公里，分别是S234檀树岗至阳逻转盘红安段61.4公里、S320白塔河至武胜关红安段37公里、S334桃花至辛榨红安段22.5公里、S410红安至熊河29公里、S479红安七里坪至天台山18公里。

重点项目建设。麻竹高速公路红安段全线开工，完成工程建设货币量2亿元，完成红安段土地征用工作，拆迁工作全面展开，施工队伍已进场；完成省道阳福公路红安县城区绕城公路13.49公里路基工程和发展大道5.86公里路面建设和全长338米，宽24.5米，高18米的倒水河大桥主体工程建设，完成货币工程量1.85亿元，占工程总量的70%；完成檀八线22.7公里路基建设和桥梁工程，其中完成77万立方米路基土石方工程，新建大、中、小桥梁10座，防护工程1.5万立方米；完成宋大线13.1公里路面建设。

农村公路建设。全年新建通村公路100公里；完成增补农村公路建设计划3.2公里、增补将军故居路建设计划6.8公里；完成红两线一期路基桥涵工程16公里；完成王董线路面改造工程3.5公里；改建通村公路杨矿线8.1公里；完成天马线景区段4公里的安保配套工程建设；完成农村公路绿化工程100公里；完成农村公路安保工程40多公里；完成觅儿园区道路建设1号路、2号路、3号路、4号路、7号路的硬化，5号路东环线、西环线的路基，阳福线及一级路的加宽，总里程达38公里。

站场建设。新建三级综合服务站1个，五级客运站1个，车辆检测站1个，候车亭23个。建成七里坪三级综合运输服务站、城南机动车综合技术性能检测站和华河综合运输服务站、在占店镇长丰村李家大屋建成全省首个农村客运港湾式候车亭。

公路养护管理。建立健全农村公路养护管理体制，将管养路段责任到人，责任到路，挂牌养护，完成省道宋大线路面大修13.1公里。全年沥青路面修补面层2450平方米，基层640平方米，罩面4780平方米；代料补坑槽13620平方米；整修路肩12.37万平方米，挖高路肩120立方米，整修路基128立方米，抢修水毁72立方米，填缺口124立方米，转土530立方米；安装公路安保工程钢护栏4924米，指示标志牌6块，警告标志58块，地名牌16块，警示桩400根，刷涂警示桩458根。养护工作全市评比排名第二，实现了干线路况达国家标准，农村公路畅、洁、美、安。

公路绿化管理。明确省道阳福线红安至七里坪段为省干线绿化示范路，明确全县12个乡镇(场)、天台山管理处共106.7公里有关路段为农村公路绿化示范路。做好主干公路绿化植树和补植工作，全年植树27.6万株，补植行道树13.76万株，剪枝410.2万株，投入资金270万元。

路政管理。查处路政案件21起，收取赔补偿10.5万元，结案率为100%。清除违法占道320处2500平方米，清理公路障碍45处，制止违法建筑43处，拆除违法建筑40处700平方米，拆除非公路标志30块。取缔路边加水洗车点11处。全市评比第一。

超限治理。检测车辆14000台，查处超限车辆2400辆，卸载物资6000吨，收取赔补偿费25.63万元。全市评比第一。

行政执法工作。使用法律文书100%，未发生上访、上诉和复议案件。无公路三乱现象。

文明创建。红安县交通运输局在全国农村公路建设养护管理现场会上得到国家、省、市领导的一致好评，在全市交通运输工作中位居前列，在全县“六考”综合实绩考核中位居第七名，党风廉政建设、信访工作在全县三级干部大会上受到表彰；精神文明建设喜结硕果，“红客天使”站务班被评为“省十佳品牌班组”“省、市巾帼示范岗”；省道阳福线通过“市级文明样板路”验收；红安至永佳河镇永河村线路被评为黄冈市农村客运文明示范线；县交通运输局、县公路局、县客运站被评为市级文明单位，行业管理部门文明单位覆盖率达到90%以上。

【麻城市】　交通投资。全年累计完成交通建设投入1.89亿元，占全年目标任务的180%。公路建设完成投资1.84亿元，站场建设完成480万元，港航建设完成11万元。

基础设施建设。全市通车总里程达4604.39公里。其中，高速公路124.19公里，一级公路3.2公里，二级公路306.205公里，三级公路254.78公里，四级公路3913.695公里，等外路2.32公里。公路密度81.38公里/百平方公里。

重点项目建设。全力配合麻竹(麻城至竹溪)、麻武(麻城至武穴)高速公路两大项目建设。麻竹高速公路麻城段完成房屋拆迁等地表附着物清理，进行路面便道及土方工程建设施工；麻武高速麻城段完成房屋拆迁任务的90%，开始进行施工和房屋拆迁。

农村公路建设。麻新线(白果至夫子河段)、宋红线(宋埠至红安蝴蝶河段)、龟山风景区下山路、城顺线(城区至罗铺段)、福田河两双线(两路口至双碾河)、木子店黄泥坳路面改造等6条通乡公路于11月底全部竣工通车。通村公路完成100公里，占年度计划的100%。将军故居路完成110公里，占年度计划的100%，建设质量合格率100%，抽检合格率98%。

港航建设。新增客运渡船2艘、10吨。全市拥有客运渡口6个，客运渡船16艘、70吨，年客运量达到9万人次。

公路路网建设。龟盐线(龟山至盐田河)16.5公里路基基本完工，路面完成6.5公里，管网等配套设施完成60%。解决高速公路之间的规划衔接，完成麻竹高速公路延伸线(宋埠至铁门)18公里的项目论证和工可报告；220国道延伸线37公里省交规院已进行外勘外测。完善城区外环线的建设，106国道绕城项目第一段14公里省交规院进行了外测外勘、专家论证、项目工可报告。

国省干线公路养护及改革。开展国省干线过境路段整治6处，保质保量完成省道麻新线、胜麻线、长三线过境集镇路段2.8公里破损路面改造，完成106国道安保工程建设，确保路域环境优化、路况质量良好、路容路貌常新。在全国干线公路大检查中，被省公路局授予全省迎国检先进单位。

运输市场监管。运送旅客327万人次，完成旅客周转量21255万人公里，年货运量263万吨，货物周转量6051万吨公里。开展为期2个月、有史以来最大规模的城区客运出租车秩序整治行动，对城区出租车不打表、乱收费等现象进行联合整治。协助物价局对市内农村客运班线乱涨价现象进行整治。积极引导客运发展，新增长途客车1台，更新6台高一级客车，新增农村班线客车8台，更新57台，对三河线进行整体更新改造，全市行政村通班车率达100%；新许可道路营运货车262台，许可二类维修业户1家、三类维修业户16家，换发维修经营许可证35个、处罚非法经营6家，打击非法驾培点3处；全年查处违章案件326起；受理举报投诉32起，落实率达100%。

公路治超。检测运输车辆8857台次，其中超限车辆475台，劝卸货物352台次、1817吨，超限超载控制在5%以下。

安全生产。以强化源头管理，预防和减少安全事故为目标，不断加强运输行业的安全监管，全面落实安全生产两个主体责任；加强安全隐患排查和治理，加强对重点区域、重点部位、重点车船、重点时段的安全监管，达到“杜绝特大事故、遏制重大事故、减少一般事故”的目标。全年共检查营运车辆9700余台次、渡船60多艘次，查处、整改安全隐患80余起，公路、水路没有发生重大以上交通安全事故。

文明创建。市交通运输系统为市级文明系统。市运管所、市公路管理局为省级文明单位，局机关、市交通物流局为市级最佳文明单位。市公路局白塔河区超限检测站为市级文明窗口；市运管所运政服务大厅为省级青年文明号。公路局王立刚同志和周全寿同志分别荣获“全国交通技术能手”和“湖北省劳动模范”荣誉称号。

【罗田县】　交通投资。全年累计完成交通建设投资规模近8.5亿元。其中麻阳高速罗田段公路完成建设投资5亿元，公路、站场等建设投资3.5亿余元。

公路路网建设。松宜线23公里

武汉至黄冈城际铁路有望延伸至罗田县

路基全部完成，路面完成17公里；河大公路4.3路面全部完成，横河中桥5月初完工，大河岸二桥9月底动工；九瓮公路10公里路面全面完成；香白公路完成路基8公里；进士河漂流公路20公里路基6月上旬完工，小桥涵完成总工程量的85%；千河公路10公里路基和薄刀峰至独尊山旅游公路4.1公里路面工程基本完成；北丰河东公路小桥涵工程全部完成；完成通村循环路、断头路水泥路面100公里。

站场建设。总投资近6000万元的县客运中心主体工程基本完工，实现“当年做工可、当年立项、当年动工、主体工程当年完工”；九资河综合运输服务站竣工投入使用，新建候车亭11个。

项目争取。争取麻阳高速公路最有利于罗田的走向和河铺互通从预留到同步建设；松宜、罗大、香白、九瓮、千河等二级公路改造计划60余公里和县客运中心等交通建设项目，项目资金9000余万元；大别山片区“十二五”扶贫规划项目5个，为全县“十二五”后三年项目建设打下坚实的基础。

养护工作。投入资金近3300万元，对全县部分危桥险段进行整治，对大别山红色旅游公路进行美化、亮化，对路牌标志进行完善，对水毁路段进行抢修，确保全县公路安全畅通。大别山红色旅游公路薄刀锋段1.8公里危险路段工作基本完成，安装标志牌148块，示警桩1200余根，钢护栏近9千余米，绿化植树5万余株，完成敢鱼咀大桥和匡河中桥2座危桥加固工程，胜利大桥等3座危桥加固工程全面动工。进一步加大对全县通村公路养护管理的督办力度，农村公路安保工程及绿化示范线建设取得初步成效。

运输市场。运送旅客654.6万人次，完成旅客周转量12.1775万人公里，货运量356.4万吨，货物周转量3127.2万吨公里。积极配合“五城”创建工作，对城区内客车乱停乱靠、沿街揽客现象进行联合整治。更新客车75台，引导农村客运发展，增农村客运班线26条，全年发放燃油补贴286万元。维修企业共50余家，其中新增4家。驾校3所，全年共培训合格学员1万余人。

行业管理。全县更新客车75台，更新客车19台，更新出租车65台，人民群众出行更加方便。加大公路治超力度，办理各类案件141件，其中立案查处28件，责令当事人自觉纠正违法行为113件，案件查处率100%，结案率100%。出动执法人员1448人、执法车辆253次、检测车辆1503辆，查处超限超载车辆1242台，卸载货物1685吨，超限率控制在5%以下，查处率、结案率均在100%。收取路产赔补偿费115万元。无行政复议变更，无撤销案件和行政诉讼案件发生。

安全生产。全系统安全生产实现无重大道路运输安全事故、无工程建设施工作业事故、无安全生产责任事故、无治安灾害事故、无水上交通安全事故的“五无”工作目标。特别是加大对“三无”船舶的打击力度，船舶安全面达100%。严把工程质量关，按照工程建设“五制”的要求进行管理，建立四级质量保证体系，严格基本建设程序，层层把好质量关。全县重点工程合格率达100%，单位工程优良率达90%以上，通村公路质量抽查合格率达100%。

行业改革。对局属二级单位班子进行调整，坚持公平竞争、公正公开、择优录取的用人选人机制；启动交管站改革，人员分流安置工作妥善进行；对城区出租车进行有偿转让，推行“两权合一、公司化经营”模式，确保出租车行业稳定；农村公路管理局和运管局顺利升格，进一步理顺各单位的管理体制；积极探索交通建设投融资平台，逐步建立多元筹资办交通的格局。

文明创建。局党委被评为全省创先争优先进基层党组织，被评为全省交通运输系统先进集体；公路段、客运站被评为市级最佳文明单位；运管局、物流局被评为市级文明单位，物流局还被评为全省运管物流系统十佳标准化示范所（局）。

【英山县】 先后启动多项交通工程建设，实现货币工程量9369.2万元。公路建设完成投资7824.2万元，站场建设完成投资1545万元。

重点项目建设。完成小白线岩潭河至黄栗树段10公里的路面铺设和杨柳高速出口至施家湖段6公里的基层施工，启动沿线三座中桥的建设，已完成整个工程量的60%，完成货币投资2424.2万元。启动全县人民关注的红杨线升级改造工程，其中一期工程土门河至杨柳镇12公里的改造路段，已完成路基和水泥混凝土基层及部分路面建设，实现投资2200万元。在县建设指挥部的统一组织下，强力推进温泉北路的建设任务。经过相关部门的大力配合和协同攻坚，已完成温泉北路小桥工程量50%，完成卢家湾至北汤河路口的路基开挖、基层换填，并开始管网铺设工作。

通村公路建设。上级交通主管部门下达的通村公路建设计划100公里，全部完成，货币工程量3000万元。

站场建设。新投入资金1500万元，完成新长途客运站的建设结尾工作，7月25日正式投入运营；投资20万元的石头咀镇农村综合运输服务站改造项目通过上级主管部门的检查验收；投资25万元，完成金铺镇农村综合运输服务站建设。

公路养护。投资20多万元，对国、省干线公路沥青路面、水泥路面开展预防性养护；投资8万多元对国、省道公路标志标线进行刷新；投资100多万，新建2座养护管理站、改造3座管理站。从2012年起，每年建设100公里创建农村公路养护示范线，并按每公里5000元的标准发放补助，力争通过几年时间的推动，全面提高基层对农村公路养护积极性，进一步提升全县农村公路养护水平。2012年全县争创示范线的农村公路有11条110公里，在各乡镇的高度重视下，参与建设的示范线均达到验收标准，12月中旬通过上级部门的检查验收。完成特别危险路段204公里的安保建设任务。8月的一场暴雨，使全县多处道路受损，特别是处于大山之中的红旅路损失严重，投入资金150万元，顺利完成全县水毁恢复工程。以全市整治红旅路周边违法建筑行动为契机，严格按照法律规定，全面掀起公路违法建筑整治专项行动。对南河镇、温泉镇、孔坊乡、金铺镇、石镇等地的重点过境路段进行大规模的清理和整治，恢复公路原状，保障道路安全畅通，有力地维护了路产路权。

运输市场监管。全县营运车辆拥有量为2257辆，比上年度增加5%。全县机动车维修企业68家，比上年度增加8%。新建机动车检测站1个、二级客运站1个、五级客运站5个、城区公交公司1个。英山县机动车安顺检测站于2012年元旦正式投入运营。组建了英山县温泉公交客运有限公司，新购20辆江淮牌中型公交客车，10月24日开始运行。更新31台营运出租车，出租车市场更加规范。全县跨省班线9条，跨市班线6条，跨县班线6条，乡镇班线135条，乡镇通班车率100%，行政村通班车率98.6%。查扣非法营运车辆65台，查处客运班车违规行为为98起。

党建活动。以“喜迎十八大，争创新业绩”为主题，以“基层组织建设年”为主线，积极开展党建活动。以“七一”表彰大会、文艺汇演、演讲比赛、党员志愿者下乡劳动等形式，进一步增强党组织凝聚力，激发交通运输系统党员活力，鼓舞交通运输系统干群士气。

党风廉政建设。结合以省、市、县三级民主评议政风行风、县人大民主评议交通工作和县直部门争创“十佳三差”单位等工作，扎实开展各种活动，虚心听取各界意见和建议，认真梳理，严肃整改，在全县先后3次投票中，两次获得第一名的好成绩；同时，交通运输局作为全县党风廉政文化建设的示范点，接受了上级纪部门的检查验收，评价良好。

文明创建活动。3月交通新办公楼正式投入使用，交通办公条件大为改善，交通运输局积极争创县级文明单位；12月上旬，公路局和运管所通过市级文明单位验收，公路局创建的文明示范路也通过市级验收。全系统文明创建覆盖率100%。

【浠水县】 全年总投资1.9亿元，县交通学校培训学员1900人，实现收入350万元。县农村公路局申报省级文明单位，县港航管理所、县运管所、清泉交管站保持市级最佳文明单位，县交通局、县物流发展局、城市交通客运管理所保持市级文明单位，县公路局、县交通学校保持县级文明单位。中大线(K77+000 ~ K95+000)市级文明样板路和黄标线(K73+116 ~ K116+864)县级文明样板路创建工作全面完成。

公路建设。先后完成省道黄标线丁斯垱至城关段5.2公里路面大修工程、省道中大线马垅段5.5公里路面中修工程、丁麻一级公路9.92公里改扩建主体工程和县道浠团线12公里改建路基工程。工程合格率达100%。

公路养护。修补沥青路面坑槽45754平方米；修补砂石路面坑槽139400平方米，备料8585立方米；罗兰线、三太线洒油罩面56759平方米；路面缝养21400米，整理路肩523025平方米，清理边沟374公里；水毁修复21处；安保工程修复桥梁栏杆3处、标志牌56块，恢复里程碑、百米桩400块/根。省道中大线(K77+000 ~ K95+000)市级文明样板路和黄标线(K73+116 ~ K116+864)县级文明样板路创建工作全面完成。

路政管理。办理行政许可案件15起；通过一般程序办理行政处罚案件113起；办理路政赔补偿案件22起；拆除非法广告牌26块；清理电线杆38根、涵管76道；清除路面堆积物1070立方米；超限运输治理检测车辆3798台，查处超限车辆1718台，卸载货物6000余吨。公路绿化完成黄标线、大别山红色旅游公路浠水段等路段累计新补植行道树近2万株。路政违法案件查处率达98%以上，案件执结率、追偿率、文书使用率100%，无错案、无行政败诉案件，无违法乱纪行为，无公路“三乱”行为。

农村公路管理。整修路肩480公里，疏通边沟390公里，清理塌方160处2420立方米，修复水毁56处，回填路肩土7100立方米，勘查危桥52座，农村公路路面整洁率、路肩完整率、边沟通畅率达90%。投入资金1450万元，完成农村公路特别危险路段安保工程185公里，消除隐患867处，设立急弯陡坡警示牌696块，建设防撞墩19510米，安装广角镜28块、警示桩3308个、减速板620米、标示牌94块；新植树8600株，建成养护、绿化样板路16条，共计86.2公里。

规费征收。完成港务费、航政费共718.6万元，占年计划的100.5%。

【蕲春县】 交通投资。全年实现交通建设投资2.1814亿元，其中站场建设完成投资358万元，占年计划的112%，港航建设完成投资4100万元，占年计划的455.6%，

基础设施建设。全县公路通车总里程达到2951.723公里。其中：高速公路1条35.23公里，省道3条120.373公里，县道13条302.15公里，乡道106条805.954公里，村道126条1688.011公里，公路密度为123.1公里/百平方公里。

重点项目建设。开工建设横岗山旅游公路和协调服务麻武高速公路建设，启动绕城一级公路建设。大别山现代物流园和蕲河航道疏浚工程稳步推进。

农村公路建设。续建通村公路100公里，占年计划100%。先后将横车镇界刘路和九棵松村，张榜镇车门村、大同镇李山村、狮子镇长林村、漕河镇瓮刘路、檀林镇雷冲村等农村公路打造为文明示范线。

港航建设。茅山作业区鸿运达矿石码头建成投入生产；蕲州港区龙全建材码头项目完成前期相关工作，获省政府批准将进行施工建设；八里湖港区红灯码头前期工作已开展；蕲州渡口码头改造完成基础工程，投入1200万余元配套的钢制趸船、皮带运输机、高杆灯、地磅等设施设备安装调试完毕，待省市相关部门验收；总投资1.7亿元的蕲河航道整治工程各项专业报告通过评审，工可已完成，

待水利部门的蕲河水利枢纽工程开工后开工建设。全县港口作业区5个，拥有码头泊位53个，拥有运输船舶60艘，达19.95万载重吨，全年完成港口货物吞吐量176万吨，货物周转量58465万吨公里。长江蕲春境内有蕲州至阳新、管窑至阳新两处长江客渡，管窑至阳新、八里至阳新两处汽车渡口；内河有14处渡口，25艘渡船全部更新为钢质标准化渡船。

物流建设。为了加快现代物流业发展，促进地方经济建设，使蕲春成为区域物流重要节点，区域性物流枢纽和物流港。县人民政府与湖北辰通物流有限公司达成投资协议，规划投资10亿元、占地1000亩左右，打造“湖北辰通国际综合物流园”(主要建设包括商贸、仓储、增值加工、运输、信息、配送、大型综合性停车场、国际货代业务及其他综合服务等物流项目)，建设周期为5年，其设计服务辐射半径为鄂东南及邻省周边地区；成立“蕲春县物流信息服务中心”，采集社会产品供应信息，开通手机物流短信平台。发起筹办成立蕲春县物流协会，作为推动全县物流产业发展的协调平台。争取了改造向桥五级综合服务站项目；申报了位于蕲北旅游路大公梅陇五级综合服务站项目。

规费征收。全年征收交通规费257.56万元，占年计划100.22%。

公路治超。检测车辆4176台次，查处超限车辆1717台次，对擅自改装、拼装车辆行为进行打击，切割违法附加墙板127块，卸载车辆1389台次，卸载货物1.16万吨，车辆超限超载率控制在5%。

招商引资。湖北蕲春新弘星服装有限公司总投资3000万元，12月份投产以来运营态势良好。

文明创建。全系统有省级文明单位一家(公路段)，市级最佳文明单位四家(局机关、农村公路局、物流局、运管局)，市级文明单位一家(港航局)。

【武穴市】 交通基础设施建设。全年完成交通固定资产投资3.38亿元。其中公路建设2.15亿元，港航建设6209万元，站场建设2436万元，交通企业投入2150万元，物流建设1500万元。

重点工程。麻武高速公路房屋征迁、坟墓迁移、“三杆”迁移已基本完成；武穴长江大桥工可报告修改之中，预计2013年立项正式开工建设；沿江一级路工可修编已上报省公路局，项目选址意见书、环评报告和土地预审已进行，预计2013年初获批复。

大修工程。全市公路新建、改建、大修总里程为109公里。完成了花桥－余川，大金－梅川、黄标线、莲龙线、朱上线、武新线、大闸至龙坪、大马线、石佛寺工业园共69.9公里路面大修、改造工程；在建的石大线和横岗山旅游公路共39.1公里，工程进展顺利；42公里的通村公路建设全部完成，危桥改造完成14座。

站场建设。客运中心站投入1373万元完成前期各项报批手续及桩基础施工，将进入主体工程建设阶段；占地30亩总投资约800万元的公汽调度中心，前期工作基本完成。

港航海事。港航建设全年投入6209万元。武穴件杂货码头主体工程通过交工验收；盘塘通顺码头取得岸线使用许可手续，开展初步设计和施工图设计；马口工业园综合码头、江昌建材码头、祥云码头工程均获省政府批准，申办岸线使用许可手续。牛关矶建材综合码头由武穴市政府与福建星海船舶有限公司签订了投资意向书。渡船改造完成3艘。配合相关单位完成编制武穴港区空间布局规划的资料收集工作。年审、换发水路运输许可证13本、水路运输服务许可证7本、水路营业运输证16本，“三证”年审、换证率均100%。完成港口吞吐量919万吨，起运量820万吨、周转量39.5亿吨公里。新增运力1艘、2500载重吨。完成规费624万元。

公路养护。投入5000余万元，全面加强干线公路和农村公路的管养水平，及时做好路面坑洞修补、路肩边沟清理、路面清扫等工作。新补植行道树3万余株；完成省道梅武线大金至石佛寺一级公路的绿化配套工程；完成一般危险路段交通安全标志和农村公路特别危险路安保工程101.3公里。

交通运输。完成客运量798万人，周转量60126万人公里，货运量195万吨，周转量21235万吨公里。有道路客运经营业户23家，货物运输经营业户764家，道路运输经营相关业户111家(机动车维修经营业户85家，驾培业户1家，物流服务业户25家)，全市班线客运、旅游客车、共计429辆，10726座，客运线路共计57条，其中跨省班线10条，跨地班线10条，跨县班线5条，县内班线32条；货运

武穴洪阳湖港新码头

车辆达到1368辆，6989吨(其中危货100台，1273.49吨)。

行业管理。检查运输车辆9913车次，卸载货物5544吨，治理散落车辆500余台。公路扬灰现象有所减轻，公路运行能力明显增强，安全质效明显提高。查处各类违规出租车310余台次，对违章出租车实行教育学习和考核计分管理措施，进一步规范出租车经营行为。

交通企业。完成固定资产投资4000万元，实现产值7.7亿元，销售收入2亿元。宏森公司全年完成客运量720万人次，比去年同期增长5%，实现运输收入8970.3万元，实现利税767.3万元。公司车辆突破450辆，企业规模进一步壮大；永宁驾校全年招收学员4000余人，实现培训收入500多万元；打捞公司实现营业收入279万元，上缴税收12万元。

机构改革。港航局升为正科级别，公路段、运管所分别更名为公路管理局和道路运输管理局；加强全市干线公路建养和运输市场监管能力；交通物流发展局和农村公路管理局正式挂牌成立，物流业和农村公路建管逐步走向规范；新成立城市客运管理所，强化出租车市场管理，积极探索出租车管理新模式；交通投资有限责任公司完成注册资金1亿元，开始营运，有效缓解交通投资压力。

精神文明。以“喜迎十八大，争创新业绩”活动为载体，以创建省级文明城市为契机，全面落实科学发展观，积极推动各项精神文明建设工作深入开展。全系统创建省级文明单位1家、黄冈最佳文明单位4家，市级文明单位4家，其中港航管理局被交通运输部表彰为“文明示范窗口”，执法单位文明创建面达100%。宏森公司“创建黄冈市客运文明示范线路”已通过黄冈文明办检查组考核验收。港航武穴站站长库敬慧表彰为全省交通运输系统“十行百佳”、黄冈市交通运输系统“勤廉模范”荣誉称号，居丽琴被表彰为“王静式”标兵，李宏伟荣获全国妇联“五好文明家庭”、全省第二届文明家庭称号；启动《武穴交通运输史志》、《武穴市交通图》、《武穴市交通运输中长期规划》修编工作；积极参与“三万”活动，争取通村公路指标78公里。

【黄梅县】 全年交通建设完成投资3.76亿元。完成黄青线黄梅镇至苦竹段、烟张线烟铺至停前大桥段路面改造工程；完成105绕城公路路基工程5公里；完成小池沿江公路建设2.51公里；完成工业园B3路1.5公里建设任务；完成通村公路43公里；完成徐港桥、宋垸桥渡改桥工程,完成筒洞桥、张河桥危桥改造工程；完成农村公路安保工程85公里。

安全工作。组织路政、运管、航管、海事相关人员230余人次进行现场检查16次，下达整改通知书19份，设置交通警示标志46块，拆除非交通标志208块，清除占用公路堆放物品489处，船舶每载货吨直接经济损失控制在4.5元。全年全系统无死亡以上安全责任事故。

养护管理。形成“委托养护、合同管理、专群结合”的养护管理模式，达到了“有路必养、养必优良”的目标，农村公路好路率明显提升。干线公路好路率达87%，支线公路好路率达81%。

综合工作。局机关创建市级文明单位，全系统事业单位文明覆盖率达95%。档案升省一级和创建平安单位工作顺利完成。社会综合治理工作抓紧抓实，全系统无重大刑事治安案件发生，无越级群体性上访事件，无公路“三乱”行为。

【龙感湖区】 完成交通基础设施投资2405万元，其中普通公路投资规模2305万元(完成二级公路基改造7.7公里，建成通乡公路6公里，新修通村公路3公里；全区通乡通村公路总里程达到220公里)，完成码头投资100万元。

站场建设。新增设工业园四级客运站和塞湖五级客运站两个客运站，新增设候车亭8个全部安装完成，其中4个港湾式，4个普通型。

农村公路安保。完成安保投资465万元，完成特别危险路18条20.87公里，其中完成农村公路特别危险路段19.81公里，全市排名第一。安装波型钢护栏13680米，设置钢筋混凝土防撞墙9230米，警示桩890根，安装减速带544米，标志牌139块。

养护管理。完成运填路肩土方9800立方米,完成公路标线7500米，蕲龙线灌缝8200米，安装路缘石1.6公里。列养公路逐步实现规范化管理，省道蕲龙线路况达到国检标准。干线公路好路率90%，县道好路率88%，分别比去年同期提高10%和15%。

公路治超。牵头成立“双创”交通整治工作领导小组,抽调交通、交警、城管、公路、运管等单位人员组成工作专班，深入开展集中整治活动，出动人员350人次，出动执法车辆130台次，发放治超宣传册500余份，与货车司机签订承诺书70份，与沿线维修企业、一级公路配套工程项目部签订协议书14份。检查车辆860台，查处超限超载车辆448台，纠正违法行为412起。2012年公开治超工作全市排名第九。

安全生产。全年开展各类安全生产大检查14次，抽查客运车辆150余台、驾驶人53余人次，下达整改通知书和整改督办函各30份，没有发生一起安全事故，安全生产荣获区级先进单位。

文明创建。全系统文明单位覆盖率达100%，分局通过省级文明单位验收。各二级单位中，公路段获得市级最佳文明单位，运管所、物流发展局获得市级文明单位称号。系统内开展文明进公交、文明进驾校、农村公路绿化示范线、文明样板路等行业文明创建活动。总场—沙湖客运线路被市文明委、市交通运输局命名为“2011—2012年度市级客运文明示范线”；芦柴湖办事处的芦柴湖线和洋湖办事处的古港线获得市交通运输局通报表彰；蕲龙线(K74+598 ~ K81+800)被市交通局命名为“市级文明样板路”。

咸宁市交通运输

【概况】 交通固定资产投资目标36亿元，实际完成38.59亿元，超额完成年度目标任务，成功实现四年“四连跳”。其中公路建设完成投资36.09亿元，港航建设完成投资1.5亿元，站场物流建设完成投资1亿元。

高速公路建设。全市在建和即将开工建设的高速公路及长江大桥项目共有9个。咸通高速路基工程完成，预计2013年9月建成通车。咸黄高速路面工程试验段开始施工，预计2013年年底建成通车。通界高速路基土石方工程全线展开，进展顺利。武深高速嘉通段、武汉城市圈环线高速咸宁西段开工建设。

招商成功的咸宁（嘉鱼）长江公路大桥计划2013年开工建设，咸宁市128公里长江黄金岸线将拥有第一座长江大桥，实现零的突破。武深高速嘉鱼北段抓紧招商。开展前期工作的咸宁城区南外环高速，招商初步成功，咸宁市将成为全省第一个拥有城区外环高速的地级市。赤壁长江大桥前期及招商工作加快进行。上述高速公路的建设，加上已建成通车的京港澳、杭瑞、大广高速，将使咸宁高速公路由2009年以前的1条增加到10条，总里程由76公里增加到500公里，高速公路密度由0.77公里/百平方公里增加到5公里/百平方公里，咸宁市将成为全省第一个建成市域高速公路网的地级市。

普通公路建设。完成路基672.85公里，路面779.96公里，桥梁396延米/9座；完成公路大中修里程183.65公里，超计划85.55公里，实施安保工程298公里，完成投资1102万元，完成危桥改造1665延米/18座，进一步营造“畅、洁、绿、美、安、舒”的公路交通环境。武咸快速通道完成桥梁工程收尾、路基整形工作，路面工程已经展开。咸潘一级公路改扩建工程全面开工，部分路段建成通车。温泉城区马柏大道路面大修项目按时完成。咸崇旅游公路建设全面展开，部分路段建成通车。全市政府还贷二级公路债务化解工作召开专题会议，签订还款协议，全市3.52亿元二级公路债务化解进入实质性偿还阶段。

站场码头建设。市物流信息中心、赤壁物流园、崇阳天成物流园等物流项目正加快推进。赤壁陆水河望山货运码头主体工程完工。赤壁节堤航电枢纽工程发电部分竣工营运。赤壁节堤至洪庙航道整治工程加快施工。重点规划建设潘家湾通用码头，拟设泊位3个，停靠能力3000吨级兼顾5000吨级，年吞吐能力达到30万箱，总投资约5亿元，前期工作正在加快进行。该项目将填补我市有长江黄金岸线无大型港口码头的历史空白，进一步完善咸宁“大交通”格局和区域综合交通运输枢纽功能。

武汉城市圈环线高速公路咸宁西段开工

高速公路招商。再次成功引进中交集团投资89.49亿元建设武深高速嘉通段。引进省交通投资公司投资60亿元建设咸宁（嘉鱼）长江公路大桥及武汉城市圈环线高速咸宁西段。同时，努力争取到中交集团与市政府签订武汉新港嘉鱼港区潘家湾作业区通用码头、咸宁温泉至潘家湾一级公路嘉鱼段、咸宁城区南外环高速公路3个交通项目战略合作框架协议，涉及投资总额达到22.6亿元。咸宁市交通运输局高速公路招商建设工作被省委常委、常务副省长王晓东誉为全省“创新交通投资建设的典范”，被省交通运输厅尤习贵厅长誉为“咸宁速度”、“咸宁模式”，被任振鹤书记誉为“神奇的咸宁现象”。成功经验不仅在全省高速公路建设推进会上进行了交流，还被省委《综合信息专报》刊发。

投融资平台建设。面对2012年土地市场持续低迷等不利因素，市交投公司积极应对、转变思路，拓宽土地招拍挂渠道，官埠桥193亩土地9月份以8456万元的价格成功拍卖出让，保障了市管重点交通工程的资金需求。争取到市交通投资公司入股武深高速嘉通段项目10%，成为全省第一个参股高速公路建设的市州，依托央企进一步做大做强交通融资平台，为咸宁市交通发展夯实基础、增强后劲。省交通运输厅专文向省政府上报《关于呈请推广咸宁交通投融资体制改革实践经验、加快交通运输跨越式发展的请示》。

城市公共交通。成立市交通运输局城市客运管理处，整合资源，加强城市客运管理、监督和服务力量。坚持以方便市民出行为己任，不断优化和完善公交线网布局，改善公交运力结构。在原有238台公交车辆实现清洁能源化、空调化的基础上，新增和更新67台清洁能源燃气车上线营运，使咸宁成为全国地级市中第一个实现公交车辆全部清洁能源化、空调化的城市。积极开展“文明文化进公交”活动，引导公交公司和驾驶员开展文明礼貌服务，开展车厢文化建设，营造文明和谐的乘车环境。按照依法依规和公平、公正、公开原则，创新运用市场化收购方式，为出租车个体经营建立退出机制、畅通退出渠道，使原456台老出租车全部通过收购或过户的方式进入公司，理顺经营关系，纳入规范管理，保持行业稳定。将收购的出租车按照“员工化、班费制”经营模式重新投放市场，开展电话预约、电话叫车服务，更好地满足市民及游客乘车需求。省交通运输厅连发三个文件，将咸宁市出租车工作经验上报交通部和省政府，下发各市州参考借鉴。交通运输部转发全国学习参考。重庆涪陵、四川绵阳、江西鹰潭、河南濮阳等十余地交通部门先后到咸宁市交通运输局学习考察出租车工作。

行业安全管理。加强公路路政、道路运政、水路航政和工程质量管理，深入开展安全年活动，大力开展道路旅游客运专项整治，不断完善事故预防措施，健全安全生产管理体系。扎实开展“平安水域”创建活动，强化对乡镇客渡船舶、危化码头作业的现场监督检查，全力杜绝重特大安全事件发生，水上运输实现连续16年安全无事故。

自身建设。坚持贯彻“人才强交”战略，通过“招硕引博”及引进干部等途径，引进2名硕士研究生学历工作人员，实现全系统硕士干部零的突破。大力开展“迎创”、治庸问责、行风评议、电视问政、三万等专项活动，启动全市交通运输系统“转作风优环境促发展年”活动，大力加强廉政宣传教育，组织开展红安革命传统教育主题实践活动，举办党史教育报告会、廉政交通讲座、党员纯洁性教育、学习十八大精神专题讲座，组织观看警示教育电影和纪录片等。全系统建成省级文明单位12个，市级文明单位14个，全系统85%以上的行政机关和企事业单位建成了县级以上文明单位。咸宁市交通运输局连续三年被省厅表彰为全省交通运输系统先进集体，连续三年在全省交通运输工作会议上作经验介绍。 （梁冕）

【咸安区】 完成交通建设投资2.22亿元，占年计划116.8%。其中，咸潘一级公路完成投资1.3亿元，占年计划130%；向阳湖大道完成投资1100万元，占年计划122%；完成咸崇生态旅游公路建设，总投资3150万元；完成肖新线(战备公路)路面改造，总投资1410万元；完成汀泗新区街道建设，总投资720万元；完成滨湖围垸防汛公路和云顶寺桥、河背桥、泵站桥建设，总投资700万元；完成张公至泉湖、新火车站至向阳村两条县乡公路改造，总投资710万元；完成通村公路61公里，总投资1408万元。交通物流中心建设完成立项工作，进行征地和招商等前期工作；咸安二级客运站完成竣工验收，将于2013年1月24日正式投入使用。

公路养护。完成油路面灌缝21000米，油路补坑2300平方米；修复沥青路面、混凝土路面9130平方米，清除坍方3110立方米；完成公路绿化补植里程183公里，完成标准绿化路段17.1公里；完成横路线马柏路2.9公里大修工程；启动107国道官埠至横沟段降坡工程；投资100余万元安装、修复横路线、107国道等钢护栏5000余米；投资510余万元完成座角桥、毛坪桥、高屋咀桥等7座危桥的改造。开展农村公路安保工程建设大会战，投资104.9万元完成安保工程3.8公里、波型钢护栏380米、钢筋混凝土防撞墙800米、示警墩2200根、标志牌67块，大大提高全区农村公路的安全通行能力；开展文明示范路创建活动，以高桥镇、大幕乡等一批样板示范路和农村公路养护示范乡(镇)为标杆，实现农村公路养护点上突破，以点带面，全面提高。

行业管理。杜绝客车站外揽客，围城打转，乱停乱靠等现象；客车进站率、挂牌率均达95%以上，正班、正点率均达98%以上；火车站、客运站、各临停站点运输秩序得到有效规范，“车归站、人归点”运输目标得到有效实施；运管与公安交警、城管部门联合执法，对“黑的”“麻木”“摩的”进行打击，查处“黑的”“麻木”“摩的”198辆。以规范机动车维修企业的经营行为为重点，严厉打击超范围经营、倒卖竣工出厂合格证和不按操作规程进行维护的违法行为，有力地推进了维修市场的规范化工作进程。全区二类以上维修业户办证率、挂牌率均达100%，三类维修业户办证率、挂牌率达95%以上；二级维护一次上线合格率达95%以上。不定期深入驾培学校，对教学大纲的执行、教学日志的填写、培训记录的使用、教练员持证上岗、结业考试、档案管理等情况进行监督检查，发现问题立即整改，充分利用驾校的质量信誉考核等手段引导驾校提高服务质量，创立服务品牌。成立专门机构，配备专业人员和设备，对全区交通基本建设工程，特别是通村公路建设工程进行全过程质量监督管理。全区重点工程分项、分部、单位工程合格率均达到100%，优良率达到90%以上；一般工程合格率达到100%，优良率达到85%以上。完成上级交办的执法培训工作，交通执法行为、执法程序和执法文书进一步规范。全系统持证执法率达100%，执法文书使用率达100%，准确率达100%；行政复议受案率达100%，结案率达100%；交通行政执法责任制落实率达100%；路政管理和公路“治超”进一步加强，过境车辆超限率控制在5%左右，运输砂石料车辆“一平车覆盖”率达96%以上；狠抓公路“三乱”治理，确保全区范围内无渎职失职行为，

武深高速公路嘉鱼至通城段开工奠基

无行政败诉案件，无公路“三乱”行为，无负面新闻报道。

运输安全生产。重点对危货运输车、旅游客车和校车进行整治。全区道路专业运输企业和水上交通安全态势良好，水上船舶安全面达100%，保持连续12年无责任事故的好成绩；道路运输企业没有发生一起重大安全事故。交通建设工程、安保工程中未发生责任事故。定期对改制企业、军转干部、工程债务等方面的矛盾监测和排查，制定工作预案，稳定群众情绪，防止矛盾激化，确保全区交通系统未发生重大群体性事件和赴省进京上访事件；耐心细致向出租车主宣传出租车收购承租等政策，全区120辆出租车全部平稳收购或过户；坚持做好社会治安综合治理工作，以创建“平安和谐交通”为主线，全面深化平安交通建设，全系统无治安案件和事故发生，营造了和谐平安的交通发展环境。

【嘉鱼县】 全年交通固定资产投资为2.2亿元，向上争取交通建设资金5734万元。

交通建设。咸宁嘉鱼长江大桥外业外勘验收及初步设计评审已完成，大桥项目立项上报国家发改委等待批复。武深高速(嘉鱼段)已与中交集团签订投资协议，并举行开工仪式。咸潘一级公路分三部分实施：潘湾桥至潘湾码头1.1公里改造工程已施工；任家桥至潘家湾桥6.1公里路段路基工程开工，高家岭至任家桥8.4公里实行招商形式确定施工单位，已与中交集团二航局达成初步合作意向。

完成武赤一级公路绿化景观工程，投入资金1200万元。完成陆舒线改造工程及东南线全长6.8公里改造工程。完成市下达的公路大中修2公里。完成嘉鱼县红光道至陶家墩二级公路建设3.61公里。完成新农村建设总里程44.5公里；总投资1000万元。完成牌洲湾水毁公路25公里。完成市下达的渡改桥建设计划100延米。对全县通客农村公路进行了全面维修，对杨家洪桥、新街桥、西港桥进行了全面整险翻新；维修3个候车亭，新建20个招呼站、1个五级综合服务站和2个候车亭。

公路运输。公交营运汽车33台，年客运量386万人次，出租车139台，年客运量117万人次。辖属运输企业客运收入2800万元，完成客运周转量11000万人公里，占年计划的110%。

交通规费征稽。完成水路二费征收155.5万元，其中：港务费实际征收147.5万元；航政费实际征收8万元。

行业管理。城区集中开展“摩的”等非法营运车辆整治行动，规范运输市场秩序，保护合法经营。按照“迎国检”的要求，全面加强全县境内干线公路和农村公路的养护管理，不断提高道路通行能力。以“百日治超行动”为载体，在重点干线上，路政人员实行24小时全天候、全方位治超，境内超限车辆得到有效遏制。以“聚焦低碳运输，发展绿色水运”为主题，切实抓好水运生产和渡口渡船管理，“三湖连江管理模式”和“驾驶员之家”效应进一步彰显，辖属运输企业客运收入2800万元，完成客运周转量11000万人公里，占年计划的110%；规费征收160万元，占年计划的108%。深入开展安全生产百日隐患排查治理和平安畅通工作，确保公路、水上运输安全均控制在目标责任范围以内，无上报事故。

自身建设。召开治庸问责动员大会、治理“庸懒散软”专题讨论会、专题党组会等多个层面的会议，学习文件30多份，悬挂宣传标语10条，对下属单位进行8次突击检查，下发简报6期，通报3期，对工作人员上班迟、玩游戏，上班时间聚众赌博的现象进行通报批评。局行评小组兵分四路深入到乡镇、村组、部分县直单位、企业、街道和服务对象中，诚请社会各界对交通工作提出宝贵意见和建议，发放征求意见表550份，回收率达100%，整理意见和建议20余条。开辟行评专栏，设立行评征求意见箱，利用公汽、出租车车载系统滚播交通行评标语，利用网络向社会公开行评承诺，发布行评信息4条，制作行评简报5期，营造了浓厚政风行风评议氛围，社会反响良好。（尹登哲）

【赤壁市】 全年完成固定资产投资突破5亿元，完成招商引资1.19亿元，完成国省干线、县乡公路改造30公里；完成洪水铺中桥加固、107国道陆水二桥限高；修复路面挖槽2.3万平方米，路面缝养10公里，补植行道树3000多株；服务城镇建设，完成建设大道、中伙产业园、凯迪生物发电厂道路等货币工程量6000多万元。新建通村公路50公里，修复水毁农村公路80公里。大润发华中物流配送中心项目征地200亩，场地平整基本完成；康华物流园一期完成征地125亩，项目建设有序推进；城南三级客运站前期工可工作进展顺利。节堤航电枢纽工程全年完成投资突破1亿元，累计完成投资3.5亿元，11月2日实现发电试运营，二期船闸工程开工建设；陆水河航道整治工程，第一期3.95公里疏浚工程已经完成，第二期10.55公里疏浚工程开工建设；望山兴达货运码头开工建设，累计完成投资1000万元。

行业管理。交通行业监管成效明显。在客运市场整顿方面，广泛开展"三查一打击"专项整治活动。查处出租车与各类违规行为80余起，受理投诉40余起，查处投诉率100%。路政管理方面，路政执法人员联合交警、城管等部门开展专项整治行动，检测超限运输车辆1000余台次，卸货4000余吨，控制违章建筑10处，清理乱摊乱点50余处，办理各种路政管理案件300多件，查处率98%以上，路产损失赔偿率90%以上。水上出动检查人员400余人次，提出整改意见35条，整改落实率100%。

交通运输安全。认真贯彻落实安全生产法律法规，在全系统广泛建立"双线三级"安全生产责任制，层层签订《安全生产工作目标责任书》，建立危险源监控机制和事故通报制度，以水陆运输市场安全监督为重点，加大营运车船检测力度。客运企业严格贯彻"三不进站，六不出站"制度，从源头上遏制带病车、超员车和无证驾驶行为。充分利用GPS监控平台，加强营运车辆动态管理，全市跨县、市以上线路客运车辆、出租车GPS装备率均达100%，乡镇客运车辆装备率达80%以上。

交通行政执法。全面加强"六五"普法依法治理工作，积极开展运管、路政队伍"大培训、大比武"活动，全市交通执法培训覆盖面100%，行政执法监督评议考核覆盖面100%。坚持依法行政，认真落实投资"五零"服务制度，切实为企业发展和项目建设服务，营造良好发展环境，全系统无一行政复议、诉讼案件和"三乱"案件。

自身建设。积极开展"喜迎十八大、争创新业绩"主题实践活动，继续深入开展创先争优活动，在全系统基层党组织和党员中公开服务承诺，做好承诺、践诺、评诺工作。以丰富多彩的活动为载体，继续深化"五亮五比五创"活动。通过积极组织调查问卷、网络投票的方式完成了"万人评窗口"活动。全面推进基层组织建设年活动，认真贯彻落实"五个基本"、"七个体系"组织建设，抓好党风廉政建设，打造"阳光工程"。积极开展帮扶、慰问活动，全系统7个驻村工作组支援新农村建设资金和物资30多万元，慰问系统内困难职工130户，慰问金和物资4万多元，援助应届毕业生20余名，奖励金额2万多元。全系统行业文明建设成果丰硕，信访维稳、安全生产、建议提案办理、计划生育、政法综治等八个方面工作均获全市先进单位。交通职工李金平、曾国勋被评为"赤壁好人"，其先进事迹在多家媒体分别进行了报道。 （方楚良）

【通城县】 完成交通建设投资8.31亿元，超年度计划2亿元。

交通建设。通界高速项目完成征地拆迁、土地报批和相关协调工作，路基、涵道、桥梁建设快速推进，完成4个集中安置点建设，完成投资4.9亿元。通嘉高速通城段项目完成工可编制、附着物调查、道路中线放桩和定测详勘等工作。106国道绕城公路项目完成工可编制等相关前期工作。全力抢抓"建设幕阜山综合开发示范县，打造"中三角"节点城市先行区战略机遇，争取南大线升级国道、幕阜山区通城段旅游公路项目，积极策划通城至修水高速、陆水航道等重点交通项目。

公路改造。完成106国道何婆桥至九岭界段刷黑改造和何婆二桥重建，完成省道南大线电机厂至白砂咀段刷黑改造，完成庄前至大坪、四庄至上坪、双龙至铁路坪等县乡公路改造累计36.3公里，硬化农村公路28公里。完成了菖蒲港大桥加固和磨桥大桥、株树桥、易段3座小桥、麦市桥、湾头大桥、毛段桥重建。

站场建设。客运中心一期工程竣工、运营，妥善解决运管所办公场所，顺利拆除老车站；沙堆等乡镇客运站点、候车亭配套建设完成，麦市客运站建设启动。

公路治超。车辆超限超载控制在5%以内。着力打造"畅、洁、绿、美、安、舒"的公路通行环境，所有列养公路路况水平明显提高，干支线好路率达75.25%，其中干线好路率达91.64%，在迎国检中圆满达标。

运输保障。突出抓好客运市场监管重点，着力狠抓市场整治，有效保障重点物资运输和春运、重大节假日、首届旅游文化节等重点时段旅客运输工作，圆满完成客运中心顺利搬迁和公交线路调整，各种运输方式基本无缝对接，客运市场有序竞争、和谐发展。车辆维修检测、驾驶员培训服务质量和市场信誉大大提高。

交通企业。恒通公司进一步进行经营结构调整，努力争取九江、舟山、十堰、福鼎班线，稳步拓展农村客运和校车服务，增开4路、5路公交和夜班公交，新增营运车辆58台，公司经营收入稳定增长。交投公司大胆进行土地收储融资，即将上市交易，积极承建湾头大桥、毛段桥、凡牌公路、牌合水塘等工程项目，实力不断发展壮大。装卸公司充分挖掘门店承租潜力，租赁收入适度增长。

物流市场。加大对物流市场培育引导和规范管理，建成北港农村综合运输服务站，加强农副特产品产、运、销信息服务，积极协助泽中医药物流项目立项开工，合力推进鄂南边贸物流中心项目前期工作，成功参加第九届中国国际物流节暨第十二届中国国际运输与物流博览会，大大提升县物流知名度和竞争力。

交通运输安全。在全省交通运输系统率先制订实施《安全生产监督管理办法》。围绕"安全生产年"、"打非治违"、"四大维稳"等专项活动，全面强化安全监管，广泛开展平安道路、平安工地、平安车站、平安水域、平安家庭等平安交通创建，加强应急维稳保障，强化社会管理综合治理工作，安全综治各项指标平稳可控。水上运输安全数十年无事故。

自身建设。率先开展源头治腐"十个"全覆盖示范点创建，积极推进党务政务公开，精简行政审批程序，加强审计监督，组织廉政讲座，狠抓工程领域腐败防治，推进“廉政阳光工程”建设。贯彻落实“转变工作作风，密切联系群众”的有关规定和细则，严格做到“三短一简”，有力促进了交通作风转变、党风净化、廉风强化。以“喜迎十八大，争创新业绩”主题活动为重点，全面开展“党的基层组织建设年”、“三抓一促”、“五亮五比五创”、“十行百佳”评选、政风行风评议暨千人评局长、万人评股长等活动，持续推进“文明单位”、“文明示范窗口”、“文明客车”等载体创建，涌现一大批典型先进集体和个人。

（杜耀武　李志洁）

【崇阳县】　围绕“打造活力天城，建设富饶崇阳”总体目标，完成交通固定资产投资5.13亿元。武深高速公路崇阳段开工，咸通高速公路崇阳段快速推进，路天公路新医院段全线贯通；路口至天城公路、天城至铜钟公路、横路线大修全面完工；天堰国防公路、影视城公路、白马大桥有序推进；迎宾大道、“一河两岸”景观路、隽北大道按计划实施。争取国家项目资金5674万元，争取县政府资金7379万元，规划乡镇二级公路50公里，完成铜钟至高枧、天城至青山、天城至高堤、咸崇旅游公路的工可评审，争取路面改造工程30公里，完成106国道路口至石城段改一级路上报交通运输部立项。

站场建设。新建农村候车亭4个，完成建设投资4万元，占年计划的100%；天成物流园一期工程完成全部征地拆迁和“三通一平”工作，完成建设投资4000万元。

港航建设。完成白云潭候船亭维修；完成隽水河火烧庙、张家埠渡口船舶改造；完成青山水库山水船舶公司候船亭修建、青山水库码头维修建设等工作；完成康口、坑口2个渡口船舶和青山水库两艘班线船舶的更新改造；筹集资金3.2万余元购，置救生衣1500件、救生圈500个、灭火器45个。全年完成投资105万元，占年计划的105%。

公路养护。完成公路养护投资6900万元、公路水毁修复投资870万元。列养干线公路377.52公里，列养农村公路1020公里，改造路面工程10公里，加固危桥17座。查处超限车辆234台次，卸载超限货物890吨，治超控制率在5%以内，路政案件查处率100%，结案率100%，实现零安全事故和零“三乱”投诉目标。全县公路路况、通行能力及抵抗灾害能力明显提升。

行业管理。以加强整治、规范管理为重点，加大对黑市面的、违规违章经营车辆的管理和整治力度。专门成立交通客运整治办公室，在全县范围内开展4次专项整治，查处道路运输违法违规经营案件637件，查处非法载客黑市车518台次；加强车辆安检工作，安检车辆18656台次，排查整改安全隐患32处，做到隐患排查率、整改率100%。

交通运输安全。完成进出客运量1761.71万人次、旅客周转量21036.52万人公里，与2011年同比分别增长2.4%和3.3%；完成进出货运量1050.72万吨、货运周转量49526.11万公里，与2011年同比分别增长2.7%和4.1%，圆满完成全年客货安全运输保障工作和春节、“五一”、“十一”等重要时期的旅客输送工作。节假日、防汛抗旱救灾等时期的应急处置和运输保障能力明显提升。

交通行政执法。以“六五”普法活动为抓手，着力加强执法人员素质教育，采取专题讲座、集中培训等形式，组织执法人员学习相关法律法规，全面提升执法水平，全系统执法人员持证率达到100%。

建设质量管理。加大工程建设质量的监管力度，重点工程分项、分部合格率100%，单位工程优良率87%。建设项目及大中桥梁工程与市质监站签订质量监督书，与项目建设负责人签订质量责任状，建设质量管理覆盖率100%，检查率100%，干线路面改造工程合格率100%、优良率100%，农村公路合格率100%，交工验收工程质量合格率100%，计划外工程监督检查率95%。每个项目进行公开招投标，并进行公证，同时与施工单位、监理单位签订双合同，实行“四制”管理。

自身建设。加强党的基层组织建设，配优配强各级党组织，完成全系统29个党组织的晋位升级工作，被县委评定先进党支部5个。加强党员队伍建设，制订领导班子管理制度，从职责管理、作风建设、议事决策、监督管理四个方面进行规范管理；组织中层以上干部到县看守所开展现场警示教育，邀请市县检察院专家讲廉政教育课；大力开展“迎创”活动、行风评议活动、“三万”等专项活动，进一步转变党员干部工作作风，优化政风行风，增强了党员干部综合素质。成功举办庆祝建党91周年图片成果

在建黄咸高速公路大冶段制梁厂，工人们顶着酷暑焊接钢筋骨架

展，彰显交通良好形象；结合交通实际开展职工技能大赛、建设工地现场比武等活动，号召党员干部积极投身交通建设热潮，在一线创先争优。

（庞军雄）

【通山县】　完成交通基础设施建设投资15248.16万元。其中：咸通高速完成投资4600万元；杭瑞高速一级路连接线完成投资1050万元；省道咸通公路改造共完成投资1305万元；老106国道改造(闯王至九宫山镇公路)完成投资525万元；富有至下泉公路完成投资924.66万元；森泰工业园中桥完成投资650万元；农村公路共完成170公里，完成投资4250万元；国省干线公路大中修完成投资1300万元；富水库区“三无”客渡船更新完成投资518.5万元。危桥改造工程完成投资125万元。

公路养护。干支线平均好路率75%，其中干线达到91.93%，支线达到72%，养护质量平均综合值82.41。完成油路补挡2000平方米，填补坑槽80000平方米，整修路肩150000平方米，清理边沟240公里，清除塌方8250立方米，疏通涵洞35道，清理水毁路面85000平方米。

安全应急保障。严格坚持“三关一监督”和落实“四项机制”，全年开展安全生产督查121次，排查安全隐患56处，整改率达到100%；“平安水域”创建活动取得成效，投入资金519万元，更新客渡船61艘，富水库区151艘“三无”客渡船舶全部更新到位，全面实行GPS水上安全监管，保持水上运输连续14年安全无事故纪录。投资1400余万元，改造危桥3座，危险路段5.8公里，抢通路段35处，完成国省干线大修21.7公里。全系统各单位深入开展重点工程建设“平安杯”安全竞赛，“安全生产月”等活动，安全生产态势平稳。

路政管理。全年纠正各类路政违章事件506起，处理公路路产损赔案件10件，立案查处10起，结案10起，案件查处与结案率为100%，无行政败诉案件；上报路政许可案件5起，受理2起，收取路产损失赔偿及占利用公路补偿费24000元。

交通企业。三家交通企业完成营收3030万元。其中：奔阳公司完成营收2300万元，技改投资1582万元；求质驾校共招收学员2320人，完成营收430万元；装卸公司完成营收300万元。

交通行业管理。通山县发展农村客车215台，出租车128辆，渡口30个，基本实现城乡交通运输“零换乘”，全面实现农村客车和出租车GPS监控全覆盖。一年来，三家交通运输企业积极抢抓机遇，加快发展，成绩斐然。奔阳公司年营收2300万元，技改投资1582万元，更新长途客运车辆15台，更新城市公交车26台，县中心客运站成为全省唯一一家通过验收的县级一级资质客运站。求质驾校在教学场地受限制的困境压力下，一方面不遗余力地抓好征地工作，一方面坚持不懈抓生源，强管理。全年招收学员2320人，完成营收430万元，再创历史新高。装卸公司在做大做强现代装卸业的同时，狠抓门档副业管理，实现年营收300万元，企业发展红红火火。物流局积极应对转型后的新形势，把握动态，适时开展市场调查，各项工作逐步进入正轨。

自身建设。“治庸问责”争做“四个表率”、“喜迎十八大，争创新业绩”、“三抓一促”“三万”等活动依次展开，形成助推交通发展的“场效应”和“正能量”。全系统获得6个省级荣誉奖、4个市级荣誉奖、9个县级荣誉奖。分别荣获全省“创先争优”先进基层党组织、全市交通运输系统先进集体、全县红旗单位等荣誉称号。全系统有10名同志分别荣获全省劳动模范、全省公路系统先进个人、全省交通行业“十行百佳”、全市交通运输系统先进个人。

随州市交通运输

【概况】　全市完成交通固定资产投资10.95亿元，占全年计划总投资7.68亿元的143%。其中公路建设完成投资9.46亿元，站场物流建设完成投资1.49亿元。麻竹高速随州西段拆迁工作于11月底圆满完成，11月29日，举行了控制性工程魁峰山隧道的开工仪式；316国道十岗至厉山一级公路项目有了实质性进展，拆迁工作全面展开；全年完成路面大修51.9公里，县乡等级公路57.5公里，通村水泥路299公里，均占全年计划的100%；完成国省干线危桥加固14座；完成农村公路渡改桥12座、898延米，均超额完成计划任务；厉山二桥于2012年8月建成通车；厉均公路路基、路面工程全面完成；大洪山旅游公路改建工程开工，完成了灵官垭至金顶的2.1公里试验段路基和防护工程。随州市中心物流园完成项目征地；随州市长佳冷链物流园建成并投入使用；随州市骏捷物流中心、湖北广茂物流园项目启动；随县中心汽车客运站候车楼动工；完成农村综合服务站3个，完成候车亭12个。

公路养护。完成公路大修工程计划51.9公里，其中：316国道10公里、平伏线16.6公里、随南线14.3公里、牛程线11公里；完成公路中修204.62公里。完成水泥路面灌缝完成87.65公里，其中：随县62.65公里、广水完成25公里；完成沥青路面灌缝完成116.97公里，其中：曾都26.06公里、广水48.66公里、随县42.25公里。完成安保工程项目波形钢护栏11800米，示警墩700米；完成油路坑槽修补26521平方米，完成水泥路挖补6552平方米(含断板断角处治)，清理边沟488.26公里，整修路肩492公里，完成自备料48473立方米，维修安保设施波形钢护栏14处772米，标志牌47套，示警桩225根，示警墩72个，桥栏杆8米。春养期间，全市共完成完成路面坑槽修补5330平方米，完成水泥路清灌缝30公里，完成水泥路挖补756.8平方米，完成沥青路面灌缝23公里，清理边沟197.36公里，铲路肩129.46公里，填补路肩缺口568余立方米，清理路肩平台杂物670余立方米，完成安保工程钢护栏3500米，维修安保设施波形钢护栏14处772米，标志牌47套，示警桩83根，示警墩72个。

市交通局工作专班深入开展新“三万”活动

运输安全。圆满完成全省县域经济会议、寻根节等重大活动的运力保障任务。新增跨省线路3条，跨地市线路1条，农村客运线路61条。全年完成客运量5406万人次，旅客周转量283704万人公里，货运量2724万吨，货运周转量达到589811万吨公里，较上年同期分别增长11.4%、10.7%、20%、21.3%。以安全竞赛活动为载体，开展了以卧铺客车、旅游客车、危货运输为重点的道路运输安全隐患整治专项行动；落实以县、乡、村、船主四级安全责任制为核心的船舶安全责任体系，开展了6次渡运安全大检查；以消除国省干线安全隐患为重点，实施各类危桥加固20座。道路客运、水上交通、工程施工安全持续稳定，未发生一起安全责任事故。车辆超限超载得到有效遏制，全年共检测车辆67900台（次），查处超限车辆6548台（次），卸载和转运各类货物2万余吨。

行业管理。道路运输市场监管常抓不懈。深入推进“进站场、除隐患、达标准”专项行动，对5家客运站进行为期半年的专项整顿行动，客运站封闭式管理水平明显提高。圆满完成了驾培机构质量信誉考核工作，全市3A级驾校5所，2A级驾校12所，A级驾校4所。城区公共交通稳步发展。重新调整出租汽车运价，完成出租汽车第二轮经营权出让，出租汽车行业保持稳定；城市公交中长期规划编制工作启动，改造完成30处港湾式公交站点，投资1200万元更新公交车45台，增开218路、219路两路公交线路，开展“文明进公交”劝导活动。“打黑”工作保持高压严控，查处各类非法经营“黑车”682辆次，较好地净化了城区客运市场秩序。

行风建设。通过开门纳谏、自查自纠等方式，结合机关联企业、部门联基层活动，深入基层和行业一线收集征求意见，将每一个问题落实到责任单位，实行问题整改销号制和整改情况反馈制；立足转变作风，优化交通发展环境，扎实开展“三个窗口践承诺”、“四色教育修党性”、“五大竞赛提素质”等专项活动，努力在转变作风、优化发展环境上下功夫；通过明察暗访的形式，加大对“窗口”单位、执法人员查纠工作，努力让“行评”工作成为全系统干部职工的自觉行为和共同责任。随州市交通运输局民主评议政风行风工作在全市8个参评单位中取得第二名。

文明创建。通过开展系统内“十行百佳”评选和省级文明示范窗口创建活动，培树了全省交通青年服务先锋刘春艳，全省“十行百佳”郭传武、谭杰等一批爱岗敬业、无私奉献的先进人物，提升行业形象和服务质量。进一步加强社会主义核心价值体系建设，推进社会公德、职业道德、家庭美德、个人品德建设，在全系统深入开展向“公路孝女”、随州市“十大青年家庭美德标兵”王何林同志学习活动。围绕“喜迎十八大、争创新业绩”主题实践活动，开展演讲比赛、征文活动和全系统元旦文艺汇演，“七一”前夕表彰了一批先进党组织、优秀党员和优秀党务工作者，举办全市交通运输系统“乒乓球、羽毛球比赛”。积极开展“书香荆楚”、“全民阅读”活动，建立了阅览室，局机关坚持周四学习制度，努力提高机关干部业务知识和综合素质。

【曾都区】 完成316国道明珠路口至龚家棚段路面刷黑9.22公里，完成洛明线县乡道改造4公里，完成通村公路路建设60公里，渡改桥项目烟花桥、狮子脑桥、洛明桥建成通车，新中桥、陈畈桥、尹家河桥全部开工。

公路养护。及时处置各类路面病害，对316国道城区段路面坑槽进行碎石化处置3000平方米，及时修补十岗路面坑槽达4000平方米，确保路面完好畅通；加强桥涵经常性养护、检查及隐患排查工作。对孔家沟桥、茶庵桥、滚子河桥、浪河街小桥、淅河大桥进行维护及加固工作；在212省道新建钢护栏3654米，消除了安全隐患路段；按照“因地制宜，适地适树”的原则，在小应线、随安线实施公路绿化，新补植万年青行道树45.57公里，美化了公路环境；充分发挥清扫车快捷、机动性强的优势，对重点线路、重点路段做到及时清扫，经常性保洁，确保随州城区进出口路段处于良好状态。对管养路段进行全面养护，整修路肩28公里，清理公路杂物和路障近3000立方米，对何店、洛阳管养的农村公路新增设各类警示标志124套，示警桩429根，对沿线安全警示墩及桥梁进行刷新。

路政管理。按照交通运输执法形象“四统一”要求，积极推行标准化大队建设，着力规范浙河超限检测站业务管理，率先完成路政人员换装，统一大队执法装备，统一规范路政管理台账、档案、表格，实现硬件软件双达标。树立良好的文明诚信窗口形象。以优化路域环境、构建和谐公路为目标，多举并施开展路域环境综合整治活动。通过采取区域联动的方式，联合多方执法力量集中对非法搭接、占用、限期未整改或未办理路政许可手续的非交通标志标牌进行集中清理和强制拆除。全年清除路障196处，制止违法建房16处，查处赔补偿案件68起，处理68起，无一起案件引起行政复议或行政诉讼。全年共检测车辆1.5万余辆，卸(转)载货物4500余吨，超限率控制在5%以内，车辆超限运输得到有效遏制。

行业管理。对从事通村的93台农村客运车辆发放2011年度油料补贴款40万元；做好春运及节假日期间农村客运班车安全监督，落实承运人保险事项，确保安全无事故。进一步加强交管站建设，引导交管站更好地履行农村交通运输管理职能，切实加强农村公路建养管、规范农村客运市场管理，在全市起到示范带头作用。做好文明示范线调查工作，落实相关政策，做好宣传工作，新增和更新农村客运班车31台。九星公司围绕生产经营和企业改制两个工作重心，不断破解制约公司生存和发展的空间，实现客运量72万人次，客运周转量7100万人公里，货运量57万吨，货运周转量1150万吨公里，创营收1108万元，在市场竞争激烈、改制工作艰难推进和原材料、油料全面上涨的情况下，努力确保企业稳定。

精神文明建设。继续开展文明单位、文明路、星级管理站创建活动，确保创建目标实现。启动“喜迎十八大、争创新业绩”、“十佳文明诚信示范窗口”、“青年文明号”等“迎创”主题活动。曾都分局党委被随州市委授予“全市创先争优先进基层党组织”，被随州市政府授予“安全生产先进单位”、被随州市交通运输局授予“2012年度全市交通运输系统先进单位”和“目标责任考核优胜单位”。浙河超限检测站被随州市文明办评为“十佳文明诚信示范窗口”，被团市委评为“青年文明号”。

【广水市】 十马线跑马场至余店段升级改造项目全面启动，关庙、余店、城郊境内路基工程进行施工；完成“三路”工程31.5公里、316国道大修5公里；完成平伏路大修16公里、广孝线、广驼线挖补工程；完成牛程线蔡河镇2.1公里绕镇公路路面工程、通村公路硬化75公里；完成渡改桥项目太平红旗大桥、宝林七里冲中桥、双河大桥。中心客运站、骆店综合运输服务站通过省验收。投资5亿元的广茂综合物流园、2亿元的红色江山物流园已落户建设，还有3个物流项目在洽谈中。投资600余万元的广水市水上救援中心已经批准立项，前期50万元项目资金到位，完成征地补偿、招投标工作。

行业管理。成立3个督察组对全市近百条农村客运线路204台通村班车进行调查，查处53辆不依线、按时运营班车。与交警、物价等部门联合行动，开展为期3个月打击非法出租车经营行动，出动稽查人员180多人次，查处“黑的”80多台，查处出租车拒载、宰客，不按规定使用计价器及不打表30多台次，倒客、甩客9起。加强公路施工、养护工程现场管理力度，对危险路段进行治理，安装波形钢护栏3200米，安置警示牌76块。开展“打非治违”专项活动，组织运输企业开展安全隐患排查，排查安全隐患10起，注销一台危险品运输车手续。严格出境客运包车牌发放审核工作，禁止发放驶往旅游景点的客运包车牌。落实乡镇船舶安全管理责任制，拆除碍航渔具91道和非法围垦2处，更换客船12艘，取缔不合规客船31艘。加大经营者培训力度，提高从业人员素质。培训客运经营者856人，货运经营者1302人，出租车经营者210人，危货运输经营者24人。全年交通运输系统无一起安全责任事故发生。

公路养护。采用路面病害划线放样开挖、切割机开槽等做法，对列养公路进行有效养护。立足科技兴路，大力推行技术革新，购置养护机械，提高316国道、107国道等骨干路网机械化养护水平。开展主干公路清缝专项养护，全年混凝土路面灌缝43.8公里。推行农村公路专项养护，深入探索完善农村公路养护体制，督导日常养护到位。认真开展桥涵专项养护，落实桥梁“三个一”责任制，对十马线龙泉桥进行加固。大力开展危险路段专项养护，对107国道、牛程线、平伏线危险路段进行重点整治。强化公路治理，加大上路巡查力度和超限治理力度，有效维护公路安全畅通。开展春季执法队伍集训和路政换装队列集训。加强超限检测站站内建设、队伍建设、执法人员业务水平、内务管理、班组文化建设、文明创建等工作，及时整顿纠正蔡河超限检测站存在的问题。构建固定与流动治超网络，强化治超管理。重点打击避站绕行、短途驳载等行为，全年检测车辆16121台次，超限758台次，处理758台次，卸载各类货物3763吨。治超继续保持高压态势，超限率控制在5%以下。

文明建设。深入乡镇办事处、市直部门、企事业单位和服务对象，征求建议和意见，进行整改。实行党风廉政建设“一岗双责”制，贯彻民主集中制，对干部提拔、人事调动、大额支出等重要事项实行班子成员会商制，不搞一言堂，不搞暗箱操作。加大公路项目建设、养护工程、原材料采购招投标、运输线路审批监督，对在建工程派驻纪检监督员和财务审计员。推进“三万下乡”活动。组织局机关和二级单位员工下村组、入农户，和农户同吃同住同劳动，宣传法律法规，扶持农业建设，多方筹措资金10多万元，用于驻点村抗旱播种、改厕改水、村庄洁净等工作。

【随县】 完成交通固定资产投资6.46亿元，占全年计划总投资6亿元的108%，厉均、吴山闽商石材工业园标段两条二级公路建设提前完成；国省干线牛（店）程（湾）线路面大修完成18.5公里，超计划完成7.5公里；完成县乡等级公路42.8公里；完成通村公路169公里；完成厉山二桥及接线工程；完成牛程线岩子河小桥、吴集桥、下娄子桥等14座危桥改造；麻竹高速公路随县段、316国道一级公路协调工作得到上级领导的高度肯定。完成312国道刷黑、随（州）南（漳）线路面大修等路面大修38公里；以316国道、小应线、随南线等国省干线的路面养护为重点，完成水泥路面清灌缝107.5公里、沥青路面清灌缝64.9公里，国省干线路容路貌焕然一新；加强农村公路“三场”超限超载治理，因地制宜开展养护管理工作，实施农村公路安保设施建设及危桥改造工程，完成标准化路基600公里。完成随县二级客运站主体工程建设；完成农村综合服务站2个、候车亭10个、港湾候车亭2个。

运输安全。检测车辆5.23万余辆次，查处超限超载车辆3260辆，卸载转运货物1200余吨；查处、制止各类路政违法行为33起，路政案件查处率、结案率均达到100%；治超联网信息覆盖率100%，超限运输率控制在5%以内；认真落实水上交通安全四级责任制，加强“春运”、“六月安全月”、“汛期”、“十一黄金周”期间的水上安全监管工作，船舶安全面达到100%。

行业管理。全年运政业务总量为4553件次。其中，货运业务量为4257件次，新增货车455辆。客运业务量为296件次，新增和更新16辆；全县有二类驾校2家，三类驾校1家，培训合格驾驶员2075名。查处客运车辆强行揽客、倒客甩客等违章行为，办结各类投诉28起，办结率和群众满意率100%。

行风建设。以政风行风评议活动和交通作风大转变专项行动为载体，弘扬“交通一线工作法”，开展承诺、践诺、评诺工作。积极倡导“三短一简”，改进机关作风；以“廉政交通”主题教育活动为载体，进一步完善教育先行、制度保障、监督并重的惩防体系，增强交通运输系统干部职工的法纪意识、廉政意识和服务意识；以推进“廉政阳光工程”创建、工程领域突出问题整治为重点，围绕工程建设、招标投标、物资采购、资金拨付、行政执法等控制环节和关键岗位，健全监管机制，完善工作流程，强化责任体系，确保工程优质、干部优秀、执法文明；深入开展“反铺张浪费、办勤俭交通”活动，切实把厉行节约体现到方方面面。

精神文明建设。以开展服务提升大竞赛专项行动为载体，加强交通干部能力席位和执法人员执法能力建设；以开展优秀典型培树专项行动为载体，向省交通厅推荐“公路养护标兵”肖书忠、“治超执法标兵”何益江，培树“公路孝女”王何林等先进典型，用先进典型引导激励干部职工在工作中建功立业、争创一流。12月，随县公路管理局通过努力，获得公路工程施工总承包三级资质。（关文）

恩施土家族苗族自治州交通运输

【概况】 完成交通建设固定资产投资76.38亿元，高速公路55.64亿元，普通公路17.6亿元，站场1.97亿元，港航1.17亿元。超年度计划9.1个百分点，同比增长37.4%，占全州年度固定资产投资总额的19%。

交通项目建设。续建国省干线公路项目8个、新开工2个，续建航道工程1个、客运站场2个。利川凉雾至文斗公路、建始红岩寺至景阳公路开工建设，来凤绕城一级公路、巴野公路、鹤来公路、209国道巴东绕城公路、209国道建始绕城公路、省道利智线咸丰绕城公路建设加速推进，恩施虎民一级公路、恩施大峡谷旅游公路路基工程基本完成。清江水布垭至恩施段航道工程项目完成概算总投资38%，恩施大峡谷旅游客运站、巴东经济开发区高速客运站主体工程完工。建成农村公路2115公里。

交通规划。全州纳入《湖北省省道网规划纲要(2011～2030年)》国省道总里程4111公里（高速公路757公里、普通国道1173公里、普通省道2181公里），较原有2082公里（高速公路258公里）增加2029公里。18个普通国省干线项目、清江航道整治及部分站场项目纳入《湖北省集中连片特困地区交通建设扶贫“十二五”规划》，国家新追加投资19亿元。武陵山绿色旅游公路纳入《湖北省集中连片特困地区特色公路规划》，规划项目30个，总里程983公里，总投资32.94亿元，部省补助投资17.43亿元。《恩施港总体规划》获批复，恩施港成为全省第二十个重要港口。

项目前期。全州61个重点交通项目获批复，项目总投资达176亿元（高速公路136亿元，普通公路31亿元，站场9亿元）。利万高速施工图、建恩高速初步设计获批复，鹤来高速西段工可通过审查、初测初勘外业通过验收、投资人已经确定，咸来高速工可报告编制完成。209国道恩施龙凤坝至谭家坝段、建始红岩寺至景阳公路、鹤峰南渡江至碑垭公路初步设计获批复，省道利鱼线利川绕城段等5个项目工可获批复，恩施城区至浑水河公路等9个项目工可通过审查，318国道吉心至虎岔口段等6个项目工可完成。恩施客运中心站等4个站场项目初步设计获批复，利川市物流园等3个站场项目工可获批复，三峡库区支流航道整治工程等7个项目前期工作加速推进。

公路管养。完成国省道大修163.15公里，国省干线路面品质大幅提升，通行能力显著提高，路域环境明显改观。农村公路管养正逐步探索推行市场化养护、分段承包养护、委托承包养护、专业养护等多样化养护模式，规范化管养农村公路达到9000公里。

运输服务。公路运输完成客运量2476万人次、旅客周转量26.07亿人公里，货运量2954万吨、货运周转量44.01亿吨公里，分别比2011年增长16.3%、7%、15.7%和14.4%；水路运输完成客运量63.57万人、旅客周转量6885万人公里，货运量245.8万吨、货运周转量14.26亿吨公里，分别比2011年上升12%、73%、6%和5%。全州水上船舶安全面达到98%以上，交通工程建设和道路运输未发生因管理部门失职造成一次死亡3人以上的安全责任事故。

交通保障。完成执法人员在岗教育培训和行政审批项目清理，推进行政执法“四统一”，无行政执法错案，无行政应诉败诉，交通行政执法行为进一步规范，形象进一步提升。以构建廉政风险防控体系为重点，深入推进反腐倡廉建设。恩施州交通技工学校成为全州首所高级技工学校。全州交通运输系统实现无纸化办公。恩施州公路局依法行政工作受到交通运输部表彰，恩施州港航海事局被部海事局表彰为全国海事系统先进集体。

（罗贤菊）

【恩施市】 前期工作。启动恩施大峡谷大岩仟隧道工可方案研究。完成209国道恩施龙凤坝至谭家坝改建工程和恩施客运中心站项目的初步设计并通过评审，并继续开展招商谈判。恩施客运中心站项目开始进行地质勘测。银白高速公路虎岔口和芭蕉互通争取到省交投同意同步设计同步建设，线路比选基本完成。省道恩鹤公路恩施城区至浑水河段改造工程通过省公路局专家审查。一级货运站项目投资人确定。协助州局完成恩施大峡谷至利川腾龙洞旅游专线公路工可方案咨询。启动鸦沙公路二级公路改造项目、恩利公路城区至白果二级公路改造项目、恩板线恩施沐抚至分水岭、恩施东升客运站、恩施松树坪物流园、清江浑水河码头、恩施货运中心站、300公里农村公路通畅工程等项目的前期工作。

重点项目建设。恩施大峡谷旅游公路新建段路基全线贯通，启动路面工程。虎民一级路松树坪至民族路段1800米路基管网沟基本铺设完成，正式启动路面工程，民族路至打靶场段400米征地拆迁工作开始启动。

普通公路建设。恩施市交通运输局作为业主组织建设县乡等级公路53公里，吉阳公路12公里和恩利线27公里，双龙公路龙凤坝至犀牛水段10公里路基整形完成，铺筑水稳层5公里，浇筑路面3公里。由17个乡镇、办事处担任业主，组织实施农村公路通畅工程270公里，质量控制效果得到省人大副主任任世茂的肯定，称赞是“湖北省内见到的修得最好的农村公路”。

公路养护。国省道日常养护累计清扫路面33000公里，清洗路面3360公里，清理边沟2200公里，清理涵洞2850道/次，桥梁疏浚1044座/次，修补油路坑槽26000平方米，修补水泥路1857平方米，完成油路和水泥路沥青灌缝273公里，修补泥结碎石路面156000平方米，人工除草5760公里，除雪防滑4140公里，清除水毁坍方358处，修复水毁路基32处，修复和新建涵洞5道，修复桥梁1座，改建危桥1座，维修和保养桥梁4座，整治边沟2950米，治理公路边坡地灾2处，排除危岩险情3处，处治路基天坑1处，绿化植树4195株。完成了柏奉省道大修工程，启动了209国道白果树段改建工程，完成了长石线和恩渝线32.71公里的安保工程。修复钢护栏和防撞墙1900米，新增警示标志牌40块，设立振荡标线21段。各乡镇、办事处按照机构、人员、责任和资金四落实的要求，加强组织领导、细化工作责任、强化检查考评，采取“分段承包”与“群众自行分段负责”相结合的办法，完善管养长效机制，规范化管养农村公路926公里。

站场建设。桂花树公交停保场项目1标因地质结构影响大量变更工程量，2标因征地拆迁工作没有落实基本停工。按照州运管处关于加强候车厅和招呼站建设的有关要求，建成大峡谷旅游公路和恩施至芭蕉集镇两条示范线。

高速公路建设服务。完成恩来恩黔高速公路改线后征地拆迁工作96%的工作量，全线交地，施工单位进场施工。头道水搬迁户集中安置方案基本敲定，启动建设前的准备工作。银

新建成的农村客运候车亭

白高速建恩段基本完成线路比选，开始进行实物调查。

农村道路运输委托执法。落实统一标志牌、统一乡镇农村道路运输管理办公室公章、统一印制道路运输执法文书、统一申领处罚票据，制订严格的考核细则，完善横向到边、纵向到底的道路运输管理责任体系，规范道路运输秩序，促进运输市场健康发展。完成包括春运、清明、“五一”、“十一”等重大节假日的旅客运输任务，客运量769.88万人，客运周转量91646万人公里，货运量698.05万吨，货运周转量111530万吨公里，没有出现安全事故。

旅游客运市场整顿。联合市旅游、交警等部门组成工作专班，对辖区10家旅游客运企业资质、驾驶员从业资格、车辆挂靠经营情况、旅游客车GPS使用情况进行清理整治。配合相关部门处置旅游车队和旅游公司之间的矛盾纠纷，维护正常的旅游秩序。参与对恩施至来凤“黑车”的查处，暂扣车辆11台，维护线路经营秩序。

城市公共客运管理。组建公共客运管理办公室，开展城市公共客运行业“雷锋车”、“雷锋号”和“文明进公交”活动。加强对出租车经营行为的管理，对出租车不打票现象开展调查处理，认定部分车辆计价器确实存在不能打票情况，与州计量所进行沟通，力求得到解决。加大对火车站、机场等区域“黑车”的打击力度，及时向市政府报告电动车非法参与城市客运的有关情况，想办法引导和制止，确保出租车市场稳定。

水上运输。积极协调涉水部门联动，加强隐患排查整治，加强渡口渡船监管，签订“县、乡、村、船主”四级责任状26份，填发“恩施市水上交通安全检查记录”200余份，责令整改渡船1艘，新造渡船1艘。按照规定对清江观光旅游公司和清江风景旅游公司申请的运力进行核查。向市政府建议设立康家坨渡口。

路政管理。加强与交警大队、各派出所、乡镇办和公路沿线群众的联系，完善举报奖励制度，畅通了路政违法信息收集渠道。共清理堆物占道850余处（1392立方米），清理边沟102余处460余米，清理非公路标志、标牌184块（其中跨公路龙门架15处），清理不规范加水站18处，收取道路赔偿费128.1万元。龙凤坝和谭家坝两个固定超限检测站按照“科学检测、卸载放行”原则，检测车辆61679台，依法查处车辆16753台，强制卸载或责令（监督）自行转运5762台计1046吨，收取路产损失补偿费347.141万元（其中罚没收入32.673万元）。

公交服务。市公汽公司立足发展和服务两大基本职能，采取“重改革、谋发展；降支出、减亏损；抓管理、促效益；提素质、增形象；抓活动、聚合力；谋福利、聚人心；抓宣传、展风采”等七大措施，实现公司发展与市民满意率同步上升局面。完成营运收入5180万元，完成年度计划4880万元的106.1%，比2011年同期的4700万元增加480万元，增长10.21%。营运里程达到1316万公里，完成固定资产投资700万元，降低安全责任事故10.17%。

工程质量安全管理。明确“凡通畅工程路面强度达不到c25.5标准的坚决不兑现行业补助资金”的质量考评要求，定期不定期对建设现场进行督查，对工程实体进行检测，以中间环节质量合格保证工程整体合格，交通建设工程总体质量位居全州第一。无安全责任事故。

队伍建设。明确目标，细化责任，深入开展创先争优、“喜迎十八大、争创新业绩”、保持党的纯洁性教育、讲规矩教育以及民主评议政风行风等活动，采取请专家讲座、派出去学习、开设交通讲坛等形式，加强对干部职工的培训教育，打造“政治思想可靠、业务技能过硬”的干部职工队伍。

党风廉政建设。执行反腐倡廉有关规定，完善内部管理制度，开展工程建设领域突出问题治理，打造大峡谷旅游公路等“廉政阳光工程”，营造“干净干事不出事”的工作环境。通过开展“治庸问责”、千人评机关、民主评议政风行风等活动，整改社会反响强烈的热点难点问题，加强政风行风建设，机关作风好转。

关注民生。筹资500万元解决人大代表、政协委员关心关注的好事实事48件。明确专人负责网民投诉、咨询、建议的收集整理，做到在规定时间内100%回复。投资近50万元支持盛家坝乡桅杆堡村新农村建设，完成桅杆堡集镇的路面硬化，帮扶资金30万元支持其他道路管养和民居改造。先期启动80公里农村公路通畅工程建设，解决新农村建设示范点、产业聚集区和旅游重点景区道路不畅的问题。

（杨元发）

【利川市】 前期工作。利鱼线绕城线公路建设项目前期工作基本完成。10月启动勘察设计工作，11月完成初步设计并上报省交通运输厅审查，11月底工可获批复；利彭公路凉雾至文斗段二级公路改扩建工程项目7月9日获省发改委正式批复，全长74.3公里，全线采用设计速度40公里/小时、路基宽度8.5米的二级公路标准建设，项目估算总投资为4.5067亿元；利万高速公路利川段完成334户房屋拆迁分类清点和2897.74亩土地丈量及附着物登记工作，12月份开始兑现征迁补偿款，年底完成房屋拆迁、土地移交；省道调整：凉雾—文斗—野猪池调整为286省道，谋道—建南—龙神坳调整为466省道，汪营—打杵坳（谋道）调整为478省道，红椿沟—沙溪调整为366省道，4条公路总长320多公里。

基础设施建设。农村公路通畅工程：筹集路基整修资金1766.6万元，市政府捆绑部门项目资金500万元投入配套通畅工程建设，全年通畅工程建设计划总里程466公里，已经完成路面工程506公里，完成计划108.9%。专用公路建设：齐岳山产业公路是服务全市风电项目、蔬菜基地和旅游景区的工程，其中，水井槽至中堂、木竹氹路线、中堂至天上坪、皂角岭至杨家院子线路总计完工33.36公里。国省道大修：完成326省道路面大修工程8公里，完成危桥加固3座；腾龙一桥、二桥和利云公路桥梁工程全部建成。二级公路改扩建：利彭公路凉雾至马前段双层水稳层全部完成。完成水泥路面双面工程10公里；利彭公路马前至凉风垭段9.657公里，完成路基土石方3万立方米。农村公路安保工程建设：计划实施安保工程245公里，9月下旬启动，完成农村公路安保工程110公里。

建设质量监管。安排100万元工作经费，为乡镇聘请10名工程监理人员，各乡镇组织群众代表作为义务质监员参与质量监管。监理人员在履职过程中，建议调换施工班组5个，停止使用及更换不合格设备13次，清除不合格路面原材料46次，督促停工整改120余次，对21条线路的局部路段进行了返工处理。义务质监员对质量问题举报、投诉82起，均得到及时处理。农村公路建设质量提高。

行业管理。开展“打非治违”行动，查处非法营运车辆600余辆。积极化解行业矛盾，确保运输行业的稳定和运输市场的正常秩序：解决民兴公司内部承包经营的遗留问题，化解兴隆公司经营户上访问题，解决恩联集团广深客运班线矛盾，解决恩联集团和万里公司玉环线客运班线矛盾纠纷。

安全生产。严格履行道路运输安全“三关一监督”职责，围绕“源头管理、过程控制、应急救援、事故查处”四个环节，开展安全隐患排查活动6次，查出安全隐患21起，下达《限期整改通知书》21份。建立运管监控信息平台，对全市客运站场进行远程监控，实时掌握客运站场动态。积极推进“平安水域”、“平安工地”创建活动，认真开展“道路客运安全年”活动，强化运输市场安全管理，全面构建交通运输安全应急工作长效机制，遏制重特大交通事故，确保交通安全平稳可控，全年无重大交通运输伤亡事故发生。

开展“迎创”活动。扎实推进“三万”活动。帮助忠路镇桂花村疏通水渠，使水利设施发挥作用。扎实开展“双联双促”活动。帮助凉雾乡盘龙村制定“双联双促”活动实施方案；投资200万元，硬化联组公路7公里，进行路基改造，2013年硬化路面；局机关干部职工捐资8000多元，结对帮扶18户贫困户；投资6万元进行村级组织阵地建设。结合行业特点，积极开展以打造“廉政阳光工程”为主题的党风廉政建设取得实效，全系统没有发生工程建设领域违法犯罪事件。落实“三违”整治和责任路段城市管理工作责任。对全市“三违”重点区域龙潭村312户建房户全部建立档案，无新增“三违”建筑。

民主评议政风行风。在政风行风评议活动中，针对群众反映强烈的利彭线、德建线、利沙线交通“瓶颈”问题进行整改，项目前期工作取得突破，利彭线、德建线、利沙线升级为省道，利彭公路凉雾至文斗段74.3公里正式立项，一、二期工程进展顺利，德建线改造即将开工。通过政风行风评议活动的开展，全局干部职工的敬业意识、责任意识、服务意识和纪律意识明显增强，全市交通运输发展的软硬环境得到进一步优化。

行业文明创建。市运管所参加全州、全省“大培训、大比武”活动均获第一名；市路政大队多次举行规范化执法培训和达标活动，马峰坳超限站评为省级文明示范站；市运管所在全州率先实行案件调查、审核、决定“三分离”行政执法运行新机制；交通(海事)行政执法获得上级主管部门的高度评价。

廉政交通建设。在全系统开展“学党史、知党情、跟党走”学习教育活动，先后组织编印了4万余字的政治理论、廉政教育学习资料，组织干部职工学习。开展“五好”领导班子创建活动。高度重视提议案办理，45件提议案办结41件，办结率91%，满意率100%，被市政协《品读利川》刊物作为提议案办理工作经验予以推介。畅通群众诉求渠道，办理来信24件，本局9件，信访局及领导机关转办13件(其中网络信访5件)已全部办结，结案率100%，没有发生越级上访事件；收到市民直通车网民建议和意见281条，回复281条，做到事事有回复，件件有着落。　（王登军）

【建始县】 重点建设。完成交通固定资产投资5.2亿元，超全年目标任务4%。完成10个交通重点项目的年度建设任务(209国道绕城线改扩建、209国道建始段大修、龙高公路路基、城区9条次干道路面加铺沥青混凝土面层、云天公路水毁抢险、农村公路通畅工程、官门公路安保工程、天二公路景阳集镇到张家梁子段路面大修、新农村小区公路、闸木水复建工程鸡公岭大桥)。全县通车里程达3506.2公里，其中农村公路3312.4公里，比重为94.5%。县境内形成了以“五横两纵”(五横：209国道、318国道、沪渝高速公路、宜万铁路、清江航道；两纵：天二公路、高巫公路)为骨架，以农村公路为依托的较为完善的综合交通运输体系。

前期工作。银北高速建恩段及建始连接线项目工可获批，进入初步设计阶段；天二公路云天段、红景段项目工可获批，红景段完成初步设计，云天段启动初步设计招投标工作；石门河大桥二阶段施工图完成评审；三里至蟠龙公路、红岩高速客运站项目启动工可编制；城市公交、出租车站场建设完成编制规划；货运信息大楼、货运信息中心站及仓储项目、县客运二级站项目前期工作相继启动。

农村公路。以农村公路“通达畅、上等级、保安全”为目标，完成农村公路170公里通畅工程建设及500公里非列养农村公路规范化养护管理工作。建设、完善农村公路安保工程，检查县乡道和农村公路安保设施建设情况，对407.13公里危险路段和816.75公里特别危险路段分段提出整改措施，制定2012年至2015年农村公路安保建设实施方案，相继启动临水、临崖、急弯、陡坡等特别危险路段的安保建设。

列养公路。开展路面保洁、清沟疏涵和重点保障工作，清扫路面210公里、清挖边沟180公里，修补水泥路面856平方米、沥青路面450平方米，处治路基翻浆2500平方米。完成奇羊坝桥、三里坝桥的修复工作，加强对野三河大桥的日常养护和管理。加强

如诗如画的通村公路

冬季养护，自备防滑料160立方米，及时清除重点路段积雪。加强水毁抢险修复工作，共出动抢险人员100余人次，装载机16台次，突击清除坍方6545立方米/156处，修建挡土墙1350立方米/3处。新建安全警示墩172个、波形钢护栏562米、钢筋混凝土防撞墙419米，启动红二线K47～K72路段的安保工程。

水陆运输。有客运站10个，农村客运候车亭96个、招呼站296个；有客运企业11家，货运企业20家，汽车维修企业35家，驾培中心2家，车辆技术检测站1家；有营运客车369辆，营运货车1887辆；开通客运班线67条，其中农村客运班线51条（含对开）。新增客运车辆2台、货运车辆249台、农村客运车辆2台，更新农村客运车俩67台，全县营运车辆2277辆，客运量347万人，旅客周转量21582万人公里，货运量561万吨，货物周转量81010万吨公里，同比分别增长5%、1%、22%、33%；新发展客运班线1条。全县有涉水乡镇7个、渡口24个、水运企业2家，闸木水新增小河、小茶园、鸡公岭3个渡口渡船。

交通物流。建立健全部门联动的物流发展工作机制，实行重点物流企业联系制度，加大物流市场清理力度，对全县的物流园区、物流企业、货运站场、货物集配地等进行摸底调查，逐个建立电子档案，摸清全县物流产业发展现状。全面开展农村物流试点工作，实地调研农村物流发展现状，以永昌物流公司为依托，以乡镇二级汽车客运站为主要经营场所，确定4条农村物流货运专线，逐渐建立农村物流运输体系。构建信息网络平台，实现信息资源共享，开通"金建始农村物流信息网"，成立物流信息服务中心，方便物流企业随时查询物流信息，逐步完善覆盖全县四乡六镇的农村物流信息网络。

行业管理。发放《公路安全保护条例》和治理超限车辆宣传单5500余份，上路巡查900人次，清除路障8000立方米，取缔布质横幅400条，制止违章建筑10处，严格控制公路两侧建筑红线建房18件，办理行政许可案件3起，处理路政案件70起，案件查处率98%，结案率97%，行政许可和行政处罚正确率100%，无一起行政复议或行政诉讼。开展"打非治违"、"旅游客运专项整治"、"客运隐患治理"等专项治理，道路运输市场经营秩序进一步好转，悬挂宣传横幅22条，粘贴标语32条，播放安全教育宣传片102次；检查客运企业12家、客运站10家、维修企业35家、驾校2家、检测站1家；清理车辆2143台、从业人员2580名；查处非法违法经营行为48起。完成9家道路客运企业质量信誉考核、10家客运站场信誉等级考核评定工作，完成出租汽车公司质量信誉考核和从业人员年度诚信考核工作。建立健全海事管理制度，先后出台《乡镇船舶渡口管理办法》、《地方海事处人员岗位职责》、《财务管理制度》、《文明办事制度》等，全面落实岗位目标责任制，完善内部监督检查机制，实行"一月一计划、每月一总结、半年一检查、年终总考评"的绩效考核制度，全力打造"勤政、高效、务实、廉洁"的海事队伍。（黄密）

【巴东县】 交通建设投资。全年完成交通建设固定资产投资9.63亿元，占年度投资目标的145%，同比增长88.87%，为实现"十二五"规划目标奠定了基础，被县委、县政府表彰为全县经济社会发展综合考评先进单位。

交通项目建设。重点工程：巴野公路主线全面开工建设，五条隧道及四座桥梁相继开工；209国道绕城线进行路基土石方开挖、桥梁下部工程、涵洞工程、防护工程施工；小溪河大桥开工建设。农村公路建养：完成顾大线、太溪线路基工程、乐乡大道路基及管网工程、沿罗线路基工程、省道宜巴新线路面工程、300公里农村公路通畅工程、430公里农村公路安全设施建设；完成209国道铧溪段路面、东大公路松林子至耀英坪大修工程；完成209国道椌桐树、318国道地灾治理工程；完成吴家大沟桥、黑沟桥维修加固工程；完成农村公路养护1690公里。

项目前期工作。省道巴鹤公路长岭至泗淌段改建工程可行性研究报告获省发改委批复立项。S282白磷岩至沿渡河段、S461大路坡至清太坪公路改建工程、长江三峡库区巴东支流航道整治工程可行性研究报告通过省评审。巴东经济开发区柳家山片区外环线工程、西壤坡客运码头设施改造工程纳入2012年三峡后续工作规划。编制完成十二五、三峡后续、武陵山少数民族试验区等规划。

项目质量管理。增强监督手段，强化日常质量监督，运用警告、责令停工、责令返工、市场信用评价等手段治理质量违法违规行为，实现工程质量监督覆盖率100%、质量管理责任制落实100%、工程质量合格率100%、工程质量零事故的目标，交通工程建设质量稳步提升。

安全生产管理。坚持“安全第一、预防为主、综合治理”的方针，按照“八有四不一必须”的工作思路，认真开展打非治违工作。明确企业和经营者是安全生产的责任主体、有关二级单位是行业监管主体、交通运输局是督办主体，编制印发《巴东县交通运输系统行业安全管理规范》；突出水上交通、道路运输、重点工程施工、行业矛盾纠纷排查四个重点；建立安全隐患排查、治理、监管、防范、应急处理五个机制；强化安全意识、安全学习、安全调研、安全任务、安全监管过程、安全问责等六项措施。排查治理隐患251处，整改率100%，全系统无安全生产责任事故，安全生产管理态势平稳。

运输服务。公路运输完成客运量271万人、货运量290万吨、货运周转量40758万吨公里，分别比去年增长12.9%、6.6%、21.26%；水路运输完成客运量66.77万人、货运量251.14万吨、货运周转量152613万吨公里，分别比去年增长11%、34%、33%，交通运输服务能力持续加强。

交通保障工作。计生、综治、信访维稳、党风廉政及“五个严禁”等“一票否决”工作稳步推进，被县人民政府表彰为平安建设先进单位、计生工作先进单位。文明创建工作扎实有效，局机关被评为县级文明单位，港航所被评为省级“六型”文明示范窗口，质监站连续六次被省交通厅质监局评为“基层先进监督组织”。扎实开展行风评议工作，取得全县集中评议第一名的好成绩。建议提案办理实现回复率、见面率、满意率100%。交通系统有7人被县委、县政府提拔使用，县公路局张祚琼、县交通质监站黄在英被省交通运输厅表彰为公路、质量管理“十行百佳”。全年在省、州、县级发表交通建设宣传稿件100多篇。湖北日报以峡江巨变展新颜为题，介绍畅通巴东建设，恩施日报以吹响交通建设“集结号”为题，专题介绍巴东县交通建设成就。 （章进步）

宣恩县国省干线公路路面治超行动全面启动

【宣恩县】 全县公路总里程2022.763公里，公路网密度达73.7公里/百平方公里，农村公路通畅工程覆盖率达82%。拥有客运汽车325辆/5761客座，货运汽车1329辆/4589吨，全年道路运输行业完成客运量414.923万人，客运周转量16510.79万人公里，货运量175万吨，货运周转量39590万吨公里。机动车维修企业82家。二级驾校2家，年培训机动车驾驶员1400余名，各类道路运输从业人员6100余名。A级综合性能检测站1家，全年汽车综合性能检测5100台次。二级客运站1座，五级客运站6座，农村客运候车亭127座。通航水域6个，通航里程110余公里，乡镇达标渡口26个。

基础设施建设。完成椒园至庆阳段、高罗至上洞坪段全长45公里县乡等级路建设和“两桥一路”市政工程建设。完成通畅工程建设230公里，超计划数53.23%。鸦来二级公路改扩建工程分水岭隧道即将全面贯通，雪落寨隧道施工单位招标前期准备就绪，完成沙道沟绕镇线路测量和绕镇大桥桥基地质勘探。石心河、七眼泉大桥项目顺利开工建设。贡水大桥加宽项目完成主拱圈浇筑。恩来、恩黔高速公路建设项目累计完成路基土石方开挖回填2000余万方，桥涵工程推进18.9公里，隧道进尺13000余米，累计完成固定资产投资31.5亿元。

项目规划。完成《宣恩县2011～2020年交通运输发展与扶贫规划》编制工作。完成“十二五”通畅工程项目规划复查和安保工程数据采集工作。清江恩施港石心河、中间河港区15个客货运码头规划项目被列入《恩施港总体规划》并获批复。高速公路连接线项目启动挖沟放线工作。二级公路改扩建项目宣万线项目工可报告获省发改委批复，甘长线项目主报告通过评审。

公路管养。从保安全、保通畅入手，积极应对恶劣气候条件下的公路安全防范，加大冰雪灾害抢险力度，切实搞好地灾治理和公路超限治理，强化路政执法管理，及时纠正公路违法行为。坚持“建养并重、管护并举”的原则，不断创新农村公路管养模式，进一步完善农村公路管养标准及考评办法，建立管养人员准入、退出机制，积极推行月抽查、季检查、半年考评、年终总评的奖惩工作机制。继续推行农村公路管养示范线路“三级联创”工作，不断创新公路管养技术，积极推行公路绿化，不断提高公路管养效益。

行业管理。强化道路运输企业服务质量信誉考核，继续推行驾校教学质量排行榜制度和教练员教学质量信誉考核制度，全面完成驾驶员培训IC卡智能管理系统和教练机动车GPS定位系统以及培训场地电子围栏安装工作。积极开展打非治违专项行动和道路运输驾驶员继续教育培训以及城市公共客运行业文明优质服务月活动。全面落实县、乡、村、船主四级目标责任制，出色完成“湘鄂渝黔”四省边区人大联谊会龙洞库区水上观光安全保卫工作。成功举办第六届湘鄂两省三县海事协作会。完成长潭河乡五级客运站改建项目的申报、招商等工作。制定完善《宣恩县物流快递行业安全生产操作规程（试行）》和物流行业事故救援应急预案。狠抓客运驾驶员的安全教育，严厉打击疲劳驾驶、酒后驾驶和高速公路上下旅客以及站外经营等违纪违规行为，严格营运车辆GPS监控系统管理，严格落实《汽车客运站安全生产规范》的有关规定，建设完善安全生产管理体系，健全安全生产管理机构，保障安全生产投入，加大运输市场整治和打非治违力度，严厉查处违规载客等行为。狠抓安全隐患排查治理，检查车船1250余次，排查安全隐患720余起，及时清除公路坍方5万余方，修补路面坑槽3.3万平方米。成功处置了甘椿线高边坡危岩隐患和凉九线大型垮方清理整治工作。全县公路、水运态势平衡，平安工地建设卓有成效，全行业未发生一次死亡3人以上安全责任事故。

作风建设和文明创建。认真落实“一岗双责”目标责任制，坚持依法行政、廉洁从政，严格党内纪律，切实开展党员先进性教育，逐步增强广大党员、干部职工的党性修养和宗旨观念。认真组织开展党的十八大精神宣传贯彻、党史知识培训和交通行政执法培训以及“岗位大练兵”、“技术大比武”等活动。深入推进“民主评议政风行风”、“治庸问责”和治理“整酒风”活动以及全县“五个突出问题”专项治理活动。县交通运输局被评为省级园林单位，获全州交通运输系统法制工作先进单位和对外宣传、信息报送先进单位荣誉称号。局机关档案工作实现省一级目标管理，机关文明创建步入州级最佳文明单位行列。县交通测设室主任朱慧芳被评为全省“十行百佳”。（胡敏）

【咸丰县】 全县通车里程2639公里，其中：二级公路171.5公里，三级公路283公里，四级公路1467.5公里，等外公路718公里。公路密度达103.49公里/百平方公里。

交通项目建设。恩黔高速公路实现红线内征迁工作“四个100%”，即“征地交地100%、房屋迁移100%、管网迁移100%、坟墓迁移100%”。累计完成投资13亿元，完成一期土建工程合同造价的57%。绕城北线工程A线鄂州大道路面主体工程完工，高乐山镇中接线、晨光安置小区道路等附属工程全面完工。线晨光大道7月三个标段全线开工，完成投资2100万元。农村路网建设：农村公路通畅工程计划160公里，实际完成175公里、投资5220万元。“朝阳画廊”旅游公路工程，涉及3条公路共计7.1公里，6月施工单位进场，完成路基工程7.1公里，路面工程2公里。省道大修工程：省道利智线大河边至幸福桥段线长39.4公里，10月全面完工，完成概算投资4000万元。桥梁建设：黄金洞乡光明坝大桥年底建成通车。清坪镇太平坝大桥6月上旬复工建设，已完成下部结构。

项目规划。高速公路：咸来高速公路被省、州纳入湖北省武陵山区交通扶贫规划重要公路建设规划，工可研究已展开，走廊带基本确定，成功解决在忠堡和县城设置落地互通等协调难题，穿越忠建河大鲵保护区可研报告通过农业部审批；咸利高速公路纳入湖北省高速公路规划网。咸丰县城至丁寨火车站一级公路被省交通运输厅纳入（2011～2020年）武陵山区交通扶贫重要公路建设规划。该项目工可委托恩施州交通规划设计研究院完成，于11月上旬评审，工可报州发改委等待批复。国道升级改造：台小线咸丰县柑子溪至活龙坪段74公里，进行方案研究。来永线咸丰县城至高坡段拟改线，争取纳入咸丰县城至丁寨火车站一级公路合并实施。省道升级改造：大河边至大路坝省道大河边至尖山段改扩建工程工可通过州预审，修编后已报省审查。黄泥塘至甲马池至荆竹泉省道被省、州纳入武陵山区交通扶贫规划重要公路建设规划，拟报部批准。来凤至方家坝至筒车坝至甲马池公路纳入新增省道规划。经济干线：来凤大河镇白岩山至咸丰坪坝营公路、咸丰坪坝营至邻鄂、咸丰活

新建的咸丰甲马池镇筒车坝至旋坨公路安保工程

黔线活龙坪至黔江、咸丰城至丁寨公路、咸丰黄泥塘至土司城公路、咸丰尖山经活龙坪至黎水等6条经济路、断头路被省、州纳入武陵山区交通扶贫规划重要公路建设经济干线规划，与酉阳县交委、黔江区交委签订共同加快武陵山连片特困地区出口公路规划建设协议。战备公路：黄泥塘至张家坪战备公路工可研究报告主报告和专题报告通过省发改委评审，待国家批复。渡改桥：龙嘴河、光明坝、杨家庄三座大桥纳入年度渡改桥计划，工可研究报告已完成，待州审批。站场建设：坪坝营旅游客运站、咸丰县物流信息中心、咸丰县货运站、咸丰县丁寨物流配送中心、咸丰县客运站、丁寨客运站被省、州纳入武陵山区交通扶贫规划重要场站建设项目。水运建设：咸丰唐崖河航道治理、咸丰龙潭河航道治理、咸丰田寨河航道治理和咸丰朝阳寺码头、咸丰尖山码头被省、州纳入武陵山区交通扶贫规划，已报部审批。

公路养护管理。干支公路管理养护以开展利智线“州级文明示范路”创建活动为切入点，道路养护高标准严要求。全县干支线路碎石修补坑槽24万平方米，沥青修补坑槽6075平方米，修复缺口825立方米，处理沉陷2.2万平方米，清理塌方135处6.12万立方米，修复涵洞4道，修复钢护栏458块1832米，绿化树刷白180公里，防撞墙刷漆13542平方米。累计清理水沟1120公里，整修边坡1020公里，清理涵洞408道。全年干支公路好路率达90%以上，确保全县干线公路安全畅通。农村公路管理养护进一步落实管养责任，理顺管养体制，加强巡查督办力度。清理边沟8.5万米，疏通涵洞273道，清除小型塌方每处50方以下的8000余立方米。水毁工程修复路基缺口、上下挡墙驳岸修复等51处砌墙6100余立方米，山体滑坡排险5处，清理50方以上垮方51000余立方米。加大占道堆物、占路为市、超载超限等违章行为整治力度，查处各类损坏、侵害路产案件15起，结案13起，核准公路沿线建筑“红线”212件，受理路政许可6起。治超站检测车辆146204次，处罚车辆819台，收取补偿费82.8万元，罚没款16.62万元。

行业管理。积极转变管理方式，大力创新管理机制，切实加强市场监管。加强对城区客运企业、客运站、出租、公交企业的监管，强化源头管理，规范经营行为。大力整顿市场秩序，优化运输环境，加大打击“黑车”和非法营运车辆力度。全年共暂扣车辆241辆，查处非法营运车辆187辆，收缴罚款36万余元。严格管理从业资格，强化驾驶员培训管理，组织开展辖区从业人员继续教育培训，参训人员1459人，开展从业人员资格诚信考核1506人，组织四期道路运输从业人员资格培训，取得从业资格证610人。加强对驾校驾培行为管理，全面推广IC卡计时培训管理和GPS定位系统安装和使用。开展8期驾驶员结业考试，参加考试学员956人，结业956人。

安全管理。认真开展“安全生产月”、“旅游客运专项整治”、“安全生产百日大会战”等专项活动，做好安全隐患排查整改工作。开展客运企业安全学习及客运企业安全生产检查82次，查出并整改安全隐患40起，下发整改通知书15份，督促整改率达100%。加强道路运输车辆检测管理，检测道路运输车辆3021台次，保障道路运输车辆行车安全。组织做好春运及重大活动期间的交通保障工作，做好乡镇渡口安全监督管理工作，加强日常安全生产监督，杜绝重大事故发生。

运输能力建设。完成客运量180万人次，旅客周转量380万人公里；货运量338万吨，货物周转量56780万吨公里。拥有道路运输客运企业11家，维修企业27家，营运车辆2316辆，客运班线60条，其中省际班线9条，市际班线3条，县际班线5条，县内农村客运班线43条。春运期间，投入运力391辆，发送班次20125班次，完成客运量26.6万人次，较去年同期上升12.7%，输送民工9.2万人次。

政风行风评议。坚持“标本兼治，纠建并举”的方针，以“树立行业新风，优化发展环境”为主题，全面开展民主评议政风行工作。在广泛宣传发动营造深厚氛围的基础上，全面展开自查自纠，深入查找存在的问题。多次召开领导班子民主生活会、督察员义务监督员座谈会查找问题，组建工作专班深入基层一线与社会各界面对面征询意见，先后召开座谈会15次，发放意见征询表420份，收集意见和建议85条。对查找到的问题，逐条逐项分解落实，对能够及时解决的问题，限时办结；对暂时解决不了的问题，制定详细整改计划。在州、县上级部门组织的电话抽样测评和集中测评中，分别以99分和98分的成绩顺利通过

农村公路养护

验收。

精神文明建设。连续7年被评为省级文明单位，连续6年被评为县级最佳文明系统，积极创建“省级最佳文明单位”。围绕“六大工程”建设，深化拓展“学建创”活动，全面落实全省交通精神文明建设工作会议和全县精神文明工作会议精神。积极争创“百佳基层站所(窗口)”，重点抓好长湾治超站和交通服务大厅“窗口”形象，投入110万元改善硬件设施。长湾治超站顺利通过州检，局机关档案目标管理成功晋升省特级。通过一系列活动，努力提高交通行业干部职工文明素质，不断提高做好“三个服务”的能力和水平，为促进交通事业快速发展、安全发展、协调发展提供强大的精神动力。

党风廉政建设。召开五次干部职工大会，广泛开展党风廉政教育和惩治、预防腐败体系实施纲要等宣传教育活动，对全系统干部职工进行了廉政轮训。在工程建设上，认真落实“三介入”、“三同步”的监督措施，进一步完善工程建设九项制度。(罗再兵)

【来凤县】 全县有公路1421公里，其中209国道9公里、省道248利智线85公里、县道讨橙线52公里、乡道胡革线13公里，农村公路1262公里。全县185个建制村和11个乡镇社区都有通达公路连接。国、省道二级公路94公里，三级公路52公里，四级公路860公里，等外公路415公里。对外出口通道主要依靠209国道、248省道和讨橙线县道与湖南龙山、重庆酉阳以及咸丰、宣恩连通。全县有以酉水河为主，以怯道河、老峡河、新峡河、兰河等四条主要支流为辅的内河体系，分布着金龙滩水库、纳吉滩水库、塘口水库、弯塘水库、新峡水库等五大库区，有内河航线120公里、运输船舶101只，货运能力约5000吨。有5家经营跨县以上线路的客运企业，分别为恩施州交运运输集团来凤客运有限责任公司(国有客运公司改制后的股份企业)、恩联集团来凤县强发快客有限公司、来凤县安捷公司、来凤县金凤客运公司、来凤县长轿分公司，共有车辆215台5273座、运营线路42条，可直达周边县市和广州、东莞、深圳、珠海、宁波、温州、上海、重庆、武汉等沿江沿海发达城市。农村客运企业4家，分别为强盛、安顺、中华、长安公司，共有车辆74台1104座，105个村开通农村公交。城市出租车公司2家，分别为凤城出租车公司和宏兴出租车公司，营运车辆158台790座。城市客运有限责任公司有营运车辆49辆1813座。全县有货运车辆637台1987吨，有资质货运(物流)企业1家，货物可以配送到全国各地。

基础设施建设。恩来高速来凤段建设工程建设进展顺利，其主线及收费站的土石方清淤工程完成80%的工程量，桥梁桩基完成20%工作量，涵洞完成95%工作量，跨酉水河大桥已经启动建设，完成货币工程量8500万元。完成11大项交通运输基础设施建设，新建公路里程27.2公里，改造公路里程236.5公里，完成货币工程量20787万元(不含高速公路)。(邓敏)

【鹤峰县】 完成交通固定资产投资1.7亿元，为年度计划的100%。启动和实施“十大交通建设工程”：鸦来线鹤峰城关至当阳坪段二级公路改造项目分水岭隧道，完成隧道开挖1050延米，完成货币工程量2450万元，占隧道工程总投资的70.5%；太平绕镇公路，完成路基、桥梁主体、下水道、路面基层；老村河大桥顺利转体合龙，完成总投资1200万元，占总工程量的80%；南渡江移民复建工程，完成路基总工程量75%，完成投资1000万元；完成人大议案城北公路容美镇鸡公洞至北佳段路面工程；完成邬阳乡田石公路建设任务；完成大溪村人行吊桥建设任务；完成26个项目171.93公里通畅工程建设任务；完成鸦来线太平段大修15公里；完成农村公路安保工程56.8公里。

前期工作。全年9个项目取得重大突破，批复后项目总投资达130亿元。鹤来高速公路项目，全长91公里，工可编制完成，穿越七姊妹山国家级保护区专题评审分别通过省环保厅、省林业厅的批复，获环保部同意穿越七姊妹山国家级保护区的批复。环评、水土保持、土地预审、压履矿产等9个方面的专题全部获批复，其中：鹤峰容美至当阳坪段约53公里工可通过省发改委、省交通运输厅组织的评审，初步设计基本完成，初测外业通过验收，鹤峰西至县城新修一条7公里标准二级公路连接线，省交投公司为投资业主。南鹤公路南渡江至碑垭段22公里改扩建工程，总投资2.3亿元，已获批复。走铁二级公路25公里改造项目，完成工可编制。环城公路云长段完成施工图设计。新增国道79.3公

安保工程施工

里，新增省道杨铁线、走桑线、鹤桑线、邬邺线4条共97.8公里。巴鹤线、恩鹤线、走桑线路面改造纳入武陵山片区扶贫规划。走马三级客运站初步设计获批复。

行业管理。国省道干线公路列养里程增加到373公里，规范化管养农村公路1257公里，全县公路管养能力显著提高。以优化列养和行业养公路管理为抓手，大力开展路域环境综合治理，加强路政巡查力度，严厉打击车辆超限、违法违章占用公路、污染公路等违法违章行为，查处路政案件173起，公路赔（补）偿案件25起，超限案件38件，拆除临时厂棚3处，非公路标志牌139块，清除路障71处，卸载93台次，所辖线路无公路“三乱”行为，路政管理无行政复议案件。没有出现一例行政复议和行政诉讼败诉案件及“三乱”现象发生，保证了执法行为的合法、合理、公正，提高了交通行政执法水平和品质。运政执法稽查力度进一步加大。坚持把服务社会、促进发展作为行业管理第一目标，大力开展道路运输市场整治活动，投入稽查力量4309余人次，检查车辆1968台次，查获违法违章营运车辆281台。对辖区内1家驾驶员培训学校、1家机动车综合性能检测站、23家一二类维修企业进行常态监管。

道路运输。淘汰城区原运行的173台面的车，投放30台符合国家标准的公交车实行公车公营，完成公交改革工作。圆满完成春运、兵运、黄金周、中高考等政府指令性运输保障任务。出租汽车和长途客运车辆全部安装GPS定位系统。建成公共交通物流信息平台，探索发展县、乡、村三级物流服务网络体系。

水上运输。发挥水运监管的职能作用，落实各项水运管理措施，坚持依法行政、文明执法，突出整治监管难点，纠正水上运输过程中的各种违法、违章行为，严厉打击取缔“三无”船舶，大力宣传水上交通运输法律、法规，切实加强现场监督检查。进一步加强渡运基础设施建设，努力改善渡运条件和环境，不断满足人民群众生产生活的需要。

安全生产管理。不断强化安全生产管理责任制的落实，深入开展“大排查、大整治”活动，进一步完善安全规章制度，强化安全生产所涵盖的规范运行机制、自我调整机制、监督反馈机制、奖惩激励机制的“四大机制”，形成主要领导亲自抓的工作机制，不断强化现场安全管理，层层签订安全责任状，加大日常巡查工作力度，深入开展安全隐患排查整治专项行动和安全生产隐患月度排查整治活动。全县水陆交通运输和交通工程建设未发生因管理部门失职造成一次死亡3人以上的安全责任事故。

行业文明创建。全系统对帮扶村开展扶贫帮困，积极推进“三万”活动，得到县委县政府的表彰。社会治安综合治理工作被评为全州“平安单位”。信访办结率、满意率均达100%，全系统无违法、违纪、违规行为的发生，确保三个文明建设持续、协调、健康发展。（洪宁）

仙桃市交通运输

【概况】 全市公路通车里程4050.779公里，其中国道1条76.784公里，省道5条124.389公里，县道31条419.083公里，乡道98条527.323公里，通村公路2903.2公里。全市公路密度达到每百平方公里159.6公里，位居全省前列。全市公路等级进一步提升，一级公路26.235公里，二级公路337.506公里，三级公路8.887公里，四级公路2359.479公里。全市18个乡镇均通达二级公路，全市737个行政村均实现村村通沥青水泥路。全市列养公路426.854公里，其中国省道201.173公里、县乡道225.681公里。全市有桥梁531座20453.1延米，其中国道桥梁14座1395.36延米、省道桥梁23座3389.34延米、县道桥梁58座2707.9延米、乡道桥梁83座2830延米、村道桥梁353座10130.5延米。按跨径分，全市范围内特大桥1座1478延米、大桥11座3581.7延米、中桥135座6744延米、小桥384座8649.4延米。全市列养桥梁63座，其中国道14座1395.36延米、省道23座3389.34延米、县道26座1030.9延米。全市营运车辆8514辆，其中载客汽车763辆18000座，载货车辆7751辆21654载重吨。

公路建设。普通公路建设完成投资25624万元，占年计划108%，对比2011年增长5.9%。完成汉宜铁路仙桃西客站连接线鲜码渡口至毛场公路改建工程路面5公里、桥梁2座152延米；完成黄金大道刷黑工程4.052公里；完成长脉公路大修工程11.5公里；完成潮王线袁市大桥至乡村花园段路面改造工程5.8公里；完成仙桃大道东延工程1.6公里；完成西何公路易桥至何场段新建工程路面2公里；完成省道汉仙线仙桃城区至彭场镇区段改建工程路基4公里、路面1公里；完成袁沔公路袁市至排湖段改扩建工程14.1公里；完成胡场至郭河公路改扩建工程2公里。建成通村公路100公里，通乡公路49公里。

路政管理。查处超限超载车辆411台次，查处超限10%以上车辆155台次，卸载重量达9000吨，收取公路赔补偿费及罚款52.4万元，车辆超限超载率控制在5%以内。开展全市列养公路路面巡查，改善公路通行环境，及时发现并制止违章建筑12处，拆除非路用标牌38处，拆除违法设置龙门架2处，清除标语、横幅187幅，清理路面堆积物369处。3至4月份彭场镇何场腊河桥和毛谢线韩场桥重建期间，张贴公告120份，车载电子屏宣传30车次，组织路政执法人员24小时值守桥梁及主要路口，在白沙线、仙洪线等绕行路段集中清理路面，保障畅通，保证桥梁安全顺利施工。10月，在全市开展“严禁公路打场晒粮”行动，为期30天，联合各乡镇及市直相关部门形成合力，采取“一劝二帮三收”方式，张贴公告100份，发放宣传单1000张，利用车载电子屏宣传治理政策180车次，清理打场晒粮1100多处，没有发生一例因公路打场晒粮而导致交通事故。

安保工程。农村公路安保投入500余万元，完成安装示警墩8101根、标志牌1679套、限载墩238个、减速板460米等安全设施。全市21个乡镇通村公路养护协会积极发挥通村公路管养主导责任，抓好责任路段管养，保障全市2000多公里通村公路安全畅通。

公路运输。有公路运输企业12家，客运线路157条，其中省级线路17条，营运客车30辆；市际线路59条，营运客车236辆；乡镇线路68条，营运客车347辆；区间线路13条，营运客车79辆。7月1日汉宜铁路客运开通后，经过调研和协调实现公路客运与铁路客运无缝对接。交通部门加强内部管理和市场监管，科学调整客运线路布局，狠抓节假日运输，方便群众出行。春运期间，全市公路客运班线投放运力1110辆，公路运送旅客91.75万人次。清明、“五一”、暑运、“十一”等重点时段，制定交通运输应急预案，客运市场平稳有序。

水路运输。水路运输企业4家，在籍船舶109艘、69257载重吨，其中新增船舶运力5艘、8750载重吨。完成货物吞吐量110万吨。收取航政费和港务费207万元，比2011年增长40.8%。大力加强仙桃港航部门船舶检验管理水平，树立仙桃船检部门新形象，7月份省港航海事局综合评估仙桃船检所验船人员资质和检验能力，按照交通运输部海事局《关于湖北省船检局船舶检验资质的批复》(海船检〔2012〕350号)精神，恢复仙桃市船检所船舶检验资质。

出租车。4月16日出租车打表计费启动后，交通部门召开专题会议35次，在人群集中地发放宣传单20000份，张贴温情提示852份。组建工作专班昼夜巡查，依照规定查处拼客、甩客、拒载、索要高价等违规出租车123台次。暗访出租车1315台次，依照规定查处违规车辆57台次。通过建立投诉热线电话、网上投诉平台等渠道，处理投诉97起，处罚违规司机232人，责令违规出租车驾驶员罚写检讨书216份，依规收取罚款56000元。中秋、“十一”、春节等节假日检验表明，出租车从业人员和广大市民对打表计费非常支持，基本适应。

行业监管。联合公安、工商等部门，开展无证占道维修经营集中整治，对27家占道维修业户下达停业整顿通知，取缔7家非法无证经营业户，向法院递交对63家无证维修业户强制执行申请。继续开展驾驶员培训行业质量信誉考核，强化驾驶员培训学校经营行为动态监管，对全市驾驶员培训学校资质、教练员资质、教学车辆条件等严格把关，清理整顿全市驾驶员培训点挂靠现象，对驾驶员IC卡计时学习管理系统进行升级，经过规范整顿，全市有正规驾驶员培训学校12家，其中二级驾驶员培训学校7家，三级驾驶员培训学校5家，各类驾驶员培训教练车辆321台，在职教练员307人，其中理论教练员24人，操作教练员283人。继续严格做好道路运输从业人员培训，培训旅客运输、货物运输和出租车客运从业人员近20000人，及格率达70%。

安全生产。开展陆上安全生产检查4次，排查客运企业12家、客运站18家、危险品运输企业1家，累计落实安全治理资金13.9万元。监督运输企业落实安全运输监控主体责任，全市243辆市际以上客运班车和道路危险货物运输车辆全部安装GPS系统，实施动态管理；全市133台高速客车安装标准座椅安全带；全市9条卧铺班线共22辆客车实现凌晨2点至5点停车休息制度。确保水路运输安全监管到位，与15个涉及渡口渡船乡镇签订船舶安全管理责任书，落实乡镇政府管理船舶主体责任，督促镇(办)、村、船主三级签订乡镇船舶安全管理责任书118份，签订率达100%。继续推行港航海事局局长包片、所长包线、海事人员包船监管模式，制作全市渡口分布图、渡口安全监管网络图，将全市100处渡口108艘渡船监管责任量化到人，杜绝责任盲区。组织水上安全隐患排查整治3次，排查整改安全隐患55处。做好全市交通运输行业内部消防安全，对消防安全隐患进行排查整改，无一例消防安全事故。全市水陆安全四项指标、工程施工安全指数、港口生产事故指数均继续保持零纪录。

企业态势。仙桃市汽车客运总站运送旅客309万人次，发放客运班次24万次，实现营业收入8400余万元，超额完成年度目标。市第二汽车运输总公司实现营业收入406.1万元，占年计划358.6万元的113%，企业把安全运输、安全生产和企业稳定放在工作首位，新建门检岗亭1座，新购“三品”检测仪器1台，投入30万元改造车站停车场下水管道。市高客运输公司成功开通2条省际客运班线，公司所属市际客运班车和省际客运班车数量增加到105台。

精神文明。新修订《仙桃市交通运输工作规范》，强化干部职工遵守工作程序和办事纪律。组织党员干部近200人赴潜江市广华监狱接受廉政警示教育，筑牢党员干部拒腐防变思想道德防线。参加省交通运输系统第五届职工书画摄像展，获得书法一等奖。开展“学党史、知党情、跟党走”知识竞赛，组织全系统广大党员干部进行党史党情知识系统学习和闭卷测试。扎实开展“万名干部进万村挖万塘”活动，指导局属二级单位驻点联系17个结对帮扶村，克服本单位自身财力困难，多方筹集资金30余万元清理疏挖沟渠。仙桃市交通运输局再次被评为“2011～2012年度湖北省最佳文明单位”。 (周庆峰)

天门市交通运输

【概况】 完成交通基础设施建设投资4.76亿元，占省政府与天门市签订计划任务3.275亿元的145%。

重点项目。确定“一港二桥三路四站”(天门工业园港区，竟陵大桥、水陆李大桥，荷沙公路干一至竟陵段一级公路改造、皂毛公路竟陵至岳口段一级公路改造、天仙公路中修，天门一级客运站、天门一级货运站、天门南汽车客运站、天门物流园)等武汉城市圈综合交通规划重点项目。荷沙线东段一级公路改造工程全线23公里沥青混凝土路面全部完成；皂毛线完成路基15公里，完成投资5800万元；竟陵大桥进行施工图设计双院制审查；皂仙公路水陆李大桥完成招投标；天门港天门工业园港区一期工程完成部分水工结构主体工程，完成投资7835万元；天骄物流中心主站楼封顶；天门南汽车客运站工可编制完成，上报待审批。

公路路网。启动2.6亿元路网工程项目，包括307公里路面和2065延米/19座桥梁。建成266公里路网工程、完成桥梁改造778延米/17座。包括：小仙线天仙公路至刘家河段、皂仙公路干一至四号桥段、南干渠桥至天仙路口段沥青混凝土路面；荷沙线夏场至沙洋段和分当线胡市街道、金彭线横林街道、九蒋线九真街道、石河街道、牛张线张港街道等大修工程；汉宜铁路天门南货运站通站公路、殡仪馆公路、卓尔项目还建公路等民生工程和通乡公路中修66公里。

惠民实事。10月1日起，天门市正式实施65岁以上老人、残疾人发放IC卡免费乘坐公交车。在城区建设18个港湾式公交候车亭、天门火车南站广场前建设3个30米候车棚。将原5路车的行驶区间重新进行优化与调整，沿途设公交站点44个，投入公交车10辆，基本实现天门城区公交全覆盖。7月1日汉宜铁路正式通车后，即时开通城区至天门火车南站至仙桃客运站，干一、麻洋、岳口至天门南站的客运班车，将票价由13元调整为8元，最大限度实行低票价运行，降低群众出行成本。11月1日，更新天仙城际公交车辆，将原先营运车辆全部下线，统一更新为双开门带空调的45座新型环保高级“海格”客车。

道路运输市场管理。对天门市城区南北两个客运站进行改造升级，新建“南洋客运站”、的士服务中心，提高城市公共服务功能。积极引导全市出租车、公交车规范经营管理，争创一流服务，全市评选表彰了70台“雷锋”出租车、48台“文明示范”出租车和8台“工人先锋号”公交车。

省交通运输厅副厅长唐元督查仙桃、天门等地春运安全

交通安全管理。天门市籍运输船舶和水上乡镇船舶安全面达到100%，船舶每万吨死亡率为零，船舶每载货吨直接经济损失控制在5元以内；水上无一次死亡(失踪)3人以上的重大责任事故；道路运输安全隐患排查和整改率基本达到100%，道路运输企业无一起上报事故，客运百车死亡率以及百车经济损失基本控制在省颁标准以内；交通建设施工现场无生产安全责任事故发生。

交通运输经济。完成客运量3209万人、客运周转量202124万人公里，同比分别增长18.9%和14.4%；完成货运量1526万吨、货运周转量265099万吨公里，同比分别增长23.1%和24%。

政风行风建设。党组成员带领机关干部下基层征求意见活动，收集27个乡镇领导和群众对公路建设、队伍作风、行业管理意见和要求109条，一一进行整改落实和回复。搭建平台互动交流。在全市几家知名网站上开展为期一周的征求意见活动，针对网络舆情，联系多家新闻媒体和行风监督员参加网络媒体搭台交流活动，详细介绍整治公共交通服务环境的具体做法与工作进展情况，虚心听取建议和意见，回答和解释网友关注的30多个交通问题。严格治庸问责。对重点工作实行台账制，对重点工程签订责任状，将日常工作纪律作为行评工作的重要抓手，认真实行上班签到制、请假制度、工作督查通报制、公务派车制、车辆停库制、招待审批制。每月对系统单位进行两次以上的明察暗访，每月发一期效能通报。推行阳光政务。通过网络和公示栏，对涉及工程建设、行政许可、执法收费的办事程序和办结时限向社会进行公示。广泛推行首问责任制、服务承诺制、限时办结制和失职追究制，完善窗口单位和服务岗位服务措施和制度，全面实行一条龙服务。所有交通基础建设项目严格执行招投标程序，对农村客运线路和双到期出租车“公车公营”一律实行服务质量招投标。2012年，天门市交通运输局取得天门市政风行风评议工作第一名、天门市政协提案办理工作第一名、天门市重点项目组织建设一等奖、全省交通运输工作先进集体。获得省级表彰先进单位13个，受到省级表彰先进个人12人。

（胡永刚）

潜江市交通运输

【概况】 累计完成固定资产投资22303.17万元，占年初计划7730万元的288.53%。公路桥梁建设完成投资21303.17万元，占年初计划6680万元的318.9%。具体是潜(江)石(首)高速公路潜江段完成项目《工程可行性研究报告》及立项批复所需的规划选址、环境评价、水土保持等10个专题报告，与荆州市联合筹备项目开工新闻发布会，落实潜江市政府与省交投公司的《投资协议》签订事宜。完成一级公路投资9000万元，路基7.8公里，路面2.8公里。其中章华南路南延工程2.8公里全部完工通车；318国道复线绕城一级公路项目，东荆河以东段7.018公里建设任务完成主线路面工程，具备通车条件；王周线完成全线树木砍伐、清表等工作，周矶农场段路基土方填筑全部完成，王场镇段地方协调工作基本到位，完成路基5公里。完成二级公路路基1.53公里、路面19.43公里，投资5244万元，占年初计划的130%。其中章华台旅游公路除沥青混凝土面层外，其他项目全部完成；丫运线二级公路改造工程完成全线路面基层施工，水泥混凝土路面完成4公里，占总体形象进度的65%；熊拖线城南河中桥及接线工程，城南河中桥进行桥面铺装和栏杆安装，完成接线测量放线、征地拆迁工程数量调查摸底工作；东长线6公里路面改建工程全面完成，东风桥重建工程完成。完成县乡公路32公里，投资4221.07万元。分别完成张高线1.5公里、柳友线3.5公里、同荆线13公里、广王线1公里、总拖线11.855公里、总九线1.145公里。完成通村公路63.4公里，投资1585万元，占年初计划的102%。完成危桥加固改造8座，分别是国道沪聂线浩口桥(老桥)、省道荆新线总干渠大桥、县道广泽线黄岭桥、熊拖线中沙河桥、杨家大桥、沱口桥、龙湖河桥、渔洋金城桥；新建积玉口桥1座；投资96万元完成农村公路渡改桥渔洋连心桥39延米。投资45万元完成熊老线三个涵洞的加宽工程。公路养护：完成潜监线大修工程6.7公里、荆新线大修8.2公里，投资3010万元；公路小修保养方面，累计修补油路坑槽和路面基层19136.87平方米，封闭油路裂缝71081米，封闭水泥路裂缝900平方米，清缝灌缝73035米，清扫路面6100公里，更换里程碑/示警桩346根，整修路肩、边坡44466平方米；中修投资31.3万元完成熊老线4502.08平方米，干线公路路况、路容、路貌良好，平均PQI值85。农村公路养护里程1351.6公里，投资近1000万元。站场建设：规划部署潜江市火车站综合客运换乘中心前期工作，对火车站客运换乘中心及公交停车场站进行勘测，明确征地20亩用于该项目建设，预留10亩用地作为后期配套设施建设，提交《潜江市综合客运换乘中心建设方案》；申请将高场客运站扩建项目纳入“十二五”客运站场建设规划，并进行可行性评估；完成高标准港湾式候车亭2个、一般式候车亭2个；完成公交配套基础设施改造工作，维修公交站棚20个，更换公交站牌70余处。港航建设：完成建设投资1000万元。启动《潜江港港口规划》修编工作；潜江港泽口港区综合码头前期工作全面展开，启动《潜江港泽口港区综合码头工程可行性研究报告》、《潜江港泽口港区金澳石化码头》；完成《潜江港泽口港区综合码头航道影响评价》及《潜江港泽口港区综合码头海事安全评估》的编制工作；引江济汉工程和汉江航道整治工程全面开工建设。

运输服务。春运期间，全市日均投入营运客车685辆，日发班次1712辆次，运送旅客149.6万人次，其中省际客流量8.9万人次，省内客流量45万人次，市内客流量95.7万人次，比2011年春运增加5.6%。完成800余名老年人、残疾人、军人免费乘车公益任务，启动“文明进公交”活动；更换20台大型公交车，替换原有的2路公交车上线营运；开通潜江公交总站(潜江汽车客运站)至火车站的10路公交车线路，实现公交车与火车站无缝对接；适时调整4路和10路公交车线路、营运时间、发车班次和车辆配备，实现公交车与火车站同步运行。完成货物吞吐量80.1万吨，占年计划的114%，与2011年相比增长15.5%；拆解3艘老旧运输船舶，更换柴油主机4台，安装营运船舶油水分离器，增强了水上运输能力。

行业管理。实行行业内部信息共享，建立路政、养护协调联动的路面动态监控管理机制；争取政府支持，发布《关于加强公路路政管理的通告》，修订公路两侧建筑控制区标准；开展路面巡查执法，办理行政处罚案件9起、行政许可3件、路政赔偿案件12起，查处率、结案率100%；累计下达《责令改正交通违法行为通知书》465份，制止违章建筑9起，拆除违章建筑15处328平方米，清理枯死树木185棵，清除公路堆积物518处3923平方米、非公路标志牌136块、横幅标语

1921条；配合道路运输、工商、公安等部门开展源头治超活动，检测车辆20444台，查处超限超载车辆6675台，卸载货物1571.3吨，收取路产损失赔(补)偿款159万元。申报潜江至河南信阳、广华至随州2条省市际道路客运班线，开通广华至潜江火车站道路客运班线。加大路检路查、上门稽查工作，出动运政稽查人员1390人次，检查各类营运车辆7332台次，查处各类违规行为为500起，其中客运班车不按规定线路行驶80起，不按批准的站点停靠221起，倒卖出租车客运经营权67辆次，无《从业资格证》驾驶营运车辆158起，无证经营"黑车"25辆，擅自改装并取得道路运输证的车辆135起，不按期维护检测车辆98起，其他违规经营行为101辆次。联合公安、客管等部门开展出租车市场专项整治活动，纠正各类违章100余起，查扣"黑的"12辆；做好出租车第五轮经营权有偿出让工作，《潜江市城区出租汽车第五轮经营权有偿出让实施方案》通过省级评审，召开第五轮出租车有偿出让续标会，有3家出租车企业中标，已签订经营合同。组织54家汽车维修企业，开展潜江市第二届汽车维护技能比武活动；抓好驾培管理工作，开展驾培清理整顿，4所驾校255台大中型客货教练车已安装计算机计时管理系统，运行状态良好。坚持采取日常管理和集中整治相结合，定点执勤和巡逻纠违相结合的模式，严厉打击"黑麻木"、"摩的"和利用三轮车从事非法营运的行为，查处利用三轮车从事非法营运的车辆100余台次，从事危货物品运输车辆20余台次，"黑麻木"20余台次，"摩的"10余台，非法改型货运三轮车辆100余台次，整改非法改型货运三轮车辆100余台次；对城区占道经营和机动车违章停靠行为进行专项整治，查处城区出店占道经营20余起，机动车违章停靠行为80余起；打击非法违法收取停车费的行为，查处收费不给票的违规现象10余起，非法违法收取停车费的行为10余起；加大公交设施保护，定期检查、清理、清洗公交候车亭、广告牌、售报亭等公共设施，查处公交亭及售报亭"牛皮癣"20余处，清洗公交站棚89处，清理公交站点堆放物品、乱搭乱建等违章行为30余起。深入开展"打非治违"、"乡镇渡口渡船"、"河道采砂管理"、"隐患排查"等专项整治活动，加大监督检查和隐患排查治理力度，加强船舶船员管理，开展执法检查行动36次，出动执法车辆60台(次)、巡航船艇30艘(次)、执法人员70人(次)深入港口、渡口、码头、船头进行现场监管。

安全生产。大力实施"四大"安全工程，狠抓安全教育和隐患排查治理，强化应急演练，加强灾害预警，全面提高安全应急能力和安全生产管理水平，全年未发生一起道路、水路交通运输安全生产责任事故。以深化"平安水域"创建活动为抓手，以"四客一危"为重点，强化水上交通安全专项整治，严厉打击"三无"船舶、非法载客、人车混渡、超载等违法行为；开展渡口、渡船隐患排查治理和船舶检验质量专项检查，排查水运企业11家，渡口50处，排查隐患113处，下达隐患整改通知书45份，改造39处渡口，拆解老旧渡船3艘，整改率94%。加大对重点水域、重点时段、重点船舶的视频监控力度，取缔2处非法渡口，配备60余套救生设备，对兴隆水利枢纽工程施工水域实施24小时现场监管。督促落实运输企业主体责任，将责任落实情况与服务质量信誉考核挂钩；大力开展旅游包车客运专项整治行动，认真履行"三关一监督"职责；加强客运站营运秩序日常巡查，继续推进以"进站场、除隐患、达标准"为主题的客运站安全隐患专项整治行动，责令现场整改3起，限期整改3起；完善"两客一危"车辆GPS管理系统，实行24小时监控，监控面达到100%。加强路政执法、车辆超限和集镇路段整治，开展打非治违专项行动，加大对公路沿线特别是公路用地非交通标志标牌、违法建筑物整治力度，确保公路畅通；对318国道东荆河大桥等国省干线桥梁和农村公路桥梁进行安全监控，确保运行安全。建立质量终身责任制，健全完善质量保证体系，抓好信用评价体系建设，严格执行"黑名单"制度，坚持每月开展一次在建工程质量巡查、每季度开展一次质量数据抽查和现场安全检查活动，对每个项目进行履约情况复查，全面提升交通建设工程质量安全。

廉政建设。以"学创建"活动为载体，践行湖北交通"一线工作法"，"强基固本六位一体"党建工作法和"廉政阳光六同长效"工作法，以建设有交通运输行业特色的惩防体系为主线，统筹开展教育、制度、监督、纠风、惩防等各项工作。组织党员领导干部进行专题学习讨论5次，学习党风廉政建设有关文件4次，观看《忠诚与背叛》、《人生的败笔》等党风廉政教育影片，制作党风廉政教育宣传展牌23块，办简报4期；全面启动民主评议政风行风工作，加强交通运输系统作风建设；巩固"三乱"治理成果；深化"廉政交通"主题教育；完善廉政党风预警防控体系；深入开展交通基础设施建设领域突出问题专项治理；抓好建设、许可、管理三大领域和干部、工程、财务三大群体的廉政监督；着力解决反腐倡廉、治庸问责和政风行风建设中群众反映强烈的突出问题，取得较好的社会效果，确保了全年无重大危机、违规、违法问题发生。

文明建设。"三万"活动工作纵深推进，为联系点竹根滩镇永林村、九村村疏挖沟渠，解决帮扶资金2万元，对通组公路地基进行处理，结束了永林村村民逢雨必穿长胶鞋的历史。深入开展"九个一"活动，即评选表彰一批先进基层党组织、优秀党务工作者、优秀共产党员和纳新党员；邀请知深学者或专家给机关党员和"双联双促"联系点的党员集中上一次党课；组织一次股级以上党员干部赴广华监狱实地接受警示教育；组织一批党员开展"红色之旅"接受传统教育；组织老党员、老干部参观一次兴建的交通重点工程项目；调整设置一批交通运输窗口服务单位"共产党员示范岗"；向交通基层党组织和农民工党员发放一批保持党的纯洁性学习教育读本；组织百名党员干部职工参加一次义务献血活动；举办一次交通运输行业党建专题理论研讨交流会。通过系列活动，吸纳新党员6名，162名干部职工义务献血，走访慰问困难党员、群众32人。潜江市交通运输局荣获全省交通运输系统先进集体、全省交通运输安全应急管理工作目标考核先进单位，潜江市公路局被授予全省交通运输系统先进集体，潜江市农村公路养护中心直属养护工区被授予全国模范道班；潜江市物流发展局被授予现代物流推动城市发展特别贡献奖。

（梁勇）

神农架林区交通运输

【概况】 完成交通基础设施建设投资19526万元（省目标12205万元），超额完成目标任务。其中：完成站场建设投资82万元，占省下达计划943万元的8.69%。

保神高速前期工作加紧推进。工可报告通过专家咨询。矿压、地灾、文保、水保、地震专题获批，环评通过审查，待批复。用地预审报告编制启动；林业、选址、节能等要件启动。招标代理机构遴选工作启动；设计工作启动。已与省交投公司、襄樊市交通运输局沟通对接，力争早日签订投资协议。

大界岭至下谷公路工可获省发改委批复，进行初设工作。大界岭至九湖公路工可上报省发改委，水保、土地、矿压、地灾等专题获批。环评基本编制完成。九湖湿地功能区调整通过评审，待批复。酒壶坪至大界岭公路工可报告通过评审。盘宋线项目工可及环评、水保、林业、土地等专题通过评审，上报省交通运输厅、省发改委待审批。机场公路路面及大桥工程累计完成投资2.1亿元。路基工程完工，路面工程完成路面下面层，大桥加紧实施。杜阳线新建工程因矿山压覆补偿问题协调未果，未开工。开展植被恢复，购草粒8吨，完成树苗补植10万株。累计完成投资4500万元。完成木酒线公路改造14.45公里、S307白茨线盘八段公路大修9.5公里、三堆河和茨芥坪公路服务区建设、农村公路101公里、木鱼客运站建设。大九湖旅游客运站工可通过评审。完成前期投资730万元。阳日物流中心建设项目土地征用、拆迁及“三通一平”、“三杆转移”工作基本到位。

全区通车里程1478.78公里，国道100.77公里、省道57.96公里、县道132.59公里、乡道395.68公里、专用公路27.99公里、村道是763.79公里。等级公路达1397.45公里，等级公路比重为94.5%，其中二级公路179.19公里、三四级公路1218.26公里，公路密度达45.46公里/百平方公里。有货运站1个，客运站100个（其中二级站1个，三级站2个，四级站4个，五级站7个，候车亭、招呼站72个）。

公路养护。完成全部列养路段沿线设施、标志标牌的维护和修复及绿化工作；完成列养路段路面病害修补和坑槽修补；完成公路水毁修复；购置了养护督查车、铲雪车，实行每月专人专班定时督查，每月进行考核、评比和奖惩。养护工作在全省公路养护考核中获第四名。全年投入养护资金410万元，清除水毁坍方48处5.34万立方米；修复冲毁路基5处1550立方米，修复涵洞3道，修复油路面2200平方米，新建挡土墙6处1680立方米。投资170万元对209国道生态环境进行修复建设，重点对公路沿线岩石裸露地段和地质灾害地段、隧道出口进行绿化和治理。投资140万元完成神宜路10公里水毁路面的修复工程。投资20万元完成红旗岩观景台及停车场建设。公路环境继续保持“畅洁绿美”。

路政管理。维修改造路政执法大厅，举行换装受训仪式。新增执法车、移动电子磅。及时清除违章占道，拆除非法建筑标志及违章建筑，严厉查处超限运输，路政案件查处率、结案率、索赔率均达100%，全年上路巡查1200余人次，清除路障180余处，纠正各类路政违章259件。严格控制公路两侧建筑红线15件，处理损坏路产赔偿案8件，收取赔偿费70230元。检测运输车辆1742余台次，处理超限车辆32台次，卸转货物27.8吨。

运政管理。提请政府出台《神农架林区农村道路旅客运输管理暂行办法》，按照“四统一”的原则积极引

林区生态公路建设

导个体运输经营者投入农村客运。圆满完成春运、春节等节假日期间道路运输保障任务。"宜昌—神农架—武当山"专线旅游客运线路正式开通，实行木鱼—宜昌—武当山循环发班。开通松柏城区环线公路公交车事宜，委托武汉交通科学研究所编制完成详细规划，待政府讨论通过后着手实施。新增省际班线2条(神农架—西安，神农架—巫山)。积极争取旅游班线，神农架—郑州、神农架—张家界线路和神农架—峡口、平溪码头旅游客运专线纳入规划，进入申报阶段。组织出租车驾驶员进行交通安全、旅游知识、应急救援、普通话等培训，出租车市场秩序不断规范，见义勇为好的哥别发兵获得省表彰。木鱼三级客运站开业，木鱼片区客运市场秩序进一步规范。对原有3家驾培企业进行资质审核、整合资源，投资约1650万元合并成立兼顾考场和驾校功能的神农架林区机动车驾驶培训学校，已获审批。积极向省交通运输厅争取燃油税补贴政策，农村客运车辆燃油补贴由原来的53万元增加到176万元，认真修订完善燃油费补贴制度，解决农村客运后劲不足问题。严厉打击各类非法运输行为，运输市场秩序进一步好转。全年举办从业资格、继续教育等各类培训22期386人次。上路稽查3119人次，查处非法营运车辆257台，暂扣车辆109台，罚款38万元。

林区政府举债为农村公路买保险

安全管理。组织对运输企业、客运站点、维修厂家、施工项目进行安全检查，结合林区特点重点检查施工建设的采石场、工棚、炸材、防火安全，并对临水、临崖、高边坡、危岩体等危险路段进行排查。全年对区内的国省道干线公路、施工工地检查128人次，下达隐患整改通知书2份，整改率100%。上路对营运车辆进行安全检查312余人次，对运输企业开展安全隐患排查63次，排查一般安全隐患16起，整改率100%。6月在林区宋洛乡召开农村公路建设暨安保工程建设现场办公会，督办建设质量和安全工作，动员全区社会各界投入安保建设，同时，积极发挥交通部门职能作用，组织对全区8个乡镇的安保工程建设情况进行督查，无一起安全责任事故发生。

质量管理。对发现的质量问题及时下达整改通知书，督促整改，限时返工，追究责任。全年监督项目48个，重点工程项目6个、农村公路41个、龙降坪公路1个。组织材料检查3次，组织综合督察3次，专项检查15次，下发通报4份，下发抽查意见通知书15份，返工不合格路面基层300米，挡土墙2处。组织交工检测4次，对各项目隐患排查及隐患落实整改率达到100%。各分项分部质量合格率达100%。

廉政建设。"喜迎十八大，争创新业绩"、"三万"、"联、转、促"活动有序推进。十种形式查找问题行评工作做到了"规定动作一个不少，自选动作亮点纷呈，创新动作突出特色"。扎实开展工程建设中挂靠借用资质投标违规出借资质问题专项清理和工程建设领域项目信息公开和诚信体系建设工作。继续开展交通建设领域突出问题专项治理工作，深入公路施工现场检查有无违纪违规现象。继续实行施工、审计、监察、安监"四支队伍"同时进场。做到提前介入，全程监督，确保"安全交通"，未发生一起违纪违规事件。

(神农架林区交通运输局)

交通运输发展战略研究及前期工作

【交通促进政策研究】 争取省政府出台《关于促进全省普通公路持续健康发展的意见》，明确中央补助我省成品油价格和税费改革转移支付增量资金、中央补助我省取消政府还贷二级公路资金，在用于省级当年债务偿还计划后，全额用于普通公路发展；加大普通公路大中修养护投入，每年对不少于17%的国省道实施大中修工程。争取省政府出台化解二级公路债务方案，批准以燃油税资金为还款来源、以省交通运输厅为融资主体建立新的普通公路融资平台，国开行明确“十二五”期普通公路120亿元信贷规模。争取省政府修订了《湖北省水利建设资金筹措与管理办法》，缩减交通运输领域水利基金征收范围，降低征收基数和征收比例，最大限度保障交通运输自身发展。争取省政府出台《关于加强全省农村公路交通安全工作的意见》，专题召开了全省农村公路交通安全工作会，组织开展了全省农村公路交通安全保障设施建设大会战，出台了农村公路安保设施建设资金管理办法，农村公路安保设施建设和危桥改造资金投入大幅增加。

（法规处）

【综合交通运输试验区研究】 围绕打牢发展大底盘、建设祖国立交桥，调研起草了《关于设立国家长江中游四省综合交通运输示范区可行性分析研究报告》和规划思路；会同国务院研究室向国家领导人和国家有关部门报送《关于设立国家长江中游四省综合交通运输示范区的意见和建议》并获得国务院领导批复；多次召开长江中游四省综合交通运输示范区建设会商会、推进会，签订省际重点项目合作协议，在综合交通体系建设、重大关联项目、重点领域、信息技术等方面协调对接，通力合作打通省际高速公路“断头路”、消除长江流域“肠硬阴”等方面取得明显成效;争取湖北、湖南、江西、安徽四省人民政府同意共同向国务院报送《关于设立国家长江中游四省综合交通运输示范区的请示》，该课题研究荣获省委优秀调研成果二等奖。

（法规处）

【物流枢纽研究】 省政府出台《关于进一步加快推进全省交通物流业发展意见》，省交通运输厅拟定《交通物流基础设施投资补助项目管理办法(试行)》。武汉、襄阳、荆州、黄石、随州等20个市、县政府成立物流发展工作领导小组，并将办公室设在物流发展局。武汉、襄阳等8个市、县政府出台促进物流发展的指导意见。武汉市成功举办第九届国际物流节，进一步助推了武汉国家物流中心建设。成立了湖北省道路运输与物流协会，建立物流园区联系制度，一批物流企业(园区)被列入交通运输部重点联系企业。积极推进农村物流发展，开展试点示范，以农村综合运输服务站为基础，初步形成引进物流企业改造经营、多部门资源共享、交邮共建、招商引资、交农对接等各具特色的农村物流发展模式。湖北省交通物流机构推进农村物流发展的经验和做法受到各大媒体高度关注，《湖北日报》、《农村新报》、《中国交通报》分别进行专题报道。黄冈罗田九资河五级客运站“以站带商、以商补站”的发展模式，得到交通运输部李盛霖部长的充分肯定。农村综合运输服务站改扩建，已开工31个、竣工23个。

（彭刚）

【交通规划管理】 全省省道网规划正式颁布实施，该规划提出了未来20年全省高速公路网和普通省道网布局方案；集中连片特困地区交通扶贫规划工作全面完成，通过扶贫规划的编制，我省大别山、秦巴山、武陵山三个片区26个贫困县共争取到交通运输部新增补助投资规模约50亿元，平均每个县1.92亿元，高于全国平均水平；《湖北省清江流域交通专项规划》、《湖北省内河航运发展规划(2011 ~ 2030年)》、《武汉长江中游航运中心发展规划纲要》、《荆州港总体规划》、《恩施港总体规划》等编制工作深入推进。交通规划衔接工作成效显著，在《国家公路网规划》中，我省新增线路里程位居中部六省前列，在《长江干流桥梁(隧道)建设规划(2012年修编)》中，我省共有43座过江通道纳入规划方案，所有新增公路过江通道全部纳入国家规划，其中新增过江通道18座，在沿长江七省二市中位居第二。交通规划管理创新步伐加快。省厅组织相关部门起草了《湖北省公路水路交通规划管理办法》，以进一步提升全省交通规划管理水平。对于重大交通规划，提前开展了对规划工作大纲的审查工作，确保规划工作高效推进。同时进一步规范了交通规划的咨询审查工作，对于规划编制单位落实专家组意见等方面提出了更高的要求。

（王成）

【规划编制】 《建设祖国立交桥综合交通规划》。为贯彻落实“建设祖国立交桥”发展战略，全面提升湖北综合交通枢纽地位，省厅要求编制《建设祖国立交桥综合交通规划》。根据安排，于2012年12月初，启动规划编制工作，认真学习研究了交通运输部《关于推进综合运输体系建设的指导意见》、《湖北省“十二五”综合交通发展规划》和湖北省“十二五”公路水路、铁路、民航、邮政等规划的基本思路和发展重点，经过大纲编制与审定，征求厅相关处室及各业务局意见，深化完善等阶段，于12月底形成初稿。

《湖北省集中连片特困地区特色公路规划》。为贯彻落实中央扶贫开发会议精神和《中国农村扶贫开发纲要(2011 ~ 2020)》，交通运输部于2012年3月提出了连片特困地区交通扶贫战略，并于7月25日印发了扶贫规划。为提高资金利用率，加快全省四个连片特困地区交通发展，根据省交通运输厅工作安排，于8月底启动规划编制工作，规划借鉴了大别山红色旅游公路的建设经验，以省“十二五”交通规划(含省公路局)、省道网调整方案等为前提，经过了成立专班、专题研讨、征求意见等多个环节，于12月中旬完成并上报。12月26日省厅以鄂交综〔2012〕889号文件发布了规划文本。

《清江流域旅游开发交通规划》。根据省委省政府指示精神和省厅工作安排，完成了《清江流域旅游开发交通规划》(征求意见稿)。1月接到编制任务后，迅速成立规划专班，拟定工作大纲，明确时间要求，落实工作责任。室领导带队先后两次赴宜昌、恩施相关地区听取地方意见并开展实地调研，充分掌握清江流域经济社会及旅游发展对交通的需求；多次召开内部研讨会，讨论规划的具体思路和发展重点；多次征求了省公路局、运管局、港航局等各厅直业务局及其他部门对规划的意见和建议，于6月中旬完成了规划初稿，随后根据总规单位的意见对规划进行了不断完善。规划重点考虑了清江流域景区的可进入性、安全保障能力、低碳绿色发展及服务水平等四个方面，对流域旅游发展具有重要推动作用。

《荆州综合交通规划(2011～2020)》。为深入实施“两圈一带”战略，加快构建中部地区崛起的重要战略支点，省委省政府做出了“壮腰工程”的决定，根据安排，承担了《荆州市综合交通规划(2010～2020)》的编制工作。为全面掌握荆州市综合交通发展现状和需求，切实提高规划的可操作性，3月初与荆州市交通运输局共同组成编制组，分别负责宏观方向的把握和具体项目库的建立，双方经过近三个月的通力合作，广泛征求行业专家和主管单位领导的意见，在较短时间内完成了编制任务，并经由荆州市交通运输局送呈荆州市人民政府。规划在2010年编制的《荆州市综合交通规划》基础上，着眼新形势、新问题，以发挥优势、弥补短板为重点，提出了“五大目标、四大重点”的基本框架。

（厅规划室）

【专项研究】 战略性课题研究。按照省委省政府和交通运输部的对湖北交通的定位，省厅将“打牢发展大底盘，建设祖国立交桥”作为新时期交通发展新战略，并下发了专题调研通知，要求全系统从5月至9月开展调研活动。根据安排，承担“打牢发展大底盘，建设祖国立交桥”战略研究的部分章节，开展“三峡综合交通运输物流枢纽建设方案研究”，完成“富强湖北”之交通专题等，室克服人少事多的不利局面，实行领导负责制，任务落实到人头，工期安排到天数，在规定时间内完成了调研报告。这些报告全面分析了交通发展存在的问题，认真研究了国家及省的发展战略，科学研判面临形势，综合比较外省情况，提出了解决湖北交通发展若干矛盾的具体措施。

前瞻性课题研究。为更好地服务交通规划编制工作，加大规划的理论支撑力度，结合交通发展新形势新要求，提出并完成了三项前瞻性课题。一是完成了《湖北省城乡公路客运一体化研究》和《交通规划模型建设及应用研究》两项跨年课题的修改完善和结题评审工作；二是基于当前水运蓬勃发展，港口集疏运体系建设需求迫切的现实情况，提出了《湖北省疏港公路建设研究》课题，通过招标方式选定联合攻关单位，双方各自成立研究小组，共同完成对全省主要、重要港口及其集疏运通道的摸底调研工作，预测未来十年吞吐量，科学配置疏港道路的规模和等级。截至12月底，该课题已完成初稿，并组织各市州进行了项目对接。 （厅规划室）

交通建设前期工作

【重点工程】 牢固树立“前期就是投资、前期就是发展”的理念，以“决战攻坚”的精神状态，重点加强对交通重点项目前期工作的指导、服务、督查与协调，全省交通重点工程前期工作的质量与效率得到全面提升。一是高速公路，2012年，全省新开工宜张高速当阳至枝江段、宜张高速宜都至五峰(渔洋关)段、岳宜高速宜昌段、二广高速荆州东岳庙至卷桥段、城市圈环线高速公路洪湖段、城市圈环线高速公路咸宁西段、武深高速武汉段、武汉市四环线南段等高速公路项目8个，合计231公里。所有2012年新开工项目工可报告(或申请报告)均已获批复(或核准)；所有项目初测初勘均通过外业验收，初步设计均已完成并通过专家审查，其中宜张高速当阳至枝江段、二广高速荆州东岳庙至卷桥段、武深高速武汉段等3个项目合计76公里高速公路初步设计已获得批复，其他5个项目合计155公里高速公路项目初步设计预计一季度可获批复，均具备或基本具备实质性启动实施的前期工作条件。此外，十堰环库公路、恩施城区至汾水河公路等78个一二级公路新改建项目完成开工准备。二是港航重点项目，23个总投资101亿元的“十二五”规划重点项目分两批开工，实现了“十二五”规划水运重点项目全部开工的目标。三是客货运枢纽项目，34个总投资127亿元重点项目分三批开工。

（王成）

【站场物流】 开展“站场项目推进大行动”。印发“全省运管物流系统站场项目推进大行动实施方案”的通知，成立了由局主要领导为组长、其他班子成员为副组长的领导小组。明确了活动的指导思想、主要目标和工作措施。相继开展了系列推进行动，建立了站场建设投资进度月度通报制，增加了重点项目的联系调度和督导频次，省运管物流局两次集中对项目建设进行检查督办。各市州也加强了前期工作的组织领导、强化了前期工作督办，并以厅市共建协议、省市会议纪要等为契机，加强与地方政府、规划、国土、环保等部门的沟通协调，加快项目规划、土地、环评等专题要件的落实。

开展站场项目集中启动开工活动。

在建的引江济汉船闸

省运管物流局分别于4月12日在荆州集中开工启动荆州郢城客运枢纽站等10个项目，8月10日在荆门集中开工杨家桥物流中心等14个项目，12月3日在武汉集中开工启动10个项目。全年集中开工启动站场项目达到34个，投资总规模达127亿。全省站场建设形成你追我赶、抢前争先，加快项目前期工作，尽早开工建设的氛围。

坚持季度调度会制度。先后三次组织调度会。通过调度会宣贯部、厅会议精神，通报建设进度，交流工作经验，整改突出问题，明确阶段目标，研究部署工作。

开展站场建设人员业务知识培训。省局计划处人员自学、自编、自主授课，对市州运管物流计划、建设人员就项目前期工作、工可研究编制、资金申请报告编制等进行培训。组织开展运管物流项目规划建设相关知识培训两次。

建立站场建设项目前期工作月度简报制度。省局对纳入十二五规划的235个客货运(物流)站场建设项目，每月进行进度通报，在运管物流系统形成比进度、促进度的氛围。将重点站场枢纽项目纳入省厅重点项目前期工作简报，提高了客货运(物流)建设项目的关注度。

开展项目遴选咨询活动。8月12日，请交通运输部规划院、交科院专家就项目符合性进行咨询评估，增强推进前期工作的针对性，有效性。共咨询审查客运枢纽和物流园区项目16个，为下一步争取交通运输部支持奠定了基础。

各级站场建设管理人员加强项目跟踪、主动询问项目进展和提供指导服务，及时组织专家开展项目工可与设计审查，合理交叉工作程序，加快前期工作进度。　（朱燕）

【港航工程】　全年完成建设投资63.2亿元，同比增长24%，为年度目标的140%，占“十二五”总投资规模的28%，再创历史新高。2012年全年新开工项目23个，在建规模达到252亿元，占“十二五”总投资规模的140%，是建国60年湖北水运建设总投资(130.1亿元)的1.93倍。年度投资和在建规模均创历史新高。

通过和交通运输部规划司沟通，全省有20个项目(其中港口14个、航道6个)纳入部“十二五”期补助计划，总投资160亿元。其中续建项目5个，新开工项目13个，“十二五”期拟开工项目2个。交通运输部对续建项目的补助资金已承诺。省港航局根据《湖北省长江港航建设专项资金管理办法》和项目前期工作进展情况对水运发展专项资金提出初步安排方案，积极向省交通运输厅、财政厅上报2012年水运建设专项资金的申报，经省政府审查通过后已将专项资金安排计划下发。

前期工作更加深入，53个项目取得进展。全年工作目标是确保10个项目开工建设。围绕这个目标，各地加大前期工作力度，有53个项目取得前期工作进展。其中全年共新开工项目23个，在建规模达到252亿元。

2012年，除开工项目外，还有30个项目取得前期工作进展。分别是：

1. 初设已批复项目4个：汉江海事搜救中心、宜昌港兴山港区平邑口作业区码头建设工程、湖北星丰金属资源有限公司废金属加工项目码头、钟祥港石牌综合码头一期工程。

2. 工可批复(核准)项目3个：团风港区罗霍洲作业区一期码头工程、汉北河新沟二线船闸工程、国电汉川电厂三期散货码头工程(初设已审查待批)。

3. 备案项目3个：宜昌港主城港区临江坪作业区综合码头、浠水县散花港区回风矶作业区货运码头、浠水县散花港区车站村作业区防汛货运码头。

4. 通过工可审查待批(核准)项目8个：宜昌港长江三峡枢纽旅客翻坝转运中心码头工程、武汉新港张家湾港区黄冈祥宏物流综合码头、黄梅小池港区综合码头1#2#泊位工程、黄梅港刘佐港区龙感湖费湾综合码头工程、鄂州港五丈港区鄂州建华管桩码头、丹江坝下丹江口港陈家港港区物流园码头工程、郧县长岭旅游码头工程、武汉新港白浒山物流园区左岭作业区煤码头工程。

5. 项目建议书批复项目1个：汉江雅口航运枢纽工程。

6. 工可已编制完成待审查(核准)项目11个：宜昌港枝江港区姚家港作业区综合码头、荆州港柳林港区综合码头工程、武汉新港唐家渡港区中粮码头工程、蕲春县扎营港龙全建材有限公司综合码头、武穴市江昌建材贸易码头、武穴市马口工业园综合码头、武汉新港唐家渡港区钟家湾综合码头、武汉新港唐家渡港区锦江综合码头、蕲河航道工程、黄石港阳新港区富池作业区综合码头工程、襄阳新港唐白河港区综合码头一期工程。

岸线管理更加规范，岸线资源更加高效使用。为进一步加强岸线管理，省局积极与省政府沟通力度，力促《关于进一步加强湖北省长江、汉江岸线管理的若干意见》出台。紧紧围绕省政府几次专题会议纪要精神，在参考有关法律法规基础上，借鉴浙江、福建、安徽、上海等其他省市的先进做法，对岸线管理进行系统研究，进一步明确湖北省岸线管理重点和难点，编制完善《关于进一步加强湖北省长江、汉江岸线管理的若干意见》(以下简称《若干意见》)初稿，在征求相关部门意见后已报省政府，取得阶段性成果。此外还按照省人民政府关于湖北长江段和汉江沿线岸线资源管理的有关要求，结合省2012年计划开工的港航建设项目，实行"双指标"(每延米岸线投资强度、每延米岸线港口吞吐能力)严格控制，经征求发改委、水利厅等相关成员单位意见，黄石港棋盘洲港区二期工程等80多个港口项目获得省政府同意开展前期工作。这些港口项目，长、汉江每延米岸线投资强度比"十一五"期提高38%；港口吞吐能力比"十一五"期提高150%，确保岸线资源合理高效使用。省局还通过在岸线管理中推广使用岸线评估报告范本，促进岸线有序报批，全年共28个岸线通过岸线评估，15个项目岸线已上报交通运输部，5个项目获得交通部的岸线批复。

组织专班，科学编制发展规划。2012年，省局组织专班完成湖北省内河航运发展规划(修编本)和武汉长江中游航运中心发展规划》上报审查工作。《湖北省内河航运发展规划》(修订稿)已通过省交通运输厅组织的审查，进行修编后，将湖北省内河航运发展规划(修编本)上报省厅，请求报省政府审批。加大与部规划院的沟通力度，全面启动《武汉长江中游航运中心发展规划》的修编、报批等工作，该报告已全面完成，拟报省交通运输厅组织审查。启动汉江不衔接段的研究工作，力促其2013年完成前期工作。为贯彻落实中国农村扶贫开发纲要，准确把握集中连片特困区的交通发展情况，省厅组织编制湖北武陵山、秦巴山、大别山、幕阜山等片区的交通扶贫规划，省局全力协助省厅完成水运部分相关工作。完成《三峡后续工作中游港口影响处理实施规划(2011 ~ 2014年)。

强化效率，保质保量完成工作目标。

1. 前期工作全面提速。年初，省局就全面部署"重大项目建设年"活动并启动"双优杯"劳动竞赛。按照省委、省政府关于开展"喜迎十八大、争创新业绩"主题实践活动总体安排部署，为组织开展好"重大项目建设年"活动，顺利实现省厅"服务提升年"的各项工作目标和任务，组织召开四次调度会。调度会上省局还与各市州签订港航建设目标责任书。通过调度会，对年内确保和力争开工的重大建设项目进行调度，进一步细化工作任务，落实到责任领导、责任人，全力推进水运建设，促进前期工作提速。

2. 做好人大议案、政协提案的答复工作。2012年召开"十八大"，许多人大、政协代表对湖北水运发展提出好的建议。省局结合实际，根据规划保质保量做好人大议案、政协提案答复工作，以优质服务促进水运事业跨越式发展，以优异成绩喜迎党的"十八大"召开。

3. 组织召开2012年水路交通统培训班。在恩施召开2012年水路交通统培训班，来自各市(州)交通、港航和长航凤凰有限公司、武汉、宜昌港口集团等单位的统计负责人、统计人员100多人参加培训。交通运输部综合规划司交科院交通信息中心专家为学员授课。使各市州、县港航管理部门和项目业主进一步明确统计工作程序和要点，掌握工作技巧，学习先进经验，为高效工作打下良好基础。

2012年，全省"十二五"港航规划项目中，23个港航项目基本完成前期工作，基本情况如下：

1. 阳逻港区三作业区一期起步阶段集装箱码头工程。建设规模为建设4个5000吨级江海船泊位，年设计通过能力为74万标箱，工程估算投资21.79亿元。

2. 黄石港棋盘洲港区二期工程。建设规模为新建8个5000吨级泊位(2个粮食泊位、3个多用途泊位、1个散货泊位、2个件杂货泊位，水工结构按满足高水位靠泊10000吨级船舶设计)，年设计通过能力为811万吨，工程总投资为10.72亿元。

3. 宜昌港宜都港区红花套作业区综合码头工程。建设规模为新建3000吨级多用途泊位1个、3000吨级件杂货泊位2个(水工结构均按靠泊5000吨级船设计)和800车位的商品车滚装泊位1个，年设计通过能力为166万吨(含集装箱9.8万TEU)、商品车16万辆，工程总投资为48211.24万元。

4. 武汉新港唐家渡港区临港新城综合码头工程。建设规模为新建2个5000吨级件杂泊位，2个5000吨级散货泊位，年设计通过能力件杂货87.6万吨和散货389.6万吨，工程总投资为59396.89万元。

5. 荆州港观音寺港区江陵石化码头工程。建设规模为新建3000吨级液体化工及油品泊位5个(其中5号泊位兼靠5000吨级油船)，年设计通过能力为355万吨，工程总投资为83974.29万元。

6. 荆门市沙洋港中心港区一期综合码头工程。建设规模为新建1000吨级货船的散货泊位4个，年设计通过能力为散货460万吨；新建停靠1000吨级货船的件杂泊位2个，年设计通过能力为件杂货52.6万吨，工程总投资为45794.39万元。

7. 武汉新港纱帽港区大咀综合码头工程。建设规模为新建3000吨级散杂货综合泊位6个，其中件杂货泊位2个，散货泊位4个。设计年通过能力总计为900万吨，工程总投资为61356.86万元。

8. 武汉新港纱帽港区和润物流公用码头工程。建设规模为新建3000吨级泊位5个。年设计通过能力为430

万吨。工程总投资为41429万元。

9. 宜昌港主城港区古老背作业区海汇综合码头一期工程。建设规模为新建3000吨级件杂泊位4个，年设计通过能力为200万吨，工程总投资为32859.83万元。

10. 荆州港江陵宝莲综合码头一期工程。建设规模为新建2个3000吨级件杂泊位（水工结构按靠泊5000吨级船设计）、2个3000吨级散货泊位，件杂货、散货年设计通过能力分别为70万吨、150万吨，工程总投资为30700万元。

11. 郧县牛头岭物流园区码头工程。建设规模为新建停靠500吨级货船的件杂货泊位1个，新建停靠300客位客船的客运泊位1个，年设计通过能力分别为25.7万吨，客运22.3万人次。工程总投资为4982.6万元。

12. 郧西县天河口综合码头工程。建设规模为新建3个泊位，包括1个停靠100客位客船的客位泊位和2个停靠500t级货船的货运泊位(1个件杂货、1个散货)，年设计通过能力分别为23.4万人次，58.2万吨，工程总投资为4857.02万元。

13. 郧阳岛旅游专用码头工程。建设规模为新建停靠100客位的旅游船泊位11个，停靠300客位的旅游船泊位1个，设计年旅客吞吐量19万人次，工程总投资4000万元。

14. 南水北调中线一期工程汉江中下游局部航道整治工程。建设规模为丹江口至襄樊段按Ⅳ(3)级航道标准、襄樊至汉川段Ⅳ(2)级航道标准总整治里程547公里，投资概算为4.61亿元。

15. 宜昌港主城港区白洋作业区一期工程。建设规模为新建3000吨级（水工结构按靠泊5000吨级设计）泊位6个，设计通过能力373.2万吨/年，总投资8.19亿元。

16. 宜昌港客运码头改扩建工程。建设规模为改扩建320客位豪华游轮泊位1个(1号泊位)、200客位普通游轮泊位1个(2号泊位)、350客位客轮泊位1个(3号泊位)，旅客年吞吐量为70万人次/年，总投资9361.5万元。

17. 州港柳林港区煤炭储运码头工程。建设规模为新建3000吨级（水工结构按靠泊5000吨级设计）散货泊位2个，年设计吞吐量为196万吨，总投资为2.1亿元。

18. 国电沙市煤炭储配中心码头改扩建工程。建设规模为新建2个3000吨级散货泊位，年设计吞吐量为310万吨，工程总投资为3.43亿元。

19. 武汉新港唐家渡港区禹杰综合码头工程。建设规模为新建停靠5000t级货船散货泊位2个，年设计吞吐能力为散货360万吨；新建停靠5000t级货船直立式件杂泊位1个，年设计吞吐能力为件杂货进出61.5万吨，总投资为3.07亿元。

20. 武汉新港沌口滚装码头一期工程贯彻国防要求工程。建设规模为改建1500吨级滚装泊位1个及相应的配套设施以贯彻国防要求。贯彻国防要求通过能力1200辆/天，工程总投资3869万元。

21. 武汉新港金口港区重件多用途码头工程贯彻国防要求工程。建设规模为改建1个3000吨级泊位及相应的配套设施以贯彻国防要求。贯彻国防要求通过能力8862吨/天，工程总投资4755万元。

22. 荆门市钟祥港石牌综合码头工程。建设规模为新建停靠1000t级货船的件杂泊位2个，年设计吞吐量为63万吨；新建停靠1000t级货船的散货泊位2个，年设计吞吐量为140万吨，工程总投资3.3亿元。

23. 十堰市武当山港区旅游客运码头工程。建设规模为新建4个泊位，停靠300客位客船，年设计客运吞吐量120万人次，总投资4962.37万元。

（叶莹）

【湖北省交通规划设计院】 湖北省交通规划设计院（以下简称“省交规院”）先后完成宜昌至张家界高速公路宜都至五峰(渔洋关)段(简称宜张南)、潜江至石首高速公路潜江至江陵段（简称潜石）、二广高速公路荆州东岳庙至卷桥段改建工程（简称二广高速东卷改建段）、岳阳至宜昌高速公路宜昌段（简称宜岳）、咸来高速以及宜昌至张家界高速公路白洋长江公路大桥（简称白洋桥）、武汉市四环线青山长江公路大桥（简称青山桥）、武穴长江公路大桥（简称武穴桥）、潜江至石首高速公路石首长江公路大桥及南北两岸接线工程（简称石首桥）和汉江雅口航运枢纽工程等十余项重点工程的预可行性研究工作；完成了宜昌至张家界高速公路当阳至枝江段(简称宜张北)、麻城至武穴高速公路、麻竹高速公路随州西段、麻城至竹溪高速公路襄阳东段、襄阳西段、棋盘洲长江公路大

12月8日至9日，湖北沪蓉西高速公路顺利通过水土保持工程设施验收

桥连接线工程、武汉城市圈环线高速公路洪湖段、武汉城市圈环线高速公路仙桃段、二广高速东卷改建段、黄鄂延长线、老河口至宜昌高速公路老河口至谷城段和湖北嘉鱼长江公路大桥南北接线工程等高速公路项目的初步设计和施工图设计。基本完成了岳宜、宜张南、潜石等高速公路项目的初步设计，并全面启动了上述项目的施工图设计。海外项目部分今年即将实施的项目文莱 kebun 大桥及接线工程勘察设计、加蓬莫安达 - 巴昆巴公路项目勘察设计。

勘察设计服务。省交规院始终坚持“以优良的质量和服务，树立负责任的企业形象;以优良的质量和服务，赢得信誉、赢得尊重、赢得市场”的质量理念，不断强化职工的质量意识、责任意识、创新意识、精品意识，狠抓过程控制，在勘察设计“精、细、美”上下功夫，勘察设计质量水平进一步提升。年初召开了质量工作专题会议，总结去年质量工作管理经验，通报设计“错、漏、碰、缺”现象并进行处罚，修订完善质量管理制度，下发了《关于加强 2012 年院质量工作的通知》，对全年的质量工作重点和目标进行了部署。召开了半年质量工作总结会和质量专题剖析会，结合具体项目自查原因，实现传统设计到理念创新、技术创新、质量创新转变。深入推进院质量优胜单位评比活动，完成了《院质量优胜单位评比办法》及相关文件的起草工作，并在全院实施。加强了设计后期服务，院领导到保宜、麻竹、汉江雅口航运枢纽等重点项目工地开展设计回访 10 余次，主动与业主沟通，及时解决业主提出的问题，不让设计影响工程建设进度，提高了后续服务水平。加大了标准化建设工作力度，成立了勘察设计标准化专班。加大了科研工作投入，鼓励和支持技术人员结合具体项目进行科技创新，对示范性的创新成果进行奖励和推广。配合省厅领导和相关部门开展农村公路安保工程建设调研工作，以我院为主编制了《农村公路安保工程建设指南》。我院勘察设计水平进一步提高，获得了广大业主和社会各界的好评。

2012 年度勘察设计荣誉主要有：

1. 湖北省科学技术厅、湖北省财政厅、湖北省国家税务局、湖北省地方税务局颁发的高新技术企业荣誉称号。

2. 国家知识产权局颁发的实用新型专利证书：①一种便于安装的斜拉索杠杆质量减振装置；②预制拼装型钢—混凝土混合梁结合部的结构；③复杂桥梁结构分析建模的设计图纸信息提取方法。

3. 优秀工程勘察设计项目名称：①湖北省三峡翻坝高速公路季家坡隧道综合勘察被评为 2012 年度湖北省优秀工程勘察设计奖一等奖；②沪蓉国道主干结湖北宜昌至恩施公路综合勘察被评为 2012 年度湖北省优秀工程勘察设计奖一等奖；③随州至岳阳高速公路京山至仙桃段工程设计被评为 2012 年度湖北省优秀工程设计二等奖;④荆岳长江公路大桥工程地质勘察被评为 2012 年度湖北省优秀工程勘察二等奖；⑤襄樊至荆州高速公路工程设计被评为 2012 年度湖北省优秀工程设计二等奖。

4. 优秀工程咨询成果：①武汉城市圈环线高速公路咸宁东段项目申请报告，荣获湖北省优秀工程咨询成果一等奖；②麻城—竹溪高速公路襄阳东段工程可行性研究报告，荣获湖北优秀工程咨询成果一等奖；③武汉城市圈环线高速公路仙桃境段工程可行性研究报告，荣获湖北省优秀工程咨询成果二等奖；④武汉城市圈环线高速公路黄石大冶段项目申请报告(含可研报告)，荣获湖北省优秀工程咨询成果二等奖；⑤麻城—竹溪高速公路大悟县境段工程可行性研究报告，荣获湖北省优秀工程咨询成果二等奖；⑥仙桃港仙桃港区综合码头工程可行性研究报告，荣获湖北省优秀工程咨询成果优秀奖。

规范管理和文化建设。坚持推进规范管理，不断探索完善管理机制，力推企业科学发展、和谐发展。一是组织召开了九届二次职工代表大会，广纳民意、群策群力，审议通过了《院长工作报告》、《财务工作报告》和《关于投资参股武汉市青山长江公路大桥建设》等议案，调动了职工参与民主管理的积极性。二是加大了对院属公司的监管力度，加强了对公司固定资产、财务、劳务用工等方面的管理，促使公司内部运行更加规范。三是根据市场形势，本着规避风险的原则，停止了工程公司施工业务，剥离公司原设计业务，成立第八勘察设计室，进一步理顺了关系，对公司人员进行合理分流安置，及时消除了影响企业和谐发展的消极因素。四是以省厅第四巡视组来院检查为契机，认真听取了整改意见，对部分突出问题，积极开展了自查自改工作。五是以武汉市地税稽查局来院税务稽查为契机，对院纳税工作进行了全面的清理和整改，规范了院内财税制度，有效地规避了风险。六是企业文化建设进一步加强，院工会、院团委发挥文化建设的引领作用，组织了一系列企业文化活动，有力地促进了企业文化建设。今年来，院企业文化建设活动有序开展，院属各生产科室召开青年职工座谈会、民主生活会，“Let's talk”英语演讲比赛，组织职工开展野外拓展训练，院各类协会活动十分活跃，乒乓球赛、篮球赛、摄影比赛等各类比赛精彩纷呈。企业文化建设加强干部职工间沟通，提高了企业凝聚力，企业和谐稳定的局面进一步巩固。

行风评议。根据厅党组统一安排和部署，省交规院积极响应省委省政府号召，认真开展行风评议工作。一是制订方案、明确目标。院专门召开党委中心组专题会议，贯彻落实上级会议精神，成立院民主评议政风行风工作领导小组，制定了《湖北省交通规划设计院开展民主评议政风行风工作的实施方案》。二是统一步伐、有序推进。院聘请了 23 名同志为院行风评议监督联络员，负责基层信息的收集和反馈，建立起良好的信息交流渠道。院党委主动向全体干部职工、项目业主和社会各界通过电话访问、问卷调查等方式广泛收集意见，查找问题，及时整改。三是结合目标、加强队伍建设。院属各支部结合行评工作召开专题民主生活会，院领导与各科室负责人、关键岗位工作人员开展了一对一廉政谈话，通过开展“五个一”活动，进一步转变工作作风，提升队伍素质。

文明创建。院党委始终坚持两个文明一起抓，以文明创建为企业发展提供精神动力和智力支持。一是深入开展了“喜迎十八大、争创新业绩”、“三抓一促”等主题活动，院党委两次召开中心组学习会议，贯彻落实上级文件精神，专题部署“喜迎十八大、争创新业绩”、“三抓一促”等主题活动，以劳动竞赛、设计汇报比赛等载体，探索转变 工作作风、提高工作效能、提升服务水平的有效手段和途径，促进跨越发展。二是院团委组织100余名青年职工赴麻城接受革命教育，与麻城市白院果镇榨树铺村开展了双联双创和结对帮扶活动。三是开展了争创“刚毅式设计团队”创建活动，以勘察设计人员为主体，在生产、经营、管理和服务中大力弘扬刚毅精神，组织和引导设计人员立足岗位、扎实工作，践行刚毅精神，提高设计服务水平，服务湖北交通发展，创一流业绩。全院共有21支团队加入争创行列。四是廉政建设常抓不懈。开展了廉政宣传月宣教活动，组织干部职工参观了武汉市女子监狱，召开了以案论廉专题研讨会、廉洁从业专题教育报告会，开展了群众性的趣味性的廉政文化综艺活动，全院干部职工思廉、守廉，营造了风清气正的干事环境。

2012年，省交规院文明创建成绩显著，院党委书记陈刚毅光荣当选党的十八大代表，詹建辉被授予“全国五一劳动奖章”，院第七勘察设计室、第五勘察设计室分别授予“全国交通系统杰出青年文明号”、“全省交通系统杰出青年文明号”称号，交通工程室武汉轨道工程项目部被省交通运输厅授予“青年文明号”称号。

（郑欢）

交通基础设施建设

【全省交通基础设施建设】 全省交通固定资产投资年度确保目标为600亿元，其中：高速公路435亿元，普通公路134亿元，港航建设42亿元，站场建设19亿元。据统计，全省交通固定资产投资全年累计完成627.83亿元，为年度目标的104.64%，同比增长12.47%，其中：高速公路完成投资336.8亿元，为年度目标的77.43%，同比增长13.14%；普通公路完成投资195.93亿元，为年度目标的188.39%，同比增长4.16%；站场建设完成投资31.93亿元，为年度目标的168.06%，同比增长47.88%；港航建设完成投资63.17亿元，为年度目标的150.4%，同比增长24.23%。

全省新增公路里程5404公里，其中新增一级公路161公里，二级公路98公里，三级公路176公里，四级公路6258公里，减少等外公路1289公里。截至2012年底，全省公路总里程达到218151公里，其中高速公路4006公里，一级公路2515公里，二级公路17233公里，三级公路12269公里，四级公路167122公里，等级公路所占比重为93.12%，二级及以上公路所占比重为10.89%。全省公路沥青混凝土路面14433公里，水泥混凝土路面141055公里，简易铺装路面21056公里，公路路面铺装率为80.93%。全省公路按行政等级分，国道6556公里，省道11413公里，县道20126公里，乡道63802公里，村道115443公里，专用公路810公里。全省公路密度达到117.35公里/百平方公里，乡镇通畅率为99.92%，行政村通达率为100%、行政村通畅率为97.6%。

全省新增航道里程10.7公里，其中新增三级航道110.7公里，四级航道减少100公里。截至2012年底，全省航道总里程达到8475.3公里，其中一级航道269公里，二级航道769公里，三级航道235.11公里，四级航道520.91公里，五级航道1064.5公里，六级航道1810.9公里，七级航道1290.9公里，等外航道2515公里，等级航道所占比重为70.33，三级及以上航道所占比重为15.02%。

1. 公路重点工程建设

全省共有在建高速公路43条，建设规模达2496公里，全年累计完成固定资产投资336.8亿元，占年度目标的77.43%。全年累计完成投资占年度目标的比重如下：麻竹襄阳东段(148.7%)、麻竹随州西段(146.01)、武汉城市圈环线高速仙桃段(136.07%)、十白(115.51%)、黄鄂高速团风段(115.34%)、麻竹黄冈段(109.54%)、九江长江大桥北接线(108.27%)、黄咸咸宁段(108.14%)、宜巴(107.39%)、黄咸大冶段(107.31%)、岳宜石首至松滋段(105.74%)、恩来(105.52%)、恩黔(105.01%)、通界(103.03%)、保宜宜昌段(101.01%)、谷竹(92.79%)、麻阳(85.44%)、十房(83.18%)、郧十(82.89%)、黄鄂(80.48%)、机场二通道(75.61%)、麻竹襄阳西段(74.56%)、安吉高速恩施段(72.68%)、保宜襄阳段(71.75%)、咸通(64.09%)、利万(44.31%)、洪监(36.98%)、麻竹孝感段(15.79%)、孝昌至洪湖高速孝感段(15%)、老谷(10%)。

截至2012年底，全省高速公路通车里程达到4006公里，居全国第11位、中部第4位。除神农架林区外，市州基本实现高速通达，连接我省经济大三角、武汉城市圈及周边省会城市的高速公路网布局得到进一步优化，"四纵四横一环"高速公路网基本形成。按照规划目标，到"十二五"期末，我省将全面建成6500公里的高速公路骨架网，构筑"七纵五横三环"的高速公路格局，力争实现全省县县通高速公路的目标。

2. 普通公路建设

全省普通公路建设累计完成投资195.93亿元，为年度目标的188.39%。全年累计完成一级公路路基443公里，路面399公里，分别占目标的117%和244%；二级公路路基711公里，路面1666公里，分别占目标的1580%和173%；县乡公路改造2138公里，占目标的76%；通村沥青(水泥)路8903公里，占目标的127%。完成农村公路渡改桥138座9087延米。

在推进普通公路项目建设进度上，我们一是加快推进陆渔一级路、209国道建始县绕城段、鸦来线宋左段等跨转项目的建设，实现年底通车，推进宜巴公路秭归段、小鸦一级公路、恩施虎岔口至民族路以及公路等续建项目建设，在年内完成主体工程；二是加快推进在建项目形象进度，在年内完成路基构造物工程，展开路面工程；三是推进316国道孝感段、荆州至松滋一级公路、咸潘一级公路等新建项目前期准备工作，实现项目实质性开工，形成实物工程量；四是组织召开我省四个集中连片贫困地区公路重点建设启动会，推动连片贫困地区项目建设，启动十堰环库公路、恩施城区至汾水河公路、孝感大悟至河口一级公路等项目，掀起片区普通公路建设高潮。

3. 港航建设

全省港航建设累计完成投资63.17亿元，为年度目标的150.4%。全省水运项目在建规模达到150亿元，占"十二五"总投资规模的83.3%，是建国60年湖北水运建设总投资(130.1亿元)的1.15倍。项目开工、年度投资和在建规模均创历史新高。

在推动港航建设项目上，一是助力现代运输体系试点建设，重点支持"一主两副"现代运输体系试点区域的项目建设，做到"十二五"规划的重点项目，力争全部开工；二是抢抓项目前期工作，着力推动武汉新港阳逻三期、鄂州五丈港、襄阳新港等港口枢纽重点项目的开工建设；三是加强规划、建设、经营和政策引导，坚持深水深用、节约高效、合理利用、有序开发的原则，科学配置岸线资源，全面提高岸线资源和水资源的综合效率；四是科学调度，做到以日保旬、以旬保月、以月保季、以季保年，加快项目建设进度，同时，通过出台《港口工程工地建设标准化管理指南》和《港口工程管理标准化管理指南》等规范性文件，推进工程建设标准化管理。

4. 站场建设

全省站场建设累计完成投资31.93亿元，为年度目标的168.06%，是"十一五"投资总额(22亿元)的145.14%，创下了运管物流场站建设投资历史新高。

在推动站场建设项目上，一是集中开工三批共34个客运枢纽(物流园区)项目，总规模达127亿元；二是扎实推进重点项目，建成客运站6个(宜昌伍家岗客运换乘中心、当阳客运站、巴东高速客运站、宜昌港客运站、十堰客运中心站、沙市长途客运站)，建成物流园区(中心)5个(武汉高桥物流园年检大楼、长江物流园二期、江陵飞达物流园、随县冷链物流中心、武汉青山钢铁物流园)；三是积极争取交通运输部资金支持，荆州郢城综合客运枢纽和武汉高桥物流园被交通运输部纳入全国首批综合枢纽建设示范项目，宜昌三峡物流园(伍家岗货运中心)列为资金申请报告制度实施以来的首个申报项目，成功通过交通运输部组织的专家审查，4个综合客运枢纽和5个重点物流园区列入交通运输部2013年计划投资备选审查项目。

省政府批转了《关于进一步加快推进全省交通物流业发展意见》，省交通运输厅下发了《交通物流基础设施投资补助项目管理办法(试行)》，推动全省交通物流业快速发展。武汉、襄阳、荆州、黄石、随州等22个市、县政府成立物流发展工作领导小组，并将办公室设在物流发展局。武汉、襄阳等9个市、县政府出台促进物流发展的指导意见。武汉市成功举办第九届国际物流节，强力助推了武汉国家物流中心建设。临港物流、临空物流、专业物流、专线物流发展迅猛，多家世界、中国百强物流企业落户湖北，物流运能大幅提升。

湖北交通物流发展工作破题上路

农村物流初见成效。积极推进农村物流发展，开展试点示范，以农村综合运输服务站为基础，初步形成了引进物流企业改造经营、多部门资源共享、交邮共建、招商引资、交农对接等各具特色的农村物流发展模式。《湖北日报》、《农村新报》、《中国交通报》进行了专题报道。罗田九资河五级客运站"以站带商、以商补站"的发展模式，得到交通运输部主要领导的充分肯定。农村综合运输服务站改扩建工程已开工31个、竣工23个。

(罗羽)

【武汉长江中游航运中心及武汉新港建设】 武汉长江中游航运中心建设完成情况：

1.《武汉长江中游航运中心发展规划纲要》初稿编制完成，其四个附件全面完成，待交通运输部规划司确定时间后组织专家审查。

2. 交通运输部和湖北省人民政府通过合力共建，加快湖北省水运基础设施建设。湖北省积极推动各级政府将港口集疏运通道建设纳入城市发展整体规划，加快沿江疏港铁路、公路建设步伐。省级财政预算每年安排5亿元资金专项用于湖北水运发展。全省港航部门全面推进汉江河口至蔡甸2000吨级航道整治、江汉平原航道网骨干航道整治、汉北河南垸至新沟船闸航运、蕲河航运开发三峡库区湖北支流航道和武汉新港三江港区综合码头、宜昌港长江三峡枢纽旅客翻坝转运中心码头、宜昌港主城港区田家河作业区码头一期、荆州港柳林港区综合码头等工程建设，并调整列入部"十二五"投资补助计划，实现湖北省高等级航道升等联网，形成以武汉新港为核心，联动宜昌港、荆州港的武汉长江中游大型综合运输枢纽性港口群。

3. 武汉航运交易所揭牌。这是继上海、重庆、广州之后全国第四个航交所。据悉，航运交易所是航运中心标志性机构，它是航运中心的重要载体，也是通过市场进行资源配置的重要环节。

武汉航交所主要职责是：组织开展航运交易、船舶交易及相关业务；负责港航运输交易等信息的收集、更新和发布，提供政务咨询、金融、保险、评估、结算、电子商务、法律援助以及人才交流等服务；按照口岸通关"一站式"服务的要求，创新管理，提高通关效率和服务质量；研究和发布区域港航运输价格指数；研究行业发展动态，提出有关政策建议。

4. 交通运输部和湖北省人民政府共同呼吁推进以武汉阳逻集装箱港区为核心的武汉保税港区建设。以保税港区为依托，共同发展现代航运服务体系，创造良好商务环境，降低企业商务成本，促进航运企业和航运服务产业健康发展，加速航运要素向武汉长江中游航运中心集聚。阳逻保税港区申报建设工作已全面启动，编制完成《阳逻保税港区总体规划》和《阳逻保税区可行性研究报告》，保税物流园区招商等工作启动。

武汉新港建设情况：

1. 新开工项目：武汉新港唐家渡港区禹杰综合码头工程、沌口商品汽车滚装码技改一期贯彻国防要求工程、金口港区重件多用途码头工程贯彻国防要求工程、武汉新港阳逻港区三作业区集装箱码头一期工程、武汉新港唐家渡港区临港新城综合码头工程、武汉新港纱帽港区大咀综合码头工程开工建设。至2012年底，上述项目完成固定资产投资128989万元。

2. 续建项目：武汉新港鄂州段三江物流园区三和管桩码头工程、武汉新港三江港区武钢集团鄂钢矿石钢铁码头工程、白浒山港区化工新城恒阳石化码头工程、80万吨乙烯码头二期工程、武汉新港黄州楚江物流园区码头工程、武汉新港汉南公用综合码头、武汉新港金口港口物流园中周钢铁炉料有限公司杂货码头、武汉新港三江物流园区超凡物流码头、阳逻集装箱港区二期工程、国家稻米交易中心配套码头、白浒山港区花山码头一期工程、南顺石油化工码头、航道船厂码头、武汉新港三江物流园区超凡物流码头工程、武汉新港鄂州建华管桩码头、武汉新港白浒山物流园左岭作业区煤码头、鄂州光大有限公司三江港区临江造船基地等17个项目正在建设中，全年累计完成固定资产投资93202万元。

3. 新开展前期工作项目：武汉新港林四房港区煤炭储备基地码头由于项目选址变更，重新开展前期工作。武桥重工码头、武汉新港青锋港区多用途码头、国际博览中心旅游客运码头、武汉新港林四房港区四房湾作业区液体化工储运码头工程、武汉新港张家湾港区黄冈祥宏物流综合码头、武汉新港唐家渡港区钟家湾综合码头、武汉新港唐家渡港区锦江综合码头等正在积极开展前期工作。（叶莹）

【湖北省交通投资有限公司】 2012年，仅公司一家完成的高速公路投资额，在全国各省高速公路投资总额中居第8位、中部第2位。在全国23家省级交通投融资平台中，公司资产规模、融资额、在建高速公路里程均居第3位。

1. 攻坚克难，奋力拼搏，承担全省高速公路投、融、建、管、养“五位一体”重任

建设规模超千公里，投资规模过千亿元。公司刚成立时，恰逢两个五年计划之交，“十一五”规划中应开工而未开工的高速公路项目有18个，“十二五”规划新建高速公路2500公里。公司千方百计筹资融资，全面复工7个项目（总里程675公里）。积极推动公司自建项目前期工作，优化设计方案，创造条件开工24个项目。建成大随、宜巴两条高速公路146公里。公司投资的在建工程项目31个，建设总里程1832公里，总投资额1594亿元。

围绕“两圈一带”和“一红一绿”，勇担国企社会责任。深入贯彻落实省委省政府决策部署，紧紧围绕“两圈一带”和“一红一绿”发展战略投资建设高速公路，这些项目80%分布在老、少、边、穷地区，平均单公里造价过亿元，社会效益显著，经济效益很差。这些交通基础设施项目为老区、山区百姓出行提供了便捷服务，加快了农副产品流通，促进了当地经济发展。降低沪蓉西、三峡翻坝、十漫共3条高速公路收费标准，累计让利2.71亿元；在国庆和春节长假期间免费通行，向社会让利2.5亿元。

“驾辕之马”中当“头马”，在投资平台中争当“排头兵”。两年来公司投资建设项目遍布全省大部分市、州，完成总投资额达420.6亿元，其中2012年投资规模达到300亿元。按1∶3比例测算，两年带动社会创造GDP约1200亿元，直接产生就业岗位约60万个。

2. 弯道超越，两年实现“三级跳”

资产从零元到千亿，进入国内千亿企业俱乐部。截至2012年底，总资产达到1862亿元，占省属国有资产总额一半左右。

营业收入超百亿，进入国内投资平台第一方阵。2012年公司营业收入冲过100亿元，通过建设项目投资形成货币产值超过200亿元，跻身全省百亿元企业行列（全省仅23家）。运营高速公路2680公里，占全省高速公路里程的67%，养护里程超过1000公里，主业与辅业“双轮驱动”，初步形成以大交通基础设施投资建设运营管理为主业，以现代物流、交通科技、交通地产等相关产业配套的发展格局。

公司信用评级实现AAA，创省属企业唯一。公司主动与各大银行建立高层定期会晤机制，与国开行、工行、建行、中行、农行等13家银行达成战略合作协议，五年内意向性融资授信额达4200多亿元。与上海浦发银行总行签订战略合作协议，多项融资授信额累计300亿元。公司信用评级实现AAA，湖北省境内仅有武钢、葛洲坝两家央企享有此殊荣。

3. 改革创新，释放“五大红利”

资产证券化创全省、全国之最。公司积极盘活划转存量资产，强力推进资本化、市场化运作，发挥资产杠杆效应，基本解决“十二五”时期交通建设资本金320亿元的巨大缺口。其中，融资租赁50亿元，创全省之最；成功发行120亿中期票据，创全国交通行业之最，超过全省10年总和，节约财务成本7亿元；强力推进100亿元企业债发行工作，有关申报资料已上报国家发展改革委。

投、融资绩效连年倍增。公司自成立到2011年底，完成“双一百”（即投资过100亿，融资过100亿），2012年实现“双三百”（即投资过300亿，融资过300亿）。两年时间投融资突破“双四百”，累计投资420.6亿元，融资493亿元。

对接央企开辟融资新路。借助央企资金、人才和技术优势，先后与中建八局、平安保险等企业签署战略合作协议；探索项目融资途径，与中铁十一局合资建设紫云铁路，与中铁七局合资共建黄冈至鄂州高速公路团风段项目；采取“大施工标段+现金履约担保+流动资金”建设模式，2012年通过项目融资33亿元。

集约化管理节约巨大成本。有效整合人、财、物资源，实行大标段管理，创建“项目群”模式，管理成本降低50%以上；实施主材集中采购配送，主材料采供价格低于市场均价3%；优化设计方案，降低工程造价近50亿元；黄咸项目被省政府列为唯一一家政府投资项目绩效管理试点单位，指标体系通过省绩效办评审，逐步向全省各重点工程推广。

诚信履约化解巨额债务风险。勇于担责，积极为政府排忧解难，化解风险，承担政府划转债务近千亿元；在竭力保障项目建设资金的同时，两年累计为交通行业还本付息142亿元。

4. 创先争优，增强干事创业四大“正能量”

强化班子建设增能量。深入开展“基层组织建设年”活动，实现了党的基层组织“从公司到工地”全覆盖。创新选人用人机制，逐步配齐了公司领导层及子公司高层管理人员，积极

打造“四好”领导班子。强化作风建设，坚持领导干部联系点制度，营造办实事、解难题、重实效的良好氛围。

狠抓制度建设增能量。建立健全董事会、监事会、经理层结构及议事规则，做到精简高效、有效制衡；坚持民主集中制、严格执行“三重一大”决策制度，坚持酝酿决策、集体决策程序；相继完善工程项目管理、财务管理、投资管理、运营管理、人事管理等制度体系，强化目标责任考核，用制度管人管事管权。

激发创业热情增能量。注重培育“担当”精神，为公司贯彻落实省委、省政府的战略意图奠定坚实基础。多次开展劳动竞赛，号召全体交投人提振士气，奋力冲刺，确保各项目标任务圆满完成。树立“我与交投共成长”企业核心价值理念，鼓励员工“当主人、当主角”，充分激发广大员工爱岗敬业、干事创业激情。

培育廉洁文化增能量。加强惩防体系建设，严格落实“一岗双责”，广泛开展理想信念教育和廉洁征文、书画展、知识竞赛等活动，着力增强廉洁文化的吸引力和渗透力。公司编印的廉洁从业漫画手册，被省国资委推荐为“全省国有企业廉洁文化建设优秀读本”。（张勇）

省管交通建设项目

【宜昌至巴东高速公路】 完成投资268472.28万元，占年计划（230000万元）的116.73%，占省交投公司下达确保计划（258000万元）的104.06%、力争计划（267000万元）的100.55%；累计完成投资1479569.56万元，占总概算投资（1667680万元）的88.72%。形象进度：累计完成路基挖方2829万立方米，占设计总量的100%；完成桥梁桩基11623根，占设计总量的100%；完成桥梁墩柱7846根，占设计总量的100%；完成桥梁塔身2个，占设计总量的100%；完成桥梁梁板预制26532片，占设计总量的100%；完成桥梁梁板安装26532片，占设计总量的100%；完成桥梁现浇节段346节；完成桥梁现浇箱梁194孔，占设计总量的100%；完成隧道洞身开挖初支116180米，占设计总量的98%；完成隧道洞身二次衬砌115326米，占设计总量的97%；完成路面基层893.946千平方米，占设计总量的78%；完成路面面层1404.468千平方米，占设计总量的35%；完成交安设施62.7公里，占设计总量的36%；完成绿化环保62.7公里，占设计总量的36%；完成房建工程28571.89平方米，占设计总量的73%；完成机电工程62.7公里，占设计总量的36%。全线分项分部工程合格率100%，没有发生质量事故，无重大质量隐患；安全生产保持稳定的发展势头，未发生重大安全生产事故。

主要做法有：

1. 严格建设程序，项目手续完善。2008年10月29日，国家发改委批复项目工程可行性研究报告；2009年4月21日，交通运输部批复项目初步设计；6月24日、7月30日省交通运输厅先后批复项目施工图设计；7月1日，交通运输部批复项目控制性工程施工许可报告；12月30日，国土资源部批复项目建设用地；同年7月9日，9～32合同段控制性工程开工；2010年3月，1～8合同段开工。

2. 科学组织决策，实现好中求快。指挥部坚持年计划、季调度、月调整、旬安排、日落实，倒排工期，将阶段计划分解落实到工区、班组。实行指挥长分段负责制，推行一线工作法，现场办公，一线督办。实施质量、安全、环保、进度、综合管理风险基金考核，按月检查，季度兑现。先后开展“农民工技术大比武”、“双创双优杯”、“先行号”、“双优杯”、“喜迎十八大、奋战七八九、争创新业绩”、“大战六十天、攻坚保目标”等劳动竞赛活动，营造比、学、赶、拼的竞争氛围。按照省委、省政府和省交通运输厅的要求，制订加快夷陵区段工程建设实施意见和节点、阶段激励方案，加大资源投入，有力促进全线工程平稳推进，夷陵区段比计划工期提前18个月，于2012年9月完工，通车营运。全线除界岭隧道、巴东组滑坡体等关键控制性工程外基本贯通，二期路面开始大规模面层施工，房建工程部分房屋主体工程封顶，机电、绿化、交安工程按计划实施，为实现2013年底建成通车奠定坚实基础。

3. 推行标准施工，质量水平创优。在建立四级质量保证体系，完善质量管理制度的同时，大力推行标准化施工。按照《宜巴高速公路标准化施工实施方案》要求，挑选14家施工单位，试点开展隧道、桥梁、路基、边坡防护等4大项27个分项标准化施工，在全线统一推行。组建专家库，对项目重点难点技术攻关。实行全天候、全方位、全过程旁站监控，严格成品、半成品和原材料试验检测，做到用数据指导施工。严格持证上岗，推行HQS质量管理系统，有效规范质量管理、监理监控程序。已完工程合格率始终保持100%。环保管理实施独立环境监理，引进专业环保设计，坚持方案最小破坏、施工最大保护、影响最快恢复，力求路景相融、自然和谐。

4. 创建平安工地，施工文明规范。安全第一，预防为主。参建单位全面贯彻“整体安全”、“精细管理”的要求，落实安全事故一票否决制。以创建“平安工地”为载体，建立“三制”（安全生产责任制、安全管理台账制、风险辨析预控制），落实“三化”（安全防护标准化、场容场貌规范化、安全管理程序化），实施“三同步”（责任、检查考核、奖惩兑现“三同步”），抓好“三突出”（突出安全教育培训、突出安全管理标准化、突出安全应急管理）等工作，16家施工单位获得省级示范“平安工地”。

5. 修路和谐惠民，服务地方经济。按照“以人为本、服务为先、及时高效、保障有力”的协调理念，2个月拆迁主房1038户28万平方米，5个月搬迁企事业单位25家，6个月迁移三杆3391杆基，拆迁速度之快创库区征迁移民工作奇迹。投入资金2000万元，建设集中安置点8处，安置拆迁户444户。结合路网规划和农网改造，投入资金1.4亿元，建设106公里施工主通道，256公里电力主通道。党、团、工会组织参建单位节假日慰问征迁困难户活动，促进路地和谐。

6. 创新风险防控，确保廉政阳光。宜巴是省纪委省监察厅重点联系督察的交通重点工程项目，指挥部抓住腐败风险重点环节、关键岗位，创新推行招标代理、业主、纪检、检察、公证、省招投标管理中心“六位一体”的招投标管理机制，业主、施工、监理、协调、供应商、协作单位“六方覆盖”的廉政合同考核机制，业主、施工、监理“三方预警”的风险点防控机制，构建具有宜巴项目特色的防腐体系，确保“工程优质、干部优秀、资金安全”。开工以来，项目建设管理工作得到交通运输部、省交通运输厅、省交投公司和地方政府的充分肯定，指挥部党委连续两年获得厅党组表彰的“先进基层党组织”称号，连续两年获得宜昌市委、市政府授予的市级“文明单位”称号，指挥部刚毅突击队被授予省级“青年文明号”，5个单位被评为厅级青年文明号，10人次被评为青年岗位能手，1人次被授予省“五一劳动奖章”。

【谷城至竹溪高速公路】 完成投资51.96亿元，为年度确保目标(34.5亿元)的150.6%，调整目标(46.98亿元)的110.6%。累计完成投资135.94亿元，为总投资71%。形象进度：路基土石方累计完成5552万立方米，占全线工程量99%；防护工程完成118.3万立方米，占全线工程量78%；涵洞、通道完成446道，占全线工程量98%；桥梁桩基完成10369根，占全线工程量100%；墩柱完成7562根，占全线工程量97%；梁板预制完成17582片，占全线工程量84%；安装完成16956片，占全线工程量81%；隧道初期支护完成72452米，占全线工程量77%；二衬完成67223米，占总量72%。全线分项分部工程合格率100%，没有发生质量事故，无重大质量隐患；安全生产保持了稳定的发展势头，未发生重大安全生产事故。

主要做法有：

1. 工程建设稳步推进。按照省交通运输厅、省交投公司工作部署，以合同履约为抓手，先后开展“大战一季度”、“奋战七八九”、“三再一保”劳动竞赛活动，采取领导分片包干制，带领相关部门深入各合同段、工区、班组进行跟踪检查监督，根据工程建设推进情况，适时调整计划，加快计量支付，做好跟踪服务；各监理单位以工地例会方式，有针对性的调配资源，加大计划执行力度；各施工单位根据下达计划目标任务，分月旬细化分解，动用总部资源，加大资源投入，不断掀起施工高潮。谷竹高速公路被省交投公司评为2012年年度目标考核先进单位。

2. 标准化建设大力推行。以2012年交通运输部质量安全综合督查为契机，按照“恢复、巩固、提高”原则，狠抓标准化建设和管理，充分发挥标准化示范引领作用，督促和指导各单位全力完善和巩固标准化建设成果，实现标准化建设全覆盖，进一步巩固谷竹高速公路在全省高速公路标准化建设中的领先地位。标准化建设经验在2012年5月、2013年元月两次全省高速公路标准化建设交流会上得到推广。

3. 质量管理稳中有升。重新对全线各单位质保体系进行审批，制订并落实《谷竹高速公路质量、安全量化考评奖惩办法》，采取严格综合考评，将考评成绩与企业信用等级评价挂钩，多次开展桥梁隧道施工专项检查、现场质量巡检，隧道专项整治工作等活动，强化施工现场质量管理，谷竹高速公路在省交投公司2012年年度和四季度质量评分中均名列全省第一。

4. 安全生产平稳可控。以省交通运输厅“安全生产年”为主线，建立2012年安全责任保障体系，组织开展“平安杯”安全竞赛、“平安工地”示范创建、“安全生产月”、“打非治违”等专项活动，采取季度检查、月检、周检和巡查的安全检查方式，落实重大危险源登记销号制度，全面清理整顿“三违”现象，对重大安全隐患实行挂牌督办，较好地应对了谷竹沿线“8.5”特大洪灾袭击等各种突发事件。谷竹指挥部在省交投公司组织的年度安全考评中名列前茅。

5. 施工环境不断优化。在沿线政府的大力支持下，在各单位的共同努力下，征迁协调工作取得突破性进展。谷城县境内房屋拆迁遗留、六里峡电

谷竹高速公路桃园特大桥

站渡槽拆迁还建、军店鞭炮厂拆迁工作顺利解决；“炮损”赔补等难点问题顺利解决，全线赔付率70%以上；“三改”工程大部分落实到位；二次征迁有序推进，基本满足建设需要。

6.文明创建成效明显。指挥部与全线各单位、指挥部各部门签订党风廉政建设责任状，紧扣“廉政阳光工程创建”这条主线，健全和落实党风廉政建设责任制，不断强化全线各级组织和党员干部廉政责任，全线未发现一起廉政腐败案件。结合“喜迎十八大、争创新业绩”、“三抓一促”活动，制定《关于加强指挥部作风效能建设的意见》，严厉推行治庸问责“十不准”规定，强化工作效能。指挥部荣获十堰市文明单位荣誉称号，指挥部工程部荣获交通运输部“工人先锋号”荣誉称号。

【郧县至十堰高速公路】 全年完成投资18.1950亿元，占省交投下达确保目标12亿元的151.58%。占省交投下达力争目标22亿元的82.68%。累计完成投资26.535亿元，占总投资的41%。

累计完成工程量：路基土石方完成83.3%(900万立方米)；防护工程完成35.56%(16.79万立方米)；涵洞、通道完成77.7%(122道)；桥梁桩基完成96.47%(3194根)，墩柱完成50.26%(1165根)，梁板预制完成9.2%(577片)，安装176片；隧道开挖完成26.24%(8441米)，其中洞身掘进完成25.4%%(8018米)。全线分项分部工程合格率100%，没有发生质量事故，无重大质量隐患；安全生产保持了稳定的发展势头，未发生重大安全生产事故。

【保康至宜昌高速公路宜昌段】 2011年9月30日下达控制性工程开工令，2012年2月20日下达全线开工令。

全年完成投资15.2亿元，占年度计划的109.2%。完成土石方1123万立方米，挡土墙完成12.4万立方米，坡面防护完成24.8万平方米；完成桥梁基础1643根，下构(墩、台、帽)完成1409个，梁板预制2205片，梁板安装820片；完成通道、涵洞6975延米/131道；隧道主洞左右幅开挖及初期支护累计完成1570延米，二次衬砌完成655延米。全线分项分部工程合格率100%。没有发生质量事故，无重大质量隐患；安全生产保持稳定的发展势头，未发生安全生产事故。

累计完成投资22.4亿元，占概算总投资的49%。形象进度：累计完成土石方1266万立方米，占总量的65.6%，挡土墙完成13.4万立方米，占总量的70.7%，坡面防护完成24.8万平方米，占总量的21%；累计完成桥梁基础1765根，占总量的91.6%，下构(墩、台、帽)完成1431个，占总量的69.1%，梁板预制2220片，占总量的40.5%，梁板安装820片，占总量的15%；累计完成通道、涵洞6975延米，占总量的86%；隧道主洞左右幅开挖及初期支护累计完成1570延米，占总量的41.9%，二次衬砌累计完成655延米，占总量的16.6%。

主要做法有：

1.以劳动竞赛为载体，狠抓工程调度和节点控制，项目建设大举推进。一是开展劳动竞赛，推进建设步伐。以“大战一季度，实现开门红”、“双优杯”、“喜迎十八大，奋战七八九，争创新业绩”和“大战四季度，攻坚保目标”劳动竞赛活动为抓手，制订劳动竞赛实施方案，成立劳动竞赛领导小组，各施工单位、驻地办、中心试验室成立活动专班，加强组织领导。各施工单位在劳动竞赛中，形成比、学、赶、帮、超的竞赛氛围，推进项目又好又快建设。二是成立督导专班，狠抓工程节点。指挥部转变工作作风，践行一线工作法，挂点联系施工单位，重点督导技术、管理、进度、质量和安全等工作。加强节点工程管理，每一个节点工程明确责任人及完成时限，落实实施方案，科学安排、严密组织，认真编制节点工程计划，做到日调度、周通报，将节点目标作为一项单独考核列入季度目标考核中，奖惩兑现资金从风险管理金中列支。三是严格合同履约，抓好建设资源。按招标合同要求，狠抓施工单位管理人员、机械及设备等建设资源到位情况，采取约谈施工单位法人的方式督导各单位严格履约。四是破解资金难题，推进项目建设。紧紧依靠上级主管部门，千方百计加大建设资金筹措力度，积极协调、争取交投公司和银行尽快建立融资平台，争取贷款。五是严格奖惩兑现，组织考核评比。按照施工风险金管理办法，对劳动竞赛活动进行严格的考核评比和奖惩兑现。六是优选施工队伍，平行合理交叉。在抓好宜昌段施工推进的同时，优选超前地质预报及防水剂、防水板、钢绞线等附着材料供应商，采取入围招标的方式进行招标，由施工单位再与入围单位谈判，以最合适的价格选择最优质的协作队伍。

2.以通病治理为重点，狠抓首件合格制和工艺工法，工程质量全面加强。一是全面建立质保体系。要求施工单位必须建立健全单位内部三级质量保证体系，按照项目部、工区、作业队分工原则认真落实专职和兼职质检人员，质检人员涵盖到所有的工区和作业队。在建立三级质保体系的同时，制订三级自检体系岗位责任制，定岗定人定责，将岗位责任及分工具体到人，真正做到工程质量层层有人管，事事有人抓，处处有人把关。二是强力推行首件合格制。对所有单项工程推行首件制度，对土方施工、挖孔桩施工、预制件生产、边坡防护工程等一律实行首件制，单项工程完成后及时组织技术和试验人员对工艺工序、设备要求、技术参数等进行分析总结，摸索符合本标段设备、技术、地质条件的工艺、工法和技术参数，固化成标准化的工艺工法，按标准化工艺工法施工，实现由粗放式向精细化管理转变。三是加大质量通病治理。组织编写《质量通病防治手册》，狠抓质量控制的重点、要点和难点，大力开展质量通病和工程缺陷的防治工作；对施工过程中容易出现的质量通病原因进行分析，提出防治措施，方便监理和施工人员在施工过程中对照处治。四是用数据指导施工。开展全线试验室工作大检查，及时发现试验检测工作中存在的问题和不足，针对问题及时整改。五是加大处罚力度。坚持做到质量不合格的工程一律推倒重来，对有质量缺陷的2片梁板、5个墩柱进行拆除重建，清退出场不合格钢筋90.3吨。

3.以责任体系为抓手，狠抓科技预防和现场管理，安全生产稳定可控。一是强化安全责任管理。建立“横向到边，纵向到底”的安全生产责任保证体系，健全安全生产管理制度，全力抓好工程建设安全生产“二项达标”、“四项严禁”、“五项制度”的贯彻落实。二是加大安全教育培训力度。结合全国范围内出现的交通建设安全事故典型案例，在全线进行学习讨论，进一步营造全员学习安全法规、普及安全知识、强化安全意识、明确安全责任的浓厚氛围。三是强化现场安全监控管理。在高墩大跨桥梁、拌和站、隧道进口以及主要作业场地等重大隐患部位，装置高清晰度摄像头，将现场情况实时以画面形式传输到指挥部信息管理平台，全方位、全过程、全天候进行监控，防范安全事故的发生。四是经常开展安全生产检查。经常性地定期不定期组织安全生产检查，不断发现现场管理的薄弱点和空白点，确保安全管理各项工作落实到位。五是组织开展应急演练。以开展“安全生产月”活动为契机，组织各施工单位有针对性地开展高空坠落、防洪救灾、触电事故等应急救援演练，不断提高参建单位安全应急救援能力。六是加强全员监管。实行全员抓安全，管理人员下工地除了做好本部门工作检查外，还要按指挥部制订的安全生产管理细则及处罚规定，一并抓好安全工作。

4.以“锦绣保宜”为目标，狠抓规划布局和防范措施，环保水保建设保护良好。一是出台管理办法。指挥部印发《湖北省保宜高速公路环保水保管理办法（试行）》，为有效保护沿线生态环境、自然环境、社会环境和人民生活环境，降低高速公路建设期间环境污染，减少水土流失，提高公路环境保护与水土保持质量和水平具有重要的指导作用。二是建立组织体系。指挥部派专人督促落实环保水保工作，各监理单位、施工单位设专人、专岗、专职负责该项工作，组建环保水保领导小组，切实建立起环保组织管理体系，分管领导具体抓落实，责任到人。三是合理规划布局。按照“安全、环保、合理、适用”的原则，充分考虑环保要求，全面规划、合理布局、统筹安排取土场、弃土场、工区、施工便道、水池、油库、炸药库等建设用地，对规划不合理、设计不达标、标识不明晰的坚决不批准开工。四是落实高标准环保措施。主要是做好施工便道和施工场地防护工作，保护自然景观，减少水土流失。施工便道尽量少占耕地、少砍伐树木、少破坏植被，最大限度地减轻对自然环境的破坏；在路基施工中，实行分区防治，形成完整的防护体系；在桥涵施工中采取措施，防止泥土、石块阻塞河流、水渠和灌溉排水系统；桥梁水下部分施工选用先进工艺，减少挖出的泥、石、钻孔泥浆对附近水体的污染，将污泥、渣土在指定的弃渣场堆放，采取工程措施，进行绿化处理。

5.以构建现代工程管理体系为核心，狠抓基础建设和信息建设，标准化施工在全国交通运输系统内交流。一是强力推行标准化硬件建设。统一“三场一地”标准，按照“工厂化、规模化、专业化、集约化”的要求，按规定面积规范建设拌和场、制梁场、钢筋加工厂和办公基地；配置数控弯曲机、钢筋滚焊机、数控张拉机等先进设备；对项目部选址、生产生活区管理、现场物资堆放、现场标识设置等制定强制性标准，施工单位按标准要求进行整体规划，强力实施。二是创新推行信息化建设。在完善自动办公系统、计量合同系统、资金管理系统的基础之上，依托网络技术，开发建立质量管理系统、现场监控系统、隧道安保系统、征迁管理系统、档案管理系统等八大系统，搭建综合信息管理平台，实现各类管理信息动态收集、实时发布、实时监控和实时统计。5月份，全省交通建设质量工作暨高速公路建设标准化推进会在保宜指挥部召开。6月份，保宜指挥部代表湖北省在全国高速公路施工标准化活动现场会上作交流发言，保宜的经验与做法受到充分肯定。

6.以重难点问题为突破，狠抓征地拆迁和电力保障，建设环境得到优化。一是建立“三大责任制”。建立征迁工作目标责任制、定期沟通制、重大问题及时报告制，层层落实责任，加强联系沟通，优化建设环境。二是着力解决重难点问题。主要解决了征地拆迁后续性问题，保障红线内土地能够及时交付，以及高压电线杆迁移、电力供应、炸药供应和地材供应等重难点问题，确保施工有序推进。

7.以学习党的十八大精神为动力，狠抓工地文化和廉政建设，干部职工综合素质不断加强。通过开展体育赛事、知识竞赛、晚会等文体活动丰富参建人员精神文化生活，推进工地文化建设。指挥部组织送戏到工地活动，通过网络、夜校等方式深入开展“网上党校”和各种技能培训班，加强对农民工等产业工人培训。

【保康至宜昌高速公路襄阳段】 保宜高速公路襄阳段是骨架公路网中老河口至宜昌高速公路的一部分，也是2009–2012年湖北省高速公路行动计划中第五纵的重要组成。本项目与其所在的高速公路网“第五纵”一起成为沟通河南、湖北、湖南的又一条重要的纵向通道。本项目的建设，将在鄂西地区形成新的高速公路纵向通道，对于湖北省实施“中部崛起”战略，提高区域综合交通运输体系的服务水平，增强襄樊、宜昌、十堰辐射带动作用，加强湖北西部地区与陕西、河南、湖南等周边省份的联系具有十分重要的意义。

同时，本项目是湖北省促进西部地区开发，统筹区域协调发展战略，加快建设“鄂西生态文化旅游圈”的重要基础之一。项目建成后，可极大地改善鄂西地区落后的交通状况，为促进湖北省各种类型地区优势互补，带动“一江两山”核心景区发展，发展地方特色经济、培育新的经济增长点提供基础保证。

襄阳段全长74.306公里，概算总投资为79.57亿元，平均每公里造价为10659万元，两段建设工期为42个月。2012年12月16日下达全线开工令。

项目全线采用四车道高速公路标准建设，设计速度80公里/小时，路基宽度24.5米，设计汽车荷载等级采用公路—1级，设计洪水频率为1/100、1/300，平曲线最小半径为720米，最大纵坡为4%，最小竖曲线半径凸曲线为12000米，凹曲线为8000米。襄阳段地处山区，全线桥隧比例达到68%。其中桥梁62座20918米，包括朱家厂、黄家厂特大桥6180米，大桥53座14318米，中桥7座420米，隧道12座22032延米，红岩寺、尚家湾特长隧道10609延米，长大隧道10座11423延米。

襄阳段累计完成投资151500万元，占概算总投资的19%。全年完成投资143500万元，占年度计划的113.1%。形象进度：累计完成土石方392万立方米，占总量的23.2%，桥梁基础1084根，占总量的33.7%，下构(墩、台、帽)完成293个，占总量的10.3%，隧道主洞左右幅开挖及初期支护累计完成3821延米，占总量的9.3%，二次衬砌累计完成2035延米，占总量的5%。全线分项分部工程合格率100%，没有发生质量事故，无重大质量隐患；安全生产保持了稳定的发展势头，未发生安全生产事故。

【武汉城市圈环线高速公路黄石至咸宁段】 累计完成货币产值177479万元，占概算总额235930万元的75.2%。其中2012年完成货币产值77505万元，占年度目标74655万元的103.8%。累计挖土石方587.16万立方米，占总量的99.2%；填土石方519.66万立方米，占总量的91.6%；防护工程66475立方米，占总量的55.4%；排水工程59678米，占总量的51.2%。累计完成圆管涵及倒虹吸管节安装90道，占总量的94.7%；盖板涵墙身浇筑49道，占总量的94.2%；通道墙身浇筑99道，占总量的96.1%。累计完成桩基成桩1213根，占总量99.2%；墩柱689根，占总量98.6%；墩台帽476座，占总量94.6%；预制梁板2948片，占总量97.4%；安装梁板1905片，占总量的62.9%。隧道累计进尺单洞731米，占总量的75.3%；二次衬砌488米，占总量的50.3%。路面底基层单幅单层完成9.93公里，下基层单幅单层完成4.913公里，上基层单幅单层完成0.56公里。

【武汉天河机场第二公路通道】 完成投资10.43亿元，占年度目标10亿元的104.3%，其中建安工程完成投资76559万元，占年度目标6.3亿元的121.52%。截至2012年底，黄陂区段13公里主体结构实现贯通；江汉区、东西湖区段3公里，克服征迁困难，完成建安工程投资的50%。

咸黄高速公路料场

主要做法有：

1. 努力加快征迁工作，为工程建设创造良好条件。通过与黄陂区有关部门积极沟通、密切协作，使黄陂区征地拆迁工作全部完成，红线范围内的土地全部完成腾退，保证了S4到S8标13公里施工段施工需要；东西湖区征迁工作克服房屋拆迁量大，商业用地征用补偿难等困难，完成总体拆迁退地进度的75%，为项目起点段3公里加快建设创造了条件。

2. 加强施工组织，确保工程进度达到年度目标要求。通过周密组织制订工程总体进度计划，督促各项目部按照节点目标要求做好机械、材料、劳动力的组织，对各参建单位深入开展“四比一创”、“争先创优”等综合性和“防撞护栏施工”等专项劳动竞赛活动，加强现场管理和巡查督导工作，对进度滞后的单位，及时查找施工组织中的不足，及时整改，确保计划任务的完成。

3. 在保证工程进度的同时，狠抓工程质量、安全及文明施工管理。通过加强对施工方案的审查，制定并严格落实首件验收制度，加强驻地监理工作职责的落实，机场二通道工程质量管理体系总体运转正常，工程质量合格率100%。通过健全安全生产管理体系，严格落实参建单位安全生产责任，持续开展安全生产相关知识和操作技能培训，认真组织各类安全大检查，全线各标段无安全事故发生。各标段文明施工管理体系和制度健全，硬件设施投入充足，临时设施建设符合标准，工程标志牌和便民措施落实到位。

4. 努力做好项目融资工作。克服国家货币政策紧缩带来的困难，积极联系各大银行，通过采取固贷、流贷、信用证等多种融资方式，完成融资14.55亿元(含流贷转固贷及新增贷款)，保证工程建设需要。

【福银高速公路九江长江公路大桥北引道】 完成产值1.6240亿元，占全年计划1.00亿元的162.4%；累计完成投资6.2540亿元，占总概算7.1661亿元的87.3%。

累计完成路基土石方填筑135万立方米，占设计量135万方的100%；软基处理粉喷桩235841.6米，占设计量235842米的100%；塑料排水板1074788米，占设计量1074788米的100%；桥梁桩基785根，占设计量797根的98.5%；系梁376座，占设计量378座的99.5%；墩柱373根，占设计量376座的99.2%；盖梁365座，占设计量368座的99.2%；预制梁1261片，占设计量1261片的100%；吊装梁1243片，占设计量1261片的98.6%，预制箱梁上部结构现浇整体化混凝土8908立方米，占设计量10441立方米的85.3%，现浇箱梁5426立方米，占设计量5426立方米的100%；箱涵完成402.98米/10座，占设计量402.98米/10座的100%；圆管涵完成184.41米/6座，占设计量184.41米/6座的100%；通道完成479.82米/15座，占设计量494.06米/10座的97.1%；底基层、基层完成151.469千平方米，占设计量319979平方米的47.33%。房建工程8055平方米，占设计量11719平方米的68.73%。全线分项分部工程合格率100%，安全生产稳定，未出现质量和安全事故。

主要做法有：

1. 加强组织领导，落实工作责任。为加强对九江二桥工程管理，保障工程连续高效施工，指挥部领导班子调整后，及时成立以指挥长为组长，副指挥长为副组长，指挥部各部门、驻监办高监、项目经理经理为成员的领导小组，对项目工程质量、安全、进度、投资、廉政、环保、水保等方面进行全面控制。建立健全安全生产、质量控制、廉政风险管理体系，层层签订安全、质量、廉政责任书，做到横向到边、纵向到底，真正把工程管理工作落到实处。各参建单位认真落实全员管理目标，优化资源配备，按照指挥部下达的劳动竞赛目标，进行细化分解，重新调整施工组织计划，将生产任务分解到班组。

2. 建立管理机制，完善廉政防控体系。坚持“实用、有效”的原则，以“岗位职责风险、制度机制风险”为切入点，按照“查为基础、防为关键、控为核心”的廉政风险防范工作思路，建立“目标设定、等级评定、预警管理”三项工作机制。对照部颁标准和规范，以实现精品工程、廉政阳光工程为目标，建立健全质量、安全、工期、投资控制、环境保护、技术创新“六位一体”管理的各种规章制度体系，确保建设标准一致，同步推进。坚持抓腐败现象易发多发的重点领域、关键环节，从影响经济社会发展的现实问题、群众反映强烈的突出问题、反腐倡廉建设的热点难点问题入手，实现岗位自控、指挥部内控、纪委监控、群众监督，努力构建“以岗位为点、以程序为线、以制度为面”环环相扣的廉政风险防控体系。

3. 加强地方协调，推动工程项目建设。根据工程实际进展，不断优化工程设计，努力消除工程各类隐患。如小池互通区设置一条连接汤家墩的改路工程，由于原黄小高速填土高度较低，本项目主线需与黄小高速顺接，但该区域填土高3米左右，受内滞水位的影响，原有通道净空较低，通道净空不能满足当地居民生产生活需要，村民阻扰施工有上访的趋势，指挥部及时掌握第一手资料，要求设计单位进行详细勘察设计，充分结合当地地形条件和人民群众的实际需要，设置了一座上跨天桥方案，天桥落地后接收费广场北侧。

4. 全面强化督办，确保工程质量安全。指挥部始终把质量安全作为工程的生命线，重点抓了六大监管体系建设：建立施工、监理单位质量保证体系；凭数据说话的试验检测体系；重点部位、重要工序巡视、旁站相结合的现场监管体系；技术交底强化工艺工法的超前控制体系；质量通病治理奖惩兑现体系；平安工地建设责任到人的安全保障体系。劳动竞赛期间，坚持一月一次生产调度会，每周一次质量安全生产分析会，针对施工中发现的问题，研究解决办法。

【十堰至白河高速公路】 完成投资13.63亿元，为年度投资目标(11.8亿元)的115.5%。累计完成投资50.23亿元，占投资总概算57.84亿元的86.8%。形象进度：路基工程完成挖方829.9万立方米，占总量的100.0%；填方1044.4万立方米，占总量的99.5%；防护工程完成90.2万立方米，占总量的99.3%。涵洞及通道开工142道，占总量的97.3%；完工137道，占总量的93.8%。桥梁工程开工62座，占总量62座的100.0%；完成桩基2662根，占总量的100%；完成墩柱1369根，占总量的100.0%；完成盖梁960个，占总量的100%；预制梁板完成4209片，占总量的99.1%；安装梁板完成3970片，占总量的93.4%。隧道34座

十白九标鲍峡互通施工现场

全部顺利进洞施工，占总量34座的100%；累计掘进43595延米，占总量的99.7%；二衬44487延米，占总量的99.3%；累计贯通34个隧道和65个单洞，分别占总量的100%和95.6%。隧道喷涂内壁装饰工程完成总量20%；路面工程全面展开基层施工，完成基层备料15万吨，占总备料的16.7%；三期房建工程完成总量的14.2%，主体工程基础工程和一层结构工程完工；交安、绿化、机电工程全部进场施工准备。全线分项分部工程合格率100%，没有发生质量事故，无重大质量隐患；安全生产保持了稳定的发展势头，未发生重大安全生产事故。

主要做法有：

1. 进度管理体现“三个到位”。一是计划调度到位。指挥部根据各个阶段的进展实际，分别制定详细的阶段目标和考核细则，对重点、难点和节点工程进行及时梳理，按照不同专业性质，采取一月一调度的方式，对相关工作进行部署、督办。为有效展开后续施工，超前谋划，相继完成二期、三期各类工程项目招标工作，所有施工队伍进场展开施工，为按期完成建设任务夯实了基础。二是资金保障到位。指挥部积极运作，多方协调，先后与国家开发银行、建行等银行达成良好的贷款意向。全年共筹资13.79亿元，累计筹资38.52亿元，基本保障项目建设的需要。同时，各施工单位积极争取后方公司支持，采取垫支、短期融资、办理理财产品等形式，累计筹措资金7000余万元。三是计量变更到位。指挥部设立计量变更工作示范点，对各单位变更、计量资料进行系统培训，实施隧道整体变更、单价变更、差价调整等工作，有效保障各单位建设资金的顺利快速周转。

2. 质量管理做到“三个绝不”。一是坚持标准绝不动摇。针对工程施工进展实际，指挥部按照标准化建设的要求，及时组织开展桥梁桥面铺装、防撞护栏施工以及隧道路面施工现场观摩和经验交流会，通过以点带面、典型引路，促进后续施工实现标准化、规范化。二是巡检巡验绝不放松，指挥部实行“一把手负责制”、“定点联系制”、“一线办公制”、“过程督办制”等卓有成效的措施，不定期对施工工艺、工序、工法进行动态监管；各级试验检测机构，对原材料、实体工程质量进行严格抽检，保证工程质量。三是监理履职绝不松懈。各监理单位狠抓开工报告、现场旁站、工序签证、实体验收“四个关口”，全面落实监理工作“四控两管”职责。同时，加大监理人员教育培训力度，使全体监理人员充分运用有效的监理手段，严格、及时控制现场施工质量，杜绝“旁而不站、站而不管、管而不严”现象发生。

3. 安全管理狠抓“三个关键”。按照“平安工地”建设的要求，相继开展“安全生产年”、“平安杯”、“安全生产月”、“安全生产明察暗访”等活动。一是结合关键阶段实际，采取针对性的管理措施。针对不同的施工阶段，如地下挖孔施工阶段、地面施工阶段、高空作业阶段、隧道掘进和出洞等阶段，采取不同的安全管理措施，制定针对性的施工指南，明确相应的安全防护要求，确保在各个施工阶段，均严格安全标准化施工，保障项目建设安全有序推进。二是对于关键隐患部位，严格安全隐患的排查治理。对于关键部位，特别是安全隐患大的工程，如高空作业、隧道掘进、特种设备、施工用电、爆破物品等安全隐患大的部位，组织开展地毯式排查，建立隐患排查台账，确保安全风险防控不走过场、不留死角、不留隐患。连续下发《关于立即开展特种作业设备与桥隧施工安全生产隐患排查的紧急通知》等5个文件，对全线施工现场进行停工排查，下发安全隐患整改通知单61份。三是根据关键时期特点，明确针对性的管理要求。

4. 协调服务强化“三个联动”。一是与行政审批部门保持联动，推进政策协调。积极与水利、国土等部门沟通、协调，妥善解决水土保持补偿费、宅基地占地开垦费、新增建设用地有偿使用费等事宜。二是与地方协调部门保持联动，解决专项个案。协同市、区、县各级协调机构，有序推进三改工程和紧邻红线拆迁实施进程，进一步加强个案补偿审核工作，有效解决各类专项个案问题10余个，累计兑付三改占地补偿资金330余万元。三是与沿线公安部门保持联动，强化联合维稳。按照日趋完善的联动工作机制，各级协调人员以及公安部门坚持主动出击，在一线协调处理涉及民生、施工管理等方面的矛盾纠纷20余起，切实维护了施工环境和谐稳定。

5. 廉政建设突出“三个重点”。一是突出教育重点。各单位通过会议、展板、标语等载体，广泛开展经常性教育活动，全面刮起“廉政风”；通过组织观看反腐警示教育片，大力开展警示性教育，全面绷紧“廉政弦”，筑牢全体参建人员的思想防线。二是突出监督重点。指挥部纪委充分发挥对关键环节全程监管的职能，针对征地补偿、交安机电招标等方面的投诉举报，组织专班，会同相关单位、部门，实地调查取证，妥善处理了三项投诉举报案件，发挥了重要的监督、监管职能。三是突出廉洁文化建设重点。启动“廉洁文化进项目示范点创建工作”，围绕“廉洁从建、诚信守法”的主题，全方位、有重点、多层次地推进廉洁文化进项目。

【恩施至来凤高速公路】 2012年目标计划确保完成投资215400万元，力争完成228900万元，实际完成投资237423万元，占确保完成投资的110.2%，占力争完成投资的103.7%。累计完成投资347859万元，实际完成投资366823万元，占计划完成投资的105.5%。

全年完成形象进度：路基土石方完成59%，计1465万立方米；排水工程完成52%；防护工程完成36%；桥梁桩基完成61%，计50918米/2263根；立柱完成70%，计1631根；梁板预制完成31%，计1723片；梁板安装完成11%，计608片；小构完成62%，计4381米；隧道掘进支护完成58%，计13772米，二次衬砌完成57%，计

13552米。

累计完成：路基土石方86%，计2149万立方米；排水工程52%；防护工程36%；桥梁桩基84%，计67981米/3110根；立柱71%，计1661根；梁板预制31%，计1723片；梁板安装11%，计608片；小构91%，计6415米；隧道掘进支护65%，计15409米，二次衬砌57%，计13552米。

【恩施至重庆黔江高速公路宣恩至咸丰（鄂渝界）段】 2012年目标计划确保完成投资169100万元，力争完成180400万元，实际完成投资189017万元，占确保完成投资的111.8%，占力争完成投资的104.8%。累计完成投资276641万元，实际完成投资302717万元，占计划完成投资的109.4%。

全年完成形象进度：路基土石方完成51%，计1114万立方米；排水工程完成51%；防护工程完成36%；桥梁桩基完成60%，计42377米/1935根；立柱完成77%，计1446根；梁板预制完成41%，计1422片；梁板安装完成14%，计492片；现浇节段完成1%，计4节；节段拼装完成1%，计4节；小构完成49%，计3432米；隧道掘进支护完成57%，计12814米，二次衬砌完成55%，计12473米。

累计完成：路基土石方81%，计1764万立方米；排水工程51%；防护工程36%；桥梁桩基98%，计58912米/2709根；立柱77%，计1472根；梁板预制41%，计1422片；梁板安装14%，计492片；现浇节段1%，计4节；节段拼装1%，计4节；小构93%，计6477米；隧道掘进支护65%，计14637米，二次衬砌55%，计12473米。

【黄冈至鄂州高速公路】 全年完成投资8.05亿元，其中黄冈长江大桥主桥共建费及工程建设其他费用2.53亿元，占年度计划9.52亿元的85%；累计完成投资16.59亿元，其中黄冈长江大桥主桥共建费及工程建设其他费用9.99亿元，占项目总投资51.6%。

工程形象进度。桥梁桩基完成1505根，承台系梁完成366座，墩柱完成709根，盖梁完成286座，现浇箱梁完成39跨；预制空心板68片，T梁预制1189片，T梁安装507片；通道涵洞完成108道；清淤回填完成57.9万立方米，砂垫层铺筑8.7万立方米，填筑土石方完成365.5万立方米，开挖土石方77.1万立方米。自2011年7月1日正式开工以来，未发生一起重大质量和安全责任事故。

主要做法有：

1. 多方联动，全力以赴，征地拆迁效果明显。一是多次召开两市、区及乡镇拆迁动员会，调整市、区二级协调专班力量，建立与项目建设相适应的组织保证体系，努力推进项目建设和地方协调工作。二是省交通主管运输厅领导多次到黄鄂高速就建设目标任务、加强环境协调、加快推进项目等工作展开现场办公。三是公司加大鄂州协调工作力度，建立良好的协调机制，靠前指挥，重心前移，与地方政府加强沟通。四是黄鄂公司、黄冈、鄂州两市协调指挥部联合出台《黄鄂高速公路征地拆迁攻坚战考核办法》，对在黄鄂高速公路征地拆迁工作中表现和成绩突出的单位、集体和带头拆迁户，给予通报表彰和奖励。

2. 大干快上，抢抓工期，工程进度明显加快。上半年，受建设资金紧张、鄂州段征地拆迁难度大以及极端异常天气等不利因素影响，工程进展缓慢。为完成全年投资目标，确保2013年底黄鄂高速公路、武汉至黄冈城际铁路和黄冈长江大桥三大项目同步建成通车目标顺利实现，连续开展“夏季百日”和“秋季百日”劳动竞赛，加大人力、物力投入，优化资源配置，调动各方积极性，力争平均每月完成产值1亿元，确保年底路基工程基本完成，桥梁工程除上部结构完成50%以外，基础及下部结构基本完成。

3. 严格标准，监管并举，工程质量稳步提升。一是严格执行黄鄂总监办、驻地办和施工单位“三级”质量保证体系，做到质量责任层层落实。总监办不定期开展生产检查，对于出现工程质量问题的部位坚决要求返工并执行处罚规定，开出罚单2次，对施工单位罚单处罚2次，下达监理指令19次。二是公司对技术交底、材料及机械设备报检、监理监管、自检及报检等方面着重进行控制，对施工过程中出现的问题及时解决，避免返工。三是督促监理单位加大对重点部位、重要工艺、关键工序的监管力度，定期会同外委试验检测机构对施工现场各个工程部位进行质量抽检，对发现的问题及时通报。开工至今，未发生一起工程质量事故，已完工的分部分项工程合格率均100%。

4. 强化管理，制度落实，安全管理控制有效。一是成立以黄鄂公司执行董事为组长，驻地、项目经理为组员的安全生产应急领导小组，为安全工作的落实提供强有力的组织保障。二是按照达标检查重点，展开项目“平安工地”建设达标考核自评工作。三是开展以“安全生产年”“安全生产月”主题活动，对管理人员、特种作业人员、一线作业人员进行安全教育培训。组织开展应急预案演练，提高突发事件处置能力。四是开展安全生产大检查和安全隐患排查整治，对巡查和检查中发现的隐患及时督促整改，整改到位率100%。五是严格履行安全技术交底的有关规定和要求，对路基、桥梁施工等工序进行安全技术交底，要求驻地办编制《安全监理月报》等，充分调动监理的监督作用，确保安全工作形成长效机制。

5. 深入贯彻，全力推行，标准化建设取得实效。项目自开工起就全力推行施工标准化以及质量管理标准化，做到现场标志标识统一化、施工便道砂石化、施工管理规范化、场容场貌秩序化、驻地建设庭院化、管理流程标准化、项目管理信息化，监控手段现代化。一是督促施工及监理单位加强在岗人员的教育、培训工作。二是强化过程控制，保证工程质量通过加大检查力度督促施工单位切实落实好每一个环节、每一道工序的施工。三是严格按照相关规范和标准化文件对项目建设的每个方面进行规定和控制，不放过任何一个细节，从而保证标准化建设达到精细化管理的目标。

黄冈北枢纽互通

6.防腐拒变，强根固本，廉政阳光工程态势良好。黄鄂公司将“廉政阳光工程”创建工作向纵深推进，采取集中学习、共同讨论、专家授课、现场体验的方式，定期开展“走进监狱开展反腐倡廉警示教育”活动、“廉政警示教育专题视频辅导”、“贯彻十七届中央纪委七次会议精神学习交流”、“党的十八大最新理论知识学习”、“预防职务犯罪专题知识讲座”等活动，促进各参建单位建设者之间相互交流、相互促进，共同营造“廉政阳光工程”的良好氛围。

7.科学管理，注重宣导，各项工作齐头并进。一是建立完善的基层党组织和廉政监察组织，形成公司、总监办、党总支三驾马车相互配合、齐头并进的良好局面。二是健全财务制度，做到项目分账核算，资金专款专用，成本规范归集。三是树立黄鄂高速对外工程形象和对内企业文化，积极与黄冈、鄂州两地报刊、媒体取得联系，建立“双促双联”联合宣传工作机制，为黄鄂高速树立对外形象创建机制，为黄鄂高速建设营造了和谐氛围。

【黄冈至鄂州高速公路团风段】 黄冈至鄂州高速公路团风段是“十二五”湖北交通重点项目，位于团风县境内，起点与黄鄂高速公路黄州北枢纽互通与大广高速公路交叉，经京九铁路、拟建的武汉新港江北铁路及联络线，至马曹庙镇下穿G318，接武英高速公路(总路咀互通以西)到达本项目终点。路线全长13.285公里，项目概算投资9.74亿元。2012年11月全线施工展开，工期为36个月。全线采用双向四车道高速公路标准建设，设计速度100公里/小时。

主要特点：一是项目建设模式新。本项目是经省政府特批采用融资总承包新模式建设的首个高速公路项目。二是项目建设规模不大，协调任务重。起终点与大广高速公路、武英高速公路相接，涉及对现有高速公路局部路段改建及对其营运造成一定干扰。此外路线沿线须协调军用光缆迁改、500KV高压输电线以及与京九铁路及新港江北铁路交叉事宜，协调难度大。三是路线不长，但交叉工程较多。互通式立交共3处(其中2处高速公路、1处G318国道)，分离式立交3处(其中1处京九铁路)，施工组织难度较大，安全风险较高。

完成投资2.88亿元，为年度确保目标(2.1亿元)137.1%，力争目标(2.5亿元)的115.2%。形象进度：修建施工便道13公里，路基清淤、填筑土石方252万方，桥梁桩基施工141根，小型构造物开工30道。全线分项分部工程合格率100%，没有发生质量事故，无重大质量隐患；安全生产保持了稳定的发展势头，未发生重大安全生产事故。

主要做法有：

1.深入动员，扎实开展劳动竞赛。按照省厅、省交投公司的各项工作部署，深入开展“奋战七八九”、“三再一保”劳动竞赛活动。项目建设人员积极行动，全力投入征迁协调和施工准备工作，相继完成施工组织设计、岗前培训、测量放样、材料及配合比设计试验等技术准备工作。

2.攻坚克难，合力推进退地速度。为加快退地速度，指挥部成立协调工作专班，坚持依据政策，实事求是，和谐稳定原则，多次召开协调督办会，有效促进征地拆迁工作进度。

3.强化管理，确保工程质量。大力推进标准化建设，实行精细化管理，文明规范施工，强化通病预防，保障工程质量。结合项目实际出台《湖北省黄鄂高速公路团风段质量管理办法(试行)》、《湖北省黄鄂高速公路团风段巡检实施细则(试行)》以及工程质量责任制和责任追究制度、工程质量检查制度、培训持证上岗制度、施工质量验收评定制度等一系列规章制度，统一规范工程质量管理方法和程序，明确质量管理办法和质量通病预防措施。从招标文件入手做好驻地、拌和站、钢筋加工场、小型预制件厂标准化建设。

4.防治结合，保障生产安全。利用安全专题会和民工大讲堂等形式和载体进行安全知识、操作规范、注意事项等安全生产教育，提高安全意识，定期开展各类安全应急演练。以“安全生产年”为主线，建立安全责任保障体系，组织开展“平安杯”安全竞赛、“平安工地”示范创建、“安全生产月”、“打非治违”等专项活动，采取季度检查、月检、周检和巡查的安全检查方式，落实重大危险源登记销号制度，全面清理整顿“三违”现象，对重大安全隐患实行挂牌督办，保证施工安全。

5.敢于创新，积极探索融资建设新模式。黄鄂高速公路团风段经省政府特批采用融资总承包新模式建设的首个高速公路项目。指挥部从招标文件入手，对施工人员、设备提出强制要求；制订一系列管理办法防止转包和违法分包。指挥部、承包商、银行联合签订资金监管协议，严格资金监管，防止资金抽逃或挪用。

6. 多措并举，努力打造“廉政阳光工程”。指挥部与黄冈市检察院合作构建预防职务犯罪综合防线，强化监督，联合预防。对社会公布举报电话，在指挥部、监理和施工单位聘请廉政监督员，强化内部监督。先后修订《廉政谈话制度》、《重大事情集体研究决策制度》、《廉洁从业十不准》、《指挥部廉政承诺》、《党风廉政建设责任制实施办法》等30多项廉政建设制度和工程管理制度，强化对权力运用和资金运作的监督。

本项目建设有利于优化鄂东地区路网布局，并加强大别山腹地与黄冈市、武汉市等区域中心之间的交通联系，对于加快推动大别山革命老区经济社会发展试验区快速发展，促进武汉城市圈与我国东部地区之间的经济交流，并充分带动沿线地区优势资源开发和特色产业发展，具有重要意义。

【十堰至房县高速公路】 完成投资11.6455亿元，为年度确保目标(9.531亿元)114.61%。累计完成投资42.467亿元，为总投资80.76%。形象进度为：路基土石方累计完成1059万方，占全线工程量100%；防护工程完成66.2188万方，占全线工程量85.95%；涵洞、通道完成75道，占全线工程量100%；桥梁桩基完成3344根，占全线工程量100%；墩柱完成2302根，占全线工程量100%；梁板预制完成6124片，占全线工程量92.56%；安装完成6124片，占全线工程量92.56%；隧道初期支护完成6885米，占全线工程量63.94%；二衬完成6885米，占总量63.94%。全线分项分部工程合格率100%，没有发生质量事故，无重大质量隐患；安全生产保持了稳定的发展势头，未发生重大安全生产事故。

主要做法有：

1. 以劳动竞赛活动为抓手，确保项目建设稳中推进。组织开展“双优杯”、“喜迎十八大、奋战七八九、争创新业绩”、“再动员、再鼓劲、再冲刺，攻坚克难保目标”等劳动竞赛活动，根据工程质量、安全、进度等指标，对各施工单位、驻地办进行综合考核评比，实施奖惩措施。不断强化计划变更管理和节点目标方案的实施，为全线各标段公司总部敢于投入各类施工资源积极参与劳动竞赛吃下了“定心丸”，对于确保全年各项工作扎实稳步推进、大力推行现代工程管理、进一步提升质量安全水平、强化诚信建设，强化目标管理、强化责任意识等起到了积极的推动作用，为一期土建工程顺利实施营造了良好的氛围。十房高速公路超额完成了省厅、省交投公司下达的年度目标生产任务。

2. 严格质量管理，促进项目建设筋强骨壮。指挥部重新对全线各单位的质保体系进行审批，进一步修订和完善《十房高速公路质量、安全量化考评奖惩办法》，采取严格综合考评，将考评成绩与企业信用等级评价挂钩，多次开展桥梁隧道施工专项检查、现场质量巡检，隧道专项整治工作等活动，强化施工现场质量管理，确保项目优质、高效、安全建设。

3. 强化“平安工地”和标准化建设，确保项目建设安全受控。以“安全生产年”为主线，建立安全责任保障体系，组织开展“平安杯”安全竞赛、“平安工地”示范创建、“安全生产月”、“打非治违”等专项活动，狠抓项目安全标准化建设落实力度，采取季度检查、月检、周检和巡查的安全检查方式，落实重大危险源登记销号制度，全面清理整顿“三违”现象，对重大安全隐患实行挂牌督办，较好地应对了十房沿线“8.5”特大洪灾袭击突发事件及通省隧道地质差等不利因素。

4. 不断优化施工环境，为项目建设营造和谐氛围。境内房屋拆迁遗留、房县红塔砖厂拆迁工作顺利解决；“炮损”赔补等难点问题顺利解决；“三改”工程大部分落实到位；二次征迁有序推进，基本满足建设需要。

5. 强化技术创新的引领，不断提升项目建设科技含量。在过去推行强夯(或冲击碾)工艺夯实路基，对适宜路段挡墙采用无面板加筋挡墙和上边坡采用主动防护网+客土喷播生态防护和引进T梁智能张拉系统、负弯矩张拉、T梁喷淋+扣棚养生等新工艺进行创新的基础上，2012年重点对T梁端头一次封锚、防撞墙模板(二次冲铣)和桥面铺装半幅一次成型及先打标高带施工工艺进行创新；对隧道支护施工采用湿喷工艺，保证施工质量优良、安全可靠和实体美观。

6. 狠抓党风廉政及文明创建工作，实现“双丰收”。进一步在基层组织建设、干部队伍建设和党风廉政建设方面加大工作力度，坚持抓党风廉政建设不放松，扎实推进“廉政阳光工程”创建工作;进一步深化“一旗三岗”创建活动，以活动的开展带动党建、精神文明创建和廉政阳光工程建设等各项创建工作的协调发展；认真落实腐败风险预警防控要求，严格规范工程管理行为，严肃查处各种违法违纪案件。全年无违法违纪案件发生。指挥部荣获十堰市文明单位荣誉称号。

【宜昌至张家界高速公路项目群】 项目群由宜张高速(宜昌至张家界)、岳宜高速宜昌段(岳阳至宜昌)两条高速组成，分五个项目立项。合计长度170.122公里，总投资187亿元。

1. 宜张高速公路起于当阳双莲，接在建的保宜高速公路，途经当阳市、夷陵区、枝江市、在宜昌白洋镇秦家河处跨越长江后，经宜都市、五峰土家族自治县，止于湖北省与湖南省交界的张家界市慈利县炉红山。涉及宜昌市境内5个县市、区，11个乡镇、48个村，全长118.322公里，分为四个项目立项，即当阳至枝江段39.53公里；白洋长江大桥段15.825公里；宜都至五峰段37.08公里；五峰至鄂湘界段25.89公里。另有连接线9.25公里。工程总投资约147亿元人民币。

2. 岳宜高速宜昌段起点位于宜昌与荆州交界处，对接在建的岳宜高速公路石首至松滋段，经过宜都市枝城、姚家店、五眼泉、高坝洲、红花套等乡镇，对接三峡翻坝高速公路及沪渝高速公路宜昌长江大桥桥南枢纽互通处。涉及5个乡镇，23个行政村。全长51.8公里。工程投资约40亿元人民币。

本项目群建设对于建设“祖国立交桥、打牢大底盘”，实现“中部崛起”战略，改善宜昌市社会经济发展环境，促进省域副中心城市建设，提高宜昌市在国家及区域交通枢纽中的地位和作用具有十分重要的意义。

2012年9月5日成立宜张高速公路建设指挥部，完成投资3.785亿元。完成情况：项目建设管理业主迅速成立；项目建设管理体系基本形成；项目建设总体目标基本确定；项目前期工作继续有序推进；勘察设计分阶段获得突破；宜张土建一标经招标选定；征迁协调工作全面展开，为2013年项目群全面推进奠定了良好的基础。

【岳阳至宜昌高速公路石首至松滋段（江南高速公路）】 全年计划完成投资194000万元，实际完成投资200912.46万元，占年度计划的103.6%。

形象进度：一期土建工程累计完成土石方10354252立方米，占总量的76.9%；全线累计完成桥梁桩基6778根，占总量6778根的100%；立柱完成4725根，占总量4736根的99.7%；梁板预制完成5231片，占总量9787片的53.4%；梁板安装4631片，占总量9787片的47.3%；现浇箱梁完成112孔，占总量373孔的30%；悬浇箱梁完成28孔，占总量76孔的36.8%；累计完成通道、涵洞13963延米，占总量的100%。全线80座桥梁，半幅架通16座，全幅架通32座。

【麻城至竹溪高速公路】 麻城至竹溪高速公路随州西段、襄阳东段、宜城至保康段是新增国家高速公路网上海至安康高速公路(G346)的重要组成部分，也是湖北省高速公路“七纵五横三环”骨架网络中的一横，并已纳入新编制的《国家高速公路网规划布局方案》。项目的建设对于完善我省骨架公路网布局、加快鄂西生态文化旅游圈的建设步伐、拓展襄阳市省域副中心城市的辐射范围、促进沿线地区社会经济发展等，都具有十分重要的意义。

1. 随州西段。起于随州市曾都区何店镇，接麻竹高速公路大随段，途经何店镇、均川镇和三里岗镇，止于随县洪山镇，与麻竹高速公路襄阳东段相连，项目全长55.285公里，批复概算39.126亿元。全线采用双向四车道，设计速度100公里/小时，路基宽度26米；设置随州东、随州南枢纽互通分别与福银高速和随岳高速交叉。

累计完成投资73007万元，占总投资391262万元的18%。工程进展情况：监理单位、中心试验室均进场，驻地建设全部完成，人员、设备陆续进场；施工单位进场，按合同要求进行标准化工地建设，标准化场地建设完成4个。路基开始清表，桥梁桩基开始施工，隧道完成洞口工程。

2. 襄阳东段。起于随州市(随县)与襄阳市(枣阳)交界处的刘家岗，经平林镇、板桥镇、南营办事处、王集镇、跨汉江，止于宜城市小河镇，设置宜城北枢纽互通与二广高速公路相交。项目全长58.672公里，批复概算37.587亿元。全线采用双向四车道，设计速度100公里/小时，路基宽度26米。

累计完成投资74350万元，占总投资375872万元的19%。工程进展情况：监理单位、中心试验室均进场，驻地建设全部完成，人员、设备陆续进场；施工单位进场，按合同要求进行标准化工地建设，标准化场地建设完成4个。路基开始清表，桥梁桩基完成汉江特大桥6根。

3. 宜城至保康段。起于襄阳市宜城市小河镇，对接麻竹高速公路襄阳东段，在胡湾村附近与二广高速公路交叉，新建宜城北枢纽互通与二广高速公路衔接，途经宜城、南漳、保康等三县(市)，止于襄阳市保康县寺坪镇，新建保康北枢纽互通，与在建的谷竹高速公路衔接。项目113.747公里，概算投资121.833亿元。全线采用双向四车道，起点至南漳互通(30.834公里)设计速度100公里/小时，路基宽度26米；南漳互通至路线终点(82.913公里)设计速度80公里/小时，路基宽度24.5米。

累计完成投资96930万元，占总概算1218330万元的8%。工程进展情况：监理单位、中心试验室均进场，驻地建设基本完成，人员、设备陆续进场；一期土建施工单位于12月28日完成开标工作，尚未进场。

【武汉至监利高速公路洪湖至监利段】 是湖北省规划的“六纵五横一环”骨架公路网之纵二线的支线。本项目的建设，对于完善全省骨架公路网布局，实施促进中部地区崛起战略，加强武汉与洪湖、监利以及湖南岳阳等地的联系，适应交通量增长的需要，开发沿线旅游资源，加快洪湖、监利革命老区经济社会发展和全面建设小康社会步伐，提高洪湖分蓄洪区应急保障能力等都具有十分重要的意义。

项目路线起自洪湖市新滩镇东荆河大桥，止于监利市柘木乡赖桥村，与随州至岳阳高速公路相接。路线全长94.79公里，其中洪湖境内约81.15公里，监利境内段约13.65公里。批复概算金额为88.2685亿元。主线采用设计速度为100公里/小时的四车道高速公路标准，路基宽度26米。2012年8月正式开工建设。项目建设工期4年。

主线共设桥梁48631米/91座，其中，特大桥40382米/6座，大桥4597.28米/14座，中桥2790.78米/43座，小桥657米/28座。涵洞75道，通道42道。全线设互通式立交5处、分离式立交6座；设管理分中心1处，匝道收费站3处、养护工区2处，服务区2处，停车区2处、交警营房1处。另设连接线1条全长2.51公里。

项目特点及建设难点：①桥梁多。全线主线(不含互通匝道)桥梁合计有48.63公里，占总里程近51.3%，其中项目起点连续高架桥长度为38.15公里；②软基路段多。全线基本为软基路段，软土厚度分布不均，差异较大，地质条件较复杂，软基需要处理深度大部分在15–20米之间；③涉及鱼塘多。洪湖是全国淡水养殖第一大县，全线涉及鱼塘路段约49.2公里，占全线里程52%，征用鱼塘约3200亩，影响鱼塘面积超过9000亩，征地和施工难度非常大；④材料少。土源及砂石等地方材料匮乏，来源困难，要过长江到南岸取运，施工组织难度大，成本高。

完成投资及工程进度：完成投资66565万元，完成年计划167191万元的39.81%；累计完成投资78800万元，占总投资的8.93%。施工、监理单位已进场；驻地建设完成；全线附着物拆迁完成95%，交地约52公里(占全线55%)；"三改"方案初步确定。形象进度：路基软基处理吹填沙约35万立方米，占总量12.5%，塑料排水板约18万延米，占总量2%；桥梁工程进行试验桩。

【咸宁至通山高速公路】 完成投资10.2544亿元，为年度计划12.2亿元的84.1%。累计完成投资21.9457亿元，为总投资69.6%。

形象进度：路基土石方累计完成123.71万立方米，占全线工程量7.4%；防护工程完成6.25万立方米，占全线工程量27.5%；涵洞、通道完成91道，占全线工程量41.4%；桥梁桩基完成113根，占全线工程量6.1%；墩柱完成538根，占全线工程量42.4%；梁板预制完成2746片，占全线工程量94.5%；隧道初期支护完成340米，占全线工程量32.7%；二衬完成564米，占总量54.2%。路面底基层完成50439平方米，路面基层完成93276平方米。

【通城至界上（鄂湘界）高速公路】 2012年5月开工。完成路基清表634362立方米，占总量的100%；路基土石方1982857立方米，占总量的31.5%；防护工程0.8公里，占总量的3%；涵洞、通道42道，占总量的35.6%；桥梁桩基313根，占总量的60.4%；下部构造承台34个，系梁36根，墩柱66根，盖梁17根，桥台7个。

（苏德俊）

【引江济汉通航工程】 累计完成投资15.44亿元，为总概算的70%。其中，2012年完成投资5.65亿元，为年计划目标的103%。工程质量合格率100%，无安全事故发生；干部职工队伍稳定，未发现违纪违规违法行为发生；全线建设发展态势较好，做到了项目建设安全、资金运用安全、干部成长安全。

主要做法有：

1. 突出攻坚，全线建设全面提速。强化调度，全面开展"激情奋进，跨越创优"、"五比五创"、"喜迎十八大，大战三季度，争创新业绩"、"大战三个月，确保年度目标任务全面完成"劳动竞赛活动，建设全面加快，成果明显：工程进口处的龙洲垸船闸、出口处的高石碑船闸主体工程基本建成，引航道工程、房建工程有序进行；拍马大道桥建成通车，荆李公路桥、荆马公路桥、草郊公路桥、董九公路桥、孟仓桥、荆南桥、毛李公路桥、高兴桥、东湖桥、凤井桥等10座桥梁合龙，全线桥梁建设按照计划有序推进。

引江济汉青年突击队员在工地一线与施工管理人员交流

2. 靠前工作，现场督查和服务力度加大。坚持"一线工作法"，深化落实领导包片责任制、领导带队巡查督查制、困难问题销号制、责任追究制，强化现场调研和现场办公，做到工程管理、技术人员三分之二的时间在工地，实行现场督查、现场服务、现场办公常态化。同时，加强与省地南水北调部门的协调，加强与各参建单位总部的联系，积极解决施工过程中的急事、难事，推进和谐共建，有效保证了工程计划的落实。

3. 严格规范，确保合同管理刚性控制。指挥部依法公开招标，签订高石碑船闸、龙洲垸船闸引航道工程施工合同、管理区房建和配套设施工程施工合同和桥梁吊杆采购合同、桥梁施工监控合同，组织桥梁动静载试验邀请招标，实现招标结果零投诉，无违法转包分包情况；为严格合同履约，强化进度管理，细化劳动竞赛考核办法，开展全线各标段资源清查，实行进度督查一日一报制、日常巡检制、月度集中督查制，督促个别进度滞后的单位限期整改到位，确保总体进度目标实现。

4. 提速创优，技术管理工作夯实。加强现场技术指导，讲科学、严管理、重服务、严把关；重要技术方案采取专家咨询、工作研讨的方式，力求及时、科学、适用、完善、细致。积极加强项目管理信息化建设，开通全线信息平台，开通龙洲垸船闸视频监控系统，建立与省交通重点建设领导小组办公室的联络通道，提高技术服务效率；结合长江、汉江汛情实际，提前编制报批防汛预案，积极应对，防患于未然，确保工程度汛安全。

5. 坚持"三铁"，确保质量安全监管可控。在开展"平安杯"竞赛活动和加大现场监管力度及常态化质量安全治理整顿的基础上，以"铁的手腕、铁的面孔、铁的措施"，实行质量安全严格监管。着力于强化"平安工地"建设，加强制度落实和检查，对不符合要求的标段和监理单位实行严格监管、限期改正；着力于确保质量安全目标落实，坚持质量安全每月通报制度，确保质量安全生产总体处于可控态势；着力于控制源头隐患，开展以暗访为主的质量安全检查活动。

6.持续攻坚，征拆工作迎难推进。对新增征地进行统一征收，对新增“三杆”加快迁改，对桥梁接线工程开展清表，对项目部提出的征迁协调问题实行销号落实解决，对G207等公路桥保通路加快建设，有效保证了工程建设需要；充分发挥地方协调部门主力军、突击队作用，加大一线协调工作力度，及时协调解决施工中的困难问题，确保项目建设有效推进。到2012年年底，船闸、引航道、闸管区及桥梁红线征迁基本完成，“三杆”、“三改”基本完成，桥梁接线工程的征迁完成工作量90%。

7.科学理财，资金收支保证建设需要。项目投资上，合理调度，确保工程建设运行需求；资金流向上，加强监管，强化执行指挥部《资金管理办法》和《资金双系统控制监管实施办法》；计量支付上，实行一个环节套一个环节的审核把关；财务监管上，加强资金运用检查和征地拆迁资金内审，日常收支严格核算、严格程序，确保财务安全。

8.推进党风廉政建设，确保队伍稳定。开展“基层组织建设年”、“三抓一促”活动和送廉到工地、推廉在一线、承诺践诺“三做起”活动，落实党风廉政领导责任制、目标管理制、廉政合同制、廉政风险金和保证金制、职务犯罪预防制，“三重一大”事项阳光决策、透明操作；发挥指挥部龙头作用，指导和加强参建单位党建、文化建设，营造创先争优在岗位、学先进、赶先进、作贡献、当表率的良好氛围。指挥部刚毅青年突击队荣获团省委、省精神文明建设办公室授予的“湖北省青年文明号”荣誉称号，邵爱军荣获全省交通运输行业“十行百佳”荣誉称号。（叶斌）

【汉江航道整治工程】 汉江兴隆至汉川段土建TJ-01-02、TJ-07、TJ-08、TJ-09、TJ-10、TJ-11、TJ-12合同段正在施工中，TJ-02-02、TJ-04、TJ-05合同段即将交工验收，TJ-01-01、TJ-06合同段基本完工。TJ-07合同段完成了合同量的70%，TJ-08完成了合同量的35%，TJ-09完成了合同量的40%，TJ-10完成了合同量的30%；省南水北调局部航道整治工程从2012年8月16日签订协议以来，相继完成招标代理机构的遴选工作、编制了工程建设计划、申请到了建设资金、完成了1个监理标段和6个施工标段的招标工作、组织设计及工程管理人员完成了工程全河段踏勘、完成了工作站组建和办公及交通工具添置等工作、结合局部航道整治工程实际，专门制定了有关制度和规范、11月初完成了地形复测工作后全线已进入实质性施工阶段。

汉江兴隆至汉川段航道整治工程完成工程投资3.02亿元，占年度投资计划的107%；累计完成投资5.52亿元，占总投资额的59%；省南水北调局部航道整治工程（汉江丹江口至兴隆段）完成工程投资0.31亿元，占年度投资计划的103%；累计完成投资0.31亿元，占总投资额的9%。已完成分部、分项工程的质量合格率达100%，无质量事故发生。无安全生产责任事故发生。未发现违法违纪案件。

以“双优杯”劳动竞赛活动贯穿全年，通过“大战四季度，攻坚保目标”劳动竞赛圆满完成全年目标任务。指挥部组织各施工单位和班组内部开展沉排、预制混凝土块等项目“对手赛”，开展技能比武，赛效率、赛规范、赛标准、赛应急预警防范、赛工艺工法，取长补短，相互学习，提高工程质量工艺水平；为加强质量安全源头控制，从2010年起，指挥部就结合省交通运输厅产业大军培训专项行动，做到新进场员工“不培训不上岗”，多次聘请专家讲课、开设“农民工学校”、“民工讲堂”、“技术比武”、“职工职业技能大培训、大讲堂”等形式对项目管理人员和特殊岗位、工种、作业人员进行专项培训管理。组织各类教育培训活动61期923人次。3月21日，指挥部开展产业工人大培训活动，下发《关于开展产业工人大培训的实施方案》，参训人员在宜城南水北调三标样板工程施工现场培训时，5名工程技术人员分别讲解了不同工艺工法的施工方法，进一步加深了各参建单位对质量安全工作针对性、操作性和规范性的理解，提高了狠抓质量安全工作的责任感和自觉性。通过对天门、仙桃航道段已完工水域观测情况看，该段航道整治成效明显，达到稳定滩群、束水归槽的作用，原来经常搁浅受阻的航段，已无船舶搁浅阻航现象发生，岳口以下千吨级航道基本形成。

2011年3月，率先在湖北省内河航道整治方面推出《施工标准化管理手册》，第一次系统的规范了内河航道整治工程施工标准及管理程序，填

指挥部领导现场督办质量通病治理

补了省内水运工程建设标准化管理上的一项空白。2012年7–9月，又相继出台《施工标准化管理手册(修订版)》、《质量通病预防治理手册》、《施工组织设计编写大纲》和《安全生产管理手册》。这一系列新标准为各参建单位加强质量安全管理提供了统一标准。5月，指挥部制定印发《小型预制构件预制场建设标准化指导意见》，对预制场建设从基本要求、场地建设、机械及设备、文明施工及管理、油库管理、施工便道管理等六个方面作出专项要求。结合《施工标准化管理手册(修订版)》，要求各单位从现场布置到施工工艺、流程及各类施工细节积极推行标准化、工厂化管理。通过推进新一轮标准化施工标准，全线预制场均按规格、大小、内容进一步完善健全标识标牌，采取人工与喷淋相结合对混凝土预制件进行养生设置，原材料堆放及搭棚达到标准，这在汉江整治工程施工中，按标准集中预制、工厂化施工尚属首次。

2012年，指挥部主动承担了南水北调384公里局部航道整治工程任务。面对战线大幅拉长，任务大幅增加，工期十分紧张，管理难度增大，全体干部职工团结一心，奋力拼搏，争分夺秒，自8月16日与省南水北调局签订工程委托协议至11月中旬，在短短3个月时间内相继完成招标代理机构遴选工作，完成1个监理标段和6个施工标段的招标工作，完成襄阳、钟祥两个工作站的组建及人员、办公设施的配备，编制了工程建设计划，申请到了建设资金；组织设计及工程管理人员完成全河段踏勘。11月份，南水北调局部航道整治工程6个标段全部实质性开工。

为准确掌控水下隐蔽工程质量状况，变“看不见为看得见”，指挥部首次在汉江上聘请有资质的单位，采用潜水员水下探摸及摄像检测水下排体搭接及混凝土块绑系情况，解决了水下排布搭接部分不易检验的问题，为水下隐蔽工程的质量控制和质量验收提供了切实可靠的依据。2012年，进一步加大探摸密度，扩展探摸内容，过去只探摸水下沉D型排搭接，现在除D型排搭接外，增加护岸软体排宽度、抛石厚度及边界等检测内容。为了把探摸检测贯穿工程全线和全过程，3月15日，指挥部与武汉救捞局签订长期合作协议。在隐蔽工程控制上，首次在汉江航道整治中采用沉排船船载GPS同步定位系统，每艘沉排船舶都加装GPS定位系统。此举快速有效地保证了在水上动态条件下施工点与设计点的准确对位，不但大大提高施工效率，工程质量也得到有效提升。6月，交通运输部质监局组织全国专家对工程进行质量安全督查，汉江整治工程的实体质量、标准化建设、隐蔽工程监控手段、安全质量管理及内业资料整理都得到专家组好评。

指挥部将监督检查制度化，进一步加大监控检查的力度和密度，专门印发“五个一”专项检查文件，即每月一次质量安全检查，每月一次廉政明察暗访，每月一次质量通病治理“回头看”，每月一次目标检查考核，每月一次履约检查。对“五个一”检查情况每月通报，通过全方位建立健全监督检查制度，加快发现问题和解决问题时效性，使动态管理、动态设计的理念得到落实。

（汉江航道整治工程指挥部）

各市州交通建设重点项目

武汉市

【重点物流项目建设】 2012年争取国家和省预算投资资金1000万元支持九州通总部医药物流中心、黄陂粮食购销中心储备库、诚通物流铁路集装和钢材物流项目、武汉巨力鼎兴实业有限公司绿色田园冷链物流示范基地等项目建设；高桥货运站纳入国家公路货运枢纽示范项目，获取国家专项补助资金4000万元；湖北省汽运公司、武汉赤湾东方物流公司进入国家公路甩挂运输试点，获得项目专项补助资金1510万元；利用市物流业发展扶持资金支持招商局阳逻分发中心、华润新龙医药物流配送中心、中百集团山绿配送中心等九个重点物流项目建设。市区建立了在建重点物流项目“一项目一档案”跟踪管理制度，坚持每月统计分析项目建设投资及工程进度情况，督促项目建设单位加快物流项目建设，2012年全市在建物流项目43个，其中投资10亿元以上的物流项目21个，5亿～10亿元项目6个，完成投资44.23亿元。

黄石市

【棋盘洲港区二期工程】 位于黄石港棋盘洲港区，黄石新港(物流)工业园区内。工程新建8个5000吨级泊位(2个粮食泊位、3个多用途泊位、1个散货泊位、2个件杂货泊位，水工结构按满足高水位靠泊10000吨级船舶设计)，以及相应的配套设施。年设计通过能力为811万吨，其中：粮食泊位227万吨、多用途泊位225万吨(含集装箱9.8万TEU)、散货泊位208万吨、件杂泊位151万吨。工程总投资为10.72亿元，建设期30个月。2012年11月28日由省交通运输厅和黄石市人民政府主办，省港航管理局和黄石市交通运输局承办，举行了全省“十二五”第五批港航建设项目暨黄石棋盘洲港区二期工程启动仪式。

【黄石物流中心】 该项目选址武黄路以北，总投资约2.3亿元，占地85.23亩，规划建筑面积约10万平方米，总建筑面积5.3万平方米。2010年8月，通过招商引资的方式，吸纳社会资本共同推进该项目的实施。2012年10月19日举行了开工仪式，目前土方工程基本完成，基础工程已全面展开，截至2012年底累计完成投资5125万元(含征地拆迁)。

【武汉至阳新公路阳新县三溪至兴国段】 全长28.988公里，总投资33658万元。按一级公路标准建设，双向4车道，路基宽21.5米，沥青混凝土路面宽15米。2012年3月开工建设，计划工期24个月，截至2012年12月底累计完成投资15088万元。

【106国道阳新县梁公铺至沿镇段】 全长16公里，按一级公路标准建设，双向4车道，路基宽24.5米，沥青混凝土路面宽15米，总投资24224万元。2012年2月23日开工建设，计划工期22个月，截至2012年12月底累计完成投资8960万元。 (*石磊*)

十堰市

【东环一级公路】 主要技术指标：双向六车道一级公路，设计时速：60公里/小时，设计路基宽36米，路面宽26米，两侧各设5米人行道和绿化带，全线设综合管沟和路灯(其中路灯、绿化、各种管线由其他相关部门负责建设)，汽车荷载等级为公路—Ⅰ级，地震动峰值加速度为0.05g、0.10g。本项目于2010年8月开工建设，2012年10月试运行通车。

【黄老大桥新建工程】 位于316国道黄龙镇西出口，属于危桥改造工程范围。现有黄龙大桥修建于上世纪六十年代末，于1970年1月建成通车。鉴于黄龙大桥的病危情况，省公路局以鄂路养〔2011〕163号文批复，同意按照现有二级公路桥梁的建设标准修建12米宽的桥梁，批复建设资金2890万元，其中自筹300万元，实际批复2590万元。根据市政府要求，316国道黄龙大桥按照一级公路建设标准新建，桥面宽24米，桥梁长度368米，预算总投资6500万元，2011年9月24日开工，计划工期18个月。

【襄关公路竹溪县城绕城段一级公路】 竹溪县县城北环路(襄关公路竹溪县城绕城段一级公路)及接线工程设计方案起点位于襄关公路K350+200处，于K351+700处与谷竹高速公路出口相交。经金铜岭跨竹溪河后又经船形寨村、工业园区、过风垭、养猪场，绕至殡仪馆前，过城关后坝村、水寨子村，再次跨越竹溪河交与襄关公路，止于中峰镇花桥寺村，终点位于襄关公路K363+000，路线全长14.67公里，涵洞53道，大中桥340延米。公路等级一级，双向四车道，设计时速60公里/小时，路基宽度30米，路面类型为沥青混凝土路面。工程建设共涉及拆迁95户、房屋面积22407.97平方米，征用土地900余亩，涉及1160余户，迁移坟墓301座，"五杆"迁移700余根。由竹溪县农业综合开发投资有限公司投资建设，投资估算总金额29077万元。本项目的建设将把襄天高速公路和竹溪道路网紧密的联结起来，形成区域内的重要联结通道。该项目2011年7月31日前全面完成征地拆迁、实物调查、挖沟放线等工作；9月5日工程顺利开工建设。2012年年底完成路基工程。

【郧阳汉江大桥】 郧阳汉江大桥是南水北调中线工程的补偿替代项目，也是丹江口库区的最长跨江大桥，位于209国道线上，湖北省郧县城关旁，它飞跨汉江，沟通南 北。长江最大支流汉水上游丹江口水库回水变化段上。大桥全长2102米，项目总投资2.55亿元。郧阳汉江大桥属地锚式钢筋混凝土斜拉桥，主跨为414米(比1995年落成的武汉长江二桥的400米主跨还长14米)，全长为586米，桥宽15.6米，设计荷载为汽—20、挂—100。采用宝石型空心索塔，双索面空间"人"字扇形斜拉索，索塔高108.5米。大桥采用二级公路标准；设计速度80km/h；通航净空：8m×120m。2008年9月26日上午正式开工，2009年年底完成了全桥桩基230根、48个承台。2010年完成了边拱支架的复建和边拱浇筑，并完成了引桥356片T梁的预制和架设；2011年，完成了主桥钢管拱22个节段的安装，主桥钢管拱于9月27日顺利合龙。2012年5月28日建成通车。

【"郧十"一级路】 "郧十"一级路起于郧县城东双庆大桥，经在建的郧县汉江二桥、长岭经济开发区、茶店镇至十堰东风轮胎公司，全长21.9公里。"郧十"一级路是鄂西生态文化旅游圈交通规划重点项目，是加快郧县与十堰城区五大对接、打造区域性中心城市重要支撑的控制性工程。2009年7月28日开工建设，2012年10月份建成通车。

【丹土一级公路】 丹土一级公路起于南水北调施工大桥南岸，沿新城区水都大道，经三官殿办事处的安乐河村、化鸡沟村，土关垭镇的龙河村、金山村、杜家湾村、土关垭村、常家桥村与汉十高速公路土关垭匝道口相接，全长21.77公里，按照高速公路标准实施，路基宽24.5米，双向6车道，设计速度80公里/小时。其中与水都大道相接的1.3公里路段按城市道路设计，路基宽40米。路基工程年前已全线贯通，路基土石方已基本完成，桥梁桩基完成100%，墩柱完成100%，T梁预制、安装完成100%，全长460米的伍家岭隧道左右洞已贯通，正抓紧进行洞内二衬混凝土施工和洞体装饰阶段。目前正抓紧进行路面施工组织。

【丹江口市东环一级公路】 丹江口市东环一级路是丹江口市城区东部外环线，线路走向为水都大道安乐河路口—许家畈—造纸厂—丹江口新大桥—雨润集团—羊山采石场—丹江口二桥，全长22公里，由太平洋集团按照BT方式承建。2012年2月8号开工建设，征地拆迁全部完毕，全线6个标段正紧张施工，路基已现雏形。羊山立交桥已基本建成，全线累计完成投资达到 4.6 亿元。

襄阳市

【207 国道襄阳城区段改建】 项目位于襄城、樊城境内，起点为樊城区团山镇 207 国道与 316 国道平面交叉中心处，经麒麟店、罗家湾、李家湾等地，终点为襄城区王树岗接 207 国道，全长 27.036 公里，其中团山至下营段 2.09 公里、营盘至凤凰山垭段 2.5 公里，分别利用已达到一级公路标准的 316 国道和 305 省道部分路段以及襄阳市内环线汉江三桥 (4.281 公里)，实际建设里程 18.165 公里。全线采用设计速度 80 公里 / 小时的双向四车道一级公路标准建设，路基宽 24.5 米，路面总宽度 21 米，估算总投资 30374 万元，资金来源为省交通运输厅补助 8978.4 万元，襄阳市自筹 21395.6 万元。2009 年 12 月 11 日开工，至 2011 年年底已完成路面 16.35 公里、路基 22.45 公里。由于国家实行严格的土地审批和环保评估政策，加之地方拆迁等实际问题，导致该项目 2011 年基本处于停工状态。在多方协调和努力下，项目于 2012 年 6 月中旬全面复工，施工单位于 6 月底进场，2012 年底全面完成基层施工 8.2 公里，南段建成通车。

（崔卫东）

【207 国道宜城市城区段改建】 即 207 国道宜城市城区明正至周岗绕城公路工程，全长 15.389 公里，新改建路段为沥青混凝土路面，项目估算投资 2.1482 亿元，其中部省补助投资 6156 万元，宜城市政府自筹 15326 万元，项目法人为宜城市公路管理段，负责项目的建设与管理，预计工期 12 个月。主要工程数量为：填方 58.7 万方，挖方 14.4 万方，底基层 30 万平方米，基层 58 万平方米，下面层 29 万平方米，上面层 30 万平方米，桥梁 3 座 (中桥 1 座，小桥 2 座)，涵洞 63 道，平面交叉 5 处。（崔卫东）

【316 国道枣阳城区段改建】 该项目起于枣阳市肖家垱，接 316 国道 K1353+190，经惠湾水库、寺沙线、枣耿线，跨沙河，与枣琚线平交，止于枣阳市西郊村，接 316 国道 K1366+800，全长 13.61 公里。全线按一级公路标准建设，路基宽 24.5 米，路面宽 21 米，双向四车道，设计车速 80 公里 / 小时，共设桥梁 3 座，涵洞 49 道，平面交叉 9 处，新建穿越沙河大桥 1 座。估算总投资 2.315 亿元，其中部省补助投资 5444 万元，枣阳市政府自筹 17706 万元，建设工期 20 个月。2012 年 3 月，省发改委以鄂发改交通〔2012〕23 号文批准工程初步设计。该项目分为两个标段实施，第一标段全长 14.173 公里，主要工程量：路基挖方 339904 方，回填山碴石 125890 方，3% 石灰土垫层 176351 方，底基层 34327 平方米，下基层 332110 平方米，基层 32422 平方米，面层 33821 平方米。第二标段全长 1.272 公里 (其中沙河大桥长 0.2752 公里，两端接线路基工程长 1.0148 公里)，大桥上部结构采用混凝土小箱梁，共分为二联，全长为 257.2 米，桥面宽度为 24.5 米。至 2012 年年底累计完成 8.61 公里。

（崔卫东）

【316 国道老河口市城区段改建】 即 316 国道老河口市绕城公路改建工程，项目起于李楼镇陈埠村，接 316 国道 K1487+600，经大明渠、沿汉江左岸布线，向西经高新科技产业园，沿汉江东岸平行穿越老河口城区，止于光化汉江大桥延长线与大桥路 (老 316 国道) 交叉处，终点桩号为 K1496+834.879，全长 9.235 公里，按一级公路标准设计，为沥青混凝土路面。其中，大桥路至环四路 3.235 公里为双向 6 车道，路基宽 24.5 米，路面宽 23 米；环四路至陈埠 6 公里为双向四车道，路基宽 21.5 米，路面宽 19 米。项目预算总投资 1.67 亿元，估算总投资 1.5969 亿元 (省交通运输厅补助 3694 万元，老河口市政府自筹资金 12275 万元)。项目建成后，将有效完善老河口城市交通体系，提升城市形象，拉动区域经济发展。襄樊市发改委和市交通局以襄发改交通〔2009〕36 号文上报《关于呈报 316 国道老河口市城区陈埠至光化桥头绕城公路改扩建工程项目可行性研究报告的请示》，2009 年 12 月通过评审，省交通运输厅以鄂交函〔2010〕160 号下达审查意见。2010 年 9 月，省发展改革委以鄂发改交通〔2010〕1166 号文下发《关于 316 国道老河口城区段改建工程可行性研究报告的批复》。项目实际于 2009 年 5 月启动，2010 年 8 月正式开工，由老河口市交通局作为建设项目业主，2010 年 9 月完成招投标，老河口市公路局施工，计划工期 1 年。至 2012 年年底，累计完成 7.2 公里。（崔卫东）

【305 省道襄关线南漳剪子沟至穿山河段改建】 该项目起于南漳县城关西的剪子沟，接 305 省道南漳城区段改建工程终点，止于穿山河桥西岸，路线全长 20.59 公里，二级公路标准，路基宽度 10 米，路面为水泥混凝土路面，共设高家垭老庄隧道 1115 米 /1 处，水田坪大桥、刘坪大桥等大中桥梁 1916 米 /11 座。至 2012 年底共完成 14.5 公里，完成投资 1.1 亿元。由南漳县公路局承担施工任务，分别为刘坪至高垭路段长 6.8 公里，施工采用路基碎石化处置新工艺，改建后为水泥混凝土路面，总投资 730 万元。鱼泉河至穿山河段 7.7 公里，路面宽 8 米，总投资 1500 万元，首次采用冷再生技术对省级公路进行改建，以增强公路路基对重载车辆的抗压抗震承受力，提高和延长公路使用寿命。

（崔卫东）

【谷城南河三桥】 该项目起于谷城县城关镇洪胜社区，止于北辰大道南河北岸河堤处，是 303 省道谷城城区绕城改线段关键控制性工程。7 月 10 日举行奠基仪式，采用 BT 模式经过两轮招投标，最终通过竞争性谈判由襄阳路桥公司承建，9 月 29 日举行开工仪式，10 月 28 日正式下达开工令。南河三桥全长 286 米，宽 27.5 米，行车道 24 米，两侧人行道各 1.75 米，双向四车道，总投资7648万元，建设工期20个月。主桥上构为26×30米预应力混凝土装配式箱梁，下构为圆柱墩配钻孔桩基础，承台分离式桥台及桩柱式桥台。2012年完成所有梁场、拌和场、钢筋加工场等场地规划布置和场地建设，完成搅拌站基脚开挖和浇筑，完成桩基主电线架设、拌和站用水架设，全面进入桩基钻探工程，完成货币工程量2000万元。（赵年雷）

【襄阳汽车客运东站】 该项目是国家“十二五”交通运输重点建设工程，位于襄阳市襄州区张湾街道办事处洪山头村，襄阳火车东站西南侧，与火车东站共用一个站前广场，属一级枢纽站。客运站紧邻316国道，距福银高速襄阳出口约10公里，距襄阳刘集飞机场约8公里。总用地面积53700平方米，总建筑面积44000平方米，设计旅客发送能力15000人次/日，站房综合楼共27层，总高99.6米，概算总投资3.8亿元。该站功能齐全，布局合理，分为长途、短途、公交、出租、旅游客运经营区，社会车辆停放区，车辆维修保养区，餐饮住宿区等多个功能区，地上停车场面积20037.9平方米，停车位175个，发车位27个，地下停车位200个。于5月17日正式开工，2012年共完成投资6110万元。项目建成后，将成为全市第一个拥有集公路、铁路、公交、出租等多种换乘方式为一体的综合示范性客运站，不仅能实现与铁路东站无缝连接，随着直达铁路东站的公交线路陆续开通，乘客在此还可实现“零距离换乘”进入市区，对襄阳经济社会发展具有重要的推动作用。（杨鹏）

【枣阳百盟商贸物流产业园】 项目位于枣阳市中心大道（高速公路连接线）与老316国道交汇处，总规划占地面积约2000亩，总投资20亿元。主要包括：物流加工、物流信息平台、大型冷冻冷藏、仓储、城市综合体验馆等。2012年8月12日开工建设，建成后可容纳5000家经营户入住，解决2万人就业，年交易额可达100亿元。（亢博谊）

【马桥物流园】 该项目位于保康县马桥镇张湾村，由湖北楚城置业有限公司投资兴建，总用地规模为200亩，计划总投资2.6亿元，总建筑面积184410平方米，停车场约28500平方米，于2012年6月开工建设，计划四年内全部建设完毕。项目将依托于马桥现有基础和未来经济发展，全力打造以集农产品交易区、汽车维修区及汽车配件交易区为主，以大型停车场、国家三级客运站、仓储中心、配送中心、信息服务调度中心为依托，以矿山机械展示交易区、农机具及配件交易区、成品车交易展示区为补充，以商务中心、酒店住宿及居住为配套的大型物流园区。（肖国亮）

【保康综合物流中心】 该中心为交通运输部“十二五”规划重点项目库项目、湖北省重点工程项目、省交通运输厅“十二五”规划重点项目，计划占地面积70亩，建筑面积30万平方米，投资主体为湖北万通田宇物流有限公司，总投资3亿元。2012年9月26日与保康县政府签订正式项目合同，同年12月14日完成土地招牌挂程序，计划三年内全部建设完毕。

（肖国亮）

【宜城王万路改建】 项目起于宜城市王集镇中心十字街口，止于万洋村，全长14.81公里，南接省道随南线，北接县道东王线，并通过东王线与省道襄钟线相连。王万路修建于上世纪60年代，近年来随着车流量的增多，加上路面年久失修，破损严重，影响行车安全，急需进行改建。为适应经济发展需要，给当地农产品销售提供快速通道，在上级交通主管部门的大力支持下，通过省发改委、省交通运输厅联合组织的专家评审，对设计方案多次经修改完善后，决定对该路进行局部优化改线建设。此次改建工程设计为水泥混凝土路面，设计车速60公里/小时，路基宽10米，路面宽7米，宜城市公路段为项目业主，湖北经天路桥公司施工，总投资5020万元，2012年完成投资2546万元。

（崔卫东）

【樊城黑牛路改建】 黑牛路北接河南，南连襄阳市区，是襄阳市通往河南省的一条重要经济通道，也是襄阳市建设综合交通枢纽，构建“十横、十五纵”骨架公路网的重要一纵。近年来，随着城市快速发展，黑牛路车流量增大，超限超载车辆增多，路面损坏严重，无法满足经济社会和交通发展需求。2012年率先启动黑牛路樊城段升级改造，项目起于樊城区牛首镇上堰村，止于牛首镇街与316国道连接处，全长8.9公里，按二级公路标准建设，改造为水泥混凝土路面。该项目的建设，对于畅通樊城区城乡交通，推动樊城经济社会发展将起到极其重要的作用。工程总投资3348万元，2012年5月开工，当年完成投资1875万元。湖北亿豪公路建设有限公司施工，应用抛填骨料混凝土新技术。

（崔卫东）

【枣蔡路改建】 琚湾(K14+264.39)至蔡阳(K20+756.5)段全长6.5公里，按平原微丘二级公路标准扩建。对原路面进行软基处理，加宽路段先铺筑50厘米厚水稳基层，最后铺筑25厘米厚水泥混凝土面板，路基宽12米，路面宽7.5米。截至12月底，完成全部路基和管涵边沟配套工程。（亢博谊）

【东园桥改扩建】 项目全长134米，桥宽24.5米，计划投资850万元。改扩建工程在老桥两侧各加宽一座宽6米，上部结构为8跨16米T梁，下部结构为桩柱式桥墩，肋板式桥台，采取上连下不连的方式共同组合成一个完整的新桥，于2011年9月6日开工，续建工程于2012年2月12日开工，主体工程于2012年9月28日完工通车。

（亢博谊）

【西环三路沙河大桥】 西环三路大桥是跨越枣阳市沙河的第五座大桥，是该市西环三路北延跨越沙河、接县道枣琚路、连通316国道的一个重要节点。大桥按公路Ⅰ级荷载标准设计，桥长286米，度32.2米，双向六车道，时速60公里，总投资4783万元，计划在20个月内完工。于2012年3月1日开工，截至2012年12月底，完成桩基81根，立柱40根，盖梁3片，桥台1个，预制20米梁板30片，40米梁板6片，完成货币工程3000多万元。 （亢博谊）

【枣阳花园路】 项目全长4.5公里，是枣阳城市新区“九纵七横”路网中的一条横向道路，西起西三环路，东止于中兴大道(孝襄高速连接线)。根据规划设计，该路采用主辅路相结合的四块形式，主路为分离式双向六车道，单幅车道宽11.75米，两侧辅路单幅车道宽9米，另辅路外侧设置宽3米的人行道。建成后将形成一条新的城市循环路，成为目前枣阳市路基最宽、绿化规格最高、形象最美的城区景观大道之一。于2012年9月14日开工，截至2012年12月底，累计完成货币工程量3000万元。

（亢博谊）

【谷城庙盛路】 该路是连接谷城县庙滩镇至盛康镇的重要路线，全长25.77公里，通往南河小三峡旅游景点，按三级路改建，路基宽7.5米，路面宽6米。技术采取对原路面较好的路段进行局部坑槽处理调平压实后，直接铺筑22CM厚的水泥混凝土路面。对路况较差的路段加铺一层厚16CM的5%水稳砂砾石补强层，采用C15水泥混凝土调平后，铺筑22CM厚的C30水泥混凝土路面。路肩培土压实，沿线涵洞配套完整，疏通排水边沟。计划总投资1503万元，实际经财审中心评定建安费为1322万元，资金来源为上级交通部门补助与地方政府各按50%配套，工程于4月1日正式动工，由于8月份突发水毁灾情和9月份农电改造，为确保按期完成，又新成立一个项目部，新购一台燃油机组，实行双向施工，于12月15日全线完工。 （赵年雷）

【谷城谷粟路】 全长93.15公里，本次计划修建20公里，桩号为K13+800—K33+800，按照四级公路标准修建，设计行车速度20公里/小时，路基宽6.5米，路面宽6米，水泥混凝土路面。招标范围包括路面、桥涵防护排水等工程。计划于2012年1月15日开工，2012年9月15日完工，工期8个月。已完成4公里，折合货币工作量240万元。由于资金拨款尚未到位，于5月底停工。 （崔卫东）

【襄州黄老路改建】 起于襄州区高王，止于张岗，改建项目长6.73公里，总投资2894万元，2012年5月开工，当年完成1081万元，项目业主为襄州区交通运输局。 （崔卫东）

【襄州埠双路改建】 起于埠口，止于双沟，全长23.58公里，总投资11339万元，2012年5月开工，当年完成投资5037万元，项目业主为襄州区交通运输局。 （崔卫东）

【305省道尹集至尤岗段路面大修】 原路面于2006年建成，因交通量急剧增大，水泥路面出现纵横斜向裂缝、露骨、交叉裂缝、断板等，沥青路面也出现坑槽、龟裂、沉陷等病害。施工路段全长11.1公里，起点桩号K14+500，止点桩号K25+600。按一级公路标准设计，计划总投资1324.23万元，于2012年3月31日正式开工，10月上旬竣工，完成货币工程量1798万元。 （崔卫东）

【250省道宜远线南漳段大修】 该工程全长13.1公里，总投资1179万元，3月27日开工，同年11月底竣工，由南漳县公路局所属久通路桥公司承担施工任务。 （崔卫东）

【老河口李王路大修】 工程全长3.1公里，起于袁冲乡八里岗，止于纪洪街十字路口，设计标准为二级公路，时速为40公里。2012年8月25日开工，12月底完工。加上年初完成的袁冲至八里岗段4.2公里，共7.3公里，投资457.5万元。 （崔卫东）

【桐枣102段大修】 全长2.7公里，于2012年8月25日开工建设，采取碎石化处理方式，对原有路基加固补强，然后铺筑25厘米厚水泥混凝土路面，路基宽12米，路面9米，于12月16日完工通车，总投资360万元。

（亢博谊）

【草双路大修】 全长6公里，于2012年4月2日开工，路面宽6米，路基宽7.5米，基层为17厘米厚水稳层，面层铺筑24厘米厚C30混凝土面板，2012年8月8日完工通车，总投资360万元。 （亢博谊）

【枣阳太王路改建】 全长13.1公里，路基宽12米，路面7.5米，总投资5051万元。于2012年5月8日开工，截至12月底，完成路基加宽、补强、调坡13.1公里，完成基层、面层10.1公里，完成杨垱街道维修2750平方米，完成投资2261万元。 （亢博谊）

【襄关路保康县城北路面加宽】 起止点为保康县城区二桥至巨力公司，全长1100米。主要是沿路挡土墙的砌筑及路面加宽，工程于9月初开工，11月15日完工，完成货币工程量296.3万元。 （肖国亮）

【襄关路保康城关段大修】 该项目起止桩号为K135+300～K140+500，全长5.2公里，于4月11日开工，11月15日全面完工，完成货币工程量468万元。 （肖国亮）

【保宜路大修】 该项目起止桩号为K44+000～K69+100，全长25.1公里，于4月1日开工，9月18日全面完工，完成货币工程量2379万元。

（肖国亮）

【后高路大修】 该项目起止桩号为K17+100～K20+100、K26+200～K26+800，全长3.6公里，于4月24日开工，10月30日全面完工，完成

红岩寺洞口

货币工程量 468 万元。（肖国亮）

【马重路路面改造】 该项目起止桩号为 K0 ~ K13+020，全长 13.02 公里，12 月底全部完工，完成货币工程量 781.2 万元。（肖国亮）

【朱金路路面改造】 改造路段全长 18 公里，5 月 8 日开工，12 月 10 日全面完工，完成货币工程量 685.3 万元。（肖国亮）

【张段路路面工程】 该项目起止桩号为 K0+000 ~ K24+118，全长 24.118 公里，4 月 21 日开工，截至年底累计完成混凝土面层双幅 15 公里，完成形象进度 62.2%，完成货币工程量 1556 万元。（肖国亮）

宜昌市

【宜昌市庙嘴长江大桥正式开工】 11 月 18 日，历时 3 年筹备的宜昌庙嘴长江大桥项目正式开工。湖北省委常委、宜昌市委书记黄楚平宣布大桥开工。2009 年底，宜昌庙嘴长江大桥项目正式启动。2011 年 1 月，庙嘴长江大桥的工程项目建议书、可行性研究报告编制完成。2011 年 2 月，市住建委就宜昌庙嘴长江大桥工程环境影响评价进行公示，并首次公布了该桥设计细节。2011 年 5 月 23 日，宜昌市住建委、市城投公司发布公告，通过方案征集（方案竞赛）的方式确定宜昌庙嘴长江大桥的设计方案，诚邀国内桥梁设计单位或设计联合体参加方案竞赛。中铁大桥勘测设计院中标大桥初步设计和施工图设计等工作。国家发改委于 2012 年 6 月 28 日正式批复，同意建设宜昌庙嘴长江大桥。大桥位于葛洲坝下游 2.7 公里，大桥长 3234.7 米，主桥宽 31.5 米，双向六车道，总投资 27.5 亿元；采用钢板结合梁悬索方式，针对性地解决了钢箱梁与桥面结合不好、后期桥梁维护量大等问题，是继在建的武汉鹦鹉洲大桥之后，世界上第二座钢板结合梁悬索特大桥。为建设世界水电旅游名城，突出宜昌地域文化特色，设计中充分融入宜昌元素。庙嘴大桥整体造型雄浑刚劲，将赋予温婉宜昌一番阳刚壮美。大江桥主塔为门型塔式结构，围合出“山”的虚型，勾勒出“巴山剪影”的意象；横梁及塔身采取多层次构造处理，叠级上升，象征着宜昌山水的坚实与博大。三江桥采用主跨 210 米的中央索面高低塔混凝土梁斜拉桥方案，造型简洁有力，与大江桥虚实呼应，有着别具一格的灵动。另外，大桥所在地于”中华鲟的核心保护区，为避免大桥建设对中华鲟栖息地产生破坏，大桥采用“一跨过江”方式，不在水中架设桥墩；施工过程中，施工方还将注意垃圾处理和光源使用，减少垃圾污染和声光污染。这种设计，既使中华鲟洄游不受影响，也保证了长江航道不断航，可以有效保护周边环境及长江珍稀生物多样性。大桥由中铁大桥局与葛洲坝五公司联合作为施工单位。（华文）

【陆城至渔洋关一级公路改建工程基本建成】 陆城至渔洋关一级公路起于宜都市陆城街道，止于五峰土家族自制县渔洋关镇，穿越宜都、长阳、五峰三个县市，全长 51.68 公里（宜都境内 44.7 公里、长阳境内 2.1 公里、五峰境内 4.9 公里），大中桥梁 9 座 2142 延米，隧道 5 座（双幅）8416 米。全线按设计速度 60 公里 / 小时的双向四车道一级公路标准建设，沥青混凝土路面，路基宽 20 米，行车道宽 15 米，桥涵与路基同宽，汽车荷载等级为公路—I 级，建设工期 36 个月，概算总投资为 10.8152 亿元。由宜都市政府成立的宜都市中路建设开发公司作为项目建设法人，具体负责该项目工程建设的各项工作。项目采用设站收费方式偿还贷款本息，其中资本金约占 49%（省交通厅 3.71 亿元，省发改委 0.53 亿元，省财政 0.4 亿元，政府投资 0.4 亿元），银行贷款约占 51%(5.27 亿元）。由重庆交通科研设计院负责设计，湖北利民建设工程咨询有限公司负责监理，中铁四局、八局、十八局、二十二局、湖北省路桥集团有限公司等单位承担施工，该工程于 2009 年 3 月动工，2012 年年底基本建成，建成后的陆渔一级公路将陆城至五峰渔洋关的行车时间缩短至 1 小时以内，并将大大改善鄂西少数民族地区的路网布局和交通条件，促进宜昌、宜都、五峰、鹤峰等地的交流，推动区域经济社会发展。

（杨娇　王友贵）

【小鸦一级公路改建工程小龙段通过交工验收】 11月7日，小鸦一级公路改建工程小龙段完成交工验收，质量等级评定为合格。小鸦一级公路改建工程起于夷陵经济开发区，止于鸦鹊岭麻场岗，全长31.32公里，实际建设里程27.79公里，设计为公路一级，车速为80公里/小时，路基宽度24.5米，双向四车道，沥青混凝土路面，大中小桥23座，上跨渡槽2座。预算投资4.717亿元，实际投资预计7亿元。该项目分两期实施，一期工程小溪塔至龙泉段14.8公里，大中小桥梁13座；二期工程龙泉至鸦鹊岭段12.996公里，共分四个合同段，建安费合同额为33136.13万元(不含接线道363米912万元)。该项目按照BT模式建设，经过依法公开招商和招标，确定了四个合同段的投资商、设计单位、施工单位、监理单位和第三方检测单位。小鸦公路改建二期工程自3月10日实施主体工程建议以来，截至12月底，三标段完成路基主体工程，完成上路床60公分炮渣石，完成边沟涵洞和桥梁等路基工程，上路床20公分碎石土精加工部分完成2公里。四标段因滑坡段改线和接线道财政评审原因工期推迟，截至12月底四标段一工区基本完成桥梁、涵洞和路基主体工程，余下部分路段路基工程尚未完成，炮渣石铺筑完成约3公里；四标段二工区墩子河大桥桩基开始动工，梁板开始预制，改线段路基工程尚未完工，路基基本成型约2公里。完成便道接线224处，人行踏步127处。 （杨娇　李劲松）

【318国道万城大桥至云池一级公路改建】 1月，318国道万城大桥至云池一级公路改建工程白洋至太保场段开工建设。白洋至太保场段是318国道万城大桥至云池一级公路改建工程的一部分，长11.18公里，桥梁1座63延米。318国道万城大桥至云池一级公路改建工程起于318国道万城大桥，止于猇亭云池桥，全长61.37公里，桥梁16座886.2延米。全线按设计速度80公里/小时的双向四车道一级公路标准建设，沥青混凝土路面，路基宽21.5米，行车道宽15米，桥涵与路基同宽，汽车荷载等级为公路—I级，建设工期24个月，概算投资为11.19亿元。由枝江市组织成立的枝江318国道一级公路改建工程建设指挥部为建设法人，具体负责该项目工程建设的各项工作。项目采用设站收费方式偿还贷款本息，其中资本金约占35%(省交通厅投资2.484亿元，枝江、猇亭政府投资1.13亿元)，银行贷款约占65%(6.72亿元)。 （杨娇）

【枝江白洋至雅畈一级公路太保场至田家河段新建工程开工】 宜昌交通“四港六路”建设工程之一。白雅一级公路太保场至田家河段新建工程位于枝江市，是连接宜昌白洋工业园区沙湾片区与田家河片区的快速通道和骨架道路。建成后对提升园区货运通行能力，促进区域内水、公、铁联运畅通便捷具有重要作用。路线起于白洋镇太保场村，上跨待建的宜张高速公路，止于田家河，全长4.526公里。按设计速度80公里/小时、路基宽21.5米的双向四车道一级公路标准建设，估算投资9800万元。7月1日，湖北省“十二五”第四批港航项目暨宜昌交通“四港六路”建设工程启动仪式在枝江白洋作业区综合码头现场举行。副省长、宜昌市委书记、市人大主任郭有明宣布工程开工。 （李宪）

【坝慈一级公路新建工程开工】 宜昌交通“四港六路”建设工程之一。路线起于华强化工公司大门，连接城区锦屏大道，沿老坝慈路布局，在何畈村与当阳三桥引道连接，全长3.4公里，其中坝慈路段长2.3公里，三桥引道长1.1公里。该路技术指标按一级路四车道设计，全宽20米，其中主车道宽14米(单车道宽3.5米)，中心双黄线宽0.5米，两边硬路肩各宽2.25米，护肩带(土路肩)宽0.5米。设计时速60公里，全长3.277公里，总投资5000余万元，由当阳市政府全额投资。3月28日，坝慈一级路施工图通过评审。4月中旬指挥部正式挂牌成立，5月15日完成一期工程招投标程序，中标价为2779万元，由宜昌市交通规划勘察设计院设计、核工业华东建设工程集团公司承建，监理单位为湖北江汉工程咨询有限公司。5月25日坝慈一级路开工建设，截至12月底，坝慈路段完成主油层及罩面层铺筑，建成通车；接线道(K2+131.5 ~ K3+040)完成三层水稳层及稀浆封层；桥头处(K3+040 ~ K3+273)路床整型到位；全线附属工程全部完工。 （赵在海　沈艳丽）

【当阳至枝江一级公路改建工程续建】 该工程于当阳至枝江一级公路改建工程起于远当一级公路当阳市城关子龙渠化路口，止于枝江市马家店，与318国道相接，全长55.388公里，桥梁6座348延米，涵洞159道，分离式立体交叉3处，平面交叉64处。

宽阔的小鸦一级公路是夷陵区城乡统筹发展的主动脉

省、市有关领导为湖北省"十二五"第四批港航项目暨宜昌交通"四港六路"建设工程启动剪彩

全线按设计速度80公里/小时的双向四车道一级公路标准建设，沥青混凝土路面，路基宽21.5米，行车道宽15米，桥涵与路基同宽，汽车荷载等级为公路—I级，建设工期36个月，概算总投资8.647亿元。由当阳市组织成立的当枝一级公路改建工程建设指挥部为项目建设法人，具体负责该项目工程建设的各项工作。枝江市政府成立协调指挥部负责本辖区的协调等前期工作。2011年7月30日开工建设，至2012年底已完成当阳市城区段4.3公里，完成投资4300万元(建安投资)。（杨桥）

【秭归县城出口一级公路】 秭归县城出口一级公路位于秭归县茅坪镇境内，为秭归县城主城区和港区连接翻坝高速公路的快速通道，也是秭归工业园区、物流园区重要的基础设施配套项目。采用设计速度60公里/小时、路基宽度为20米的双向四车道一级公路标准建设，线路全长7.58公里，其中新建2.74公里(含陈家冲大桥417米)，改造4.84公里。估算投资为2.8463亿元，其中：部省补助投资0.3032亿元，秭归县人民政府自筹2.5431亿元(含三峡后续规划资金)。新建段2.74公里采用BT模式进行招商洽谈，监理及施工招标正在进行，挖沟放线及实物指标调查工作基本完成，征地拆迁工作正在进行，年底正式开工建设。2011年3月16日，秭归县城出口一级公路控制性工程—陈家冲大桥项目开工建设，至年底，陈家冲大桥下构及两岸接线已完成，梁板预制2片，完成投资6800万元。陈家冲大桥已于去年3月16日开工，目前已完成全桥64根桩基、18个承台的施工，墩身完成700米，占总量的90%，桥头接线完成80%，梁体预制场地基本完成，月底可开始梁体预制，累计完成投资3226万元。年底将完成墩身浇筑，完成20片梁体的预制。（杨桥）

【鸦来公路五峰境宋家河至左家桥段新建工程建成通车】 该项目属湖北省"十五"期干线公路网改造项目，起于采花乡宋家河，止于湾潭镇左家桥，路线全长12.814公里(含北风垭隧道)，大中桥482米/7座，短隧道167米/1道。鸦来路宋家河至左家桥段新建工程，于2007年开始启动，主体工程于2012年11月27日全面完工，预计12月底通车。该项目的建成较每年大雪封山近月余原鸦来线独岭段降低海拔500多米，缩短里程10公里；降低五峰至巴东县道沙子垭段道路海拔200多米，缩短里程5公里，真正解决了鸦来路、五巴路瓶颈地段，对于完善公路网结构，提高路网通达深度，改善投资环境，开发矿产和旅游资源，适应交通日益增长的需要，促进沿线经济的发展，加快山区人民脱贫致富的步伐，具有极其重要的意义。（杨桥）

【远安县棚马线洋坪至河口二级公路改建工程建成通车】 该路段改建工程全长17.33公里，双向两车道，项目总投资7000万元。主要技术指标为：按设计速度60公里/小时(洋坪、河口集镇、映沟段按40公里/小时)二级公路标准建设，路基宽8.5米，行车道宽8.0米，汽车荷载等级公路—Ⅱ级。2011年12月28日改建工程开工建设，至2012年底全线建成通车。该项目建成通车，对于完善公路网结构，提高路网通达深度，改善投资环境，开发矿产和旅游资源，适应交通日益增长的需要，促进沿线经济的发展，具有极其重要的意义。（杨桥）

【兴山县古夫至昭君桥高速接线路新建工程开工】 兴山县古夫至昭君桥高速接线路新建工程地处兴山县境内，起点位于兴山县古夫镇高阳大道与香溪大道交叉处，经麦仓口、满天星、古洞口Ⅱ级电站、孙家湾、并跨越昭君大桥，与宜巴高速公路兴山连接线顺接。全线采用双车道二级公路标准，设计车速60公里/小时，整体式路基宽度12米，行车道7米，荷载等级为公路—I级，桥梁与路基同宽。路线长10.5公里，其中特大桥2687.5延米/座、926.0延米/座，中桥980延米/3座，隧道220.0米。（杨桥）

【青堡公路改造工程开工】 长阳青(树包)至堡(镇)公路(原火碑线)改建工程，2010年5月开工建设，全长34.6公里。全线按二级公路标准控制，设计行车时速40公里/小时，路基宽度8.5米，路面宽度7米。项目总预算7767.8万元。一期工程15公里水泥路面全面完成，二期工程18.3公里，路基全部完成，路面工程完成5公里。该工程由长阳金路交通建设投资有限责任公司承建，黄冈公路勘察设计院设计，湖北长阳路通总公司施工，宜昌宏

源交通监理咨询有限责任公司监理。

（赵运东）

荆州市

【松滋市成为全省农村公路危桥改造示范县】 2012年，松滋市被省交通运输厅列为“全省农村公路危桥改造试点县市”。年初，根据省、荆州市要求，交通运输局组织专班力量，深入到各乡镇实行现场调查，确定全市需改造的危桥数量为121座，其中需重建的66座，计1226延米，需维修改造的55座，1191延米。预算工程总投资约5500万元，其中争取国家和省专项资金补助2300余万元，地方财政补助800余万元。2012年9月17日，松滋市政府召开了全市农村公路危桥改造工作会议，决定危桥改造项目计划分2年实施，分别与各乡镇签订了危桥改造目标责任书。为确保工程的顺利推进，松滋市政府在财力不足的情况下挤出资金予以配套支持：对于县道上的危桥重建项目，除省市补助资金外，不足部分市财政予以全额配套；对于其他拆除重建的危桥项目，上级补助不足的部分由市财政给予每延米0.6万元补助；剩余的资金缺口，由业主方采取“一事一议”、社会捐赠等多种形式筹集。市政府要求有危桥改造任务的乡镇，在实施水利、血防、土地整理、新农村建设等涉农项目时，要整合涉农项目资金，优先用于危桥改造，绝对不能增加农民负担。截至年底，松滋已开工建设危桥42座，其中12座改造完工，累计完成货币工程量1358.3万元。其余的79座危桥安排在2013年改造完成。

（朱卫华　李宝婵）

【荆州郢城客运换乘中心开工】 4月12日，全省第一批重点客运枢纽物流园区开工暨郢城客运换乘中心奠基仪式在荆州举行。荆州郢城客运换乘中心是交通运输部确定的国家公路运输枢纽城市综合客运枢纽项目之一。是我省交通运输部门抓住沪蓉高速铁路客运专线的建设机遇，构建综合运输体系的重要举措。是推进便民惠民交通基础设施建设的重要工程。工程的建设，是适应城市发展的需要，必将进一步推进城市公共设施一体化、新型城市化和城乡一体化进程，进一步完善城市功能布局，进一步促进区域经济发展。全省第一批重点客运枢纽和物流园区开工暨郢城客运换乘中心奠基，是贯彻落实省政府和省交通运输厅“重大项目建设年”有关要求，加快推进重点运管物流站场项目建设进度的重大举措。

至年底，荆州郢城综合客运枢纽站长途客运站一期土石方回填工程已经完成，站务综合楼建设工程招标完成，施工单位已进场施工桩基工程；公交客运站“三通一平”工作已完成，公交服务用房主站楼完成三层主体工程施工；上下客区公交候车棚、场区路面刷黑、场区内绿化、场区入口、出口处道闸及电动门安置工程均已完工。

（颜雄飞）

【荆州长江公铁两用特大桥开工】 荆州长江公铁两用特大桥于2012年8月3日由铁道部、湖北省政府、湖南省政府批复新建荆州至岳阳铁路荆州长江公铁两用特大桥工程初步设计(铁鉴函〔2012〕949号)。2012年10月16日，蒙西华中铁路煤运大通道荆岳段暨荆州长江公铁两用桥、岳阳洞庭湖大桥建设动员大会在湖南岳阳市洞庭湖畔举行，这标志着我国目前第一条南北走向的煤运大通道荆岳段率先拉开建设大幕，也标志着荆州境内第二长江大桥开工建设。该桥位于荆州境内长江北岸的江陵县和长江南岸的公安县之间，设计全长6317.672米，公铁合建段长度2015.9米，最大跨度518米，主桥结构为钢桁梁双塔斜拉桥。桥梁铁路通行标准为国铁Ⅰ级，双线，线间距4.2米。公路通行标准为公路一级，双向四车道，设计时速80公里。该桥特大桥建设投资25.96亿元，其中静态投资23.58亿元。建设总工期5年。

（李进山　王昌福）

【二广高速公安东岳庙至卷桥段开工】 10月28日，二广高速公路公安东岳庙至卷桥段正式开工。二广高速公路东岳庙至卷桥段起于荆东高速公路东岳庙主线收费站以南，止于鄂湘省界的卷桥与在建的湖南东常高速公路对接，全长3.47公里。因历史原因，该路段成为二广高速公路通道中衔接鄂湘两省的断头路。4月份，经省交通运输厅和市政府批准，同意由荆州长江公路大桥管理局作为项目法人，负责建设和管理国家二广高速公路公安东岳庙至卷桥段。为加快推动该工程建设，荆州长江公路大桥管理局在103天内完成了项目前期工作。该路段路基宽度26米，按双向四车道高速公路标准建设，设计速度每小时100公里，估算总投资2.011亿元，建

4月12日，湖北省运管物流站场项目推进会在荆州市召开

设工期为 24 个月。该路段建成后，将打通鄂湘省际交通瓶颈，充分发挥二广高速公路通道功能，进一步助推荆州“交通壮腰”。（王万红）

【荆州至松滋一级公路开工】 11 月 1 日上午，荆州至松滋一级公路建设项目开工仪式在松滋市举行。该公路是省委、省政府实施“壮腰工程”的重要内容，也是实施长江经济带开放开发和鄂西生态文化旅游圈战略以及全省“十二五”交通规划的重点项目，是连接荆(州)荆(门)宜(昌)城市圈、贯穿荆州长江以南县市区的快速通道。荆松一级公路起点位于荆州长江大桥桥南收费站，终点为王家桥镇桠杈铺与宜都市宜洋一级公路对接，全长 63.52 公里，途经公安县埠河镇、荆州区弥市镇、松滋市沙道观镇、八宝镇、新江口镇，穿越 28 个行政村。其中松滋市境内 46.11 公里、公安县 6.62 公里、荆州区 10.79 公里，该公路双向四车道，设计时速每小时 80 公里，公路正线长 56.064 公里、桥梁 6.524 公里，其中特大桥 3 座计 4812 延米。建设用地约 3564 亩，拆迁房屋面积约 95600 平方米，工程总造价为 20.7 亿元，计划建设工期 36 个月。

【石首市工业综合码头工程通过竣工验收】 石首市工业综合码头工程是湖北省“十一五”港口建设项目。该码头工程于 2005 年 10 月 25 日经湖北省发展改革委员会以鄂发改交通〔2005〕929 号文件对工可报告予以批复，初步设计包括 1 个散货泊位、2 个大件泊位、2 个件杂泊位、1 个化危品泊位等 6 个 2000 吨级泊位(件杂泊位兼顾 3000 吨级)，各泊位均采用实体斜坡道结构。设计占用港口岸线 1076 米、设计年吞吐量为 155 万吨。该码头工程分两期实施，一期工程于 2006 年 10 月动工、2007 年 3 月完工，二期工程于 2011 年 4 月 28 日动工、2012 年 5 月底完工。经过试运行，石首市工业综合码头一、二期工程于 2012 年 12 月 13 日通过了荆州市港航局组织的竣工验收。由荆州市交通运输局、交通质监站、港航管理局，长航荆州公安分局水上消防支队、荆州海事局石首处，石首市交通运输局、河道管理局、环境保护局、审计局、安监局、港航处等单位组成的验收小组对工程进行实地查看验收，认为该工程质量合格，同意正式交付使用。（王军强）

建设中的松滋港区车阳河综合码头

【松滋车阳河综合码头工程完工】 荆州港松滋港区车阳河综合码头工程项目位于松滋市境内长江关洲水道南岸的车阳河，新建 4 个 3000 吨级泊位，其中 1 个散货泊位、1 个通用泊位和 2 个件杂泊位，设计通过能力 280 万吨/年，使用岸线长度 600 米，总投资 5.3 亿元。该综合码头于 2011 年 5 月 19 日开工，2 号、3 号泊位水工建筑由中交三航局第三工程有限公司中标承建，年底完工。该码头工程建设仅历时 1 年半时间，完成了码头水工建筑物、简易道路堆场、机械设备的建设，在全省港航建设史上是极为少见的。在建设过程中，各参建单位团结一心，紧密配合，克服了外部环境恶劣、地形条件复杂、施工难度大等一系列不利因素的影响，13 天完成全部 150 根钢护筒施打、60 天完成约 16000 平方米道路堆场的土石方爆破、开挖及面层硬化。该码头工程的建设，使得昔日的荒山滩涂变成了货源滚滚、生产繁忙的现代化港口，让松滋市从此彻底破除了水运交通瓶颈，通过构建公、铁、水联运的立体交通体系，打造成为对接长江经济带、承接三峡地区经济辐射、融入“荆荆宜”城市圈的“桥头堡”。（李宝婵）

【盐卡三期多用途码头水工建筑完工】 荆州港盐卡三期多用途码头工程建设项目湖北省发展改革委员会以鄂发改交通〔2010〕1378 号批准建设。该码头工程位于长江中游北岸荆州市沙市河段的瓦口子水道，在荆江大堤和柳林围堤之间，上、下游分别接盐卡二期工程和盐卡一期工程，项目业主为荆州港盐卡三期码头建设有限公司，建设资金来自部省补助和企业自筹。三期多用途码头工程的年设计吞吐量为 317 万吨，工程总投资 9.3 亿元。三期多用途码头的 1 号、2 号泊位水工建筑物为一座长 216 米、宽 30 米的码头平台，2 座长 109 米、宽 12 米的引桥。工程于 2011 年 9 月 29 日正式沉桩动工，被交通部列为 2012 年公路水运工程质量安全督查重点项目，是湖北省唯一一个省级级重点督查项目，经过一年多的建设，至 2012 年年底基本完工，进入交工验收阶段。盐卡三期码头建成后，与盐卡一期、二期码头平台连成了一条岸线总长近 1 公里的吊机林立，气势恢宏码头，整个盐卡港区陆域面积将达1030亩，吞吐能力可突破1000万吨，集装箱可达100万标准箱。随着港区绿化等配套工程的强力推进，一个功能完善、规模宏大、环境优美的专业化、现代化港区将展现在世人面前。（王晶）

【监利容城新洲码头工程】 荆州港监利容城港区新洲码头工程位于长江中游调关至盐船套河段的北岸。工程建设规模为新建3000吨级泊位4个，新建散货泊位2个，设计年通过能力195万吨，同时建设相应配套设设施，使用岸线长度900米，工程估算投资22233.68万元。该码头工程于2011年3月29日举行奠基，2012年9月18日，监利县县长黄镇代表县政府与湖北省国阳秀美投资管理有限责任公司总经理杨国在新洲码头项目BOT协议文本上签字，该项目建成后由湖北省国阳秀美投资管理有限责任公司负责营运管理，经营期限40年。至年底该码头工程完成土方吹填30万方。（王晶）

【洪湖新堤综合码头工程】 洪湖新堤港区综合码头工程位于长江中游新堤水道出口和石头关水道进口段左岸，工程建设规模为3000吨级货船的件杂泊位2个、设计年吞吐量为60万吨，3000吨级货船散货泊位2个、设计年吞吐量125万吨，同时建设相应配套设施，使用岸线长度300米，项目估算总投资为23581万元。该码头工程自开工后，各项施工齐头并进，进展顺利。2012年完成了1号引桥桥梁和2号引桥桥梁的钻孔灌注桩、承台、立柱、帽梁、台背回填以及码头平台施工，上横梁吊装26跨，面板吊装360片，靠船立柱下半截安装5根，下横梁浇注28榀、面板浇筑全部完成。至年底累计完成货币工程量7100万元。（王晶）

【荆州李埠综合码头工程】 李埠综合码头位于长江中游沙市河弯左岸，新建泊位6个，设计年吞吐量190万吨，同时建设相应的配套设施，使用岸线长度900米，投资估算2.65亿元。工程由中交二航局中标承建，自2011年8月20日开工后，完成码头后平台面层结构段共计5段，码头平台的钢系船梁111根，走道板槽钢焊接施工(走道梁)190根，长500米的码头岸线已基本形成，累计完成货币工程量7142万元。荆州港李埠港区是荆州组合港的核心港区之一，是距引江济汉通航工程入口最近的货物集散地，建成后将成为长江进入引江济汉渠至汉江的物流中转港。（王晶）

【沙市柳林煤炭储运码头工程开工】 沙市柳林煤炭储运码头工程位于长江中游荆江沙市段瓦口子水道左岸，主要工程包括2个3000吨级散货码头及码头平台、变电所平台、引桥、护岸等。码头平台采用直立式高桩梁板结构，长195米，宽22米；引桥由架空皮带机栈桥和车行引桥组成，架空皮带机栈桥宽6.5米，车行引桥宽5.5米。设计港口货物年吞吐能力196万吨，使用岸线长度300米，总投资2.1亿元。工程由中交二航局中标承建，10月1日正式开工，至年底完成前沿钢管桩的沉桩施工、前方设备采购的招投标工作，累计完成货币工程量6000万元。该码头工程的建设，对提高荆州港吞吐能力，改善区域投资环境，促进荆州市及周边地区经济发展具有重要意义。（王晶）

【沙隆达股份有限公司热电煤码头工程完工】 位于长江中游沙市河段瓦口子水道左岸，长江中游航道里程约471公里处。建设规模为1个2000吨级散货泊位，设计年通过能力70万吨，使用岸线长度150米，由交通部批复使用。该热电煤码头项目总投资3832万元，由沙隆达建设、运营，是与沙隆达热电工程配套的专用煤码头。工程于2011年3月开工，经过一年多的建设于2012年5月完工。（王晶）

【国电沙市煤炭储配中心码头改扩建】 国电沙市煤炭储配中心码头改扩建工程于2011年12月21日奠基后，经过一年的施工，完成1号泊位码头的引桥及护岸工程，管桩沉桩施工已完成23根。2号堆场的土方开挖和8号转运站桩基钢筋笼制作已完成，构件安装完成率90%，码头变电所施工升降机安装调试完毕。该码头改扩建工程设计年通过能力为310万吨，使用岸线长度300米，总投资3.4亿元，至年底累计完成货币工程量8289.98万元。（王晶）

【省道红东公路松滋段完成路面改建】 省道红东公路路面改建工程为杨林市至大河北段全长8公里，工程按二级公路标准改建。设计时速60公里，路面结构采用20厘米的冷再生下基层，18厘米水泥稳定碎石上基层，5厘米AC-16和3厘米AC-10沥青混凝土面层，路面设计结构层总厚度46厘米。该工程总投资1224万元，2月25日开工，由松滋市言程公路养护建设有限公司承建。施工中按四级保障体系，从施工程序、质量监控、责任追究等几个方面严格把关，较好地完成了改建工程，7月31日全面完工。（苏敬华　朱卫华）

【省道沙渔公路松滋段完成路面改建】 全长4.5公里。公路等级为二级，设计行车时速为60公里，路基宽度为12米，路面结构为水泥混凝土路面。该工程总投资688.5万元，5月4日开工，由湖北高成公路工程有限公司承建。9月28日全面完工。（苏敬华　朱卫华）

【荆州区新场至联山国防战备公路建成】 荆州区新场至联山国防战备公路起于八岭山镇新场村，止于马山镇联山村，全长6.97公里。该国防战备公路于2011年11月17日已完成项目招标并签定施工合同进场施工，施工单位为湖北远程公路有限公司，合同金额596万元，监理单位为湖北华捷监理有限公司。2012年6月18日该国防战备公路建成，公路建成后不仅改善了两地之间的交通状况，为国防战备发挥作用，还为当地民众的方便快捷出行创造了条件。（唐亮）

【江陵县三观公路改建工程完工】 江陵县三观公路改建工程于2012年4月动工，当年10月底完工。该公路改建工程从江陵资市至滩桥全长13.6公里，途经三湖、江北、资市、滩桥等4个乡镇，拟由县乡公路升为省道。该公路按二级公路标准改建，改建成后将成为江陵县横贯东西的重要经济干道。该公路的资市集镇路段改建工程长5.473公里，于2012年4月动工，中标单位为：湖北博诚公路工程有限公司，监理单位为：湖北博盛交通工程监理咨询有限公司，工程投资806万元，10月底完工。该路段该项目完工后，公路的技术标准将大为提升，彻底改善群众出行条件。

（袁丹眉　张佳佳）

【省道秦黄公路石首横沟市路段大修完工】 省道秦黄公路石首横沟市镇街道路段大修工程全长4.3公里，按照二级公路标准维修建设，工程投资780万元。该路段由横沟市镇政府和公路部门共同投资，石首市公路局养护公司承建，湖北省华捷监理工程咨询公司监理。于2012年3月2日开工，当年11月29日完工。该路段是横沟市镇的主要道路，通过实行全面改造为横沟市镇创建省级卫生镇打下了坚实基础。

（王军强）

【省道公石公路建宁路段维修】 省道公石公路建宁路段是石首市城区主要干道，全长2公里，交通十分发达，路面破碎状况严重。2012年7月，石首市政府和公路部门筹集资金790万元，石首市公路局养护公司开始对该路段的水泥路破碎板进行处治，经过4个月的施工，处治路面水泥破碎板23300平方米，全线达到二级公路标准。该路段的维修，为紧邻该路段的石首市重要的金平工业园区提供了良好的交通环境。

（王军强）

【石首市开发大道延伸工程竣工】 石首市开发大道延伸新建工程位于该市金平工业园腹地，北联公石公路，南抵即将开建的蒙华铁路石首车火车站，全长1025米。该大道宽44米，全线基础处理采用级配碎石换填，2层34厘米水泥稳定基层，26厘米厚C30水泥混凝土面板，工程总投资2400余万。该道路工程由石首市经济开发区管理委员会投资，石首市宏达路桥有限公司施工，荆州江明监理公司石首分公司监理。于2011年4月12日动工兴建，2012年11月整体工程竣工。该道路工程的建设，改变了工业园区的交通面貌和投资环境，促进了金平工业园的发展。

（王军强）

【石首市明珠大道拓宽改造工程竣工】 总投资8600万元石首市明珠大道于2012年7月25日全面竣工。该大道全长4005米，宽60米，北接石首市东方大道，跨山底湖大桥，南连建宁大道，是石首市城区道路“五纵四横”干道网布局东主要干线。全线基础处理采取级配碎石换填，路面结构层为三层54厘米水泥稳定基层，三层15厘米沥青面层。该道路工程由石首市住房与城乡建设局投资，石首市宏达路桥有限公司施工，岳阳交通监理咨询有限公司监理。于2011年7月7日动工兴建，同年12月29日完成路面二层刷黑，2012年春节之前试通车，2012年3月下旬启动第三层刷黑，相关配套及工程于2012年7月25日前全面完成。该道路工程的建设，有力地缓解了石首市城区交通压力。

（王军强）

【石首市沿江大道工程竣工】 石首市沿江大道道路新建工程位于石首市绣林一小至武装部之间，全长757.85米，路面宽14米，路面结构为2层34厘米水泥稳定砂砾基层，26厘米厚C30水泥混凝土面板，建设投资367万元。该道路工程由石首市住房与城乡建设局投资，石首市宏达路桥有限公司施工，荆州江明监理公司石首分公司监理。于2012年5月21日开工建设，8月底道路主体交工通车，整体工程在当年9月26日竣工。该道路竣工通车后，分流了城区主干道建设路与东方大道的车流量，成为石首市中心城区货运车辆的主要通道。

（王军强）

【监利县朱河至三洲公路按二级公路标准建设】 监利县朱河至三洲公路全长29.242公里，贯穿朱河、尺八、三洲三个乡镇。该公路拟升省道，全线按二级公里标准设计，分三段建设，公路路面为9米宽、24公分厚的水泥混凝土面板，总投资5066.5万元。第一段为朱河镇老鹰嘴至尺八镇朱王村改线长5.1公里，第二段为朱王村至尺八长江干堤长16.092公里，第三段为尺八长江干堤至三洲镇长8.05公里。其间需新改建桥梁3座，分别是：新建朱尺河桥70米，改建三岔河桥30米、何湖桥24米。三洲段8.05公里已于2010年完工，尺八段16.092公里于2012年年底完工，朱河段5.1公里将于2013年6月开工。该路的建成，极大提升监南地区人民群众的出行条件，为该区域经济社会发展起到积极的作用。

（徐艺）

【省道黄观公路监利段大修】 省道黄观公路是连接监利至洪湖的主要干线公路，也是仙洪试验区洪湖瞿家湾至监利观音的示范线，为新农村建设发挥交通先行的作用。为保证公路完好，监利县公路部门于2012年10月起对瞿家湾至福田段进行大修，其中A标为瞿家湾至柳关桥长5.785公里、B标为柳关桥至改线起点长5.835公里、支线改线起点至福田中学长0.58公里、C标为福田街道改线长1.868公里，全长14.068公里，总投资2654.1万元。截至年底，A标完成单幅，B标全部完工，C标进行施工准备。

（徐艺）

【监利县新峰公路大修】 监利县新峰公路新沟街至公道桥段大修计划全长15.7公里，大施工方案为26厘米厚碎石混凝土面板，上基层18厘米厚水泥稳定砂砾，总投资1304.7万元。2012年10月开工实施高速公路跨线桥至公道桥段长7.4公里的大修工程，其中三圣桥拆除重建。截至2012年底，

高速公路跨线桥至公道桥段的单幅路面已完成大修。（徐艺）

【洪湖市府曹公路建成】 洪湖市府曹公路起于府场镇曙光村，止于曹市镇邵刭村，全长5公里，路基宽8米，路面宽6米，水泥混凝土路面。该公路建设单位为府场镇人民政府和曹市镇人民政府，设计单位为荆州市五维公路勘察设计有限公司，监理单位为湖北华捷监理咨询有限公司，施工单位为洪湖市顺安路桥工程有限责任公司。2012年8月开工建设，12月竣工，总投资621万元。（朱汤宁）

【荆州开发区深圳大道竣工】 总投资1.35亿元的荆州开发区深圳大道于2012年4月27日竣工。该大道南起长江大堤与沿江大道相接，经荆监一级路、沙熊公路，止于豉湖渠，全长13.3公里，红线宽80米，由湖北城隆市政园林设计研究有限公司按城市主干道标准设计。该大道于2011年2月18日开工，由荆州开发区发展总公司投资，中外建华中工程集团有限公司承建，湖北德馨建设工程咨询有限公司监理。深圳大道竣工后，改变了开发区交通面貌和投资环境，促进了开发区的开发与开放。（施静）

【沙市区铁刭桥建成】 沙市区铁刭桥为沙市区渡改桥项目，该桥址位于沙市区乡道北铁钱上，横跨豉湖渠，是连通观音垱镇铁刭村和岑河镇谷湖村的必经通道。过去，该处仅有一简易人行渡口，两岸数千村民往来只能通过人力渡船到达河对岸，来往车辆要绕行较远的桥梁。此桥作为渡改桥项目新建后，将大大提高通行能力，方便两岸村民生活。该桥长85米、宽7米，汽车荷载等级为公路Ⅱ级，桥梁上构为钢筋混凝土空心板，下构采用柱式桥墩、U型桥台、扩大基础，总投资103万元。该项目业主单位为荆州市沙市区观音垱镇人民政府，监理单位为湖北华捷工程监理咨询有限公司，施工单位为荆州市顺建工程有限公司，监督单位为沙市区交通运输局质量监督办公室，2012年3月15日开工建设，年底完工。（吴前健）

荆州开发区深圳大道荆州佳海浙商科技工业园项目建设

【汉沙公路江陵县刘刭桥重建】 江陵县刘刭桥位于省道汉沙公路K249+423处，建于1976年。近年由于交通量猛增，该桥出现桥面和桥墩严重破损，主拱圈左、右两侧外缘纵向贯穿开裂，桥台侧墙开裂等病害，严重威胁到行人及车辆通行安全。为确保道路安全畅通，江陵公路局积极筹措资金185.9万元，由湖北博诚公路工程有限公司负责施工，湖北华捷工程咨询有限公司作为监理单位，于2012年2月1日对该桥进行拆除重建，于同年6月30日全面完工。重建桥梁设计汽车荷载等级为公路—Ⅱ级，其上构为3×10钢筋混凝土空心板，下构为柱式墩、桩接盖梁桥台和钻孔灌注桩基础，桥长35.04米、宽12米。全面消除了安全隐患，为百姓出行提供了安全、高效、畅通的公路通行环境，全面提升了县域公路服务水平。

（袁丹眉　张佳佳）

【江陵沙熊公路平渊桥重建】 江陵县沙熊公路平渊桥位于江陵县资市镇平渊村渡福寺渠，由水利部门于上世纪八十年代修建。2007年水利部门废弃该闸，在距离原址1000米处修建新闸一座。8月13日5时，因渡福寺渠排水量过大，造成该桥左幅垮塌，导致交通中断。江陵县公路局立即启动应急预案，并成立工作专班，积极与县领导、县水利局、资市镇政府、当地村委会沟通、协调，多方筹资50万元启动了平渊桥重建工程，重建后的桥梁为简支梁桥，全长9.0米、全宽10.5米，于11月份全面完工，保证了沿线群众出行安全，大大提升了该桥整体服务水平。（袁丹眉　张佳佳）

【石首市柘郴桥实施维修改造】 石首市柘郴桥位于省道公石公路桃花山镇与调关镇的接壤处。该桥始建于1987年，为钢筋混凝土双曲拱结构中型桥梁，长42.7米，净宽9米，随着交通流量的增大要，桥面和附属设施受到破损，技术状况评定等级达到四类危桥标准。经荆州市公路局批准筹资71.5万元，石首市公路局养护公司承建，石首市公路局工程养护科监理。2012年8月8日按照《公路桥梁维修规程》对桥梁从四个方面进行维修：拆除病害桥面铺装层重新制作桥面钢筋混凝土铺装层，对锥形护坡松散处进行处治，清除损坏的桥面伸缩缝重新安装钢制伸缩缝，对发生裂缝的3号桥台进行维修。10月30日维修改造完工，消除了行人行车的安全隐患，得到当地人民群众的交口称赞。（王军强）

【监利县黄歇口大桥建成】 监利县黄歇口大桥工程建设项目位于监利县黄歇口镇，横跨四湖总干渠，按照二级公路标准建设。该桥主桥长350.22米，引桥长227.03米，道路接线长1212.335米，桥梁及接线道路全宽12米，行车道宽度9米，工程总投资3621万元。2010年11月2日正式开工，主桥及引桥施工单位为武汉东交路桥工程有限公司，接线施工单位为监利县光大路桥工程有限公司。至2012年底，主桥、引桥、接线已全面竣工。该项目的建设对于提高四湖总干渠通航能力、实现全县城乡路网大循环有着十分重要的意义。 （徐艺）

【省道仙崇线洪湖范州桥改建】 省道仙崇线洪湖范州桥位于214省道洪湖境内，桩号为K87+217。该桥建于1986年，简支梁结构，全长17.2米、宽13米，跨径组合为1×7.2米。由于建设标准偏低、超限超载等原因，该桥板底裂缝、桥面铺装破损严重、栏杆缺失，经检测评定为危桥。2012年5月起进行加固处治，2012年8月完工，总投资36.1万元。设计单位为荆州市五维公路勘察设计有限公司，施工单位为洪湖市顺平道路养护建设有限公司。加固处治内容为更换上构梁板为空心板，设置桥头搭板，桥面布置：0.5米防撞墙+12米行车道+0.5米防撞墙。上构为1×8米钢筋混凝土简支板，下构为薄壁桥台、扩大基础。 （朱汤宁）

【洪湖市万全永黄中桥建成】 洪湖市万全永黄中桥位于高龚线洪湖市万全镇境内，桥梁全长43.08米，上部结构采用3×13米预应力钢筋混凝土空心板，下部结构采用桩柱式桥墩、桩基接盖梁式桥台，钻孔灌注桩基础，桥面宽0.5米防撞墙+6米行车道+0.5米防撞墙。该桥为渡改桥项目，2012年5月开工建设，当年10月竣工，总投资129万元。桥梁建设单位为洪湖市万全镇人民政府，设计单位为荆州市五维公路勘察设计有限公司，监理单位为鄂洪监理有限公司，施工单位为洪湖市顺安路桥工程有限责任公司。 （朱汤宁）

【洪湖市黄家口革丹公路中桥建成】 洪湖市黄家口革丹公路中桥建成位于大黄线洪湖市黄家口镇境内，桥梁全长43.08米，上部结构采用3×13米预应力钢筋混凝土空心板，下部结构采用桩柱式桥墩、桩基接盖梁式桥台，钻孔灌注桩基础，桥面宽0.5米防撞墙+7米行车道+0.5米防撞墙。该桥2012年3月开工建设，当年10月竣工，总投资138万元。桥梁建设单位为洪湖市黄家口人民政府，监理单位为湖北华捷监理咨询有限公司，施工单位为洪湖市顺安路桥工程有限责任公司。

【洪湖市曹市清郑桥建成】 洪湖市曹市清郑桥位于洪湖市曹市镇境内电排河，桥梁全长30.04米，上部结构采用2×13米预应力钢筋混凝土空心板，下部结构采用桩柱式桥墩、桩基接盖梁式桥台，钻孔灌注桩基础，桥面宽0.5米防撞墙+6米行车道+0.5米防撞墙。该桥2012年4月开工建设，当年9月竣工，总投资86万元。建设单位为洪湖市曹市镇人民政府，监理单位为湖北华捷监理咨询有限公司，施工单位为洪湖市顺安路桥工程有限责任公司。 （朱汤宁）

【洪湖市瞿家湾屯小桥建成】 洪湖市瞿家湾屯小桥位于洪湖市瞿家湾镇境内，桥梁全长88.08米，上部结构采用3×13米预应力空心板，下部结构采用桩柱式桥墩、桩基接盖梁式桥台，钻孔灌注桩基础，桥面宽0.5米防撞墙+6米行车道+0.5米防撞墙。该2012年1月开工建设，当年7月竣工，总投资186万元。桥梁建设单位为洪湖市瞿家湾镇人民政府，监理单位为湖北华捷监理咨询有限公司，施工单位为洪湖市顺安路桥工程有限责任公司。 （朱汤宁）

【石首市团山综合运输服务站建成】 石首市团山综合运输服务站位于湖北省口子镇—团山寺镇，是湖北省物流发展局2012年的计划建设项目，也是我市建设的第一个综合运输服务站。该站的投资主体是石首市创先汽车运输有限公司，总投资25万元，其中省物流发展局补助10万元。以原团山寺客运站为基础进行改建。2012年8月11日正式开工建设，增设货物运输、小件快运、邮政快递与信息服务等物流节点功能。新建停车场270平方米，旅客候车区50平方米，邮件保管室与货物储藏库50平方米，经过40多天的建设，一个集旅客运输、货物运输、小件快运、信息服务、驾培服务于一体的综合运服务站9月底建成，10月8日正式投入营运。该站投入营运开创了石首市农村物流的先河，为农村物流的发展奠定了基础。 （王军强）

【公安县黄山头农村综合运输服务站建成】 公安县黄山头农村综合运输服务站位于荆州市公安县黄山头镇中心区域，项目在黄山头镇三级客运站基础上由公安宏泰汽车客运公司及私营业主共同投资开发建设，占地面积2655平方米，总投资20余万元。该站于2012年4月实施改建，9月改建完工并投入运营。该站改建后运营仅3个月，品牌效应已在全镇家喻户晓，初步统计，快递业务已开展1000多单，运输配送近20车农资产品，服务范围覆盖全乡镇14个行政村，送达小件物品接近300多人次，其社会效益和经济效应在该站的建设与经营中得到了充分的体现。该站点经营管理规范化、服务网络全面化、后续发展持续化的运营特点，为湖北农村物流服务网络新体系建设积累了宝贵经验。 （余国伍）

【荆州开发区客运站建成】 总投资1100万元的荆州开发区客运站一期于2012年1月16日建成。该客运站是“十一五”交通运输与城市基础设施建设重点项目之一，位于荆州市中心城区北京东路109号，占地21亩，总建筑面积2600平方米，由湖北禾泽都林建筑设计有限公司按二级客运站标准设计，荆州市鹏达客货运输有限责任公司投资，湖北云成建筑有限公司承建，荆州市江陵工程建设监理有限公司监理。该运站各项功能设置先进齐全，安装有电子售票系统、检票、结算系统、自动广播系统、车辆班车电子显示屏、安检设备、门检监控设备、视屏监控系统、车辆安全检测系统等。其中：主站楼砖混结构三层，建筑面积2600平方米，建筑高度13.5米。站前广场面积2175平方米，后停车场面积11250平方米，日发班次300车次，平均日发送旅客量3000人次。（施静）

荆门建设“中国农谷”

荆门市

【荆新公路荆门麻城至李市段改建】 起于二广高速公路荆门南互通，经掇刀区麻城镇、沙洋县沈集镇、高阳镇、沙洋城区、李市镇，止于沙洋县与潜江市交界处的永久村，全长63.14公里，其中掇刀段8.75公里、沙洋段54.39公里。全线采用设计速度80公里／小时、路基宽21.5米的双向四车道一级公路标准建设，汽车荷载等级为公路—Ⅰ级，估算总投资72239万元（其中省交通运输厅补助投资25240万元，掇刀区政府自筹6500万元，沙洋县政府自筹40499万元）。掇刀区、沙洋县交通局分别为该项目掇刀、沙洋段的项目法人。根据湖北省发展和改革委员会2011年9月28日《关于省道荆新线荆门市麻城至李市段改建工程初步设计的批复》（鄂发改交通〔2011〕802号），路面工程由荆门市公路管理局组建项目部负责建设。荆门市公路管理局于2011年4月12日组建荆新线荆门市麻城至李市段改建工程项目部；6月6日完成全线除范家台大桥外的路面施工和工程监理招投标工作。全线共分7个路面施工标和1个监理标，中标单位和中标价分别为：江西赣北公路工程有限公司、荆门九衢路桥公司、京山路桥建设公司、麻城市宏远路桥公司、京山路桥建设公司、荆门九衢路桥公司、江苏中瑞路桥公司、湖北楚维监理公司；6月10日路面施工单位进场施工，截至2012年底，已完成麻城至沙洋范家台大桥段43.04公里路面工程，新建桥梁7座、倒虹吸7道、盖板涵3道，累计完成路面货币工程量31592万元。

【农谷大道】 全长21.5公里，其中京山段12.6公里（含太子山林管局段6.2公里）、屈家岭段8.9公里，设计时速80公里／小时，路基建设宽度21.5米，中小桥5座，估算总投资3.8亿元。本项目完成立项批复并列入省交通运输厅建设计划后争取省补资金1.26亿元，其中省交通运输厅补助资金8600万元（每公里补助400万元），省发改委支持资金4000万元。该项目建设单位为京山县人民政府、屈家岭管理区 。设计单位为江苏省交通科学研究院股份有限公司。施工单位为京山县路桥公司、五三锐达养护公司。监理单位为湖北楚维工程咨询监理有限责任公司。截至2012年底，已完成全线级配碎石底基层21.5公里、基层21.5公里、下封层21.5公里；司马河桥、义和桥、牛尾巴桥、大寨沟、石龙干渠桥5座桥梁全部通车。共完成货币工程量2.16亿元。

【沙河线沙洋至五里段路面改善】 工程起于沙河线沙洋工业园处，向西途经曾集，止于五里集镇，全线长32.345公里，工程全线采用二级公路等级标准建设，沥青混凝土路面，双向2车道，设计速度为60公里／小时，路基宽12米，路面宽9米，荷载等级为公路—Ⅱ级。工程设计总投资7553万元，建设单位为沙洋县交通运输局，施工单位为沙洋楚雄路桥公司、荆门九衢路桥公司和沙洋江汉道路养护公司，监理单位为湖北楚维工程咨询监理有限责任公司，工程开工时间为2011年7月21日，完工时间为2012年6月20日。

【九五线屈家岭段改造】 九五线南起107省道K121+750处（即汉宜公路交点）至长滩办事处止。是屈家岭管理区出行的主要通道之一。此次改造工程全长26.102公里，路基宽12米，路面宽9米，公路等级设计为二级公路。工程于2012年9月28日开工，截至本年底已完成水泥稳定下基层7.3公里，垫层9.8公里，路基土方11.9公里；完成桥梁2座半幅墙身浇筑；完成管涵13道全幅及2道半幅；完成挡土墙500米。

【江沙线二级公路改建工程东宝段】 江沙线二级公路改建工程东宝段总投资2500万元，施工单位为湖北省楚中公路桥梁工程有限公司，监理单位为湖北省楚维工程咨询监理有限责任公司。该改建路段起于荆门市城东南荆门线（月亮湖路）新兴市场建材有限公司门口，向东下穿襄荆高速后，继续向东，途经来龙、泗水桥、杨冲，至钟祥石牌镇，再折向南经曹咀、杨祠、关庙、终点在北港，本次改建对该路段按照二级公路标准进行拓宽改造。改建工程于2011年12月8日开工，2012年5月，路基、路面、排水工程已经全面完工；配套桥涵泗水桥、彭墩桥加宽工程全部完工。

【石栗线（仙栗段）二级公路改建路基工程】 石栗线(仙栗段)二级公路改建工程总投资5863万元，施工单位为湖北省楚中公路桥梁工程有限公司，监理单位为湖北省楚维工程咨询监理有限责任公司。开工时间为4月5日，截至2012年10月，路基工程已全面完工，路基宽度由6米增至8米。该改建路段起于仙居乡小学，终于栗溪集镇，全长27.5公里，属山岭重丘区。

【东宝工业园区富业路路基工程】 东宝工业园区富业路新建工程施工单位为东宝公路局局属企业湖北省楚中公路桥梁工程有限公司，监理单位为湖北省楚维工程咨询监理有限责任公司。该路段全长14.8公里。路宽20米，其中机动车道12米宽，两侧为4米的人行道。该工程包括路基、路面、排水工程。开工时间为2011年10月15日，11月，路基工程及排水工程全部完工，并完成渣石垫层铺筑2公里。

【石城中路】 石城中路为钟祥市重点市政工程项目，全长959米，设计宽度30米，全线共设计两座大桥，分别为9跨20米的广生庵大桥及4跨30米的南北冲大桥，于2010年8月开工建设，至2012年5月全部完工，其承建单位为钟祥通达路桥公司，项目合同价3966万元，完成货币工程量4500万元。

【麻城中桥】 桥梁中心桩号为K5＋247.6，设计荷载为公路—Ⅰ级，桥面净宽为2×9.75米，斜交角为90°；上部结构采用16米＋20米＋16米预应力混凝土空心板，桥面连续，下部采用柱式墩台，钻孔灌注桩基础，桥梁全长57.04米；由江苏交通科学院股份有限公司设计、江西赣北公路工程有限公司承建、湖北楚维工程咨询监理责任有限公司监理；2011年9月开工，2012年6月完工；投资金额为350万元。

【帅店小桥】 桥梁中心桩号K10＋092.5，设计荷载为公路—Ⅰ级，桥面净宽2×9.75米，斜交角85°，全长21.94米；上部采用10米预应力空心板，下部采用U型台，扩大基础；由江苏交通科学院股份有限公司设计、荆门九衢路桥工程有限公司承建、湖北楚维工程咨询监理责任有限公司监理；2011年7月开工，2012年2月完工；投资金额为140万元。

【王田小桥】 桥梁中心桩号为K19＋771.947，设计荷载为公路—Ⅰ级，桥面净宽2×9.75米，斜交角90°，全长31.27米；上部结构采用1×14米装配式后张法部分预应力混凝土空心板，下部结构采用U型台、桩基；由江苏交通科学院股份有限公司设计、京山县路桥建设有限公司承建、湖北楚维工程咨询监理责任有限公司监理；2011年8月开工，2012年5月完工；投资金额为190万元。

【大官小桥】 桥梁中心桩号为K25＋677.232，设计荷载为公路—Ⅰ级，桥面净宽2×9.75米，斜交角90°，全长31.04米；上部结构采用2×13米预应力混凝土PC空心板，下部采用柱式墩、柱式台，桩基础；由江苏交通科学院股份有限公司设计、京山县路桥建设有限公司承建，湖北楚维工程咨询监理责任有限公司监理；2011年10月开工，2012年6月完工；投资金额为200万元。

【小官小桥】 桥梁中心桩号为K26＋351.27，设计荷载为公路—Ⅰ级，桥面净宽2×9.75米，斜交角90°，全长26.64米；本桥为拼宽桥梁，上部结构采用1×18米后张法预应力混凝土宽幅空心板，下部结构采用U型台，扩大基础；由江苏交通科学院股份有限公司设计、京山县路桥建设有限公司承建、湖北楚维工程咨询监理责任有限公司监理；2011年7月开工，2012年6月完工；投资金额为190万元。

【五三汽车客运站】 新建二级客运站，属“十一五”续建项目，2010年10月动工建设，2012年3月完工，工程总投资2067万元。

【钟祥港石牌综合码头】 新建4个泊位，年设计通过能力210万吨(其中件杂货64万吨、散货146万吨)，使用岸线长度390米，总投资3.2亿元。前期工作进度：该工程立项和初步设计已通过省发改委批复，批复号分别是鄂发改交通〔2012〕800号和鄂发改交通〔2012〕812号；码头工程并已于7月1日作为全省第四批港航建设开工项目正式启动。

【沙洋港中心港区一期综合码头】 新建4个1000吨级散货泊位、2个1000吨级件杂货泊位，年设计通过能力512.6万吨(其中件杂货52.6万吨、散货460万吨)，使用岸线长度369.9米，总投资4.5亿元。该工程立项和初步设计已通过省发改委批复，批复号分别是鄂发改审批〔2012〕318号和鄂发改审批〔2012〕435号；2012年11月28日，省交通运输厅在黄石港棋盘洲港区进行了湖北省“十二五”港航建设第五批港航重点项目的开工启动仪式，沙洋港中心港区一期综合码头工程是此批开工建设的12个港航重点项目之一，项目正式启动。

（王闻　赵津津　徐天林　李晓东）

鄂州市

【鄂州葛店至杨叶一级公路】 鄂州市综改示范重点项目。横贯鄂州市东西，是鄂州市东西中轴线，是引领鄂州市综改示范，助推城乡一体化的跨越之路。该项目分东、中、西三段。其中：西段起于创业大道交叉点，止于青天湖路(含马鞍庙至临江乡政府西侧附近的三江港支线);中段起于青天湖交叉点,止于葛山大道,为利用已建成的发展大道和滨湖南路;东段起于葛山大道交叉点,止于鄂东长江公路大桥辅道与黄石大道的交叉口,建设规模49.8公里(西段约25.3公里,含三江港支线约4.7公里;东段约24.5公里;不含中段利用已建成段11.9公里)。全线采用设计速度80公里/小时,路基宽度32米的双向六车道一级公路标准建设。其他技术指标按部颁《公路工程技术标准》(JTG B01—2003)规定执行。2012年6月18日,省发改委对葛(店)杨(叶)公路工可予以批复。2012年底,其中段和西段(G316国道一级公路项目)已完成路基14.3公里,路面6公里。

【省道汽李线东沟大桥拆除重建】 东沟大桥位于239省道,是鄂州市梁子湖区连接外界的重要通道之一。2011年11月,根据东沟大桥旧桥的病害情况,鄂州市委、市政府决定拆除旧桥,在原址建设新桥,由鄂州市交通运输部门负责。2012年9月16日,历经10个月工期的东沟大桥提前3个月建成通车。新建的东沟大桥投资2700万元,全长140米,采用公路一级桥梁荷载标准,主跨60米,桥面宽12米,其中行车道宽9米。该桥不仅为梁子湖人民群众出行提供了便利,更为梁子湖旅游经济发展提供了交通保障。

【316国道粑铺堤段路面大修】 316国道芦洲湾至粑铺段公路是鄂州市葛店经济开发区、华容区和州经济开发区数十万群众自城西进出鄂州市城区的咽喉通道,也是鄂州市对接武汉的一条重要城市出口路和鄂州长江大堤的重要防汛通道。该工程起于樊口大桥接线工程止点(K1022 + 120),止于临江街油路上(K1028 + 480)。全长6.39公里,宽9.1米,设计行车速度60公里/小时,设计标准为公路二级,路面结构为沥青混凝土面层,水泥混凝土路面碎石化基层,该项目概算总投资约为1210万元。计划工期为3个月,该工程于2012年9月14日动工,2012年10月27日正式完工。

【省道铁贺线路面修复】 省道铁贺线是鄂州市对接黄石大冶和咸宁的武汉城市圈重要出口路,也是鄂州市梁子湖区境内的重要主干道,贯通沼山、太和等镇。该工程自2012年6月10日开工,于2012年10月1日全部完工。修复里程全长13.6公里,概算投资240万元。该工程由鄂州市公路养护管理中心负责施工。共投入施工人员26名,各类工程机械10台套。该工程的完工进一步提升鄂州市西部干线公路等级,助推梁子湖区域经济发展。

领导考察调研港口岸线

【武钢集团鄂钢三江港区矿石及钢铁件杂货码头一期工程】 武钢集团鄂钢公司是湖北省大型钢铁联合企业,为保证"十二五"期原材料矿石进口和产品钢材出口的水运要求,在武汉新港三江港区建设矿石泊位及钢铁件杂泊位各2个。其中一期工程2个泊位的规模为:建设1个5000吨级矿石泊位和1个3000吨级(兼顾5000吨级)件杂泊位,堆场面积387亩,码头结构形式均为直立式,年设计通过能力160万吨,项目概算总投资约为24600万元,该工程于2010年10月1日动工,2011年6月28日建成,并于2012年9月至2012年12月试运行3个月,2012年12月28日至2013年12月28日延续试运行一年。

【武汉新港三江物流园区超凡物流码头】 武汉市超凡物流有限公司为了自身的发展需要,同时为鄂州物流业的多向发展提供支撑,在鄂州建设武汉新港三江物流园区超凡物流码头工程。该工程建设3个3000吨级泊位(水工结构兼顾5000吨级普通货轮、江海轮靠泊),设计年通过能力241万吨,项目概算总投资约为25340万元。该工程于2010年12月3日动工,2011年7月31日建成,并于2012年6月至12月试运行6个月。

【公交场站建设】 2012年鄂州公交站台建设纳入政府"十件实事"之一,全年投资350万元,建设35座公交站台,占年度项目计划投资320万元的109.4%;投资60万元,公交站名牌更新83个,占年度项目计划投资的100%;投资48万元,启动1座公交枢纽站建设,完成土地平整、站房建设等基础设施,初步达到泊车要求,占年度项目计划投资的100%;投资16万元,公交首末站调度室建设2座,占年度项目计划投资的100%。

孝感市

【316 国道孝感段改建】 该项目起于孝南区毛陈镇焦湖村，与硚孝公路孝感境连接线相连，经沙河、曾店、倒店、洑水等地，止于陂岗乡毛庙，与广水市境内的现 316 国道相接，全长 76.2 公里。全线采用设计速度 80 公里 / 小时、路基宽度 24.5 米的双向四车道一级公路标准建设。项目概算投资 167582 万元，其中，部省补助投资 30480 万元，地方自筹 137102 万元。7 月 12 日开工建设。截至 2012 年底，前期工作全部完成，工可报告、初步设计获得了省发改委批复，施工图修编完毕并交付使用。

【麻竹高速公路大悟境段】 该项目起于大悟县河口镇烟墩村(红安、大悟的分界线)，与麻竹高速黄冈段对接，向西经大悟县的河口、刘集、夏店、芳畈等地，跨环水河至终点设大悟南互通与麻竹高速大随段连接。路线全长 38.88 公里，全线采用双向四车道高速公路标准建设，设计速度 100 公里 / 小时。投资人为深圳诚坤投资有限公司，批复概算投资 25.06 亿元。该项目核准手续、初设批复、施工图批复、特许权协议批复等工作全部完成。银行贷款协议已经签订。施工及监理单位已经确定，中标单位分别是中建五局和安徽高等级公路工程监理有限公司。施工单位驻地建设基本完成，共设 1 个项目总部、3 个项目分部，总占地面积 2.5 万平方米。控制性工程大悟南互通完成了两条匝道建设。

【汉川荷沙一级公路汉川城关至田二河界牌桥】 该线路全长 47.888 公里，路面宽 24.5 米，双向四车道，设计速度 80 公里 / 小时；特大桥设计洪水频率三百年一遇；大中小桥涵、路基设计洪水频率百年一遇；桥涵汽车荷载为公路Ⅰ级；建设工期 30 个月。途经仙女山、城隍、华严、分水、脉旺、福星、回龙、二河等八个镇、场、区。投资概算：初步设计批复为 10.1 亿元。其中省补 19155.2 万元，市自筹 81844.8 万元。施工单位为山东黄河工程集团有限公司、江西赣基集团工程有限公司、中铁十五局集团第二工程有限公司、江西省地质工程(集团)公司。截至 2012 年底已完成货币工程量 3.5 亿元，路基 30 公里。

麻竹高速大悟至随州段主体工程

黄冈市

【武汉至黄冈城际铁路黄冈段】 完成投资 5 亿元，占年度计划的 200%。累计完成投资 23.2 亿元。除路口车站高架桥和跨江北路连续梁外，桥涵工程和路基底层施工已基本完成，工程量已完成 85% 以上。12 月 26 日，武冈城际铁路黄冈段四座特大桥 377 孔简支箱梁全部架设完毕，武冈城际铁路黄冈段高架桥和路基全线贯通。

【黄冈长江大桥】 完成投资 11.2 亿元，占年度计划的 140%。累计完成投资 21.8 亿元。大桥引桥所有桥墩均已完成，193 米的南北两主塔已成功封顶，9 月 16 日，主跨钢梁成功合龙，10 月 14 日，全桥 152 根斜拉索全部挂设到位，10 月 31 日主桥钢梁全部架设完成，目前，转入桥面系施工。预计在 2013 年上半年完成大桥全部主体工程施工任务。 (宫小磊)

【物流项目建设】 2012 年，黄冈物流站场建设年度投资计划 4210 万元，完成完成 6688 万元，占年度计划的 158.8%。其中：武汉新港黄冈楚江物流产业园、大别山现代综合物流园、黄冈东站物流中心，年度投资计划 4150 万元，累计完成投资 6618 万元，占年度计划的 159%；英山石头咀、黄梅蔡山、浠水团陂农村综合运输服务站改造项目，年度投资计划 60 万元，完成投资 70 万元，占年计划的 116%。

武汉新港黄冈楚江物流产业园货物堆场已经竣工，正式投入使用。办公楼整体完工，等待验收。已完成围墙围栏安装工程；大别山现代综合物流园前期工作基本完成，土地征用手续进入实质性阶段，园区用地补偿费已划拨，拆迁工作准备就绪；浠水县物流中心已完成工可报告、项目选址、规划设计，准备办理土地征用手续；黄梅县物流中心已完成项目选址规划，县交通局成立建设领导小组，目前通过招商引资，与小池中部物流园达成初步合作意向；黄州东站物流中心已完成项目投资合同书、土地评估报告、物流中心形象设计。土地征用手续基本完成，正在对用地进行拆迁工作；英山县石咀镇农村综合运输服务站、黄梅县蔡山农村综合运输服务站改造项目已竣工验收；浠水县团陂镇农村综合运输服务站已完工，待审计工作结束后验收。

【武穴件杂货码头】 新建停靠 3000

吨级（兼顾5000吨级）江海货轮的件杂货泊位2个，年设计吞吐量为件杂货70万吨（其中含集装箱2万），占用长江岸线222米，总投资16200万元。该工程于2009年11月8日开工，本年累计已完成8200万，占总投资51%；码头、平台及引桥全部完工已验收；堆场回填已完工，正在进行基础处理。

【黄州国盛综合码头】 新建停靠3000吨级（兼顾5000吨级）散货泊位4个，其中危险品泊位1个，年设计吞吐量235万吨。使用岸线639米，工程概算总投资4992.73万元人民币。该工程于2011年5月开工建设，现配套生活、生产设施基本建设完工；吊机调试；趸船定位；江侧钢引桥吊装。

【楚江综合码头】 计新建停靠5000吨级泊位4个，其中件杂货泊位、散货泊位各2个，年货物通过能力255万吨。建设场地岸线长539米，总投资3.8亿元人民币。该工程成投资1.7429亿元人民币，占总投资的45.87%。现已完成件杂泊位平台、引桥和散货泊位水工全部工程；码头平台和引桥护栏施工完毕，剩下后期刷漆。临时堆场、排水系统已施工完毕；办公楼、地磅房及地磅已经建设、安装完毕；围墙围栏、门卫房建设完毕。黄沙堆场已做平整处理，等待后续施工。

【武汉新港唐家渡港区禹杰综合码头】 新建停靠5000吨级货船的件杂货泊位1个，年设计吞吐量为60万吨；停靠5000吨级货轮的散货泊位2个，年设计吞吐量为散货335万吨。码头占用长江岸线474米。总投资29000万元。林地征用及林木砍伐证已批复；翻堤路正在施工。正在进行招投标工作。

【武穴盘塘通顺码头】 新建3个500吨级散货泊位，其中散货泊位出口泊位2个，进口泊位1个，设计年吐量105万吨，工程处于水深水岸线河段，占用岸线长度284米。总投资2270.51万元。完成囤船、吊机、铲车等设备购置。已完成投资1800万元。

咸宁市

【咸潘一级公路改建】 该项目起于温泉三班口，止于潘家湾码头，项目全长47.73公里，总投资7.56亿元。咸安区和嘉鱼县为项目建设主体。咸安段已完成8公里路基，3公里路面。另有5.1公里路段已启动征地拆迁，正准备进入路基工程施工。嘉鱼段征地拆迁登记工作和田路分家工作已经完成。

【武咸快速通道】 该项目是咸宁加快与武汉对接、加速融入武汉城市圈的重点基础设施建设项目之一。项目全长19.317公里，项目总投资3.2亿元。已完成项目投资1.5亿元，路基基本完成。

【咸安至崇阳生态旅游公路】 该项目起于咸安区古田老屋张，止于崇阳县五里界，与路口至天城公路相交，全长46.5km，总投资约1.9亿元。咸安段已完成12公里路基工程、路面基层和2公里路面面层，力争2013年6月底建成通车。崇阳段已完成14公里路基、路面基层，6公里路面面层。

随州市

【随州长佳冷链物流园】 该项目规划总用地面积为297.43亩，总投资1.5亿元。拟新建蔬菜加工车间、交易大棚、冷库、综合服务楼、后勤服务等设施，总建筑面积61425平方米，新增计算机及其管理设备、加工车间、冷藏储运车辆等设备共计82台套。本项目实施后，将形成年冷链配送随县农产品50万吨的能力，满足地区冷链物流市场需求。该项目按标准规划，分两期建设。一期工程为冷链物流中心，建筑面积15600平方米；二期工程为物流配送中心，建筑面积31668平方米。2012年10月1日，随州市长佳冷链物流园正式营业，累计投资5100万元，建成2000平方米的信息大楼，7600平方米的冷库，1800平方米的仓储。

【随县客运站】 随县客运站是省交通运输厅重点支持随县经济社会建设的重要项目之一，也是鄂西生态文化旅游圈交通发展规划和随州区域交通枢纽的重要组成部分。该项目选址在316国道和炎帝大道交汇处，规划总占地面积共20010平方米，建有主站楼4700平方米，站前广场6000余平方米，停车场12000平方米，日旅客

武咸快速通道

发送量约8000人，计划总投资2100万元。在上级部门的鼎力支持和相关部门的同力协助下，2012年6月4日，《随县客运站初步设计报告》通过了省交通运输厅评审，并于2012年8月15日破土开工，截至2012年底累计完成投资1200万元。（关文）

恩施土家族苗族自治州

【恩施市虎岔口至民族路一级公路】 起于虎岔口(318国道与恩施市旗峰大道交叉口)，经松树坪(接已建成沪渝高速公路恩施连接线松树坪至谭家坝一级公路)，止于民族路与工农路交叉口，全长9.87公里，批复估算投资25851万元。松树坪至民族路段2.2公里于2010年4月开工建设，截至年底，路基工程2.2公里已基本完成，路面工程已经启动建设。

【鹤来一级公路来凤县小河坪至湘鄂情大桥段】 起于小河坪，与209国道相接，止于我省与湖南省共同建设的湘鄂情大桥北岸来凤引桥桥头，全长13.919公里，总投资约4.03亿元。截至年底，累计完成投资9000万元。湘鄂情大桥主桥已经建成，湘鄂情大桥引桥下构全部完成，引桥接线路基完成软基换填。

【省道利智线咸丰县太平沟至杨泗坝段】 全长6.54公里，按二级公路标准建设，批复估算投资4653万元。截至年底，累计完成投资3967万元，路基工程完成3.5公里，路面基层完成2.2公里，路面面层完成2.2公里，桥梁全部建成。209国道建始县城区绕城公路：全长7.476公里，包括5桥1隧，按二级公路标准建设，批复概算投资12069万元。该项目于2009年11月开工建设，截至2012年底，项目累计完成投资7600万元，路基工程完成4公里，桥梁工程完成总工作量的63%，隧道工程完成总工作量82%。

【鹤来公路鹤峰城区至宣恩县当阳坪段】 起于鹤峰县跳鱼坎大桥，经鹤峰太坪、分水岭、宣恩沙道沟，止于宣恩县当阳坪，该项目主要降低雪落寨高程，解决鹤峰县冬季出行的问题。全长63.615公里，其中利用老路45.1公里，新建18.5公里，按二级公路标准建设，批复估算投资4.72亿元。分水岭隧道标段于2010年12月开工建设。截至年底，项目累计完成投资1.45亿元，分水岭隧道完成开挖支护1013米，二衬908米，仰拱完成817米，路基完成200米。

【209国道巴东长江大桥南岸接线工程】 起于巴东长江大桥南岸桥头张家咀，绕西壤坡、营沱、白土坡城区边缘，止于209国道八公里处(三峡库区巴东新县城至野三关公路起点)，全长11.98公里，总投资约14130万元。截至年底，项目累计完成投资8289万元，征地补偿拆迁、外供电、便道施工已完成，路基土石方开挖、桥梁等控制性工程已开工建设。

【清江水布垭至恩施段航道工程】 2010年10月由省发改委批复清江水布垭至恩施段航道工程可行性研究报告，航道全长110公里，其中：水布垭至汾水76公里按Ⅳ(3)级航道标准建设，汾水至纸厂湾段17公里按Ⅴ(3)级航道标准建设，纸厂湾至恩施段17公里按限制性Ⅴ(3)级航道标准建设，概算总投资14632万元。该项目于6月29日开工。截至年底，累计完成投资3000万元。1号、2号锚泊区工程施工已完成，主航道及2#锚泊区疏挖工程完成20%实体工程量。

（李铁生）

仙桃市

【南城新区一级客运站】 选址沙嘴街道办事处绿湾村，完成投资1000万元，完成征地200亩和地形地貌测量，在办理土地证和环境评价手续。

（周庆峰）

天门市

【荷沙公路干驿至竟陵段一级公路改建】 该项目包括路基、路面、桥涵等实施里程为23.53公里。路基工程与路面主体已完成；桥梁工程已完成；交安工程已完成波形护栏、标线施工，标志标牌已完成98%；防护排水工程已完成。

【省道皂毛公路天门市竟陵至岳口段改建】 该项目初步设计批复已取得，正在进行施工图设计。城区段4公里(北环路)的征地拆迁工作正在进行；施工、监理招标工作已完成并签定合同，10月18号正式开工。现已完成清表85000平方米、清淤换填

随县烈山客运站

8600 立方米、路基填筑 80000 立方米、碴石便道填筑 3500 米，完成货币工程量 4117 万元。

【天门市站场建设】 完成站场建设投资 3075 万元。其中，天骄物流中心完成 A 栋基础承台、B 栋综合楼内外墙、C 栋基础共完成投资 2552 万元；天门客运中心站站房维修及场地硬化完成投资 250 万元；干一交通综合服务站已竣工，完成投资 55 万元；城区港湾式公交候车亭 18 座共完成投资 198 万元；义乌临时客运站完成投资 20 万元。

【天门港天门工业园港区】 该项目已完成 1 号、2 号泊位全部 144 根钻孔灌桩柱的施工；完成墩柱 28 根；陆域堆场的围栏施工约 610 米；堆场内过水涵管施工约 50 米。累计完成货币工程量 9590 万元，占年度投资计划 119%。

神农架林区

【209 国道神农架境内酒壶坪至木鱼段】 是神宜公路和武神公路的连接线，是区内重要的旅游经济命脉。项目全长 14.45 公里，采用公路二级标准，设计车速 40 公里 / 小时，路基宽 8.5 米，路面宽 7.0 米，总投资 4886 万元。项目自 2011 年 11 月动工。

【木鱼三级客运站】 2011 年 3 月动工，2012 年 7 月 7 日正式开业。项目总投资 2880 万元，其中省补助 350 万元，资金不足部分采取招商引资方式解决。建设规划用地 11270 平方米，总建筑面积 4475 平方米，站前广场 827 平方米。设计日发送旅客为 2657 人次。项目组成为主站楼、售票大厅、候车大厅、站前广场、地下停车场。该项目商业开发部分与客运站站功能部分互为交叉，设有度假公寓。除满足班线车辆、旅游客运车辆的停放外、还为自驾游车辆及其他社会车辆的停放提供场地。

农村公路建设

【黄石市】 完成农村公路建设 275.7 公里，完成投资 8264 万元。其中：完成县乡等级公路 37.31 公里(大冶保安至长岭公路、大冶下桐线下堰至桐梓沟公路、阳新中邱线中庄至金寨公路、阳新陶白线陶港至白沙公路、阳新大三线桥头至三角地公路)，完成通村公路 238.4 公里。

【十堰市】 完成县乡道改造 266.7 公里，渡改桥 1778 延米，通村公路 1081.6 公里。

养护。十堰市将 7000 公里通村公路养护任务纳入市政府“十件实事”之一，并印发了《关于加强市政府十件实事通村公路管理养护工作的通知》和《关于加强全市通村公路管理养护工作的通知》，建立了监督考核制度，各县市交通运输系统都成立了农村公路管理局(所)，全市 147 个乡镇中有 133 个乡镇政府专设了农村公路管理办公室，公开招标农村公路养护人员达到 3158 人，配套落实农村公路养护资金 1197 万元，实现了农村公路管理有机构、有办公地点、有牌子、有经费、有养护人员、有制度、有责任、有应急预案的养护体制，形成了“政府主导、行业指导、乡镇协调、村为主体、公开招标”的模式，以行政村的村委会为责任主体，引入竞争机制向全体村民公开招标，农民群众通过公开竞争演讲、公开承诺、公平竞争方式取得本村通村水泥路的养护管理任务，成为养护责任人，获得养护经费报酬。通村公路管理养护资金以政府投资为主、农村村组为辅，鼓励社会各界共同参与筹集养护资金。省交通主管部门按每年每公里 1000 元的标准统筹安排通村公路养护工程管理资金。今年 4 月，市政府印发了《关于印发 <2012 年市政府十件实事责任落实及资金筹措方案 > 的通知》，其中明确规定：2012 年通村公路养护资金省厅每公里补助 1000 元；县市区每公里配套 1000 元；年底通村公路养护验收达标后，市政府以以奖代补的方式每公里奖励 500 元。各县市区政府也采取了多种方式加大对农村公路管养资金投入力度，竹山县人民政府印发了《县政府办公室关于加强全县通村公路管理养护工作的通知》，整合相关政策资源，通过财政预算，安排了农村公路养护资金 358 万元；竹溪县在明确中央财政转移支付专项资金足额用于农村公路养护的同时，把农村公路日常养护资金列入县财政年度预算管理。

安保工程。5 月 10 日全省农村公路安保工程建设推进会后，十堰市采取有力措施，克服资金不足、建设任务重等诸多难题，全力推进安保工程建设，在全市掀起农村公路安保工程建设大会战高潮。2012 年全市完成农村公路特别危险路段安保工程建设 2387.9 公里，总计完成安保工程建设投资 15874.3 万元。其中，设置钢筋混凝土防撞墙 973825 延米、钢护栏 60158 延米，设置警示墩 92605 个、警示标志牌 11693 个，广角镜 442 个。

【襄阳市】 完成通村公路 769.7 公里、县乡公路改造 13.8 公里、渡改桥 20 座 1111 延米、危桥加固改造 7 座 626 延米、安保工程 1338 公里、水毁抢修 1000 公里。坚持质量、进度“两手抓”，做好政策引导与技术指导，严把市场准入关，有效提高建设质量。南漳县乡道所积极协调各乡镇把工程质量作为首要目标和头等大事来抓，对各乡镇道路建设实行责任到人，严把责任制度关、施工队伍准入关、计划关、施工程序关，保证了通村水泥路建设质量。加强检查督办，促进建设质量和进度控制。严格执行农村公路建设标准，在通村公路建设上严把“五个度”，即路基强度、路面强度、路面宽度、路面厚度与路面平整度。探索创新农村公路养护管理工作，枣阳市政府下发《关于全市通村水泥路养护管理专项整治工作实施方案》，以各镇(办、区)政府为责任主体，重点整治路肩培土、路面清缝灌缝、补建错车道、排水及防护、安全设施、路面保洁等，并把整治工作纳入政府年度目标考核，实行定期通报和考核奖惩制度。襄州区政府拿出334万元用于农村公路养护，资金使用上采取三个三分之一办法，分别用于1380公里农村公路日常养护、农村公路维修工程、农村公路安全保障工程与管理。保康县初步建立“政府主导、乡镇主体、行业监管、专业化运作”养护格局，合理配置农村公路交通标志、路名牌、指示牌、责任牌、管养标准公示牌和宣传牌，巡查考核制度落实到位，内业资料规范。扎实推进农村公路安保工程，对危险路段展开调查摸底，实地采集，建立农村公路安保设施数据库。谷城县多方筹集资金50万元，对温薤路、大薤路、南北路、紫沈路、南龙路5条特别危险道路，配套设置防撞墩、广角镜、示警墩等安保设施。南漳县对长三线、李赵线等18条特别危险路段安装118处安保工程，完成工程量25万元。保康县完成路面扩宽3000米，安装防护栏16276米，防撞墙(墩)10415米，11个乡镇设置警示标志牌851个，安装减速带89个334.5米，保证了部分特危路段的交通安全。（刘臻）

【宜昌市】 全市通村公路连通工程建设目标任务为689公里，完成路基713.9公里(其中：完成国有农林场通沥青(水泥)路项目12.526公里)，路面710.2公里，分别占年度目标任务的103.6%和103.1%。全市农村公路总里程达到24666.252公里，农村公路管理体制进一步完善。全市13个县市区，其中五峰县、远安县、宜都市、兴山县、秭归县成立了专职农村公路管养机构，由县级政府落实工作经费，101个乡镇成立了农村公路管理所，进一步规范明确了农村公路责任主体，为推动我市农村公路的可持续发展奠定了基础。为进一步体现公路建设“以人为本”的理念，宜昌市农村公路建设科深入开展了农村公路安全隐患排查、治理工作。经过调查，全市农村公路安全隐患里程约3621.145公里，投资估算4.3亿元，其中特别危险段2066.774公里，投资估算3.9亿元。截至2012年底共完成460公里，4600万元安保工程建设，且争取到581万元安保工程计划，正组织县市区交通运输局按照计划实施。全市非列养农村公路危桥合计1473座/38812.67米，危桥改造计划共7座/494.83米，完成7座/494.83米，完成计划的100%，同时上报了30座/1678.89米危桥施工图设计文件，更新维护了全市非列养农村公路CBMS桥梁数据库。（雷富宏）

2012年农村公路建设预安排计划160.5公里(其中：宜都市聂毛线聂家河至毛湖埫7公里、宜都市接古线接驾坳至古水坪8.5公里、五峰县甘沟河至白溢寨公路15公里、五峰县界头至后河林场公路15公里、宜都市聂家河至望佛山公路13公里、秭归县文化至庙垭温泉公路10公里、当阳市高店至河溶公路7公里、当阳市烟集至瓦仓公路28公里、远安县双泉至瓦仓段6公里、长阳县大堰东岳庙至千丈坑公路7公里、宜都市杨家湖至华新水泥厂公路4公里、猇亭区安猇路土地岭至机场公路3公里、兴山县高桥乡水库至田家坪公路4公里、五峰县牛庄乡吴家口至聂家湾公路3公里、秭归县梅家河至郑家岭公路5公里、兴山县平邑口至普安公路10公里、宜昌市沙湾至雅畈公路12公里、远安县花百公路罗家院至百里荒段3公里)，总投资概算13860万元，其中部省投资4660万元，地方自筹9200万元。

2012年农村公路渡改桥建设预安排计划1318延米(其中：夷陵区百岁溪公路大桥374延米、远安县安鹿桥369延米、当阳市金桥346延米、点军区导河坝渡改桥22延米、夷陵区龚家河桥56延米、五峰县仙人岩桥40延米、长阳县绿叶坪桥40延米、枝江市廖家林桥25延米、兴山县崖屋桥20延米、猇亭区高马桥26延米)，总投资概算8242万元，省投资1978万元，地方自筹6264万元。（杨娇）

【荆州市】 2012年，荆州全市明确了农村公路桥梁建设管理的责任主体，健全了农村公路养护管理网络。荆州市政府于8月29日召开全市危桥管理与改造工作会议，市县两级政府签订了“十二五”期间完成691公路危桥改造目标责任书，明确了县市区政府为危桥管理与改造工作的责任主体。松滋市全面启动了农村公路危桥改造示范工程第一批46个开工项目。同时，为实现农村公路桥梁一桥一档规范管理，市公路管理部门组织开展了桥梁普查，完成公安、松滋、沙市三县市区的外业工作。召开了农村公路安保工程会议，确定了沙市区为农村公路安保工程建设示范点，年末组织了全市农村公路养护管理大检查。县乡公路62个项目的工可报告获批复，农村公路渡改桥31个项目有24个项目的工可报告获批复。

沙市区交通运输局建立农村公路养护管理长效机制，于6月18日成立沙市区农村公路建设养护管理中心，实现了交管站由“收费型”向“养护管理型”的实质性转变。该中心由7人组成，设立管理员和养护员岗位，配备电脑、通讯设备及养护巡查车等，与区农村路网建设指挥部办公室合署办公，负责全区农村公路养护管理的组织领导和考核评定工作。中心下设4个农村公路养护管理站(岑河、观音垱、锣场、省畜牧良种场)，与交管站实行“一门两牌”，合署办公。养护站共有养护人员32人，具体负责辖区非列养县道的日常养护管理、农村公路养护的指导和考核工作。按照定岗、定量、定责的原则，实行一月一考核，考核结果与绩效工

大修后的省道路红东华贵松滋段

资挂钩。至年底，共投资 50 多万元，分别给 4 个农村公路养护管理站配备了手提电脑、GPS 卫星定位设备、彩色打印机、割草机和养护巡查车等一系列养护设备，保证农村公路养护管理工作需要。2012 年，沙市区投入资金 185 万元完善农村公路安保工程。截至年底，完成警示桩 666 根、急弯标志牌 30 个、T 字形、十字形路口标志牌 44 个、波形钢护栏 870 米、防撞墩 173 个、公路限高设施 3 处、桥梁限载、限行标志 106 块、管养责任牌 128 块、标线 1098 平方米等，覆盖特别危险路段 4.069 公里，危险路段 65.356 公里。

松滋市以王家桥镇的农村公路养护为重点，创新通村公路养护模式。松滋市王家桥镇在国家农村公路建设政策的扶持下，已筹资 3200 万元修建乡村水泥公路 106.99 公里，使全镇通村水泥路通达率达到 100%，拉动了经济发展，助推了农民致富。为加强通村公路的养护，镇政府组建了农村路网建设管理领导小组，成立了由 26 人组成的养护专班，确定了“政府主导、村居配合、统一规划、分级负责、统筹资金、确保畅通”的农路管养原则，采取“定路、定人、定责”的“三定”方式，将农路管养工作责任到村居，养护到路段。该镇还制定印发了《王家桥镇农村公路养护和管理暂行办法》，明确了镇直交通、水利、国资、林业、交警等十多个部门在通村公路建设养护方面的职责，特别强调了由镇财政掌控国家养护资金，镇村两级政府负责养护经费筹措的责任。明确农村公路管养标准为路面整洁无损、路基保持宽度、路肩无积物杂草、边沟要确保畅通、附属设施良好完善、路产路权不受侵犯。农村公路养护资金来源是国家补助资金实行专款专用，自筹部分由受益村按每公里 2000 元标准筹集，设立专项台账，60% 用于农路养护，40% 用于养护工程补助。自筹的养护资金实行当年结余转存下年，当年超支不予补充。2012 年，该镇多方筹资 40 多万元实施了通村公路设施标准化建设，累计安装里程碑 107 块、村名牌 23 块、指示牌 28 块、弯道牌 300 块和近百处限速牌、限速墩，还配备了 26 处管养责任牌，确保了农村公路安全畅通。

洪湖市建立“两化一式”农村公路管养模式，在 2012 年出台了《洪湖市农村公路养护管理实施细则》，明确了机构职责、管理标准、资金筹措、考核奖惩等。全市农村公路划分为 183 个工区，管理人员 40 名，养护人员 280 名。管理人员由乡镇交通运输分局干部职工组成，养护人员由乡镇办区就近聘用。基本形成了“政府主导、行业指导、多元筹资、市场运作、分类养护、制度监管”的管理养护体制机制，做到了农村公路管理养护“四个到位”，即养护主体到位、管理机构到位、养护资金到位、市场化运作到位，使农村公路管理养护步入良性发展轨道。（李进山　王昌福）

【鄂州市】 完成农村公路建设投资 8338 万元。其中完成县乡等级路建设 27.4 公里（程泽线、司燕线司徒至茨塘村、樊寺线蒲团横山村至蒲团小港、华容区庙豹线、梁子湖区陈太村至上洪公路、梁子湖区岗背下至邱新屋公路、鄂城区南练山至墩上咀公路）；完成通村公路建设 200 公里。

【孝感市】 省公路局下达县乡等级公路三级路路面改造 7 条线路（孝昌县赵王线赵棚至王店、李邹线孝昌周巷镇周兴至邹岗段、三道线孝南区三汊至黄孝线段、天木线应城市天鹅至木楼段、辛台线云梦下辛店至台湖段、五黄线安陆市五一至大湾公路）共 69 公里，总投资 7325 万元，截至 11 底全部完工；通村沥青（水泥）路省厅计划 402 公里，总投资 8844 万元，全部完工。2012 年省局下达非列养农村公路危桥改造计划 302 延米 /6 座，已全部完工；渡改桥项目 2 个，计 645 延米 /2 座，其中柏二孔桥长 100 米，已完工，仰棚桥长 545 米，正在建设中，预计 2013 年底全部竣工。2012 年县乡等级公路三级路路面改造 7 条线路的工可审查和批复全部完成，初步设计图审查批复全部完成。

【黄冈市】 2012 年又争取了 105.9 公里的麻城将军故居路列入计划并全部建成通车；完成县乡公路改造 182 公里；完成通村公路路基 883 公里、路面 883 公里；完成 835 公里危险路段整治；红安、罗田、黄梅等县市基本实现“十二五”公路项目全面开工。

【随州市】 完成通村公路建设 299 公里，占目标任务的 100%。年初，随州市政府与各区(市、县)政府、(市、县)长签订通村公路建设养护发展目标责任书，分解下达年度目标任务，要求各县市区、乡镇加快推进通村公路建设。6 月 25 日至 29 日，由交通部门牵头，重点对全市通村公路建设完成情况、养护管理情况、工程建设质量情况、安保配套情况进行了督办检查。9 月 24 日，随州市政府召开全市农村公路管理养护暨安保工程建设推进会，推动全市农村公路管理养护规范化、制度化和科学化。对路面、路肩、边坡、边沟、标志、桩墩、绿化、内业等8个方面提出养护质量要求。12月中上旬，对通村公路建设、养护及安保完成情况进行年终验收和检查评比。各区市县交通主管部门也分别出台相关农村公路养护评比办法，结合每月检查、季度检查、半年检查和年底检查评分对养护管理综合评分，确保农村公路养护落到实处。（关文）

【恩施土家族苗族自治州】 全年计划建设1666.7公里农村公路通畅工程，实际完成路面主体工程1905.6公里，占计划114.3%。其中：恩施市计划190公里，完成240公里，占计划126.3%；利川市计划466公里，完成506公里，占计划108.6%；建始县计划150公里，完成170公里，占计划113.3%；巴东县计划300公里，完成370公里，占计划123.3%；宣恩县计划150公里，完成171.6公里，占计划114.4%；咸丰县计划160公里，完成175公里，占计划109.4%；来凤县计划80公里，完成103公里，占计划128.8%；鹤峰县计划170公里，完成170公里，占计划100%。7月，完成农村公路交通安全设施建设线路的摸底调查，编制"十二五"后四年的建设规划，其中2012年应完成903公里（特别危险路段615公里、一般危险路段288公里）。按照全州农村公路交通安全设施建设实施方案，通过开展与"通畅工程同步实施交通安全设施"和"交通安全设施建设大会战"活动，到12月底，全州共完成933.5公里需要建设交通安全设施路段。

（蒋才郡）

【天门市】 农村公路建设完成投资18000.16万元。其中：续建项目完成投资1359.9万元。包括：小仙线天仙公路至刘家河段、金彭线天仙公路至彭市段沥青面层、麻洋伏岭段水泥路面铺筑等项目完成投资1159.9万元；皂仙公路三座配套桥梁接线工程完成投资50万元；皂仙公路华严湖桥完成投资150万元。新建项目完成投资9897.06万元。包括：完成天钟线卢市至净潭段等二级公路路基7公里、路面9公里，完成投资2285.66万元；完成干刘线五七桥至刘家河桥段等县乡等级公路30.3公里，完成投资2061.1万元；完成皂仙公路红旗渠桥等桥梁建设141.04延米/9座，完成投资610.3万元；完成通村公路190公里，完成投资4940万元；完成县乡公路大中修投资6743.2万元（包括天钟线杨林至钟村段改建工程，牛张线、潜杨线、九蒋线等县道中修工程，干多线干驿至四号桥改造工程，金彭线横林、九蒋线石河、牛张线张港兴富街、九蒋线群谊等街道大修工程，汉宜铁路天门南货运站进站公路改建工程，六岳线梁塌桥改造工程，王场村还建公路等项目）。

【潜江市】 完成通村公路63.4公里，投资1585万元，占年初计划的102%。完成危桥加固改造9座，分别是国道沪聂线浩口桥（老桥）、省道荆新线总干渠大桥、县道广泽线黄岭桥、熊拖线中沙河桥、杨家大桥、沱口桥、龙湖河桥、渔洋金城桥，新建积玉口桥，完成农村公路渡改桥渔洋连心桥39延米/1座，投资96万元。（梁勇）

旅游公路建设

【武汉市】 武汉市东北部红色生态旅游公路。该项目位于武汉市东部的新洲区内，是联系麻城、团风等周边红色旅游区域的重要通道。路线起点位于武汉市新洲区与黄冈市交界处的新洲旧街冯畈村，经大山垴村、下穿大广高速、上跨京九铁路，到孔子村问津书院、向前经凤凰山村、烽火山村、莲花塘村、团上村，姚河村、大雾山、到达少塘河水库，后过利河茶场、王兴寨林场、到达道观河水库，路线折向北，并沿库区东边乡村道路至终点四吴线。全长27.5公里，全线共设计3座桥梁，涵洞99道。采用二级公路标准，设计速度为60公里/小时，标准路基宽度采用8.5米。根据各段交通量及地形地貌的实际情况，局部路段采用12米路基或40公里/小时的设计速度。本路段涵洞与路基同宽，桥梁宽度为9米。路面结构类型为沥青混凝土路面。建设单位为新洲区东北部红色旅游通道建设指挥部；设计单位为武汉市公路勘察设计院；施工单位：1标段，华夏建设集团有限公司；2标段，湖南省第三工程有限公司；3标段，中国核工业中原建设有限公司；4标段，重庆弘耀建设（集团）有限公司；5标段，陕西省建筑工程（集团）总公司。监理单位为武汉市公路工程咨询监理公司。项目估算总投资约10896万元。该项目于2010年9月28日开工建设，计划工期36个月。截至2012年底，该项目已完成投资8596万元，完成路基27.5公里（全部完成），路面3公里。全线共完成3座桥梁，涵洞99道，其中圆管涵62道，盖板涵36道，渡槽1道。

该通道的建立将新洲区问津书院、孔子河景区、少谭河景区、道观河景区等重要景区连成一体，对加快全区旅游资源发展，进一步完善区域公路网络、改善区域交通条件，促进区域社会经济发展、提高沿线人民群众生产生活条件等具有十分重要的意义。

武汉市十棵松至素山寺森林公园旅游公路。该项目位于武汉市黄陂区，起于省道黄土公路十棵松，经石门乡、天池、向家咀，止于国家森林公园素山寺。全长15.2公里，按二级公路标准进行设计，路基全宽12米，沥青混凝土路面宽10.5米，设计行车速度60

公里／小时。项目建设责任单位为黄陂区交通运输局，设计单位为武汉市公路勘察设计院，施工单位为武汉环通路桥工程有限公司，监理单位为武汉市公路工程咨询监理公司，监督单位为武汉市交通基本建设工程质量监督站。项目总投资1.15亿元，其中，由市政府投资7000万元，区政府投资4500万元。2011年4月正式开工建设，设计工期16个月。截至2012年底，该项目已完成投资9000万元，完成路基14.5公里，占95.39%，路面13.34公里，占87.86%。全线新建中、小桥6座，涵洞36道。

十素公路改建工程是武汉市研究确定的木兰生态旅游区道路改造重点项目，是持续开发旅游资源、提升木兰生态旅游区产业水平的需要，是满足交通量快速增长、完善黄陂北部路网、特别是旅游公路网结构的需要。（盛欢）

【襄阳市】 303省道襄城段改建。即襄城凤凰温泉旅游路改建工程，是襄阳市政府2011年投资立项的重点工程项目。该项目由两条路段组成：第一段为303省道部分路段，属襄阳市西郊卧龙镇过境路段，是襄阳城区重要出口路，也是市区通往凤凰温泉旅游景区的必经之路。起止桩号为K10+930 ~ K12+400，全长1.47公里，设计标准为一级公路。原有道路因出现大面积的开裂，沉陷等病害，严重影响通往凤凰温泉景区车辆的安全性和舒适性；第二段为凤凰温泉景区内旅游路，路线起点位于卧龙镇南街与303省道交叉口，起止桩号为k0+000 ~ K2+450，全长2.45公里，是襄阳市委、市政府打造襄隆路景观旅游大道的重要组成部分。由襄城公路段所属虹彩公路建设有限公司负责施工，2010年12月2日开工，经过三个多月艰苦努力，克服交通流量大等种种困难，采取半幅作业方式，进行交通安全管制，抓质量、抢工期、保进度，对原有道路进行修整完善和改建，于2011年3月竣工。余尾工程因中铁四局污水管道未及时施工，导致项目部引水管道无法施工致使工期延长，2012年才得以全部完工，货币工程量1777.9327万元。

襄城区紫薇园紫薇大道改扩建。该工程分为两段，其中紫薇园紫薇大道改扩建工程属襄城区市政项目，长1.2公里，宽10.5米，两层水稳18厘米+18厘米，油层5厘米+3厘米，货币工程量700万元，于2012年9月开工，10月24日完工。另还有一段4.3公里3层水稳18厘米+18厘米+16厘米，油层5厘米，因投资问题暂未施工。（崔卫东）

【宜昌市】 甘沟河至白溢寨旅游公路位于五峰土家族自治县。路线起于五峰采花乡甘沟河，止于白溢寨，全长15.217公里。按设计速度20公里／小时、路基宽6.5米的四级公路标准建设，估算投资2329万元。2012年8月，甘白公路改造工程正式开工建设。甘白公路是通往白溢寨旅游景区的唯一通道。原公路等级为山重四级公路，泥结碎石路面，路面较窄，坡陡弯急，通行困难。改造公路按路基宽5.5 ~ 6.5米，路面宽4.5 ~ 5.5米的标准设计，全线为水泥混凝土路面。公路管理所为建设业主，全线分为一个标段，由宜昌宏发路桥建设有限责任公司中标承建，宜昌市八达监理咨询有限责任公司中标监理。截至年底，完成路基15公里，完成路基挖方16574.9立方米，借土填方9853立方米，砌体挡墙2829立方米；路面完成12公里，水泥稳定土基层25787.2平方米，水泥混凝土面板23459.2平方米；完成边沟12公里。完成投资720万元。

界后公路改造工程。7月，界后公路改造工程正式开工建设，是通往国家级后河自然保护区的唯一通道。界后公路位于五峰镇的茅坪，起于界头，止于后河林场，全长15公里，原公路等级为山重四级公路，泥结碎石路面，路面较窄，坡陡弯急，通行困难。改造公路基本沿着老路滚，按路基宽6.5米，路面宽5.5米的标准设计，全线为水泥混凝土路面。公路管理所为建设业主，全线分为一个标段，由五峰交通建设开发有限责任公司中标承建，宜昌市宏源公路工程咨询监理有限责任公司中标监理。截至年底，完成路基15公里，挖方14743立方米，借土填方4282立方米，砌体挡墙3041.3立方米。路面完成10.3公里，软基换填2230.9立方米，10厘米厚碎石垫层52500平方米，18厘米厚C30混凝土面板49875平方米。

乐天溪至大老岭旅游公路江峡段位于夷陵区，是大老岭旅游景区连接三峡大坝的重要旅游通道，对于改善大老岭旅游通行条件，方便沿线群众出行，提升宜昌旅游形象等具有重要意义。路线起点接乐天溪大桥，止点位于陈家冲，与高峡大道相接，全长6.17公里。按设计速度30公里／小时、路基宽7米的三级公路标准建设，估算投资571万元。

南阳公路旅游服务点工程通过竣（交）工验收。9月27日，兴山县境高岚、南阳公路旅游服务点工程通过宜昌市公路局组织的竣（交）工验收。高岚、南阳公路旅游服务点工程施工历时近12个月，其中高岚服务点位于S312宜兴省道K99 + 300米处，距宜昌朝天吼漂流景区仅700米；南阳服务点位于G209国道K1659 + 100米处，距神农架旅游集散中心木鱼集镇35公里。这两个公路服务点与宜巴高速公路互通连接线、神宜生态旅游公路相配套，是进出湖北“两山”景区必经之地，是保证公路安全、畅通、方便、快捷的重要配套设施。验收组认为该项目程序合法、设计合理、质量合格、功能合适。（向常明）

【荆州市】 先后修建了江陵县郝穴至马家寨旅游公路、洪湖市湘鄂西革命烈士陵园旅游公路、洪湖岸边是家乡景区旅游公路和洪湖市半岛温泉度假村旅游公路。开工建设了石首市桃花山至五码口旅游公路，完成了荆州西门至桃花村旅游公路的前期工作。

江陵县郝穴至马家寨旅游公路全长17公里，起于郝穴镇双桥村与荆监一级公路相接，沿荆江大堤坡脚北约100米左右向西，止于马家寨乡高渊村与新马线相连。该旅游公路按双向二车道二级公路标准建设，路基宽度12米，路面宽度9至15米，设计行车时速80公里，工程概算5200万元。该公路原为2011年3月9日开工的疏港公路，后改为旅游公路，于2012年年底建成通车，成为该县“十二五”期间“两横、两纵”公路网干线骨架中的“两横”之一，在服务江陵蓝新洲旅游开发的同时，有效促进港口运输业的繁荣发展，为江陵港口经济发展注入强劲动力。

洪湖市湘鄂西革命烈士陵园旅游公路位于洪湖市城区，起于省道汉沙线与洪湖岸边是家乡景区公路对接，止于洪湖市湘鄂西革命烈士陵园，全长3.2公里，路基宽12米，路面宽9米，沥青混凝土路面。该公路建设单位为洪湖市人民政府，监理单位为湖北华捷监理咨询有限公司，施工单位为洪湖市顺安路桥工程有限责任公司。2012年8月开工建设，当年11月竣工，总投资1486万元。

洪湖岸边是家乡景区旅游公路位于洪湖市城区，起于新堤办事处南河村与省道汉沙线相接，止于洪湖岸边是家乡景区，全长6.7公里，路基宽12米，路面宽9米，沥青混凝土路面。该公路建设单位为洪湖市人民政府，监理单位为湖北华捷监理咨询有限公司，施工单位为洪湖市顺安路桥工程有限责任公司。2012年3月开工建设，当年11月竣工，总投资2255万元。

洪湖市半岛温泉度假村旅游公路位于洪湖市乌林镇，起于乌林镇乌林村与省道汉沙线相接，止于乌林至悦兮半岛温泉度假村，全长2.2公里，路基宽12米，路面宽9米，沥青混凝土路面。该公路建设单位为乌林镇人民政府，监理单位为湖北华捷监理咨询有限公司，施工单位为洪湖市顺安路桥工程有限责任公司。2012年3月开工建设，当年5月竣工，总投资706万元。

石首市桃花山至五码口旅游二级公路于2012年8月开工建设，由石首市桃花山人民政府投资，中基建设有限公司施工，湖北华捷监理咨询有限公司监理。该旅游二级公路起于石首市桃花山镇九佛岗村，止于该镇五码口村与规划中的湖南省塔五线顺接，路线全长14.9公里，路基宽10米，设计行车时速60公里，为双向两车道二级公路。其中九佛岗至红军树6.2公里于年底已基本完成。

荆州西门至桃花村旅游公路于2012年7月4日经市发改委荆发改审批〔2012〕212号批复同意建设。该旅游公路起于西门熊家冢旅游公路，止于太湖港管理区桃花村，路线全长26.012公里，按二级路标准建设，设计行车时车速60公里，路基宽10米双向两车道，估算总投资2151万元。旅游公路项目已经鄂交计〔2012〕885号列入省厅2012年普通公路建设第二批资金计划。该旅游公路的建设对荆州区大力发展旅游业提供了良好的交通设施“硬”环境，促进了景点之间的联系，形成方便、快捷的旅游交通网络。因此，该项目的实施，将以丰富的生态文化资源为基础、以发达的旅游业为引擎，推动区域联动、资源整合、整体开发、互利共赢，更好地促进荆州旅游经济的发展。

（李进山　王昌福）

【黄冈市】 横岗山旅游公路前期工作顺利完成，工可报告获省发改委批复。蕲春大公至高潮段5.2公里已完成货币工程量约2600万元；武穴段已完成路基土石方12.5万方、桥涵18道，完成货币工程量350万元；大别山红色旅游路投入4583万元完成了全线绿化。市政府强力推动，专题部署，明确指导性和规范性文件，各县市区政府积极响应，交通公路部门全力跟进，以大别山红色旅游公路为重点的路域环境整治行动全面铺开，沿线房屋建档登记工作全面完成，乱搭乱建基本遏制，路域环境明显好转。

【咸宁市】 咸安至崇阳生态旅游公路。该项目起于咸安区古田老屋张，止于崇阳县五里界，与路口至天城公路相交，全长46.5公里，总投资约1.9亿元。咸安段已完成12公里路基工程、路面基层和2公里路面面层，崇阳段已完成14公里路基、路面基层，6公里路面面层。

咸通线毛坪至刘家桥景观公路（金桂湖低碳示范区景观大道）。该项目基本利用原省道S209咸通线毛坪至刘家桥段线路。起点位于咸安区桂花镇毛坪，与横路线T形交叉，终点位于桂花镇刘家桥，路线全长6.23公里。总投资6927.16万元，绿化投资3426万元，道路投资3501.16万元。项目前期工作全面完成，施工图设计已完成。

【恩施土家族苗族自治州】 恩施市大峡谷旅游公路。该项目是湖北省“616”工程支持恩施市的项目之一。2009年10月16日开工，全长42.9公里，总投资13943万元。截至2012年底，累计完成投资12420万元，老线路面改造工程33.1公里全部完成，新线9.8公里路基及桥隧工程已全部完成。建始红岩寺至景阳绿色旅游公路：该项目起于建始县红岩寺，经新场、花坪，止于景阳河镇。路线全长47.7公里，总投资约22375万元，于12月26日开工建设。

（李铁生）

交通建设和质量管理

【交通基本建设管理】 工程前期工作强力推进。全完成审查审批初步设计、施工图设计等107个，高速公路：开工39个、2382公里、2158亿元，建成和在建总里程6389公里；形成实物工作量29个、1745公里、1657亿元。初步设计已审查38个、2121公里、1963亿元；施工图设计已审查26个、1534公里、1384亿元。普通公路：

“十二五”规划一级公路项目工可审查完成规划里程48%，初设审查占工可审查58%；二级公路项目工可评审完成规划里程21.6%，初设批复占工可批复里程77%。港航项目：规划项目131个，在建86个，开展前期工作45个。站场项目：规划项目235个，建成14个，在建35个，开展前期工作157个。

“十二五”规划重大交通项目全面开工。年初大别山红色旅游路大悟段率先开工建设，拉开了“重大项目建设年”交通项目集群式开工序幕。水运建设继续呈现强劲态势，23个总投资101亿元的“十二五”规划重点项目分两批开工；综合运输枢纽和物流园区建设呈现集群式发展态势，34个总投资127亿元重点项目分三批开工；国省干线公路新建和改扩建工程全面开工，十堰环库公路、恩施城区至汾水河公路等78个一二级公路新改建项目拉开建设序幕。武汉至深圳高速公路武汉段、宜昌至张家界高速公路当阳枝江段等8条高速公路231公里先后开工建设，在建里程达到2496公里。（苏德俊）

【交通基础设施建设市场管理】 新开工高速公路项目全面推行以来，大力推行总监办审批制、业主验收制、首件工程合格制、定期考核制，出台了《湖北省高速公路建设标准化指导意见》、《关于在施工招标文件中贯彻高速公路建设标准化有关事宜的通知》，召开全省建设标准化现场推进会，普通公路、港航项目逐步展开。加强项目全面质量管理，混凝土强度合格率达到100%，钢筋间距、钢筋保护层厚度、小型构造物结构尺寸的合格率较过去全省的平均合格率高出8.3%、13.5%、10.3%。促进工程管理标准化、精细化、规范化、信息化，提升高速公路建设管理水平和行业文明形象。积极落实高速公路建设标准化要求，湖北省在全国高速公路建设标准化会议上作大会经验交流。工程质量稳中有升，阳逻长江公路大桥通过国家詹天佑奖评审。

美丽的恩施大峡谷旅游公路

加强诚信体系制度建设，落实机构人员，完善信用信息平台，规范评价工作，创新信息管理，加大信息公开力度，加强信息督查，评价结果应用取得了良好效果，从业单位诚信意识明显增强。完成2012年信用评价工作，信用评价由高速公路推广到普通公路、港航工程，评价范围由施工单位扩展到监理、检测单位，由从业单位扩展到从业人员；公路水路建设信用信息平台与部省实现互联，全部重点工程建设信息公开，信用信息档案进一步完善。《水运工程信用信息管理实施细则》通过审查，即将颁布实施。

加强源头监管和过程监管，加强制度建设，研究出台《湖北省公路重点工程建设单位考核办法》《湖北省高速公路养护管理办法》《湖北省高速公路养护预算定额》《湖北省高速公路ETC建设管理办法》等15个规范性文件和地方标准，组织招投标实施条例的宣贯，组织评标专家的培训和考核，调整充实评标专家库，进一步规范建设市场管理。组织全省公路、水运建设市场督查，迎接交通运输部公路、水运质量安全督查，组织资质“挂靠”问题专项清理工作，组织高速公路和普通公路质量督查和专项检查，强化进场履约验收，进一步强化市场监管。根据国家有关规定，完善资质会审办法，会同监察室及时组织了4批37家施工企业的资质会审，会同质监局、公路局及时完成监理、检测和养护资质的复审、变更、审批等工作，严格市场管理。强化竣工验收和概算管理，完成香溪河二期航道等项目的验收，武汉市七条出口路竣工验收工作取得明显进展，武英两个项目验收准备工作就绪，十漫、沪蓉西高速公路调整概算报审工作有了实质性进展，三峡翻坝、武英等项目调概取得省发改委批复。及时处理投诉案件。受理、处理投诉举报20件(质量投诉3件、农民工工资投诉6件、招投标投诉10件、施工投诉1件)，做到件件都有落实，对投诉处理中发现的问题，及时采取措施进行纠正，注重建立长效机制。（苏德俊）

【交通建设造价管理】 造价管理。全年审核造价文件277项次，上报投资额2288.29亿元，审核投资额2211.37亿元，审减金额76.92亿元，审减金额为上报投资额的3.36%。

修订发布湖北省公路建设人工工资标准。近年来湖北省公路建设市场人工工资水平上涨幅度较大，省政府于2012年再次对本省最低工资标准进行调整，交通运输部以2011年第82号、83号公告，发布新的公路工程估算指标，对现行的《公路工程基本建设项目概算预算编制办法》进行了局部修订，并于2012年1月1日实施。省交通基本建设造价管理站调研了外省公路建设人工工资水平和湖北省建设行业人工工资水平，结合湖北省公路建设实际情况修订了全省公路建设人工工资标准，已报交通运输厅发布执行。组织召开2012年中南片区公路工程造价联络网会。交通运输部公路局、路网中心、公路工程定额站，湖北省交通运输厅、中南片区理事及成员单位、西北、西南、华东、东北—华北片区联络网部分省站的领导和代表出席会议。会议总结了上年度片区联络网工作，交流造价管理经验。网会收到交流论文74篇，其中湖北省论文29篇。分造价管理、工程技术、定额编制、综合4个专题。出版六期《湖北交通造价信息》并按月及时发布交通建设主要用建筑材料价格。

定额管理。按照交通运输部公路

工程定额站的要求，为配合2012年版《公路工程估算指标》的使用，各省需编制相应的公路工程绿化指标。省交通基本建设造价管理站到麻武、翻坝、杭瑞、汉鄂等高速公路项目建设指挥部收集绿化工程结算资料，并结合项目初步设计中绿化工程分项设计情况进行统计、整理、分析，2012年12月编制完成湖北省公路工程绿化指标。交通运输部2007年《公路工程预算定额》修编工作全部完成。省交通基本建设造价管理站深入施工现场，收集、整理近千份定额调整表格，编制完成220个定额子目，2012年12月通过专家初审。配合交通运输部公路工程定额，完成在湖北省举办的2012年1月1日实施的《公路工程基本建设项目投资估算编办法》(JMG M20-2011)及《公路工程估算指标》(JMG M21-2011)的培训宣贯工作。完成《湖北省高速公路养护工程预算编制办法》、《湖北省高速公路养护工程预算定额》印刷出版及其软件的编制与宣贯培训工作。按照《湖北省人民政府关于贯彻实施〈中华人民共和国车船税法〉及〈中华人民共和国车船税法实施条例〉的通知》(鄂政发〔2011〕79号)的相关规定，对《公路工程机械台班费用定额》(JTG B06-03-2007)中湖北省车船税标准进行调整，已发布执行。

造价人员资质管理。完成2012年度公路工程造价人员过渡考试湖北考点组织工作。2012年湖北省67人通过甲级造价工程师考试，5人通过乙级考试。湖北省公路工程甲级造价工程师372名，乙级造价工程师431名。

（周振）

【交通工程质量监督】 公路水运工程质量监督覆盖率100%，重点工程质量管理责任制落实率100%。

成立交通建设工程质量检验鉴定中心，筹建完成湖北省交通监理协会，进一步增强质监工作手段，提升行业管理能力。

制定《湖北省公路重点项目质量安全量化排序考核评价办法》、《湖北省水运建设项目质量安全管理考核评价办法》、《湖北省市州交通质监机构年度工作考核办法》等制度，增强了监督工作手段和落实力度；编制的《湖北省公路工程质量监督工作标准化指南》、《湖北省复杂桥梁工程质量鉴定标准》通过省质量技术监督局审查。

积极推行"以系统全面履责为主、建设过程监督为主、专项监督检查为主、项目整体督查为主、信用评价管理为主，以行政处罚为辅、监督联系人为辅"的"五主二辅"监督方法，建立了监督通报制、差别化监督制、整改限时反馈制、从业单位备案制和持证人员黑名单制。

全省在建公路重点项目2496公里，已办理监督手续的公路重点工程17项，水运重点工程2项。全年质监局对在建公路重点工程项目进行了6次专项督查、3次质量安全综合督查，总体合格率为91.2%，较2011年上升1.1%；水运重点工程综合督查2次，总合格率91.5%。公路水运重点工程质量均保持了较高水平，其中，郧十、恩来恩黔项目在重点工程质量工作检查量化排序中名列前茅。

迎接交通运输部公路和水运工程质量安全督查2次。部质监局局长李彦武对湖北省谷竹、十白高速公路工程质量安全监管工作给予充分肯定，认为湖北在建高速公路建设项目质量可控，安全稳定；黄勇副局长充分肯定了汉江航道整治工程质量监管工作，认为厅质监局在强化制度建设、程序管理、关键环节管理等方面很有成效，特别是在全国内河航道整治工程中首次引入交工检测机制"促进了质量观念的转变、管理方式的转变和管理流程的转变"。

通过认真核查业绩、现场检查场地设备、逐人逐项核对人员资格等措施，严格监理企业资质审查，退回5家监理企业资质申请；严格检测机构等级评定，抓住等级标准中硬件环境、质量管理水平、综合技术能力等关键项目不放松，严格控制等级评定工作质量，有3家检测机构未能通过评定。落实从业过程中的动态监管，根据监督检查情况，及时下达整改通知书并加大整改落实复查，发出监理、检测机构整改通知书15份、检测机构处罚通知书2份。

2012年又有一批县市建立专职质监机构，湖北省县级专职质监机构数量已达40个。

2012年，全省各市州质监机构共监督抽查干线公路和农村公路质量监督数据184030个(组)，总体合格率93.65%，质量合格率稳定在较高水平。

（姚国兴）

【厅重点办工作】 强化重点工程管理，不遗余力推进项目建设。强化重点项目的宏观管理。通过组织召开重点工程调度会、督办会、现场会、推进会等方式，强化重点工程调度、督办，大力推进工程建设。对拟开工项目督促相关责任单位加快推进前期工作，敦促其按照年度目标开工建设。对在建项目要求项目建设单位制定科学合理的年度施工组织计划，分阶段制定工作时间表，督促参建单位按照施工组织计划，有条不紊的实施，为完成年度计划任务助推给力。强化重点工程的督导管理。重点办会同厅人劳处、建设处组织厅机关、厅直单位干部组成2批12个督导组，分区域、分项目深入交通重点工程一线，有针对性地进行指导、协调和服务。积极与各督导组进行沟通联系，收集整理督导组报送的汇报材料。通过项目督导，掌握各个重点项目的建设动态，了解项目存在的问题和难点，为下一步工作推进提供方向，也为领导决策提供了详实的第一手资料。强化重点办的工作职能。充分发挥省政府交通重点建设领导小组办公室职能，要求各重点项目每月报送工程进展情况和近期需要解决的问题，进行汇总整理后形成简报，对项目责任制落实情况、项目推进情况进行分析、点评，在全省范围内予以通报，将重点项目建设情况及存在的问题向省政府及相关部门报告，向相关市州主要领导进行通报，有力地推进了项目建设。

突出重点强力督办，全力以赴落实目标任务。针对工程推进中重点和难点问题，重点办加大协调督办力度，深入工地一线进行督导服务。大广南、汉鄂高速公路项目、陆渔一级公路建成通车是省厅的建设目标任务，重点办所有人员主动放弃节假日休息，深入工地一线，采取有效措施，扎实开展工作，加大对这三个项目的组织、管理、督办、指导、协调、服务的力度，有力促进了省厅年度目标任务的完成。

深入一线调研问题，千方百计破除发展瓶颈。高速公路上半年普遍面临着资金紧缺、推进困难的局面。为切实掌握各项目的实际情况，多次深入工地一线对在建重点建设项目进行调研，了解和分析制约工程建设的要素，着力帮助摆脱困境。通过调研和督导，掌握各重点项目建设动态、项目存在的问题和困难。针对交通重点项目面临的难题，多次向厅领导专题汇报，同时调研了解外省好的做法，提出合理化建议，供领导参考。

深入开展劳动竞赛，尽心竭力实现年度目标。年初，制定全省交通重点工程“双优杯”劳动竞赛总体实施方案，明确重点工程建设目标任务。四季度后，针对高速公路完成目标任务完成情况，会同厅工会积极组织全省交通运输系统开展“大战四季度、攻坚保目标”劳动竞赛，为实现全年力争目标作最后冲刺。年底会同厅工会对积极参加劳动竞赛活动、圆满完成各项任务、为湖北交通建设作出突出贡献的集体和个人进行表彰。

着力创新管理方式，齐心协力建设信息平台。根据厅党组的部署和要求，重点办牵头，会同厅计划处、建设处、质监局、信息中心等相关处室和单位，研究开发湖北省交通重点工程管理平台信息系统。在保宜、谷竹、宜巴、江南高速、引江济汉等项目建立试点，其他新近开工项目将逐步纳入本系统，依托信息化推进标准化，构建现代工程管理体系，提高湖北省重点工程项目管理水平。

加大信访督办力度，努力维护老百姓合法权益。加大信访督办力度，努力维护农民工、老百姓合法权益，把各类信访消化在基层，把各种问题解决在萌芽状态，做好维护稳定工作，为省十次党代会和党的十八大召开提供稳定、和谐的环境。因信访处理及时，未对工程建设或者运营造成影响，也未发生集体到上级政府部门上访事件。

科学引领，合力共建，综合运输成效初显。重点办具体承担省交通重点建设领导小组办公室日常工作。一是逐步协调各部门之间的关系；二是推进进度与统计分析及分阶段情况通报制度基本形成，对重大问题进行及时协调；三是会同试点城市交通运输局对总体推进方案所涉及项目进行进一步的全面梳理，分门别类进行推进；四是会同厅运输处做好现代综合运输情况简报编写和发送工作。综合运输体系建设成效初步显现：一主二副现代综合运输体系推进机制初步建立，部、省政策及技术支持力度加大，项目建设速度明显加快，一批重点控制性工程陆续建成或开工建设，一批在建项目和待建项目准备工作取得重大进展，建设形势良好。水运供给能力稳步提升，高端服务突破发展，短板得到加长；公交优先战略加快实施，地方政府公交支持力度加大；运输枢纽站场设施建设步伐加快；节能减排工作稳步推进，交通环保工作明显加强；交通运输安全形势稳定。

充实力量，完善制度，不断加强内部建设。重点办紧紧围绕工作目标，在发展中不断提升内部管理，在实践中不断加强和完善制度建设，提高整体管理水平。先后制定和完善财务管理制度、人员岗位职责、考勤管理制度、党建工作方案等内部制度。与人事处、世行办协商，从厅世行办抽调两位优秀的同志到重点办工作，同时借用世行办2个编制，通过与省人事厅联合考试择优录取3名年轻的专业技术人才。申请成立重点办党支部得到厅机关党委批复，充分发挥党的基层组织的战斗堡垒作用和党员的先锋模范带头作用，认真学习省十次党代会和党的十八大精神，结合具体工作提出贯彻落实措施，将思想统一到党中央、省委省政府和厅党组的重要决策上来。

（李军）

交通基础设施养护和管理

【高速公路养护】 全年完成养护货币工程量7.23亿元。公路技术状况指数（MQI）始终保持在90以上，分项指标不低于85，工程质量合格率达100%，优良率90%，养护施工无重特大安全责任事故发生。

高速公路养护管理系统建立并试运行，系统具有系统配置、基础数据管理、养护计划管理、路况巡查检查、养护工程管理以及综合信息查询等各种养护管理功能模块，能自动进行高速公路设施情况统计、养护经费统计、巡查病害统计、养护工程统计、公路质量统计等，方便各级人员进行各种动态、静态数据的查询，并能根据系统设置的不同的权限，方便各级领导对本单位养护管理情况进行检查、指导、监督。系统经管理处先行试用，基本满足各级要求，大大优于各管理处自行开发的各类管理系统，以及交通部开发的CPMS、CBMS系统。

11月13日至30日对全省高速公路养护管理工作进行检查考核。一方面由高发公司对全省高速公路路面的平整度和破损度进行全面检测。另一方面由各检查小组对受检单位进行全面细致的检查或抽查。最后总分由二者之和排定名次。通过检查，各单位之间交流了养护管理的经验，认识到自身还存在的问题，极大地促进了全省养护管理工作水平的提高。

8月22日，省高管局邀请省纠风办、省行评督察员、厅行风监督员、新闻媒体记者对全省高速公路标志标牌进行实地考察。考察团实地考察武英、武麻、汉孝、汉蔡、京珠、沪渝等路段的枢纽互通标志标牌情况，讨论高速公路标志标牌服务社会的意见和建议。根据省直行风评议工作的意见，为规范全省高速公路指路标志，建立全省高速公路指路标志信息数据库，所有信息将录入养护管理系统，供社会及各单位查询、使用。对不符合规范的指路标志及时清理或更换。

配合交通运输部完成对鄂黄长江大桥和黄石长江大桥的抽检工作。国家干线公路网监测工作包含了对鄂黄长江大桥和黄石长江大桥的抽检。高管局根据交通运输部路网中心和省交通运输厅的指示，协助部检查组做好现场检测安排和安全保障工作，顺利完成抽检任务。

为进一步加强养护干部职工队伍建设，建设一支政治强、业务精、作风硬的高素质职工队伍，全面提高高速公路养护队伍管理和技术水平。8月份，高管局组织举办全省高速公路养护管理系统培训班，邀请软件开发工程师对系统管理员进行授课和交流。通过培训，每位学员基本掌握了使用养护管理系统的方法，取得了良好效果，为2013年初养护管理系统正式投入使用打下良好的基础。

【普通公路养护】 全省完成国省干线大修工程1323.27公里，占下达计划的113%；完成中修工程783.98公里。完成县乡公路改造2100公里，占年度目标的74.4%；完成通村沥青(水泥)路8900公里，占年度目标的127.1%；完成农村公路渡改桥130座8546延米。

多措并举，确保全省普通公路安全畅通。认真做好2012年春运公路应急保通工作，切实加强组织领导，督促各地落实春运应急机构，完善春运应急预案，加强路网运行监控，加强春运应急机械物资储备，加大公路管养力度，有效确保了春运期间全省公路安全畅通。积极督促各地采取各项措施，加强日常养护和预防性养护，及时处治路面坑槽、裂缝等病害，及时清理疏通涵洞和边沟，及时更换和修复沿线附属设施，确保公路技术状况始终处于良好状态。3月，组织开展全省公路春养检查督导活动，有效推进全省公路春养工作。省公路局协同交通运输厅计划处、财务处对全省2012年公路小修保养资金安排进行测算与编制，调增全省小修保养资金定额。全省公路水毁造成直接经济损失145608万元，其中国省干线水毁损失50034万元，农村公路水毁损失95574万元，中断交通900处/410条。灾情发生后，省公路局养护处多次深入水毁一线，指导抢险救灾和调查核实灾情，及时汇总全省水毁损失情况，积极向交通运输部、交通运输厅汇报，争取上级支持。通过各方共同努力，大部分水毁路段得到有效恢复，为社会提供一个良好的公路通行环境。

主动作为，公路养护大中修工程超计划实施。在实地调查的基础上，按照轻重缓急原则、逐路解决原则、坚决避免重复投资和严重施工干扰原则，精心编制完成国省干线大修工程计划1175.4公里，协助计划处及时下达，有效确保当年大修工程早布置、早启动。全年完成大修工程1323.27公里，占年度计划的113%。由于资金无法到位，2012年公路养护中修工程计划一直没有下达，但各市州主动作为，千方百计筹措资金，完成中修工程共计783.98公里。

以人为本，加快推进路网结构改造工程。完成危桥改造工程项目98座，占年度计划的41.9%；正在施工的有67座，占年度计划的28.6%；仍未开工的有69座，占年度计划的29.5%。完成141座国省干线公路危桥加固改造实施方案的审批工作；完成118座农村公路危桥加固改造实施方案的审核工作。完成安保工程3280公里，占年计划的80.2%；完成投资12638万元，占年计划的73%。完成地灾整治工程96.4公里，占年计划的61.3%；完成投资3825.8万元，占年计划的61.2%。

预防为主，全面提高公路应急保通能力。启动公路养护(应急)中心建设。为进一步提升公路管理养护水平，增强公路应急处置能力，整合养护、路政优势资源，拓展公路服务领域，省公路局正式启动湖北省公路养护(应急)中心创建活动，力争到“十二五”期末，每个县市建成一个管理、养护、应急、生产“四位一体”的普通公路养护(应急)中心，全省建成一套层次明晰、规模适当、配置合理、运转高效、保障有力的普通公路综合养护应急体系。第一批26个公路养护(应急)中心创建工作，已有15个县市完成公路养护(应急)中心选址征地工作，11个县市申请用地并办理相关征地手续。

同时，26个公路养护（应急）中心均已经报送规划方案，其中16个规范方案满足要求，10个规划方案正在根据省公路局要求继续修改完善。加快筹建公路应急物资储备中心。公路应急物资储备中心选址孝感，项目选址意见书、工可报告及规划设计方案、土地预审专题报告、环评专题报告均已完成并上报省市相关部门审批。加快战备钢梁购配。拟购配的三套战备钢桥，黄冈、孝感、十堰三市按照要求完成库房整修，做好了相应的购配准备。

深入调查，有效开展桥梁安全隐患排查活动。实施重点危桥改造。针对S225的枝城长江大桥、G209十堰郧阳汉江公路大桥、G207荆州市黑狗垱大桥、南坪大桥、汪家汊大桥，G107孝感京广立交桥等特殊结构和重点路段的病危桥梁，组织相关技术单位成立专班，开展桥梁特殊检查和制定病害处治方案。对全省钢管拱桥通过公开招投标方式确定专业检测机构，对其进行全面特殊检测，确保桥梁结构安全。开展桥梁定期检查。为保证国省干线桥梁运营安全，4月份开始组织中交二院检测中心、湖北省公路工程咨询监理中心两家检测机构对全省国省干线所有桥梁进行定期检查，全面排查桥梁安全隐患，确保桥梁运营安全。开展国省道公跨铁立交桥专项摸底排查。为保证公路桥梁通行安全和铁路运输安全，联合武汉铁路局组成专班，6月5日至15日对全省国省道公跨铁立交桥进行现场调查核实，基本摸清各桥梁的产权归属及安全隐患情况，为下一阶段进行产权移交工作打下基础。

建章立制，推进公路养护标准化规范化进程。制定下发《关于进一步加强公路养护管理工作的通知》，从加强计划管理、加强检查考核、加强信息化管理、加强安全管理、加强内业管理、加强技术指导六个方面，进一步加强公路日常养护管理工作。同时，要求各地规范程序，进一步加强养护工程前期工作；及时交验，进一步加强养护工程收尾工作。以G107、G105等重要干线公路为试点，组织途经县市公路部门开展养护作业现场规范化管理工作，力争做到公路养护作业安全设施全面、统一，作业现场安全设施设置数量和位置准确、规范，养护作业现场管理精细。完成34个县（市、区）的公路养护现场规范化作业设备的购配准备工作。

加强调研，推动农村公路安全健康持续发展。全面贯彻落实省政府《关于加强全省农村公路交通安全工作的意见》精神，协助省交通运输厅启动以“消除隐患、珍惜生命”为主题的农村公路安保工程建设大会战，分两次编制完成1.31亿元的农村公路安保工程建设以奖代补建议计划。各市州紧紧围绕工作目标，层层落实目标责任，迅速掀起农村公路安保工程建设高潮。截至9月底，全省投入建设资金64791万元，完成农村公路安保工程建设4866公里，农村公路特别危险路段安全状况得到一定的改善。以农村公路管养年活动为契机，代拟《省委省政府关于加强农村公路养护管理工作的意见》，报省交通运输厅审查，拟通过进一步明确农村公路养护管理的主体责任、养护资金、管养机构及解决农村公路管理人员的编制和经费，从根本上建立健全农村公路养护管理长效体制机制，促进农村公路健康可持续发展。省委农办委托湖北省公路工程咨询监理中心和仙桃市公路工程质量检测中心两家具有资质的专业检测单位，从10月下旬开始，分两个检测小组对2012年全省农村公路建设项目工程质量进行抽检。抽检通村公路建设项目1011个，抽检里程2137.4公里，占全年计划8054.7的26.54%；抽检县乡公路改造项目52个，抽检里程556.1公里，占全年计划2018.57的26.37%。

精细管理，全面履行行业服务职能。全年在省公路局门户网站上发布路况阻断信息22条，上报部网站发布阻断信息109条，为广大公众出行提供全面高效的路况信息服务；加强公路养护资质管理，对49家施工企业养护资质进行审查，对全省养护资质情况进行及时更新和发布；高度重视行风政风评议工作及各类来信来访，对行风政风评议反映的问题进行跟踪督办，对各类来信反映的问题指派专人进行调查处理，较好地化解了矛盾。全年调查回复各类群众来信、人大政协提案近80余件。（王庆　吕厚全）

【航道养护】　全省通航里程为8476公里，除长江航道里程1038公里为长江航道局负责维护管理，其余7438公里为省管航道。其中Ⅲ级航道253公里、Ⅳ级航道503公里，Ⅴ级航道1065公里。

汉江航道日设标数1190座，航标正常率97.7%，汉川以下灯光保证率

11月29日，国务院南水北调办公室副主任蒋旭光（前排右一）视察引江济汉通航工程

达到99.5%，基本做到标位准确、颜色鲜明、灯光明亮、密度合理、确保白天一标见一标，夜晚通航河段一灯见一灯，确保助航标志设施良好的工作状态。

9月末，汉江丹江水库下泄流量由28日的1450m³/s迅速下降至590m³/s，汉江航道枯水期提前来临。受此影响，汉江襄阳至泽口河段局部航道出浅，部分浅滩水深仅为1.4米，影响船舶正常通行。为此各级航道部门应对汉江航道水位变化，积极启动应急抢通预案，协调枢纽部门加大下泄流量，提高航道水深，加大对浅滩航道的疏浚和驻滩守护，积极为船民服务，加强船舶签证管理，从源头控制超吃水船舶，防止超航道水深船舶进入浅滩航道，共排堵运输船舶300余艘次，确保汉江主通道的安全畅通。

严格行政审批，保护航道资源实现可持续发展。结合全省航道发展变化的实际及航道规划目标，进一步规范跨临河建筑物审批管理流程，减少审批时间，提高办事效率。积极做好项目审批管理的后续跟踪督办工作，及时掌握已批复的跨临河建筑物实施是否落实批文要求，并督促市级港航管理部门监督辖区内项目依法依规建设，从根本制止跨临河建筑物的违规建设，保障航道资源的可持续发展，确保航运规划有效实施。

开展技能比武，加大航道职工队伍能力建设。为切实提高一线航道职工业务水平和实际操作能力，以适应汉江航道等级逐步提升的维护需求，通过参与组织航道职工技能比武活动，将航标设置、航道日常养护、水手工艺等应知应会的内容融入竞赛中，使一线职工能全方位掌握航道养护各项技能，确保其合格上岗，并在基层航道队伍中形成积极向上、爱学爱拼的良好氛围，逐步提升汉江航道职工队伍素质。（刘伟）

【渡口管理】 公路专业渡口完成过渡费收入1994.9万元，占年度计划的109.1%。均超额完成年度费收目标任务。

安全生产工作总体态势平稳。坚持强化安全管理，细化工作方案，狠抓工作落实，有力保障了人民群众的安全出行，未出现安全责任事故。2012年，渡口管理所累计开行航班3.1万次，渡运车辆43.8万辆次，实现安全生产零事故。

强化管理，文明窗口形象得到进一步提升。以展现窗口形象为重点，通过开展文明礼仪服务专题培训和各类文明创建载体活动，职工文明服务意识和水平不断提高。各渡口管理所没有发生较严重的有理投诉事件。

突出重点，始终把安全生产工作放在首位。9月25日在石首市三义寺渡口举办了“2012专业公路渡口应急处置演练”活动，圆满完成了渡运车辆危化品泄漏处置和驾乘人员落水救援两个科目。演习人员达100多人。

加强考核检查。省局坚持每季度对市州及各渡口进行严格考核检查，不断提高征收工作力度。各地各单位也加强了工作执行情况的检查考核力度，促进了各单位征费工作的顺利推进。

强化职工教育培训工作。通过加强职工教育引导，树立主动服务意识。坚持把职工服务意识培养作为一项重要日常工作。各地各单位结合实际，大力开展文明礼仪、业务技能等培训教育工作，不断提高职工综合素养。并积极开展“争创示范窗口、文明班组、收费状元、执法标兵、岗位能手、管理之星、规范之星、服务之星、收费之星”“青年文明号”等主题活动，窗口服务质量不断提升。

（胡松涛 曹孝菊）

市州公路养护及改革

【武汉市】 完成大修工程72.1公里，完成投资2.3亿元。全市列养公路小修保养经费近十年来首次上调，从原先的3198万元/年调增到4450万元/年，调增幅度为39.1%，在一定程度上缓解小修保养经费严重不足的局面。改革养护大中修工程计划分解机制，将大中修配套资金落实与行业资金计划挂钩，建立“谁积极，支持谁”的竞争机制，动员各区公路部门积极向地方政府争取资金。新洲区将汉新公路阳逻至汪集段刷黑改造列入年度工作目标，配套资金1.8亿元，完成22.5公里大修任务。推动“四位一体”养护(应急)中心标准化建设，江夏、蔡甸、黄陂、新洲、东西湖、汉南6个新城区公路管理局养护（应急）中心建设方案获得省公路局批复。推进107国道养护示范线建设，装备规范的养护设施和施工安保器材，对107国道江夏段、省道荷沙公路养护作业规范化管理进行了推介，加强普通公路养护作业现场的规范化、标准化建设。探索“定额管理、计量支付、以质计价”养护管理的有效模式，推动小修保养提质提效，全市干线公路路况保持稳定，路面使用性能指数达到89.5，同比上升1.1个点。圆满完成市政府绿化办下达的绿化任务。高标准打造张公堤森林公园建设目标责任段。2012年10月参加武汉市第29届金秋菊花展的代表作品“九州通衢”获得二等奖。

大力推进公路养护路政一体化建设，出台《武汉市公路养护和路政管理一体化工作指导意见》，全市各公路管理站增设路政管理职能。江夏贺站、江夏安山站、蔡甸南桥站、黄陂横山站、东西湖打靶堤站、公路养护所女子中队等基层管理站试点推行养护与路政管理一体化工作，增设路政中队，促进养护与路政管理有机互补。武汉市人民政府首次以政府令出台第一部治超规章《武汉市治理货运车辆超限超载管理办法》，全年开展法制宣传139次，集中力量加大非公路标志标牌整治力度，依法拆除公路沿线违法标志标牌256块；检测车辆5.7万台次，处理超限车辆2.5万台次，卸载15.1万吨，超限超载率控制在5%以下。（盛欢）

【黄石市】 列养里程1094.12公里，其中国道95.11公里，省道375.65公里，县道530.902公里，乡道92.458公里。公路桥梁达到728座19772.9延米，其中特大桥1座2580.08延米，大桥18座3362.42延米，中桥93座5048.28延米，小桥616座8782.12延米，涵洞11787道，隧道2道1880延米。

全年完成公路大修61公里，为年目标的113.8%。完成国省干线70公里宜林空白路段公路绿化，完成危桥改造4座(淑州二桥、栖儒桥、堰畈桥、龙潭桥)174延米615万元，完成安保工程132公里(国省干线4条)516万元，完成104.825公里危险路段整治，实施农村公路特别危险路段安保工程波型钢护栏6600米、钢筋混凝土防撞墙1914米、示警墩2727根、标志牌114个、广角镜6个、标线23087米。

进一步提升黄石市公路管理、养护和应急水平，增强公路应急处置能力，根据省公路局下达《湖北省养护(应急)中心建设实施方案》的要求，成功申报黄石市公路养护(应急)中心、阳新县公路养护(应急)中心，进入实地勘察、认真规划、积极筹划建设过程。向省公路局申报黄石市河口养护(应急中心)、大冶市养护(应急中心)，逐步完善应急体系。

日常养护方面，黄石市公路管理局改变过去“养护发展方式粗放、投入不足、以建代养”的观念，积极主动向强化全面养护和规范化管理方面进行转变。投入资金135万元购置4台(套)机械设备和一批小型养护设备;市辖区完成养护大道班组建工作，大冶尝试扩大国路民养试点，阳新筹备开展中心养护管理站建设；各县市全面建立日常养护管理检查考核制度，实行标准系统化、实施流程化、监管常态化、评价定量化、工作成型化“五化管理”；对市公路养护中心的“定额管理、计量支付”和大冶市、阳新县公路局的“路段养护包干责任制”等养护方式进行不断总结完善，重点做好公路预防性养护工作，在省道阳枫线西塞段开展预防性养护工作。

（石磊）

【宜昌市】 年初与各县市区签订目标责任书，明确目标，明确责任，为完成全年养护管理目标任务打下坚实基础。坚持对管养的公路设施进行经常性检查、分析和判断，建立预防性养护方案，力争通过前期预处置防止病害扩散，减少不必要的养护投入，延长道路使用寿命，确保道路良好通行质量。对养护大中修工程、危桥加固和安保工程等项目全部实行设计方案审查批复制，招投标制，开工报告制，加强质量管理，主动进行质量监督申请，加强施工过程监督检查，建立健全四级质量保证体系。同时，加大现场检查督办力度，对在建的大中修工程、危桥加固工程及其他工程，采取定期和不定期的方式进行检查督办，现场发现问题，现场解决，及时整改，下达督办整改通知，加快了养护工程的有序推进。

大胆尝试创新，推广“四新”运用。在大中修工程中，宜昌市交通运输局主要领导亲自参与、具体指导、全力支持“四新”运用，鼓励、要求各县市区根据当地实际情况实施沥青路面基层冷再生技术、碎石化路面技术以及玄武岩纤维沥青面层、胶粉沥青面层技术等新工艺。“四新”技术的运用，不仅确保了工程进度，提升了工程质量，节约了工程成本，也得到了当地群众和政府的一致好评。以点带面，促进养护工作全面发展，9月4日，宜昌市交通运输局在枝江组织召开养护工作现场会，参观学习枝江沪聂线(G318)沥青路面基层冷再生施工以及枝江养护管理经验和石林养护站内业资料，安排专人详解施工工艺、技术要点以及养护管理经验，展开各县市区间相互交流，极大地促进了全市养护工作全面发展。为内强职工素质，外树养护形象，宜昌市交通运输局养护科年初对各县市区分管养护副局长、科长以及养护站站长进行为期3天的养护培训，主要进行《养护技术规范》、公路桥梁及安保、《公路安全管理条例》以及职业道德学习，不仅在业务上充实养护干部职工，也提升法律、道德修养。制定公路遭受自然灾害和突发公共事件应急抢险预案，确保公路在遭受任何自然灾害和突发公共事件情况下的道路通行。联合市公安交警支队对全市重点养护路段进行拉网式隐患排查治理，降低交通事故发生率，减少人民群众生命财产损失，保障道路通行安全。这些措施为实现宜昌公路服务水平提升打下坚实基础。全市累计处理路面沉陷、翻浆、修补路面坑槽259237.9平方米，修补油面层62114.3平方米，清扫路面36682.4公里，修整路肩323696平方米，修整护肩带2086米，清理边沟3001.62公里，疏通桥涵778道，清理长草2543.2公里，完成水泥路、沥青路面清、灌缝238.83公里。全市省管重点大修计划60.2公里。完成基层57.68公里、面层54.23公里，完成总计划的93%。水毁工程。5月以来，全市连续出现强降雨，暴雨导致山洪暴发，诱发山体滑坡和泥石流等地质灾害，造成全市多处公路路基坍塌、边坡塌方、桥涵冲毁，特别是“6.27”，“6.29”，“7.5”、“7.21”、“8.20”5次大暴雨降雨量均超过100毫米，6月29日12小时最大降雨量达278.5毫米，兴山、夷陵、远安、长阳、秭归、五峰、宜都、枝江等县市区干线公路大面积受损甚至遭受毁灭性破坏。经统计，全市路基毁损347984立方米/192公里，沥青路面毁损265242平方米/110.3公里，水泥路面毁损379895平方米/141公里，砂石路面毁损253217平方米/39.33公里，桥梁毁损73.3延米/5座，涵洞43道，护坡4639.2立方米/15处，驳岸、挡墙77983立方米/187处，坍塌方81874.2立方米/514处，公路中断204处，涉及38条线路，损失13732万元。在严峻的灾情考验面前，全市10个应急中心紧急出动，组织装载机、挖掘机、推土机等机械设备3628台套、抢险人员15000余人分赴各受灾点，按照“先急后缓、先干后支、先通后畅”的原则，不等不靠，迎难而上，在最短时间内将中断交通的公路抢通，对存在行车安全隐患的路段进行抢修，有效保障了公路行车安全畅通。危桥加固改造工程。完成枝城长江大桥公路桥面维修加固工程两阶段初步设计的评审；完成育溪大桥、芭蕉溪桥、普溪河桥、董市桥、善溪冲桥等8座危桥加固处理;王家坝一桥、寒溪口桥、铁厂河桥、梅子园一桥等7座危桥正在实施过程中，另有部分桥梁因计划和资金问题暂未动工。全市完成列养公路新建维修波形钢护栏20084米、钢筋混凝土护栏1033米、标志牌57套。全市投入504万元，对部分养护站房进行维修扩建。（魏松）

【荆州市】 完成公路建设与养护投资9.5亿元，完成一级公路路基24.93公里、路面11.13公里，完成二级公路路基46.9公里、路面60.8公里；完成县乡公路231.3公里，完成通村公路650.9公里，占计划的100.6%，完成桥梁工程6座301延米，完成渡改桥8座513延米，完成国防公路3公里。召开了全市普通公路建设项目前期工作推进会，318国道改扩建工程施工图设计通过专家评审，完成一、二级公路工可批复320公里、设计批复221公里。

对国省干线公路实行日常巡查、质量巡检、季度通报、年末车检等措施。全市年内共计完成大修工程91.9公里，清挖水沟450公里、整治路肩495公里，修补沥青路面坑槽26800平方米、水泥路面坑槽8500平方米，完成沥青路面灌缝20.8万米、水泥路面灌缝98公里，干线路况大幅提升，PQI达到89。洪湖、公安和松滋地方政府落实了大修配套资金。公路养护站场基础建设步伐加快，监利新建了2000型拌和站生产基地，洪湖在蔡家河建立了养护、检测、治超、应急一体化的综合基地。年内完成安保工程投资998万元，安装交通安全警示标志牌2199块、示警桩11226根、钢护栏11.9公里、减速板184处共计1036米，完成宜林空白路段绿化63公里。

明确公路桥梁管理的责任主体，健全公路养护管理网络。完成危桥改造42座1622延米，207国道公安县境内的黑狗垱、南平、汪家汉大桥和省道沙渔公路弥市大桥改造前期工作快速推进，全市建立危桥管理和改造工作运行模式，登记上报国省干线三类以上危桥50座、农村公路四、五类危桥1405座，有重大安全隐患的桥梁实施24小时交通管制。207国道上的黑狗垱、南平和汪家汉3座危桥改造部省补助资金1.07亿元，南平、汪家汉和弥市大桥初步设计通过省局批复，黑狗垱大桥施工图设计通过专家评审。松滋市全面启动农村公路危桥改造示范工程第一批46个项目。同时，为实现农村公路桥梁一桥一档规范管理，市公路局组织开展了桥梁普查，完成公安、松滋、沙市三县市区外业工作，召开农村公路安保工程会议，确定沙市区为农村公路安保工程建设示范点。8月29日，市县两级政府签订“十二五”期完成691座公路危桥改造目标责任书，明确县市区政府为危桥管理与改造责任主体。年末，组织农村公路养护管理大检查，县乡公路62个项目的工可报告获批复，农村公路渡改桥31个项目有24个项目的工可报告获批复。

开展全市路政执法民主评议政风行风活动，实现“工作零失误、社会零投诉、媒体零曝光、人员零违纪”工作目标。开展“标准化路政大队”建设、“规范管理促发展、文明执法树形象”百日竞赛暨换装仪式和“四统一”活动，举办了路政法规培训，开展集镇过境路段整治和路产权属登记工作，维护了路产路权。通过贯彻《公路安全保护条例》，拆除非公路标牌1875块，整治集镇过境路段4个，完成省道公石线石首段确权登记工作，国省干线无新的违法建筑。加强治超站动态监控，全年查处超限运输车3.13万辆，卸载货物15万吨，超限率控制在5%以下。下放特殊（利用）道路、超限运输等4项县道的行政许可审批事权，精简审批程序。组织参与江汉平原六市区域联动治超活动，探索路政治超工作新机制。洪湖市成立由政府主导，纪委主抓，财政、公安交管和工商等多家部门组成的联合治超工作办公室，形成部门联动治超工作格局，遏制了超限运输行为。沙市区锣场超限站被评为全省示范站。（严梅）

【鄂州市】 在全省普通公路年度目标考核路况检测评比中，鄂州市干线公路路面使用性能指数PQI排名全省第三。316国道粑铺堤段大修、省道铁贺线沼山至谢埠段中修、106国道路面中修、316国道病害处置等先后提前完工；燕矶养护应急救援中心获鄂州市发改委批准立项；日常养护管理进一步规范化，养护信息化管理加速推进，公路养管信息实现网上点击，106国道碧石交调站成功安装调查连续式观测设备，提升了公路交通量调查准确性；全市共完成压浆处置水泥混凝土路面345吨，修补油路坑槽6500平方米，修复水泥混凝土面板11000平方米，沥青路面清灌缝7万米；农村公路安保工程稳步推进。一是在对各养护站实行定员、定责任路段、定质量标准、定生产费用的基础上，加强公路养护生产定额、百分制考核，对路面、路肩、桥涵、边沟及公路附属设施实行全面养护，确保路面清洁、无坑槽和裂缝，路基和路肩平整无堆积物、无冲刷、无蒿草和杂枝杂草，桥涵、边沟排水顺畅，附属设施完好，公路优良率86.98%。二是不断加大公路预防性养护力度，做好公路路况调查，及时发现和处治公路病害，采取压浆、灌缝、新材料修补小型坑槽等多种有效措施，将公路病害消除在萌芽状态。对混凝土路面基层完好，面层出现碎裂、小面积板角断裂的病害，采用新型材料“坑洞灵”进行修复，该材料修补路面坑槽具有灵活方便、操作简单、不需要大型机械，能确保混凝土路面修复坑槽不过夜，修复后可以及时通车，不存在任何安全隐患等优点，使用效果良好；对混凝土路面基层板底脱空、下沉等病害采取水泥压浆形式处治；做好水泥路面灌缝工作，为避免雨水通过水泥路面纵横缝侵入路基，造成路基软化，影响路面使用寿命，对阳枫线、铁贺线水泥的清灌缝处理;对沥青路面出现网裂、裂缝等病害，及时采用新型养护材料密封胶进行灌缝。

【黄冈市】 坚持预防性、日常性和全面养护相结合，继续推行养护指令性作业计划。通过实施养护大中修、安保等专项工程，全市公路路况水平保持较好，在全省路况检测评定中综合指数（PQI）89.1分，在大地市中排名第二。全年完成公路大修105.6公里，中修102.1公里；完成安保工程367.31公里危险路段整治，完成钢护栏5.23万米、挡土墙2.077万立方米、标志牌137块、示警桩3265根，投资1862万元。投入4347万元在106国道、阳福线、下蕲线、方团线、上砂线、梅武线等6条国省道154公里进行公路绿化升级，投入4583万元完成大别山红色旅游路全线绿化，公路通行能力和环境得到进一步优化。依托全市12个公路应急中心，不断完善机械、物资及仓储条件，应急保畅能力得以提升。全面落实安全责任制，大力开展“一季一排查，一季一督办”、“平安工地”和“安全生产月”活动，实现全年“零纠纷、零事故、零上访”目标。全力推进养护中心建设，已有红安、麻城、罗田、英山、蕲春、黄梅、团风等7县市上报规划方案并获批复，其他县市积极争取落实建设用地，分步实施。

【咸宁市】 累计完成公路养护投资2.68亿元。实施公路大中修183.65公里，超计划50.4公里。公路安保工程298公里，超计划181.2公里。危桥改造19座。完成咸通线、武赤线、横路线等大修项目，咸通线通山段被评为全省交通“十佳建管项目”。加强桥梁日常养护管理和隐患排查整治工作，对赤壁陆水二桥实行限高限行措施，积极做好拆除重建设计评审等前期工作。大力开展沥青路面缝养、稀浆封层等预防性养护工作，挖掘养护潜力，防止病害蔓延，稳定路况。公路安全应急服务保障能力继续新提高。崇阳、赤壁、通山、安达公司养护应急中心整合现有存量资源，因地制宜进行建设，走在全省前列。如崇阳综合养护应急中心，先后投入3200多万元，建成沥青、水泥混凝土、水泥混合料、乳化沥青、商品混凝土输送五条生产线。咸安综合养护中心已完成征地50亩，并着手建设。通山综合养护中心63亩土地正在办理征地规划手续。全年未发生公路安全责任事故，始终保持公路安全平稳态势。

对全市国省道大中修项目进行管理模式创新，统一成立工程建设指挥部，统一技术方案、施工组织、社会监理、计量支付，在市财政局设立专门账户，统一资金拨付和资金监管，发挥市交通运输局的调控作用，提高了养护管理水平。在温泉城区马柏路大修工程中，积极向市政府汇报马柏路的现状和公路部门困难，市政府最终同意由市城投公司配套部分资金实施改造。改造后，该路移交市城管局进行养护管理，减轻了公路部门的养护压力。对城区桥梁进行普查，请示市政府明确城区39座桥梁的养护主体和职责，确保桥梁运行安全。二级公路债务化解工作取得新突破，市政府主持召开全市二级公路还贷专题会议，推动债务化解一锤定音，与市县两级政府和贷款银行签订了协议。至此，全市3.52亿元市统贷二级公路债务本息通过市政府主导，顺利实现化解。

【恩施土家族苗族自治州】 小修保养标准由原来4191万元/年调增至7622万元/年，增幅达到81.86%。全年完成小修保养投资7622万元。累计修补油(混凝土)路坑槽36.7万平方米、砂石路面坑槽10.8万平方米，清理水沟6567公里，整修路肩1864平方米，清理水毁塌方120万立方米，修复钢护栏7022米、修复路基缺口、挡墙1.3万立方米，新修涵洞16道，疏通涵洞5085道，处治翻浆39.7万立方米，补植绿化树6.9万棵。投入资金200余万元对受恩来、恩黔高速公路建设影响的路段堆放渣石材料1.6万立方米。同时，完成南潭河渡口过渡费收入61万元（为计划的190.6%），完成南潭河新建渡船建设投资420万元。完成国省道路面大修163.15公里、中修21公里，累计完成货币工程量1.9亿元，为省计划1.7亿元的117.6%。全州非列养农村公路规范化管理养护规模为8500公里，实际养护里程8992公里。其中通乡油路837公里，国省道降等路段及省经路489公里，通村油（水泥）路7666公里。各县市非列养农村公路规范化管理养护规模为恩施市946公里、利川市1257公里、建始县936公里、巴东县1495公里、宣恩县1108公里、咸丰县1069公里、来凤县914公里、鹤峰县1257公里。省下达危桥改造计划2批36座，其中国省道18座，县乡道18座。截至年底，各县市危桥改造已完工19座，施工中10座。同时，提前实施计划外危桥改造项目2座（巴鹤线鹤峰境白果树桥和无名桥）。省道柏奉线（S340）太阳河滑坡治理工程已完工，省道巴鹤线(S245）鹤峰境内灾害防治工程项目进入招标程序。省下达安保工程计划线路7条，处治隐患里程513.25公里（其中，国省干线2条242.82公里，农村公路5条269.93公里）。完成209、318国道安保工程补遣和长石线3条线路，计296.82公里。其余4条线路(建始红二线、咸丰大活线、黄坪线、鹤峰杨铁线4条线路计216.43公里)实施中。

（张美俊）

【仙桃市】 受暴雨、洪水内涝等因素影响，仙汉、仙洪、仙监、仙西等干线公路部分段面破损严重，投入大修资金2000余万元对其进行养护，完成大修37000平方米、水泥混凝土9000立方米。投入中修保养资金856.5万元做好水泥混凝土路面挖补恢复、沥青混凝土路面表面处治。投入小修保养资金728万元抓好日常道路养护，建立公路管养长效机制。狠抓公路桥涵养护，对全市范围内国省干线公路38座列养公路桥梁进行检测，组建专班集中排查整改全市危桥安全隐患，确保公路桥梁通行安全。加大危桥改造投入，投资317万元对汉仙线纳河桥进行拆除重建，投入32万元对毛谢线韩场桥实施桥改涵工程，投入40万元对杜银线打字号桥、G318国道黄荆大桥、深江桥、新里仁口桥进行维修加固。全市所有列养公路危桥均设立限载标志，国省干道沿途三类以上桥梁明确责任人。投入51.8万元植树26000棵，做好列养公路绿化。（周庆峰）

【天门市】 创新农村公路养护管理办法，采取统一养护管理、承包养护管理、分组分户养护管理、受益单位养护管理等多种形式，保证路有人养。养护资金通过村民“一事一议”投工投劳支持参与农村公路养护的办法解决。通过加大路政管理工作力度，采取日常管理与专项整治相结合的措施，确保农村公路便捷畅通。

完成养护大中修、日常养护、危桥安保及水毁抢修货币工程量3292.775万元。日常养护累计完成路面清扫9975公里；修补沥青面层坑槽11425平方米，路面清灌缝200737米；清理塌方218立方米；整修路肩444351平方米；边沟清理与修复18426米；砍长草围枝3147193平方米；桥涵疏浚211工日；新植、补植行道树37800株；行道树刷白421985株。小修保养完成货币工程量890万元，占全年计划的119%，干支线平均好路率达到91.5%。大中修工程2012年完成过境街道改造项目货币工程量915万元，完成中修工程货币量总量686.375万元。其中，采用同步封层实施沥青表处，完成中修里程68.612公里。同时，对危桥险段的安全设施进行配套完善，整治隐患路段101处计169.266公里，共完成货币工程量582.5万元。完成水毁抢修货币工程量218.9万元。

天门市境内公路总里程3608.781公里，路网密度137.63公里/百平方公里，全市已实现乡乡通沥青、水泥路，村通公路率达到100%。按行政等级分：省道6条共计242.778公里、县道9条292.084公里、乡道1528.921公里、村道1408.598公里；按技术等级划分：高速公路57.575公里、一级公路99.844公里、二级公路395.454公里、三级公路138.508公里、四级公路2772.425公里、等外公路202.55公里，等级公路占总里程的94.39%。

【潜江市】 经省公路局专业路况检测评定车检测，潜江市干线公路路况、路容、路貌良好，平均PQI值为85。在公路小修保养方面，累计修补油路坑槽和路面基层19136.87平方米，封闭油路裂缝71081米，封闭水泥路裂缝900平方米，清缝灌缝73035米，清扫路面6100公里，更换里程碑、示警桩346根，整修路肩、边坡44466平方米。在公路大中修方面，投资3010万元，完成省道潜监线杨市公墓至总口六分场K15+380~K18+380、K27+300~K31+000段，省道荆新线龙湾加油站至张金K102+000~K110+200段，共计14.9公里大修。投资31.3万元，完成熊老线4502.08平方米中修。在安保工程方面，投资221.7万元，对318国道K1077+664~K1127+293段、农村公路熊揭线K0+000~K19+372段、广泽线K0+000~K20+474段，合计89.475公里里程增设波型钢护栏、示警桩、标志牌和修筑防撞墙；省道荆新线4.2公里大修路段及老西方线护肩带砌筑、路肩回填。在公路绿化方面，完成国省干线15公里宜林空白路段绿化，投入资金8万元，国省干线绿化率达95%以上。在公路水毁及灾害防治方面，列养公路水毁涉及公路18.08公里，桥梁1座24延米，受损沥青路面达41000平方米，路基塌方5300平方米，坍塌方3处180平方米，国省道水毁直接经济损失达169万元，县乡道水毁直接经济损失达651万元，共计820万元。按照“先干后支、先急后缓”的原则，积极筹措资金、调集人力和物力对水毁路段进行全力抢修和恢复，及时消除了灾害隐患，确保了公路畅通。在公路应急管理方面，以周矶公路管理站为依托，积极推进全市普通公路应急抢险中心达标建设和应急保障基地建设，组建了一支专业化的应急抢险保通队伍，加强了应急抢险救援体系建设，形成一套完备的应急响应机制；制定应急队伍年度培训演练的计划和方案，路政、养护部门密切协同，组织开展公路应急演练，进一步提高公路应急处置与保障能力。在危桥检测及修复方面，严格落实列养桥梁定期巡检制度，发现病害或部件缺损即迅速采取维护保养措施，投资745.1万元对6座/337.98延米危桥实施加固改造，分别是国道沪聂线浩口桥（老桥）、省道荆新线总干渠大桥、万福河桥、北主沟小桥；县道广泽线黄岭桥；熊拖线中沙河桥；投资45万元，完成熊老线三个涵洞的加宽工程，确保市域列养公路桥梁的安全运营。（梁勇）

厅直养护经营管理单位

【京珠高速公路管理处】 费收管理。积极开展费收“三创”竞赛活动，修订完善了《京珠管理处收费稽查考核评价实施办法》，进一步调整考核指标和评分标准；不断完善区域联动稽查机制，联合大随、武汉绕城、汉洪、青郑、汉蔡和东荆河大桥，开展了第一期区域稽查活动，截至6月30日，京珠管理处共查处逃费车辆7.52万辆，补缴通行费922.8万元；坚持24小时监控稽查制和“一日一稽查、一周一公布”稽查通报制，加大对内稽查力度；完善工作预案，积极运用复式收费法，增设便携式收费机，确保了清明、五一、端午等节假日重点站所收费现场的安全畅通。

养护管理。完成了《监理实施细则》的修编、出版及“唧浆”科研课题鉴定工作；加强规范管理，建立了工程立项审批制度，制定出台了养护廉政管理办法、计量管理办法、变更管理办法、交安设施维修管理办法及保洁管理办法；协助省高管局编制了《湖北省高速公路养护管理办法》；以“平安杯”安全竞赛活动为抓手，深入开展沥青路面“坑槽修补”施工竞赛、养护安全知识竞赛等活动；组织开展了2012年沥青路面中修施工，完成了“鄂南超限检测站”征地、地表附属物拆迁清理，及土建道路、房建结构设计评审工作，稳步推进咸宁北收费广场改造工程，进入封闭施工阶段。

路政管理。圆满完成春运工作；组织修订了《湖北京港澳高速公路道路应急改道处置规定》；深化警路共建“文明交通示范路”活动，召开警路联席会议6次，印制发放8万份文明交通示范路提示卡；有效利用三里停车区和赤壁服务区两个超限综合执法点，上半年共查处违法超限运输7起，收回超限补偿费32.345万元，超限车辆控制在5%以内；组织修订了《湖北省京港澳高速公路路政违法案件举报奖励管理办法》，对2起建筑控制区违章建筑进行了制止，依法拆除东西湖南桥下违章建筑800余平方米；以路政法制宣传月活动为契机，积极开展“法律六进”活动，集中开展安全隐患排查和违法占（利）用专项整治活动，排查安全隐患30多处，沿线500米范围内村庄、学校宣传覆盖率达100%；加强路政执法形象建设，按照“四个统一”要求完成了各路政大队执法机构场所外观标识改造工作；组织开展了2012年路政执法人员全员培训工作，提高队伍综合素质。

经营管理。深入开展服务区“为民服务、创先争优”活动，召开了“服务为民，创先争优”现场会；加大对服务区现场办、经营单位、从业人员

12月1日，京珠管理处召开服务区“为民服务、创先争优”现场会

的考核力度，深入推进“服务窗口万人评”活动，严格落实顾客满意度评估制、季度VIP客户评估制和目标考核月度评估制；坚持推进第三方暗访评估机制，将暗访评估与整改落实有机结合，进一步规范服务行为，提升服务质量；组织开展咸宁服务区污水处理系统前期改造工作；加强服务区水电管理，对全线服务区水电情况进行了全面普查及漏洞整改，并完善水电工程。

综合管理。以满足员工工作、生活需求为原则，稳步推进鄂南所、武汉北所、武汉西所职工宿舍楼改扩建及职工“阳光晒衣房”建设等惠民工程；全面启动了2012年度交通应急演练会场筹备工作及标准化路政示范大队建设工程；配合省国资委完成了管理处的清产核资工作；完成了行政事业单位资产管理系统2012年资产数据录入和上报工作。切实加强财务预算管理。按照总体控制、适当调整的原则，完成了2012年部门预算的细化、分解，进一步规范全年基本支出和项目支出的预算管理；完成了2012年调增预算上报等工作；在充分调研的基础上，上调了员工伙食费标准，提高员工生活质量；上半年针对基层单位领导干部调任开展了离任审计21次。切实加强人事劳动管理。制定了《京珠管理处员工奖惩办法（修订）》，修订完善了《京珠管理处绩效考核办法（修订）》；加强新进人员培训管理，开展两期新员工（实习生）岗前培训；进一步完善管理处薪酬分配体系，拟定新的工资方案，充分调动全员积极性；坚持用人所长原则，加大干部横向交流及“机关－基层”纵向交流力度；关心干部成长，加强挂职干部的管理和培养，加强年轻干部的锻炼和储备，不断增加干部队伍活力。切实加强综治维稳工作。深化消防安全“大排查、大整治、大宣传、大培训、大练兵”活动，在全线积极开展“清剿火患”专项战役行动，全面消除火灾隐患；成立了京珠管理处信访办公室，加强组织领导，明确工作职责；加强矛盾纠纷排查，全力抓好“两会”期间的安全维稳工作，深入开展领导干部“大接访”活动，强化领导干部值班制，确保了湖北京珠和谐稳定。

党群建设。把主题实践活动与创先争优活动、“四定一保下基层”活动结合起来，制定了管理处调研方案，坚持“一线工作法”，强化领导干部基层联系点制度，坚持和完善机关干部驻点调研制，切实转变工作作风、夯实基层组织；加强路地共建、警路共建，积极对上争取政策，进一步优化发展环境；以“十行百佳”评选活动为契机，进一步发掘服务标兵，发挥典型示范作用。深入开展行评工作，及时制定工作方案，成立领导小组和工作专班，召开行评工作动员会；收

集汇总300名服务对象信息；安排各基层总支相互抽访30名服务对象，确保抽访对象回应率达100%；处领导带队赴沿线收费窗口、综合执法室、施工现场、服务区等一线实地走访，直接了解社会公众意见；加强问题整改，切实将行评工作落到实处。加强党风廉政建设，加强廉政教育和廉政风险防控，完善监督机制，针对物资采购、工程招标等重大事项，拟定了《京珠管理处招标、采购活动廉政监督管理办法》，进一步明确监督职责、监督重点、监督程序与责任追究，实行全过程控制。积极开展载体活动，坚持在机关开展楼宇工间操，在各基层站所因地制宜开展有益于员工身心健康的文体活动，营造团结和谐的工作氛围；成立了湖北省交通运输系统书画摄影协会京珠分会，组织开展了“喜迎十八大、巾帼促跨越”三八节女职工访谈活动、“3·12”植树活动、“雷锋精神在京珠闪光”摄影培训、采风等活动；专稿《雷锋号：百万次温暖问候》在3月5日的《湖北日报》上整版刊登，充分展现了湖北高路人良好的精神风貌；举行了“爱心厨房、青春情暖”捐助仪式；组队参加了全省高路系统职工运动会，并取得了团体一等奖的好成绩。

【汉十高速公路管理处】 收费管理。克服十漫调标、小型客车节假日免费影响，提前21天完成管理处年度征费任务，累计完成清分计提后收入12.31亿元，完成年计划（11.6亿）的106%。武荆、荆宜、荆东、汉孝分别完成年度收费计划的108%、115%、105%和125%。平稳实施惠民新政，编制《重大节假日小型客车免费通行方案》及《7座及以下小型客车识别图鉴》，48个站口按照流量大小实施分级动态管理。“双节”8天，免费小型客车120万辆，“两级管理、三方分流，多方联动、信息交互”的现场应急保畅机制基本建立。修订完成《堵漏增收返还办法》，免费车、轴调整、客车降档、ETC四套对外稽查系统相继运用，全年组织路网区域稽查、专项稽查、交叉稽查活动20余次，累计查获逃费车6.6万辆，追缴金额520万元，运用法律手段追缴万元以上历史逃费4起，查处团伙逃费案件1起。开展收费管理岗位交流，出台《关于明确所长收费现场管理职责的通知》、《站口环境维护管理办法》。推广“收费业务在线学习系统”，充实教学视频1800分钟，组织500余人参加业务水平能力测试，岗位准入机制初步形成。

路政管理。全年查处路政案件4153起，收回路产损失836.3011万元，破案率100%、结案率、索赔率达到98%，超限车辆控制在5%以内；交通行政执法“四制”落实率100%，无行政复议、行政诉讼败诉及公路“三乱”。制定下发《路政大队一日生活工作作训规定》、《汉十支队路政员综合执法能力训练考核大纲》、《汉十路政人员执法手册》、《高速公路养护维修作业安全设施设置图册》等制度规范，新增标准化大队7个，率先建立清障施救视频监控系统，武荆高速标准化清障服务体系在省内推广。开展“安全生产月”、“打非治违”隐患排查治理活动，排查整改安全隐患179处，拆除控制区违法建（构）筑物达8000余平方米。在G55高速公路樊魏段开展2期60天全天候24小时超限运输专项治理活动，共投入治超人员900人次，共宣传车辆15725辆，检测半挂货车9808辆，查处劝返超限车辆551台，樊魏段日均超限超载车辆由6.1%下降至2%左右。“双节”期间，日均流量近15万辆次，建立由交通主导、政府协调、交警参与的联动机制，实施“两级管控、三方分流”疏导道路交通，出动路政执法人员1260人次，巡查车辆462台班，安排人员在重点施工路段、A类收费站口、重点服务区24小时值守，成功应对车流高峰。

经营管理。年度经营收入1910万元，服务区全年服务“零”有理投诉、安全责任“零”事故，沿线服务区销售商品合格率达100%，食品卫生合格率达100%，价格公示率达到100%，顾满意率达到98%以上、资产完好率达到99%；新增五星级服务区1对、四星级服务区4对、三星级服务区2对。相继出台了《服务区规范化内业管理细则》、《服务区现场管理规范》及《服务区内检稽查制度》等制度规范，发放“温馨把脉”评议活动调查问卷1120份，整理吸纳合理化建议14条。投入资金200余万元用于服务区粉刷约3万平方米，更换洗手池水龙头近1200个，完成人工湿地及绿化升级维护，部分取水、储水箱改造工程；广告点位招商27处，完成建设23处，实现经营收入增长531万元，全线商业广告牌完好率达98%、版面破损率低于1.45%；完成沿线站所绿化改造9处，累计完成工程量174万元，投入145万元用于各站所的绿化维护和花卉租摆，新增绿化面积17255平方米，管理处被评为“湖北省绿化工作先进单位”。获得鄂西圈以奖代补项目资金210万元。

机电管理。新增ETC车道4条、自动发卡机12套，大型情报板1处，立柱式情报板4处，更新站口情报板32块，全年累计修复机电故障1150余次，组织实施机电设备采购及工程改造累计17项，完成508公里96芯光纤敷设和现金传输系统安装。信息值守管理平台投入使用，管理处监控中心实施24小时值班监控。配套出台《信息管理暂行规定》、《情报板发布管理规定》等制度，实现了多元化整合、电子化填报、常态化使用、网络化传输、开放式发布的信息服务模式。全方位整合路况、天气、救援、餐饮等综合信息，并第一时间通过情报板、网站、微博发布。

养护管理。道路养护MQI值高于93，各分项指标均高于90。完成养护投资9574万元，其中养护专项工程6229万元，维修保养工程2674万元，工程合格率100%，优良率95%以上。处治病害桥梁及通道100余座，桥梁三类构件加固设计全面完成。完成云岭隧道路面改造施工。大力整治重点路段边坡绿化，路域环境进一步完善。制定4个百分制考核体系，完善项目部建设等8项创建标准，标准化项目部建设稳步推进。首次运用FWD和地质雷达实施路基路面检评。成功运用沥青路面雾封层、极超薄磨耗层等新材料。编制具有汉十特色的《沥青路面养护施工实施细则》、《养护技术规范实施手册》、《汉十高速公路桥梁坍塌应急预案》、《汉十高速公路隧道事故隐患安全应急预案》等指导养护施工，提高工作效率。以“千里温馨走廊”、“温馨养护能手”创建为载体，开展百日会战劳动竞赛，完成养护施工任务目标。

综合管理。完成14处收费雨棚维修加固，6处站所房建，14处职工之家、乒乓球室新建及改造，4个站所供水改造，2处达到直饮水标准，成功试点太阳能供水。开展专项资金审计、经济责任审计和养护、房建等重点项目委托审计，资金使用效益进一步提高，年度预算执行率达99.8%以上。完成机构及人员编制上报工作，基层编制及岗位动态管理进一步完善，选拔中层干部41名，交流干部20人次，引进专业人才7名。试行收费管理人员水平能力测试，初步形成岗位准入机制，365名职工通过竞岗走上基层管理岗位。中层干部培训率、基层职工培训面均达100%。40名干部职工完成大专以上学历继续教育。王国生省长视察汉十高速馨服务时给予高度评价：让最美的微笑留在湖北，让一流的服永驻汉十。

党建与文明创建。依托“十项活动”深入学习、宣传、贯彻十八大精神。推进“基层组织建设年”活动，完成基层党支部分类定级，组织党务干部高级研修班。民主评议政风行风活动征集并整改各界意见28条。深化“廉政交通”主题教育活动，开展“百名干部诺廉政”、廉政风险预警防控、廉政谈话及“保持党的纯洁性”廉政知识答题。代表省厅参加省直机关运动会取得优异成绩。成功举办第七届职工运动会和“达人秀”职工歌唱大赛。召开第三次团代会，选举产生新一届团委会委员。管理处荣获“全国五一劳动奖状”，成功创建“全国交通运输行业文明单位”。3名同志入选全省交通运输“十行百佳”。启动新一轮“千里温馨汉十创建”三年规划，出台《温馨收费服务标准》及考核细则。“最佳温馨窗口”武当山、隆中累计吸引80余家省内外单位前来参观学习，江苏省交投组织8家路网单位驻点学习20天。沿线站所服务武当大兴600年、全国出租车和谐劳动关系推进会、世界华人炎帝寻根节等大型活动广获赞誉。

【鄂西高速公路管理处】 累计征收车辆通行费15.6亿元，清分后收入12.65亿元，完成年度任务目标12亿元的105.42%。

道路养护。完成养护工程量10679万元，完成新建工程量6155万元，工程合格率100%，优良率达95%以上，公路技术状况指数（MQI值）93.67。

路政管理。积极探索山区高速公路路政管理的特点和规律，培养了一支基本适应鄂西高速运营需求的路政管理队伍。累计处理各类路产损坏案件893起，破案率、结案率、索赔率分别为98%、99%、97%，无重大安全责任事故、无行政复议、无行政诉讼案件发生。

安全应急。采取健全应急机制、完善道路设施、整合应急资源等多种手段，不断强化应急保畅能力，改善道路安全运行环境，无重特大交通安全事故发生。

服务保障。紧扣星级服务区创建和示范两条线，切实加强软硬件建设，大力抓服务提升、品牌培树，建成2个五星级、2个四星级服务区。窗口服务无一起司乘有理投诉。

机电保障。积极探索以专业单位分系统进行机电维护，管理处监督管理的机电管理模式。机电故障维修率95%以上，设备完好率98%以上。

规范管理。健全管理处各项规章制度，形成了一套较为完善的制度体系。大力开展标准化管理所、标准化路政大队、标准化养护站、标准化党支部建设，标准化、精细化管理不断深化，成效显著。

职工队伍。自2012年9月29日宜巴高速白河至雾渡河段开通试运营，管理处管辖里程达到440公里，职工队伍不断壮大。着力提高干部职工综合素质，职工大专及以上学历达84.1%，培养了一支基本适应山区高速公路管理需要的干部职工队伍。

文明创建。管理处先后荣获“省级文明单位”、“省级文明路”、“省级模范职工之家”和“全国交通建设系统先进工会”，顺利通过省直机关工委年度创建省级文明单位现场检查复核。郑玉典、刘云贵被评为全省交通系统“十行百佳”标兵，累计22个单位和集体、29人次受到厅级以上表彰。

“双节”保畅。“双节”期间，

鄂西高速公路

累积通行车流量67.26万辆，日均8.41万辆，比节前日均增长110.45%，比去年同期日均增长128.41%。节日期间，全线未出现长时间车辆拥堵和滞留现象，惠民政策执行良好。

以制度建设为抓手，收费征稽能力取得新成效。一是完善营运收费制度，促进规范管理实现新发展。修订《鄂西管理处收费管理办法（试行）》、《鄂西管理处堵漏增收奖励办法》、《鄂西管理处收费管理综合考核办法（试行）》等制度，对各类业务操作规范和流程进行了优化分类，实现了全线操作的规范统一。二是建立内外稽查新机制，促进征稽能力实现新提升。制定下发《鄂西管理处2012年稽查工作实施方案》，组建稽查队伍，完善稽查装备，开展假冒“绿通车”、重量作弊车、规范管理、文明服务等内外专项稽查活动43次，发布收费稽查通报12期，客服通报5期，建立了“五个数据库”，总结出“绿通车承诺书”、“二次查验法”等适用于山区高速的稽查方法，推进收费精细化管理的实现。全年管理处共查获逃费车8.23万辆，挽回通行费损失1051.97万元。三是全面加强标准化建设，优化收费环境实现新局面。深入推进“标准化”站所建设，以“窗口服务评比”活动为切入点，及时维护维修安全岛、点钞机、门锁等收费基础设施，提升服务环境，全年共投入50万余元用于全线收费现场“标准化”建设，完成了20个标准化收费现场形象建设。积极开展收费“五零”业务技能竞赛、“知礼仪、讲文明、树形象”等一系列载体活动，培育出童洪等“亿元收费员”2名，苏涵等“无差错操作能手”4名，汪营所“巾帼收费班”1个。

以工程项目为重点，养护规范化水平取得新跨越。一是加强重点工程管理，确保工程质量优良。管理处多次召开重点工程生产调度会，开展“大干一百天，攻坚保目标”活动，对四大重点工程分阶段进行安排和调度。目前野三关停车区扩建工程、贺家坪避险车道新建工程、白羊塘收费站改扩建工程已正式投入使用，榔坪停车区新建工程已完成主体工程，工程验收合格率100%、优良率95%。二是加强隐患排查工作，确保道路安全畅通。从隐患排查及日常巡查两方面着手，对桥涵构造物、交安设施等进行经常性检查，对特殊结构桥梁、高边坡、高路堤等重点部位进行定期检查。建立隐患排查档案制和销号制。严格落实养护缺陷修复时限制度，保证道路经常处于良好技术状态。三是开展道路安全整治，提高道路安全性能。新增及更换标牌852处，完成路面翻修单幅5235米，对白氏坪高边坡进行处治，对贺家坪匝道进行加宽。四是加强应急队伍管理，提高应急保畅能力。春运期间，养护部门共出动撒布车等机械1071个台班，共出动人员4417个工日，撒布融雪剂1803吨。各单位制定了相应的应急预案，全线设立12个应急点、建立应急队伍共200余人，圆满完成春运及防汛任务。

以应急保畅为主线，道路安全通行条件改善得到新提升。一是强化安全责任落实。实施安全管理“网格化”，制定《鄂西管理处安全分段管理实施方案（试行）》，通过“点、线、面”层层落实的管理模式，实现道路安全“人人有责”。制定并下发了一系列隧道安全管理制度，确保安全管理措施到位、责任分配落实到位、应急设施维护到位、施工监管整改到位。二是强化安全保畅措施。针对重大节假日，提前进行应急人员、物资、设备的安排部署，特殊路段重点布控，确保了突发事件接警、出警、处置、清障迅速。对超限运输、危化品运输等违法行为，加强了打击力度，加大对路产路权的维护，切实提升道路安全通行条件。三是强化消防安全管控。对宜昌、榔坪至利川段损坏的164樘人行横洞门、146樘车行通道门、全线4115具灭火器进行全部维修和更换，组织代维单位对全线80处消防水管进行了全面的加固和维修，在全线隧道安装手动报警按钮提示牌，全面改善道路应急救援条件。通过公开招标，优选了隧道消防代维单位，保障了隧道消防设施代维工作的规范展开。四是强化安全联动机制。与重庆市高路综合执法部门、高警部门共同签订了《沪渝高速公路鄂渝省际路警联动框架协议》，提高了鄂渝省际联动联勤效能。

以服务司乘为宗旨，服务区管理效能取得新成果。一是竞赛活动促提升，强化培训抓典型。以“星级有限、服务无限”主题竞赛活动为抓手，强调服务的对象无限，拓展延伸服务的种类和内涵。推广特色班组创建，培树出服务明星刘云贵等一支服务水平一流的从业队伍，塑造一支星级服务团队。二是制度建设促规范，强化监督抓指导。加强工作调度和过程管理，不断完善日常考核，细化考核内容，推动服务区的精细化、规范化管理。各服务区设施完好率超98%，顾客满意率达97%以上，全年无顾客有理投诉。三是改进作风促效率，强化整改抓特色。竭力打造具有典型民族特色的一流服务区品牌，在建筑特色、服饰配备等方面彰显浓郁的土苗风情文化。开设鄂西土特产专柜，提供腊蹄火锅、清江野鱼等土家美食，突出浓郁的地域特色。在全线服务区覆盖免费Wi-Fi网络，为司乘提供免费的无线上网服务。

以科技手段为依托，机电保障质量取得新进展。一是健全机电管理制度。对机电代维、机电备件、机电故障申报处理等流程进行分解细化，明确机电管理工作中各部门的职责和要求，修订完善了隧道设备使用、隧道火灾处理流程、费亭紧急情况应急措施等操作规程，稳步推进机电管理标准化、规范化。二是加强代维单位管理。坚持以制度为抓手，规范代维工作内容和流程，开展隧道机电专项治理等工作，提高了代维工作实效，确保机电系统的稳定运行。三是提高机电科技含量。大力引进新技术的应用，完成了武汉监控平台建设，6套门架式情报板、1套隧道群车辆智能监测系统、17套道路智能温度看板安装，隧道广播系统、女娘山隧道LED节能照明系统改造等项目建设，为构建高科技机电管理体系提供有力支撑。四是强化机电维护实效。采用定期和不定期方式对沿线火灾报警、收费、监控通信以及供配电四大系统设备进行巡检、维护、保养，加大维护工作的频次和力度，提高机电设备使用效率和完好率。

以规范管理为目标，综合管理效率取得新进步。一是构建区域民主管理。成立了宜昌和恩施两个党总支，强化基层党组织规范化建设，发挥党总支综合协调、服务基层的双重职能。二是强化财务预算管理。完善精细化财务管理模式，强化财务预算管理，提高资金使用效益。三是盘活固定资产。规范资产台账，及时掌握管理处的资产存量动态，完善设备维护管理。四是狠抓节能降耗工作。深入开展节能减排活动，严格落实上级有关规定，从制度入手，从环节抓起，减少不必要的开支和浪费。五是加强安全生产管理。健全完善车辆管理制度，开展和推进“安全宣传月”宣传教育活动，强化路、警、地三方联动，提高综合治理和安全管理水平。六是加强信息宣传工作。修订下发《鄂西管理处宣传报道工作管理办法（试行）》，制作完成管理处宣传片《和谐天路壮歌行》，编印下发管理处内刊《和谐鄂西》三期。

以创先争优为载体，职工队伍素质呈现新亮点。一是狠抓职工教育培训。2012年，管理处组织各类培训30余次，培训总人次达1500余人次，覆盖率超过100%，人均参加培训1.3次。二是加强管理人员选拔、培养。对部分管理人员实行竞争上岗，对业务骨干加强培训或换岗锻炼，举办了2期“领导力与干部素质提升专题培训班”。聘请北京师范大学、北京大学知名专家教授作《缓解心理压力》、《打造高效团队》等专题辅导。三是推进党风廉政建设。全年组织召开8次处党委中心组（扩大）学习会，建立腐败风险预警防控制度，举办廉政教育专题讲座，抓好廉政建设和民主评议政风行风工作，全面提升服务水平，着力在“真抓、真查、真改”上下功夫，全面加强管理，塑造了良好新形象。四是落实厂务公开制度。对财务收支情况、经费使用情况、干部选用情况等实行公示制，接受群众监督，提高管理的透明度和公信力。五是以深入开展“喜迎十八大、争创新业绩”系列活动为载体，在全处范围内掀起学习宣贯党的十八大精神的高潮。六是充分发挥党工团组织作用。举办第三届女儿会、运动会，开展青年读书活动、鄂西希望小学帮扶共建等形式多样、内容丰富的主题活动。制定《鄂西管理处工会工作制度》，完善了工会服务职能。七是推进暖心民生工程。深入开展“走一线、访班组、办实事、送温暖”活动，实行慰问帮扶“五必访、五必谈、五必贺”等制度，大力实施“九个一”系列活动，关心青年职工的身心健康。

【随岳高速公路管理处】 通行费征收。随岳高速（不含南段）征收通行费清分前、清分后收入7.97亿元、4.83亿元，与上年度同比增长了47.94%、47.14%；于11月14日提前47天完成省厅下达的目标任务；累计通行车辆951万辆，同比增长30.5%；全线误操作率同比下降42.5%，在省高管局月度考核中，共有7个月位居前五名。

道路养护。科学确定养护重点，合理调配有限资源，注重科技应用，全年共处理路基沉降、桥梁除锈等隐患120处，增设警示灯、路堑护栏等交安设施56处，处治汉北河桥等桥梁病害9处，成功组织杨越匝道桥顶升复位，完成货币工程量3843万元，同比增长47.8%，全线道路技术状况指数MQI始终保持在95以上，工程合格率100%，优良率达95%以上，无质量和安全责任事故。在全省高速公路养护管理工作检查中，取得了路况综合得分和检查综合评分“双第一”。

路政执法。襄荆路段共发生路产案件345起，收取路产损失赔偿费246.06万元，收取占（利）用公路补偿费10万元，结案率97%，索赔率97%，千车事故率同比下降38%；随岳路段共发生路产案件595起，收取路产损失赔偿费350.04万元，收取占（利）用公路补偿费66.39万元，收取超限运输补偿费10.7万元，结案率98%，索赔率98%，千车事故率同比下降33%。超限率控制在5%以内。在全省高速公路路政执法综合能力测试中，综合排名首次进入前三名。

综合管理。开展ISO9001质量体系认证，编印14个篇目96万字的质量管理文件，开展“二站一队”的标准化创建；全面加强信息化建设，建立“五位一体”的综合管理平台，新建和完善信息监控终端30处，深度开发管理软件4套，制定14项信息发布流程，探索“553”信息发布机制，修订和细化13项安全应急预案，首次组织荆岳大桥消防及襄荆高速危化品应急演练，建立多方联勤联动应急机制，开创规范化、科学化管理局面。

文明创建。率先启动独具随岳特色的“三定服务”、“五岗十佳”等

随岳高速公路穿越大洪山

8项“迎创”主题活动，创树“十佳阳光标兵”，推出“阳光随岳”视觉识别（VIS）系统，展示全新形象；实施“大所小所三室四室”达标工程，建成12套“亲子房、探亲房”，顺利完成机关新办公楼搬迁，为基层站所配备12套音响及健身器材，组织全员健康体检，全体职工的幸福感得到明显增强。2012年，管理处被评为全国交通运输行业文明单位，通过省级文明单位考核；随岳南委管中心、天门管理所、养护一站等单位被全国海员总工会授予“工人先锋号”，天门管理所通过省级杰出青年文明号验收，张琴、邹勇同志分别荣获“全国交通运输行业文明标兵”、“全国交通运输系统行政执法标兵”荣誉称号。

【黄黄高速公路管理处】 收费管理。以费收“三创”竞赛活动为主线，制定了窗口服务规范、星级考评办法，大力推行“五心”服务；费收稽查以片区联合大稽查为重点，首次联合省军区军备纠察部门开展军车检查，组织开展绿通车稽查、驻所稽查6次，全处堵漏增收车流量10.46万台，堵漏增收金额870.8万元；费收硬件建设以亮化形象为中心，对费亭、安全岛、车道、收费顶棚进行亮化改造，设计统一的LOGO标识，配置液晶监督服务牌；机电建设以提高保障能力为核心，加快自动发卡机、ETC车道、电子支付卡站点建设，在黄梅所和龙感湖所出口安装双磅。全年共征收通行费8.6亿元，提前18天完成全年征费任务，完成年计划的104.03%，通行征费车辆1489.8万辆，日均4.07万辆，同比增长9.37%。全年绿色通道免费7471万元，“双节”共减免通行费1925.5万元。

养护管理。出台8个养护业务制度，编印下发了50余册养护管理制度，完成监理实施细则标准化表格的初步修订，完善了养护制度体系。建成黄黄段桥梁施工标准化项目部和预制梁场，初步建成武英标准化养护工作站；建设养护管理系统，基本完成黄黄高速、麻武高速、武英高速基础数据录入，初步建立了以路面结构、桥梁、隧道卡片、边坡和交安设施等构成的基础数据库。全年完成养护货币工作量6474.58万元，高速公路技术状况指数（MQI）达90分以上，各项工程质量合格率100%，工程进度达到计划目标要求，无施工安全责任事故。

路政管理。在全省高路系统推广运用“执法课堂”和“体能练兵”工作模式，中国公路网、湖北交通报等媒体以《黄黄处执法队伍走出“新模式”》为题进行了专题报道。建成4个路政标准化示范大队，完成了“三室一厅”等硬件标准化建设，在省内率先完成了执法人员换证、换装和执法标志统一工作，编制并上报通过了界子墩治超站项目预算计划和工程可行性报告，大大改善了执法条件。推行管段责任区“双人包保”工作法和“3456”巡查工作标准，在省际站口实行“一线多点”立体治超，投入专项宣传资金近80万元，联合开展建筑控制区整治行动。团山河大桥施工安全监管的做法被省高管局列为经典案例。启动了路政“服务为民、创先争优”竞赛活动，全面推行“服务承诺制”、“首问负责制”和一次性告知制，在许可受理服务中推行“五字”准则，启用了路政执法窗口满意度评价系统。成功运用《鄂赣皖高速公路黄梅区域应急联动运行机制》，有效保障了鄂赣省际“瓶颈”畅通。配合组织2012年度公路交通联合应急演练，完成了省际联动课题调研、起草任务，受到厅领导好评。全年发生路政案件667起，其中立案案件615起，处理652起，结案率97.7%、索赔率98%。收取路产损失赔偿费463.3万元，收取超限运输补偿费78.8万元，超限运输率低于4%，执法“三无”落实率100%。无重大侵权案件发生。

“双节”全员上路，确保重大节假日安全畅通

经营开发。以“星级服务区”创建主线，加强服务区美化亮化工作，在服务区广场设置美观实用的花箱用于栽种绿植，增加花卉盆景，加强环境卫生整治，实现服务区的亮洁绿美。以服务区“为民服务、创先争优”活动为主题，在我省率先建立了黄梅、英山服务区医疗救助站，设立了休息室、儿童乐园、母婴休息室、服务咨询点等，安装了LED显示屏和服务区广播系统，实现了免费无线上网。以增设服务项目重点，开发特色服务产品，设立风味小吃专柜、地方土特产专柜。以中石化湖北分公司在湖北省高速公路服务区中投资最大的项目，全省独具特色的“五星级”服务区二里湖服务区改扩建项目顺利推进，中馆驿服务区被评为四星级服务区，黄梅服务区、界子墩服务区被评为三星级服务区。

综合管理。以实施多元投资体制下高速公路精细化管理为主线，“多元投资体制下高速公路精细化管理模式研究与应用”课题研究取得初步成果，鄂东高路区域一体化管理模式更加稳固和成熟;《精细化管理使用手册》初步完成，科学严谨、组织有序的精细管理大框架搭建完成。创办《活力黄黄》季刊，编印黄黄文集，综合档案管理AAA级顺利通过专家评审。全年职工培训达到1200余人次，50余名中层干部赴清华大学学习培训；工资软件系统在全线试用；全年申报政府采购项目98个，办理支付审批127批次；完善资产管理系统功能，加强实际应用，受到省财政部门的高度肯定。面临黄黄高速由合作经营达10余年之久，武英、麻武路段由指挥部缺陷责任期运营整体转型为全面预算管理体制的实际，围绕抓预算、强执行、控成本、严程序、重监督的总体思路，强化财务管理和预算执行，严肃财务财经纪律，规范资金往来行为，预算执行达到了99.97%，并按规范按要求编制完成了2013年财务预算的申报。对各路段站所、费厅、广场、公示栏、门牌等进行了统一的LOGO装饰，新增400平方米职工餐厅，在基层站所建设电子阅览室，配备文体设施，加强食堂、职工宿舍以及职工班车管理；对已使用二十余年的机关办公大楼进行了修缮；在全面实施黄黄、武英、麻武路段标准化建设的基础上，实施基层所站标准化建设，完成了黄黄路段蕲春所3号楼建设，推进了武英路段、麻武路段职工之家建设。建设了“黄黄精神，薪火传承”展厅，成为黄黄精神、黄黄文化的宣传教育基地。

应急管理。2012年，继续发挥区域联动机制的作用，与九江长江公路大桥北引道工程指挥部签订了安全保畅协议，实施省际联动、路警联动、区域联动，保障了首个重大节假日小型客车免费通行等时段，鄂东区域未发生长时间、长距离、大面积的车辆滞留情况。区域联动机制的良好示范引起了上级领导和社会各界的高度肯定，5月31日，黄黄管理处在长江中游城市群综合交通运输示范区推进联席会议作区域联动应急交流，9月21日，黄黄管理处在全省应急管理工作经验交流会上作省际联动应急机制专题发言。黄黄管理处成功完成省厅交办的《高速公路突发事件处置路网应急联合机制》课题，提交了《“六省一市”高速公路突发事件处置路网应急联动协议》、《高速公路突发事件处置路网应急联动的指导意见》。2012年度公路交通联合应急演练以黄黄高速区域联动应急为大背景，是迄今为止我国举行的最大规模公路交通联合应急演练，也是部省、区域、路警、部门之间联动应急模式的首次成功运用。

党群建设。完善了创先争优工作机制，按照“五比五亮五创”要求，在全路段各站所、路政大队和服务区开展了“为民服务创先争优”活动；对17个基层党支部进行分类定级；坚持反腐倡廉“力度统一论”，认真落实党风廉政建设责任制，开展保持党的纯洁性专题教育，以“十件实事”推进政风行风建设，坚持对采购、工程招投标等关键环节进行廉政介入，全年无廉政案件发生。精神文明亮点凸显，主题活动精彩纷呈，相继开展以“迎创”、“三抓一促”、“基层组织建设年”、政风行风评议等活动，组织了“爱在阳光下，情系大别山”慰问老红军系列志愿服务活动、“大战四季度，攻坚保目标”劳动竞赛等活动。文明创建硕果累累。成立了湖北交通摄影书画协会黄黄分会、艺术团、礼仪队、篮球队，成功举办第一届书画摄影手工制作比赛，在“高路杯”全省交通运输职工乒乓球、羽毛球大赛和全省高速公路系统第四届职工运动会上均取得了优异成绩。加强“活力黄黄”品牌文化提炼，建成包含理念文化、行为文化和形象文化的品牌体系，形成了活力黄黄文化手册、VI识别系统两个基本成果，为推动活力黄黄文化品牌在鄂东高路宣贯落地奠定了框架基础。2012年顺利通过省级最佳文明单位、省级文明路复核验收，管理处连续两年荣获全省交通运输系统和全省高速公路系统先进单位，涌现出20余个厅级以上先进单位和个人，1人荣获全省青年服务先锋。

信息化建设。在信息化、智能化交通建设上大胆尝试，先行先试，在资金压力巨大的情况下，在全省高速公路系统率先建设应急预警管控系统，以此为标志，黄黄高速公路信息化高速建设正式破题上路。在全省高速公路系统率先建设了管理处与路段两级智能会商系统，启动信息监控中心建设，加强与气象部门合作，在高速公路建设气象站。12月4日，黄黄高速公路交通气象站完成安装调试，成功传回该站点的第一条自动站数据，这是湖北省首套专业为高速公路服务的交通气象站，信息化高速公路雏形初现。

【武黄高速公路管理处】 武黄高速累计征收通行费4.41亿元，杭瑞高速累计征收通行费8782.9万元；路政查处案件662起，收回路产损失257.3万元，破案率、结案率、索赔率分别

武黄高速公路质量监测

为100%、97.9%和99.9%；养护完成货币工程量6664万元，道路养护综合指数MQI值为91分；完成广告业务457.6万元，租赁业务78.7万元；管理处获得全省第九届“职工职业道德先进集体”、全省高路系统2012年先进集体荣誉称号，武东管理所、路政二大队获得全国交通建设系统“工人先锋号”荣誉称号，另外还有4个集体，11名个人获得省级、厅级荣誉，2人入选全省交通运输行业“十行百佳”。

营运管理。一是着力提升队伍服务能力。以深入开展费收“三创”竞赛活动为主线，明确了“六个坚持”、“六个提升”的竞赛内容，开展了“五零黄石”、“文化石城”、“魅力崇阳”等特色站所创建和“八型阳光”、“红旗班组”、“雨露计划”等特色班组创建，不断丰富品牌内涵；组织基层一线百余名班组长进行了为期7天的业务知识培训，内容涵盖班组团队建设、沟通技巧、心理疏导等课程，进一步激发基层班组活力；组织开展了“职业妆”、“费收服务礼仪”等培训活动，自主拍摄了职业妆电视教学片、服务礼仪电视教学片，打造形象靓丽、服务真诚的窗口形象；开展了历时5个月的“全员大比拼，服务大提升、真情大展示”技能大比武活动，分为岗位大练兵、业务大比武和真情服务礼仪大展示三个环节，职工业务技能有了明显提升，达到点钞点卡20秒5000元混点、车牌输入5.5秒、停车售票不超过10秒，竞技氛围日益浓厚、成效明显突出。二是着力推进标准化建设。以武黄站所大改造为契机，加快推进站所标准化建设，在杭瑞先期示范的基础上，再次投入60万元推进武黄路段视觉识别系统导入工作，形成管理统一规范、真情文化凸显的工作环境；结合现场实际操作，提炼了现场管理流程、特殊事件处理等11项工作标准，形成程序高效、操作规范的管理流程；坚持每天一次录相抽查、每周两次现场稽查、每月一期《营运通报》和站所排名、每季度兑现考核，形成目标责任明确、业绩奖罚分明的考核机制；牵头鄂东大桥、和左高速、大广南高速经营管理单位组建第五片区稽查队，开展区域联动专项稽查活动4次，查处违章逃费车辆3723辆，补缴通行费37.2余万元，形成对内管理严格、对外稽查效果突出的长效机制；不断完善复式收费、阶梯式收费经验，总结出“客货分流法”、“快速验货法”，成功应对今年春运、清明、国庆车流量分别同比增长6.3%、11.2%、53.5%的难关，并在全省高路系统进行交流；顺利应对九江大桥重车限行导致的杭瑞东段省界收费站重车车流、收费额激增，建立了快速反应、灵活处置的管理机制。

路政管理。一是突出做好路产路权保护。修订完善了《内业管理规范》、《行政事业性收费现金管理办法》等17项规章制度，大力倡导行政审批“四制”（窗口受理制、首问负责制、限时办结制、责任追究制），统一了行政许可、行政处罚、路产赔偿等执法业务处理流程；积极推进标准化示范大队建设，强化执法人员“四化”管理（正规化、军事化、科学化和专业化），组织全员集中封闭培训，邀请武大法学教授、知名律师、“最美护士”现场授课；推行“路网锁定、短信提醒、案件诉讼”三种追赔方式，追回路产赔偿费18万元，效果明显；以“5月路政法规宣传月”和“12.4法制宣传日”为载体，积极组织开展《公路安全保护条例》等法制宣贯活动，全年共发放法制宣传资料10万余份，走访农户1万余家，签订“义务联防协议”2万余份。开展了“百日治超”、“行车秩序专项整治”、“禁止大客车凌晨2时至5时上路”等专项行动，在省厅行政执法检查中，文明执法、服务质量、工作效率、依法行政的测评满意率均达到100%；二是突出强化安全应急管理。制定下发了《突发事件应急管理规定》等6项应急管理制度，修订完善了《低温雨雪天气防冻防滑应急预案》等32项安全应急预案，联合交警、指挥部颁布了“七个凡是”涉路施工安全管理规定。以2012年全国应急演练为契机，开展湖北高速公路综合救援课题研究，打造了鄂东应急救援基地，建立了武黄高速鄂州医疗救护站，摸索出“轻微事故快速处置法”、“征用过往空车转运货物法”、“限时清障法”，形成快速人员救治、快速事故处理、快速道路清障的良性工作链，抢抓黄金救援时间，最大限度保障生命安全。同时，加强联勤联动，尤其在今年首个中秋国庆长假小客车免费通行工作中，路警联合进行车辆分流引导，推行“一名交警一名路政员1+1”同车巡逻、联合处置模式，实现事故就近处理，将一般事故处置时间由40分钟缩短到15分钟，8天快速处理各类交通事故135起，实现了“恶性事故为零、大规模车辆滞留为零、社会有理投诉为零”，获得社会各界的一致好评。

养护管理。一是社会化养护平稳过渡。为了顺应高速公路发展，2012年管理处首度实行了大标段养护，将机械化养护、专业化养护作业进一步提升，着力推进了养护社会化，实现了“管养分离”。经过反复讨论编制了《养护工程监理实施细则》等17项日常养护管理机制，明确了工程养护科、养护管理站及施工、监理单位日常工作内容、流程及执行标准，迅速理顺关系，搭建管理构架。内业管理高起点、高标准定位，每季度组织一次业务培训，坚持执行国检内业规范化管理评分细则；外业管理围绕“路面小修不过夜、养护作业不堵车、工程施工无污染、路况信息无盲区、突发事件保通行”的养护目标，每周不少于3次巡查，每月不少于1次夜巡，每季度进行一次桥涵经常性检查，及时消除安全隐患，全年无一处不合格工程，无一起安全责任事故，无一起违法违纪事件。二是基础设施建设不断完善。投入200万元将老黄石所改建为鄂东应急救援基地，提高区域应急救援指挥调度能力；投入525万元对路口收费站进行拓宽改造，全面改善了通行环境，有效缓解道路通行压力；再次投入1500万元将武黄路剩余27公里中央分隔带缆索护栏改造为波形梁护栏，解决了武黄路多年历史遗留的安全隐患难题；投入近300万元对边坡进行防护加固，投入480万元对路况较差的6公里路段进行铣刨摊铺，提高行车的舒适性和安全性；投入100万元进行沿线绿化养护，致力于打造绿色、生态、环保、景观路。基础管理。一是区域化管理稳步推进。2012年是武黄管理处推进区域一体化管理的关键年，按照“投资多元化、管理一体化”的指导思想，努力克服不同投资主体、不同文化背景、不同地域环境带来的管理挑战，主动沟通，不断磨合，大胆探索，履行行业管理职责，营造良好发展环境，区域化管理格局不断推进。杭瑞高速高标准建设、高标准管理，运营机制不断顺畅，收费额度不断攀升。面对大广南筹备时间紧、收费队伍缺少经验、硬件设施不完善等困难，确定了“举全处之力确保开通”的工作思路，选派28名经验丰富、业务娴熟的中层干部、业务骨干先后入驻筹备开通，抽调10余名收费班长支援开通，自5月3日通车以来，运营基本平稳。强化汉鄂路政派驻管理，提前入驻履行职责，为汉鄂高速12月30日的开通服好务，做保障。落实汉鄂收费委管要求，选派6名管理骨干入驻中心及基层站所，确保行业监管职责到位。二是综合管理效能不断提升。按照省厅对管理处机构设置的要求，结合工作实际，对机关科室重新进行调整，设立了八个科室及两个附属单位，对工作职能进行了重新划分，对管理人员重新定编定岗，组织开展制度的修订和整合，进一步理顺管理机制。继续强化干部队伍和管理人员的成长培养，按照干部培养考察任用程序，选拔科级干部21人，16名业务骨干走上所、站、队助理岗位，全年职工轮岗锻炼达200余人次，组织各类培训28期，参加培训人员达到1300余人次；在财务管理上，加强预算管理和经费控制，主动沟通与协调，各项资金回笼及时，全年预算执行率达到95%，各单位包干经费按月核销，未出现超支现象；在资产管理上，引入管理软件，组织专班进行全面细致的清查，摸清“家底”；在后勤管理上，严格车辆管理，开展了为期40天的“车辆安全运行大整顿”活动，定期公布车辆使用情况。加强保安、保洁和食堂的规范管理，提高后勤保障服务水平；在经营开发上，对武黄段户外广告位进行摸底清查，增加广告位数量，开辟多种形式养殖，通过招标，提高商铺市场效益，经营效益大幅提升；在服务区管理上，深入开展“为民服务、创先争优”活动，加大监管力度，督促经营方投入400万元对鄂州服务区整体环境进行升级改造，超市、餐厅、卫生间等区域焕然一新，服务质量明显提升。

文化建设。一是文明创建有声有色。随着区域化管理的不断推进，管理处职工已由四百余人增长到千余人，青年职工比例逐渐增大。今年，我们高度关注青年成长，大力推进青年工作，开展了丰富多彩的青年文化活动。设立“青年岗位建功”示范点、“青年志愿”服务点，组织“十佳青年服务先锋”评选、主题演讲比赛、职工运动会、红歌会，充分发挥青年职工的活力。深入开展全员读书活动，每个站所建立一个“真情书屋”，成立文学社、读书社，创办了“真情武黄”季刊，开辟“真情武黄伴你行”网站专栏，开展了读书知识竞赛、读书交流会、读书论坛等活动，大力创建学习型组织、培育知识型职工。关注职工的业余生活，投入120万元建立机关单身职工生活公寓，投入60万元建立机关文体活动中心，投入72万元完善基层单位职工之家建设，丰富文化生活，改善生活条件，增强了凝聚力和向心力。二是廉政建设成效显著。深入开展廉政教育活动，管理处主要领导上廉政党课，邀请专家做廉政辅导，组织党员干部观看《忠诚与背叛》等警示片，到襄阳监狱开展警示教育，开展“保持党员干部先进性、纯洁性”教育大讨论活动，做到“费收员、报账员、路政员、炊事员、驾驶员”廉政教育全覆盖，提高全员廉政意识；加强监督检查，纪委认真履职，参与了路口所收费亭改造、武黄段中央分隔带护栏改造、武黄养护工程及房屋维修等50余次项目投标询价、验收，确保了阳光操作、安全规范；加强政风行风建设，扎实推进民主评议政风行风工作，成立工作专班，广泛动员，人人参与，分工负责，层层落实。组织问卷调查，上门征求意见，对社会反映武黄路段树木遮挡标示标牌，影响司机视线安全隐患等问题，及时进行了整改，得到了社会的好评。今年全处未出现违纪现象。

【崔家营航电枢纽管理处】 船闸累计通航突破2万艘。全年过闸船舶4174艘，载重75.6万吨，累计过闸船舶达到2.2万艘，过闸总吨位374万吨。电站发电5.56亿度，提前97天完成

交通运输厅副巡视员高玉玲慰问崔家营管理处职工

年发电计划，年发电量超过年度计划的21%，累计发电达到15.5亿度，发电收入突破5亿元。枢纽安全运行全年无事故。自船闸、电站相继投入运行以来，枢纽已累计安全运行1386天，未发生人身伤害、设备损坏、火灾、交通等安全事故。

管理体制。一是建立并完善枢纽管理制度体系。截至目前，管理处编写完成综合管理、安全管理、技术管理、技术规程和应急预案等九大类共计145项管理制度。二是开展生产部门安全生产标准化建设试点。针对电站运行管理，通过建立涵盖岗位行为规范、设备设施管理、隐患排查治理、绩效考核评定等多面的“标准化管理”体系，按照“三全一高”的要求严格执行，促进了电站运行生产及管理工作的规范化、程序化和系统化，为电网的安全稳定运行提供了可靠保障。三是以“夯实基础，提高效益”为思路，建立了“一级核算、分级管理”的财务管理模式。通过现代化的网络技术搭建了财务远程协同办公平台，设计了较完善的财务核算体系。

10月11日，“2011—2012年度全省（杰出）青年文明号评审会”在崔家营管理处落下帷幕

运行生产。一是促进通航服务能力提升，联合襄阳市海事局，整顿船舶超载、航速过快、抢航、不听过闸指令、船员驾驶船舶水平低等问题；严禁超高、超宽、顶拖方式不符合船闸规定的船舶过闸；加大宣传、教育、处罚等安全监督手段，不断规范管理过闸船舶，成效显著，除遇大雾、大风等恶劣自然天气外，基本保持不断航，安全通航率100%。二是树立航运优先理念，多次利用枢纽有限的调节库容，牺牲发电水头，加大下泄流量，积极配合港航海事部门参与水上应急救援，累计帮助下游100余艘滞留船舶安全驶离搁浅航道。三是开展标准化运营管理试点工作。管理处以发电站运行部为试点，大力开展标准化示范窗口创建工作，围绕班组“五化”，即工作内容指标化、工作要求标准化、工作步骤程序化、工作考核数据化、工作管理系统化，全力以赴加强了“标准化示范班组”建设工作，实现了班组基础管理水平和一线执行能力的持续稳步提升。四是注重设备健康。全面落实计划检修，全年共完成C级检修7次和D级检修2次，加强设备缺陷管理，实行设备缺陷闭环管理。全年开出工作票397张，消除安全隐患50项，消缺200余项。五是注重技术改造和科技攻关，先后完成了尾水门机取电系统、调速器上反馈等8项技术改造，新增双平面调度数据网和实时平衡系统2套，大大提高了设备运行的稳定性、可靠性，从技术上保障了枢纽的安全运营和发电效益。

安全管理。一是安全管理制度体系日益完善，依据国家有关法律法规、行业标准、各级政策指示等，结合管理处生产实际，修订完善了《安全生产责任制》、《安全性评价工作管理办法》、《安全会议管理制度》等11项安全生产管理制度和标准。二是应急管理再上新台阶，修订完善了崔家营航电枢纽应急预案，建立由1项综合应急预案、18项专项应急预案及20项现场处置方案组成的三级应急预案体系，组织开展了消防应急演练。三是重视安全培训和日常监管。组织开展了年度安全知识竞赛、全员电力安全工作规程的培训考试及生产部门人员电力安全规程考试工作，切实提高人员安全素质和增强安全意识。完成各级安全生产管理人员、特种作业人员、特种设备作业人员、特种设备安全管理人员的培训取证及安全生产督导师培训工作，相关人员持证上岗率达到100%。定期组织开展（每月一次）安全大检查及安全隐患排查整治工作，累计消除安全隐患50余项。四是高度重视，科学度汛。制定了防汛工作指南和防护度汛预案，进一步完善防汛体制；在汛期严格实行24小时昼夜值班制和全体职工轮班巡视制，时刻关注水情变化，掌握防汛主动权，科学调度，保障坝区水位平稳；在确保通航和发电生产安全稳定的同时，顺利完成枢纽防汛任务。五是综合治理工作成绩突出。进一步健全综治管理体系，并联合公安、海事等部门，加强对坝区警戒水域的安全管理和宣贯工作；全面落实人防、物防、技防等措施，加强管理区内治安防范和保安队伍管理，升级监控设施、扩大监控范围，保障管理区安全稳定，并荣获“湖北省社会管理综合治理、维护社会稳定先进集体”荣誉称号。

文明创建。一是通过实施文化建设“四个一”工程，即一首“崔家营之歌”主题歌，一部《远航》专题片，一套崔家营理念文化识别系统和一本企业文化手册，培育了“魅力崔家营、和谐兴航电”的独特航电文化品牌。二是塑造了优质服务的窗口形象。在通航部和服务中心两个服务部门启动了“开展优质服务，争当服务明星”创建活动，通过制定考核方案、每月评选服务明星、主动向船员和来访宾客征求意见等方式，引导干部职工立足岗位创先争优，积极塑造优良行风政风。三是深化崔家营生态文化示范基地建设，建成设施齐全占地面积约400㎡的羽毛球馆，实施江心岛和管理区绿化改造工程，建立枢纽简介宣传专栏，安装鱼道水下摄像头，完善科普教育软硬件设施，打造了寓情于景，情景交融的生态文化景观，构建了绿色和谐温馨家园。

队伍建设。一是通过完善岗位设置，根据“走出去、引进来”的原则，除招收应届大学毕业生外，还与各厅直单位、工程建设指挥部之间交流干部及专业技术人员，调整人员结构，同时与省内外经验丰富的老电厂进行人才交流，基本建立适应运营管理的一支团队。二是“双基”培训常抓不懈。制定实施了《2012年职工教育培训计划》，全年举办内部培训班26期，培训职工1089人次，完成各类考试187人次，参加外部培训31期，培训职工71人次，提高了机关管理干部的管理水平和一线生产人员的技术水平。三是专题活动适时开展。通过开展“喜迎十八大，争创新业绩”和民主评议政风行风等活动，着力实施“廉政阳光工程示范基地”建设，营造风清气正的环境，强化了团结和谐的理念，激发了活力，增加了向心力。

综合交通和水陆运输

【综合交通】 围绕“打牢发展大底盘、建设祖国立交桥”总体发展战略，省厅积极推动全省综合运输体系的顶层设计和市州综合交通规划的编制工作，参与组织编制了《湖北省“十二五”综合交通发展规划》，组织编制了《“建设祖国立交桥”综合交通规划》，积极推动武汉市、襄阳市、荆州市、黄冈市等地邀请国家层面的高水平规划研究机构开展综合交通规划编制工作，综合运输体系的顶层设计更加完善。同时省厅以加强综合客运枢纽衔接协调工作为突破口，深入开展综合交通协调服务工作并取得了显著成效。6月，省厅主持开展了综合客运枢纽的相关衔接协调工作，邀请交通运输部综合规划司、规划院、交科院，上海市政工程总院、国家民航科学研究院等单位的专家对天河机场交通中心工可报告进行了咨询，提升了综合客运枢纽的前期工作决策水平，为我省综合客运枢纽的规划建设起到了良好的示范引导作用。此外，以推动中外学术交流，筹备组建综合交通运输研究会，开展多层次、大范围的综合交通协调服务工作为重点，着力完善了全省综合交通研讨平台体系。（王成）

【全省道路水路运输】 全省完成道路客运量11.84亿人、旅客周转量804.07亿人公里、货运量9.71亿吨、货物周转量1565.45亿吨公里，同比分别增长12.8%、14.9%、17.4%、22.5%；完成水路客运量443.8万人，旅客周转量29394.4万人公里，货运量19882.1万吨、货物周转量19331973万吨公里，同比分别增长27.9%、18.1%、14.5%、25.6%，地方船舶运力新增25.8万载重吨。圆满完成道路水路春运、“五一”、防汛、中秋、“十一”等重点时段的应急运输任务。

道路城乡客运一体化。制定下发城乡客运一体化贯彻实施意见，黄陂、老河口、宜都等地率先开展了城乡客运一体化试点示范，配套建设了一批港湾式候车亭，在多级客运网络的有效衔接、城市公交和农村客运融合发展以及政府统一规划强力推进等方面，进行了有益的探索。城际公交化改造稳步推进，“仙桃－天门”、“十堰－郧县”客运班线公交化成功运行。

城市公交。积极推进公交都市建设，武汉市成功入选部“十二五”国家“公交都市”第一批建设示范工程，武汉市政府出台《武汉“公交都市”示范城市建设行动方案》，实施七项公交都市再造工程，在建设新式停靠站、驾驶员统一着装、大规模更新运力等方面迈出了坚实的一步。出台了《关于在城市公交行业开展星级驾驶员和星级线路考核的指导意见》，与省文明办、团省委联合开展文明进公交活动，取得良好效果，完成了公交系统（BRT）课题研究，向省政府上报了《加快发展湖北大中城市快速公交系统建设的意见》（代拟稿）。出台了《湖北省城市公共交通规划编制管理办法》和《编制指南》，13个市州级城市公交规划编制全面启动。完成了《湖北省城市公共交通发展水平考核评价体系》，对城市公共交通发展水平进行量化评价。宜昌公交集团、襄阳27路公交线路和武汉公交司机张兵受到交通运输部表彰。在深圳召开的全国城市公共交通会议上，尤厅长做了典型经验交流发言，受到了交通运输部高度的肯定。

出租车。积极推进“公司化经营，员工化管理”模式，深化出租车服务质量信誉考核和经营合同、劳动合同管理，深化出租车“双创”活动，联合公安交警部门开展打击非法营运活动，出租车发展环境明显优化。编辑完成了出租车和谐三部曲：一本书《和谐之歌》、一本画册《和谐之韵》、一个专题片《和谐之路》，得到了全国同行的普遍认同。全国出租汽车行业和谐劳动关系创建推进会在我省成功召开，交通运输部对我省取得的经验和成果予以了充分肯定，十堰顺强公司成功经验在全国推广。

甩挂运输。经多方努力，我省已有5个项目被交通运输部纳入甩挂运输试点项目，并获得交通运输部补助资金2000万。目前，各试点企业正按照要求稳步推进各项工作。区域合作进一步加强，签署了《中部六省推进公路货物甩挂运输发展战略协议》、《中部六省道路货运信息共享合作协议》及《川、渝、鄂发展长江公水甩挂运输协议》，合力推进甩挂运输发展。

港口发展。为实现港口与工业园区、物流园区同步建设、互动发展，港口布局与综合运输通道相互衔接，在长江、汉江与贯通我省的六条综合运输通道交汇点打造枢纽港口；港口功能分区与产业布局相互衔接，根据腹地产业需求建设专业化码头；建设时序与经济发展重点相互衔接，优先建设后方与工业园、物流园、货运站场联为一体的港口项目。

水运发展。一是船型标准化。目前全省千吨级以上船舶达到1919艘、604万载重吨，货船平均吨位超过1500载重吨。二是企业规模化。现有90家航运企业运力规模超过万吨，占全省总运力的3/4以上。全球排名前16位的航运企业有14家在我省设有办事处和分支机构。三是港口现代化。现有千吨级以上泊位844个、专用泊位221个、千吨级以上专用泊位172个。武汉阳逻港试点启运港退税政策，是长江沿线首个也是唯一一个试行启运港退税政策的港口。（彭刚）

【节假日运输】 国庆黄金周。2012年中秋节、国庆节两节相连8天长假，又正逢首次实行7座以下小客车免收公路通行费，节假日期间天气晴好，旅客流、探亲流、学生流叠加，客流量、车流量大幅增加。全省中秋、国庆节假期间整体平稳有序，未发生大面积旅客滞留，未发生长时间交通拥堵，未发生重大安全事故，取得了重大节假日免收小客车公路通行费首战全胜。

9月30日至10月7日，全省道路、水路共运送旅客1720万人次，同比上升5.5%。其中，道路运输1684万人次，水路运输36万人次。

全省高速公路通行车辆480万辆次，同比上升84%，日均流量60万辆次，日最高流量达69万辆次（9月30日），其中7座及以下小型客车流量为390万辆次，同比上升104%，免费

首批小车免费通过高速公路

金额2.2亿元。

春运40天。2012年春运从1月8日起至2月6日共计40天，全省铁、水、公、空累计发送旅客9636万人次，同比增长9.2%。其中，铁路发送1381万人次，同比上升3.5%；水路发送65.8万人次，同比下降3%；道路发送旅客8095.4万人次，同比上升9.21%；民航发送旅客93.5万人次，同比上升11.8%。

春运期间，全省交通运输部门日均投入运力3.8万余台道路营运车辆、1.7万台公交车辆、3.6万台出租车、船舶472艘，武汉铁路局安排直通临客运行线146对，民航全力保障进出港航班正常，日均起降430余架次。

春运期间，没有发生重大以上安全生产责任事故，没有出现旅客滞留、积压和公路大面积拥堵现象，没有发生重大服务质量投诉事件，春运形势总体平稳有序。（彭刚）

【交通运输节能减排】 制定规划，认真部署节能减排工作。省交通运输厅编制《湖北省低碳交通发展规划（2011—2015）》，印发《湖北省交通运输厅2012年节能减排工作要点》，多次组织召开节能减排和应对气候变化专题研究会和培训会，2012年度全省9个项目成功获得国家节能减排专项资金2304万，既激发了获奖企业开展节能减排的工作热情，也为全行业起到了良好的示范和引领作用。

1. 积极支持武汉推进低碳交通体系建设城市试点。按照《武汉市低碳交通运输体系建设试点实施方案》要求，武汉市加快了低碳交通运输体系建设项目实施：

一是加快武汉综合交通运输体系建设。天河机场三期扩建工程、阳逻集装箱码头三期工可报告获得国家发改委批复；国际航站楼扩建工程完工；机场第二通道全线开工。

二是加快清洁燃料应用。2012年武汉公交新增单一燃料CNG公交车356辆，新增标准油替代能力7456吨/年，新增CNG出租车1217辆，新增标准油替代能力14896吨/年。

三是加快交通运输管理与服务能力建设。武汉鑫飞达公司开发完成了新一代武汉自行车智能化集中管理服务系统，实现了智能化调配和跟踪。2012年又新增自行车2万辆，全市已办理租车卡用户过百万人，平均日租车量20万人次，最高峰达48万人次。

四是积极开展“公交都市”建设。指导武汉市成功申报成为全国“公交都市”建设示范工程第一批15个城市之一。武汉建设“公交都市”将重点实施“多元网络、场站设施、低碳节能、智能公交、慢行交通、需求管理、监管能力”七大建设任务。同时，争取武汉成为节能减排专项资金区域性管理试点城市，已完成《武汉市交通运输节能减排专项资金项目区域性管理试点实施方案》（征求意见稿）编写工作，即将提交评审。

2. 指导十堰市成功申报成为第二批全国低碳交通运输体系建设试点城市，完成《低碳交通运输体系建设试点实施方案》，并通过交通运输部审查。有关节能减排项目正加快推进，十郧城际公交20辆LNG车已投入使用；十堰亨运甩挂试点稳步推进；武当山－太极湖智能旅游交通工程GPS调度系统9月全部完工。十堰公交GPS智能调度系统和G-BOS系统全面完成，多功能电子站牌一期已完工。

3. 应用清洁能源，推广天然气使用

天然气等清洁能源在公交车、出租、道路客运中的推广应用，有效地降低了二氧化碳排放。我省低碳交通运输示范基地之一的湖北新捷天然气有限公司，积极与宜昌、襄阳、十堰、黄冈、荆州、荆门等地交通运输部门开展合作，推广LNG应用。目前该公司已有武汉柏泉站、宜昌兴发汽运站、

省交通运输节能减排示范企业授牌仪式

荆门高新区加气站、洪湖加气站、十堰公交站、黄冈东方客运站、宜昌交运站七家LNG加注站开通运营。

湖北新捷与黄冈东方合作成立黄冈新捷天然气有限公司，协助黄冈东方改装50台柴油客运车辆使用LNG；为潜江油田运输公司改装30台运输车。湖北新捷与十堰公交合作成立十堰新捷天然气有限公司，十堰公交目前已购买64台LNG客车用于城际公交。此外，武汉益达购买LNG商品混凝土车辆34台；宜昌交运购买LNG新车15台；宜昌兴发汽运购买LNG新车27台;蕲春公交购买13台公交车，英山客运购买5台客运车。目前，我省使用湖北新捷LNG车辆达500余台。

4.发挥企业主体作用，深化千家企业低碳专项行动

督促我省参加全国低碳交通运输专项行动的企业建立节能减排机构，编制实施方案，制定工作计划，结合部节能减排以奖代补等政策，省厅和省发改委也联合发文确定了三家低碳交通运输基地和十家低碳交通运输示范企业， 充分发挥千家低碳交通运输企业的龙头带动作用，在六个领域取得示范效果。

一是城市公交领域。武汉公交集团、十堰公交集团重点在CNG等清洁能源在城市公交车辆中的应用，公交智能调度系统方面开展示范。

二是道路运输装备领域。省客集团、宜昌交运、十堰亨运、黄冈东方运输集团重点在LNG等清洁能源在道路客运车辆中的应用、发展城际公交、道路客运智能调度系统、绿色维修、模拟驾驶等方面开展示范。

三是港口和航运领域。武汉港务集团重点在集装箱码头RTG“油改电”技术应用,轨道式龙门吊RMG的应用,智能化的集装箱管理系统应用，靠港船舶使用岸电技术应用方面开展示范。华航集团重点在应用标准化、节能型船舶，全面推广船舶节能操作法，开展LNG船舶应用等方面开展示范。

四是甩挂运输领域。湖北汽车运输公司、鄂州大通互联物流股份有限公司被交通运输部列入甩挂运输试点企业，民企湖北九州通物流有限公司重点在天然气货车应用、甩挂运输、多式联运、物流信息化等方面开展示范。

五是LNG等新能源推广应用领域。湖北新捷天然气有限公司重点在“十二五”期100余座LNG加气站建设、推广LNG在汽车、船舶中的应用等方面开展示范。

六是公路基础设施建设与运营领域。湖北省高速公路实业开发有限公司废旧沥青面层材料再生利用已纳入交通运输行业第四批节能减排示范项目，在温拌沥青技术、可再生能源在公路建设与运营中应用等方面开展示范。杭瑞高速公路管理处在服务区应用光伏发电技术，鄂西高速公路管理处在桥梁、隧道应用LED节能灯等方面很具有代表性。

5.发挥机关示范作用，深入推进节约型机关建设

紧紧围绕“绿色出行、低碳交通”这一主题，省厅发挥机关带头作用，开展了“能源短缺体验日”活动。2012年6月11日，厅机关各处室、厅直各单位，停开办公区域空调一天；停开办公区域公共场所（如门厅、走廊、楼梯等）照明一天；6层以下办公楼停用电梯一天，市内用公务车停开一天；倡议厅机关、厅直单位干部职工武汉市内出行乘坐公共交通工具、骑自行车或步行，共同体验能源短缺带来的不便。此次活动有力促进了机关节能意识的提高，取得了非常好的效果，据统计，活动当日，仅机关大楼就节电约2000余度。省厅荣获全省公共机构节能工作先进单位。目前，厅机关正在积极参与2012 ~ 2013年节约型公共机构示范单位创建活动。

6.加强节能减排宣传，着力提升公众节能减排意识

6月12日，省厅联合省发改委、省财政厅在湖北交通职业技术学院联合举行湖北省低碳交通和节能减排示范企业授牌仪式暨2012年节能宣传周启动仪式。厅党组书记、厅长尤习贵参加仪式并号召大家携起手来，共同行动，把节能减排理念贯彻到全省交通建设、运输生产、行业管理各个环节，努力构建安全、畅通、便捷、绿色交通运输体系。仪式结束后，尤厅长率先骑上环保自行车，带领大家体验“绿色出行、低碳交通”。节能宣传周活动现场设立“绿色维修”、“节能驾驶”、“绿色出行”、“新能源利用”、“公共机构节能”五个咨询台，现场接受咨询800余人次，发放宣传册1000余份。11月中旬，省厅派人参加了中英低碳规划研讨会。12月18日，省厅在宜昌召开2013年交通运输节能减排专项资金项目申报会，邀请省发改委有关专家作了国际国内低碳发展情况培训，参训人员达50余人。（彭刚）

【班线运输】 全省班线客运车辆通达全国26个省、市、自治区，运力结

6月12日，省交通运输厅2012年节能宣传周启动仪式上，湖北交通职工骑自行车倡导绿色出行理念，以实际行动积极践行低碳生活

构进一步优化，中高级车辆比重进一步提高，道路运输保障能力得到明显提升。

1. 坚持编制年度发展计划，建立道路客运班线可许可数量的公开制度。为增强客运班线发展的科学性和计划性，实行道路客运班线“双渠道发展报告制度”（运管机构根据公共服务职责主动规划发展报告制度和企业根据市场需求自主建议发展报告制度），从县市进行申报，各级运管机构在基本确定本地区年度发展计划后，以一定方式（网站、公告栏等）向社会进行公示，广泛征询人民群众和经营者意见，对社会矛盾较大、不符合编制原则的线路计划予以减少或调整。2012年共编制客运班线发展计划2批，第一批列入计划的省际项目113条，市际项目37条；第二批列入计划的省际项目35条，市际项目55条。

2. 坚持实行公开招标与综合评审相结合，强力推进交通运输“四减五制三集中”审批制度改革，保障行政许可公开、公平、公正实施。依法制定和发布《可供申请的省际市际道路客运班线公告》、《省际市际道路客运班线经营权综合评审公告》、《客运班线经营权综合评审须知》。省交通运输厅政务服务大厅受理窗口受理符合条件的申请人递交的综合评审文件，省运管局组织审查，厅行政审批办公室（筹）根据审批业务范畴（如需专家审查、现场查验等），会同厅机关相关业务处室参与审查。参加评审的人员统一从全省客运班线许可专家库中随机抽取，由6人组成客运班线评审组，按照独立评分、综合汇总、统一复核、形成结论的程序进行封闭式评审。省运管局局长办公会对评审组提交的评审报告和评审结论进行审查，并提出审查意见，经厅行政审批办公室（筹）审核，报厅分管领导决定后，由厅政务服务大厅发放行政许可决定书，全年完成共计90条班线的综合评审工作。

3. 强化基础工作，注重省际业务沟通，为省际道路旅客运输行业健康有序发展提供服务。近年来，作为对外客运交通的重要组成部分，全省省际道路旅客运输行业取得了长足发展，在服务全国，加强与兄弟省市间合作与交流中发挥了重要作用。2012年完善了省际客运线路发展内业基础，对全年拟进鄂客运班线来函情况公示、外省拟进鄂客运班线来函情况审定、外省对我省客运班线回函情况公示、外省已进鄂客运班线变更来函情况公示等基础资料进行了档案化管理，为进一步规范省际道路客运相关工作提供了数据资料支持。（程媛）

【旅游客运】 按照《省人民政府办公厅关于印发全省道路旅游客运安全集中整治方案》的部署，2012年省运管局继续联合公安交管、旅游、安监等部门，从制度建设、行业管理、宣传引导等方面着手，多措并举，强力开展旅游客运市场清理整顿工作，对94家旅游客运企业、2716辆旅游客车、774家旅行社进行清理整顿。

一是对旅游客运车辆实行统一标识和专段号牌管理。省交通运输厅、省公安厅、省旅游局联合下发了《关于对旅游客车实行统一标识的通知》（鄂交安〔2012〕178号），省公安交管局、省道路运输管理局联合下发了《湖北省道路旅游客运车辆专段号牌管理暂行规定》（鄂公交〔2012〕29号），对道路旅游客运车辆实行统一标识和专段号牌管理。二是规范包车标志牌的发放管理。对道路客运包车标志牌按市州分别编号并实行计划管理，完善道路运政信息系统软件功能，将标志牌核发、缴销等业务流程纳入运政信息管理系统，全省范围内信息共享，停止使用原制式包车和临时客运标志牌，全省统一使用电脑打印标志牌。三是制定推广示范合同。在广泛征求意见的基础上，制定了《湖北省旅游包车合同示范文本》，明确了旅行社和旅游客运企业的权利义务。四是交通运管、公安交管、旅游、安监部门开展联合稽查行动。检查道路旅游客运企业、旅行社相关管理制度落实情况，并在公路路口、景区停车场、旅游集散地对道路旅游客运车辆进行稽查，重点检查车辆经营资质、从业人员资质及相关安全管理制度落实情况。全省共开展专项稽查行动160余次，查处违规旅游客运车辆480余台。五是加强典型示范。根据各地上报和检查督办了解的情况，发现了一批先进管理经验，如湖北公路客运集团有限公司的GPS监控管理、湖北捷龙交通运业有限公司的安全生产管理制度、长江三峡旅游公司运输分公司的安全和车辆技术管理制度等，通过《湖北省道路旅游客运安全专项整治工作简报》将这些制度和管理办法进行推介，充分发挥典型示范的作用。六是定期通报工作情况。先后四次以《湖北省道路旅游客运安全专项整治工作简报》的形式通报了全省17个市州的专项整治工作进展情况，表扬先进、通报不足，促进了全省道路旅游客运安全专项整治工作的平衡、有序开展。

旅游客运

经过整治，道路旅游客运市场基本实现“四规范、四清理、四统一和一提升”。即规范道路旅游客运经营主体、规范道路旅游客运用工行为、规范道路旅游客运市场秩序、规范旅行社用车行为；清理资质不达标企业、清理资质不达标旅行社、清理隐形挂靠车辆、清理不具备资质从业人员；统一旅游客运车辆标识、统一旅游客运车辆专段号牌、统一旅游包车示范合同文本、统一旅游客运结算行为；提升湖北道路旅游客运行业形象。

（陈建民）

【城市公交营运】 规划编制。推动省交通运输厅出台《湖北省城市公共交通规划编制管理办法》和《编制指南》两个规范性文件，明确城市公共交通专项规划编制的责任主体，规划成果的主要内容、评审单位及评审程序。17个市州城市中，已有13个城市正在开展规划编制工作，3个城市已通过省交通运输厅组织的评审，黄石市通过政府批复。

快速公交发展。10月，省运管局起草了《关于加快发展湖北大中城市快速公交系统建设的意见》，已上报省政府，12月与美国能源基金会在武汉召开湖北省BRT快速公交项目研讨会。目前，各地正按初步方案开展前期规划工作。其中，全长24公里、投资总额17.1亿的宜昌夷陵新客运站—火车东站的快速公交线建设项目工可报告已经编制完成。武汉市第一条快速公交示范线建设业已完成前期工作即将动工。

公交都市建设。指导武汉编写完成《武汉“公交都市”示范城市建设行动方案》，武汉成功入选交通运输部“十二五”国家“公交都市”建设示范工程。武汉市政府出台了《武汉“公交都市”示范城市建设行动方案》，实施七项公交都市再造工程，在建设新式智能停靠站、驾驶员统一着装、大规模更新运力、启动场站建设等方面迈出了坚实的一步。仅去年一年政策性和公益性补贴达1.5亿元，市政府为加快公交发展发了3个专门文件，7个会议纪要。

经营模式改革。鄂州市推行五项公交变革，成功将3条挂靠经营公交线路实行公车公营；孝感市也启动公车公营改革；武汉市大力推进运力结构调整，全年更新1100余台车辆，加快淘汰黄标车辆。在全国公交工作会上，省交通运输厅厅长尤习贵作了专题发言。交通运输部部长杨传堂、副部长冯正霖在讲话中肯定了湖北的公交管理经验。

文明进公交。省交通运输厅与省文明办、团省委联合开展文明进公交活动月。在活动开展中，绝大部分市级中心城市举办了“文明进公交”启动仪式。恩施公交驾驶员宣誓摒弃陋习做文明使者活动；潜江公交60名身穿红马甲、头戴小红帽的志愿者在公交站开展文明劝导服务；宜昌市出动运管人员80余人，招募青年志愿者300余人，制作标语横幅100余条，文明劝导3800余人，宜昌公交还积极收集乘客建议，劝导创建“无流食车厢”。

星级驾驶员和线路考核。出台了《在城市公交行业开展星级驾驶员和星级线路考核指导意见》，考核主要内容涉及员工薪酬要与服务质量挂钩，建立一个量化动态考核平台，通过推行星级驾驶员和星级线路考核，进一步提升公交服务质量和行业形象，推进公交企业标准化管理，激发驾驶员的工作主动性和积极性，力创公交优秀。目前，武汉、十堰、荆州、黄石、咸宁、随州等城市公交公司业已按照省运管局指导意见，开展形式多样的考核工作，取得良好效果。

公交成本规制课题研究。近年来，越来越多的城市从成本规制入手，确定公交正常运行的合理成本范围和数额，并根据确定的成本给予相应的财政补贴。为了促使各级政府及有关部门通过建立成本标准，合理界定公交行业成本范围，测算、审核和评价公交企业经营状况，并以此作为财政补贴的依据，以促进公交企业进行成本控制、规范营收，并规范政府管理，避免了人为因素。

文明示范线创建。一是以“优美乘车环境、优良运营秩序、优质车厢服务”为主题的优质服务竞赛活动在全省公交行业蓬勃开展，表彰了15条省级公交文明示范线、20名省级公交服务明星，又继续评选出2012年度全省10条省级文明示范线。二是大力宣传“三零”司机张兵先进事迹。为宣传全省交通运输服务明星张兵爱岗敬业、交通为民的精神，组织了30余场巡回报告会，在全省城市交通运输系统引起强烈反响。三是组织开展特色服务班组建设活动。以创新服务方式，丰富服务内涵，规范服务流程为重点，大力推进特色服务班组建设。（熊倩倩）

【客运出租车运输】 全面推进出租汽车行业和谐劳动关系创建。省总工会与人社厅联合下发《关于在出租汽车行业开展和谐劳动关系创建活动有关问题的通知》，举办全省出租汽车行业创建和谐劳动关系推进会，对全省出租汽车行业和谐劳动关系创建作了全面部署。同时举办了出租车行业

5月，武汉市在公交车行业开展“文明进公交”活动

5月3日，武汉出租车行业成立“敬老车队”

驾驶员心理咨询及疏导培训班。6月20日，全国出租汽车行业和谐劳动关系创建活动推进会在湖北十堰召开，交通运输部副部长冯正霖在会上作重要讲话，充分肯定了湖北创建出租车行业和谐劳动关系的经验与成果。省交通运输厅厅长尤习贵介绍了湖北推进出租汽车行业健康和谐发展的经验。来自全国各省市出租汽车行业主管部门和部分出租汽车企业的代表，考察了十堰市顺强运业有限公司和亨远万顺达出租汽车公司。湖北省从省级、市级和公司层面介绍了湖北创建出租车行业和谐劳动关系的经验与成果，十堰市顺强运业有限公司推进公司化经营和员工化管理的经验受到与会代表的一致赞扬。新华社内参和《中国交通报》以头版头条介绍了顺强经验。

深入开展打击非法从事出租汽车营运专项整治活动。8～10月，省运管局和省交管局集中3个月时间，在全省范围内联合开展打击出租汽车非法营运活动。活动期间，全省出动打非执法人员4万余人次，共查处非法营运车辆1700余辆，取缔处理从事出租汽车客运的“摩的”和简易机动车1000余辆。

继续在出租汽车行业开展创“文明优质企业”、创“文明出租车”活动。表彰了全省出租汽车行业的十佳企业、百佳驾驶员、十佳文明班组长。为进一步宣传典型、学习先进，省运管局将近年来全省出租汽车行业的先进企业和个人代表事迹收录成册，编成了《和谐之歌》一书，《和谐之韵》画册、制作了宣传专题片《和谐之路》。各地结合实际，开展了一系列创建活动。十堰市为提高驾驶员素质，举办“顺强杯”出租车行业综合技能竞赛活动；黄石市出租汽车行业开展“迎节庆，文明与你我同行”活动；武汉市推出敬老的哥张国贤系列事迹报道，并成立敬老车队；2012年正值雷锋逝世50周年，各地纷纷开展各种形式的学雷锋活动，十堰市出租汽车行业开展“学雷锋月”活动；夷陵区出租汽车行业雷锋班组对社会福利院孤寡老人们进行慰问。高考期间，荆州组织“橙丝带”护考行动，武汉、宜昌、十堰、仙桃、黄石等地出租车公司积极为考生提供服务，组织爱心车队免费接送高考学子。

严格开展出租汽车经营权有偿审批管理。简化出租汽车经营权有偿使用审批程序，变原来由三厅局（即省交通运输厅、省财政厅、省物价局）初审后，由省政府审批为现在三厅局评估后由当地市级政府审批，进一步简化管理程序，更好地服务于基层；严格审核市县出租车经营权有偿使用，及时提出审核意见。上半年，先后有建始、潜江等地申请实行或延长出租车客运经营权有偿使用。省客管处都派人到申请地了解人口情况、经济发展状况、出租汽车客运市场秩序情况、出租车驾驶员收入和负担情况等，对一些出租客运市场存在问题或影响到市场稳定的市县，提出增加出租车听证会、进行市场整顿等相关建议，并根据了解的实际情况及时向省交通运输厅提出经营权有偿使用的审核意见。

修订出租汽车管理办法。为与交通运输部下发的出租汽车行业服务质量信誉考核办法接轨，对全省出租汽车企业服务质量信誉考核办法和驾驶员诚信考核办法进行修订。经过多次征求意见、召开座谈会，新制订的出租汽车服务质量信誉考核办法已颁布实施。

现代科技信息技术得到广泛应用。十堰出租车信息系统纳入交通运输部试点示范项目，武汉全面推行出租车电召服务。新能源客运车辆在武汉出租车行业得到应用。（叶乐）

【城乡客运一体化】 全省道路运输紧紧围绕推进城乡道路客运基本公共服务均等化和满足人民群众的出行需求为目标，坚持“推进城乡基本公共服务均等化”理念，依托政府强力争取支持，统筹布局充分整合城乡客运资源，大胆探索不断创新突破，全省城乡道路客运一体化工作取得重大突破，黄陂、老河口市、宜都市城乡客运一体化试点示范达到预期目标。

全省开通农村客运班线5480条，投入营运客车23654台，座位保有量35.95万余座，农村客运营运总里程达15.06万余公里，农民候车难、乘车难的问题得到根本缓解。全省建成农村五级客运站648个，简易站及招呼站数量达到29105个，全省实现100%的行政村建有候车亭、招呼站；全省具备条件的行政村实现100%通客车。全省942个乡镇、26161个达到安全通行条件的行政村全部通达客运班车。

黄陂、老河口市、宜都市试点城市先行先试，统筹城乡道路客运规划布局，整合城乡客运资源，不断完善城乡道路场站等基础设施，实现城乡客运交融，逐步达到城乡道路客运统一资源配置，统一税费政策，统一运价标准，统一服务规范，城乡居民享受同等出行服务。黄陂以分级整合改造、网络城乡运输为特点，开通了黄陂至汉口292路公交车，对黄陂地区原短途班线（横店至新荣村、天河至新荣村、祁家湾至新荣村、黄家涝至新荣村、三里窑至武汉港）逐步进行改造；对黄陂区至乡镇，通过整合资源，将原有九家公司整合为三家，实现区乡道路客运班线公交化运营全覆盖。老河口市以干支并举、多层公交为特点，由老河口顺通公司统一城区公交客运及县乡道路客运发展，城区及县乡客运基本实现公交化运营，并确立2013年实现“村村通公交”的目标。宜都市以总体规划布局，多点同步实施为特点，科学规划、科学定位，构建以宜都主城区为中心，枝城、红花为支撑，五眼泉、松木坪、王畈、潘湾、聂河5个乡镇为节点，123个行政村为基础的四位一体的城乡客运一体化空间格局。

全省其他地区城乡客运一体化发展速度加快，城市公交延伸客运班线和城郊农村短途客运班线快速融合，为实施城乡客运一体化提供了基础条件和有力支撑。全省道路运输网络日趋完善，居民出行需求得到保障。十堰以政府为依托，采取公交收购的方式，对城区近郊的农村客运线路只要符合公交运行条件的均实现逐步转轨，完成了城市公交下乡。十堰—郧西、十堰—郧县、十堰—竹山、十堰—房县等7条县际客运核心班线，经过重组改造，实现了“缩减运力、公车公营、统一规范、循环发班”良好的客运经营模式。荆门通过“干支对接”，县、乡道与国、省道对接，对距省、县、乡道3公里距离内未开通农村客运的始发车辆行政村，在路边设立候车点和招呼站，用中短途班线客运车辆覆盖。黄冈采取多线一体捆绑经营模式，整合黄州至火车站沿线农村客运班线，实行统一管理调度，统一车型，统一服务标准、统一票价、统一结算。恩施实施同线整合，资源共享，对原“恩施至龙凤坝”客运班线与同向的恩施市城市公交线路进行有效整合，共投入公交客车30辆，消除了同一条线路城市公共交通和短途班线客运之间不平等竞争的现象。黄石、荆州、鄂州、潜江等地将县内班车进行公交化改造，方便群众出行，受到当地政府和百姓的欢迎。

在推进城乡客运一体化工作中，各地以政府为主导、多法并举，城乡道路客运一体化发展中亮点纷呈。一是争取政府主导共谋城乡客运一体化发展。为加强地方政府对城乡一体化的支持，农村公共交通发展目标作为交通发展目标的重要内容列入到省政府与各市州政府签订的目标责任书之中。各地积极争取政府支持，将城乡道路客运服务纳入政府公共服务范围，加大公共财政、土地等公共资源保障力度。武汉市政府办公厅转发市交委关于进一步加强全市城郊各区道路客运市场管理工作意见，老河口市政府办公室专门下发加快推进城乡公交一体化实施意见，宜都市政府专题研究、统筹规划布局，林区区政府办公室印发农村道路旅客运输管理暂行办法，明确要求政府及相关部门支持。二是政策引导大力发展城乡客运一体化。按照同线路同运价标准、同线路同管理模式，同线路同惠民政策，同线路同补助政策的要求，在有效消除经营矛盾的前提下，统筹解决城乡客运一体化过程中的公交车下乡，客运班车进城等问题。省运管局制定下发了《关于积极推进湖北省城乡道路客运一体化发展的实施意见》及湖北省城乡道路客运公交化运行指导意见，明确了发展目标和相关政策。三是积极推进公司化经营保障城乡道路客运连续经营和优质服务。各地采取公交公司收购、同线整合、兼并重组、一线一公司、一公司多线等多种方式，充分发挥市场配置资源的基础性作用，积极引导和推行公司化经营，有的采取公司重组整合的方式，有的采取公交公司整体收购的办法，有的采取对现行车辆进行存量改造的方式，合理整合市场资源，积极化解经营矛盾，全面促进合作共赢，有效维护行业稳定。武汉市江夏区由公交集团公司整体收购进入市区310辆一级网络客车，汉南区汉通公司整体收购原经营车主的客车，实行全员货币参股经营，其他实行公交化运营的经营主体都按照股份制的资产结构进行结构调整，改变了以往同线多家公司经营的混乱局面。黄冈东方运输集团星火公司对黄州至火车站及沿线车辆进行城乡客运一体化改造，使城乡客运连成片，形成网，构建城乡客运一体化经营网络。四是科学管理提升了城乡道路客运一体化的品质。各地在改造和发展中，将管理融入经营。黄冈东线实行“五统一”管理体制，即统一管理，统一发班，统一票价，统一配载，统一稽查。东线车辆可以经营沿江五县市区的县际线路及进五县市区所有车站经营及配载。实行风险共担，利益共享。老河口顺通公司的县乡班车上全部安装卫星定位系统和IC卡无人售票机，实行全程监控。 （林志荣）

【交通物流业发展】 物流项目建设取得重大进展。集中开工三批共17个物流园区项目，总规模达72.9亿元，掀起了物流项目建设高潮。积极争取

4月12日，2012年全省第一批重点客运枢纽、物流园区开工暨郢城客运换乘中心奠基仪式隆重举行

交通运输部支持，武汉高桥保税物流中心、宜昌三峡物流园获得交通运输部物流园区建设资金补助6000万元；襄阳光彩汽车产业物流园、十堰许家棚物流园等项目资金申请报告已通过部专家符合性评审，将纳入部“十二五”公路货运枢纽规划。“十二五”规划项目中，已建成5个，开工24个，开展前期工作56个，项目启动率为85%；“十二五”前两年完成投资31.7亿元，占规划总投资的63%。

农村物流试点初见成效。完成农村综合运输服务站改造50个，充分发挥了物流节点作用。全省推出6个农村物流示范点，初步形成以十堰竹溪为代表的引进物流企业改造经营模式；以宜昌长阳为代表的多部门资源共享模式；以襄阳南漳为代表的交邮共建模式；以黄冈罗田为代表的招商引资模式；以荆门钟祥为代表的交农对接模式等农村物流发展模式。其中，罗田九资河五级客运站“以站带商、以商补站”的发展之路，得到交通运输部主要领导的充分肯定。湖北省交通物流机构推进农村物流发展的经验和做法引起了媒体、社会的广泛关注，《湖北日报》、《中国交通报》分别进行了专题报道。

物流服务能力得到提升。落实重点企业联系制度，通过上门服务、召开重点物流企业座谈会等形式了解企业需求，协调相关部门解决企业实际困难和问题。按照“四个一批”的总体思路，扶持和引导我省交通物流企业（物流园区）做大做强。千方百计推介物流项目，使一批项目找到了业主，促进了项目落地。武汉市引进和新增1亿元以上的物流企业6家、1000万元以上的16家，逐渐成为知名物流企业入驻、投资的“聚宝盆”。加强交通物流市场监管，全省开展“物流诚信服务月”活动，积极探索建立物流企业诚信评级制度、部门长效联动机制和物流投诉处理工作机制，取得初步进展。

物流信息化水平不断提高。对省交通物流公共信息平台不断进行改版升级，已经建立了省、市（州）、县三级交通物流网的窗口页面，增加了短信互动功能，改版后的平台做到“全省数据共享、各地自主使用”。在全省80余家物流企业成功推广使用普通货物软件和仓储管理软件。湖北交通物流网上注册企业达3000家，注册率达40%以上，在册车辆近5000辆，累计点击16万次以上。湖北省交通物流公共信息平台获得中国物流与采购联合会颁发的“2012年中国物流与采购信息化优秀案例”奖。

甩挂运输试点取得突破。按照省厅要求，省物流局积极协调汇报，争取政策支持。召开全省甩挂运输试点工作会议，学习交通运输部有关文件精神，邀请专家到企业现场指导，组织企业到先进省市参观考察，形成发展甩挂运输共识。省汽运总公司、湖北大通互联物流有限公司、武汉赤湾东方物流、十堰亨运集团有限公司、荆门弘业物流有限公司5家企业先后列入部甩挂运输试点项目，争取部补助资金2000万元。此外，还积极参与区域甩挂运输合作，签署了《中部六省推进公路货物甩挂运输发展战略协议》、《川渝鄂发展长江公水甩挂运输协议》，甩挂运输试点工作取得较大突破。（白云峰）

【交通物流行业管理】 争取支持，物流发展环境取得突破。省政府办公厅转发了《省交通运输厅关于进一步加快推进全省交通物流业发展意见的通知》（鄂政办发〔2012〕74号），进一步明确物流发展机构的工作职责和目标任务，物流工作得到省政府的高度重视和大力支持。

在2011年13个市县区政府（襄阳、随州、孝感所有县、秭归、蕲春、竹溪、荆门、屈家岭区）成立领导小组的基础上，2012年增加了9个市县（武汉、荆州、黄石、钟祥、鹤峰、巴东、兴山、沙洋、郧西），目前，共有22个市县区政府成立了物流发展工作领导小组，并将办公室设在物流发展局。

继钟祥、云梦、沙洋、京山、屈家岭5个县区政府出台促进物流业发展意见后，2012年又增加了3家（武汉、襄阳、鹤峰），共有8个市县区政府出台了促进物流发展的指导意见。

大胆探索，开展交通物流业诚信评价工作。组织开展“物流诚信月”活动和诚信星级评定工作。全省17个市州认真落实省物流局的要求，拟定了具体实施方案，深入交通物流企业和园区，进行学习宣传，引导物流市场主体以诚信经营为基础，规范经营行为，得到物流企业初步认可，取得了良好的效果。其中，表现较为突出的有黄石、鄂州、襄阳、宜昌、恩施、天门等市州。鄂州、襄阳物流发展局（物流协会）联合市发改委、工商局等相关部门下发了《关于开展物流企业诚信评级的通知》，深入开展诚信星级评定工作；黄石、襄阳、宜昌、鄂州、天门等市在交通物流网设专题，邀请报纸、电视等新闻媒体对诚信服务月活动、诚信评级制度进行广泛宣传，刊登《物流企业诚信服务承诺书》。组织专班到物流企业发放宣传册，安排专人组织各企业，就物流企业负责

荆州楚都物流园

全省第二批物流园区、客运枢纽项目启动暨荆门杨家桥物流中心开工

人欠款跑路案例开展诚信大讨论。派工作人员对辖区物流企业进行一对一的调查监测，协调工商、运管、消协、物协等职能部门和民间组织共同开展诚信企业评价，按照各自职责分工，明确责任，探索建立部门联动工作机制；恩施宣恩县交通物流发展局正式开通物流、快递业务投诉快速通道。

先行先试，农村物流试点初见成效。积极开展农村物流试点示范，推行钟祥市开展县域农村物流工作经验，引导县物流局积极开展工作。全省建成农村五级综合服务站39个，在建的农村五级综合服务站20个。同时，全省推出17个农村物流示范点，初步形成了五种农村物流的发展模式：一是引进物流企业改造经营模式。如十堰竹溪对当地五级客运站进行改造，建成了新洲农村综合运输服务站。二是多部门资源共享模式。如宜昌长阳多部门联合共建，探索“四点合一、资源共享”的农村物流发展模式。三是交邮共建模式。如襄阳南漳与邮政部门合作建设集客货运输、农产品运输、小件快运、农资配送、物流信息等为一体的综合物流服务站。四是招商引资模式。如黄冈罗田九资河对五级客运站改扩建，探索出“以站带商、以商补站”的发展之路，得到交通运输部领导的充分肯定。五是交农对接模式。如钟祥市旧口农村综合运输服务站充分利用金天发全国物流专线和顺达物流农产品地域优势，实现平等互利、优势互补，资源共享，共同发展。

突出重点，物流服务能力不断提升。一是开展专项调研，为政府决策服务。组织召开物流发展政策咨询会，各地开展专项调研，向省局选送了优秀调研报告68篇，形成了有情况、有分析、有建议的专题调研报告，为政府及相关部门决策提供了有力依据。二是落实重点企业联系制度，为物流企业服务。在充分调研的基础上，起草了《关于深入推进交通物流企业培育的指导意见》。落实重点企业联系制度，为重点物流企业开展“直通车”服务、保姆式服务。省道路运输管理局推荐武汉高桥保税物流园作为交通运输部试点项目，获得部补助5000万元。襄阳老河口市借力当地梨花节活动，积极推进项目落地，并向物流企业制发企业服务联系卡，安排专人担任企业服务联系人；宜城市深入物流企业了解情况，填写“宜城市物流企业基本情况调查表”，受到物流企业好评；云梦县协调县政府在物流局召开重点企业座谈会，倾听企业呼声，帮助企业解决事迹困难。三是加大招商引资力度，为物流项目服务。千方百计推介项目，使一批项目找到了业主，促进了项目落地，推进了项目建设。确保物流“十二五”投资目标的完成。仅武汉市2012年就引进投资额在5亿元以上的重大物流项目38个，投资意向规模达617亿元。

科技引领，物流先进技术不断应用。一是对省交通物流公共信息平台不断进行改版升级，增加通过手机短信发布信息功能，改版后的平台做到“全省数据共享、各地自主使用”。二是继续推广物流软件。在推广普通货物软件的基础上，2012年又推荐了仓储软件，全省已有80余家物流企业成功使用了普通货物运输管理软件和仓储软件，网上注册企业达3000家，企业注册率达40%以上，在册车辆近5000辆，累计点击16万次以上。三是启动交通物流信息平台建设工作。成立了湖北省交通运输物流公共信息平台建设领导小组，组建工作专班，召开湖北省交通运输物流公共信息平台建设工作启动会，学习交通运输部全国交通运输物流公共信息平台建设联席会议及《交通运输物流公共信息平台建设纲要》有关精神，完善《湖北省物流公共信息平台建设工作方案》，汇报演示湖北省物流公共信息平台建设情况及相关功能。

精心组织，甩挂运输试点取得突破。甩挂运输作为一种先进的运输组织方式，得到交通运输部等国家部委的高度重视。国家发改委、财政部设立专项资金，在全国范围内开展试点工作。按照省厅要求，省物流局派员专程进京向部领导汇报，主动与相关部门协调，争取支持。先后两次专题向省厅报告，争取甩挂车辆通行费优惠政策，召开全省甩挂运输试点工作会议，学习交通运输部有关文件精神，邀请专家到企业现场指导，组织企业到先进省市参观考察，形成发展甩挂运输共识。通过择优推荐、专家评审等工作，省汽运总公司、湖北大通互联物流有限公司、武汉赤湾东方物流、十堰亨运集团有限公司、荆门弘业5家企业先后被列入部甩挂运输试点项目，争取部补助资金2000万元。湖北等中部六省共同组建了甩挂运输联盟，签署了《中部六省推进公路货物甩挂运输发展战略协议》等协议，甩挂运输试点工作取得较大突破。

培训示范，积极指导县物流局开展工作。一是加强培训引导。为了提升县市机构人员素质，打开县域工作局面，组织编写了《物流知识培训讲义》教材，开展多层次的培训班，协助人事部门开展县（市）交通物流局长培训与交通物流信息员培训等。同时，大力推广钟祥农村物流、潜江物流信息化等好的农村物流工作经验，引导县局开展工作。二是开设工作窗口。修改和完善物流信息平台，增设县局工作窗口，为县物流局开展工作和发布信息提供平台。三是强化考核。在继续网上内业考核的基础上，2012年又下发《关于建立物流企业（园区）信息档案的通知》（鄂运物物〔2012〕126号），进一步完善物流基础资料，强化内部考核。

此外，省道路运输协会更名为省道路运输与物流协会，黄石、孝感、襄阳、钟祥、当阳等14个市县相应成立物流协会；全力支持武汉市举办第九届国际物流节，组织全省14个市州100多家物流企业参展参会，充分展示了湖北物流的良好形象；配合相关部门开展物流立功竞赛活动，全省涌现出一批优秀物流发展机构、物流企业、物流专线和物流发展带头人。

多管齐下，物流宣传工作有声有色。与《现代物流报》、《湖北日报》等新闻媒体合作，及时宣传物流发展政策，宣传物流系统、物流企业典型；举办全省物流通讯员培训班，提高系统通讯员宣传报道水平和业务素质，省市县三级物流宣传体系基本建立；编印《湖北现代物流》杂志双月刊6期，累计编印11期，并且申办了内刊号。

（陈建军）

【驾驶员培训行业管理】 坚持专家评审制度。驾校立项与开业、升级验收，均从省市专家库中抽调专家进行。通过专家评估制度增强了省市县三级运管部门依法行政能力与宏观调控能力，避免了受地方干扰与盲目发展，既打破了垄断，又防止了恶性竞争；允许培训能力理性地略大于培训需求量，适应市场需求，节约社会资源；与新增教练车审批制度相结合，“扶优扶强”，促使驾校向集约化、规模化方向发展，实现驾校由“量”的快速增长转向“质”的提升，遏制住驾校数量的盲目增长。

创新驾培行业管理制度。不断加强机动车驾驶员培训行业监管工作，深化驾培行业清理整治，切实规范机动车驾驶员培训机构经营行为，全面提升驾驶员培训质量和服务水平，进一步促进全省驾培行业健康有序发展，结合行业发展实际，省运管局下发了《关于进一步加强全省机动车驾驶员培训行业监督管理工作的通知》（鄂运物综运〔2012〕136号）。针对教练车无序投放，建立教练车新增把关制度，以驾校年度质量信誉考核是否达到AA级（含）以上、场地是否有容量、本年度的报名量有无增加量或者按统计分析方法测算可能增加的培训量为依据，运管部门审查通过后，将《新增培训能力审批表》向公安部门报备，办理教练车牌，武汉、荆州、荆门、恩施州等率先按制度执行，已在全省推广。建立教练员基本信息注册登记制度，教练员持证后，先到市级运管处注册，获得教练员信息卡，然后与驾校签订为期至少三年的聘用合同，合同期内教练员应服从驾校管理，待岗的教练员不得离开，教练员每季度的质量排行榜、廉洁执教情况、每年的诚信考核与再教育及其处理结论、校长评价均记录在一张表上，特别是把校长评价作为教练员续聘、解聘的重要依据，以往不敢下发教练员证、教练员随意串岗、不服从管理问题得以解决。开发GPS驾驶培训计时管理系统，在湖北省运管局内外网上公布《湖北省机动车驾培计算机计时管理系统技术规范（试行）》，通过省交通运输厅科技处立项，由宜昌市运管处与湖北微驾公司联合开发软件“湖北省驾驶培训计算机计时管理系统”，该软件在交通运输部公安部新大纲出台后，进行了全面修改。强化教练员素质教育，与驾校共商培训方法，在湖北交通职业技术学院试点常设培训机构，摸索出班主任负责制、聘请“名教”授课、教学考勤管理、结业考试管理的院校培训模式，对缺勤一天的学员取消考试资格，极大地调动了学习热情，考试合格率明显提高，教练员基本素质得到保障。12月，举行了全省驾校校长培训。

（雷兴）

【道路从业人员培训】 全省培训考试合格各类道路运输从业人员91861人次，道路运输从业人员管理工作考核发证的范围进一步扩大（从客运驾驶员拓展到道路运输经理人等其他门类）、管理制度规定进一步细化、道路运输从业人员准入及监管进一步加强。

客货运驾驶员准入资格管理进一步加强。道路运输从业人员资格考试是强化从业人员安全意识的重要手段，资格考试严把准入关，切实落实好道路运输从业资格考试制度。

1. 严格落实国务院30号文件和公安部、交通运输部联合下发的公通字5号文要求，在受理客货运驾驶员的申请考试材料时，必须提供3年内无重大以上交通责任事故和交通违法记满12分记录的证明，方可参加考试。

2. 加强对异地培训、考试行为监管。各地严格执行省局规定，对异地报考人员，要求出具企业聘用合同或企业申请、暂住证明等相关证明材料，坚决杜绝虚假培训、不培训就发证等情况发生。从全省从业人员信息分类统计分析情况来看，与2011年同期相比外省籍人员参加考试现象大幅下降，各市州异地培训考试也得到有效控制。

3. 实行“黑名单”制度，对从业资格证被吊销的营运驾驶员，3年内不得重新申请参加从业资格考试。

4. 开展高级道路运输经理人资格考核认定工作。经各地初审上报，省局、省厅复审，交通运输部组织专家评审，全省提出申请的千余名道路运输管理人，共有346名申报人通过专家审查，参加交通运输部组织的统一测试，取得了合格的成绩。

培训考试过程监管力度进一步加强。

1. 全面清理考点资质。按照部《道路运输从业资格考点管理办法》文件要求，各市州认真对照考点管理各项硬件、软件设施条件，对所属道路运输从业资格考点进行自查清理，对不符合要求的考点坚决要求整改，经过清理整改，全省现有的从业资格理论知识考点均实行无纸化考试，应用能力考核考点基本符合交通运输部《道路运输从业资格考点管理办法》

的要求。

2. 加强考核员队伍建设。对全省从业资格考核员资格进行清查，并组织一次考核员培训考试，对考试合格的 189 名考核员换发了新版从业资格考核员证。

3. 实行定期抽检制度。每月对全省从业资格考试发证情况进行汇总统计分析，结合各地上报从业人员培训考试计划，组织开展不定期从业资格培训考试情况抽查，重点对黄冈、荆州、襄阳、十堰等地的培考情况进行了明察暗访，主要检查培训教学、异地培训、考试程序、档案管理等情况，从抽检的情况来看，各地均能按照教学大纲要求组织从业资格培训、考试，培训考试档案各项内容完整，培考行为逐步规范。

从业人员教育的教学方式改革创新力度进一步加大。部分地市开展了教学方式改革创新，试行以电化教学为主的从业资格培训模式，先后组织开发《客货道路运输驾驶员从业资格培训系列电教片》和《道路运输驾驶员从业资格模拟考试软件》，免费发放到各道路运输从业资格培训机构和道路运输从业人员继续教育培训基地用于日常教学。模拟考试软件供学员培训结束后强化复习。如宜昌市基本形成以电化教学为主、教练员辅导为辅的教学模式，通过电教片，全市统一授课内容，统一教学方式，保证了学习内容和学时，并通过模拟考试方式，提高培训效率和效果。

从业资格动态管理进一步加强。

1. 逐步推进继续教育。年初开始采取在部分市州先行先试，再全面推广的方式，倡导成建制企业由企业组织培训运管机构监督，个体运输经营者由运管机构组织培训机构培训的模式，逐步推进道路运输驾驶员继续教育工作。在部继续教育教材尚未出台前，编撰出版了《道路运输驾驶员继续教育培训教材》，并配合教材拍摄了《道路运输驾驶员继续教育系列电教片》，武汉、宜昌、随州、恩施、天门、鄂州等地方陆续组织开展道路运输客货驾驶员继续教育工作，全省有 9 万余名道路运输客货运驾驶员参加继续教育培训，占总数的 10%。

2. 进一步完善诚信考核方法。通过完善运政信息管理系统功能，将车辆违章行为与从业人员信息关联，当车辆出现违章时，同时对从业人员违章行为计分、签注，并将违章计分信息在省内共享，确保诚信考核结果真实、有效。全省共有百余名驾驶员因记满 20 分而接受再教育。

3. 完善从业人员信息。根据省局统一部署，各地开展了从业人员信息补录工作，共录入 19 万余人，占总数的 21%。补录工作有序开展，宜昌市运管部门全面完成补录工作。此外，全省从业人员基本信息将录入湖北省运物网。

全省道路运输从业人员素质提升工程隆重启动。12 月 18 日，进行了全省道路运输从业人员素质提升工程启动仪式；12 月 18 日至 20 日，全省驾校校长培训班开班，二级及以上驾校约 240 余人参加培训。省运管局根据省厅道路运输从业人员素质提升方案的“十大举措”，按年、季、月将工作任务细化分解到具体单位和个人，明确责任单位、责任人和完成时间，增强工作的针对性和可操作性，为全面推进全省道路运输从业人员素质提升打下坚实基础。各市州成立工作专班，利用媒体开展各种宣传活动，结合本地实际制定切实可行的全面推进措施，道路运输从业人员素质提升工程工作有序向前推进。（常安富）

【机动车维修和检测】 宣贯交通运输部《机动车维修服务规范》。省运管局积极组织参加部在西安举办的培训班。先后派出 48 人参加学习，为我省贯彻落实《规范》积累了资料，培训了骨干，打好了基础。

3 月 19 日，省运管局在汉举办了《规范》宣贯暨维修新技术培训会，全省运管部门及维修企业的 130 名代表参加会议。

会后，省运管局下达了《规范》的宣贯计划并组织了有关检查。全省 17 个市州、部分市县运管所按照省局贯彻落实《规范》的方案要求，及时召开了宣贯会，按照《规范》标准要求，认真抓了骨干培训，进行了对照检查，规范了服务行为，有力地促进了维修行业健康有序发展。

组织全省汽车维护技能大比武。12 月 27 日，全省汽车维护技能大比武开幕式在汉隆重举行。来自全省 17 个市州的 102 名选手、裁判及新闻媒体共 180 余人参加了开幕式。经过决赛，董善军等 18 名选手分别获得 2012 年湖北省汽车维护技能大比武个人一、二、三等奖，十堰市代表队等 3 个单位获得团体一、二、三等奖，黄石市道路运输管理处等 7 个单位获得优秀组织奖。

强化车辆技术管理。9 月，省运管局起草下发了《关于进一步加强道路运输车辆技术管理的通知》，重申了车辆技术管理各参与方的主体责任，并要求据此加强管理，各地收到通知后积极行动，荆州运管处强化了内部管理，使用运政系统严格落实车辆维修和检测报备制度，严把了年审关；襄阳市运管处率先建立了车辆维修管理网络，实现了二级维护管理的信息化、网络化。

积极主动做好运营车辆检测行业规范化管理和行业稳定工作。1 月 17 日，省财政厅、物价局以鄂财综发〔2012〕7 号文联合转发了财政部、国家发展改革委《关于公布取消 253 项涉及企业行政事业性收费的通知》（财综〔2011〕127 号），要求自 2012 年 2 月 1 日起，取消运营车辆二级维护检测收费和综合性能技术等级评定（检测）收费。先后专题召开相关人员参加的会议 8 次，分别在武汉、孝感、十堰、黄冈、潜江等市进行专题调研，及时摸清检测企业真实情况，先后代省厅起草了多份情况汇报，呈报省政府。针对部分市州检测站出现的交费纠纷和负面新闻报道问题，通过耐心做工作和靠上去做工作，化解了矛盾，保持了检测工作的正常开展。省财政、物价、法制办等部门给出了各自意见，省长批示要界定检测收费性质，借鉴外省做法，提出我省解决

方案的指示。由于应对措施较得力，目前全省检测工作未受到较大冲击，态势平稳。（陈燊）

【水路运输管理】 水路运输结构调整取得新成效。

1. 有序推进全省长江干线船型标准化工作。进一步摸清全省2012年须拆解改造的船舶数量，完成全省船舶拆改上报核准工作。2012年核准拆改船舶261艘，补拨2011年40艘船舶1308万元，拟拨付补贴资金11920万元（其中中央资金7920万元，地方配套资金4000万元）。督促指导武汉、宜昌、荆州、恩施等地认真做好2012年船舶拆解改造工作。截至12月月底，全省实际完成拆改船舶700艘，占已核准船舶的77%，全省长江干线船型标准化工作有条不紊推进。

2. 积极推动汉江及江汉运河运输船舶标准船型主尺度编制工作。根据交通运输部安排，由湖北省牵头组织编写汉江及江汉运河运输船舶标准船型主尺度系列和研究报告。省港航局联合武汉理工大学认真收集整理相关基础资料，到十堰、襄阳、潜江等汉江沿线开展实地调研，广泛征求意见，经多次修改，编制完成主尺度系列初稿和研究报告，通过鄂陕两省审查会和长航局组织的集中评审。在进一步修改完善后，按要求向部提交报批稿。该项目研究成果为加强湖北省航运管理、推进船舶技术进步和提高通航设施利用率，提供了科学依据，具有较为广阔的推广和应用前景。

3. 积极培育和壮大湖北省水路运输市场。全省港航管理部门创新工作思路，大力培育专业化运输船舶和运输航线，帮助企业解决实际困难。积极推进湖北省涉外旅游船更新换代，争取新增2艘超五星级豪华游船指标。按照退一进一的原则，共新增液货危险品船14艘、5万载重吨运力指标。湖北宜昌新高湖滚装客船公司开通奉节至宜昌滚装旅游客船已获得交通运输部批准，首批旅游滚装客船将于2013年初下水投入运营。6月20日，装载518标箱的8000吨级大型集装箱船舶“盛达和谐”号从阳逻港成功首航。武汉至上海洋山集装箱江海直达航线日趋成熟，共有13艘250–300标箱船舶，可保证每周8班次武汉至洋山江海直达航线运输。

水路运输行业管理取得新进展

1. 全面完成省水路运输业年度核查工作。根据交通运输部通知精神，在全省范围对从事水路运输及水路运输服务的企业和船舶开展年审核查工作。全省各级港航海事系统重宣传、严把关、优服务，通过发送手机短信、组织专班到港上船宣传等方式，重点加强对“四客一危”企业的各项管理制度建立情况、制度执行和责任落实情况以及相关管理人员的配备情况进行核查，对核查中发现的问题一一指出，限期整改。通过核查，全省水运企业经营资质管理水平进一步提高，从而进一步增强全省水运企业的质量和竞争实力。

2. 组织完成全省船舶管理市场清理整治工作。经过清理整顿，全省现有37家公司具备船舶管理业经营资质，其中经营国际船舶管理企业17家，经营国内船舶管理公司16家，兼营国际国内船舶管理企业4家。管理船舶106艘，其中化学品船13艘、油船17艘、散货船16艘、其他货船60艘。

3. 深入基层调研促进水运行业发展。密切关注全省水路运输生产形势，积极组织到阳逻港等地进行实地调研以及开展湖北片区省市辖区重点联系企业运输生产经营情况调查工作，详细了解企业生产经营情况。

水路运输组织保障服务水平取得新提升。

1. 圆满完成2012年度全省水路春运组织协调工作。春运期间，全省运输船舶无上报事故，无一起重大投诉事件，没有出现旅客滞留、积压现象。组织撰写完成20篇春运简报。受到省春运办、长航局表彰。

2. 顺利完成葛洲坝及三峡船闸检修期间全省水路运输组织协调保障工作。检修期间，全省申报重点急运物资共9批、26艘船舶、6.9万吨（主要是电煤），确保全省正常用电需求以及人民群众生产生活物资需要。

（李碧）

【长江航运管理】 长航局积极争取国家建设资金，先后投入60多亿元，安排航运建设项目100余项，新建一大批关键性航运工程，湖北航运发展的面貌得到显著改善。仅2012年，长航局系统在湖北省境内的航运工程项目就有38个，总投资33.6亿元，完成投资9.5亿元，为湖北交通打造“祖国立交桥”作出了积极贡献。

1. 加快长江干线湖北段航道治理，以中游碍航险滩治理为重点，实施了戴家洲一、二期，界牌一、二期，窑监一、二期，三峡–葛洲坝两坝间乐天溪工程等航道整治工程建设，2012年完成航道整治项目17项，有效改善了近500公里的航道条件。

2. 加快湖北水运支持保障系统建设，以提高安全监管、治安防控能力为目标，建设了长江航运应急指挥中心、黄石和宜昌船舶交通管理工程、武汉监管救助基地、三峡坝区通航管理综合信息系统、长航公安110指挥调度系统工程等21个项目，总投资6.3亿元。

3. 加强造船建设合作，支持湖北制造产业发展。近年来，共有约8亿元船舶订单落户湖北各大造船企业，为湖北船舶企业发展创造了机会。

着力提升长江航道通过能力，为湖北经济社会发展提供物流大通道。近年来，充分利用航道整治效果、利用航道自然水深，通过加强航道维护管理，连续多次提高中游航道维护水深。武汉至宜昌段：将宜昌至城陵矶（385公里）枯水期航道维护尺度由2.9米提高到3.2米（中洪水期3.5～4.5米），城陵矶段至武汉（227.5公里）枯水期航道维护水深由3.0米提高3.7米（中洪水期4.5米），宜昌至武汉洪水期航道维护水深由4.5米提高至5.0米；正式开通长江干线武汉至城陵矶海轮航道。武汉至安庆段：积极支持地方经济建设，优先完成了武汉杨泗港长江大桥、鹦鹉洲长江大桥、武汉轨道交通2号线等10多座过江通道

长航公安局黄石分局开展汛期“禁采”巡航执法

和武汉林四房煤炭码头等临河建筑物通航影响论证的审查、审批工作；优化航道信息服务，将航道维护尺度信息由按旬改为按周发布；加快数字航道建设，长江电子航道图（2.0版）研制成功投入运行。同时，积极响应湖北发展需求，组织开展6米水深到达武汉、4.5米水深到达宜昌的技术可行性研究工作。通过推进船型标准化、创新航道服务方式、强化信息化服务等方法，不断提高长江航运服务能力，不断满足湖北航运发展的个性化需求。

积极做好三峡通航服务，保障湖北重点物资过闸畅通有序。加强船闸运行维护管理，优化组织调度，实施4小时船闸调度模式、远程GPS申报、提高船舶过闸吃水控制标准等措施，保障两坝船闸高效有序运行；开通水上“绿色通道”，保障船闸检修期湖北省重点物资优先及时过闸；强化水上交通安全监管、船舶靠泊和翻坝现场治安维护，积极配合抓好三峡滚装翻坝转运和特殊情况下的短线客船翻坝运输工作；此外，还积极为三峡物流中心建设创造有利环境。

切实做好运输服务，着力推进湖北航运市场健康发展。积极培育新的运输方式，大力推进三峡库区客滚船和水上高端旅游客运市场开发，宜昌新高湖滚装客船有限公司经长航局批复同意已经开业，长江首艘客滚轮“中堡岛”成功试航，实现水陆自驾三峡游无缝连接；按照“扶优扶强”的原则，积极推动运输经营资源整合，提高湖北航运企业市场竞争力；定期发布年度长江航运发展报告（白皮书）、长江航运经济发展态势分析等行业信息，加强市场分析，为湖北港航企业生产、经营、决策提供有效的行业导向和依据；不断优化运力调配，按照“六个优先”原则，有效保障了湖北电煤、农副产品等重要物资运输任务。

大力推进长江干线船型标准化，着力提升湖北航运发展水平。在加快推进长江干线船型标准化进程中，长航局坚持“开前门，关后门，调结构，推示范”方针，对湖北省船型标准化补贴资金需求给予了重点保障。财政部实际预拨补助资金9.2亿元，其中湖北省2.51亿元，占总量的27%。湖北省船型标准化工作取得了重大进展，核准拆解改造船舶910艘、68.35万总吨、100万载重吨，实际完成拆解709艘、55.45万总吨、81.7万载重吨，湖北船舶的安全和技术水平进一步提升。

切实抓好安全管理，为湖北经济社会稳定发展提供安全保障。认真履行省安委会成员单位职责，加强现场安全监管，督促企业落实安全生产主体责任，深入开展“安全生产年”等专项活动，长江海事培训中心作为湖北省应急救助培训基地已获湖北省正式批准；在湖北深入推进航运企业安全生产标准化建设，为湖北省重点航运企业培训安全管理人员300余人次，确保了长江干线湖北段安全形势持续稳定。2012年湖北段水上交通安全实现“零死亡”，为湖北经济社会发展提供了坚强安全保障。（陈虎）

【港口管理】 港口吞吐量继续增长。全省港口货物吞吐量完成2.3亿吨，同比增长8.3%；集装箱吞吐量完成95万标箱，同比增长11.8%；滚装汽车50.4万辆，同比下降7.4%。

港口经营资质监管进一步增强。为认真履行港口行政管理职能，加强港口经营市场监督管理，规范港口经营行为，省港航局从7月1日开始对全省港口经营人经营资质情况开展年度核查。核查采取实地检查与材料审查相结合的形式，取得一定成效。期间，共核查港口企业740家（其中危险货物港口企业93家），对101家企业提出整改要求，取消20家企业的港口经营资质。此项工作将每年定期开展，形成长效机制，不断促进全省港口经营市场健康有序发展。

港口管理逐步实现信息化。以“湖北省水路运政港政管理信息系统”为重点，实现全省港口行政管理逾1万条数据的信息化，组织全省60名业务骨干开展专项培训，使各级管理人员熟练掌握系统的操作方法，提高港口行政管理的科技化水平。

全省港口安全监管工作取得新突破。首先，积极组织开展港口危险品安全监管职责交接工作。经清理，全省涉及危险货物安全监管交接任务的有武汉市、宜昌市、荆州市、咸宁市、鄂州市、仙桃市。其次，有序开展港口危险货物建设项目安全条件审查。主动向省交通运输厅汇报，确立湖北省港口危险货物建设项目安全审查程序和模式。及时组织召开全省交通港口部门的第一个港口安全审查会，荆州江陵石化项目港口安全条件审查顺利通过。（李碧）

【船舶检验】 全省共有持证船舶9114艘、455.3万总吨、174万千瓦。全省共审图550套，建造检验891艘、

45.9 万总吨，营运检验 7702 艘次、451.4万总吨,产品检验近1334台(套)。

持续推进质量体系建设，船检资质认可工作取得突破。5 月，部海事局以海船检〔2012〕350 号文件批复湖北省船检机构 B 级资质，授权在 16 个市州设立船检分支机构。根据部海事局资质文件批复精神，省局积极研究制定船舶检验发证新模式，探索建立新的船检管理机制。4 月，经省编制办同意，“湖北省船舶检验处”更名为“湖北省船舶检验局”，荆州、天门、仙桃等市船检机构相继更名。

创新管理方式，加强行业管理新举措。

1. 持续改进船检质量体系。根据质量体系要求，定期组织实施体系内审，组织开展船检质量评估活动。通过不断查找问题、整改问题，完善内部管理制度，促进各船检机构检验工作程序化、规范化。

2. 建立并实施网上技术监控制度。省局利用船检发证系统 VIMS5.03 集中版这个技术平台，在全省建立 VIMS5.03 系统网上监控制度。省局设立片区质量主管，分片对全省新建海船和船长 50 米及以上的内河船舶重要检验节点进行过程监控。在部海事局颁布船舶吨位系统 VTMS 后，实施船检发证系统网上监控、登记号授号、吨位丈量管理系统三方面联动审核新机制，进一步强化船检质量内部过程监控。

3. 开展疑似套牌船舶清理整顿工作。根据部海事局相关文件精神，省局下发《关于印发 <湖北省疑似套号船舶专项清理整顿工作方案>的通知》（鄂海发〔2012〕21 号），成立工作领导小组，安排专人督办、跟踪。各相关市州的海事、船检机构积极行动，对涉及全省 72 个船检登记号和 204 艘船舶进行清查。已完成第一阶段工作，并向部局上报了工作报告。

4. 加强船检制度建设。省局结合船检工作实际，编制审图工作管理规定，调整全省审图分工及工作流程，待省厅批准后公布执行。省局将开展船检机构审图资质和审图人员资格评估授权工作。

5. 规范客渡船检验证书管理。襄阳市、恩施州、宜昌市船检部门开展辖区内封闭水域的船舶清理，将以前发放的 ZSN-3 手写版证书纳入船检发证系统 VIMS5.03，并结合换证工作补充完善船舶档案资料。

继续按照“抓两头、带中间”的思路，抓好重点船舶检验管理工作，检验工作质量有明显进步。

1. 加强海船检验管理。坚持实施新建海船检验受理和发证前两个关键环节审核以及审检分离等制度；坚持把好营运海船转籍审核关，实行单船省、市二级审批制度，防止来历不明或技术状况不明的海船进入省内；同时，各单位强化海船检验质量管理，注重验船师资质和能力，建立船检机构海船检验质量内部跟踪制度，确保检验程序规范和检验质量。

成功救助事故船舶

2. 打造船舶建造质量链，强化源头管理。继续加大力度推行“五杜绝”（即杜绝船厂无资质修造、杜绝无图纸修造、杜绝不报检修造、杜绝不讲程序修造、杜绝来历不明船舶的改造）和“五不检”（即无证修造、滩头修造厂点修造的船舶，不受理检验；对无审批合格的图纸造船，不予检验；未经船检部门同意而擅自开工的船舶，不受理检验；凡是报检的船舶，发现不讲程序修造的，将相应作出不受理检验、中止检验、不办理证书的处理；凡是来历不明的船舶，不受理其改建检验）。宜昌市船检处认真执行“五杜绝”、“五不检”和新建船舶运力前置审批政策，有效控制了船厂无序建造行为。

3. 全力组织开展客渡船乘客定额专项复查活动。从 4 月起，省局积极执行部海事局统一部署，制定工作方案，组织为期一年的乡镇客渡船乘客定额专项复查活动，全力保障乡镇渡船安全技术状态，让老百姓坐上“放心渡”。截至年底，全省共完成 2087 艘客渡船的资料复核，进行实船复核 1023 艘，整改问题船舶 564 艘。荆门市船检所采取成立工作专班，建立实船复查台账，圈出重点船舶等措施，完成辖区内 78 艘客渡船的资料复核和 50 艘客渡船的实船复核，并对不合格船舶进行整改。

4. 加强自卸砂船检验管理。根据部海事局和武汉船检管理处要求，全省组织开展内河自卸砂船专项检查，重点检验自卸砂船的稳性和强度，船体分舱水密性和排水能力，对存在隐患的船舶坚决要求进行整改；部海事局出台在建自卸砂船检验补充规定后，全省 40 艘在建的自卸砂船均进行了整改。荆州市船检局根据自卸砂船的特点和检验经验，编制《自卸砂船检验工作要点》，对全市 105 艘自卸砂船逐船进行图纸资料复核和实船稳性、水密性、排水能力复核，消除不安全因素。

5. 强化船厂焊工资质管理。在船

省交通运输厅党组副书记、副厅长唐元赴三峡太平溪新港调研

船开工前检查中，加大电焊工持证上岗检查力度，杜绝无证或证书过期的焊工上船施工。加强焊工培训考试工作，在长江片区，黄冈市、鄂州市成立新的焊工考试委员会；在汉江片区，成立荆门市和十堰市两个焊考委。全年共组织4批328名焊工参加培训、考试。

有序推进，船舶吨位丈量集中管理取得新成效。部海事局出台吨位丈量集中管理政策后，省局积极推进船舶安全技术分中心资质建设，及时建立各项管理制度，在16个市州设立吨位复核工作点。全省共有80名海事船检人员参加吨位复核培训，取得吨位复核员资格。为推动指导全省吨位复核工作，9月和11月分别召开吨位复核工作研讨会和复核人员业务知识培训交流会，研究吨位复核工作，交流工作经验，统一认识、统一做法；为指导全省船舶吨位复核工作，采取一问一答方式，编印《船舶吨位复核工作手册》230多份。省局分中心全年受理吨位复核船舶683艘，实船复核305艘次，审核发放临时船舶吨位证书607份。开展吨位丈量集中管理不仅有力巩固了全省“大船小证”专项整治工作的成果，也提升了船检工作规范性，促进了船舶档案资料的清理整顿工作。

注重队伍建设，船检队伍素质有新提升。

1. 加强验船师培训工作。全省全年39名验船师参加部海事局组织的各类专业培训。5月，结合全省港航海事船检人员为期七天的半军事化培训班，举办船检质量体系内审员专业培训（27人参加培训），进一步充实内审员队伍力量；荆州市船检所采取“自主培训为主，外出培训为辅”的原则，定期组织技术总结评比和能力测评，为验船师提供互相探讨、学习、交流的平台；黄冈市船检所将每月最后一周的周五确定为学习日。通过以上措施，有效提升全省船检队伍的整体素质。

2. 加强队伍作风建设。全省船检系统结合“三抓一促”活动，加强作风和行风建设，主动从“管理服务”向“服务管理”转变，提高服务效率，帮助航运、造船企业渡过困难期。武汉市船检所通过加强廉政建设，创新管理模式，强化服务意识，建立推行船舶监理制度，成为2012年全省港航海事系统“六型文明示范窗口”；天门、潜江、随州等市船检部门主动向船东提供船舶检验有效期等信息，试行船检预约制，提高船舶报检率；黄石市船检处改变检验方式，由以前坐等船舶上门检验，变为主动到上门检验，为船东节省大量时间、经费。

加强沟通合作，船检“结对子”工作取得新进展。经过双方友好协商，湖北省与青海省签订2012年度船检“结对子”协议，继续在检验技术指导、人员培训、改善检验设备等方面，给予青海省地方海事局支持和帮助。武汉市船检所多次组织骨干验船师赴青海对青海湖248客位双体观光游览船进行审图和建造检验方面的技术指导，受到青海省地方海事局的好评。

（郭兴）

安全应急管理

【全省水陆交通安全】 全省地方海事管辖水域内发生0.5起水上交通安全事故，无人员伤亡；道路运输行业行车事故起数和死亡人数比上年同期分别下降62%和66%；重点工程建设领域发生2起事故，死亡5人，全省交通运输系统未发生重大及以上安全生产责任事故，省交通运输厅被湖北省政府评为安全生产目标管理优秀单位，省地方海事局和京珠管理处被省政府表彰为安全生产红旗单位。

安全专项行动。以“安全生产年”创建活动为载体，集中开展道路、水路客运安全专项整治行动，进一步深化道路旅游客运整治、打非治违行动、安全生产月活动，积极开展跨区域公路联动治超行动、“安全带—生命带”工程、营运车辆动态监控专项治理，积极开展农村公路安保工程建设大会战、高速公路安全预警系统建设等多项安全专项行动。通过开展专项行动，进一步强化各级安全责任，及时消除安全隐患。

隐患排查整治。全省道路运输重点对“两客一危”车辆和客运站，水上重点对渡口渡船渡工，普通公路重点对农村公路、山区公路和危桥，高速公路重点对桥梁隧道、高边坡，交通工程建设重点对隧道、高架桥梁和交叉施工工程进行全面排查。全年累计排查各类隐患7230余处，整改率98%。全省海事系统将113处重点隐患分级挂牌督办，有效保障了水上交通安全稳定。全省投入建设资金近2亿元，完成农村公路隐患治理和安保工程建设10525公里。

安全教育培训。全省港航海事部门组织80多次水上交通安全知识培训活动，对97名县市长、622名乡镇长、584名渡口管理员和1758名渡工进行分级培训，对190名港航所长、海事执法人员和船检骨干进行业务培训和半军事化训练。全省运管部门新培训客货运驾驶员26657人；举办维修企业机修工培训班5期222人，质检员继续教育班2期337人，培训机构负责人、从业资格规范化管理培训班3期126人；举办客运站场骨干安全知识技能培训班3期150人；举办出租汽车行业岗前培训42期10589人。厅质监局和公路局组织了8期培训班，分别对1500余名施工企业安全管理人员、施工监理人员、公路养护人员进行培训，交通运输安全管理和从业人员的安全素质不断提高。 （孙春红）

【工程安全监督】 督促全省交通工程建设领域继续深入开展安全生产年、平安工地建设、打非治违、起重设备及支架脚手架防坍塌等专项活动。配合省厅编写《关于进一步加强全省公路水运工程建设安全管理的若干规定》，发布了《湖北省公路水运重点项目危险性分部分项工程安全专项施工方案管理办法》及部分专项方案编制范本。大力推进桥梁隧道风险评估工作。在此基础上，交通运输部指定湖北省作为山区高速公路施工安全风险预控试点研究省份，并由质监局具体组织实施，已完成《山区高速公路高边坡、深基坑工程施工安全风险评估技术指南》送审稿，以及郧十、恩来恩黔等高速公路项目高边坡深基坑施工风险总体评估和专项评估工作。强化重点工程施工安全监管力度，采取“听、询、看、查”相结合的方法，对全省在建项目组织开展了6次安全综合督查、8次专项检查，累计检查施工合同段164家、监理合同段34家，发布检查通报10余份，保障了全省交通工程安全生产态势平稳。 （姚国兴）

省交通运输厅副巡视员魏公民赴荆门、武汉等地督查春运安全工作

【农村安保工程】 启动以“消除隐患、珍惜生命”为主题的农村公路安保工程建设大会战，省公路局分两次编制完成1.31亿元的农村公路安保工程建设以奖代补建议计划。截至9月月底，全省投入建设资金64791万元，完成农村公路安保工程建设4866公里，农村公路特别危险路段安全状况得到改善。以农村公路管养年活动为契机，初步草拟了《省委省政府关于加强农村公路养护管理工作的意见》，拟通过进一步明确农村公路养护管理的主体责任、养护资金、管养机构及解决农村公路管理人员的编制和经费，从根本上建立健全农村公路养护管理长效体制机制，促进农村公路健康可持续发展。省委农办委托湖北省公路工程咨询监理中心和仙桃市公路工程质量检测中心两家具有资质的专业检测单位，从10月下旬开始，分两个检测小组对全省农村公路建设项目工程质量进行抽检。抽检通村公路建设项目1011个，抽检里程2137.4公里，占全年计划8054.7公里的26.54%；抽检县乡公路改造项目52个，抽检里程556.1公里，占全年计划2018.57公里的27.55%。 （耿峥）

【道路运输安全监督】 全省道路运输安全管理呈现出安全责任意识明显增强，市场监管力度不断加大，安全应急保障能力明显提升，事故四项指

4月19日，全省道路旅游客运安全专项整治办公室主任会议在宜昌召开，要求验收合格的道路旅游客运车辆喷贴统一标识和换发专段号牌

数全面下降，道路运输安全形势趋于平稳。

强化一岗双责，全面落实安全目标责任。年初，省运管局将安全管理工作列入对市州运管部门的目标考核内容。为确保各项安全生产政策、安全措施落实到位，省运管局制订并下发了安全应急工作要点，成立了由党委书记、局长石先平任组长，监督长秦介飞任副组长的安全生产工作领导小组，成员为相关处室负责人。基本形成主要领导亲自抓，分管领导重点抓，相关机构专门抓，人人抓安全，层层抓落实，齐抓共管的局面。2012年，安委会领导小组共召开安全例会4次，研究部署全省安全管理工作，做到认识到位、责任到位、措施到位。充分利用安全例会平台，总结交流好的经验作法，提出存在问题和解决问题的有效措施，为下阶段做好安全管理工作奠定良好的基础。每次会议有记录、有分析、有措施、有检查、有落实。

严格安全管理制度，切实落实道路运输企业安全主体责任。督促各客运企业建立健全安全生产责任制，落实安全生产第一责任人责任。将客运企业安全生产主体责任落实情况与其服务质量信誉考核挂钩，对安全生产主体责任不落实的，予以扣分处理。督促企业建立现代企业制度和法人治理结构。加强对车辆和驾驶员的监管，加强车辆调度组织、驾驶员安全教育和日常运输营运管理等，避免以包代管、一包了之，对挂靠车辆，一律停办营运手续。加强对营运车辆卫星定位系统的安装督促检查，落实道路运输企业对营运车辆动态监控的主体责任，督促“两客一危”运输企业制定卫星定位系统使用管理制度，切实强化对所属车辆的动态监控，做好监控记录。加强与安监、公安部门的信息沟通，建立协调机制，形成监管合力，对故意损坏卫星定位装置的车辆，对超速、超员的车辆，从严处理。

继续开展“平安杯”安全竞赛活动，开展企业安全生产标准化建设。按照省交通运输厅的统一部署，2012年，省运管局继续深入开展以“六比六看”为内容的“平安杯”竞赛活动。成立了竞赛活动领导小组，制订了活动方案，各地运管部门也相应制定了活动方案。各道路运输企业应对照此次活动工作目标和要求，结合本企业实际，进行了自查自纠。各级运管机构按照“三关一监督”职责要求，对辖区企业活动的组织及开展情况进行了督促检查，将日常检查、突击检查、专项检查、全面检查相结合，定期召开安全会议，分析安全生产形势，研究解决活动中存在的不足。

开展“道路客运安全年”活动，深化道路旅游客运安全专项整治。根据交通运输部文件、省交通运输厅统一部署，在局“道路客运安全年活动领导小组”下，省运管局制定了活动方案，切实开展以道路客运驾驶人安全素质教育等六个方面工作内容的“道路客运安全年”活动，按照“三关一监督”职责要求，全年重点对辖区内客运企业、危货运输企业、汽车客运站进行了三次全面的监督检查，隐患排查活动，全省共排除各类一般安全生产隐患1021件，挂牌督办18起，已经办结12起。

积极做好《安全管理规范》宣贯，开展《安全生产标准化》建设。为认真贯彻落实三部局制定的《道路旅客运输企业安全管理规范》，搞好道路旅客运输企业安全生产规范化建设，提高安全生产管理水平。省运管局组织全省二级以上66名客运企业经理人到南京参加交通部组织的《规范》培训班，并组织开展了全省道路旅客运输企业安全管理规范宣贯培训，培训近千名一线客运企业经理人和安全管理人员。

为认真贯彻落实交通运输部《关于印发交通运输企业安全生产标准化相关实施办法的通知》精神，省运管局派人参加了交通部在太原组织的交通运输企业安全生产标准化考评员师资培训班；按交通部要求撰写了100余万字的《道路运输企业安全生产标准化考评指标》、《道路运输企业安全生产标准化考评指标释义》和《道路运输企业安全生产标准化考评指南》、《路运输企业安全生产标准化考评细则》等考评员培训相关教材；同时，积极配合省厅组织的交通运输企业安全生产标准化考评员培训工作，派遣授课人员，准备培训课件，与相关部门一道共同完成道路运输企业安全生产标准化考评员培训工作。

抓好落实长途客运驾驶员休息制度，推行“安全带—生命带”专项行动。按照国务院30号文件规定，800公里以上长途客车，要推行凌晨2点至5点临时停车休息或接驳运输的措施。为贯彻落实国务院30号文件精神，省运管局研究制定有关驾驶员接驳运输相关措施，并下发文件，要求各级运管机构督促各道路运输企业及时认真贯彻落实。同时，省运管局下发了《关于强力推进“安全带—生命带”专项行动有关事项通知》，要求企业对通行高速公路没有安装座椅安全带的客运车辆，进行安装改造；要求驾乘人员在客运车辆出站前、上高速公路前、服务区休息发车前，提醒、检查旅客佩戴安全带；要求二级以上客运站对进站经营的行驶高速公路营运客车安全带安全使用情况进行检查监督，对未安装安全带的高速客运车辆，禁止进出站；会同公安部门开展联合执法检查，及时纠正客车不安装和旅客不佩戴安全带的现象。为引导旅客在客车行驶过程中自觉佩戴安全带，提高道路客运企业对佩戴安全带预防交通事故伤害的认识，全省共发放60万份“请系好安全带”等宣传贴、宣传资料在客运站、客运企业、运输车辆上进行张贴。据统计全省有13300辆客车安装了安全带。

开展安全培训工作，不断提升道路运输安全管理队伍素质。举办各类安全教育培训班6期，培训人数共计1332人。全省具有省际、市际旅游客运资质的企业主要负责人和各市州运管处分管行业安全工作的负责人共200多人参加培训，邀请省安监局、省监察厅、省旅游局、省检察院、省公安厅交管局等专家授课，对旅游企业安全管理、车辆及从业人员管理、承运人责任险的主要投保和理赔等方面知识进行了培训。举办了3期《道路旅客运输企业安全管理规范》培训班，客运企业主要负责人和各市州运管处分管行业安全工作的负责人、县（区）运管所负责安全管理工作负责人共700多人参加了培训，并以优异成绩通过了培训考试。

开展“打非治违”和“旅游客运联合稽查”专项行动，净化客运市场。开展“打非治违”专项行动以来，全省共派出运政执法人员1.6万人次，查获违章案件7800宗。极大打击了非法经营者的嚣张气焰，违法经营行为得到明显遏制，保护了合法经营者的正当权益，旅客运输安全得以保障，净化了道路运输市场秩序。继续加大旅游客运专项整治力度，对全省94家旅游客运企业、2716辆旅游客运车、774家旅行社进行检查验收。上半年，交通、安监、旅游、公安四部门组成联合稽查小组，对全省旅游客运企业、旅游客运车辆、旅行社，进行联合稽查，查获违章案件6709宗，扣缴违规包车牌证3963块。

加强重点时段安全监管，定期报送安全政务信息。重点时段安全检查工作，2012年我们组织了全省冬季、元旦、春运、清明、“五一”、中秋、国庆节前安全检查，由局领导带队分组对客运站、客运企业、客运车辆进行抽查或暗访检查，加大监管力度；同时组织春运应急小分队赴武汉市各客运站开展应急保障工作，加强节假日等重点时段安全应急事件处置。此外，加强安全政务信息收集，落实安全报表和信息定期上报制度。

（田红林）

【海事监督】 全省水上交通安全形势持续保持稳定，圆满完成各项目标任务。

强化责任落实，提高安全意识，逐级落实安全目标责任。年初省港航海事局与16个市州局签订目标考核责任状，印发《湖北省水上交通安全目标责任考核管理实施方案》，明确水上交通安全考核标准和奖惩制度。各市州局将工作目标进行细化和分解，层层明确目标责任。逐步推进乡镇船舶安全管理责任落实。建立乡镇船舶安全责任状省局备案制度，各市州积极督促乡镇船舶签订“县市、乡镇、村组、船主”四级责任状，推进乡镇船舶安全管理两个主体责任的落实。强化责任落实监督。省港航海事局印发《湖北省水上交通安全约谈规定》，各市州也相应印发《约谈规定》，强化水上交通安全生产责任落实。成立省级海事行政执法督察组对全省海事行政执法和执法监督等工作进行检查指导，强化行政执法监督。

强化惠农便民，提升渡运保障水平，持续推进老旧渡船更新改造。申请老旧渡船更新改造奖励资金4942万元，对828名渡船船主实施奖励。继续加大对客渡船舶的调查摸底力度和适航状况的排查力度，根据客渡船船况，动员船主更新改造老旧渡船268艘。继续开展省级文明示范渡口创建活动，择优评选恩施市鸭松溪渡口、公安县张家台渡口等20处渡口作为典型，以点带面，促进安全文明渡运。深入开展客渡船舶安全专项检查活动。通过“动员部署、整改规范、检查督办、巩固提高”四个阶段，出动车、船1530次，人员4596人次，对辖区渡口、客渡船舶进行拉网式检查，排查和消除各类隐患1768处，客渡船舶安全状况得到改善。

强化隐患排查整改，确保形势稳定。按照“安全第一、预防为主、综合治理”的方针，重点围绕“五个全覆盖”，开展隐患排查治理，切实消除事故隐患。集中开展“打非治违”专项行动。以打击治理未经批准的渡口渡船非法经营、非客船非法载客、非车渡船非法渡运车辆、非危险品船非法夹带危险品等为重点，将集中开展“打非治违”专项行动与船舶治超、客渡船乘客定额专项复查、安全生产年、安全生产月等专项活动相结合，始终保持“打非治违”高压态势，严厉打击九畹溪景区非法生产经营、中铁大桥局武汉桥梁特种技术公司非法施工、监利县桥市镇殖莲场非法渡运等非法违法行为。深入开展船舶配员和船员证书专项检查治理活动。通过船舶签证、现场监管、巡航执法、事故调查等环节，检查船舶近5000艘次，发现违法船舶122艘次，滞留（禁止离港）船舶12艘，深入治理辖区船舶配员不足、人证不符等问题。深入开展涉水工程通航安全大检查活动。通过自查自改、现场检查、交叉检查等形式对辖区涉水工程通航安全进行全面检查，督促南水北调局等涉水工程建设单位、施工单位履行通航安全主体责任，提升涉水工程通航安全管理水平。襄阳局对辖区22处桥梁进行调查摸底，将无桥墩防撞设施等隐患函告大桥管理处，督促整改，荆州局成立涉水工程管理专班，对全市涉水工程项目从立项到实施至竣工实行全程监管。狠抓重点隐患整改。按照各县市（区）必须抓所有隐患、各市州必须主抓各县市（区）一处重点隐患、省港航海事局主抓各市州一处重点隐患的原则，按照"逐级上报、分级管理、挂牌督办"方式对全省113处隐患实行分级挂牌督办，应城市南垸渡口"三无"汽渡船非法渡运、黄家场渡口汽渡已过强制报废年限非法渡运等15处由省局挂牌跟踪重点隐患得到有效整改。

强化"双基"建设，提升服务能力。加强装备建设固根基。争取安排预算资金1696万元，采取统一招标、统一采购、统一配置的方式，为全省基层站所统一购置57辆海事执法车和19艘海事执法艇，全省海事监管装备状况大大改观，海事巡航救助一体化能力明显提高。加强信息化建设增实力。加强AIS系统建设，免费为汉江干线120艘客渡船舶安装船载AIS系统终端；推进船舶动态管理信息化，免费为16个市州配备130余台计算机终端，加快船舶动态管理系统应用，对船舶实行动态监控。加强队伍建设添活力。派员参加交通运输部、国家海事局组织的交通运输企业安全生产标准化建设、水上水下活动通航安全管理、海事调查官知识更新等一系列培训活动，组织全省195名基层海事人员进行业务和"半军事化"培训，与浙江海事局一道组织湖北省地方海事人员轮训等活动，通过培训，内培素质，外树形象，为打造一支"知责、担责、履责"的海事队伍打下坚实的基础。

强化源头管控，筑牢安全屏障。管理船员规范化。认真贯彻实施《中华人民共和国内河船舶船员适任考试发证规则》，组织完成3期船员计算机无纸化统考，4330名船员参加"基本安全"培训，1749名船员参加适任培训，772名船员参加特殊培训，取消13名考生单科成绩。公司管理标准化、体系化。广泛开展企业安全标准化建设宣传工作，分级成立企业安全生产标准化工作专班，对考评员和考评机构进行备案，对辖区考评对象数量和类型进行调查摸底。调派51个审核组对辖区荆州市永利船舶管理有限责任公司等4家航运公司进行安全体系审核，审核船舶51艘次。涉水工程审批制度化。加强水上水下活动的通航管理，联合航道等部门对荆门市沙洋港中心港区一期综合码头工程、郧西县天河口综合码头工程等19个涉水工程通航安全进行审查，严格水上水下活动许可审批。宣传教育常态化。举办全省水上交通"安全生产月"专项行动启动仪式，以"安全生产月"等活动为载体，加强水上交通安全的日常宣传和教育，营造"科学发展、安全发展"的舆论氛围。其中安全生产月期间，全省共发放宣传资料3万余份，布置展板91块，标语横幅300余幅，出动船艇500余次，组织基层政府、海事人员及船员培训5000余人。

强化应急管理，提升应急保障能力，推进水上搜救二期工程建设。推进水上搜救应急管理系统二期工程工程可行性研究进度，争取省财政投入资金2997万元，用于构建以"一个数据中心、省市两级搜救平台、三大应用系统"为核心的综合性搜救应急系统建设。开展应急搜救演练。在汉江、浠水等水域举行了包括落水人员施救、船舶救援及乘客安全转移、船舶消防灭火等科目的综合性水上搜救演练，进一步提高水上搜救的组织、指挥、协调和应急反应能力，完善水上搜救应急预案的实用性和可操作性，积累处置水上突发事件的经验。

（省港航管理局）

【全省交通应急管理】 全省交通运输系统举办各种类别和各种层次的应急演练150余次，对各种应急险情进行重点处置演练，有效提高应急处置能力。尤其是由交通运输部、湖北省人民政府、武警交通指挥部共同主办，湖北省交通运输厅和武警交通直属工程部承接实施的2012年度全国公路交通联合应急演练任务，在充分准备、反复推演、精心组织下，于12月13日在湖北武英高速英山县境内成功举行。本次演练以高速公路路网联动为主题，是湖北省历年来参演单位最多、人数最多、设备最多、范围最广的一次大型综合演练，充分展示了湖北公路交通应急处置和服务公众的能力水平，探索建立部省联动、区域联动、警地联动、部门联动等应急处置机制，推动路网管理平台体系和综合交通服务保障体系建设，有效提升了交通运输队伍的综合保畅能力。演练得到交通运输部、湖北省人民政府和武警总部领导的高度评价，中央电视台进行了现场直播。（孙春红）

【公路应急管理】 省公路局正式启

省高速公路应急指挥中心建成

12 月 13 日，2012 年度全国公路交通联合应急演练在武（汉）英（山）高速公路英山县境内举行

动湖北省公路养护（应急）中心创建活动，力争到“十二五”期末，每个县市建成一个管理、养护、应急、生产“四位一体”的普通公路养护（应急）中心，全省建成一套层次明晰、规模适当、配置合理、运转高效、保障有力的普通公路综合养护应急体系。截至 2012 年年底，全省第一批 26 个公路养护（应急）中心创建工作，已有 15 个县市完成公路养护（应急）中心选址征地工作，剩下 11 个县市正在申请用地并办理相关征地手续。同时，26 个公路养护（应急）中心均已经报送规划方案，其中 16 个规范方案满足要求，10 个规划方案正在根据省公路局要求继续修改完善。

加快筹建公路应急物资储备中心。公路应急物资储备中心选址孝感，项目选址意见书、工可报告及规划设计方案、土地预审专题报告、环评专题报告均已完成并上报相关省市部门审批。

加快战备钢梁购配。2012 年拟购配的三套战备钢桥，黄冈、孝感、十堰三市已按照要求完成库房整修，并做好了相应的购配准备。（耿峥）

【道路运输应急管理】 省道路运输管理局认真制定《湖北省道路运输应急保障预案》，按照信息畅通、反应迅速、能力充沛、保障有力的应急运输保障体系建设要求，进一步补充和完善行业管理工作机构的《道路运输事故应急救援预案》、《自然灾害突发事件道路运输应急保障预案》、《突发公共卫生事件道路运输应急处置预案》等各类专项预案，形成覆盖行业，权责明确、相互支援，相互协作的应急救援网络。加强应急救援能力建设、队伍建设和协调配合，建立健全完善应急救援工作机制，提高防范应对事故灾难的能力，做到科学施救。要求所有客运企业、危货运输企业和客货运站必须做到预案编制到位，预案演练到位要求，加强应急能力建设，做到应急管理“七到位”：即值班人员到位、应急车辆到位、车辆技术状况到位、责任制度到位、组织人员到位、应急预案执行到位、后勤保障到位，以切实提高运输企业防灾、抗灾、救灾能力。

按“专兼结合、平急结合”的原则组建应急队伍，建立一支常态与非常态相结合的应急队伍，由 36 名道路运输应急突击队组成，编成 3 个突击分队，在局应急办公室领导下开展工作。继 2011 年在潜江、黄石演练之后，2012 年在武汉组织开展道路运输应急保障综合演练。通过演练，锻炼了队伍，检验了预案的有效性和可行性，提高了应急管理人员的应急处理意识、应急实战能力及道路运输安全保障水平。（田红林）

【水上应急管理】 省港航海事局进一步加大资金投入，申请预算资金 2997 万元，启动建设二期工程，在一期工程建设的基础上主要建设和完善“一个数据中心、省市两级搜救平台、三大应用系统”：以一期工程搜救应急管理数据库系统为基础，建设完善湖北省水上安全业务数据中心；以一期工程局指挥平台框架为基础，推广建设 16 个市州应急指挥分中心，1 个移动应急指挥平台，形成省－市州两级搜救平台；在 16 个市州推广建设视频监控系统，建设 49 个固定视频监控点、32 个一定视频监控点的视频监控；推广建设车船定位监控系统，在 64 艘搜救海巡艇、20 艘航标船、816 艘客渡船安装定位及监控设备，工程项目已经通过评审。

加强“双基”建设，夯实应急管理基础。为提升湖北省水上搜救巡航和海事监管能力，省港航海事局积极争取政府支持，安排预算资金 1696 万元，为全省基层站所统一购置 57 辆海事执法车和 19 艘海事执法艇，全省海事巡航救助一体化能力明显提高；免费为汉江干线 120 艘客渡船舶安装船载 AIS 系统终端，为 16 个市州配备 130余台计算机终端，利用信息化手段，实现对船舶动态的实时监控；在省局带动下，武汉市、黄石市、黄冈市、十堰市等争取政府支持，加大基层基础建设将投入，启动水上搜救分中心的研究和建设，随着系统逐级推广使用，全面提升湖北省防灾减灾能力和水平。

组织应急演练，提高应急管理实战能力。全省建立定期举行水上搜救应急演练制度，水上搜救演习不断强化。大型综合演习由省局组织，每年选定一个有代表性的大型湖泊库区举行；各市州也在辖区重点水域举办形式多样的演习和训练。7 月 26 日，省港航海事局联合天门市政府、交通主管部门在汉江（岳口）水域举行包括落水人员施救、船舶救援及乘客安全转移、船舶消防灭火等科目一次综合性水上搜救演练。进一步探索汉江水上搜救规律，提高水上搜救的组织、指挥、协调和应急反应能力，完善水上搜救应急预案的实用性和可操作性，积累在生命救助、消防救助等水上应急事件的经验。

加强宣传教育，提高安全意识。5月，省港航海事局把“为全面履职而行动”作为纲领，以“半军事化”管理为契机，对全省195名基层海事人员进行业务和“半军事化”培训；先后选派6批90余人次参加部海事局、省交通运输厅组织的海事业务知识培训；对片区19名审核员进行知识更新培训。通过培训，内培素质，外树形象，为打造一支“知责、担责、履责”的海事队伍打下坚实的基础。以安全生产月活动为载体，深入开展安全生产宣传活动，面向基层、面向社会，宣传安全法规，普及安全文化，提高广大人民群众的安全意识和素质，营造“科学发展、安全发展”的舆论氛围。安全生产月期间，全省发放宣传资料3万余份，布置展板91块，标语横幅300余幅，出动船艇500余次，组织基层政府、海事人员及船员培训5000余人。（省港航管理局）

交通财务费收和筹融资

【交通财务】 收费公路管理不断加强。按照五部委、省政府统一部署和职责分工，积极采取措施，在2011年沪蓉西、机场路高速调低车辆通行费标准的基础上，又经省政府批准下调了十漫高速、三峡翻坝高速通行费标准。认真落实五部委办《关于禁止将政府还贷公路违规转让或划转成经营公路的通知》，对全省省级部分交通资产划转未按规定履行相关报批程序等问题，会同清理工作领导小组成员单位提出整改建议，待省政府和有关部委审定后实施。组织部署全省收费公路系统超前谋划，周密部署，沉着应对，科学指挥，多方协调，热情服务，全省中秋、国庆节期间整体平稳有序，未发生大面积旅客滞留、长时间交通拥堵和重大安全事故，树立了良好的社会形象，形成了一整套有效应对重大节假日小客车免费通行工作的程序和方法，取得重大节假日免费小客车免费通行首战全胜，受到省委、省政府办公厅通报表扬。加强对收费权益和公路经营企业股权转让的监督管理，加强对武荆公司等股权转让的过程管理和监督。进一步加大费收管理工作力度。

预算资金使用绩效不断提升。年初制定下发了《预算管理办法》、《项目库管理办法》，成立以厅主要领导为组长的预算领导小组和相关业务处室为成员的编审专班。完善预算指标体系，开展高速公路养护、经常性业务费定额标准的研究和应用；加强项目库滚动，未进行可行性研究和评审的项目一律不予安排；严格控制预算规模，一般项目按照零增长控制。狠抓预算执行进度、执行质量过程管控，定期开展预算执行情况调度、检查和通报，强调预算的刚性约束，全年预算执行率达99%。2012年厅作为全省预算绩效评价工作试点单位，对厅直单位2011年部门预算24个支出项目，开展了绩效评价，通过采取“领导小组＋评价小组＋专家团队”的运作模式，采用成本效益分析法、因素分析比较法、公众评判法、最低成本法等多种评价方法，切实认清了交通运输项目绩效管理现状、明确了绩效提升方向。在2013年预算编制中，对绩效目标不明确、评价结果差的项目，核减或取消项目额度。

国有资产管理不断规范。针对历史原因导致的地方交通部门资产管理权属不清问题，会同省财政厅下达《关于将地方交通部门国有资产纳入地方财政管理》的文件，将市县交通资产按属地原则纳入同级财政管理。下大力气理顺厅直单位间因体制改革、机构变更等原因导致的资产权属不清等问题，如潜江服务区资产置换、省港航局办公楼权属等；对厅直单位部分长期闲置资产进行清理和行政调拨，减少资产的闲置浪费。厅直单位全面建立资产动态数据库管理系统，资产管理信息化工作得到省财政厅充分肯定。

财务审计基础工作不断夯实。制定出台《预算管理办法》、《资产管理办法》等一系列管理制度，初步搭建了交通运输财务审计制度框架；完成平台二期研发、系统测试、上线试运行工作，初步建立了统一规范的交通财务管理及会计核算、财务监管、财务数据分析及领导决策支持等体系，基本实现交通财务信息数据共享和对交通运输各单位预算、资金、资产状况全面管理和监控；举办六期厅直单位会计人员后续教育培训，组织人员参加部组织的高级财会人员培训班。扎实做好交通运输行业“营改增”相关工作，制定全省“营改增”试点改革实施方案，举办“营改增”政策培训班，组织交通运输企业开展试点政策座谈，提请省政府出台过渡性扶持政策，商请省国税局出台支持政策。

（彭畅）

【全省交通费收】 全省交通费收共完成115.37亿元，占年度计划的106.10%，比上年同期增长3.66%。其中：高速公路通行费收入完成112.85亿元，占年度计划的106.46%，比上年同期增长8.87%。（其中：政府还贷高速公路通行费收入完成52.88亿元，占年度计划107.10%，比上年同期增长6.78%；经营性高速公路通行费收入完成50.30亿元，占年度计划105.83%，比上年同期增长11.04%；高速公路计提收入完成9.67亿元，占年度计划106.24%，比上年同期增长9.41%）。一级公路通行费完成0.47亿元，占年度计划105.79%，比上年同期增长2.83%。车辆过渡费完成0.20亿元，占年度计划109.13%，比上年同期增长9.01%。水上两费（港务费、航政费）完成1.85亿元，占年度计划103.36 %，比上年同期增长2.20%。

（彭畅）

【全省高速公路通行费】 全省高速公路系统征收通行费112.85亿元，完成年度计划的106.46%，比2011年同期增长8.87%，提前21天完成106亿元费收任务。免费通行绿色通道车辆394.05万辆，免征金额12.74亿元。

（周际）

【全省一、二级公路费收】 全省有普通公路收费站7个（其中政府还贷一级公路收费站5个，经营性2个），公路专业渡口7个。

征收计划完成。政府还贷一级公路收费站完成通行费收入4707.5万元，占年度计划的105.79%，超额完成年度费收目标任务。

安全态势平稳。坚持强化安全管理，细化工作方案，狠抓工作落实，有力保障了人民群众的安全出行，未出现安全责任事故。收费站累计通行车辆352.6万辆次，实现安全生产零事故。

窗口形象提升。以展现窗口形象为重点，通过开展文明礼仪服务专题培训和各类文明创建载体活动，职工文明服务意识和水平不断提高。各收费站没有发生较严重的有理投诉事件。

转岗安置完成。截至2012年5月，全省费收转岗人员6624人，人员安置工作已全部完成，安置人员整体情况稳定。

节假日免费通行。中秋、国庆长假期间，普通公路收费站通行车辆236673辆，其中7座及以下小型客车

183098辆，日均车辆数达3万多辆。免费通行政策执行情况总体良好，收费秩序井然有序，车辆通行正常，没有发生交通拥堵和重大交通事故等现象，实现首个节假日免费通行平稳有序过渡。

一级路设站完成。通过与省交通运输厅、省财政厅、省物价局的积极协调，宜洋一级公路的设站工作得到省政府批复，10月25日正式收费。

（胡松涛　曹孝菊）

【水路交通规费征稽】 全年完成“两费”（港务费、航政费）收入18462万元，占年度收入计划的103%，入库率100%。

强化港口码头现场稽查管理，定期进行联合稽查、交叉稽查，全年共稽查船舶35641艘，补征规费近1000万元。武汉坚持领导深入一线、靠前指挥，定期安排督导组驻点办公，采取“水陆联动，车船并进”的全方位立体巡（稽）查网络，逐笔序时登记现场稽查台账；宜昌着力加强港口现场稽查频率和力度，采取实船丈量、实地核查入库（过磅）单等方式，促进规费足额到位；荆门开展多元化稽查，采取定点稽查与流动稽查相结合、晨查夜检与日常稽查相结合；黄冈、襄阳充分发挥检查站职能作用，安排专人、专艇日夜驻守，有效打击执法不严和少征、漏征以及抗缴规费等情况；省局派出督察组赴黄冈小池检查站开展驻点稽查，督察组与小池站稽查人员“同吃、同住、同上艇、同执法”，依法依规检查船舶186艘，查处“偷缴、漏缴、少缴”规费船舶61艘，补征规费54704元，有效促进源头港口规费征收。

费源开拓管理。建立定期走访慰问和信息共享制度，强化管理部门与企业之间的横向联系与互动，及时发掘市场信息和先机，充分挖掘征费潜力，努力开辟新的费收增长点。鄂州、恩施以建设促征收，通过招商引资加大港区建设力度，提高港口货物吞吐能力，形成港口费收新的增长点；襄阳着力培植长水货物煤炭运输，主动与潜江等地的化工（肥）单位联系，争取更多的水路中转运输；仙桃与黄砂买卖双方建立联系机制，协助货主推销黄砂40万吨，组织出口货源1.1万吨，培育费源50万元；浠水在起运量和黄砂开采量减少的不利形势下，争取联办提高分成比例，做到黄砂开采减少，规费收入不减。

文明征费服务。全省港航海事系统费收征稽人员树立“管理就是服务”的理念，进一步强化服务意识，主动搜集和掌握水运市场信息，积极开展和搭建需求及承运平台，争做水运企业的贴心人。荆州、荆门积极做好水运市场调查，掌握货物流量、流向和船舶动态，为船员、货主提供信息平台；天门创建高效、快捷的服务型海事，岳口港航海事处，麻洋港航海事处两家“六型文明示范窗口”，积极与代理单位、码头等各方联系沟通，及时准确掌握船舶动态，为船主提供方便快捷的服务；鄂州各窗口全面实行24小时预约服务制，提高服务质量，提升服务效能，赢得企业的认同；随州利用传单、标语、手机短信等平台，宣传水路交通规费征收政策，创造和谐征费环境。

依法征费管理。年初，省局在制定下发《湖北省港航海事系统依法征费工作规范（试行）》的基础上，编制印发1000多册《依法征费工作指南》，从水路交通执法风纪、执收行为规范、执收工作制度、执收岗位职责和收费项目及相关文件等各方面进行规范指导。全省各地开展广泛的宣传活动，提高全省费收征稽人员尤其是基层人员的理论水平和实践能力。省局妥善处理个别基层站所费收不当执法事件，并利用调研的契机，宣讲交通运输部和省政府取消强制性措施的文件规定，要求各地将文件传达到基层站所，进一步规范日常征费工作。

科技征费应用。年初，湖北水路交通规费征稽系统（二期升级版）正式运行，期间实现对PDA的升级和V5.0版本的覆盖，升级后的微机征稽系统取消与“航道养护费和水路运输管理费”有关界面和源程序，依规调整水路交通规费征收标准；数据库从SQL SERVER 2000升级到SQL SERVER 2008，提高数据安全性；票据操作程序进行修改，提升固定机和移动征稽机的同步上传速度；港务监督费报表结构更加完善，数据显示更加清晰准确，新系统整体功能得到进一步优化。省局协调开发机构加强技术支持指导，全年系统升级2次，解答咨询问题2219次，更换省局及各地市州服务器系统和应用17台，并对省局服务器数据进行成功迁移，举办征稽系统培训班1次，有效地保证了系统正常运行。

费收基础工作。强化票据控管，实行“限量领用、以旧换新、票款同步、月度审验、年终清算”的办法，定期清理核销票据；强化账户控管，通过网银系统加大规费解缴专户的管理，督促财政专户的合规使用，确保国家规费及时足额解缴；强化资金控管，按照“统收统支、收支两条线”管理规定，继续执行“日进账、周上解、月结算、季通报”的制度，进一步加大规费资金上解入库力度。各级港航海事部门对票据、报表等费收基础资料采取“省、市、县”三级审核的办法，促进费收基础工作进一步规范。宜昌对全市所有站点的票证台账、存根联等原始凭证进行抽查，涉及25个基层站点的5200余份票据、金额近700万元；黄冈开展费收征管和票据检查并实行考核通报制度；荆州组织8个县市区单位分成4个考评小组，开展基础工作交叉检查。

（叶秦）

【交通建设筹融资】 建立普通公路省级融资机制。通过行业上下共同努力，积极争取各方支持，基本建立起与税费改革相适应的普通公路投融资长效机制。省政府出台《关于研究全省普通公路建设融资问题的会议纪要》（2012年第83号），一是明确燃油税增量资金在用于归还当年到期债务本息后，全额用于交通发展；二是批准以交通运输厅为融资主体、以未来交通专项资金为还款来源的普通公路信贷资金机制。

高速公路建设多元化融资。协助办理债务主体变更等手续，将车购税和通行费以变通方式注入交投，支持交投做大资金池，全年省交通投资有限公司共筹集信贷资金238亿元；发行中期票据120亿元，2012年已到位中期票据资金40亿元；完成租赁融资50亿元。开展了100亿元企业债发行工作。建立港航建设新融资平台。

建立航道枢纽建设融资平台。通过整合财政性资金和崔家营航电枢纽等港航收益性资产，建立航道枢纽建设融资平台，实现“以电养航、滚动开发”。

咸通高速

争取中央代发地方政府债券资金。各地共争取债券资金15933万元用于交通建设，占全省地方政府债券总额103亿元的1.55%，其中宜昌市长阳县1000万元、五峰县2433万元、荆门市沙洋县4500万元、黄冈市各县市8000万元。

充分发挥地方交通建设筹融资平台作用。武汉市、黄石市、咸宁市、天门市成立交通融资平台并实质运作，十堰市、鄂州市已成立但未运作，襄阳市正在筹建。咸宁市交投公司采取土地“收储－抵押贷款或出让－收储”、“利用存量、带动增量、滚动发展”模式，2009年成立以来成功出让土地1000亩、筹集资金4亿元，用于新中心客运站、武咸一级路等项目建设，下一步将出资2亿元参股10%，与中交公司合作建设武深高速咸宁段。已储备土地2000亩，市场价值超过10亿元。黄石市采取将部省补助资金、市政府资金资本化的模式，交投公司出资3078.3万元、参股10%与楚天公司合作建设黄咸高速；出资800万元、参股13.79%与湖北人和投资有限公司合作建设广发物流园区；以政府出资4.5亿元、参股4.29%建设武黄城际铁路。同时采取“投资－受益－再投资”良性循环模式，以港区一期投资建设资产拆股出资，占20%股份，与盐田港集团合作推进棋盘洲港区建设。天门市政府支持天琪公司出让公路两侧1300亩土地，筹资1.65亿元用于交通项目建设。十堰市无偿划拨500亩土地作为交投公司资本金，市场价值超过10亿元。南漳县交投公司对交通系统的12宗闲置土地进行“变性”，评估后抵押贷款筹资1.2亿元用于项目建设周转。

争取地方政府财政资金和政策支持。天门市两年市政府累计安排财政资金3.21亿元用于普通公路建设；市政府“十二五”期间安排前期工作经费2000万元，对通村公路每公里市财政补助1万元，累计安排2300万元；每年安排300万元农村公路养管资金和200万元农村公路危桥改造资金。宜昌市市县两级财政共投入4.9075亿元资金用于交通基础设施建设养护；五峰县从一般预算收入中安排2%农村公路建设资金；长阳县人大决议将龙舟坪连接线项目贷款6000万元本息转由财政偿还；枝江市在318国道改建中，政府以土地抵押贷款，本息财政垫付，建成后从通行费归还。黄冈市市县两级财政安排财政资金3.34亿元用于交通建设，在黄冈大桥和城际铁路建设中，以资源换资金方式筹集资本金4.5亿元，两个项目税费减免返还580万元。荆州洪湖市财政两年落实地方配套资金2.96亿元，占建设总投资58%，每年投入200万元农村公路养护资金；石首市、洪湖市、松滋市、沙市区财政安排建养资金2556万元。恩施州恩施市财政全年投入交通建设资金超过1亿元。襄阳市财政安排295万元前期工作专项资金；宜城市、枣阳市、谷城县落实3160万元地方配套资金，南漳县城投公司近两年安排重点项目建设启动资金超过3亿元。随州市财政每年预算安排200万元农村公路建设资金、县市区财政每公里补助1万元。仙桃市政府对5家交通运输企业历欠的税款实行“以借代缴”的方式，缴清了各项历欠的510万元税款。潜江市将农村公路建设及危桥改造资金纳入财政预算，市长办公会“一事一议”解决建设资金缺口810万元。林区安排慈善会企业定向捐款资金800万元用于209国道复线大修。财政借支2500万元用于机场公路等项目。同时，各地普遍出台了对交通建设在土地征迁、杆线迁移、投工投劳、税费减免、前期工作等方面优惠政策。

加大招商引资力度。咸宁市创新理念，大员上阵招大商，共引进投资206亿元，实质性推进6个高速公路项目，全省第一家成功引进中交集团在咸宁投资140多亿元，建设咸通、通界、武深高速嘉鱼至通城段、咸宁城区南外环4条高速。高速公路建设成功实现投、融资两兴，新、续建两旺的强劲态势；创造了高速公路招商“咸宁模式”。恩施州累计向省交投公司以成本价划拨优质土地3000亩，将近2平方公里，支持其建设“生态旅游城”，并研究将矿产资源、景区等旅游资源投入支持其继续投资建设。荆州市以央企、省属三大融资平台和有实力民企为引资重点，与中交集团签署战略合作协议；省交投公司BOT方式建设项目总投资328亿元；引进省长江产业投资有限公司投资建设总投资2.83亿元的李埠港区综合码头、总投资20.7亿元的荆松一级公路；引进民间资本建设投资4.5亿元的沙市煤炭储配中心码头和长江白螺石化中转码头。随州市以“包装大项目，重点招大商”的思路包装推荐项目；引进省交投公司以BOT方式建设麻竹高速随州西段、BT方式建设316国道十岗至厉山一级公路；利用区位优势，引进中交集团采用BT方式在汉十、随岳、麻竹三条高速公路交汇处建设鄂北区域龙头物流园区。襄阳市BOT方式建设高速公路里程250多公里、总投资200亿元；引进湖北星点亿公司等建设小河港区等项目；BT方式建设303省道南河三桥等普通公路项目。仙桃市引进三峡工程物资公司投资仙桃港区多功能码头，总投资2.6亿元；与国家电网公司通航公司达成建设直升机备降机场意向性协议。天门市采取成本价格出让土地、税费先征后返等优惠政策，引进中铁大桥局集团和中基建设公司投资天门港天门工业园港区建设，总投资2亿元，引进珠海、深圳企业投资1亿元建设天骄物流中心。黄石市成本价格出让优质土地82.5亩用于广发物流园区建设。

努力创新融资方式。宜昌市发挥政府、企业、社会各方面积极性，利用财政资金、融资平台、土地、金融等各种资源，探索出几种符合本地社会经济实际的融资模式。兴山县“政府统筹，企业出力”模式，兴发集团投资15亿多元建设交通基础设施，既为自身发展服务，也履行企业社会责任；宜都市“政府主导，企业运作”模式，在宜华和陆渔一级路建设中，在市政府主导下，首先将收费权作质押，由宜都市城投公司进行担保，取得4亿元银团贷款，其次政府支持收储800-1000亩土地用于融资，同时将陆渔路路面和三期工程通过BT模式运作融资2.28亿元，综合施策保障了资金需求；夷陵区“明确事权，分层推进”的模式，区政府重点抓城区的出口路、通道路和循环路，每年财政投入过亿元。各乡镇负责农村公路，近年来投入资金超过5亿元，许多农村公路已达二级公路标准，且安保设施配套完善。

历史债务化解卓有成效。明确偿债责任主体，按“谁贷款，谁偿还”原则，将中央核定全省二级公路债务276亿元中的100亿元，分解到地市，由地方政府负责偿还。对省级债务，省政府明确核定内176亿元省级债务由省财政厅用交通专项资金安排偿还，核定外的96亿元债务明确由省交投公司负责。在全国较早开展债务重组工作，通过用中长期债务（20年期）置换短期流动资金债务方式，完成省级债务重组，有效减轻了债务偿还压力。省级债务中，“十二五”、“十三五”到期本金分别为30亿元、47亿元。同时督促引导市县开展债务重组工作，争取省政府金融办支持，明确牵头银行（在市州贷款中占比最大银行）牵头开展重组工作。各地地方债务化解工作取得实质性进展。仍有存量债务的15个市州中14个出台了会议纪要；部分县市将偿债支出纳入财政预算安排。（彭畅）

【利用世界银行贷款项目工作】 2012年是世行贷款宜巴高速公路项目夷陵区段建成通车的攻坚年，也是湖北交通利用世行贷款工作的重点由以高速公路建设为主逐步向进一步加大国际融资力度、拓宽国际合作领域、着力打造湖北交通“世行合作项目示范基地”转移的转型年。

宜巴项目按计划顺利推进，夷陵区段如期通车。2012年是厅世行办成建制参加的宜巴高速公路项目建设的第三年，自2009年7月项目开工到2012年9月，共累计完成投资140.20亿元，占总概算投资（166.76亿元）的84.07%。在克服了地质条件最差、技术难点最多、环保要求最严、建设难度最大等诸多困难后，2012年9月29日，宜巴高速公路夷陵区段61公里顺利通车试运营；兴山、秭归和巴东境内的112公里顺利完成一期土建工程，二期路面、三期房建、绿化、交安等单位陆续进场，项目整体建设进度符合计划安排。2012年11月顺利通过世行代表团对本项目工程、环境、移民安置、采购、财务等方面的监测和检查。

世行项目下机构加强与课题研究成果初显成效，先进的国际理念和工程技术有效辐射。2011年到2012年，组织完成了8批国外培训的申报和协调任务，输送了来自交通系统各职能管理部门、各重点建设项目的48名管理人员分赴美洲、欧洲及澳洲参加交通业务知识培训，内容涉及工程建设管理、养护管理、施工关键技术、交通规划及道路安全等各个领域，为湖北交通发展培养和储备了高端人才。

在世行贷款项目下继续开展了一系列科研课题研究，并将阶段性成果在包括世行项目内的省内其他交通基础设施建设项目上进行了推广应用，有效解决了重难点工程施工的部分技术难题，为交通基础设施项目建设及安全保障、环境保护等不同成分提供了可靠的技术支持，同时在构建项目管理体系和环境管理框架等方面做出了有益探索。

按照厅党组的要求，世行办于2012年9月底成建制从宜巴项目上撤回，在11月份世行宜巴监测代表团来访期间，尤习贵厅长代表厅党组同世行代表团就进一步加强在综合运输、航电枢纽、农村道路建设等领域的合作交换了意见并达成了共识，我省交通将继续保持与世行的密切合作，携手共同打造世行在中国的“交通项目示范基地”。经过对新的世行项目调查选择和世行办今后机构职能转型开展的考察和调研，为充分发挥和利用世行办机构编制和人才优势，厅党组研究同意，世行办下一步在继续履行好原有职责职能的基础上，将交通职业资格管理和外经和外事服务工作职能承担起来，系统地开展新的世行贷款项目选择准备工作和我省交通行业

职业资格管理工作。（张岚）

【交通内部审计】 内部审计监督服务不断深化。加强建设项目审计，完成大广北高速建设项目竣工决算审计复核；完成嘉通、洪监、保宜高速公路等项目开工前审计。加强经济责任审计，建立“离任必审”和“任期满三年必审”的任期经济责任审计机制，完成龙泉山庄、随岳管理处领导离任以及汉十管理处、交职院、交规院和厅信息中心领导任中经济责任审计。加强专项资金审计，开展2011年通村公路建设省补助资金审计调查、普通国省干线公路养护资金、政府还贷公路通行费审计调查。加强交通审计行业管理，制定下发《进一步加强内部审计监督工作的意见》，建立常规化、制度化、规范化的审计监督工作机制，全年全省共开展717个审计项目，查处违规违纪和管理不规范资金2169万元。（彭畅）

交通法制

【交通法制建设】 全省交通运输行业以推进依法行政为主题，以建设法治交通为主线，着力推进科学立法、行政依法、规范执法、全员普法，交通法制工作取得新的进展和成效。省直机关优化发展环境现场会在省交通运输厅召开，省委副书记张昌尔、省纪委书记侯长安、省委秘书长傅德辉等领导亲临指导并讲话，省委组织部长娄阳生作书面讲话，充分肯定省交通运输厅优化发展环境走在省直前列。省交通运输厅先后5次在全国性交通运输工作会上作大会交流发言，5次在全省性大会上作经验交流，2次受到省委省政府通报表彰。省交通运输厅荣获全省依法行政考核第一名和政务服务绩效考核第一名；省高速公路路政总队等8个单位和个人荣获交通运输部2011—2012年度依法行政先进单位和先进个人。

【交通行政立法】 争取省人大出台了《湖北省水路交通条例》，更加突出武汉长江中游航运中心及五大枢纽港的发展定位；更加突出以科学规划统领水路交通发展全局；更加突出提升水资源综合利用效率；更加突出加强岸线稀缺资源的高效利用；更加突出促进水运业结构调整和转型升级；更加突出引进和发展现代高端航运服务业；更加突出加强水上交通安全监管和应急救助；更加突出航运建设和发展中的生态保护；更加突出主管部门提供公共服务的法定职责；更加突出建立促进水运跨越发展的保障机制。

争取省政府出台了《湖北省公路超限运输管理办法》，明确县级以上人民政府和各相关管理部门在治超工作中的义务和责任，将治超关口前移，从车辆生产、挂牌、装载等源头上加强监管；明确货运源头单位应当履行的义务，把好装载第一关；明确运管机构进驻重点货源基地制度，使其在实施源头单位监督检查时有法可依；明确合法超限的申报程序，规范了超限运输审批；明确超限站的执法地位，设站必须经省政府批准；明确治超实行固定站点与流动监测相结合，规定了监测程序与规范；明确强制措施条件，确保治超高效；明确超限运输，必须卸载才能放行，不能以罚代法；明确按不同违法情节，划分处罚档次，细化自由裁量标准；明确建立治超处罚联动工作机制，管理部门相互告知，追踪处理。

争取省政府法制办联合印发了《湖北省公路超限运输行政处罚自由裁量执行标准》，对自由裁量依据不同情形进一步细化、量化、标准化，指导执法人员正确行使自由裁量权，保护公民、法人和其他组织的合法权益，努力从制度设计上做到行政处罚不随意、自由裁量不自由。 （法规处）

【交通行政执法】 组织开展全省交通运输行政执法大调研、大评议、大培训和全省交通运输行政执法评议考核、交叉检查、案卷评查以及执法人员考试，起草形成《关于推进全省交通运输法治建设的若干意见》，不断规范执法行为，提高执法质量，坚决克服“不作为”，严格杜绝“乱作为”，着力解决“难作为”。

结合行评期间反映交通运输行政执法中存在的一些不文明不规范执法问题，如少数治超站只罚不卸、以罚代管现象，以及少数执法人员执法水平不高、执法文书填写不规范、执法态度生硬、工作方式方法简单等，重拳出击，积极整改，对4个“问题站”的站长予以免职，3名直接责任人员受到处分，其中2个站全面整顿后达交通运输部示范站标准。

积极应对交通建设征地拆迁、物权纠纷、赔补偿矛盾以及行政管理、政务公开、行政执法等所引发的行政复议、行政诉讼和民事诉讼等相关事宜，切实保障公众合法权益、维护行业正当权利。全年先后参与行政诉讼附带民事诉讼5起，受理行政复议2起。继续保持应诉结果全胜纪录，行政复议结果获相关各方认可，顺利结案。

【执法队伍建设】 以统一全省交通运输行政执法标志标识、执法证件、工作着装和场所外观为重点，全省交通运输14600多名行政执法人员全部换发新版IC卡执法证件，执法人员和执法证件信息全部录入管理信息系统，实现全国联网管理；高速公路系统执法着装换装工作完成，普通公路、运管物流换装工作加速推进，各地各单位执法站所标准化建设取得阶段性成效。

以增强各级领导干部和执法人员法治意识、法治思维、法治方式和法治手段为重点，组织开展省、市、县三级法治部门负责人培训班，推广应用自主研发的湖北省交通运输行政执法人员在线培训考试系统。内容涵盖基本法律知识、相关交通运输法规、职业道德规范、现场执法实务、典型案例评析、规范案卷文本等，第一时间、第一地点让第一线执法人员了解最新法治动态、学习法律知识、借鉴法治成果、接受=专业测试。

结合行风评议深入开展交通运输

省直机关优化发展环境现场会

行政执法宗旨教育活动，用服务的理念强化认识，牢固树立规范、公正、文明、廉洁的执法理念；规范交通运输执法人员仪表、举止、用语、行为，使用执法用语，端正执法风气，严肃执法纪律，建立健全调查取证、询问笔录、现场执法等工作规则。

【普法依法治理】 举办全省交通运输系统法制培训班暨交通运输部讲师团湖北专场法制讲座、交通运输行政执法人员信息和执法证件管理系统、行政执法人员在线培训考试系统培训；结合12.4法制宣传日活动，组织召开《湖北省水路交通条例》、《湖北省公路超限运输管理办法》及《湖北省公路超限运输行政处罚自由裁量执行标准》宣贯会；协助省人大、省政府法制办开展多项立法、执法、行政审批调查研究和法制宣传工作；先后组织开展整治车辆超限超载和大车小标、拆除违章建筑和非法设施、打击黑车黑站和“三无”船舶、打非治违等多项大规模的专项整治活动，交通运输安全生产态势日趋稳定，经营行为逐步规范，营造了良好的交通运输市场秩序，卓有成效地推进交通运输法治建设进程。

【厅行政审批工作】 组建新的政务服务大厅，将原本分散在1厅5局8个部门的审批事项全部集中到厅政务大厅，实行“一个窗口对外、一站式办理”，基本实现审批职能、审批事项、审批人员“三集中”；简化流程，最大限度地缩短时限，将办理时间由20个工作日缩短至14个工作日，部分行政审批时限从原来的15天压缩为7天。为推进依法审批、规范审批，制定《湖北省运管系统投诉处理办法》等规章制度，建立落实“受办分离”、“批办分离”、“三级审查”、实质审查“两人办理制”等制约机制，多管齐下推进依法审批、规范审批工作；大力推行行政审批网上办理，开发交通运输网上行政审批平台和监管软件，开放行政审批终端用户平台，将受理、审查、公示、决定、查询纳入系统建设范畴，纳入电子监察范围，在省交通运输厅网站设立投诉举报专栏，开通96595投诉电话，安装监控摄像头，推行行政审批“五公开”，做到窗口阳光操作、群众监督有力，确保权力在阳光下运行。全年受理省级交通运输行政审批事项8456件，办理咨询服务1837件。行政审批按时办结率100%，群众满意率100%，部省系统网上审批办理100%，无一起行政审批举报投诉事件，无一起相关行政复议和行政诉讼案件。

【高速公路路政管理】 全省路政案件立案9803起，结案9734起，收回路产损失赔（补）偿费5820万元，结案率99%，索赔率98%，路产设施完好率100%。无重大安全责任事故，无行政复议及行政诉讼败诉案件，无公路“三乱”现象。

修订完善制度规范体系。按照省政府清理行政权力要求，做好法律法规及规章清理工作，协助省交通运输厅完成行政许可“四减五制三集中”相关工作。根据《行政强制法》、《公路安全保护条例》及《路政文明执法管理工作规范》等法律法规及规章规定，对路政执法管理规定、行政许可管理办法、超限运输管理规定等规章制度进行修订。针对路产损失赔（补）偿费审计调查发现的问题，研究开发路产损失赔（补）偿费机打票据系统，制定路产损失赔（补）偿费管理规定及票据管理规定，路政资金使用和资产管理进一步规范。

警路联合执法能力明显增强。联合省公安交管局出台《湖北省高速公路警路共建指导意见》和《湖北省高速公路实施路网联动指导意见》，进一步明确警路共建协商、联合执法、应急联动等工作机制。鄂西支队与重庆交通综合执法部门、高警部门共同签订《沪渝高速公路鄂渝省际路警联动框架协议》，提高了鄂渝省际联动联勤效能。武黄支队尝试警路“1+1”联合处置模式，在国庆长假应急保畅中发挥巨大作用，极大提升路面管控能力。圆满完成春运、清明、“五一”、“十一”等节假日安全保畅工作，积极协调做好3次部队演习拉练通行高速公路保障工作；按照省委省政府要求，圆满完成“民企携手湖北、共促中部崛起”会议的交通运输保障工作；成功处置汉十高速公路“6·22”黑火药爆炸事件，28小时内全面抢通道路，受到上级领导充分肯定。

队伍教育培训体系逐步完善。积极探索路政执法人员在职在岗教育的主要内容和实践途径，着手构建执法人员专业化培训教育体系，制定《湖北省高速公路路政执法人员资质教育培训纲要》，培训教材编写、考试题库设计基本完成，执法人员在线教育培训系统完成开发并投入试用。严格落实执法考核评议及培训安排，组织970多名执法人员在8个考点同时进行执法评议考试，组织约350名路政干部培训并进行业务闭卷测试。黄黄支队开办“执法课堂”，形成“每周

全面推进高速公路路政管理依法行政建设

一课、每月一会、每季一考、年终总结”的培训教育模式。武黄支队开展“读本好书，写篇心得”及“我的读书笔记展”活动，路政人员读书热情高涨。宜昌大桥支队制定全年学习计划，组织全体执法人员进行2次业务测试。省高管局加大先进典型培树，郑玉典等6名基层执法人员荣获全省交通运输系统路政执法岗位“十行百佳”，邹勇同志荣获2011～2012年度全国交通运输依法行政先进个人，路政执法总队荣获2011～2012年度全国交通运输依法行政先进集体。

路政执法形象建设深入推进。按照交通运输部执法形象建设“四个统一”要求，全省高速路政于6月15日前统一完成执法服装换装，新式执法证及时发放到位。统一办公用具形象，加快推进“标准化示范路政大队”建设及执法场所外观标识改造，荆州大桥大队严格按要求完成执法场所外观改造及标准化示范路政大队建设，35个基层路政大队基本完成执法场所外观建设。根据交通运输基层执法站所建设指导意见，京珠支队第三大队及黄石大桥支队开始建设独立的办公场所。8月3日在随岳高速公路组织召开“法治湖北，高速先行”全省高速公路路政执法服务形象展示活动，受到省交通运输厅及省政府法制办领导高度肯定。

执法行为规范化水平显著提高。制定细化《路政执法案卷评查制度》，集中组织开展案卷评查，编印文明规范执法手册，规范涉路施工许可办理审核并加强申请资料指导，对行政强制及行政处罚案件文书填制实施审核管理及备案制，路政执法行为进一步规范。黄黄支队启用路政执法窗口满意度评价系统，根据反馈评价意见不断改进执法工作。京珠支队邀请法律顾问审查文书填制及案卷制作，积极预防执法主体及执法程序等方面的问题。鄂黄大桥支队将零散的治超文书按每件治超案件处理需要装订成册，开展治超百日会战行动，全年无执法投诉事件。武汉高速支队与各大队签订党风廉政建设责任书，组织全体路政人员观看廉政教育片，强化路政队伍的廉洁自律意识。　（省高管局）

【普通公路路政管理】　全省完成40个集镇路段整治，依法拆除违法建筑、清理堆物占道6200平方米；清除非交通标志456块；通过网上审批办理涉路施工行政许可403件，现场办理超限许可1803件；办理林木采伐许可137件，计21485方；非法超限超载运输率控制在5%；全省路政案件查处率和结案率均在90%以上，执法文书使用率达100%。

主要做法有：

1. 路政管理模式实现新转变

路政管理方式变单打为协作。为进一步加强路政管理，理顺路政与各部门之间的关系，全省各级路政管理机构不断推广创新“路养结合”、“路警结合”的路产保护机制，加强与养护、公安等部门的紧密联系，把路政管理工作中遇到的难点、重点问题，及时向管辖路段沿线乡、镇政府、公安交警、土管、城建、工商等部门进行沟通，争取在审批公路沿线周边项目时，把公路路政管理的相关规定一并考虑，达到“超前控制，预防为主，防治结合”的管理目的。积极主动联系乡镇相关领导和一些相关单位，多次组织联合执法行动，加大违法涉路活动的打击力度，从而壮大路政管理力量，改变路政管理人手不够，孤军作战的不良局面，变行业行为为社会行为，营造良好的执法环境。联合交警、法院等部门展开行动，成功查处50多起肇事车辆损坏公路设施逃逸、超限超载车辆暴力抗法、违法建筑强制拆除等案件，有20多名当事人被司法机关行政拘留，有力地维护了路政工作正常秩序。过去因杆线问题所涉及的供电、电信、移动等公司，在增设杆线时也主动联系公路部门进行工作协调。

建筑控制区管理变被动为主动。全省各级公路管理机构对在公路沿线建设的单位和个人，采取与之签订协议和收取施工保证金的方式进行管理。协议中明确当事人在公路沿线施工时，首先要符合《公路法》、《公路安全保护条例》的相关规定，其次涉路搭接必需设置排水设施保障公路路面和公路边沟的排水畅通，不得在公路及公路用地内堆放物品，影响公路的安全畅通。如果当事人有违反协议的行为发生，路政执法人员在按照国家法律规定予以管理的同时，直接扣除当事人交纳的施工保证金。如当事人在公路及公路用地范围内堆放建筑材料，路政执法人员就组织人员、机械予以清除，产生的费用同样从保证金里扣除。通过这种方式管理，公路沿线施工方基本能够自觉地按照国家的规定进行施工，对于涉路安全隐患也能够主动消除，减少了违法涉路问题的发生和管理经费的支出。如荆门市成立机动中队，将边沟管理纳入到政府目标考核当中，实行边沟建档，责任到人，确保损坏查处及时，边沟完好率100%。初步解决保护路产路权、涉路排水和搭接公路的违法行为。

路政管理职能变单一为多元。随着路政管理职能的拓展，路政部门在突发事件预防、响应、善后处置、应急保障、监督管理等方面发挥极其重要的作用。8月份，湖北遭遇特大暴雨灾害，导致十堰、襄阳等市州境内316国道、209国道及部分省道多处交通中断，部分路段完全冲毁，面对突如其来特大暴雨灾害，路政人员始终战斗在抢险一线，积极协助配合交警和施工单位，24小时驻守在危桥险段，设置警示标志，指挥过往车辆和行人，较好地履行了“保运输、保畅通、保安全”的重要职能。

2. 超限治理工作实现新突破

政策争取上实现新突破。省公路局积极争取省政府和省治超领导小组办公室的重视和支持，出台了《全省区域联动治超行动意见》、《百日治超行动方案》，争取将《湖北省超限运输管理办法》正式列入了省人大的立法计划；争取将费收转岗治超人员基本支出经费列入财政预算；各级人民政府也把超限治理作为一项重要的考核内容，与各县市区长签订目标责任书，出台多项支持治超工作的文件，武汉市政府以政府令的形式出台

《武汉市货运车辆超限运输治理办法》，为治超工作有计划、有组织、有重点的顺利实施提供坚强的组织保障。

联动机制上实现新突破。全省各级公路管理机构积极探索和构建部门联动治超机制，实行“一主多翼无重复治超”，即在治超领导小组的领导下，路政、运管、公安、交警等部门抽调精兵强将组成治超工作专班，依托固定式超限运输检测站，设置流动超限检测点，驻站执法，交叉监督，联合治超。在管理上建立“统一标准、统一查处、统一考勤、统一评价”的机制，与运管、安检等部门联手，深入厂矿企业、货运集散地，重点开展源头治超的宣传和治理，收到良好的社会效果，政府主导、部门联合、整体联动、合力治超机制日趋完善。

联网辐射上实现新突破。上半年，启动江汉平原及周边辐射区域联合治超第二轮行动和鄂东南区域联动治超行动，结合全省路网特点，将江汉平原六市区域横向拓展辐射到周边的武汉、襄阳、随州、宜昌等市州，在全省范围内形成一个完整的治超网络。全面统一辖区内的执法标准；消除同一违法行为在不同市区、不同站点、不同处理结果的现象；消除执法不统一、不规范的行为；进一步巩固和扩大江汉平原公路超限治理成果，取得良好的社会效应和辐射效应。

3. 路网运行与应急中心建设取得新进展

筹建省级路网中心管理机构。年初，参考交通运输部路网运行中心的建制，向省交通运输厅报送筹建省级路网中心的报告，初步确定由省公路局路政处牵头负责，承担省级路网运行监测与服务体系的建设与管理工作。

完成路网运行监测与服务体系建设的前期调研。积极寻求交通运输部和省交通运输厅的支持与指导，先后组织人员赴江苏、福建考察学习路网建设和管理经验，开展全省路网平台建设内容的研究，组织编写《湖北省路网运行监测与服务系统建设可行性研究方案》和系统相关技术标准，《湖北G105/G107示范工程建设实施方案》初步通过审查。

完成路网监测点的布局研究和规划工作。按照监测设施的布设要求，对全省需要进行监测点设置的路段进行调查和统计。已完成107和105两条国道示范路段监测点布局规划，示范路段Ⅰ期工程拟建设国家级视频监测点23个、国家级交调点8个、可变情报板10个。已召开三次路网运行监测与应急处置系统功能需求研讨会，完成外场设备安装和应急指挥车配置工作。

4. 执法形象“四统一”工作得到新推进

基层执法场所面貌得到改观。全省各级公路管理机构均选择确定辖区先行示范点，按照交通运输部颁布的《交通执法机构场所外观标准》进行设计和建设，做到门楣、牌匾、灯箱、玻璃防撞条和立体色带的内容、位置、形状、颜色、字体、材质、风格的统一。配备电脑、档案柜等办公设备，基层执法机构办公条件和外观形象得到极大的改观。

执法服装采购工作全部完成。继黄石市在全省率先完成整体换装后，宜昌、荆州、林区等市州也按采购程序完成服装及标志的采购工作。11月底，在孝感市举行全省路政执法人员换装仪式暨军事列队会操比武活动，全面展示路政执法新形象。

执法证件办理工作有序推进。IC卡式执法证的审验换证工作按照省交通运输厅要求进行信息采集录入、审核工作，换证前的执法人员培训、考试及建档案等各项工作有序进行。

5. 路政行风建设取得新成效

以管理规范行风。以“政风行风民主评议工作”活动为契机，及时召开全省路政治超政风行风评议及江汉平原区域联动治超推进会，制定《关于深入开展政风行风评议规范全省超限超载专项治理工作的实施方案》，下发《关于路政文明执法管理工作规范的通知》、《关于进一步规范治超工作杜绝公路“三乱”行为的通知》等文件，采取多项措施大力规范执法行为。各级路政部门也积极行动，成立组织机构，制定活动方案，大造声势，营造氛围，深入开展自查自纠，有力地促进了路政治超工作的开展，取得了预期效果。

以制度管理行风。上半年，通过采取走访、召开座谈会、聘请监督员、明察暗访等形式，多次深入全省106个治超站查找工作中存在的问题与不足，明确改进方向，完善相关制度。先后下发5期督查通报，督导基层路政部门对群众提出的共性问题，制定过硬的整改措施，逐条逐件研究解决，做到事事有结果，件件有回音；对于群众举报的案件线索，及时抽调精干力量组成案件调查组立案查处，积极与当事人联系沟通，认真开展调查核实，对违纪违法行为给予严肃处理，并通过建章立制来杜绝类似问题的再次发生。

以承诺促进行风。召开全省路政治超政风行风评议及江汉平原区域联动治超推进会，组织4个市州现场进行承诺；制定六项措施履行行评承诺，即狠抓自由裁量标准统一、狠抓区域联动治超行动、狠抓办案全程跟踪、狠抓治超站点建设、狠抓源头治超管理、狠抓执法人员培训。其做法得到省交通运输厅的充分肯定，并在全省交通系统进行推广。（曹家勤　龚建新）

【运政执法监督】 严把执法人员入口关，严格按照《交通运输行政执法证件管理规定》的要求，对申领和换发执法证的人员进行初审，不符合《规定》要求的不予通过，一定程度上保证了执法人员的质量。加大执法监督检查和执法行为评议考核力度，建立执法人员评议考核档案，开展执法规范化达标活动，组织召开全省道路运政执法案卷评查会，对各市州100多份运政执法案卷进行详细评查，并将评查结果通报全省各级运管机构，要求各单位对照评查结果认真学习、整改，全省执法人员执法案卷填写和整理归档工作水平得到较大提升。（吴勇涛）

交通科技与培训教育

【科技项目研究与管理】 2012年，科技工作按照“规划引导、项目带动、规范管理、注重创新”的工作思路，坚持工作标准，狠抓工作落实，按计划推进各项工作。

1. 科技项目管理

（1）编制《湖北省公路水路交通运输科技发展“十二五”规划》。交通科技规划编制工作根据省交通运输厅关于“十二五”规划编制工作的总体部署和全省交通经济工作会议要求研究确定，包括：《湖北省公路水路交通运输“十二五”科技发展规划》、《湖北省公路水路交通运输“十二五”信息化发展规划》、《湖北省公路水路交通运输“十二五”教育与培训发展规划》和《湖北交通运输光纤数字传输网“十二五”规划》。《湖北省公路水路交通运输科技发展“十二五”规划》已通过省科技厅、发改委、武汉理工大学等相关专家的评审。

（2）完成2011年度交通科技统计工作。按照交通运输部关于科技统计新要求，组织全省科技统计人员进行《交通科技统计报表制度》讲解和操作培训，邀请部交科院专家讲课并现场指导填报，省公路局科研所负责科技统计报表整理和汇总，保证全省交通科技统计资料比较真实、完整、准确和规范，并按要求报送部科技司，被评为交通运输部前三年全国交通科技统计工作优秀单位。

（3）建立全省科技项目管理档案。对2000年以来科技计划、科技项目的立项、实施、鉴定验收、成果管理的全部资料按照档案管理要求建档，包括纸质档案和电子档案的收集、整理、编辑及归档，实现科技档案具有方便统计、查询和提供利用功能，已完成科技档案收集、整理和编辑工作。

2. 科技项目实施

（1）全年组织验收鉴定11个科技项目，其中厅计划科技项目6个，厅计划外科技项目5个。

厅计划科技项目：《汽车电器设备一体化专业教室设计与开发》项目由湖北交通职业技术学院完成，项目通过验收。

《节约生态型公路工程技术研究》项目由林区旅游公路建设指挥部、交通运输部科学研究院完成，项目通过验收。

《两郧断裂带高速公路滑坡地质灾害技术研究与应用》项目由湖北省十漫高速公路指挥部、中国科学院武汉岩土力学研究所完成，成果水平达到国际领先水平。

《山区高墩大跨连续刚构桥设计与施工关键技术研究》项目由沪蓉西高速公路建设指挥部、湖南大学、中交二公院完成，成果水平达到国际领先水平。

《湖北交通运输行政管理机构规模及其公务人员配置规划与模型研究》项目由厅人事劳动处完成，项目通过验收。

《柔性基层在山区公路路面大中修工程中的应用研究》项目由恩施州公路管理局、武汉理工大学完成，成果水平达到国际先进水平。

厅计划外科技项目：《沥青路面柔性基层修建技术的研究》项目由麻竹高速公路大随段高速公路建设指挥、省交通规划设计院完成，成果水平达到国际先进水平。

《半柔性路面结构应用研究》项目由孝感市公路管理局、北京新桥技术发展有限公司完成，成果水平达到国际先进水平。

《叠合结构技术在旧桥加固工程中的应用研究》项目由孝感市公路管理局、武汉大学、应城市公路管理局完成，成果水平达到国内领先水平。

《抛填骨料水泥混凝土路面的关键技术研究》项目由襄阳市公路管理局、武汉理工大学完成，成果水平达到国际先进水平。

《湖北省交通运输厅科技档案整理》项目由湖北交通职业技术学院组织完成，项目通过验收。

（2）完成交通运输部布置的各项工作。

完成2012年度交通运输建设科技成果推广目录申报工作，向交通运输部推荐申报9个项目进入部科技司成果库；组织完成2013年度交通运输科技计划项目申报工作，评选推荐申报13项；组织完成评选推荐交通运输项目专家库入库工作，推荐上报17名专家进入部科技项目评审专家库；组织完成2012年度交通运输建设科技成果推广调研工作，“十一五”期间承担完成6项西部办资助项目；完成承担的在研部科技项目(8项)执行情况检查并上报部科技司。

3. 科技信息资源共享平台建设

编制完成《湖北省交通运输厅科技信息资源共享平台工程可行性研究报告》，实现涵盖科技项目、科技成果、科技基础条件、科技人力资源等科技管理业务自动化、信息化，提供政府科技信息公开、科技业务在线办理、成果推广、咨询交流等公共服务，科技项目逐步实施网上全过程管理，初步建成省交通科技项目管理短信平台及专家库，修订完成“湖北省交通运输厅科技项目管理系统”，建成科技管理与科技信息服务两大应用系统框架及相关信息资源采集。

4. 科学技术奖推荐

组织“神宜公路生态环保关键技术研究及示范”项目申报2012年国家科技奖并参加省科技厅推荐报奖项目答辩；组织2012年度省政府科技进步奖申报，评选推荐6个科技项目；组织2012年度中国公路学会科学技术奖申报，评选推荐4个科技项目；组织省标准创新贡献奖申报，评选推荐1个项目。

【科技项目简介】 完成2013年度交通运输厅交通科技项目申报工作，第一批交通运输科技项目计划中政府引导性项目15项，需求主导性项目23项，科技成果推广应用项目4项。分别是：

由厅法规处和中国国际经济交流中心共同申报的《三峡综合交通运输物流枢纽建设研究》。项目立足国家战略高度、结合三峡地区实际，全面系统、深入推进三峡综合交通运输物流枢纽建设课题调研工作，提出建设三峡综合交通运输物流枢纽的战略思路和规划方案，在中国国际经济交流

十堰“生态文明走廊”

中心等机构支持下，争取将三峡综合交通运输物流枢纽建设纳入国家战略，同时为国家设立三峡开放开发新区提供决策依据，努力将宜昌打造成湖北未来发展的新增长极，在国家中部崛起和西部大开发中发挥更大作用。主要研究内容：一是制定三峡示范区发展的规划；二是建设三峡综合交通运输物流枢纽的构想；三是建立三峡临港保税物流园区的思路；四是开展政策创新试点的研讨。

由武汉理工大学申报的《湖北省交通行业科技创新联盟建设研究》。湖北省交通运输正处于转型升级的发展时期，迫切需要科学技术的支撑，整合省内外科技资源，构建高水平的共享科技创新平台，是推动交通运输行业科技进步、实现交通建设快速健康发展的一条有效途径。主要研究内容：一是研究论证“湖北省交通建设产业技术创新联盟”建立的必要性和可行性，探讨创新联盟的组建模式、运行机制和体制、目标任务、措施与政策支持等问题；二是通过系统研究和探讨，提出交通运输行业技术创新联盟的基本架构、建设方案和联盟章程草案。

由厅运输处和武汉理工大学共同申报的《湖北交通运输部门物流发展总体设计研究》。现代物流快速发展对交通运输提出更新更高的要求，发展现代交通运输业与发展现代物流密切相关。湖北交通运输部门现代物流工作思路没有完全打开，各部门机构职责划分不够清晰，急需研究制定交通运输部门现代物流管理方案，指导湖北物流优势得到充分发挥。主要研究内容：一是运用现代物流相关理论，深入研究湖北省现代物流发展现状与发展需求；二是研究提出湖北省交通运输部门现代物流工作实施方案，包括工作思路，指导思想、目标及工作重点；三是研究物流基地建设、运输方式发展、运输市场培育、支持政策创新、体制机制改革、外部关系协调等。

由厅计划处和湖北省交通环境监测中心站共同申报的《湖北省高速公路环境保护管理体系构建研究》，高速公路对环境影响具有覆盖范围大、影响面广、影响持续性久等特点。高速公路环保管理大多局限于环保管理手段和环保措施的落实上，有必要对高速公路环保管理体系机构职能设置、管理要素、运行机制和环保措施进行系统研究，构建高速公路环境保护体系，实现高速公路建设营运全过程环境保护的有效管理。主要研究内容：一是湖北省高速公路环保管理体系构架研究；二是环保管理机构设置及职能确定；三是环保管理要素的选择确定；四是高速公路环保管理体系的运行机制及保障措施研究。

由省港航管理局和省交通规划设计院共同申报的《汉江襄阳以下四级航运枢纽运行模式及联合数字化调度管理系统研究》。进行江汉平原骨干航道网研究，确定江汉平原腹地航道网建设，积极发展航运事业，充分发挥航运在综合运输体系中的优势，对促进江汉平原乃至整个湖北省经济社会发展具有十分重要的作用。主要研究内容：一是江汉平原腹地河流自然条件、航运现状及综合评价；二是进行腹地河流通航标准及营运组织论证；三是确定骨干航道网；四是运用航道网综合评价方法对航道网进行航运综合评价，提出江汉平原骨干航道网建设规模和建设方案。

由省运管物流局、交通运输部规划设计院和湖北省运输与物流协会共同申报的《湖北省公路货运枢纽(物流园区、中心)布局规划研究》。项目是在深入调查研究湖北省社会经济、交通运输和物流市场发展现状，依据和参考《湖北省现代物流业发展“十二五”发展规划》、《湖北省公路水路交通运输“十二五”发展规划》以及《湖北省“十二五”综合交通发展规划》等一系列规划和文件基础上，开展的行业性货运枢纽(物流园区、中心)布局规划。主要研究内容：一是梳理湖北省物流服务的现状和供给水平，找出存在的问题；二是结合全省经济、产业、交通、城镇发展规划与思路，分析判断湖北省物流服务的需求与形势；三是提出适合湖北经济、地理格局的物流枢纽体系发展目标、层次结构、发展路径等，为开展具体规划提出方向指引和前提界定；四是规划全省的物流发展重点区域、圈层、廊道、集聚区等。

由湖北高路鄂西高速公路建设指挥部和省交通规划设计院共同申报的《山区特长纵坡高速公路路面系统技术研究》。受山区特殊地理、地质条件限制，许多山区高速公路不得不设计连续十几公里甚至几十公里的陡坡路段，已建成的此类道路重特大交通事故频发。分析山区高速公路长纵坡路面现状及产生的各类病害，如车辙、下坡路段推移等，开展特长纵坡易出现的各类病害及处置技术研究十分必要和迫切。主要研究内容：一是抗滑表面层结构与抗滑石料、增强和修复沥青路面抗滑性能研究；二是特长纵坡上坡段抗车辙路面、长下坡段和高剪切桥面防水黏结层的研究；三是桥面铺装结构研究及泛水泛白病害处理研究。

由保宜高速公路建设指挥部和省交通规划设计院共同申报的《7公里级山区高速公路特长隧道路面技术研究》。省内外7公里级以上隧道路面一般采用水泥路面，由于抗滑性能衰减迅速，易诱发交通事故；温拌沥青技术在省内沪蓉西高速5公里以下隧道全部采用，在7公里级特长隧道中尚无应用先例。主要研究内容：一是特长隧道水泥路面结构长期抗滑性能衰变研究；二是7公里级特长隧道采用阻燃沥青必要性及相关阻燃性能研究；三是特长隧道温拌沥青路面技术研究。

由汉江崔家营航电枢纽管理处和武汉理工大学共同申报的《汉江水运综合开发投融资模式及政策研究》。内河航运综合开发已提升为国家战略，汉江已纳入全国内河水运主通道布局规划。汉江在湖北境内规划梯级航运枢纽9级，国家资金投入尚不能满足汉江水运综合建设需求，研究汉江水运综合开发投融资模式及政策必要且紧迫。主要研究内容：一是国内内河水运综合开发建设管理体制、投融资政策与模式现状和问题分析；二是分析内河水运工程属性，以崔家营航电枢纽建设营运的成功经验为研究基础，探讨汉江水运综合开发投融资体制、模式及相关政策。

由湖北省公路工程咨询监理中心申报的《公路工程试验检测依据及检测设备技术要求的研究》。项目针对全省各级公路工程试验检测机构检测工作质量存在的诸多问题，包括对交通建设过程中材料、半成品、成品质量控制检测指标不清楚，检测依据不明确，新材料、新产品质量控制检测方法不统一；检测设备配置严重不足，设备性能无法保证；设备供应商、设备计量检定/校准服务方能力、素质不足等，开展本项目研究，对于提高全省公路质检机构工作质量和能力水平具有重要作用。主要研究内容：一是依据交通运输部试验检测甲乙丙资质的要求合理划分公路工程试验检测机构检测类别和检测项目；二是研究确定公路工程试验检测机构应使用的检测方法依据；三是确定各检测项目相对应设备，研究制定与检测工作相适应设备的测量范围、精度等技术要求及量值溯源的总体要求；四是明确试验检测项目的工作环境条件。

由武汉市交通科学研究所申报的《快速公共交通换乘衔接研究》。快速公交作为解决城市交通拥堵的一种方式，与其他交通方式的换乘衔接研究尚处于起步阶段，加强快速公共交通与其他交通方式的衔接研究，充分发挥快速公共交通与其他交通方式的优势，方便市民的出行和换乘。主要在研究快速公交运营模式的基础上，借鉴国内外快速公共交通换乘衔接的经验，针对不同建设和运营模式，研究快速公交与轨道交通、公共汽（电）车、出租车、私家车、自行车及行人等的换乘衔接。

由鄂西高速公路管理处和省交通规划设计院共同申报的《聚合物改性水泥混凝土路面养护技术的研究与应用》。聚合物改性水泥混凝土作为一种新型的路面材料及结构形式，以其优良的性能在高速公路中应用日趋广泛，但是也出现了一些病害；现行规范对其日常养护及大中修尚无明确的技术标准。主要研究内容：一是聚合物改性水泥混凝土路面养护技术研究；二是重点研究裂缝修补、罩面修补、全厚置换等三类材料的性能、特点、施工工艺等；三是推广应用技术及抗滑衰减特性。

由湖北交通职业技术学院和湖北高路鄂西高速公路建设指挥部共同申报的《斜拉桥索塔锚固区U形钢束应力状态评估及施工控制研究》。斜拉桥索塔锚固区U形钢束弯曲半径过小导致钢束中各根钢绞线受力不均，本项目将研究并评估U形钢束的实际应力状态；制定控制应力不均匀程度的措施并在依托工程中应用，提高桥梁安全度与耐久性，降低全寿命周期成本。主要研究内容：一是量化分析斜拉桥索塔锚固区U形钢束中单根钢绞线不均匀应力状态，评估其影响；二是归纳应力不均匀程度与设计参数的关系，提出设计优化建议；三是指出现行张拉控制中的不足，制订应力不均匀程度控制方案并在依托工程应用。

由省交通规划设计院申报的《公路工程勘察设计标准化研究》，对湖北省公路工程勘察设计标准化进行研究。

由宜昌市交通运输局申报的《立足三峡构建西北地区物流陆水转运新通道研究》，主要是立足三峡构建，对西北地区物流陆水转运新通道进行研究。

由湖北交通职业技术学院、湖北高路鄂西高速公路建设指挥部和武汉理工大学共同申报的《鄂西山区高速公路边坡灾害防治技术研究》，复杂的地质条件导致山区高速公路边坡灾害越来越突出，严重影响到建设成本和行车安全。鉴于当前缺乏对边坡灾害系统和深入研究，研究山区高速公路边坡灾害评价、防治、预警及决策系统集成技术，具有重大现实意义。主要研究内容：一是以恩来恩黔高速公路为依托，开展边坡灾害研究；二是针对陡倾顺层岩质边坡等四类边坡岩土性质、灾害机理、破坏模式、评价方法及防治技术进行系统研究；三是边坡灾害监测预警技术、风险评估及信息辅助决策系统研究；四是陡倾顺层岩质边坡等四类边坡灾。

由湖北省高速公路实业开发有限公司申报的《汉宜高速公路加固桥梁技术状况评估与养护技术研究》。国内仅有部分学者对桥梁加固效果进行研究，没有加固桥梁技术状况评估和养护技术的研究。随着桥梁运营时间增加，越来越多的桥梁需要进行维修加固改造。主要研究内容：一是汉宜高速公路加固桥梁的技术状况发展规律、病害特征，以及新老结构结合后的实际承载能力研究；二是研究加固桥梁的维修加固养护及预防性养护技术，以提高道路交通安全性。

由保宜高速公路建设指挥部申报的《保宜高速公路现代工程管理研究与应用》。湖北保宜高速公路地处山区，建设条件困难，工程桥梁、隧道众多，地质条件复杂，工程建设管理难度大。研究质量、安全、计量、资金以及日常管理全程电子化，构建高速公路现代工程管理信息系统，十分必要。主要研究内容：一是基于标杆管理的高速公路质量管理模式；二是研究基于专家知识的高速公路施工安全管理模型；三是基于工程量清单的高速公路计量支付管理方法研究；四是构建高速公路现代工程管理信息系统。

由保宜高速公路建设指挥部、交通运输部公路科学研究院和山东大学共同申报的《隧道高压液力喷射混凝土关键技术及其应用研究》。保宜高速隧道较多，在初期支护中需使用大量喷射混凝土，当前机械及施工水平有限，初喷混凝土回弹大，损失严重(10% ~ 20%)，有必要开发新的添加剂及设备以降低损失，研究成果将取得较大的经济效益。主要研究内容：一是隧道高压液力喷射混凝土新型液态外加剂的研制；二是不同围岩状态下高压液力喷浆配比及工艺研究；三是隧道高压液力喷射混凝土配套机具设备的研制；四是隧道高压液力喷射混凝土成套技术的评价体系研究。

由保宜高速公路建设指挥部和北京九恒星科技股份有限公司共同申报的《保宜高速工程资金监管平台建设研究》，为了解决高速公路建设资金管理中用款申报流程复杂、纸件申报材料批复工作量大、部分偏远承建单位用款极为不便等问题，需要搭建科学高效的资金管理监控平台，合理、透明使用高速公路建设资金。主要开展对资金做到事前计划、事中控制、事后分析的有效监管和控制的研究，提高财务信息化管理水平。

由湖保宜高速公路建设指挥部和中交第二公路勘察设计院有限公司共同申报的《红岩寺特长公路隧道组合式通风技术研究》。红岩寺隧道长达6.7公里，通风方案的优劣直接关系着公路隧道功能效益的发挥。本课题研究下坡隧道作为上坡隧道送风井，能够提高工程进度，节省前期投资，降低后期运营能耗，创新6 ~ 8公里特长隧道通风节能新途径。主要研究内容：一是组合式通风设计理论和设计方法；二是组合式通风方案优化研究；三是组合式通风防灾系统的优化设计；四是土建工程的配套设施方案研究。

大型机械在保宜高速红岩寺隧道施工

由保宜高速公路建设指挥部和山东大学共同申报的《深长隧道施工安全风险管理及灾害控制》。项目用以保宜高速襄阳段红岩寺和尚家湾典型深长隧道工程为依托，研究建立一套工程岩溶隧道施工安全风险管理与控制体系，对保障隧道施工安全具有重要的现实意义和工程价值。主要研究内容：一是岩溶含水构造等重大地质灾害风险源赋存规律；二是岩溶突水涌泥风险动态评估与施工许可机制；三是岩溶突水涌泥灾变机理及安全厚度分析方法；四是岩溶含水构造稳定性及动水注浆治理关键技术；五是岩溶堆积体软弱破碎地层围岩稳定及支护关键技术。

由保宜高速公路建设指挥部和武汉工程大学共同申报的《高风险岩溶隧道注浆材料的研究与应用》。湖北保宜高速襄阳段的红岩寺和尚家湾隧道是两座强岩溶隧道，发生大规模突水、涌泥的可能性极大，涌水量大、流速快，现有的注浆材料难以封堵，有针对性地研制高风险岩溶隧道注浆材料十分必要。主要研究内容：一是高风险岩溶隧道注浆材料的设计与实验室研制；二是高风险岩溶隧道注浆材料的现场试验研究；三是高风险岩溶隧道注浆材料的现场应用研究。

由省高速公路管理局和省高速公路实业开发有限公司共同申报的《公路常用桥梁预防性养护技术研究》。全国多数桥梁都是在出现严重病害后才采用维修和加固方式修复桥梁承载性能，极少桥梁采用预防性养护措施，预防性养护理念没有得到推广，预防性养护技术的研究进展缓慢，有必要开展桥梁预防性养护的关键技术研究。主要研究内容：一是研究常用典型桥梁预防性养护评价指标体系，量化桥梁技术状态；二是研究典型桥梁典型病害及发展规律，寻求预防性养护时机；三是开展典型桥梁使用寿命预测分析，桥梁预防性养护对策和预防性养护技术的研究。

由湖北楚天高速公路股份有限公司和省高速公路实业开发有限公司共同申报的《汉宜高速公路复合式路面快速养护技术研究与应用》。汉宜高速公路大修改建大规模使用了Strata应力吸收层新结构，随着运营年限的增长，路面病害日益严重，国内尚无Strata应力吸收层复合式路面养护经验，国内现行的养护技术规范也无复合式路面养护标准。主要研究内容：一是汉宜高速公路典型病害无损检测诊断方法研究；二是高速公路纵、横向裂缝处治技术研究；三是沥青面层病害快速养护技术研究；四是桥头沉陷处治技术研究。

由秭归县交通运输局和宜昌市交通运输局、华中科技大学共同申报的《高墩曲线梁桥横向力效应的研究》。随着国内近几年来山区高速公路大规模建设，曲线桥得到广泛应用。曲线桥梁跨度大，有时要跨越深谷，客观上需要采用高墩、变高度箱梁等结构形式，使得变截面曲线连续箱梁的空间分析研究十分重要。主要研究内容：一是验证曲线梁桥与直线梁桥受力性能的差异；二是研究多孔曲线梁桥各墩顶水平力的分配情况；三是研究曲线梁桥曲率半径与桥墩刚度的协同作用；四是研究曲线梁桥横向力对车辆的影响 。

由石首市物流发展局和武汉工业学院共同申报的《基于物联网的物流配送与规划平台研究》。物联网是国内物流信息化发展的主攻方向，基于物联网建立物流信息平台，可以有效解决物流信息资源分散，以及物流过程的协调、控制和管理问题，逐步实现实体物流综合管理数字化、智能化、标准化和一体化。主要研究内容：一是基于SOA技术的现代物流配送与规划平台研究，以可定制的服务化方式，提供物流配送与规划的一体化解决方案；二是利用先进的物联网采集技术，搜集物流相关数据及提供可追溯服务；三是基于智能化的数学模型，实现物流配送智能化和系统运行的优化。

由咸安区公路局和长安大学共同申报的《耐久性多孔改性混凝土上覆沥青层复合式路面研究》。目前已建成高等级公路中路面结构形式单一，半刚性基层沥青路面占90%以上，通车后1～2年就开始出现开裂、坑槽等早期损坏，如何减少路面早期病害，尤其是水损坏，提高路面承载能力，延长路面使用寿命成为急需解决的问题。主要研究内容：一是多孔改性混凝土关键路用性能与材料组成设计方法研究；二是多孔改性混凝土复合式路面力学响应及排水分析与计算；三是基于耐久性能的多孔改性混凝土复合式路面结构设计方法研究；四是多孔改性混凝土结构层施工技术与经济分析。

由咸宁市交通运输局和武汉工业学院共同申报的《剑麻纤维增强沥青混凝土路用性能试验研究》。在沥青混合料中加入纤维材料以改善其整体性能是国内外公路研究的一大方向，采用剑麻植物纤维替代传统的钢纤维、合成纤维和木脂素纤维等，具有很好的沥青混合料性价比，又是一种低碳环保材料，具有很大的研究应用前景。主要研究内容：一是开发剑麻纤维沥青混凝土，包括力学模式理论研究，路用性能建模，提出试验方案和设计理论，对比试验，分析适用性和经济性；二是建立试验标准和设计施工控制指标；三是试验路研究，编写施工工艺及施工控制技术手册。

由十白高速公路建设指挥部和武汉科技大学共同申报的《秦巴山区碳质片岩隧道爆破和支护关键技术研究》。秦巴山区多碳质片岩，具有节理发育强度低、围岩变形量大、变形速率快、持续时间长、不收敛等特点。十白高速花石沟隧道存在数百米长的连续碳质片岩，施工、支护难度大，无成熟的设计和施工规范。主要研究内容：一是岩性多变的碳质片岩隧道周边控制爆破新方法；二是碳质片岩隧道失稳机理及其开挖安全控制技术；三是碳质片岩隧道大变形力学机理及变形演变模型；四是碳质片岩隧道支护力学机理及支护优化方案。

由湖北高路鄂西高速公路有限公司申报的《武陵山区高速公路大标段管理模式探讨》。恩来、恩黔高速公路位于鄂西褶皱山地，沟壑纵横其间，地形高差变化大，为了更好地划分标段，充分发挥各企业的管理能力，在传统的管理模式上进行创新，以市场手段助推建设，以科学理念提升管理，创新管理模式。主要研究内容：一是山区高速公路建设标段管理模式研究，包括施工段落划分、同类型项目设计标准化、资金投入等要素的研究确定；二是施工资源调配、施工方案选择、标准化建设实施、施工进度、工程建设目标等与大标段管理的相关研究。

由湖北交投鄂东高速公路建设指挥部和省高速公路实业开发有限公司共同申报的《基于乳化平台机理的温拌沥青技术及应用研究》。温拌沥青混合料具有高性能、低排放、低能耗的特点，国内技术还不能有效解决在降低沥青施工温度的同时而又不降低路用性能的问题，有必要开展性能不低于热拌沥青混合料的温拌技术，打破国外技术垄断。主要研究内容：一是研究制备高性能乳化沥青及基于表面活性机理的温拌添加剂，降低沥青施工黏度的温拌沥青技术；二是研究高性能乳化沥青及温拌沥青技术标准与指标体系、沥青混合料设计方法与技术性能、施工工艺与质量控制成套技术。

由谷竹高速公路建设指挥部和武汉理工大学共同申报的《高速公路水泥混凝土标准化施工关键技术与质量控制研究》。主要研究高速公路水泥混凝土标准化施工关键技术与质量控制。

由武汉市公路勘察设计院申报的《城市环线高速公路收费制式、收费方式研究》。城市环线高速公路所采用收费制式、收费方式，需与高速公路收费体系、城市收费体系兼容。不同的收费制式、收费方式决定了互通立交的形式。武汉市“四环线”建设用地，尤其是互通立交用地紧缺，也需要研究合适的收费制式、收费方式，达到节约用地、节省建设资金的目的。主要研究内容：一是研究城市与省域路网收费体系ETC系统关键设备兼容性；二是武汉四环线收费制式方式，分析不同制式方式的优缺点和适用条件；三是研究四环线实施年票制、ETC及全省联网收费的适用性；四是指导四环线收费设施设计施工运营管理。

由京珠高速公路管理处和中国科学院水生生物研究所共同申报的《高

速公路绿色（生态）服务区污水处理及回用与水环境保护关键技术研究与示范》。随着国内高速公路建设步伐加快，大大方便了人们出行，对水资源的影响日益受到社会各界的关注。高速公路在发展的同时，如何减少对沿线水源地的影响，是公路建设与运营管理中亟待研究解决的重要问题。主要研究内容：一是提出适宜于南方地区高速公路服务区的水回用工艺；二是建立一套明确的高速公路绿色服务区评价体系，对上述污水处理及回用工艺做出量化评估。

由神农架林区交通运输局申报的《神农架高陡粘土边坡的立体生态稳定技术研究》。神农架林区山区公路易因水毁中断旅游与交通，林区高陡粘土山坡上施工的半填半挖路基，易在雨水浸润下发生水土流失，养护期间易发生塌方和滑坡。利用林区植物资源研究探索林区山地公路新的边坡立体生态稳定技术，保护林区公路正常运行具有重要意义。主要研究内容：一是利用成毡苔藓的先锋护面技术；二是利用营养树干无性繁殖的坡体稳定技术；三是利用 PVC 管材的坡体加筋渗排技术；四是利用乳化沥青硬化水沟的无损排水技术。

由黄黄高速公路管理处申报的《鄂东高速公路网对黄冈区域社会和经济发展影响的系统分析与评价》。主要研究内容：一是区域高速公路网对区域发展的影响机理研究；二是区域高速公路网对区域发展影响的评价模型与方法研究；三是鄂东高速公路网对黄冈区域发展影响的实证研究；四是区域高速公路网促进区域社会和经济发展策略研究。

由省公路管理局、交通运输部公路科学研究院和武汉、襄阳市公路管理处英达热再生有限公司共同申报的《旧路材料就地再生利用技术》。全省每年有大量的公路需要进行大中修，多数采用传统挖除换填方式进行路面改造，不仅占用耕地、浪费资源，并且对环境造成二次污染。采用旧路材料就地再生利用技术，改造效果能达到国家规范要求，同时环保节约，符合交通可持续发展要求。主要推广内容：一是沥青路面就地冷再生技术；二是水泥路面碎石化就地再生技术；三是沥青路面就地热再生技术。

由湖北省协诚交通环保有限公司和京珠管理处、十白指挥部、十房指挥部共同申报的《高速公路附属区多点进水 A/O 组合工艺污水处理系统推广应用》。项目能适应高速公路附属区污水排放的特点，同应用的污水处理系统相比，在水质水量波动的适应性和脱氮效率上更具优势，能解决出水水质达标难、维护管理复杂的问题，可实现污水综合利用。主要推广内容：一是采用多点进水 A/O 工艺对高速公路附属区污水进行处理；二是对产生的剩余污泥进行干化，解决附属区污水处理设施的污泥问题；三是污水综合利用技术，污水处理后达到《城市污水再生利用城市杂用水水质》（GB/T 18920—2002）中冲厕和绿化要求，实现零排放。

由省交通科学研究所和省高速公路管理局共同申报的《湖北省高速公路电子支付及不停车收费系统推广应用》。主要推广内容：一是推广应用"湖北省高速公路电子支付及不停车收费系统"；二是完善 ETC 客户服务体系，采用与银行合作等多种方式，拓展客户服务网点覆盖范围，为客户充值、查询、维护提供更加便利的条件；三是制定全省 ETC 不停车收费关键设备的技术标准，研究解决在运营管理中跟车干扰、跨省市联网等问题。

由省交通规划设计院和京珠管理处共同申报的《废旧面层材料再生利用技术在京港澳高速公路改扩建项目中的推广应用研究》。京港澳高速公路通车运营十年，由于路面出现不同程度损坏及交通量快速增长，需要对其进行改扩建。改扩建必然产生大量的废旧面层材料，如何将其进行再生利用是一个亟需解决的问题。主要推广内容：一是研究适合该项目废旧面层材料再生利用可行性方案，进行再生剂的选择；二是针对回收料 RAP 与乳化沥青配伍性选择及再生混合料质量不易控制等技术难题，开展乳化沥青厂拌冷再生技术的研究，开展路面结构组合设计研究。（高瞻）

【标准化工作】 完成《温拌沥青混合料施工技术指南》、《湖北省复杂桥梁工程质量鉴定标准》等 6 个湖北省地方（交通）标准的编制、评审和上报，其中《温拌沥青施工技术规范》、《湖北省汽车客运站车辆安全检查机构技术条件》获省质量技术监督局批准发布。《湖北省交通运输视频监控技术要求及接口规范》、《碳平衡法测量燃油经济性台架试验方法》两项交通标准列入省地方标准制修订计划。（高瞻）

【计量管理与计量认证工作】 计量工作以贯彻国家认证认可委《实验室

依托信息化推进标准化

与检查机构资质认定管理办法》为工作主线，以落实年度评审计划为工作重点，以执行评审准则为工作措施，确保全省机动车综合性能检测行业质量管理体系有效运行。

1. 认真落实评审计划，有效开展评审工作

2012年，因资质认定管理政策调整，全省有20余家机动车综合性能检测站(以下简称“检测站”)、30多家公路实验室集中进入复查换证期，占全省总数的1/3。为确保工作实效和质量，年初，依据省质量技术监督局统一计划，结合各地实际情况，编制评审计划分解表，对评审工作实行“定组长、定任务、定时效”的“三定”管理。同时，充分发挥组长的关键作用，纵向到底，横向到边，从资料预审、认证前准备、评审过程三个环节入手，组织各检测站按照《评审准则》要求，开展评审前的自查和前期准备工作；安排专门人员认真审查各站递交的申请资料，指导各检测站规范完善申报材料；根据各检测站的实际情况和按照评审计划指派评审组长、合理配置评审员，认真规范评审过程，严把《评审报告》质量关，及时有效开展评审工作。评审检测站26家(新认证2家、复查换证22家、迁址核查1家、扩项1家)；评审公路实验室34次(复评审28次，新认证评审6次)，实际现场评审26次(复评审18次，新认证评审8次)。有17家机构取得CMA证书，3家完成整改，5家正在整改中，1家评审未通过。

2. 强化检定工作，提高设备管理水平

设备的运行、溯源状况直接影响检测质量，年初下发鄂交科教〔2012〕232号文件，通报2011年度全省检测站检定一次合格率、设备维护等情况，安排2012年度检定计划，要求各站限时自查自纠。各站为保证自查工作保质按时完成，均召开专题会明确检查目的和重点，按照定人定岗定检方式进行检查，从检测工位机、固定检测设备、设备检测软件三个方面入手，认真核查。

3. 开展人员岗位培训，提升体系运行质量

11月，在潜江市举办2012年度机动车检测行业内审员培训，注重实效，立足行业特点，对质量体系运行、检测站标准化工作到实验室资质认定评审资料规范填报进行全面讲解，全省78家检测站172人参训、参考、取证，为行业内质量管理奠定了坚实的人员基础。开展技术、质量负责人等关键岗位人员培训。2013年，国家、交通运输部将修订和发布一批检测标准，势必对检测工作产生重大影响，为提前应对这一局面，举办了关键岗位人员培训，邀请标准的主要起草人、交通运输部专家对新标准进行系统、全面讲解，使各检测站了解行业发展动态，明确下步技术改造和检测工作的重点，关键岗位人员讨论、学习《湖北省机动车检测站资质认定质量体系文件》，了解评审程序、评审尺度、评审要点和常见问题处理方法，使各检测站能够有针对性地开展质量活动，提升体系运行质量。（高瞻）

【新申请通过计量认证和复查换证的交通质检机构】 仙桃市四达公路建设有限公司，2012年3月22日9个检测项目58个参数批准通过计量认证，认证号2012171779P，负责人荣小宏，有效期至2015年3月21日。(迁址)

湖北兴达路桥股份有限公司中心试验室，2012年4月16日14个检测项目128个参数批准通过计量认证，认证号2012170294P，负责人何有为，有效期至2015年4月15日。(复查，扩项)

武汉皓月路桥检测公司，2012年4月17日11个检测项目58个参数批准通过计量认证，认证号2012171814P，负责人曾致予，有效期至2015年4月16日。(新申请)

中交第二航务工程局第六分公司中心试验室，2012年4月18日14个检测项目98个参数批准通过计量认证，认证号2012170317P，负责人黄明，有效期至2015年4月17日。(复查)

武汉市桥梁维修管理处道路桥梁检测站，2012年4月18日2个检测项目17个参数批准通过计量认证，认证号2012170705P，负责人涂志明，有效期至2015年4月17日。(新申请)

黄冈市浠水县公路工程检测站，2012年4月13日10个检测项目63个参数批准通过计量认证，认证号2012170178P，负责人潘小华，有效期至2015年4月22日。(复查)

天门市衡通工程质量检测有限公司，2012年7月23日11个检测项目66个参数批准通过计量认证，认证号2012170316P，负责人杨天闻，有效期至2015年7月22日。(复查)

谷城县公路工程质量检测站，2012年7月23日11个检测项目95个参数批准通过计量认证，认证号2012170384P，负责人胡友红，有效期至2015年7月22日。(复查，扩项)

湖北通兴公路工程检测有限公司，2012年7月30日12个检测项目75个参数批准通过计量认证，认证号2012170606P，负责人张志强，有效期至2015年7月29日。(复查)

襄阳华昇工程检测咨询有限公司，2012年8月28日16个检测项目133个参数批准通过计量认证，认证号2012170461P，负责人孟宪利，有效期至2015年8月27日。(复查，扩项)

湖北省公路水运工程测试中心，2012年8月28日22个检测项目278个参数批准通过计量认证，认证号2009170476P，负责人谭石康，有效期至2015年8月27日。(复查，扩项)

湖北长江路桥股份有限公司质量检测中心，2012年9月19日12个检测项目109个参数批准通过计量认证，认证号2012170872P，负责人张咏梅，有效期至2015年9月18日。(复查)

湖北省公路工程咨询监理中心(湖北交投工程质量监督检验中心)，2012年9月19日23个检测项目266个参数批准通过计量认证，认证号2012170620P，负责人张学明，有效期至2015年9月18日。(复查，扩项)

湖北省交通环境监测中心站(湖北省协诚交通环保有限公司)，2012年9月19日3个检测项目52

个参数批准通过计量认证，认证号2012170619P，负责人张学明，有效期至2015年9月18日。（复查）

仙桃市公路工程质量检测中心，2012年10月19日12个检测项目91个参数批准通过计量认证，认证号2012170383P，负责人文明勇，有效期至2015年10月18日。（复查，扩项）

湖北楚晟科路桥技术开发有限公司，2012年10月19日22个检测项目253个参数批准通过计量认证，认证号2012170652P，负责人吴鹏，有效期至2015年10月18日。（复查，扩项）

荆门市公路工程质量检测中心，2012年10月19日13个检测项目110个参数批准通过计量认证，认证号2012170837P，负责人刘道红，有效期至2015年10月18日。（复查）

枣阳市公路工程质量检测站，2012年10月19日15个检测项目117个参数批准通过计量认证，认证号2012171149P，负责人杨成国，有效期至2015年10月18日。（复查，扩项）

武汉工大杰诚工程质量检测有限公司，2012年10月19日13个检测项目93个参数批准通过计量认证，认证号2012171843P，负责人胡小弟，有效期至2015年10月18日。（新申请）

湖北天浩公路工程有限公司中心试验室，2012年10月19日10个检测项目93个参数批准通过计量认证，认证号2012171844P，负责人鲁开武，有效期至2015年10月18日。（新申请）

十堰市兴路工程咨询有限公司检测中心，2012年10月19日14个检测项目95个参数批准通过计量认证，认证号2012171845P，负责人马红平，有效期至2015年10月18日。（新申请）

湖北南鑫工程检测有限公司，2012年12月4日14个检测项目102个参数批准通过计量认证，认证号2012171854R，负责人吴国武，有效期至2015年12月3日。（新申请）

武汉中交路桥设计咨询有限公司，2012年12月26日15个检测项目107个参数批准通过计量认证，认证号2012171866P，负责人黄新元，有效期至2015年12月25日。（新申请）

湖北省汽车检测设备交通计量检定站，2010年4月2日17套检定/校准项目批准通过计量认证，认证号(鄂)法计(2010)017号，负责人胥红涛，有效期至2014年4月1日。（复查）

大冶市机动车综合性能检测中心（复查）

监利县远达机动车综合性能检测有限公司（复查）

洪湖市机动车综合技术性能检测站（复查）

江陵县鼎兴机动车综合性能检测有限公司（复查）

松滋市精益机动车综合性能检测中心（复查）

五峰昌发机动车检测有限公司（复查）

秭归县九里机动车综合性能检测站（复查）

长阳土家族自治县机动车综合性能检测站（复查）

兴山县宜兴机动车综合性能检测有限公司（复查）

保康县力源机动车辆综合性能检测中心（复查）

宜城市机动车辆综合性能检测站（复查）

南漳县平安机动车检测有限责任公司（复查）

老河口市机动车综合性能检测站（复查）

谷城县车辆综合性能检测站（复查）

襄阳市和平机动车检测有限公司（复查）

襄樊瑞森机动车检测有限公司（复查）

鄂州市全兴机动车综合性能检测站（迁址）

红安县城南机动车综合性能检测有限公司（新增）

英山县安顺机动车检测有限公司（新增）

通城县运欣机动车检测有限责任公司（复查）

潜江市恒运机动车综合性能检测有限公司（复查、扩项）

建始县安泰机动车性能检测有限责任公司（复查）

鹤峰县鑫瑞机动车检测有限公司（复查）

利川市锐强机动车综合性能检测有限公司（复查）

天门江汉机动车综合性能检测站（复查）（高瞻）

【交通环境保护】 1.开展项目环评。根据环保部印发的《建设项目环境影响评价分类管理名录》规定，将等级公路、隧道、桥梁和水运航道、港口、枢纽等建设项目，按不同性质、不同建设规模等，严格要求各业主单位编制环境影响报告书或环境影响报告表，按程序认真组织开展项目环评工作。严格按照“三同时”的要求，对在建项目做好环保督查和交验工作。全省交通建设项目在工可阶段均严格按照要求组织开展项目环评工作，作为工可批复的前置性条件。7月19日，省交通运输厅与省发展改革委、国土资源厅、环境保护厅、水利厅、林业厅联合印发《“十二五”全省二级公路前期工作有关问题的会议纪要》，对全省二级公路可研报告及相关专题打捆批复的可行性形成一致意见。

2.启动规划环评。根据国务院发布《规划环境影响评价条例》，交通行业需开展规划环评的内容包括：流域(区域)、省级内河航运规划，国道网、省道网及设区的市级交通规划，主要港口和地区性重要港口总体规划，港口布局规划等。2011年，环保部和国家发展改革委员会联合印发《关于进一步加强规划环境影响评价工作的通知》，进一步明确交通规划应在编制过程中依法开展环境影响评价。“十二五”以来，省交通运输厅在重大项目规划编制上报过程中，严格按照程序组织开展规划环评工作，武汉新港等4个主要港口、武汉等7个城市公路枢纽规划、汉江高等级航道建设规划、公路省道网规划等均进行了规划环评，并获得批复。

3.积极推动交通环保先行先试。在交通运输部的指导下，省交通运输厅深入贯彻交通运输行业转变发展方式、构建绿色交通运输体系战略部署，开展了交通环保试点工程，开展了“湖北省交通环境监测网络建设与完善工程”、黄黄高速公路二里湖服务区清洁能源和水资源循环利用试点工程，已在实施中。

4. 进行环境统计工作。按照交通运输部环境统计报表制度要求，我厅组织相关单位进行了环保统计工作布置会，并委托省环监站进行集中的指标讲解、填报审核和汇总工作。2013年，我厅正在研发交通运输统计分析监测和投资计划管理信息系统，并将环境统计报表制度纳入到交通运输综合统计范畴。

5. 组织开展环保世纪行活动。每年6月5日为世界环境日，充分利用“六·五”环境日这一平台，结合交通行业实际情况，在全省交通系统开展形式多样的纪念主题活动，掀起人人参与保护环境的热潮。同时，针对在建公路、水路项目，组织开展了环保知识的宣传和普及，对各高速公路管理单位也针对污水处理设施、节能减排管理开展相应的环保知识学习，并将环保指标纳入日常考核中去，进一步提升交通系统环保意识。

6. 黄黄高速二里湖服务区清洁能源和水资源循环利用改造工程经交通部（交规划发〔2011〕363号）和湖北省交通厅（鄂交建〔2011〕361号）批复为环保试点工程，工程总投资约为1830万元，其中部补助资金370万元。项目主要实施内容包括环保（生态绿化）及建筑节能两大分部工程。根据环保要求，在二里湖服务区的南区和北区分别修建2座污水生态式处理站，用于处理服务区内餐厅、维修间、加油站以及厕所等处污水，回用水主要用于服务区绿化浇灌、卫生间及车辆冲洗等。建筑节能按照《建筑节能工程施工质量验收规范》GB 50411—2007划分，包括墙体节能工程、门窗节能工程、屋面节能工程、空调与采暖系统冷热源及管网节能工程、配电与照明节能工程、监测与控制节能工程等。

污水处理环保设施部分：截至2012年底，环保工程南北区污水处理系统开始组织实施。南区污水处理设备的格栅池基本施工完毕，北区对污水处理设备基础进行施工。南北两区污水处理使用设备的制造加工基本完毕。完成工程量约占整个环保工程量30%。

建筑节能工程部分：截至2012年底，墙体节能工程全部完成南北区砌体及外墙保温与屋面节能工程，并通过业主、监理、设计及质监部门验收；门窗节能工程完成外框安装；空调与采暖系统冷热源及管网节能工程完成南区综合楼地源热泵空调系统的室外钻井、室外管道敷设、室内风机盘管的安装；北区综合楼完成中央空调机组的安装；南区综合楼完成公厕部分的线路与照明安装；宿舍楼完成全部室内的线路与照明安装。北区完成室外部分的电缆铺设及宿舍楼室内的线路与照明安装。完成工程量约占整个节能工程量60%。

7. 4月29日，省交通运输厅印发了《关于开展2012年湖北环保世纪行活动的通知》，在全省交通系统组织开展以“保护农村环境，共建绿色家园”为主题的环保世纪行活动。根据活动方案要求，全省各级交通部门积极组织，结合交通运输行业工作实际，进一步细化农村交通环境保护措施，积极开展农村公路、农村地区港口与航道、客货运站场、交通物流设施等项目建设环境评价实施工作，创建生态、文明农村交通建设新局面。

省公路局以此次活动为契机，在全省公路系统内组织开展了形式多样的宣传教育活动。一方面通过组织开展绿色消费宣传教育活动，解读绿色消费的有关政策，倡导绿色消费，提倡绿色出行；另一方面积极推进环保理念，将环境保护融入全省普通公路建、管、养每一个环节中，统筹公路建管养与环保的协调发展，进一步加大环境保护投入，切实保障全省普通公路绿色发展。

黄黄管理处坚持“四个倡导”，即倡导绿色办公，保护环境从我做起；倡导低碳行业，结合工作节能减排；倡导环保课堂，提升意识崇尚自然；倡导绿色消费，我们一起行动，在全处范围掀起绿色环保热潮，较好的倡导职工绿色消费的观念，将绿色消费理念融入工作生活中。

天门市港航海事局深入贯彻落实科学发展观，以提高环保意识，倡导低碳经济，建设生态文明为重点，组织动员全市港航海事系统开展水上环保世纪行活动。天门市港航海事局一方面充分发挥汉江水运的优势，加快推动工业园港区港航建设，另一方面促进船舶运力结构调整，壮大低碳、环保、节能运能，加强船舶防污染控制，提高内河航运竞争力。

汉十、武黄等单位也深入贯彻落实省环境保护委员会的指示精神，在“六·五”世界环保日举办了形式多样的环保宣传活动，并结合行业工作实际，呼吁全民环保，共创美好家园。

（罗羽）

【交通信息化】 大力推进正版办公软件的使用，实现办公软件正版化。修订完善《湖北省交通运输厅政府网站信息发布管理办法》和《网站“公众交流”栏目信件回复制度》，改版升级厅政府门户网站，完善信息公开平台、网上办事平台、公众交流平台和舆情监测平台，建立网上办事大厅，面向公众提供“一站式”服务。通过网上交流、网上信访处理回复公众来信近万件。积极推进行政许可在线办理、网上审批，进一步精简归并行政审批事项，整合全省交通运输行政审批资源，开发省级行政审批系统，全省23项交通行政许可事项全部向社会公布办理程序、办事职责、办事标准、办事时限等，17个行政审批项目，全部进入省厅行政服务中心集中审批办理，实现“一个窗口对外”和“一站式服务”。公开2011年财政决算报告和2012年财政预算报告，“三公经费”以及政府采购资金使用情况等政务动态信息3000多条。开通“湖北交通运输厅政府网站手机版”，开发公众出行服务手机版网站，提升公众出行服务能力。形成“办公以OA系统为主、

信息化标准化建设中

办文以电子公文为主、开会以视频会议为主、信息传递以邮件短信为主、信息公开以门户网站为主”的湖北交通电子政务信息化模式。厅政府门户网站2012年在湖北省直机关网站评比中获第一名，在交通运输部网站绩效评比中获第三名。

6月，制定下发《湖北省交通运输厅信息化建设管理暂行办法》，规范全省信息化项目建设从申报到竣工验收全过程，各部门信息化建设在全省交通运输行业信息化建设的大框架下有序进行。根据交通运输部有关高速公路监控技术要求，结合湖北省高速公路联网监控建设的实际，研究制定《湖北省交通运输联网监控技术标准》，为全省交通运输监控信息系统联网和高速公路监控信息系统建设制定标准。

完成《全国高速公路信息通信系统联网工程(湖北段)建设方案》部、省二级批复，由湖北省高速公路管理局具体负责项目的组织实施，全国高速公路信息通信系统联网工程(湖北段)建设全面铺开。《湖北省公路水路安全畅通与应急处置系统》、《湖北省公路水路建设与运输市场信用信息服务系统》、《湖北交通运输经济运行监测预警与决策分析系统》工程可行性研究报告通过交通运输部审批，进入初步设计阶段。武汉市被交通运输部纳入“公交都市”建设示范工程试点城市，十堰市列入全国第二批出租车信息化服务管理试点城市，二个示范工程按计划推进。

建设京港澳高速公路恶劣气象条件下公路安全运行保障技术示范工程(湖北段)。该项目属部级示范工程，历时三年，11月通过交通运输部竣工验收。该工程建立了面向恶劣气象条件的公路安全运行监测、预警、处置调度软硬件系统，对于降低恶劣气象条件引发的交通事故和交通拥堵，尤其是减少群死群伤等重特大恶性交通事故，提高恶劣气象条件下灾害应急处置能力、运行保障能力具有重大意义。在湖北省段首次安装的雾区安全智能诱导设施特色鲜明，具有较高的经济和社会价值。完成交通物流公共信息平台一期工程(诚信系统)改版升级，建成市县两级交通物流网窗口页面，增加短信互动功能。湖北交通物流网注册企业2422家，注册率32%，在册车辆4322辆，累计点击159867次。全省847家物流企业基础数据录入交通物流信息平台。TMS普货运输管理软件湖北专版在全省22家企业推广，该平台获得中国物流与采购联合会颁发的“2012年中国物流与采购信息化优秀案例”奖。建设升级湖北省高速公路电子支付不停车收费系统，完成鄂西、随岳、汉蔡、大广南、武英、宜巴等高速公路18条ETC车道建设，全年有41个站建成70条ETC车道。拥有4.3万电子支付客户，ETC日均车流量超过2万辆。为落实国庆、中秋“双节”小型客车免费通行政策，对联网收费软件进行修编，保障全省高速公路“两节”期间小型客车免费通行。根据交通运输部推进公路科学养护要求，参与交通运输部公路科学研究院开发公路养护科学决策系统。该系统能全面整合路网技术状况评价结果、养护决策分析成果，形成路网养护分析可视化综合展示平台，为制定养护计划和养护方案提供最为直观的决策依据。已经完成第一阶段B/S版公路技术状况评定系统和单机版公路养护分析平台建设。武汉“8+1”城市圈客运市场视频监控系统全面建成（8个地市的视频信息系统已通过竣工验收），武汉城市圈客运市场视频监控系统的应用为道路运输市场监管提供了有效的技术支撑。建设湖北省运政港政管理系统，该系统整合已有的行政许可审批系统，新增港政管理、水路运输管理等相关业务功能，取代人工台账和人工审批，全面提升全省水路运政港政管理日常工作信息化水平。全省16个市州完成系统相关业务数据录入工作，录入数据总量超过1万条。各级水路运政港政管理部门可以通过系统，方便、快捷地查询和管理辖区内港航企业及船舶。推广使用湖北省船检发证系统(VIMS)。充分利用船检发证系统VIMS5.03集中版技术平台，在全省建立VIMS5.03系统网上监控制度，成功实施船检发证系统网上监控、登记授号、吨位丈量管理三方联动审核的新机制。湖北省港航局设立片区质量主管，分片对全省新建海船和船长50米及以上的内河船舶重要检验节点进行过程监控。

完成湖北省交通运输安全监控大平台建设。该项目2011年9月启动，2012年9月建成，由视频监控系统、大屏幕显示及会商系统和环境支撑系统组成，开发两级视频监控管理软件，整合省公路局治超站、省运管物流局客货场站、省港航局重点水域以及全省高速公路2900多路视频监控图像，实现省交通运输厅监控平台对省直各业务局视频监控的调用和控制。建立一个基于GIS技术的路网监测综合信息集成平台。以省公路局局域网为中心，以INTRANET为架构，由17个市州、106个治超检测站、4个收费站组成省、市、县三级网络体系，实现对全省普通公路重要目标的监控。6月，以全国公路交通联合应急演练为契机，启动湖北省高速公路应急指挥中心改扩建工程，整合全省高速公路路网监测体系信息资源，具体内容包括：LED大屏显示系统、视频会议系统、应急指挥席系统、声音音响系统、中央控制系统，开发应急演练指挥调度软件，实现一键发布。该中心能全面监控全省高速公路交通运行状态，采集、发布跨区域交通诱导信息，监控各区域中心运行状态，对特大交通事故、安全事故处理进行省级指挥、调度和管理，对汇集的全路网监控数据进行综合统计分析。建成营运车辆GPS监控系统，全省安装GPS车载终端设备的营运车辆达31300多辆，覆盖省际客车、旅游客车和危险品运输车。推广使用湖北省水上搜救应急管理系统(一期)，实现对16个固定视频监控点、2个移动视频监控点的实时图像监控，对114艘海巡、运政艇的GPS定位，以及对部分已使用GPS定位的民用船只的定位。启动湖北省水上搜救应急管理系统二期建设工程，以一期工程为基础，构建“一个数据中心、两级搜救平台、三大应用系统(应急指挥系统、视频监控系统、车船定位监控系统)”和“监管手段多样化、应急反应快速化、海事管理信息化”的统一、规范、高效的应急体系。

印发《关于开展全省交通运输系统网络与信息安全保密检查的通知》(鄂交科教〔2012〕583号)，成立2个检查组和1个技术支持组，9月对全省交通运输信息网络、OA办公系统和高速公路联网收费系统等主要业务应用系统进行自查、抽查。对检查中发现的问题和薄弱环节进行整改，确保全省交通运输网络与信息系统安全可靠。营造安全、畅通、稳定的网络服务环境，对网络与信息系统进行升级改造，利用扩容互联网出口带宽、配置链路负载均衡设备、升级防火墙设备三项措施，有效提升网络性能，提高防止非法入侵能力。定期进行网络安全检查，对各类服务器、网络设备、应用程序安装补丁、定期检查防病毒软件升级、木马病毒、端口开放、系统管理权限开放、访问权限开放情况，防止计算机病毒蔓延。定期组织机关人员学习网络知识，掌握突发事件处理程序，提高计算机使用水平，提高网络与信息系统突发事件的处置能力。

（周建勋）

【厅教育与培训】 组织干部培训5190人次。其中，参加西部培训机构举办的培训16个班次87人次；参加“交通科技大讲堂”讲座4期415人次；参加交通运输部讲师团讲座培训302人次；参加交通运输部培训12个班次56人次；厅机关及厅直单位举办50个培训班4330人次。省交通运输行业培训平台交职院在交通运输行业管理干部培训平台建设单位评估中被评为优秀。省交通运输厅被评为湖北省语言文字工作先进单位。

加强教育培训组织管理，增强培训工作的针对性、实效性，下发《关于征求2012年交通运输系统干部培训需求意见的通知》，广泛征求厅机关和厅直各单位对年度培训工作的意见建议。4月16日，制定下发《关于印发2012年度厅办培训班计划的通知》(鄂交科教〔2012〕222号)，对年度培训工作作出总体安排和具体要求，安排厅办培训班34个，计划培训干部4230人次。年终统计，实际办班35个，培训干部4330人次。

做到“四个坚持”，一是坚持按部办和西培办培训班通知要求确定参训单位；二是坚持按通知明确的培训对象确定参训人员；三是坚持参训人员名单由厅科教处统一汇总报送，对参训人员提出明确要求；四是坚持让参训人员回单位后将培训内容组织相关人员学习。在建设任务繁重，工学矛盾突出的情况下，选送26名市县级交通局长参加交通运输部支持西部地区干部培训，安排省厅及厅直机关领导干部17人参加全国交通局长培训班。22名市县级交通运输局局长被评为优秀学员，三个县市交通运输局被评为最佳组织奖。

湖北交通职业技术学院成培中心和湖北交通职工教育培训中心承办行业内干部培训班30多期，培训3000多人。

跟踪行业相关技术的最新发展，利用湖北教育资源丰富的优势，支持行业内培训机构与相关高等院校保持密切联系，满足全省交通运输行业举办培训班的师资需求，使社会教育资源为我所用，确保培训质量。

突出交通管理干部、建设项目负

3月19日，交通运输部行业标准《机动车维修服务规范》宣贯暨新维修新技术培训会在武汉举办

责人和技术骨干培训，厅办培训班计划中有23期是针对交通管理干部、建设项目负责人和技术骨干的培训，占培训计划的65%。在地域上继续把恩施州交通运输局作为重点，加强对培训工作的指导，督促执行交通运输部下达的支持西部地区干部培训计划，给予恩施州交通运输局西部培训专项补助6万元用于补助交通干部培训，全年补助培训10个项目55人次。

（周建勋）

【湖北交通职业技术学院】 学院以高职教育为主，兼办中职和成人继续教育，主要培养适应生产、建设、管理、服务第一线需要的高素质技术技能型人才。占地总面积326亩，建筑面积26.71万平方米；各种教学仪器设备总值6917万元；馆藏图书30.1万册。专任教师257人，高级职称137人(其中正高级职称5人)，有3名湖北名师和13名楚天技能名师；有学生12142人，其中高职10754人，中职1388人。2012年主校区图书信息大楼新建工程和培训楼改造工程顺利完工投入使用，完成校园亮化工程、电网改造工程、学生宿舍维修改造项目67项。

学院设有道路桥梁工程技术、工程监理(公路工程监理与检测方向)、高等级公路维护与管理、工程造价(公路与工程造价方向)、地下工程与隧道工程技术(桥梁与隧道方向)、土木工程检测技术(公路工程试验与检测方向)、建筑工程技术、城市轨道交通工程技术、港口工程技术等，开设44个高职专业和12个中职专业。2012年新增加港口工程技术、汽车技术服务与营销、物联网应用技术(智能交通方向)、酒店管理4个高职专业。

学院是世界银行资助成立的亚洲唯一的“道路安全培训中心”所在地，是全国信息技术应用培训教育工程(ITAT)培训基地，是交通运输部批准的交通行业特有工种职业技能培训工作站，是国家汽车运用维修领域技能型紧缺人才培养基地；是湖北省人事厅公务员培训基地、湖北省劳动和社会保障厅职业技能培训和鉴定基地、湖北省交通运输厅党校。建有交通干部培训中心、交通职业技能培训和鉴定中心、船员培训中心、汽车维修与驾驶培训中心、道路安全培训中心“五大中心”和高教研究所平台、校办产业平台“两大平台”。

强化科研制度建设，修订出台《科研绩效考核管理办法》、《科研项目管理办法》、《科技奖励办法》等科研管理文件；承担省级3个“实施国家教育体制改革试点”项目；参与3项“打牢发展大底盘建设祖国立交桥”主题调研课题；学院各级课题立项33项，省级以上课题立项13项；荣获“全国优秀科技工作者”称号1人；获得第十四届湖北省公路学会优秀学术论文奖7篇、“湖北省第一届高等学校音乐教学科研成果优秀论文”3篇，“道路桥梁工程技术专业对接产业的改革与实践”获得第七届湖北省高等学校教学成果一等奖。

探索实施士官培养，与海军东海舰队训练基地联合制定轮机专业海军士官班人才培养方案和教学实施计划，成为全国11所直招士官试点院校，2012年招收50名轮机专业士官班学生。进一步完善现有精品课程，新增隧道施工技术为国家级精品资源共享课。开发《工程造价》《路基路面病害处治》《施工机械与设备》等15种交通特色校本教材。新增省级重点专业1个——计算机网络技术专业，获省财政专项奖励资金60万元；加强“专业服务产业发展能力项目”、“战略性新兴(支柱)产业人才培养计划项目”和“交通运输主干专业”建设，获中央财政支持资金1495万元。

2012年，学院加强实训基地内涵建设，机电系与沃尔沃公司合作，建成首个沃尔沃华中区能力发展基地，宝马培训基地项目正式投入运营，与武汉众泰恒通汽车技术服务有限公司合作建立的“校中企”——武汉众泰恒通别克雪佛兰服务中心建成已开始营业。计算机系继续深化与天缘公司的合作，获赠100万元生产线。新增湖北省高等职业教育实训基地——高等级公路维护与管理实训基地。与湖北省路桥集团有限公司合作共建的“湖北省路桥集团实习实训基地”，获评“湖北高校省级实习实训基地”。学院建有实训室161个，实训基地62个，其中：中央财政支持的高等职业教育实训基地2个，交通运输部支持的职业教育实训基地1个，湖北省高等职业教育实训基地4个。获得“中国T-TEP优秀学校三等奖”，成为全国T-TEP项目唯一连续六年获奖的院校；酒店管理专业获得由全国旅游服务业校企工作委员会授予的优秀校企合作奖。

作为全国首个代建高速公路项目的高校承担了援疆交通建设任务，完成年度投资计划的134%，项目建设得到各级政府的充分肯定，作为代建代表在全国代建项目廉政建设工作座谈会上作经验交流发言，指挥部再次被评为援疆代建工作先进集体。学院认真落实《湖北省交通运输厅与新疆生产建设兵团农五师交流座谈会会议纪要》精神，制定了对农五师交通局培训计划，选派4名教师赴新疆兵团农五师开展教育培训；选派3名教师赴新疆开展教育援疆工作。“五个中心、两个平台”作用明显。在交通运输部组织的“1+32”平台评估工作中被评为优秀建设单位，完成各类培训近万人次，学院成人学历教育在校人数达3012人，创历史新高，申报湖北省高等教育自学考点获批并顺利举办了相关考试，新增监理、勘测、监控和设计项目，合同产值达到4千多万。承办“高路杯”全省交通运输职工乒乓球、羽毛球比赛、全国交通职业教育研究会思想政治工作委员会年会、交通教指委汽车分指委会议、联想全国校企合作年会、2012年全国大学生企业经营管理沙盘模拟大赛、湖北第三届大型“专科专场”高招咨询会等多项大型活动。成功举办第十一届大学生科技文化艺术节和第十二届大学生科技文化艺术节开幕式等主题活动。

2012年学院第四次获得“省级最佳文明单位”荣誉称号，获得“省级平安校园”和“湖北省依法治校示范校”荣誉称号。学院团委被评为“全省五四红旗团委”。

2012年，毕业生就业率95.66%，继续高出全省平均就业率，获得2012年度“就业湖北”先进高校称号。

（交职院）

【武汉市交通科技学校】 与武汉市交通运输委员会教育培训中心“一门两牌”。两个教学区分别位于武汉市汉阳区王家湾和汉阳区动物园路，占地10亩。设综合办、教务处、总务科、培训部、机电教研室、基础教研室、计算机教研室、招生毕业生办公室等科室；拥有语音室、微机室、网络教学和视频点播系统、实习车间和校外实习基地等教学设施以及学生食堂、学生公寓等辅助设施，可容纳1000人同时上课。中心是国家三级安全生产培训机构、武汉市专业技术人员继续教育培训基地、农民工再就业培训基地、全市道路交通运输从业人员继续教育培训点、退役士兵培训点。在岗教职工有高级职称17人、中级职称14人、市级学科带头人1人。

该校是一所集学历教育和行业培训为一体的办学实体。2012年该校积极转变学校发展方式，努力开拓创新，做大做强教育培训主业。

行业培训。举办干部理论培训、安全培训、执法人员培训、财会人员培训、道路运输从业人员继续教育培训等各类培训66班次，培训学员5865人次。主要有安全培训28期2171人次；财会人员培训8期1200人；专技人员继续教育培训1125人次；干部理论培训6期365人次；职业技能鉴定等级培训177人次；双证特色班技能培训287人次；成人高等教育220人次。

学历教育。招收各类学历教育注册新生364人，其中新招中职生204人，中职生注册人数达到747人。

校企合作办学。在原有实习基地基础上，大力拓展新的实习基地，让更多学生在实习期间更好地了解企业以及被企业了解，从而完成就业双向选择，延长毕业生就业链条，学校与地铁集团就轨道专业实习基地建设初步达成合作意向。（余磊）

课堂教学观摩

【襄阳市交通职业中等专业学校】 学校继续与武汉理工大学举办本专科成人函授教育，开办《土木工程（路桥）》、《交通运输管理》、《财务会计》等骨干专业。全年招生100余人，在校学生达300余人；本（专）科毕业80人。完成道路运输从业人员资格培训6700余人，占全市培训市场的48%。硬化水泥场地1500平方米，维修（改建）教学楼3300平方米，按大中小培训要求配备教室、电脑和桌椅。改建从业人员培训操作考试车间450平方米，安装考试监控设备。学校经营收入达503万元。

道路运输从业资格培训。在多年实践基础上，对学校内部机构进行调整，整合资源，理顺流程。实行招生、培训、约考，办证手续一条龙，提高培训效率。用好政策，做好危险品从业人员继续教育工作。制定和完善内部各项规章制度，减少堵塞漏洞，增加职工的制度约束力和自我约束力。加强财务管理，强化收入和成本控制，加大欠费清收力度，落实增收目标。加强对教学组织管理，健全教学人员质量考核体系，促进教员提高教学水平。加强内部基础管理工作，坚持服务第一，对学员既严格要求，又热情关怀，杜绝语言生硬，态度蛮横、吃拿卡要等不文明行为。加强培训学员考勤和考试管理，保证培训质量。

继续巩固学历教育，积极探索成人函授教育发展途径。一方面主动与武汉理工大学联系，根据学员工作特点和要求，采取函授集中面授和网络学习等形式，解决学员工学矛盾突出问题。另一方面主动走出去，与大型企业联系，针对性培养急需人才，与襄阳市公交总公司合作，专门开办管理大专班。与周边地（市）联系，开设校外班，方便学员就近上学，与随州技工学校合作，在随州设立校外班。继续巩固与驾校的联合经营，完善联合办学合同。

按照新的培训内容和要求，组织人力开发教学课件，实施电脑化教学，提高教学质量。组织教师参加部省有关业务知识培训，提高教师业务水平。对职工推行以事设岗，按岗定责，自主择岗，双向选择，调动职工想干事、能干事、干成事的积极性。完善绩效工资考核办法，实行科室自主分配，按岗取酬，多劳多得，重成绩、重实效的分配机制。（聂传斌）

【荆州港航职工中等专业学校】 举办船员培训23期650余人次，其中举办船员适任证书培训2期400余人次，内河船员基本安全培训14期150余人次，油船、散化、包装危险品特殊培训7期100余人次。

师资培训。7～9月学校组织教师10余人次参加国家海事局师资培训班驾驶专业、轮机专业及特殊船培训，组织教师编制修订各类专业电子教案，充分利用多媒体等教学形式，提高效率，教学水平上了一个台阶。

教育质量体系。质量是学校的生

存之本，质量体系的建立是源于实践，规范学校管理，让管理产生实效和有力措施。为了确保船员培训和教育质量，学校对船员培训质量管理体系A1版进行改进，形成B0版。8月，经过修改形成的船员培训质量管理体系B0版正式执行，船员培训和教育质量体系更加合理、完善，工作变得有章可循。

培训管理。学校对学员热情服务，严格管理，从校纪校规、学风、实习等方面建立一系列规章制度，保证教学顺利进行。设置指纹考勤系统，对每个学员从开学到培训结束，上课全程考勤，保障了教学质量。学员进校后的第一堂课，就是对校纪校规进行学习，培训期间请公安民警给学员上法制教育课，培训结束后对优秀学员进行表彰。

教学质量。以《考试大纲》为依据，结合船员的实际情况，采用通俗易懂的教学方法，激发船员学习热情，方便船员理解和记忆，使船员既增长知识，又提高实际操作能力。除了注重平时的教学过程外，针对原有的旧题库，结合新教材，进行很大程度的更新，把历年来笔试的内容及电脑考试范围内的内容融合进题库，学员们做不同类型的习题，既巩固所学知识点，又熟悉不同题型。

队伍建设。发挥党员队伍的先进模范作用，加强全体职工学习意识和紧迫感，学校精神面貌和文化氛围都有显著改善，学习成果转化为具体的工作思路和工作目标。为了丰富学习形式，校党支部创建了"争先创优"群，以网络的方式让职工更快、更多的接触到新政策及时事新闻，不仅扩宽职工知识面，还让党员们时刻鞭策自己，牢记为人民服务的宗旨，永保共产党员的先进性。 （李勇）

【黄冈交通学校】 招收各类新生382人，其中高中生63人，专、本科学历教育新生100人。全年培训各类人员1985人次，其中水上培训1681人次，陆上培训304人(机动车维修人员从业资格培训94人，城区公交驾驶员继续教育210人)。学校获"市级最佳文明单位"称号。

通过内河航运中专资质验收。采取定建设目标、定责任人、定完成时间的"三定"原则，在两个月时间内，完成四个实验室的改建、扩建和新建任务，添置一批实验设备、资料和器材；将质量体系目标进行层层分解，落实到相关科室和个人。认真准备各种核验材料，包括学校全日制中等职业学校办学资质、专业设备汇总表、一类船舶船员培训资质证明材料、人才培养方案和教学计划、船员教育质量控制体系文件及运行记录等；以评估验收为契机，狠抓规范化管理，实现环境整洁干净，制度规范齐全，各种设备、器材摆放整齐，资料保存有序可查，教学、管理、后勤服务各环节运作按章行事、有条不紊。11月29日至30日，湖北省地方海事局受交通运输部海事局委托，会同长江海事局组成核验组对学校内河船员教育(船舶驾驶、轮机管理专业)办学资质进行现场核验，学校成为全国首家通过此类核验的学校，也是长江中下游唯一具有此类办学资质的中职学校。

技能培养。举办"黄冈交通学校技能竞赛周"活动，包括演讲、汽车发动机拆装、船舶驾驶、柴油机拆装、图文混排、工程测量、车钳工技能等7个项目，覆盖所有专业的全部学生。首次组织245名全日制航运专业(船舶驾驶、轮机管理)学生参加长江内河船员适任证书考试，173人通过理论考试，通过率为70.6%。其中，驾驶类172人考试，通过120人，通过率69.7%；轮机类73人考试，通过53人，通过率72.6%；97名学生(船舶驾驶专业59人、轮机管理专业38人)参加黄石海事局组织的实操考试，全部合格通过。在"湖北省中等职业学校汽车维修技能大赛"中取得团体项目三等奖的好成绩。

特色建设。学校确定今后专业发展方向，在原有路桥、汽修、物流等交通特色专业基础上重点发展内河航运(船舶驾驶、轮机管理)专业，先后编制完成《内河航运船舶驾驶专业教学计划》、《内河航运轮机管理专业教学计划》(分别有三年制、一年制)；组织相关专业教师编写船舶驾驶、轮机管理专业课程教学大纲并实施；编写完成船舶驾驶、轮机管理专业人才培养方案；按照《中华人民共和国船员教育和培训质量管理规则》要求建立质量控制体系，全校试运行。

成人教育。学校依托高校，面向社会，继续积极与武汉理工大学等高校联合办学，开办成人高等教育。开设土木工程、计算机科学技术、工商管理、会计、工程管理等专业的专本科学历教育。学校积极主动服务社会，服务交通，开展各级各类成人岗位技术培训，开办一至三类内河船员适任证书培训8期532人；开办内河船员消限(一、二类)培训2期131人；开办内河船员基本安全培训23期908人、特殊培训(危操、油操)3期110人；与黄冈市道路运输管理局联合举办全市机动车维修人员从业资格培训，包括机修工、电器维修工、钣金工、喷涂工、质量检验员等工种，培训人数94人；配合黄冈市客管处申办"黄冈市公共交通培训中心"并联合举办城区公交驾驶员继续教育，培训210人。

【恩施州交通技工学校】 创建于1979年，1993年成为湖北省重点技校，1996年被命名为"国家规范化学校"，2007年晋升为国家重点技校。2012年被湖北省人力资源和社会保障厅确认为高级技工学校。学校占地面积80余亩，建筑面积26000平方米。现有教职员工144人，各类在校学生2000余人。设公路与桥梁工程、汽车维修与检测、电工与电子技术、计算机应用与维修、交通客运服务(高速公路收费)、旅游服务与管理等主要专业。与湖北交通职业技术学院、湖北广播电视大学、湖北民族学院、湖北工业大学、北京交通大学、长安大学等高校联合开展成人大专、专升本等成人学历教育。

"一切为了学生、为了学生一切、为了一切学生"是学校长期贯彻的服务式教育管理思想。学校实行封闭式、半军事化管理。逐年增加安全投入，不断改进完善校内监控系统和相关设施；学生科、保卫科24小时值班接听校园紧急情况求助电话，真正实现全方位管理、全天候服务。坚持依法治校，强化法纪教育，维护校园和谐稳定。充分发挥共青团、学生会的职能作用，积极组织开展丰富多彩的教育活动，入团宣誓、成人宣誓活动增强学生的责任意识，军事训练磨炼学生的意志，专项竞赛提升学生的素质，公益活动陶冶学生的情操，培养德、智、体、美、劳全面发展的一专多能实用型、复合型人才。

学校秉承“学会做人，学好技能”的校训，树立“重素质、重基础、重技能”的教学理念，围绕“两学”“三重”，深入推进教学改革，不断提高教学质量。规范教学管理，成立教学督导委员会，从备课、授课再到复习考试，每个环节都严格把关，定期听评公开课，定期听取学生反馈意见、学生评教，强化教学互动，促进教学管理规范化。加强专业建设，成立专业学科建设委员会，在把公路施工与养护(公路与桥梁工程)、汽车维修与检测打造成省级精品专业的同时，大力发展交通客运服务、旅游服务与管理、电工与电子技术、计算机应用与维修等市场急需专业，形成具有交通特色、时代特色的专业体系。在教学中，坚持以技能为本位，推行模块化教学，注重理论联系实际，努力培养学生的综合职业能力，在教法上强调知能一体，在学法上强调知行一致，强化学生实际动手能力，最大限度调动学生的主观能动性。学校建成先进的汽车维修车间、电工电子实验室、建筑材料实验室和有300多台计算机的6个计算机房，为每个理论教室配备多媒体教学设备，保证学生实验实习课开出率达100%，真正实现让学生“学好技能”。学校于2005年被原省劳动和社会保障厅评为“湖北省技工教育质量管理规范学校”，此后，年年被表彰为“湖北省教学工作先进单位”。

学校坚持面向市场抓就业，深化校企合作。践行订单式实训教学，力求“引名企进校园，融专业入社会”。在强化“本土就业、地方消化”的同时，多方拓展学生实习就业渠道，先后与深圳高速公路股份公司、广东清连公路发展有限公司、湖北路桥集团、恩施州华泰交通建设有限公司、恩施州合力交通设施建设工程有限公司、恒信众联汽车销售服务有限公司、恩施恒龙汽车销售服务有限公司、宁波大亿科技有限公司、苏州达方电子科技有限公司、厦门宸鸿科技有限公司等数十家知名企业签订校企合作协议，在课程建设、“双师型”教师培养、学生顶岗实习、实训基地建设等领域广泛合作，初步形成“校企互动、工学结合”的良性循环。毕业生在五月全部走上工作岗位，就业率100%，学校多次被省人力资源和社会保障厅表彰为“湖北省招生就业工作先进单位”。学校现有九大职业技能培训资质：二类资质的机动车驾驶员培训、营运驾驶员从业资格证培训、省安监局核准的安全生产培训三级资质、省煤监局核准的煤矿安全培训三级资质、恩施州阳光工程培训、湖北省定点技能培训(特别职业培训、农村劳动力转移培训)、恩施州机关事业单位技能人才培训、恩施州退役士兵职业技能培训和国家技能鉴定所。学校年均培训1万人次以上，被评为“湖北省职业培训工作先进单位”。（辛明珠）

交通综合管理

【机构编制】 结合交通发展需要，加强沟通汇报，努力争取机构、干部职数支持，争取批复成立了厅研究室、高速公路联网收费中心。全国只有3个省市成立了交通研究机构，我省做法受到了交通运输部领导的肯定。完成了交通运输部公路行政管理职能配置、湖北交通运输行政管理机构及其公务人员配置规划与模型两个课题研究工作。2012年厅机关引进博士2名，择优录用公务员8名，机关公务员队伍结构不断优化。推进了公务员管理自动化系统建设。争取成立了“湖北省交通运输行业国家职业技能鉴定所”，加强交通行业职业资格建设，为行业技术管理人才成长提供空间。落实核编制度，进人坚持“出一进一”和“凡进必考”的原则，公务员（参公人员）转正、登记、人员上下编日常工作规范有序。（李晶）

【公务员及事业单位人员管理】 5月份开始，积极配合省委第五巡视组巡视省交通运输厅工作，10月份积极协助省委考察组对厅领导班子进行集中考察，协助组织干部选拔任用“一报告两评议”检查，自觉接受监督，实现交通发展、巡视检查考核工作“两不误、两促进”目标。9月，厅党组参照省有关巡视工作的要求，组织退休机关处长、厅直单位主要负责人、纪委书记等深入厅直19个单位进行了巡视。下发了《省交通运输厅关于开展干部交心谈心活动实施计划》，厅党组采取“一对一”、“面对面”的方式，分别组织干部谈话，进一步了解干部、关心干部、爱护干部。

首次以厅党组名义表彰厅直单位“十佳组织人事干部”，专题召开厅直系统组织人事创先争优推进会，树立典型，组工干部工作积极性得到进一步提高。为适应交通发展需要，出台《加强厅直单位党政领导班子建设指导意见》、《干部选拔任用监督规定》、《湖北省交通运输厅干部人事档案规范化管理实施意见》等近十项制度，有效加强领导班子、干部队伍建设。（李晶）

【干部工作】 认真学习省十次党代会关于党的建设精神，组织开展加强领导班子思想政治建设实践与思考的课题研究，制定了加强厅直单位党政领导班子建设有关意见，进一步教育引导党政领导班子成员坚持民主集中制建设，重大问题集体讨论决定，带头起好龙头示范作用。加强厅直单位领导班子配备，优化班子结构，领导班子建设得到进一步加强。厅党组坚持用好的作风选人，选作风好的人。厅党组组织4名厅级干部推荐，提拔处级干部55名。组织6个处级职位竞争上岗，积极推进“两推一述”竞争性方式选拔干部，一批表现突出的干部走上了领导岗位。省交通运输厅9名处级干部入围湖北省委“年轻干部成长工程”考察对象，其中4人正式进入该工程人才库。厅机关引进博士2名，择优录用公务员8名，干部队伍结构不断优化。着力加强交通行业基层干部培训，举办干部人事档案及组工干部培训班，对干部成长、教育培训起到标杆导向作用。（李晶）

【援藏】 湖北交通运输厅实际到位援藏资金500万元。由湖北交通援助的山南地区公路养护段3个高海拔道班职工饮水工程已经顺利竣工投入使用，广大养护职工发自内心地感谢湖北交通人。山南交通局党组决定整合两省（湖北、湖南）交通援藏资金，全力以赴实施交通企业职工房改房配套工程。在项目实施上，坚持科学施工，尊重客观规律，不盲目抢工期，不影响工程质量；在项目管理上，进一步建立包括项目论证、立项、施工、监理、验收、使用维护及资金管理在内的各项规整制度。截至2012年11月30日企业房改房配套工程项目全部完工，投入援藏资金350万元。9月应山南交通运输局要求，湖北省交通运输厅首次选派3名技术援藏人员赴山南开展为期3个月的技术援藏工作，来自省厅质监局、汉十管理处、黄黄管理处的3名专业技术人员克服困难、不辱使命较好地完成任务，受到受援单位干部职工一致好评，这一举措既为今后继续实施人才、技术、智力援藏探索新的模式，也为培养、锻炼湖北交通年轻干部成长奠定良好基础。（李晶）

【援疆】 2月，新疆兵团农五师党委委员、副师长宋国安一行考察湖北交通，厅党组书记、厅长尤习贵等厅党组成员给予热情接待，双方就相关援疆项目对接等有关事项进行座谈，就有关具体事宜达成一致意见，形成《湖北省交通运输厅与新疆生产建设兵团农五师交流座谈会会议纪要》，纪要要求按照建立“双层全覆盖”工作机制和“有限无限相结合”援疆模式，把“输血”与“造血”、硬件建设与软件建设结合起来，将援疆工作“向业务部门推进、向行业管理推进、

12月3日，新疆交通运输厅张德华副厅长一行到我厅对援疆代建工作进行回访考察

向基层工作推进”。纪要既明确援疆工作的重点内容，同时也明确相关责任单位，进一步加强援疆工作制度化、规范化、责任化建设。截至2012年年底，累计安排公路保障专项资金350万元，其中在2009～2012年连续四年安排博州公路保障专项资金50万元，2011、2012年安排农五师公路保障专项资金150万元。

8月，湖北交通职业技术学院选派5名优秀教师为兵团农五师交通运输系统干部职工开展职业能力提升培训课程。培训历时5天30余课时，120余人次参加培训。5名教师结合农五师交通发展实际情况，借助多媒体课件，采用专家讲授、案例分析、小组讨论、现场互动等方式，开展公路养护、农村客运、物流管理及应急管理等专题培训，为当地培养一批“用得上、留得住、管长远”的交通技术骨干，得到当地干部群众和农五师交通干部职工的高度肯定。（李晶）

【挂职调研】 先后选派3名干部到交通运输部挂职锻炼，下派30余名干部到重点工程挂职调研督导，选派3名干部到市州挂职，其中1名挂任市州交通局主要负责人，推荐1名博士到市州邮政部门担任主要领导，2名市州运管部门同志到市州邮政部门担任主要领导或班子成员，1名同志到长投担任总工。除按省里统一要求，选派1名干部援藏、2名干部参加新农村建设外，还选派3名技术干部支援西藏山南地区交通建设。大力推进干部上下交流轮岗，为干部提供多岗位、多渠道的锻炼机会，也促进了干部队伍作风的转变。（李晶）

【新农村建设】 党组高度重视，注重加强工作指导。省交通运输厅、人行武汉分行党组高度重视，坚持把新农村建设帮扶工作纳入党组重要议事日程，贯彻落实省委省政府的决策指示坚决认真。一是按要求选派3名新农村建设工作队员，按规定时间进驻驻点村开展工作。二是积极协调安排帮扶工作经费115万元，其中，省交通运输厅75万元、人行武汉分行10万元、洪湖市20万元、省财政专项资金10万元。三是单位主要领导深入驻点村调研指导。省交通运输厅党组书记、厅长尤习贵先后2次带机关相关处室负责人专程到驻点村调研，先后有7名副厅长深入驻点村，对帮扶工作进行具体指导帮带，协调解决工作困难，保证了帮扶工作的有序推进。

深入调查研究，科学制定帮扶计划。工作队采取听取情况介绍、召开座谈会、查阅资料、走访农户等多种形式，对廖墩村进行全面调查了解，依据“生产发展、生活宽裕、乡风文明、村容整洁、管理民主”的总体要求，理清了“建强村级组织，提高村民素质，优化人居环境，促进全面发展”的总体思路，明确了“生产有新发展，收入有新增加，环境有新改善，素质有新提高，组织有新加强”的年度工作目标，确定了“着力加大经济发展帮促力度，进一步促进增产增收；着力加大村庄治理力度，进一步改善村容村貌；着力加大文明创建力度，进一步提升廖墩村精神区位；着力加大组织帮建力度，进一步增强发展能力”等四个方面的工作重点，增强了年度帮扶工作的针对性和实效性。

争取各方支持，积极推进建设发展。着眼壮大村集体经济，指导廖墩村实现了与洪湖德炎水产公司的合作，2012年村级集体经济收入增加26万余元，人均年收入由去年的5200元增长到今年的7654元。6月7日，邀请荆州长湖生态农庄有限公司张强总经理来廖墩村就引进特种养殖项目进行洽谈，7月14日双方签订了意向合同。11月24日，联系武汉方信恒丰农业有限公司总经理张建林来村考察蔬菜种植项目，基本达成了100亩的合作意向。重视加强基础设施建设，按计划实施了廖墩村“党员群众服务中心”、“卫星河交通桥”、两个学生候车亭、进村主干道整治、排水沟硬化、村南区田间水沟的清挖等6个帮扶项目，同步推动了村民新区的建设。

强化村庄治理，大力改善村容村貌。着眼“生态环保”新廖墩的建设目标，从4月24日开始，组织驻点村开展“环境卫生整治专项行动”。制定了行动方案，进行了部署动员，分组召开了“环境卫生整治”座谈会，广泛听取村民的意见建议，组织卫生防病知识宣讲，提高了村民对环境保护重要意义的认识，增强了参与环境卫生整治活动的自觉性；印制500份宣传资料发放到每个农户家中，在村道两侧的电杆上制作悬挂30组宣传牌，营造了环境整治的浓厚氛围；制定了廖墩村环境卫生管理制度，明确了村组、农户的责任，落实了卫生保洁员，促进了环保工作的制度化、经常化；筹措经费8万余元，组织对进村主干道两侧的排水沟进行了清理硬化，清挖田间排水沟（渠）近2000米，解决了四组、五组村民反映的雨天排水不畅和田间积水的问题，协调洪湖环保局，把廖墩村纳入了“生态村”建设计划。

公路通到农家门，农村娃不再蹚泥上学

开展文明创建，着力促进乡风文明。积极实施“文化培育”工程。按照“组队伍、建场所、抓培训、搞活动、有特色”的总体思路，组建了廖墩村第一支腰鼓队。7月6日厅党组成员、程武总工程师带领科教处、湖北交通职业技术学院到驻点村进行科教支农，为村里送来了农业科技图书和30面腰鼓及配套器材。7月18日，协调洪湖市文化局派老师来村里进行为期12天的腰鼓队员培训，8月30日，带领村两名文化骨干参加片区组织的培训，十月份，又成立了廖墩村广场舞队，指导廖墩村迈出了培育发展农村先进文化的第一步。及时开展法律咨询服务。6月29日上午，取系厅法规处专程来驻点村开展法律咨询，并向村民赠送了法律书籍，增强了村民的学法知法守法的自觉性。组织开展“建设美好家园，人人争作贡献”活动。7月27日上午，组织驻点村党员干部和村民代表召开活动动员大会，部署了活动方案，明确了活动目标，讨论了《廖墩村村民文明公约》，印发500份宣传资料，激发了村民建设美好家园的主人翁意识，保持了廖墩村的和谐稳定。

关爱弱势群体，设法解决存在困难。厅领导十分关心孤儿学生甘清的学习生活问题，尤习贵厅长、唐元副厅长先后看望慰问，并指示厅机关和工作队实行跟踪支助，直至大学毕业，确保不因为学费问题而辍学；7月5日，我们与洪湖市协调，解决了甘青就读洪湖市第一中学的问题，并为其减免择校费2.4万元，甘青专门写来了感谢信。厅领导先后看望慰问困难群众15户。5月29日，联系厅造价管理站对廖墩村部分困难家庭学生进行慰问。积极申报“金秋助学计划”，为村里18名家庭困难学生每人解决1000元，共计18000元的助学金。筹措经费5万余元，修建了两个“学生候车亭”，解决了留守儿童学生候车长期没有固定场所的问题。11月6日，人行武汉分行人事处江成会处长一行来村进行走访，12月11日，联系省高管局来村开展“关爱空巢老人，冬季送温暖”爱心捐助活动，为廖墩村96位70岁以上老人每人赠送了一床棉被。

突出组织帮建，不断增强发展能力。我们采取组织学习、以会代训等方式加强了对村干部的培训帮带，指导廖墩村党支部召开了支委民主生活会；7月3日至4日，组织村干部和村民代表到松滋市新江口镇木天河村、天门市岳口镇十丰村进行参观学习，考察了两个村特色产业发展和农村中心社区建设，提高了支部一班人团结带领村民推进建设发展的能力。注重加强对党员的教育管理。定期参加廖墩村支部党员大会，6月18日下午，及时传达学习省第十次党代会精神，6月30日，指导廖墩村党支部组织开展“重温入党誓词，发挥模范作用”活动，8月4日上午，组织学习胡锦涛同志“7·23”重要讲话精神和省委《关于认真组织学习胡锦涛在省部级主要领导干部专题研讨班开班式上重要讲话的通知》，11月8日组织党员集中收看十八大开幕式，11月23日上午，邀请洪湖市委党校陈邦政校长到廖墩村进行十八大精神宣讲，12月5日交通系统十八大代表陈刚毅专程来村宣讲十八大精神，并向党员群众代表赠送十八大辅导读本。指导加强民主管理，督促实行村务公开，进一步密切了干群关系。今年“七一”，廖墩村党支部被乌林镇党委评为先进党支部。

加强片区协同，推进片区整体提高。坚持用上级指示精神统一思想。4月11日上午，组织召开片区2012年新农村建设工作队第一次工作会议，尤厅长出席会议并讲话；及时协调各工作队按时进驻驻点村，完成省财政帮扶专项资金的申报，制定了年度帮扶工作计划；5月中下旬，到片区12个工作队进行走访交流，6月21日在洪湖组织召开了片区新农村建设帮扶工作推进会，厅党组副书记、副厅长唐元到会听取了各工作队的意见建议。组织开展片区协作培训活动。在各工作队及派出单位的支持配合和共同努力下，成功举办8期培训班，参训520余人次，为片区驻点村培训了一批各类骨干，工作队员自身素质得到培训提高，受到省新农办领导的充分肯定。建立片区信息交流平台。举办了片区工作简报和工作队简报，共编写25期工作队简报和6期片区简报，我们工作队有5篇简报在省新农办《湖北省直新农村建设工作交流》简报上采用，向厅网站发送18篇稿件，扩大了新农村建设帮扶工作的良好影响。

注重自身建设，努力树立良好形象。建立健全工作、学习、廉政、考勤各项制度，严格管理考勤，全体队员保证了驻村工作时间，专门印制了工作队报告、简报制式用纸，对会议室进行了简单布置，进一步规范了工作队各项工作；注重加强经常性的学习教育，坚持每周半天的学习，要求工作队员自觉做到“四个珍惜”（即：珍惜组织信任、珍惜锻炼机会、珍惜相互友谊、珍惜个人荣誉），增强了队员的责任感和使命感；坚持做到日碰头、周对照、旬分析、月小结，及时总结工作，定期分析形势，促进了各项工作落实。（李晶）

【工资保险】 根据省政府办公厅《关于印发湖北省其他事业单位实施绩效工资指导意见的通知》（鄂政办发〔2011〕126号）精神，按照《关于省直其他事业单位实施绩效工资有关问题暂行意见的通知》（鄂人社发〔2012〕26号）有关规定，厅印发了《省交通运输厅直属事业单位实施绩效工资指导意见》（鄂交人劳〔2012〕791号），在厅直单位逐步推行以岗位管理制、合同聘用制、绩效工资制为主要内容的事业单位新型人事管理制度。2012年12月19日，省人力资源和社会保障厅来我厅集中审核，批复同意厅直各事业单位（不包括参公管理事业单位）绩效工资方案和绩效工资总量。（方敏）

【工人考工】 省交通运输厅负责省直单位汽车驾驶（技师除外）、公路养护、船舶驾驶、船舶轮机、航标、交通收费6个工种的培训与考核，省直单位共计415人参加。6个工种中，汽车驾驶参加培训157人，参加考核

427人；公路养护参加培训26人，参加考核57人；交通收费参加培训101人，参加考核334人；船舶轮机工参加培训考核1人。省直工考中，省交通运输厅16个单位415人报名，涉及10个工种。2012年所有工种及各级别的理论考试均为开卷。（方敏）

【职称】 根据省职改办《关于开展2012年度全省职称评审工作的通知》，组织完成交通职称工作，职称工作对象为2012年符合条件人员。

厅直单位共有24名专业技术人员外报申报评审路桥（正高）、经济、电子、工程机械、会计、教师、档案等系列专业技术职务任职资格；省直单位共有55人申报评审路桥港航专业中初级任职资格，预审通过55人；全省共有159名专业技术人员申报评审路桥、港航专业副高级任职资格。

受省职改办委托，完成路桥港航专业副高级、中初级水平能力测试，副高级采取开卷笔试方式完成，中初级采取闭卷笔试方式完成。经省职改办审查同意，厅职改办在汉组织召开路桥港航专业副高级任职资格评审会。经评审，通过人员127人，通过合格率80%。省职改办对通过人员在湖北省人力资源和社会保障厅网站进行公示。（方敏）

【外事】 省交通运输系统因公出国（境）74人次。其中赴台22人次，出国考察38人次，出国培训13人次，出席国际会议1人次。

因公赴台主要任务：参加“第十二届海峡两岸智能运输系统学术研讨会”；参加“第二十届海峡两岸都市交通学术研讨会”；台湾高速公路服务区规划设计和营运管理专项考察；台湾高速公路营运安全管理专项考察。

因公出国主要任务：参加交通运输部、省人大、中石化组织的专项考察；执行世界银行贷款宜巴高速公路建设项目下的专项考察任务；参加交通运输部组织的专业技术培训；湖北交通职业技术学院组织的中青年教师专项培训；随同交通运输部出席亚洲开发银行举办的国际会议。

批准和办理宜巴高速公路世界银行贷款项目外籍监理人员和湖北交通职业技术学院外籍教师来华邀请和工作许可共4人次。接待亚洲开发银行宜万铁路项目后评估团来访。参加4月13日法航“武汉—巴黎”航线开通首航仪式。（刘智明）

【社会管理及综合治理】 1. 加强组织领导，全面实行综治工作目标管理责任制。厅党组将综治工作摆上重要议事日程，成立由单位主要领导任组长的社会管理综合治理工作领导小组，定期研究、及时解决加强和创新社会管理的重要事项。多次组织召开综治工作专题会议，传达贯彻上级指示精神，要求全省交通运输运输系统始终保持高度的政治敏感性，加强矛盾纠纷排查化解，加强行业安全生产管理、交通廉政建设和信访维稳工作。

健全完善“横向到边，纵向到底”的目标管理责任制体系。年初，结合综合治理工作特点，制定综治工作要点，与机关各部门、直属单位负责人签订综治目标责任书，把综治工作责任落实到每个部门和具体人。形成党组统一领导，“一把手”亲自抓、分管领导具体抓、各处室（单位）负责人分工负责、每名同志有目标责任。建立起一个绩效考核、责任到人、齐抓共管的综治工作机制。为促进综治责任制的落实，制订印发《湖北省交通运输厅直单位社会管理综合治理目标管理考核评比办法》，将综治工作列入年底考核内容，与业务工作一同作为年度目标任务，一起部署，一起检查，一起考核，实行“一票否决”机制。

2. 健全矛盾纠纷排查调处工作网络和工作制度。厅机关成立信访办公室，明确工作职责及组成人员。厅直各单位和各市州交通运输部门也相应明确负责信访工作的领导、信访工作部门，配备信访工作人员，在全省交通运输系统形成“横向到边、纵向到底、上下沟通、各方配合”的信访工作体系。按照综合治理工作部署，开展排查调处矛盾纠纷、领导干部大接访、积案化解活动。按照“属地管理”和“谁主管，谁负责”的原则，对排查出来的矛盾纠纷，各有关部门分工负责，归口调处，把调处责任落实到具体部门、单位和个人。要求各市州交通局（委）坚持每月填报《市州县交通局信访数据统计表》，及时掌握全省交通行业信访工作动态。通过认真抓好“两个排查”活动，集中力量解决好影响社会和谐稳定的突出问题，确保两会期间、省十次党代会、党的十八大期间，全省交通行业未出现重大治安问题和群体性事件，交通运输厅机关和直属单位未发生赴省、进京上访事项。

3. 结合部门实际，加强和创新社会管理。发挥交通运输行业管理职能，积极配合相关部门，加强客运码头船舶、车站客车、滚装运输、重要物资运输的治安、消防安全管理，加大对违法违规行为的查处力度，预防和减少重大事故特别是群死群伤事故的发生。加强易燃易爆、有毒有害和放射性物品运输安全监管，加强施工用炸药、雷管的管理，严格落实管理制度，消除安全隐患。配合开展“扫黄打非”专项活动，严把非法出版物运输流通关口。同时加强信息报送工作，对发现的各类非法出版物及时移交有关部门一查到底。

积极参与所在地基层的平安创建工作。按照“属地管理”原则，积极参与所在地城区、街道平安创建工作，取得显著成绩。2006～2011年，省交通运输厅连续6年被省综治委评为社会治安综合治理工作优胜单位，厅台北路职工生活小区被评为四星级安全小区，厅机关万松街生活小区被评为三星级安全小区，为武汉市的平安建设作出了贡献。

积极开展综治“宣传月”活动。3月，交通系统认真组织开展综治“宣传月”活动，学习贯彻中央《关于深入开展平安建设的意见》、《湖北省社会治安综合治理条例》，全面增强交通系统干部职工综合治理和平安建设的责任感和自觉性。厅直各业务局、各市州交通部门采取部门网站发布信息、电子显示屏滚动播报、主办宣传栏、张贴悬挂标语、在主要收费站点向过往车辆和人员散发宣传资料，加大综治工作宣传力度。通过采取灵活多样、喜闻乐见的形式，使社会治安综合治理的重要意义和平安建设的基本要求人人知晓。

加强对委员综治联系点的指导和帮扶。尤习贵厅长作为省综治委委员，积极按照省综治委的部署要求，加强对委员联系点洪湖市综治工作的指导，两次到洪湖进行检查调研，安排30万元综治工作专项经费，帮助洪湖加强社区网格化、大调解中心、通社区道路建设。洪湖市加强和创新社会管理工作以及综治工作取得了较大进步，“一感两度”（公众安全感、治安状况满意度、政法机关公正执法满意度）测评大幅提升。

积极开展流动人口服务和管理工作。交通运输部门流动人口服务和管理工作，集中在两个重点领域：一是道路、水路运输环节的流动人口服务和管理工作；二是交通重点建设从业人员的服务和管理工作。2012年，省交通运输厅将流动人口管理和服务列入重要议事日程，把其作为维护社会稳定，创建“平安交通”的重要内容来抓，突出抓好交通系统农民工和客运环节中流动人口管理和服务，解决好群众集中外出，返乡期间的交通出行问题。积极构建和谐劳动关系，改善交通重点建设从业人员的工作、生活环境，提高从业人员工作技能和安全生产水平，坚决保障农民工工资等合法权益，流动人口服务和管理工作取得了较好的社会效益。（吕思齐）

省交通运输厅行政服务中心揭牌

【信访】 全年受理信访事项1529件。来访207批次688人；来信1107件，其中群众来信56件，交通运输部交办3件、转办13件，省政府交办1件，省信访局交办14件、转办19件，省国资委转办1件，省长信箱41件，厅长信箱174件，投诉举报424件、留言咨询361件；来电215次。按期办结率达100%，做到了“件件有着落、事事有回音”。不断强化信访接待室软硬件建设，积极开展创建“省级文明信访接待服务中心（室）”活动，通过省信访局、省精神文明办组织的考核验收。省交通运输厅被省处理信访突出问题及群体性事件领导小组办公室、省信访局联合授予“和谐办信先进单位”。主要特点：

1. 加强组织领导，注重齐抓共管工作体系建设。厅党组坚持以群众工作统揽信访工作，把加强和创新社会管理、切实解决民生问题摆在突出位置，将信访工作列入重要议事日程，纳入目标责任管理、综治目标责任管理范围，与其他工作同部署、同检查、同考核、同奖惩。制订了《2012年全省交通运输信访工作要点》，与厅直各单位、机关各处室签订责任书。厅领导经常听取信访工作汇报，坚持批阅重要来信，接待或指导经办部门接待群众来访，及时协调、督促信访工作。每月印发月工作情况，对信访工作进行总结、部署。成立信访办公室，明确工作职责及组成人员。厅直各单位和各市州交通运输部门也相应明确信访工作部门、配备信访工作人员，在全省交通运输系统形成“横向到边、纵向到底”的信访工作体系。

2. 完善工作机制，注重提高信访工作制度化和规范化水平。为进一步提高信访工作制度化和规范化水平，结合实际，制定印发《湖北省交通运输信访工作管理暂行办法》，《全省交通运输信访工作目标责任管理考核办法（试行）》、《湖北省交通运输厅领导干部接访制度》等。在信访事项办理过程中，对一般信访件，通过电话或发函，要求责任单位按规定期限办理。对上级交办、转办的重大信访问题以及比较突出的群访、重访信访问题，通过OA办公系统，呈主要领导和分管领导阅批，明确责任单位、办理要求和办理时限，确保信访问题依法依规及时办理。加强了对信访档案工作的管理，指派专人负责将信访档案进行分类、收集、整理、立卷、保存，做到台账、统计等工作清晰、规范。

3. 围绕目标要求，突出重点，深入扎实地开展信访工作。印发《2012年全省交通运输系统领导干部大接访活动方案》、《“信访积案化解”活动方案》，以及《关于做好2012年春节期间交通运输值班信访保密等工作的通知》、《关于做好全国“两会”期间信访工作的通知》、《关于做好省十次党代会期间信访工作的通知》、《关于进一步加强当前信访工作的通知》、《关于做好十八大期间信访维稳工作的通知》等。通过周密部署，落实责任、上下联动，及时应对、有效处置，取得良好效果。在做好日常信访工作的同时，将领导干部大接访、信访积案化解、特殊时期信访工作作为重点，推进信访工作的深入开展。

4. 加强协调和督办，注重“事要

解决”。信访工作的核心是“事要解决”。始终把解决问题放在首要位置，加强了协调和督办，形成解决信访问题的工作合力。针对武荆高速公司与第七标段工程款纠纷及拖欠民工劳务费问题，厅领导多次约谈武荆公司负责人，厅建设处多次函告武荆公司和新疆兴达公司，并多次会同省直有关部门派出专班到武荆公司进行督办，协调武汉仲裁委加快仲裁进程，函告应城市（第七标段所在地）政府努力做好民工劝说工作。在处理9月4至6日杭瑞高速部分标段民工40多人群访事项中，办公室、建设处领导坚守在现场直到深夜，协调、督促有关单位解决，使集体上访的群众感受到厅机关解决问题的诚意和力度，确保了上访人员的情绪稳定，信访事件得到有效解决。

5. 积极开展学习交流总结，注重信访工作队伍建设。信访干部的素质决定着信访工作的水平，建设一支高素质的信访干部队伍，是完成新形势下交通运输信访工作的组织保证。交通运输系统信访工作涉及部门多、信访工作人员变化大。为此，厅机关将信访工作机构是否明确、信访工作人员是否相对固定、是否胜任、是否进行教育培训和交流使用、是否履职尽责均纳入信访工作目标责任管理考核范围。积极组织信访干部参加交通运输部、省信访局举办的各类信访干部培训班，经常组织信访工作人员传达学习有关精神，加强对各类知识的学习，提高信访干部政策水平和整体素质。7月4日至5日，组织举办全省交通运输系统信访工作会暨信访干部培训，参会人员约100人。特别邀请省信访局领导到会指导并讲授信访专业知识，使信访干部进一步明确了工作要求、提高解决处理信访问题的能力。安排部分厅直单位和市交通运输局交流信访工作经验，使大家相互学习、相互促进、共同提高。（吕思齐）

【档案管理】 继续深入贯彻国家档案局8号令，认真做好交通系统档案分类类目、归档范围和保管期限（“三合一”制度）的制定和审核工作，指导和检查厅直单位“三合一”制度审核工作，有序推进档案工作健康发展；配合省档案局开展机关、事业单位档案目标管理及规范化管理考评工作。依据《湖北省机关档案工作目标管理等级考评办法》，配合做好厅直单位档案工作目标管理及规范化管理考评工作，完成厅机关档案管理省特级复查，及鄂西管理处、黄黄管理处、京珠管理处、十堰市公路局档案规范化管理AA、AAA复查评审验收；按照分类管理的原则加大对厅直事业单位档案工作的业务指导力度，对一些交通重点领域和重点薄弱环节的档案工作加强督促检查，按照部、省档案法规和相关标准要求，加强档案规范管理，科学规范整理档案，搞好优质服务；加强机关档案信息化建设。按照《电子文件管理暂行办法》和《湖北省电子文件归档与电子档案管理办法》的规定，坚持电子文件管理原则，明确电子文件管理职责，建立健全规章制度，切实加强电子文件的收集归档与电子档案的保管利用、电子档案异地存放和异质备份制度。

加强重点建设项目档案管理。各建设项目指挥部严格执行交通运输部、省交通运输厅、省档案局有关交通重点建设项目档案管理办法，科学界定参建单位项目档案管理责任制，及时组织开展项目档案收集、整理工作，扎实落实交通档案“服务基层、服务项目”的工作职能，提升交通档案管理的能力和水平。2012年的工作重点是按照省档案局所列的建设项目名单，加强对建设项目档案工作的监督指导，认真落实档案登记和验收制度，做到“提前介入、全程监督、同步管理、跟踪服务”，确保项目档案工作为项目建设和管理提供及时有效的服务。为推进高速公路工程竣工文件编制工作的标准化、规范化管理，确保高速公路工程竣工文件编制质量，省交通运输厅组织有关部门制定《公路工程竣工文件编制指南》，统一规范全省公路工程竣工文件资料收集、整理、分类、立卷、归档的各项技术标准和要求。严格按照《交通建设项目档案专项验收办法》及《湖北省重点工程项目验收办法》，高质量完成全省重点项目档案专项验收工作。各建设单位高度重视，认真细致地做好验收前准备工作，积极配合交通运输部档案馆、省档案局，确保项目顺利通过专项验收。省交通运输厅对东荆河大桥、鄂东桥，武英、杭瑞、大随、随岳南高速公路等项目进行档案业务跟踪监督与指导工作，使档案工作在为工程建设中发挥它应有的价值和作用。东荆河、武英、随岳北、麻武等工程通过档案专项验收，为工程的全线竣工验收提供了系统、成套、规范的技术资料。

发挥交通档案工作协作组桥梁与纽带作用，进一步提高交通系统档案管理水平，推动档案管理工作规范化、标准化、现代化和信息化进程，组织交通系统档案人员参加国家档案部门举办的档案业务培训，进一步强化档案人员的素质。

完成厅机关2012年全部文书档案收集、整理工作，完成OA电子文件归档工作。完成档案统计年报工作及保密测绘资料的管理工作。（戚媛）

【省人大建议、政协提案办理】 收到省政府交办的人大建议、政协提案159件，其中全国人大建议10件、提案1件，省人大建议102件，提案46件。内容涉及交通运输发展的方方面面，从建议提案的内容看，代表委员们最关心的问题主要集中在公路运输和公交运营管理、国省道及农村公路建管养、交通项目前期工作等方面。7月20日，通过全系统上下共同努力，159件建议提案全部办结，答复率、见面率、满意率均达到100%，同时完成代表委员审议政府工作报告等主要意见和建议的回复。

领导高度重视，亲自牵头办理。交通工作面广量大，情况复杂，与人民群众的工作生活息息相关，人大代表和政协委员一直以来对交通工作十分关心和支持。为了做好建议、提案办理工作，厅领导班子高度重视，在省政府交办后，3月5日召开专题会议，统一思想、明确责任。会上，厅纪检组长张月斌要求各承办单位要始终坚持把人大建议、政协提案办理作为推进交通运输工作的强大动力，围绕群众关心的热点难点问题，全力解决，努力让代表、委员满意，让人民群众受益。为确保建议、提案办理工作高质量进行，对办理工作实行领导负责制，明确主要领导是办理工作的第一责任人，形成主要领导亲自抓、分管领导具体负责和办公室牵头协调的职责，构建层层齐抓的办理工作网络，从而确保件件有答复，件件有落实。在办理建议提案过程中，做到“六个结合”，即把办理工作与民主评议政风行风相结合，与日常工作和中心工作相结合，与工作计划与工作决策相结合，与转变工作作风和提高工作效率相结合，与密切联系群众和全心全意为群众服务相结合，使办理工作有部署、有督促、有检查、有落实。

规范工作程序，完善办理机制。建议提案办理质量的高低，直接关系到人大、政协职能的发挥，也直接影响到建议、提案对促进全省交通事业发展的作用。在办理工作中，不断探索建议、提案办理工作的新思路、新方法，完善办理机制，在保证建议、提案办理质量上下功夫。为了不断提高建议、提案办理质量，下发《省交通运输厅关于办理2012年人大建议和政协提案工作的意见》，指导各承办单位认真办理此项工作，努力提高办理工作质量。根据办理要求，由交通运输厅主办的建议提案，与会办单位加强沟通联系，主动征求意见，多方收集信息，积极主动、实事求是地做出书面答复，务求实效；省交通运输厅作为会办单位的，本着认真负责的态度，按照职能划分，从大局出发，积极予以沟通协调，及时反馈意见。

深入调查研究，注重掌握实情。代表和委员所提的建议与提案均反映民生渴求，体现民生意愿，不深入基层倾听民声、了解民意是办不好建议提案的。因此，收到建议提案后，省交通运输厅要求各承办处室、单位在办理建议提案时，务必多调查研究、多听取群众意见，务必注重客观、讲究实效。比如：在办理彭方和提出的《关于立项建设大冶湖跨湖大桥的建议》过程中，为全面深入了解委员所提到的大冶湖的相关资料进行调查与研究，深入了解情况、收集意见，由此掌握第一手资料，为建议的办理奠定坚实基础。

加强沟通衔接，保障办理效果。省交通运输厅十分注重与代表、委员在办理之初、办理之中、办理之后的全过程联系，以多种形式的互动与代表、委员们进行交流、沟通，取得理解、支持。省交通运输厅是历年办理建议提案比较多的部门，克服了人员少、工作量大的困难，始终把建议提案的办理当作重点工作来抓，认真调研分析，实地走访勘察。各级交通运输部门采取上门走访、召开座谈会和邀请视察等形式，及时沟通征求意见、答复和信息反馈工作，讲清政策、讲明原因、讲透过程。通过信函、电话直接将办理情况与代表委员沟通，力求准确理解代表、委员建议、提案的本意，取得代表委员的支持、谅解。形成正式答复意见后，由厅领导带队分11个组赴市州与代表、委员见面沟通，通报交通改革发展和建设情况及“十二五”交通发展规划，介绍建议提案的办理情况，听取代表委员提出的建议意见。同步完成网上答复工作。

（戚媛）

【研究室工作】 8月22日，省编办批复省交通运输厅增设研究室（鄂编办文〔2012〕122号），主要职责是负责组织实施全省交通运输发展重大课题调研，提供决策咨询服务；负责收集、分析、整理、上报全省交通运输行业发展的重要动态信息等工作。负责起草综合性工作会议材料，修改审订重要会议文件、领导讲话文稿。研究室10月正式独立运作。

建立健全工作机制。按照省编办批复确定的职责，制定研究室相关制度，明确研究室的工作任务。

抓重大政策研究。完成《十七大以来湖北交通运输发展报告》、《服务“富强湖北”建设的交通运输发展纲要》、《服务“幸福湖北”建设的交通运输发展纲要》。完成“打牢发展大底盘、建设祖国立交桥”战略发展报告。和省政府研究室联合完成《打造综合交通运输枢纽 助推湖北跨越式发展》、《长江沿线省市内河水运发展情况的调研报告》，发表于《政府调研》、《咨询与决策》等省委、省政府内部刊物呈送省委省政府领导参阅。

组织起草全省交通运输经济形势分析会和2013年全省交通运输工作会的工作报告；完成各季度交通运输经济形势分析报告；完成厅领导重要讲话文稿20多篇。

配合做好重要信息上报和重要宣传文稿的起草和审核。向省委省政府及相关部门上报重要信息8篇。完成厅领导在《湖北日报》、《中国交通报》的重要文章起草，完成厅领导在湖北电视台、省政府和交通运输部门户网站上的访谈文稿。

组织编印《交通研究参考》6期，收集国内外交通运输发展重要信息，不定期印送各位厅领导和相关处室。受到厅领导的肯定和好评。

组织开展全省交通运输系统调查研究活动，收集优秀调研论文，组织向省委、省政府重点期刊推荐工作。

（郭晓雯）

【厅机关后勤服务】 固定资产规范管理。会同厅财务处、核算中心对后勤固定资产进行认真清理，对后勤中心管理的设备设施、办公用品等进行清查、登记、统计，做到账物相符；对更换、淘汰的车辆、办公设备、水电设施等严格按照“先报批后处置”的程序进行，处置费用及时上缴厅核算中心。

公务车辆使用管理。严格执行中央和省政府的文件精神，深化自查自纠工作，进一步巩固公车治理成果，转出挂籍后勤中心车辆3辆，完成2辆车辆购置更新定编工作；坚持车辆维修保养送修单制度，定期公布车辆费用使用情况；严格执行车队职责制度及请假交车制度。全年车队共行驶106万公里，圆满完成机关公务和大型活动后勤保障用车。

食堂成本核算管理。严格物资采购、验收、入库程序，强化民主监督管理，由红案、采购、管理人员共同制定一周的菜谱，班长下单，采购人员照单采购，控制每天资金流量，坚持月清月结。

物业管理。按照《交通运输厅宿舍物业管理制度》、《厅机关宿舍屋面管理规定》要求，加强对职工宿舍装修的监管，对安全隐患及时进行整改，保障房屋的使用寿命和使用安全；对厅机关大楼、机关宿舍的沉降进行跟踪监测，为房屋的维修提供科学参考数据。

保安管理。坚持门卫登记制度，全年接待来厅办事1.4万余人次无差错；配合厅信访办和武汉市公安局经保处稳妥处理12起群体上访事件、接待来访人员616批次，保障了厅机关正常工作秩序。坚持保安巡查制度，做到不放过一个疑点和漏洞，在巡查中抓获进入台北路宿舍区和机关大楼偷盗嫌疑人各1人，移交公安机关处置，确保机关大楼和台北路宿舍区的安全。

机关后勤规范管理。结合创先争优、“治庸问责”活动开展，制定《驾驶员文明行为规范》、《车队驾驶员活动室管理规定》、《驾驶员安全教育及车辆安全检查制度》、《保安考核办法》，印制《厅机关后勤服务中心制度汇编》。

全年接待与会人员13931人次，圆满完成34次大型会议的服务保障工作；对后勤中心档案、房改资料进行电子化整理；创新借调人员管理模式，劳资人事管理进一步优化；完成厅机关职工及大楼内二级单位职工住房调售工作；推进交通规划科技产业园资产划转、证件办理工作；启动产业园水质检测与测绘工作，为产业园初始登记做好准备；加强与租赁单位的协调管理，会同厅财务处完成与承租单位（鄂西、随岳管理处）租赁合同的签订，保障国有资产有效利用；建设大道职工宿舍加装电梯工作有序推进，已完成施工图纸设计、绝大多数住户签字、资金列入部门预算等工作，进入消防备案和规划审批程序；完成地下车库入口、厅机关大楼门、政务大厅及厅机关大楼停车平台项目的维修改造；启动消防系统改造、车库门维修工作。

厅机关举行节水护水行动倡议签名暨节能产品兑换和废旧电池回收活动

创节约型机关。围绕“珍惜生命之源、人人节水护水”全国公共机构节能宣传周主题，在厅机关开展“节水护水行动倡议签名暨节能产品兑换和废旧电池回收”活动，厅机关干部职工踊跃参加并在节水护水行动倡议展板上签名；在湖北交通职业技术学院举行的湖北省低碳交通2012年节能宣传周启动仪式上，设置厅机关节能展板和咨询台，开展公共机构节能技术咨询，并向10多家企事业单位分发公共机构节能宣传画册和节能产品；会同厅节能办举办厅公共机构首届能耗统计员培训班，厅机关及厅直15个单位的能耗统计员参加培训，受到省政府网站的关注，进行了报道；建立并完善厅直单位公共机构能耗统计信息联网直报平台，实现厅直单位公共机构能耗数据网上报送；投入专项资金用高效节能的LED光源更换了部分楼层T8日光灯；应用双层中空玻璃窗，更换了大楼临街办公室单层玻璃窗，提高隔热性能，降低室内能耗和噪音；采用PVC下水管替代铜下水管，解决下水管锈蚀渗漏问题，年节约费用1万余元；会同有关处室完成厅机关“十二五”节能规划编制工作，明确了厅机关节能工作的指导思想、工作原则降耗目标和主要措施；上报《全国节约型公共机构示范单位创建实施方案》。

安全应急保障。每月组织车队驾驶员进行一次安全学习，每两月对车辆进行一次安全例检，夏季、冬季和节假日对车辆进行专项安全检查；举办两期消防知识讲座，普及机关干部职工消防安全知识，提升安全防火意识；对厅机关大楼监控系统进行维护和改造，达到机关大楼大院监控全覆盖，实时监控；建立健全厅机关《停水、停电应急处置预案》、《电梯紧急情况处置预案》、《大楼电气设备火灾处置预案》机制；对机关及职工宿舍区5部电梯按时年检，对存在的安全隐患及时进行维修；检查更换机关大楼和宿舍区灭火器药粉，更换76条破损的水龙带，清洗保养消防报警烟感探头；定期检测厅机关和宿舍区防雷设施安全性能等。（王景涛）

【厅史志工作】 坚持一个思路（继续坚持“一二三四”史志工作思路），突出两个着力（着力打造交通文化新亮点，着力推动交通行业文化软实力的提升），细化三个服务（服务于全省交通行业“调结构、控规模、保重点、促稳定”的工作，服务于全省交通行业管理的品牌创建，服务于交通干部

《湖北交通运输年鉴（2013）》篇目评审会

职工的文化需求），全力推动全省交通史志工作健康发展。

年鉴资料收集和编辑工作。3月，召开《湖北交通运输年鉴(2012)》培训会议，参会人员60多人。下发《湖北交通运输年鉴(2012)》篇目。督办各单位年鉴稿件报送工作，召开年鉴经验交流会，收集各单位上报资料总计100万字，于8月全面开始编辑，9月完成全书文字编辑。11月11日，召开《湖北交通运输年鉴》编委会主任会议及2012年年鉴审稿会，审查《湖北交通年鉴(2012)》和《湖北交通运输年鉴(2013)》篇目，唐元副厅长参加会议，并就加强年鉴工作和制定篇目作重要讲话。

在抓好省交通运输年鉴的同时，全面完成向上级单位报送年鉴资料的工作，总计字数20多万字。下发《关于补报〈中国交通年鉴〉所需2011年年鉴资料的通知》，收集上报2012年《湖北年鉴》、《湖北发改年鉴》、《中国交通年鉴》等所需年鉴资料。落实厅领导指示，完成《湖北年鉴(2012)》湖北交通运输彩版的衔接落实工作。

连续编报《湖北党史大事记》。每逢单月向省委党史研究室报送大事记的交通部分内容，总计4万多字。

配合省方志办工作。衔接《湖北省志·交通》和《湖北人物志(1980～2000)》定稿工作，开展大交通联席单位联络协调工作，对《湖北地情·湖北桥梁》进行前期衔接和策划工作。

史料整理。开展《“十一五”期湖北交通运输史料汇编(2006～2010)》资料收集及编辑工作，收集资料80多万字。指导各单位资料上报工作，6月召开《“十一五”湖北交通运输史料汇编》评审会议。8月，邀请市州交通部门史志专家在襄樊进行封闭审稿。专程向省人大林志慧副主任汇报此书编纂工作，林主任两次提出重要修改意见。10月，完成全书定稿工作，送交印刷出版。

行业指导。继续推动各单位开展年鉴和交通志编纂工作。督促省港航局参编交通运输部《中国水路交通史丛书》工作，检查指导厅直业务局的《年鉴》编纂等工作。进一步加强对市州交通部门史志工作的调研指导工作，4月，赴黄冈指导《黄冈交通志》编纂工作，在黄冈市交通局召开关于编纂提纲和方案的意见交换会议。赴黄咸、宜巴、保宜等重点工程收集年鉴和史料的有关资料，就有关条目与指挥部交换意见，收集和现场拍摄工程照片。为推动交通史志研究工作，在国家核心期刊、中国地方志指导小组办公室主办的《中国地方志》杂志发表专业志理论研究文章1篇。参与《武汉铁路志》评审，对《武汉交通年鉴》、《湖北公路年鉴》给予指导。

其他工作。大力配合宣传厅党组的决策和交通发展成就。编印《湖北交通运输史志》杂志第5期、第6期。完善并连续更新“交通运输史志电子资料库”。通过这两大阵地，保存发展史料，服务于全省交通行业管理的品牌创建，服务于交通干部职工的文化需求。向新闻单位和厅机关处室提供湖北交通发展和“构建祖国立交桥”的有关史料。接待、配合人民交通出版社、交通运输部“地方交通史志编撰研究协作组”负责同志开展交通史志调研。衔接省安监局《安全生产志》编纂工作。

【市州史志工作】 《武汉交通运输年鉴》。由武汉市交通运输委员会、武汉市交通运输协会主编的2012年卷《武汉交通运输年鉴》（总第二卷）11月出版发行。该年鉴对2011年度武汉市交通运输行业重点工作、重要事件进行综述和详述，重点对武汉地区的铁路、公路、水路、航空、公共交通、邮政做了分层次记载。年鉴按照分类编排的要求，设特载、大事记、综合交通运输体系建设、城市圈交通、行业综合管理、精神文明建设与党群工作、获奖名录、规章与规范性文件选编、调研文稿选编、统计资料及附录等类目，受到行业内及社会有关部门的重视与关注，一些科研单位、兄弟中心城市交通部门纷纷来函索书。该年鉴2011年卷(首卷)评为武汉市社会科学优秀成果奖。

《襄樊交通志(1986—2005)》。10月，《襄樊交通志(1986—2005)》由湖北人民出版社公开出版发行，这是襄阳市交通运输局继首轮修志编纂的《襄樊交通志》后续编出版的第二部部门志。该志记事上限为1986年初，与上部交通志下限相衔接，部分重要事项、重要资料上溯至改革开放之初的1978年，下限为2005年底，部分重要交通经济统计指标反映至2008年末。该志采用语体文记述，设大事记、综述、专志、图片、附录，共10篇35章108节101.6万字。该志以马列主义、毛泽东思想、邓小平理论、“三个代表”重要思想和科学发展观为指导，运用唯物辩证法的观点，全面、准确、真实、客观地记述襄阳交通行业的历史和现状。以大事记为“经”，记录襄阳交通在改革开放中20年来的大事、要事、新事；以“综述”浓缩襄阳交通发展演变历程，采取纵横交织方法描述概要；公路篇、水路篇、道路运输篇和水运篇记述路、桥、航道、港口、车站等交通基础设施建设的历程与成就，反映水陆运输企业在深化改革中的兴衰成败；交通科技、教育与交通勘测篇反映襄阳交通贯彻“科技兴交”战略思想的成果和贡献；综合管理篇、组织机构篇记录交通行政管理和业务主管部门机构演变历程及不断强化襄阳交通行业监督、管理，规范交通行政执法，为社会提供优质服务的业绩；党群组织篇、思想政治工作与精神文明建设篇、人物篇记录襄阳交通行业党的组织建设及党群组织在“两个文明”建设中积极作用，录入了在襄阳交通事业中立足本职、艰苦奋斗、开拓进取、无私奉献的先进集体和英雄人物，展现了交通干部职工的政治思想素质和精神风貌；附录辑入襄阳交通各发展时期的重要文献和国家交通法律法规。（徐旭贤）

《南漳交通志》。9月26日，南漳县第一部部门通志——《南漳交通志》通过县史志办终审。《南漳交通志》于2006年底正式启动编纂工作，2011年12月底截稿。全书分为组织机构沿革、公路、水路、道路运输、规费征收和交通建设筹资、科技教育和法制建设、交通综合管理、党的建设和精神文明建设、人物共九章，另有一序、一记，一录、一跋，总字数35万，照片64幅。为全面反映南漳自然、经济、交通和社会的基本面貌，南漳县交通运输局编纂委员会组织工作专班，历时6载，完成各类文字初稿和相关资料270多万字，编修了一部1949－2007年的交通发展通史，记载了交通设施建设、公路养护管理、运输市场发展、交通行政执法、精神文明建设等交通事业的发展过程和主要历史经验。县史志办有关领导和专家对《南漳交通志》给予了高度评价，提出修改意见。县交通运输局原局长魏万佩、曾年顺等应邀出席终审会。（叶启合）

《宜昌交通志(1979—2008)》。9月18日，宜昌市地方志编纂委员会以宜志文〔2012〕8号文批复同意《宜昌交通志(1979—2008)》定稿付印。该志续编工作从2003年开始启动，2011年底完成终审稿。2011年12月13日，宜昌市交通运输局、宜昌交通志编纂委员会邀请领导和专家对该志进行评审。经过评议，与会领导和专家一致认为该志编纂比较规范，思想性、资料性、科学性、专业性、时代性较强，体现了地方特点和行业特征，内容丰富全面，资料翔实，篇目设计基本合理，体例完备，行文简洁。全面记述了宜昌交通设施、运输生产、行业管理，文明建设等方面的历史和现状，反映了30年宜昌交通所取得的辉煌成就和历史经验，符合专业志的编纂要求，是一部基础较好、成熟的志稿。为将该志编纂成一部精品良志，建议从“凡例”、篇目设置、资料补充核实，语言文字规范表述、志书志体编纂等方面进一步规范，精雕细刻，打造精品。与会领导和专家一致同意该志通过评审。根据评审会意见，宜昌市交通运输局组成专班，制定出修改方案，经过反复修改，最终形成的定稿为篇章节结构，设大事记、概述、篇、人物、附录、后记6部类共10篇35章117节，约90万字。文前附有宜昌市交通图、24面彩页和中英文对照目录，文后有索引。（吴新华）

《荆州交通年鉴(2012)》。经鄂荆图内字第19号批准于8月初印刷出版。该年鉴设特载、大事记、概况、基础设施建设、运输和安全、综合管理、党群工作和精神文明、专题资料等8个栏目，计30余万字，比较详细地记载了2011年荆州市交通运输发展的新情况、新成就、新经验和新问题。从2008年开始，荆州市交通运输局按资料权威、反应及时、连续出版、功能齐全的特点编纂交通年鉴，已连续出版5卷，形成交通运输发展轨迹的系列资料丛书。该年鉴比较全面、真实、系统地展示全市交通运输发展的史实资料，为社会各界人士了解荆州交通运输现状提供信息，对各项交通运输工程提供决策依据。（王昌福）

《金桥故事》。由荆州长江公路大桥管理局编纂的《金桥故事》已于8月出版。该书共9章15万字，比较详实地记录荆州长江公路大桥通车运营10周年风雨历程，揭示了大桥通车运营10年间鲜为人知的往事和不凡经历，展现了大桥管理人员爱岗敬业、以桥为家的优秀团队风采。2002年，经过4年建设，荆州中心城区终现“一桥飞架南北，天堑变通途”。荆州长江公路大桥的建成通车，宣告207国道全线贯通，拉近湘鄂两省的距离，荆州人过江时间缩短为5分钟。荆州长江公路大桥也成为荆州市的地标性建筑。为管好大桥，服务地方经济发展，荆州长江公路大桥管理局300多名员工悉心维护长江大桥，确保大桥时刻处于安全运营状态。同时，积极落实优惠政策，为荆州发展营造良好经济环境。10年间，荆州长江公路大桥免收绿色通道通行费3300万元，为中巴车、公交车、农用车优惠6569万元，累计为地方财政纳税近3500万元。大桥日通车能力达2万辆以上，通行费收入大幅增长，品牌价值不断提升，大桥建成时决算12.58亿元，10年后评估价值超过20亿元。（王万红）

《荆州区普通公路收费历程》。7月11日，《荆州区普通公路收费历程》在市、区各级领导的大力支持和热心帮助下，经过全体编撰人员历时两年的收集、整理和潜心修编，终于印刷出版。该书以志书为体例，以资料性材料为主，分收费站设置、通行费征收、精神文明建设、收费站撤除与人员安置、人物等五章十八节，共收集图片100余幅、12万多字。在收集整理荆州区两个收费站执行国家收费还贷政策过程中的历史资料、基础数据、管理经验、文明创建材料的基础上，全面记述1993～2009年间“贷款修路、收费还贷”政策给荆州区公路建设和经济社会发展带来的巨大变化，总结通行费征收管理的经验和做法以及收费站的历程和状况，反映公路收费工作特点与行业特点，具有资政、存史的作用。（张庆）

《公安县普通公路收费历程》。12月14日，由公安县公路局编纂的《公安县普通公路收费历程》印刷出版。该书共收集图片90余幅，分收费站设置、通行费征收、精神文明建设、收费站撤除与人员安置、附录等五章十七节，共计10万字。该书较为全面客观地记述了1993～2009年16年间，在“贷款修路，收费还贷”政策下，公安县普通公路通行费征收工作开展管理创新、内强素质、外树形象、制度变革的全过程。系统反映公安县普通收费公路建设、管理、文明创建和改革取得的成果，为推进公安公路事业又好又快发展，提供详尽的历史资料。

（李江松）

省公路学会2012年学术年会在武汉召开

【湖北省综合交通运输研究会】 为搭建政府与交通行业企事业单位之间的沟通桥梁，加快构建全省综合交通运输体系，8月，厅规划室会同省交通规划设计院、省交通科学研究所发起成立湖北省综合交通运输研究会，具体负责研究会的筹备工作。经与民政厅、铁水公空及大专院校等会员单位衔接协调，取得省民政厅准予筹备的决定书和厅领导担任社团领导的批复，收到各相关单位入会回执104个。

（厅规划室）

【湖北省公路学会】 在中国科协授权的《学会杂志》期刊上，连续第5年跨入全国省级“学会之星”之列，首次荣获中国科协科技服务“五十佳”省级学会荣誉称号，省科协授予2012年度“创新示范学会”荣誉称号，并获得省科协2012年度国家级科技思想库（湖北）科技工作者建议征集活动优秀组织奖。经学会推荐，湖北交通职业技术学院博士教授王孝斌被评为“全国优秀科技工作者”。学会副秘书长毋润生被省人社厅和省科协授予“全省科协系统先进工作者”荣誉称号。

发展新单位会员3个、个人会员16人，单位会员75个，个人会员3326人，理事161人，其中常务理事57人。

2012年学会按照“创新工作方式，打造全国一流学会”和推进“三个基地”建设的思路，主要做了以下工作：

2月15日，省交通运输厅领导尤习贵、徐健、马立军和有关处室的负责人听取了省公路学会主要负责人黄大元的专题汇报，尤厅长作了重要讲话，对全省公路学会和各专委会的工作给予了高度评价；对新形势下，如何发挥省公路学会等交通行业各社会组织的作用，推进全省交通运输的“六个发展”进行了深刻阐述；指明了全省公路学会的发展方向和“创新工作方式，打造全国一流学会”的战略目标；提出了搞好“三个基地”建设的重要任务；强调厅机关和各级交通主管部门要全力支持学会工作和学会发展。

5月，派员参加由交通运输部主办，中国公路学会、部科研院联合承办的第十一届中国国际交通技术与设备展览会暨2012中国交通发展论坛；9月，参加在石家庄举办的以“科技创新与经济结构调整”为主题的第14届中国科协年会暨中国公路学会举办的“全国山区高速公路技术创新论坛”，并向论坛选送了2篇论文，编入优秀论文集；参加中国公路学会在石家庄举办的七届三次理事会；4月中旬，参加省科协召开的第八次代表大会，省交通运输厅巡视员徐健、党组成员、厅重点办主任姜友生分别当选为委员和常委；参与省科协“科技创新源泉工程”创建活动和“学会能力提升专项”行动以及《湖北省社团组织科技服务活动管理办法》修订工作。

学会继续依托武汉城市圈、鄂西南、鄂西北三个片区，分别在天门、宜昌、随州举办第三轮公路建养新技术及机务管理专家讲座，700多名工程技术人员参会，得到一致好评。组织专业技术人员参加7月下旬由中国科协、上海市科协、台北市交通安全促进会在台湾主办的“第20届海峡两岸都市交通学术研讨会”、10月份中国公路学会在苏州主办的两岸四地交通科技发展论坛以及中国公路学会各专委会主办的学术活动。5月中旬、9月上旬、10月中旬，省公路学会分别协同交通工程专委会、桥隧专委会、信息专委会组织100多名工程技术人员分别参加在山东青岛举办的“青岛湾跨海大桥工程建造技术学术与考察”，在广东韶关举办的“广乐高速公路勘察设计标准化现场交流与考察”，在深圳举办的“智能交通技术研讨交流及考察”活动，了解国内公路、桥梁建设、信息产业前沿技术，拓宽科技创新思路。4月中旬，学会与国际贸促会武汉分会、省交通运输厅、武汉市交委、省公路局联合主办2012武汉国际建设博览会。同时，协同筑机专委会举办全省筑路机械新技术、新设备研讨观摩会，150多名工程技术人员参加会议。11月中旬，省运管局和汽车专委会在江苏南通大学共同组织

4 月 17 日至 19 日，武汉国际交通建设博览会在武汉国际会展中心举行

全省出租车行业驾驶员“心理咨询及疏导培训班”，用心理学原理和技术疏导驾驶员情绪，加强事故安全防范，优化出租车服务。

12 月 8 日，省公路学会在武汉晴川饭店召开 2012 学术年会，年会主题是“调整转型与可持续发展”，各级领导和工程技术人员 200 多人出席。省科协副主席曾宪计、省交通运输厅党组成员、总工程师程武出席会议并作重要讲话。会上，宣读了《关于表彰省公路学会 2012 年度优秀科技论文的通知》，举行了颁奖仪式。交通运输部公科院院长周伟就《发展现代交通运输业——中国交通发展的战略选择与转型》作主旨演讲；省交通运输厅党组成员、厅重点办主任姜友生就《公路工程质量问题治理与思考》作主旨演讲；省交通运输厅综交处处长徐文学就《交通规划的解读与问题讨论》作主旨演讲。

各市州公路学会学术交流及技术培训相继开展，十堰市公路学会举办公路桥梁隧道施工管理及安全培训班，天门市公路学会组织赴成都学习考察交通联合执法和农村路站运一体化建设；宜昌市交通学会和市物流局以“物流与科技”为主题，开展“科技惠民活动日”宣贯活动等。2012 年，省公路学会举办学术会议 12 次 1600 多人、各种技术培训 40 多场 4000 多人次。

学会组织各专委会开展全省公路学科发展课题研究，初步形成道路、桥梁、隧道、物流、高路运营、交通信息、环保与可持续发展 7 个课题报告（初稿）。配合厅办公室、厅质监局开展竣工文件编制规范的研究和编写工作，已进入初审阶段。近年来，依靠省公路学会各专委会、各市州公路学会、各会员单位和广大工程技术人员广泛开展课题研究和建言献策，先后完成重点课题研究报告 19 篇，涉及综合交通、物流与运输经济的发展、规范工程建设招投标、严格监理、造价管理、公路规划设计、节能环保、高路运营管理、交通建设筹融资等多个方面，先后在学会期刊《湖北公路交通科技》上发表。有些报告经学会推荐，引起主管部门和领导的高度重视。省运管局局长石先平对《武汉城市圈交通运输一体化发展探讨》、《对加快湖北大中城市快速公交建设的探讨》、《全省道路客运交通发展分析与建议》等 3 篇课题报告作出批示。厅党组成员、重点办主任姜友生对《宜保高速公路工程环境影响分析及其对策》的课题报告作出批示。宜昌市交通学会马宏彦等撰写的《立足三峡 构建西北地区物流陆水转运新通道研究》和《宜昌猇亭区物流交通组织研究报告》被宜昌市科协评为优秀课题研究报告，列入市委、市政府“十二五”规划项目，已开始启动。各有关方面工程技术人员还提出 20 多个建言献策项目，较好地发挥为各级领导建言献策的作用，促进全省公路交通科学决策健康持续发展。经学会推荐，有 3 篇获省科协科技工作者建议奖，其中省高速公路实业开发公司熊巍、余彬、刘松合著的《高速公路路面中长期养护规划方案的分析与设计的建议》获二等奖，省交通规划设计院任海、董健合著的《高速公路改扩建工程在设计中若干问题的思考》、卢冬生、巴可伟、沈阳等合著的《宜昌临港工业园集疏体系研究》获三等奖。

按照中国公路学会、省科协的要求，认真做好科技成果评价、科技奖项评比和专业技术职称评审工作。共向省科协推荐 97 篇论文，列入新一轮湖北省自然科学论文奖评奖名单；有 92 篇论文被评为 2012 年度省公路学会优秀论文奖，其中：一等奖 6 篇、二等奖 30 篇、三等奖 56 篇。2012 年专业技术职称评审中，有 247 名工程技术人员通过申报职称前的水平能力测试，其中：高级 172 人、中级 61 人、初级 14 人。通过专家评审，127 人获得高级职务任职资格，47 人获得中级职务任职资格。

发挥学会高层专业技术人才集中的优势，为十房、谷竹、恩来、恩黔等高速公路建设指挥部提供技术咨询。为十房、十白、黄咸、恩来、恩黔高速公路建设项目竣工文件编制工作提供编制实施细则、专业培训、现场指导等技术服务，推进工程建设优化设计、科学管理和技术创新。

2 月下旬，召开全省公路学会秘书长工作座谈会，总结部署学会工作，表彰 2010 ~ 2011 年度 10 位优秀秘书长、13 位先进学会工作者。4 月中旬，省公路学会筑机专委会召开全委会，选举省公路局监督长关爱军为主任委员，举办全省筑养路机械新技术研讨会。7 月上旬，在咸宁召开全省公路学会工作座谈会，交流各市州公路学会和省公路学会各专委会工作经验，就开展公路学科发展课题研究进行重点部署。12 月 7 日，省公路学会七届四次理事会在武汉晴川饭店召开。来自全省各市州公路学会、厅直各有关部门、科研院所、大专院校、企事业单位的近百名理事、常务理事出席会

省公路学会专家组为谷竹高速公路建设提供技术咨询

议，大会审议通过黄大元理事长所作的工作报告和曹士德副理事长关于《省公路学会组织建设和会费收支情况》的书面发言。

树立“服务为本、创业兴会”理念，不断拓宽思路，从三个方面强化服务职能，一是坚持强化学术交流、技术培训、科普活动等基本服务职能；二是积极承担政府转移或授权的技术成果评价、认定、职称评审、建言献策等社会化服务职能；三是努力开发技术咨询、技术服务等拓展性服务职能，形成了多途径、全方位为公路交通科技创新、科学发展服务的新格局。强化咨询服务项目管理，实施“精品”战略，提高咨询服务水平。实施“经营学会、创业创收、反哺学术建设”的措施，用咨询服务收入支持学术建设和学会发展。充分运用“两刊一站”平台，即学术期刊、学会通讯和学会网站为广大会员提供论文交流和信息服务。全年出版学术期刊4期，收到学术论文稿104篇，刊用47篇，出版通讯22期，发表各类信息230条。

（省公路学会）

【湖北省运输与物流协会】 顺利完成协会换届工作。经过筹备，在省交通运输厅、省民政厅、省运管物流局的领导和支持下，按照协会秘书处工作计划，根据实际情况，完成了第三届理事会工作报告、第四届理事会工作思路等文字材料，督促各市州理事、会员单位报名和统计，换届大会顺利召开，圆满完成全年工作重点目标任务。换届后及时完成协会更名（原名为湖北省道路运输行业协会）、法人及负责人登记、分支机构更名、印章更换备案等后续工作。机动车维修检测分会在各会员单位支持下顺利完成换届工作。

推动承运人责任险第三轮保险协议的贯彻落实。2012年，湖北省道路客运承运人责任险保险工作，在各级运政机构监督配合和共同努力下，各会员单位积极参保，有效地降低了企业的经营风险，保护了人民群众的利益，尤其在重特大交通事故中发挥了明显作用，获得社会各界好评。协会加大承运人责任险的宣传力度，及时和各市州管理部门、道协沟通，认真听取企业意见，督促保险公司认真履行服务承诺，同时认真按照协议条款建立统计制度，对每季度投保数据进行统计分析，及时掌握全省承运人责任险统保工作进展情况。9月份组织全省工作座谈会，加强和保险公司、各市州运管部门（协会）和企业之间的协调和沟通。为了继续做好2013年承运人责任险工作，针对统保工作中出现的新问题，协会组织专门人力，对恩施、黄冈、黄石等地进行实地调研，广泛听取来自管理部门、企业的意见和建议，在实施过程中加强协调和监督管理，对重大案件、长期未决案件，及时与两家保险公司进行协商解决，督促两家承保公司切实履行协定。同时在收集历年来全省承运人责任险理赔数据资料的基础上，根据2012年实际投保和理赔情况，在补充协议中下调基准费率到0.8‰，通过历史赔付系数、免陪系数等一系列优惠比例，部分企业实际投保费率可以下降到0.5‰左右，进一步为企业降低经营成本。

推广新设备、新产品、新技术。参加国家发改委、交通运输部节能减排优惠政策和资金申报与节能量检测及认证政策解读专题研讨班，学习了解国家节能减排相关政策，国家发改委目录公布的节能减排产品，使用节能产品的节能量检测计算认证和申报奖励资金，争取优惠政策的相关程序。对省内恩施新长城、武汉华丰、十堰亨运等维修企业使用水性漆等节能减排产品申报奖励资金进行宣传和申报指导。同时协会与海南明德能源公司合作，推广GPS节油监控及燃油添加剂的使用，在中石油湖北运输公司安装20辆油罐车进行节油量的数据确认，从单车看，有的节油率可达到10%。分别在武汉、恩施、襄阳、宜昌、黄石、咸宁、孝感、潜江、荆门单一使用柴油添加剂在部分客货车上推广使用，也可达8%的节油率。从目前试验反馈的信息来看，降低油耗明显。参加交通运输部职业资格中心召开的全国机动车检测维修专业技术人员水平考试考务工作会，进一步了解考务方面的具体要求。联合省运管物流局召开全省《机动车维修服务规范》（JT/T 816—2011）暨“汽车不解体检测诊断新技术”宣贯会，印发《关于推广使用“汽车不解体检测诊断技术及设备”的通知》（鄂道运协字〔2012〕10号），与广西三原科技集团签订战略合作协议，争取优惠价格，向行业开展推广示范。恩施新长城汽修公司、十堰亨运汽修厂购置全套设备建立示范工作站。武汉华丰厂运用汽车不解体检测诊断设备对进厂维修的车辆维修前、维修中及维修后全程进行检测诊断，提高了维修质量。另外对社会车辆组织免费检测诊断体验，建立了50台车的信息卡，50台车主积极配合，为促进开展不解体检测诊断工作打下良好基础。橇装加油设备推广取得新进展，在恩施交运集团和咸丰客运站安装两套设备，基本形成消防许可的资料申报及安监部门的环评验收准备，有待恩施州消防支队和安监局评审验收发证后即可进入供油运行。

进一步提升全省道路客运信息化水平，受省运管局委托开展《湖北省道路客运联网售票系统》的组织研究和实施工作，成立课题组，6月召开评审会，以省运管物流局科技项目报省交通运输厅。

建立职业技能鉴定所。经过3年艰辛努力，省人力资源和社会保障厅组织专家进行评审，一次性验收合格，获得鄂人社审批字〔2012〕第89号“行政许可决定书”批准成立“湖北省交通运输行业国家职业技能鉴定所”，可对行业内汽车驾驶员等12个职业工种开展技能鉴定。10月下旬，对64名二手车鉴定评估师进行鉴定，发放了证书。

等级评定工作。2006年以来，协会依据中道协《道路运输企业等级评定实施办法》，按照交通部JT/T 630—631《道路旅客（货物）运输企业等级》标准，开展等级评定及原企业经营资质向企业等级的过渡工作。荆州先行集团被评为一级企业，2012年，对枣阳市宏兴运输有限公司进行申报评级工作。

推动企业参与诚信企业创建活动。按照中国道路运输协会要求，积极组织企业参加“中国道路运输百强诚信企业”创建活动，经过宣传动员和初审申报，宜昌交运集团股份有限公司、湖北公路客运（集团）有限公司、荆州先行运输集团有限公司进入百强诚信企业。配合省工商局、省企业信用促进会，组织全省运输企业积极参与湖北省第十一届“守合同重信用”企业认定活动。

重视人才培养。对于参加湖北省第三届“技能状元”选拔赛的机动车驾驶教练员比武前10名申报荣誉及职称，省人力资源和社会保障厅、省总工会、团省委、省妇女联合会以鄂人社发〔2012〕44号文件表彰决定，10名教练员的获奖情况在省运管物流局网站、协会网站进行公布，促进了驾培行业的持续发展。

为企业可持续发展出谋划策。面对汉宜高铁开通，如何保持企业可持续发展，如何克服困难，把握机遇，引导企业健康发展，及时组织管理部门、运营公司和专家召开座谈会，汉宜沿线七个地市全部参与，出谋划策，思想前瞻，未雨绸缪，做到提前布局，主动对接；前景展望，与铁路共赢。同时力争出台政策，帮助企业持续发展做好参谋。12月1日，湖北省开始开展交通运输业和部分现代服务业营业税改征增值税试点工作，协会进行交通运输企业营改增的调查座谈工作，配合省国税局对宏基客运站进行试点调查。

拓展职业教育。协会开办的物流管理项目和采购与供应管理项目迎难而上，取得较大增长。在全国自考面临逐年下降、物流项目大幅下滑的形势下，物流项目逆势增长，增长数为全国第一，报考总数位居全国第五；采购与供应管理项目单次报考超1000科次，年度报考总数位居全国第九。为湖北省物流和采购行业输送了396名本专科毕业生和503名资格证书持证人才。

维护企业合法权益。2012年仲裁中心分批联系和走访了华中物流有限责任公司、湖北公路客运（集团）有限公司、武汉市第四汽车运输公司、同安源汽车运输有限公司、武汉立政公司、武汉顺畅创亿物流有限公司、武汉新港建设投资开发集团有限公司、湖北省汽车运输公司等企业，宣传和推广仲裁工作；为广西三原公司在湖北推广汽车不解体检测设备拟定修改了一套完整的确认流程和确认所需的相关文书，包括双方的合同和仲裁申请书、仲裁确认条款以及确认后送达的裁决书等，通过事前仲裁形式确保双方的权益，避免纠纷发生以及纠纷发生后的解决方案，通过合同确认的形式以法律文书进行明确，努力引导企业进行合同仲裁确认，保障企业合法权益。已进行了四批合同确认，计95件合同确认案件，标的额131.6万元。租赁分会联合省工商局起草的租赁行业统一示范合同文本，在租赁合同中设立统一的仲裁条款、并根据租赁合同设置仲裁申请及简化程序协议书、仲裁调解书等，解决租车人拖欠租赁企业租赁租金的问题。通过会议和网络等形式，做好企业维权工作，及时发布行业涉嫌非法集资预警信息。

完成《湖北道路运输》杂志三期，增刊二期。

完成2011年度全省劳动工资统计年报工作，完成交通运输部2011年交通运输系统单位劳动工资统计报表、省人社厅2012年度人力资源社会保障统计报表两套数据汇总上报。完成厅直单位10个工种415人报名工作。完成省人事考试院、省人才中心委托交通行业六个工种的培训和实操考试。组织培训涉及4个工种274人，其中初级工77人，中级工97人，高级工86人，技师14人。组织实操考核涉及4个工种820人，其中初级工251人，中级工306人，高级工241人，技师22人。

协助省运管局“2012年道路旅客春运优质服务”宣传工作。评选出全省20家运管机构获得“优胜运管机构”称号、20家运输企业获得“优胜运输企业”称号、16家客运站获得“优胜客运站”称号；同时评出全省“先进个人”40人、“优秀信息员”10人。

贯彻落实交通企业安全达标考评工作。为积极贯彻交安监发〔2012〕175号文件精神，依据《交通运输企业安全生产标准化考评管理办法》和《交通运输企业安全生产标准化达标考评指标》，按照省交通运输厅、省运管物流局要求，积极抓好细化落实工作，积极准备开展考评和评审员培训工作，制定组织方案，确保完成达标企业考评工作。完成道路旅客运输企业安全管理规范宣贯培训3期603

人，完成考评员培训班2期465人，承办省交通安全生产标准化建设宣贯会，123人参加会议。积极与试点企业宜昌交运集团、武汉大通出租公司、中石油湖北运输公司联系，指导相关企业开展考评工作，与武汉理工大学共同制定考评手册及相关文书。

配合省运管局完成全省机动车驾驶培训教学与考试大纲宣贯培训4期611人；协助完成全省包车客运标志牌管理系统应用程序培训223人、全省出租车企业驾驶员心理咨询及疏导培训23人赴江苏南通大学学习。

（周平）

【湖北省交通建设监理协会】 5月28日，召开湖北省交通建设监理协会第一次会员大会，省交通建设监理协会（以下称监理协会）正式成立并开展工作，会长张月斌，常务副会长祁汉顺，秘书长胡鸿翔。大会结束后，从省民政厅取得了准予社会团体成立决定书，监理协会以会费作为注册资金在工商银行汉口支行建立基本账户，7月在省质量技术监督局办理组织机构代码证，9月在武汉市地方税务局办理税务登记证，监理协会前期运作相关手续办理齐全，成为一个合法的团体机构。10月，监理协会开通协会与会员单位交流咨询专线，实时更新本行业相关培训、信息与技术交流、会展招商等活动信息。监理协会常务副会长以及秘书长研究决定，任命燕桥鸣同志为协会副秘书长，主持日常工作。11月下旬，监理协会以网络为媒介，开通湖北交通建设监理协会网站，以此为平台发布相关资讯。12月，在省交通运输厅工程质量监督局大力支持下，监理协会成功组织举办一期公路水运工程监理安全生产环境保护监理培训班，培训学员240余人，借此机会让更多的单位、个人了解监理协会相关信息。（姚国兴）

【湖北省交通会计学会】 召开片区学术交流会，开展学术研讨经验交流。2012年，学会组织的第一、二片区学术交流会由恩施州交通运输局和黄石大桥局承办，分别在恩施市和黄石市召开。这两个会议有200多位分管领导和财务人员参加，收到各类论文334篇，经过各常务理事单位推荐，学会和主办单位组织评审，从中评出优秀论文38篇，在两个片区会上发言交流17篇，分别编辑成册，分发给与会代表学习借鉴。

为了提高大家的学术水平和综合能力，两个片区会还邀请了恩施州民族大学经济管理学院院长王涛教授、武汉纺织大学刘圣妮教授分别作了《新中国会计发展与未来》和《事业单位财务规则解读》讲座，受到与会代表的欢迎。

贯彻服务宗旨，充分发挥《湖北交通财会》的交流平台作用。《湖北交通财会》是我会的会刊，也是我省交通系统财会工作人员交流经验的平台和理论研究的园地，办好会刊始终是学会重要工作之一。2012年学会继续坚持“三个服务”的宗旨，积极探索交通财会改革和发展中的新情况、新问题，圆满地完成了四期杂志的编辑出版发行工作，使《湖北交通财会》真正成为广大交通财会工作者掌握财会信息的窗口、开展学术交流的桥梁、交流工作经验的平台。

一是紧紧围绕交通运输财会中心工作，加大对全省交通运输系统财务审计工作会议等会议精神的宣传报道，对行业内的先进管理经验和做法及时宣传，对国家和省有关政策法规文件及时刊载。2011年2月，省交通运输厅召开了全省交通运输系统财务审计工作会，我们在第一期《湖北交通财会》上，重点报道了会议，刊登了张云副厅长的重要讲话，同时刊登了武汉市交委、宜昌、恩施交通运输局、省港航局、省京珠高速公路管理处等单位的经验交流材料。每期杂志，我们都结合实际，刊登国家、省财政部门的有关文件。

二是针对当前交通运输行业的难点、热点问题进行重点组稿，栏目内容紧扣行业改革和发展实际，特别是面临的筹融资难题、建设资金监管、资产管理、成本管理、内部控制内审工作等重点问题进行专题报道和约稿，据统计，2012年杂志收到各类论文、经验交流等文章共计 近300篇，其中有82篇刊登在《湖北交通财会》2012年第1 ~ 4期上。

三是利用封面、封底、封二和封三的彩页版面，刊登反映我省交通建设新貌、学会开展各项活动情况以及学会评选的先进集体、先进个人的图片共计41幅。这些图片资料不仅宣传了我省交通建设和发展的大好形势，扩大了我省交通的影响，而且也大大地丰富会刊的内容，提高了会刊的可读性。

四是为了确保会刊的稿件来源和质量，2012年我们还对会员单位的18名通讯员进行了学习培训，为他们丰富知识、提高写作水平提供了支持。

组织财会人员后续教育培训，提高会计人员素质。根据省财政厅有关会计人员继续教育的规定，受省交通运输厅委托，学会于6月5日至7月5日在汉口云都酒店先后举办5期厅直单位会计人员继续教育培训班。为了不影响会计人员的正常工作，本着学以致用的原则，培训班按单位性质分为3期行政事业班和2期企业班举办，每个单位的会计人员可根据本单位实际，分批参加后续教育培训。

组织参加“全省女会计读书演讲会”活动，进一步提高了女财务人员爱岗敬业、无私奉献的精神。为了进一步落实湖北省会计学会关于开展“全省女会计读书演讲会”的通知精神，进一步宣传落实“爱岗敬业、诚信守法、忘我工作、无私奉献”的精神，我会组织厅直属部分单位女会计参加了这项活动。

组织参加2012年全国特大公路桥梁（公路隧道）财务管理工作经验交流会，加强了交通行业内部学术交流。由江苏、安徽和我省交通会计学会联合发起的长江公路大桥（特大桥）财务管理工作经验交流会第一届、第二届会议分别于2010年6月、2011年6月在江苏苏州、湖北宜昌召开，会议成果得到中国交通会计学会的肯定。经2011年6月湖北会议与会代表建议，并经中国交通会计学会领导同意，会议名称改为特大公路桥梁(公路隧道)财务管理工作经验交流会。2012年特大公路桥梁（公路隧道）财务管理工作经验交流会于2012年5月27日在安徽合肥召开，我们组织我省黄石长江大桥、军山长江大桥及京珠高速公路管理处等单位的领导及大桥财务负责人参加了会议，并在会上作了交流发言。

为湖北省交通会计学会公路专业委员会换届搞好组织协调工作。10月24日，省交通会计学会公路专业委员会第三届会员代表大会暨第一次理事会在神农架召开，会议对第二届理事会工作进行总结，选举产生了公路专业委员会第三届理事会及领导机构，并对第三届公路专业委员会工作进行布置。学会向大会发了贺信，并自始至终搞好协调服务工作。

为会员和会员单位做好服务工作。为会员单位代订《交通财会》、《财会通讯》等财会刊物，既是上级学会的要求，也是学会多年来为会员单位服务的工作项目之一。学会为会员单位订购财会刊物429份，其中《交通财会》248份，《财会通讯》181份；组织交通系统财会人员参加中国交通会计学会安排的业务培训。根据中国交通会计学会的安排和要求，并征得交通运输厅有关部门同意，学会及时转发中国交通会计学会和十二个省交通会计学会联合举办的财会人员业务培训班的通知，培训班主要学习研究交通行业财会改革和发展中的热点难点问题及新的财经政策法规。各理事单位组织80多名财会人员参加了业务培训，对提高全省交通财会人员业务素质、更新会计知识都有较大的促进作用。 （韩晓真）

【湖北省公交运输协会】 充分利用会刊《湖北城市公交》平台，开设政策宣传专栏，对鄂政办发〔2011〕123号《关于进一步加快发展城市公共交通的若干意见》、鄂运物公〔2012〕38号《关于在城市公交行业开展星级驾驶员和星级线路考核的指导意见》、鄂交文办〔2012〕266号《关于在城市公交行业开展“文明进公交”活动的通知》、鄂交运〔2012〕31号《湖北省城市公共交通规划编制管理办法》大力宣传，开设政策答疑解惑专题讨论。为了协助部分城市做好公交专项规划，省公交协会秘书处积极与交通规划部门进行联系，牵线搭桥，努力促成专项规划编制完成。为了推进“文明进公交”活动的开展，向有关城市公交企业推介做法，相互学习交流。协会在会刊中专门设有“公交优秀”和“公交风采”栏目，宣传公交行业在力创“服务优秀”中涌现出的先进人物和先进集体，并为确保先进事迹的时效性，协会还采取跟踪采访、电话约稿等形式，及时进行报道宣传，为全省公交提高服力水平，树立比、学、赶、超目标。元月开始编辑出版《湖北公交动态》，及时报道各城市公交行业管理、企业运营动态，做到传递交流信息快、准、新，便于行业主管部门掌握工作进展，公交企业相互学习，采取月刊发行，作为会刊的补充，得到行业主管部门和会员单位的好评。

协助行业管理部门草拟《在城市公共交通行业中推进节能减排可行性的调查报告》，报告在城市公共交通行业中推进节能减排的必要性、可行性、推行的方案等方面进行了阐述，为管理体制部门提供了参考。协助行业主管部门做好公交企业购置公共汽电车辆免征车辆购置税的工作。6月，国家税务总局和交通运输部下发《关于城市公交企业购置公共汽电车辆免征车辆购置税的通知》（国税发〔2012〕51号）。7月，受省交通运输厅委托草拟《关于实施公共汽电车免征购置税政策全省公交受益经济初步估算》，对实施此政策全省公交企业四年间的经济受益情况进行估算，为省交通运输厅配合税务部门对公交企业实施这项免征税政策做好前期准备工作。

调查研究。为了解全省优先发展城市公交战略实施情况，年初对2011年全省各级政府实施公交优先战略政策落实情况进行调查，从公交经济补贴补偿、公交场站用地、公交规划、公交专用道建设等四个方面进行调查。据不完全统计，全省2006年对公交给予政策扶持的只有6个城市；2009年有18个城市；2011年增加至31个城市，扶持项目逐渐增多，补贴金额明显加大。协会将调查状况除在会刊上刊出外，并呈报有关部门。

为了贯彻落实省运管局制定的《湖北省城市公交规划编制管理办法》精神，以及提高制定公交专项规划认识，协会以此为课题进行调研。从调查情况看，全省已编制公交规划，政府审批实施的有武汉、黄石、宜昌和襄阳四个城市，大部分城市还没有编制公交规划，有的虽然编制了，但还未审批。

恩施市“文明进公交”活动正式启动

根据调查情况，协会撰写了《论城市公共交通专项规划对实施“公交优先”战略的作用》调研报告，从净化城市公交环境，推动城市可持续发展、确定公交发展目标，引导公交有序建设、合理布局公交站场，完善公交基础设施等方面对公交专项规划的基础性、先导性和有效性进行全面阐述，对全省今后优先发展城市公交提出建议。调研报告分别在《湖北城市公交》和《人民公交》上刊载发表。

省公交协会是会员之家，始终本着“急会员之所急，想会员之所想”的原则，反映会员单位的困难和问题。5月，省运管局在网上发布《湖北省城市公共交通线路特许经营管理规定(征求意见稿)》，向全省征求意见，拟定出台“特许经营管理规定”。这是全省公交行业的大事，对全省公交下一步的发展方向有着至关重要的作用。省公交协会秘书处面对这一形势，立即组织了省内15家会员单位在荆州召开了座谈会。与会代表对《规定》的内容、出台的背景、目前的形势进行了充分的学习、讨论，大家一致认为：目前出台“特许经营管理规定”时机尚不成熟。一是国家“城市公交管理条例”没有出台，在上位法缺失的情况，出台《规定》略显法律依据不足。二是在目前客运市场管理法规缺失的情况下，出台此规定，对目前较为稳定的客运市场是一个冲击。三是目前出台特许经营，实行退出机制难度较大。四是实行特许经营，公益性难以体现等。会后综合大家的意见并向省交通运输厅、省运管局进行了反映，经主管部门研究认为时机不成熟，决定暂不出台。此次活动得到了会员单位的赞誉。

会员单位之间开展相互交流、学习活动。随着公交的发展，公交企业在企业管理、提高运营、服务水平、争创两个效益方面都取得长足进步，积累了丰富经验。为使这些经验得到推广和交流，省公交协会积极为会员单位牵线搭桥，促进会员之间相互学习。上半年，组织会员单位到武汉公交、黄石公交、仙桃公交、潜江公交、大冶公交、荆州公交等企业进行学习，通过学习交流增进会员单位之间相互了解、相互联系，增进了友谊。

组织会员单位赴韩国、法国、德国、意大利、瑞士的城市公共交通考察学习，代表们就韩国、西欧四国公共交通经营管理模式、当地政府对发展公共交通优惠政策、公交车容站貌、公交专用道、港湾站点设置等方面进行考察学习，分别撰写了《韩国首尔公共交通考察报告》、《法国城市公共交通考察报告》。这些国家对城市公共交通的扶持政策，对全省公共交通的发展具有借鉴意义，值得公交同行学习和思考。

2012年，省公交协会第十六次通讯联络会在武汉召开，来自全省基层公交企业的经理、书记、办公室主任参加会议，会议认真总结协会2011年信息通联工作，评选出2011年度省公交行业优秀通讯员，对他们进行表彰。举办全省城市公交运营调度培训班，抓岗位培训，提高公交行业管理水平。6月，省公交协会在武汉举办全省城市公交运营调度培训班，23个城市公交企业调度员、计时员及分管营运调度管理负责人63人参加培训。通过培训，这些管理人员对运营调度管理知识进行系统的学习，了解了公交智能调度发展趋势，开阔了视野，提高了营运调度综合能力。

办好《湖北城市公交》会刊。为了增大会刊的信息量，使内容更加丰富，版面编排更活，画面更新，省公交协会在人少事多的情况下，主动赴会员单位约稿，以着力增大宣传量，适时报道公交优先的政策，捕捉公交发展中的热点和难点。认真编辑每一个栏目，突出公交行业中的亮点和公交人的风采。从形式到内容，从版面到色彩，从数量到质量，都得到全面提升。全年投稿量、刊载信息量和发行量大幅增加，刊载128篇稿件和文章，会员单位投稿、通讯员来稿78篇，其中刊载采用稿件70篇。刊用各类会议、活动图片90多帧，全年四期会刊，免费向会员单位发放1600册，多次赢得省交通运输厅和省运管局领导赞许。会刊发放外省公交同行，成为湖北省公交协会与兄弟省、市同行加强联系的重要媒介，深受会员单位和全国公交同行的肯定和喜爱。

自身建设。按照省民政厅和省业务主管单位的要求，如期完成协会《章程》和六届理事会领导的备案核准工作，按期完成年检、年审手续。上半年根据原理事长迟旭东因人事变动不再履职的情况，及时办理变更协会理事长的有关手续，为第六届理事会理事长的改选做好准备工作。定期进行政治理论学习，加强自律。在不断完善协会各项规章制度的同时，每月进行一次政治学习，结合行业的工作实际研究工作，开展创先争优活动，交流业务经验，着力提高业务服务水平。

（陈国祥　孙新荣）

党群工作和精神文明建设

【党建和行业精神文明建设】 以党的十八大和湖北省第十次党代会召开为契机，以交通运输厅党组（党委）中心组学习会、专题研讨会为主要形式，组织党员干部全面学习掌握中国特色社会主义理论体系、社会主义核心价值体系，不断提高党员干部理论素养和解决实际问题的能力。先后组织9次厅党组中心组学习会，学习全国两会精神和省十次党代会精神及十八大精神等内容。按照湖北省委要求，制订规划，强化管理，创新载体，营造浓厚的学习氛围，增强学习的系统性、针对性和实效性，提高党员干部服务跨越式发展的能力。交通运输厅直属机关党委获得湖北省委授予的“学习型党组织”荣誉称号。交通运输厅各直属单位按照湖北省直机关工委的要求，广泛开展形式多样的学习活动。组织“学党史、知党情、跟党走”知识竞赛，极大地调动广大党员学党史、知党情、跟党走的宗旨意思，湖北交通职业技术学院把学习党史纳入交通党校课程教学内容，以学习红色专著、观看红色影片、重走红色之路生动等活泼的学习教育方式，使党史学习入脑入心。

坚持创先争优在一线，创先争优在基层，落实创先争优服务公开承诺，打造窗口单位和服务行业为民服务创先争优活动品牌，培树一批优质文明服务窗口；组织开展全省窗口单位优质服务明察暗访活动，大力培树宣传先进典型全省服务明星张兵同志先进事迹，评选表彰一批创先争优活动先进基层党组织和优秀共产党员。科学践行湖北交通“强基固本六位一体”党建工作法，按照“五个基本七个体系”的要求，按照项目申报、项目实施、项目总结、项目表彰的步骤，开展“基层党建工作特色品牌”创建活动，征集基层党建工作特色品牌案例，通过创建活动规范基层组织建设，增强基层党组织工作动力，推进基层党建项目化、特色化、品牌化。健全“三会一课”等机关支部组织生活制度；规范和深化党务公开工作；建立基层党建工作联系点制度，指导督促联系点加强机关党建工作创新；落实“把支部会开在群众家”的要求，加强党组织结对共建活动；加强机关文化建设，践行“交通办事文化”、“交通干部干净干事文化”，营造健康和谐的人文环境，增强机关党组织的凝聚力和向心力。省交通运输厅获得省委表彰的党建工作先进单位荣誉称号。组织基层党组织书记骨干培训班及系列知识讲座；认真做好发展党员工作；认真开展党组织评级工作，探索党员自评、党员互评、支部评议和群众评议相结合的民主评议方式，广泛开展党员纯洁性教育活动；做好党员党组织信息管理系统工作；健全党内激励、关怀、帮扶机制，做好服务党员工作。按照省委组织部和省直机关工委的统一部署和要求，厅直机关党委与厅有关处室密切配合，按照党章的有关规定，认真组织十八大党代表和省十次党代表的选举工作。在选举工作中，严格按照文件规定程序进行选举，确保基层党组织和全体党员两个全覆盖，通过选举，达到了广大党员受教育、履职责、行权利的目的。交通系统陈刚毅、王静、郑启湘等3名同志光荣当选为党的十八大代表，尤习贵厅长当选为省十次党代表、中共湖北省委委员。

以践行社会主义核心价值体系和交通运输行业核心价值体系为主线，以文化建设“123”工程为重点，以申报省级文明单位和省级文明路为抓手，以“六型”窗口建设为为主要内容，以开展创建文明单位、创建文明行业、创建文明示范窗口、创建青年文明号（手）等文明创建活动为抓手，深入开展争创“金牌收费员”、“养护能手”、“高路卫士”、“执法标兵”、“文明样板路”、“文明航道”、“文明车、船、港、站”、“文明客运（公交）示范线”、“出租车创十佳企业”等活动，提升文明创建内涵，树立为民、务实、清廉的良好风气，建设负责任的交通运输行业。交通运输厅及厅直单位着力打造交通运输文化品牌、全面创建文化建设示范单位。海事文化、高速公路阳光随岳、活力黄黄、路政执法等交通行业文化和企业文化研究初显成果。围绕建党91周年、党的十八大胜利召开等重大节庆日，组织了丰富多彩的职工文体活动；定期组织摄影书画协会、乒乓球协会、羽毛球协会赛事活动；与兄弟单位、省份开展文化交流，吸收借鉴优秀文化成果。大力弘扬交通志愿者文化，规范志愿服务管理，健全志愿服务机制，创建志愿服务品牌，推动志愿服务工作经常化、大众化、规范化。成立“刚毅志愿者”协会，启动“刚毅志愿者服务月”活动，广泛组织交通志愿者开展服务司乘、扶贫济困、环境保护等各种形式的志愿服务。（江飞）

8月31日，全省交通运输系统第五届职工摄影书画展暨“公路杯”、“运管杯”、“港航杯”大奖赛专家评审会在省公路局举行

【三抓一促】 一是抓机关，管厅直，带行业，全面落实省委对交通运输要“打底盘”、“当先行”的要求。迅

速召开全省交通运输系统“三抓一促”视频动员会，对全省交通运输行业开展“三抓一促”活动提出明确要求。坚持抓好机关，管好厅直，带好行业。省交通运输厅成立行政审批改革工作领导小组和工作专班，将省级交通运输行政审批人员、事项和职能集中到厅，实现一个窗口对外，一站式服务。在全省开展“行政审批做减法，服务民生做加法”专项行动，减少审批事项，精简审批环节，规范审批程序，明确审批时限，将汽车检测站、驾校许可权下放到各市州，建立完善出租车经营权招标和客运班线招标制度，建立全省规范执法公示制度。二是抓精简、巧归并、精调整，努力实现“交通运输省级行政审批事项最少”的目标。交通运输厅把实现“东中部地区交通运输省级行政审批事项最少”作为硬性指标(西部地区因无水系，部分省缺少水上审批事项)，将17个行政审批事项进行再精简、再归并、再调整，在高效便捷的原则下进行科学缩减，调减为12项，办理时间由20个工作日缩短至14个工作日，部分行政审批时限从原来的15天压缩为一周。湖北交通运输省级行政审批事项在全国东中部地区最少。三是抓硬件、强设施、便民生，大力建设环境最优、设施最全、办事最方便的交通运输行政审批窗口。为让社会群众到交通运输办事舒心、顺心、开心，交通运输厅党组高度重视交通运输服务窗口的硬件设施建设。收回出租给银行的门面，又投入80万元资金建立设施齐全、功能完备的厅行政服务中心，将分布在1厅5局8个职能部门的审批事项集中到厅一个窗口办理，极大地方便了人民群众和交通运输企业办理行政审批事项。四是抓制度，重监督，顺机制，努力形成依法审批、规范审批的良好环境。交通运输厅高度重视交通法制建设，切实加强依法审批、规范审批、文明执法。先后制定了《湖北省高速公路管理条例》、《湖北省水路交通管理条例》、《湖北省运管系统投诉处理办法》等规章制度。大力推行交通运输行政审批网上办理，提高了行政审批效率，方便了群众查询和监督。同时，切实强化执法监督，设立投诉举报箱，在交通运输厅网站设立投诉举报专栏，开通96595专线投诉电话。全面推行行政审批“五公开”，加强廉政风险防控，建立落实“受办分离”、“批办分离”、“三级审查制”、实质审查“两人办理制”等监督约束机制，明晰审批职责权限，较好地预防了违法违纪行为发生。五是抓服务，亮窗口，树形象，全面树立文明优质、以人为本的行政执法新形象。交通运输厅牢固树立执法就是服务的理念，高标准、严要求推行执法窗口文明服务规范。制订出台行政服务中心首问负责制、限时即时办结制、并联审批制、评价考核制、责任追究制、预约延时服务制、回访服务对象制等运行制度，完善公开承诺，全面推行“四个一”(即一个窗口对外、一次性告知、一条龙服务、一站式办公)，提高审批效率和服务效能。同时，在行政审批窗口推出文明用语、窗口服务规范等一系列文明优质服务标准。省交通运输厅优化发展环境取得的成绩得到湖北省委、省政府、省直机关工委领导的充分肯定，10月29日，湖北省直机关优化发展环境现场会在交通运输厅召开，省委副书记张昌尔、省纪委书记侯长安、组织部部长楼阳生出席会议并作重要讲话，74家省直窗口单位和国有企业、金融机构主要负责人参加了会议。

(江飞)

湖北水路交通小池检查站深入开展“喜迎十八大，争创新业绩”暨“三抓一促”主题实践活动

【十行百佳】 为深入推进全省交通运输行业窗口单位为民服务创先争优活动的深入开展，大力宣传交通运输行业各条战线干部职工在科学发展跨越式发展中的崭新业绩和典型事迹，引导和激励广大交通运输干部职工创先争优、真抓实干、勇于担当、乐于奉献，争创一流，省交通运输厅在全省交通运输行业广泛深入地开展“十行百佳”评选活动。经网络、报纸的广泛宣传，全省共有560万人(次)通过网络和报纸参加投票评选活动。经基层组织推荐，网络报纸投票评选，专家评审，交通运输厅党组研究，决定授予武汉市公交集团公司531路驾驶员张兵等100名同志全省交通运输行业“十行百佳”荣誉称号。交通运输基层一线先进典型模范人物艰苦奋斗、埋头苦干、无私奉献的感人事迹在社会和交通广大干部职工中引起了强烈反响。(江飞)

【三万活动】 一是领导高度重视，机关全员参与，确保“三万”工作有序推进。在组织领导上做到领导干部“全覆盖”。交通运输厅党组书记、

厅长尤习贵5次组织召开专题会议，研究部署“三万”工作。党组副书记、副厅长唐元作为省“三万”工作队荆州片区片长，5次到现场主持片区工作会、到驻点村检查工作、与村民代表深入座谈，8名厅级领导干部、20多名处级干部深入到驻点村开展进农户、访民情、慰问贫困户并参加塘堰整治工作，增强了党群干群关系，改善了干部在群众中的形象。在政策宣传上做到强农惠农政策宣传“全覆盖”。工作队在各驻点村发放《致村民朋友的一封信》，让老百姓明白“三万”活动的基本内容，同时采取召开会议集中宣讲，走访农户个别宣讲，印发宣传卡广泛宣讲，建立宣传栏定点宣传等方式，大力宣传中央和省委的惠农强农政策，确保党的农村方针政策覆盖驻点村所有农户。在转变机关作风上做到机关干部访民情“全覆盖”。按照厅党组的部署，厅机关党组织把机关党员干部参加“三万”活动作为机关党支部一次组织生活进行安排布置，以机关处室（支部）为单位，分期分批到驻点村开展访民情活动。据统计，3个月中，厅（局、处）共有125名机关干部深入到驻点村开展进农户、访民情、结对帮扶活动，达到了机关干部受教育、转作风，农民兄弟得实惠的目的。二是突出工作重点，强化检查督办，确保塘堰整治任务圆满完成。按照“政府主导、农民参与、社会共建”的筹资原则，交通运输厅采取“一个主导”、“四个一点”的办法，即以村镇为主导，省厅支持一点、县镇配套一点、社会投入一点、村里以工代赈一点，投入资金160万元，支持村民进行堰塘整治。四个村开挖整治16口蓄水塘堰、土方93823方，整治27条沟渠、总长27040米，改造7个泵站。三是始终把建立长效机制作为工作重点，努力探索建立“四个机制”。探索建立小型水利建设投入机制，引导村组群众按照“谁投资、谁管理、谁受益”的原则，探索产权制度等改革，确保建得起、用得好、长受益。探索加强堰塘管理的长效机制，帮助四个村建立《塘堰建设管护办法》，明确每一口堰塘管理责任人。逐步完善结队帮扶机制，省厅及各业务局继续组织对口帮扶村组和贫困家庭。巩固民情民意调研机制，继续巩固2011年“三万”活动成果，深入走访农户，了解民情，形成一批高质量的民情调研报告。根据省委、省政府安排，积极履行省直机关“三万”活动荆州片区牵头单位职责，努力做好联络员、宣传员、督导员，荆州片区“三万”工作走在全省前列，连续两年被省委、省政府评为“三万”工作先进单位。（江飞）

【纪检监察】 厅党组在全系统部署开展廉政交通“三做起”(从领导做起、从班子做起、从我做起)主题实践活动。党组书记、厅长尤习贵在“全省党政主职领导干部廉政教育大会”精神传达学习会上，代表厅党组向全省交通运输系统广大党员干部承诺作“六个表率”：一是作政治坚定、顾全大局的表率；二是作尽职尽责、敢抓敢管的表率；三是作发扬民主、团结共事的表率；四是作求真务实、改革创新的表率；五是作勤奋学习、学以致用的表率；六是作严于律己、清正廉洁的表率。请全系统广大干部职工多支持、多提醒、多监督。厅党组与厅直单位、机关处室签订年度工作目标责任书的同时签订党风廉政建设责任书。厅直单位党委(支部)也与下属单位签订党风廉政建设责任书，做到层层抓落实。对新任职党员领导干部，厅党组、纪检组全年开展廉政谈话55人次。印发《关于近两年全省交通运输系统违法违纪案件情况的通报》，要求全系统必须警钟长鸣、常抓不懈，必须把党风廉政建设各项工作做深、做细、做实，切实防范类似案件发生。

2月、5月、9月、10月，先后邀请省纪委常委刘黎明，省检察院副检察长、反贪局局长龚举文，省纪委副书记肖习平，厅党组书记、厅长尤习贵为全省交通运输系统干部职工作“廉政交通”主题教育报告。每次报告会均采用视频会的形式，直接开到各市州、县市区交通运输局(委)和厅直各单位，每次参会人员近3000人。5月，厅集中组织厅机关和厅直单位副处级以上干部前往洪山监狱警示教育基地开展警示教育，组织观看廉政电影《铸剑·1927》和革命历史电影故事片《忠诚与背叛》，组织党员领导干部和入党积极分子开展“保持党的纯洁性”学习讨论，撰写学习体会。厅党组、厅直各单位党委围绕“保持党的纯洁性”主题，召开专题民主生活会。全系统“宣教月”活动做到有计划，有安排，有载体，有实招，有实效。6月，厅党组专门下发通知，要求各单位主要领导要与班子成员、下属单位主要

省交通运输厅副厅长张云到洪湖“三万”活动驻点访民情并宣布夹堤村通村富民路开工

负责人，班子成员要与分管部门主要负责人、关键岗位工作人员分别开展个别廉政谈话，加强廉政提醒和诫勉，增强廉政教育的有效性、针对性，进一步防范廉政风险。

认真贯彻落实省纪委《关于在政府投资工程中全面开展"廉政阳光工程"创建工作的指导意见》、省纪委监察厅与交通运输厅联合印发《关于加强交通工程建设廉政风险防控的意见》，创新推进"标准化"建设。即推进工程建设、质量监督、招标采购、财务管理"四个标准化"，打造"阳光工程"、"防火墙"工程、"特色工程"。重点围绕人民群众反映强烈的领导干部违规插手干预工程建设、招标人虚假招标、投标人围标串标、专家评标不公、招标代理违规操作、违法转分包、质量安全隐患、监理人员违纪等突出问题，开展严肃的查、纠、处专项整治行动。认真贯彻落实部颁《经营性公路建设项目投资人招标投标管理规定》，防止交通基础设施招商引资中的腐败行为。加强对工程项目规划、立项的监督检查，加强对工程建设项目招投标活动的监管，大力推行合理低价法和资格后审的评标办法。对招投标工作全过程监督，严禁弄虚作假、暗箱操作和地方保护，严禁化整为零、规避招标等行为。3月1日，组织召开鄂西交通重点工程项目群"廉政阳光工程"建设座谈会，省纪委监察厅副厅长徐心明、省纪委监察厅执法室主任沈东升等领导听取鄂西交通重点工程项目群单位"廉政阳光工程"建设情况汇报。5月9日至11日，省纪委副书记、监察厅厅长吴琦在尤习贵厅长陪同下，深入宜巴高速公路建设指挥部、保宜高速公路建设指挥部督导调研，并出席鄂西交通重点工程项目群建设座谈会，吴琦厅长对项目群各重点工程指挥部在"廉政阳光示范工程"创建工作上取得的成绩及经验做法给予充分肯定。

以全面推广运用交通运输部《交通基础设施建设项目廉政风险防控手册》和贯彻落实《湖北省腐败风险预警防控暂行办法》为抓手，将廉政风险防控内容作为工作人员应知应会的内容，通过新进人员岗位培训，上好第一课。同时通过制作发放岗位牌、桌签卡等，强化履职意识。先后组织对《湖北省人民政府办公厅关于进一步加快交通物流发展的指导意见(代拟稿)》、《湖北省交通运输厅信息化建设管理暂行办法》、《湖北省高速公路项目建设单位考核评价办法(送审稿)》、《湖北省高速公路养护管理办法(送审稿)》等规范性文件进行制度廉洁性评估。坚持系统谋划，整体推进，构建以"廉政交通"主题教育机制、廉政风险预警防控机制、治本抓源头联动共建机制、纠风工作快速反应机制、"廉政交通三做起"责任机制、反腐倡廉工作巡查和重点工程纪检监察派驻机制等"六项机制"为支撑的基本框架，交通运输行业特色惩防体系初步形成。 (鲁撰)

【纠风工作】 全省各级交通运输部门认真落实"管行业必须管行风"的要求，围绕交通改革发展大局，坚持标本兼治、综合治理，条块结合、源头管控，突出重点、强化监督，建立健全长效机制，治理公路"三乱"工作平稳有序推进。

超限运输治理。成功开发全省路政综合管理信息系统，将路政执法、路政业务、路政内务、路政档案、统计分析、检查考核、文明创建、信息发布及行政许可、治超管理等集于一体，在17个市级公路管理处(局)、92个县级公路段和106个治超站安装运行，实现省、市、县三级路政电子政务网络全覆盖，17个市州及全省所有治超站现场实现全面监控。针对交警、运政、路政同时上路检查问题，各地按照"统一、精干、效能"的原则，试行部门联合执法，较好地解决了多头执法、重复交叉收费处罚问题。全省查处超限超载车辆34.1万辆，对23.5万辆超限超载车辆实施就地卸载，卸载吨位204万吨，除不可解体物品外，卸载率为100%。

明察暗访。厅领导带队赴各市州开展明察暗访40多批次，总行程约10万公里。各级地方交通部门也加大明察暗访力度，加强动态管理，确保运输安全和道路畅通，有效遏制公路"三乱"反弹。

信访投诉渠道。坚持聘请新闻媒体、人大代表、政协委员、服务对象、行业代表为政风行风监督员，组织召开行风监督员座谈会，广泛听取意见、建议；在交通网站上建立厅长信箱接受群众监督，省高管局96576服务热线、省运管局96595服务热线24小时接受咨询和投诉，并建立反馈机制，使问题能够及时发现、及时整改。

政风行风热线。坚持做到"一把手"上线。10月，厅及厅直4个业务局"一把手"到湖北广播电台直播间参加2012年政风行风热线专题节目，现场回答听众咨询。对听众反映的问题有的当场做了回复，有的在一周内回复，处理结果与投诉人见面，满意率达100%，被省纠风办评为"政风行风热线"上线优秀单位。 (鲁撰)

【行评工作】 全省交通运输系统被省委省政府列为全省政风行风民主评议的8个重点对象之一，省交通运输厅以此为契机，组织交通系统干部职工打了一场政风行风建设"大会战"，有力地促进了环境优化、观念转变、服务提升、作风改进。交通运输部纪检组长李建波、省纪委监察厅厅长吴琦先后专程调研交通行评工作，给予充分肯定和高度评价。尤习贵厅长代表全系统在全国交通运输系统廉政工作会议上，作了《优化政风行风 提升服务水平 努力塑造交通运输行业新形象》的经验介绍。十堰、荆门、咸宁、黄冈、鄂州、潜江、仙桃、天门市交通运输局在地方行评中获得第一名的好成绩。

领导重视，精心组织，层层落实责任。厅党组把行评工作作为"一把手工程"，纳入重要议事日程，及时召开动员会，印发实施方案，作出公开承诺。厅主要领导亲自部署、带头参加、主动征求意见；其他厅领导分工负责、带领12个督导组到基层一线督导。厅直各单位、各市州县交通运

5月7日，省交通运输厅厅长尤习贵带领厅业务局、机关相关处室负责人到湖北广播电视总台，上线经济广播（99.8MHz）“政风行风热线”节目

输局及其直属单位主要负责人靠前指挥，带头上阵，层层落实责任。

条块结合，系统推进，广泛宣传发动。以17个市州、90个县市区为“块”，以公路、运管物流、港航海事、高速公路、质监5个系统为“条”，在近1000个管理部门和基层所站全面部署、全员参与，形成“横向到边、纵向到底”的行评工作网络，实现行评工作全覆盖。编发《行评简报》150期，刊发稿件365篇。

走近群众，真诚沟通，深入查摆问题。以“发现问题不怕丑、解释问题不怕烦、触及矛盾不怕痛”的态度，采取多种形式征求意见建议。领导干部带头查摆，自我剖析，发动干部职工谈认识、找差距，登门走访相关部门，召开人大代表政协委员提案议案办理见面会，走进“政风行风热线”、“电视问政”栏目，聘请3000多名政风行风监督员，召开300多次座谈会，发放问卷调查表1万多份，共收集各类意见建议1000多条。经过梳理，存在的问题集中反映在4个方面，一是交通运输服务能力与社会需求存在一定差距，二是公路超限检测站执法行为不规范，三是运输市场管理存在薄弱环节，四是干部作风、行业风气存在不良现象。

对症下药，强化措施，确保整改落实。坚持“民有所求，我有所应”，我们把自查自纠、边查边改贯彻始终，对群众反映的所有问题都做到第一时间受理、第一时间办理、第一时间回应，共为群众办实事500多件。对于4个方面的14个重点问题，各单位全面制定整改方案，定硬措施、硬指标、硬任务，把责任分解到部门到岗位到个人，查摆出的问题已基本整改到位。

（鲁撰）

【交通运输工会】 坚持不断深化职代会制度，大力开展民主管理试点工作。大力推动劳务派遣人员入会，指导高速公路系统工会采取劳务工直接进入各单位工会的办法和其他单位采取劳务企业建会委托用工单位管理办法，劳务派遣工入会率分别达到100%和95%以上。7月，交通运输部、全国总工会、人社部在湖北召开全国出租车和谐劳动关系创建推进会，推广十堰市出租车工会创建和谐劳动关系的经验。十堰市顺强运业公司打造温馨的哥的姐之家、旅客愉快旅途之家的先进企业文化案例被列入《湖北企业文化研究报告》。

组织实施“大战四季度，攻坚保目标”劳动竞赛。40多个单位、20余万职工参加竞赛活动，劳动竞赛覆盖面100%，职工参与面100%。制定下发《“双优杯”劳动竞赛实施方案》、《“大战四季度，攻坚保目标”劳动竞赛实施方案》、《关于进一步深化“大战四季度，攻坚保目标”劳动竞赛的意见》，完善管理靠前、督办靠前、协调靠前的“三靠前”督导机制，建立高速公路、普通公路和站场、港航建设领域奖励政策，开展十佳先进单位和个人评选表彰活动。先后召开全省交通系统劳动竞赛视频动员会和劳动竞赛视频推进会，制作张贴各类宣传标语、横幅、宣传牌1000多条(块)，创办《劳动竞赛简报》和《劳动竞赛专网》，在湖北交通报开辟《劳动竞赛专栏》，刊登信息150余条，编辑《劳动竞赛交流材料汇编》。

扎实推进“争当模范、建功交通”主题竞赛实践活动。在全省物流系统

1月9日，全省交通运输系统工会干部学习十八大精神座谈会在丹江口市召开

深入开展物流业规划与振兴立功竞赛和“农民工平安返乡（岗）安全优质服务竞赛”，全省40多家交通运输企事业单位和5万余名交通运输职工参与，平安运送农民工2000多万人次。在全省港航海事系统开展船舶、班组安全竞赛，覆盖4729艘船舶、12个班组。在普通公路系统开展养护职工技能大赛。

大力培树先进典型。成功推出湖北省劳动模范、“三零”公交车司机张兵这一重大先进典型。省委书记李鸿忠亲自为张兵颁奖，并第一个作大会发言。湖北省交通运输厅汉十高速公路管理处和湖北省交通规划设计院院长詹建辉分别荣获全国五一劳动奖状和奖章。交通运输工会组织推荐获得省级以上表彰奖项113项，62个单位（集体）、51名个人分别获得湖北省劳动模范和全国、湖北五一劳动奖状（章）、工人先锋号等荣誉称号。

实施民主管理试点工作。在省交通规划设计院、武黄管理处实施职工代表大会达标试点，在湖北交通职业技术学院、随岳管理处实施厂务公开控制程序试点。7月18日，在随岳天门所召开民主管理试点经验交流会，顺利通过省总考核组的检查验收。

开展“500大行动”。广泛开展“100名工会干部下基层调研大行动、100个基层班组慰问大行动、100名工会小组（班组）长培训大行动、100个单位和谐劳动关系创建大行动、100名困难职工帮扶大行动”，困难职工建档率、为困难职工“送温暖”覆盖率、金秋助学等帮扶工作覆盖率全部达到100%。全年走访慰问困难家庭500余户，送帮扶资金80万元、资助184户困难家庭子女完成学业，为基层单位送“关爱箱”60个。开展为干部职工免费送医活动，厅机关和厅直单位为女职工送保险实现全覆盖。

深化职工书屋创建。全省交通运输系统累计投入400万元，建成职工书屋（阅览室）140余个，图书藏量达40余万册、各类期刊3000余种。随岳高速公路管理处天门所职工书屋申报全国模范职工书屋示范点。在省总工会开展的“爱岗敬业，服务社会”为主题的职工读书征文活动中，省交通运输工会被评为优秀组织单位。

省交通运输工会向郧十高速公路建设工地赠送关爱箱

提升技能形式多样。全省港航海事系统开展第二届航道养护职工技术比武，湖北交职院开展“展望‘十二五’、我来献计策”合理化建议征集，随岳和鄂西高速公路管理处“岗位大练兵、技能大比武”，交通教育培训中心开展“喜迎十八大，争创新业绩”岗位技能比赛等。全省交通运输系统组织各类培训班70余期，培训职工13600多人次；组织技术比武、技术练兵44次，2450人晋升技术等级；提出合理化建议234条、采纳82条，节约资金270万元；推广运用创新成果7项，创效益730多万元。

班组建设各具特色。武黄高速公路管理处工会率先推出以杭瑞信息监控中心管理员名字命名的“许湘秦”工作室，鄂西管理处工会坚持“一所一品”战略，打造情谊宜昌北、诚信高坪等一系列极具特色的站所文化，总结出以路政员命名的“典氏”路政安全保畅工作法。

成功举办“高路杯”全省交通运输职工乒乓球、羽毛球大赛。7月2日至4日，“高路杯”全省交通运输职工乒乓球、羽毛球大赛在省交职院成功举办。来自全省交通系统的40支代表队，400余人参加了比赛。决出乒乓球男子团体、女子团体、羽毛球混合团体1～8名。

成功举办全省交通运输系统第五届职工摄影书画展。9月19日至25日，全省交通运输系统第五届职工摄影书画展在湖北美术学院美术馆成功举办，并先后在省港航海事局，武黄、随岳、鄂西、京珠高速公路管理处和厅机关进行巡回展出。16个市州交通运输局、17个厅直单位、指挥部选送776幅作品（其中摄影507幅、书法202幅、美术67幅）数量为历届参赛作品之最。经专家遴选，评出一等奖13幅、二等奖28幅、三等奖50幅。

广泛开展“张兵在我身边”有奖征文活动。17个市州、20多个厅直单位近千名职工参与投稿，通过各地、各单位推荐到厅评选作品272篇。评出一等奖5篇，二等奖15篇，三等奖20篇，优秀奖30篇。通过发掘身边的“张兵”、书写身边的“张兵”、学习身边的“张兵”，激励成百上千的张兵式先进人物在湖北交通运输职工队伍中不断涌现。

强化工会组织建设取得实效。厅党组将原来高速公路兼职工会主席全部调整为专职。京珠、黄黄、武黄、随岳、鄂西五个高速公路管理处和省交通规划设计院专职工会主席全部配备到位，不仅为工会工作提供干部组织保障，而且使一批年轻有为的干部脱颖而出。全年组织工会干部、劳模、优秀职工代表赴台湾、港澳和外省及院校培训考察近200人次。汉十管理处工会主席欧阳亮被评为全国优秀工会工作者。在全省交通运输工会系统2012年度工会创先争优评选活动中，17个单位、19个集体和37名个人获得表彰。

加强工会信息工作。出台《省交通运输工会信息考核管理办法》，省交通运输工会网页更新稿件238篇，位列厅机关处室第一，获2012年度全省交通运输政务信息工作三等奖。上报省总、海总信息稿件40余篇。厅直基层工会财务规范化管理达标面为100%。 （吴正强）

【离退休干部工作】 落实老干部政治待遇。每逢元旦、春节、国庆、中秋、重阳等重大节日，都要组织各种慰问活动。特别对于厅直单位老红军、抗日老战士以及特困离退休干部要登门慰问。春节期间，厅领导唐元、程武亲自带队走访慰问老干部，专程来到厅机关老干活动中心，与离退休干部亲切座谈，征求老干部的意见和建议，帮助他们解决实际问题。通过与人事、财务等部门通力合作，对离休干部“两费”落实情况做到全程跟踪及时掌握。定期了解、掌握离休干部“两费”保障机制运转情况，确保离休干部离休费按时足额发放，医药费按规定实报实销。对部分奖励性补贴，也本着改革发展成果共享原则惠及到离退休干部。坚持两年为老同志进行一次体检工作，9月份圆满完成厅机关老干部体检，全年办理特诊病情审批200多人次。有针对性地举办2期老年人健康知识讲座，组织省新华医院完善社区医疗上门服务工作，在不断完善台北路老干医务室的基础上，又新增建设大道厅机关老干医务室，极大方便了老同志看病取药的问题。全年走访厅直和厅机关离休老干部、遗属、生活困难和住院老人150人次。接待老同志来访60余人次，处理老同志来信7件，凡属政策规定范围内的问题，都作了认真解释、答复和登记。对生病住院需要提供帮助的老干部，积极帮助联系医院落实病床、办理入院出院手续，对定期透析等特殊病情老干部坚持做好交通服务保障。积极与协和、新华等对口医院开展共建活动，密切交通与医院的关系，加深医患感情，优化医疗服务环境。对年老体弱、行动不便，缺人照顾的老同志，定期进行走访，不辞辛劳地将各项福利和节日物资送上家门。积极争取厅后勤服务中心支持，为交通宿舍安装便民报箱、整修出行路面等，受到老同志肯定。

组织政治理论学习。坚持每周四组织离休及退休厅级干部阅文，让他们及时了解党和国家以及交通发展的方针政策，送阅各类文件、交通信息1300余份。坚持每月10号召开厅机关离退休干部学习通报会，向老同志通报交通资讯，传达学习相关文件精神。老干处每月都要向各处室或通过网站收集信息，已积累4万余字的通报资料。每年要组织两次交通情况通报会，厅主要领导向老干部通报湖北交通发展情况。7月份，尤习贵厅长通报了上半年交通发展情况，并就湖北交通发展的热点难点等重大问题向老干部们征求意见。

开展形式多样的各种活动。读书活动。为厅机关每位老干部征订《当代老年》杂志，为老干部阅览室订阅20多种党报党刊、生活杂志。动员各方力量参与支持老干部读书活动，厅工会为老干活动中心捐赠4000元新图书，京珠管理处捐献4台电脑、一套音响，建成电子阅览室，极大地丰富了老干部阅读活动。一些老干部在网络和相关媒体发表文章，原交通厅副巡视员蔡潮出版了自己撰写的《退休杂记》一书。参观考察活动。3月7日，厅机关离退休女干部与武黄管理处在职女职工开展“庆三八、话友谊、促发展”联谊活动，参观了通山隐水洞和向阳湖五七干校旧址。5月上旬，离退休干部及家属到赤壁游览赤壁古战场、陆水湖等名胜古迹；8月上旬，王远璋、邱银锁等11位离退休干部赴宜昌考察综合交通运输体系建设情况；11月1日，厅机关70多名离退休人员到梁子湖岛秋游；12月6日，老干部参观武汉市民之家。这些户外活动，让老干部们既感受到国家的发展变化，又接触到淡泊恬静自然环境，在欢愉轻松的谈笑间享受幸福的退休生活。厅直单位分别组建了老年合唱队、时装队、器乐队、棋牌队、舞蹈班、京剧班以及摄影书画等老年兴趣小组，长年开展培训和表演活动。10月24日，离退休干部自编自导自演了一台以“九九重阳岁岁歌”为主题的文艺演出，节目涵盖了歌唱、舞蹈、时装、京剧、太极、诗歌朗诵等表演样式，全面展示老干部蓬勃向上的精神面貌和多才多艺的文化素质。厅领导尤习贵、张月斌、程武与老领导王远璋、杨家兴、邱银锁、刘宏友等一同观看演出，高度评价老干部“老有所为、老有所学、老有所乐”的出色表现。

老干部发挥余热。在省公路学会、省道路运输协会、省交通会计学会和交通物流协会等社团中活跃着一批退休老干部，他们在学术交流、课题研究、技术讲座和咨询、职称评审、高层论坛、撰写论文等方面，充分发挥专业技术人员的专长和优势。更多的老干部则在教育后代、和谐邻里关系等方面发挥作用。重阳节期间，厅专门发文表彰了一批“五好老干部”。

老干工作者自身建设。大力开展“讲党性、重品行、做表率”主题活动，积极倡导“三个第一”服务理念，即：把老干部的呼声作为第一信号，把老干部的需求作为第一选择，把老干部的满意作为第一标准。提升老干工作者的责任意识、大局意识和服务意识。由于老干处工作人员变动较大，为了尽快熟悉工作进入角色，着力加强了工作调研。首先是通过上门走访、学习座谈、参观考察等方式，深入到老同志中听取意见、了解情况，密切与老同志的感情。其次是主动到公路局等厅直单位、台北路宜兰社区进行交流学习，强化工作联系，探讨利用社区资源更好地服务离退休人员的方式和途径。在调研的基础上，进一步完善相关工作制度和内部管理规则。改变老干工作就是跑跑腿、动动手的单纯体力劳动的狭隘观念，逐步将文化养老、科学养老的理念引入为老服务之中，更加注重老同志的精神需求和人文关怀。加大网站服务老干部的工作力度，将老干处网站建成集宣传报道、信息咨询、健康服务、展示老干风采于一体的信息平台。此外还打破老年人不用或不会用电脑的思维定势，将QQ群应用到老年人日常交流和服务中，深受老同志欢迎。先后派员参加交通运输部老干局、北京交通干部学院、省老干局、省老龄委组织的培训，培训参与面达到80%，开阔了老干工作人员的视野，提高了理论素养，增强了从事老干工作的信心。（胡志辉）

【交通青年工作】 以党的十八大和省第十次党代会召开为主线，以五四、七一、十一为重要节点，紧密结合青年思想实际，充分运用网络、微博、手机报等新媒体和青年喜闻乐见的方式，针对不同领域、不同岗位青年特点，加强分类引导，开展“建团90年、喜迎十八大、建功促跨越”主题实践活动、厅直团组织学习贯彻党的十八大精神座谈会、“交通青年大讲堂”、“学知跟”主题教育活动、行业核心价值体系教育月等学习教育活动。各基层团组织坚持每季度开展一次理论学习教育活动，思想引领工作长期化、常态化。充分发挥先进典型示范引领作用，张兵同志荣获“全省跨越发展青年先锋”荣誉称号；开展“学习张兵事迹，争当服务先锋”活动，号召全省交通运输系统团员青年向张兵同志学习，在全省交通运输行业评选表彰10名青年服务先锋。

1. 坚持服务发展为重，提升团组织服务水平

号手创建助推创先争优。以“立足岗位比贡献、创先争优当先行”为主题深入开展青年文明号创先争优活动。重点工程团组织围绕“攻坚杯”劳动竞赛，开展技术比武、技能比拼活动，为重点工程质量、安全、进度、环保、廉政目标提供保障；运管物流系统举办青年文明号负责人培训班，交流工作，提升素质，全面推动青年文明号创建工作；高速公路团组织在窗口一线开展“小讲坛大底盘”、“技能比武”、“明星工作法”、“窗口服务大家评”、“暗访进行时”等系列活动，与地方单位结成“窗口文明服务”互助对子，以点带面，全面提升服务水平和质量。2012年，省交通规划设计院、武黄高速武东管理所荣获“全国交通运输行业青年文明号“称号；17个集体荣获省级（杰出）青年文明号；湖北新闻全面报道省级青年文明号黄黄界子墩管理所创建成果。

读书活动引领素质提升。厅团委将青年读书活动作为提高团员青年整体素质的重要载体，组织开展“建设祖国立交桥·青春建功当先行”青年读书演讲比赛；深入推进“书香荆楚·文化交通”全民阅读活动，精心推荐百部优秀图书供青年学习参考；厅直各单位团组织持续开展“青年读书日”、“青年讲坛”、“道德讲堂”等活动，倾力打造青年读书社、网上读书园地、读书俱乐部等兴趣小组，厅直各单位成立青年读书俱乐部68个，购买图书达51.7万册，为青年学习、工作营造了良好氛围。

志愿服务倡导文明风尚。以学雷锋活动50周年为契机，深入开展“学习雷锋精神、争当服务先锋”系列主题实践活动。厅直各单位团员青年通过召开座谈会，观看影片，阅读报纸、书刊、杂志，浏览网络资源等阵地媒介，广泛深入学习和宣传雷锋同志的先进事迹、先进思想、道德观念和崇高品质；各单位志愿服务队积极结对帮扶社会弱势群体（孤寡老人、困难学子、困难家庭等），坚持开展站口便民服务、发放通达图、义务献血、扶残助弱、捐资助学、关爱空巢老人、“爱心”进社区等社会公益活动。交通各条战线的青年团员在国庆、元旦、春节等节假日放弃与家人团聚的时间，服务司乘、保障通畅，在当地引起较好的反响。以“青春促和谐，共建新农村，与留守儿童手拉手”为主题，组织交通青年赴厅三万活动点开展帮扶活动，为留守儿童捐赠衣物、图书，购买篮球，羽毛球等体育用品。3月5日，湖北日报以“雷锋号：百万次温暖问候”为题全版登载京珠管理处武汉西收费站“雷锋号”的故事。

文化活动丰富文化生活。各级团组织结合工作实际和青年需求，精心组织征文比赛、演讲比赛、青年书画大赛、十字绣大赛、青年相亲节等活动，开展以“放飞心灵，健康生活”为主题的主题团日活动，用各种健康的活动方式缓解团员青年的工作压力，强健体魄，调整心态，更好的投入工作。

2. 抓好基层基础工作，加强团组织自身建设

党建带团建。做到党团工作同规划、同部署、同考核，会议一起召开、任务一起布置，先进一起表彰，干部一起培养。以厅党组名义下发支持共青团工作的多个文件，营造共青团工作的良好氛围。高度重视共青团“推优”和青年党员的发展工作，厅直单位发展党员249名，其中经“推优”发展的青年党员比例超过92.6%。依托党校建团校，依托党员活动中心建青年活动中心，确立21个爱国主义教育和社会实践基地。厅团委荣获“全省五四红旗团委标兵”称号；交职院荣获“全省五四红旗团委“称号；张远华同志荣获“全省优秀团干部”称号。

基层基础。一是完善基层团组织。做到哪里有青年，哪里就有团组织。厅直单位团委根据要求及时换届，确保组织健全；坚持“三会两制一课”制度，做到团员教育、管理工作正常有序。二是抓好团干部队伍建设。继续巩固团干培训工作长效机制，组织新任职团干部培训、基层团干部培训、骨干团干部培训，以理论学习、专家讲座、外出交流、拓展训练、基层调研、社会实践等方式帮助团干部丰富思路，提高工作责任感、理论素养和实践能力。深入开展“双联双助”活动，确保每个团干部结对联系一个基层团组织，每个团组织要结对联系一名困难青年职工或留守、失学儿童。三是拓展团建阵地。厅团委网站全面改版升级，“青春交通”官方微博开通，与青年交流互动平台更广更宽。

（曹慧娟）

【交通宣传报道】 湖北记者站在《中国交通报》上发表新闻稿件(图片)150余篇，超额完成报社下达的年度考核指标。《湖北：打牢“大底盘”建设“立交桥”》等8篇稿件在《中国交通报》头版头条刊发，其中《九州通衢“九头鸟”展翅腾飞》稿件受到交通运输部部长杨传堂的肯定。《湖北交通转型亮出民生清单》等17篇稿件被评为好稿。成功承办中国交通报社2012年记者站工作会。经过湖北记者站同志的努力工作，大大提升了《中国交通报》在湖北地区的影响力和知名度，2012年报纸发行量保持稳步增长，达到4900多份。

概括起来，主要有以下6个特点：

1. 围绕中心服务全局，引领行业升级步伐。

2012年是湖北交通运输系统全力保发展、保重点、保民生、保安全，交通运输投资建设快速推进，运输生产持续增长，养护运营跃上新台阶，行业管理实现新转折，全面完成“服务创新年”各项目标任务。

围绕“支点建设”这一总目标总任务，以服务创新和引领发展为己任，构建便捷、通畅、高效、安全的综合运输体系，基本形成“七纵五横三环”高速公路网络，以亿吨级武汉新港为核心、功能完善、布局合理的港口体系，以810公里高等级航道圈为核心、干线畅通、干支直达的航道体系，“四纵三横”的铁路运输体系，“一干四支”的航空体系，把湖北建成全国高速公路网重要枢纽、长江中游航运中心、全国性铁路路网中心，努力建成全国第四门户机场。

湖北站作为行业宣传的主力军，坚持不断与行业融合，关注湖北省情，注重在全省经济社会发展宏观视野里挖掘交通运输的地位、角色和作用，努力发挥引领行业前行的作用。对于湖北交通运输厅的重点工作、厅领导重要活动，湖北记者站站长和副站长亲自参与策划和指导采访、报道，带动全体工作人员积极主动地为交通运输工作提供高质量的、主动的、全面的宣传服务。

2. 明确宣传桥梁定位，覆盖多点拓宽阵地。

湖北省交通运输厅把《中国交通报》湖北记者站视为省厅的重要宣传单位，连接交通运输部与湖北省交通运输厅的桥梁、《中国交通报》报社与湖北省交通运输厅的纽带。突破观念瓶颈，在政策、宣传经费等方面予以倾斜，加大支持力度，为记者站开展好工作积极创造良好的环境。记者站与各级媒体、一线通讯员多沟通、多研究、多交流，形成全系统、全行业新闻宣传工作上下联动、资源整合、优势互补的整体合力。

湖北省交通运输厅引导湖北记者站走全媒体发展之路，突破前些年单一的报纸宣传形式，逐步形成厅宣传中心一部门，《中国交通报》、《湖北交通新闻》两报,《湖北交通》一杂志、湖北省交通运输厅网站一网络等多形式媒体的立体宣传格局，通过出版报纸、书籍、画册、杂志、制作展板等满足全系统内多元化的宣传需要。

5月15日汉十高速服务世界华人炎帝故里寻根节

湖北记者站还注重用好《中国交通报》所属的内参、网络媒体、视频媒体，大力拓展新闻宣传的覆盖面，综合运用重点报道、典型报道、专版报道、通讯、消息、评论等各种手段在《中国交通报》上宣传，达到良好的宣传效果。形成高强度、持续性、宽领域的宣传声势，使行业的变革发展成为强势主流的思想观念。

3. 总结提炼开掘深度，推动行业观念变革。

深刻的行业变化，要以思想观念的变革为先导，然后又以思想观念的持续转型而获得深入推进的精神动力。

湖北站对最新的湖北交通运输发展趋势总结提炼，努力开掘深度，敢于发出思想先声，形成规律性认识，及时宣传报道对于行业最新的认识、思考与部署，通过各种宣传报道形式向社会和全行业广为传播，不断推动行业观念变革。

湖北省委书记李鸿忠指出，构建中部崛起重要战略支点、实现湖北跨越发展，使命光荣，责任重大，是一项非常之举，需要非常之人，非常之精神，非常之举措。湖北站主动作为，勇于担当展现支点形象、支点地位的“思想库、瞭望哨、研究所、参谋部”。

由区域性的九省通衢向全域性的九州通衢迈进，不仅是湖北省的要求，更是构建全国大交通网络和打造中部崛起的战略支点要求，也是中部百姓民生诉求。4月26日，湖北省政府召开新闻发布会，发布交通运输发展新战略。湖北将在新的历史阶段，全力打牢发展“大底盘”，建设祖国“立交桥”。

针对打牢发展“大底盘”，建设祖国“立交桥”等焦点问题，湖北站在湖北省交通运输厅网站大张旗鼓地宣传，及时主动配合新华社记者和《湖北日报》等主流媒体记者，刊发《湖北：打牢“大底盘”建设“立交桥”》、《九州通衢 “九头鸟”展翅腾飞》、《湖北构建支撑中部服务全国大交通枢纽》等长篇通讯，有效推动了“大底盘、立交桥”建设，帮助发布和解析政策，很好地宣传湖北交通的做法和成果。

4.加大窗口宣传力度，打造交通服务品牌。

交通运输行业是与人民群众息息相关的服务行业，车、船、港、站、所、队、线、点等都是为民服务的阵地，交通建设、运输、收费、执法等，都是面向群众的窗口。特别是道路客运城市公交出租客运，每天客运量达1400万人次，更是交通运输行业服务群众最直接、联系群众最紧密的窗口。

湖北交通运输全行业、各战线、各岗位深入学习全省道路运输窗口单位为民服务的优秀代表张兵的先进事迹，以张兵为榜样，使服务质量更优，惠民利民更实，群众满意度更高，从而也把交通运输行业为民服务的窗口擦得更亮。

湖北交通运输行业继续深入推进文明样板路、文明航道、文明车船、文明汽车客运站建设，构建衔接顺畅、方便快捷、经济可靠的城乡客运一体化服务体系。继续深化以微笑京珠、温馨汉十、活力黄黄、阳光随岳等为代表的高速公路服务品牌建设，拓展以“小红帽”、“客运天使”为代表的客运服务品牌，推进以省级示范线和荆楚新农巴为代表的农村客运文明服务品牌，提升以“绿色水运”、“安全畅通文明航区”、“金锚先锋”创建为代表的港航海事品牌，通过品牌示范建设全面提升行业整体服务水平。

湖北站及时跟进交通服务品牌宣传，在《中国交通报》和《湖北日报》等媒体刊发《公路通畅 产业经济闹热 荆楚新农村》、《废除“二老板” 推行“员工制”》等稿件，很好地树立了湖北交通的窗口服务形象。

全员服务意识的树立与提高为记者站赢得了发展空间。从厅领导到各部门和直属单位领导，每逢重点工作、重要活动，都邀请记者站进行宣传报道，给湖北站提供了大展拳脚的舞台。

5.加大岗位职责的竞争意识，不断提高采编工作质量。

抓提升，将新闻报道事件向有深度、造影响的方向转变。在抓好一般动态性事件报道的基础上，对重点事件、重点工程的报道注重挖掘。例如，在抓宜巴高速公路建设的报道中，摒弃过去一般阶梯式的报道形式，注重提炼节约资源对保护生态文明、环保修路，造福子孙和依靠科技攻关、管理创新、打造一条适宜出行的西部山区高速公路的主题高度去挖掘新闻价值，着力反映该项目在中国高速公路建设中的地位与价值，使新闻稿件既有特色新闻的含量，同时更富有经验借鉴价值。为挖掘修路站运一体化的好经验，紧盯鄂州城乡客运一体化交通，多次进行现场采访。在《湖北日报》登载了一批稿件，反映湖北路站运一体化建设的新成果、新经验、新形象。

抓质量，从版面交叉编校与编外者校对延伸结合。改变编辑一人校为版面交叉校。聘请编外者再校的方式，即图文输入一校、责任编辑自检二校和聘人三校。基本杜绝过去每个版面编辑因“自我感觉良好”、“先入为主”心理作用所造成的错觉。这一措施的实施，使稿件的文字差错大为减少，校对图文质量明显提高。

抓能力，加强采写，编采业务相结合。记者站和湖北交通报实行采编互动，即一个人编两个人的版面，空出两个人专门进行采访，三个月轮换一次，强化编辑记者的双重职责，加大两方面的工作责任感。使重大新闻能及时采访，编采、撰稿一次完成。该方式运行一年效果良好，产生了一批较有深度的报道，也调动了采编人员的积极性和写稿竞争意识，促进人员业务素质的提高。

抓提高，编辑部与印刷厂联手分析印刷质量。主要做了两个方面的工作。其一，每期讨论分析报纸、杂志的印刷质量，把归纳出来的问题一一与印刷厂交换意见，使印刷厂把质量问题提到议事日程。其二，增加《湖北交通》彩色图片用量，使版面活起来、美起来，编辑人员都当作精品工程来做。从而使《湖北交通报》和《湖北交通》杂志的内容质量和印刷质量有了较大提高。

6.增强面对基层的服务意识，加快全省通联宣传网络建设。

采取“走出去、请进来”，抓理论培训。一些市州交通运输局、厅直单位先后举办通讯员培训班，记者站派出多名编辑到这些单位参与培训，谈写作体会、讲授新闻写作的有关知识。

花时间，下功夫，编辑新闻作品资料。编辑出版《湖北交通新闻集》，含消息、专访、通讯、系列、言论、副刊等分类300余篇，约30万字。这本集子的出版，不仅是《湖北交通报》在2010年所取得宣传成果的一次集中展示和总结，而且为基层通讯员提供了学习、参考资料，也为档案管理提供史料。

健全夯实新闻网络建设。记者站在过去原有的基础上，进一步加强与新华社、《人民日报》《中国交通报》、《湖北日报》、《楚天都市报》、《楚天金报》、《长江日报》、《武汉晚报》、省电台、省电视台的联系，进一步健全以记者站为主和社会新闻媒体负责交通宣传的交通新闻网络，经常通信息、通情况，使网络成员能及时了解湖北交通改革和建设的情况，进而及时地进行宣传，扩大宣传功能和影响。

两报发行渠道畅通。《中国交通报》和《湖北交通报》是交通宣传工作的主要阵地，扩大两报发行，保持信息畅通，有利于强化宣传效果。宜昌、襄樊、荆州、黄冈、仙桃、鄂州等地市成绩突出；武汉、孝感、荆门、黄石、恩施、十堰、潜江、天门、随州、咸宁、林区等地也后来提速，为扩大两报发行量，做了大量工作。厅直单位也在稳定发行上做出了努力，使这项宣传工作的重要组成部分，在全国交通行业始终保持良好的领先发展态势。

（高斌）

调查研究

打造综合交通运输枢纽　助推湖北跨越式发展

湖北省交通运输厅　尤习贵

打造湖北综合交通运输枢纽，既是促进中部地区崛起的战略要求，又是发挥湖北地理区位优势，推进湖北跨越式发展的必然选择。按照省委省政府的要求，我们联合相关单位组成联合调研组，对打造综合交通运输枢纽进行认真研究，提出下一步的发展思路和工作目标。

一、湖北综合交通运输枢纽初现雏形

"湖北通，则中部通，中部通，则全国通"。湖北在全国交通运输体系中处于重要的枢纽地位。改革开放以来，湖北综合运输体系建设取得了明显进展，交通"瓶颈"状况得到了根本性改观。尤其21世纪以来，随着国家实施促进中部地区崛起战略，建设促进中部地区崛起重要战略支点，加快建设"四基地一枢纽"，湖北交通抓住重大历史机遇，交通建设实现了重大突破，加快构筑了综合交通运输新优势，实现了由"九省通衢"向"九州通衢"的重大历史转变。

第一，综合交通运输通道骨架网络初步建立。运输大通道建设加快，运输基础设施规模不断扩大，初步形成了铁、水、公、空运输网；运力迅猛发展，运输紧张状况全面缓解；运输结构不断优化，运输服务和保障能力明显增强。2011年，湖北运输线路总里程达到22.4万公里。其中，铁路通车里程3340公里，公路里程21.3万公里，内河航道里程8988公里，综合交通网平均密度达到1.21公里/每平方公里。

一是公路运输地位和重要性日益突出。全省基本形成以高速公路为主骨架，国、省道为干线的公路运输网络。2011年，全省公路货运量和货运周转量占各种运输方式累计货运量和货运周转量的75.1%和31.6%；客运量和客运周转量占各种运输方式累计客运量和客运周转量的91.5%和48.5%。"四纵四横一环"高速公路网基本形成。大广、京港澳、随岳、二广高速纵贯南北，麻竹、沪蓉、英郧、沪渝高速横穿东西，武汉形成高速公路外环。2011年，全省高速公路总里程达到4007公里，居全国第六位，其中，国高网占已通车高速公路总里程的74.2%。高速公路网辐射全省90%的县市区、96%左右的人口。武汉市8条高速出口的建成，加快武汉与周边8城市"五个一体化"进程。"十二五"高速公路规划规模进一步调增，已建和在建高速公路总里程达7643公里，居全国第1位。国省公路网络优质畅通。2011年，全省公路通车总里程达到20.27万公里，一级公路达到2395公里。国省干线公路基本达到二级以上标准，路网结构明显改善，抗灾能力明显增强。公路密度提高到114.45公里/平方公里，基本形成"干支配套、网状连接、深度通达、功能齐全"的公路网络。农村交通发生巨大变化。将加快农村公路建设，尤其是加大了对革命老区、贫困地区、少数民族地区和山区公路建设力度。过去五年，新增农村公路总里程突破10万公里。全省实现100%乡镇通沥青(水泥)路、100%行政村通达客车、97%行政村通沥青(水泥)路，农民群众行路难、乘车难、过渡难得到根本改观。

二是水运振兴工程取得历史突破。武汉长江中游航运中心加快建设，武汉新港货物吞吐量突破1亿吨，成为长江中上游首个跨入亿吨级的港口。以武汉新港为龙头，以宜昌三峡物流中心、荆州组合港、鄂东组合港为支撑的现代港口群建设快速推进。过去五年，共完成港航项目投资138亿元，年均增长80%。2011年，水运总运力超过800万载重吨，港口38个，港口吞吐能力2.5亿吨，在长江中上游居第2位，集装箱吞吐能力达到180万标箱，居长江中上游第1位。汉江崔家营航电枢纽建成运营，汉江航道整治工程顺利推进，引江济汉通航工程加快建设，长江－江汉运河－汉江千吨级航道圈初现雏形。

三是铁路路网规模质量实现跨越。路网基本形成"四纵两横"格局，路网结构全面优化，通道能力大幅增强，运输保障水平大幅提升。2011年，铁路营业里程达到3340公里，铁路货运总量1亿吨，铁路客运总量8503.8万人。京广(深)高铁与已建成的沪汉蓉客运专线在武汉交叉，形成一个以武汉为中心的大"十"字形高速铁路网。通道能力大幅增强，长期以来湖北往北、往南和进川能力紧张，往东缺乏直通通道、需要迂回运输等问题得到缓解，通道能力以枢纽能力得到释放。

四是民用航空快速发展。武汉天河机场年旅客吞吐量突破1000万人次，跻身"千万级机场"行列。T3航站楼正式动工。2011年，湖北航空货运量和货运周转量分别达到9.43万吨和1.11亿吨公里，民航客运总量和客运周转量分别达到914.52万人和102.97亿人公里。航空运输的快速增长催生了"武汉临空经济区"，带动了金融、旅游、商贸、信息、物流等产业发展。

第二，综合交通运输枢纽中心功能不断提升。加快推进"一主两副"中心城市现代运输体系建设，全面提升武汉、襄阳、宜昌的交通枢纽功能。武汉成为全国铁路六大客运中心、四大主枢纽之一。随着沪蓉、京珠等高速公路和京九铁路、京汉广城际高速铁路等基础设施的建设开通，武汉作为中部地区中心城市和综合交通枢纽的核心地位进一步凸显，成为我国经济承东启西、接南联北的战略要地。目前，湖北已形成至长三角、珠三角、成渝等地区快速客运通道，武汉与全国主要大中城市间基本实现客运高速化，以武汉为中心，覆盖省内城市0.5 ~ 2小时快速交通圈，覆盖1000公里范围的4 ~ 5小时快速客运网的格局基本形成。

第三，交通运输装备综合水平跃上台阶。合武客专、武广高铁相继开通运营，湖北率先进入高铁时代，动车通车比率位居全国前列。湖北铁路主要干线实现电气化和重载化，复线率、电化率达到81.3%和91.6%，分别高于全国平均水平34.9和51.5个百分点，时速200公里及以上动车组和提速、快速客车、空调客车总保有量比例提升。交通科技创新能力明显提升。探索形成了特长隧道(群)建设、高墩大跨桥梁建设、高路堤、高陡边坡防护等一系列山区高速公路成套关键技术。交通公众出行服务、高速公路视频监控、营运车辆GPS监控等一批交通应用系统投入运行并取得了良好的经济社会效益。

第四，综合运输有机衔接机制加快建立。推动综合交通运输体系试点建设，突出武汉龙头地位和示范效应，实施以武汉为核心的“2111工程”：即把武汉打造成全国性铁路路网中心、长江中游航运中心、全国公路重要枢纽、全国重要的门户机场和内陆现代物流基地。积极推进设立长江中游城市集群综合交通运输示范区，对在建和拟建的重大高速公路项目进行了对接，在甩挂运输、信息共享、ETC联网治堵问题上达成了共识。积极推进武汉天河机场交通中心、襄阳东站、荆州郢城、黄石团城山等综合客运枢纽及一批物流示范工程建设。围绕提升综合运输水平，行业重大改革平稳有序。

第五，交通投资规模创历史新高。截至2012年6月，五年来完成公路水路固定资产投资2375亿元，超过建国后前57年投资的总和。2011年完成投资558亿元，创历史新高，比2007年增加69.93%，年均增长14%。五年来，交通基础设施建设投资力度逐步加大，在全省投资总额中的比重不断提高，五年交通投资占全社会固定资产投资的比重达到3.5%，成为我省经济增长的重要拉动力量。为推进交通运输发展，2010年10月，成立了省交投为交通领域的省级投融资平台。累计实施项目8个，完成投资91.78亿元，累计带动社会投资275.34亿元；累计融资63.28亿元。

二、制约综合交通运输枢纽发展的主要瓶颈

综合交通运输体系建设是个系统工程，当前仍然面临发展不够，投入不足、体制不顺、环境不佳，规划不一、协作不同等矛盾和问题。

第一，综合交通运输总量偏低。长期以来，湖北交通客货运输及周转量在中部6省乃至全国均处于中下游位置。2007 ~ 2011年，湖北各种运输方式货运量年均增长17.1%，增幅比GDP高3.2个百分点，但比工业平均增速低4.4个百分点，与地方财政一般预算收入、全社会固定资产投资、全社会消费品零售总额等增速相比也明显滞后。2011年，湖北运输线路里程22.5万公里，不及湖南的24.7万公里，河南的25.3万公里；湖北客运量11.2亿人，旅客周转量1236.2亿人公里，也分别低于河南的19.3亿人、1989亿人公里，安徽的18.6亿人、1627.2亿人公里，湖南的17.1亿人、1565.4亿人公里。其中，铁路货运总周转量只略高于江西，居中部第5位，公路货运总周转量高于山西居第5位。2011年，武汉天河机场实现旅客吞吐量1201万人，比长沙黄花国际机场少180万人。过去，水运确立了湖北“九省通衢”地位，目前水运的客运量、旅客周转量仅为368万人、2.6亿人公里，不及湖南的1327万人、2.7亿人公里。这说明，湖北运输总量与综合交通运输枢纽定位还不相适应，与湖北经济发展还不够协调。

第二，综合协调机制不完善。公路、铁路、水路三足鼎立，交通体制分割与各行业改革滞后，成为建设综合交通运输枢纽面临的困难问题。湖北公路、铁路、民航、长江航运分属省交通运输厅、武汉铁路局、民航湖北监管办、长江航务管理局四个部门管辖，在综合规划、资源整合、行业管理、营运服务等方面的协调存在一定问题。因为体制分割，交通发展与改革不能形成统一协调的规划、政策，不能实现资源的优化配置，不能形成协调的制度安排。交通各行业内部的体制创新力度相对偏小，这也必将对各行业生产力发展形成较大制约。

第三，运输方式衔接不紧密。各部门重点发展各自相关建设，各种交通方式的客货运站场和服务组织基本独立设置，相互之间缺少衔接配套和统一的信息沟通平台，不能真正实现铁、公、水、空货运的“无缝衔接”和客运“零换乘”。不同运输方式之间的协作不能按照市场规则进行，专业化分工与协作程度较低，限制运输要素的自由流动，造成社会客货运输效率、效益较低，阻碍了区域内交通运输市场的一体化进程。

第四，运输方式发展不平衡。水运仍是湖北综合运输体系中的“短板”。港口、航道等项目建设难以产生“路通车通”立竿见影的效果，其规模效应、集聚效应、辐射效应充分显现要延迟三至五年。加之水运因投入不足，相对于公路、铁路、民航的高速发展滞后。2011年湖北水路货物周转量只占公路、铁路、水路周转总量的44.7%。港航基础设施整体滞后、底盘偏小、效率不高是湖北水运综合开发的“软肋”。港口通过能力仅为江苏的20%、安徽的70%，集装箱吞吐能力仅为江苏的22%，且主要集中于长江沿线主要港口，汉江及其他支流港口比较落后。湖北内河三级以上航道里程低，不及湖南的1/4，汉江以及其他支流航道毛细血管不畅，航道网络尚未形成。同时，湖北机场门户建设滞后。

第五，交通建设投入渠道不顺畅。从公路看，存在三个问题。一是普通公路筹融资难。2009年国家实施成品油税费改革以后，二级公路通行费取消，“统贷统还”筹集建设资金的筹融资平台不复存在的，以财政性资金投入为主的筹融资机制尚未确立，我省普通公路建设筹融资面临十分困难的局面。受国家宏观调控政策影响，银行信贷规模紧缩，贷款利率连续上调，加之物价上涨和征地拆迁成本的攀升，交通建设资金筹措压力巨大。“十二五”期全省普通公路建设、养护投资规模为1095亿元，需要部省补助614亿元，而我省预计可筹集的部省补助资金只有302亿元，部省补助资金缺口高达312亿元。二是高速公路建设信贷渠道不畅通。今年4月，国家五部委联合下发了《关于禁止将政府还贷公路违规转让或划转成经营性公路的通知》之后，各大银行特别是总行更加严控对省交通投的信贷，减少了对我省高速公路建设的信贷。虽然省交投公司通过发行中期票据、采取融资租赁等方式筹资近100亿，但上述方式融资成本高，周期短。三是农村公路养护资金缺口巨大。大多数市、州、县政府日常管养资金没有落实到位，少数贫困县市以省级统筹养护工程资金用于日常养护管理，农村公路养护管理资金整体缺口大，导致部分农村公路仍处于失养、缺养状态。同时，由于省配套资金到位严重滞后，2009～2012年全省危桥加固改造资金缺口8.3亿元，项目不能按计划完成，桥梁安全形势严峻。

从水运看。由于航道的公益属性，决定了航道建设难以引进企业投资。如引江济汉通航工程项目是个公益性的项目，总投资27亿，资金缺口7亿。未来港航基础设施建设还将需要大量资金投入，而湖北港航建设筹融资难的局面没有根本缓解，港航建设融资平台尚未有效建立，现有筹资能力与实际需求差距较大，影响到湖北水运可持续健康发展。

三、湖北综合交通运输枢纽的发展思路与主要目标

当前，湖北交通运输发展面临一系列重大历史性机遇：一是中央要求湖北建设促进中部地区崛起重要战略支点。加快战略支点建设，必须加强综合交通运输的支撑。2012年5月，温家宝总理明确表示支持武汉建设国家中心城市，要求全面提升武汉交通枢纽功能、带动功能、要素聚集功能、服务管理和创新中心功能，发挥龙头作用，加快形成全国性路网中心、高速公路路网重要枢纽、国家重要门户机场和长江中游航运中心。二是国家支持中部地区建设综合交通运输枢纽。国务院《关于大力实施促进中部地区崛起战略的若干意见》，明确提出中部地区要统筹发展各种运输方式，全面提升综合交通运输能力，强化综合交通运输枢纽地位。三是国家交通运输部大力支持湖北交通跨越式发展。李盛霖部长指出，湖北地处综合交通运输五纵五横大通道的交汇点，是促进中部地区崛起的重要战略支点，要站在湖北看全国，站在全国看湖北，把湖北打造成全国综合交通运输的“立交桥”。四是省委、省政府把交通运输发展放在突出重要位置。省第十次党代会明确提出要提升基础设施的承载功能，做大做强支撑湖北长远发展的“大底盘”。

未来5年，是湖北交通运输大建设大发展的机遇期，是构建综合运输枢纽的关键期，是交通运输发展的转型期。要按照中央和省委、省政府“打牢发展大底盘、建设祖国立交桥”的要求，湖北“得中独厚、得水独厚”的交通区位优势较好发挥，初步形成公铁水空管等运输方式配套衔接、技术装备先进适用、运输服务安全高效的综合运输体系，全面适应湖北经济社会发展，“发展的大底盘”基本形成，“祖国的立交桥”架构显现。未来10年，将基本建成立足中部地区、依托长江经济带、辐射全国，各种运输方式有效衔接、运输服务一体化的综合交通运输体系，湖北交通区位优势充分发挥，全国综合交通运输和中部崛起“立交桥”基本形成。基本建成全国重要的公路交通枢纽中心。实现高速公路路网、普通国省干线路网、农村公路路网“三网”互联互通，省市县乡村公路路网全面覆盖，高速公路与周边省市对接辐射。实现100%的县市通高速。基本建成武汉长江中游航运中心。基本形成以长江－江汉运河－汉江810公里高等级航道圈为骨架的2000公里高等级航道；全省港口吞吐能力达到3亿吨、集装箱吞吐能力达到400万标箱，船舶运力突破1000万载重吨。基本建成全国重要的综合运输枢纽中心。铁、公、水、空协调发展，客运实现零距离换乘，货运实现无缝衔接。“两圈一带”综合运输网络基本形成，“一主两副”综合运输枢纽地位进一步提升。

四、湖北建设综合交通运输枢纽的对策

能否建成综合交通运输枢纽，取决于综合交通运输体系的完善，取决于生产力发展水平的高低及其市场化发育程度，关键在于理顺管理体制和协调机制，促进综合交通运输持续快速发展。

一是构建大通道。综合交通运输枢纽的功能取决于通达能力。湖北能否建成综合运输枢纽，关键取决于大通道建设。尤其要搞好与全国主要铁路、公路干线以及经济社会发展大增长中心的交通联结，围绕实施“一元多层次”战略体系，完善东南西北四个方向进出大通道。建成以铁、水、公、空运输枢纽为节点，快速铁路、高速公路和国、省干线公路为骨架的“五纵三横”综合运输大通道，形成覆盖全省主要城市，畅通长江中游城市群，通达京津冀、长三角、珠三角、成渝、北部湾等经济区的综合运输网络，将湖北打造成真正的“祖国立交桥”。公路方面。全面建成“七纵五横三环”高速公路骨架网。基本贯通麻城至阳新等七条南北纵向线、麻城至竹溪等五条东西横向线、以武汉为中心的三条环线，高速公路通车里程达到6500公里。全面建成2.8万公里普通国省干线公路网。加大国省干线公路改造力度，提升技术等级和通行能力。主要省际通道、重要经济区的过境路段、部分高速公路连接线以及主要港口、机场、铁路枢纽通道达一级公路标准，建制乡镇通二级以上公路。全面建成17万公里新农村惠民便民公路网。完善农村公路网结构，提升整体服务能力，在有条件的地区实施通自然村公路建设。全面推进大别山、武陵山、秦巴山、幕阜山片区对外通道；内部

公路网络；农村公路；农村客货运输；水运五个方面建设，全面改善片区发展环境和条件。铁路方面：加强与全国“四纵四横”铁路快速客运通道的联结，建成武汉城市圈城际铁路。落实省部合作纪要和铁路“十二五”规划，完成26个主要铁路建设项目。加快建设武汉至十堰城际铁路、武汉至九江客运专线、郑渝铁路等项目。建设蒙西至华中地区煤运通道、十堰至宜昌铁路、黔江至张家界至常德铁路等项目，解决煤炭“金三角”地区至湖北的煤炭运输问题和西部地区铁路通道能力薄弱的问题。建设长荆铁路仙桃铁路支线、潜江铁路支线，武汉新港江北铁路二期，以及三江港货运站等项目，形成江汉平原及长江联运的便捷货运通道。

二是建设大枢纽。光有通道建设还不够，必须形成枢纽，形成集散地，线和点要集合起来。全面提升武汉交通枢纽功能，加快形成全国性路网中心、高速公路路网重要枢纽、国家重要门户机场和长江中游航运中心。加快机场建设，争取天河机场三期建设尽快建成。抓紧培育航线，尽快开通国际航线、省会城市间航线以及其他重要城市间航线。围绕“一主两副”等发展战略，加快推进支线机场建设。抓好长江港口、货站建设。加快建设“2111”工程。按照临铁、临空、临港、临路的原则，优化综合运输枢纽布局，重点推进武汉、宜昌、襄阳、荆州、黄石、十堰、恩施等7个国家公路运输枢纽城市的综合运输枢纽建设，完善枢纽集疏运体系。

三是形成大产业。以现代物流业为平台和载体，通过产业整合和市场机制，推动综合交通运输体系整合。大力发展交通服务服务业，尤其是大力发展现代物流业。推进武汉、襄阳、宜昌、十堰等公路枢纽城市的物流基础设施建设，加快武汉新港、三峡物流中心建设。大力开展示范培育工程。加快物流市场主体培育，按照引进移植一批、培育壮大一批、分离发展一批、整合提升一批的思路，促进市场主体做大做实做强。制定培育发展重点物流企业的指导意见。创新物流发展服务机制。加强物流市场诚信体系建设和市场监管力度，推动城市快递、农村物流和邮政物流加快发展。

四是提升大能力。在运输能力和服务质量上实现大提升。加快市场运输体系建设，规范市场行为和市场秩序。加强政策引导，促进运输结构调整。加大对城市公共交通、农村客运、邮政普遍服务的扶持力度。优化运输组织，创新服务方式，加强各种运输服务之间的无缝衔接和合作。一是着眼交通运输新需求，加快推进现代综合交通运输体系建设，支持物流园区和综合客运枢纽建设，加强各种运输方式的紧密衔接和有机互补，适应人民群众对安全舒适出行和安全快捷运输的迫切需要。二是着眼公共服务均等化，切实完善城乡公交一体化体系，加强综合规划和配套设施建设，着力提高农村公路质量、安全通行水平和抗灾保通能力，形成高效的综合调度网络，使城乡居民出行享受均等的基本公共服务。三是着眼行业发展任务，持续抓好行业的安全和稳定，落实安全监管责任，完善应急处置预案，着力加强对客运、危险货物运输的安全监管，促进交通运输科学发展安全发展。

五是推进大整合。加强综合交通枢纽建设，关键是推进交通运输一体化进程。优化配置交通运输资源，打破行政、部门和地域界限，提高交通运输总体效益和服务水平。加快交通基础设施的一体化建设。加强区域交通运输发展的协调规划，优化区域交通运输结构和空间布局。增强区域中心城市的聚焦和辐射能力，加快综合运输枢纽建设，优先支持中心城市客运枢纽的建设，实现运输组织方式上全过程的无缝物理衔接，降低物流成本，实现运输过程的高效率。推进城乡公交一体化进程。着力建立完善城际、城市、城乡、镇村城乡一体、分工合理、相互衔接、方便快捷的四级城乡道路客运网络和服务体系。武汉城市圈重点推进城际公交改造。鄂西生态文化旅游圈重点发展定线旅游客运。推进城乡客运一体化发展，扩大农村客运覆盖面。实施公交优先战略，推进武汉“公交都市”试点示范，在武汉、宜昌、黄石试点建设快速公交系统(BRT)。加快推进长江中游城市集群交通运输一体化建设。加快长江干线中游航道系统治理，加快打通长江中游城市群省际断头路，打通长江中游城市集群与长三角、珠三角等城市群之间的快速通道。

六是加强大协调。综合交通重点工程涉及多种交通方式的衔接，公路、铁路、航道等互跨和交叉，也涉及众多的部门。要围绕建设综合交通运输枢纽的共同目标，统一规划、分头建设、衔接一致、统筹推进，形成发展合力。在重大基础设施项目上进行联合投资，协调发展，以完善区域现代化交通运输网络，建立安全、高效、协调、绿色的交通运输体系。加快交通运输制度、信息管理一体化建设。制定相关的管理制度及标准规范，健全协调、磋商机制，加强地区之间和部门之间协调沟通。破除行政和行业垄断，形成统一、公开、透明的市场准入规定，消除阻碍交通运输资源合理配置的体制障碍。建立统一管理信息平台，提高运输效率和运输服务水平。利用计算机技术和网络技术，实行统一的信息技术标准，提高运输、运营、管理、组织、服务的信息化水平，实现区域交通运输信息资源的共享，降低管理成本和运输交易成本，优化运输效率和效益。

七是增加大投入。“十二五”期间湖北交通投资累计投资5700亿至6000亿元。必须加大交通基础设施投融资体制创新力度，加快形成政企分开、多元化的交通投融资体系。对具有公益性、政策性和较难实行市场化运作的水路、城市公共交通，应根据财政状况，增加财政性投入。解决交通投入不足的根本出路在于投融资体制创新，重点应放在引进战略投资者投向港航枢纽、地方支线铁路、城市轨道交通、民航支线机场、管路骨干管道等适宜社会资本进入同时又是投资相对不足的方向。改进招商方式，创新投资模式，按国际惯例运作，完善并对国际和国内投资者实行统一的投融资政策。为改善投资环境和政府交通行业管理，进一步加大交通运输各行业政企分开、政事分开的改革力度，加快交通投资的职能从交通管理部门分离，强化交通投资公司的融资功能，实行市场化运作。

五、几点建议

第一，尽快制定全省综合交通网中长期发展规划，强化相关规划的衔接与协调。一是协调、督促交通运输各行业、各地区在制定和调整交通发展规划时，加强与城市发展规划、物流产业规划及相邻省市交通发展规划的衔接与协调，进一步修改、完善行业、地区交通发展规划，使之更具可操作性和发展协调性。二是推动交通运输各行业之间在原有行业发展规划基础上，通过横向的沟通、衔接、协调和产业政策引导，按照既竞争又合作的基本原则，实现重大项目布局、重大技术改造、重要资源利用等在各展其长、合作共享的基础上形成优化配置、协调发展格局。三是在湖北省“十二五”综合交通发展规划的基础上，按照发展一体化和整体效益最大化原则，研究制定全省综合交通网中长期发展规划，形成指导全省交通运输各行业协调发展的整体建设规划，为全省交通运输各行业实现协调发展提供依据与指导。

第二，建立不同交通运输行业的沟通与协调机制，充分发挥政府在促进全省交通运输协调发展中的主导作用。综合交通运输体系的优势在综合，难点也在综合。在鼓励不同运输行业运用市场机制合理竞争前提下，政府运用“看得见的手”，在推动各种方式协调发展上应发挥主导作用。为保证交通运输各行业的协调发展，建议成立领导小组，形成由省政府主导的综合交通运输联席会议制度。领导小组由省政府分管副省长担任组长，交通运输各部门主要负责人担任成员，省发展改革委员会承担会议协调组织工作，共同建立多个运输行业沟通与协调的长效机制。联席会议制度实行定期与不定期工作制度，统一规划、协调枢纽及项目建设、协调条块政策等。

第三，制定和完善交通产业政策，引导交通投资结构和投资力度。要结合地方产业特色和具体省情，制定具有较强针对性的地方专项综合交通产业政策。地方交通产业政策应重点指向完善铁路运输通道网络、农村公路网络、水陆多式联运枢纽、集装箱运输系统、公共信息平台、城市轨道交通和公共交通系统等功能完善目标，并组合运用财政、标准、准入、特许、并购、重组、执法、行政、土地等政策工具进行操作，引导和调控产业在充分发挥既有优势的同时，实现整体协调和效益最大化。为保证产业政策的可执行性，应实行开放式政策制定模式，充分听取相关部门、单位意见，在协商和意见基本趋于一致的前提下颁布实施，必要时，可将部分特别重要的政策通过必要程序上升为地方法规，形成法律约束。

第四，完善交通投入长效机制，着力解决制约交通发展的资金瓶颈。一是按照国办发《关于进一步完善投融资政策促进普通公路持续健康发展的若干意见》关于“适当扩大发行债券规模，由地方政府安排用于普通公路发展”，建议中央代理我省发行的政府债券，主要用于我省普通公路建设。二是“十二五”期我省成品油增量资金是普通公路建设和养护的主要资金来源。浙江、江苏、安徽等多省(市)已制定了成品油增量资金使用管理办法。我省要尽快制定相关规定，将成品油增量资金使用管理制度化、规范化。三是构建新的融资平台，建立普通公路建设投资公司。四是进一步出台农村公路建设资金保障支持政策，切实解决当前及今后农村公路建、养、管资金需求问题。五是尽快落实危桥改造省补助缺口资金。进一步加大协调力度，尽快将近年我省危桥加固改造缺口资金补助到位，确保我省危桥改造项目顺利开展，消除已有危桥安全隐患。六是加强长江和汉江水运开发。进一步加大对水运发展的支持力度，增加对引江济汉通航工程的资金补助。

关于推进湖北快递物流业跨越式发展的调研报告

湖北省交通运输厅　唐　元

快递物流是新型的邮政物流业态，具有组织体系高效、网络覆盖完善、定价机制灵活、时限性强、高度便利、安全可靠等特点。当前我国正处于经济转型发展的关键时期，航空外贸和国内网购迅猛发展是大势所趋，这为国际快递和国内快递提供了大发展的机遇，尤其是网购与快递业的迅猛共生发展，正以势不可挡之势冲击传统商贸模式，也迅速改变着国内生产力布局，全国经济格局必将面临新一轮的大调整。鉴于湖北及武汉在全国独特的区位特点，在全球快递格局中武汉具备成为中国的“孟菲斯”的优势、在全国网购快递中湖北具备成为商品集散中心和生产基地的最佳条件。建议我省抓住难得机遇，明确工作思路，制定政策措施，改善发展环境，促进快递业跨越式发展，在我国新一轮的竞争中赢得主动。

一、我省快递物流业发展迅猛、问题突出

近年来，我省快递物流业发展势头很猛，市场秩序改善，服务水平提升，总体规模迅速扩大，已形成多种所有制企业并存、多样化产品互补、多层次服务共生共赢的快递物流产业发展格局。2012年，全省规模以上快递企业业务收入规模达到18.3亿元，快递业务量达到1.16亿件，连续七年保持年均30%以上的增长速度。归结起来，具有以下几个特点：

一是企业不断发展壮大。目前，我省获得快递业务经营许可的企业达到458家，行业集中度较高，邮政速递、顺丰、申通、圆通、中通和韵达等6家重点骨干快递企业已占到75%以上的市场份额。二是服务网络迅速拓展。我省快递服务网络已连通世界大部分国家和地区，通达国内县级以上城市，遍布全省乡镇。已有邮政EMS、顺丰、圆通、TNT等多家快递企业在武汉建立区域总部和快件集散中心，并开通了至武汉的快件航线，提升了快递网络辐射能力。三是服务水平不断提升。各快递企业加大资金投入，加大基础设施建设，加快信息化技术推广应用，快件处理机械化、自动化和信息标识条码化、封发容器化程度不断提高，手持终端(PDA)、无线传输系统、车辆运输定位系统、自动分拣系统等技术手段得到广泛应用，实现了订单实时跟踪与查询，快递服务水平位居国内先进水平。四是人员素质逐步提高。全省快递从业人员2万余人，并每年以较快速度增长，在快递企业中推进国家职业资格证书制度建设，促进了快递从业人员素质逐步提升。

在看到我省快递物流业快速发展的同时，更应当重视面临的问题：一是对快递业发展定位太低。我省对快递产业发展的定位还不太明确，仅作为一般产业来对待，没有上升到应有的战略高度和重要程度。二是武汉航空发展严重滞后。国家没有明确武汉为国际门户机场，不适应武汉市快递物流业发展需要，严重影响武汉在全国快递物流业的竞争能力。三是综合交通运输体系不够成熟。我省公路、铁路、水运、航空等交通方式尽快已发展到相当规模，但各种交通运输方式衔接不畅、物流场站建设滞后，不适应快递业跨越发展的需要。四是配套政策不够完善。我省快递业发展环境远次于郑州等地，面临车辆通行难、停车难、用地难、融资难、赋税高、运营成本大、海关报关不方便等等问题，严重影响企业的生存和发展。五是高端人才短缺严重。快递业是高端服务业，目前我省快递人才从数量、质量和结构上都不适应快递物流业跨越发展的需要。

二、我省快递物流业发展面临非常难得的机遇

1. 在全球快递格局中，武汉可望建成中国的“孟菲斯”。当前和今后一个时期，我国人均GDP可望从6000美元左右提升到1万美元以上，很快进入发达国家行业，我国对外贸易格局将很快发生根本性转变，随着劳动力、能源原材料等比较优势逐步失去，我国外贸产品将逐步从低档次、低附加值产品为主向高档次、高附加值产品转换，外贸运输方式将逐步从海运为主向海运、空运、铁路运输并重转变，内地航空外贸将越来越重要，国际快递业务也必将随之迅速发展。武汉位居全国之中，从武汉北到京津冀、东到长三角、南到珠三角、西到成渝等经济区均在1000公里左右，四通八达的高铁、高速公路网络，决定了武汉是我国开展航空外贸最佳的集散中心，国际快递服务需求潜力巨大。正因如此，中国邮政航空公司已将武汉列为仅次于南京的快递集散辅助中心，美国联邦快递等国际知名快递企业均有意以武汉为基地开拓中国市场。

2. 我国网络购物迅猛发展，武汉可望成为全国网购商品的集散配置中心。借助日新月异的信息网络技术，我国网络购物正以迅雷不及掩耳之势迅猛发展，仅阿里巴巴2012年网络购物交易额就达到1万亿元，未来五年我国网络购物交易额可望保持年均20%以上的增长速度，到2015年有可能突破18万亿元，势将极大地改变我国商品流通贸易格局。快递服务与网络购物两者伴生发展、互为条件，快递服务既是网络购物的重要支撑，也占据网络购物商品的相当部分成本，网络购物与传统商贸模式的竞争优势：一是上门便利服务，二是同质价廉商品。网络购物要保持竞争优势，必须尽量缩短商品传送距离，最大限度地降低网购物流成本。武汉的特殊

区位和交通运输优势，决定了武汉具有成为全国网购商品快递集散配送中心的特殊优势。如果我省顺势而行，将武汉建成全国网购快递物流一级集散配送中心，不仅会促进快递物流业自身发展，也必将通过“前店后厂”效应，带动东部沿海纺织轻工生产基地加速向我省转移，推动湖北第二产业的崛起。

3. 国际国内快递物流企业加速重组布局，给湖北快递业做大做强提供了难得机遇。当前快递业竞争激烈，跨行业、跨地区、跨国兼并重组步伐加快，产业集中度不断提升。大型快递企业争抢武汉和湖北市场的竞争十分激烈，全球著名的联邦快递、敦豪等大公司与湖北和武汉的合作意愿十分迫切，我国邮政 EMS 拟在武汉加快建设全国陆运中心和空运中心，顺丰公司已在武汉建立全国陆运集散中心，圆通、申通、中通、韵达、FEDEX 等快递公司也在武汉设立了华中地区快件分拨中心，为武汉市快递物流业做大做强提供了保障。

4. 湖北综合交通运输体系迅速完善，为快递物流业加快发展提供了基础条件。湖北铁、水、公、空等交通运输网络已经形成，武汉是全国性铁路路网中心、航运中心、高速公路枢纽、区域性枢纽机场和现代物流基地，为全省快递业加快发展提供了基础，尤其是武汉天河机场作为全国门户机场，以武汉为中心的 1 小时航空圈，为把武汉打造成中国的“孟菲斯”奠定了基础；以武汉为中心的 1 小时高铁圈正在形成，为把武汉建设成全国快件集散中心提供了条件。

三、关于我省快递物流业跨越发展的几点建议

当前湖北快递产业面临十分难得的发展机遇，机不可失、时不再来，我省应增强紧迫感，抓住机遇，采取切实有效措施，促进快递物流业加快发展。具体建议如下：

1. 明确快递物流业的战略定位。建议争取国家将武汉定位为全国快递物流中心城市，省委省政府把快递物流产业作为我省战略性新兴行业来抓，纳入议事日程，省政府成立领导小组，下设办公室，负责全省快递物流业发展的战略研究、规划制定、项目推进和重大问题协调等工作，武汉市等重点城市政府也建立领导体制和工作机制，统抓快递物流业工作。

2. 制定快递物流业发展规划。适应快递物流业跨越发展的新要求，以将武汉建成中国的“孟菲斯”，将我省建成全国网购快件集散配置中心为目标，制定快递物流业中长期发展规划，明确总体思路、重点工作、实施步骤和保障措施。

3. 加快武汉民航发展。争取国家将武汉定位为国际航空货运门户机场，在加快武汉天河三期建设的同时，加快推进武汉三坡货运机场的建设步伐，将其打造为服务国际国内快递物流发展的专用机场，为未来武汉邮政快递发展创造良好的空港条件。

4. 加快综合交通体系建设。强化综合交通网络建设，加快快递物流场站发展，尤其要形成航空与高铁和高速公路的无缝衔接，实现快件转换运输快捷便利，提升快递物流服务网络的效率和水平。

5. 营造良好的政策环境。建议省政府出台支持快递物流业发展的政策措施，在经营许可、税收、土地、资金、人才、技术等方面形成全国最优惠政策，同时争取国家空港保税物流园区等政策，为我省快递业跨越发展创造良好的政策环境。

全省交通运输经济形势分析与对策

湖北省交通运输厅　马立军

“十二五”以来，在厅党组正确领导下，我厅计划管理工作紧紧围绕“五个坚定不移、五个更加注重”、“坚持五个统筹、建设五个交通”的交通发展新思路，不断积极主动作为：一是谋划和落实部省共建重点项目，努力争取国家资金；二是面对新的形势，不断创新计划管理方式；三是加大协调督办力度，积极争取省直部门和地方党委政府的支持；四是加快项目前期工作，强力推进项目实质开工。通过这些努力，为全省交通固定资产投资实现突破提供了正能量。

一、前两年计划执行情况

“十二五”期前两年，全省已完成交通固定资产投资 1186 亿元，占规划目标(3059 亿元)的 38.8%。其中：高速公路 634 亿元，普通公路 384 亿元、港航 114 亿元、站场 54 亿元，分别占规划目标的 34.3%、45.2%、42.4% 和 59.5%。

为掌握下达计划的项目建设进展，省厅多次组织公路局、港航局、运管局分别在全省范围内检查和督办计划执行情况及项目建设进度，下发了公路、港航、站场建设计划执行情况通报。从省厅抽查情况看，各市州上报的统计数据与实际完成情况基本相符，各地能及时分解下达省厅计划并认真组织实施，特别是在省级公路建设资金尚未足额到位的情况下，不等不靠，多方筹集资金推进工程建设，取得了较显著成效。但同时，在计划检查督办中也发现几个主要问题：

一是实现普通公路三年攻坚目标任务仍很艰巨。由于前两年普通公路建设欠账较多，工程形象进度特别是路面完成情况明显滞后。城区附近的一二级公路地方积极性高并已大面积开工，但后三年剩余的偏远山区乡镇二级路项目，因投资巨大、施工艰巨、地方配套不足等客观因素，部分县(市)在推进项目建设上存在畏难情绪和后劲不足问题。截至目前，全省规划内还有 35 个山区二级路项目尚未报送工可报告，如果这些项目年内不能动工，可能导致这些山区通乡二级公路建设实施时间不够，对实现“乡乡通二级”规划目标产生较大影响。

二是港口建设所受干扰因素较多。部分开工项目因招商困难或企业资金难以足额到位，未按批复规模建设，而采取“一次批复、分期建设”模式，预计有 12 个项目共 41 个泊位将于“十三五”才可建成。另外，港口总体规划大多在 2006 ~ 2008 年编制，规划修编工作滞后对推进项目前期工作带来诸多制约的现象也很突出。

三是客运站场建设规划需抓紧调整。对于“十二五”规划内尚不具备近三年实施条件的客运站项目，需在规划调整中予以统筹取舍；目前尚未新建农村五级站的乡镇大多为贫困山区，部分项目不具备建设条件和实施积极性，同时已大规模建成的农村候车亭老化陈旧却无后期维护资金，农村站点建设问题日益突出，规划目标均有待调整。

上述这些问题，需要各级交通部门高度重视，并采取相应措施，切实加以解决。

二、新形势下调整计划管理的思路

当前，湖北交通发展正处于机遇与挑战同在、建设发展任务异常繁重和关键的时期，特别是用于普通公路发展的省级补助资金来源及管理方式发生变化以后，我们更需要千方百计筹措资金，坚持“十二五”规划目标不动摇，主动争取政策不松劲，全面推进年度目标、进而推进“十二五”规划目标的顺利实现。

“十二五”以来，我省已争取中央车购税补助资金 242 亿元，占全省“十一五”期的总额度的 115%；省燃油税增量资金今年也已到位 45 亿元；从 2013 年起省政府也明确地方债券 40 亿元用于普通公路发展。但要完成“十二五”交通建设规划目标，特别是普通公路、港航、场站建设任务，只依靠中央和省投资是不够的，各地在解决配套资金时要落实“无中生有”的理念，解放思想、勇于担当，千方百计争取资金用于交通建设。对于“无中生有”，我是这样理解的，交通行业虽然无，但政府财政有、企业有、社会有，现在虽然无，但今后有。我们要奋力争取财政投入，引导企业投入，吸纳社会投入，用好未来资源，放大现有资金。

为了落实和保障后三年每年都有不少于 40 个亿的地方国债作为省级补助资金的政策的落实，省厅在计划管理上将作如下调整。

1. 加强计划目标管理。按照省政府《关于研究全省普通公路建设融资有关问题的会议纪要》精神和省市普通公路建设三年攻坚战责任目标，在“十二五”普通公路“目标任务不变、部省补助标准不变”两不变原则的前提下，进一步优化完善“四定一调控”的计划管理模式，结合省财政转移支付的有关要求，计划目标管理工作要添新措施。今后，要将地方债券和地方配套资金落实情况、工程投资建设进度等与下年度计划目标切实挂起钩来。

2. 加强计划项目管理。要切实提升项目前期工作的质量和水平，减少或杜绝工程实际建设规模与前期工作批复“两张皮”的问题，为最大限度地争取中央车购税资金提供储备项目，也为实现“十二五”规划项目尽早全面开工打好基础。对具备前期工作条件的建设项目，各地在申报次年普通公路建设的预安排建议计划时，应结合项目实际需求，填报车购税、燃油税、地方债券等补助资金来源及建议额度。省厅将进一步加大与地方交通部门的计划项目对接力度，自下而上逐级申报，只要是符合“十二五”规划的项目，就充分尊重地方意见。在此基础上，编制下达年度预安排计划并严格按计划落实项目建设资金，省厅负责部车购税和省燃油税的落实，市县负责落实地方债券和地方配套资金到位。

3. 加强计划执行监督。省厅要定期开展计划执行情况检查并形成定期通报制度，全面加强对省厅已下达计划资金的项目跟踪督办力度，重点了解各市县交通部门争取地方政府安排用于规划内普通公路建设的地方债券资金到位额度，及时了解具体项目工程进度和存在问题，为科学安排年度预安排计划提供基础依据。

4. 加强计划统筹调控。要确保每年争取地方债券资金大于40亿元用于全省普通公路发展，积极引导和支持各地交通部门全力争取本地政府支持使用更多的债券资金用于普通公路建设。各地应优先将债券资金用于“普通公路三年攻坚战”目标及“十二五”规划内的项目。为督促地方政府支持债券用于普通公路，省厅要研究挂钩办法，将市县每年安排用于普通公路的债券资金情况，与农村公路指标、省补资金等省厅能调控的资源挂钩。各市县每年9月前要将债券使用情况报省备案，省厅将对安排的项目和额度予以核查确认，对符合省“十二五”规划和省补助标准的，省厅将在三年后安排部省资金偿还。

三、下一步工作要点

一是力争超额完成规划投资目标。继续按照全省高速公路推进会和普通公路推进会精神，全力争取部投资我省的高速公路份额，加大高速公路完成投资的调度力度。各地要把普通公路建设放在更加突出的位置抓紧抓好，采取多种措施，全力推进，实现规划目标。省公路局要切实采取措施，将计划项目的工程建设形象进度纳入年度统计范围，在计划编报中充分发挥项目前期工作及建设形象进度等统计指标的基础性作用。启动使用部级年度计划申报系统，争取在2014年报部建议计划统一开始使用该系统。研究并开展年度计划完成情况的奖优罚劣考核工作。

二是继续抓好项目前期工作。前期工作是关系到能否顺利实现“十二五”规划目标和交通可持续发展的关键。各地要继续加大项目前期工作督办力度，在用好二级公路打捆审批政策的基础上，协调省直相关部门进一步简化前期工作程序。在这里重点要说明的是，简化程序不等于放松对前期工作质量的要求，相反各地更要切实提高前期工质量。要加快推进二级公路特别是片区扶贫项目前期工作进度。要进一步完善三年项目库，对片区扶贫项目实行“一项目、一台账”的前期工作动态管理，加大年度计划的项目储备。

三是抓紧统筹编排年度部省计划。省厅要进一步跟踪督办部省共建协议议定事项和重点项目，跟踪部片区扶贫规划、投资政策和项目调整动态，继续全力争取部追加计划的投资补助额度。参照部片区扶贫相关政策，研究落实省级幕阜山片区交通扶贫支持政策。争取将湖北省新增国高项目，鄂州客运枢纽及襄阳、十堰、恩施物流中心等客货运枢纽，以及雅口枢纽、三峡转运体系枢纽港码头和武汉新港三江港区等内河航运项目纳入部“十二五”调整规划。按照三年攻坚目标和“四定一调控”原则，结合规划中期评估成果和省相关专题纪要进一步加强三年项目库管理。

四是确保完成部统计专项调查工作。交通运输业经济统计专项调查和城市客运交通线路及站点专项调查，是2013年交通运输部确定的两项重点任务。开展两项专调工作是交通运输统计工作发展中的一件大事，是进一步完善交通运输统计体系建设的重要抓手和着力点。而两项专调工作相比以往的统计工作，涉及面广、难度大、任务艰巨，尤其是在财务指标调查方面，既是新生事物，又面临着数据获得的难度。这需要我们各级交通部门高度重视，深刻领会开展两项专项调查的重要作用，务必取得两项专项调查的圆满成功，决不拖全国后腿。

五是切实推进公路货运枢纽项目前期储备工作。要及时跟踪部省公路货运枢纽项目“十二五”规划中期调整政策动态；全面推进公路货运枢纽、农村交通物流站点以及公共信息平台等涉及公益性的交通物流基础设施项目前期筹划工作，按照公路货运枢纽建设项目的补助政策、遴选条件和申报流程，加快项目前期研究工作，为满足年度计划要求做好项目储备。

“十二五”规划目标任务艰巨、责任重大，完成规划目标也不轻松。全省交通系统的干部职工要按照“竞进提质”和“攻坚突破”的目标，克难攻坚，务求全胜。计划管理部门的同志们要做勇于创新、破解难题、扎实工作、做出实绩的先进，为奋力实现今年年度目标，进而全面实现“十二五”目标作出积极贡献。

湖北交通筹融资工作调研报告

湖北省交通运输厅　张　云

一、交通筹融资工作取得的成绩

2012年，面对严峻的融资形势，全省各级交通运输部门克难奋进、开拓创新，千方百计破解筹融资难题，为交通运输事业的发展提供了强力的资金支撑，主要表现在：

1.普通公路资金顶层设计进一步明确。面对国家银根收紧、稳中求进的宏观形势，和燃油税改革给交通运输发展带来的种种挑战，通过反复争取，大力协调，省政府出台2012年83号专题会议纪要。明确建立普通公路建设省级筹融资机制。一是明确燃油税增量资金在用于归还当年到期债务本息后，全额用于交通发展。二是批准以交通运输厅为融资主体、以未来交通专项资金为还款来源的普通公路信贷资金机制，“十二五”融资规模120亿元。落实后，可有效保障我省“十二五”普通公路建养省级补助资金需求，为规划目标任务完成和推动普通公路持续健康发展提供坚实保障。

2.地方筹融资配套措施进一步完善。全省各地方交通主管部门不等不靠，积极搭建融资平台，积极争取资金政策，不断创新融资方式。天门、宜昌、荆州落实地方配套资金3亿元、5亿元和3亿元。天门市政府每年安排财政资金5000万元、划拨400亩土地给交通部门。咸宁、黄石、天门市交通投资公司运作良好，荆门、襄阳、十堰、鄂州、宜昌等市级和老河口、咸安、英山等县级融资平台成立并正式运营，地方政府普遍加大了资金和土地支持。保康、房县等多个地方出台了征地拆迁、税费减免等优惠政策。

3.港航站场融资机制进一步创新。以崔家营发电收入等为还款来源，“以电养航、捆绑开发”的水运筹资新模式初步建立。港航和物流建设省补助资金进一步落实。黄石、荆州、天门、荆门等地借鉴高速公路模式，通过土地等优惠政策招商引资建设港口和站场（物流）基础设施。

二、当前交通运输筹融资形势

我省交通运输融资形势可以概括为处在“三个时期”。

1.交通建设的攻坚期。部党组提出，今后一段时期“继续加强交通基础设施建设，实现建养管运协调发展的任务依然繁重”，根据新的国家公路网规划，高速公路、普通国省道和农村公路规划里程都大幅增加。从我省来看，“十二五”后三年时间，建设任务很重，资金压力大。

2.资金供求矛盾的凸显期。从融资环境来看，标志着2008年以来宽松的政策正式转向，近期不会再有“稳增长”的政策刺激和货币宽松政策出台。从融资政策来看，国务院明确要求“把稳健的货币政策坚持住”，国家出台了《关于制止地方政府违法违规融资行为的通知》（财预〔2012〕463号），进一步加强平台贷款监管，严格控制表外业务，宏观资金政策逐步收紧。从行业自身发展的阶段性特征来看，普通公路转向免费、公益性基础设施是大势所趋，但财政投入严重不足。高速公路建设向山区边远地区延伸，投入产出比更低，融资和招商引资难度加大，交通建设资金供求矛盾较“十一五”等时期更加凸显。

3.筹融资机制的转型期。新形势，新任务要求行业发展要跳出“以路看路”、“以航养航”的思维定势，实现融资机制的成功转型。在新的筹融资机制下，如何依靠省市县三级平台支持系统，突出资金保障的先行作用，促进建养管运的协调发展，放大交通投资对拉动经济发展的乘数效应，实际上，全国交通行业都在进行探索转型，如普通公路资金筹措的“安徽模式”在全国备受推崇。克振省长也明确提出，普通公路要实现省主导向以市县政府主导转变，以车购税燃油税投入为主向加大地方政府公共财政投入转变。各级交通运输部门要积极适应新的形势和要求，加快转型，努力打造湖北交通筹融资体制的“升级版”。

三、广开渠道，努力保障交通运输资金需求

资金保障是交通运输发展的基础，也是当前制约交通运输发展的首要问题。各级交通运输部门要开拓创新，努力保障交通运输建设资金需求，主要做好以下“五项工作”：

1.用好用实普通公路省级融资机制。首先，要落实好、安排好省委省政府出台的政策和补助的资金。厅财务处、省公路局要协调省财政厅，确保燃油税增量资金安排当年到期本息后全额用于普通公路建养。其次，做好债务性资金的落实工作。

2.全力推进市县融资平台建设。融资平台建设应坚持政府主导，与交通部门一体化运作。全省所有市州本级以及建设任务较重的县市区，都要成立平台并实质运作，尽快形成融资能力。各地平台建设和运作应重点把握好以下五个方面：一是多渠道夯实平台资本金。要争取财政加大资本金投入，要争取在合法、合规的基础上，将部省补助资金注入平台资本金。要争取将地方政府债券资金作为项目资本金投入融资平台。二是多形式丰富平台资产。要突破行业、部门间的界限，将收费路桥、岸线资源、港口、交通物流等资产注入融资平台。要加大土地储备力度，对公路沿线主要节点、重要区域和周边国有建设用地作为实物资本注入平台。要开拓思路，争取地方优质特色资源如林地、矿产、旅游等为我所用。三是多手段强化资本运作。要深化同金融机构的合作，以银行贷款、信托、中期票据、短期融资券、商业票据、企业债券等方式筹集资金。要学习借鉴咸宁、黄石市平台滚动发展的经验，利用投资形成的资产和收益实现再融资、再投资。要学习借鉴省交投、荆门交投公司的做法，加强引进企业经营、金融方面的专业人才。四是明确债务还款来源。明确还款来源，是交通融资平台的“核心竞争力”和成功关键。安徽省三大还款来源、黄石市还款“兜底”做法值得学习和推广。五是坚持统筹运作。各地市交投公司要与交通部门一体化运作，经营收入和投资收益应全部用于交通建设养护和偿债支出。要按“政府出资、一级法人、专项融资、封闭运行”的原则确保交通建设资金独立运作、专款专用。

3. 大力引进社会资本参与普通公路建设。交通运输部最近提出“引进社会资本是交通筹融资工作的重中之重”。各市县要按照“政府主导、各方参与”的筹融资指导思想，加大招商引资力度，推广高速公路建设的“咸宁模式”，学习荆门、宜昌等地以BT方式建设普通公路的经验，借鉴黄石、荆州、天门等地吸引民间资本建设长江、汉江港口码头以及物流园区的好的做法。针对交通项目收益下降的趋势，各地市要参照省委省政府相关政策，建立公益性项目补偿机制。通过资产划转、资本金注入、特许经营权授予、税费减免、土地收储、财政贴息、预算弥补等多种手段整合集约资源，保证民间资本能够顺利回收投资并获取适当回报。

4. 继续做好行业发展资金争取和协调工作。重点做好三件事，一是深入落实以崔家营发电收入等为还款来源，筹集引江济汉工程建设资金相关工作，落实4.5亿元贷款资金，确保引江济汉通航工程明年建成。二是争取省政府设立“湖北省公路货运枢纽(物流园区)专项资金”，每年1亿元，完善站场(物流)基础设施建设政策支持体系。三是继续支持省交投公司高速公路建设融资工作。支持省交投公司强化银企合作，争取银行贷款，支持完成120亿元中期票据中剩余40亿元额度发行工作，协助积极推进100亿元企业债和50亿元保险债权融资计划发行工作。

5. 始终坚持依法依规运作，防范债务风险。财预〔2012〕463号对融资平台注资、融资的规定非常明确。各地在普通公路融资过程中要坚持依法依规运作、合理控制债务期限和规模，防范债务风险。我们在融资过程中，一方面要解放思想，另一方面要合规运作，如部省补助资金作为资本金投入，就必须封闭运行、专款专用，不得用于其他业务，否则就构成了挪用工程款的违规行为。

转型　转变　转化
全面认识新时期高速公路路政管理发展新趋势

湖北省交通运输厅　谢　强

从古代的“司空视涂”到现代的路政执法机构实施路政管理，从《公路法》颁布实施初期的路政管理乏法可依到公路法律法规逐步健全，路政管理随着道路形式由古代的野涂、栈道、驰道、直道到现代的公路演进发展，随着时代的变迁进步、法制的健全完善而不断发展前进。当前，公路路政管理职能已从最初的“视涂”发展为现在的保护路产、维护路权，并朝着履行更多的公路行政、行业服务、社会管理职责转变，新时期的高速公路路政管理内涵更加丰富，责任更加重大，工作更具挑战。全面认识新时期高速公路路政管理发展趋势，既是勇于担当时代赋予的社会责任应有的思想认识，也是全面推进高速公路路政事业科学发展必备的理念支撑。

一、社会转型决定新时期高速公路路政管理发展方向

社会转型总会在时代发展的特定阶段，因国家政策法规调整、体制机制改革、社会意识形态转变等因素的综合变化而发生。伴随社会转型产生的是新的管理思路、方法和措施，或决定时代前进方向，或影响社会发展现状，或关系群众切身权益，对社会管理各个方面将产生直接或间接的重大影响。当前，按照科学发展观的指引，行政管理体制改革正在深入推进，综合交通运输体系建设已纳入国家重要规划，事业单位分类改革已扩大试点范围即将全面展开，高速公路路政管理体制、行政管理职能、运行机制即将随着新一轮的社会转型而转变。

1. 社会转型带动路政管理发展逐步变革。社会改革趋势决定高速公路路政管理发展方向。从古至今，从国内到国外，解决社会发展问题，调整发展方式，促进社会进步，实施社会改革是立足现状，着眼未来的普遍共识。每个时代、每个时期，都会发生社会转型，应正确认识和对待社会转型所带来的社会发展变化。社会转型因底层、基层的变化影响顶层、上层而产生，因社会发展新问题、新矛盾影响时代前进而产生。当前，积极应对国际经济政治新形势，积极解决国内经济社会发展新问题，自上而下，从宏观到微观，新一轮的社会改革、变革经过酝酿即将逐步实施。公路交通作为国家重要基础产业、经济社会发展的基础支撑，高速公路作为公路网最重要的组成部分，其发展方向、管理方式受社会转型的深远影响，将伴随着社会改革而改革发展。法律体系完善直接影响高速公路行政管理。国家大力加强法制建设，不断提高立法质量，健全以宪法为根本的法律体系，目前已基本形成具有中国特色社会主义法律体系。随着经济社会发展和改革的不断深化，部分法律规定已明显不适应经济社会发展特别是社会主义市场经济的需要，部分法律之间还存在明显不一致、不衔接的问题，部分法律规定操作性不强，清理并规范现有法律法规，加大制定及修订力度，健全完善法律体系是当前和今后推进依法治国、建设法治政府的重要任务。公路管理法律法规将随着国家法律法规调整而调整，并将对高速公路路政管理产生直接影响。

2. 政府职能转型要求路政管理效能逐步提高。行政管理体制改革决定路政管理体制。根据中央《关于深化行政管理体制改革的意见》，通过改革将实现政府职能向创造良好发展环境、提供优质公共服务、维护社会公平正义的根本转变，实现政府组织机构及人员编制向科学化、规范化、法制化的根本转变，实现行政运行机制和政府管理方式向规范有序、公开透明、便民高效的根本转变。行政管理机构将按照决策、执行、监督相分离的原则进行设置，构建精简高效、权责一致的行政管理体制。法治型、服务型政府概念的提出，进一步明确了各级政府、行政部门的服务职能属性定位。交通运输部制定了本行业体制改革重点工作，公路行政管理体制、行政执法体制纳入重要改革内容，改革方向将对路政管理体制产生最直接深远的影响。事业单位分类改革决定路政管理机构属性。“十二五”期间将完成事业单位分类改革，按照国务院有关事业单位分类改革方案及具体配套制度，承担行政执行的事业单位逐步将行政职能划归行政机构，或转为行政机构，高速公路路政执法机构即将随着事业单位分类改革而明确机构属性及职能定位。随着政府信息公开的逐步深入推进，行政问责、追责机制的建立及严格执行，行政机关的运行、行政权力的运用更广泛、更公开受到社会各界及人民群众的监督，路政管理机构依法行政、规范执法、文明服务的要求越来越高。

3. 社会管理创新促使路政管理服务水平逐步提升。党的十六届四中全会提出要“加强社会建设和管理，推进社会管理体制创新”，党的十七大提出要“建立健全党委领导、政府负责、社会协同、公众参与的社会管理格局”，社会管理创新的概念逐步由提出开始到被公众所熟知。社会管理就是要通过制定一系列社会政策和法律规范，对社会组织和社会事务进行规范和引导，调整各类社会利益关系，回应社会诉求，化解社会矛盾，维护社会公正、社会秩序和社会稳定。社会问题出现

不以人的意志为转移，是社会发展水平和阶段性特征的集中体现，是社会发展与社会治理不同步导致的一种客观表现。随着我国经济社会的高速发展，社会结构已发生深刻变化，社会状态更加活跃，开放性、流动性加剧，社会问题明显增多且更复杂，其影响面更广、影响后果更大，公众维权意识更加强烈，社会管理已成为各级政府重要管理任务之一。传统社会管理模式与管理方法越来越不适应新的管理要求，如何在新的社会发展背景下，有效协调社会关系、规范社会行为、解决社会问题、化解社会矛盾、促进社会公正、应对社会风险、保持社会稳定，创新社会管理成为必由之路与不二法门。社会管理创新是基于现有社会管理条件，运用现有社会管理资源和经验，依据社会自身运行规律，针对社会管理问题现状，研究运用新的社会管理方法，对传统管理模式、方式和方法进行改造、改进和改革，建构新的社会管理机制和制度，实现社会管理新目标。高速公路属公共产品，具有明显的公共服务性和社会公益性。高速公路路政执法作为交通运输行政执法的一个门类，路政管理机构作为交通运输系统社会管理部门之一，工作内容涉及高速公路使用者、经营者、行政管理相对人等多方面权益，执法管理服务水平或间接、或直接影响社会管理效果，对维护社会稳定、保障经济社会有序发展具有不可忽视的意义和作用。新时期高速公路路政管理应从创新社会管理的角度创新路政管理思路理念和方式方法，主动融入社会管理的大体系中，承担更多的应有社会管理责任，更加充分体现路政管理服务社会、管理社会的作用和价值。

当前，社会转型已呈现加快建设服务型政府、更加注重公平正义、切实保障民生权益、提升经济发展质量效益、实现全面协调可持续发展等趋势，社会转型方向基本明确。高速公路路政管理必须紧紧随着社会转型而转变并积极适应，不积极转变就极有可能在社会管理功能融合、职能整合、资源综合过程中，弱化行政管理主体作用，消化行业管理主要职能，甚至导致本行业在社会转型过程中消亡。

二、行业转变决定新时期高速公路路政管理发展理念

交通运输行业当前和今后一个时期在发展方式上将着力实现“三个转变”：即由主要依靠基础设施投资建设拉动向建设、养护、管理和运输服务协调拉动转变，由主要依靠增加物质资源消耗向科技进步、行业创新、从业人员素质提高和资源节约环境友好转变，由主要依靠单一运输方式的发展向综合运输体系发展转变。交通运输行业转变，要求进一步提高运输安全与服务水平，全面增强安全、救助、市场监管及为公众服务的支持保障能力；进一步提高行业创新能力，更加注重科技创新和行业从业人员素质的提高。国家正在大力推进综合交通运输体系建设，交通运输管理职能正在逐步调整完善，交通运输行业的转变影响并决定着高速公路行业管理、行政管理、路政执法体制机制。

1. 交通运输行业转变对路政管理发展的新要求。交通运输行政管理职能面临调整。党的“十七大”后，按照国务院机构改革方案，交通运输部整合了民航、邮政行业管理职能，住建部指导城乡客运及有关设施规划和管理职能也划入交通运输部。根据中央深化行政管理体制改革意见，“十八大”后，交通运输“大部制”改革将进一步深入推进，交通运输行政管理体制、管理职能将迎来新一轮大调整，高速公路行业管理、行政执法职能将相应有所调整。交通运输行政执法管理在加强。近几年来，交通运输部加强交通运输行政执法管理，相继出台了一系列法规及规章：如《公路安全保护条例》、《路政文明执法管理工作规范》、执法形象建设指导方案，执法队伍建设及执法机构场所建设指导意见也即将制定出台，近期也在全国交通运输系统通报了有关省份路政执法人员违法执法事件，交通运输部在路政管理制度建设、队伍管理、形象塑造、执法监督等方面明显加大了工作力度。交通运输系统在自身建设、行业服务、行政管理等方面，呈现规范要求更高、执法监督更严的转变趋势，高速公路路政管理机构唯有积极适应，更加高度重视并加强路政执法管理，才能有效应对交通运输行业自身的转变。

2. 高速公路行业转变对路政管理发展的新要求。高速公路管理由路段管理向路网管理转变。自我国第一条高速公路——沪嘉高速公路建成通车以来，各地加大加快高速公路建设，我国高速公路里程呈直线上升，“十一五”期间较“十五”期间，高速公路增长约80%，截至2011年底达到8.5万公里，国家高速公路网基本形成。高速公路通车总里程仍在逐年增加，在公路网中的比重仍将持续提高，在公路网中的服务功能必将明显增强。我国高速公路从无到有、由少到多，实现由点线面逐步延伸到区域及全国路网形成的转变，高速公路管理也由单路段独立自主管理向区域路网联动互动管理转变，提高路政执法管理能力是应对路网管理形势的迫切需要。高速公路服务由单一服务向综合服务转变。随着经济交往的日益活跃，公众出行的日益频繁，高速公路使用者对高速公路服务内容、服务方式、服务质量均有了新的更高要求，新时期的高速公路服务已由单一的费收服务向信息服务、安全服务、应急救援服务、执法服务等综合服务转变，提升路政执法服务水平是适应行业服务发展形势的迫切要求。高速公路路政管理体制在调整完善。随着高速公路对经济社会发展基础性、先导性作用的进一步凸显，高速公路行业管理日益受到高度重视。路政管理社会效益是体现行业管理价值的有机组成部分，受各地历史沿革及顶层设计影响，目前全国尚无统一、稳定的路政管理模式，在社会转型、行政管理体制改革、事业单位分类改革等大背景影响下，各地高速公路路政管理体制仍处于积极调整中。积极探索符合科学发展要求的路政管理体制和运行机制，是摆在新时期高速公路路政管理者面前必须解决的重大课题和首要问题。

3. 社会诉求对路政管理发展的新要求。当前市民社会、信息社会、服务社会、法治社会等社会形态下，人民群众生活水平、法律意识明显提高，社会公众对公路服务质量要求日益苛刻，公路管理稍有不慎就可能引起公路使用者的不满、投诉、信访。公众需求已从希望有路走转变为要走“好”路，从有困难能救助转变为渴望及时高效救援，从主动获取出行信息转变为希望提供及时准确全面的信息服务。高速公路曾经发生的“天价收费”、“超时收费”、“超时扣车”等事件，及服务区环境卫生、超限罚款等投诉，充分说明了公众诉求的普遍性、多样性，社会诉求正由传统单一向现代多元转变，由被动承受向主动维权转变，由单一途径自主解决向全媒体支持解决转变。社会诉求具有正反两方面的作用，既暴露了路政管理服务工作存在的问题，也警示和提醒了路政管理者改进和提高管理水平，有助于今后减少工作失误或执法过错，减少执法纠纷和矛盾。高速公路路政管理机构应立足维护社会公平正义，辩证看待社会诉求，从深层次查找并解决管理中存在的问题，以服务社会、服务人民为工作导向，不断提高执法管理服务质量。

管理永无止境！思路决定出路！没有科学的理念，固守传统观念，当前看似先进，今后必定落后；现在可以胜任，未来进步注定受阻；短期能够适应，长远发展必遭变革。发展改革有如逆水行舟，阻力大，困难多，具有一定的改革风险。方向不明确、理念不科学，推进路政管理发展有如逆水行舟，容易偏离前进方向，丧失前进力量。看清行业发展的方向，看准行业转变的趋势，形成正确的行业发展理念，才能在行业发展转变中把握方向，掌握主动。

三、基础转化决定新时期高速公路路政管理发展途径

外部压力转化，客观环境变化，社会诉求催化，要求管理基础进一步优化转化。新时期高速公路路政管理发展应紧扣社会转型、行业转变，进一步夯实管理和服务基础，着眼调整思路理念，着重提高队伍整体素质，着力完善制度规范体系，着手提升科技管理水平。

1. 队伍基础的新“四化”。交通运输部已基本确定了执法人员职业化、执法行为规范化、执法队伍正规化、执法管理科学化的“四化”建设目标。现阶段执法队伍建设应紧紧围绕“四化”总要求，进一步拓展细化具体内容，深入推进执法队伍“四化”建设。要加强执法人员依法行政、执法为民理念教育，加大职业培训力度，加强学历提升教育，强化执法资格考试，重视职业病防治，加大职业关怀投入，引导执法人员做好职业发展规划，不断提高执法人员职业化管理水平。完善执法行为规范体系，强化执法作风和纪律管理，规范自由裁量管理，严格执法监督检查，不断提高执法行为规范化水平。调整完善执法体制和运行机制，科学设置机构、岗位和具体职责，实施严格的准入及退出管理，努力塑造提升执法形象，合理配置先进执法装备，不断提高执法队伍正规化水平。提高管理服务手段科技含量，引进、运用先进科学技术，消化、吸引形成自有科技装备，建立执法人员和执法证件管理信息系统，健全执法人员执法档案和执法机构管理档案，创新执法考核评议制度，实施公开公平公正的奖优罚劣，不断提升执法管理的科学化水平。

2. 理念基础的人本化。执法人员是推进路政管理工作科学发展的关键因素和决定性力量。科学管理、推进发展必须紧紧依靠人的发展，必须始终坚持以人为本的理念。应始终将执法人员素质不断提升放在重中之重，一切从人的发展出发，一切围绕人的全面进步，实施执法人员管理。坚持开展执法人员培养工程，关心、帮助、引导每一名执法人员成长、进步、发展，激励、发挥每一名执法人员的积极性、主动性和创造性，制定具有挑战性的个人职业发展、综合能力提升、才艺爱好提高等计划、规划，交办具有挑战性的工作任务，使每一名执法人员始终保持从不气馁永不言败的奋斗精神、勇攀高峰超越自我的工作激情，时时感受到工作的成就和快乐，时刻体会到集体的温暖和温情，始终保持集体高度的凝聚力、向心力和战斗力。始终牢记并践行全心全意为人民服务的宗旨，坚持群众路线和群众工作方法，寓管理于服务，赋予管理更多更深的服务内涵，积极服务地方经济社会发展，在路赔案件处理、行政许可审批、超限运输治理等方面主动为行政管理相对人提供便民利民服务，融洽与人民群众的关系，争取人民群众的理解与支持，主动接受群众监督，切实做到发展依靠人民，发展惠及人民。

3. 管理基础的信息化。改变传统管理方式方法，运用科技手段提高管理效能是主动适应管理需要，推进新时期高速公路路政管理科学发展的有力举措。强化监督检查，防止执法风险，减少投诉举报，提高管理水平，应不断深入研究管理中存在的问题，结合现代科学技术，积极寻求新的科技管理手段，加强管理信息系统建设，整合科技管理资源，提高执法装备科技水平，实现单兵执法能力的最大化，管理手段的科技化，决策指挥的智能化。建立综合业务数据系统，实现业务数据收集、报送、统计、分析、运用的自动化。建立执法人员管理系统，实现执法人员档案管理、证件管理、业绩管理的信息化。建立行政许可审批系统，实现行政许可申请、受理、决定、办结的网络化。建立执法监督检查系统，实现工作场所、执法现场、服务窗口、应急救援的全程化监督。建立安全应急管理平台，实现应急预警、分流提示、信息服务、指挥调度、联动处置的科学高效。

4. 法治基础的良性化。良好的法治基础是推进法治交通、法治高速建设的重要保障。夯实高速公路路政管理法治基础应着力加强法规制度建设、法制队伍培训、法治环境营造。法律法规实施效果首要取决于其本身是否是“良法”。公路交通法律法规体系基本形成，随着国家进一步修订完善社会主义法律体系，现有公路管理法

律法规及规章还有优化的空间，公路管理法制建设还有待实践完善。应根据法律法规规定，进一步与时俱进、紧密结合实际，积极开展地方公路管理法规立法后评估，梳理并研究法规执行中的问题，修订完善地方公路管理法规，优化完善路政管理基础制度、标准规范，确保法规及制度规范内容具有针对性、操作性、实用性，确保执行效果良好。更加注重提高路政干部依法管理、依法行政、依法决策水平，切实加强法制机构和法制队伍建设，完善法制审查、集体研究、民主决策机制，持续提高法制工作水平。建立法制宣传长效机制，创新法制宣传形式和方法，加大法律宣传教育力度，提高公路沿线群众法律意识，增强守法的自觉性和自律度，形成执法部门、地方政府部门、企事业单位、社会公众在依法管理方面的良性互动，不断营造良好法制环境。

社会转型决定行业转变，行业转变要求基础转化，基础转化提高行业管理水平和促进社会发展，三者互为因果，相互动态影响，充满探索、实践、检验的过程。正确处理三者之间的平衡和制约关系，全面认识转型、转变、转化的各层次、各方面，形成主体的、多面的认识空间，把握转型、转变、转化的内在实质特点、特征、特性，做到顶层设计与基层创新相结合，实现社会转型、行业转变、基础转化的良性互动，通过奠定坚实有效的路政管理基础，推进高速公路路政管理工作不断科学发展，实现行政执法效能和社会服务价值的最大化体现。

坚持不懈抓好反腐倡廉建设 服务推动和保障交通运输科学发展

湖北省交通运输厅　张月斌

当前，交通运输发展与党风廉政建设呈现出良性互动的良好态势。交通运输系统反腐倡廉建设不断深入，惩防体系不断完善，工作思路更加清晰、措施更加有力、成效更加明显，成绩应当充分肯定。同时，我们也必须清醒认识到，交通反腐败工作压力依然较大，形势依然严峻。一是交通基础设施建设领域腐败易发多发的高风险依然存在，个别领导干部以权谋私现象还时有发生；二是工程建设领域挂靠借用资质和出借资质、围标串标、转包和违法分包等违法违规问题，拖欠农民工工资、征地拆迁中损害群众利益的突出问题等仍然不同程度地存在；三是行政执法领域一些执法人员素质不高、吃拿卡要，一些执法部门趋利执法、以罚代管、乱收乱罚等不正之风问题纠而复发，屡禁不止；四是保持党的纯洁性教育工作还有待进一步增强，有的党组织对党员干部教育、管理、监督不够；五是预防腐败工作还有待进一步加强，一些单位对廉政风险预警防控重视不够、落实不够、深入不够。我们要深刻认识反腐败斗争的长期性、复杂性和艰巨性，以更加坚定的信心、更加坚决的态度、更加有力的举措，攻坚克难，锐意进取，取得交通运输特色反腐倡廉建设新成效。

一、突出一条主线，深入学习贯彻党的十八大精神

紧紧围绕学习贯彻党的十八大精神这条主线，切实把党的十八大精神贯穿于全年工作的始终，在思想上、政治上、行动上同以习近平同志为总书记的党中央保持高度一致。把学习宣传贯彻党的十八大精神作为当前和今后一个时期的首要政治任务，把学习贯彻党的十八大精神与完成反腐倡廉任务结合起来，与加大反腐倡廉力度结合起来，与加强干部队伍建设结合起来，将学习成果转化为推进工作的动力，进一步提高反腐倡廉工作水平。各级党员领导干部要切实在学习宣传、贯彻落实上率先垂范，在学以致用、用以促学上率先垂范，在以人为本、执政为民上率先垂范。

二、强化“一岗双责”，严格落实党风廉政责任制

认真落实交通运输发展和反腐倡廉工作“力度统一论”，切实把党风廉政建设和反腐败工作放在突出位置，与交通运输改革发展同谋划、同安排、同落实。坚持领导抓、抓领导，强化各级党组织和领导干部反腐倡廉的政治责任，督促各级领导干部抓好分管部门及业务范围内的党风廉政建设，落实“一岗双责”。进一步细化责任内容，量化考核指标，加强监督检查，切实加强对责任落实情况的考核评价，严格责任追究。

三、强化廉政教育，践行交通运输行业核心价值观

紧紧围绕交通运输行业核心价值体系建设，深入开展理想信念教育、党性党风党纪教育和从政道德教育。深入开展道德领域突出问题专项教育和治理。坚持示范教育、警示教育和岗位廉政教育相结合，把培养廉洁价值理念贯穿于党员干部培养、选拔、管理和使用的全过程。建立健全分层分类施教机制，着力增强教育的亲和力和感染力、针对性和实效性。把廉政文化建设寓于惩治和预防腐败体系各个环节，广泛深入开展廉政文化创建活动，充分发挥各类宣传媒介的积极作用，使廉洁价值理念深入人心。

四、强化惩防体系建设，推进制度机制创新

按照权力结构配置科学化、权力运行监督规范化、廉政风险防控信息化的标准，以研究制定本系统《2013～2017年惩治和预防腐败体系建设规划实施方案》为抓手，紧密结合行业实际，适应形势发展需要，推进反腐倡廉制度机制创新，不断提高惩治和预防腐败体系建设工作水平。继续在工程项目、执法单位、行政机关全面推进廉政风险防控工作，不断完善防控措施，着力构建权责清晰、流程规范、风险明确、措施有力、预警及时的廉政风险防控机制，进一步规范权力运行，强化监督制约。认真贯彻民主集中制，进一步完善议事规则，健全决策程序和机制，完善“三重一大”、质询、问责等制度，深化领导干部经济责任审计，推进政务公开和基层党务公开，扩大行政决策和管理事务公开领域和范围，推进权力运行公开化、规范化。认真贯彻《党内监督条例》，严格执行述职述廉、谈话、诫勉、询问、函询等制度，重点加强对领导干部特别是主要领导干部行使权力的监督，加强对人财物管理使用、关键岗位的监督。认真落实在干部选拔任用中征求纪检监察部门意见制度，强化对干部选拔任用的监督。

五、强化政风行风建设，进一步规范执法行为

认真贯彻落实纠风工作责任制，切实加大纠风工作力度，开展行评“回头看”，解决群众反映强烈的突出问题。进一步完善治理公路“三乱”工作协调机制，坚持领导干部带队上路明察暗访，加强对重点地区、重点路段的检查，严肃处理典型违纪问题，巩固治理成果。抓好收费公路专项清理收尾和总结工作，完善收费公路管理政

策，巩固专项清理成果。进一步规范交通运输行政执法行为，组织开展路政执法业务培训，增强队伍整体素质，提升文明执法水平。继续推动中央惠农惠民政策落实，确保鲜活农产品运输“绿色通道”政策和重大节假日免收小客车通行费政策落实到位。深入贯彻《关于进一步做好公路水运工程建设领域农民工工资支付与管理有关工作的意见》，坚决纠正工程建设领域损害群众利益的行为，防止随意降低征地拆迁补偿费标准、拖欠征地拆迁补偿费和农民工工资。在农村公路建设中坚决纠正强行集资或摊派建设资金等加重农民负担的行为。

六、强化内部监督惩处，保持“利剑高悬”高压态势

进一步加强对行政机关及其工作人员履行职责、依法行政的监督，强化质量、安全、审计、廉政监督。坚持有案必查、有腐必惩，严肃查办违纪违法案件。进一步拓宽信访举报渠道，完善信访举报工作机制，对瞒案不报、压案不查的要追究责任。坚持严格依纪依法办案，加强案件审理和监督管理工作。建立健全腐败案件及时揭露、发现和查处机制，不断提高综合运用政策、法律、纪律以及科技手段突破案件的能力，进一步发挥查办案件的治本功能。

七、强化作风建设，树立为民务实清廉的行业形象

围绕保持党的先进性和纯洁性，深入开展以为民务实清廉为主要内容的党的群众路线教育实践活动。一是建立健全密切联系群众的各项制度。建立健全党群沟通机制、群众诉求表达和回应机制、群众权益维护机制、群众参与决策机制、领导干部作风状况评价机制，切实做到问政于民、问需于民、问计于民。二是加大对党风政风方面突出问题的整顿力度。进一步强化问责追责，狠治庸懒散奢，整治“文山会海”和“三公一金”，坚决纠正发生在群众身边的腐败问题。三是严格执行党的纪律。加强对党的政治纪律、组织纪律、经济工作纪律、群众工作纪律执行情况的监督检查，坚决维护党章党纪的权威性和严肃性。

八、强化纪检监察部门自身建设，建设一支高素质的纪检监察干部队伍

认真贯彻党的十八大关于全面提高党的建设科学化水平的要求，加强纪检监察部门自身建设，不断提高科学履职能力。进一步规范机构设置，完善工作机制，配齐配强干部。加大教育培训工作力度，组织纪检监察干部认真学习中国特色社会主义理论体系，深入钻研纪检监察业务，着力增强宗旨意识、政治意识和大局意识，着力提高保障科学发展、做好群众工作、维护和谐稳定、有效防治腐败的工作能力，始终做党的忠诚卫士、当群众的贴心人。要严明纪律，切实加强对纪检监察干部队伍的管理和监督，督促纪检监察干部严格遵守政治纪律、工作纪律、办案纪律、保密纪律和廉政纪律，在忠诚履职、廉洁履职上做好表率。

认清形势　落实责任
全面提升我省水运工程建设管理水平

湖北省交通运输厅　程　武

“十二五”期是我省水运建设的黄金机遇期，认真总结“十二五”前两年全省水运建设经验，立足抓早、抓实，推动标准化建设向全面覆盖和纵深推进，进一步加强水运工程建设市场管理，对全面提升我省水运工程建设管理水平具有十分重要的意义。

一、把握机遇，港航建设发展势头良好

“十二五”以来，全省港航系统干部职工紧紧抓住内河水运发展重要战略性机遇，全力推进我省水运建设发展，水运建设呈现以下特点：一是政策机遇前所未有。我省牢牢把握德江副总理视察长江内河水运和国务院出台《关于加快长江等内河水运发展的意见》机遇，及时争取出台了《湖北省人民政府关于加快推进湖北水运业跨越式发展的意见》，水运建设的政策性机遇前所未有。二是建设规模前所未有。“十二五”前两年，围绕“建设祖国立交桥”综合运输体系战略，抢抓湖北水运“黄金十年”机遇期，打好水运强省攻坚战，积极推进总投资110亿元，58个重点港航项目分5批全部开工，在建港航项目达到93个，在建规模突破250亿元。以武汉阳逻三期、荆州盐卡三期为代表的五大枢纽港口和以引江济汉通航工程、汉江航道整治工程为代表的航道工程等重点建设项目进展顺利。三是建设难度前所未有。以引江济汉通航工程龙洲垸船闸、汉江航道整治、阳逻三期起步工程为代表一批重点工程，建设难度前所未有。龙州垸船闸工程设计科技领先，三角门结构尺寸创全国同类闸门之最，工期跨4个年度汛期，风险难度和防汛安全压力巨大；汉江航道整治工程作为近年来河道整治最长的航道项目，水下沉排等隐蔽工程对新工艺、新技术的要求很高；阳逻三期作为长江中游第一大港，建设难度也面临巨大挑战。

在港航建设大步迈进的同时，我省始终坚持以水运建设市场管理和质量安全为主线，以标准化建设为核心，工程建设管理成绩显著。主要表现在“三个稳步提升，一个成效明显”：

一是工程质量稳步提升。质量是工程之本。通过推行建设标准化后，工程质量通病得到有效治理，工程质量稳步提升，“十二五”前两年，我省水运工程质量总体合格率达到95%以上，其中港口工程质量总体合格率一直维持在较高水平，桩基码头主体、港区道路及堆场等分部分项工程2012年的质量抽检合格率分别为94.88%和94.60%；航道整治工程2012年的质量抽检合格率为95.87%，已完工、交工项目验收合格率达100%。

二是安全生产稳步提升。安全是企业的生命。推行建设标准化以来，安全生产标准化理念逐步深入人心，安全生产条件得到保障，安全风险评估得到落实，安全管理基础工作得到强化，全员安全生产意识得到提高，通过开展“平安工地”建设，涌现出引江济汉通航工程、汉江航道整治工程等一批全国“示范项目”，全省在建工程无一起安全事故，施工安全生产形势始终处于稳中趋好的态势。

三是工地形象稳步提升。从2011年全省开展港航建设标准化以来，各方积极贯彻落实“发展理念人本化”，工地和驻地建设标准化一直走在前面，各方努力创造舒适、整洁的工地环境，营造温馨、和谐的生产和生活环境，场容场貌日趋有序，施工人员精神面貌极大改观、施工现场形象稳步提升。

四是标准化试点成效明显。建设标准化在引江济汉通航工程、汉江航道整治工程、荆州盐卡三期多用途码头工程等重点项目试点，在提高项目管理水平，减少质量通病，保障安全生产等方面，成效显著。同时省港航局出台了《港口工程标准化管理指导意见》，积极推广“四个标准化”、“四个集中”，加快形成“实施有规范、操作有程序、过程有控制、结果有考核”的标准化管理体系，将标准化建设纳入合同管理中，促使“规范化、程序化、精细化、工厂化”的理念深入人心。

二、认清形势，切实加强水运工程质量安全管理

在取得成绩的同时，我们必须清醒看到，我省港航建设已经进入攻坚突破阶段，在建项目数量之多，投资规模之大，建设项目复杂程度都是前所未有的，然而各级管理部门和各参建单位在工程建设管理方面和先进省份相比还有一定差距，主要表现在：一是制度落实不到位。部分管理部门人员数量和职业素质与在建项目要求不匹配，少数参建单位未能按照合同规定的人员、设备及工地建设等条款要求到位，部分项目的现场管理和操作规程还不规范。二是监督管理不到位。部分管理部门职责不明确，监管力度不够，少数参建单位诚信意识不强，招投标管理不规范，基本建设程序执行不严。

我们必须认识到，进一步提升全省港航建设管理水平，保障在建项目质量安全，是落实科学发展、安全发展和跨越发展的必然要求。我们应该主要采取以下手段来提高管理

水平：

一是进一步明确水运建设管理职责分工。省厅结合全省水运工程建设管理实际，出台了《关于进一步加强水运工程建设管理工作的通知》，进一步明确了省、市港航管理机构的职责分工。省港航局负责全省水运工程建设行业管理，负责水运工程建设市场监督检查。各市州港航管理部门负责辖区内水运工程建设检查、指导、督办和考评工作，负责水运建设市场信息的收集和上报。

二是进一步贯彻落实新《湖北省水路交通条例》。新的条例明确指出县级以上港航管理部门具体负责本行政区域内的水路交通工作，对水路交通活动依法实施监督管理。为各市州港航管理部门对辖区内在建项目的监管赋予法律的权利。在实际的工作中，要以新条例为指导，切实加强项目建设管理。

三是进一步提升现代工程管理理念。“发展理念的人本化、项目管理的专业化、工程施工的标准化、管理手段的信息化、日常管理的精细化”这“五化”是交通部提出的现代工程管理新理念的内涵，是落实科学发展观本质要求的具体体现，我们必须敏锐地认识到：“五化”是新时期港航建设管理的核心理念和科学要求。各级管理部门、各参建单位要牢牢把握建设管理新理念新要求，把建设标准化作为落实“五化”理念、推进现代工程管理的重要抓手，树立“人本、安全、环保、经济、优质、和谐”的建设目标，全面提升工程质量安全。

四是进一步加强建设过程管理。第一，要规范项目基本建设程序。结合我省在建项目多，管理分散等实际，要狠抓建设项目基本建设程序管理，明确各阶段各部门管理权限，加强项目审批管理，建立完善审批管理流程，并严格执行。各工程项目从立项、工可、初设、施工图设计、招投标、开工备案、竣工验收等建设程序要齐全。严禁未批先建、超规建设等行为。建设过程中，建设管理、设计、监理、施工、招标代理等要严格遵守相关的法律法规，严格执行国家、行业强制性标准。第二，要规范建设市场管理。《湖北省水运工程建设市场信用信息管实施细则》(试行)已经出台，要加强对细则的培训，完善水运工程建设市场信用信息平台，进一步巩固招投标领域突出问题专项清理的成果，维护市场公平。同时，加强研究诚信体系建设，对信用好的企业在招投标中给予加分奖励。第三，要加强项目巡查、指导、督办和奖惩。日常检查是各级港航部门对建设项目管理工作的重点，检查的关键是落到实处。各级港航管理部门要加强对项目的检查指导，切实做好项目质量问题隐患的整改和督办，完善对项目建设方的考核和奖惩。检查必须落实到个人，要有记录可查，并且时时通报检查和整改结果。

三、开拓创新，全面深化水运建设标准化

水运建设标准化实施两年来，在一些重点项目进行试点，取得一些成效，但总体来说和高速公路建设以及先进省份相比还有一定差距，我们首先应该要借鉴高速公路标准化建设的成功经验和做法，主要从以下几个方面推进：

一是结合水运建设项目特点，研究探索完善标准化实施的切入点和关键点。标准化是指在经济、技术、科学和管理等社会实践中，对重复性的事物和概念，通过制订、发布和实施标准达到统一，以获得最佳秩序和社会效益。水运建设标准化要适应水运建设项目特点，一方面，水运建设项目因水文、地质、工艺等建设环境和建设要求的多样性，盲目的标准统一可能带来不必要的浪费，另一方面，过去粗放型建设管理也给标准化实施带来巨大的提升空间。要在充分研究项目实施全过程特点的基础上，深入研究，切实找到标准化实施的切入点和关键点，解决水运工程建设中的质量通病和管理效率低下等问题。要结合水运工程建设项目特点，港口项目以武汉新港阳逻三期起步工程为试点，探索港口工程关键工艺工法的标准化，航道项目以汉江航道整治工程为试点，研究航道疏浚工程关键工艺工法的标准化，船闸工程以引江济汉通航工程龙洲垸船闸为试点，研究探索船闸工程关键工艺工法的标准化。

二是推进标准化建设过程全覆盖，建设项目全覆盖。建设标准化的理念不是固定不变的，它是一个动态的、与时俱进的理念，在推行港航建设标准化的初期，根据实际需求和工作重点，实施“四个标准化”和“四个集中”，都着重在工程施工阶段，在新的港航建设形势要求下，我们必须同样重视设计勘察阶段和建设管理阶段，做到设计、施工、建设管理“一条龙”，达到“勘察设计标准化、工地建设标准化、工艺工法标准化、安全生产标准化、建设管理标准化”的五个标准化目标，勘察设计是前提，工地建设是基础，工艺工法是关键，安全生产是根本，建设管理是保障。

标准化实施不能仅仅停留在几个项目“重点突破”上，而是要在所有在建项目“全面推进”上，根据省厅的要求和建设标准化成效，要把建设标准化作为一个“硬约束、硬制度”。要全面推进建设标准化，全面覆盖所有港航建设项目，全面覆盖所有施工标段。

三是要建立健全标准化建设工作机制，进一步深入推进标准化建设。一是建立长效工作机制。要将标准化建设作为一项长期工作，持之以恒坚持下去。要进一步总结标准化建设的经验，进一步完善标准化建设相关制度，进一步完善标准化建设体系文件，抓紧研究制定勘察设计标准化指导意见、建设管理标准化指导意见。二是建立保障落实机制。要按照交通运输部和省厅的要求，将标准化建设要求写入招标文件，明确标准化建设的专项费用，指导、督促施工监理单位认真编制标准化建设方案，切实做到标准化建设有方案、有审批、有检查、有落实，做到“政策有人讲、过程有人管、结果有人查”。要将标准化建设要求作为招标文件备案审查的内容，保障标准化建设的从源头上推进，确保标准化建设持续推进。三是建立考核奖惩机制。要制定标准化考核实施细则，将管理制度、工地建设、施工工艺、质量控制、安全生产等标准化指标作为监督检查的重要内容，并纳入信用考核。将标准化建设作为施工单位进场履约检查的重要条件，作为签发开工令的重要依据，作为工程管理过程控制的重要内容。将标准化建设作为施工、监理单位质量安全督查的重要内容。将标准化建设作为信用评价的重要内容。引导和督促参建单位将标准化建设抓好抓实。

公路工程质量问题治理及思考

湖北省交通运输厅　姜友生

一、前言

在最近几十年的交通大建设、大发展过程中，我省取得了不俗的发展成就，建成了京珠高速、沪渝高速为代表的平原与山区高速公路，建成了宜昌、鄂东、荆岳为代表的长江大桥，建成了金龙等一批特长隧道。这些工程难度巨大，在国内外具有良好反响，获得了高度评价。但按更高的质量标准来要求、更好的品质工程来比较、更先进的管理方法来对照，我们在一些项目的一些方面相对的不足是明显的。我们辛苦干的事不少，但创造的品牌工程不多、先进的管理方法不多、创新性的施工工艺不多，特别是工程质量的稳定与提高，还有很大的提升空间。

随着公路建设的不断发展，质量问题越来越成为人们关注的焦点，特别是质量终身责任制的施行，对公路质量的关注已经深入到工程的各阶段。如果在若干年后，我们建成的高速公路没到大修年限就大面积翻修，桥梁没有到使用年限就垮塌，我们今天所为之奋斗的事业就会被否定。

工程质量问题多种多样，其中在工程中经常发生的、普遍存在的一些工程质量问题习惯称为质量通病。由于其量大面广，对工程的使用品质与寿命将产生不同程度的影响，甚至严重的后果。这种质量常见病，可归结为管理、实体、工艺等3类。同时比通病难治理的影响质量的问题是陈旧的理念、不优的方案、粗犷的管理、落后的工艺。这些对安全、优质、耐久、经济、环保的工程品质的影响深远，具备的隐蔽性，比质量通病难控制、难治理。

本文对上述两类质量问题进行简要分析和探讨。

二、公路工程质量通病治理

早在2004年，交通运输部就提出“加强工程质量通病的研究治理，适时推广质量通病治理示范项目”，要求找准质量通病，分析产生原因，加大治理力度，优化治理方法，并向全国下发了“三类30项”常见公路工程质量通病，提出了相应防治措施。

(一)第一类：工程质量管理通病治理及对策

1. 盲目赶工。因建设单位原因造成的赶工，应明确由建设单位增加资金投入、赔偿损失；因施工单位原因造成的赶工，应明确由施工单位承担损失，并且建设单位可采取明令施工单位加大投入或指令分包等措施确保工期，从而从根本上保证工程质量，减少质量隐患。

2. 指定分包、指定采购。严禁建设单位及相应人员、监理人员向承包商推销工程构件、工程材料等物品。特殊材料需业主统一采购的应在招标文件中说明。合法的分包，不得以包代管，主包单位对工程质量及工程管理负总责。

3. 监理独立检测频率不足。监理必须建立自己的工地试验室，须按要求的频率进行独立的试验检测，严禁监理在承包人的试验室内进行试验。一些特殊的外委试验检测项目必须与承包人一起进行试验检测时，也应经总监办批准，方可进行。对监理独立检测频率不足的，应追究相关人员的责任。对于监理让承包人代为试验的，视情节情况，给予承包人通报批评，相关监理应清除出场。

4. 施工自检体系不健全。各承包单位必须建立独立的施工自检体系，并且要有专职的质量管理检查人员负责自检体系的运转。监理工程师应定期检查和不定期抽查施工自检体系的建设及其运转情况，定期检查应在每月例会前完成，例会上要通报各承包人质量自检体系的运转情况。

5. 原始资料真实性差。施工、监理所有资料，当天发生的必须当天记录清楚，不得日后填补或整理，监理和建设单位有责任和权力随时检查这些资料。对于存有虚假资料的分项工程一律按不合格对待。对于编造虚假资料的施工、监理人员，一经查实，一律清除出场。

6. 材料质量源头控制不严。施工、监理对材料的检验，要与材料厂家进场数量、批号及材质书相对应。要控制材料运输渠道，防止假冒伪劣材料进场。

7. 以包代管、质量责任不清。工程分包要报业主批准，分包单位应有相应的资质，总承包商必须全面履行质量管理责任，不得以包代管。施工场地均要有主包单位的质检人员在场盯岗，挂牌上岗，严格控制工程质量。

8. 地勘资料不足、设计变更多、质量控制难度大。加强设计文件审查制度。不准有“三边”工程出现。严格设计变更审查制度。在工程交工时，根据设计变更数量(投资比例)对设计单位进行评价。

9. 监理、施工人员、设计文件及规范掌握不准确。对施工、监理人员掌握设计文件、规范情况，作为质量监督部门、业主进行现场考核的主要内容，对考核成绩不良者，直接清除出场。

10. 标准试验数据失真、规模生产条件变异。工程施工中，需要标准试验结果指导施工的，无标准试验或未经监理批准的不准施工。监理人员要加强标准试验的对比检查，掌握并控制标准试验结果的使用情况。质量监督部门对标准试验结果进行重点抽查，对使用情况进行重点监督。

(二)第二类：实体质量通病及对策

1. 沥青路面早期破损、车辙。要按照规定的项目和频度检查沥青混合料的质量，对沥青混合料生产过程进行在线监测和总量检验，并进行质量动态管理。对沥青路面要保证各层间的黏结，沥青混合料必须采取覆盖保温、防尘运输。

2. 水泥混凝土路面早期断板、开裂。应保证路基的整体性和混凝土面层的强度和厚度，后期养生及时，胀缝和缩缝的设置要规范，拉杆、传力杆要按要求设置。

3. 半刚性基层过度开裂。必须保证原材料的质量和均匀性。水稳碎石基层应采用较低强度等级的普通水泥或矿渣水泥，不得采用早强型水泥。应定期检查拌和设备自动计量的准确性，严格按照设计配合比确定水泥用量，半刚性基层无侧限抗压强度不仅要控制下限，而且要控制上限。

4. 结构物端部沉陷。结构物端部沉陷是比较难以克服的公路病害，设计单位要从填筑材料、填压方法等各个方面提出详细设计要求。桥涵台背的填料宜采用天然砂砾、二灰土、水泥稳定土或粉煤灰等轻质材料。软基或软弱土路段应采用先路基施工，再开挖施工结构物，采用灌浆处理端部缝隙的方法。

5. 隧道衬砌不实、渗水。强化隧道防、排水设计，在施工过程中发现与原设计情况不符时应及时修改、完善设计。防、排水施工应严格控制原材料质量。防水卷材施工不能有破裂，搭接宽度必须满足要求，并应联(黏)结牢固。洞内排水设施齐全，保证排水顺畅。应对衬砌混凝土进行无破损检测，防止空洞和不密实现象。

6. 桥面铺装早期破损。梁板顶面平整度必须满足规范要求，并严格采用凿毛处理，并清洗干净。防水混凝土浇筑时，严禁在桥面钢筋网上直接进行施工操作，必须搭设支架及平台，运输混凝土不得直接倾卸到钢筋上，混凝土振捣必须采用插入式振捣与表面振捣相配合的方式进行。复合式桥面，防水混凝土表面必须凿毛处理，不得有浮浆存在。桥面沥青混凝土铺设要在较高气温下进行，充分碾压，保证压实度要求及层间良好结合。

7. 桥梁支座安装质量缺陷。严格控制、检验支座质量，必须使用正规(具有生产许可证)的产品，并送有资质单位进行检测。安装支座的预埋构件，必须准确测量确定位置，并保证牢固、稳定、平整。滑动支座应特别注意纵向位置准确，要保证清洁，在滑动面上涂抹硅脂油。先简支后连续梁，湿接缝处支座安装位置要准确，预支安装稳固，在湿接缝混凝土振捣过程中不得变动。

8. 小型预制构件粗糙。承包人应选择专业队伍施工。采用混凝土集中拌和，集中预制的方式组织施工，特殊情况如分散预制必须经监理和建设单位批准。严格浇筑、振捣、养生操作，在确保强度的基础上提高外观质量。构件运输要保证安全稳定，防止碰撞损伤，否则按废品处理。

9. 埋置部位混凝土防水不到位。对已进行防水设计的拱背等结构，严格检查控制防水材料质量，无标准时由设计单位拿出标准后方可进行采购和施工，严格控制施工质量，防止厚度不够、不匀、空鼓、粘贴不牢及施工不到位等情况发生。严格控制埋置混凝土部位钢筋保护层的厚度，加强其部位混凝土的养生，防止干缩裂纹发生。

10. 预应力结构张拉、锚固、压浆控制不严。进行预应力张拉的千斤顶与压力表，一律应定期校验，尽量采用数控张拉设备。锚具、夹具、预应力钢绞线及预应力筋均采用正规厂家的产品，严格按抽查频率要求进行抽检。严格控制锚垫板的位置与角度。应采用真空压浆设备和专用压浆材料，监理要全过程旁站检查。预应力梁张拉后的起拱度为张拉控制的参考值，当出现差别较大的异常情况时，必须分析原因，必要时予以处理。

（三）第三类：工艺通病及对策

1. 混合料计量不准确、级配不合格、拌和不均匀。严格控制各种集料的含水率，特别是细集料、石灰、粉煤灰的含水率，保证混合料含水率均匀，应采用配备自动计量装置的拌和设备进行拌和，拌和设备应采用可自动测试集料含水率的拌和楼，拌和楼的生产能力应与单位用量相匹配。

2. 各类外掺剂品种选用、计量、掺配方法掌握不准。混合料若设计无要求，一般不得随意掺加外掺剂。如果掺加，必须经监理批准后方可使用，使用前应对外掺剂进行检测。根据掺配目的选用品种，但不可顾此失彼，为满足这种目的而失去另一种功能，杜绝为满足施工使用性能而掺加对质量有影响的掺加剂。掺加剂掺加时间、数量严格按产品要求和试验数据而定，必须采用严格的计量和计时方法，并便于操作和检查。一般情况不得同时使用两种或两种以上掺加剂。

3. 体积法、流量法计量误差。无论液体、固体、粉状材料，高速公路和一级公路都应采用重量法计量。

4. 路面层间控制不严格，粘层油、透层油施工方法不当。沥青路面各沥青混合料层间结合面，要保证洁净，污染时要加铺粘层油，喷洒量视污染情况和现场试验而定。严禁超量洒布，洒布量以适量、均匀为最终目的。洒布机应采用有电脑自动控制的设备。封层、透层、粘层施工后，开放交通时间应根据现场试验情况确定，以不被粘起带走为控制标准，能晚勿早，严格控制。透层施工一定要选用好透层材料，确保渗透深度。

5. 预留构件、预埋件、钢筋定位。预留构件、预埋件定位前应准确测量，固定要牢固。预留、预埋部件，一般应采用焊接法与主筋连接，如焊接确有困难，经监理工程师批准可采用绑扎法，不允许采用直接放置或插入的方法，做到“能绑不放，能焊不绑”。

6. 各类结构养生方法不当、养生时间不足。所有水泥混凝土构件养生时间不得少于 7 天。养生应采用覆盖保湿养生的方法，养生应有专人负责，保证构件表面在养护期内始终处于潮湿状态。应采用喷淋养生，冬季宜采用蒸汽养生。严格养生用水的水质检查，防止污水对构件造成破坏。

7. 圬工砌筑方法、人工砂浆、勾缝方式不妥。圬工砌筑一律采用坐浆方法，区别不清坐浆和灌浆或对规范砌筑方法不清楚的人员不得施工。圬工砌筑砂浆一律采用机械拌和。砌体勾缝不得勾假缝，一般情况应勾凹缝或平缝，有特殊要求时，可以勾凸缝，但勾凸缝时，必须采用嵌入式，严禁在平缝上直接勾凸缝。

8.路基碾压设备不足，填前处理、分层压实不够。碾压设备、数量、组合及松铺厚度应通过试验段总结确定，严格控制施工厚度，尤其是填石或土石混填路基需要严格控制填土厚度，还应控制石料的粒径。

9.路面碾压设备不配套，沥青路面碾压密实度不足。沥青路面碾压设备应配套使用，无论何种组合，每一个项目都必须通过试验段进行验证，同时确保碾压组合具有适当的储备能力，不得因某一台压路机出现故障而影响压实质量。碾压成型后，应保证表面平整、密实、无轮迹、边角处密实。桥梁沥青混凝土铺装层的压实应充分考虑其特殊性，采取可行的措施。

10.合同段、工作面、工序间衔接不当。规范、文明施工是各衔接部位有效、保质衔接的关键，合同段交界处一定要衔接好，统一施工，不要出现人为施工缝。工作面和工序间一定要做到无缝衔接，尽量不要留施工缝，实在避不开时也要有特殊处理措施，保证衔接质量。

2009年6月至2011年6月，交通运输部出台提高工程质量实施方案，决定开展以提高公路水运工程混凝土施工质量为重点的混凝土质量通病治理活动。通过质量通病治理，全面提高公路水运工程混凝土结构物的耐久性、安全性和可靠性，保证其在设计使用年限内的有效使用，并提出一系列要求和目标。

（四）加强培训，严格管理

质量责任制落实不好、现场管理水平不高是造成质量通病存在的深层次原因。操作人员素质低、工艺落后、施工不规范是质量通病产生的直接原因。要消除质量通病就必须加强现场管理，严格工艺纪律。详细的技术交底、多层次的员工培训、严格执行的首件验收合格制、负责任的过程监理对质量的稳定与提高是很有效的。

1.技术交底。建设单位应组织设计、监理、施工单位对单位、分部、分项工程及重点工序均进行详细交底。

交底内容：工程概况、施工进度计划、劳动力组织计划、主要施工方法、施工重点部位和关键技术、工程质量标准、安全技术措施、保证质量、预防质量事故的有效措施、操作要领、工序交接注意事项等。建设单位负责介绍建设理念和目标，设计单位介绍工程的特点、难度，特别是前期工作过程中发现的不良地质、设计特殊要求等问题。监理单位要介绍工序控制程序和相关验收标准及相关检测检验要求。施工单位要通过文件的学习，全面熟悉工程情况和设计要求，详细介绍施工组织设计和施工工艺要求，然后通过层层技术交底，使操作人员做到心中有数，责任落实。

2.员工培训。对管理层进行技术交底重要，对一线职工的上岗前培训和必要的技术培训尤为重要。项目部要督促对一线职工开展教育，确保一线工人知道怎么干和干什么。

3.首件工程验收合格制。首件制就是在新的分部或分项工程在开始施工的第一个个体，尤其多工种配合作业内容更有必要。如施打第一根桩，振第一根钢护筒，制作第一根钢筋笼，浇注第一根桩，浇第一节混凝土等等。通过首件制有时是为了明确一些参数，检验工艺方案中的参数、操作工艺、管理组织情况、设备人员情况，以及其他与施工有关的边界条件是否成立，可以检验施工工艺的可行性和优劣处。首件制还可以起到培养技术员和协作队伍的作用。首件制是提高、统一对工程的认识，对提高质量和技术水准起到至关重要的作用。通过首件验收合格制，可以清楚了解首件的产品质量和应该达到的质量标准。

4.督促监理履行职责。工程质量管理人员是质量保护神，其工作质量对工程的顺利进行和工程质量的控制起到关键作用。每次到现场要带的几样主要工具：图纸、笔记本（笔）、钢卷尺等测量工具，还应带数码相机等信息化设备。要做到：腿勤——经常深入现场；眼勤——善于发现问题；手勤——多动手、多实践、多记录；嘴勤——多问、多沟通、多管；脑勤——学会思考问题、学会解决问题。

作为一名工程质量管理人员，要全面熟悉项目的工程技术、现场管理、质检、试验各项工作，工作中才能站在一定的高度来思考问题，才能具有大局观，才会少受制约。

对于质量通病的处置，只要认真把上述工作做到位，防治措施落实到位，质量通病是可以得到很好控制的。

三、更新理念，创新发展

国庆期间，正在准备本文时网上突然有一条消息让我陷入深思：10月5日0时25分许，京港澳高速公路韶关发生特大交通事故7死3伤，9车损毁。经初步调查，事发时重型半挂牵引车、重型平板半挂车由北往南行驶，行至京港澳高速南行1921公里处时，疑因制动失灵，先后碰撞前方同方向九辆小客车、重型挂车，小客车均着火燃烧。本条新闻链接凤凰网走近科学专题“恶性交通事故调查”，分析就是同一路段2006～2010年事故，其中集中发生在3个长下坡段，最集中在K49～K52的3公里处，此处为连续13公里3%下坡底部。

大家一般将原因归于：超载、超速、刹车失灵。这些肯定是主因，但从吸取教训的角度，对连续纵坡的后果不得不让人反思。这样集中车祸段在我省也有发生。这些路段的设计无疑是不符合现行规范要求的，也是当年建设经济、建筑技术和认识水平所限的结果。但难道作为建设者的我们就不深思于多发惨痛事故。更令人不安的是：现在仍有一些建设方案中对类似纵坡设置仍不以为然，继续设置这样长纵坡，又没有针对性设置避险车道、休息区等措施，这就是不负责任了！

一个高速公路建设指挥者跟我讲，小箱梁比T梁便宜百分之几，要大量采用。小箱梁设计是符合要求的，其按概算定额计算是便宜些，但在实际工料机投入会比T梁少吗？特别是T梁的耐久性比小箱梁要好得多，这在全国桥梁普查结果中得到证明。究其原因，有工艺控制因素，也有结构本身对环境温度等因素适应能力的问题。小箱梁施工工艺控制要求高、对温差变化影响大。大家想想，作为公益性的基础设施，且绝大多数是采用公众资金建成的，其是安全耐久应该，还是短期节省有限资金重要。

在高速公路建设中，为便于老百姓穿行高速公路，往往习惯设置许多箱涵（例如4m×6m），若斜交的话，箱涵长度可达50～60m。老百姓很不喜欢这种使用很不方便的结构，很欢迎净空高、跨度大、长度短的小桥。为什么有条件，不多设计一些跨径8米的小桥呢？我曾叫技术人员比较同等条件下两者造价，小桥甚至比涵洞便宜一半。少有人对习惯做法反思，这样习以为常的设计方案合理吗？这种利民又节省的事为何不变成自觉行动？

另外，在这次全省行风评议中，行风监督员在评议现在提的两个尖锐问题之一就是：高速公路指路牌问题，路标不清导致驾驶员走错路，花冤枉钱又浪费时间。我们给他们的回答是：我们的交通标志牌的设计是符合标志规范的。想想他们会满意吗？在现有的标志牌上多加一些地名或适当多加一些标志牌，就违规吗？

建设“资源节约、环境友好”的“两型”交通的口号，我们喊了多年。大家总结一下，我们的工程方面有哪些工程方案和措施具体体现了其内涵！创新是社会进步的源泉，完善细节也是创新的重要部分。如果我们在每一个项目上都有一点两点细节的完善、提高，我们累计的创新成果就会十分可观的！

列举以上几个例子，是想引导大家反思，分析共性原因。发展交通的最终的主要目的是能够长久有效地为了给老百姓提供安全、快捷的出行通道，在满足走得了的基础上，要实现走得方便、走得安全、走得好、走得舒适，同时工程经久耐用。作为公共服务产品的提供者的交通人，我们应及时对产品的安全、耐久等方面出现的问题进行反思，进行改进、完善和提高。

建设管理理念、工程方案、实施工艺、质量监督等这些是制约工程品质的关键因素。理念在整个建设中很重要。理念会给工作带来全面系统、潜移默化的影响。新理念决定新思路，新思路开辟新途径，新途径开创新局面。首先，建设管理者没要先进的管理理念、开放的思维和广阔的视野，没要坚定创优的决心和追求，就不会对工程建设有高标准的指导和要求。管理者一些陈旧、短视的观念，会严重制约合理、优秀方案的采用。而作为工程灵魂的设计者，要尽快从拷贝设计过渡到创作设计、用心设计、创新设计，更应是先进技术、理念和优秀方案的提出者、宣传者和贯彻者。方案不优是最大的缺憾，后期的补救一般是很难弥补方案先天缺陷，至少是难以做到项目的最优。设计者一定不能仅仅满足于设计方案符合规范标准要求，大家应该明白规范标准的要求是行业最低要求，况且规范也是在实践中不断丰富和完善的。

监理单位要切实贯彻作为质量保护神的理念，严格掌握质量标准，认真履行监理程序，切实加强规范化监理。要结合工程实际，细化监理细则和岗位职责，对涉及结构物工程质量和安全的主要原材料、关键工艺、关键工序、关键部位必须严格质量标准，对通病易发多发环节要加强动态监控，督促施工单位落实治理措施，切实加强工程质量现场控制，不断更新工作思路，为建设单位当好参谋，为施工单位做好监管和指导。

施工单位是工程建设的最终实践者，所有的成品都是通过施工单位做出来的，建设管理理念、工程方案、实施工艺等都要由施工者去落实。施工单位认真贯彻先进的管理理念，大力推行标准化、工厂化施工，充分利用集成、组合技术，逐步实现工厂化作业、装配式施工作业。加强工程实践经验总结，提炼并大力运用成熟的施工工艺和工法，实施精细化管理和规范化作业。加强工地试验室建设和规范化管理，规范开展原材料各项质量指标检测工作，加强原材料、混凝土施工各环节和工程实体的质量自检和控制，创造出高品质的工程成果。

工程参加各方都一定要切实履行职责和义务，认真按照要求开展工作，同时也要不能仅满足于习惯做法和基本要求，要从过去的成功中吸取经验、从不足中吸取教训，从其他先进榜样中吸取精神，更新观念，追求卓越，创新发展。

四、认真落实“五化”，不断提高质量

在交通大发展过程中，交通主管部门不断深化、细化和完善工程管理的理念、方法、手段。交通运输部近年提出的“发展理念人本化、项目管理专业化、工程施工标准化、管理手段信息化、日常管理精细化”的“五化”要求，是对前几十年经验、教训的总结，是实现科学发展的具体举措，是现代科技成果在工程管理中的应用，是对传统管理模式的优化和升级，是管理现代化的具体体现。

但随着建设和投资模式的多元化，少数建设项目部在专业技术力量配备方面较差，在项目管理专业化上有待改进。针对这方面的问题，交通运输部和省厅有明确要求和考核办法。健全公路项目建设单位的管理制度，细化质量安全与投资控制目标，严格建设管理关键环节控制，落实标准化要求，建立现代工程管理运行机制。加强监督检查，狠抓行为规范化。加强对公路项目建设单位的监督检查，落实管理制度与管理责任，发挥建设单位的管理示范效应，确保现代工程取得实效。创新管理机制，推进人员职业化。不断创新管理方法，推进公路项目建设单位的考核评价，加强绩效评估，建立考核制度，完善市场信用体系，促进建设管理队伍职业化。

就拿工程标准化施工来讲，省厅已连续抓了几年，建设单位也大都积极配合，但也在不同的项目上和同一项目不同标段上发展不平衡，将做得最好的拌和站、钢筋加工厂、驻地建设的标准化，建好后的这些确实上档次，有形象，也极大治理了施工现场脏乱差和改善了工作生活条件，对工程质量通病的治理起到了积极的作用，有的单位已经感受到了标准化施工带来的实惠，但实体质量并未得到同步快速提高。究其原因，主要是一些施工单位传统习惯难改，总认为推行标准化麻烦、效率低，有检查时按要求做，没检查时做摆设。没有认识到推行标准化建设对提高企业经济效益和社会综合效益的作用。标准化建设需要投入，标准化更有产出，这个产出可以算经济账，外部形象、事故死亡率、返工率等。这种应付和被动心态一定要改，要养成高品质质量追求的自觉习惯，要通过标准化推动管理精细化，老老实实地按标准工艺贯彻在施工全过程，步步不折不扣按要求做，这样质量才会稳定，才会提高。

再说，管理手段信息化问题。大家都知道，提高工程质量的举措，需要人去落实，其中监理人员在目前的管理体制下，赋予的期待最大。督促监理人员“在其位、履其责”，是各个建设单位特别重视的工作。试想一想，如果我们把管理信息化向监理人员的监管适当延伸，例如要求监理人员佩戴电子标签，就不难督促监理人员按要求到岗到位；要求监理日志每天上传到管理网络上，供不同管理层检查，就会在一定程度上促使监理人员真正做到“眼勤、脑勤、手勤”，不成为摆设。如果视屏监控系统能够覆盖到施工现场，一些不按标准化工艺要求的做法就可以随时被发现，也随时可以督促其按要求施工。大家都深恶痛绝试验假资料、假数据，传统的方法又没有办法完全控制和杜绝。如果我们在实验中引入数值自动采集手段，哪怕仅在钢筋实验、沥青混合料配合比、混凝土配合比等关键少数环节用上信息化手段，肯定可以很有效地控制关键环节的假数据问题。然而，在实际的推行过程中遇到了很大阻力，许多施工、监理人员不愿意将自己处于别人的监控之下，认为自己的自由度不够，从内心抵制先进的信息化手段。工程参建各方都要尽快全面更新建设管理的理念，善于借助现代科技手段，提高管理的效率和质量。

当前，是我省公路工程又一轮大发展的关键时机，有我们广大建设者总结经验、提升理念、改进管理、创新发展的广阔空间和舞台。要全面治理质量通病、持久提高工程建设质量，全体交通建设者特别是各级工程建设管理者，都应认真贯彻交通运输部提出的工程管理“五化”要求，切实提高建设理念，牢固树立全寿命周期和以人为本理念，加强学习交流，认真总结借鉴，将“以人为本”和“资源节约、环境友好”的理念落实在行动中、具体技术方案中，完善管理管理专业化，以信息化为手段，以施工标准化为载体，落实精细化管理。愿我们在修路架桥同时，书写出一篇篇少点遗憾的历史，贡献更多先进的管理经验，创造更多安全、优质、耐久、环保、经济的优质工程，无愧于历史和时代！

湖北省普通公路发展模式调研报告

湖北省交通运输厅公路管理局　范建海

本课题在全面分析我省普通公路管理体制状况和未来发展趋势的基础上，参考国内外现行公路发展模式，对普通公路发展模式的利弊进行比较分析，按照“需要与可能”，“应急与谋远”相结合原则，提出了相应的对策建议。

一、湖北省普通公路发展基本情况

（一）公路管理体制沿革

1949年5月16日，武汉解放，同年8月，省公路局成立，隶属省交通厅，主要职能是省道公路工程及运输管理，省内设有5个工程队，2个办事处，经费由省政府供给。1956年5月，省交通厅撤销，省公路局与省公路运输局合并，成立省公路厅。1958年1月，省公路厅与内河航运局合并，恢复省交通厅建制，同年6月，公路体制下放，各地区行政专署成立公路运输局，县设段，公路干线管养下放到县，由县交通局领导，实行干支合一。随后，我省公路管理体制基本上实行省地双重领导，即计划、规划、资金政策、技术业务由省公路局管理并实行行业指导，人事、党群工作归地方管理。即“条块结合，以块为主”的管理体制。其经费开支渠道为公路养路费，2008年底，国务院印发《关于实施成品油价格和税费改革的通知》（国发〔2008〕37号）后，改为税费返还。

（二）机构设置

省交通运输厅下设省公路管理局和省高速公路管理局履行全省公路行业管理职责。普通公路管理，17个市州设有公路局（处），87个县（市、区）设有公路段（局），另在黄冈市龙感湖农场、荆门市五三农场设有公路机构，在十堰市、宜昌市、孝感市、黄石市、武汉市设有直属公路机构，养护企业78家，养护工区（站、道班）1065个。全省公路系统职工51782人，其中：在职35991人（干部9253人，工人26738人）；离退休15791人（离休116人，退休15510人，退职165人）。

（三）发展现状

“十一五”以来，全省公路行业广大干部职工在省交通运输厅正确领导下，在社会各界大力支持下，坚持以科学发展观为统领，认真贯彻落实省委省政府“两圈一带”战略部署，努力推进全省公路事业又好又快发展，全省路网结构明显改善，公路综合服务水平明显提高，应急保障能力明显增强，公路职工队伍素质明显提高，为全省经济社会发展作出了重要贡献。截至2010年底全省公路通车里程达到206211公里，五年新增115080公里，新增1.3倍；公路密度达到110.9公里/百平方公里，比“十五”末增加61.9公里/百平方公里。其中高速公路、一级公路、二级公路里程分别达到3673公里、2210公里、16159公里，实现全省90%以上县（市、区）通一级以上公路，国省干线基本达到二级以上公路标准，形成国省干线公路、农村公路有效衔接、运转高效、辐射增强、深度通达的公路网络，总体适应全省经济社会发展需求。

（四）主要经验

1. 解放思想、勇于履责是实现公路又好又快发展的不竭动力。我省公路管理体制不适应交通网络化运行，成品油和税费改革新形势带来的发展新情况新问题仍然存在。在财政制度改革的新形势下，必须转变观念，改变传统管理方式，积极适应财政分级管理、分级预算的新模式，保障公路发展资金需要和安全使用；在交通“四个转变”改革新思路的新形势下，必须调整思路，发挥好行业监管职能；在取消政府还贷二级公路收费的新形势下，必须加快研究和建立公路融资筹资新途径，加大公路建养投入，保障公路发展需要。

2. 资源节约、低碳环保是实现公路又好又快发展的根本要求。公路建设成本增高，公路发展与国家资源、环保、安全等政策要求不适应的问题依然存在。必须牢固树立“两型”发展理念，积极探索和实践公路与自然、与环境、与人和谐发展的有效举措，降低公路成本；必须牢固树立“以人为本”理念，注重质量安全，提高公路品质，使公路服务更加人性化，使公路发展让人民群众得到更多实惠。

3. 政府主导、合力推动是实现公路又好又快发展的有效保障。公路发展以行业为主、政策配套不足等问题依然存在。必须凸显公路的公益性本质，在政府的主导下，依靠各方力量推动公路发展；公路规划必须纳入政府社会经济发展总体规划中，在政府的主导下有序实施，并建立地方配套政策体系。特别是农村公路，必须认真贯彻落实《湖北省农村公路条例》，明确县市政府主体职能和行业监管职能，保障农村公路健康发展。

4. 科技引领、规范管理是实现公路又好又快发展的重要途径。公路养护管理基础支撑、技术水平薄弱的问题依然存在。必须坚持不懈地实施“科技兴路”战略，结合公路实际加大科技研究和推广应用力度，提高公路建养科技含量和劳动工效，降低人力物力成本，特别是提高公路质量水平；必须加快信息化进程，提高公路管理水平，使公路更好地为社会大众服务；必须认真执行行业标准，建立公路标准体系，依法治路，规范管理，不断提高公路服务水平。

5. 和谐有序、协调推进是实现公路又好又快发展的前提基础。路网结构仍需优化、通行能力有待增强，重建轻养、以建代养等问题依然存在。必须注重公路与社会经济的协调发展、公路与其他运输方式的协调发展、公路与三个文明建设之间的协调发展、公路区域性协调发展、公路建设养护管理的协调发展、干线公路与农村公路的协调发展等等。既突出重点又兼顾一般，既有倾斜又有平衡，使公路成为和谐社会建设的重要基础支撑。

二、存在的主要问题

虽然我省公路交通取得了骄人成绩，在全省经济社会发展中充分发挥了先行作用，但与经济增长需求、科学发展要求等不完全适应的问题依然存在，主要表现在：

(一)体制不顺

一是养护管理体制改革相对滞后，缺乏国有资产处置、职工安置补偿以及事改企相关配套政策。养护体制改革举步维艰，事企不分，管养不分仍然存在，“养人”与“养路”的矛盾仍然突出。二是交通投资体制在实际操作中权责不明。在建养项目实施中，项目由地方政府选择监理、施工队伍，在工程建设三级质量保证体系完备的情况下，公路部门缺乏监管依据和手段，工程质量、建设程序的监管弱化。三是公路资金融入公共财政运行后，缺乏对资金流转环节的监控。

(二)发展不够

“十一五”末，全省公路网宏观技术等级为3.77，干线公路以基本二级公路为主，国省干线里程只占公路总里程的8.56%，建养资金筹集困难，公路养护大中修比例达不到国家要求，普通公路的监控设施不够完善，公路数据库的动态更新机制和应用支撑体系尚未完全建立，路况信息采集和发布机制还需进一步完善，公路交通出行信息服务不完全满足公众出行多样化和个性化的需要。农村公路建设不能满足“三农”发展的新要求，行政村通畅尚未全面实现，自然村(组)通畅任务艰巨，农村公路交通安全问题日益突出。农村公路养护管理体制亟待完善，管养机构不健全。

(三)机制不活

一是缺乏对工程项目监管及质量评定机制；二是在服务基层，强化行业指导与管理上缺乏应对机制；三是缺乏养护管理的微观考核评定机制，全寿命周期养护没有得不到足够的重视和落实。四是缺乏行业风险应急机制。随着公路总量增加，公路安全隐患较多，交通事故率上升，严重影响行业社会形象和可持续发展。

(四)管理不精

一是在行业宏观管理上，缺乏有效的调控与监管；缺乏行业整体和局部利益的整合，淡化了规划、计划的严肃性。二是在行业微观管理上，管理方式粗放，管理手段落后，制度不健全，缺乏对公路资源合理配置和量本利分析；对资金、项目的财务、审计、纪检和社会监督相对缺乏；社会服务承诺落实不到位，服务质量不高。

(五)保障不力

一是建养资金筹集困难。在取消政府还贷二级公路收费、新的筹融资方式仍未建立、公路发展公益属性仍未全面彰显的情况下，公路建设养护资金不足仍然是当前影响公路发展的主要因素。二是“十一五”干线路网建设实行补助性投资政策，由于配套资金不到位，给公路部门带来较大养护压力和安全责任风险。三是公路路政、超限人员及经费不足，路政管理难度大。

(六)技术不优。一是高技术、经营管理、法律等“高、精、尖”人才和复合型人才匮乏，一线养护及机械管理人才不足。目前，全省路桥主专业人才不足专业技术人才总数的50%(常规要求为80%～90%)；高级管理、专业人才仅占5%，法律人才、高级财务核算管理人才几乎是空白。二是公路科技依存率低，约为20%。总体看，技术力量相对薄弱，科技应用水平低与当前公路建养管社会需求高的矛盾突出。

三、公路改革发展方向和发展模式分析

(一)我国公路改革发展方向

按照中央深化行政管理体制改革的总体要求，借鉴国内外公路改革发展经验，我国公路改革发展的方向主要体现在：

一要符合行政体制改革总体要求。中央深化行政管理体制改革的意见指出，“深化行政管理体制改革要以政府职能转变为核心，加快推进政企分开、政资分开、政事分开，把不该由政府管理的事项转移出去，把该由政府管理的事项切实管好，更加有效地提供公共产品”；要“明确部门责任，确保权责一致。理顺部门职责分工，坚持一件事情原则上由一个部门负责”。凡涉及法规政策、标准规范、发展规划等抽象交通行政管理的决策职能，应由交通运输部门集中行使；凡涉及直接从事公共服务和行政执法等具体行政行为的执行职能，如计划、建设、养护、路政、公路投资管理、安全生产管理等职能，应由交通运输部门设立的公路管理机构履行。

二要符合国外公路发展成功实践。国外公路行政管理基本上遵循统一与效能原则，公路行政管理职能按决策层和执行层配置，城市公共交通及交通安全管理职能由交通部门履行，公路与其他运输方式具有同等重要位置，其行政管理职能独立并享有行政主体资格。美国运输部对航空、公路、铁路、水运和管道等不同运输方式实行一体化综合管理，部内设有联邦公路管理局、联邦汽车交通安全管理局、城市公共交通管理局等局。联邦政府大量投资建设州际公路；州政府和地方政府负责联邦建设公路项目的维护，负责投资建设本地公路、市内公共交通。英国运输部内部只保留一些核心部门，运输部之下采取“执行局”的模式，公路管理机构定位于具体行使执行职能的法定机构，即法定的“执行局”。公路局主要负责高速公路和干线公路设施及其交通的管理、运营和改善等。德国联邦交通、建设与住房部是联邦交通运输事业的主管机关，下设有公路建设和公路交通司、建筑和城市建设司等职能部门。

中国与部分发达国家公路管理机构设置情况对比

机构类别	国　家	设 置 模 式	机 构 性 质
政府机构	中国	中央：交通运输部（内设公路局） 省政府：交通运输厅，内设公路局（承担普通公路建设、养护、路政、费收职能）和高管局（负责高速公路管理，部分省份由国资委统一管理或交通运输部门和国资委共同分属管理）	政府二级行政机构
	美国	中央：联邦运输部设联邦公路管理局 州政府：设州运输厅（少数设公路局）	
	德国	中央：交通、建设与住房部设联邦公路建设管理局 州政府：设州公路管理局，其下设联邦高速公路管理段和联邦公路管理段	
	法国	中央：公共工程、运输和旅游部设公路局 省政府：交通主管部门设公路管理局	
执行机构	英国	中央：环境、运输和地方事务部设公路局，公路局属于部内专司行政执行职能的“半自治性”执行局 郡政府：参照中央执行机构模式设郡公路局	法定行政执行机构
特许公司	日本 法国	依《道路公团法》设道路公团 依《高速公路特许经营法》设特许经营公司	法定“特殊法人”

中国和部分国家公路管理机构职能设置情况对比

国家	国家公路管理机构	地方政府公路管理机构
中国	交通运输部公路局：负责公路建设市场监管，拟定公路建设、维护、路政、运营相关政策、制度和技术标准并监督实施，承担高速公路网运行监测和协调，国家重点公路工程设计审批、施工许可、实施监督和竣工验收；起草公路有关规费政策并监督实施	省交通运输厅（委）公路管理局：承担公路建设、养护、路政、收费等职能。（部分省份路政管理分设或综合执法机构统一行使）
美国	联邦公路管理局：负责公路规划、建设、养护和运输等方面的法律及政策事务。主要通过三项行动计划施行管理；即联邦资助公路计划，联邦属地公路计划和汽车运输安全计划	州运输厅：负责本州联邦资助公路以及地方公路的建设和养护管理。包括制定路网规划和项目计划；分配本州资助公路基金及其他公路资金；资助本州公路建设和改造；管理本州公路设计、施工 、养护事务
英国	运输部公路局：拟定全国公路网规划和项目计划并报运输大臣审定后实施；投资建设、改善、养护和管理干线道路及所有高速公路（具体工作合同委派给地方）；对地方道路建设、改善和养护予以补助	郡公路局：制定地方公路网规划、计划并报中央政府批准；投资建设、改善、养护和管理所有地方道路；受中央政府委托具体负责国道干线（包括高速公路）的设计、建设、改善、养护和管理
法国	运输部公路局：制定全国公路发展政策和规划（重点是一级国道和高速公路）；向地方政府分配公路建设资金，对省道及以下道予以补贴；负责一级国道、高速公路修建和养护；签订特许经营合同并监督执行；制定公路技术标准，管理技术发展；制定公路交通条例，管理公路交通	省公路管理局：制定省一级的路网规划；根据省议会预算，向地方政府分配公路建设资金，对农村道路予以部分补贴；负责二级国道、省道的修建和养护
德国	联邦交通部公路建设管理局：制定公路发展政策和建设规划（重点是国道）；负责国道的建设、养护和管理及工程监督和验收；对州道、县道和乡镇道路予以补助；管理公路桥梁的建造和土木工程；处理公路营运和养护事务; 管理建设材料和施工机械的研发和试验; 办理征收道路用地有关事务; 制定有关法规和技术标准	州政府公路管理局：制定州公路规划，重点是州道规划；代理联邦政府养护和管理国道；负责州道的建设、养护和管理；对县道和乡镇道路予以补助；制定有关州道及州道以下级别道路的规划、建设、养护和管理等方面的法规和技术标准；代大部分县政府管理和维护县乡道路

三要符合国家有关公路管理政策导向。当前，落实综合交通运输体系政策措施、国家五部委关于高速公路的有关政策、交通运输“十二五”规划等政策及规划表明，国家将进一步有序推进公路建设和公路行政管理。落实综合交通运输体系政策措施方面，国家将加快国家高速公路剩余路段、瓶颈路段的建设，加强国省干线公路改扩建工程，继续推进农村公路建设，确保5年规划100万公路的农村公路改扩建任务目标全面实现，同时进一步优化公路投资结构，统筹发展非收费公路和收费公路。交通运输“十二五”规划提出，到2015年，基本形成适应综合运输体系发展要求的公路交通网络，公路网结构明显趋于合理，区域公路发展差距明显缩小，城乡之间路网衔接更加顺畅。2011年国家五部委联合下发《关于开展收费公路专项清理工作的通知》明确提出：将政府还贷公路改为经营性公路进行建设和经营管理的，要立即纠正，实现属性归位；要充分体现公路交通基础设施的

公益性和服务功能，市场化融资手段不能改变收费公路的公益属性，不能削弱和替代政府部门在收费公路建设、管理中的主导地位；交通部门要调整完善收费工作政策，将收费公路真正纳入到科学发展的轨道上来。2012年，交通运输部、国家发改委等五部联合印发了《关于禁止将政府还贷高速公路违规转让或划转成经营性公路的通知》(交公路发〔2012〕149号)、《关于深入推进收费公路专项清理工作的通知》(交公路发〔2012〕185号)，禁止将政府投资建设的高速公路违规转变为经营性公路，强调并重申了交通主管部门对高速公路行业的统一管理。

四要符合公路行业的公益本质属性。公路行业作为国民经济的基础产业，关系国计民生、老百姓的切身利益，与其他众多的产业相比较有其显著的特点，即公路基础设施具有突出的社会公益性和公共服务性，在整个国民经济发展过程中的基础性和跨地区性。衣食住行，行是基础，是关键纽带，公路是出行的重要载体。公路作为一种社会公共产品，受众对象广泛，服务公众出行，搞活产品流通，促进新农村建设，公路的社会公益性体现在经济社会发展的各个方面。公路服务包含从进入公路到离开公路的全过程，公路服务内容及服务质量受提供区域、提供单位、提供对象等因素影响，不同公路管理者对服务的管理、要求存在差异。公路管理和公路服务的客观特点，决定了对公路的管理，应该有一个超属地局限的、具有较强宏观调控能力、有利于调动各方面、各地区积极性的公路管理机构，推动公路管理体系的功能再造和体制创新。

(二)我省公路发展职能定位

1. 主体性质定位

(1)具体行使执行性职能的法定机构。借鉴国外“执行局”的模式，将公路管理机构定位于具体行使执行职能的法定机构。

(2)具备独立的行政主体资格。一旦公路管理机构所行使的职能(特别是行政职能)由法律或法规明确界定，公路管理机构即获得法定授权并具有行政主体资格，可以自身名义独立承担行政责任，接受社会和政府部门的监督。

2. 主体关系定位

(1)与交通主管部门的关系。按照“决策—执行—监督”相分离的原则，界定政府交通主管部门和公路管理机构的关系。各级交通主管部门作为公路管理的职能核心层，专司规划计划编制、政策法规制定、标准规范发布等决策性职能，以及指导和监督职能。公路管理机构依照政府交通主管部门的决策，在法律规范框架内，具体执行和实施相关决策。

(2)省、市、县公路管理机构的层级关系。理顺公路系统内部职能关系，合理划分事权。省道的管理事权在省公路管理机构，将部分国省干线公路的养管事务委托至市公路管理机构。农村公路的养管责任在县级公路管理机构，接受上级公路管理机构在业务上的指导与帮助。

3. 管理手段定位

(1)对于法定授权的行业管理职能，主要借助于法律规范手段履行职责，必要时也依靠纯行政手段(如行政请示、汇报、指令执行等)，因此需要赋予公路管理机构相应的行政权；对于法定授权的项目业主职能，主要借助于合同手段。

(2)对于在履行法定职能过程中衍生出的系统内部管理职能，主要借助于公路系统行之有效的组织管理手段。

(3)对于公共服务性职能，主要借助于公路管理机构自身专业技术手段。

除以上职能领域以外，政府交通主管部门和公路管理部门之间、公路管理部门不同层级机构之间，部分服务性、辅助性、技术性工作需要相互委托时，应在法律规范允许的前提下，采取规范的合同委托方式。

(三)公路发展模式比较分析

各省、直辖市、自治区公路行政管理由各级政府负总责，交通运输主管部门及其公路管理机构实行分层管理、分级负责。省级交通运输主管部门承担公路规划、投资计划、公路政策标准制定等职能。省级公路管理机构具体承担公路建设、养护、路政、费收等职能。普通公路行政管理模式有三种：一是垂直管理模式，代表省市12个：北京、山西、广东、广西、海南、云南、贵州、甘肃、宁夏、青海、新疆、西藏。二是实行条块结合，以块为主的模式，代表省市15个：湖北、上海、天津、重庆、河北、黑龙江、吉林、辽宁、内蒙古、浙江、福建、江西、河南、四川、陕西。三是混合管理模式，代表省3个：山东、江苏、安徽，省对市州实行以块为主，市州对县实行垂直管理。

普通公路行政管理模式

管理模式	代表省份	管理模式	代表省份
垂直管理模式	北京、山西、广东、广西、海南、云南、贵州、甘肃、宁夏、青海、新疆、西藏	混合管理模式	山东、江苏、安徽
条块结合模式	湖北、上海、天津、重庆、河北、黑龙江、吉林、辽宁、内蒙古、浙江、福建、江西、河南、四川、陕西		

在全国范围内“条块管理”体制的省份居多，但是，近几年来随着社会经济的发展以及公路建设情况的变化，尤其是公路人在“5·12”四川大地震等一系列公路交通保障中的突出表现，“垂直管理”的模式越来越受到重视和关注。公路有其自身的特殊性，公路的公益性、先行性的地位和特点，特别是国省主干线公路网，要求有一个统一的管理体制，才能保证国省干线公路网的畅通，才能保证其发挥整体效益。

"条块管理"模式，在一定时期内，会促进公路事业发展。但长期责、权、利不相结合，不仅削弱了省级公路管理机构的行业管理职能，而且造成了公路管理部门体制不顺、层次过多、人员臃肿、权责脱节，人力资源、专业技术力量得不到综合配置利用，束缚公路事业快速、健康发展。从广西、贵州等省、自治区上收直接管理和江西省下放管理权限的经验看，凡是实行"垂直管理"的，公路机构设置都比较合理，人员呈负增长，年平均好路率逐年提高，责、权、利与建、管、养相统一，改革成效显著。

实践证明"垂直管理"模式便于宏观管理、政令统一、责权明晰，有利于避免地方政府的过度干预，比较适合我省公路的实际。垂直领导、分级管理的公路行政管理体制的实行，将会对全省公路事业持续、快速、健康发展产生不可估量的重大作用和意义。该模式的优势主要表现在以下5个方面：

一是有利于统筹管理。有利于全省公路建设和维护的统一规划，统筹安排，按轻重缓急有计划、有步骤地实施，克服现行公路管理体制中多头管理、政出多门、政令不畅、机构重叠、职能交叉、关系不顺、机构膨胀、人员剧增、地方保护等种种弊端。

二是有利于突出重点。有利于在全省统筹安排的基础上，扶持鄂西山区、大别山革命老区和国家、省级贫困县等经济欠发达地区的公路建设和管理，从而推动这些地区的经济发展，构建和谐湖北。

三是有利于规范行为。有利于全省公路系统规范公路建养管收等行业行为，提高工程质量，保证全省公路路网的完整统一和路网效应的充分发挥。

四是有利于资源配置。有利于公路行业人才和技术资源的合理配置，充分调动全省公路干部职工发展公路事业的积极性、主动性和创造性。

五是有利于指挥调度。有利于充分体现行业的专业性，业务贯彻比较彻底，抵抗外界干扰的能力比较强，尤其是在管养一体化的情况下，对公路系统内实施"人、财、物"全方位的一体化管理，可以调动和集中系统内的全部力量，有效应对各种公路突发事件，有利于实现政府目标。

四、我省公路发展模式的建议

(一)总体思路

我省公路发展模式的确立，必须以《关于深化行政管理体制改革的意见》为指导，深入贯彻落实科学发展观，按照"转变职能、理顺关系、优化结构、提高效能"的总要求，根据经济社会发展阶段性需求及长远发展趋势，研究调整公路行政管理职能，深化细化公路行业管理职责，做到权责一致、分工合理、决策科学、执行顺畅、监督有力，促进公路交通又好又快发展。

(二)基本原则

1.分级管理原则。根据不同行政等级的公路在公路网中的不同地位和作用，借鉴国外发达国家和国内经济发达省市的经验，科学界定各行政级别公路交通部门之间的权责划分，真正实现分级管理。按照公共物品的层次性原理，现阶段应该对我省路网的管理权进行明确。高速公路应由省级公路部门负责管理；国省干线公路应由省、市州、县(市、区)三级公路部门负责管理：农村公路对县域经济发展具有决定作用，应成立县级农村公路机构，由县级人民政府进行管理。

2.事权一致原则。从公路管理的客观要求出发，明确界定省、市、县各级公路管理机构责任和权力，发挥各自的能动性，保证管理工作的规范和高效。同时建立与之适应的约束机制，强制其对自身的行为结果负责。

3.政企分开原则。从公路管理的实际需要出发，全面强化地方交通运输主管部门的政府行政职能，切实把政府职能转到经济调节、市场监管、社会管理和公共服务上来。强化公路管理机构的行业管理职能，保证行业管理工作的正常进行，将属于企业管理范围的职能从公路行业中分离出去，交由企业管理，使其根据市场规律自主发展。

4.精简高效原则。根据交通运输部《地方交通运输大部门体制改革研究》(厅函体法〔2008〕172号)意见，实行"一厅一局"或"一厅二局"的公路管理体系，加强内部管理，提高工作效率。对经营性收费公路则明确由经营企业负责养护和收费，但涉及路政执法、质量监督等行政管理事宜，由各级公路管理机构负责。

(三)有关建议

1.理顺普通公路管理体制机制。全省普通公路在坚持原有管理职能的基础上，国省干线建设、养护和管理由省、市(州)、县(市、区)公路部门分级负责，农村公路建设、养护和管理由县级人民政府负责，形成权责明晰、运行顺畅的公路管养体制。国省干线公路建设坚持"省地共建、地方负责"，发挥省、市(州)、县(市、区)三级政府的积极性，共同建设。国省干线建设实行中央和省定额补助、地方配套资金的办法。国省干线养护实行省定额投资。农村公路建设养护实行"省市指导、以县为主、乡村配合"的管理体制。县级人民政府落实主体责任，负责辖区内农村公路建设、养护和管理，建立县级农村公路管理机构，筹措农村公路发展资金，保障农村公路健康发展。国省干线实行"垂直管理"。

2.筹措保障普通公路建设养护资金。一是合理安排使用中央资金。成品油价格和税费改革后，中央安排新增成品油消费税收入基数返还中替代公路养路费支出部分和增量资金中相当于养路费占原基数比例的部分，全额用于普通公路养护管理。中央新增成品油消费税收入中每年安排我省用于取消政府还贷二级收费后的债务偿还专项资金，在债务偿还完毕后，全额用于普通公路发展。积极争取中央车购税资金，用于普通干线公路发展。二是省级财政安排专项资金。省人民政府负责筹措国省干线"建设定额补助、养护定额投入"资金和农村公路"定额包干"资金。资金的具体标准由省交通运输主管部门研究确定(见附件)。三是加大市县财政资金投入。市(州)、县(市、区)人民政府负责筹措辖区内国省干线除省补省投资金以外的配套资金；县级人民政府负责筹措农村公路发展资金。市(州)、县(市、区)人民政府根据公路交通发展需求，每年从本级一般财政预算收入中安排当年普通公路建设、养护配套的专项资金。统筹安排基础设施建设资金、国债资金、水利基金、扶贫资金、支农资金等向普通公路倾斜。四是鼓励多渠道筹措普通公路发展资金。中央预算内投资和车购税资金在公路交通领域投资形成的收益，主要用于普通公路建设。建立高速公路与普通公路统筹发展机制，新建、改扩建高速公路应将与之密切关联、提供集散服务的普通公路纳入项目范围，统一规划、建设。鼓励利用公路沿线土地依法依规开发、拍卖冠名权、交通基础设施对周边土地价值的提升等获得的收益，主要用于普通公路发展。积极探索发行地方政府债券等符合普通公路公益性质的市场融资方式，鼓励社会各界支持普通公路发展。

3. 实行管养分离，事企分开。在对公路管理部门科学定岗和核定管理人员的基础上，逐步剥离各级公路管理部门中的养护工程单位，将直接从事大中修等养护工程的人员和相关资产进行重组，成立公路养护公司，通过招投标方式获得公路养护权。公路养护公司实行自负盈亏，与职工依法签订劳动合同，按企业用工制度进行管理。所有等级公路的大中修等养护工程向逐步社会开放，逐步采取向社会公开招投标的方式，择优选定养护作业单位，鼓励具备资质条件的公路养护公司跨地区参与公路养护工程竞争。全面实行养护工程费制度，养护工程费由公路管理部门按照养护定额和养护工程量核定，依照养护合同拨付，充分发挥资金使用效益。对等级较低、自然条件特殊等难以通过市场化运作进行养护作业的农村公路，可采取建设和养护一体化招标，也可以采取个人(农户)分段承包等方式进行建设和养护。

4. 推进公路行政职能配置改革。当前，我国新一轮行政管理体制改革正在稳步向纵深推进。在推进新一轮行政管理体制改革过程中，国务院机构改革组建了交通运输部，部调整组建了公路局，加强了公路管理的机构和职能。地方政府机构改革中，普遍根据大部门体制要求组建了新的交通运输主管部门。在重构中央和地方交通运输行政组织体系中，公路管理的机构设置和职能调整将成为首要环节。特别是成品油税费改革后，公路投融资环境发生深刻变化，原有公路管理体制和职能配置难以适应的矛盾更加突出，迫切需要对公路行政管理职能配置进行相应调整和完善。要通过调整和完善公路行政管理职能，实现公路管理向行政资源集中、职能有机统一、事权关系分明的根本转变；实现各级公路管理机构向政企分开、政事分开的根本转变；实现行业管理组织体系向决策、执行、监督三权适度分离，省(自治区、直辖市)、市(地)、县(市)三级权责清晰的根本转变；实现行政运行机制和管理方式向规范有序、公开透明、便民高效的根本转变；努力构建公路管理的大部门体制，优化公路管理组织体系，强化重点环节改革，达到公路行政管理集中统一、事权清晰、权责一致、体系完善、运转高效的目的。

服务“五个交通”建设 努力促进道路运输与交通物流转型发展

湖北省交通运输厅道路运输管理局　石先平

在2013年全省交通运输工作会议上，尤习贵厅长对建设综合交通、民生交通、生态交通、智慧交通、和谐交通进行了精辟阐述。运输物流行业要学习“五个交通”理念，努力做好“五个服务，五个促进”，奋力促进运输物流行业转型发展：

一、服务综合交通，促进综合运输枢纽建设

枢纽建设是综合运输体系建设的关键所在。要按照客运零换乘、货运无缝衔接的理念，建设一批临港、临铁、临空的综合运输枢纽，实现各种运输方式的有效对接。

重点加快武汉天河机场交通中心、襄阳客运东站、荆州郢城换乘中心、恩施客运中心站、孝感北客运站、武汉汉口客运中心等与高铁“零换乘”的综合客运枢纽项目建设，积极推进与武汉城市圈城际铁路配套建设的黄石团城山客运枢纽、鄂州城际铁路换乘中心、黄冈城东客运站、天门城际铁路换乘中心等项目建设。

切实加快宜昌伍家岗物流中心(三峡物流园)、襄阳汽车产业物流园、十堰许家棚物流园、黄石棋盘洲综合物流园、恩施货运中心站、荆州开发区货运中心、荆岳综合物流园、三峡坝区(茅坪)货运中心等重点物流项目建设。推进物流基地合理布局，加强公路货运枢纽(物流园区)的规划课题研究。

二、服务民生交通，促进城乡客运一体化

行有所乘是基本的民生问题，促进城乡客运协调发展、落实公交优先发展战略、推进道路运输基本公共服务均等化是运管工作的出发点和落脚点。

要推进城乡客运公交化改造。总结推广农村客运班线公交化改造、城市公交车辆向下延伸、城市公交与农村客运融合发展等三种城乡客运一体化发展模式，大力推进城乡客运公交化改造。

要落实公交优先战略。开展公共交通发展水平考核评价，推动地方政府编制城市公共交通规划。完善公交服务网络，提高准点率、覆盖率。做好武汉“公交都市”建设示范工作。推进城市公交进社区、进校区、进新区、进郊区，满足人民群众“行有所乘”的公共服务需求。

要深化出租汽车和谐劳动关系创建。贯彻落实《出租汽车运营服务规范》，制定推广劳动合同示范文本，全面推行出租汽车质量信誉考核工作。推广完善电召服务系统，提高出租车服务水平。

三、服务生态交通，促进运输物流行业节能减排

运输物流行业节能减排是建设生态交通的重点领域和关键环节。

要加强制度减排。严格执行道路运输车辆燃料消耗量限值准入制度，从源头上加强对客货运输车辆燃料消耗量管理。鼓励和推广使用电动汽车、油气两用汽车等环保车型，降低燃油消耗。

要实施结构减排。优化运输结构，淘汰老旧车辆，发展集装箱运输和甩挂运输，提高运输组织化水平和运输效率，提高客货运输车辆的实载率。

要推进专项减排。继续推广“王静工作法”和张兵先进典型，深入开展“车、船、路、港”千家企业低碳行动，倡导节能驾驶、绿色出行的理念。

四、服务智慧交通，促进运输物流转型升级

科技是第一生产力。要以信息化、智能化为引领，推动传统道路运输向现代服务业与现代物流转型升级。

完善道路运政信息化建设。落实应用包车客运标志牌管理系统，推进鄂西生态文化旅游圈的道路客运市场视频监控系统的建设，适时推进联网售票开发应用工作。做好道路运政证件电子管理系统建设前期工作。加快信息技术在城市公交、出租车行业的应用。

抓好交通运输物流公共信息平台建设。优化我省交通运输物流信息平台建设方案，力争列入交通运输部建设示范项目。以重点交通物流园区为突破口，实现平台与园区互联互通。继续推广货运、仓储等管理软件和物流技术标准。

五、服务和谐交通，促进行业管理科学化、规范化

实现道路运输与交通物流的和谐有序发展，必须紧紧抓住人、制度、文化等基本因素和关键环节，在管理创新上狠下功夫。

大力实施素质提升工程。落实新的《机动车驾驶培训教学与考试大纲》，强化驾驶员培训的源头管理，提高培训质量。严格从业人员资格审查，研究建设从业人员注册登记管理办法。完善道路运输从业人员继续教育体系，健全诚信档案和信息发布机制。

加强安全应急维稳工作。认真履行“三关一监督”安全管理职责，把安全的制度落实到人头、车头、站头。继续推进“安全带——生命带”专项行动，落实好安全告知制度和停车休息制度。进一步完善应急机制，确保“春运”等节假日道路运输安全、有序、畅通。落实维稳责任，建立健全重大事项风险评估机制，确保行业和谐稳定。

抓好“文明窗口”建设。学习贯彻省委、省政府关于向张兵同志学习的决定，率先掀起学习张兵精神新高潮。抓住车、站、线、企、所、班组、岗位等7个基本单元，突出文明细胞、示范窗口、服务品牌、特色文化建设，深入推进运管物流“八个十佳”创建活动。

关于长江沿线省市内河水运发展情况的调研报告

湖北省交通运输厅　王阳红

为加快我省水运发展，7月19日至25日，调研组对长江沿线湖南、江西、安徽、江苏、重庆五省内河水运发展进行了专题调研。调研过程中，调研组紧扣全省水运发展现状、发展水运主要做法和经验、“十二五”乃至“十三五”水运发展目标、拟采取重点措施等四个方面内容，与四省港航管理部门举行座谈，并沿江对长沙、岳阳、九江、安庆、合肥、南京、淮安等七大主要港口及苏北运河情况进行了现场考察。联系湖北水运在长江沿线的区位优势、发展位次、现实差距、赶超方向，现就调研情况报告如下。

一、湖北水运在长江沿线五省一市中的优势与不足

综观五省一市水运发展现状及态势，湖北具有鲜明的区位优势，但发展不够依然是当前面临的主要问题，与水运发达省份相比还存在较大差距。主要表现在以下几方面：

一是航道资源丰富，但等级不高。湖北通航河流229条，通航里程8464公里，居全国第六位、长江五省一市第三位。国家规划的二十条水运主通道，在湖北境内有长江、汉江和江汉运河三条，其中长江在湖北境内里程为1038公里，占长江干线航道的36%。目前，长江航道下游优于上游，上游好于中游，湖北地处长江中游，境内长江武汉以下常年仅能通行3000吨级船舶，武汉至宜昌段仅能通行1000～2000吨级船舶。除长江外，湖北内河航道多处于天然状态，三级以上航道仅124公里，居五省一市之末；四级、五级航道里程居第二，六级航道里程居第三，航道升等空间巨大。

二是港口数量较多，但辐射能力不强。湖北港口数量（38个）在全国名列前茅，国家规划的长江11个内河主要港口，湖北就有武汉、宜昌、荆州、黄石等4个主要港口。湖北港口通过能力2.5亿吨，位于第三，港口集装箱通过能力180万标箱，位居第三，且主要集中于长江沿线。汉江及其他支流港口现代化水平较低，机械化作业率不到20%。大部分港口集疏运系统不完善，对产业集聚吸引不够，辐射能力不强。2011年，湖北港口货物吞吐量2.17亿吨，是重庆的1.87倍，略高于湖南位居第四，但增幅位居第一(15.33%)；集装箱吞吐量86万标箱，位居第二、但仅为江苏的8%，武汉港同比增长20%、但不及安徽马鞍山港(100%)、芜湖港(54%)。

三是船舶发展较快，但企业竞争力较弱。湖北船舶运力规模达到820万载重吨，位居第三，但仅为江苏的1/4、安徽的1/3。货船平均吨位，湖北以1281载重吨居第二，仅次于重庆(1641载重吨)，高于长江沿线570载重吨的平均水平。湖北内河货运量位于第四，水路货物周转量位居第二，仅次于江苏，同比增长38%，位于第一。湖北港航企业经营规模普遍偏小，港口企业上市尚未实现零的突破，80%的航运企业运力规模不足万吨，企业抗风险能力较弱，市场竞争力不强。

四是沿江经济资源丰富，但水运所占比重较少。据不完全统计分析，湖北长江、汉江沿线钢铁、汽车、建材、化工等产业具有大运量、大吞吐量、大进大出的资源优势，但2011年湖北水路完成货运量1.77亿吨，只占公路、铁路、水路货运总量的17.3%，仅为公路货运量的22.7%，水运依然是湖北综合运输体系中的薄弱环节。

湖北水运发展不够、优势不优有诸多原因，我们认为主要有以下几个方面的原因：

一是沿江产业布局有待进一步优化，长江黄金水道作用尚未充分发挥。适宜通过水路运输的主要货种一般为矿建材料、金属矿石、煤炭、集装箱、石化产品等大进大出货物。2011年湖北每亿元GDP产生水路货运量0.91亿吨，货物周转量806亿吨，分别位居第五、第三。每亿美元外贸进出口额生成的港口集装箱量为0.26万标箱，与江苏位居第一；每亿元GDP产生港口货物吞吐量1.11万吨，仅位居第五；每亿元GDP产生港口煤炭吞吐量0.13万吨，低于江苏、安徽、重庆，位居第四。2011年湖北建筑业总产值5617亿元，远高于湖南、安徽、重庆、江西，但湖北港口矿建材料吞吐量仅有6229万吨，只占本省吞吐量的28.8%，而江西、湖南、安徽分别达到81%、71%、40.8%。全省重点建设的6个港口物流中心，其服务的物流园区、工业园区大多仍在规划建设之中。随着湖北沿江产业布局调整和优化步伐进一步加快，水运集聚大产业能力的增强，水运需求必将迅猛增长。

二是综合运输体系有待进一步完善，公铁水无缝衔接不够。当前，水运仍然是湖北综合运输体系中的“短板”，2011年湖北水路货物周转量只占公路、铁路、水路周转总量的44.7%，低于江苏(77.7%)、重庆(66.1%)。湖北在建设祖国立交桥中，应遵循“宜水则水、宜陆则陆、陆铁则铁”的原则，统筹规划综合运输体系建设，充分考虑航道依托天然河流而形成，受自然条件约束较大的基本特征，在规划公路、铁路线路建设时应主动与水运主通道做好衔接。目前，湖北公路、铁路与主要港口无缝衔接还不够，武汉阳逻等核心港区铁水联运尚待突破，公路集疏运体系有待进一步优化，当务之急是要着力解决武汉铁路集装箱中心站、武汉集装箱公路中转中心与阳逻集装箱核心港区有效对接的问题，全力支持阳逻核心港区做大做强，尽快确立其在长江中上游核心地位。湖北其他港口大多数集疏运系统不够畅

通，进港道路破旧老化，进港航道淤塞严重，港口锚地设备落后等，影响到水运优势发挥。

三是港航基础设施整体相对滞后，筹融资渠道不畅。近年来，湖北加快推进港航基础设施建设，港口通过能力较快增长，但仅为江苏的20%、安徽的70%，集装箱吞吐能力仅为江苏的22%，且主要集中于长江沿线主要港口，汉江及其他支流港口比较落后，多数为效率不高的斜坡码头，有的甚至为自然坡岸形成，码头结构性矛盾突出。长江湖北段航道条件比上游、下游差。除长江外湖北内河航道多处于天然状态，湖北内河三级以上航道里程低，不足湖南的1/4，汉江以及其他支流航道毛细血管不畅，航道网络尚未形成。2011年，湖北港航建设投资50亿元，同比增长34%，高于沿江七省二市同期平均水平(20.4%)。今后较长一个时期，湖北仍将处于大建设大发展期，港航基础设施建设还将需要大量资金投入，而湖北港航建设筹融资难的局面没有根本缓解，港航建设融资平台尚未有效建立，财政资金支持力度还需进一步加大，现有筹资能力与实际需求差距较大，影响到湖北水运可持续健康发展。

四是水资源利用不够合理，水运服务水平不高。湖北在水资源开发中，形成不少碍航闸坝，部分水利枢纽甚至没有同步建设通航设施，建有船闸的通航等级较低，且没有实行统一调度，影响到航运功能发挥。长江港口深水岸线资源，湖北、江苏、安徽位列前三，但湖北每百米岸线产生的内河港口货物吞吐量位于第五，港口岸线利用效率分别为安徽、江苏、江西、湖南的23%、38%、41%、60%。目前，世界港口已经开始向第五代港口转型，而湖北港口大多还处于第一代港口，服务范围仍是以传统的装卸、储存、转运为主，缺少货检、分装、包装等增值服务，核心港区综合运输枢纽作用不明显，港口现代物流发展相对滞后。湖北龙头航运企业少，多为中小型航运企业，受国际航运市场的影响，水运运价不断下滑，企业燃油、人力成本持续攀升，企业发展后劲不足，水运服务能力水平不高。

综上所述，湖北具有鲜明的水运优势，即水运资源丰、建设步子大、平均吨位高、港口发展快、集装箱势头好。但从湖北水运主要经济指标来看，航道等级不高、港口辐射能力不强、企业竞争能力较弱、水运比重小，水运仍然是湖北综合运输体系中的“短板”，还不能满足经济社会发展对水运的需要。

二、外省市水运发展的主要经验及启示

近年来，长江沿线省市水运抢抓机遇，竞相发展，各具特色，在攻克以筹融资为代表的一系列水运发展难题上，作出了大量探索和尝试，水运核心指标翻天覆地的背后凝结了一些真知足道的经验，为全面提升湖北水运发展综合实力提供了有益借鉴。

1. 提升航道等级，加快高等级航道网建设。政府明确航道公益属性，加大省市财政投入，破解融资难题，升等联网后的航道，非常适合“大进大出、快进快出”的出口加工企业要求，以江苏为例，“十一五”，苏北运河“三改二”、苏南运河“四改三”、苏南干线航道网全线提档升级，京杭运河淮安船闸2008年船舶通过量就突破2亿吨，苏北运河单船平均载重从200吨发展到700吨。集中体现在“五个坚持”：一是坚持政府投入为主。江苏港口公用基础设施(进港航道、锚地、防波堤、港池)全部由政府投资，中央投资30%、省财政投资60%、市财政投资10%，如连云港港30万吨级进港航道及周边的锚地、防坡堤等；长江南京以下12.5米深水航道采用部省合力共建的方式，交通部补助55%、国家发改委补助25%、省财政补助20%。二是坚持省市合力推进。江苏《关于加快水运发展的意见》(2007年)规定“按照省市共建、政府主导的原则，加快航道工程建设，建设资金由省和工程所在地市、县政府共同筹集”，“十一五”期间共筹集内河航道建设资金150亿元。安徽省自2010年起，国家和省规划的干线航道网(包括公共锚地、进港航道)项目，以省属企业投资为主，所在市可以土地或资金等资产参股；一般性内河水运项目，以所在市为主，省属企业投资主体可参股。三是坚持收费还贷、滚动开发。苏北运河沿线共计10个船闸，每年征收过闸费7亿元左右，船舶过闸费驳船每总吨0.4元，机动船每总吨0.6元。安徽省将安庆石门湖航道列为收费航道建设试点(皖政秘〔2010〕239号)，具体收费标准和期限待工程竣工验收后再报省政府批复；船闸收费由省物价、财政、交通、水利等四部门联合实行一闸一批复，如颍上船闸重载船舶每吨次0.8元、空载船舶每吨次0.6元，以维持船闸正常运营。湖南省财政厅、物价局同意省航道管理机构对通过采取贷款建设(改造)的航道、船闸的运输船舶收取通行费(湘财综〔2011〕42号)，按总吨征收，重载船舶每吨次1元、空载船舶每吨次0.6元，用于融资方式的还本付息。四是坚持争取低息贷款。安徽省争取世界银行1亿美元贷款用于沙颍河航道整治工程建设，亚行0.5亿美元贷款用于合裕线、水阳江航道整治工程建设。五是坚持探索枢纽统一管理。“十二五”期间，江西省港航建设投资有限公司将入股建设峡江水利枢纽、泰和水电枢纽(已与交通运输部沟通过、征得同意，正在酝酿具体方案)，枢纽船闸建成后将交由交通港航部门统一调度管理。

2. 长江内河并重，注重支流重要港口建设。港工联动，轻重并举，长江干线港口与内河支线港口并重建设，“港—区—城”一体化成为沿江城市发展的新趋势。集中体现在“三个加强”：一是加强内河枢纽港规划建设。随着湘江二级航道的规划建设和长沙湘江航电枢纽的建成，湘江通航能力显著提高，湘潭港吞吐量已超过城陵矶港。合肥港国际集装箱码头2011年集装箱吞吐量5万标箱，创造了内河港口开港首年集装箱吞吐量的最高纪录。江苏省13个市以及几乎所有县的发展均与水运和内河港口密切相关，内河港口在支撑江苏基础设施建设。

二是加强融资平台建设。为解决水运建设资金不足的问题，2006 年底，经安徽省政府批准，由省交通厅出资，以原国有优良港航存量资产为资本金，按照“政府投一点(部省补助约 10 亿元)、银行贷一点(银行授信 74 亿)、社会资金入一点(与马鞍山钢铁公司等合资组建 7 家公司)”模式，组建了全国首个港航建设投融资平台；江西省以国家和省长期投资形成的存量港航资产为基础，经政府批转成立了港航建设投融资平台，省财政分两年安排 2 亿元(2010 年、2011 年各安排 1 亿元)作为资本金注入，省交通运输厅按年度不低于省财政投入统筹安排交通建设资金，争取国家补助资金和吸纳社会资本参与水运建设。三是加强港口岸线管理。安徽省坚持“谁投资、谁受益”的原则，积极推行港口岸线有偿使用，省港航部门正在代政府草拟港口岸线有偿使用管理办法，同时编制皖江港口岸线开发利用规划，加快江北岸线资源开发及江南岸线资源整合。《湖南省港口收费规则》明确港口岸线使用费缴纳标准。江苏省在不新增加岸线使用的前提下，将一批老码头的靠泊等级提高到 5 万吨级以上，2011 年通过了 39 个泊位方案审查，大幅提升港口码头的等级和能力，编制完成《沿江港口锚地总体规划》(修编)报告，正研究制定沿江港口锚地公用集中化管理实施方案，最大限度地发挥长江锚地资源的利用效能。

3. 出台配套政策，策应水运发展黄金十年。支持水运发展的政策措施均与国务院提出的内河水运 2020 年发展目标相适应、相匹配，甚至适度超前。湖南省政府《关于进一步加快水运发展的实施意见》明确提出，用 20 年的时间，投入约 1700 亿元(“十二五”投入 145 亿元，“十三五”投入 535 亿元，后 10 年投入约 1020 亿元)，到 2030 年建成畅通、高效、平安、绿色的现代化内河水运体系。江苏省政府“十一五”(从 2007 年起)在省财政预算中建立航道建设专项资金每年不少于 5 亿元，“十二五”提高到每年不少于 12 亿元。重庆市《关于进一步加快重庆水运发展的意见》明确提出，水运发展资金从以前的每年 2 亿元提高到 5 亿元。江西省对港口建设开山和改造的废弃土地，经当地地税部门批准，免征土地使用税 10 年；对港口码头、通航建筑物、内河千吨级及以上泊位、滚装泊位、内河航运枢纽新建项目投资经营的所得，自项目取得第一笔生产经营收入所属纳税年度起，第 1 至第 3 年免征企业所得税，第 4 至第 6 年减半征收企业所得税。湖南省对新建造的标准化船舶免征 1 年货港费；港口内取得高新技术企业资格证书的物流企业，按照 15% 的税率征收企业所得税。

4. 融入综合运输，加强港口公铁集疏运体系配套。把水路与公路、铁路放在综合运输体系中统筹考虑，形成以港口为基础、集合多种运输方式的综合运输枢纽，实现货流、客流的高效率集散。航道与铁路、公路最大的不同在于，航道主要依托天然河流形成，而铁路、公路则可规划建设，受自然条件制约很小。在集疏运线路规划上，铁路、公路与水运主通道对接占领主动，而具有毛细血管功能的公路又是三者实现无缝衔接的核心所在。构筑立体衔接的港口集疏运体系集中表现在“三个加强”：一是加强铁水联运。江苏省连云港港先行试点“一次装箱、一车到底、全程服务”的运营模式，对参与内贸集装箱班列运输的货物实行统一的全程服务价格(即“一口价”)；推进相关标准统一，着力打造铁水联运公共信息平台；围绕示范项目建立协调保障机制等。二是加强水陆联运。江苏省重点解决港口发展的环境问题，早在 2007 年明确港口集疏运通道建设，高速公路要通达五大主要港口核心港区，一级公路要与地方重要港口主港区衔接。三是加强规划衔接。江苏省所有内河港口都在编制港口总体规划，将集疏运体系作为重要内容，实现水运与铁路、公路的高效衔接。

5. 产业沿江布局，实现水运与临港经济良性循环。只有把沿江产业布局搞好了，有了运量才能够使内河航运真正地发展起来。现在很多省份已经认识到这个问题，特别是像江苏，沿江临港地区产生了一批国内外知名龙头企业和优势产品，形成了化工、造纸、建材、机械等主导临港产业和多个省级经济技术开发区，沿江 8 市国内生产总值、实际利用外资、进出口总额分别占到全省的 86.5%、95.8% 和 97.7%，成为江苏经济的增长极、外商投资密集区、进出口贸易的主要基地。安徽全力打造的皖江城市带，最核心的问题是完善产业，将岸线资源的三成以上用于工业与港口开发，建设沿江产业密集带和沿江港口群，沿江地区的工业增加值年均增长 20% 以上，成为安徽工业化的“脊梁”。九江沿江产业带高标准定位，着眼于打造“工业强市”，建设以石油化工、电子信息、汽车及零部件、高档轻纺、机械造船等产业为支撑的先进制造业基地。

6. 培育重点企业，扶植港口集装箱快速发展。江苏省政府 2006 年 12 月 1 日对进出连云港港集装箱运输车辆高速公路通行费优惠 50%、本市境内所有普通公路免收通行费优惠政策，2009 年 1 月 1 日对进出连云港港的集装箱运输车辆缴纳公路通行费优惠范围由连云港境内扩展到全省范围，从 2010 年 9 月 15 日起第三次对进出连云港港、太仓港的集装箱运输车辆实施全省高速公路、普通公路免收通行费的优惠，平均每天审批 260 辆次，为全免政策实施前的 47 倍，集疏运体系运转速度不断加快，车辆使用效率不断提高，自 2011 年 5 月 5 日起，对通过内河水路运输进出太仓港的集装箱船舶实行免收过闸费、优先过闸。2011 年 7 月，重庆市政府明确提出对通过重庆航运交易所交易平台完成的航运业务收入的营业税，以及注册在航运服务集聚区内的企业从事航运及航运服务业务收入的营业税实行免征的优惠政策；对物流企业吸揽的外地货物经西永综合保税区、两路寸滩保税港区进出口的予以资助；扩大集装箱车辆通行费优惠范围；对航运企业所得税减免继续按照国家西部优惠政策执行，在 2020 年前，设立的符合条件的航运企业所得税按15%的税率征收；开展对寸滩保税港区集装箱码头作业费给予财政补贴试点，暂试行一年，预计年度投入约6000万元，凡是在寸滩港从事集装箱中转、运输的船公司和货代公司，都可领取到补助资金。相较于原来的码头作业费，调整后的价格平均降低了约20%，货物进出寸滩港的物流成本将大幅下降，吸引了大量宜宾、泸州港等上游箱源到重庆港集并。

从长江沿线省市水运快速发展的成功经验看，要想尽快补齐湖北水运总量不足、衔接不畅、效率不高等“短板”，必须在高等级航道建设管理、长江汉江港口集群开发、港航融资平台搭建、港口集疏运体系建设、延续水运配套政策等方面寻求突破。

三、进一步理清湖北水运发展总体思路

随着我省“一元多层次”发展战略深入推进，长江、汉江经济带进一步开放开发，武汉国家中心城市建设全面展开，未来10年，是湖北水运跨越发展的黄金机遇期。今后一个时期，湖北水运发展应遵循的总体思路为：以落实科学发展观为统领，以加快转变发展方式、调整水路运输结构为主线，以实现水运强省为目标，以建设武汉长江中游航运中心为核心，紧紧围绕构建综合交通运输体系，深化机制改革，创新多元化投融资模式，全面推进港航基础设施和民生工程建设，实现湖北由水运大省向水运强省的跨越，为服务湖北“一元多层次”发展战略提供强力支撑。

主要构建“六大体系”：

1. 畅通大通道，构建高等级航道体系。重点建设长江、汉江、江汉运河三条国家高等级航道，积极争取国家推进长江湖北段航道工程的建设；全面加快汉江兴隆至汉川、丹江至白河航道整治工程和引江济汉通航工程建设。积极推进三峡库区航道网、江汉平原航道网、清江航道建设，形成以“长江—江汉运河—汉江”1000吨级高等级航道圈为主体的干支直达、通江达海、结构合理的湖北“三高两网一江”航道体系。到2015年高等级航道里程达到2000公里，国家高等级航道网达标率达到85%以上。

2. 建设大枢纽，构建港口综合物流体系。以武汉新港为龙头，加快宜昌三峡物流中心、荆江组合港、鄂东组合港和襄阳港等建设。以武汉阳逻、宜昌云池、荆州盐卡、黄石棋盘洲、襄阳六两河等集装箱及散杂货大型港口公用港区为核心，依托港口物流优势和临港产业特色，配套建设货运站场和港区集疏运专用通道，发展多式联运，延伸港口腹地范围，建成武汉、宜昌、荆州、黄石、襄阳等五大港口综合运输枢纽，形成五大区域性综合物流中心。到2015年，武汉新港、宜昌港、荆州组合港、黄石港、襄阳港的年吞吐能力达到1.5亿吨、5000万吨、5000万吨、3000万吨、1000万吨。

3. 发展大运能，构建绿色航运体系。大力推进长江干线船型标准化，加快淘汰耗能高、污染重、技术落后的老旧运输船舶，形成集装箱、煤炭、矿石、石油化工、汽车滚装等专业化船舶运输体系；建设丹江口库区绿色航运示范区，全面推进主要港口的轮胎龙门起重机“油改气”和靠泊船舶岸电接入系统；加强船舶流动源污染控制，推动船舶防污设备配置，建设船舶污染监视监测系统。优化水运建设工程设计，改善工艺设备，降低施工、生产环节能源消耗和污染排放。到2015年，从事特种货物(集装箱、液货危化品、滚装等)运输的专业化船舶、干散货江海直达船等专用船舶运力达到450万载重吨，占全省船舶总运力的45%。

4. 培育大市场，构建现代航运服务体系。大力发展船舶交易、船舶管理、航运经纪、航运咨询、船舶技术等各类航运服务机构，拓展服务产业链，不断完善航运服务功能。继续推进内河航运的公司化经营，引导中小航运企业规模化、集约化发展，积极推进危险品运输的规模化、集约化经营。推动水上客运向旅游化、舒适化、客滚化方向发展，提升客运服务品质。到2015年，培育一批运力规模在10万载重吨以上的航运企业和4家吞吐能力达到2000万吨以上的港口物流企业。

5. 强化大安全，构建安全保障体系。分级建设水上搜救协调中心，在重点水域、码头、渡口、船舶建设视频监控系统和GPS定位系统，实现水上安全监管全天候运行、全方位覆盖和水上突发事件快速反应。建立健全乡镇渡口渡船“建、管、养”长效机制，完善渡口安全信息管理系统。落实企业的安全生产主体责任和政府的安全监管责任，建立重大隐患排查、重大危险源监控制度和预警、预报、预防制度。推进以公共服务为重点的水运综合信息系统建设，实现管理服务规范化、信息化、现代化。力争到2015年，从基地出发，水上救助应急到达时间重点港区15分钟、“一江十六湖”90分钟、其他航段120分钟。

6. 实施大创建，构建行业文明体系。着力推进水运行业核心价值体系建设，深入实施“六型文明示范窗口”创建、先进典型培树、文明机关建设、“安全畅通文明”航区创建、港航海事文化建设、廉政阳光港航海事等六大工程，进一步提升港航海事干部职工文明素质和水运行业文明程度，不断深化群众性文明创建活动内涵。到2015年，省局机关创建为全国文明单位，全省港航海事系统创建为全国交通系统文明行业，全省市州港航海事部门90%成为部省“文明达标单位”，全省港航海事部门90%以上进入县级以上文明单位行列。

到“十二五”末，湖北水运发展相关指标在长江沿线省市位次将不断提升。全省水运建设投资将完成280亿元，约为湖南省的2倍，远高出安徽省，与重庆大体相当，低于江苏省；高等级航道达到2000公里(新增686公里)，位于沿江之首；港口吞吐能力达到3亿吨(新增4800万吨)，高于江西、湖南、重庆；集装箱吞吐能力达到400万标箱，高于湖南、江西、安徽三省之和；船舶运力达到1000万载重吨，高于重庆、湖南、江西省。

到2020年，全面建成武汉长江中游航运中心，湖北水运各项重要指标将进入全国内河水运前列，水运对经济社会发展的基础性作用将得以充分显现。高等级航道全部达到规划标准，三级及以上航道里程达到1865公里；主要港口和重要港口实现建成规模化、专业化、现代化港区，港口吞吐能力达到5亿吨，集装箱吞吐能力达到800万标箱；船舶实现标准化、专业化、大型化，船舶总运力达到1200万载重吨以上，长江干线运输船舶平均吨位超过2000载重吨；建成比较完备的水上搜救、安全应急、综合信息系统和现代航运服务体系，水运综合支持保障能力显著提高，努力实现湖北由水运大省向水运强省的跨越。

四、加快湖北水运发展的建议措施

当前，湖北水运发展机遇前所未有，党中央国务院推出稳增长、扩需求的重大举措；国务院近期出台《关于大力实施促进中部地区崛起战略的若干意见》，明确提出“加快长江及重要支流高等级航道和重点内河港口建设”；省第十次党代会把水运发展放在更加突出的位置；省政府继续加大对水运支持力度；省交通运输厅实施“打牢发展大底盘，建设祖国立交桥”战略；各市州政府更加重视水运发展，加快湖北水运发展成为未来五年和黄金十年的工作主线。在省委省政府、厅党组坚强领导下，只要我们抢抓发展机遇，敢于担当，奋力赶超，“十二五”乃至“十三五”湖北水运发展规划目标一定能实现。建议重点从如下几方面采取措施：

1. 实施捆绑开发，加快组建港航基础设施建设融资平台。安徽、江西、湖南的省级水运建设投融资平台成效明显，鉴于目前国家对政府融资平台的信贷政策仍严格控制，为尽快搭建我省水运建设投融资平台，建议按照交通运输部《关于加强航运枢纽建设和运行管理的意见》（交水发〔2008〕82号）和《湖北省水路交通管理条例》的有关规定要求，将汉江崔家营、雅口及交通运输部门建设的航电（运）枢纽的发电收入作为国有资产收益纳入部门预算管理，专项用于我省高等级航道（枢纽）建设、运行和维护，真正实现以电养航、滚动发展。

2. 加大财政扶持，进一步增强水运发展造血机能。为抢抓内河水运十年黄金发展期，沿江省市纷纷出台含金量较高的政策措施，财政补助资金均没有时效限制。建议我省进一步加大对水运发展的政策性扶持力度，抓住中央“实施促进中部地区崛起战略若干意见”、省十次党代会“黄金十年”战略机遇，将每年5亿元的长江港航建设补助资金延续到2020年甚至更久，同时考虑到通货膨胀等因素，加大补助资金总额。

3. 创新融资渠道，积极探索和尝试利用港口岸线使用证抵押贷款。国家发改委和交通运输部最近联合发布了《港口岸线使用审批管理办法》，提出给岸线发放《港口岸线使用证》(有效期不超过50年)，给我们一些启发。目前我省公用性港口建设仍然存在着贷款难的问题，岸线使用证（类似于房产证）的出现为争取银行贷款提供了一个渠道，如何利用其做好筹融资，建议省政府协调相关金融机构进行大胆尝试，进一步拓展我省港口建设的筹融资渠道。

4. 优化产业布局，加大港口后方陆域控制力度。做好港口规划与城市产业布局规划的良好衔接，建议我省在经济转型升级和承接国内外产业转移中，将水运需求量大的企业优先沿江布局。鉴于港口岸线资源不可再生，我省岸线多占少用、占而不用时有发生，建议通过省政府和地方政府进行上下联动，对港口规划范围内的岸线后方陆域纵深1000米左右范围内划定控制区域，严格控制后方陆域，保护好宝贵的岸线资源。

5. 实行统一调度，加强汉江梯级枢纽通航设施管理。汉江梯级枢纽的通航设施由不同主体维护管理，不利于水运资源和通航设施的统筹协调，浪费了大量的管理资源，由我省交通港航管理部门统一调度管理将最大限度地提升运行效率、降低管理成本、充分发挥水运优势，促进我省汉江水资源综合开发利用。

6. 鼓励做大做强，进一步完善促进我省港航企业发展的激励机制。对我省港航企业实行费税优惠政策，如减免港口、航运企业营业税，降低港口、航运企业所得税税率，鼓励和支持企业做大做强。为巩固提升武汉长江中游航运中心核心港区地位，建议对进出我省集装箱专用港区的装载国际标准集装箱的集装箱车辆减免高速公路通行费、过桥费，对在核心集装箱港区装卸集装箱的船运公司和货代公司提供码头作业费财政补贴。

附件：1. 长江沿线五省一市水运发展现状及2015年目标

2.“十一五”以来长江沿线五省一市出台的水运政策及地方立法

附件1

长江沿线五省一市水运发展现状及2015年目标

一、湖北省

2011年底，全省内河航道通航里程7342公里（不含长江1038公里），其中无一、二级航道，三、四、五级航道分别有124、621、1065公里；枢纽173处、具有通航功能的56处。码头泊位1878个、149221延米，综合通过能力件杂散货25201万吨、集装箱180万标箱、旅客3372万人、载货滚装车辆70万辆、商品汽车24万辆；拥有货船4474艘、803万载重吨，其中内河货船3951艘、506万载重吨，较2010年分别增长0.9%、16%；水路货运量1.77亿吨、货物周转量1580亿吨公里，较2010年分别增长9.8%、37.9%；内河港口货物吞吐量2.16亿吨、外贸货物721万吨、集装箱吞吐量86.2万标箱、滚装汽车54.4万辆，较2010年分别增长15.3%、12.6%、11.2%、9.3%。

“十二五”规划投资280亿元，港口吞吐能力达到3亿吨、集装箱吞吐能力达到400万标箱，高等级航道达到2000公里，船舶运力达到1000万吨。

二、湖南省

2011年底，全省内河航道通航里程11968公里（不含长江183公里），其中无一级航道，二、三、四、五级航道分别有161、539公里、375、395、1524公里；枢纽517处、具有通航功能的176处；码头泊位1892个、84979延米，综合通过能力件杂散货17063万吨、集装箱63万标箱、旅客2505万人；拥有货船7293艘、307万载重吨，均为内河货船，较2010年分别增长-4.5%、26.3%；水路货运量1.79亿吨、货物周转量344亿吨公里，较2010年分别增长13.6%、20.2%；内河港口货物吞吐量2.1亿吨、集装箱吞吐量23.3万标箱，较2010年分别增长9.4%、11.5%。

“十二五”规划投资145亿元，重点建设“一纵（湘江）、二横（沅水、澧水）、七港（岳阳、长沙、株洲、衡阳、常德、益阳）、一系统（支持保障）”等38个重点项目；“十三五”投入535亿元。到2020年，基本建成以长江为依托，洞庭湖为中心，“一纵五横十线”为骨架的高等级航道网，全省水路货运量占总货运量的比重由10.5%上升到20%。

三、江西省

2011年底，全省内河航道通航里程5560公里（不含长江152公里），其中无一、二级航道，三、四、五级航道分别有342公里、87公里、240公里；枢纽86处、具有通航功能的23处；码头泊位1728个、63315延米，综合通过能力件杂散货10963万吨、集装箱40万标箱、旅780万人；拥有货船3805艘、209万载重吨，其中内河货船3753艘、189万载重吨，较2010年分别增长-1.3%、5.1%；水路货运量0.74亿吨、货物周转量196亿吨公里，较2010年分别增长14.4%、12.1%；内河港口货物吞吐量2.36亿吨、外贸货物178.5万吨、集装箱吞吐量20.4万标箱，较2010年分别增长11.5%、27.4%、18.8%。

“十二五”规划投资305亿元，重点抓好赣江3个航电枢纽（石虎塘、井冈山、永泰）、南昌至湖口二级航道整治，高等级航道达到789公里，千吨级船舶可从赣江上游直达长江；新增港口吞吐能力7150万吨、集装箱30万标箱，分别达到2.5亿吨、85万标箱，九江港率先步入亿吨大港。

四、安徽省

2011年底，全省内河航道通航里程5262公里（不含长江416公里），其中无一、二级航道，三、四、五级航道分别有391公里、350公里、697公里；枢纽94处、具有通航功能的44处；码头泊位937个、58789延米，综合通过能力件杂散货33835万吨、集装箱42万标箱、旅客701万人、商品汽车72万辆；拥有货船28978艘、2599万载重吨，其中内河货船28555艘、2461万载重吨，较2010年分别增长1.7%、25.2%；水路货运量3.6亿吨、货物周转量1310亿吨公里，较2010年分别增长12.6%、15.7%；内河港口货物吞吐量3.74亿吨、外贸货物277万吨、集装箱吞吐量38.8万标箱、滚装汽车9.1万辆，较2010年分别增长15.1%、7.4%、74.85%、84.2%。

“十二五”规划航道、港口建设投资双百亿元，四级以上航道达到1500公里，长江芜湖以下达10.5米、铜陵—芜湖达8.0米、安庆—铜陵达6.5米，港口吞吐能力超过5亿吨、100万标箱。运输船舶2500万载重吨位、单船700吨、船舶标准化率40%，培育运力规模20万吨以上大型航运集团2～3家。

五、重庆市

2011年底，全市内河航道通航里程3772公里（不含长江597.2公里），其中无一、二级航道，三、四、五级航道分别有225.7公里、152公里、218.7公里；枢纽168处、具有通航功能的46处；码头泊位993个、82358延米，综合通过能力件杂散货9566.7万吨、集装箱240万标箱、旅客5806.7万人、载货滚装汽车63万辆、商品汽车76万辆；拥有货船2792艘、460万载重吨，其中内河货船2790艘、4578万载重吨，较2010年分别增长-3.8%、10.2%；水路货运量186万吨、货物周转量0.733亿吨公里，较2010年分别增长9.4%、-7.2%；内河港口货物吞吐量1.16亿吨、外贸货物350.2万吨、集装箱吞吐量68.4万标箱、滚装车辆61万辆，较2010年分别增长20%、21.8%、21.1%、9.8%。

“十二五”期间，重庆将投资200亿元，建设一干两支、干支联动的叶脉状航道网络，全市四级以上航道里程达到1600公里以上，建设8个规模化、专业化的枢纽型港口物流园区，全市港口货物吞吐能力达到2亿吨，集装箱吞吐能力达到700万标箱，其中主城500万标箱。建设技术先进、绿色环保的现代化船队体系，船舶总运力达到750万载重吨，船舶要以5000吨级为主，力争船舶标准化达75%以上；周边省市货物通过重庆中转货物比重达50%以上。

六、江苏省

2011年底，全省内河航道通航里程11968公里（不含长江365公里），其中无一级航道，二、三、四、五级航道分别有443公里、492公里、742公里、1068公里；枢纽690处、具有通航功能的586处；码头泊位7110个、414223延米，综合通过能力件杂散货127739万吨、集装箱826万标箱、旅客993万人、商品汽车255万辆；拥有货船47710艘、3719万载重吨，其中内河货船46474艘、2273万载重吨，较2010年分别增长-0.2%、18%；水路货运量5.4亿吨（内河3.8亿吨）、货物周转量5237亿吨公里（内河748亿吨公里），较2010年分别增长10.9%、27.9%；内河港口货物吞吐量16.29亿吨、外贸货物18951万吨、集装箱吞吐量929.6万标箱、滚装汽车1.1万辆，较2010年分别增长12.7%、16.2%、25%、-18%。

“十二五”规划航道建设投资300亿元，建设20条航道和16座船闸，新增航道达标里程750公里，三级以上航道通达所有的省辖市，四级以上航道通达75%以上的县（市），形成“东部达海、中部连江、苏南成网”的高等级航道网主网络，苏南运河打造成文明样板航道、感知数字航道，盐河打造成生态航道、景观航道。港口综合通过能力达到20亿吨，其中沿江10.5亿吨、其他内河6亿吨；港口集装箱通过能力沿江1300万标箱，其他内河50万标箱，太仓港集装箱吞吐量超过600万标箱、力争800万标箱。

2011 年长江沿线五省一市国民经济主要指标及排序

省 市	GDP (亿元)/ 排位	同比增长 %/ 排位	固定资产投资 (亿元)/ 排位	社会消费品零售总额 (亿元)/ 排位	外贸进出口 (亿美元)/ 排位
江 苏	48604 / 1	11.0 / 6	26299 / 1	15842 / 1	5398 / 1
安 徽	15110 / 4	13.5 / 3	12126 / 3	4901 / 4	313 / 4
江 西	11584 / 5	12.5 / 5	11020 / 5	3458 / 5	316 / 3
湖 北	19594 / 3	13.8 / 2	12932 / 2	7928 / 2	335 / 2
重 庆	10011 / 6	16.4 / 1	7632 / 6	3416 / 6	292 / 5
湖 南	19635 / 2	12.8 / 4	11431 / 4	6809 / 3	190 / 6

附件 2

“十一五”以来长江沿线五省一市出台的水运政策及地方立法

省 市	政 策 措 施	地 方 立 法
江 苏	1. 关于加快长江等内河水运发展的实施意见(苏政发〔2011〕161 号) 2. 关于对进出连云港港、太仓港的集装箱运输车辆免收高速公路通行费的通知 3. 关于对进出连云港港口的集装箱运输车辆缴纳公路通行费进一步加大优惠的通知 4. 对通过内河水路运输进出太仓港的集装箱船舶优先过闸和免收过闸费的管理办法	1. 江苏省内河交通管理条例 (2011 年修正案) 2. 江苏省航道养护管理办法 (2011) 3.《太湖流域管理条例》(国务院令第 604 号)
安 徽	1. 关于加强水运基础设施建设和管理加快水运发展的通知 (2008) 2. 关于加快交通运输基础设施建设的意见 (2010) 3. 关于安庆石门湖航道列为收费航道建设试点的批复(皖政秘〔2010〕239 号) 4. 关于印发池州市长江岸线资源有偿使用暂行办法的通知(池政〔2008〕71 号)	1. 安徽省港口条例 (2009) 2. 池州市长江岸线资源开发利用管理规定 3. 拟制定《安徽省收费航道管理办法》、《安徽省港口岸线有偿使用管理办法》
江 西	1. 关于策应长江黄金水道建设，提升水运发展水平的若干意见 (2010) 2. 关于进一步推进九江沿江开放开发的若干意见(赣府发〔2012〕19 号)	1. 拟制定《江西省水路交通管理条例》 2. 正在制定《长江港口岸线管理办法》
湖 北	1. 关于加快全省长江水运业发展的意见(鄂政发〔2006〕65 号) 2. 关于进一步促进全省水运事业又好又快发展的意见(鄂政发〔2009〕39 号) 3. 关于加快推进湖北水运业跨越发展的意见(鄂政发〔2011〕51 号)	1. 拟修订《湖北省水路交通管理条例》 2. 湖北省港口管理办法 3. 拟制定《湖北省岸线资源使用管理办法》
重 庆	1. 关于进一步加快重庆水运发展的意见(渝府发〔2011〕71 号) 2. 关于加快重庆水运发展有关营业税政策的通知(渝地税发〔2011〕243 号) 3. 关于印发寸滩保税港区集装箱码头作业费财政补贴暂行办法的通知(2011 年重庆市交委、市财政局联合印发) 4. 关于进一步加强水上交通安全工作的意见(渝办发〔2008〕233 号) 5. 关于成立重庆市水运发展协调领导小组的通知(渝办发〔2007〕129 号)	重庆市航道管理条例 (2010) 重庆市港口管理条例 (2007)
湖 南	1. 关于进一步加快水运发展的实施意见(湘政发〔2011〕35 号) 2. 关于建立全省水运发展联席会议制度的通知(湘政办函〔2011〕139 号) 3. 关于建立水上交通安全视频监控系统的通知(湘政办函〔2011〕171 号) 4. 关于同意设立船舶通行费收费项目的通知(湘财综〔2011〕42 号) 5. 关于核定船舶通行费试行标准的通知(湘价费〔2011〕185 号)	拟修订《湖南省水路交通管理条例》

关于我省绿色低碳交通运输发展情况的调研报告

湖北省交通运输厅　陶维号

为积极贯彻落实国家、省绿色低碳发展的方针政策和战略部署，以“试点城市、示范行业、重点企业、成熟产品、重点基本建设项目”为抓手，进一步推进绿色低碳交通运输工作，最近，我们对全省绿色低碳交通运输发展情况进行了调研。有关情况如下：

一、基本情况

进入“十二五”以来，我省交通运输部门重点从以下四个方面推进了绿色低碳交通运输工作。

1. 加强顶层设计，注重发挥规划引领作用。

针对绿色低碳交通运输工作涉及面广，头绪多，需要加强顶层设计，明确工作方向和目标的特点：

一是编制《湖北省低碳交通发展规划》。作为落实部《公路水路交通运输节能减排“十二五”规划》、《湖北省交通运输“十二五”规划》、《湖北省低碳发展规划》的具体措施，也为绿色低碳交通运输工作明确目标，提供保障。

二是编制武汉、十堰两个低碳交通运输体系建设试点方案。两个城市先后纳入部级试点，使湖北形成一大与一小、“两圈”并重的格局，实现以点带面、重点突破、示范引导、积累经验，全面推进绿色低碳交通运输工作的目的。

三是启动编制武汉城市圈、鄂西生态文化旅游圈低碳交通运输建设行动纲要。前者以武汉为依托，后者以十堰为带典范，两个纲要覆盖全省，将绿色低碳交通运输建设的任务具体落实到行业、部门、企业和项目。围绕这两个行动纲要，还将组织各相关行业管理机构、市州交通运输管理部门、重点企业等制定绿色低碳工作计划，推进相关任务落地、落岗。

四是正在编制《湖北省公路、水路交通基本建设项目节能减排技术指南》。结合湖北交通建设条件和约束条件，吸纳部公布的节能减排示范项目成果和其他成熟技术等，提出适用湖北公路、水路交通建设的新技术、新工艺、新技术、新产品等及其运用条件，引导交通运输管理部门、项目业主和施工建设单位、设计院所、运营单位等，树立以人为本、绿色低碳、综合运输、全寿命周期等理念，自觉将绿色低碳措施落实到公路、水路基本建设项目。

2. 推进综合运输体系建设，优化综合运输结构。

省厅先后分别与武汉、宜昌、襄阳市政府共同制定“十二五”期现代综合运输体系建设总体推进方案，突出绿色低碳交通发展要求，打造“三点支撑”的现代综合运输体系，初步效果已经显现：

一是“三个衔接”得到加强(交通路网之间的衔接、交通枢纽与通道的衔接、交通布局与经济走廊和产业布局的衔接)，不合理运输降低，相应减少资源浪费和二氧化碳排放。

以整体效益更大为目标，整合既有各种交通路网设施，形成连通内外、覆盖城乡的一体化交通路网，使车船通行条件得到了改善。

遵循“零换乘、无缝衔接”原则，布局和建设与铁路、机场衔接的综合客(货)运枢纽，推进区域交通一体化，促进合理化运输。

按照港口与腹地经济发展有效衔接要求，重点构建九大港口综合物流中心。50多个与工业园区、物流园区配套的港口项目日渐成型，一大批投资百亿元以上的重点项目临江而建。

通过分析工业、商贸、国际、配送、中转等物流需求，多层次规划布局物流基地项目，总体上与我省产业发展格局相协调。

二是充分考虑旅客便捷出行需求，大力推进城乡交通一体化，最大限度地吸引旅客选择公共交通，降低私家车和公务车出行。

优先发展城市公共交通。省政府出台了加快城市公交发展的意见，省厅加强了公交规划编制步伐，武汉市成为全国“公交都市”试点城市。去年市州政府出台了10余个支持文件，公交优先发展战略得到进一步落实，公交吸引力进一步增强，衔接综合交通能力提升。据不完全统计，2012年，市州财政支持政策累计2.87亿元，划拨土地685亩。

加快城乡运输一体化步伐。“农村班车进城，公交客车下乡，农村客运网络与城市公交网络衔接”为基本方向的城乡客运一体化试点取得新进展，多地基本形成城市公交与短途客运公交化融和共赢的局面。

充分发挥道路客运“门到门”送达优势。大力开通旅游景区、机场、火车站、大学城、大型企业直通车，有条件发展商务包车。

三是围绕武汉长江中游航运中心建设，推进运输船舶大型化、标准化，企业规模化、专业化，推动水路运输转型发展。

政策引导结构调整。三年共筹措补贴资金3.3亿元，更新改造和淘汰老旧船舶，核准拆改船舶910艘、70万总吨。目前，千吨级以上船舶达到1919艘、604万载重吨，货船平均吨位超过1500载重吨。已有90家航运企业的运力规模超过万吨，占全省总运力的3/4以上。

拓展航运服务产业链。港航企业拓展服务功能，延伸航运服务产业链。华中航运集团整合市场、网络、人才、资金等资源，充当整合运营商的角色，以船舶管理为先导、以货运业务为平台、以营销网络为支撑、以提供运输解决方案为手段，拓展航运服务产业链。宜昌港务集团拓展港口物流，在长江多式联运和物流发展中发挥独特优势。黄冈楚江航运公司运贸和港口运输一体化等特色服务项目，促进了企业提档升级。

发挥资产组合效应，资源整合步伐加快。发挥资产组合效应，以骨干航运企业为主体，大力推动水运企业资产重组和联合经营，走规模化、专业化发展之路，完善服务网络、丰富服务产品、拓展服务领域，增强竞争优势，实现规模效益。武汉扬子江游船公司、鄂州市三江油运有限责任公司等通过企业并购，实现了水运资源的优化配置和重新组合，提升了航运业集中度。

四是以优化道路运输结构，逐步改变小、散、乱的局面，提升运输组织规模和企业集中度。

以存量改造、整合资源为主，开通了十堰至郧县、天门至仙桃、黄冈至沿江4县、襄阳至襄州等城际公交，改变了过去车辆空驶率高、沿街兜圈、盲目竞争等现象。

以“自由行”游客为目标市场，以定线旅游客运为主要方式，推动道路客运与旅游服务跨行业融合。

积极做好道路客运与铁路、航空、水运等运输方式之间的衔接和集疏运。

合理控制受铁路客运影响大的城市发展省际长途班线，做足短途、力保中途、长途有进有退，避开干线劣势，发挥支线优势。

大力发展甩挂运输、快件、零担班车、集装箱多式联运运输。十堰亨运等5家甩挂运输项目纳入国家试点。

3. 创新工作机制，推进绿色低碳交通运输工作深入开展。

一是积极支持武汉和十堰低碳交通运输体系试点。大力宣传“试点就是重点，重点就是政策”的理念，积极争取市政府及市直相关部门的支持，同时，对于试点方案中涉及的“十二五”规划内项目，省厅优先安排计划，计划外项目，明确在规划中期调整时重点予以研究，试点示范项目，优先予以支持。

二是大力推广天然气在运输行业中使用。武汉、宜昌、襄阳、十堰、黄冈、荆门等地7家LNG加注站开通运营，黄冈东方客运公司79台道路客运车辆、十堰公交集团64台城际公交客车使用LNG。目前，全省使用LNG车辆达500余台，使用液化石油气、天然气的公交车有2151台，双燃料车有1400台，混合动力车480台；使用天然气出租车有2688台、双燃料20444台。天然气等清洁能源的推广应用，有效地降低了碳排放。

三是深化千家企业低碳交通专项行动。省厅与省发改委共同确定了三家低碳交通运输基地和十家低碳交通运输示范企业，充分发挥其龙头作用，在多个领域取得效果。如，武汉、十堰公交集团重点在公交车辆清洁能源应用，公交智能调度系统方面开展示范；省客集团、宜昌交运、十堰亨运、黄冈东方客运公司重点道路客运车辆LNG源应用、道路客运智能调度系统、绿色维修、模拟驾驶等方面开展示范；武汉港务集团重点在集装箱码头RTG“油改电”技术、轨道式龙门吊RMG应用、集装箱智能化管理系统应用方面开展示范；华航集团重点在应用标准化、节能型船舶，推广船舶节能操作法，开展LNG船舶应用等方面开展示范；鄂州大通互联物流股份等企业，重点在货车天然气应用、甩挂运输、多式联运、物流信息化等方面开展示范；湖北新捷天然气有限公司重点在“十二五”期100余座LNG加气站建设、推广车船LNG应用等方面开展示范；湖北省高速公路实业开发有限公司在温拌沥青技术、可再生能源在公路建设与运营中应用等方面开展示范。2012年，武汉鑫飞达公司新增自行车2万辆，累计达到9万辆，每年节约18884吨标准煤。武汉公交集团新增单一燃料CNG公交车356辆，出租车1217辆，新增标准油替代能力约22000吨/年。十堰公交GPS智能调度系统和G-BOS系统全面完成。湖北高开有限公司废旧沥青面层材料再生利用已纳入节能减排示范项目。

四是将绿色低碳理念融入行业管理之中。

省交通运输厅明确：将ETC系统设置情况作为项目审查、项目交(竣)工验收内容之一，并作为高速公路联网收费并网检测的控制标准。要求在建、拟建高速公路ETC车道实际覆盖率不低于60%，前者ETC建设相关费用纳入公路项目建设总投资，后者ETC系统费用纳入公路项目总估算。目前全省高速公路建成ETC57条，日均流量1.8万余辆。使用ETC通行，单车油耗降低约50%，收费站前后300米有效区域内，一氧化碳、二氧化碳含量分别减少约71%和48%。

在土地及岸线资源利用方面：严格港口投资强度和吞吐能力双指标控制，确保土地及岸线资源高效、节能、清洁利用。目前，我省港口岸线投资强度、单位港口吞吐能力比“十一五”期分别提高了38%和150%。

在交通工程生态保护方面：严格实施交通工程与环保措施“三同时”制度，合理确定交通工程的规模、线位、时序和技术标准，最大限度减少环境影响。

4. 放大财政资金支持效果，强力推进重点领域节能减排工作。

一是大力宣传绿色低碳交通运输政策。即“节能减排资金管理办法”、“申请指南”等，积极参加和组织绿色低碳交通运输培训，让基层交通运输管理部门、企事业单位及时了解国家有关方针政策，放大支持资金的影响力，将绿色低碳交通运输工作变成各企事业单位的自觉行动。

二是积极培育交通运输节能减排重点项目。针对“申请指南”等政策性文件指明的基本方向，加大了车船LNG运用、隧道和服务区LED照明、车辆运输和港口信息平台、绿色维修和驾驶、隧道通风系统等领域项目的培育力度。

三是全力做好节能减排和甩挂运输试点项目申报。采取发动、培训、筛选、申报、实地查看、集中审议、交叉复核、重点辅导等多个程序，确保项目申报的成功率。2011年和2012年先后有3个、9个项目获得部节能减排资金支持，5个甩挂项目纳入部试点，均名列各省市第四名。申报成功的项目，及时在全行业进行宣传，扩大影响力。

此外，在隧道LED灯照明改造、隧道通风系统节能、服务区光伏发电、废旧沥青面层材料再生利用等方面开展了一些工作。

进入“十二五”以来，我们在推进绿色低碳交通运输发展方面开展了一些工作，取得了一些初步成效，但也存在一些问题：

一是尽管省厅高度重视绿色低碳交通运输工作，但从总体上看，当前我省这项工作仍然处于“说起来重要，放下去次要，忙起来不要”的被动状况。特别是在各行业管理系统（运管、公路、港航）、交通支持系统（交通科研设计、交通信息）、市县交通运输管理部门这种现象更为严重。重建设投资硬任务，轻节能减排等绿色低碳社会责任；重基本建设前期工作速度，轻绿色低碳措施的纳入和落实；重项目眼前投资和建设，轻全生命周期和运营。

二是交通运输结构性矛盾尚未根本解决。按照合理化运输的要求，与沿海发达地区相比，目前我省路网基础设施衔接优化不够、集疏运系统不完善、运输结构不合理、交通枢纽衔接水平和综合运输效能还有待进一步提升、车船燃料消耗水平比沿海发达地区高。

三是绿色低碳交通运输制度建设和长效机制有待加强。节能减排统计监测考核等基础性工作薄弱，监管能力还有待突破。绿色低碳交通运输工作可多做可少做，也可以不做，做与不做没有区别。

存在上述问题，究其原因，除了体制性因素外，主要是对这项任务重要性缺乏有效的监督和考核机制，缺乏有力的地方配套支撑政策，导致对绿色低碳重要性缺乏深刻认识，工作缺乏主动性。此外，交通运输规划编制体系合理性有待提升，适应现代运输发展要求的一系列交通基本建设管理规则亟待确立，“头痛医头脚痛医脚”的交通运输管理方式方法亟待改进。

二、思考与建议

对于绿色低碳交通运输工作，具体到地方，特别是基层交通运输行业，为什么会存在“说起来重要，放下去次要，忙起来不要”的状况呢？这里有认识的问题，也有技术路线、体制机制和政策问题，还有工作方式等问题。

1. 关于绿色低碳交通运输工作特点的认识问题。绿色低碳工作要深入推进，首先必须解决思想认识问题，以下几个关键点应该把握：

一是交通运输发展的阶段性特征。我们认为，我省交通运输发展正处于从传统交通运输向现代综合运输转变的特定阶段。前者是在社会经济欠发达条件下，主要依靠加大投入，着重解决“走得了”的问题，突出和更多强调的是路网基础设施建设；后者是指在路网等交通基础设施发展到一定阶段，已经和即将发展质的变化的社会经济发展状况下，主要是通过加强管理，重点解决“走得好”的问题，突出和更加注重的是交通基础设施作用的发挥，包括基础设施与运行系统的有机匹配、运输网络的有机构成、运输体系的形成、服务水平的提升及对社会的支撑作用和发展协调等，“好”的标志是除了“安全”、“快捷”、“便捷”外，还有“高效”、“绿色”、“低碳”。

靠投入解决“走得了”，往往忽视绿色低碳；靠管理解决“走得好”，就必须重视绿色低碳。这种阶段性特征，决定了现阶段交通运输工作，包括绿色低碳交通运输工作都应该围绕现代综合运输体系建设来展开，需要对传统交通运输发展阶段形成的一系列规划、规则、政策、法规有针对性的进行调整。

二是绿色低碳工作涉及内容。绿色低碳交通运输工作涵盖交通运输工作的方方面面，既包括基础设施的规划、设计、施工、运营，又包括车船、技术、经营等运输结构调整，还包括交通管理与服务能力建设等。

这个特点决定了绿色低碳交通运输工作需要得到各交通单位主要领导的高度重视，需要树立全员意识，全行业行动。

三是绿色低碳工作方式。绿色低碳交通运输工作既有强制性工作，如有条件限制的客运线路审批；也有引导性工作，如清洁能源应用；既有激励性工作，如节能减排有贡献的项目可以享受政策支持；也有责任性工作，如管理机关率先垂范。

这个特点决定了绿色低碳交通运输工作需要以市场推动为主，采取综合措施，分门、分层、分类推进。

四是推进时序。绿色低碳交通运输既有提前介入的工作，如基础设施建设项目，需要提前开展环评、节能减排设计和评估，将相关措施纳入；也有事后改造提升的工作，如新材料、新设备、新技术等在已经投入使用基础设施的应用；还有超前实施，远期见效的工作，如运输结构调整。

这个特点决定了绿色低碳交通运输工作需要树立全局观念和长远眼光，强化全生命周期概念，需要与业务工作紧密结合进行，需要设计与审查严格把关，不能单打一。

五是行业和部门社会责任。绿色低碳交通运输工作近期似乎主要是“软任务”，但随着检测体系的加快建立，将成为硬任务，并实行问责制。

这个特点决定了绿色低碳交通运输工作不能一般性的布置，不能被动地应付，应当像交通运输部一样，作为一把手工程，及早准备，超前进行。

因此，建议将低碳绿色作为现代交通运输的核心价值观内容之一和基本要求，与“实体”交通运输工作一并研究、部署和落实。

2. 关于绿色低碳交通运输工作推进的技术路线。

绿色低碳有关理念、战略、规划、政策等要变成交通运输行业的实际行动，需要合理的推进技术路线：

着眼点：绿色低碳交通运输工作往往受制于、依附于“实体”交通运输工作，单打一的绿色低碳工作往往难以见成效。因此，建议把绿色低碳工作的着眼点放在构建综合运输体系、推进交通运输转型发展、促进交通运输与社会经济协调发展（如节能减排贡献率）等方面，一并思考和研究部署。

着重点：交通运输行业涉及面庞大，考虑到认识程度不一、发展水平不平衡，以及资金等约束条件限制，建议绿色低碳交通运输工作的重点放在交通运输结构调整、交通基本建设前期工作、交通基础设施运营、交通支持保障和公共服务系统等方面。具体细分，主要包括七个系统（城市公交和出租客运、道路客运和城际公交、道路货运和城市配送、港口、高速公路系统、船舶运输、交通运输智能信息系统）和三个领域（公路、港航、交通枢纽）。

着力点：为了尽快取得实际效果和示范效应，建议财政性支持政策重点支持节能减排贡献大、实施可行性强、资金乘数效应高、创新推动力强的领域（项目）。如LNG车船运用、车辆运输信息平台、甩挂运输、绿色维修和驾驶、服务区和隧道照明、码头营运等。

切入点：绿色低碳交通运输工作，需要通过一定的载体将相关理念、战略、规划、政策落实到企业、项目和基层实际工作中去，我们湖北是以试点城市（武汉、十堰）、示范行业（公交）、重点企业（车船路港千家企业参加单位）、成熟产品（如LED）、重要基本建设项目为载体推动。建议部坚持不懈的推进低碳城市试点，逐步扩大区域性和主题性管理试点，深化和丰富车船路港千家企业专项行动内容，不断挖掘和更新示范项目，有选择的支持成熟产品推广应用，强化审批和核准制交通基本建设项目绿色交通理念等。

3. 关于体制问题。交通运输发展新阶段所面临的新任务，需要新的体制作保障。缺乏稳定、统一、权威的绿色低碳机构，也是目前绿色低碳交通运输工作薄弱的原因之一。就省一级而言，污染减排即环保职能一般在计划口，也有在科技口；节能减排职能大多在科技口，也有在政策法规口和运输口的。并且这种设置经常变化，导致工作不能形成常态机制而出现工作脱节现象。为此，建议明确在各级交通运输主管部门单设绿色低碳交通运输内部机构，明确绿色低碳专门机构的责任，以各种形式参与项目工程可行性、初步设计以及项目竣工验收等阶段的把关工作，推进绿色低碳措施与基本建设项目的融合，与其他内设职能机构相协调，形成相互配合、相互渗透、齐抓共管的格局。

4. 关于制度和机制问题。为推进绿色低碳交通运输工作，需要通盘谋划、多措并举、分层推进、分工落实，需要综合运用多种措施。

如行政强制和引导措施：如有条件限制的客运线路审批；基本建设领域的强制性条款；各种交通规划编制和修订、调整措施等；经济赎买措施：如地方政府或者大型企业出资收购存量车辆，整合资源，调整运输结构；间接财政措施：将绿色低碳措施的纳入与城市公交地方公共财政政策，以及公路、航道、物流园区、客运枢纽、港口等中央和省级财政支持政策挂钩；直接财政措施：对于节能减排等绿色低碳贡献大的项目和企业，经过一定的程序，直接给予财政奖励政策；合同能源管理措施：依托国有大型企业开展合同能源管理；行政责任措施：交通管理机构及其管理人员带头宣传、践行绿色低碳，认真落实绿色低碳义务。

为此建议如下：

一是构建交通运输规划编制体系，增强规划的科学性，消除因编制规则设置不科学带来的布局不合理，进而产生的基础性不合理运输问题。

二是修订交通基本建设项目工程可行性研究报告和初步设计文件编制规则（指南），进一步充实完善绿色低碳篇章和相关措施纳入等内容。明确将政府投资项目和重大限制内企业投资项目（审批和核准制项目）节能评估与审查纳入强制范围。

三是建立绿色低碳交通运输工作考核机制研究分类考核办法，将绿色低碳交通运输工作纳入各单位、各部门、各机构及其主要负责人年度目标考核内容，以督促建立管项目、管行业也要管绿色低碳的机制，增强全员绿色低碳意识。

四是在一些可操作性、节能减排和环保潜力较大的领域，对于一些成熟的产品、成功的措施，结合项目审批、核准，和运输行政许可强制执行和推广。如新增城市公交车辆必须符合国Ⅲ及以上排放标准。

五是会同财政部门明确省级财政设立绿色低碳交通运输发展专项资金制度，与国家专项资金配套，重点用于支持那些市场需要，但是市场不能解决，或者一时难以解决的项目，以及绿色低碳贡献率大的项目和企业。

积极探索高职院校辅导员队伍建设的新思路

湖北交通职业技术学院 熊友山

一、前言

辅导员是学校中的一个特殊群体，他们不仅帮助学生解决生活、心理上的问题。还能指导学生的学习与就业。对于一所学校来说。建立一批比较有素质有敬业精神的辅导员队伍。对做好新时期高校的学生思想政治工作，帮助国家培养合格的现代化建设人才。起着举足轻重的作用。

一直以来，切实加强辅导员队伍建设得到了党中央、国务院和教育部的高度重视。在政策方面也给予了极大的支持。在2004年8月，中共中央、国务院针对高校学生的思想政治工作下发了《中共中央国务院关于进一步加强和改进大学生思想政治教育的意见》(以下简称“16号文件”)：2005年1月，教育部又颁发的《关于加强高等学校辅导员班主任队伍建设的意见》。在意见中明确指出辅导员在高校的教师队伍以及管理队伍中的重要地位，并且也对辅导员工作进行了准确的定位。

2006年4月．教育部就全国高校辅导员队伍的建设召开了会议，在会议中明确了辅导员的“双重身份”、“双重管理”、“双线晋升”等问题。同年7月教育部颁布《普通高等学校辅导员队伍建设规定》，从思想政治教育、道德品质培养、助学帮困、就业指导等八个方面具体描绘了辅导员的主要工作职责。

为了深入贯彻执行中央16号的文件精神，湖北省采取了一系列的措施积极落实各项政策以构建大学生思想政治教育的新格局对辅导员进行分类培训提高素质，让辅导员队伍建设有了新思路；贯彻以教育为本，采取了整体推进辅导员队伍建设的新举措；在树立形象以及彰显特色方面也下了一番功夫。湖北交通职业技术学院在中共湖北省委高校工委、湖北省教育厅的领导下，结合本院实际积极探索高校辅导员队伍建设的新思路。本文将从理论及实践两方面，论述在高职院校实施以“专职辅导员＋专业导师”为核心的全员化育人机制。

二、辅导员工作的特点

辅导员的工作看起来很繁多。但是根本的任务其实就是培养合格的人才。为了培养合格的人才。辅导员应该全面贯彻党的教育方针，将高校学生努力培养成合格的社会主义接班人。当然从这种意义上来说。辅导员其实不仅仅是为了现在的学生管理做工作，在一定的程度上来讲，也是在为社会的发展做准备。

辅导员作为学生的“解惑师”。作为学生的管理者，他们的工作对象主要是高等学校学生。当代大学生是一群迅速走向成熟而又未完全成熟的青年。他们每一个人都有着自己独特的价值观。也有着自己的生活观念。由于家庭环境以及个人阅历还有政治面貌等方面的不同，他们有着自己的思想。但是他们也有共同点，那就是思想活跃，反应敏捷，求知欲望强、自我意识主观色彩浓等。由于他们对不少事情都有着自己不同的看法，也就有了千差万别的思想。这一系列的特点就决定了高校辅导员的工作极具挑战性、创造性。因此，辅导员要具有较高的理论思维判断能力和高度的责任心，还要有科学的、与时俱进的教育理念、教育知识、教育能力和教育艺术。

需要特别指出的是，高职院校的学生与本科生相比，还呈现出认知能力差、行为控制力不强、道德社会化水平不高、甚至与社会不良现象更接近等特点。这就决定了高职院校的辅导员工作更加艰巨，更需要高超的智慧与艺术化的育人能力。

一般来说，学生只要有事，不管是在校内还是在校外，都是辅导员工作的时候。辅导员的工作是教育、管理、服务、研究的统一体。这样，就不仅要求辅导员掌握系统的思想政治教育专业知识。还需要春风化雨般的教育方式，以及规范化、人性化的管理和全方位的人文关怀。

三、我院辅导员队伍建设的现状及存在的主要问题

我院辅导员队伍的组成来源主要有：本校留任、外聘人员(教师、公司管理人员、企业中高层干部)及在编人员。截至2011年10月。我院专职辅导员总数为73人，其中一线专职辅导员49人。在校生总数为9566人。师生比为1：195，达到了“专职辅导员总体上按1：200的比例配备，保证每个院系每个年级都有一定数量的专职辅导员”的要求。这73名辅导员中有29人是大学本科学历。7人是硕士研究生学历。还有13人是专科学历(年龄大多在40岁以上)。但是，从从事辅导员工作的时间来看。58人都在4年以下，只有15人在5年以上10年以下。这些同志大多并不是很熟悉学生的工作，所以在学校开展工作的时候。也就会不可避免地出现一些问题，主要表现在以下两个方面：

1.“人生导师”的角色缺失，自身综合素质有待提高

年轻辅导员富有激情，善于理解学生的苦与乐，且大多乐于跟学生沟通，但部分辅导员没有把握好师生间的“距离感”，在与学生打成一片的同时，丧失了作为一名师长的引导作用。由于需要长期艰辛的情感、智力、体力付出，很多年轻辅导员逐渐暴露出耐心不足、抗挫折能力较差等弱点。

相比之下，年纪较长的辅导员富有爱心、乐于奉献。对离家在外、处于青春期的学生给予无微不至的关怀与照料。但是。由于时代变革，倾向于“用道德解释一切”的老一辈辅导员容易因管得太死、太多。而使学生

对此类“保姆式”管理产生逆反心理。

辅导员的工作范围特别广泛，只要是与学生有关，就都是辅导员的工作。

由于辅导员的工作很繁杂，就会出现这样那样的问题。有些辅导员由于忙于学生的具体的事务，往往顾此失彼。又不能很好地发挥学生干部的作用，导致他们的服务不是很到位。对于学生的一些问题也不能够完美地解决；有些辅导员由于自身在思想政治工作的能力、学习能力以及研究能力方面有所欠缺。往往成了学生事务的管理者，在对学生政治思想教育，道德养成方面的作用有所缺失。

2. 队伍稳定性、创新性需要加强

尽管辅导员工作的必要性以及重要性都得到了高校的注意，但是由于受到一些价值观方面的影响，辅导员在工作以及发展方面都缺少良好的条件，这就是辅导员队伍不稳定的客观因素。一些辅导员为“事情多、待遇差、地位低发展空间小”而烦恼。

我院有一部分新进辅导员属于挂职锻炼。通过各种途径他们也或多或少地被这些关于辅导员工作的误解感染。致使这些“专职不专心”的年轻辅导员刚刚走上辅导员岗位。便想着如何才能成为教师或走向其他管理岗位。这就使学生思想政治教育工作很难深入。

与此同时，即使是有高度责任心的辅导员由于深陷学生的日常性事务而无暇自顾。工作中的创新意识逐渐被磨蚀，客观上也没有精力、没有时间对学生思想政治教育的专业知识进行系统化学习、提高。或对自己从事的工作开展有意义、有创新的研究，这显然不利于学生思想政治教育取得突破性进展。

四、探索辅导员队伍建设的新思路——以“专职辅导员＋专业导师”为核心的全员化育人模式

想要形成德育的新格局，就需要建立以“专职辅导员＋专业导师”为核心的全员化育人机制。真正实现每个学生都有导师，每个教师都在教育学生的局面。当然，这样一种格局的形成，需要赋予系部相关工作者对学生的教育管理职能。包括任课教、管理以及一些服务人员。并且还要建立一套能够调动各方面积极性，充分利用一切有利资源的制度以及机制。学校所有教育工作者，包括职能部门、后勤人员在内都要面向全体学生实施教育管理，要围绕学生全面健康发展、“在精神上成才”这一终极目标，步调一致，形成合力。在开展学生工作中，既要重视管理，更要强调科学育人、人文关怀、立足长远。在教育功能上，不仅要关注学生对于一些书本知识的学习，还要丰富他们精神生活以提高他们的人文素养。具体而言，需要做到以下几点：

1. 辅导员队伍专业化

高校辅导员队伍专业化建设，是学生成才、学校稳定发展的保障。打造一支数量充足、结构合理、素质优良的辅导员队伍，首先要做的工作就是选拔一批思想政治素质好、有着强烈的责任心、自我作风严谨良好、有着一定的专业知识以及组织管理能力的人来担当辅导员；其次，要注重辅导员的队伍建设，以学校的长远发展为目标，建立完善辅导员的培训以及教育的优惠政策。以此不断提高辅导员的思想素质、政治教养、综合分析能力以及应变能力；再次，要完善辅导员队伍考核和评价机制，激励辅导员创造工作成绩。

2. 专业导师担当（小班制）班主任

辅导员的配备可以以年级或几个班级为单位，但是班主任的选配则要坚持小班化、专业背景知识为重要参考的原则。并且小班化的教育管理是为了让学生更好地发展。在管理过程中更注重学生的个体需求。以学生为主体，让每个学生都有一个良好的活动空间。这样，也容易增强师生之间的感情，增加学生之间的交流。专业教师一般具有深厚的专业知识和对专业发展前景有较强的前瞻性，对学生的专业学习和将来的职业规划有很强的指导性，学生往往被吸引、被折服。实践证明，鼓励专业课教师担任班主任工作，可以扬专业知识之长，在平时的学生管理工作中结合专业课程内容，经常性地向学生传递一些专业新技术、新发展方面的信息，同时针对学生特点，适时对其进行思想教育。对学生日常管理可以起到事半功倍的效果。

3. 打造全员化育人环境

辅导员是大学生思想政治教育最基层的实施者，是联系学校、家庭、学生的桥梁和纽带，与学生的接触最多，所以对学生的人格以及个性的造有着较大的影响，对学生的人生观以及价值观的形成也起着一定的作用。辅导员作为学生的管理者。他们的肩头挑着育人的重担。可是在实际工作中，有些人认为辅导员谁都可以做，认为辅导员只是一个后勤上的人：还有的人认为辅导员只是学校为学生请的高级保姆，是学生在学校的“父母”。其实，这些都是错误的思想，辅导员在学生的教育中起着不可忽视的作用。

事实上。在学校工作的全体教职工都对学生的思想道德素质培养产生着直接或间接的、正面或负面的影响。打造全员化育人环境。意味着让学生随时、随地接受正面、积极的影响，于细微之处引导、感染其社会观、价值观的形成。因此，做好学生思想政治教育工作，需要全校通力协作、齐抓共管。

五、结语

根据国家对辅导员新的定位．建设一支纪律严明、作风良好、素质较高、有着强烈的敬业精神的辅导员队伍，也不是一件简单的事情。需要各级领导的高度重视，在物质上要有相当数量的投入，要理顺关系，完善辅导员的配备，在加强专业技能培训基础上，建立合理的考核评价机制使我院辅导员队伍建设沿着以“专职辅导员＋专业导师”为核心的全员化育人机制方向。更健康地发展。

高职科研形势分析和实施“科研兴校”战略之必然

湖北交通职业技术学院　王进思

2011年6月，全国首届职业教育科研工作会议在天津召开，迎来了职业教育科研工作的春天。高职教育四大职能：“培养人才、科学研究、社会服务、文化传承创新”，人才培养是核心，科学研究是支撑，社会服务是需要，文化传承创新是根本，科研工作的重要地位日益明显。有必要对当前高职科研形势进行认真分析，在高职内涵发展、凸显特色创品牌的新时期，充分认识实施“科研兴校”战略之必然性，努力推动高等职业教育“走产学研结合发展之路”。

一、高职科研工作形势分析

1. 国家发展新阶段对高职科研工作提出了更高要求

我国社会主义现代化建设进入到以科学发展为主题、以加快转变经济发展方式为主线的新时期。建设人力资源强国，发展现代产业体系，实现工业现代化，积极稳妥推进城镇化、信息化，迫切需要大力发展职业教育。国家发展需要积极推进建设适应经济发展、产业结构调整、体现终身教育理念、中等和高等职业教育协调发展的现代职业教育体系，逐步建立“中国特色现代职业教育新体系”，建设中国特色、世界水准的高等职业教育，作为从事高等职业教育的工作者，有大量的问题需要我们去研究解决。这对高职科研工作提出了更高的要求。

2. 职业教育改革创新对高职科研工作提出了更高要求

高等职业教育具有高等教育和职业教育双重属性，以培养生产、建设、服务、管理第一线的高端技能型专门人才为主要任务，肩负着“大力发展”和“提高质量”双重任务，职业教育改革创新进入克难攻坚阶段，不改革创新就没有出路。职业教育改革创新的总体思路是：以服务为宗旨、以就业为导向、以质量为核心，以改革创新为动力，按照“保证规模、调整结构、加强管理、提高质量”的基本要求，巩固发展成果，推动改革创新，强化内涵建设，解决突出问题，着力提高质量。关于系统培养高端技能型人才问题、管理体制机制问题、系统培养人才的制度建立问题、职业教育体系建立的理论问题、各类各级教育之间的衔接问题、教育与产业发展深度融合问题、工学结合人才培养模式的深化问题、顶岗实习相关问题、职业教育标准建立问题、信息化建设问题等都需要研究与实践。高等职业教育科学发展、创新发展、特色发展对高职科研工作提出了更高的要求。

3. 全国职业教育科研工作会议首次召开为高职科研工作指明了方向

2011年6月27日，在天津召开了新中国成立以来的第一次全国职业教育科研工作会议，反映了加强职教科研工作的国家意志，会议共识是“实现职教科学发展，需要职教科研先行”。教育科研是教育工作的重要内容，具有基础性、先导性、全局性作用。中共中央政治局委员、国务委员刘延东给会议批示指出：“教育科研是推动职业教育科学发展的基础性保障性工作，担负着探寻规律、服务决策、创新理论、指导实践的重任。职业教育科研要坚持理论联系实际，紧贴职教办学管理的实际需要，总结经验，广为借鉴，加大投入，整合资源，努力提高战略性与针对性，将其作为一项长期的基础性工作，切实抓好，抓出成效。”教育部鲁昕副部长在题为“围绕中心工作 服务发展大局努力开创职业教育科研工作新局面”工作报告中，明确指出了职教科研的工作定位、指导思想、使命与任务，提出了实施加强职教科研工作的十大新举措和10项重点任务。这为职业教育科研工作指明了方向。

4. 行业发展对高职科研工作提出了更高要求

行业发展强烈要求高等职业教育，要努力实现专业与行业(产业)对接，强化社会服务能力，提高服务行业能力。如我校是湖北省交通运输厅举办的唯一一所高职院校，担负着为湖北交通运输行业深入贯彻落实科学发展观，实现新一轮大建设大发展，加快转变发展方式、调整交通运输结构，构建综合交通运输体系、发展现代交通运输业而提供人才和智力支撑的光荣使命。湖北交通运输“十二五”要全面实现“六个翻番”、“六个形成”、“六个提高”、“六个转向”的发展目标，必须依靠科技进步和全面提高交通运输行业从业人员素质，交通运输教育与培训发展规划提出了深入实施“科教兴交”和“人才强交”战略，要求学院发挥“人才库”和“智力库”作用，提高教育与培训质量，提升技术开发与服务能力，有效服务交通运输行业科学发展。这对学院科研工作提出了更高要求。

5. 高职学院品牌战略的实施对高职科研工作提出了更高要求

高职学院发展大致分为三步发展阶段：“十五”扩大规模求生存阶段，“十一五”提升质量促发展阶段，“十二五”凸显特色创品牌阶段。科研在提升学院核心竞争力和特色品牌地位上日益重要。“十二五”时期，高职学院在国家骨干院校建设的推动下，必须实施品牌战略，转变发展方式，创新发展模式，逐步建立健全校企紧密合作的办学体制机制，不断创新工学结合的人才培养模式，凸显办学特色，加强师资队伍和领导能力建设，完善质量保障体系，提高人才培养质量和办学水平，增强社会服务能力，重点参与“国家教育体制改革试点项目”的探索与实践，不断提升学院的核心竞争力和品牌价值。这就迫切需要高度重视和不断加强科研工作，努力提升科研软实力，创新推动高职学院凸显特色创品牌。

二、实施“科研兴校”战略之必然

1978年的全国科学大会，得出了“科学技术是第一生产力”的科学论断，迎来了科学的春天，迎来了新中国的春天。胡锦涛总书记在庆祝清华大学建校100周年大会上的重要讲话中强调指出：“全面提高高等教育质量，必须大力增强科学研究能力。”“科研兴校”战略是实施“科教兴国”战略的必然要求，是提高学校教育教学质量的第一动力，是学院“凸显特色创品牌”的重要手段。教育科研是学校上新台阶、新水平的重要条件，是培养青年教师尤其培养名师的重要途径，是建立学习型学校的重要基础，是推动社会主义文化大发展大繁荣的必然要求。

1. 实施“科研兴校”战略是高职学院发展的必然要求

学校分高下，科研是先导。哪一所学校科研占住了制高点，哪一所学校就会在同类学校中排位靠前。从湖北省高校办学核心指标统计表分析来看，衡量一个学校核心指标体系的基本构成分“规模结构”和“质量效益”两大板块，共62个观测指标。在“教学质量”的“教师”指标中，设置了13项三级指标，其中有7项是关于学术科研的，分别是：省部级以上课题及到位经费、省部级以上科研奖励数、核刊论文总数、学术专著与教材、SCI/EI/ISTP索引数、社会服务项目数、担任学术组织职务情况。指标项目数占62个指标总量的近11.3%。系部发展指标体系分人才培养、学术科研和社会服务三个板块，共74个三级指标。涉及科研的指标达到23项，占项目总量的31%强。不论这些指标是否科学，是否符合高职院校，科研最能提升一个学校的综合实力和形象地位这是毋庸置疑的，“质量立校、特色强校、科研兴校”，只有抓科研、促教改，才能创一流、铸品牌，科研兴，则学校兴，高职学院要发展必须要科研，必然要实施“科研兴校”战略，走产学研究结合发展之路。

2. 实施“科研兴校”战略是师资队伍成长发展的客观要求

万般皆需要，唯有科研高。从事科研是教师的本职工作，更是教师竞争力的学术体现，是高职师资队伍成长发展的客观需要。科研对教师而言可以取到练脑子、强身子、跨步子、学路子、活法子、留本子的作用和效果。教师通过“顶天”研究，掌握国家职业教育发展动态，提升自己的理论功底，把握专业发展动态，提出政策建议，为建立中国特色、世界水准的高等职业教育做贡献。教师通过“立地”研究，掌握教育教学方法，改革教育教学，提高教育教学质量，服务行业企业发展，为提高人才培养质量做努力。高职研究包括：教育教学、工艺改造、新品研发、技术创新、成果转化、技术应用、技术咨询和技术服务等。通过研究，教师可以促进理论学习，提高理论水平；加强理论反思，提高研究能力；创新教学方法，提高教学水平；改进工作方法，提高育人本领；培养学术带头，提升教师地位；完善教师人格，增加幸福指数。让教师在研究中成长，让队伍在研究中发展，推动工学结合，服务行业企业和社会经济发展。

3. 实施“科研兴校”战略是丰富职业教育理论与实践的必然需要

理论靠研究，实践要探索。高等职业教育作为高等教育的一种新类型，其理论研究近年来有所发展与进步，但仍然处于起步阶段，有大量的职业教育理论问题需要研究，如中国特色职业教育体系、高等职业教育法、职业教育公益性、职业教育体制机制、校企合作体制机制、“双师型”师资队伍建设、职业教育与培训课程开发等，从宏观到中观到微观都有需要进行理论研究、提炼，形成中国特色的职业教育理论体系。要实现好专业与产业对接、课程内容与职业标准对接、教学过程与生产过程对接、学历证书与职业资格书对接、职业教育与终身学习对接，推进中等职业教育和高等职业教育在培养目标、专业设置、课程体系与教材建设、教学资源、教学过程、招生制度、评价机制、教师培养、行业指导、集团化办学等十个方面的衔接，就必须坚持问题入手、科研先行，实施“科研兴校”战略。没有实践检验的理论是空洞的理论，没有理论指导的实践是盲目的实践。要适应高职教育从规模发展到内涵发展，进行大规模的改革试点实践和教育教学实践，必须要有理论指导，而理论从那儿来，从研究中来，只有通过理论探索，提出科学理论方法假设，才能使我们的教育教学改革实践，少走弯路，使我们的教育教学方法不断丰富有效；也只有不断地进行实践探索，才能丰富和发展职教理论。

4. 实施“科研兴校”战略是实现文化传承创新必然要求

党的十七届六中全会通过了《中共中央关于深化文化体制改革推动社会主义文化大发展大繁荣若干重大问题的决定》，高等职业教育肩负着培养人才、科学研究、社会服务和文化传承创新四大职责，保护和继承传统文化，创新与传播社会主义先进文化是高职教师的重要使命。教师通过教书育人，言传身教，以高度的文化自觉和文化自信，在教学中自觉进行社会主义核心价值体系的宣贯、优秀中华文化的传播、先进的企业文化的注入，从而提高学生的社会责任感、使命感和优良的文化素质，形成中国特色社会主义共同理想，为中华民族的伟大复兴而的注入强大的精神动力。高职教育工作者，要有效地进行文化传承创新，必然要求学习与研究，通过研究，继承优秀文化，提高育人效率，产出文化产品，推动社会主义文化建设。

勇当先行　为“打牢发展大底盘、建设祖国立交桥”再立新功

湖北省交通规划设计院　詹建辉

在刚刚结束的省第十次党代会上，鸿忠书记在工作报告中对湖北交通寄予厚望，明确指出湖北交通要做大做强支撑湖北长远发展的‘底盘’，构建全国重要的综合交通运输枢纽。今后五年是湖北加快构建重要战略支点的关键时期，未来十年是湖北发展的“黄金十年”，也将是湖北交通运输事业实现跨越式发展的黄金时期。作为湖北交通基础设施建设队伍的重要一员，设计院将抓住这个关键时期和“黄金十年”，认真落实省十次党代会精神，当好先行，努力为湖北交通运输“打牢发展大底盘、建设祖国立交桥”作出新的贡献。

一、拼搏奉献，为湖北交通运输事业发展当好排头兵

我院自成立以来，始终以服务湖北交通事业的发展为己任。“十一五”期间，我院在厅党组正确领导下，在各级领导无私支持和帮助下，完成了约2000公里高速公路的前期工作，占全省“十一五”高速公路前期工作总量的80%；完成了包括沪蓉西、神宜、武神公路，阳逻、鄂东、荆岳长江大桥在内的一批交通标志性工程的勘察设计，有力的提升了湖北交通建设科技水平和品牌形象，为湖北交通发展作出了重要贡献。

“打牢发展大底盘、建设祖国立交桥”，是新形势下湖北交通运输建立新格局迈上新层次的重大战略，是引领湖北交通运输完成新使命、实现新跨越的旗帜，设计院要始终牢记服务湖北交通跨越式发展的使命，为实现湖北交通跨越式发展当好排头兵。

二、勇于担当，为“打牢发展大底盘、建设祖国立交桥”再立新功

省厅发展战略明确提出：“打牢发展大底盘、建设祖国立交桥”的主要任务是构建便捷、通畅、高效、安全的综合运输体系，把湖北建成全国重要的交通枢纽。围绕新一轮的发展任务，我们将发挥自身技术和人才的优势，勇担重任，努力为湖北交通运输发展作出新贡献。

一是积极参与“综合交通运输枢纽”规划研究，为构建“大枢纽”贡献力量。建设湖北成为全国重要的“综合交通运输枢纽”，湖北综合交通运输枢纽的规划和相关研究需要不断调整和深化。设计院将充分发挥现有的资源、人力、技术优势，一方面要积极参与全省综合交通运输发展战略和交通重点项目的规划研究，为省厅相关规划决策提供技术支持；一方面要积极贯彻好省厅关于全省交通综合运输体系建设的战略意图，主动服务各市州交通规划研究，为地方政府决策提供服务。

二是全力做好公路重点工程项目前期工作，为畅通“大通道”贡献力量。“十二五”期间，省厅将加快建设“五纵三横”综合运输通道，加快完善布局合理、功能明晰的公路网络，全面建成“七纵五横三环”6500公里高速公路网。要实现这样宏大的建设目标，作为省内交通重点工程建设前期工作的主力部队，我们肩上的责任重大。我院将尽力克服垫资压力大、推进难度高等困难，全力投入公路交通重点工程前期工作，为“大通道”建设做好服务。

三是积极投入水运重点工程建设前期工作，为振兴“大水运”贡献力量。省厅战略规划提出，到2015年，要基本形成以2000公里高等级航道为基础的湖北内河航道网和以3亿吨港口吞吐能力、400万标箱集装箱吞吐能力为标志的武汉新港等五大港口综合运输枢纽。我院在内河航道整治、港口建设上有着传统的技术优势，近年来我们抢抓水运振兴的机遇，实现了从汉江到长江的跨越，完成了包括崔家营航电枢纽、引江济汉通航工程、汉江航道整治和武汉新港交通规划、河南沙颍河航道枢纽等重大项目在内的多项省内外重点水运工程项目的前期工作。目前我院正抓紧推进雅口航电枢纽前期工作，全院水运职工立志再树品牌，奋力实现水运工程勘察设计领域的新跨越。

三、砥砺奋进，在湖北交通新一轮跨越式发展中，实现自身跨越式发展

“打牢发展大底盘、建设祖国立交桥”战略的实施，对设计院的发展是难得的机遇。尤厅长在传达贯彻省十代会精神时指出，当前我们面临两个方面的重大机遇：一个是省十次党代会把交通运输发展放在突出重要的位置；另一个是党中央国务院推出稳增长、扩需求的重大举措。我们要进一步树立抢抓机遇的意识，一心一意谋发展，在新一轮交通跨越式发展中，实现企业自身的跨越式发展。一是要加强队伍建设，打牢发展的基础。着力建设一支综合素质高、业务能力强,“特别能吃苦、特别能战斗”的专业技术人才队伍。二是要打造知名品牌，提升核心竞争力。着力培养一批在全国有影响的专家骨干，培育核心人才品牌；打造一批享誉中外的设计精品，培育质量品牌，全面提升核心竞争力。三是要优化产业结构，拓展生存空间。在做大做强勘察设计主业的同时，积极拓展业务领域，促进我院业务由传统的单一工程咨询、勘察设计向投资、设计、咨询、建设管理等领域发展，不断提高企业的市场生存能力。

实施“打牢发展大底盘、建设祖国立交桥”战略，要着眼长远，更要立足当前，把当前的工作做实做好。设计院全体干部职工将在厅党组的正确决策和领导下，服务交通、勇当先行，用高质量的产品、高水平的服务，为“打牢发展大底盘、建设祖国立交桥”再立新功，以企业科学发展、跨越式发展的新成就向党的十八大献礼！

构建核心价值体系　推进行业文明创建

——关于高速公路行业核心价值体系的探索与实践

湖北省交通运输厅京珠高速公路管理处　郑　建

高速公路的发展，人是最关键的因素。在社会思想日益多元、多样、多变的情况下，如何科学有效地开展思想政治工作，培树高路行业的核心价值体系，调动一切可能调动的积极因素。思想迷惑，心气不顺，精神不振，不可能形成一个健康、愉悦的工作氛围。思想政治工作就是通过广泛深化而细致的思想教育和人性化的关怀沟通，从而化解矛盾与隔阂，形成心诚气顺、风正劲足、团结奋进的良好发展环境。

党的十七大报告中提出要“推动社会主义文化大发展大繁荣，建设社会主义核心价值体系，增强社会主义意识形态的吸引力和凝聚力”。社会主义核心价值体系的重要意义和意识形态功能，使其必然成为统领高路事业发展和思想政治工作活的灵魂，这对如何加强高速公路行业文化建设，培树行业核心价值观提出了新要求。

一、高路行业核心价值体系的基本内涵

行业价值体系是一个行业健康发展的助推力。湖北京珠经过十多年的探索与实践，以深厚的文化内涵为基础，以弘扬行业核心价值观为前提，以人文关怀、心理疏导为重点，探索将“与微笑同行”作为文化理念，培育员工的爱岗敬业精神、服务理念和感恩意识，建立以“京珠模式”为核心的六大管理体系和以“微笑京珠”为载体的五大服务体系，积极探索和研究职工价值取向，形成包含使命、愿景、精神等为基本内容的职工价值理念体系，着力提高全体干部职工的文明素质和行业文明程度，努力打造湖北京珠服务品牌，实现九省通衢和中部崛起战略，推动国民经济和社会的发展。

(一)高路行业核心价值体系的基本概念

高路行业价值体系是高速公路职工行为方式、群众意识、价值观念的反映，是一个行业意识形态凝聚力和软实力的象征，也是高速公路的价值导向、经营理念、管理方式、行业行为、服务质量、社会责任所渗透的文化内涵，体现了对民生的关爱与尊重，传播的是单位的文明与素质，展示的是高路行业的服务水准和窗口形象。核心价值体系是一个单位的方向盘和发动机，是职工积极向上的价值取向的思想保障，更是高速公路“服务人民、奉献社会”服务品牌塑造的核心和主导。能否构建起具有强大感召力的核心价值体系，关系人心向背和事业的成败。因此，我们要正确把握高路行业的核心价值体系的内涵，在增强理论教育的转化力、价值观念的渗透力、文明创建的辐射力、文化氛围的影响力等方面潜移默化，因势利导，解疑答惑，创造和谐的内外部环境，充分发挥其在凝聚力量、鼓舞士气、引领风尚、教育职工方面的作用，形成统一的指导思想、共同的理想信念、强大的精神支柱和基本的道德规范，为推动高路发展提供强大的精神动力。

(二)高路行业核心价值体系的构成要素

坚持以推进行业核心价值体系建设为主线，最大限度地凝聚高路行业精神力量，以“积极向上的价值取向，开拓创新的思维理念；勇于奉献的牺牲精神，宽松和谐的内外环境；坚定明确的奋斗目标，分工具体的岗位职责；灵活有效的协调机制，忠于职守的职工队伍；以身作则的管理团队，团结拼搏的领导集体”作为共同的目标，不断丰富和弘扬高路行业核心价值体系，形成并成为全体成员遵循的行业使命、共同愿景、行业精神和职业道德等职工价值理念体系，增强广大职工的认同感和归属感。具体落实到高速公路管理行业来分析，行业使命，即发展现代交通，不断提升“三个服务”的能力和水平；共同愿景，即建设一个更安全、更畅通、更便捷、更经济、更可靠、更和谐的现代化交通运输系统，实现人便于行、货畅其流，让人们享受高品质的运输服务，让经济社会发展更加充满活力，让交通与自然、交通与社会更加和谐；行业精神，即艰苦奋斗、勇于创新、不畏艰难、默默奉献；职业道德，即爱岗敬业、诚实守信、服务司乘、奉献社会。

二、高路行业核心价值体系的主要内容

核心价值观在很大程度上表现凝聚力，而这种凝聚力主要来自于人们对行业核心价值的认同。实践科学发展，需要一支开拓进取、干事创业的职工队伍。当前，职工来自工作、家庭、婚姻、社会的压力和困惑日趋增大，职工的关注度也发生了变化，工作热情的消退和工作疲软期的到来，这对高路行业管理和服务提出了新要求。必须正确处理单位发展和维护职工合法权益、维护职工思想稳定、解决职工思想问题的关系，激发职工的工作热情与活力，构建和谐的工作氛围。

(一)共同的职业价值取向

我们必须适应职工变化的思想实际，围绕“铸魂、立道、固本、塑形”的总体思路，着力培养员工爱岗敬业、乐于奉献的价值观，培养员工感恩司乘、感恩社会、感恩家庭、感恩组织的感恩意识，努力形成“感恩、乐业、尊重、和谐”的职业价值理念，培树行业核心价值观，保持良好的精神面貌。一是强化“理想、信念、追求、责任就是生命力”的价值理念，引导职工提高政治素养；二是强化“服务、技能、业绩、争先就是竞争力”的价值理念，引导职工扩大知识和技能容量；三是强化“敬业、拼搏、奉献、协作就是执行力”的价值理念，引导职工施展创业的能量；四是强化“关爱、理解、帮扶、培养就是凝聚力”的价值理念，引导职工树立“与高路共命运”的大局理念，从而形成包含使命、愿景、精神等为基本内容的职工价值理念体系，增强广大职工的认同感和归属感。

(二)共同的职业服务理念

高速公路是公众出行的重要公益性设施，向社会提供优质服务是高速公路的本质要求。必须大力培育职工的敬业精神和服务理念，把职工凝聚于高速公路事业之“魂”；用文化力影响职工行为，使员工受信于理念之“道”；全方位营建高速公路文化，塑造高速公路优质服务形象之“形”，构架崭新的高速文化平台，形成高路行业的核心价值体系，促进职工的服务意识、服务心态、服务理念转变，提高行业凝聚力和向心力。并通过高路人的具体职业行为和职业道德规范来体现，传播一个行业的文明、素质、形象，体现出一种良好的素养和品质，体现出对顾客、对司乘、对社会一种友善，一种诚信和服务，这也是对社会司乘负责的一种态度和一份责任。

(三)共同的职业行为规范

按照社会和司乘人员的权益和服务需求，建立科学合理的标准体系，规范有序的制度体系，职责明确的监管体系，以人为本的保障体系，自我创新的支撑体系，全面促进行业的精细管理。这就要求制订收费、路政、养护、服务区的服务标准和行为规范，形成高路特色的“四个服务”礼仪岗位标准和行为规范，使广大职工认同、信奉、实践和社会公众理解、接受。以服务标准、考核标准等形式，明确提出高速公路职业道德、经营理念、发展战略、远景规划等，明确描绘高速公路及职工共同追求的长期愿景；对职工本职工作的质量、效率、目标提出明确要求，树立热情、友善、文明、人性的服务态度，体现快捷、畅通、安全、舒适、美观、怡人的服务质量，营造一种自觉自愿、心情愉快的收费环境，取得全社会对高速公路建设事业的理解和支持。

(四)共同的行业使命愿景

行业核心价值体系建设必须坚持围绕中心，服务大局，树立“服务为本、效益为先”的发展理念，把行业使命愿景放到全局工作中去谋划、去部署，服从和服务于中心工作。行业使命愿景包括思想道德建设目标、科学文化建设目标、创建文明行业目标、服务品牌创建目标等具体内容。思想道德建设包括社会主义荣辱观教育和社会主义核心价值体系学习，培养一支政治坚定、作风过硬、业务精湛的高素质干部队伍。科学文化建设目标要以“创建学习型组织、培养知识型员工”为主要内容，建设一支结构更合理、门类更齐全、数量更充足的人才队伍。创建文明行业要以“全国文明单位”为目标，打造一个“效益型、智能型、服务型、法制型、低碳型、素质型”高速公路。京珠品牌创建目标要以“标准化建设”和“微笑京珠”工作为抓手，以“安全、畅通、快捷、舒适、舒心”为出发点，打造一个安全畅通、服务优质、运转高效、节能环保的高速公路运营管理体系。

(五)共同的行业特色精神

行业精神反映了高路人在公路建设、养护管理、运营管理实践中，各个阶段创造的物质财富和精神财富的灵魂，它既是高速公路的技术发展状况、管理状况及道路条件的体现，也是高速公路职工行为方式、群众意识、价值观念的反映。行业精神是一个行业在理念先导力、政治价值亲和力、文化吸引力、精神感召力、舆论引导力上的实践提炼，是团结、鼓舞全体职工共同奋斗的精神动力和智力支持。京珠高速不仅是一条南北经济大动脉，更记载着设计者的奇思构想、指挥者的雄才大略、管理中的独特思维、施工中忘我奉献。我们要大力继承和弘扬建设时期所创造的精神财富，那就是以“不计得失，顾全大局的整体精神；团结互助，风雨同舟的协作精神；勤政廉洁，公而忘私的公仆精神；依靠科技，开拓进取的创新精神；脚踏实地，埋头苦干的实干精神”为主要内容的“京珠精神”。新的历史时期，我们要沿着建设者的足迹，探索一套适合我国国情的高速公路建设和管理经验，培养一批跨世纪的高速公路建设人才和管理大军，培育和塑造具有高速公路特色文化的理想信念和价值取向，让精神文化成为推动一个单位和行业健康发展的动力和引擎。

三、高路行业核心价值体系的实现途径

高速公路点多、线长、面广，地理位置偏僻，远离城市、远离家庭、远离亲人。如何构建高路行业核心价值体系，下面结合湖北京珠的探索和实践，浅析高路行业核心价值体系的实现途径。

(一)以价值体系建设为根本，着力打造一支思想健康、业务精湛的优秀团队

1. 建立行业宣贯体系，实施“育魂工程”。以党委中心组理论学习为依托，以“京珠课堂”为阵地，开展行业核心价值体系学习和普及活动，坚持每年6次以上中心组理论学习，每季度一次“京珠课堂”讲座，以EMBA核心课程为主要内容，举办EDP领导干部研修班，包括市场营销、人力资源、创新管理、组织行为学、战略管理等内容，通过采取请教授辅导讲座、学习交流、心得评比、党校培训、外出参观、请进来等形式，分别聘请过复旦、北大、清华、武大、华科大、武汉理工大学等全国及省内知名高校教授来我处授课，把最优秀的管理理念，最优秀的教育资源吸引过来为我所用，夯实全行业干部职工共同奋斗的思想基础。2012年6月，40余名中层干部采取走进校门，赴厦门大学先后邀请了全国台湾研究会理事李非教授、央视《百家讲坛》主讲人傅小凡教授、厦门市委党校副校长彭心安等国内知名专家对40余名中层干部进行授课，培训效果非常显著。

2. 建立典型培树机制，实施“素质工程”。坚持面向基层，培树先进典型，弘扬劳模精神，形成人人争当“业务骨干、管理能手、服务明星、十佳标兵、金牌银牌收费员”的创先争优氛围。通过打造微笑京珠圈、形成人才培养群，建立微笑互动、岗位交流、联合稽查、典型培树、座谈交流等多种联动共建机制，“芳式微笑法”、“杨丽工作法”、“王维稽查法”等先进经验不断涌现，充分发挥典型和榜样的示范作用，以自身的典型辐射带动“素质工程”向一线延伸。同时，结合实际制定一系列政策引导和鼓励员工进行专业技术学习，目前已有50多名青年职工走上中层管理岗位，并为高速公路建设指挥部输送技术人才60余名，搭建人尽其才的成长舞台。

3. 建立教育培训机制，实施“人才工程”。积极探索人才培养的长效机制，以培养知识型职工为目标，采取学历教育、业务培训、岗位技能“三位一体”的教育培训方式培养年轻干部，引导青年职工学政治、强理论，学专业、钻技能，学法律、习管理，学科技、拓视野，先后组织计重收费、资产管理、财务管理、网络安全、党务知识、法律法规、摄影知识、公文写作、职工代表等各类培训及岗位练兵，每年开展各类培训30余次，培训人员达2000多人次，职工培训率达100%，努力构建广覆盖、多层次的职工教育培训网络，为职工学习成才搭建平台，逐步培养出一批多层次、多门类的管理和业务人员，培养、造就一大批事业心、责任感强，勇于实践，敢于创新，专业水平高，管理能力强的管理干部队伍。

(二) 以思想政治工作为重点，为职工搭建一个展示才华、脱颖而出的发展舞台

1. 关注职工成长，重视对职工的教育和引导。受多元化思潮的冲击，职工形成了多元化的价值观念和理想追求，有的职工追求的是自我价值的实现，有的追求的是更多更高的收入。由于高速公路的工作性质和特点，刚参加工作的年轻人，新鲜感后枯燥、机械的工作、复杂而现实的人际关系、理想和现实的巨大差距往往让他们倍感失落，缺乏政治追求和理想信念，对单位的现状和发展前景认识模糊，容易出现心理上的焦虑和消极情绪，出现职业生涯的“低谷期”。因此，必须加强调查研究，积极抓好职工的思想引导，特别注意他们的思想动态，关心爱护他们，帮助他们解决实际困难。

2. 发挥服务功能，增强职工成长成材的归宿感。解决实际问题和解决思想问题相结合是思想政治工作的基本原则。坚持“以人为本”方针，努力营造“尊重知识，尊重人才”的良好氛围，帮助职工树立“竞争上岗，优胜劣汰”、“能力席位”、“有能才有位”的成才意识。主动关心职工的生活、情感，给职工创造舒适的工作、生活环境，出台和制定各项改革政策时，兼顾到职工的意愿，统筹考虑职工的长远利益和短期利益。同时，不断完善表彰激励机制和举荐机制，增强职工的成就感和荣誉感，增强自身价值的实现和社会认同感。

3. 建立交流渠道，构建一个和谐愉悦的工作氛围。以“五好”班子建设的重点，建立干部作风建设标准、一线工作法“四个一”、机关“四定一保”和基层蹲点制度，真正做到情况在一线了解、问题在一线解决、矛盾在一线协调、服务在一线体现。通过感动管理文化“四个一”，每月一次职工聚餐、每季一次职工生日聚会、半年一次走出去交流学习、每年一台联欢晚会，对职工进行人文关怀；通过畅通沟通交流渠道，完善职工亲情档案，做到“六个必访”，即职工婚礼必访、生病必访、分娩必访、丧事必访、突发灾害必访和重大贡献必访，经常与职工进行思想沟通和情感交流，及时掌握职工的真实思想状况和队伍整体思想脉搏，鼓励职工立足岗位建功立业。

(三) 以高路文化建设为动力，着力构筑一个健康向上、激昂奋进的精神家园

1. 搭建学习阵地，用优美环境感染人。通过搭建学习阵地加强对职工的思想、文化的熏陶，我们重视加大资金投入，每年都有6万图书专项资金，全线累计投资42万元，藏书量8万多册，为开展行业文化活动奠定坚实的基础。建立健全“四室一家”(即：党团活动室、网吧室、图书室、荣誉室和职工之家)，累计投入资金近300万元，统一配置室内、室外健身器材和体育设施，为行业文化建设提供有力支撑。加强所站队文化阵地建设，以各具特色的庭院为依托，形成山水、园林等特色。通过细胞建设和特色班组、兴趣小组建设，提升文化底蕴，营造浓厚的文化环境，活跃和丰富职工的精神文化生活。

2. 建立交流平台，用正确的舆论引导人。坚持把开展群众性文化活动与弘扬行业精神、树立行业品牌有机结合起来，寓教育性、知识性、娱乐性于一体，创办“二站一报一刊”的文化阵地建设(即京珠网站、各站所队网站，京珠快报和《湖北京珠》刊物)，为职工搭建学习平台。开通京珠论坛、QQ交流群和OA办公系统，搭建员工沟通交流平台。出版发行了一套高速公路管理体系和服务体系系列丛书，每年拍摄一部京珠纪实片，提炼一部文艺节目，推出一批高质量的文学作品和书画摄影作品，首办全国六省、市“京珠情”联谊活动，加强省际兄弟单位的联系与沟通，使之成为激励广大干部职工昂扬向上、奋发有为的精神动力，充分展示了湖北京珠的文化底蕴和文明风采。

3. 创新文化载体，用良好风气感染人。寻找能让职工喜闻乐见、积极参与的活动载体，抓住群众的精神、物质需求的核心，成立了文学、书画、摄影、艺术、演讲等多个社团和兴趣小组，注重形成京珠特色的“三二一”活动品牌，即三年一次“京珠之光”文艺汇演，二年一次书画摄影展，一年一次职工运动会，丰富职工文化生活。湖北京珠先后培养出“全国五一劳动奖章”贾雪峰、“亿元收费明星、全国交通运输行业文明职工标兵”杨丽、“全国红歌手”陈玲青、央视“非常6+1”明星吕桦等一大批特点鲜明、

个性明显的典型，使其能够感召、引领京珠事业的发展。

(四)以行业文明创建为目标，着力打造一个安全畅通、服务优质的运营体系

1. 以“与微笑同行”为主题，深入推进“微笑京珠”建设。党的十七大把关注民生、提高服务业的比重和水平摆在更加重要的位置。人们已经不再满足于最基本的安全畅通，更多的是希望得到尊重，得到精神的愉悦，得到更文明、更规范的服务。一是升华理念，提供“微笑京珠”的原动力。湖北京珠在服务创新上首开先河，在全省高路系统内首次提出“微笑京珠”品牌目标，制作《微笑京珠实用礼仪》电教片及宣传海报，策划“微笑京珠”征文、“与微笑同行”演讲比赛、“微笑明星”评选活动，逐步将“微笑京珠”服务理念根植于各岗位。二是范围拓展，做到“微笑京珠”全覆盖。以“满意在费亭、舒适在路途、服务在沿线、安全到终点”为己任，制定收费、路政、养护、服务区和机关“五个服务”礼仪岗位标准和行为规范，受到社会的广泛关注和认可，《中国高速公路》进行了专版报道，“省文明行业创建品牌行”媒体采访团走进湖北京珠，深度报道“微笑京珠”服务模式。三是完善机制，巩固“微笑京珠”常态化。建立考核体系，细化考核指标，并委托专业考评公司对基层站所队进行第三方考评，形成层层相扣的管理链条，真正做到三尺费亭微笑服务，执法行政便捷服务，养路护路通畅服务，示范窗口优质服务，机关建设高效服务，不断提升京珠窗口形象和社会满意度。

2. 以“同管一条路”为内容，深入推进“畅通京珠”建设。一是以联手赛的形式，开展“五比五创”创先争优活动。比学习，创一流素质；比技能，创一流业绩；比服务，创一流作风；比团结，创一流队伍；比奉献，创一流形象，建设集“服务站、信息站、救助站、咨询站”于一体的收费站，建设集“法治型、安全型、便捷型”于一体的文明示范路，建设集“公益化、优质化、特色化”于一体的现代综合型服务区。二是以共创建的形式，开展“四好四保” 文明同行活动。秉承“同在一条路，同是一家人”的理念，深入推进“管好路、保平安”的警路共建体系建设、“养好路、保畅通”的社会化养护管理体系、“收好费、保目标”的六省共建机制、“服好务、保形象”的市场化经营管理机制，提升创建的合力和动力。特别是在2008年南方特大雪灾、“5·12”抗震救灾、奥运火炬传递、“绿色通道”等车辆优先快速通行，受到中央首长和交通部领导的赞誉和肯定，被评为“全国交通行业抗灾保通先进集体”和“全省交通行业抗雪保畅先进集体”。同时，成功处置“11·3”黑火药车侧翻、“10·16”特大交通事故等突发事件，切实做到“保安全、保畅通、保稳定”。

3. 以“标准化建设”为主体，深入推进“品牌京珠”建设。按照构建和谐高速公路的管理理念，出版发行了《湖北京珠管理模式》和《高速公路标准化运营管理与实践》，形成自己独特的管理品牌，建立六大支撑管理体，以机电系统升级改造为突破口，形成了现代化的网络管理体系。以机电和通信系统升级改造为平台，建立了现代化的指挥调度系统，全面打造“数字京珠”、“信息京珠”；以高速公路养护为突破口，形成了社会化的养护管理体系，出版了《湖北京珠高速公路养护纲要》指导社会化养护；以标准所建设为突破口，形成规范化的营运管理体系；以警路共建文明平安大道为突破口，建立了“一个窗口办案、一张表格审批、一个声音调度、一流形象执法、一套制度管理、一条道路畅通”六个一的警路共建执法管理模式，在全国建立了首家路警联合指挥调度中心、警路联合执法室；以非主营资产经营开发为突破口，形成多元化的市场监管体系，走市场化的服务区经营之路。以ISO9001国际质量管理认证为突破口，形成标准化的综合管理体系，建立《质量管理体系文件》，形成了科学高效的运作管理体系。

11年来，京珠高速公路车流量及通行费收入逐年攀升。截至2012年6月底，进出口日均车流量已达到6.45万辆，在大交通量、超载重载运输情况下，道路养护质量指数MQI值始终保持在95分以上，工程质量合格率100%，优良率95%，全线服务区顾客满意率95%以上，单公里收入和通行费增幅都名列全省之首。先后荣获“全国五一劳动奖状”、“全国文明单位”、“全国精神文明建设工作先进单位”、“全国交通运输十佳文明畅通工程”、“全国档案工作优秀集体”、“省级文明路”、“省级最佳文明单位”等20多项国家和部省级荣誉称号。被湖北省交通运输厅厅长尤习贵誉为“畅通的京珠、兴鄂的京珠、品牌的京珠、摇篮的京珠”，进一步扩大了湖北京珠品牌在行业内外的影响力和知名度。

四、结束语

高速公路核心价值体系建设是一项长期的系统工程，任重而道远。构建行业核心价值观要始终坚持围绕中心工作，以情系职工、服务基层、提升能力、增强活力为工作切入点，最广泛地调动职工的积极性和创造性，打牢交通“大底盘”，建设祖国“立交桥”，当好交通“服务员”，推进“文明交通示范路”创建工作，促进高速公路全面协调可持续发展。

高速公路舆论危机应对策略探究

湖北省交通运输厅京珠高速公路管理处　王凡昌

“暴利超市”、“高速公路不高速”、“超期收费”、“收费员月入8000元”、“天价通行费”、“首次免费拥堵系发卡所致”，这些热词迅速见诸网络和报端，高速公路在相当长的时间里处于舆论中心。随着社会经济发展，以互联网为代表的新兴媒体、微博为代表的自媒体，悄然改变人们的生活方式的同时，也激发着人们自由表达诉求、抨击时弊、建言献策，无可避免地夹杂着舆论危机风险被加倍放大，局部问题全局化。

一、舆论危机呈现的特点

近年来，高速公路舆论呈现突发性强，关注度高，持续时间长，涉及面广等特点，高速公路成为大众和媒体关注的焦点。

1. 突发性强

高速公路舆论，一旦发生，极易成为新闻爆料和炒作的热点。实践表明，高速公路工作中遇到的绝大多数舆情危机都是在事前毫无预料的情况下突然发生的，并且形成和传播的速度出奇的快，一个普通的事件在网络、微博介入之后，会在几天甚至更短时间内炒得沸沸扬扬，家喻户晓，其新闻点击率之高、传播速度之快、覆盖面之广超乎想象。

2. 关注度高

今年2月18日《楚天都市报》刊发的《湖北高速路现“暴利超市”物价贵过机场“无人”管》，集中反映了我国高速公路管理主体缺位的问题；河南农民时建锋被控偷逃368万过路费被判无期徒刑，随后又启动再审程序，尽管这个“天价过路费案”未有最终结论，但公路高收费现象被关注程度却超出事件本身。如今，随着节假日小型客车免收通行费政策实施，舆论将目光放到了公路本身的公益性上，要求进一步扩大免费范围，直至全面免费。

3. 持续时间长

一般的新闻事件，时间推移，注意力可能会转移或减弱，高速公路舆论也要经过引爆期、爆发期、喷发期、冷却观望、回落期等几个阶段，有时甚至还要循环往复。但高速公路从来就没有逃出过媒体的视野，如“天价过路费案”是2011年1月12日最先被报道出来后，从信息传布形成舆情到最终得到公众接受、事件平息，历时半个月之久；到7月初，该案仍处于侦查阶段，而高速公路“不高速”案则持续几年时间。

4. 涉及面广

目前政府还贷或经营性高速公路运营管理中的收费、路政执法、服务区垄断经营、牵引排障施救、对沿线村民生产生活影响等，还有广东佛山三水大桥收费长达55年多，广东省有6个还贷年限超过100年，其中河源江面收费站是756年，由此引发的涉路案件，比一般的案件更加容易引起社会公众的关注，这些都决定了高速公路极易成为网络舆情关注的重点。

二、应对舆论危机存在的不足

舆情不是“敌情”，对高速公路舆情的反映和关注，眼前或许会让一些高速公路管理单位一时难堪，但从长远来说，对维护人民群众利益、推动社会进步、促进高速公路事业健康发展具有一定的推动作用。当前管理部门应对存在如下不足。

1. 重视程度不够

有的高速公路管理单位不了解网络舆情的特点和规律，导致对高速公路舆论不能正确应对，使一些小问题引爆成大热点；有的单位对舆情危机的破坏力估计不足，采取回避的方式，对舆情听之任之，结果导致事件无法收拾。面对舆论冲击，许多单位陷入了进退维谷的两难境地，他们害怕媒介，断定媒介是“找事”的麻烦源，“封、捂、堵、压、瞒”五字诀时有出现，“防火防盗防记者”心态屡有所闻。

2. 处理方法欠妥

多数高速公路管理单位尚未建立完善的化解矛盾、处置舆情危机的工作机制。在出现舆情后，往往决策迟缓，被动应付，不能及时果断处理。在错过最佳时机后，失去主动权和控制力，导致舆情危机的产生。近年来一些高速公路管理单位在处置舆情危机时，出现诸多失误，引发群众不满，导致事态升级。其实，在应对处置舆情危机上缺席、失语、妄语、诳语，甚至想要遏制网上的不同声音，这些既不能缓和事态、化解矛盾，只能加剧民众对高速公路管理单位的不信任，酿成恶性事件。

3. 缺少舆情应对机构

当前很多高速公路管理单位重视对本单位门户网站的建设，而忽略了在本单位网站上设立投诉咨询、处长（总经理）信箱，更谈不上有专门机构和专业人员负责对舆情的监测、收集、分析。发生舆情危机后，有关部门难以及时获取深层次、高质量的舆情信息，经常造成危机事件处置工作的被动，难以适应当前网络舆情监测的需要。

三、高速公路舆情处置措施

我国从1984年开始，以“贷款修路、收费还贷”政策为起点，陆续出台了一系列支持高速公路行业发展的政策，大力放开高速公路投资、建设、运营市场，积极鼓励社会资本进入高速公路市场，推动高速公路投资主体多元化，为高速公路行业快速发展提供了强有力的保障。国家收费公路政策在促进高速公路行业快速发展的同时，也不可避免地带来了一些不容回避的问题，需要从宏观和微观层面强化解决。

1. 加快收费公路制度建设

当前收费公路的制度建设明显滞

后，跟不上高速公路行业发展速度。当前我国高速公路运营管理已普遍公司化，行政事业化管理的局面被全面打破。但是作为规范高速公路运营管理的高速公路特许经营制度至今没有建立。高速公路特许经营制度不能在国家层面上予以明确，高速公路运营管理公司化就不能被公众广泛接受和认同，高速公路运营管理公司的责权就不明确，高速公路运营管理单位的权益就缺乏制度化的保障。现在在很大一部分人眼里，高速公路运营管理仍然是行政事业化管理，高速公路运营管理单位不是一个高速公路运营服务提供商，而是政府的一个机构，从而导致公众对高速公路运营管理工作的极大误解。事实上，高速公路的投资者也需要得到合理的资本回报。

2. 加大收费公路的合理性论证与宣传

当前收费公路宣传滞后，导致公众的误解越来越深，质疑声音越来越大。目前，公众对收费公路政策缺乏最基本的认知，对收费公路政策给我国公路事业带来的巨大推动作用缺乏认同，对高速公路运营管理单位在高速公路建设、管理、养护过程中所做的工作缺乏理解。公众仅仅认识到了高速公路的公共基础设施属性，却完全忽略了高速公路建设管理者的利益。

应该看到，在当今世界各国，没有真正免费的高速公路，有的只是收费方式的区别。当前国际上收费方式主要有两种：显性收费和隐性收费。所谓显性收费，就是设立收费站；所谓隐性收费，就是通过税收来实现。不可否认，个别路段的确已经收回投资成本，收入也十分可观，但是也应看到我国大部分路段并没有收回成本，甚至收入还不够偿还银行利息。因此，需要对省级层面的“统贷统还”政策，做好合理性与合法性论证，并及时向社会宣传，以免社会舆论“以偏概全”。

3. 客观、及时、具体地回应公众质疑

不容置疑，在收费公路政策执行过程中，存在着一些钻法律政策漏洞的现象，但这些不是主流。我们高速公路运营企业有义务让公众知道收费公路的全貌。面对“天价通行费案”、“央视物流成本调查”、“上市公路企业暴利”等网络热炒的行业危机事件，各个受质疑单位大多应对乏力。例如，在被指出存在暴利的上市公路企业，没有一家公开回应质疑。正是这种集体沉默，让公众舆论站到了高速公路运营企业，甚至收费公路政策的对立面。

4. 主动对外宣传，拓展宣传渠道

我国的大部分高速公路运营单位不是事业单位，就是国有企业，行政色彩较浓厚，市场竞争压力小，对平时对外宣传工作认识不足、重视不够，缺乏对外宣传的积极性和主动性。目前，高速公路运营企业对外宣传工作普遍存在着“等、靠、要” 的思想，大多依赖于政府交通部门对交通成就的宣传，没有自己独立的宣传渠道和举措。公众就是由于缺乏对高速公路运营企业的了解和认知，才把高速公路运营企业作为政府部门看待，潜意识里让高速公路运营企业承担越来越多的社会责任。要改变这种现状首先必须改变宣传工作思路，增加对外宣传的重视程度，定期通过报纸、电视、网络等渠道对外宣传。

5. 加强危机管理，增强危机公关能力

危机管理在竞争性行业企业已非常普遍，但在高速公路运营企业还相对陌生。面对高速公路行业日益频发的危机事件，高速公路运营企业加强危机管理，增强危机公关能力。要加强企业危机管理，必须加强制度建设，建立系统化、科学化的危机管理制度，明确和规范处置危机的流程和步骤，设置专门的危机管理部门，建立“发言人”制度，建立组织与公众沟通的正式渠道，最大限度地掌握舆论主导权。

6. 加强与媒体单位的沟通

舆论是左右危机事件走向的主要力量，特别是目前电视、报纸、网络等媒体高度发达的时代，舆论的力量更是不容小觑。众多的实例表明，面对媒体如果采取“鸵鸟政策”，一味回避，只会丧失舆论的主动权，最终导致公众误解越来越深。高速公路运营单位要在日常工作中加强与本区域主流媒体的沟通联系，定期邀请媒体记者对本企业的一些重要活动、成绩进行采访和宣传，增强互动，加强相互了解。面对媒体的不实报道，尽量不要指责媒体，这样只能制造对立，不利于争取媒体。要通过正常的渠道和媒体进行沟通，做出充分具体的解释，纠正媒体的认识。

培育扶持　依法管理 全面提升我省高速公路清障施救服务水平

湖北省交通运输厅汉十高速公路管理处　吴玉升　童岗

一、引言

中部崛起，交通先行。近年来，素有“九省通衢”美誉的湖北省高速公路发展日新月异，通车里程已突破3700公里，“四纵四横一环”高速公路网基本形成，湖北承东启西、接南纳北的区位优势日益凸显。

随着我省高速公路通车里程的不断延伸和路网的逐渐形成，高速公路车流量日益增大，根据有关部门统计数据：京港澳高速G4湖北段日均车流量40000辆左右，福银高速G70湖北汉十段日均车流量为60000余辆，仅以上二条高速公路日均车流量就达十万辆，全省高速公路日均车流量数字更为可观，超过三十万辆之巨。这么多的车辆每天行驶在高速公路上，必然会发生故障或交通事故，高速公路清障施救工作的重要性也日益突显。近年来，一系列关于施救公司收取“天价”施救费的事件不断见诸于媒体，例如：2011年8月19日，浙江在线—钱江晚报报道，山东人于师傅驾车在杭新景高速浙江建德境内发生交通事故，新安江高速建德施救有限公司竟然收取他3万元的“天价”施救费；2011年3月鲁Q34099在京沪高速淮安段发生追尾事故，江苏淮安经济开发区互通高速吊装中心收取了该车司机12300元施救费；2009年8月5日，华商网—华商报报道，陕西铜川市事故救援中心收取事故车“陕B138××”车主9800元事故救援费，而从事故现场至停车场不到40公里路程等，媒体称“高速公路施救如同打劫，让人触目惊心”。这些事件，严重影响了高速公路的形象和声誉，引起了业内人士、高速公路管理部门、政府有关部门乃至全社会的共同关注及深刻反思，凸显规范高速公路清障施救服务及收费的紧迫性和重要性。

二、我省高速公路清障施救服务工作现状及存在的问题

我省高速公路清障施救服务工作，伴随着高速公路的快速发展，随着投资主体多元化，管理主体变化，经历了由高速公路管理机构三产配套服务，交通、公安两家共营，高管支队直管，交通免费牵引，以地方性法规即《湖北省高速公路管理条例》(以下简称“高管条例”)明确由高速公路管理部门监管的发展过程。2009年6月1日《高管条例》正式实施，清障施救服务工作被赋予新的内涵，湖北省交通运输厅高速公路管理局和湖北省公安厅高速公路警察总队共同规范清障施救管理，积极培育市场，优化经营环境，我省高速公路清障施救服务水平有了显著提高。但冰冻三尺，非一日之寒，这种提高是在过去低水平服务之上的提高，与人民群众、广大司乘人员的期望值相比还有较大差距，与我省高速公路的发展要求还不适应，不匹配，主要存在市场发育不成熟，准入资质不明确，监管体系不完备，应急保畅不高效等方面的问题。

(一)市场发育不成熟

当前，我省高速公路清障施救市场正处于转型发展的关键时期，原有的市场格局已经打破，新的市场形态正逐步形成，行业垄断、地区封锁在一定范围内仍然存在。各条路之间车流量差异巨大，车流量大的路段，施救公司不请自来，争着、抢着要；车流量小的路段给了一些优惠条件还是没人愿意去，因高速公路车流量过小导致市场配置资源的有效性无法得到发挥。全省统一开放、进出有据、资源配置高效合理、企业经营规范有序的清障施救市场发育成熟还需假以时日。

(二)准入资质不明确

清障施救公司作为高速公路上提供清障施救服务工作的经营

主体，其管理水平、经营理念、设备配置、站场建设、人员素质直接关系到清障施救的效能、服务质量、诚信经营，直接影响高速公路形象、声誉。目前，行业主管部门对进入高速公路从事清障施救经营的企业尚无明确、细致的标准和规范。

1.施救设备无标准

根据调查统计，我省28家高速公路清障施救公司施救设备装备水平现代化、专业化程度不高，各公司间千差万别，没有统一的施救设备配置标准。95%以上没有购置吊车、转货车，无液压破拆设备，大部分公司的配置基本为一中(35吨左右)、一小(10吨左右)两台拖车，一台皮卡巡查服务车；设备配置好的公司有一台小型吊车(20吨左右)、中型转货车(10吨左右)。这样的施救设备配置水准，在目前车流量不大、交通事故率低的路段(如杭瑞、大随)应对可勉勉强强，但在车流量巨大、交通事故多的京港澳、沪渝高速公路，则往往力不从心，捉襟见肘。

2.施救站场不完备

一是站场设置不科学、合理，有的施救公司经营路段长达245余公里，出于节约经营成本、员工生活方便考虑，只设有2个施救站，有的施救站还设在经营路段的顶端，延长了出警反应时间，增加了司乘人员负担。二是站场设施简陋，有的事故车简单维修后就可行驶，可施救站不能提供简单的维修服务，还得再次拖到修理厂维修，增加了车主拖车费用。三是施救站管理混乱，有的甚至根本就没有正规停车场，随意停放在马路边，安排一、两个

人看守，屡次发生车上货物、车辆配件、油料丢失，导致货主、车主投诉。

3. 施救人员不专业

目前，各施救公司从业人员绝大部分为临聘人员，素质参差不齐，没有经过系统的施救专业化培训，很多员工是抱着做一天和尚撞一天钟的思想，这也带来施救公司管理上的种种弊端。一是操作失误，酿成事故，一些施救公司发生过因员工违规操作牵引，造成故障车辆、拖车同时侧翻，车上乘员死亡的责任事故，给司乘人员、公司本身带来了巨大的损失。二是漫天要价，胡乱收费，甚至侵吞公款，中饱私囊。由于员工流动频繁，临时观念重，部分员工存在捞一把就走的思想，不按物价局规定标准乱收费，对清障收入隐瞒不交，在损坏社会公众利益的同时损坏企业利益。三是伺机钻营，违法乱纪，勾结个别司机钻政策漏洞，偷逃高速公路通行费，甚至冒充路政人员向事故车辆收取路产损失赔偿费。

(三)监管体系不完备

一是服务对象无法监督，由于施救公司具有部分垄断经营的性质，服务对象掌握信息不对称，对清障施救政策、收费标准、服务规程大多不甚清楚，始终处于被动接受地位，除非价格确实离谱，一般对超范围、超标准收费不会太较真。二是物价部门不便监督，清障施救作业远离城区，属野外作业，大多数清障施救作业又发生在夜间、节假日等非行政日常工作时间内，加上物价部门人员偏紧，很难经常到施救现场对其服务进行监督检查。三是企业内部无力监督，大部分施救企业只有一至二人负责，在管理上仍沿袭过去的作坊式、车间式管理方式，只侧重对经济利益的诉求，尚未建立现代企业管理体系，无法随时掌握经营状态，施救现场管理存在大量真空地带。四是公路部门有限监督，尽管高速公路管理部门制定了《湖北省高速公路清障施救服务标准和规程》、当事人回访等规定标准，相比过去有长足进步，但仍缺乏系统的行业监管规范体系，利用科技手段开展清障施救作业全方位、同步实时监管尚不多，无法实现清障施救监管无缝隙、全覆盖、多途径、高效能。

(四)应急保畅不高效

清障施救企业以利润为核心的经营方略，导致企业尽量压缩施救设备、人员配置，尤其是使用率不高的吊车、大型拖车、转货车，几乎全部为临时租赁。在大雾、冰雪等恶劣天气集中、事故频发的秋冬季，一次连锁事故往往要清障十几、二十几台车，租赁来的设备有时要等几个小时才能到达事故现场，道路疏通时间长达近十个小时，只能选择在就近的站所进行分流，清障完毕则要近两天，高速公路的通行效率大为降低，根本无法满足应急保畅的现实需要。

三、培育扶持，依法管理，提升高速公路清障施救服务水平

面对“十二五”期间我省高速公路继续快速发展的形势，高速公路管理部门要大胆进行探索创新，积极培育市场，促进市场发育成熟，尽快制订高速公路清障施救执业资格准入与退出标准，健全多方联合监管体系，提高应急保畅效能，坚持培育扶持与依法监管并重，勇于突破，先行先试，与清障施救公司合力打造我省高速公路清障施救行业服务品牌。

(一)加快培育市场成熟

一是加大市场培育力度。积极争取政策支持，加快全省统一开放的清障施救服务市场体系建立。伴随着“十二五”期间我省高速公路通车里程的不断延伸，清障施救市场也将随之扩大，要研究制定有利于开放市场、有利于公平竞争的各项规则和制度，打破行业垄断和地区封锁，积极引进管理先进、设备精良、诚实守信的企业进入我省高速公路清障施救市场。

二是净化市场运行环境。行业主管部门要联合地方政府、公安、工商等相关职能部门，开展联合整治非法清障施救，加大对非法施救行为的打击力度。同时，各方监管单位部门和人员一切管理工作以帮助企业做大做强为出发点，杜绝吃拿卡要行为，以提高清障施服务质量为根本目的。

三是优化企业经营环境。路政、物价、税务、高警等管理部门要深入施救站点一线，开展座谈、调研等，全面了解解决企业发展实际困难，为企业健康发展出谋划策，并在施救站点选址建设、人员安全教育培训、企业规范运营管理等方面给予大力帮助和扶持。

(二)建立准入退出机制

为促进清障施救工作健康稳定发展，可以借鉴ISO9001质量管理体系模式，制订一套科学合理的高速公路清障施救企业准入标准规范，主要涵盖站场建设、管理制度、人员队伍、设备配置、操作规程、服务质量、信息公开及应急保畅等八个方面的内容，为加强清障施救行业监管、提升服务质量水平奠定坚实的基础。

1. 站场设备标准化

一是施救站建设标准化。要根据车流量、高速公路地理结构特点科学确定清障施救站的服务里程，车流量小、平原路段可适当长一点，车流量大、山区高速应适当短一些，不搞一刀切。站内服务大厅、值班备勤室、装备档案室、会议室、车辆停放转运场等办公生活场所须基本齐全。

二是清障设备标准化。如大型牵引车、平板小拖车、吊车和中型转货车、液压破拆剪等配置必须按照标准到位，否则不能从事高速公路清障施救经营。大力扶持和培育管理先进、设备精良、诚实守信的企业进入清障施救市场，逐步建立成熟开放、竞争有序的清障施救市场。

2. 管理监督规范化

按照《湖北省高速公路清障施救服务标准和规程》的要求，施救公司内部有完整的管理规章制度，制订日常值班备勤、人员教育管理、清障施救流程、突发事件应急处置等规范，人员岗位职责、收费标准、监督举报电话等上墙公示。车门两侧喷印清障施救服务单位全称，车身醒目位置订装省价格主管部门核定的收费标准及服务、监督投诉电话公示牌，做到用制度管人、按规章办事，推进施救企业向规范化管理轨道迈进。

3. 从业人员专业化

按照着装规范、举止文明、业务娴熟、守法经营、安全高效的标准，对所有施救从业人员实行资格准入制，统一实行半军事化管理，严格落实全天候值班备勤管理制度，反应快速，确保白天5分钟内出动，夜间10分钟内出动，在45分钟内到达现场。所有员工必须全部通过培训学校清障施救从业人员培训考核，确保每一名从业人员统一服装，持证上岗，挂牌服务，实现“服务文明、用语规范、按章收费、守信操作”的服务准则。

(三)内外结合全面监管

清障施救工作的重要性，决定其必须将监管工作提高到经济发展、社会稳定、民生民情的高度，充分发挥社会各项资源，逐步形成企业自律管理、社会监督管理、行业检查管理三方结合的清障施救监督管理机制。

一是健全内部监督体系。施救企业入驻之初，路、警、企三方就签订了清障施救监督管理与服务承诺书，明确三方监督管理与经营服务职责。充分利用科技手段，在施救车辆上安装GPS定位无线视频实时传输系统，对施救行为实现远程实时监管。请每一位服务对象认真填写施救服务意见反馈表并在一个月内由管辖路段路政大队长进行服务质量电话回访，督促施救企业和从业人员按要求公布信息、按标准收费、按规范操作、按实际开票。同时，路政、高警不定期利用路面巡查、深入企业调研等形式，对施救服务质量、收费标准执行等进行全面监督考核，发现问题、不足及时督促整改，并纳入年度考评。

二是搭建社会监督平台。充分利用电视、广播电台、网站、报纸等媒体平台，开辟专栏积极开展清障施救政策、收费标准和服务规程宣传，扩大信息的公开度和公众知晓率，解决信息公开不对称的问题。邀请沿线地方政府、人大、媒体及运输企业、车主等单位、部门代表深入到施救企业，跟随施救人员深入施救现场，全面了解清障施救服务流程规范和政策标准，开展清障施救正面引导报道。定期联合地方物价、工商、税务等职能部门，深入企业调查研究收费标准、协助办理企业登记、督促落实税务发票等问题。通过全方位的社会监督，促使施救企业规范经营，优质服务。

三是健全整改通报机制。针对内部检查与外部监督发现的各类问题与不足，要求清障施救企业落实到相关责任岗位和人员，限期整改完善，并通过网络、电话及书面报告等方式向监管部门进行反馈。如服务对象通过96576、电话服务回访等方式对清障施救服务进行投诉举报，由路政、高警、物价、税务等部门组成联合调查组进行联合调查认定，并将调查结果、处理办法及时向举报人和施救企业通报。

(四)路域联合应急保障

将清障施救企业纳入应急保障体系，建立以高速公路路段信息监控、路政、养护、高警、清障施救企业及地方应急力量为主体的应急组织保障，形成“快速反应、协作配合、服务高效、安全有序”的应急处置体系。

一是探索路域应急保障体系。按照《突发事件应急处置预案》相关规定，将清障施救企业作为一支重要的快速救援处置力量编入到路域应急处置体系中，同时整合地方资源，按照平急结合的原则，通过合作、签订协议等方式，将地方应急资源作为机动力量融入高速公路应急体系。在每年防冻防滑、防汛抗灾时期，集中各方全部力量，随时待命，统一调度指挥、密切联系、协作配合，实现紧急情况接报后能迅速有效地处置。

二是实施清障施救规模经营。施救力量分散，小规模企业多，在一定程度上影响了施救服务水平的整体发挥，降低了应急救援效能。为满足社会公众对高效率、高水平清障施救服务的需求，全省高速公路清障施救经营企业应朝着集团化、规模化的方向发展，合理布局站点，购置先进设备，提高市场风险抵御能力。

三是通过实战演练提升效能。在“联动-2010”全省高速公路路网联动应急处置演练中，施救企业积极参与，根据指挥中心统一部署，投入大量人力物力，密切配合协同各方，联合路政、交警等单位积极做好道路交通管制、路面巡查及信息发布等工作，确保演习顺利完成、达到演习预定目标，应急保障能力得到锻炼提高。

四、结束语

随着高速公路快速发展，清障施救工作还有一个长期探索和发展的过程，作为管理者与经营者都应在充分认识行业特点、本质属性、发展挑战等基础上，以服务社会公众、为司乘排忧解难为出发点，以提高高速公路安全服务水平为目的，同心协力，先行跨越，积极培育扶持清障施救市场，逐步规范清障施救管理，充分发挥清障施救的公共服务功能，共同做好高速公路清障施救工作，让清障施救成为高速公路通行、安全、救助等诸多服务环节中完美的一环。

交通行政事业单位内部控制体系建设

湖北省交通运输厅汉十高速公路管理处　陈长江

2008年五部委联合颁布了《企业内部控制基本规范》，标志着我国已建立起了符合中国国情和企业特色的内部控制制度架构，这对于完善社会主义市场经济体制、深化现代企业改革、提升企业抗风险能力和核心竞争力必将产生极其深远的影响，对于全面提升企业经营效率、有效促进资产安全完整、合理防范资金管理风险等方面具有十分重要的意义。然而，行政事业单位内部控制的理论研究和实践探索相对还比较滞后，没有形成能够支撑指导实践运作的内部控制概念框架体系和有效操作模式，这不仅影响了财政管理的深化改革和公共资源的配置使用效益，而且造成了预算执行单位不会主动加强预算资金的内部控制和监督管理。因此，加快行政事业单位内部控制体系建设是一件极其紧迫的大事，必须深入研究新的理论架构，不断探索新的管理模式。

一、交通行政事业单位内部控制体系建设的必要性

行政事业单位内部控制是指为了实现公共管理职能目标，合理配置公共资源，促进行业又好又快发展，针对预算资金及公共资源的配置、使用、监督、考核等行政管理程序，由决策者、管理者、执行者、监督者等相关主体共同参与实施的一个责权明晰、管控有效、制衡互动的综合性、立体式、全过程管理活动。

交通行政事业单位是根据政府管理职能从事交通基础设施建、养、管、运的行业管理部门，主要依靠政府性投资促进行业又好又快发展，依托行政事业性收费弥补建养管经费不足，依据财政部门预算管理内部经济活动，具有预算资金投入大、预算执行单位多、资金使用风险高、内部控制责任重等特点，因此，加大内部控制体系建设力度更显得十分必要和迫在眉睫。

（一）内控体系建设是坚持依法理财、促进行业发展的关键。

《会计法》明确规定“各单位应当建立健全本单位内部控制制度”。交通运输是经济社会中一个具有基础性、先导性、公益性和服务性的行业，交通基础设施主要依靠政府性投资和投融资建设，交通行政事业单位的资金来源主要是财政资金，因此，筹好、用好、管好交通资金，是促进行业快速、健康、持续发展的基本前提条件，而科学完善的内部控制体系最为关键。只有加强内部控制体系建设，做到收支行为规范化，财务管理科学化，内部控制法制化，避免投资决策失误，降低资金使用风险，防范国有资产流失，从源头上制止腐败等经济犯罪事件的发生，才能确保依法理财工作的顺利实施。

（二）内控体系建设是实施部门预算、强化财务监督的基础。

政府管理财政资金主要是依靠财政部门预算、收支两条线、国库集中支付、政府采购控制来实现，行政事业单位则主要依托预算管理和财务监督等内部控制体系来管理经济活动，其中预算管理是一个以预算为标准的管理控制系统，包括部门预算的编制与分配、执行与管理、监控与检查、考核与评价等；财务监督是一个以审核为手段的会计控制系统，包括原始凭证的审核与审批、制证与记账、账簿与报表、分析与审计等；只有加强内部控制体系建设，依托预算控制实现宏观经济总量管理，依托会计控制实现财务收支效益管理，依托审计控制实现违纪违规预防管理，才能确保部门预算项目的有效执行。

（三）内控体系建设是规范会计工作、提高信息质量的保证。

会计工作是一切经济活动的基础性工作，会计信息资料是经济运行过程和结果的综合反映，会计核算和监督的基础性地位，决定了会计控制在内部控制体系中的基础性核心地位。会计核算和监督的过程，就是实现会计控制的过程，主要包括会计基础控制，会计核算控制，会计分析控制，会计报告控制等。只有加强内部控制体系建设，通过会计处理程序控制，发挥会计事前防护、事中调节、事后反馈和检查评价功能，建立不相容机构和岗位之间权责分明、相互制约、相互监督机制，抓好会计基础工作规范，才能确保会计信息的真实性、及时性和完整性。

（四）内控体系建设是合理配置资源、保护资产安全的需要。

从价值角度讲，行政事业单位所掌握的都是公共资源和国有资产，对这部分公共资源进行规划、配置、使用和管理，基本上都采用以行政指令机制为依托的预算指标分配或财政转移划拨的方式，因此，预算指标的控制不但是科学配置公共资源所依赖的技术工具，更是对所属单位不合法、不合理、不合适预算需求的制约手段。只有加强内部控制体系建设，从源头上体现科学配置、合理公正、堵住漏洞和防范风险，从管理上避免盲目建设、重复购置、铺张浪费和资产闲置，才能提高公共资源配置、使用和管理的综合效益，才能确保财政资金和国有资产使用安全。

二、交通行政事业单位内部控制的薄弱环节

我国政府还没有从内部控制的角度出台行政事业单位的内部控制责任、内部控制准则、内部控制实施、内部控制评价和内部控制审计等规范体系，有关内部控制的内容都分散在财政、审计、人事、会计等法律法规或规范性文件中。各交通行政事业单位只能根据政府相关法律法规或规范性文件，

参照企业内部控制的理论和应用经验，结合本单位具体实际和预算管理需要，制定一些内部管理和控制制度，内部控制体系建设还是个薄弱环节，主要表现在以下四个方面：

(一)内部控制意识淡薄，内控制度缺乏约束力。

内部控制意识是内控环境建设中的一项重要内容，良好的内部控制意识是确保内控制度得以健全和实施的重要保证。由于一些单位领导重事业发展，轻内部管理，对内部控制体系建设的重要性理解不够，没有认识到内部控制体系是一种业务运作过程中环环相扣的动态监督机制，也没有意识到管理者和业务部门在内部控制过程中应当承担的职责，内控意识淡薄，自我意识严重，造成了内控制度不健全，目标责任不明确，控制性条款明显缺乏，而领导凌驾于制度之上，内控制度未能发挥其应有的作用。

(二)部门预算控制不严，资金使用随意性较大。

部门预算有一套严格的编制审批程序和操作管理系统，预算控制是内部控制的核心环节，但在一些单位仍较薄弱，主要表现为：一是预算编制不精细，尤其是项目支出预算的可行性调研不深入、分类项目金额测算不准确、专家论证和评审程序不到位、项目预算的前瞻性和预见性不充分等。二是预算执行不严格，尤其是项目间随意调整挤占、任意扩大开支范围和开支标准、管理过程和计量报销程序简单等。三是考核机制不健全，尤其是预算执行检查走过场、绩效考核与预算执行未挂钩、预算监督机制弱化、处理问题避重就轻等。

(三)会计基础工作薄弱，财务监督作用难发挥。

会计系统控制主要借助会计基础工作和财务监督来实现，而交通行政事业单位的会计基础工作普遍薄弱，一是会计人员综合素质不高，业务知识培训不多，监督管理责任心不强；二是会计核算不规范，原始凭证审核不严格，会计科目应用不准确；三是会计报表报送不及时，财务综合分析不全面，档案信息资料不齐全；四是项目预算执行不对应，专款专用得不到保证，预算执行检查不坚持；五是财务复核制度形同虚设，项目招投标程序缺乏监督，内部审计监督严重滞后。

(四)固定资产重购轻管，往来款项管理较松散。

行政事业单位实行政府采购后，固定资产的购置得到了一定的重视和控制，但对资产的使用、维护和管理一直是薄弱环节，一是固定资产账簿登记不及时或不同步，有些自建、购入或接受捐赠的资产不及时入账，有些已经毁损、遗失或报废资产不及时核销，从而造成账实不符；二是高速公路建设形成的路产和房屋、车辆、设备、机电等其他固定资产移交转账严重滞后，有些路段交付使用多年还没有移交固定资产账，而有些移交清单中的固定资产却根本无实物；三是固定资产日常管理不规范，验收、发放、交接手续和保管责任不明确，固定资产使用卡片不建立，定期盘点不坚持，有些可移动的小型固定资产长时期无人问津，因而极易遗失或“私有化”。

三、交通行政事业单位内部控制体系的主要内容

行政事业单位内部控制是指主要通过会计工作和利用会计信息对单位内部各项经济活动所进行的指导、调节、约束和促进等活动。内部控制的要素包括五个方面，即控制环境、绩效评估、控制措施、信息与沟通、综合监督。内部控制体系的主要内容分为管理控制、财务控制、监督控制三大系列，其中管理控制包括基层员工配备与管理的控制、人员分工分班与岗位职责的控制、项目论证决策与招标程序的控制、工程计量与变更的控制、施工质量管理与安全风险的控制、资产配置与使用管理的控制等；财务控制包括收入政策执行与稽查补征的控制、人员工资与津补贴的控制、日常经费开支与公务消费的控制、项目成本与工程造价的控制、预算外项目与超预算开支的控制等；监督控制包括财经法规与内控制度执行的监控、招投标过程与投诉举报的监控、项目结算与内部审计的监控、权力部门与廉政风险的监控等。主要实施措施应以预算控制和会计控制为重点，以绩效考核和风险评估为导向，以会计系统专业化和管理系统规范化为前提，以内部监督和外部监督为手段，实现综合性、立体式、全方位控制和监督。根据行政事业单位内部控制的基本概念和原理，结合交通行政事业单位的特点和现状，这里只概述以下四个方面。

(一)部门预算执行的内部控制。

行政事业单位随着财政管理体系的深化改革，已全部纳入到财政部门预算和国库集中支付管理范围，因此，预算控制在行政事业单位内部控制中的地位和作用是越来越重要。主要通过以下四个层面进行内部控制：一是依托预算编制机制实现“总额概念控制”，即通过资源总量的合理分配、预算项目的科学设置、预算标准的定额管理、预算审批的严格把关等宏观控制，以确保预算编制的全面性、合理性、可行性；二是依托预算执行机制实现“操作流程控制”，即通过预算总额的分解下达、用款指标的分期申报、项目实施计划的逐级审批、招投标过程的规范操作、合同计量支付的严格审核等过程控制，有效防止预算外项目的实施或越预算开支，以确保预算执行的严谨性、及时性、有效性；三是依托审计考核机制实现“绩效评价控制”，即通过预算执行情况的定期检查、项目进度指标的跟踪考核、项目计量支付的结算审计、预算项目实施的效果评价等监督控制，以确保预算监督的约束性、跟进性、时效性；四是依托年终决算机制实现“末端结果控制”，即通过预算项目的分类核算、项目成本的综合分析、合同结算的对照比较、项目资料的归集整理、决算报表的汇审汇编等结果控制，以确保预算结果的合法性、真实性、完整性。

(二)会计审核监督的内部控制。

会计控制是指各单位依托会计系统专业化的核算机制和监督机制，对

日常经济管理活动和资金支付结算行为进行专业化内部控制的方法、手段和程序等，属于内部控制的核心举措。主要通过以下四个层面进行内部控制：一是会计基础控制，即通过会计机构及岗位职责的设置、内部财务管理制度的建立、财务开支审批签字程序的规定、合法原始凭证的要求、部门预算编制上报的程序等基础性工作，实现对财务管理的宏观控制；二是会计核算控制，即通过会计核算的相关规定以及会计凭证、账簿、报表的填制、登记、编报等专业化工作，记载各单位资源配置、使用、管理中的相关原始信息，准确掌握被核算对象的内容、项目和对应性的数据资料，实现对财务收支的实质性控制；三是会计监督控制，即通过对原始凭证合法性的审核、对报销审批程序的审查、对项目实施是否符合预算管理规定、项目计量支付是否按合同执行、项目结算是否经过内部审计等监督程序，实现对经济事项的真实性控制；四是会计分析控制，即通过建立会计分析指标系统，对会计核算和报告中的相关信息进行针对性量化分析，形成便于决策、利于管理应用的信息资料和建设性意见，提出加强内部控制的措施，对不合法、不合规、不合理的经济事项进行纠正和调整，实现对会计信息的综合性利用。

（三）项目决策风险的内部控制。

项目支出预算在行政事业单位部门预算体系中占有很重要的分量，主要是由各单位按需求申报，上级主管部门和财政部门则依据所报的项目文本进行审批，而对项目的必要性、可行性、时效性等决策及实施过程缺乏风险评估机制，因此，项目风险的内部控制尤其重要。主要通过以下四个层面进行内部控制：一是项目决策过程的控制，即通过专家评审会或投资风险评估等方式，对项目的必要性、可行性、效益性和设计方案进行专业论证，防止随领导主观意识盲目决策上项目，实现投资风险控制；二是项目招投标过程的控制，即通过严谨编制招标文件和严格审查项目清单等内部管理工作，确保标书满足项目设计要求，再通过申报政府采购审批程序选择好招投标代理单位，组织专家对招标文件进行评审，确保招投标运作程序规范，实现招标风险控制；三是项目实施过程的控制，即通过对项目施工组织方案的评审、实施现场监理责任制、建立多层次质量检测和安全保障体系、完善隐蔽工程和项目变更登记制度等措施，确保项目顺利实施，实现施工风险控制；四是项目绩效评估过程的控制，即通过对项目的竣工验收、结算造价审计、质量和安全评价、使用效果评估等工作，确保项目经济效益和使用效果双优，实现绩效风险控制。

（四）资产配置管理的内部控制。

行政事业单位的资产形式主要为实物资产，包括房屋、车辆、专用设备和办公设施等固定资产，而交通行政事业单位除上述公共性固定资产外，还有交通工程投资建设、交通建养管机械设备配置、交通信息化机电设备及备用件存货、交通附属固定资产的更新改造、交通执法装备和服装的配备、高速公路基层站所集体生活设施的配备等资产性配置管理范畴，因此，资产配置管理的内部控制具有独特的意义和作用。主要通过以下四个层面进行内部控制：一是资产性投入分配的控制，即通过对预算项目的编制审查，合理分配和控制基建性投资和更新改造项目的资金，有效防范因随意更新改造维修而造成的资产损失和浪费；二是公用资产配置的控制，即通过对公用资产的规范化管理、标准化配置、常态化维护和科学化调配，严格控制配置范围、配置标准和配置年限，有效防范因随意追求高配置而造成的资产过剩和浪费；三是政府采购程序的控制，即通过对预算指标的政府采购规定，严格按照政府采购目录的范围、标准和财政审批的计划执行，并控制政府采购的计划申报、采购方式、代理单位、确认支付等操作程序，有效防范因随意违规采购而造成的质量和腐败问题；四是资产使用管理的控制，即通过设立资产调配的审批权限、明确资产管理的职责范围、完善资产使用的内控制度等管理措施，进一步规范固定资产的购入、验收、领用、保管、维护、报废等程序，有效防范因随意放松管理而造成国家资产损失或“私有化”。

四、交通行政事业单位内部控制体系建设的措施

内部控制体系是各单位利用内部管理分工而建立的相互制约、相互联系、相互促进的关系，并由一系列制度化、规范化、系统化的具有控制职能的方法、措施、程序构成的严密而完整的体系。高效的内部控制体系有助于各单位保证国家财经政策和部门预算的贯彻执行，确保经济和会计信息资料的正确可靠，维护国有资产的安全完整，提高工作效率和经济效益，提供良好的审计工作基础，提升服务社会的能力。

内部控制体系建设应遵循以下五个原则：一是全面性原则，即内部控制必须渗透到各项业务过程和各个操作环节，覆盖所有的部门和岗位，做到无所不控；二是有效性原则，即内部控制必须真正落实到实处，充分发挥控制作用和时空效果，树立“内控先行”的思想，成为所有干部职工严格遵守的行动指南；三是制衡性原则，即内部控制必须在决策、执行、监督等不同职能部门之间和对不合法、不合理、不规范的经济行为起到制衡作用；四是审慎性原则，即内部控制必须有效防范各种风险，对可能存在的风险和容易发生的问题，设立适当的操作程序和控制步骤来避免和减少风险；五是独立性原则，即内部控制的监督、检查、评价部门必须独立于执行部门，对各业务过程和各个环节实施动态监管，并向不同的管理人员报告检查结果和相关工作。

（一）树立正确、科学、创新的内部控制建管理念。

行政事业单位要有效实施内部控制管理，首先要树立正确、科学、创新的理念，包括：项目由专家论证和集体决策的理念、依法理财和制度先行的理念、优化权力流程和权责对等

的理念、内控管理和廉政建设并重的理念、专业控制和全员监督的理念等。因此，内部控制体系建设必须引起单位最高领导层的高度重视，使单位负责人真正确立起对财务会计工作和内部控制体系建设的“第一责任主体”意识。内部控制建设除该体系的内容、制度、措施要全面、可行、有效外，还包括控制环境、会计系统、应用程序三个方面和事前防范、事中控制、事后监督三个环节。此外，内部控制管理还应该建立统一的认识：内控制度体系对事不对人，单位的任何部门和个人，在制度编制和体系建设过程中都可以充分地表达其意见和建议，但制度一经制定就必须严格遵照执行，不搞特殊，不乱开口子，使各项业务和内部管理处在可控状态，确保内部控制体系高效运行。

(二)建立有利于内部控制长效运行的体制机制。

内部控制体系建设并不难，难的是如何发挥其长期高效运行的作用，这就需要建立与内部管理相适应的体制机制。一是构建科学合理的多层级内部控制管理组织体系，对内控制度的编制、讨论、审查和批准，内部控制的执行、调整、分析和协调，运行情况的检查、考核、监督和评价，均要有专人负责；二是建立内部控制执行情况的考核评价体系，结合各部门的职责和权力，运用定量评价与定性评价相结合、静态评价与动态评价相结合、机关评价基层与基层评价机关相结合等方式，形成责、权、利挂钩的机制；三是充分发挥审计和监察的服务职能，审计和监察部门不单纯是内部控制的监督机构，更是单位内部控制的免疫系统，应该在内控体系运行过程中起了防范、指导和服务的作用。

(三)营造良好的内部控制环境和全员参与意识。

内部控制体系建设和有效运行需要良好的内部环境，它的好坏直接影响到单位内部控制的遵循和执行。一是要找准失控环节，明确内控重点，以规范权力运行为主线，以完善制度建立为抓手，以加强勤廉教育为切入点，将内控体系建设与反腐倡廉建设有机融合；二是要重视职业道德规范建设，加强员工综合素质培训，提高财务审计人员的专业法规素质，建立信息化管理系统，形成良好的单位文化体系；三是要领导重视，员工配合，分工合作，相互促进，形成全员参与、全员控制、全员监督的良好氛围。

(四)完善内部控制的岗位职责和考核评价体系。

内部控制体系建设、实施、监督是一个有机整体，必须形成单位领导全面负责、职能部门具体执行、财务会计审核把关、审计监察检查监督的闭合体系，必须建立健内部控制的岗位责任制和考核评价体系。内部控制的岗位职责要突出收费、财务、基建、养护、采购、审计、监察等重要部门，抓住投资建设、项目预算、工程监理、资金调拨、审计结算等重点环节，实行双岗双责、风险防控、责任到人、齐抓共管。考核评价体系要体现内容完整、指标量化、方法简便、结果真实等特点；要充分考虑岗位特点，工程类、技术类、管理类、不同级别考核内容不同，考核方式也不同；要将内部控制考评与工作绩效考核相结合，考核结果与奖惩挂钩，考评查出的问题及时整改纠正；要坚持考评工作的针对性、经常性、持续性，在实践中不断修正、不断总结、不断完善。

开拓创新谋发展　求真务实促跨越

湖北省交通运输厅鄂西高速公路管理处　周爱民

2012年11月8日，中国共产党第十八次代表大会在北京隆重召开，胡锦涛同志代表全党在会上作了重要报告。报告提出了夺取中国特色社会主义新胜利必须牢牢把握的基本要求，确定了全面建成小康社会和全面深化改革开放的目标，对新的条件下推进中国特色社会主义事业做出了全面部署，对全面提高党的建设科学化水平提出了明确要求。描绘了全面建成小康社会、加快推进社会主义现代化的宏伟蓝图，是我们党团结带领全国各族人民沿着中国特色社会主义道路继续前进、为全面建成小康社会而奋斗的政治宣言和行动纲领。我们一定要深刻领会报告内涵，深入贯彻会议精神，统一思想、明确目标，凝心聚力、团结拼搏，全力推动湖北交通又好又快发展。下面，我就学习十八大会议精神结合鄂西管理处实际，谈两点体会。

一、把准方向，将思想认识统一到党的十八大精神实质上来

党的十八大强调要高举中国特色社会主义伟大旗帜，坚持和发展中国特色社会主义是贯穿党的十八大报告的一条主线，必须紧紧抓住这条主线，作为学习宣传贯彻十八大精神的聚焦点、着力点、落脚点。

1. 中国特色社会主义的道路、理论、制度三位一体构成。党的十八大阐明了中国特色社会主义道路、中国特色社会主义理论体系、中国特色社会主义制度的科学内涵及其相互联系，中国特色社会主义道路是实现途径，中国特色社会主义理论体系是行动指南，中国特色社会主义制度是根本保障，三者统一于中国特色社会主义伟大实践。

一是中国特色社会主义道路是实现我国社会主义现代化、创造人民美好生活的必由之路。中国特色社会主义道路，既坚持以经济建设为中心，又全面推进经济建设、政治建设、文化建设、社会建设、生态文明“五位一体”建设布局，以及其他各方面建设；既坚持四项基本原则，又坚持改革开放；既不断解放和发展社会生产力，又逐步实现全体人民共同富裕、促进人的全面发展。

二是中国特色社会主义理论体系是马克思主义中国化最新成果。包括邓小平理论、“三个代表”重要思想、科学发展观，同马克思列宁主义、毛泽东思想是坚持、发展和继承、创新的关系。同时，以改革开放和现代化建设的实际问题为中心，着眼于马克思主义理论的运用，着眼于对实际问题的理论思考，着眼于新的实践和新的发展。在当代中国，坚持中国特色社会主义理论体系，就是真正坚持马克思主义。

三是中国特色社会主义制度是把根本政治制度同基本经济制度及各方面体制机制等具体制度有机结合起来，把国家层面民主制度同基层民主制度有机结合起来，把党的领导、人民当家作主、依法治国有机结合起来，符合我国国情，体现了中国特色社会主义的特点和优势，是中国发展进步的根本制度保障。

2. 党始终是中国特色社会主义事业的坚强领导核心。党的十八大强调，我们党担负着团结带领人民全面建成小康社会、推进社会主义现代化、实现中华民族伟大复兴的重任。党坚强有力，党同人民保持血肉联系，国家就繁荣稳定，人民就幸福安康。

一是坚定理想信念。对马克思主义的信仰，对社会主义和共产主义的信念，是共产党人的政治灵魂，是共产党人经受住任何考验的精神支柱。没有理想信念，理想信念不坚定，精神上就会“缺钙”，就会得“软骨病”，一些党员、干部出这样那样的问题，说到底是信仰迷茫、精神迷失。我们要按照党的十八大部署，深入学习实践中国特色社会主义理论体系特别是科学发展观，讲党性、重品行、作表率，矢志不渝地为实现中国特色社会主义共同理想而奋斗。

二是密切党群关系。保持党同人民群众的血肉联系，始终是我们党立于不败之地的重要根基。一个政党，一个政权，其前途命运最终取决于人心向背。我们要积极适应新形势下群众工作的新特点新要求，深入做好组织群众、宣传群众、教育群众、服务群众工作，虚心向群众学习，诚心接受群众监督，始终植根人民、造福人民，始终保持党同人民群众的血肉联系，始终与人民同呼吸、共命运、心连心。

三是坚持廉政建设。党风廉政建设，是广大干部群众始终关注的重大政治问题。认真学习领会党的十八大关于反腐倡廉新思想、新观点、新要求、新举措，大力加强党的作风建设，保持党的先进性和纯洁性，大力加强反腐倡廉建设，全面贯彻标本兼治、综合治理、惩防并举、注重预防方针，扎实推进惩治和预防腐败体系建设，加强群众观点、群众立场教育，认真纠正损害群众利益的不正之风，坚定不移把党风廉政建设和反腐败斗争引向深入，努力实现干部清正、政治清明的目标要求。

二、贯彻落实，把实际行动统一到推动鄂西高速跨越发展上来

学习十八大会议精神的出发点和落脚点在于贯彻好落实好会议精神，找准学习活动和实际行动的有机结合，将报告融入思想、化为实践，筑牢发展大底盘，建好祖国立交桥，推动“和谐鄂西”品牌建设和山区高速科学管理、科学发展再上新台阶，奋力开创

促进鄂西高速跨越发展。

1. 率先垂范，着力在领导班子建设上抓落实。十八大报告对党的政治建设、思想建设、组织建设、作风建设等提出了更新更高的要求，这意味着处党委领导集体身上的担子重了、责任大了、任务多了。“火车跑得快，全靠车头带”，根据党中央的战略部署，处领导班子将以“五好班子”建设要求为根本点，以大力践行“一线工作法”为着眼点，坚持以身作则、率先示范，始终做到带头学习、带头宣传、带头贯彻、带头落实，发挥好“领头羊”的作用，确保全处上下在贯彻落实好十八大精神这个重大课题上不跑题、不走样、不掉队。

2. 突出重点，着力在安全保畅上抓落实。“安全是生产力，安全是保障”，安全生产是各项工作中的重中之重，抓好安全生产，关系到人民财产及人身安全，更关乎鄂西高速的和谐、稳定。鄂西管理处管辖路段集长大纵坡多、海拔落差大、桥隧比例大、桥隧相连、隧隧相连、气候恶劣多变等典型山区高速公路特点，安全管理的压力大、任务重。冬季除雪保畅、抗冰防滑和春运大战又是摆在管理处面前的一项重大“战役”，如何打好这场“战役”，保障人民群众的安全出行，就必须在安全保畅上抓落实。一是费收部门要加强优质服务窗口建设，做好后勤保障工作和司乘人员的解释和安抚工作；二是路政部门要强化巡逻机制，加强施工安全管理等各项安全管理工作，并积极联合交警部门加强对夜间路面的巡查力度，加强与高巡的应急联动，全力保障道路的安全畅通；三是养护部门要积极研究除雪保畅对策，做好重点路段融雪剂的科学撒布工作，做到恶劣天气到来时早发现、早对策、早畅通；四是信息监控中心要加强对监控范围内的巡视力度，通过远程管控，发现恶劣天气和应急突发事件，积极通知相关部门，抓好安全落实。

3. 把握关键，着力在干部思想作风建设上抓落实。党的十八报告对深入推进改革发展做出了重大战略部署，要落实好党的十八大精神，必须进一步加强各级干部的作风建设。因此，着力解决各级领导班子和领导干部在思想作风、学风、工作作风、领导作风、生活作风等方面存在的突出问题，显得尤为重要。对广大党员干部深入开展群众观点、群众路线教育，牢固树立起执政为民的思想，强化对党负责与对人民负责一致性的观念，始终保持与人民群众的深厚感情和血肉联系，始终保持艰苦奋斗的作风，做到情为民系、权为民用、利为民谋；健全完善科学、规范、透明的办事程序和办事规则，改进执法和管理工作，严格执法纪律和执法监督，最大限度地遏制办事不公、执法不严现象；要认真查找在廉洁自律方面存在的差距，树立正确的权力观、地位观、利益观，坚决防止和克服为政不廉现象。机关党员特别是党员领导干部要带头严格执行省委“四不准”禁令，牢固树立以正确的世界观立身、以正确的权力观用权、以正确的事业观做事的思想，以淡泊之心对待个人名利和权位，以敬畏之心对待肩负的职责和人民的事业，任何情况下都要稳住心神、管住行为、守住清白，做到一尘不染、一身正气，始终保持共产党人的高尚品格和清廉形象。

4. 高奏主弦，着力在提升文明创建水平上抓落实。高速公路作为窗口服务行业，提高文明创建水平、升级服务品牌形象是大势所趋。按照十八大报告“百花齐放、百家争鸣”的方针，鄂西管理处务必要坚持贴近实际、贴近生活、贴近大众，大力开展文明创建活动。积极发挥高速公路窗口示范作用，2013 年着力打造 2 ~ 3 个在全省交通运输系统有影响力的品牌示范窗口，通过三尺费亭把党的富民政策贯彻好执行好，促进地方经济、社会、文化的繁荣与发展，做好沟通省地文化的文明使者；坚持“三个文明”齐抓共建，以“一所一品”、“一站一品”、“一队一品”创建为依托，不断细化创建措施，深化创建内涵，推进创建工作快速步入精细化、规范化、科学化发展轨道；结合鄂西地域、民族特色，通过“巾帼收费班”、“女儿会”等方式加强“滚动式”特色建设，形成“滚雪球”效应，切实增强文明创建感召力，逐步让独具鄂西特色的文化体制成为社会公认的核心价值观。

5. 以点带面，着力在培树先进典型上抓落实。十八大会议上，来自湖北交通一线的三位劳模，陈刚毅、王静和郑启湘三位同志代表全省 28 万交通职工和五万八千名党员出席会议，这是全省交通系统广大干部职工的光荣，也对鄂西管理处干部职工起到了极大的鼓舞作用。为充分发挥好先进典型的示范带动作用，引导广大干部职工立足岗位创先争优，争做行业的标兵、时代的先锋、社会的楷模、人民的榜样。下阶段，管理处将大力开展向处“爱岗敬业三十佳标兵”、局“百佳标兵”、厅“十行百佳”先进个人学习活动，提升职工综合素质和业务水平；各业务部门要用开阔的视觉和发展的眼光，紧紧围绕“一流的管理、一流的服务、一流的文化、一流的业绩、一流的形象”为目标任务，培树出一批思想道德好、组织作风好、工作业绩好、社会反响好的先进典型，作为引领时代潮流的“风向标”、“导航灯”，以局部推动整体，带动广大干部职工积极投入到“争先创优当标兵”活动体系中来，着力营造崇尚先进、争创一流的浓厚氛围，提升典型培树活动质效。

6. 勤政廉政，着力在反腐倡廉建设上抓落实。报告中提出要坚定不移反对腐败，永葆共产党人清正廉洁的政治本色。科学发展作为交通部门的主要任务，而勤政廉政作为交通部门的生命线，必须全面推进反腐倡廉建设，将反对贪污腐败、建设廉洁政治作为贯穿始终的一项重大使命。加强廉政教育学习，召开党委中心组廉政专题学习会、廉政主题报告会，组织党员干部和职工到廉政文化基地接受党风廉政教育。认真抓好“加强党性修养、弘扬优良作风”主题教育，组织党员干部开展《党风廉洁自律》为主题的知识竞赛活动。强化党群组织建设，坚持“以党建带团建促工会”，坚持创先争优在一线、在岗位、在工地，培树一批交通青年文明号、文明示范窗口和一批先进典型。以创先争优、青年文化艺术节、鄂西希望小学长期帮扶等活动为主线，贯穿全年形成经常有动作、阶段有中心、节点有高潮的创建活动。

党的十八大胜利召开，举世瞩目，影响深远。展望未来，管理处将以十八大精神为思想和行动的纲领，高举中国特色社会主义伟大旗帜，深入贯彻落实科学发展观，团结拼搏，开拓创新，砥砺奋进，务实奉献，带领鄂西高速全体干部职工为“打牢发展大底盘、建设祖国立交桥”而不懈努力奋斗！

服务战略支点建设　当好湖北交通先行

湖北省交通运输厅鄂西高速公路管理处　韩宏伟

“十二五”的蓝图已经绘就，湖北又站在一个新的历史起点上。胡锦涛总书记在湖北视察时强调了要加快构建促进中部地区崛起的重要战略支点，这是中央为新世纪第二个十年湖北的发展指明了方向。湖北省第十次党代会上提出了建设富强湖北、创新湖北、法治湖北、文明湖北、幸福湖北，在支点建设的征程中找准了新坐标。并提出要“开启加快构建重要战略支点的新征程”，“加快”二字责重如山。本文结合湖北交通运输行业实际，就如何抓住机遇，科学谋划，加快构建促进中部地区崛起重要战略支点作一探讨。

一、重要战略支点的提出及深远意义

湖北被喻为中国经济大棋盘上的“天元”，地处中部地区的腹心地带，位居长江中游地区的枢纽位置，交通运输便利，自然资源丰富，工农业基础扎实，科教实力雄厚，是中部的经济大省、科教强省和重要的老工业基地，具有巨大的发展潜力和广阔的发展前景。2005年8月，胡锦涛总书记视察湖北时提出，希望湖北加快打造成为“促进中部地区崛起的重要战略支点”。2011年6月，胡锦涛总书记时隔六年后再次亲临湖北视察，再次提出殷切希望，要求湖北加快构建促进中部地区崛起重要战略支点。这是中央从国家战略层面对湖北经济社会发展的科学定位，是对湖北承前启后、继往开来加快发展的目标要求，是中央赋予湖北的一项光荣而艰巨的历史使命，也是湖北得天独厚的战略机遇。

湖北必须在促进中部地区崛起中发挥应有的作用，作出更大的贡献。我们要牢记胡总书记的殷切嘱托，进一步提高对支点建设战略性、重要性、全局性的认识，把中央对湖北的激励、鼓励和鞭策化为强大动力，以更加高昂的斗志、更加饱满的热情和更加务实的作风，抢抓这一千载难逢的历史机遇，高举支点的旗帜，以不断增强的综合实力切实担当起支点的重任，树立支点的形象，不辜负中央的期望和重托。

二、抓住战略机遇，服务支点建设

“支点”二字意味着中央对湖北的期望，时代的天平再度向湖北倾斜。支点就是要“在经济社会发展上好于、优于、快于其他地区，在地位、作用、影响力和辐射引领带动功能上重于、高于、强于、大于其他地方”。建成促进中部地区崛起的重要战略支点，要求我们努力把湖北建成中部乃至全国重要的先进制造业基地、高新技术产业基地、优质农产品生产加工基地、现代物流基地和综合交通运输枢纽，使湖北成为中部经济要素富集、充满创新活力的区域，成为中部发展现代服务业的重要平台，成为促进中部地区崛起的重要增长极，在科学发展、社会和谐、改革创新等方面走在中部地区的前列。

今年初，国务院讨论通过了“十二五”期间全国交通体系的规划，下一步中部是重中之重，中部的重中之重又是湖北，而湖北“九省通衢”的交通地理区位，决定了湖北交通运输事业在全国的重要地位。随着大交通体系的建立，“十二五”期间，我省将着重实现铁、水、公、空等运输方式的高效衔接，打造全国重要的综合交通运输枢纽和现代物流基地，实现由“九省通衢”向“九州通衢”的跨越。

（一）建设“五个湖北”的战略任务

未来五年，全省砥砺奋进的目标是：努力建设富强湖北、创新湖北、法治湖北、文明湖北、幸福湖北，为加快构建促进中部地区崛起的重要战略支点、实现富民强省目标而努力奋斗。

早在省委八届八次全会提出构建和谐湖北的战略目标，作出建设“繁荣湖北、法治湖北、信用湖北、文明湖北、平安湖北”的重要部署。在省第九次党代表大会报告又明确提出，着力推进小康湖北、创新湖北、法治湖北、文明湖北、和谐湖北建设，使全省经济社会发展迈上一个新的台阶。继而在今年6月9日至13日召开的湖北省第十次党代会上提出，建设富强湖北、创新湖北、法治湖北、文明湖北、幸福湖北。省委书记李鸿忠对建设“五个湖北”作了全面论述和重点部署。这是湖北发展目标的进一步深化，也是湖北落实科学发展观的新的生动实践。

近5年来，在党中央、国务院和省委、省政府的正确领导下，全省上下践行科学发展观，紧紧围绕构建促进中部地区崛起重要战略支点，实施“一元多层次”发展战略，开拓创新，克难奋进，成功应对自然灾害和国际金融危机的冲击，统筹做好保增长、保民生、保稳定各项工作，呈现经济跨越发展、社会事业明显进步、民生幸福程度显著提升的良好局面。

（二）湖北交通的“先行官”作用

省第十次党代会报告特别强调建设幸福湖北，全面阐述了幸福湖北的科学内涵，围绕着不断增强人民群众的幸福感，对切实念好衣食住行、业教保医“八字经”作出了具体的部署。而交通运输业是我国国民经济的命脉，是经济发展的重要组成部分，在国民经济中起着“先行官”的作用。五年来，湖北交通完成公路、水路固定资产投资2375亿元，年均增长13.99%，为打牢全省发展“大底盘”、打造“祖国立交桥”奋勇先行。高速方面，我省高速公路通车总里程跃居全国第六；铁路方面，武广、汉宜高铁通车；航运方面，武汉新港跻身亿吨大港行列，港口吞吐能力达2.5亿吨，集装箱吞吐能力达180万标箱，分别居长江中上游第二位和第一位。去年全省公路通车总里程21.3万公里，乡镇通沥青(水泥)路率、村通达率、村通沥青(水泥)路率分别由2007年的85.9%、85.3%、73%，增长到2011年的100%、100%、97%。)

"十二五"期间，全省交通建设将再掀高潮。未来五年的总体目标为：全省公路水路固定资产投资规模超过3000亿元，基本建成全国重要的公路交通枢纽中心、武汉长江中游航运中心、全国重要的综合运输枢纽中心。未来五年，高速公路路网、普通公路路网、农村公路路网将无缝衔接、互联互通。全省高速公路通车里程达到6500公里，基本建成麻城至阳新等七条南北纵向线、麻城至竹溪等五条东西横向线、以武汉为中心的三条环线。普通国省干线公路总里程2.8万公里，主要省际通道、重要经济区的过境路段、部分高速公路连接线，及主要港口、机场、铁路枢纽通道，都要达到一级路标准。农村公路总里程将达到17万公里，集中连片特困地区将成为重中之重。届时，全省100%的县市通高速，武汉城市圈各县市15分钟上高速，鄂西生态文化旅游圈各县市30分钟上高速。未来五年，基本形成以长江—江汉运河—汉江810公里高等级航道圈为骨干的2000公里高等级航道。全省港口吞吐能力将达到3亿吨、集装箱吞吐能力将达到400万标箱，船舶运力将突破1000万载重吨。

(三)服务战略支点建设

加快构建中部地区崛起的重要战略支点，是党中央和胡总书记从国家战略层面对湖北发展的科学定位，是全省经济社会发展的总目标、总任务。因应新时期新任务，省部领导提出了"打牢发展大底盘，建设祖国立交桥"的重大战略，是引领湖北交通运输完成新使命、实现新跨越的旗帜，也是统领新时期湖北交通运输改革发展的纲领。

湖北省面临重要战略机遇期，全省交通运输部门要继续当好"先行官"，大力推动全省交通运输事业大发展，为全省经济社会发展打牢"大底盘"；把湖北建成"祖国的立交桥"，建成承接东西、连通南北的中部交通运输枢纽，让全国的航空、铁路、公路、水路在湖北立交，当前应从十二方面入手加快湖北交通发展，实现新跨越。

1. 突出战略重点，构建综合交通运输网络。以深入实施"两圈一带"战略为重点，加快构建铁、水、公、空、管"互联互通"的综合交通运输网络。加快重点城市现代运输体系建设，加大综合运输枢纽建设力度，积极推进区域综合运输体系建设。

2. 打造水运强省，助力沿江开放开发。坚持以港兴业、以业兴城、港城互动，助力沿江开放开发战略。强力推进以武汉新港为核心的武汉长江中游航运中心建设，强力推进以宜昌、襄阳、荆州、黄石为重点的枢纽港口建设，强力推进水运强省支撑保障体系建设。

3. 畅通干线路网，提高路网服务能力。巩固和扩大"国检"成果，完善公路路网结构。完善干线路网结构，提高干线路网路况水平，提升国省干线防灾抗灾能力，强化公路超限治理。

4. 建设惠民工程，优化农村交通运输。力求通村公路"通达畅、上等级、可循环"，农村客运班线"开得通、留得住、有效益"，努力打造"网络村镇、人便于行、货畅其流"的新农村交通环境。继续加快农村公路建设，全面启动农村公路安全保障工程，统筹城乡客运发展，打好新一轮交通运输扶贫攻坚战。

5. 发展现代物流，提升区域竞争力。认真贯彻落实国家和我省促进物流业健康发展的政策措施，着力改善发展环境、支撑产业发展、促进消费需求。加快现代物流基地建设，大力开展示范培育工程，创新物流发展服务机制。

6. 加强公共交通，提升客运服务水平。贯彻落实省政府《关于进一步加快发展城市公共交通的若干意见》，建立政府主导、文明规范、安全可靠、保障有力的城市公共交通系统，倡导低碳出行，缓解城市拥堵。加快发展城市公共客运，扩大城际公交试点运营范围，规范发展道路旅游客运，鼓励规模化集约化经营。

7. 强化安全监管，提升应急保障能力。把生命高于一切的理念贯穿于交通运输生产、经营、管理的全过程。大力加强水路交通安全，开展"道路客运安全年"活动，大力加强交通安全信息化，大力加强交通建设安全。

8. 坚持典型引路，打造行业品牌优势。大力培树文明交通示范品牌，提升交通运输发展水平。创建普通公路服务品牌、运输物流发展示范品牌、绿色航运示范区和高速公路"温馨驿站"。

9. 坚持科技引领，提升科教信息水平。以科技信息化引领现代交通运输业发展，用现代科技和信息技术提升基础设施、运输装备、行业管理运行效率。组织重大科技攻关，完善四大信息平台建设，推进科技信息技术应用，加强交通运输教育培训基础建设。

10. 创优发展环境，提升行业管理水平。坚持用真心服务满足群众需求，用诚心服务展现模范风采，用精心服务打造行业品牌。强力提升行政效率，提高依法治交水平，维护行业和谐稳定，开展"十行百佳"创建。

11. 推进改革创新，增强发展动力合力。坚持以改革促发展、以改革强动力、以改革聚合力。强化行业管理改革，强化投融资体制改革，强化农村公路管理养护，继续做好节能减排工作。

12. 加强队伍建设，提升支撑保障能力。实现交通运输跨越发展，队伍是基础，人才是关键。始终保持队伍的清正廉洁，始终保持创先争优的目标追求，推进干部选任制度建设。

三、打牢鄂西发展"大底盘"，建设祖国"立交桥"

在经济重心的变化趋势中，湖北的区位和交通优势进一步提升。纵观世界和中国，目前出现了经济重心迁移的两大趋势：世界经济重心正在逐步向亚太地区迁移，中国经济重心正在逐步自南向北和自东向西迁移。这种新趋势、新态势，使湖北承东启西、连南接北的区位和交通优势进一步提升。

从改革开放之初建立“大三角”交通骨架的构想，到如今“四纵四横一环”高速公路网的实现，再到未来几年的“七纵五横三环”，湖北公路交通的快速发展，正为湖北成为中部崛起的战略支点当好先行者。

鄂西高速位于湖北的西南部，鄂西管理处所辖沪渝高速鄂西段，是沪渝国道主干线重要组成部分，对于完善国家和我省主骨架公路网布局，沟通我国东中西部交通，支持国家西部大开发和服务湖北“两圈一带”战略的实施发挥着十分重要的作用。鄂西高速作为湖北省“四纵四横一环”高速公路网中的“四横”，实现发展能力大提升，推进祖国立交桥建设，为湖北加快构建中部崛起重要战略支点提供有力支撑，应该努力构筑“四个支点”：

1. 深化文明创建，构筑示范站所推动服务窗口行业发展的支点。每一个基层站所，每一个收费服务窗口都是湖北交通的一张名片、一面镜子，要结合自身主营业务、工作目标任务及受众需求，围绕“三抓一促”活动深入开展丰富多彩的文明创建载体活动，凸显基层站所特色和亮点，积极打造示范窗口。

2. 深化路地共建，构筑高速行业与地方经济发展共赢的支点。鄂西高速公路开通运营已经3年，收费额在全省高速公路管理单位中位居第二，是费收贡献较大的一条高速公路，在当前转变经济发展方式的过程中，高速公路还要围绕全省经济发展总体规划，积极服务地方经济发展，通过开展有效的文明共创等载体活动，在路地共建的过程中，实现效益双赢。

3. 深化服务为民，构筑打响“和谐鄂西”品牌建设“和谐交通”的支点。交通行业是一个服务行业，我们要始终坚持“服务人民、奉献社会”的宗旨。目前，鄂西高速开展的“和谐鄂西”服务品牌创建有特色、有亮点、有新意，还需要在规范服务、精细服务、用心服务、创新服务等方面下工夫、再深化，不断丰富“和谐交通”内涵。

4. 深化文化建设，构筑打造鄂西站所队“文化家园”的支点。基层单位要重视社会主义文化建设，要坚持两个文明一起抓，继续推进鄂西高速公路精神文明建设。高速公路点多线长面广，人员分散，远离城区，工作条件艰苦的，要借助整洁、美观的站所队自然环境优势，培育积极向上、奋发有为、情趣健康的交通文化，要广泛深入的开展各类精神文化活动，丰富文化内涵，增强文化服务能力和水平，打造鄂西站所队文化家园。

服务支点，时不我待。未来五年是构建战略支点的关键时期，未来十年是实现富民强省的“黄金十年”，我们要抓住机遇，科学谋划，攻坚克难，奋力前行，确保“打牢大底盘，构建立交桥”战略顺利实施，推进湖北科学发展、跨越式发展，努力建设富强、创新、法治、文明、幸福湖北，加快构建促进中部地区崛起的重要战略支点。

高速公路服务品牌建设之探讨

湖北省交通运输厅随岳高速公路管理处　苏　敏

当前，国民经济快速发展，人们物质生活水平日益提高，高速公路作为时代发展的产物，对经济发展作用巨大。如何在原有硬件基础上，最大限度地发挥高速公路的服务功能，提高高速公路管理水平，实现高速公路持续性发展，是高速公路管理者必须深思的问题。企业文化是企业成员共同信奉、倡导并身体力行的价值观，是引导和约束企业的行为准则；而服务品牌作为企业文化的重要内容，是现代企业赖以生存发展的基础性工程。本文从高速公路服务品牌建设意义、指导思想、基本原则以及随岳管理处“阳光随岳”服务品牌的创建有益尝试，探讨服务品牌创建的一般规律和注意方法。

一、充分认识服务品牌建设的重要意义

1. 服务品牌的概念。服务品牌是指在经济活动中，企业通过商品或劳务的服务过程来满足消费者的心理需求的一种特殊的品牌形式。服务品牌一般包括服务品牌理念、服务品牌行为、服务品牌形象、服务品牌传播、服务品牌管理等五大体系。服务品牌的主要特征是个性化、标准化和顾客体验，由命名、标识以及文化元素等组成。

2. 服务品牌建设是努力构建和谐高速的必然要求。加强服务品牌建设，建设先进企业文化，是坚持以人为本，全面贯彻落实科学发展观，努力构建和谐高速的必然要求，有利于建设高素质员工队伍，促进人与企业的全面和谐发展。

3. 服务品牌建设是增强核心竞争力的重要途径。加强服务品牌建设，建设先进企业文化，是增强核心竞争力、打造高速品牌的重要途径，能够为单位改革发展提供强大的精神动力和思想保证。

4. 服务品牌建设是内聚合力外展活力的内在要求。加强服务品牌建设，建设先进企业文化，是建立现代企业制度，建设自主创新型、管理现代型和资源节约型“三型”企业，提高管理水平，提升企业素质的内在要求，有利于内增凝聚力、外强竞争力。

二、服务品牌建设的指导思想和基本原则

服务品牌建设要以科学发展观为统领，紧紧围绕党的十七届六中全会重要部署，坚持社会主义文化的大建设和大繁荣，在弘扬民族优秀传统文化和继承企业优良传统的基础上，借鉴国内外先进企业管理经验和优秀企业文化建设成果，坚持观念更新与制度创新相结合，围绕建设具有鲜明个性和强大生命力的文化这一根本目标，以提炼价值理念为核心，不断丰富和锤炼企业文化的内涵，促进单位又好又快发展。

一是管理提升原则。服务品牌是管理文化，企业文化建设的目标是推动企业的文化管理，因此在企业文化建设过程中，无论是企业文化的提炼设计、应用推广还是创新提高都必须始终围绕有效提升企业管理水平和管理效率来进行，并要把企业管理提升和优化效果作为企业文化建设的重心和检验标准。

二是以人为本原则。服务品牌建设必须以人为出发点和落脚点，把人作为企业最宝贵的资源，最大限度调动员工的主观能动性，在为企业创造更多的经济效益和社会效益的基础上，促进员工发展和员工价值的实现。

三是持续创新原则。坚持与时俱进、科学发展、持续改进，不断巩固和发展服务品牌建设成果，要随着企业内外环境的变化，不断对文化建设的目标内容进行调整、改进、充实和完善，以增强企业文化的适应性和生命力。

四是循序渐进原则。从生产经营管理实际出发，充分考虑行业特点、体制结构、管理环境、人员素质和文化背景，积极做好规划，使文化建设的目标、内容、方式和手段符合实际，切实可行；抓好企业文化建设各个层次的协调性，选准切入点，稳扎稳打，逐步推进，不断完善，务求实效。

五是共性和个性相结合原则。服务品牌建设既要借鉴国内外著名企业优秀文化建设成果，遵循企业文化建设的一般规律，体现共性；又要注意企业文化个性的提炼与培养，形成自己的特色，在系统和行业核心价值观、企业标识等统一性的基础上，体现个性和特色。

三、随岳高速公路服务品牌建设的做法

（一）提炼服务品牌内涵，铸造企业灵魂

1. 提炼“阳光随岳”品牌内涵。企业文化建设的主要内容：包括理念文化、制度文化、物质文化、服务文化、执行文化和品牌文化六个层面。提炼价值观必须从实际出发，符合单位特点与定位，能在员工中引起共鸣。阳光随岳文化的内涵，《资治通鉴》：“若太阳下同万物，苍生何由仰照”，《易经》：“光生万物”。阳光，上善、温暖、明亮；阳光，普照大地，滋润万物，爱施众生。阳光之于随岳，是做人的坦荡，是做事的忠诚，是决策的科学，是管理的民主；是窗口的靓丽，是服务的温馨，是执法的公正，是为民的情怀；是为政的廉洁，是操守的自律，是思维的创新，是进取的执着。

2. 构建核心价值观。随岳核心价值观：阳光相随、大爱如岳。让阳光洒满随岳，让爱心传递四方。阳光相随：走在随岳路上，感受着阳光般温暖的服务；生活在随岳的家庭中，感受着阳光般无微不至的关怀；奋斗在随岳无限发展的事业中，感受着阳光般激情的碰撞。随岳人与随岳路跟随着阳光绵延一路流动的温暖。大爱如岳：山的伟岸，承载着爱的厚重，虽沉默无声，却坚如磐石，随岳的大爱是对民族的爱，对社会的爱，同时也是对亲人的爱，对同志的爱，传达出随岳人高度的社会责任感和无私奉献的交通情。

3. 形成随岳精神。随岳精神：勤奋进取、务实奉献、激情工作、追求卓越。释义，勤奋进取：勤于学习、勤于工作、勤于思考、勤于实践，勤奋是随岳人最基本的工作态度，要求上进、积极进取是随岳人最常态的自我要求。务实奉献：说老实话、干老实事、做老实人，坚持践行“一线工作法”，立足务实创辉煌，依靠奉献争一流，发扬“特别能吃苦、特别能战斗、特别能奉献”的交通精神，在平凡的岗位上实现人生价值。激情工作：激情是工作的灵魂，尽自己最大的努力，以乐观自信的工作态度积极思考、积极做事，并不断的去完善、开创和拓展，这是成功者必备的素质。追求卓越：没有最好，只有更好，成绩是新的起点，发展有更高的要求，不断超越自我，不断充实革新，勇攀高峰，永无止境。

4. 确立随岳使命。随岳使命：做阳光人、铸平安路、创幸福家、传随岳情。随岳人始终牢记“阳光随岳，路畅人和”的光荣使命。做阳光人：做办事公道的人，做积极进取的人，做传递温暖的人，心境决定一切，随岳的“阳光人”总能追寻到自己想要的幸福，授人玫瑰，手留余香，得到那份属于自己心中的阳光。铸平安路：平安是福，安全如金。随岳人始终坚守“安全至上”的神圣使命，用高度专业的责任感铸就一条安全有保障、平安到终点的大道通途。创幸福家：为员工营造像家一样和谐温馨的工作氛围，丰富业余文化生活，提高员工幸福指数，为员工筑起远离城市喧嚣的职工之家。传随岳情：用阳光般的真情让司乘感受到随岳的关爱，用包容的亲情营造和谐的随岳大家庭，让随岳的真爱阳光照亮每一个角落，阳光接力，薪火相传。

5. 培育随岳道德。随岳道德：重诚信、讲礼仪、尚仁爱、守法纪、当自强、要进取。行万事，德为先。随岳人始终不渝地坚持以德树人、以德立志、以德立业，让“小孝持家，中孝敬业，大孝爱国”的现代孝德孝义深入人心，风尚日臻至善。重诚信、讲礼仪：诚，即真诚、诚实；信，即守承诺、讲信用。尚仁爱、守法纪：每一个随岳人要明善德、知荣辱、尚仁爱、正德行。当自强、要进取：“天行健，君子以自强不息”。

6. 明确随岳愿景。随岳愿景：打造一支敢于担当、精于协作的管理团队；培育一批勤于学习、甘于奉献的行业标兵；铸就一条绿色环保、安全畅通的示范之路。管理团队：“担当”是一种精神，一种境界，敢于担当意味着对未知的把握，对风险的承担，是一种勇于超越自我的坚定信念。“协作”是一种智慧，是一种求同存异共谋发展的思想默契。打造一支敢于担当、精于协作的管理团队，就是要求随岳中、高层管理者在爱岗敬业的基础上加强互信，密切沟通，形成合力，提高集体智商，凝聚团队力量，共创美好明天。行业标兵：“学习是安身立命之本，奉献是交通传承之基”，培育一批勤于学习、甘于奉献的行业标兵，就是要求随岳的每一位员工掌握丰富的基础知识，练就过硬的专业本领，秉承交通人岗位成才、乐于奉献的崇高精神追求，争当高速公路上各项业务的排头兵。示范之路：“绿色环保”是随岳路的外在体现，路要“畅、洁、舒、美”，人要“端正、大气、精神”。安全畅通是随岳路的内在要求，安全是交通永恒的主题。铸就一条绿色环保、安全畅通的示范之路，就是要将随岳高速打造成一条通行秩序的示范路、事故预防的样板路，服务至诚的温馨路，管理科学的文明路，成为全省乃至全国高速公路的标杆和旗帜。

7. 随岳核心价值观的外延。以上是随岳核心价值观的内核，外延是“六大管理理念”，共同形成一个完整的服务文化体系。(1) 管理理念：目标要明确、决策要科学、过程要精细、执行要高效。(2) 学习理念：学习成就事业、知识改变人生。(3) 服务理念：至真至诚、尽善尽美。(4) 人才理念：人人有才、才尽其用。(5) 执行理念：说干就干、干就干好。(6) 安全理念：预防为主、保障有力。

（二）推进服务品牌建设，塑造企业形象

1. 明确品牌建设内容。服务品牌打造的四大工作内容，一是提炼服务品牌理念：服务品牌理念是服务品牌的灵魂，是制定服务品牌行为标准和设计服务品牌形象的主要依据。主要包括服务品牌名称、定位、理念、主张等内容。二是设计服务品牌行为标准：管理“服务关键点”，重视“消费者关注点”，提供极致服务，引领行业服务标准。主要包括服务流程关键点控制、员工行为规范、消费者需求反馈等。三是设计服务品牌形象：设计个性 VI，理念融合创意，传递服务品牌的个性与内涵。包括 logo、辅助图形、VI 体系、宣传海报、宣传片等。四是策划服务品牌传播：“好酒也怕巷子深”，服务品牌只有通过有效地传播才能在旅客心智中占据一个独特位置。包括内部传播和外部传播两大内容，内部传播：培训、内刊、网站、庆典、会议、文化活动、评优评先等；外部传播：报纸、杂志、电视、户外广告、手机、网络、发布会、征文比赛、广播等。

2. 规范单位内部管理。一是完善各项管理制度。包括保证各项工作正常有序开展的工作制度、责任制度，以及非程序化的特殊制度。二是营造良好文化氛围。将单位长期坚持、约定俗成的各种仪式活动、习惯行为等加以改造和培育、规范升华，增强企业凝聚力，增加员工认同感，培育员工积极向上的追求和健康高雅的情趣。使单位风俗和各项责任制度、工作制度和谐一致，互为补充、互相强化，为塑造良好的单位形象发挥作用。三是提升员工整体素质。通过倡导和推行员工行为规范，在员工中形成共识和自觉意识，促使员工言行举止和工作习惯向企业期望的方向和标准转化，增强内部凝聚力，提高工作效率。通过各种途径对员工进行技术业务等综合培训，使员工素质不断提高。四是培养树立先进典型。注重发现典型、培养典型、宣传典型，充分发挥典型在企业文化建设中的引导和示范作用。

3. 定品牌服务标准。目标标准“八个一体化”，标准体系一体化、从业人员服务素质一体化、培训一体化、基础服务设施一体化、公共服务一体化、制度一体化、安全生产一体化、服务质量监督一体化。标准化管理模式“五个同步”：企业与管理同步，监督与考核同步，培训与宣传同步，体系建设与审核同步，体系实施与修订同步。组织实施“六个到位”：认识到位，组织领导到位，投入到位，宣传到位，指导到位，激励约束到位。保障措施要做到七有，有一个领导小组，有一个专门办公机构，有一套标准化制度，有一个标准化投入预算，有一个标准化实施方案计划，有一个标准化工作考核措施。

4. 推行窗口特色服务。立足窗口服务规范化，制定《窗口服务人员工作职责》、《服务指南》和《责任追究办法》等制度，明确职责、任务及范围，为窗口服务提供制度保障；立足服务个性化，结合顾客需求，探索“绿色通道”，创新“预约服务”、“即时服务”、“延时服务”、“跟踪服务”等服务方式，实现“一站式”服务。送服务上门，将工作程序、流程、注意事项及服务项目、服务承诺、收费标准等内容进网络上大厅，实现阳光化、透明化服务；立足服务人性化，提供便民设施，配置休息区和舒适的书写设施、示范文本，为顾客提供良好的办事环境；立足窗口服务优质化，落实首办责任制，工作人员从首次接待开始，将服务负责到底，做到有始有终有结果，优化窗口服务环境，提高办事效能。

（三）加强服务品牌推广，提高企业知名度

通过物质文化建设，加强服务品牌推广，传播企业的经营思想、管理哲学、工作作风和审美意识，使企业形成一种外在、良好的环境文化和公众形象，提高企业知名度。

1. 设计、完善和推行服务品版视觉识别系统。主要是设计确定企业的统一名称、标志、标准字及标准色，集中表现企业的物质文化。

2. 规划和优化全线文化面貌。包括自然环境的绿化美化、办公室和收费站点、服务区等的优化布置等，营造人们对企业的第一印象。

3. 设计确定随岳徽章、旗帜、服装和歌曲等。以此为载体，从不同侧面直观形象地加深员工对企业文化内涵的认可。

4. 加强文化设施和文化阵地建设。包括建立完善自办报刊、网站、宣传栏、广告牌等，大力弘扬企业文化，营造企业文化氛围，增强企业文化的影响力。

5. 推广服务品牌，塑造企业形象。通过各种方式和手段强化品牌观念，树立全员品牌意识。建设好服务品牌，注册并在全路段范围内统一使用企业商标；在视觉识别系统中统一企业标志，重视和积极创造各种服务类和产品类品牌，加大品牌传播力度。组织、参与、支持文学、艺术、体育活动，提高品牌知名度。

四、服务品牌建设的几点思考

1. 要把握品牌建设规律。品牌建设不是一蹴而就的，具有固有的内在规律，主要有三个阶段。

一是准备形成阶段。加强舆论和思想准备，通过举办报告会、研讨会等形式，加强企业文化知识的宣传和普及，在单位内部增进理解和共识，形成推进企业文化建设的良好氛围。在此基础上，采取内外结合的方式，积极引进外部智力资源，聘请国内外知名管理咨询机构参与企业文化的设计和建设。主要是根据企业实际和发展阶段，选择确定企业文化的目标模式，讨论确定企业文化的价值观念体系，编制企业文化手册和员工文化手册。

二是推广实施阶段。主要是通过三方面的工作，使公司企业文化落到实处。(1) 加强教育宣传，通过强化宣传教育“内化于心”，使企业全体人员了解和掌握企业文化建设的具体内容和精神实质，把企业价值理念内化为广大干部员工的自觉意志，增强队伍的凝聚力。(2) 修订完善制度，大力推进制度创新，通过制度创新，把企业价值理念“固化于制”。(3) 强化落实，把企业文化融入到企业生产经营管理之中，变成员工自觉意识和行为规范，使企业文化“落实于行”。(4) 加强载体建设，使企业企业文化“外化于形”，体现在办公系统、运营系统、服装系统、环境系统和礼仪系统中。

三是深化提高阶段。在推行企业文化的过程中，认真总结经验，丰富成果，推陈出新，不断把企业文化推向完善和成熟。处理好企业整体企业文化与各权属单位企业文化的关系，坚持以统一的价值理念、企业精神、企业标识等进行规范，保持企业内部文化的统一性，增强企业文化的凝聚力、向心力，树立企业整体形象；同时，要注重整体和个体的差异性和统一性，企业各子公司或者下属单位要在和总部文化保持总体一致的前提下，根据各自实际，在统一性指导下培育和创造特色文化，展示各自的文化个性特征。

2. 要加强保障机制建设。一是加强组织领导。成立企业文化建设工作领导小组，主要领导任组长，分管领导任副组长，负责企业文化建设的规划、决策、协调和指导。领导小组下设办公室，政工科牵头，办公室、人力资源部、工会等共同参与，具体负责企业文化建设的组织、落实工作。各权属单位都要建立相应的企业文化建设领导和工作机构。二是层层落实责任。要把企业文化建设作为“一把手”工程，各级企业领导人员要成为企业文化建设的设计者、组织者和倡导者。各相关部门、人员要分工负责，明确责任，层层落实，确保企业文化建设的顺利进行。要制定有关企业文化的制度、规范、标准等，使企业文化建设规范化、制度化、经常化。三是强化保障措施。建立经费保障机制，设立企业文化建设专项经费并纳入年度预算，加大对企业文化软硬件建设的投入。加强人员培训，培养企业文化建设骨干，建立企业文化的人才保障机制。建立科学管理制度，引入考核评价和奖惩机制，将企业文化建设绩效列入工作考核指标体系，定期对企业文化建设成效进行考评和奖惩。

高速公路信息化建设要把握“四个重点”

湖北省交通运输厅随岳高速公路管理处　乔亮

根据交通运输部“十二五”发展总体规划，为深入贯彻落实科学发展观，按照交通转方式调结构的总体要求，高速公路信息化建设任重道远。今后信息化建议要贯彻“统一、整合、应用、提升”的总体思路，创新信息化建设发展模式，推动高新信息技术集成应用，逐步建立统一的标准体系和协调机制，形成安全、开放、兼容的现代信息体系，着力解决交通运输发展的全局性问题，在领导决策支持、应急安全保障、公众出行服务、物流信息服务、绿色低碳交通等方面取得突破，充分发挥交通信息化整体效益和规模效益，为建设现代交通运输业提供有力支撑保障。

一、进一步提升信息化建设意识

要树立“四种意识”。一是引领意识。科学定位，明确信息化在构建综合运输体系、发展现代交通运输业中的支撑和引领作用，走依靠信息化带动交通行业转型升级的道路。

二是融合意识。加强信息化与交通运输生产的深度融合，根据高速公路发展需求谋划信息化建设，以信息技术推动业务发展，以业务发展拉动技术进步。

三是创新意识。大力推进信息技术创新，在物联网、云计算等高新技术应用上取得突破。同时，积极推进信息化建设、管理和运营维护等方面的体制机制创新。

四是服务意识。立足服务交通发展，重点解决交通运输业发展过程急需解决的重大问题，满足社会各界和群众个性化、高效化服务出行需求，提升交通公共服务水平。

二、进一步组织统筹信息化工作

要正确处理“四个关系”：一是整合资源与应用提升的关系。在充分利用已有的信息资源的基础上，进一步开发、挖掘、合理配置交通信息资源，形成行业信息化发展合力，发挥信息化规模效益。

二是统筹规划与分级管理的关系。坚持统一规划、分级建设原则，做好顶层设计，有效避免重复建设问题。

三是项目建设与运行维护的关系。在项目建设特别是综合性业务系统建设中，严格进行资格准入，做好知识产权保护，始终掌握工作的主动权。要加强建成后的运行维护和软件开发，避免重建设、轻维护现象。

四是人才选拔和培养提升的关系。要坚持引进高精尖技术人才，善于借助外脑外力，促进信息化工作的持续推进。其次要加强本单位内部人员培养，培养一支熟悉实际情况，留得住、用得上的专业化、职业化、知识化的人才队伍，建立人才筹备库。

三、进一步推进信息化建设

信息化建设是一个系统工程，面临着轻重缓急和重点突破问题，在实际工作中要突出把握好“四个重点”：

（一）突出基本信息的完善。在全面加快业务系统建设的基础上，实施重点突破，着力综合路网管理、道路运输等多业务多领域多板块的信息系统整合和建设。一是健全交通运输公众信息服务，优化门户网站，建立统一界面、统一接口、统一标准的信息化平台，加强政务公开建设，着力增强公众出行交通信息服务，实现交通公共服务的智能化。二是搭建多级联动的安全监管与应急处置平台，为交通基础设施运营安全监管、突发事件处置提供技术支撑，提高交通应急反应和防灾减灾能力。完善各大管理处应急指挥系统，建立工作相互衔接的渠道和机制。完善危化品运输车辆的GPS全球定位管理，并开辟统一平台，实现多部门的动态定位跟踪监测，确保安全生产稳定有序。三是推进信息化攻坚。建成覆盖全线的交通公众出行信息服务体系，通过沿线的情报板、高清摄像头、LDE显示屏、微博、微信等平台，提升信息服务满意度。要加大全省高速公路ETC建立力度，力争“十二五”期间平均覆盖率超过60%，非现金支付使用率达到40%以上。四是应急信息管控能力。进一步提高路网交通运行监测能力，对高速公路重要路段、桥隧视频监测覆盖率达到100%。建立完善的监控、服务和应急处置体系，实现突发公共事件的及时接报、应急处置。要加快治超检测站信息化步伐，推动部、省、站三级治超信息系统联网联控。

（二）突出信息资源的整合。充分利用高速公路通信网络，并借助移动、电信等运营商，对目前各业务专网进行整合，搭建全省高速公路统一的网络基础平台。对不同时期、不同技术建立的各类业务基础数据库进行整合，尽快建立规范、统一、科学的覆盖省厅、高管局、管理处的三级行业信息网络平台。制定信息化标准目录体系，规范建设行为和数据资源格式，严格执行各级技术标准，提高建设和应用效率。加快整合交通综合地理信息系统、交通综合查询与分析系统、公众出行服务系统、视频及GPS监控系统、咨询热线等资源，实现基础属性信息、空间数据的综合查询，提高全行业决策、监管和服务能力。加强信息预警资源整合，充分整合气象、应急办等资源，实现信息的互联互通。

（三）突出信息科技的应用。采取多种形式推广应用成熟的信息系统和信息技术，推动信息化成果向现实生产力转化。要选择信息化基础比较好的地区和单位承担重点系统试点建设，避免重复建设和资金浪费。搭建全省高速公路信息化项目推广平台，建立健全项目库，做好滚动开发，加强资金或政策支持。加强信息化交流与合作，坚持走出去与请进来相结合，学习借鉴行业内外、省内外的先进经验，提升信息化建设与应用水平。加强人员培训和应用指导，储备信息化人才，建立考核机制，确保推广应用取得实效。

（四）提出信息机制的创新。创新组织领导体系，建立完善的领导组织架构，规范信息化建设管理，形成上下一致、齐抓共管、协调发展的局面。创新制度保障体系，以完善的管理制度保障信息化建设项目的有序实施、信息资源的有效管理和系统正常运行维护。构建建设管理体系，加强项目管理审查评审论证，在立项审核阶段充分发挥信息化主管部门作用，提高项目建设的合理性。创新管理考核体系，建立全省统一的标准化信息模块，制度信息化规划，加强日常考核，确保信息化工作连续、有序。创新技术服务体系，打破体制机制等方面的制约，省厅、高管局要发挥好信息业务指导帮扶作用，促进基层信息化均衡推进。要加强信息化服务，建立科学高效的代理维护和服务机制，确保优中选优，提高信息维护服务质量，实现跨部门交通数据资源的主题分析、综合分析以及领导决策支持。

鄂东高速公路服务革命老区黄冈扶贫开发的实践与思考

湖北省交通运输厅黄黄高速公路管理处 钱 兵 王 炜 潘庆芳

一、前言

6月9日，湖北省委书记李鸿忠在中国共产党湖北省第十次代表大会上，作了题为《奋力推进科学发展跨越式发展，为加快构建重要战略支点实现富民强省而奋斗》的报告，明确提出了全面深入推进扶贫开发，着力推进集中连片特困地区扶贫攻坚的要求，动员全省干部群众切实把思想和行动统一到中央的决策部署上来，以改革创新的精神，以决战决胜的信心，奋力推进扶贫攻坚，夺取扶贫开发的新胜利，为进一步推动全省扶贫开发工作纵深推进奠定了基础，也吹响了打好扶贫攻坚战的冲锋号。

二、革命老区黄冈和鄂东高速公路的现状

占湖北省总面积9.4%的革命老区黄冈，地处湖北省东部、大别山南麓、长江中游北岸、京九铁路中段，东邻安徽省六安、安庆，南与江西省九江、本省鄂州、黄石隔江相望，西连武汉、孝感，北接河南省信阳。现下辖黄州区和红安、罗田、英山、浠水、蕲春、黄梅、团风7个县以及一个县级龙感湖农场，代管武穴、麻城两个县级市。版图面积17453平方千米，总人口740万。党中央、国务院和历届省委、省政府对加快革命老区黄冈扶贫开发都高度重视，深入推进革命老区黄冈扶贫开发，打好扶贫攻坚战，对于维护广大人民的根本利益、巩固党的执政基础、确保社会和谐稳定、实现全面建设小康社会宏伟目标，具有重大意义。打好革命老区黄冈扶贫攻坚战，既是践行党的根本宗旨、落实科学发展观的必然要求，又是构建促进中部地区崛起重要战略支点、实现湖北跨越式发展的必由之路；既是全面建设小康社会的有效途径，又是缩小发展差距、构建和谐湖北的重大举措。

自20世纪90年代中期建设黄(石)黄(梅)高速公路开始，到“十一五”末，鄂东已建成高速公路呈“丰”字形结构，通车里程达到522公里，居全省第二位，高速公路密度达到2.75公里/百平方公里，黄冈率先在全省实现县县通高速。

黄冈境内已建和在建高速公路一览表

序号	线路名称	编号	黄冈境内起止点	里程（公里）	备注
1	沪渝高速黄黄段	G50	黄梅县界子墩至鄂东大桥交界点	110	1998年建成通车
2	福银高速黄黄段	G70	黄梅县小池至鄂东大桥交界处(黄梅至鄂东大桥交界处与沪渝重合)	120	1998年建成通车
3	武英高速	S5	团风县淋山河镇至英山县蔡家岭	131	2009年建成通车
4	沪蓉高速麻武段	G42	麻城市木子店长岭关至红安县长岭岗	101	2010年建成通车
5	大广北高速湖北北段	G45	麻城市顺河镇周家湾至鄂东大桥交界处	147	2009年建成通车
6	麻竹高速	S28	麻城东枢纽互通至红安黄家岗	58	在建，含延伸段
7	黄鄂高速	S38	大广北高速黄州互通至黄冈长江大桥	28	在建，含延伸段
8	鄂东大桥		黄黄与武黄高速公路、大广北与大广南高速公路交界处	21	沪渝、大广、福银共用
9	麻阳高速		沪蓉高速木子店互通至武穴市刊江办事处(接武穴长江大桥)	181	合同已签，待建
10	九江公路大桥连接线	G70	九江公路大桥北岸引桥终点至黄小高速小池站	8	2012年建成

鄂东已建成的四条高速公路主要有以下几个特点：一是四条高速公路经过大别山革命老区，经济发展相对滞后；二是连接鄂、皖、赣、豫四省，是我国南北、东西交通的要道，社会关注度高，责任重大，省际站口多达5个，分别为黄黄路段的界子墩、小池，武英路段的鄂皖，麻武路段的鄂东，大广北路段的黄冈北；三是管理一体化，遵照交通运输部“投资多元化、管理一体化”的原则和2009年6月1日起实施的《湖北省高速公路管理条例》，根据湖北省机构编制委员会办公室的批复和湖北省交通运输厅的统一部署和安排，2010年元月15日，负责鄂东区域内高速公路一体化管理的湖北省交通运输厅黄黄高速公路管理处(以下简称“黄黄管理处”)组建成立，平稳有序地推进鄂东高速公路区域一体化管理工作；四是保畅压力大，特别是春运、节假日期间和遇恶劣天气时压力较大。尤为突出的是被称为中国南北“第一堵点”的九江大桥地区，自2008年初雪灾以来，由于受冰冻、

车流量、维修等影响，多次发生车辆拥堵事件，2011年以来就有5次影响较大的拥堵，多次引起部省应急办的关注。黄黄管理处全处上下心往一处想、劲往一处使，面对问题不畏缩、挑战压力不后退，发扬党团干部创先争优的先锋模范带头作用，发扬“特别能吃苦、特别能战斗、特别能奉献”的精神，确保了各路段的安全畅通，提升了对外形象，发挥了鄂东高速公路的社会经济效益。

三、鄂东高速公路服务革命老区黄冈扶贫开发的实践

2011年2月17日，万众瞩目的省级发展战略——湖北大别山革命老区经济社会发展试验区建设大幕盛大开启。湖北大别山试验区主体在黄冈，建设黄冈大别山试验区，是黄冈市实现跨越式发展的最大机遇，体现了省委、省政府对革命老区黄冈人民的深情厚谊，是贯彻落实科学发展观的重大实践活动和助推黄冈跨越式发展的重要推手。面对新的发展机遇，黄黄管理处全面贯彻落实科学发展观，按照全面协调可持续发展的基本要求，全力服务于革命老区黄冈的社会经济发展和扶贫开发。

（一）全力服务黄冈旅游开发

革命老区黄冈有着丰富的红色和绿色生态资源，还有深厚的人文历史底蕴，具有得天独厚的旅游发展先决条件。而旅游业是战略性产业，资源消耗低，带动系数大，就业机会多，综合效益好。省委、省政府提出努力将旅游业培育成革命老区黄冈的主导产业，以旅游业为引擎，带动革命老区黄冈经济社会的全面发展。一是免费安装旅游标志牌。鄂东高速公路管理部门率先在全省高速公路上免费安装了一批当地旅游景点的公益广告牌，到现在已累计在鄂东高速公路上安装旅游标志牌300多块，既扩大了革命老区黄冈旅游景点的宣传力度，又方便了过往司乘人员安全出行。二是免费发放旅游宣传资料。鄂东高速公路各基层站所通过联系黄冈旅游景点负责人，在服务区、收费站免费发放黄冈旅游景点宣传资料。三是免费当好旅游咨询员。在编制鄂东高速公路通行示意图中，标明黄冈旅游景点的具体位置、到达线路等，特别是黄金周期间，鄂东高速公路职工不厌其烦地回答司乘人员的咨询。四是组织职工参观旅游景点，既丰富了高速公路职工的业余文化生活，又在一定程度上增加了黄冈旅游景点门票的收入等。

（二）全力投身扶贫济困活动

扶贫济困是中华民族的传统美德。自1998年底黄黄高速公路建成通车以来，鄂东高速公路干部职工从敬老拥军到扶贫济困，从阳光助残到捐资助学，从服务过往司乘到热心社会公益，从慰问职工家属到照顾住院病患，从送教到校园到志愿服务活动，从春送法规、夏送清凉到秋送学费、冬送温暖，从每个基层管理所结对帮扶一个村、两所中小学、三个贫困家庭、五个贫困生到信息监控中心志愿者到蕲州镇高科职校义务讲授“计算机基础”主题课，从一碗泡面、一杯热茶、一份爱心到一句谢谢、一张笑脸、一个手势，都是高速公路职工为老区人民和过往司乘送上的浓浓暖意，从一面面锦旗、一封封感谢信到一本本雷锋爱心基金登记册、一笔笔爱心基金去向记载，记录着黄黄高速公路基层管理所“雷锋爱心基金”的善行，十多年来，各站所“雷锋爱心基金”先后救助了弃学打工不幸被骗的少女、自费全国宣传奥运的九旬老人、遭遇不测无钱购买通行费的司机、贫困大学生、孤寡老人、失学儿童、思维不清的流浪汉等等，基金救助受困司乘人员万余人，救助金额达20余万元。鄂东高速公路干部职工用自己的甜美微笑、标准手势、细心服务，全面履行“满意在费亭、舒适在路途、服务在沿线、安全到终点”的承诺，将收费站、服务区打造成“信息站、咨询站、服务站、救助站”，既服务了革命老区黄冈的扶贫开发，又最大限度地发挥了鄂东高速公路的社会经济效益。

（三）全力参与城乡互联活动

2011年11月26日，黄冈市黄州区陈策楼镇浒子口村锣鼓喧天、彩旗飘扬，厅党组副书记、副厅长唐元、黄冈市委常委、组织部长雷邦贵共同为浒子口村新党员群众服务中心揭牌，标志着黄黄管理处圆满完成了与浒子口村“城乡互联，结对共建”的帮扶共建任务。黄冈市黄州区陈策楼镇浒子口村是湖北省交通运输厅“城乡互联，结对共建”的帮扶点。自2010年与该村结对共建以来，黄黄管理处认真落实省直工委“城乡互联、结对共建”活动部署，派入村工作组走村路、访民情，帮助浒子口村配强村级领导班子，制定符合科学发展的规划，多方筹措资金150余万元投入基础设施建设，修建了通村公路，新建了党员群众活动场所，发展了苗木种植基地，制定和完善相关制度，加强了村两委班子学习培训，开展“送科技下乡”农技知识专题讲座、“真情助困进万家”等活动，共建工作均取得明显成效，推动浒子口村的新农村建设展现出全新面貌。

（四）全力建设新型服务区

2011年4月20日，借中国英山第二十届茶叶节举办的契机，黄黄管理处分别与英山县人民政府、漳浦天福观光茶园有限公司签约，将把武英高速公路英山服务区打造成我省首个4A级景区式高速公路服务区。据悉，漳浦天福观光茶园有限公司以中标方式取得了武英高速公路英山服务区（加油站除外）的委托经营权，英山县人民政府积极招商引资，借此机会引进该公司投资，将在服务区周边300亩范围内，规划建设观光茶园、茶叶加工厂、茶叶食品加工厂、温泉休闲中心、茶叶文化园等主体建筑，创建一个4A级景区式高速公路服务区，这也是天福集团继在厦汕、成乐、宁杭高速公路投资的第四家高速公路服务区。创建4A级景区式高速公路服务区这一重要举措，既是黄黄管理处提升高速公路服务区品牌、支持革命老区黄冈社会经济发展和服务大别山试验区建设的有益探索，又是黄黄管理处营造良好环境、寻求服务区长足发展的大胆尝试。天福集团将通过两年多的时间，将英山服务区建设成围绕茶叶、温泉开发，集茶叶生产、加工展示、品尝

销售、观光、旅游为一体的茶叶综合园区，推动高速公路服务区与旅游休闲相结合，实现高速公路、地方政府、台资企业和司乘人员的共赢。与此同时，在黄黄高速公路二里湖服务区改扩建中，积极主动地考虑到高速公路服务区与地方物流园的建设，预留了高速公路与地方道路对接的通道，尽管增大了投资，但为蕲春县经济预留了更多的发展空间。

四、鄂东高速公路服务革命老区黄冈扶贫开发的建议

鄂东高速公路作为一个负责任的行业，只有以更大的决心、更强的力度、更有效的措施，继续积极投身“社会扶贫”工程，最大限度地发挥鄂东高速公路在服务革命老区黄冈扶贫开发中的作用。

（一）加大公益广告宣传力度

要把革命老区黄冈建成全国重要的革命传统教育基地、红色旅游基地、红色文化传播基地、生态文明教育示范基地，建成全国革命老区经济社会发展先行区、全省统筹城乡发展试验区和生态保护示范区，实现“红色大别山、发展大别山、绿色大别山、富裕大别山”的目标。这就需要充分利用鄂东高速公路车流量大、过往司乘人员多的特点，加大公益广告的宣传力度。一是要本着保本微利的原则，支持地方政府部门依靠鄂东高速公路加大旅游宣传力度，合理低价提供天桥、立柱等广告位，发布和宣传当地旅游资源，吸引游客，增加旅游综合收入。二是要加大革命老区黄冈旅游资源的宣传力度，既可以通过公益广告牌的形式，又可以通过可变情报板、电子显示屏、高速公路网站等方式宣传旅游景点，让革命老区黄冈的旅游通过鄂东高速公路走向全国。三是加大革命老区黄冈扶贫开发的宣传力度，引起更多的司乘人员关注革命老区黄冈扶贫开发、参与扶贫开发。

（二）在服务区设立特色产品专柜

服务区里卖土特产并不新鲜，以往在服务区停车休息和上厕所是“主题”，必要时就吃点东西垫下肚子。据调查统计，发现大部分人在服务区停留的时间在5至10分钟之间。“所有服务区都差不多”和“呆久了也没事情可做”是司机们停留时间较短的主要原因。如果在服务区设有土特产卖场，就能延长司乘人员停留的时间，就有引导司乘人员购买当地土特产消费。而黄冈农副产品资源丰富，拥有黄州萝卜、罗田板栗、九资河茯苓、英山茶叶、红安红薯、广济佛手山药、团风荸荠、巴河莲藕、麻城麻油、黄梅青虾等21种地理标志产品，素有“千湖之省、鱼米之乡”之美誉。要依托鄂东四条高速公路十多对服务区建设地方特色果品食品中心，既要突出商业特色，也要服务旅客需求，既要保证商品质量，又要价格实惠，抢先商机一步，赢得更多市场份额，让老区的特色产品通过高速公路走向全国。

（三）服务区与物流园区成功对接

高速公路服务区是在高速公路沿线按一定间距设置，主要为车辆、驾乘人员和旅客提供餐饮、休息、住宿、购物、娱乐、医疗救治、通讯、信息咨询、旅游服务，以及车辆加油、维修、停车、清洁等服务和设施的场所，它包括休息、停车和辅助设施三部分。目前高速公路服务区主要用来满足人和车的基本休息需要，服务区在区域物流网络中的优势没有得到充分的挖掘和发挥。我国高速公路服务区的建设投资巨大，如何使其建设合理，物尽其用并带来巨大收益是目前研究的重点问题。作为高速公路上重要的节点，高速公路的服务区汇聚了人流、车流、信息流，拥有发展成为区域物流网络节点的若干优越条件，可以进一步挖掘服务区发展物流的能力，按照先试点，后推广的思路，大力推广鄂东高速公路服务区与地方县市物流园区成功对接，提高高速公路服务区的经济效益，服务革命老区的扶贫开发。

（四）探索路地共赢新格局

高速公路作为经济发展的助推器，其综合效益已得到了广大人民群众的广泛共识。由于过去革命老区黄冈旅游开发和宣传力度不够，这些亮丽的风景线没有连成片，有潜力的景区往往是人迹罕至。一要充分利用鄂东高速公路立交桥、匝道等闲置土地，开发仓储业，确保资产的保值增值。二要开发鄂东高速公路沿线有升值潜力的金路、黄梅戏等雕塑和花园式管理所等资源，建成可供参观的旅游景点，与地方的一些旅游景点连在一起，免费向司乘开放，既可以增加地方旅游景点的质量，又可以缓解司乘的乘车疲劳，使鄂东高速公路的利用率和经济效益达到最佳，真正做到“快速、安全、经济、舒适”。三要探索如何在发展鄂东高速公路事业的同时，与革命老区黄冈实现路地共赢、路企共赢、路警共赢、社会经济效益共赢、单位与职工个人发展共赢、高速公路与人民群众共赢等，全面探索共赢发展之路，服务革命老区黄冈扶贫开发。

（五）开展凭高速通行票据优惠行动

革命老区黄冈自然风光秀丽，人文景点众多。黄州赤壁是历史上兵家必争之地，也是历代文人墨客流连之所。北宋大文豪苏东坡在这里留下了一词、二赋、八诗等千古名篇；大别山主峰天堂寨国家森林公园、薄刀峰风景区已成为假日旅游观光的热点，黄梅佛教禅宗四祖寺、五祖寺是著名的佛教祖庭，名声远播海内外；境内还有一大批革命领袖和历史名人的陵园、堂馆以及革命遗址、遗迹。随着鄂东高速公路网络的形成，节假日驾车走高速公路到景区度假已成为许多人的一种生活方式。要通过建立高速公路与旅游景点携手共建机制，推出凭高速公路通行费票据对旅游景点门票优惠活动，吸引更多的自驾车车主到革命老区黄冈旅游观光，促进革命老区黄冈扶贫开发。

（六）最大限度为沿线人员就业服务

革命老区黄冈山地多农田少、人多就业岗位少，但革命老区黄冈培养了一大批品学兼优、吃苦耐劳的高校毕业生，但由于当前高校毕业生的就业问题突出，其中黄冈师范学院是黄

冈革命老区唯一的一所本科院校，是一所有着百年办学历史、优良老区传统的老校，也为老区经济社会发展和产业结构升级提供强大的智力支持与人才保障，为老区革命历史文化的传承作出了重要贡献。建议在同等条件下，多招聘一些出身革命老区黄冈的农家子弟，既能够在一定程度上解决当前革命老区黄冈农村子弟的就业问题，引导革命老区黄冈农村子弟感恩于高速公路的发展，又引导他们立足高速公路平凡岗位，为鄂东高速公路与革命老区黄冈扶贫开发做出应有的贡献。

(七)扩建收费站提升区域县市形象

由于革命老区黄冈四条高速公路建成通车的时间不一样，加之由于设计理念等方面的原因，高速公路的收费站道口数、高速公路与县市的联络线标准也不一样，特别是随着近年来恶劣天气的增多、突发交通事故的出现，特别是一些县市出口的高速公路应急分流任务较重，建设在高速公路养护资金富余的情况下，提前充分考虑到应急分流对地方公路通行状况、城镇居民工作生活的影响，宜早规划和启动县市级高速公路收费站的改扩建，与所在县市的迎宾大道有机融合，确保应急分流时车辆通行的需要，同进也为提升革命老区黄冈县市的对外形象。

(八)落实高速所站队结队帮扶机制

要结合当前鄂东高速公路扶贫济困、结队帮扶的现状，大胆探索建立高速公路所站队与所在地的村对口扶贫机制，各所站队要专门成立对口帮扶工作领导小组，健全帮扶工作组织。每年初，组织党员干部职工到各村开展调研，访贫问苦活动，共同研究进一步修订了帮扶工作措施，结合农村产业结构调整、按照建设城乡一体化和建设社会主义新农村的要求，制定了大力发展种养殖业和林竹产业发展等措施，即可行又见效快。坚持开展修建村级水泥公路和架桥、发展种植产业、帮助发展养殖业、帮助指导村委会建设、积极开展捐赠活动、组织职工定期到贫困家庭访贫问苦，既体会到农村工作的辛苦，又增强职工爱岗敬业精神，实现所站队新型思想政治工作与结队帮扶工作的共赢。

五、结语

在推进“中三角”战略中，革命老区黄冈的扶贫开发，既是一件关系到千家万户的工作，又是影响和谐社会进程的工作，还是一项有重要意义的工作。根植于革命老区黄冈的鄂东高速公路，要增强服务扶贫开发的信心、责任心和决心，积极主动地有所作为，才能在今后的发展赢得主动权，才能赢得老区人民的认可，只有认清鄂东高速公路发展与革命老区黄冈扶贫唇齿相依的关系，才能真正转变观念，更好地服务于革命老区黄冈的扶贫开发，才能最大限度地发挥鄂东高速公路的社会经济效益。

高速公路跨省区域联动的实践与探讨

湖北黄黄高速公路经营有限公司　王 炜　朱泽民　潘庆芳

一、前言

从 1988 年我国第一条高速公路——沪嘉高速公路建成通车，到 2011 年年底，我国高速公路通车总里程达到 8.5 万公里，其中有 7 个省份的高速公路通车里程超过 4000 公里。在高速公路的运营管理中，跨省区域联动已成为一种现象，受到了高速公路同行、社会各界、司乘人员的共同关注。

二、高速公路跨省区域联动的实践

无法查找高速公路跨省区域联动开始于哪一年、哪几个省份？但近几年来的几个跨省区域联动在高速公路同行中形成了一定的影响。

（一）赣鄂皖三省联谊会

湖北省黄（石）黄（梅）高速公路东接安徽省合界高速公路，南接江西省昌九高速公路，具有“一路连三省”的特点。2003 年 5 月，相邻的江西省昌九高速公路庐岛所，湖北省黄黄高速公路小池所、界子墩所、浠水所、黄梅所，安徽省合界高速公路宿松所发起，成立赣鄂皖高速公路所（站）友好交流促进会，简称赣鄂皖高速公路联谊会，是自愿参加的非官方组织。赣鄂皖高速公路联谊会制定的《章程》共五章十五条，统一了会徽，明确了联谊会的宗旨是协作、奋进、交流、提高，任务是召开会员大会，加强会员单位互相之间的交流与合作，总结交流高速公路基层所（站）两个文明建设的先进经验，探讨高速公路基层经营管理中的新情况、新问题，为高速公路的改革、发展出谋献策。赣鄂皖高速公路联谊会现有 17 个会员单位，涉及两座长江大桥、八条高速公路。

（二）京港澳情

京港澳高速公路 (G4) 原名京珠高速公路，北起北京，南抵香港、澳门，途经河北、河南、湖北、湖南、广东，贯穿中国南北，全长约 2285 公里，是中国最重要的南北大通道。沿线五省一市于 2004 年发起了“京珠情联谊会”，深入交流、研讨、学习各省市最新的高速公路营运管理成果和经验，2010 年，随着国家高速公路网命名编号调整工作完成，“京珠情联谊会”也更名为“京港澳情”联谊会，共同签订了《京港澳高速公路六省市管理部门共建合作协议》(以下简称《协议》)，在“资源共享、服务为民”的承诺下，联手打造一条“平安、畅通、高效、和谐”的“大京港澳”动脉。

（三）G70 联动联席

2011 年年底，福银高速公路全线涉及闽、赣、鄂、陕、甘、宁等六省的 19 家运营单位齐聚湖北武当山，提出了“畅通东西动脉、搭建联动平台、打造干线品牌、服务经济民生” 的宗旨。与会单位签署了《福银高速公路联动联席会议合作框架协议》，尝试建立 G70 联合宣传体系，逐步统一“大福银”品牌识别体系；尝试建立 G70 服务标准体系，为驾乘搭建“标准统一、行为规范”的温馨服务通道；尝试建立 G70 整体营销体系，为驾乘搭建“畅行福银、共享温馨”的增值服务通道；尝试建立 G70 信息服务体系，为驾乘搭建“一省领卡、全程尽知”的信息服务通道；尝试建立 G70 信息服务体系，为驾乘搭建“服务物流、农超对接”的民生服务通道。

（四）浙皖共建助推创先争优

杭徽高速公路昱岭关收费所地处浙皖两省交界，位于杭州市最西端，是浙江西大门、省际收费站之一。为深入贯彻落实科学发展观，进一步开展创先争优活动，开创现代企业党建工作新局面，更好地推动企业经济发展，2010 年，浙西公司党委提出将昱岭关收费所与徽杭高速公路有限公司黄山收费所深化统筹共建、结对创先争优，建立党建共建联动机制，探索省际收费站党建工作新思路。浙皖“深化统筹共建、结对创先争优”党建共建活动，以党建为纽带，按照“平等共建、相互学习、资源共享、互利双赢”的基本原则，通过六个“统筹共建”，努力实现“组织创先进、党员争优秀、企业有发展、职工得实惠”的目标，促进双方党建工作和安全营运保畅合作双赢。

（五）京台高速公路文明通道创建联谊会

为有效推动闽浙皖三省共创“G3”京台高速公路文明通道，延伸公路服务内涵，切实解决影响高速公路安全畅通等问题，展示高速公路畅、洁、美、优、安的文明形象，会议通过三方介绍先进经验、近年来的协作配合和签订“G3”京台高速公路黄衢南路段共建文明通道协议书等形式进行磋商。联谊会上他们畅谈了工作感受，对高速公路突发性事件的处置、雨雪冰冻恶劣天气公路通阻的安全保障、高速公路旅客滞留的处理和车辆分流等问题进行了全面的讨论和科学的分析，并制定出一套切实可行的联动协作破解方案得到与会者的首肯。本次联谊会得到闽浙皖，三省七个方人员的一致同意。并把京台高速公路创建文明通道协作机制确立为长效工作，并制定了具体的创建计划和实施步骤，各方代表负责人都在协议书上签了字，签订的协作内容有：征费管理、路政管理、养护管理、监控管理、经营开发管理、交通安全管理、文明创建等内容。

（六）宁洛高速公路联谊会

宁洛高速公路联谊会成立于 2005 年 12 月，是全国首家跨省高速公路运营联谊会。联谊会现有 10 家成员单位，江苏省 2 家、安徽省 3 家、河南省 4 家，山西省 1 家，宁（南京）洛（洛阳）高速公路东起南京、接沪宁高速直达上海，西至洛阳、与连霍高速公路会合通向西安直至新疆，途经江苏、安徽、河南3省，全长741公里，2006年9月30日全线贯通。这种跨省、跨区域的高速公路联谊组织形式，有助于提高宁洛高速公路全线整体服务水平，促进省际高速公路有效衔接，加强高速公路网络化建设和资源共享，增进各管理公司之间的相互了解、沟通和经验交流。为保证高速公路安全畅通，今后，南洛（南京至洛阳）高速全线将建立统一应急预案，以提高全线应急处置能力。

（七）津冀鲁联建比技能赛服务

荣城——乌海高速公路的津、冀、鲁三方高速公路管理部门联合开展“真诚服务，和谐高速”文明窗口联建活动，实现“打造优质服务品牌，树立窗口单位和服务行业的良好形象”的目标。签署了联建活动协议书，在三方员工风采特色展示环节，津、冀、鲁三方还各自展示了不同地域的工作和服务特色。联建三方将以“创先争优”活动为契机，以“五比五赛”活动为主要载体，提升服务技能、完善服务规范、深化服务理念。即：比服务环境，赛整洁优美；比服务态度，赛服务理念；比服务水平，赛服务规范；比服务品质，赛服务质量；比内部和谐，赛文化建设。

三、高速公路跨省区域联动的必要性

在高速公路迅猛发展的今天，加强相互之间的交流和学习，是跨省区域联动的基础。

（一）联手共同构建和谐社会的需要

党的十六届四中全会《中共中央关于加强党的执政能力建设的决定》，首次完整提出了“构建社会主义和谐社会”的概念，是《决定》将其正式列为中国共产党全面提高执政能力的五大能力之一。当前我们正处在构建和谐社会的进程中，高速公路的运营管理中的点点滴滴，都有可能成为各种媒体、社会公众关注的焦点，也有可能成为矛盾的焦点，影响社会稳定和社会和谐。高速公路同行间互相交流，取长补短，大力营造优质服务氛围，向广大司乘人员展示高速公路沿线优美的环境、周到的服务，共同提高高速公路社会美誉度，为构建和谐社会做出应有的贡献。

（二）高速公路事业迅猛发展的需要

高速公路是我国交通发展的新事物，随着我国改革开放和社会主义建设事业迅猛发展的需要，高速公路这种现代化的交通设施的修建被提上了议事日程。由于修建高速公路投资较大、回收时间长，人们对高速公路的建设、使用和经营的认识有一个不同寻常的认识过程，甚至引起一些不小的争论。进入21世纪以来，高速公路建设步伐和通车里程不断增长，全国每年平均增加高速公路5000公里。高速公路的迅猛发展，需要有一个更好的非官方的组织机构，共同发挥高速公路的巨大社会经济效益，推动高速公路的又好又快发展。

（三）提升突发事件应对能力的需要

近年来，雨雾冰雪等恶劣天气频发、高速公路上重特大交通事故不断，高速公路所面临的突发事件也随之增加。突发事件应急处置工作甚至于决定党的执政能力的高低。突发事件一旦发生，在第一时间、第一现场的高速公路管理单位是否掌握必要的应急处置知识和技术，直接关系到能否最大限度地避免或减少突发事件的影响及其所造成的损失。实践证明，只有在所有高速公路管理单位中普及应急知识，提高应急能力，才能实现应急管理“有急能应”的目标。而相邻省份的高速公路，受恶劣天气、交通事故等原因，道路通行状况、车流量等方面总是相辅相成，只有以跨省区域联动的方式，才能更好地服务司乘人员出行，才能保证高速公路的安全畅通。

（四）创建跨省区域联动品牌的需要

当前，高速公路的运营管理已进入到品牌营销阶段，要想在路网不断加密、出行线路面临更多选择的未来发展竞争中，吸引更多的驾乘人员上路通行，实现社会效益和经济效益的双赢，就必须充分考虑并早日实施跨省区域联动品牌创建活动，吸引跨省高速公路同行的长处、学习相互的经验，交流成功的做法，按照“互惠、互利、共赢、发展”的原则，共同探索跨省区域联动的有效机制，才能创建有特色、有吸引力的品牌创建口号，才能打响品牌营销的第一枪，才能有机会立于不败之地。

四、加强高速公路跨省区域联动的思考

探索建立高速公路跨省区域联动，是高速公路运营管理需要面对的重要课题，更需要不断探索和完善。

（一）提高跨省区域联动的认识

跨省区域联动是认真贯彻落实党的十七大精神，解放思想，转变观念，坚持科学发展观的一种表现形式，要进一步提高跨省区域联动的重要性，不管是高速公路行业自身发展的需要，还是应对当前偷逃通行费行为花样越来越多、高速公路行业受到一些媒体的不公正的对待，广泛开展跨省区域联动，扩大高速公路公共服务，完善安全管理，强化交流协作，实现资源互享、信息互通、人员互动、优势互补、规范协作，建设“平安、畅通、文明、和谐”青年文明通道。实践证明，“平安、畅通、文明、和谐”目标的实现是高速公路跨省区域联动的核心。

（二）突出省际联动保畅通重点

纵观高速公路跨省区域联动的发展历程，基本上可以说是从相邻站所到相互交流，从最基本的文明创建到全方位的共建合作交流，从最早的邻省联动到跨几个省份的联动，从日常的运营管理到跨省区域联动保畅。在高速公路的运营管理中，三个文明建设是基本保障，而确保高速公路的安全畅通，特别是恶劣天气频发、交通事故不断的实际情况中，实现跨省区域联动，才是高速公路管理单位共同面对的课题，所以在跨省区域联动中，必须要将联动保畅通作为重点，一切从保安全保畅通出发，最大限度地发挥高速公路的综合效益。

（三）建立跨省区域联动平台

平台既是载体也是阵地，又是依

托物。建立高速公路跨省区域联动平台，一是建立网站和局域网，对外对社会公布公开跨省区域联动的组织体系、工作预案、专业处置队伍和联系方式、电子邮箱等，既为公众服务又接受公众的监督；对内实现资源共享、信息互通、促进交流的目的。二是利用新闻媒介、高速公路内刊、大型可变情报板、公益广告牌等载体进行广泛宣传，争取多方重视和支持。三是适时组织开展联席会议、培训讲座、应急演练、趣味活动等，丰富载体，营造氛围，推进高速公路跨省区域联动工作向纵深发展。四是经常性地与中国公路学会高速公路运营管理分会、各地应急办保持联系和沟通，形成上下通畅、左右贯通的通信联络之网。五是统一查验标准、统一宣传口径，联合打击假绿通车、超限绿通车逃费行为。

(四)落实跨省区域联动保障机制

建立高速公路跨省区域联动机制，必须有实体作为保障提供支撑。一是落实人员。人的因素决定一切，不管是预案演练还是组建专业应急处置队伍，前提必须要有充足的人员作为保证。无论是专职还是兼职，都要定人定岗定责，做到权责明确、职责分明。二是落实经费。这也是最基础的保障之一，跨省区域联动组织体系的各成员单位必须在每年的管理经费和财务预算中专门列支专项经费，用于预防应对突发事件和紧急情况下的支出。三是落实物资。这里所说的物资基本包括车辆、专业设备以及相关的工具等，通常还要准备一些饮用水、食品、药品等，以便急需之用。

(五)加强与地方职能部门沟通协调

高速公路是服务国民经济和社会发展的，其管理和发展离不开高速公路沿线地方党委政府的支持和老百姓的拥护。很多问题不是靠交通运输部门或高速公路管理方自我努力和一方能力就能解决的。特别是在应急反应处置上，要着重体现联动性，更是要地方党委政府和多个职能部门的鼎力相助、协调配合才行。所以，高速公路管理方包括基层单位，还必须加强与地方党委政府及公安、武警、消防、卫生等多个职能部门的沟通和协调，处理好关系，增进彼此之间的了解和友谊，共同打造文明平安大道，营造良好的安全畅通环境。

(六)提升高速公路运营管理水平

当前社会驾乘人员对高速公路行业的期望越来越高，所以要始终坚持“以人为本、以车为本、服务人民、奉献社会”的宗旨，规范行为，文明执法，热忱为过往司机服务，切实把文明服务落到实处，牢固树立“窗口”形象，以优良的作风，优美的环境服务人民、回报社会。通过新闻媒体和其他方式进一步向社会宣传，营造浓厚氛围，扩大宣传效果，补充、健全路政管理联动机制、监控管理联动机制、打击违章车辆联动机制、浓雾天气联动机制和交通安全联防协作机制。加强收费、路政、监控、养护交通管理、经营开发等管理合作，加强各方联动，进一步构筑信息交流平台，努力做到信息及时畅通、资源共享、合作协调，切实提升高速公路的运营管理水平。

(七)努力创建跨省区域联动品牌

面对高速公路的迅猛发展态势，面对全国同行间许多跨省区域联动的实践，要想在高速公路的运营管理中，充分发挥跨省区域联动的优势，既促进本身事业的发展进步，又实现跨省区域联动的共赢目标，只有进一步理清思路，认清高速公路跨省区域联动的发展方向，创建跨省区域联动品牌，才能保证跨省区域联动的生命力越来越强大，才能在未来的竞争中赢得更多的发展机遇。

五、结语

建立高速公路跨省区域联动，迫在眉睫，意义重大。这既是高速公路事业又好又快发展的需要，又是构建社会主义和谐社会的需要。各高速公路管理单位要进一步提高思想认识，切实抓好高速公路运营管理，保安全保畅通，主动寻求跨省区域联动，更好地服务于社会和广大驾乘人员，切实发挥高速公路的主通道作用和社会经济效益。

学习型马克思主义执政党建设的思考

湖北省汉江崔家营航电枢纽管理处　尹武东

党的十八大报告指出，要“建设学习型、服务型、创新型的马克思主义执政党，确保党始终成为中国特色社会主义事业的坚强领导核心”。这是马克思主义执政党建设的新定位，为以改革创新精神全面推进党的建设新的伟大工程，全面提高党的建设科学化水平指明了方向。学习型、服务型、创新型政党建设是马克思主义执政党建设三个相互关联的方面，其中，学习型政党建设是加强服务型、创新型政党建设的根本途径，服务型政党建设是加强学习型、创新型政党建设的价值目标，创新型政党建设是加强学习型、服务型政党建设的动力源泉。而落实“三型”政党建设目标，要以学习为先。

一、建设学习型马克思主义执政党概念的提出

“学习型”这个词出现在我国的政治生活，是2001年5月在上海召开的亚太经合组织人力资源能力建设高峰会议上，江泽民同志提出的，他指出21世纪的中国要致力于“构筑终身教育体系，创建学习型社会”。2002年11，在党的十六大上，经过全党决策，将建设学习型社会写入了报告，明确提出要“形成全民学习、终身学习的学习型社会，促进人的全面发展”。2004年9月，党的十六届四中全会通过《关于加强党的执政能力建设的决定》，从全面推进中国特色社会主义事业和党的建设新的伟大工程全局出发，明确提出了“努力建设学习型政党”的战略任务。至此，学习型组织理论开始真正运用于我们党的建设问题上。此次十八大报告在肯定近些年学习型政党和学习型党组织建设深入进行的同时，再次对学习型政党建设提出了明确要求，并把“学习型”放在“三型”第一位置。

二、什么是学习型马克思主义执政党

所谓学习型政党，是指通过有组织地持续开展各种行之有效的学习，以增强全党的理论思维能力、认识规律能力和创新发展能力，激发党员的积极性、主动性、创造性的政党。学习型马克思主义执政党是一个拥有激励党员主动地、创造性地学习的良好体制机制，用发展着的马克思主义理论指导实践，不断与时俱进的政党；是一个善于通过学习增长知识并通过系统理性思考来提高整个党组织的执政能力和持续创造能力的政党。

三、建设学习型马克思主义执政党的意义

只有创建学习型马克思主义执政党，才能始终保持和发展党的先进性，紧紧抓住和用好我国当前重要的发展战略机遇期，为全面建成小康社会奠定坚实的基础。

（一）建设学习型马克思主义执政党是对历史冷静洞察的重要体现

20世纪90年代以来，世界上一些马克思主义执政党痛失政权，究其原因，其中很重要的一点就是当时的执政党忽视学习，导致思想僵化，理论上的蜕变造成了政治上的破产。这些惨痛教训，对我们党提出了严重警醒，必须切实增强历史忧患感，高度重视学习型政党建设，尤其要学习马克思主义科学理论，用马克思主义中国化的最新成果武装全党，切实增强全党的创造力，凝聚力、战斗力。

（二）建设学习型马克思主义执政党是适应新世情新国情新党情的必然要求

从世情来看，当今世界现代科学技术进步日新月异，新发明、新创造层出不穷，自主创新能力成为综合国力和国际竞争力的核心因素。面对这样的新形势新任务，我们党作为马克思主义执政党，必须更加重视学习、更加善于学习，顺应时代发展，实现知识的不断更新。只有这样，才能更好地带领人民在时代的风云变幻和激烈的国际竞争中抢占先机、掌握主动，始终立于不败之地。

从国情来看，我国依然处在社会主义初级阶段，面临着一系列过去没有遇到过的矛盾，如：城乡之间、区域之间、经济与社会之间的不平衡问题尚未根本改变，发展方式转变和经济结构调整的难度还很大，等等，这对于各级领导班子和领导干部来说，是一个全新的课题。这就需要我们加强学习型马克思主义政党建设，不断提高各级领导班子和领导干部的综合素质。

从党情来看，我们党是长期执政的马克思主义执政党，面对执政考验、改革开放考验、市场经济考验、外部环境考验，我们比以往任何时候都更加需要学习。如果不通过新的学习不断提高自己，就不能有效应对严峻挑战，就有失去执政资格、失去人民信任和拥护的危险。面对党的历史方位和历史使命的新变化，我们党的领导水平和执政水平、党员队伍素质总体上同党所肩负的历史使命是适应的。但是，在我们这个十几亿人口的发展中大国，党在推进社会主义现代化建设，实现“中国梦”中所肩负的任务十分艰巨和复杂。一些党组织和领导干部还不同程度地存在着“知识恐慌”、“本领恐慌”，一些党员干部的思想观念、素质才干与党的先进性要求还不完全符合，全党只有加强学习，才能更好地保持和发展党的先进性、巩固党的执政地位、实现党的执政使命。

四、建设学习型马克思主义执政党需解决的问题

（一）要解决好学习的动力问题，让学习成为一种生活习惯。只有解决了动力问题，学习才有积极性、主动性，才学得进，学得深；否则，学习容易

走过场，会成为一阵风。如果党员、干部个人没有学习的动力，仅仅依靠各级党组织号召发动，不可能在全党形成自觉学习的积极性和良好的学习氛围。而当前，一些党员干部的学习动力不足，学习状况确实不容乐观，有些党员干部热衷应酬、心浮气躁，借口工作繁忙不愿学、不爱学、不真学。与此相联系的是，享乐多、应酬多，由此而滋生了种种腐败现象。要改变这种不愿学、不爱学、不真学状况，就要解决好学习的动力问题，提升全党的精神气质，使学习成为每个共产党员的一种觉悟。要建立学习的动力机制，培养广大党员的学习兴趣，变“要我学”为“我要学”。

(二)解决好用人导向问题，营造学习氛围。近些年来党中央把理论素养、学习能力作为选拔任用领导干部的重要依据，具有很强的现实意义，树立了选拔任用干部的一个重要导向。如果老实型干部、学习型干部吃亏，甚至不学习的人反而提拔得快，是没有多少人愿意去学习的。要进一步积极探索把理论素养和学习能力作为干部选任依据的有效做法，激励和带动广大党员干部进一步重视学习、崇尚学习，不让老实型干部吃亏、不让学习型干部吃亏、不让创新型干部吃亏。要通过加强和完善干部人事制度建设，解决广大党员干部学习的内在动力缺乏、外在压力不够的问题。

(三)解决好学习的理念问题，使学习成为全党的自觉行动。正确的学习理念是学习取得成效的源泉，是建设学习型马克思主义政党的前提。要使建设学习型马克思主义政党成为全党的自觉行动，就必须树立正确的学习理念。首先要树立学习是生存和发展的需要的理念。在知识更新、扩展的速度不断加快的今天，人人必须有随时接受最新的知识，不断增强学习的能力。其次要树立终身学习的理念。不断进行知识更新，一辈子勤奋学习，使终身学习成为每一个人特别是共产党员生活的一部分，成为终身习惯。再次要树立人人学习的理念。建设学习型马克思主义政党，不仅是领导干部的事，更是每个党员的事。在注重领导干部培训和学习的同时，更要注重全体党员尤其是基层广大党员的学习。最后，树立学习与工作相结合的理念。把学习引入工作，使学习与工作有机结合，把学习、工作、生活融为一体，解决学习和工作“两张皮”问题。

五、怎样建设学习型马克思主义执政党

新形势下建设学习型马克思主义政党，需要进一步深化对学习型马克思主义政党建设的基本规律的认识，以学习型领导班子和干部队伍建设为重点，以学习型党组织建设为基础，在全党树立科学的学习理念，营造崇尚学习的浓厚氛围，注重加强制度建设，善于运用科学的方法，扎实推进学习型马克思主义政党建设。

(一)重点建设好学习型领导班子和干部队伍。建设学习型马克思主义政党，提高全党思想政治水平，各级领导班子和干部队伍建设是关键。领导干部做好学习的表率，具有强大的行为导向和风气引领作用。各级领导班子和党员领导干部要做到“四个带头”，即带头制定学习目标和计划、带头参加学习活动、带头撰写理论文章、带头做到学以致用，做不断学习、善于学习的表率，做学习型马克思主义政党建设的积极倡导者、精心组织者、大力推动者，在全党营造崇尚学习的浓厚氛围。

(二)大力开展学习型党组织创建活动。推进学习型党组织建设，是建设学习型马克思主义政党的基础工程。要从党的各级组织抓起，切实开展学习型党组织创建活动，使党组织成为党员增强党性修养、提高思想觉悟的大熔炉，成为党员学习新知识、增长新本领的大学校。创建学习型党组织的过程中，要不断创新学习型党组织的科学管理模式、运作方式，按照时代的新要求，推动学习的互动互补效果，优化党员学习的组织结构，实现党员学习的全覆盖。

(三)切实加强学习制度建设。衡量一个党组织是不是学习型党组织，很重要的是看有没有一套符合实际、行之有效的学习制度。加强党的学习制度建设，一要建立健全学习考勤、学习档案、学习通报等各项制度，努力培养党员、干部自觉学习一切有益知识的习惯，形成长效机制。要督促党员、干部制定符合实际的学习计划，有针对性地确定学习内容，列出必读书目，明确具体要求，保证时间、提高质量。二要进一步探索完善各种学习形式，加强日常学习、脱产学习、短期集中培训等，不断增强学习的针对性和实效性。三要建立健全党员和各级领导干部学习培训的考核机制，加强对学习过程的管理，强化督促检查和考核，把考核结果纳入领导干部综合评价体系和领导班子建设目标管理体系，作为考核领导班子和选拔任用领导干部的重要依据，鼓励先进，鞭策后进。四要建立健全党员和各级领导干部学习的保障机制，进一步加大对党校、行政学院等院所的经费投入，充分发挥其干部教育培训的主渠道作用。加快党的学习数据库和网络平台建设，促进广大党员学习方式的改革。

(四)务必找准学习的方法。一要向书本学。向书本学，必须以学习马克思主义基本理论、中国特色社会主义理论体系为核心内容。做到“广、深、辨、思、做”。“广”就是要广泛地学习推进中国特色社会主义经济建设、社会建设、政治建设、文化建设和生态文明建设实践所需要的各类新知识、新技能，不断优化知识结构、提高综合素质。“深”就是要善于追根究底，把握规律，不仅要学“是什么”更要学会“为什么”。“辨”就是要明辨是非，知道哪些可以学习借鉴，哪些可以抛弃反对，明辨马克思主义和反马克思主义的界限。“思”就是要结合自身实际，进行反思转化。“做”就是要在实践中应用检验。二是要向实践学。实践是认识的基础，是人们获得客观对象认识的唯一途径，马克思主义科学世界观本身就是来源于无产阶级的革命实践。因此，广大党员干部必须从办公室、会议室、文件堆里走出来，走到实践中去，从取之不尽、用之不竭的认识泉源中获得解决新问题的灵感和知识，进一步在实践创新中推进理论创新，找到解决复杂问题的新思路和新办法。三是要向群众学。向群众学习，是我们党的一条宝贵经验，也是一个优良传统。要深入基层、深入群众、尊重群众的首创精神，虚心向人民群众学习。人民群众的实践经验是新鲜的，人民群众的集体智慧是无限的。只有坚持从群众中来、到群众中去，不断从人民群众中汲取智慧，才能不断丰富自己、提高自己，形成正确的工作思路和工作方法，更好地为人民服务。四是要坚持四个结合。坚持个人自学与组织培训相结合、“你教我学”的灌输式与相互交流的互动式相结合、学习与实践考察相结合、学习与思考相结合，不断提高战略思维能力、创新思维能力和辩证思维能力。

综上所述，建设学习型马克思主义执政党是一项重大的战略任务，建设学习型马克思主义执政党的质量和效果如何，直接关系着党的建设事业、关系到国家和民族的兴衰成败。只有正确处理好建设学习型马克思主义执政党与建设服务型、创新型马克思主义执政党的关系，把建设学习型马克思主义执政党作为重大而紧迫的战略抓紧抓好，并持之以恒，才能使我们党进一步为人民执好政、掌好权，才能不断开创中国特色社会主义伟大事业的新局面。

构建高效和谐通航体系　促进内河航运发展

湖北省汉江崔家营航电枢纽管理处　童奇峰

一、背景

“十一五”以来，我国内河航运事业蓬勃发展，湖北汉江崔家营航电枢纽也应运而生，投运3年多来，取得了良好的社会效应和经济效应，有力促进了汉江航运事业的可持续发展。为进一步提升航电枢纽综合实力、为构建高效和谐的通航体系寻找切实可行的指导方向，崔家营管理处组织了调研小组赴长江三峡通航管理局和广西西江开发投资集团有限公司进行了考察调研，学习并探索枢纽通航管理。

二、调研单位概况

长江三峡通航管理局是交通运输部设置在长江三峡河段负责长江三峡枢纽工程和葛洲坝枢纽工程水域通航综合行政管理工作的事业单位。广西西江开发投资集团有限公司是广西壮族自治区人民政府直属国有独资大型企业，集团公司下辖桂平、贵港、百色等3个分公司，负责已建成航运枢纽的运营管理工作，另外还下辖多个子公司和指挥部负责相关项目的投资、建设及管理工作。

三、各单位调研内容

（一）三峡通航管理局

1. 清晰的过闸流程将复杂变得简单。三峡局管辖的葛洲坝船闸和三峡船闸在2011年和2012年双双达到年通航量过亿吨，尤其是三峡船闸为五级船闸，过闸程序相当复杂，单次过闸时间至少2个小时，更显示出这个成绩的可贵。总结起来有以下几个方面的做法：一是建立清晰科学的过闸流程。三峡局的过闸流程图非常科学和合理，“申报—船只分类—计划发布—发航”的过闸程序使人一目了然。清晰简单的过闸流程将复杂的过闸程序变得十分简单，船员只需要严格按照三峡局的相关要求办理，便能安全、顺利地通过船闸。尤其是三峡局推行船载GPS申报办法以来，船只过闸越来越快，越来越方便。二是营造公平公正的过闸环境。三峡过闸模式为24小时不间断过闸，上游进闸口常年停泊着大量待过船只，为营造公平的过闸环境，一方面，对待所有船只一视同仁，按照先来后到的顺序编排过闸计划；另一方面，对于抢航、不服从指挥的船只纳入黑名单，进入黑名单的船只在下次过闸时将受到时间处罚。三是打造及时和谐的沟通机制。及时的沟通机制是确保过闸通畅、调动船方力量，争取船方理解和支持的重要手段。一方面通过面向船员的网站建设和定期走上船只的方式与船员形成互动和理解；另一方面先进的信息化技术为及时沟通提供了技术保障。三峡局在所辖的59公里河段内建设了国内最大的内河自动化船舶指挥调度系统，将自动通过实时的信息采集，掌握船舶的动态，判断交通态势，及时发现船舶险情并提早纠正违章船舶行为，保障通航安全。

2.持续的创新带来了观念的转变。十年来，三峡局依靠科技与管理创新，紧跟国际航运科技发展和三峡工程建设的前沿技术，紧扣通航设备建设、船闸运行维修和通航管理等重大问题，加强研究，加大投入，取得了一批具有自主知识产权的科研成果，促进了三峡通航管理事业又好又快的发展要求。在三峡河段通航综合管理模式初步建立并逐步完善时期，该局组织实施了一批有影响的设备改造项目，有效解决了临时船闸人字门漂移等难题，相继完成了船闸集控改造、水工建筑物自动化监测系统改造等重大技改，提高了船闸设备自动化和现代化水平。

宜昌葛闸机电工程公司总经理耿希明是启动三峡局科技项目的实施者之一。据他介绍，随着三峡局每年科技成果的不断涌现，获得省部级乃至国家级各类科技奖项的增多，三峡局科研人员越来越自信，整个科技项目进展十分喜人，彻底改变了三峡局仅仅只顾通航的局限，开拓了全局上下的工作思路。

（二）广西西江开发投资集团有限公司

1. 枢纽简介：贵港航运枢纽是国家实施西江梯级开发、打通大西南水上出海通道的西江航运建设二期工程的主体工程，以渠化航道、发展航运为主，兼顾发电、防洪、灌溉、桥梁及公路交通等综合功能。贵港航运枢纽建成后，南宁至广州的航道等级由原来的六级提高到三级，常年可通航千吨级船舶。桂平航运枢纽是国家“七五”期间西江航运建设一期工程的主干项目，是国家实行“航电结合，以电促航”的第一个试点工程，是一个集航运、发电、灌溉、交通于一体的综合利用性航运枢纽工程，位于广西西江流域黔江和郁江交汇处的郁江河段，工程总投资4.26亿元。1986年8月主干工程破土动工，1989年2月船闸正式通航，二线船闸按3000吨级标准建设，二线船闸竣工投运后，两个船闸单向年总通过能力达到4200万吨，解决了原一线船闸通过能力不足，为船舶快捷过闸提供可靠保障。

2. 健全的组织机构、完善的管理制度是内功的基石。贵港、桂平航运枢纽都运行十年以上，实行24小时不间断通航，健全的组织机构和完善的规章制度是通航能力保障的基石。一是健全的组织机构，分工明确，定岗定人。以桂平航运枢纽为例，负责通航管理的共计38人，设置有部长、副部长、安全监督员、值长、值班员、巡检员、调度员共7个岗位类别，分工明确，责权明晰，奖罚分明，行为规范，业务精湛。桂平枢纽通航部门实行5班3值，每班8小时，每个班成员4名，分别由值长、调度员、巡检员和值班员组成，班组成员分工明确，值长负责当值日常所有事务管理及应急处置；调度员负责船舶调度及海事安全管理；巡检员负责当班设备运行状态巡检及日常例行保养；值班员负责设备运行操作及台账记录。二是完善的管理制度，强化巡检，及查隐患。两航运枢纽都建立了运行、调度、应急、考核等管理制度，特别是巡检制度要求更高、内容更细、操作性更强，分别制定了季度巡检、月度巡检、半月巡检、周巡检内容，完善的管理制度是工作标准化、规范化、科学化的基础。巡检是及时发现设备缺陷、隐患和异常情况的有效手段，能防患于未然，保证设备长期安全稳定运行。

3. 注重现场，强化维护，定期维护保养是硬实力的展示。两个枢纽现场设备设施标识清楚，电缆电线敷设标准规范，未见乱搭乱穿现象。消防设备设置醒目、取用方便、存放牢固、标志明显。通航管理标示齐全醒目，有进出闸标示、水位尺、闸墩标、严禁抛扔、严禁碰撞等标示。设备日常保养和定期维护到位，设备内外清洁；各滑动面及丝杠、齿轮、齿条等无油污、无碰伤；各部位不漏油、不漏水、不漏气、不漏电。

4. 打造明星服务窗口是软实力的标志。船闸通航现场处处展示创建品牌("黄金水道、黄金船闸、黄金服务")、理念、作风、行为准则等软实力，将部门目标、任务、信息、重点工作通过展板进行宣传，标准化的软实力随处可见。

四、建议

此次考察给考察组所有人留下的感受和震撼颇多。三峡管理局依托优秀的企业文化和持续的创新，显得现代而大气；桂平和贵港航运枢纽通过不断加强和深化规范化、标准化和科学化建设，构建了自成一体的“黄金水道、黄金船闸、黄金服务”船闸品牌。这几家单位的管理模式和发展经验对航电事业的管理和发展有很强的借鉴意义。

(一)“流域统调度”是航道“畅通、高效”的重要保证

“流域统调度”一直广泛应用于我国各流域的防洪保安、抗旱减灾、供水安全等方面，有力地保障了国家稳定与发展大局。在水电开发方面，部分投资主体比较单一的流域，比如乌江、澜沧江、雅砻江等流域，也较好地实现了“流域统调度”，通过推行水电流域梯级滚动综合开发，逐步实现了全流域联合优化调度，保证了水电开发经济、环保、社会效益最优化，促进了水电的又好又快开发。目前，船闸的统一调度在长江三峡、葛洲坝两坝船闸间得到了很好的运行，但在其他河流上面鲜见船闸的统一调度，原因是多方面的：一是同一河流上船闸的或相邻枢纽的船闸由于投资主体不同，其管理隶属不同行业，不便于统一调度；二是由于水运基础设施还处于加快建设中，船运不够繁忙；三是各流域枢纽渠化未完成，各枢纽距离较远；四是原已建的枢纽设备陈旧，不具备联合调度的信息设备。随着《全国内河航道与港口布局规划》的稳步实施、《国务院关于加快长江等内河水运发展的意见》认真贯彻执行，到2020年，通航条件优良的航道，规模化、专业化、现代化港口，标准化、大型化运输船舶将共同构成“畅通、高效、平安、绿色的现代化内河水运体系”，届时通航建筑物的“流域统调度”将是航道“畅通、高效”的有力的保证。实现通航建筑物的“流域统调度”，特别是在通航繁忙，且枢纽距离较近的流域上，实行“船闸统一调度，一次报站”，其社会效益和经济效益都将是巨大的。

(二)“以航为主”是航道“畅通、高效”的坚实基础。

不同于一般的水电企业为片面追求经济效益，人为减少通航投资，造成航运损失，航电枢纽秉承“以航为主、航电结合”的理念建设和运营，通航是其天然的职责，也是区别于一般水电枢纽的重要特征，要坚持以航为主的理念不动摇。第一，在航电枢纽的建设中，应加大对通航设施的资金投入，设计要紧跟时代，建设要铸造精品；第二，在运营过程中，要强化通航服务，始终把提高枢纽的服务意识当做评定管理水平的依据；第三，提高船闸通航的信息化水平，内河枢纽为一级船闸，且过闸吨位、开闸频率相对而言较小，实现内河船闸的远程控制在技术上有可行性，在管理上有必要性。通过这些举措，努力把航电枢纽建设成为口碑良好，服务优良的管理单位，充分发挥其社会效应，与一般水电枢纽形成差异，打造品牌，良好的社会效应和社会责任必然带来更多的社会关注和更多的社会关怀。

(三)统一的通航管理信息系统共享平台是航道“畅通、高效”的有力支持。

航运的发达，除了健全的航道体系作为基础外，更离不开海事、船检、港口运输等相关体系的支撑，但内河水运总体来说通航信息建设基础薄弱，参差不齐，在这方面，国内仅三峡通航管理局的信息系统的开发建设走在了前列，其余的大多是海事、船检、港口运输等管理信息系统各自独立开发仅限内部使用，信息无法形成资源共享，在应急处置、联合管理中形成障碍，影响管理效率。“畅通、高效”的航运体系必须要求站在一个更高的平台，融入更多现代化的通信管理手段，实现船检、港口、海事、船闸调度、水运检查、远程申报等综合信息管理功能，为信息共享、信息服务、行业联动监管和阳光通航管理提供一个强有力的系统支持。

努力把武汉建设成为全国交通枢纽和国家物流中心

武汉市交通运输委员会 彭 俊

2012年，是武汉交通发展实现新突破的一年。在这一年里，全市交通运输系统在市委、市政府的领导下，抢抓机遇，攻坚克难，奋力开拓，各项工作取得新的进展。

一、抓建设、保重点，交通项目建设步伐加快

全年完成交通固定资产投资192亿元，同比增长25.5%。

交通项目建设加快。国际航站楼扩建工程完工投入使用，天河机场三期扩建工程、机场交通中心及航空企业总部区开工建设。武汉至咸宁、武汉至黄石(黄冈)、武汉至孝感城际铁路建设加快，武汉高速铁路职业技能训练段工程开工。机场第二通道主线基本贯通，四环线西段施工全面展开，惠安大道九通至荷沙段、汉施公路改造和普通干线公路大修工程等项目完工。80万吨乙烯码头二期工程建成，阳逻集装箱三期工程开工。黄陂汽车客运中心主站楼完工，汉口北客运站和公交枢纽站开工。江岸丹水池物流基地商务大楼建成，武汉国际钢铁物流服务中心等项目加快推进。

项目前期工作取得进展。沌口长江大桥项目申请报告上报国家发改委待批，青山长江大桥工程可行性研究报告通过省内预审，四环线南段、武深高速(武汉段)具备开工条件。汉江海事搜救中心、武汉船舶交易服务中心前期工作完成，汉江航道整治三期工程获得国家立项批复。列入全省交通规划的38个一级公路项目前期工作全部启动。

二、抓提效、强功能，运输保障服务能力明显增强

围绕提高交通运输保障能力，不断推进交通运输的组织化和集约化，在服务多元化和提高服务水平方面取得新成效。全年完成交通运输换算周转量3596亿吨公里，同比增长10.4%。

铁路运输能力提升。汉宜客专、京汉高铁开通运营，京汉广高速铁路和沪汉蓉快速铁路客运通道在武汉交汇，通过高铁5小时左右可通达全国50个主要城市，形成了武汉至长沙、南昌、合肥、郑州等周边省会城市1～2小时和至北、上、广、成渝等城市4～5小时高铁圈。“汉新欧”铁路国际货运专列开通，专列17天内穿越亚欧6国，直达欧洲捷克，武汉至欧洲的陆上货运大通道形成。铁路顺利调图，武汉铁路局管内旅客列车开行方案更优，既有京广线货物输送能力得到释放。

航空发展再上新台阶。中部地区首条洲际直飞航线—武汉至巴黎航线开通，全年新辟9条国际及地区航线，累计达到20条，武汉成为中部地区拥有国际及地区航线最多的城市。天河机场完成旅客吞吐量1398万人次，同比增长12.2%。机场高峰小时航班容量由每小时27架次升至33架次，位居中部城市第一。天河机场航班放行正常率保持在99.2%以上，旅客满意度测评排名位列全球机场第16位，比上年同期前进了5位。

公路水路运输运力增加。全市新增道路客运车辆468台，新增座位数13041座；新增货运车辆12108台，新增吨位数16.2万吨；省汽运、武汉赤湾物流等企业纳入国家甩挂运输试点，50余台车投入甩挂运输运营。全市船舶运力新增15.2万吨，新增港口通过能力35万吨；“江海直达”班轮稳定运行，72小时点对点到达率98.8%。

武汉迈入“地铁时代”。轨道交通2号线一期工程开通试运营，轨道交通1号、2号线形成贯穿东西南北的城市交通“大动脉”。公交“五大工程”圆满完成，公交硬件设施和管理服务水平全面提升。武汉成为国家首批公交都市建设示范工程创建城市。

多式联运不断发展。东航武汉公司、武汉铁路局、湖北机场集团联合推出“空铁通”，实现了空铁联运；省客集团开通连接武汉火车站和天河机场的“空铁快线”，方便了高铁和航空旅客转乘。厅、市《合作推进“十二五”时期武汉市综合运输体系建设协议书》签订。

三、抓法制、严监管，交通行业管理持续加强

在经济社会发展和人民群众对交通需求多层次、多样化的新形势下，更加注重提高交通管理的规范化水平，促进交通运输行业持续健康发展。

交通体制改革深化。武汉市邮政管理局组建挂牌，武汉邮政实现政企分开，企业自主经营、政府依法监管的邮政体制初步建立。市民航办、市轨道运营管理办公室获批设立。市、区物流管理机构组建基本完成。区域出租汽车发展取得突破，东西湖区300台区域出租汽车上路运营。以区为主、部门联动的打击“黑的”长效机制建立，全年查处“黑的”2878台。

行业管理不断加强。公路养护路政“一体化”工作深入推进，公路治超工作成效显著，创建了107国道养护示范线，全市公路通行条件进一步改善。取消了旅游客车挂靠经营，实行了专用号牌和专用标识管理，旅游客车经营管理不断规范；开展了驾培市场专项整顿，从严整治不规范的教学点、训练场和培训行为，收费不规范、培训与考试不匹配等问题得到有效整改；建立了客车出城路口签章制度，有效控制了站外揽客现象发生。探索建立船舶“黑名单”制度，船舶运输经营资质和经营行为监管加强。《武汉市物流业空间发展规划》、《武汉市物流园区(中心)项目用地计划管理办法》通过市政府常务会议审议；

第九届中国国际物流节成功举办，参展面积、签约投资项目和参会人数均创历届物流节之最，发起成立“中国物流城市联盟”并发表了《武汉宣言》。《武汉市轨道交通管理条例》、《武汉市道路运输管理规定》、《武汉市货运车辆超限运输治理办法》、《武汉市轨道交通运营服务规范》(试行)、《武汉市城市轨道交通乘客守则》(试行)等一批交通管理法规颁布施行。

治庸问责优化环境工作深入推进。按照市委、市政府治庸问责的要求，进一步规范了出租汽车营运秩序。中心城区新增1517辆出租汽车，推出“电话召车”服务，实行高峰时段不得交接班制度，取消出租汽车过桥单双号限制，对武昌火车站、汉口火车站等交通窗口实行保供，进一步缓解了“打的难”；加大车容车貌整治力度，增加座套清洗更换综合服务点，拆除不规范防劫栏，车容车貌明显改观；严处违规行为，对查证属实的280起拒载、绕道行为予以停运15天的处罚。清理行政审批事项，缩短审批时限50%以上，制定标准化办事指南；成立行政审批处，完成交通行政审批窗口进驻市民之家工作，入驻以来办理交通审批事项3200多件。市交委在全市民评民议优化发展环境工作考核中获得优秀等次。

四、抓创新、重安全，交通企业实力稳步提升

受宏观经济影响，交通建设和运输市场需求不足。困难面前，各交通企业危中求机，转型发展，安全发展，取得了良好的经营业绩。

市场开拓步伐加快。南航湖北公司围绕市场优化调整运力，不断开拓国内外市场，增加了销售收入。东航武汉公司战略重组和增资扩股协议签订，经营业绩再创新高。中远货运公司加强市场营销，集装箱箱量同比增幅达25%。中交二航局海外和投资业务占新签合同额的41%。中交二公院新业务增长势头良好。中交二航院“保基础、调结构、走出去”战略取得明显成效。市公路勘察设计院省内外市场开拓取得良好业绩。

企业管理水平提升。国航湖北公司持续提升航线网络经营品质，承运旅客已连续三年保持两位数增长。武汉新港投集团、武汉港务集团加强经营管理，效益大幅增长。武汉交投集团采用BOT+EPC、BT模式推进项目建设，加大了融资力度。武汉市邮政局荣获“全国五一劳动奖状”、“湖北省五一劳动奖状”称号。武汉公交集团被授予中国交通节能减排示范企业称号。

安全生产保持平稳。组织开展了交通安全隐患排查整治和打非治违专项行动，全面推进企业安全达标创建。空管工作实现了连续八年无差错。全年交通建设、地方交通海事部门监管的通航水域未发生死亡事故，轨道交通运营未发生责任伤亡事故，城市公交、道路运输、出租汽车等领域事故起数和死亡人数均比去年同期下降。

五、抓班子、强队伍，党的建设不断加强

围绕中心工作，注重干部队伍和党风廉政建设，全面深化党的建设，释放交通发展正能量。

党的建设不断深化。以健全“五个要素”、完善“五个体系”为重点，组织开展基层组织建设年活动。采取公推直选方式，完成了直属机关党委和委属单位党组织的换届选举工作。深入开展“为民服务创先争优”和“三深入三服务”活动，交通各级基层党组织服务党员群众、创新交通管理的能力不断增强，全市窗口单位、服务行业创先争优现场推进会在市交委召开。加强委管领导班子建设，调整配备了一批干部，优化了委管班子结构。开展多种形式的年轻干部挂职锻炼。加强干部职工教育培训，在上海复旦大学举行第二期处级干部学习培训班，委教育培训中心全年培训干部职工5865人次。公开招聘了一批机关公务员和事业单位工作人员。

党风廉政建设进一步加强。深化党务公开，实现公开目录事项全公开。制定交通建设重点环节和交通运输管理重点部门、岗位廉政风险防控手册，对工程招标投标、重大资金拨付、设计变更、出租汽车经营权有偿出让、公路治超执法、水路交通规费现场征收等廉政风险点逐一制定工作流程图和防控措施。注重发挥审计监督作用，开展了工程建设审计、经济责任审计等工作。

文明服务水平不断提升。开展了市交通运输系统全国城市文明指数测评迎检工作，确保了检查测评活动不丢分、不失分。推动学雷锋志愿者服务活动常态化，成立交通志愿者服务队289个，志愿者达13168人。组建武汉精神践行者事迹报告团，推进武汉精神主题宣传。公交驾驶员王静当选党的十八大代表。公交驾驶员张兵被评为全国城市公共交通十佳先进个人。评选产生10名“我最感动的哥的姐”。交通系统5人荣获武汉市第十五届劳动模范，1人荣获武汉五一劳动奖章光荣称号，9人荣获省交通运输行业“十行百佳”荣誉称号，市交委团委荣获全省“五四”红旗团委称号。

2012年武汉交通发展成绩的取得，是市委、市政府正确领导的结果，是省市各有关部门和各区党委、政府大力支持的结果，也是全市交通运输系统干部职工同心同德、克难攻坚、无私奉献的结果。

我们深知，建设全国综合交通枢纽和国家物流中心任重而道远，发展过程中面临不少困难和挑战：综合交通枢纽功能不够完善，重点项目推进需要加快，现代物流发展相对滞后，公共出行仍有诸多不便，安全维稳任务繁重。对这些问题我们将在调查研究的基础上采取切实有效的措施加以解决。

黄石城乡交通一体化发展的思路与对策

黄石市交通运输局　黄曲波

推进城乡交通一体化，按照功能、产业、生态、空间、体制复合的新型城镇化理念，优化交通资源配置，强化综合交通运输枢纽地位，全面加快农村“路、站、运、渡”一体化发展，推进公交进城入镇步伐，是黄石城乡一体化发展的现实要求，也是黄石转型跨越的客观需要。根据黄石交通“十二五”新的发展定位，结合黄石交通的现状，就黄石交通如何实现城乡一体化发展作如下思考：

一、发展现状及存在的问题

黄石公路水路交通在全国具有一定优势，国家高速公路沪渝、大广和杭瑞都从境内经过，黄(石)咸(宁)高速正在建设，长江黄金水道黄石境内72公里。2011年底境内公路总里程达到5176公里，其中国道2条160公里(国家高速公路1条65公里、普通国道1条95公里)、省道8条375公里、县道580公里、乡道1710公里、村道2349公里，全市“三横三纵一环”公路网路基本形成。虽然我区公路交通网络已基本形成，但是，目前我市交通发展仍存在一些问题。具体体现在以下四个方面：综合交通基础设施体系不够完善。境内缺乏大运量、高效率的铁路运输方式；长江黄金水道未充分利用，水上运输亟待发展；轨道交通尚未发挥作用，且布局不够完善；长江三桥、四桥有待建设；我市与周边区县的对外通道已不能够适应发展的需要；骨干道路布局不够合理。受地形条件限制，阳新南部地形由东西向窄条状山脉和宽缓状丘陵谷组成，区域内的空间联系受山、水阻隔，东西向交通联系较薄弱，连接东、中、西片区的骨干道路建设不完善；区域发展组团之间缺乏有效连接，物流受到障碍；村级道路通行能力差。村级道路仍有部分为泥结石道路，等级低，加之受地理环境的影响，道路通行能力较差；综合运输体系尚未形成。黄金山新区开发后，公交覆盖率已经跟不上城市发展步伐，面临公交化改造的巨大压力。已开行线路由于受道路条件和经营效益的影响，投放开行困难，未能满足群众出行要求；阳新南部地区运输基础设施仍比较落后，高速公路、水路、铁路、轻轨等各种运输方式之间缺乏有效的运输衔接；站场、换乘枢纽等基础设施不够完善，导致客运的“零距离换乘”和货运的“无缝衔接”无法实现。

二、发展对策和措施

如何缩小城乡差距，实现协同发展，建设区域性中心城市和打造城乡一体发展示范区，是黄石交通迫切需要解决的现实问题。具体措施如下：

加快推进综合交通基础设施建设。一是加快推进市域内高速等高速公路建设，对已建成的大广、杭瑞等两条高速公路要根据经济社会发展需要合理设置立交开口，充分发挥高速公路带动效益；二是规划武汉到南昌，阳新至武汉、黄石，铁山到光谷，大冶到武汉等对外运输大通道，增强黄石与周边区县和远邻省市的对外交通联系，促进黄石经济社会的可持续发展；三是按照黄石境内铁路规划，尽快启动武九铁路专线及山南铁路建设；四是充分发挥72公里长江黄金水道的作用，以棋盘洲新港、富池港区建设为重点，加快水上交通基础设施建设，全力发展水上运输；五是优先发展城市公共交通，建立以快速公共交通(BRT)为骨架，常规公交为主体，出租汽车和其他方式为补充的城乡一体化绿色公共交通体系，逐步确立公共交通在城乡客运体系中的主导地位。公共交通分担率达到全市居民出行的35%以上(力争达到40%)，使公交成为广大市民机动化出行的首选方式；规划建设黄石城市快速公交系统(BRT)，拟于2015年前建设第一条、2020年前建设共4条快速线路，切实提高公共交通出行率。随着交通基础设施建设的加快，黄石综合交通枢纽体系将逐步形成，区域性交通枢纽的地位和作用将更加明显。

加快推进骨干道路建设。突破地域界限和地形条件的限制，大手笔规划实施骨干道路。一是加快建设铁山到武汉光谷大道，实现与武汉的快速连接；二是加快建设黄咸高速大冶段、武汉至阳新一级公路兴国至三溪段、106国道大冶金桥至阳新沿镇段一级公路改扩建工程，开工建设棋盘洲长江公路大桥及连接线工程、武穴长江公路大桥及连接线工程、黄石铁山至鄂州东沟一级公路、兴国至富池一级公路，推动区域经济发展；三是尽快推进阳枫线城区段改造，促进中心城市经济发展；四是尽快打通大棋公路延伸线，畅通物流大通道；尽快建设山南铁路大通道，打开进入外环的快捷大通道；尽快修通进入棋盘洲新港的道路，充分发挥水上运输的作用；五是加大黄金山开发区、富池滨江经济带、新港物流园区、幕阜山贫困地区旅游经济公路等配套交通基础设施建设力度，促进园区与区域交通干线的有机联系。

全力推进农村公路建设向村社延伸。一是加快推进农村公路建设。紧紧围绕“4321”建设思路，坚持每年实施200公里农村公路，逐步延伸至村社；二是提高农村公路建设标准。提升农村公路技术等级，新修农村道路必须以达到通行客车为前提条件，逐步改善公路通行条件；三是实现农村道路与城市道路同步发展。将农村公路与城市道路同规划、同建设，有效整合农村与城市公路网络，加速公路城乡一体化发展进程；四是争取大冶市成为全省四个通自然村公路建设试点县(市)之一，新增1440公里通村公路指标。

全力打造一体化交通运输体系。一是以国家枢纽园区建设为重点，全面发展现代物流业，构建辐射鄂东、赣北、皖西的区域大物流。新建国家公路运输枢纽物流园区3个，改建转型货运站3个，基本实现货运公、铁、水“无缝对接”，推进物流信息平台建设，进一步提升黄石对周边地区的辐射能力，逐步建成中部地区物流节点和货物中转基地。二是加快乡镇客运站和客运招呼站建设，实现镇镇有站的目标。三是加强棋盘洲新港码头与轨道、铁路和公路网络的有机衔接，逐步实现多式联运，形成布局合理、高效便捷的轨道、公路、水路、铁路交通网络。四是以实现多种运输方式“零距离换乘”为目标，大力发展城乡公共交通，建设客运大枢纽。规划新建一二级客运站8个，其中公铁零距离换乘客运枢纽站3个，基本实现旅客运输零距离换乘；规划新建3座停车场，新增公交线路首末站20个。新建22座农村五级客运站、220个农村候车亭、330个招呼站，使农村班车通达范围更广、更合理、更方便农民群众出行。

三、发展原则和保障措施

以科学发展、统筹发展、低碳发展和保障民生为原则，努力缩短黄石城乡交通发展距离，减少通行时间，促进城乡交通公共服务资源共享，服务水平协调。

坚持可持续发展原则。黄石城乡交通一体化发展既要立足现实，符合当前黄石市情和社会经济发展实际水平，又要定位长远，适应未来黄石市的交通发展需要。黄石城乡交通基础设施建设既要满足现在的交通需求，又要为今后新建和改建设施留有余地，坚持走可持续发展的道路。

坚持统筹发展原则。坚持统筹城乡发展，以黄石和大冶、阳新“一主两副”主城核心区为引擎，推动各个组团的协调发展。以城乡交通一体化引导和促进城乡经济、文化、服务的一体化建设，进一步加强城乡交通联系，促进城乡间交通运输资源的整合，实现城乡交通基本公共服务均等化。

坚持低碳发展原则。把铁路、公路、航道、轨道的建设等级标准与生态环境的有效保护相结合，建立生态环保、低污染的综合交通体系。采用节能环保、低污染的运输工具，鼓励城市居民减少使用小汽车，提高公共交通分担率，从而有效地减少运输工具燃料的消耗和污染物的排放。

坚持保障民生原则。切实改善城市公交与农村客运交通的可达性与便捷性。建成能力充分、方便快捷、安全舒适、节能环保的城市公共交通系统，提高公共交通分担率。及时优化调整线路，构建覆盖全区、运行稳定、安全规范、经济便捷的农村客运系统，提高客运线路覆盖率。

关于构建襄阳城区快捷畅达交通体系的调研报告

襄阳市交通运输局　张丛玉　沈雪香

城市交通是城市社会经济活动的纽带和命脉，对城市经济发展和市民工作生活起着极其重要的作用。随着经济的快速发展和城市化进程的加快，襄阳城区交通愈来愈拥堵，已影响到了人们顺畅出行和社会经济的健康发展。为此，我们通过深入相关部门座谈，到常州、武汉学习考察，对城区交通拥堵问题及其应对措施进行了研究。

一、襄阳城区交通拥堵问题及其原因分析

近些年来，襄阳城区道路交通建设取得了长足进步，道路主干网络系统初步形成，公共交通服务范围和营运规模进一步扩大，城市交通承载和辐射能力明显增强。但是，随着汽车时代的来临，市民机动化出行观念增强，城区交通需求与道路承载能力、交通运行组织与管理水平、交通意识与公交出行观念、疏堵措施与政策保障等交通深层次问题也日益凸显，具体表现在五个方面。

问题之一：道路容量严重不足，机动车增速过快，是造成交通拥堵的首要原因。

据统计，到2012年上半年，襄阳城区通车里程达到703.8公里，道路总面积达1263.6万平方米，分别比2007年增长50.4％、5.04％。但客观分析，近几年城市道路的增加，是城市建设从中心区向外延伸而在新开发区域的增加，相对人口和机动车增长来讲，中心城区人、车平均道路面积率大大下降。据市车管部门统计，截至2011年，全市机动车保有量达76.73万辆，较2007年42.32万辆增长81.2%，其中，市区机动车辆保有量由2007年的8.84万辆猛增到2012年上半年的15.03万辆，年均增长12.73%；同时，外地流动车辆平均每天进城达6万辆，市区现有摩托车15.6万辆，电动自行车和自行车约40万辆，大量摩托车、自行车（电动）在城市道路、街巷行驶，占用有限的道路资源，进一步加剧了交通拥堵。市区主干道的车流量已超原设计承载能力的数倍，致使城市板块之间出现众多交通瓶颈。加之近年城市中心房地产开发迅猛，一些居民小区过于集中，而出行道路建设不匹配，交通高峰时段，小区周边道路交通流非常大，造成区域性、时段性交通拥堵十分突出。按照公安部对车辆受阻排队长度超过250米即为拥堵的定义标准，市交警部门提供的常规堵点多达25个。其中，一般拥挤的如邓城大道、檀溪路等堵点5个，非常拥挤的如松鹤路、大庆路、春园路等堵点7个，严重拥挤的如长虹路、中原路、前进路、人民路、解放路等堵点10个，时常锁死的如汉江一桥、鱼梁洲大桥、清河一桥等堵点3个。可以说，市区大部分主要干道车流量均已达到拥堵程度。

问题之二：路网结构不合理，占道经营严重，是影响城市交通正常运行秩序的主要症结。

一是城市道路结构先天不足。由于自然地理条件影响和城市建设的历史局限性，襄阳城市被汉江、小清河、唐白河以及焦柳铁路、汉丹铁路、热电厂专用铁路、清河铁路货场等分隔为数块，给市区交通带来了天然屏障，东西向过境交通干线所穿越的主城区，交通屏障处的通道数量不足；南北向城市道路主轴线除一、二桥（三桥在建）外没有其他交通走廊。尤其街道呈线型结构地依江沿河（湖）顺山靠（铁）路而建，致使城市道路形成“三多一少”。即断头路多、三岔路多、斜交路多而十字路少，由此造成道路微循环不畅；主干道、次干道与支路的配比不均衡，整体交通结构不合理，路网布局既缺乏连通性强的干道，又缺乏与城市布局相适应、能够连通中心城区与外围组团间的快速通道，致使中心区域道路交通压力过大，整体交通流紊乱。二是道路设计与功能分配不合理。如前进路机动车道、人行道、绿化带所占路面比例适调，道路功能分配不合理，设计布局有缺陷，致使机动车道路段面过窄，通行能力差。再如，长虹路、解放路、前进路、滨江路等主要城市道路，或主次干道功能不清，或快速干道不快速，或交通干道成为商业街。按照城市道路交通规划建设要求，主干道岔口设置距离应在500米以上，而目前，市区主干道所有单位均开有进出岔口，以长1500多米的襄城东西街为例，共有大小岔口20余个，且这些岔口的车辆进出，不论左右皆可转向，既影响主干道的通行能力，又给行车安全造成很大隐患，形成了“方便一个单位，影响一条道路畅通”的怪象。三是出店占道经营严重。由于城市建设规划前瞻性不够，襄阳很多专业批发市场，几乎都布局在主城区，如前进路的家具市场、板材市场、白鹤小商品市场、水果批发市场，新华路的新华服装批发市场，中原路的建材市场等，这些市场经营商家多、客户多、往来车辆多，虽经多次重点整治，出店经营、占用人行道经营、小型货车占道停车待货等问题一直得不到有效解决。这种占道经营的现象，使城市现有的道路功能变得混乱而低效。

问题之三：公共停车场建设滞后，人行过街设施不足，是障碍道路交通安全管理的突出“软肋”。

城市交通系统与城市规划建设息息相关。由于多方面原因，襄阳在过去的城市规划建设中，没有重视交通环境影响评价，对相关道路的承受能力和建筑物集中以后产生的交通流、车流以及车辆停放、人行过街设施等问题缺乏统筹考虑，致使城市建筑与交通出行严重脱节，土地开发强度超过了道路的疏散能力和停车的供给能力。纵观襄阳整个城区，无论是新开发的居民小区、商场、酒店、写字楼，还是过去建设的医院、学校、公园以至机关，几乎都没有专门停车场或停车场极小。据城管部门提供的数据，城区现有停车场37个，其中地面公共停车场仅有6个，其余皆为开发商配建的地下停车场，在主城区只有海润一个正规停车场，还没有一处立体和智能管理的停车场；现有停车泊位3万个，其中公共停车场泊位占10%，开发商配建的地下停车场泊位占70%，路边停车泊位占20%。按国家每百辆车40个停车位的标准计算，现有泊位与实际停车需求相差5万个左右。多数商业、饮食密集区及沿街单位、学校、医院门前，因未预留停车车位，不得不占用城市道路资源划线临时停车，大量车辆无成本、无秩序地停靠在人行道和机动车道边，大大降低了城市道路通行能力。此外，整个城区仅有人行过街设施7处（其中人行地下通道3处，人行过街天桥4座），且规划建设不科学，管理不到位，人行天桥摆摊设点，地下通道商业经营，摩托穿行，亮化不够，安全隐患突出，导致人们不愿利用过街设施，横穿马路、翻越护栏现象比比皆是，增加了道路安全管理难度。

问题之四：公共交通投入不足，交通出行结构多元化，是影响公交优先战略实施的重要因素。

多年来，市公交总公司坚持国有主导、主副兼顾、以副补主的发展模式，以社会效益为先，依靠企业力量自主发展。目前公交车辆达到907辆，公交营运线路长度达到930公里，年客运量达到2.05亿人次，分别比2007年增长63.4%、71.3％、67.7％。但是，限于地方财力，公交发展历史欠账较多，政府对公交事业的投入严重不足，从20世纪90年代初到2011年，市财政给公交总公司的补贴一直维持在240万元。而近5年来，武汉市年均投入公交发展的资金达6.8亿元，常州的总投资更是高达40亿元之巨。由于投入不足，我市公交硬件设施建设落后。一是场站建设不够。市区还没有一个规范化的大型公交换乘站和枢纽站，主干道、城市周边也未建设正规公交换乘站，由此无法实现无缝对接换乘，使市民公交出行仍然不够方便；公交港湾式站台寥寥无几，不得不占用城市道路停车上下乘客，影响交通流。二是公交车辆不足，档次较低。目前平均每万人拥有公交车7.4标台，按照国家百万人口以上城市每万人拥有公交车12标台计算，尚缺600台；由于资金紧张，市公交公司在更新购置车辆时只得舍弃性能优良、舒适性强的空调车，选择价格相对低的普通车，降低了公交车辆档次。三是智能化管理设施建设落后。尽管启动了GPS营运智能调度系统建设，但由于投入跟不上，未能尽快建成投入使用，对公交信息发布、车队管理、紧急救援、交通高峰时段候车情况、车辆运行情况等无法适时跟踪、监控、调度。四是没有实现公交全覆盖。限于财力，一些企业、小区及周边乡镇还未能实现公交全覆盖。此外，交通出行结构呈现多元化，市民出行由过去以自行车为主转向以机动车为主，公共交通受到小汽车交通的挑战，2011年，襄阳城市公交分担率仅为23%，大大落后于发达国家和地区30%～50%的水平。同时，公交优先发展政策落实不够到位，相关部门还没有站在全市经济社会发展的高度，从规划、土地、资金、建设、管理等多方面给予统筹和支持，致使城市公交难以适应现代交通发展与襄阳区域性中心城市建设的需要。

问题之五：管理技术手段落后，市民交通意识淡薄，是制约城市交通可持续发展的瓶颈。

襄阳现有城市道路资源有限，而在优化交通组织管理与控制方面还缺乏强有力的手段。尽管市区主要道路已建成“电子警察”交通违法抓拍系统175套，但部分道路交通管理设施依然不够完善，信息化、智能化管理水平较低，交通疏导仍靠传统经验和人工管理，红绿灯基本停留在点控层面，还未全面实施线控和区域控制；加之指示牌设置、路口设置、红绿灯设置不够科学，单行、限行、禁左等行之有效的交通管理与组织手段应用较少，一旦一些路段、路口发生拥堵，很难及时、合理地引导交通流在整个路网上的平衡分配。重视机动车管理而忽视非机动车管理，对行人横穿马路、自行车乱停滥放、占道停车等缺乏有效管理，大大降低了交通流。同时，部分市民与司机交通意识差，突出表现在随意抢道、占道、变道、调头、超车，非机动车和行人乱穿马路等方面；尤其是在没有交警管理和没有红绿灯的路口，各种车辆相互抢行，部分司机违反交通规则，占用停车道，阻挡公交车道，影响整个道路交通；还有些司机甚至为节省通行时间，在红绿灯处绕行人行道、占用左转或右转车辆路线。所有这些，都严重制约了城市交通的可持续发展。

二、打造襄阳城区良好出行环境的总体思路

上述五个方面影响城区交通畅通的因素，如不尽快加以解决，随着城市规模的进一步扩大，必将积重难返，最终影响襄阳城市形象和综合实力的提升。我们认为，打造襄阳城区良好出行环境，应以“政府引导、以人为本、规划先行、公交优先”为总体思路，以通畅、安全、和谐、绿色为基本目标，以建、管、疏为主要手段，加快建立以城市公交为核心的交通衔接系统。

“通畅”是指城市交通便利性、快捷性和可达性好，交通出行成本低；“安全”是指能够为市民出行提供安全可靠的交通服务；“和谐”是指实现交通资源的公平分配，最大限度满足市民出行需求；“绿色”是指形成以城市公交为主体、小汽车与城市慢道系统为补充，既集约、节能、生态、环保，又能够充分利用交通资源的综合交通体系。

“建”是最大限度地提供交通设施容量，满足经济社会发展需求；“管”是在加快设施建设的同时，加快交通管理科学化和法制化进程；“疏”是通过优先发展公共交通，完善交通政策，引导个体交通向公共交通转移，打通断头路、瓶颈路，增加“微循环”能力。

在具体思路上，遵循“四个坚持”。

（一）坚持政府主导，建立健全法规体系

城市交通是政府向社会提供的公共服务，发展好、管理好城市交通是政府的重要职责。因此，营造城市良好出行环境必须坚持政府主导，建立以公共交通法规为龙头、配套规章为基础、政策性文件为补充的政策法规体系，将襄阳城区交通规划、建设、运营、管理、安全、应急和扶持政策纳入法制化、规范化管理轨道，为城区交通快捷畅达提供根本保障。在目前我市相关法规体系尚未建立前，近期应抓紧研究出台城区交通规划、建设、管理等暂行规章，进一步明确政府各职能部门的管理权利、义务及责任，在取得经验的基础上，适时将规章上升到法规层次，形成推进城区交通发展与管理的长效机制。

（二）坚持以人为本，营造人车和谐相处环境

随着机动车辆数量急剧膨胀，在扩建城市机动车道路中，必将挤占原有的自行车道和人行道等慢行系统，造成人车矛盾。对此，必须秉承“以人为本、人车平等”原则，优化道路建设与公共资源配置，将人的安全与权利作为交通规划的首要考量，倡导公共投资公平化，切实保障市民出行权。襄阳城市风光美丽，气候四季分明，步行、自行车出行条件得天独厚，正在建设的绿道受到市民热情追捧，人车“路权平等”更应成为交通规划策略的基本出发点。政府相关部门必须积极考虑并加大慢行系统和人行过街设施建设力度，给予自行车交通以更多的路权，推进慢行交通出行，减少交通拥挤。

（三）坚持规划先行，科学编制城市公交规划

结合当前襄阳城市总规修编，把城市公共交通规划纳入城市总体规划，使之与城市总体规划相协调、与城市功能布局相适应。围绕“一心四城”城市发展格局，充分优化城市交通体系规划，加快组织编制《襄阳市综合交通运输体系规划》和《襄阳市轨道线网规划》等，留足未来轨道交通建设空间，预留好城市轨道交通线位、公交线路、站场等；不断完善城市交通的网络布局和合理分工，建立中心城区与周边城镇在空间结构上相辅相成和城市公交与铁路、公路、民航等有效衔接的综合交通体系，实现公共汽车、出租汽车、长途客车、铁路、民航、私车的零换乘，达到城市与交通协调发展的目的。

（四）坚持公交优先，发挥交通引领城市发展作用

2005年，国务院办公厅颁布的《关于优先发展城市公共交通的意见》明确指出，优先发展城市公共交通是我国重要的交通发展战略；去年年底，省政府办公厅下发的《关于进一步加快发展城市公共交通的若干意见》，要求各地把加快发展城市公共交通作为落实科学发展观、推动湖北跨越式发展的一项重要工作。常州、武汉等城市交通发展的经验更证明，优先发展城市公交，不仅是缓解城市交通拥堵问题的必由之路，还是完善城市功能、提高城市品位、改善人居环境，实现和促进城市可持续发展的重要举措。从建设我市省域副中心和现代化区域性中心城市的视角来看，坚持公交优先不仅是城市交通的理念，它还是城市发展的理念，它对城市的空间形态、路网结构和资源配置的优化将产生积极能动影响。重视公共交通与城市的和谐发展，把公交优先放在战略位置加以统筹，全面推进，必将对建设“四个襄阳”、打造一流宜居宜业宜游区域性中心城市起到引领作用。坚持公交优先，必须围绕财政优先投入、用地优先保障、路权优先使用、信号优先配置“四个优先”，从规划、建设、资金、土地、管理等方面给予全力支持，以此确保公交优先战略在我市得到全面贯彻落实。

三、构建襄阳城区快捷畅达交通体系的对策建议

（一）加快东津新区建设，拓展城市交通空间

城市化已日益成为经济发展的重要动力。随着城市进程和出行机动化的不断加快，未来数年，襄阳的城市交通需求还会大幅增加，尤其是襄、樊二城，集政治、经济、文化中心等多种功能于一体，在有限的空间上交叉、重叠，必然造成人流、物流密度过度膨胀，使城市交通供给难以满足交通需求的增长。由于河流切割、山脉阻隔等自然地理环境制约，以及历史局限、规划滞后等客观因素，决定了襄阳城市建设只能另辟蹊径。为此，市委、市政府已明确了“四城一心”的城市发展格局，围绕这一总体部署，必须在更新老城区、控制主城区建设增量的同时，加快东津新区建设，通过拓展城市发展空间解决主城区交通拥堵等现实问题。当前，东津新区已掀起开发热潮，樊城旧城区改造也已启动，要千方百计地加速推进“城市东进”战略，加快行政、教育、医疗卫生等公共服务资源向新区配置，以交通先导作为新区建设理念规划整个城市交通体系，以实际运用的可行性不少于20年的标准，去通盘考虑城市交通发展规划，并进一步发挥襄阳铁、公、机大交通优势，不断优化城市周边地区交通组织网络，构建以主城区交通系统为骨架，内、外环快速交能干线为补充的快速公交网络，以有效缓解主城区交通压力。

（二）加快基础设施建设，完善城市道路交通网络体系

一是加强公共交通综合枢纽场站建设。公交场站是实现公交优先的重要保证。要按照“政府主导、市场运作、有序竞争”的思路，引进各种资本，形成多元投入，将公交场站作为新建和改扩建城区道路、居住小区、开发区、大型公共场所等建设项目的配套设施，同步设计，同步建设，同步验收交付使用。当前，要尽快在主城区的人民广场（或沿江大道）、柿铺、万山、光彩市场等交通节点建设公交枢纽换乘站，在城市近郊的肖湾（火车东站）、伙牌、牛首、卧龙、尹集、欧庙等交通节点建设规范化的公交换乘站，在鱼梁洲（城市之心）、东津新区预留占地50亩的大型综合枢纽公交换乘中心的建设空间，以此实现市区内公交车

之间及其与远郊班线车、外地长途客车的有效衔接，使乘客能及时换乘城市公交。同时，在岘山、樊西工业园、经济开发区、东津新区等建设规范的公交停车保养站，在市区内增加和完善一批港湾式公交停靠站、首末站，以解决公交车辆停放与保修问题，缩短公交车排队进站的时间，提高运营效率；分区域建设3～4个出租车服务中心，解决的士司机吃饭、饮水、如厕、加气等几难问题。

二是加快道路交通基础设施建设。有步骤、分阶段实施长虹路、中原路、大庆路、沿江大道、滨江路等一批主干道改造工程。在完成城区主干道改造的基础上，着力完善城区次干道的改造，加大支路的建设力度，打通泰安路、云集路、星火路、春园北路等“断头路”，拓宽华丰路、立业路、松鹤路、振华路等“瓶颈路”，在城区形成快速路、主干道、次干道、支路合理布局、有机联通、网络顺畅、性能良好的道路网络体系。与此同时，在已规划的物流园区内加快各类商品批发市场建设，尽早转迁主城区内的各类市场，以减少交通流、人流过大带来的城区拥堵。

三是构建各组团间的城市交通路网。加快构建联通各城区、各组团、各园区的城市立交、过江桥、轨道交通(预留)、城市快速(BRT)道路等骨干交通网络，提升城市道路通行能力。全力抓好“四城一心”通道建设，打通中原路—鱼梁洲—东津新区通道；加快建成三桥、五桥，及早考虑六桥布点建设；大力推进城市内环线、外环线及沿江大道贯通；利用火电厂专用铁路、焦柳铁路城区段的铁路资源，将其改造为城市轨道交通，努力使这批连接各城区的关键通道尽早通车，消除城市交通瓶颈。

四是抓紧建设公共交通专用道。把公共交通专用道作为实现公交优先的主要载体，在条件允许的市区主干道路上逐步辟建公共交通专用道，并把“公交专用道”系统建设作为近期襄阳城市建设的重点，尽快形成较为完善、便捷的专用道网络。近期可先将前进路、长虹路的非机动车道改建为公交专线；在做好规划的基础上，逐步在城市内环线、沿江大道、贯通至东津新区的中原路及东津新区新开发的主干道，匹配建设BRT快速公交专用道，从而保障公交快速运行。

(三)加大投入力度，建立公共交通财政保障制度

一是建立以财政投入为主的公共交通财政保障制度。把公交发展纳入公共财政体系，建立专项资金，实行年度预算，做到统筹安排，重点扶持，并视财力情况不断加大投入，保持稳步增长。建议借鉴常州经验，从出租汽车经营权有偿使用费、城镇公用事业附加费、市政公用设施配套费、土地出让金、房地产开发配套费中，各提取适当比例，建立城市公共交通发展专项资金，用于公交场站等基础设施建设和符合节能环保标准公交车辆的购置等补贴。

二是建立财政补贴补偿机制。对公共交通企业因执行政府指令的低票价政策、老年人和残疾人免费乘车、新能源汽车采购、公交科技智能化管理等，由公共财政定期给予专项补贴补偿，以此强化公共交通的公益属性。合理界定补贴补偿范围，建立规范的成本费用评价制度、政策性亏损评估和补贴制度，为财政补贴补偿提供科学合理的依据。

三是对公交企业实行税费优惠政策。参考常州、武汉等城市对公共交通实行税费减免等扶持和优惠措施，对符合现行有关税收优惠政策条件的城市公共交通企业，经审核批准，可享受相应的税收优惠。对从市公交企业征收的城市公用事业附加费实行先缴后返，专项用于发展公交事业；对公交基础设施免征城市建设配套费、城市道路占用挖掘费、绿地占用补偿费等。采取多种形式加大对城市公交企业的融资授信支持，给予贷款贴息政策等措施，大力扶持公交企业健康持续发展。

(四)优化公共交通装备，加强营运调度管理

优化公共交通的车辆装备，积极发展低耗、环保、舒适及符合国家排放标准的新型车辆，特别要加快发展性能优良、舒适度高的空调公共汽车，不断优化和提升我市公共交通运力结构和档次，为乘客提供良好的乘车环境。提高公交的信息化和科技化，抓紧GPS卫星定位系统建设，市区主要路段设置导乘电子站牌，完善公交智能化调度指挥中心，依托科技手段切实提高公交运行、调度和管理水平。加强公交营运调度管理，科学制定和适时优化调整运营线路、发车班次，根据不同线路特点，合理配置营运车辆。

(五)规范建设停车场所，保障道路畅通出行

解决好城市交通“行”的问题，必须配套解决好“停”的问题。首先，规范建设停车场所。在今后的城市规划建设中，要把停车位或停车场纳入强制性建设的硬性要求，无论居民小区、工厂、商城开发，还是文化场馆、医院、学校建设，以及沿街大型项目和新建、改建道路规划设计施工，凡未配建相应停车场地、停车泊位，一律不予批准开工建设，对在建、已建工程也应及早考虑解决停车问题。其次，运用市场机制，鼓励兴办各类经营性停车场所，大力兴建地上和地下立体停放设施，减少地面道路停放压力。第三，加强现有停车资源的整合提升。在不妨碍其他车辆通行的前提下，在部分道路两旁增设临时、限时停车位，配齐各类交通标志、标线，允许机动车按顺行方向，在划定的泊车区位停放。第四，加大城区道路车辆停放管理。在主城区和商场、学校、医院、公园等车辆集中停放区实行按时收费管理，停车时间越长收费越高，以减少其车辆过多带来的拥堵；在城市重要交通要道，划定禁止停放重点管理路段，对违规停放的车辆加大处罚力度；加强出租车辆的管理，特别是加大对出租车辆占用公交车站车道、在交通拐弯处随意停放的处罚；建立城市车辆违规停放记录，对违规达到一定限额的车辆纳入交通管理体系，给予一定的处罚。

(六)建立联动管理机制，实施综合治理

坚持交警、城管、交通等部门协

同作战，综合治理，用制度保障疏堵保畅。在充分发挥电子监管作用，进一步加强严管重罚的同时，建立和完善各项联动管理责任机制。一是建立分片承包负责制。根据辖区道路交通实际，交警、城管等部门要层层分解目标，实行分片承包，加强协调合作，确保各自责任落实。二是强化路面警力保障机制。把提高路面见警率作为增强道路交通管控能力、确保交通安全畅通的重中之重来抓，尤其是在早、晚高峰时段，要针对重点区域、重点路口的交通流量流向实际，优化警力配置，全力以赴投入城市疏堵保畅工作。三是推行疏堵保畅应急机制。按照调节交通需求、优化交通组织、控制交通总量的原则，制定城区道路交通疏堵保畅应急机制，一旦遇到交通堵塞或大型活动、节假日等交通承载告急的情况，及时启动应急机制，确保城区道路交通有序畅通。

加快构建区域性交通枢纽

宜昌市交通运输局　马宏彦

宜昌市位于湖北省西南部，长江中上游的分界处，东临“两湖平原”，西与渝东一江相连，南北与湘西、襄樊毗邻，踞“上控巴蜀，下引荆襄”的战略地位，素有“三峡门户，川鄂咽喉”之称。新中国成立前，宜昌陆路交通十分闭塞，对外交通以水路为主，1949年7月宜昌解放，以宜昌城区及近郊范围设立省辖宜昌市，宜昌的现代交通以此为标志，从此进入崭新的历史发展时期。改革开放以来，宜昌交通实现了历史性大飞跃。基本形成“公路主骨架、水运主通道、铁路大动脉、空中大走廊、港站主枢纽”的现代化立体交通网络，交通架构实现由止点型向通道型的历史巨变。 未来20年， 宜昌将发展成为世界著名的水电能源基地和旅游名城，长江中上游的中心城市之一，湖北省域副中心城市。 实现宜昌从大城市向特大城市的跨越。如何加快区域性交通枢纽建设，是摆在宜昌交通人面前的一项新课题。

一、认识宜昌的区位优势

（一）从长江流域看

长江全长6300公里、通航里程2800公里，宜昌位于长江中上游结合部，长江流经境内232公里，约占长江通航里程的十分之一。宜昌港已是百年老港，属全国内河28个主要港口和长江水系16个主要港口之一，与上海、南京、武汉、重庆等港口共同构成长江“黄金水道”枢纽港口。宜昌水路距重庆、武汉均600公里左右，因三峡工程通航能力问题，成为肩挑两大都市的支点，三峡航运中转中心历史性地选择了宜昌，宜昌是湖北通，则长江通的重要因素。

（二）从城市辐射功能看

宜昌承东启西，是湖北省率先中部崛起，联结西部大开发的桥头堡，是世界著名的水电之城。是承接武汉城市圈、长株潭城市群、成渝统筹城乡综合配套改革试验区、关中—天水经济区、中原城市群等，都市圈辐射功能的交汇点，宜昌从区位上有条件成为，物流承载之地、中转之地。以长江三峡为核心，300公里左右分布有神农架、张家界、岳阳楼等，10个中国5A级，风景名胜区和明显陵、武当山、武陵源等，3个世界历史文化遗产，宜昌从区位上有条件成为，这些旅游线上的汇聚之城、璀璨明珠。但因山势阻隔，千百年来宜昌东西向，依靠长江与外界相连，至北只能绕襄阳而行，向南借荆州之地，宜昌的区位受地形限制明显，与外界的交流亟须开辟大通道，才能广纳宾客，走向世界。

（三）从宜昌当代交通发展看

1978年，焦柳铁路建成通车，宜昌进入水公铁同步发展的新时期。当时宜昌的一小时交通圈只能覆盖主城区，3小时交通圈勉强可达周边部分县市。当时宜昌在全省的交通总量与经济的关系是：交通运输业占GDP比重为3%，交通总量居全省第4位，经济总量居全省第5位。

1994年，汉宜高速公路建成通车，宜昌至武汉实现高速直达。1996年，三峡机场开通，宜昌迎来了航空时代。2000年，开始大规模实施国省干线二级公路改造。2001年，宜昌长江公路大桥通车，318国道上长江天堑变通途，宜都北部进入1小时经济圈。2002年，夷陵长江大桥通车，点军全域进入1小时经济圈。2005年，全市实现了县县通二级路，村村通公路，乡镇通油路。1小时交通圈由县城向乡镇延伸，交通服务范围更广、物流更频繁。

“十五”期末，在国家级公路、铁路网中，宜昌仍只有汉宜高速公路和焦柳铁路，构成宜昌丁字形交通干线，1小时、3小时经济圈还很局限，城市影响力也十分有限。2005年，宜昌在全省的交通总量与经济的关系是：交通运输业占GDP达9%，交通总量居全省第3位，经济总量居全省第3位。

“十一五”期和“十二五”期的近3年，宜昌交通在市委、市政府“交通引领城市发展”的战略指导下，实现了跨越式发展：

2006年，沪蓉西高速宜昌至高家堰段建成通车；鸦来路五峰砂子垭隧道贯通，宜昌最为偏远的五峰采花乡、付家堰、牛庄乡结束了一整天才能到县城的历史。

2007年，荆宜高速公路建成通车，当阳、远安融入1小时经济圈。宜都市成为第一个村村通油路的县市。神宜旅游公路建成通车，被交通部确定为全国生态环保示范公路。

2008年，沪蓉西高速公路宜昌段建成，长阳进入1小时经济圈。伍家岗至云池一级公路建成通车，宜昌东大门形象改善提升。

2009年，沪蓉西高速公路全线建成通车，宜昌至恩施2小时直达、至重庆5小时连通；黄柏河、下牢溪危桥整治完工，两坝一峡景区公路更加安全畅通。枝江南河大桥建成通车，百里洲结束“孤岛”历史。宜巴高速公路开工建设。

2010年，三峡翻坝高速公路建成通车，秭归进入1小时经济圈；全市实现村村通沥青（水泥）路；宜华一级公路建成通车；保宜高速公路开工建设；宜万铁路建成通车，宜昌成为全国铁路网的枢纽城市。

2011年，云池港一期工程建成投产、二期工程开工；小鸦一级公路开工建设；宜昌航空邮路开通；三峡机场新增昆明、大连、三亚等城市航线；夷陵长江大桥与宜昌长江大桥合并，成立大桥总公司，夷陵长江大桥取消收费。

2012年，白洋港、茅坪港开工建设；宜昌汽车客运中心建成；宜巴省道秭归段127公里改造完工，鸦来路北风垭隧道全线贯通，宜昌西向两大出口通道全面改善；全市67公里旅游公路基本建成；陆渔一级公路建成通车；宜巴高速公路双莲至雾渡河段建成通车；宜张、宜岳高速公路全部开工建设；汉宜城际铁路开通，宜昌迎来高铁时代。

通过近年来宜昌交通的快速发展，目前，3小时经济圈可西达恩施、东抵武汉、北通南阳、南联岳阳等广大区域。

回顾历史，宜昌曾经是“川鄂咽喉，入蜀屏障”。改革开放以来，宜昌交通实现了“水公铁空管”五种交通方式的跨越发展，在国家综合运输体系中独具特色。宜昌交通在中部的迅速崛起，对湖北、全国的综合交通格局，产生了积极的影响和强劲的推力，宜昌的交通总量已达28000公里，与宜昌的经济总量一道，跃居全省第2位。交通架构实现由止点型向通道型的历史巨变。

二、宜昌如何构建区域性交通枢纽

（一）宜昌担当区域性交通枢纽的要素分析

1. 功能定位——区域性

《国家综合交通网中长期发展规划》首次把全国各种运输方式建设和发展统一上升为国家意志，明确提出了建设“五纵五横”10条综合运输大通道，按照交通节点城市的区位、功能和作用，分为全国性综合交通枢纽、区域性综合交通枢纽和地区性综合交通枢纽三个层级。分析宜昌周边，由长沙、武汉、西安、重庆四个全国综合交通枢纽城市，包围的范围内，与我市经济发展水平相当的，有常德、岳阳、南阳、万州、襄阳等，其中宜昌基本处于地理中心，且直接位于国家规划的沿江综合运输大通道上。以宜昌为圆心的1200公里范围内覆盖全国90%的大中城市，使宜昌有可能成为，航空运输中最具特色的经停中转之地。宜昌市是湖北省委、省政府确定的省域副中心城市，既有较强的自身发展实力，对区域以至全国的辐射力也不断增强。宜昌的重点影响范围，将东接武汉延伸至沪、宁，西达万州延伸至渝、蓉，北接襄阳延伸至京、蒙，南连张家界延伸至长、穗。因此，从功能定位上分析，宜昌作为交通枢纽的区域性更为突出。

2. 硬件设施——立体型

要成为区域性交通枢纽，硬件设施是前提条件。随着近年的大发展，宜昌市不仅五种运输方式齐全，而且均位于国家级大干线上，立体型的快速网络辐射全国。公路，宜昌位于国家“7918”规划中的沪蓉、沪渝两大主通道上；铁路，沪蓉、沪渝、呼北、焦柳铁路大动脉将依城而过；水运，长江是世界公认的运输黄金水道；航空，客运量连年大幅攀升的三峡机场正成为全国重要的支线机场；管道，川气东输主干线从这里经过。随着国家综合交通网的进一步完善，宜昌的立体型交通格局将在周边同类城市中出类拔萃。

3. 衔接方式——无缝隙

成为区域性交通枢纽，各种运输方式必须实现无缝隙衔接，方能发挥整体效益，体现一个城市的交通群体优势。目前，宜昌正着力打造三峡航运中转中心，实现长江航运的水—水、水—陆转运；宜昌被交通部确定为全国公路运输枢纽城市，中心城区的水陆港站正加快调整和建设。宜昌火车东站与伍家岗公路客运枢纽站毗邻，铁路、公路、城市公交在这里实现零换乘。白洋港区对接318国道、宜张高速公路和紫云铁路，以此为代表的三峡枢纽港建设，将致力于实现水水、水铁、水公等各种交通方式高效衔接，为宜昌未来综合交通运输网络建设打下良好基础。

4. 经济支撑——大运量

交通运输与经济发展相互依存、相互促进。建设区域性交通枢纽，没有地区经济快速发展作支撑，形成对周边地区强大的带动力只能是无本之木。2012年，我市生产总值达2500多亿元，居全省第2位，交通运输业占GDP比重7%。宜昌经济社会快速发展，增强了对周边地区的辐射力，其典型特征就是交通运输指标大幅攀升，2012年，港口吞吐量5050万吨，城区公交客运量达2亿人次，道路客运量1.3亿人次，旅游人数2600多万人，三峡机场旅客吞吐量90多万人，增幅均达20%～30%。此外，宜昌在沿江运输主通道上，由于水运的低成本、大运量优势，专家测算，长江运量将可抵30条京广铁路。而由于三峡工程的兴建，其大坝通航能力，使长江航运在此形成长期翻坝转运之势，三峡航运中转中心在诸多沿江城市中历史性地选择了宜昌。

因此，宜昌建设区域性交通枢纽决不是主观臆想，既有发展基础，又有发展需求，是宜昌未来的必然选择。

（二）宜昌建设区域性交通枢纽的主要架构

1. 构建公路主骨架

提高中心城区的经济集聚功能和对周边的辐射功能，使宜昌区域1小时经济圈，快速融入国家高速公路网络，实现宜昌经高速公路东达上海、西连成渝、北接京沈、南出大海的梦想。

一是实现市际公路高速化。在“十二五”期基本建成“六线三环”的基础上，新增宜岳、宜来高速，形成“八线三环”，实现县县通高速、所有乡镇30分钟上高速的目标。“八线”为已建汉宜、荆宜、沪渝，在建宜巴、保宜、宜张、宜岳高速公路和待建宜来高速，“八线”总里程达到837公里，在建和待建工程总投资达360亿元。一环为中心城区快速通道，覆盖城区80平方公里；二环为联结宜昌长江大桥和三峡大坝半小时经济圈，覆盖市域1400平方公里；三环为1小时旅游经济圈，覆盖所有县市区中心城镇、重点旅游景区和矿区，三环总里程约700公里。

二是市域公路便捷化。

重新科学布局国省干线，实现县县通国道，乡乡通省道。

实现所有高速公路走廊带附近，有一条免费二级以上公路供社会选择通行。

实现省、市际公路出口加密提等。

实现所有乡镇、主要风景旅游区、重要的交通枢纽和物流中心、重要的经济节点国省道全覆盖。

经我们积极争取，交通部已初步同意，我市国道由2条提高到6条，里程由270公里增加到1300公里，居全省第一。

原有国道为：

G209：内蒙古苏尼特左旗至广西北海公路，途经我市兴山县观音河、平水、古夫、白沙河、伍家坪、高桥，接巴东溪丘湾。

G318：上海至西藏聂拉木公路，途经我市枝江市七星台、马店、董市、雅畈、白洋，猇亭区云池、虎牙、宜昌长江公路大桥，宜都市红花套，长阳县高家堰、贺家坪、榔坪，接巴东野山关。

新增国道有：

江苏南京至青海德令哈公路，途经远安县茅坪、鸣凤、旧县、荷花、苟家垭，夷陵区樟村坪、殷家坪，兴山关子口、黄粮、古夫、南阳，接神农架木鱼。

湖北武汉至云南大理公路，途经当阳育溪、玉阳、王店，夷陵区鸦鹊岭、土门，宜昌中心城区，夷陵区小溪塔、三斗坪，秭归县茅坪、郭家坝、两河口、沙镇溪，接巴东。

浙江台州至四川小金公路，途经五峰县仁和坪、渔洋关、长乐坪、五峰镇、湾潭，接鹤峰燕子。

内蒙古呼和浩特至广西北海公路，途经远安县荷花，夷陵区分乡、黄花，宜昌中心城区，点军区桥边、土城，长阳县高家堰、龙舟坪、磨市，宜都市五眼泉、聂河、潘湾，五峰县渔洋关、狗头井，接湖南石门。

我市省道总量由过去的1400公里优化到1900公里，国、省、县道结构由1∶5.4∶5.2调整为1∶1.5∶3.2，路网的规模总量趋于合理，功能明确层次清晰，外部沟通衔接高效，农村公路微循环网络更加完善，网络化程度明显提高，有利于实现公路交通公共服务均等化。

2. 提升水运主通道

突出“港口优先”发展战略，以贯彻落实市委、市政府《关于加快长江岸线保护与开发，推进三峡枢纽港建设的意见》精神为总纲，加快三峡枢纽港建设，加快编制和实施《三峡枢纽港发展规划》。

3. 完善站场主枢纽

客运物流站场布局为“两体系三层次三片区”，即构建客货枢纽两大体系，形成宜昌汽车客运中心、主城区周边客运集散场站、县市区中心城镇客运场站三大客运层次和三峡坝区、主城区、白洋园区三大物流片区。

4. 扩网铁路大动脉

随着十宜、郑渝、翻坝等国家及地方铁路加快推进，宜昌正成为纵横铁路大动脉上的交通节点。宜昌由一个末端小站正式成立宜昌车务段，管理上至恩施下至孝感的广大区域，成为承东启西的重要铁路枢纽。宜昌市与外界的铁路交通联系更广，始发和中转能力更强，高铁时代来临使铁路速度更快，宜昌东站的启用和高速动车组的开行，使服务水准更高、质量更优。建设紫荆岭至云池港铁路专线，实现铁路、水运两种大运量运输方式在沿江园区的高效衔接。

5. 构架航空大走廊

按照今年4月黄书记与海航集团洽谈精神，未来三峡机场将按照年旅客吞吐量500万人次标准进行规划建设，并将抢抓国家低空开放机遇，努力将宜昌打造为国家通航产业基地和商用飞机交付中心。“十二五”期规划扩建航站楼1.9万平方米，新建平行滑道2600米，新建停车场2.3万平方米，增设至国内主要枢纽机场和重要旅游城市的空中航线，力争开通一条定期国际航线，使其成为全国具有重要影响的支线机场。同时，适应快速增长的客运量需求，增设航线，调整时刻和航班，开通周边城市至机场直通车，扩大三峡机场的吸引力和辐射力。

（三）宜昌建设区域性交通枢纽的主要措施

1. 深化改革构建大交通

过去，计划经济最大的弊端就是条块分割，今年中央已推行了强有力的大部制改革，成立了新的交通运输部，从职能上统一协调水、公、铁、空4种运输方式，为我们各层级政府及交通部门统筹规划、建设、运营和管理，合理配置交通要素，促进各种运输方式合理布局、分工协作和优势互补，充分发挥交通运输的整体效益创造了最优的发展条件。宜昌交通将全面加强综合运输体系的统一管理和协调，提高各运输方式与城市经济社会的贡献率和协调度。加快市域综合运输体系与全国大交通的高效对接，推进区域、城乡交通一体化，提升宜昌在全国综合交通体系中的地位和作用。

2. 调整结构发展大客运

实现城际客运高速化、区域客运直达化、农村客运公交化、旅游客运便捷化，建立适应各种消费层次、符合市场需求的客运服务体系。一是优化省际客运结构，实现中长途以高速铁路、中短途以高速公路为主的良性分工。二是组建鄂西区域旅游客运一体化联盟，开通“宜荆荆”城市圈城际直达班线，提升宜昌核心城市的集聚力和影响力。三是扩大农村客运规模，支持农村客运公交化，促进社会公平。四是扩大旅游客运运力规模，提升运力档次，加密旅游直通线路、旅游中转线路、景区对接线路，实现客源组织及景区游客的便捷疏运，实现三峡旅游客运产业化经营、专业化管理、品牌化服务。五是实施公交优先战略，中心城区及周边组团建立起以快速公交系统为骨架、常规公交为主体、出租车为补充、慢行交通为延伸的换乘便捷、功能完善且市民支付得起的环保型、现代化城市公共交通系统。新增车辆实行公车公营、出租车经营权与车辆所有权两权合一经营模式，提高高等级出租车比例，逐步更换车型，改善出租车服务内在品质，提升城市形象。

3. 开拓市场发展大物流

以培育第三方物流企业为主导，促进传统运输业向现代交通物流业转型。积极引进和扶持发展社会化、专业化物流企业，形成辐射能力强、服务效率高、运作成本低的区域性物流企业体系。鼓励生产和商贸企业剥离或外包物流功能，推进交通企业与生产、营销企业协调合作，大力拓展交通运输企业的仓储、配送、代理等多种服务功能。

4. 整合资源发展大企业

提升交通企业核心竞争力，壮大

市场主体，形成大企业支撑大客运、开拓大物流、服务大交通的新格局。支持交运、宜港、公交三大本土交通支柱企业加快发展，实现由市域交通企业，向区域产业集团转型，由普通运输企业，向优质品牌企业转型，由依赖运输收益为主的传统企业，向提供全面供应链服务的现代企业转型。通过创建企业核心品牌，不断提升企业的市场竞争力。积极探索多种建设经营模式，培育壮大华信交投公司等投融资平台。鼓励、吸引有实力的国内外知名企业落户宜昌，参与合作，实现共赢。

5. 科技环保提升新品质

实施市域交通IC卡一卡通，乘车、交通规费、停车收费及城市其他服务合并，为社会提供全面、方便、快捷的综合服务。大力推进内河船型标准化进程，提高三峡过坝和航运效率。城市公交新增车辆必须符合“欧Ⅳ”排放标准，提高天然气车辆的投放比例。提高交通建设中土地和岸线的使用效率，节约土地和岸线资源。公路建设尽可能利用老路资源，尽可能避免大挖大填，根据需要设置桥隧工程。港口工程集约使用岸线资源，提高港口机械化作业水平。努力建设低能源消耗、低资源占用、低环境污染、低成本使用、低废物排放的交通发展系统，以最小的资源代价实现最大的发展效益，促进交通运输走上低碳发展、绿色繁荣之路。为建设“美丽宜昌”提供优良的交通服务环境。

为打造湖北经济增长第四极当好先行

荆州市交通运输局　郑道柏

按照省委省政府实施的“壮腰工程”和省交通运输厅提出的“打牢发展大底盘、建设祖国立交桥”发展战略，荆州市交通运输系统在2012年着力推进投资总规模536亿元的14个交通重点项目，全市公路水路交通固定资产投资首次突破50亿元大关达到54.12亿元，比上年增长30.4%，其中高速公路完成投资25.75亿元、普通公路完成投资13.43亿元、港航建设完成投资12.19亿元、站场物流建设完成投资2.75亿元，比上年分别增长63%、7.5%、8.8%和37.5%。上述成绩的取得，有以下几个方面的特点和做法。

一、突出重点，统筹兼顾，“重大项目建设年”成效明显

发展是硬道理，建设是硬任务，规划是硬指标。坚持规划引领，年内完成了《荆州市综合交通规划纲要》(2011～2020)送审稿，《荆州港总体规划》调整方案已报省。《荆州市道路运输发展规划》、《“十二五”客运站场规划》、《荆州市物流业发展规划》先后出台。荆州首部公交发展规划已完成规划结构审查。

一是高速公路建设克难奋进。江南高速公路建设进展顺利，洪监高速公路3个标段全面施工，武汉城市圈环线高速公路洪湖段、东卷高速开工建设。全市在建高速公路总里程达到221.5公里，超过已建高速公路总里程。潜石高速江陵段、江北高速公路、沙市至公安高速公路前期工作快速推进。

二是普通公路建设全面推进。国省干线建设步伐加快。荆松一级公路开工建设；318国道荆州段改扩建工程、洪湖至赤壁一级公路洪湖长江大桥项目前期工作有新进展；全市共完成国省道及地方二级公路大修148公里，完成一、二级公路路基73.8公里、路面65.8公里；完成国省干线路网调整规划，800公里二级公路的前期工作已全面启动。全市共完成县乡道改造128.8公里；完成通村公路建设649公里；完成农村公路渡改桥3座/309延米；完成安保工程折合投资2500万元。完成危桥改造42座/1622延米。

三是港航建设强势竞进。引江济汉通航工程龙洲垸船闸主体工程基本建成。荆州组合港“一港十区”建设全面铺开，公安朱家湾码头、石首工业综合码头、荆州涉外旅游码头、沙隆达股份有限公司热电煤码头、松滋车阳河码头等5个项目基本竣工；盐卡(三期)多用途码头、李埠港区一期综合码头、国电沙市煤炭储备中心码头、柳林港区煤炭储运码头、洪湖新堤港区综合码头、观音寺港区江陵石化码头、观音寺港区宝莲综合(一期)码头、监利容城港区新洲码头工程等8个项目和北煤南运江陵枢纽港等16个项目前期工作务实推进。

四是站场物流建设乘势而进。我市被交通运输部纳入全国139家公路运输主枢纽城市行列。荆州郢城客运枢纽站被交通运输部定为公路客运示范项目，工程建设平稳推进；沙市长途汽车客运站改扩建工程完工；石首客运站完成主体工程；荆州大垸管理区客运站、公安县孱陵新区客运站前期工作基本完成；松滋东岳等6个农村综合运输服务站及23个农村候车亭完工。长江物流园二期、南湖物流园和江陵飞达物流中心完工；洪湖新滩物流中心、荆州开发区货运中心已开工；荆岳、石首物流园，监利、公安物流中心启动前期工作。

五是交通工程质量监管全面跟进。全市公路、水路建设质量监督受监项目覆盖率100%，重点工程优良率80%以上，干线好路率90%。全市在建交通项目无施工安全责任事故。

二、以开展“服务提升年”活动为载体，交通行业管理水平稳步提高

全市交通运输系统坚持一手抓行业发展，一手抓服务提升，公路水路运输事业持续稳定发展。全市完成公路客运量9360万人、旅客周转量728683万人公里、货运量4635万吨、货物周转量882261万吨公里，同比分别增长8%、16.7%、14.1%、23.7%；完成水路货运量2200万吨、货运周转量2227539万吨公里，同比分别增长18%、25.8%。完成港口吞吐量2304万吨，同比增长7.26%；完成港口集装箱7.25万标箱，同比增长11.3%。全市船舶运力达到131万吨，同比增长5.73%。完成交通费收2.14亿元，同比增长11%。

一是公路水路交通运输安全态势稳定。以“安全生产年”为主线，大力开展“道路客运安全年”、“平安水域”建设、“打非治违”专项行动、6月“安全生产月”等多项活动；严格履行“三关一监督”管理职能，对中心城区3家二级以上客运站实行封闭式管理，实现了车流、人流、物流分离；开展旅游客运市场联合整治，基本解决了旅游客运企业挂靠经营难题。全市221艘老旧农村渡船改造更新任务全部完成。全市辖区水域全年零事故。全市道路运输安全事故起数、死亡人数、受伤人数同比分别下降40%、57%、28%。

二是提升服务高效便民。圆满完成所有66件建议提案办理工作，见面率、回复率、满意率均达到了100%。中心城区市一级3个执法门类交通行政许可的25个项目全部集中到市政府行政服务中心交通窗口，各县市区局3个执法门类的行政许可项目全部进入政府行政服务中心，15项市级审批项目通过前移、直接下放到各县市区。

三是公共交通保障能力不断提高。新增、更新中高级客车170辆，全市中、

高级车比率达到了63%。高铁开通后，新增8条公交线路和120辆公交车，设立出租汽车候车点，搭建候车棚、安装隔离带，基本实现旅客“零换乘”。城区出租车实现以GPS平台为核心的综合科技服务功能，行业管理科技手段及出租车整体形象得到提升。

三、行业文明创建凸显特色，交通运输工作亮点纷呈

全市交通运输系统扎实开展了学习型党组织创建、基层组织建设年、“1+1心连心”、“三抓一促”、全民阅读进机关、交通窗口行业为民服务创先争优、“保持党的纯洁性，助推荆州跨越发展”等主题活动，扎实开展民主评议政风行风。

深入推进“廉政阳光工程”，构建了以“廉政交通”主题教育机制、廉政风险预警防控机制等“六大机制”为支撑的具有交通运输行业特色的惩防体系。

开展了行业文明创建“十项活动”、“十行百佳”评选活动，一批交通运输服务先进典型脱颖而出。绩效考核、“三万”活动、信访维稳、财务审计、工会老干、交通科技、教育培训、史志档案、宣传信息、安保后勤、节能减排等方面工作都取得新成绩，交通运输工作亮点纷呈：

一是重点有推进。经过大量基础工作的积累，我们务实的工作作风，赢得了省交投的支持。10月份，省交投与我市再签4条高速公路投资协议，省交投在荆州投资高速公路总里程达到318.69公里，投资总规模达328亿元。至此，我市“十二五”规划内所有高速公路项目全部落实了投资主体。

二是难点有突破。年初，洪监高速开工几年没有进展，政府不满意，人大代表政协委员不满意，人民群众不满意，换投资商的呼声几乎一边倒。为推动洪监高速建设，市局先后召开专门的督办协调会议12次，先后四次赴北京、深圳、广州、香港与投资商董事会、高管层进行沟通、督办，先后5次在荆州与香港保利达集团高层进行洽谈，促进了项目实质性开工建设。为化解公路债务难题，多次争取、多次汇报，经省政府批准设立了荆监一级公路杨场收费站；经过多次对接、多次协调，与所有县市区签订了二级公路债务偿还协议。

三是热点有转变。交通运输安全、危桥等民生问题是社会关注交通的“热词”。我们进一步明确监管责任，加大对重大节假日、重要时段、重点单位实施重点监督检查力度，扭转了被动局面，三项安全指数全面下降。全市1455座危桥就像顶在头上的炸弹，特别是弥市大桥因病害限载，更是引起了新华社的关注。经过积极工作，市政府明确市财政安排专项资金支持危桥建设，与各县市区政府签订了目标责任书，将危桥改造工作纳入绩效考核管理，省厅将松滋列为全省唯一危桥改造示范市，“十二五”末将全面完成691座危桥改造任务。

2013年是贯彻党的十八大精神起始年，是实施“壮腰工程”的第二年，是实施“十二五”规划承上启下的重要一年，是湖北交通运输“攻坚突破年”。党的十八大制定了全面建成小康社会的宏伟目标和实现GDP、人均收入两个“倍增”计划，中央继续实行积极财政政策和稳健货币政策，交通运输发展的外部环境总体上将长期向好，“十二五”后三年是交通运输发展的重要战略机遇期。我们要充分认识到交通建设任务的艰巨性、资金资源环境趋紧的约束性、结构调整转型发展的紧迫性、解决深层次矛盾的复杂性，始终保持清醒冷静的头脑和昂扬奋发的精神，坚决打好攻坚战、实现新突破。要按照尤习贵厅长《深入推进建设祖国立交桥战略，为全面建成小康社会奋力先行》的工作安排，以科学发展观为统领，以贯彻党的十八大和全省交通运输工作会、市第四次党代会精神为主线，紧紧围绕“交通壮腰”和“十二五”规划后三年任务，深化改革创新、坚持求真务实、全力决战攻坚、推进“交通壮腰”，为打造湖北经济增长“第四极”奋力当好先行。至2013年年底，全市要完成公路水路固定资产投资75亿元。其中：高速公路49.5亿元，普通公路16亿元，港航建设8亿元，站场物流1.5亿元。建成一、二级公路150公里，农村公路1100公里，完成危桥改造100座。完成港口吞吐量2600万吨，港口集装箱8万标箱，新增船舶运力3.5万吨。建成3个客运站、4个货运物流中心。为此要从以下几个方面开展工作。

(一)打好“十二五”规划后三年攻坚战，实现交通基础设施建设跨越发展

一是强力组织好高速公路“三年决战”。当前全国、全省高速公路建设呈现竞相追赶超越之势，周边地市发展势头十分强劲，我市高速公路建设任务繁重。高速公路建设事关全市经济社会发展大局，是“交通壮腰”的重要支撑，必须大力争取省市领导重视，举全市之力，统筹协调，强力推进高速公路建设。(1)在建重点项目江南高速、洪监高速、东卷高速、荆松一级公路要掀起建设高潮，武汉城市圈环线洪湖段要加快形成实物指标；(2)确保潜石高速江陵段、江北高速、沙市至公安高速、石首长江公路大桥及接线项目具备开工条件，力争年内全部开工；(3)开展新增高速公路的规划论证和前期工作，为2015年前陆续开工建设创造条件。启动二广高速荆州段改线项目前期工作。创造良好投资环境，打好交通建设投融资“组合拳”。

二是强力组织好普通公路“三年决战”。2013～2015年普通公路要完成投资59亿元，建成一级公路路基215公里、路面244公里，二级公路路基467公里、路面467公里，农村公路3466公里，农村公路桥梁3270延米。省厅明确政策“两个不变”，即“十二五”规划目标不变、“十一五”补助标准不变。公路部门必须积极争取地方党委、政府加强对普通公路建设的领导，落实各项目标责任，将普通公路发展目标纳入地方政府目标考核内容；切实建立起普通公路建设筹融资的长效机制，确保地方自筹资金与部省补助资金同比例到位；加快前期工作，确保2013年上半年完成“十二五”规划所有项目的工可批复、2013年完成全

部项目的初步设计批复。

改革普通公路计划管理模式。对普通公路实行计划切块和项目管理相结合的方式。采取“四定一调”原则，即“定规模、定标准、定基数、定额度、可调控”。改革农村公路管养体制。省厅已报请省政府出台《关于进一步加强农村公路管理养护的意见》，进一步落实县市政府对农村公路管养的主体责任，设立专职农村公路管理机构，指导乡镇、村对乡道、村道的日常养护，养护资金筹措以县市财政投入为主，乡镇、村投入为辅，省、市给予补助，社会各界捐资捐助。

三是强力组织好水运强市攻坚战。要突出抓好港口集疏运体系建设。争取省厅会同有关部门研究制定荆州港口集疏运体系建设方案。确保引江济汉通航工程2013年全面完工。完成《荆州港总体规划》调规工作。在确保已开工重点港航项目快速推进的情况下，确保荆州港江陵宝莲综合码头（二期）工程开工，力争荆州港柳林港区综合码头、荆州港公安中粮（荆州）公司专用码头开工建设。

四是强力组织好站场建设物流发展攻坚战。确保荆州开发区货运中心竣工，加快郢城综合客运枢纽站、沙市长途客运站改造、荆州人民大垸客运站、松滋金松客运站建设进度。推进交通物流基地布局，突出北煤南运荆州煤炭储运物流中心建设，力争荆岳综合物流园开工建设。打造龙头物流企业。打破行业垄断、部门分割、地方保护，培育跨各种运输方式的全程运输服务供应商。促进传统运输向现代物流转型。抓好物流公共信息平台建设。

要高度重视交通工程政府监督职能的落实，强化监督手段，加大监管力度，严格落实质量安全责任追究制度，确保交通建设项目施工质量安全的有效监管。

（二）加快交通运输转型升级，改善交通环境，让人民群众的出行成为“幸福之旅”

在加快基础设施建设的同时，着力改善投资效益，同步提高养护、管理水平，实现由外延式增长向内涵式增长的转变。要紧紧抓住城镇化的重大机遇，继续加快农村交通建设，加强综合运输体系与城镇化布局的有机衔接，推动城乡一体化发展。各县市区交通运输局要高度关注城镇化发展趋势，主动参与当地城镇化规划，使交通运输服务城镇化、引领城镇化、助推城镇化。

大力推进道路运输与铁路、水运、城市交通的对接。大力支持发展甩挂运输。要充分运用高铁的倒逼机制，大力促进道路运输业结构调整。继续推动城乡客运一体化改造，落实公交优先战略，提升公交服务水平。加快向低碳绿色发展转型，开展重大科技攻关和科技成果的推广应用，实现交通运输科学发展。

认真落实水上交通安全八项制度和六项工作。突出抓好客运站、“两客一危”企业安全管理，推进安全生产标准化，强化隐患排查治理。提高依法治交水平。要切实宣贯好、落实好、执行好《湖北省水路交通条例》、《湖北省公路超限运输管理办法》等新出台法规规章。认真办理人大建议和政协提案。继续推进交通执法形象建设“四统一”，对执法人员开展三年轮训，组织开展交通执法人员大比武活动。加强路政管理和执法，维护路产路权，提升应急管理信息化水平。

（三）切实转变工作作风，加强交通运输行业核心价值体系建设，形成助推交通运输发展的正能量

坚决贯彻中央、省市关于转变工作作风、密切联系群众的规定，加强和改进调查研究，精简会议和文件简报，厉行勤俭节约，大力弘扬讲求效率、雷厉风行、深入基层、勤勉务实的作风，坚决克服形式主义、官僚主义，讲真话，办实事。

进一步加强领导班子、队伍建设。坚持任人唯贤，坚持德才兼备、以德为先，坚持注重实绩、群众公认。深化事业单位分类改革，积极稳妥实施事业单位绩效工资改革。

进一步巩固扩大交通政风行风建设的成果。围绕交通运输行业核心价值体系建设，深入开展“十行百佳”创建，引导激励广大交通运输干部职工在推进交通运输跨越发展中建功立业、争创一流。

进一步加强交通廉政建设，健全以贯彻落实党风廉政责任制和“一岗双责”为核心的组织领导体系，健全以践行交通运输行业核心价值观和建设廉政文化为重点的廉政教育体系，健全以廉政风险防控和体制机制创新为重点的预防制度体系，健全以规范执法行为和纠正行业不正之风为重点的社会监督体系，健全以纪检监察部门履职尽责、党政齐抓共管为主体的内部监督惩处体系，打造具有荆州交通运输特色的廉政阳光模式。

建设大别山试验区　交通运输先行跨越

黄冈市交通运输局　刘新华

交通运输部门作为黄冈经济发展的先行行业，在推进大别山试验区跨越式发展中发挥着举足轻重的作用，特别是近几年来，以加快试验区综合交通运输建设为突破口，以改善试验区交通状况为主旨，以推进城乡交通一体化、区域交通综合化建设为目标，以优化交通运输结构、转变交通发展方式为主线，始终把加快交通基础设施建设作为推动交通运输结构调整和转变发展方式的重要举措，坚持以项目为依托，以大项目推动大发展，以高投入拉动高增长，为大别山试验区的发展做出了积极的贡献。截至 2012 年年底，全市公路通车总里程达到 24880 公里，全市公路密度为 140 公里 / 百平方公里，其中：高速公路达到 480 公里，公路密度为 2.8 公里 / 百平方公里，位列全省第二，率先在全省实现了县县通高速；国省道共计 1302 公里，全部达到二级以上标准；农村公路 23098 公里，实现了 100% 的乡镇通油路 (水泥路)，100% 的行政村通油路 (水泥路)。黄冈市境内长江水道 213 公里，拥有码头 160 个，泊位 234 个。全市路网结构不断完善，实现了各县市城区上高速、到火车站、到港口码头“半小时快车道”，各县市到黄州 (黄冈市首府)、到武汉、到机场“90 分钟交通圈”。交通运输大发展有力地促进了试验区综合经济实力增强，促进了对外开放水平提升，促进了城市服务功能完善，在改善黄冈投资环境、促进资源开发利用、优化产业布局、拉动经济增长和社会进步、改变黄冈贫困落后现象发挥了重要作用。

当前，黄冈大别山试验区建设正步入发展的快车道，交通运输行业也进入发展的鼎盛时期，面对前所未有的机遇和挑战，如何进一步抢抓交通发展机遇，转变交通发展方式，继续保持快速发展、可持续发展的势头，为试验区的跨越式发展提供强有力的支撑和保障是当前黄冈交通发展需要研究的重要课题。

一、必须抢抓机遇，大手笔谋划交通重点项目

积极做好项目的规划是推动交通跨越式发展的重要前提条件。近几年，黄冈市交通运输局按照大别山试验区“三年明显变化、五年大变化、十年跨越式发展”的总体目标，力争一批大项目、好项目进入国家、省的“笼子”。高标准编制了《黄冈大别山试验区交通运输发展规划》；进一步优化完善《“十二五”黄冈综合交通运输发展规划》、《黄冈国省干线调整规划》、《红安生态交通示范县规划》等。同时跟踪部省新一轮国高网和国省道规划调整，超前谋划、主动出击，将武英高速、麻竹高速初步纳入国家高速公路网规划网，国道从 3 条 336 公里增加到 7 条约 830 公里，省道从 17 条 960 公里增加到 36 条约 2100 公里，新增国省道里程位居全省前列。积极跟踪集中连片特困地区大别山区交通扶贫规划，全市共有 632 公里国省道升级改造和大中修工程、204 公里县乡道和 4 个县级客运站、72 个乡镇等级客运站、2260 个农村汽车停靠点建设等项目列入规划。“十二五”末黄冈将实现县县通国高、县县通国道，乡乡镇镇通二级以上省道，黄冈作为湖北东大门在国高网的枢纽作用全面提升，一个内通外联的黄冈交通网络格局基本形成。

但要真正建立一个对内大循环、对外大开放的黄冈交通运输网络，就必须继续实施开创战略，以开放促发展，以开放转机制。必须按照建设“红色黄冈、绿色黄冈、发展黄冈、富裕黄冈”的总体要求，紧紧围绕全市“一区两带”发展战略，抢抓武汉城市圈、大别山试验区建设、武汉新港等众多机遇，以“对接大武汉、沟通大长江、贯通大武汉、构建大交通”的发展思路，立足黄冈实际，吃透政策，加强衔接，科学谋划，积极与周边省市协作，签订合力推进交通发展协议，实现区域内交通运输规划对接、建设联动，发展上合作推进。必须抢抓交通运输部“把农村公路建设主战场转向集中连片特殊困难地区”的战略机遇，超前做好农村交通“路、站、运、渡”一体化规划。特别是积极谋划沿江一级公路，麻竹高速公路延长线和蕲春至太湖高速公路等重大项目，为湖北省乃至整个长江经济带沿江公路大通道的形成提供中坚支撑，实现黄冈交通真正的循环联网，内外互通。

二、必须锲而不舍，大气魄推进项目前期工作

抓好项目前期工作是实现交通开放先导、创新驱动的根本保证，只有抓好项目前期工作，才能在交通持续发展中赢得主动，抓住先机。这几年来，由于在扎实的规划和前期工作，一大批重大交通项目从看似不可能上变成了可能并实现了开工建设。总投资 92.1 亿元的黄冈长江大桥、武汉至黄冈城际铁路、黄鄂高速公路实现开工建设，其中黄冈长江大桥仅用 16 个月就完成了前期工作，创造了国内重点工程前期工作的“黄冈速度”，并克服经济危机实现不缓建不停工，仅用两年实现了大桥合龙。2011 年，黄冈有史以来投资规模最大，涉及县市最多，建设工程最复杂，同时也是湖北省“十二五”规划项目麻城至武穴高速公路、武穴长江公路大桥、黄鄂高速公路团风段实现了当年做前期工作，当年签约，当年开工，创造了高速公路建设新的“黄冈速度”。总投资 14 亿元、全长 458 公里、连接 38 个景点景区 22 个乡镇的大别山红色旅游公路建设历经两年实现全线通车，全线连接 7 个县市 (包括 5 个贫困县)，

成为当地百姓的一条幸福路和致富路，2012年3月底交通运输部在黄冈召开全国农村公路建设管理现场会，推介黄冈公路建设经验和做法。

目前，正处于“十二五”发展的关键时期，必须继续贯彻“前期就是投资、前期就是效益、前期就是发展”的理念，把加快推进项目前期工作作为交通跨越发展的重要突破口，坚持按照“领导推动、部门联动、专班跑动、专家互动”的四轮驱动措施推进交通重点项目前期工作，切实做到项目不立项不松手，项目不审批不撒手，项目不落地不放手，按程序逐步深化阶段性成果，并按规定进行对口衔接，确保资料翔实、数据准确，论证充分，手续完备，逐步建立完善“规划一批、论证一批、储备一批、在建一批”的良性前期工作机制。特别是要做好全市“十二五”规划建设的高速公路、一级二级公路项目、县乡道改造项目、港航码头、站场物流等项目前期工作，确保在扎实的规划和前期工作的基础上积极争取国家相关政策的“东风”，使项目能够按预期的设想“起航”，为“十二五”规划交通发展目标的完成奠定坚实的基础。

三、必须攻坚克难，大思路构建综合运输网络

构建网络完善、结构合理、衔接紧密、便捷通畅的大别山试验区综合交通运输体系，是大别山试验区发展的客观需要，也是交通跨越式发展的核心内容。近几年，随着我市交通建设力度的加大，各种运输方式也得到了长足的发展，综合交通运输体系框架基本形成，但与布局合理、保障充分、运行高效、管理规范、服务优质、安全环保的现代化综合运输体系相比仍存在一定的差距。一是要继续加快推进交通基础设施建设。要通过加大武汉至黄冈城际铁路、高速公路的建设力度，充分发挥高速公路和城际铁路在中长距离运输中的骨干优势。通过国省干线、农村公路的建设，发挥普通公路运输覆盖面广、方便、快捷、“门对门”的灵活优势。要进一步畅通城区出口通道，各县市区上高速一级公路连接线、绕城一级公路和二级公路项目建设，实现所有县市城区上高速快速化。二是要加大水运业发展力度。改变过去重公路轻水路的思想，进一步发挥水路运输方式成本低、能耗少、占用土地资源少的优势，充分利用黄冈丰富的岸线资源，以武汉新港建设为契机，进一步推进长江岸线资源开发和内河航运建设，加快武汉新港唐家渡临港新城等大型综合码头建设力度，大力发展造船业，促进黄冈水运业的发展。三是要积极推进道路运输业的发展。不断优化道路运输结构，积极探索和推进城际公交、县际公交、城乡客运一体化运输新模式，大力推行多品种经营、多站点运行、多密度发班。同时把促进物流业发展作为建立现代交通运输业的重要途径，积极引导物流园区、货运站场和道路运输业加快向现代物流转型，促进全市物流市场做大做强。四是要按照综合运输体系的要求，推进各种运输方式的“无缝对接”。进一步加强各种运输方式专线规划的有效衔接，科学编制交通运输发展规划，统筹公路、水路、铁路(城际铁路)和城市公交运输协调发展，充分发挥各种运输方式的组合效率，提高整个运输网络的整体效率，当前重点是积极谋划武汉至黄冈城际铁路黄冈东站换乘中心建设，实现铁路、公路、公交和出租车的零距离换乘和无缝对接，努力形成宜水则水、宜陆则陆、公铁水联运、布局合理、适应试验区建设发展要求的综合交通运输体系。

四、必须创新理念，大力度建设现代服务型交通

坚持把发展交通事业和保障改善民生放在突出的位置，为群众提供更加优质高效的服务，让群众更好地享受到交通发展的成果是交通发展的核心和方向。因此，交通必须不断转变思路，更新观念，改革创新，按照“建设创优质、管理争一流、服务创品牌、安全零事故”的总体要求，向现代服务型行业发展转型。一是要建设质量交通。要牢固树立“建设是发展，管养是可持续发展”的理念。把工作重心由以建设为主向建管并重转变，继续推进公路养护运行机制改革，建立农村公路养护管理长效机制，使“十一五”期间建设的农村公路发挥长效功能。同时要牢固抓好交通工程质量监管，建设一批在全省有影响力的标志性交通工程，建设经得起实践、群众和历史考验的交通工程，全面提高工程建设质量，为百姓提供更加优质的服务。二是要建设民生交通。既要抓一批对全市经济有促进作用的大项目，也要建设一批事关群众利益的民生项目，特别是关系到群众利益的国省干线公路改造升级、公路安保、危桥整治改造、灾害防治等工程，要不断提高公交交通服务功能，提升客运服务质量。同时要建立完善治理车辆超限超载长效机制，为百姓提供更加方便快捷的服务。三是要建设安全交通。努力提高安全监管和应急保障能力。坚持把“安全第一，预防为主，综合治理”的方针落到实处，认真落实安全生产责任制，完善公路水路应急预案和配套体系，始终做到思想认识上警钟长鸣、制度保证上严密有效、技术支撑上坚强有力、监督检查上严格细致、事故处理上严肃认真，为百姓提供更加安全的服务。同时要坚持把党风廉政建设作为工作的重点来抓，努力修建廉洁工程、阳光工程和群众放心工程。

在大别山试验区建设的关键时期，黄冈交通将以优化交通运输结构、转变交通发展方式为主线，按照“对接大武汉、沟通大长江、贯通大别山、构建大交通”的发展思路，超前发展，充分发挥交通的先行引领作用，力争到“十二五”末，实现从县城到高速公路入口、到火车站、到港口码头均不超过15分钟，县城到黄州、到省城、到机场(天河和九江机场)均不超过90分钟的快速公路网络目标；实现公、铁、水、空等运输方式高效对接，内河航运显著提升，人便于行，货畅其流的现代综合运输网络，努力把黄冈大别山打造成全国革命老区综合交通发展的引领区、红色旅游交通发展的先行区、绿色交通发展的示范区。

交通跨越发展的"咸宁模式"

咸宁市交通运输局　汪凡非

2009年以来，在咸宁市委、市政府正确领导和省交通运输厅及各级有关部门大力支持下，咸宁市交通运输局以科学发展观为统领，围绕"建设鄂南强市、打造香城泉都"战略，积极抢抓中部四省打造"长江中游城市集群综合交通运输示范区"，湖北建设"祖国立交桥"，咸宁率先推进岳九咸"小三角"建设、构建"中三角"重要枢纽城市等多层次"大交通"战略机遇，发扬"干字当头、只争朝夕"的咸宁交通精神，解放思想、大胆创新、破解难题，推进咸宁交通运输事业科学发展、跨越式发展。主要有八个方面的工作特色鲜明、卓有成效，其中多项走在全省行业前列，被省交通运输厅誉为"咸宁速度"、"咸宁模式"。近年来，我局先后获得全省勤政廉政先进典型、全省先进基层党组织、全省安全生产红旗单位、全省交通运输系统先进单位等多项荣誉。

一、克难奋进，交通固定资产投资逆势上扬

在受国际金融危机、欧债危机等影响，国内经济下行压力持续增大的形势下，我局千方百计稳增长、保投资，2009～2011年实现交通固定资产投资"三连超"，总额达到131.4亿元，增幅在全省位列前茅。2009年完成33.6亿元，是2008年11.66亿元的3倍，一年完成的投资超过"十一五"前三年的总和；2010年完成48.3亿元，超过年计划的53%，同比增长43.8%；2011年完成49.5亿元，超过年计划的38%，同比增长2.5%。三年交通固定资产投资分别占咸宁市当年全社会固定资产投资的11.2%、11%、9.7%。同时，我局提前谋划，抢在"十二五"规划出台之前，组织专班、跑省进京，全力做好项目争取工作，全市列入国家和省"十二五"交通运输规划的项目涉及总投资额达到400亿元，是"十一五"规划98亿元的3倍多，为咸宁市多争取项目投资超过了100亿元，这必将对咸宁经济社会发展产生强劲的投资拉动和基建带动作用。

二、创新模式，高速公路引资建设硕果累累

2009年，省委、省政府首次将高速公路招商引资建设任务下放到各市州，这对我局来说，既是新课题、大挑战，又是难得的机遇。为及时完成省委、省政府下达的高速公路建设任务，我局牢固树立并扎实践行"思想大解放、交通大发展"理念，不断创新、不断突破，实行大员上阵招大商。2009年以来，共成功引进高速公路建设投资206亿元，建设6个高速公路项目并实质性推进，开创了我市交通招商引资先河，创造了全省高速公路招商建设崭新模式。一是努力争取到省政府批准我市采取投资、设计、施工、运营管理四位一体的BOT+EPC投资建设模式，并于2009年采取该模式成功引进世界500强、中国交通运输行业龙头老大中交集团投资30亿元建设咸通高速。在我局以诚招商、以情留商的努力下，该集团2010年又投资13亿元建设通界高速，2011年投资82亿元建设武深高速通城至嘉鱼段，今年继续投资16亿元建设咸宁城区南外环高速。二是2010年引进湖北楚天高速咸宁有限公司投资8亿元建设武汉城市圈环线高速咸宁东段(咸黄高速)。三是今年引进湖北省交通投资公司投资57亿元建设我市第一座长江大桥——咸宁(嘉鱼)长江大桥及接线高速公路(武汉城市圈高速公路)。在全省乃至全国高速公路建设普遍存在招商难、融资难、推进难的情况下，我市高速公路建设成功实现投、融资两兴，新、续建两旺的强劲态势。省交通运输厅专门组织调研组到咸宁调研高速公路招商引资工作，赞誉咸宁做法及成效为"咸宁速度"、"咸宁模式"并在全省推广。今年6月我局在全省高速公路项目建设推进会上作了经验交流。

三、灵活运作，交通融资平台建设卓有成效

面对建设资金投入少、融资难等多重难题，我局大胆地试、大胆地闯，在全省范围内率先组建市交通投资有限公司，并充分发挥其融资平台作用，采取"利用存量，带活增量，资本营运，滚动发展，良性运作"运作模式，以现有交通存量土地房产作为抵押，向银行贷款，用于收储新批土地，实现良性发展。2009年4月，市交通投资公司收储的第二个地块挂牌出让，23亩地拍出了7400万元的高价，树立了咸宁城区土地运作的新标杆。通过运作融资平台，我局共筹集资金1.6亿多元，有效缓解了咸宁中心客运站、武汉至咸宁快速通道咸宁段等重点交通项目的建设资金问题。今年，我局又为交通长远发展考虑，大胆决策，争取到市交通投资公司入股武深高速嘉鱼至通城段10%，依托央企进一步做大做强交通融资平台，为咸宁交通运输事业持续、跨越发展夯实基础、增强后劲。交通融资平台的成功运作，吸引了省内多家兄弟市州交通部门先后来我局考察学习。

四、打牢底盘，交通基础设施建设势头强劲

咸宁全市交通运输系统干部职工凝心聚力、扎实推进，使全市交通建设风生水起，交通面貌焕然一新，区域综合交通运输枢纽基本形成，为咸宁经济社会发展打牢大底盘、当好先行官。高速公路方面，全市已建成通车高速3条，除2002年建成的京港澳高速外，近三年来新建成通车高速2条，即杭瑞高速、大广南高速。市域内高速由2009年以前的1条增加到3条，总里程由76公里增加到240公里，高速公路密度由0.77公里/百平方公里增加到2.43公里/百平方公里。在建高速3条，即通界高速、咸通高速、咸黄高速；即将开工建设高速2条，即武深高速嘉鱼至通城段、咸宁(嘉鱼)长江大桥及接线高速；已开展前期工作高速2条，即武深高速武汉至嘉鱼段、咸宁城区绕城高速。这些高速公路项目建成后，我市高速公路通车里程将达到507公里、密度达到5.1公里/百平方公里。同时，经我局努力争取省交通运输部门大力支持，京港澳高速咸宁北收费站扩建改造工程于今年8月竣工运营，增强了道口通行能力，提升了咸宁北大门形象。普通公路方面，赤壁一级公路、嘉鱼一级公路、桂乡大道等8条公路相继建成投入使用。武咸快速通道、咸潘一级公路、咸崇旅游公路、幕阜山旅游公路等10多个项目加快建设。全市1108个行政村已100%铺通沥青(水泥)路。站场码头方面，咸宁中心客运站等近1000个各级运输站场遍布全市，潘家湾码头二期、葛洲坝水泥专用码头建成营运，中心城区物流信息服务中心等物流园区，以及陆水河节堤航电枢纽工程、核电重件码头等重点港航项目正加快建设。

五、拼智拼力，出租车老大难问题妥善解决

为清除咸宁市出租车行业十多年来历史遗留的诸多积弊，有效解决中心城区打的难、出行难问题，在咸宁市委、市政府统一部署下，自2010年12月起，我局开展了咸宁中心城区出租车市场整顿规范工作。实施了“三加”政策：一是加多运力，即增加200台出租车投放市场，使中心城区出租车运力达到656台，有效满足市场需要；二是加高运价，即合理上调出租车运价，并及时兑现地方油补，提高了出租车从业者收入；三是加强管理，引导原有6家出租车企业整合重组为3家，壮大企业规模，提升管理水平，提高服务质量，并加大“黑的”治理力度，取得了阶段性良好成效。今年2月以来，我局干部职工全员参与、全力以赴，按照依法依规和公平公开公正原则，创新运用市场化收购方式，畅通出租车经营退出渠道，出租车整顿规范工作取得了圆满成功。原456台老出租车已全部通过收购或过户的方式，进入新组建的出租车公司，理顺了经营关系，纳入了规范管理，为我市出租车市场健康持续发展打下了坚实基础。我局化工作难点为工作亮点的做法与成效，得到了上级充分肯定和高度评价。今年8月，省交通运输厅连发三个文件，将我市出租车工作情况分别上报交通运输部和省政府，并下发各市州交通运输局学习借鉴。

六、着眼长远，咸宁港区港口建设蓄势勃发

为充分发挥市域境内128公里长江黄金岸线的作用，发展低碳运输，振兴咸宁水运，促进咸宁实现绿色崛起，我局主动担当、积极作为，一方面抢抓我省实施水运振兴的良好机遇，成功争取咸宁长江港区列入武汉新港统一建设范畴；另一方面超前谋划，立足建设现代化综合港口，把眼光盯在制约我市经济发展的集装箱码头建设上，重点规划建设潘家湾多用途码头。该码头拟设泊位3个，停靠能力3000吨级兼顾5000吨级，年吞吐能力达到30万箱，总投资约5亿元，并配套启动咸潘公路改扩建工程，使该路成为咸嘉新城的重要基础设施及我市城区通往潘家湾长江港区便捷的疏港公路。该项目投资额度大、投资回报期长，为加快建设，我局多次赴京极力推荐、多番洽谈，努力争取到中交集团几次来咸宁实地调研考察。目前咸宁市政府已与中交集团签订了潘家湾多用途码头和咸宁温泉至潘家湾一级公路嘉鱼段项目战略合作框架协议。该项目的建成，将大大改善我市东西向出行条件和投资发展环境，变水运资源优势为发展优势，进一步完善我市“大交通”格局和区域综合交通运输枢纽功能。

七、常抓不懈，交通行业安全生产持续平稳

我局始终绷紧生产安全之弦，坚持“安全第一、预防为主、综合治理”方针，认真贯彻国家安全生产和交通运输行业安全管理法律法规，切实落实行业监管主体责任，建立健全水陆交通安全管理责任体系；广泛开展“平安水域”、“平安运管”、“平安工地”、“平安企业”和“安全生产年”等活动，营造“平安交通”良好氛围；深入排查隐患，突出源头管控，强化交通运输市场准入管理，注重市场监管，近三年来排查治理安全隐患500多处，治理率达95%以上。到2011年，全市水上安全实现连续保持15年安全生产无事故的佳绩。同时严把建设项目设计关、审批关、材料关、验收关，规范招投标程序，加强质量抽查巡检，努力提高全市交通建设工程质量监督覆盖率，重点工程优良率达到85%以上，公路一般工程、港航、站场工程优良率达到85%以上。我局连续三年被省政府授予安全生产“红旗单位”称号。

八、尚贤任能，交通干部队伍建设与时俱进

交通运输系统点多、线长、面广，工程项目多、涉及资金量大、安全风险高，在搞好建设的同时，必须抓好班子、带好队伍，形成既扎实干事又干净干事的良好氛围，打造高效廉洁交通，才能确保“道路修起来，干部不倒下”。为此，我局切实贯彻“人才强交”战略，坚持能者上的选人用人原则，大力实施“四个一批”计划，即调整一批肯干、能干的干部到重要岗位，下派一批机关干部到局直单位，招进一批公务员和副科级干部，借调一批能力突出的局直单位干部到市局机关挂职锻炼，优化了干部队伍年龄结构和素质结构，为交通运输发展提供坚实的人才保障。同时，坚持力度统一论，狠抓党风廉政建设，把党风廉政建设与交通运输中心工作同研究、同部署、同考核。深化工程建设领域廉政工作，加强惩防体系建设，开展源头治腐“十个”全覆盖，践行“廉政阳光六同长效”工作法，推进“廉政阳光工程”建设。开展延安、红安革命传统教育主题实践活动，举办党史教育报告会、廉政交通讲座、党的纯洁性教育，组织观看警示教育电影及纪录片等，不断增强广大党员干部的廉洁意识和党性纯洁性，确保干部职工一丝不苟做事、一尘不染做人。

出租车行业规范发展的咸宁路径

咸宁市交通运输局　黄学农

为加强出租车行业管理，规范出租车市场秩序，引导出租车行业持续健康发展，2010年12月，咸宁市启动了中心城区出租车市场整顿规范工作(以下简称“出租车整顿规范工作”)。一年多来，我们坚定不移地贯彻落实市委、市政府关于出租车的方针政策和决策部署，在扎实工作中艰难推进，在不断创新中破解难题，创新运用市场化收购方式，为出租车个体经营户建立了市场退出机制、畅通了市场退出渠道，走出了一条符合法规政策、切合咸宁实际、具有咸宁特点的出租车行业整顿规范发展之路。省交通运输厅领导在听取我局出租车工作汇报后，给予了充分肯定和高度评价；随后省交通运输厅连发三个文件，将我市出租车工作的成功经验分别上报交通运输部和省政府，并下发各市州交通运输局以供学习借鉴。

一、咸宁出租车整顿规范工作的必要性和紧迫性

咸宁是湖北最后一个实施地改市的中等城市。到1999年地改市前后，有营运出租车456台，主要由个体经营。2002年，开始推行个体出租车挂靠公司经营，456台出租车先后进入6家国有或民营运输企业，出租车主每月向公司缴纳200元的管理服务费。2006年，根据《行政许可法》的规定，主管部门动议对出租车明确经营期限，并根据城市发展的需要拟增加运力，但遭到出租车主的抵制，出租车主组织了长达4天的集中罢运，咸宁出租车市场从此出现不稳定现象。

2007年，市政府将出租车市场管理职能交由交通部门负责后，多次组织了大规模打击“黑车”行动，取缔了2000多台营运麻木，免除了有关行政规费，积极为车主创造较好的经营环境，但出租车行业服务质量仍没有提升，不稳定事件时有发生。

地改市以后特别是近几年来，咸宁经济社会快速发展，中心城区面积迅速扩大到50多平方公里，人口增加到50余万。城市的扩张、群众的出行、咸宁旅游业的快速发展，对客运出租车服务能力和质量提出了新的更高的要求。但由于多种原因，咸宁中心城区出租车市场呈现出多重问题：

一是出租车经营权管理未得到有效规范，一些出租车主经营权私自转让、炒买炒卖、欺行霸市等不良现象愈演愈烈。

二是出租车市场被垄断，原经营户为了维护自己的利益，长期绑架市场，不允许增加出租车运力，中心城区自2000年以来一直没有新增一辆出租车，导致运力不足，“打的难”已成为群众反映强烈的社会焦点、难点问题。

三是由于出租车运力长期不足，导致形成一个庞大的“食利者”阶层，造成出租车经营者对经营收益的畸形要求，拒载、挑客、拼载、节假日涨价、随意提高燃油附加费等服务质量低下的现象普遍存在。特别是近年来，出租车主群体多次随意以各种无理要求集体停运、组织堵塞交通等违法行为，恣意要挟政府，在社会上造成了恶劣影响，带来了一系列社会问题。

四是原有6家出租车公司企业规模较小，资源分散，管理服务水平难以满足发展需要，抗风险能力有限。

这些问题与快速的城市发展不相适应，与群众出行的要求不相适应，广大市民反映强烈，整顿规范迫在眉睫。

二、推进出租车整顿规范工作的主要措施及成效

本次出租车整顿规范工作，其行业积弊之深，涉及范围之广，牵涉利益之多，面对群体之杂，工作难度之大，可谓前所未有、历史罕见。一年多来，我们迎难而上、拼智拼力，开展了一系列艰苦卓绝的工作，采取了一系列富有针对性的措施，取得了一系列来之不易的成效。

(一)科学制定措施，奠定扎实的政策基础

一是市政府出台《关于加强和规范中心城区出租汽车行业管理的实施意见》(咸政办发〔2011〕2号)，明确出租车整顿规范工作指导思想是规范市场、服务市民、满足需要、促进发展，主要内容是“三加”，即增加运力，增加运价，加强管理。《实施意见》的出台，标志着出租车整顿规范工作的正式启动。二是市运管处印发《关于贯彻落实咸政办发〔2011〕2号文件有关问题的通知》，明确出租车统一实行经营权有偿使用和限期使用制度。为了平稳过渡，对现有出租车主给予10～12年免收有偿使用费等优惠政策。三是促成市物价局印发《关于城区出租车运价调整的批复》等文件，适当上调出租车运价和燃油附加费标准。四是以三家出租车公司名义联合下发《关于贯彻落实咸政办发〔2011〕2号文件有关问题的办法》(以下简称《办法》)，提出了三个方案供出租车主自主选择，即过户继续经营、按市场价收购、委托经营管理。

(二)加强组织领导，建立有力的推进机制

一是建立多层次领导机构。构建“政府领导、交通主抓、企业主责、部门配合”的工作格局，市政府成立了领导小组，市领导任组长，交通、公安等部门为成员；市交通运输局成立了工作专班，一把手亲自挂帅任组长，班子成员及局直有关单位主要负责人为副组长，机关全体干部及有关单位干部职工为成员，实行责任全覆盖、系统全联动、干部全参与。二是坚持会议推动制度。在2011年上半年开展的出租车包保工作中，坚持每两天召开一次推进会。今年2月市场化

收购和过户工作启动以来，连续召开碰头会议32次，大家每晚都是在会议室吃盒饭，汇总当天情况，安排下一步工作。三是坚持工作专报制度。每天收集整理情况，及时向市委市政府、省厅及市直有关部门汇报情况，每天至少一报，遇有重大问题还立即上报、一天多报，以便及时沟通，迅速处置。其间共编发出租车工作专报62期。四是坚持工作联动制度。积极主动与公安、维稳、信访、宣传、城管、工商、物价等部门加强联系，形成合力。

（三）落实“三加”政策，构建合理的市场格局

一是加强管理。一方面，引导原有6家出租车企业整合重组为3家，壮大企业规模，提升管理水平，增强抗风险能力，并深入开展政策宣传，积极引导老出租车过户到新公司纳入规范管理。另一方面，边整顿边规范，以重组公司为契机，以新增出租车为重点，以代办社会保险手续、帮助处理违章及事故、借款支持更新车辆等8项人性化服务措施为抓手，狠抓企业管理，提升服务质量。二是增加运力。经省政府批准，在中心城区新增200台出租车，采取招投标的形式，择优选择出租车公司进行授权经营，于2011年元月11日全部投放市场，大大缓解了“打的难”问题。三是增加运价。考虑到油价上涨、运力增加等因素，在增加出租车辆的同时，同步完成了出租车运价适当上调工作。同时根据城市客运出租汽车营运价格联动机制，提高了出租车燃油附加费标准，保障了出租车从业者的积极性。

（四）实行市场化收购，建立有效的退出机制

根据《办法》，今年初，3家出租车公司联合委托湖北“十佳”评估机构排名第一的湖北众联资产评估有限公司，按照依法依规和公开、公平、公正的原则，对中心城区出租车2012年度的经营权进行了评估。为了充分照顾车主利益，各项经营指标取值均为最好经营时期的最高值。经评估，2012年度经营权估评价为22.5万元。经营权估评价加上另外两个部分（一是按优惠期内出租汽车经营权有偿使用费的标准给予优惠，按年度递减，本次评估期内是4.5万元；二是车辆现有价值），共同构成了2012年度评估期的出租车收购价。今年2月20日，我局迅速抛出《办法》及收购价格方案，全面启动出租车市场化收购及过户工作，积极开展政策宣传和思想转化，不足一月就取得了收购过户工作的决定性胜利，自出租车公司重组后一直未进入新公司的300多台老出租车通过收购或过户进入到新公司，原已过户车主也有部分选择将车交公司收购。目前出租车收购和过户工作已全部结束，原456台老出租车共有295台被三家公司收购。这为我市进一步探索出租车公车公营，打下了坚实基础。

（五）持续强化宣传，营造良好的舆论氛围

一是在宣传对象上，向交通干部、出租车主、广大市民三个层面全面铺开。政策措施出台后，第一时间组织干部学习掌握，动员市直交通运输系统干部兵分几路、登门入户、广宣政策。二是在宣传媒体上，在咸宁电视台、咸宁日报、南鄂晚报、咸宁人民广播台及咸宁新闻网等市内各大媒体开辟专栏专题，对相关政策和工作动态进行全方位、立体化、地毯式报道。三是在宣传形式上，组织策划系列节目，有公司负责人以问答形式宣传《办法》，有法律专家以解读方式宣传相关法律法规，有报纸全文刊载《办法》，有电视台《咸宁新闻》栏目每晚播放车辆收购和过户进展情况。

（六）强化维稳包保，构建稳定的社会环境

工作启动以来，第一时间组织干部职工对政策进行广泛宣传，消除出租车主的认识误区，争取理解支持；对出租车主群体中散播的谣言进行有力辟谣，让谣言没有生存空间；对聚集上访、采取过激行为车主及时进行劝阻，尽力化解矛盾，避免不良事件。特别是2011年4～6月期间，组织局直系统47个工作小组近400名副科级以上干部，不辞辛苦、登门入户，对原456台出租车进行全覆盖的包保，讲解政策、转化思想，争取到大多数老出租车主的理解和配合，近130台出租车过户到新公司。在今年2月开始的收购过户工作中，坚持维稳包保到单位、到组、到人，全力以赴、盯牢看死，重点做好全国“两会”期间出租车维稳包保工作，确保了重大节会期间没有发生出租车主聚集上访和过激行为。同时始终坚持从人道主义原则和人性化关怀角度出发，开展真诚包保、真情帮扶，通过募捐救助、专场招聘、帮助争取民政帮扶等办法，帮助解决出租车从业者的实际困难和后顾之忧，为出租车整顿规范工作营造了良好的社会环境。

（七）坚持依法治理，创建规范的营运秩序

始终保持对“黑的”等非法客运经营的高压势态，切实保护出租车依法经营者和乘客的合法权益。尤其是自今年4月1日起，在市委、市政的领导下，市交通运输、公安交警、城管、物价及质检五部门联合开展为期6个月的中心城区出租车营运秩序专项整治行动，重点对无牌、无证、无合法手续、报废车辆违法营运现象进行依法检查处理。整治行动启动以来，整治专班着重在综合整治方面下功夫，采取普查与重点规范、提醒警告与严厉处罚相结合，联合开展了多路段、大范围、全方位的检查，发现了一批违规营运及疑似非法营运的车辆，对确认非法营运车辆进行了依法处理，切实维护出租车营运秩序，净化出租车市场环境；并在此过程中，成功“倒逼”剩下的最后17台出租车通过收购或过户的方式进入到新出租车公司，理顺了经营关系，纳入了规范管理，进一步巩固扩大了出租车整顿规范工作的成果。

（八）探索经营模式，夯实坚实的发展根基

为避免出租车的大量收购导致运力不足，同时为了探索收购车辆的有效经营模式，在大量收购出租车的基础上，从企业和行业健康持续发展的角度出发，按照今年交通运输部等三部门联合召开的全国出租汽车行业和

谐劳动关系创建活动电视电话会议精神，参考出租车管理取得成功的城市经验做法，结合咸宁实际，拟订了员工制、员工化班费制、单车承包制、招商引资等五套经营方案供决策参考。在开展收购过户工作的过程中，同步着手出租车"公司化经营、员工制管理"模式的试点摸索，于今年3月中旬起安排首批20辆出租车按照员工制模式开始上街载客试运营，收集运营数据，及时分析研究，为"公司化经营、员工制管理"方案的制订提供较为科学的核算数据，以不断完善、稳妥推进收购车辆"公司化经营、员工制管理"的崭新模式，为咸宁出租车行业的长治久安选好路子、搭好台子。

在上述举措的有力推进下，出租车整顿规范工作取得了显著成效，主要表现在以下六个方面：

(一)满足了人民群众出行需求

新增200台出租车，以崭新的形象进入市场运营，是咸宁中心城区十多年来首次增加出租车运力，有效缓解了市民"打的难"，缩短了市民出行打的等待时间。同时不断加强管理、优化服务，在商场及公路、铁路客运车站等客流聚集区开辟出租车专用车道，让司乘朋友出行更加便利。

(二)调动了出租车从业者积极性

主要体现在"三提高"、"三降低"。"三提高"：一是适当增加运价，提高了出租车从业者的收入；二是市政府在本级财政并不充裕的情况下，及时配套地方油补，提高了出租车从业者补贴收入；三是公司为新增出租车驾驶员统一购买社保，提高了出租车从业者工作生活保障。"三降低"：一是规范后实力雄厚的大公司统一规范管理，降低了经营风险；二是政策过渡期免收出租车主有偿使用费，在更新报废旧车时，车辆可由新公司购置，降低了运营成本；三是新公司为出租车主代办年审、代缴税费等，减少了出租车从业者的时间和精力支出。

(三)规范了出租车经营行为

一是通过持续出租车市场营运秩序专项整治行动，依法治理"黑的"等非法营运，进一步规范了营运秩序，净化了市场环境，使得出租车客源更加充分，更好地保证了合法经营者的利益空间。二是三家新出租车公司引入现代企业制度加强管理，有效防止了盲目经营、无序经营、违法经营。为出租车免费安装了GPS系统，提高了安全保障能力。三是规范管理后，统一出租车车身颜色、标识、车载台等，车容车貌彻底改观，优化了出租车形象，成为穿梭于中心城区大街小巷的一道道亮丽的风景。

(四)维持了社会大局稳定

在整顿规范过程中，通过全力以赴的维稳包保工作，确保了重大节会活动期间没有发生过激上访等不良现象，得到了广大市民的拥护和支持，保障了社会大局的和谐稳定。更为重要的是，通过有效解决中心城区出租车行业多年来遗留的历史问题，彻底铲除了炒买炒卖、欺行霸市、扰乱市场、违法经营、聚集上访等出租车行业诸多不安定因素，为出租车群体安定、行业和谐、社会稳定奠定了良好基础。

(五)打下了长远发展基础

近300台出租车被公司收购，为在咸宁中心城区推行公车公营创造了有利条件。通过进一步探索实践，推进"公司化经营、员工制管理"模式，可引导驾驶员与出租车公司同呼吸、共命运，促进企业与驾驶员形成利益共同体、事业共同体、命运共同体，打造规范有序、公平合理、互利共赢、和谐稳定的出租车行业关系，促进出租车企业健康、持续、高效发展。

(六)锤炼了交通干部队伍

在一年多的出租车整顿规范工作实践中，交通运输系统干部职工高度负责、挺身而出，拼智拼力、殚精竭虑，敢于担难、敢于担急，付出了大量心血和汗水。大家意志得到了磨炼，能力得到了提升，一批干部在这场艰苦实践中加快成长、更趋成熟。通过艰苦卓绝的工作实战，真正锤炼出一支特别能吃苦、特别能攻关、特别能奉献的交通"铁军"。

总之，我市出租车整顿规范工作是顺应趋势、顺应民心的重大决策，是消解积难、维护安定的重大举措，是夯实基础、着眼长远的重大创新。成绩的取得，得益于市委市政府的正确领导，得益于省交通运输厅的大力支持，得益于市直有关部门的积极协助，得益于出租车工作全体干部职工艰苦卓绝的努力。

三、开展出租车整顿规范工作的体会

(一)领导高度重视是取得成功的决定因素

咸宁市委、市政府领导对出租车整顿规范工作一直高度重视，始终放在心中、抓在手上，多次主持召开专题会议，听汇报、作指示、解难题、鼓士气。省交通运输厅领导曾多次对我们工作关心过问，悉心指导。领导的高度重视和大力支持，为我们指明了正确方向，提供了坚实后盾，是出租车整顿规范工作不断克难攻坚、最终取得成功的最为关键的决定性因素。

(二)好的推进机制是取得成功的必要前提

出租车整顿规范工作量大、工作难度高、延续时间长，没有一个周密完善、高效有力的工作推进机制，不可能顺利完成。整个过程中，正是有了市委、市政府的坚强领导、科学决策，才制定出正确的政策和措施；正是有了市交通运输局建立健全的工作专班、会议推进、维稳包保和信息专报等制度，才确保各个层面、各个方面掌握最新动态，及时主动应对，确保政策措施落实到位，推进工作加快进展；正是有了部门联动制度，才使得各有关部门及时互通情况，相互配合协调，形成强大工作合力，共同推进工作开展。

(三)良好工作作风是取得成功的强大动力

面对出租车行业十多年来积累而成的诸多难题，为何没有畏惧、仍能克难而进？因为全体交通运输干部职工清醒地知道自己肩负使命，没有退路，必须充分发扬"干字当头、只争朝夕"的咸宁交通精神，挺身而出、敢于担责，迎难而上、扎实推进。面对高强度、持久战式的维稳包保任务，为何没有放弃、仍能坚持到底？因为大家深知稳定压倒一切、自己责重如山，必须发扬“五加二”、“白加黑”的工作精神，坚守岗位、掌控动态、确保稳定。正是这种敢于担责、勇于担难的工作作风，才使得大家同心同德、同向同行，形成强劲的内生动力，共同推动收购过户工作取得决定性胜利。

(四)讲究工作方法是取得成功的有效法宝

面对政策执行中随时出现的新问题，必须坚持依法依规和坚守原则的同时，注意审时度势、因时而动、随机应变，讲究工作方式方法，才能不断破解难题。如在政策宣传上，必须统一思想、统一口径，避免政出多门、出现杂音，影响政策的统一性、严肃性；在政策执行上，必须严守原则、态度坚决，避免乱开口子、扰乱人心；在工作推动上，必须明确目标、倒排任务，以逐步推进、鼓舞士气；在思想转化上，必须先易后难、各个击破，以减少压力、加快进度；在优惠措施上，必须限时享受、实施倒逼，促使鼓励出租车主尽快抉择、理顺关系；在工作手段上，必须坚持双管齐下、“软硬兼施”，既从正面积极开展市场化收购、积极引导出租车主将车过户或收购，又从规范市场、净化环境角度出发，大力开展出租车市场营运秩序专项整治行动，依法治理“黑的”等违法违规行为，迫使游离于依法管理体制之外的出租车主尽快理顺关系。

(五)运用市场法则是取得成功的重要保障

面对出租车个体经营户的客观存在，如何建立有效的退出机制，畅通退出渠道，从而规范经营权的管理？必须破除行政手段、强制执行的思维定势，充分尊重市场规律，善于运用市场化的方法，按照依法评估的价格，依法依规对出租车进行统一收购，让一切有关政策、收购方案、收购价格、收购程序等，全部公开化、透明化，让出租车主在充分了解政策的基础上自行权衡、自主抉择，没有攀比、没有幻想，心服口服地自愿将出租车交公司收购，从而减少收购阻力和难度，实现依法收购、市场收购、快速收购、和谐收购，顺利解决出租车个体经营的历史遗留问题。

(六)注重舆论造势是取得成功的有力推手

在整个出租车整顿规范工作过程中大力营造出来的多样化、密集化、持续化的强大宣传攻势，犹如加快化学反应的催化剂，加快了各项政策的落实和整个工作的进展。如果没有政策出台之初对政策的全面宣传和深入浅出的讲解，就不可能确保广大出租车主对政策人人知晓，也不可能有出租车主主动将车交公司收购或过户的后续行动；如果没有收购过户过程中对收购过户数量的迅速增加和收购过户忙碌现场的持续报道，就不可能产生良好的舆论导向，对尚未进入新公司的车主造成“形势倒逼”，彻底打破其幻想，迅速转化其思想。

(七)强化维稳包保是取得成功的坚实基础

维护行业安定有序，既是出租车整顿规范工作的重要目的之一，又是确保整顿规范工作顺利推进、取得成功的必要条件和环境基础。因此必须坚持力度统一论，开展整顿规范工作的同时，始终高度重视维稳包保工作，做到全力以赴、全员参与、全面包保。面对整顿规范过程中一些出租车主漫天要价、等待观望、聚集上访等问题，如果不是全体包保干部沉下身子干、迎着困难上、顶着压力冲，对出租车主相关诉求进行详细登记，对老出租车主群体不安定因素进行全面排查，对可能出现的不稳定苗头做到早发现、早报告、早控制，就不可能及时掌握动态、牢牢把握局面，将不稳定因素降到最低限度，为整个出租车整顿规范工作营造出良好的行业秩序和社会氛围。

(八)既应急又谋远是取得成功的应有之义

开展出租车整顿规范工作是涉及经济社会发展大局的重要工作，是关乎行业可持续发展的系统工程，必须着眼于打基础、管长远，既要千方百计、雷厉风行解决市场燃眉之急，确保历史遗留问题解决得好、当前稳定局势控制得住、个体经营出租车收购得回、市民乘车需求满足得了；又要冷静思考、系统谋划行业发展大计，决不能头疼治头、脚疼医脚，重走个体承包经营的老路，必须顺应趋势、创新思路，抓住出租车被大量收购之良机，积极探索“公司化经营、员工制管理”模式，确保出租车行业持续发展、长治久安。

打牢发展“底盘” 服务“圣地车都”

随州市交通运输局 曹 平

省第十次党代会报告把“支持随州建设世界华人谒祖圣地，打造中国专用汽车之都”写进了全省“一元多层次”战略体系。8月16日召开的市委全会上，再一次明确把“圣地车都”作为随州经济社会发展的主线来推动，进一步指明了方向，明确了目标。作为交通运输部门，全面贯彻市委工作会议、市政府三届二次全体(扩大)会议精神，就是要发挥交通先行之责，打牢发展“底盘”，服务“圣地车都”。

一、抢抓“四大”机遇，打牢发展“底盘”

机遇，可遇而不可求。未来十年，也将是交通跨越发展的“黄金十年”。打牢发展“底盘”，必须要抓住机遇，抓好机遇，用活机遇，服务发展。

一是“黄金十年”重大机遇，交通首在其要。省委书记李鸿忠在省第十次党代会报告中作出了湖北发展“黄金十年”的科学论断。并指出：做大做强支撑湖北长远发展的“底盘”，构建全国重要的综合交通运输枢纽。对于交通而言，未来十年，也是跨越发展的“黄金十年”。随州独特的区位优势，与河南接壤，是我省的北门；又处在省会武汉与省域副中心城市襄阳的中间位置，交通“大底盘”与综合运输枢纽的构建，都将为随州交通发展带来“黄金”机遇。

二是“圣地车都”提级实施，交通势必先行。省第十次党代会把随州的“谒祖圣地、专汽之都”提升为省级战略实施，这对交通部门提出更高的要求。交通基础设施要配套完善，旅客运输要方便快捷，专汽物流要提档升级，这些要求就是交通发展的机遇，更是跨越发展的动力。因此，交通运输部门必须先行发展，打牢服务“圣地车都”的交通基础。

三是“地级随州”全面发力，交通首当其冲。经过12年的发展，地级随州的基础设施、经济实力、发展环境都取得了较好成绩，多项发展指标位居全省前列，为跨越发展奠定了良好基础。与此同时，交通事业率先突破，先行发展，“十一五”期间，交通基础设施建设投资占全市固定资产投资的10%左右，为全市经济发展起到直接推动作用和基础保障作用。随州经济的全面发力，必将对交通的基础保障和“大底盘”作用提出更高更新的要求，这无疑将是交通新一轮跨越发展的动力和机遇。

四是“交通环境”蓄势待发，交通逆势而上。经过“十五、十一五”交通大发展，逐步形成了“内畅外联，四通八达”的交通路网结构和运输体系，也形成了交通干部职工团结一致，艰苦奋斗，克难攻坚，创先争优，干事创业的优良传统和工作氛围，交通人精神振奋，蓄势待发，必将推动交通事业逆势而上，跨越发展。

二、构建“四大”体系，打牢发展“底盘”

打牢发展“底盘”，必须要“硬件、软件”一起抓，协调并进，合理配置，科学推动，构建综合交通运输体系。

一是以重大项目为基础，建设交通路网“硬件体系”。打牢“大底盘”，必须要贯穿“大动脉”。当务之急要大力推进麻竹高速随州至襄阳段建设，真正建成汉十、随岳、麻竹三条高速交汇互通，县市区通高速，重点乡镇有出口的高速公路网。加快推进十岗至厉山一级公路建设，将316国道城区段迁出城区，形成随州城区的东外环结构。加快推进107、312、316等3条国道，牛程线、寺沙线、小应线、随南线、宋长线、平伏线、周新线等7条省道540多公里刷黑提档升级，全面形成以随州城区为中心，辐射全市各个乡镇的“两小时交通圈”，即从随州城区到全市任何一个乡镇不超过2小时，全面拉近“空间距离”。

二是以服务民生为根本，建设交通行业“服务体系”。打牢“大底盘”，必须要连通“小血管”。未来五年，要加快县乡等级公路改造，新改建县乡等级公路402.8公里，旅游公路250公里，全面形成随县、广水、大洪山三个辐射乡镇的交通区域副中心。加快推进通村公路建设，实现100人以上的自然村通公路，规划新建通村公路5000公里，彻底改善农村交通面貌。全面推进农村综合交通运输服务站建设，提升村村通客车的班次覆盖率，形成“人便于行，货畅其流”的新型农村交通运输格局。同时构建和完善城市公共交通、长途客运和物流运输体系，积极推进驾驶员培训、维修行业、交通服务窗口等优质服务行业建设，全面构建交通优质服务体系，全方位服务社会民生。

三是以枢纽城市为目标，建设综合运输“网络体系”。市委、市政府在全市“十二五”经济社会发展规划的指导思想中已经明确指出：“要把随州建设成为襄十随城市群重要的运输枢纽和物流中心”。要发挥区位和成本优势，大力推进物流中心和仓储基地建设，把随州建成武汉、襄阳等大城市大宗货物的储藏基地和运输枢纽；要发挥随州产业优势，加快建设“九大园区”，即随州汽车钢铁物流园、曾都开发区汽车配件城、粮食现代物流中心、随县农副产品冷链物流中心、随州市香菇加工物流工业园、广水杜家湾物流工业园、三友冷链物流园、香江商贸物流园、随县北岗物流园。要发展现代运输业，构建公路、水路、铁路无缝衔接的交通运输体系，方便群众出行和服务旅游经济。

四是以科学发展为要义，建设交

通运输“创新体系”。创新是灵魂，交通发展必须紧紧依靠创新，走科学发展的路子。要抓好技术创新，因地制宜，总结一批“土技术、土办法”，形成专利，逐步节能减排，降低成本；要抓好方式创新，转变交通发展方式，坚持“适用就是最好的，自然就是最美的”，走科技、环保、循环发展的路子。

三、强化“四大”举措，打牢发展“底盘”

空谈误国，实干兴邦。打牢发展“底盘”，必须要充分发挥党组织的领导和战斗堡垒作用，在抓落实上下足功夫，扎实苦干，创造性地推进各项工作。

一是强化实干传统。交通多年来一直传承着实干兴邦的优良传统，一直保持着实干的浓厚氛围。市委书记刘晓鸣到交通调研时曾指出：交通是一支能打硬仗的队伍。全市交通运输系统要继续发扬实干精神，实干、苦干、巧干，实实在在做事，扎扎实实做成事，一步一个脚印地做好交通工作。

二是强化开拓精神。当前，交通面临着诸多难题，如建设资金缺乏，筹融资难；燃油税改革后的人员包袱沉重等，我们必须要正视问题，迎难而上，开拓进取，用创造性的思维和办法来解决交通发展中的问题。全系统都要始终保持昂扬斗志、奋发向上的精神风貌，始终保持克难奋进，开拓创新的工作氛围，在逆势中推动交通事业持续科学发展。

三是强化组织堡垒。交通要发展，组织是堡垒。要切实推进交通系统基层党组织建设，扎实推进“五个基本，七个体系”，做到强基固本；扎实开展“喜迎十八大，争创新业绩”主题实践活动、“创先争优”活动、党员先进性、纯洁性教育活动等，不断增强党员党性意识和基层组织堡垒作用；切实加强领导班子建设、党员干部队伍建设和人才队伍建设，注重培养选拔品德好、能干事的年轻干部，建立结构合理、充满活力、团结奋发的领导班子和干部人才队伍。

四是强化廉洁保障。廉政建设为发展护航。要进一步强化党风廉政建设目标责任制和领导干部廉洁自律各项规定，开展廉政教育，健全廉政机制，不断深化“廉政交通”建设；进一步开展“十个全覆盖”、“纪检监察派驻”、纪委、检察院、审计等八个部门共建活动，自觉主动接受社会监督，增强防范意识，筑牢廉政防线；扎实开展“三评两查”、政风行风建设、优化发展环境、纠风治乱等工作，培树良好的交通形象；坚决深化作风建设，增强服务意识，为民意识，严格依法行政和许可审批，坚决惩治“慵懒散软”等不良风气，形成风清气正的交通发展环境。

浅论农村公路"建管养运"四位一体体系

恩施土家族苗族自治州交通运输局　李　义　李泽斌

摘要：农村公路作为公路网的基础，是关系到农民群众生产生活、农村经济社会发展和全面建设小康社会的重要基础设施。建始县农村公路建管养坚持"三个优先"建设原则、"路随产业走、产业绕路转"建设理念、"四位一体"管养机制、"五个一点"筹资办法，有效破解了农村公路建管养难题，形成"群众修底子、政府打面子"的建设模式和全民办交通的良好氛围，把"晴天一身灰、雨天一身泥"的初级公路改造成沥青路和水泥路。

一、交通运输概况

截至2012年底，建始县通车里程达3506.2公里，其中：农村公路3312.4公里，比重为94.5%；通村水泥路(油路)1718公里，通达率100%，通畅率80%。县境内形成以"五横两纵"为主骨架，以广大农村公路为依托的较为完善的综合交通运输体系。积极推进"路、站、运"一体化和城乡客运一体化进程，全面加强乡(镇)客运站和乡村招呼站建设，建设农村客运候车亭96个、招呼站296个，开通农村客运班线51条，做到了"乡有五级站，村有候车亭，聚集地有招呼站"，极大地改善了农民群众的出行条件，使广大农民"出家门、上车门、进城门"的愿望成为现实。

二、积极探索，农村公路建管养所取得的成效

(一)"三个优先"建好"民心工程"

农村公路作为连接城乡的纽带、经济发展的命脉，直接服务于农村群众的生产和生活。近年来，建始县把农村公路建设作为统筹城乡发展、开展新农村建设和整村推进扶贫开发的突破口，确立了"以优化路网为重点，全面提升县乡公路等级，努力打通周边出口，促进村村通公路，实现干支相连、水陆联运"的农村公路建设目标。坚持"三个优先"的建设原则，集中资金、人力和技术，突出重点开展农村公路建设。一是对群众参与积极性高的村优先建设，对全县410个行政村进行集中摸底，采取村申报、乡镇把关、交通运输部门复核审批的办法，将群众认识程度深、修路愿望强、参与积极性高的村提前纳入建设规划，优先下达建设计划。二是对村级班子得力、发展思路清晰、工作力度大的村优先建设。三是对产业结构优化、主导产业突出的村实行优先建设。

"公路随着产业建，产业绕着公路转"。我县以建设连接乡镇与乡镇的"出口路"、服务产业发展的"经济路"、打通闭塞山村的"通畅路"为重点，全力推进农村公路建设。近年来，全县的农村公路建设与烟叶、茶叶、畜牧、魔芋、药材等特色主导产业发展相互促进，随着农村公路事业发展而兴起的农村经济带已成为带动一方百姓致富的有力引擎。

(二)"四位一体"创新精细化管养模式

多年来，由于农村公路管养主体不明晰，资金缺口大，往往使部分建设好的农村公路得不到及时养护与管理，进而影响了农村公路的健康发展。为使农村公路管理养护进入规范化轨道，县政府出台了《农村公路养护管理办法》和《非列养农村公路规范化管理养护实施方案》，积极构建"政府统一领导、行业部门技术指导、乡镇具体实施、公路沿线群众积极参与"的"四位一体"管养机制，探索出一条农村公路可持续发展的路子。

按照"分村负责，联管联养，划段承包"的原则，采取常年养护和季节性养护相结合、专业性养护和群众养护相结合、民养为主和政府补助为辅相结合的方式，对农村公路定人、定段、定职责，实行重点路段常年聘请养护专班养护，一般路段分村负责养护，有效破解责任不清、任务不明、效果不好的管理养护难题。加大农村公路管养宣传，激发沿线群众参与公路管养的热情。同时，每年还选定一批管养"示范路"、"样板路"，设立公示牌，广泛接受社会监督，有效地促进了全县农村公路整体水平上台阶，基本实现了"路面无障碍、边沟无堵塞、桥涵无损坏、边坡无杂草、安全无事故"的"五无"目标。

(三)"五个一点"破解融资难

"搞好公路建管护，离了钱走不了路"。对农村公路的建设和管护而言，最大的问题是难以彻底打破融资难的"瓶颈"。为了解决这一问题，近年来，我县一直积极探索解决制约农村公路建设与管护的资金难题，采取政府扶持一点、"一事一议"筹集一点、群众自愿捐一点、单位帮扶一点、受益企业赞助一点的"五个一点"办法，形成了政府为主、社会各界共同参与的多渠道融资机制。在全县公路建设的大氛围里，政府有限的资金投入充分发挥了"引窝蛋"的作用，农民纷纷自筹资金，加快通村、通组公路建设。

一是政府扶持一点。县财政每年每公里配套已通畅公路养护资金1000元，各乡镇将40%的农村公路转移支付资金用于农村公路养护示范线建设，60%的农村公路转移支付资金用于辖区内所有农村公路的维修与养护。二是"一事一议"筹集一点。各乡镇结合实际，通过"一事一议"筹集资金，采取义务投工投劳修建通村公路路基。三是群众自愿捐一点。按照群众自愿的原则，鼓励村民为农村公路建设捐款。四是单位帮扶一点。各乡镇将新农村建设资金、整村推进扶贫资金、驻点帮扶资金、烟路配套资金整合捆绑使用解决农村公路建设资金不足难题。五是受益企业赞助一点。对于煤矿、

林场、铁矿、电站、景区等专用公路，引导受益企业在进行日常养护的同时，赞助一部分资金，用于公路路基建设和提高农村公路建设标准。

三、勇于创新，对农村公路“建、管、养、运”的几点思考

（一）加快公路建设，统筹城乡发展

建设农村公路是为了让老百姓走上“康庄大道”，坐上“方便车”，有效地解决农村历史以来“出行难”问题，使乡村与城镇的联系更加便捷、紧密，提高农产品的运输效率，扩大流通范围，也是对十八大“推动城乡发展一体化”的贯彻落实，推进城乡一体化发展进程。农村交通方便了，地方群众与外界的交流更加便捷、广泛，各种信息渠道就会更加畅通，从而有效促进农民群众思想观念的改变，增加农民收入，激活农业经济，促进农村发展。

（二）增强创新意识，适度超前发展

一是作为山区贫困县，应立足农村公路建设新的基点，按照社会主义新农村建设的要求，跳出交通谋划交通，超前规划农村公路，突出县城中心地位，加强与各乡镇的联系，实现县城与各乡镇之间较为便捷的联系，从提升现有公路技术等级入手，进一步完善公路的建设管理，使所有乡镇至城区有二级以上公路直通，乡镇之间至少有一条三级以上公路连通，村与村之间有四级公路互通。二是充分利用和发挥高速公路及国省干线公路的效能。使各乡镇有对外快速联系的通道，从而加快当地人员、物资、能源、产品的快速流通，实现经济发展与外部环境迅速接轨，缩小区域间的经济发展差别。三是总结经验，进一步做好农村公路规划工作。统筹规划、科学合理、适度提前实施通畅工程建设，确保建成一个“内延外接、联网畅通”的农村公路路网新体系，消灭“断头路”，实现“村通村”目标。四是做好县境内风景区交通基础设施建设，拉动旅游业的发展，做到一景一路、一路一景、路路相通、景景相连，同时做好旅游景点的场馆配套设施建设，形成集观光、旅游、度假、休闲、娱乐、会议、贸易洽谈相结合的多功能特点，从而推动旅游事业蓬勃发展，并以此展示我县浓厚的历史底蕴和文化内涵，促进社会主义文化强国建设。五是要从全面贯彻落实十八大精神的高度，开展工程可行性研究，搞好项目前期工作。六是要以农村公路为载体，加快实施农村客运站场建设，拉动乡镇三产业发展。

（三）坚持以人为本，促进和谐发展

一是要树立“宁可少建一米公路，也不能留下一处隐患”的理念，落实专项资金，实施“安保工程”，使农村公路真正成为老百姓的平安之路、幸福之路。二是要进一步完善质量保证体系和招投标办法，建立工程质量层层责任追究制和终身负责制，加快建立健全交通诚信体系，加强监管，建设农村公路“精品工程”，树立交通新形象。三是要加大农村公路工程安全管理力度，进一步提高交通安全管理水平和工作效率。四是要在规范时尽量利用老路，最大效率节约土地，同时保护好公路沿线的自然环境，努力建设生态型农村公路，促进社会主义和谐社会、社会主义生态文明建设。

（四）深化改革探索，力求跨越发展

一是进一步深化农村公路养护体制改革，积极探索农村公路养护管理新机制，做到“有路必养、养必到位”，长远性造福于民。二是扎实推动农村公路建设科技创新，推广新技术、新工艺、新材料应用，在质量、安全、节约、环保等方面力求新的突破，积极实施创新驱动发展战略。三是科学布局，有计划地加快站场建设步伐，促进农村客运发展，争取做到路通车通，方便农民群众出行；要切实提高农村班车通达率，提高城乡公交覆盖面，逐步实现城乡客运一体化。四是逐步探索农村公路实行管养分离机制，推进公路养护市场化。要培树一支抓得住、用得活、拉得出、打得响的农村公路养护精干队伍，对日常养护实行定额管理，专项养护实行项目管理。

来凤农村公路公益性管理养护体制的探讨

恩施土家族苗族自治州交通运输局

农村公路管理养护是人民群众最关心、最直接、最现实的一件民生工程。近两年来，通过实施路网工程、通达工程、通畅工程，来凤农村公路建设经历了一段快速发展时期。随着建设速度的加快，农村公路的管理和养护工作相对滞后，对发挥道路最大成效带来负面影响。来凤对农村公路养护体制进行认真探索，逐步形成了建管养并重且符合来凤实情的公益性管养模式。

一、来凤县域概况

来凤县地处湖北省西南边陲，位于恩施土家族、苗族自治州南端，地处鄂湘渝三省交界处，东南邻湖南省龙山县，西接重庆市酉阳县，东北邻本省宣恩县、西北与咸丰县相连，实属鄂湘渝三省(市)要冲、湖北“西大门”。来凤县下辖五镇三乡和一个省管开发区、四个社区，185个行政村，县城翔凤镇。来凤是一个多民族聚居县，居住着土家、苗、瑶、汉等17个民族。全县总面积1339平方公里，总人口30余万，其中土家、苗、侗等少数民族人口占61.2%。来凤县山水融汇武陵神韵，自然风光奇特秀丽，民族民间文化特色浓郁，具有丰富奇特的旅游资源。

二、农村公路管理养护现状及存在的问题

近几年来，“要想富，先修路”、“大路大富、小路小富、无路不富”已成为各级地方党委、政府和村支两委的工作重心，县交通部门把农村公路建设作为富民强县和改善民生的一项重要措施，加大力度多上快上农村通畅和通达工程。截至2012年底，全县农村公路通车里程为1048公里，全县181个村通公路，通达率97.8%；已经硬化的水泥路和沥青路有114个村，共计里程727公里，通畅率为69%。初步形成了村村相通、干支相连、四通八达的农村公路网络，为改善通行条件，方便群众出行起到极大促进作用。

农村公路建设在取得快速发展的同时，农村公路管理养护方面的问题突显出来，主要表现在以下几个方面：一是在农村公路建设过程中，受投资标准限制，通畅通达工程投入严重不足，导致建设标准低、等级差，抵御风险能力弱，影响行车安全和长远发展；二是资金渠道不稳定，养护资金短缺，导致我县农村公路配套设施普遍不全，属于“无管涵排水边沟，无错车台，无路肩墙，无安全防护设施，无公路标识”的五无公路，规范化管养难度大；三是受山区地理环境和天气影响，农村公路每年水毁和塌方比较严重，修复资金相对短缺，增加养护难度；四是重建轻养观念存在，群众爱路护路意识不强，路政执法难度大；五是农村公路管养机制不健全，养护责任主体不明确，养护质量不高。

以上问题的存在和突出表现，致使目前我县农村公路路况差，养护工作量大，管理比较难。许多已经实施通畅工程的油路、水泥路已经恢复到沙石路的原貌，规范化养护更是无从谈起，出现路修了通行能力反而降低的尴尬境地，百姓怨、部门急、政府很无奈。

三、明确职责、建立健全农村公路管理养护体制

按照《农村公路管理养护体制改革方案》规定，“县级人民政府是本地区农村公路管理养护的责任主体，交通主管部门具体负责管理养护工作”。从2009年起，为加强农村公路规范化管理养护，确保道路畅通，来凤县交通局国连续4年都制定了《来凤县农村公路规范化管理养护工作实施方案》，明确了农村公路养护的指导思想、管养目标、工作措施、应急预案、养护责任和考评机制等内容。为加强组织领导，县人民政府成立了以副县长向应才为组长，县政府办、交通局、财政局、公安局、发改局、国土局等11个相关县直部门分管领导为成员的领导小组，并设办公室于县交通局；各乡镇政府相应成立农村公路养护领导机构，并启动了乡镇公路管理养护协会，将农村公路沿线村组负责人和公益性养护工纳为协会成员，基本上形成了县、乡、村三级联动的农村公路管理网络，同时，对每条农村公路都明确了具体的专班责任人、乡镇负责人、村组责任人，做到日常养护责、权、利具体化。

落实“四制”管理机制：一是乡镇政府农村公路管理养护责任主体制。近几年来，县人民政府与各乡镇签订了《来凤县农村公路规范化管理养护乡镇目标责任书》，进一步明确乡镇人民政府是农村公路建设管理养护责任主体，县交通部门负责规范化养护指导、监督和服务。县政府办主持召开了全县交通工作座谈会，进一步强调了乡镇责任主体，首次确定将农村公路规范化管理养护纳入乡镇政绩考核。县交通部门受乡镇委托对全县农路养护资金和养护人员实行统筹安排、统一管理，与乡镇通力协作，共同完成养护任务。二是县交管站农村公路监督管理绩效制。农村公路管理养护专班具体负责全县农村公路养护的指导、监督、检查和验收。专班设立了督查管理、档案管理和路段巡查三类岗位。督查管理岗负责计划编制、组织管理、巡查督办、检查验收等工作。路段巡查岗负责养护指导和路政巡查，搞好联络与协调，定期向专班和督查管理岗汇报工作。专班向各乡镇共派遣了路段巡查员10名，档案管理岗负责农村公路档案、人员信息档案及其他各类资料的收集整理，负责各种数

据的统计、汇总和上报。农村公路管理养护领导小组办公室按照《来凤县农村公路日常管理养护检查验收评分标准》，对各岗位工作业绩进行考核并兑现奖惩措施。三是农村公路管养公益性岗位目标考核制。为完成每年的农村公路规范化管理养护目标，县政府给农村公路养护调剂了95个公益性岗位，每个岗位管理养护6～8公里农村公路。公益性养护人员从公路沿线选聘上岗，实行合同制管理，按季度进行养护验收并兑现劳务报酬。四是未完成任务末位淘汰制。按照县政府推行的“六项制度”(政务公开制、工作调度制、限时办结制、履职述职制、责任追究制、末位淘汰制)要求，对未完成任务的公益性养护人员执行“末位淘汰制”。

四、稳定资金渠道、形成以钱养事资金管理模式

按照国务院农村公路养护体制改革方案，用于农村公路养护工程的资金水平不得低于以下标准：县道每年每公里7000元，乡道每年每公里3500元，村道每年每公里1000元。县政府将公路养护资金按标准纳入财政年度预算，实行专户管理。2009年以来，县政府共安排了95个农村公路管理养护公益性岗位，公益性养护人员全面负责农村公路日常管理养护，每个岗位管理养护6～8公里公路，实行合同制管理，由农村公路养护专班按季度对养护情况进行检查验收并兑现养护工资，基本形成了“以钱养事“的管理模式。各乡镇进一步加大农村公路管理养护的投入，确保农村公路养护税改资金专款专用；公路沿线受益单位和个人也要积极捐助资金，以缓解农村公路养护资金不足问题。

五、确保公路畅通、狠抓日常养护

针对路况实际，我们分阶段抓工作重点：第一季度，主要是清理边沟，清除路边杂物，搞好路面保洁；第二季度，重点抓涵洞疏通，边沟开挖和边沟清理，健全排水系统，减少洪水对道路的冲毁；第三季度，重点抓公路标志牌建设和安保工程建设，完善错车台、路肩墙和标准边沟等设施，同时搞好水泥混凝土路面的清灌缝，完成大中修养护工程；第四季度重点是路面保洁，路政管理，搞好档案资料收集整理等工作。在具体养护管理过程中，重点抓好“四个到位”：

日常养护到位。抓日常养护主要有四个方面：一是落实公益性岗位责任制。规定每个养护工每月上路需达10天以上，搞好各自路段管理养护，确保边沟畅通，路旁无杂草，路面干净整洁无坑槽；积极举报路政违法行为，及时反映公路突发事件，确保道路畅通。二是严格执行考核验收机制，农村公路管理养护专班按季度对各路段养护情况进行检查验收并兑现养护工资。日常检查验收没完成任务的，下达限期整改通知，整改后仍不合格予以解除劳务合同。在检查验收中，有9名公益性养护人员因未完成养护任务已被解聘。通过绩效考核，优化了养护队伍，提高了养护人员责任意识和敬业精神。三是加强档案资料的整理和归档，在今年规范化管理养护中，我们建立健全了农村公路路段档案和养护人员档案，将路线名称、位置、里程、起止点、附属设施等基础信息录入路段档案，对养护人员实行合同管理，健全了养护人员信息档案，完成了公益性岗位2009～2011年的合同续签工作。四是加强养护技能培训，今年以乡镇为单位，采取理论辅导、现场示范等方式，组织了24期农路养护培训班，参训人数达593人次；组织养护工参加了恩施州首届“就业杯”职工运动会，丰富了职工业余生活，促进了养护经验交流。

农村公路规范化管理养护是一项系统性的工作，我们通过公益性管理养护体制探索和实践，有成功的经验，也有失败的教训，总之在完善养护体制、稳定资金来源、加强路政管理、提高群众爱路护路意识等方面还有大量工作要做，农村公路养护任重而道远。我们将坚持科学发展观，树立“以民为本、为民解困”的工作宗旨，按照“增强五种意识，提高五种能力”在求，以保畅通和构建平安和谐交通为目标，进一步完善农村公路管理养护机制，加大各级政府和部门协作，充分发挥群众爱路护路意识，努力化解各种矛盾，破解种难题，来凤农村公路规范化管理养护将会尽早实现。

对深化仙桃交通运输行业文明创建的体会与思考

仙桃市交通运输局　张克非

仙桃市交通运输局始终把创建文明单位当作推进交通运输事业发展的“推进器”和“发动机”，当作提升行业对外形象和提升队伍士气的重要基础性工作。2007 ~ 2012 年，该局连续三届被评为“湖北省最佳文明单位”，为即将开展的“全国文明单位”创建奠定了一定基础。2012 年，该局组织行业文明创建专题调研，按季度先后三次召开文明创建座谈会，系统总结创建省级最佳文明单位的经验，对深化全市交通运输行业文明创建进行交流和探讨。

一、对仙桃交通运输行业深化文明创建的回顾

(一)统一思想认识，健全体制机制，夯实文明创建基础

1. 抓思想。思想决定行动，抓好文明创建工作首先要提高对创建工作的认识，明确开展创建活动不是装潢门面、形式主义，也不是为一块牌子。针对行业特点和下属单位实际，明确抓创建工作的必要性和紧迫性，多谈问题少讲成绩，找准不足寻找差距，以鲜明的态度表明深化创建的决心和信心，在局领导班子中确立“自觉创、主动创、争先创”的观念。通过在全系统广泛开展“文明创建大家谈”大讨论活动，编发文明行业创建宣传资料，围绕说一点成绩、谈一条不足、提一点建议、写一篇征文等“四个一”内容，引导广大干部职工集中交流探讨，共同提升创建认识。

2. 建台账。资料台账是文明创建工作最真实、最直观、最基础的反映。该局将台账建设作为文明创建规范化建设的重要举措，制定一套创建台账记录要点。各二级单位普遍建立电子台账，配置电脑、扫描仪、数码相机、移动硬盘等硬件配套设施，指定专人负责台账的登记和收集。该局组织台账制作技能业务培训班、创建观摩会、电子台账竞赛等，提升二级单位文明创建台账建设的整体水平。为使创建深入人心，营造浓厚的创建氛围，该局加大创建工作宣传力度，做到有主题口号、有固定宣传标语、有宣传栏、有创建公示、有便民措施、有服务承诺上墙、有意见箱等“七个有”，营造全面创建、人人创建的浓厚氛围。

3. 健机制。顺利开展创建工作，必须有坚强的组织领导，有完善的组织网络。该局成立创建工作领导专班，督促各单位建立相应组织，形成完整的文明创建网络。每年年初对文明创建工作早谋划、早部署、早推进，适时召开现场推进会、交流会。为进一步明确基层单位的创建目标，落实创建责任，该局与每个二级单位“一把手”都签订了《创建工作目标责任书》，深化“一岗双责”的内容，通过制订《文明创建分管领导和联络员绩效考核办法》，以看创建氛围、听工作汇报、查两类台账、答创建问卷、促重点工作等形式，形成年中抽查暗访和年末综合检查评定的监督机制，开创了齐抓共管、整体推进的良好格局，激发二级单位创建活力。

(二)培育人文基础，促进素质提升，拓展文明创建内涵

1. 推进学习型组织建设。该局以落实中心组学习制度入手，营造深厚的带头学习氛围，倡导学习型行业建设。每年都举办四期以上高质量的中心组学习班，围绕“廉洁自律”、“领导方法与领导艺术”、“沟通与和谐”、“提升干部能力、打造过硬队伍”等方面内容，组织专题讲座，提高干部职工综合素质。同时，带头和组织二级单位开展送书进班组活动，将学习资料送到基层班组，提高一线职工综合素质。

2. 强化思想道德教育。贯彻落实《公民道德建设实施纲要》，多种形式开展宣教活动，精心设计一批主题突出、立意新颖、格调高雅的宣传活动，在全系统营造道德建设的浓厚氛围，如：组织道德建设征文、举办道德建设成果展示、汇编精神文明建设交流材料、编排体现交通职工精神风貌的文体活动等。制定职业道德教育、培训计划，通过基层轮训、骨干培训、学习交流等形式，提升交通职业道德教育的效果。围绕“服务人民，奉献社会”的宗旨意识和“我为交通添光彩”的形象意识，结合“诚信”建设等内容，强化个人道德教育。同时，充分发挥标杆引路的带头作用，用先进思想、模范行动引领职工文明规范，举办先进事迹巡展，激发和调动广大干部职工创优争先，不断为交通事业作贡献。

3. 提升文明创建质量。创建工作要取得实效，必须坚持围绕中心抓创建，必须针对群众关心的热点、难点问题寻求解决办法，转变领导作风和工作作风，提高领导决策的科学化、民主化水平。近年来，该局切实加大“窗口单位”的创建力度，以群众和服务对象的满意率为唯一标准，提升服务质量和管理水平。围绕“四比四赛”内容，该局开展“优质服务百日竞赛”活动，解决个别“窗口”单位存在的“语言不文雅、礼仪不端正、服务不规范、环境不优美、行为不文明”的突出问题；围绕示范带动、创建观摩，该局开展“一岗一号”创建活动，改善服务态度，提高服务质量，擦亮每一个服务窗口，强化人人都是创建责任人，个个都是服务示范岗的意识；围绕执法队伍的依法行政能力提升工程，该局加大岗位教育培训力度。通过全面实行承诺告知制，聘请行风监督员，发放调查评议表等形式，进一步提高执法透明度，并通过明察暗访等多种形式形成了检查督促制度。此外，该局还积极为群众办实事、办好事，面向本系统和全社会开展扶贫

帮困、结对共建等活动。

（三）围绕工作中心，创新载体活动，彰显文明创建形象

创建工作必须紧扣时代发展，结合单位实情，经常注入新内容，保持创建工作鲜活的生命力。采用灵活多样、丰富多彩、寓教于乐的创建形式，吸引干部职工参与，使他们在活动中感受单位文化，增强集体凝聚力。只有这样，创建活动才会受到干部职工欢迎，起到应有效果。

1. 开展“讲文明、讲服务、讲安全”客运服务竞赛，以优质服务、优美环境、优良秩序和确保安全为重点，让广大旅客走得了、走得好。

2. 开展重点工程创新创优劳动竞赛。在交通建设重点工程中开展以质量创新为动力、以质量创优为目标，比精细、比节约、比环境为内容的竞赛活动。

3. 开展“三文明”评比活动。督促二级单位按季度组织文明职工、文明班组（科室）、文明家庭的评比和考核，评比结果与年终目标考核挂钩，参与面达100%。

此外，通过举办全系统职工运动会等活动较好地增进了干部职工之间的关系，加强二级单位的相互了解与交流。

二、对深化仙桃交通运输行业文明创建的体会

文明创建是一个文明程度、外在形象、行政能力循序提升的过程。通过调研，有五点体会：

体会之一：领导关心重视，确保经费人员到位，职工积极行动，构筑全员参与、联合共建的格局，是搞好创建工作的前提和保证。

体会之二：明确创建目标，创新工作思路，采取得力措施，立足真抓实干，注重创建实效，形成齐抓共管的良好局面，是搞好创建工作的重要途径。

体会之三：坚持以促进人的全面发展为宗旨，建设一支综合素质强、业务水平高、精神面貌好的职工队伍，是抓好创建活动的根本和关键。

体会之四：充分调动和发挥干部职工智慧，使创建活动更好地融入干部职工，融入日常工作，是推动创建工作的力量源泉。

体会之五：围绕“以创建促发展、以发展带创建”，把创建活动与行业特色紧密结合，找准重点，突出特点，彰显亮点，是抓好创建工作的重要举措。

三、对深化仙桃交通运输行业文明创建的思考

创建工作只有起点，没有终点，如何进一步深化仙桃交通运输行业文明创建，有如下三点思考：

思考之一：精神文明建设要有作为、有影响，必须提高工作地位。不能把精神文明建设当作软任务，不推不动，流于形式，要把精神文明建设和物质文明建设摆在同一水平线上。要解决地位问题，首先要解决认识问题。要深刻认识到放松精神文明建设，业务工作就会缺少精神动力和思想保障，就可能偏离正确的轨道。其次要解决运行机制问题。要建立创建工作领导决策机制。实行一把手负责制，要分工负责、明确责任，形成全员齐抓共管，共同参与的局面。

思考之二：精神文明建设是一项系统工程，需要各方面的共同努力和协同作战。精神文明建设不能只是某个部门、某个人努力工作就能搞好的，抓精神文明创建工作的单位和部门要做好组织协调工作，定期召开工作例会，协调部门之间、各项工作之间的关系，避免相互间各吹各的调、各拉各的套。要加强对基层工作进行指导，定期向党组织汇报。要建立一个好的目标、制度和办法，目标要现实、具体，切合自身实际，要逐项分解，落实责任到人。同时要制定一套创建工作管理办法、考评制度，要层层落实、量化考核，实行目标管理。

思考之三：精神文明建设需要投入大量的人力、物力和精力。在人力方面，投入专人、专门机构总抓精神文明建设，特别是要精心设计活动载体，增强活动对职工的吸引力和感召力，使干部职工方便参加，易于接受。在物力方面，要在年初编制经费预算时按一定百分比列支文明创建活动基金，用于文明创建的硬件和软件投入；在精力方面也加大投入，要定期和不定期在党组会议、局长办公会、工作碰头会等合适时候研究部署工作，讨论和解决新情况、新问题，为创建工作具体办事人员打气壮胆。要注重发现、培养和宣传好的典型，使典型起到示范、引路的作用；要花时间研究创建工作，寻找创建工作的特点和规律，从而探索出适合仙桃交通运输行业创建工作实际的新方法、新机制，真正在仙桃交通运输系统落实好精神文明工作“重在建设”的方针。

天门“投、合、融、招”多措并举强力保障交通建设资金

天门市交通运输局　曾令慧

近年来，为了解决交通建设资金紧缺的问题，天门市委市政府出台了一系列扶持交通发展的优惠政策。“十二五”期间，天门市委市政府提出将“构建综合交通”作为全市发展的三大重大战略之一，努力通过“投、合、融、招”四项举措，举全市之力筹集交通建设资金，有力地保障了全市交通建设健康快速发展。

一、在“投”字上出重拳，用强力的政策保障支撑交通建设

为了实现全市“十二五”构建综合交通的战略目标，市政府对涉及交通建设的资金优先研究，全力保障。2011年，市政府投入交通建设资金1.8亿元，占全年交通建设总投资56%，2012年市财政又计划投入资金2.1亿元，占全年计划总投资64%。采取的主要做法是：一是对重点交通建设项目拨付专款资金扶持。在“十一五”期间，市政府安排1.6亿元贷款，用于武荆高速公路天门连接线建设工程；2011年，市政府安排财政资金1.2亿元，用于荷沙线干一至竟陵段一级公路改造、皂毛线弯坝至北站一级公路改造工程和武荆天门连接线路面工程，为重点项目建设提供资金保障；2012年，市政府又安排资金1.4亿元，用于荷沙线干一至竟陵段建设和皂毛线竟陵至岳口段一级公路建设；“十二五”期间，市政府计划对重点项目前期工作经费总投入资金2000万元。二是对其他交通基础建设项目资金筹措出台政策文件。2005年，市政府出台了《天门市通村公路建设管理实施细则》文件，对全市通村公路实行每公里市财政补助1万元的政策，目前已补助2300万元；2009年，市政府出台《天门市通村公路建设管理实施细则》文件，安排财政“一事一议”专项资金用于农村公路危桥改造，每年安排200万元专门用于农村公路危桥改造；2011年，市政府出台《关于交通工程有关问题的会议纪要》，安排地方国债资金用于二级公路改造和大中修建设，仅2011年就累计安排国债资金1900万元；2012年，市政府出台了《关于2012年交通工程有关问题的会议纪要》，明确全市每年为农村公路管护维修列支300万元专项经费，专门负责提高全市农村公路管护水平；2012年，市政府出台《市人民政府办公室关于推进全市农村公路交通安全设施建设的通知》(天政办发〔2012〕143号)，规定全市农村公路安保工程的责任单位分别由市公路局、各乡镇办场，市政府对各责任单位完成的农村公路安保工程按90%的工程造价进行补助，补助资金由省级补助和市财政共同组成，市财政兜底。三是将二级公路收费还贷省补资金返还用于当前交通建设。我市拆销收费站期间纳入取消二级公路收费还贷的市级贷款共2.2亿元，有1.1亿元为国家返还地方的还贷资金。目前，我市已收到省财政返还地方的还贷资金4930万元，全部拨付给交通部门用于当前交通建设，市城投公司已筹集资金偿还了银行贷款1.6亿元。

二、在“合”字上做文章，合力构建“社会办交通”新格局

为了充分整合社会资源支持交通基础建设，市政府出台一系列扶持政策，为交通基础建设创造良性发展环境。一是实行项目整合。由市政府协调，重点加强国土、农田水利与交通建设项目整合。利用农田水利与土地平整工程完成农村公路路基加宽工作，为道路施工提供土场调整土地整理项目路面结构，完善农村路网。目前，全市已通过项目整合完成了皂仙公路(30公里二级公路)、沿江公路(20公里二级公路)、环北路(6.5公里一级公路)路基，这样既节约了土地资源、又减少了征地成本约3000万元。二是对交通建设项目前期工作实行部门负责制。市政府出台《关于2012年交通工程有关问题的会议纪要》中，明确要求交通项目前期工作专项审查批复由相关市直单位负责，实行部门负责制，费用列入项目概算，充分利用各单位人脉与资源优势完成土地预审、水土保持、环境保护、文物保护、防洪评价等工作。此举有效节约前期工作投入，提高了工作时效。按部门负责制的要求，在各单位紧密配合下，我市“十二五”期间的一、二级公路项目前期工作及专题报告已全部完成。三是强化乡镇政府农村公路建设主任责任。市政府明确了农村公路、桥梁的责任主体是乡镇村。“十一五”至今，市政府通过组织乡镇办场筹集通村公路、通乡公路、农村公路危桥改造建设资金37000万元，建成2300公里通村公路、142公里通乡等级公路、70公里二级公路及50座农村公路危桥改造，6座渡改桥，维修通村沥青公路260公里。四是充分动员社会捐资交通建设。近年来，我市号召各乡镇充分发挥天门侨乡资源优势，动员家乡在外成功人士捐资公路建设，总计捐资约1.2亿元，成效显著。2008～2010年，我市连续三年通村公路修建里程突破500公里。

三、在“融”字上动真格，充分发挥交通筹融资平台功能

为了进一步加大全市交通建设融资力度，增强承贷能力，建立融资信用机制，我市还组建了“湖北天琪交通投资有限责任公司”，以国家补贴、市财政补贴和有关政策为载体，构建交通筹融资平台。一是充分利用土地资源引进资金用于项目建设。2010年，市政府支持天琪投资公司以公路两侧1300亩土地，出让给福建利嘉集团到我市进行商业地产和房地产投资，利

嘉集团将武荆高速公路天门连接线列入武荆高速公路概算，争取到连接线建设资金1.65亿元。二是利用现有资产与第三方共同成立公司进行市场化运作。2010年，天琪交通公司采取以生产场地入股的方式，联合湖北天达公路养护工程有限公司，引进武汉市毅中机械设备有限公司，三方出资共同成立天骄路面材料公司生产沥青混凝土，目前此项目运转正常，并已初步产生效益。三是直接参与项目建设。2011年，天琪交通投资公司受武荆公司委托，已完成了武荆高速公路天门北互通出口被交道路面工程，完成货币工程量650万元。

四、在“招”字上见实效，大力引进资金投入交通建设领域

为了招商引资投入我市交通基础建设，我市对重大交通建设项目，采取市主要领导挂帅，大员上阵定责任、定目标、包项目的办法，全力招商引资，取得了积极成果：一是引进中基建设公司投资天门港天门工业园港区建设。2010年，市政府与中铁大桥局集团有限公司和中基建设有限公司签署了《天门工业园港区开发建设合作协议》。给予投资方如下政策支持：以成本价格出让一定数量的土地给投资方，港区一期工程建设过程中的税和行政事业性收费实行先征后返，港区一期工程正式营运过程中，对企业所得税，市政府给予投资方四免六减半的税收优惠，即前四年免征，后六年减半征收。目前已约定了港区一期、港区二期、临港主题物流产业园等投资2亿元的开发建设内容，2012年预计完成投资1亿元。二是引进天骄物流。2011年，我市引进珠海、深圳等组建湖北天骄物流有限公司投资1亿元在天门经济技术开发区建设天骄物流中心，着力打造集运输、仓储、商务行政办公服务、交易、物流展示、集散、配送、汽修及物流信息于一体的物流中心。今年3月29日，天骄物流中心奠基仪式在天门经济技术开发区隆重举行，它的开工建设，标志着我市物流业发展即将翻开崭新的一页。

在近几年强力的交通资金支持保障下，天门交通建设突飞猛进，目前已经形成“两铁”(长荆、汉宜铁路)、“两高”(随岳、武荆高速)、“两水”(汉江、汉北河航道)、两条一级公路(天仙、武荆连接线)为主骨架的交通网，实现到周边地市全部实现高速公路化，省干线高等级公路网络化。2012年，天门将进一步加大交通筹融资力度，全力加快“一港二桥三路四站”天门工业园港区，竟陵大桥、水陆李大桥，荷沙公路干一至竟陵段一级公路改造、皂岳公路竟陵至岳口段一级公路改造、天仙公路中修，天门一级客运站、天门一级货运站、天门南火车站客运站、天门物流园建设等一批武汉城市圈综合交通规划重点项目建设，全力构筑天门“公铁水并举、大中小配套、多线连武汉、市域大畅通”的综合交通网络。

浅谈道路运输监管措施

神农架林区交通运输局　戴光明

随着我国依法治国、民主政治建设步伐的加快，对道路运输管理、监管执法工作提出了更高要求。运输市场监管工作为适应时代发展的要求，在强化和完善运政管理、维护道路运输秩序、规范经营行为、保障良好的市场运营环境等方面起到了重要作用。但在监管工作中执法程序不规范、执法方法简单粗暴现象时有发生；重处罚、轻教育，重结果、轻程序，执法利益化倾向不同程度存在，执法队伍的执法能力、执法方式与依法行政、依法治运的要求有较大差距。

一、道路运输市场监管的几个难点

（一）监管执法调查取证难

监管执法是运输市场管理的重要手段之一，运政执法人员在检查过程中，经常有违法业户闯卡事件，执法人员遭辱骂、被殴打是普遍现象，相当一部分运输经营者根本不予配合，部分群众也不理解，加之运管机构调查取证设备落后，不能适应工作的需要，执法人员存在综合素质、业务水平参差不齐的现象，使在对违法行为的查处中或证据难以取得，或证据不够充分等，无法对其实施行政处罚。

（二）监管处罚程序实施执行难

目前普遍存在着处罚文书送达难，执行更难的现象。一是行政处罚文书送达时一些违法当事人故意躲避，执法人员往返数次不能送达。二是部分当事人（车主）经济承受能力弱，无钱交罚款。三是递条子，说情风较严重，找你不成，找你亲戚朋友，找你上级领导。四是说情不成耍无赖，找来社会上的无业游民对执法者进行恐吓和威胁，找来家里老小扰乱工作秩序，甚至到执法者的家里去闹事等等手段来干扰执法。

（三）源头监管秩序维护难

构建“统一、竞争、有序”的客货运输市场是道路运输行业发展的重要内容。现阶段部分道路运输企业依然处于规模小、粗放型、低层次状态，存在着市场发展不平衡，经营不规范，运输效率低，加上部分经营业户法律意识淡薄，对行业管理有抵触情绪，导致运管机构无法对运输企业实施有效监督，特别是客运市场的“黑车”、“黑麻”冲击运输市场现象较为严重，处罚取证又困难，而且他们大多数是企业下岗职工，家庭经济条件不好，车辆状况极差，处罚很难实施，单凭几个执法人员去检查形不成气候，导致围攻、谩骂执法人员的有之，和你打游击战的不乏其数，合法经营者苦不堪言，执法者也很难处理好此局面。

（四）监管执法目的实现难

监管执法的目的是为了规范道路运输市场秩序，营造良好的运输市场环境。处罚是一种手段，是为执法目的服务的，在实际操作过程中，一方面由于运管机构是条块共管单位，易受地方保护主义影响，导致执法目的不纯、执法不公现象发生；另一方面，部分执法人员对自由裁量权的使用缺乏严肃性，存在着畏难、畏权、碍人情的情绪，致使“重过轻处”、“有过不处”、“熟人不处”现象时有发生，还有的执法人员工作作风不实、品德不端、贪赃枉法。

二、道路运输市场监管活动中存在的主要问题

（一）法律界定模糊，执法定性不准确

一是道路运输经营行为难以界定，以客货运输为例，为便于销售自产农副产品而购置使用的小型货车，是否应申请道路运输经营许可、办理营运证；执法检查中，对于个体工商户自购车辆空驶情况下如何认定，是否参与了道路运输经营等，类似这样的问题使运政人员很难把握。二是非法营运罚款规定起点高、幅度大，具体执法时难以掌握。自《道条》实施至今，非法营运案件的处罚均未达到标准。对处罚的数额如何裁量，法规没有明确，这就难免发生同案情不同处理结果的现象，客观上导致运政执法部门“办人情案”、“随意办案”问题的出现。

（二）装备设施不统一，执法行为欠规范

全国运政执法装备不统一，亮证执法不到位，言辞表述不规范，执法行为不检点，文书填写不全面，文字叙述不通顺、字迹潦草难辨认、处罚依据条款不明确，程序操作不严格，等现象严重削弱了道路运输监管执法的严肃性和权威性。

三、改善和加强道路运输市场监管的措施及思路

《道条》及相关部门规章全面出台，已形成了一套较为完备的行业管理法规体系，依法治运、依法行政时机和条件已完全成熟。运管人员能否按照“合法行政、合理行政、程序正当、高效便民、诚实守信、权责统一”的24字依法行政要求，提高监管执法质量，切实担负起维护道路运输秩序，规范经营行为，创造良好的市场环境，是摆在道路运输管理部门面前的一项紧迫任务。

（一）强化法制培训，提高依法监管的能力

借学习和宣传《道条》、部令的机遇，以执法比武、执法检查、经验交流等形式，不断加大运政执法人员对新法律、法规的理解及运用的培训力度，通过相互学习、探讨和交流提高运管人员依法行政、文明行政的能力和水平。

（二）规范调查取证行为，保证监

管活动的合法性

制作笔录要完整。要把握好重点细节,不得简化内容,做到字迹工整。

收集物证要有针对性。证据的收集过程中一是要注意证据的三个条件,即:1. 直接证据的收集(如非法营运客车自制的线路牌,机动车保险证上界定的车辆营运性质);2. 相关证据收集(如车辆修理的发票、合同,售出的客票);3. 注意证据的取得方式:方法必须是正当、合法的,这是证据能否有效证明违法行为的关键。二是要注意证据文书制作(要登记清楚物品的数量、品名、规格、存放地点;要搞清被取证人员和当事人之间的关系,被取证人不愿意签字一定要注明理由,并邀请相关组织、人员到场签字佐证,同时要将证据凭证及时地交到当事人或其委托人手中)。视听材料要注意明晰性。

(三)慎用自由裁量权,维护执法权威和公正

《中华人民共和国道路运输条例》和《地方道路运输管理条例》所规定的罚款额度都比较高,运管执法人员的行政处罚的自由裁量权也相应地增大,运管人员应根据本地经济发展情况和违法行为的情节轻重"量体裁衣",在作出裁决时慎用自由裁量权,做到维护法律的严肃性和执法人性化相结合,充分考虑当事人的实际情况,正确行使好自由裁量权。切忌像自由菜场一样和违法经营人员对罚款额度进行讨价还价,尤其是不能滥用自由裁量权意气用事罚态度款,同样情节的违法行为不同的处罚,对违法行为人造成不仅仅是经济上的伤害,同时这也会严重损害行业管理的权威性、公正性。

(四)严格监管执法程序流程,把查处案件办成"铁案"

要提高监管工作质量,必须以规范监管执法程序为根本,严格程序流程。首先严把程序审核关,加强对行政处罚案件的违章证据的收集、违章行为的认定、适用法律、法规的条款、文书制作内容的审查,把好调查取证、送达告知、行政处罚、文书制作整理每一环节,坚持"四不罚"原则,即"违法事实不清不处罚,违法行为轻微不处罚,调查取证不足不处罚,法律依据不足不处罚";其次是严格履行告知义务,要注意违法当事人的陈述、申辩权的告知及陈述、申辩内容的记载,注意送达回证的签收保存,即使是简易程序同样也应该留下当事人接受处理的记载,这些文字资料的存在一方面可以作为处罚裁量的依据,另一方面也可以以备将来发生行政诉讼或复议举证用;再者是推行重大事项合议制,对较大数额的行政处罚要坚持集体讨论研究,严把案件的文书质量关、案件的定性关,做到立案有据,取证规范,处罚公正,防止因执法程序错误,导致行政诉讼中运管机构处于被动的局面。

(五)综合治理,标本兼治,促进和提高监管工作质量

1. 改善装备,提高取证技术能力。运用高科技技术手段进行调查处理,以提高办案质量,同时降低执法成本和提高打击违法违规行为的能力和效率。

2. 建立联网联查机制,尽快建立和完善全国统一的运政执法信息平台,实行跨省跨区域执法信息共享,联动互动,协同协作的监管网络机制,为路检路查提供便捷条件,从而提升道路运输市场依法监管的能力。

3. 加强综合治理,从根本上遏制非法营运行为,坚持政府主导、部门联动,提高综合执法力度,建立长效机制,达到既能标本兼治又能增强运管部门管理权威的最佳效果。

(六)加强运管干部队伍建设,树立行业良好形象

加强监管执法学习培训,积极开展执法大比武活动提高运管干部对道路运输市场依法监管的能力和水平,严格实行"责任过错"追究,把责任机制落实到具体的责任领导、具体的每一个监管岗位、落实的每一个工作环节,使每一个参加监管执法人员都有危机感、紧迫感,通过内外监督、评价结合,增强运管人员规范执法、依法行政、文明行政的自觉性、主动性,促使运管部门及其监管执法人员及时纠正监管执法活动中的不良现象,树立良好的运管队伍形象。

(七)理顺管理体制、明确运管人员身份

要改革目前"条块"分割的道路运输管理机构体制,明确"条块"职能职责,使人权事权财权进一步优化,最大化的保障监管工作经费;尽快解决运管队伍身份,落实参公政策,从而调动广大运管干部职工的工作热情和激情,努力打造一支作风过硬、素质精良、战斗力强的道路运输管理队伍。

专题资料

湖北省人民政府关于加强全省农村公路交通安全工作的意见

（鄂政发〔2012〕20号）

各市、州、县人民政府，省政府各部门：

为深入贯彻落实省委、省政府关于加强交通安全工作的部署要求，进一步加大交通安全基层、基础工作力度，落实各项安全措施、加强安全隐患排查、专项治理和安全监管，切实改善农村公路(包括县道、乡道和村道)交通安全环境，保障人民群众生命财产安全，现就加强全省农村公路交通安全工作提出如下意见：

一、充分认识加强农村公路交通安全工作的重要性和紧迫性

农村公路是我省覆盖范围最广、服务人口最多、提供服务最普遍、公益性最强的交通基础设施，是社会主义新农村建设的重要基础和支撑条件。近年来，我省农村公路建设突飞猛进，农村交通运输环境发生了巨大变化。但由于受资金瓶颈、自然环境等诸多因素制约，目前农村公路交通安全工作普遍存在安保设施不配套、主体责任不落实、安全教育不深入、安全意识不普及、安全监管不到位等突出问题。加强农村公路交通安全工作，对减少农村道路交通事故发生，提高农村公路安全通行能力，改善农村公路服务功能，降低交通事故损害程度具有十分重要的意义。各地区、各有关部门要始终把安全发展放在首要位置，牢固树立“以人为本、安全至上”的发展理念，切实履行安全生产责任，加大安全工作力度，最大限度预防和减少农村公路交通事故，切实保障人民生命财产安全。

二、明确加强农村公路交通安全工作的总体要求

坚持“政府领导、部门协作、社会联动、齐抓共管、综合治理”的工作思路，建立健全农村公路交通安全工作管理体制和运行机制，迅速组织开展农村公路安保设施建设及危桥改造大会战、交通安全教育大宣传、车辆牌证大查验、“平安畅通县乡村”大创建等专项活动，力争2012年优先解决农村公路县乡道临崖、临水等危险路段特别是客运旅游线路交通安全重大隐患，努力提高农村公路安全保障能力，扭转农村公路安全事故高发频发势头，真正使农村公路成为造福农民的平安路、幸福路、致富路。

三、切实加强农村公路交通安全工作措施

（一）组织开展农村公路安保设施及危桥改造大会战

各县（市、区）人民政府要依据《湖北省农村公路条例》和《湖北省农村公路养护体制改革实施方案》的有关规定，切实履行农村公路安全保障工程建、管、养主体责任，立即启动全省农村公路高危路段安保设施建设大会战，力争2012年优先完成山区、丘陵地带临崖、临水等高危路段的安保设施建设，在“十二五”期逐步完成县、乡、村道危险路段安保工程建设和危桥加固改造任务。农村公路安保设施建设和危桥改造要依据交通运输部《公路安全保障工程实施技术指南》等技术标准，严格控制建设质量。省对农村公路安保工程建设及危桥改造实行以奖代补政策（具体办法另行制定）。省交通、财政和质监部门负责农村公路、危桥改造和危险路段安全防护工程的计划管理、补助资金拨付和质量监督、抽验等工作；市（州）、县（市、区）人民政府负责落实配套资金和农村公路建、管、养机构，并负责组织实施农村公路安保设施建设及危桥改造工作。2012年，重点推进神农架林区、恩施州、十堰市先行先试，力争农村公路安全保障工程建设、公路标志、标线、标牌设置与主体工程同步设计、同步实施、同步验收。积极探索推行农村公路市场化养护、分段承包养护、委托承包养护、专业养护等多样化养护模式，规范选择农村公路管养队伍，促进农村公路养护工作的落实。省级补助资金拨付前，各地要广开筹资渠道，推广神农架林区鼓励社会资金参与农村公路安全保障工程建设的经验，按照统一质量标准、鼓励社会投资的原则，鼓励企业和个人垫资建设、带资进场，尽快完成山区、丘陵地带农村公路县乡道临崖临水等高危路段的安全保障设施建设和危桥险涵改造任务。

（二）组织开展农村交通安全教育大宣传

各县（市、区）、乡镇人民政府要扎实推进交通安全宣传教育进农村、进社区、进单位、进学校、进家庭，并以学生、村民、机动车驾驶人为重点，加大宣传力度，增强宣传实效，力求应宣尽宣、应教尽教、应训尽训。各地、各有关部门及交通运输经营者、有车单位、学校及新闻媒体要依法履行交通安全宣传职责，开展形式多样的宣传教育活动，切实增强广大群众的交通法制观念和安全意识。

（三）组织开展农村车辆牌照驾照大查验

各地要组织公安（交警）、交通、农业（农机）部门严把驾驶员的教育、培训、考核和审验等关口，全面摸排和掌握农村驾驶人、机动车、非机动车的基本情况，分门别类建立台账。公安部门要严厉查处无牌无证摩托车、非法拼（改）装和报废车辆上路，力求牌证相符、检验到位，最大限度消除事故隐患。农业（农机）部门要切实做好农机的注册登记、安全技术检验、牌证核发、驾驶人持证、拖拉机粘贴反光贴等管理工作，鼓励有条件的地方推进实施定期免费检验制度。交通

运管机构要加强农村客运班线审批管理，严把运输市场准入关，严格履行农村客运“三关一监督”（经营者市场准入关、车辆技术状况关、营运驾驶员从业资格关、汽车客运站安全监督）工作职责。公安、交通、农业（农机）部门要加强资质管理，坚决做到“四个严格”、“四个决不允许”，即：严格机动车的生产准入和行驶准入，严格驾驶人的培训和考试，严格驾驶员从业资格关，严格交通运输经营者的市场准入关；决不允许不符合国家安全技术标准的车辆、报废车辆、无牌无证车辆、非法拼改装车辆上路行驶，决不允许给未经考试或者考试不合格的人员发放驾驶证，决不允许不符合条件的驾驶人从事客、货运输，决不允许不具备条件的客、货运输企业进入运输市场。

（四）组织开展农村公路交通秩序专项大整治

公安（交警）、农业（农机）、交通、工商等部门要认真履行职责，严格依法办事，大力开展农村公路交通秩序专项整治、路面监管，严厉查处无牌无证机动车辆、拖拉机和低速载货汽车载人、非法营运、非法改装、拼装车辆等严重危害交通安全的违法行为。要实行集中整治与长效管理相结合，及时整治和取缔马路市场、占道设摊以及公路堆放杂物、打晒粮谷等占道行为和破坏公路设施的违法行为。公安机关要整合警力，充分发挥派出所管理农村公路交通安全的作用，在进一步完善“队所联勤”、“警民联勤”等制度的基础上，深入开展“平安农机”创建活动，积极推行驻县农机监理站民警的“队站联勤”，主动配合公安（交警）部门上路检查，对无牌无证、假牌假证、超速超载、人货混装、酒后驾驶、机况不达标和未依法检验的拖拉机、联合收割机违法违规行为进行查处。要充分发挥农业（农机）部门的行业管理优势，共同搞好农机的路面监管工作。各地应积极推广恩施州的经验做法，乡镇政府明确专职交通管理员，各村设置交通安全协管员，依托乡镇政府、交警中队、农机监理、派出所等，建立农村交通管理服务站，开展交通安全宣传和管理等工作。

（五）组织开展“平安畅通县乡村”大创建

各级地方人民政府要按照国家道路交通安全总体目标，研究、制订本地区的规划和实施方案，从立法、体制、机制、投入等方面逐步解决制约农村公路交通安全工作的突出问题，研究提出科学评估、考核道路交通安全工作成效的综合评价体系，推进农村公路交通安全工作的科学发展。要大力发展农村客运交通，组建面向广大农村地区的客运公司，努力解决农民出行难问题。要进一步强化农村公路交通安全的基础工作，推动农村公路交通安全工作机制建设、安全设施建设、农机安全监理基础设施装备建设和通行秩序管理等工作。

四、进一步加大农村公路交通安全工作力度

（一）落实农村公路交通安全主体责任

各县（市、区）、乡镇人民政府是农村公路交通安全管理的责任主体，政府主要负责人是农村公路交通安全工作责任人，应把加强农村公路交通安全工作列入各级政府重要议事日程，建立县、乡、村、组四级农村公路交通安全责任体系，签订目标责任书，明确工作职责。要建立由同级政府有关部门参加的预防农村公路交通事故联席会议制度，定期分析农村公路交通安全形势，及时研究解决农村公路交通安全工作出现的新情况、新问题，切实把农村公路交通安全工作落到实处，逐步建立高效的农村公路交通安全应急救援体系。对发生重（特）大农村公路交通事故的，要按照“四不放过”原则，查明原因，分清责任，依法严肃追究有关责任人责任。要督促相关运输企业及承运人、驾驶员切实落实农村交通运输安全生产的主体责任，将“安全第一，预防为主，综合治理”落实到农村交通运输生产的每一个环节，增强安全意识，承担安全责任，维护车辆安全性能，切实提高交通运输安全水平。

（二）县级以上地方人民政府公安交通管理部门负责本行政区域内的农村交通安全管理工作

要根据农村道路交通安全实际情况，积极开展农村道路交通秩序整治，严厉查处超速、疲劳驾驶、酒后驾驶、客车超员、货运机动车非法载人、违规运输危险物品等容易导致重特大道路交通事故的交通违法行为。

（三）县级以上地方人民政府相关部门要依据职责，负责有关的农村公路交通运输管理工作

交通（公路）部门要在巩固国、省干线公路安全保障工程成果的基础上，积极筹措资金，支持对县乡道路急弯、陡坡等行车危险路段的治理，完善农村公路交通安全设施。公安、农业（农机）部门要严格驾驶人的培训和考试工作，并会同交通（运管）部门继续推进营运驾驶员的整顿工作。安监、公安（交警）、交通等部门要进一步加大对交通运输企业的整顿力度，重点督促落实交通运输企业的安全主体责任，规范交通客、货运市场。发改、经信部门要继续深入推进机动车生产、改装企业整顿工作，严格车辆产品准入、生产一致性认证制度，提高车辆产品质量，增强安全性能。质监部门要加强对机动车生产、改装企业的监督检查，进一步修订、完善有关标准、技术规范，坚决杜绝有标准不执行、不符合国家标准的车辆出厂等问题，严格落实机动车缺陷产品召回制度。保险监管机构要依法会同有关部门积极推动机动车交通事故责任强制保险费率浮动制度和道路交通事故社会救助基金制度的制定、实施。

（四）切实加强监督检查和考核工作

省政府将把各地、各有关部门对农村公路安全工作的重视程度、落实力度、工作成效纳入全省治庸问责工作考核范畴，实行严格的目标责任制和奖惩制度，确保农村公路安全工作各项任务落到实处。

2012年2月15日

湖北省“十二五”综合交通发展规划

（鄂政发〔2012〕81号）

“十二五”时期是我省综合交通发展的关键时期，按照科学发展观要求，根据国家《“十二五”综合交通运输体系规划》和《湖北省经济和社会发展第十二个五年规划纲要》，制定本规划。

一、“十一五”交通发展基本评价

“十一五”时期，全省交通发展取得令人瞩目的成就。五年累计完成投资3263亿元，建成一大批交通基础设施项目，交通运输能力紧张状况总体缓解，“瓶颈”制约基本消除，有力地支撑了经济社会发展。

（一）铁路建设力度空前

全省铁路网络进一步完善，通道能力大幅提升，枢纽地位日益凸显，高速铁路突飞猛进，基本形成了“四纵三横”铁路主骨架。建成了武汉至广州高速铁路、武汉至合肥客运专线、宜昌至万州铁路、天兴洲大桥、武汉站货车外绕线、武汉北编组站、武汉集装箱中心站、武汉动车基地等项目，增建了武汉至安康铁路二线，电气化改造了北京至九龙、武汉至九江、焦柳铁路洛阳至张家界湖北段以及长江埠至荆门等既有铁路，提速改造了北京至广州铁路信阳至孝感花园段，改扩建了汉口站、武昌站、黄州站、舵落口货场，开工建设了武汉至宜昌、石家庄至武汉客运专线、重庆至利川、武汉新港江北铁路、武汉和谐号大功率检修基地、滠口货场和武汉至咸宁、孝感、黄石、黄冈4条城际铁路等项目。全省铁路五年累计完成投资1367亿元，是“十五”时期的14.8倍；营运里程达到3319公里，电气化率和复线率分别达到91.5%、81.3%。

（二）公路建设成效显著

全省公路设施迅速扩大，网络布局进一步优化，运输能力和效益不断提高，高速公路里程跃居全国第六位，基本形成了“四纵四横一环”高速公路网络。建成了沪渝高速公路宜昌至利川段、沪蓉高速公路武汉至荆门至宜昌段、十堰至漫川关高速公路、鄂东长江大桥以及武汉市青菱至郑店、沌口至水洪口等7条快速出口路等项目，开工建设了宜昌至巴东、黄石至通山、十堰至白河、谷城至竹溪等高速公路，高速公路通车里程达3673公里。干线路网明显改善，等级公路比重达到91%。农村公路通行条件进一步改善，建成通乡沥青（水泥）路5935公里、通村沥青（水泥）路10.3万公里，基本实现“村村通”。全省公路五年累计完成投资1748亿元，是“十五”时期的2.3倍；通车总里程达到19.94万公里。

（三）水运发展全面提速

长江中游航运中心上升为国家战略，全省水运快速发展，运输效率和服务水平明显提高。汉江崔家营航电枢纽建成运营，汉江航道整治工程稳步推进，武汉新港建设进展顺利，2010年武汉新港完成货物量首次突破亿吨大关。全省水运五年累计完成投资107亿元，是“十五”时期的9.6倍；完成航道改造117公里，建成港口泊位111个，新增港口吞吐能力7200万吨、集装箱吞吐能力140万标箱，全省港口总吞吐能力达2.4亿吨、集装箱总吞吐能力达180万标箱。

（四）民航发展势头强劲

民用机场设施不断完善，航线进一步拓展，运输能力显著提高，初步形成以武汉天河机场为主，襄阳、宜昌、恩施、神农架机场等为辅的民用机场格局，以及联系全国主要大中城市、部分国际城市的骨干航线网络。建成了武汉天河机场二期工程和国际航站楼，开工建设了神农架机场，武当山机场前期工作稳步推进。截至2010年底，在鄂运营的航空公司达23家、驻场飞机49架，通用航空企业7家、通用飞机68架。航线通达全国60个大中城市和日本、韩国、越南、香港、澳门、台北等国家及地区；开通了武汉至香港、新德里、马德里斯、达卡等境外货运航线，国际货运航线实现“零”的突破。全省民航五年累计完成投资37.6亿元，是“十五”时期的2.5倍；机场旅客吞吐能力达1470万人次、货邮吞吐能力达到33万吨。武汉天河机场晋级全国年旅客吞吐量“千万级”机场行列。

（五）邮政事业蓬勃发展

全省邮政网点不断增多，服务能力不断增强，快递规模不断扩大，基本建立信息流、资金流、物流“三流合一”的现代邮政服务体系和综合服务平台。邮政服务营业网点达到1639个，邮政“三农”服务网点达到8400个，局所平均服务半径达到5.79公里、服务人口达到3.24万，行政村通邮率达97%。快递企业达到365家，形成了以邮政EMS为主，顺丰、申通、中通、圆通、韵达等民营企业为辅的具有一定竞争力的品牌企业。全省邮政五年累计完成业务总收入184亿元，比“十五”时期增长72%。

（六）多种交通方式衔接加强

重要铁路枢纽站将城市公交、长途客运、出租车等交通方式引入，实现紧密衔接。高速公路成网，与城市主要进出口路合理对接，重要公路枢纽与铁路、公路、水路、航空、城市公交的对接逐步展开。以武汉新港为核心的江海直达、水陆联运网络逐步形成。

（七）服务水平不断提高

运输覆盖范围逐步扩大，选择性不断增加。围绕武汉、襄阳、宜昌“一主两副”中心城市的快速交通圈初步形成，城际运输快捷性明显提升；农村运输条件得到显著改善，城乡运输的通达性进一步增强；交通安全预防监控体系初步建立，运输安全性不断提高。多种运输方式协调配合，在应对重大自然灾害和突发事件中发挥了重要作用。2010年，全省完成旅客周转量1262亿人公里，比2005年增长57%；完成货物周转量3370亿吨公里，比2005年增长1倍。

(八)交通体制改革不断深化

铁路投融资体制改革加强，推进以合资方式为主的建路模式。成品油价格和税费改革全面实施，取消政府还贷二级公路收费。开展航空运输综合改革试点，出台了湖北省支持武汉航空运输综合改革若干政策规定。成立武汉新港管委会，探索推进跨区域水运规模化发展新模式。

交通运输发展存在的主要问题是：交通运输总量增长不快；交通基础设施网络还不够完善，技术等级、网络覆盖广度和通达深度有待提高；区域间交通发展不平衡，荆州及江汉平原地区交通发展速度和投资强度低于全省平均水平，各种交通运输方式还不尽协调，铁路公路发展较快，民航发展整体水平滞后，与全省经济发展不相适应；综合交通衔接有待加强，整体服务水平需进一步提高；交通运输技术装备总体水平仍然较低，自主创新及产业化发展能力急需加强；土地、能源、城市发展空间等对交通发展的制约越来越明显，交通基础设施建设资金压力越来越大，交通建设成本越来越高，投融资渠道有待进一步拓展；运输物流成本较高，影响区域竞争力。

二、“十二五”综合交通发展的指导思想、基本原则和发展目标

(一)指导思想

以邓小平理论、“三个代表”重要思想为指导，深入贯彻落实科学发展观，按照省委省政府“一元多层次”战略体系的总体部署，加快转变交通发展方式，努力构建便捷、安全、高效、绿色的现代综合运输体系，全面提升运输服务能力和服务品质，为实现全省经济社会科学发展、跨越式发展提供强有力的支撑。

(二)基本原则

1. 坚持适度超前。着眼于全面建设小康社会和经济社会发展的总体要求，加强综合交通建设，实现运输供给能力和服务水平适度超前于同期经济社会发展的需求。

2. 坚持合理布局。与全省经济布局、城镇化进程、资源分布、应对自然灾害和突发事件等要求相适应，规划建设不同层次的运输通道和枢纽，完善大别山试验区、武陵山试验区、“中国农谷”先行区和江汉平原腹地路网布局，促进武汉城市圈路网加密，鄂西生态文化旅游圈和长江经济带交通成网提档升级。

3. 坚持结构优化。因地制宜，发挥铁路、公路、水路、民航等各种运输方式优势，促进运输方式之间及单一运输方式内部在区域间、城市间、城乡间、城市内的协调发展，以及区域和城乡交通一体化。

4. 坚持绿色发展。加大节能减排力度，推进资源节约和环境友好型的低碳绿色交通运输系统建设。

(三)发展目标

加强交通基础设施建设，力争五年累计完成投资5700～6000亿元，高于同期固定资产投资计划水平。到2015年，建成并完善以铁、水、公、空运输枢纽为节点，快速铁路、高速公路和国省干线公路为骨架的“五纵三横”综合运输大通道，形成覆盖全省主要城市，畅通长江中游城市群，通达京津冀、长三角、珠三角、成渝、北部湾等经济区的综合运输网络，力争实现市市(地级市)通铁路、县县通高速、村村(行政村)通沥青(水泥)路，打牢湖北发展“大底盘”，构建“祖国立交桥”。强化交通运输组织，进一步提升服务全省、带动长江中游城市群的能力，提高湖北交通在全国的地位。到2015年，力争实现武汉至长株潭、昌九、中原城市群等地区1～2小时通达，武汉城市圈各相邻城市主城区间1小时左右通达，鄂西生态文化旅游圈各相邻城市主城区间2小时左右通达。全省多种交通方式衔接更加紧密，技术装备更加先进适用，运输服务更加安全高效，管理体制更加协调顺畅，基本适应经济社会发展的需要。

专栏1　“五纵三横”综合运输大通道

纵一：京九综合运输大通道。由京九铁路湖北段，京九客运专线湖北段，大(庆)广(州)高速公路湖北段，106国道等组成。

纵二：京广综合运输大通道。由京广铁路湖北段，京广客运专线湖北段，武汉至咸宁、孝感城际铁路，京港澳高速公路湖北段，武汉城市圈环线高速公路孝感、仙桃、洪湖段，咸宁至通山、武汉至通城高速公路，107国道，武汉天河机场等组成。

纵三：随岳综合运输大通道。由天门至仙桃、潜江货运铁路支线，随岳高速公路等组成。

纵四：焦柳综合运输大通道。由焦柳铁路湖北段，荆岳铁路，二(连浩特)广(州)高速公路湖北段，潜江至石首高速公路，207国道，襄阳机场等组成。

纵五：十宜恩综合运输大通道。由三门峡至宜昌铁路，郧县至十堰、十堰至房县、保康至宜昌、恩施至来凤、恩施至奉节、宜恩至黔江、谷城至孟楼高速公路，209国道，宜昌、恩施、神农架、武当山机场等组成。

横一：福银综合运输大通道。由襄渝、汉丹、武九(江)铁路，武九(江)客运专线，武汉至西安铁路，宁西增建二线随州段，武汉至黄石、黄冈城际铁路，福银高速公路湖北段和麻竹、谷竹、十白高速公路，316国道，汉江航运等组成。

横二：沪蓉综合运输大通道。由郑渝铁路湖北段、长荆、麻武铁路和武汉至天门城际铁路，武荆(门)、宜巴高速公路等组成。

横三：沪渝综合运输大通道。由宜万、汉宜、利渝铁路，沪渝、杭瑞高速公路湖北段，荆州江南、洪湖至监利高速公路，武汉城市圈环线高速公路黄石至咸宁段及棋盘洲长江公路大桥，318国道，长江航运等组成。

——铁路：到2015年，全省铁路营运总里程达4500公里以上。铁路主干线实现电气化和重载化，建成以武汉为中心的“六纵四横”铁路网，形成武汉至京津冀、长三角、珠三角、成渝等全国主要经济区域3～4小时快速客运交通圈。货运开行数量和质量大幅提升，基本解决我省运能紧张、运力不足等问题。

专栏2 “六纵四横”铁路网络	
纵一：京九铁路湖北段，京九客运专线湖北段。 纵二：京广铁路湖北段。 纵三：京广客专湖北段，武汉至咸宁城际铁路。 纵四：焦柳铁路湖北段。 纵五：蒙西至华中地区铁路煤运通道湖北段。 纵六：三门峡至宜昌铁路湖北段。	横一：襄渝铁路湖北段，汉丹铁路，武九铁路湖北段，武九客专湖北段，武汉至孝感、黄石、黄冈城际铁路。 横二：合武铁路湖北段，汉宜铁路，宜万铁路湖北段，武汉至天门城际铁路。 横三：长荆铁路，麻武铁路，武汉至仙桃至潜江城际铁路，天门至仙桃、潜江货运铁路支线。 横四：郑渝客运专线湖北段。

——公路：到2015年，全省公路通车里程达到20.5万公里。其中，高速公路6500公里(规划目标7500公里)，普通国省干线公路28000公里，农村公路170000公里。基本形成“七纵五横三环”高速公路网，实现县县通高速。主要省际通道、重要经济区的过境路段、部分高速公路连接线以及与主要港口、机场、铁路枢纽的连接通道达到一级公路标准。建制乡镇通国省道及二级以上公路。村村(行政村)通沥青(水泥)路。

专栏3 “七纵五横三环”高速公路网	
纵一：麻城至阳新。 纵二：麻城至通山。 纵三：大悟至赤壁(京港澳高速公路 湖北段)。 纵四：随州至岳阳。 纵五：襄阳至公安(二广高速公路湖北段)。 纵六：郧县至宜昌。 纵七：建始至来凤。	横一：麻城至竹溪。 横二：麻城至巴东。 横三：英山至郧西。 横四：黄梅至利川(沪渝高速公路湖北段)。 横五：阳新至来凤。 环一：武汉市高速公路四环线。 环二：武汉市高速公路外环。 环三：武汉城市圈高速公路环线。

——水路：到2015年，畅通长江中游，整治汉江航道，贯通江汉运河，初步建成干支连通、通江达海、辐射中部、面向全国的武汉长江中游航运中心。全省高等级航道里程达到1400公里以上，港口吞吐能力达到3亿吨，其中集装箱吞吐能力达到400万标箱；武汉新港吞吐能力达到1.5亿吨，其中集装箱吞吐能力达到325万标箱。

——民航：到2015年，武汉天河机场作为全国重要的枢纽机场初具雏形，全省分工合理、功能互补、干支协调的民用机场新格局初步形成。全省民航旅客年吞吐能力达到4300万人次，货运年吞吐能力达到46万吨；国际直达航线达到20条，国内通航城市达到80个；民用机场覆盖全省70%以上的县级城市单元、75%以上的人口。

——邮政：到2015年，全省邮政营业局所达到2000个以上，行政村通邮率达到100%，城市市区主要聚集地每2.2万人设置一个邮政普遍服务局所；全省邮政业务总收入达到80亿元(不含邮政储蓄银行直接营业收入)，年均增长16%，其中快递服务收入35亿元以上，年均增长28%以上；全省邮政服务水平和邮政业综合实力进一步提升。

专栏4 “十二五”时期全省综合运输发展目标

指 标	单位	2010年	2015年	指 标	单位	2010年	2015年
综合交通总里程	公里	211210	218174	港口吞吐能力	亿吨	2.4	3
铁路和铁道交通营运里程	公里	3345	4594	其中集装箱吞吐能力	万标箱	180	400
公路通车总里程	公里	199400	205000	民用机场旅客吞吐能力	万人次	1470	4300
内河航道通航里程	公里	8465	8580	民用机场货运吞吐能力	万吨	33	46
其中三级及以上航道里程	公里	1162	1400				

注：综合交通总里程不含民航航线、国际海运航线里程。

三、“十二五”综合交通发展的主要任务

(一)铁路

以完善铁路路网结构、提高干线能力为重点，采取客货同上、量质兼顾、点线配套的措施，大力推进铁路项目建设，完善连接长三角、珠三角、京津冀、成渝地区的铁路线网。

1. 构建快速客运网络。建成石家庄至武汉客运专线、武汉至宜昌铁路和武汉至咸宁、孝感、黄石、黄冈城际铁路，打通东西和南北方向的客运专线通道。做好武九铁路开工准备；努力做好郑渝客运专线等项目的前期准备，促进项目尽早实施；积极开展武汉至西安客运专线规划研究，积极探索推进武汉至宜昌、武汉至襄阳客运公交化。

2. 拓展货运通道。建成武汉新港江

北铁路，开工建设蒙西至华中地区煤运通道和集疏运铁路，推进天门至仙桃、潜江货运铁路支线前期工作，积极创造条件尽早开工建设。做好黔江至张家界至常德铁路、三门峡至十堰至宜昌铁路、安康至恩施至张家界至衡阳铁路、恩施至黔江铁路等项目前期准备和规划研究。强化点线能力配套，研究汉丹线增建四线，实现客货分线，扩充煤运通道襄阳至武汉方向疏运能力。建设鸦宜复线和汉宜、焦柳、合武、京九铁路相关联络线和疏解线、紫云铁路等项目，提高铁路运输效率和质量。

3. 打造路网基地。建成武汉客运专线调度所、武汉大功率机车检修基地、武汉高速铁路职业技能训练段，结合快速客运网规划，实施武汉动车基地存车场工程。

4. 建设铁路货场。完成舵落口货场改扩建，建成滠口货场、大花岭货场、鄂州三江货运物流中心和江北新港物流基地，建设宜昌港区铁路及三峡、襄阳、十堰物流基地和武汉新港、襄阳、荆州煤炭储运配送中心等项目，进一步加强铁路与公路、水运、航空等运输方式的衔接。

(二) 公路

继续推进高速公路建设，加强普通国省干线公路和重要县道改造，延伸农村公路网，促进公路统筹协调发展。

1. 建设高速公路网。加快实施国家和省规划的高速公路项目，重点抓好宜昌至巴东、麻城至竹溪、谷城至竹溪、恩施至来凤、保康至宜昌、石首至松滋、黄冈至鄂州等高速公路建设，完善高速公路主骨架。积极支持武汉、襄阳、宜昌等中心城市绕城公路建设，缓解城市交通拥挤状况。积极推进潜江后湖至石首(含石首长江大桥)、洪湖至监利、荆州江北高速、武汉城市圈外环线荆州段、荆岳铁路公安长江公铁两用大桥及连接线等高速公路建设，促进“壮腰工程”顺利实施。建设武汉至通城、麻城至阳新、老河口至谷城、宜都至来凤、利川至万州、建始至恩施、宜昌至张家界、神农架至保康、太平溪至张家口等高速公路，以及跨市区、连接县城及重要旅游景区、港口、机场的高速公路连接线建设，提高网络化水平。

2. 改造国省干线公路网。积极推进普通国道网项目的改造升级，加强普通国道与高速公路有效衔接，完善全省国道网布局；按一级公路标准改造通达省际通道、主要经济区过境路段、部分高速公路连接线以及主要港口、机场、铁路枢纽连接通道，加快省道拥挤路段和未达标路段改造，实现国省干线路网全面贯通，显著提升普通干线公路通行能力和安全保障水平。

3. 完善农村公路网。以大别山试验区、武陵山试验区及仙洪试验区为重点，继续推进农村公路建设，提高乡村通达通畅水平。加快恩施州通乡和通行政村公路建设。重视断头路、循环路及农、林、渔场进出道路建设，拓展农村公路网的覆盖范围。

4. 加强公路养护。继续实施公路安保工程和防灾工程，加大养护资金投入，提升公路养护专业化和标准化水平；建立健全政府主导、县为主体的农村公路管理养护体制，实现养护管理常态化。

(三) 水运

依托港口物流优势和临港产业特色，重点建设武汉长江中游航运中心五大港口枢纽、高等级航道等工程，逐步形成资源聚集、功能健全、环境优良、便捷高效、绿色安全的水运体系。

1. 实施航道整治。加强长江中游航道治理，进一步改善江海直达的通航条件；实施汉江航道整治，建设汉江新集、雅口枢纽工程，以及汉江白河至丹江口、襄阳至兴隆、兴隆至蔡甸航道整治工程，提升汉江航道通过能力；加快引江济汉通航工程建设，贯通江汉运河，建成长江—江汉运河—汉江 810 公里高等级航道圈；推进清江、蕲河、三峡库区等支流航道建设，提升航道服务能力。

2. 完善港口功能。建设武汉新港阳逻三期工程、武汉新港林四房煤炭码头工程、巴东港、宜昌港主城港区云池作业区、宜昌白洋工业园区码头一期工程、荆州港盐卡三期多用途码头工程、荆州港松滋港区车阳河综合码头工程、嘉鱼港、荆门石牌港、襄阳港水上物流中心码头工程、黄石港棋盘洲港区码头二期工程等项目。基本建成以武汉新港为龙头，宜昌三峡物流中心、鄂东组合港、荆州组合港、襄阳新港为支撑的港口群。

3. 推进船型标准化。适应干支直达、江海直达运输，以及集装箱、油品、散装化学品、液化气和载货汽车滚装运输需求，重点发展一批大吨位干散货船、集装箱船、液化危险品船和汽车滚装船等专业化船舶，逐步增加特种货物运输、高附加值货物运输及外贸出口运输的比重。

(四) 民航

充分发挥民航在转变发展方式、完善区域发展战略、促进经济发展中的重要作用，推进机场设施建设，大力拓展航线网络，适时开展拟新建机场的前期工作。在重点抓好航空客运的同时，积极发展航空货运。

1. 加强机场设施建设。重点加快武汉天河机场三期工程建设，建成神农架机场，开工建设武当山机场，改扩建襄阳、宜昌、恩施机场，筹划改造和新建荆门、赤壁等通用机场，积极开展黄冈、荆州等机场的前期工作，形成以武汉天河机场为主，襄阳、宜昌、恩施、神农架、武当山等支线机场为辅，荆门、赤壁等通用机场为补充，分工合理、功能互补、中转便捷的民用机场布局。

2. 拓展航线网络。大力拓展国际直达和国际经停航线；巩固港澳台地区航线；加快发展省内支线机场经武汉天河机场中转连接北京、上海、广州等重要城市之间的空中航线和以武汉天河机场为核心的省内支线航线，形成覆盖广泛、干支衔接的轮辐式航线网络。积极支持货运航空公司在汉设立货运枢纽，大力推进航空物流园建设。

3. 培育临空产业。依托空港大力建设临空产业园，积极发展高新技术、现代服务、现代农业等临空产业。积极推进临空产业与航空港融合发展，鼓励机场以入股、参股等方式参与临空产业园的开发和建设。

4. 发展通用航空。抢抓低空空域改革机遇，整合通用航空资源，发展公务飞行、应急救灾、水上救灾、包机飞行等通用航空业务。鼓励发展空中游览业务，打造空中游览专题线路产品。支持有条件的单位和个人兴办通用航空企业、投资通用航空项目。

（五）邮政

充分利用我省承东启西、辐射华中的区位优势和交通条件，加强邮政普遍服务，支持邮政企业做大做强，显著提升我省邮政综合实力和服务水平。

1. 加强邮政普遍服务。重点加强农村邮政设施建设，完成空白乡镇邮政局所和行政村邮站建设，实现乡乡设所、村村通邮。推进城镇居民楼信报箱建设，有效提升信报箱覆盖水平。

2. 积极发展快递服务。引导和鼓励企业在物流节点城市建设快件处理中心、航空及陆运集散中心。大力发展快递服务，推动快递服务与电子商务协同发展。

（六）城市公共交通

全面落实公交优先发展战略，按照城市的不同类别和发展规划，建立多层次、差别化的公共交通服务网络。有条件的地方要积极推行城际客运公交化，满足市民基本出行和生产生活需要。

武汉市要优先发展轨道交通，统筹轨道交通与客运专线、普通铁路、城际铁路协调发展，尽快建成以轨道交通为骨干、城市公共汽电车为主体、其他运输方式为补充的城市公共交通服务网络。加强城市公共交通基础设施建设，重点建设立体化、零换乘综合客运枢纽，实现多种公共交通方式之间的方便快捷换乘，以及城市交通与铁路、公路、水路、民航等对外交通之间的有效衔接。加强城市道路微循环和支路网建设，改善城市交通路网功能和级配结构，形成主、次、支干道比例协调的城市道路网络。

襄阳、宜昌市应适时开展城市轨道交通的规划研究，逐步建设中心城区轨道交通骨干线路。其他市（州）应根据各自的功能定位和发展需求，完善有利于保障城市交通通畅的城区快速交通系统。各市（州）应按照内外衔接、层次分明、布局合理的要求，加强公交场站和城市综合客运枢纽等设施建设，改善集疏运条件。

各县（市、区）要立足完善城镇公共汽车服务网络，提高公交线网的覆盖面和通达深度。

（七）综合交通运输体系

优化运输结构，提高整体通行效能，加强各种运输方式及其内部各环节之间的紧密融合，完善“五纵三横”综合运输大通道，建立与交通整体通行能力相适应的客货集散和中转系统。以节点城市为依托，按照客运零换乘、货运无缝化衔接的要求，优化站场布局，提升交通枢纽功能，构建完善的综合交通枢纽体系。加强武汉市以天河机场综合交通中心为重点的一批交通枢纽建设，巩固和发展作为全国性综合交通枢纽城市的地位。大力发展襄阳、宜昌两个省域副中心城市的交通枢纽建设，增强辐射周边区域的能力；积极发展其他市（州）的交通枢纽，提升城市功能；稳步推进县级城市的交通枢纽建设，提高交通服务水平。

专栏5　综合交通枢纽布局方案

全国性综合交通枢纽：武汉。

区域性综合交通枢纽：襄阳、宜昌、黄鄂黄、荆州、孝感、十堰、恩施、仙潜天、荆门、咸宁、随州、麻城。

地区性综合交通枢纽：通城、黄梅、京山、房县、来凤、利川、大悟、枣阳等。

四、政策措施

（一）大力筹措资金

积极争取国家投资，抓住国家实施促进中部地区崛起、西部大开发战略的机遇，争取国家发展改革委、交通运输部、铁道部、中国民航局、国家邮政局等有关方面在安排投资、银行贷款、债券等资金时对湖北予以倾斜。加大省、市、县各级政府资金的投入。创新机制拓宽融资渠道，鼓励地方政府通过土地储备、资源开发等形式筹集交通建设资金，支持交通企业通过上市融资、发行企业债券、产权置换、“建设—经营—转让”(BOT)、“建设—转让”(BT)等多渠道筹集资金，积极引导民间资本参与交通基础设施建设。

（二）加强项目管理

科学编制年度建设计划，安排好项目建设时序，合理调度建设资金，及时协调解决项目建设中遇到的困难和问题，确保项目建设顺利进行。按照投资体制改革的要求，完善项目库，做好项目前期工作，确保重点交通项目完成一批、建设一批、储备一批。加强工程质量管理，严格执行项目法人制、招标投标制、合同管理制和工程监理制，落实工程质量领导责任制，切实把好工程质量关。大力推行质量管理体系认证制度，实行严格的项目评价制度。

（三）深化交通体制改革

按照政企分开、政事分开、政资分开的原则，加快推进交通管理体制改革，做大做强省交通投资公司。深化港航管理体制改革，加强港口岸线、港界范围内土地资源的管理和保护，积极探索岸线资源有偿使用的管理、开发模式。推进民航机场管理体制改革，理顺机场管理体制，发挥各方积极性，促进民航和地方经济融合发展。

（四）加强制度建设

按照市场经济要求，根据我省综合交通发展的需要，研究制定《关于加快全省民航业发展的意见》、《关于进一步加快发展城市公共交通的若干意见》和《关于促进全省普通公路持续健康发展的意见》等政策性文件，为交通发展创造良好的政策环境。

（五）促进交通可持续发展

采取有效措施集约节约交通建设用地。按照国家节能减排的政策要求，研究建立交通行业节能减排监管体系，严格执行交通固定资产投资项目节能评估审查制度，加强对重点用能单位的指导、监督和考核。加快铁路电气化进程，淘汰老旧汽车、船舶，广泛应用新技术、新材料、新设备、新能源。实施现有交通网络的技术改造，提高网络的技术等级和通过能力。加强交通重点专业技术队伍和管理队伍建设，推动交通可持续发展。

（六）强化规划约束

由省发展改革委会同有关部门，完善规划中期评估机制和动态调整机制，建立规划目标责任考核机制，确保规划目标的完成。

2012年9月28日

湖北省人民政府办公厅关于促进全省普通公路持续健康发展的意见

（鄂政办发〔2012〕9号）

各市、州、县人民政府，省政府各部门：

为深入贯彻落实《国务院办公厅转发发展改革委财政部交通运输部关于进一步完善投融资政策促进普通公路持续健康发展若干意见的通知》（国办发〔2011〕22号）精神，进一步改善我省普通公路网络结构和技术状况，提升普通公路的公共服务功能和安全保障能力，加快推进湖北普通公路科学发展、跨越式发展，经省人民政府同意，现结合湖北实际，提出如下意见：

一、充分认识促进普通公路持续健康发展的重要意义

（一）重要性

普通公路是指除高速公路以外、为公众出行提供基础性普遍服务的非收费公路，由普通国省干线公路和农村公路组成。普通公路是我省公路网的主体，是覆盖范围最广、服务人口最多、公益性最强的交通基础设施。“十一五”以来，我省普通公路发展取得了巨大成就，通车里程迅速增长、覆盖面积显著扩大、服务功能明显增强。截至2011年底，全省普通公路里程达到208739公里，占全省公路总里程的98.1%，对全省经济社会发展发挥了重要的支撑和促进作用。但随着国家成品油价格和税费改革以及取消政府还贷二级公路收费政策的实施，普通公路建设、管理及养护工作面临“基数大、需求旺、资金缺、债偿难、工程养护相对不足”等突出矛盾和问题。为此，各地、各有关部门要充分认识促进普通公路持续健康发展的重要意义，将建设、管理和养护好普通公路作为履行公共服务职能的重要内容，统筹各方资源，积极筹措资金，切实保障普通公路持续健康发展。

二、总体要求和基本原则

（二）总体要求

以科学发展观为指导，按照加强政府公共服务职能的要求，根据经济社会发展需要与财力可能，建立以公共财政为基础、各级政府责任清晰、财力和事权相匹配的投融资长效机制，实现普通公路的持续健康发展。

（三）基本原则

坚持政府主导，提高公共财政保障能力，以财政性资金为主解决普通公路投入问题，规范融资渠道，加强资金使用监管。坚持需求和财力相统筹，综合考虑发展需要和财力状况，实事求是，量力而行，尽力而为，有序推进普通公路发展。坚持财力和事权相匹配，明确各级地方人民政府对普通公路的建设与养护管理责任，根据事权合理配置财力。坚持科学规划，根据经济社会发展需求和路网功能定位，合理规划、适时调整普通公路的总体布局、路网规模和标准。坚持存量优先，合理安排新建、改扩建及养护资金，做到建养并重、养护优先。

三、“十二五”全省普通公路发展目标及重点

（四）发展目标

围绕构建中部崛起重要战略支点的总体要求，服务省委、省政府“两圈一带”、“一主两副”、“一红一绿”、荆州“壮腰工程”以及鄂州综合改革示范区等重大发展战略，力争到2015年，基本实现所有县市通达国道及一级以上公路；建制乡镇基本通达国省道及二级以上公路；所有行政村通达等级沥青水泥路，基本构筑起“周边广辐射、城乡全覆盖、衔接大交通、快速集疏运”的干线公路网络和“干支相连、通村达户、惠民便民”的农村公路网络。

（五）发展重点

——加大国省干线公路建设力度。全省国省道干线公路总里程由“十一五”期末的13987公里增长为28000公里，国省道干线公路90%达到二级以上公路标准。主要省际通道、大型城市、重要经济区的过境路段、部分高速公路连接线以及主要港口、大型站场和主要旅游区的专用公路达到一级公路标准，一级公路总里程由“十一五”期末的2337公里增长到5000公里。建制乡镇、重要港口、站场、工矿区和重点旅游区通达二级公路，二级公路建设里程由“十一五”期末的2817公里增长为6045公里。

——持续深入推进农村公路建设。全面实施建制村通沥青水泥路，并向部分有条件地区继续推进连通工程及自然村通畅工程建设，加大县乡公路改造及农村公路桥梁建设。改造县乡等级公路15000公里，建设村级公路30000公里，建设改造农村公路桥梁50000延米，实现100%建制村通沥青水泥路，基本实现县乡道等级公路连通。

——加大普通公路养护管理力度。强化公路养护管理的基础性地位，加大普通公路养护投入，保持路况整体良好。加强普通国省干线公路危桥改造力度，消除已有危桥，确保新发现危桥得到及时处治；提升普通公路的安保设施水平，尤其是危险路段的安保设施水平；重点整治干线公路地质灾害及水毁路段。完善普通国省道干线公路服务站点功能，加强普通公路信息化建设。加强普通公路应急管理体系建设，完善应急保障机制，建立各县（市、区）应急养护中心，组建应急抢险队伍，储备应急抢险物资，所需经费纳入当地财政预算。

四、理顺全省普通公路管理职能

（六）普通公路发展实行各级地方人民政府负总责，各级交通运输行政主管部门及其公路管理机构按行政区域分级管理、分级负责。农村公路建设、养护和管理工作由县级人民政府负责。

（七）国省道干线公路建设由省、市（州）、县（市、区）三级政府共同负责，

中央、省实行定额补助，市（州）、县（市、区）人民政府负责落实配套资金，并与中央、省定额补助资金同比例到位。鼓励市（州）、县（市、区）自行投资建设普通国省道干线公路。普通国省道干线公路养护实行省定额投入，鼓励地方加大公路养护配套投入。

（八）县级人民政府是农村公路建设、养护和管理的责任主体，负责筹措农村公路发展资金，组织开展农村公路建设、养护和管理。中央、省对农村公路建设、养护、管理实行以奖代补、定补包干政策。

五、切实保障普通公路资金投入

（九）各级地方人民政府要按照省公路交通发展规划，保障普通公路发展资金需求。

“十二五”期间，全省普通公路建养管总投资规模为1052亿元，其中公路建设投资853亿元、养护管理投资199亿元。资金来源主要是：中央车购税资金、成品油价格与税费改革转移支付资金、省一般财政预算资金、中央发行的用于普通公路发展的地方政府债券、县市财政投入及自筹资金等。

（十）合理安排使用中央资金。

积极争取中央车购税资金用于普通干线公路发展。中央补助我省成品油价格和税费改革转移支付增量资金、中央补助我省取消政府还贷二级公路资金，在用于省级当年债务偿还计划后，全额用于普通公路发展。

（十一）加大市县财政资金投入。

市（州）、县（市、区）人民政府根据当地公路交通发展需求，每年从本级一般财政预算收入或地方政府融资平台中安排普通公路建设、养护配套的专项资金，并统筹安排各项建设资金，支持普通公路发展。

（十二）鼓励多渠道筹措普通公路发展资金。

积极争取中央发行地方基础设施建设债券用于普通公路发展。中央预算内投资和车购税资金在公路交通领域投资形成的收益，主要用于普通公路建设。建立高速公路与普通公路统筹发展机制，新建、改扩建高速公路应将与之密切关联、提供集散服务的普通公路纳入项目范围，统一规划、建设。鼓励利用公路沿线土地依法依规开发、拍卖冠名权、交通基础设施对周边土地价值提升等获得的收益专项用于普通公路发展。积极鼓励探索建立符合普通公路公益性质的市场融资方式，积极鼓励社会各界支持普通公路发展。

（十三）根据经济社会发展需求和路网功能定位，科学规划、调整优化普通公路总体布局、路网规模和标准。

坚持存量优先，合理安排新建、改扩建及养护资金，做到建养并重、养护优先。逐步加大养护投入，普通公路小修保养投入基数根据《湖北省公路养护工程预算定额》测算。加大普通公路大中修养护投入，每年对不少于17%的国省道实施大中修工程。

六、完善普通公路发展相关配套措施

（十四）加强资金监管。

严格落实成品油价格和税费改革转移支付资金使用管理办法，规范专项资金的分配使用和监督管理。各级财政用于普通公路发展的资金纳入预算管理，各级财政和交通运输主管部门要严格执行国库管理有关规定，确保及时足额拨付资金。成品油价格和税费改革形成的交通资金实行专款专用，不得挤占、挪用。健全资金使用的绩效考核管理，加强对公路基础设施领域社会资金的引导和监督，依法加强对各类资金的审计监督，切实提高资金使用效益。

（十五）加大税费优惠力度。

公路建设涉及的相关收费，国家和省有减免规定的，按减免规定执行。没有减免规定的，在省政府权限范围内按标准的下限收取。免征建设单位城市基础设施配套费等行政事业性收费。对公路建设征迁范围内国有或集体的建筑、电力、电信、管道、矿井、水利设施等地上、地下附着物设施，公路建设单位按照原有技术标准予以修复，或给予相应的经济补偿。省级以下政府不得出台针对公路建设的收费项目，严禁向公路建设项目乱摊派、乱收费、乱罚款。

（十六）依法加强普通公路安全保护工作。

各级人民政府公路管理机构应当建立健全普通公路管理档案，对公路、公路用地及公路附属设施调查核实、登记造册。依法整治各类违法占利用公路、公路用地的行为，严厉打击各类破坏公路、公路附属设施的行为，保证公路经常处于良好技术状态。各级人民政府要按照“政府主导、部门联动，立足源头、标本兼治，依法严管、联防联治，规范行为、落实责任”的总要求，对本辖区普通公路治超工作负总责，依法治理超限超载运输车辆，构建长效治理机制，切实维护普通公路路产路权。

（十七）妥善处理普通公路债务。

政府还贷二级公路债务偿还工作由政府主导，建立债务偿还长效机制。按照“谁借钱、谁还款”的原则，省统贷债务由省级筹措资金偿还，市（州）、县（市、区）统贷债务由市（州）、县（市、区）政府筹措资金偿还。

2012年2月17日

关于进一步加快推进全省交通物流业发展的意见

（鄂政办发〔2012〕74号）

为贯彻落实《国务院办公厅关于促进物流业健康发展政策措施的意见》（国办发〔2011〕38号）、《国务院办公厅关于进一步促进道路运输行业健康稳定发展的通知》（国办发〔2011〕63号）等文件精神，进一步加快推进全省交通物流业发展，努力把我省建设成为中部乃至全国重要的现代物流基地，现提出如下意见。

一、充分认识加快交通物流业发展的重要性

物流业是融合运输、仓储、货运代理、信息等多个行业的新兴复合型服务行业。交通运输是现代物流业发展的主要载体。交通物流业以运输服务为特征，以铁、水、公、空、管综合运输资源为依托，以先进信息技术为引领，是现代物流业的关键环节和重要组成部分。加快交通物流业发展，是充分发挥中部地区区位资源优势、培育新的经济增长点、调整产业结构的必然选择，也是降低物流成本、提升物流效率，促进中部地区崛起重要战略支点建设的重要抓手，更是交通运输部门打牢“大底盘”、打造“立交桥”、打好“服务牌”的紧迫任务和职责使命。“十一五”时期，全省交通物流业总体规模快速增长，市场主体发展较快，基础设施建设力度加大，服务水平明显提高。但交通物流业发展与经济社会发展总体要求仍不相适应，存在投入不够、设施不足、衔接不畅等问题。各地、各部门要站在贯彻落实科学发展观、促进全省科学发展、跨越式发展的高度，充分认识加快交通物流业发展的重要性，切实增强责任感和紧迫感。

二、指导思想和发展目标

(一)指导思想

以科学发展观为指导，服务“一元多层次”战略体系，践行“打牢发展大底盘、建设祖国立交桥”发展战略，充分发挥交通运输优势，全面落实《湖北省现代物流业发展“十二五”规划》，为促进全省科学发展、跨越发展当好交通先行。

(二)发展目标

紧扣省委、省政府把湖北建设成为中部乃至全国重要的现代物流基地的战略定位，充分依托我省的区位优势、交通条件、产业发展和物流需求，构建节点优化、运输资源配置合理、物流市场主体发达、工作机制运转高效的交通物流业服务体系，交通运输费用占物流总费用的比重明显下降。

三、“十二五”时期的重点任务

(一)构建交通物流业基础设施体系

构建以物流示范基地为代表，由物流园区、物流中心(配送中心)、农村物流节点为支撑的交通物流基础设施体系，重点布局27个国家公路枢纽项目、73个重点物流项目、100个具备物流服务功能的农村综合运输服务站。

(二)构建交通物流业服务网络体系

构建以城市配送网、干线运输网和农村物流网“三网”融合、覆盖全省的交通运输服务网络体系，重点加强交通运输领域与邮政物流领域合作，推进农村物流业发展。

(三)构建交通物流企业体系

构建以物流示范企业为引领，综合化、网络型物流企业为龙头，专业化物流企业为支撑、创新型物流企业为特色的交通物流企业体系，重点培育10个交通物流示范园区、10家传统运输向现代物流转型的交通物流示范企业。

(四)构建交通物流信息服务体系

构建以提高社会物流效率为宗旨，以现代信息技术为核心，以物流公共信息服务平台为基础的交通物流信息服务体系，实现物流信息可靠、安全、高效、顺畅的交换和共享，重点建设1个省级交通运输物流公共信息服务平台，武汉、宜昌、襄阳三个信息服务分中心，推广3到5个通用、专用型管理软件。

(五)构建交通物流管理体系

构建机构健全、法制健全和管理规范、运转高效的交通物流管理体系；重点加强交通物流市场监管，建立交通物流诚信评价制度。

四、推进措施

(一)统筹协调交通物流基础设施的规划和建设

全面落实全省经济和社会发展“十二五”规划纲要，统筹协调交通物流基础设施的规划和建设，并将其纳入城市发展规划和建设用地规划之中，确保交通物流基础设施项目建设用地。加强集疏运体系建设，统筹规划连接重点物流基地(园区)、港口、机场、铁路站场的集疏运公路；加快推进我省已列入《国家公路枢纽布局规划》和交通物流发展规划的公路货运枢纽项目物流园区、物流中心(配送中心)、物流信息服务中心等交通物流基础设施项目建设。

(二)积极培育交通物流市场主体

引进移植一批网络覆盖面广、经营管理先进、物流信息技术应用好的国内外知名物流企业在我省设立总部基地；培育壮大一批重点货运企业按照市场机制整合资源，扩大规模和服务范围，由运输承运人向综合物流服务商转型，加强交通物流企业联盟合作，发展第三方物流；整合提升一批大型货运代理企业集约化、规模化发展，规范小型货运代理企业；鼓励支持骨干货运企业发展甩挂运输、集装箱运输等先进运输组织方式，支持传统货运站场升级改造，为甩挂运输提供必要装卸、搬运、理货、中转等服务；鼓励引导交通物流企业选用新型能源汽车、节能环保运输工具和技术先进的物流设施设备。积极协助推进全省交通物流企业营业税改征增值税试点改革工作，切实减轻交通物流企业税收负担。

(三)实施物流企业(园区)示范工程

组织实施交通物流园区、企业示范培育，制定交通物流示范园区、示范企业认定标准，开展交通物流示范园区和示范企业的认定工作。

(四)加快推进交通物流信息化标准化建设

加强交通物流信息化标准化建设，整合水运、道路运输、铁路、民航及邮政等交通物流信息资源，以物流信息服务需求为导向，以标准规范建设为基础，建设服务于物流企业、物流用户和政府相关部门的全省交通运输物流公共信息服务平台。加强与交通运输部及省际间交通物流公共信息平台的信息交换和互联互通。积极推广应用“物联网”等新技术、推行交通物流行业新标准，加快物流管理标准软件的研发与推广，提高物流信息交换效率，降低物流成本。

（五）推进农村交通物流发展

充分利用各方现有资源，促进有利于农村交通物流发展的政策衔接、基础设施衔接和运营衔接。整合场站资源，完善农村物流基础设施，支持发展冷链物流，努力形成支持农村交通物流业发展的合力。加快推进县、乡、村三级农村交通物流节点建设，以新建和改造农村五级客运站为重点，建设具有物流功能的农村综合运输服务站。推进交通运输部门与邮政部门的合作，整合资源，共享政策，共建平台，发挥邮政系统在农村的基础网络体系和市场占有率优势，推进公路客货运企业和邮政企业合作，建立农产品物流与邮政物流配送结合、客货运输与邮件运输相融合的合作运营机制，更好地服务农村经济社会发展。

（六）多渠道筹措交通物流业发展资金

各地要加大招商引资力度，鼓励和引导民间资本投资交通物流市场，加大政策性资金对物流企业的支持力度，建立健全政府主导、企业主体、政策推动、市场驱动相统一的交通物流业投融资模式。要加大对交通物流基础设施建设项目的扶持力度，对符合条件的重点物流企业的运输、仓储、配送、信息设施和物流园区（中心）的基础设施建设给予必要的资金扶持。积极争取中央财政资金支持，根据中央的政策规定和相关规划要求，落实省级和地方项目资金，支持交通物流业发展。

（七）落实车辆通行优惠政策

交通运输、财政、物价等部门要研究制定我省针对国际标准集装箱车辆、大吨位货车、甩挂运输推荐车型车辆的相关通行费优惠政策。交通运输部门要会同公安、邮政部门研究制定城市配送管理办法，落实鲜活农产品“绿色通道”政策，提高车辆通行效率。

五、相关要求

（一）加强对交通物流业发展工作的领导

各级地方人民政府应加强对交通物流业发展工作的领导，加快建立健全“统一领导，统筹规划，相互衔接，科学高效，协调发展”的交通物流发展工作机制，充分发挥交通物流机构在推进当地物流发展过程中的作用。发改、公安、财政、国土、农业、商务、税务、统计、工商等部门要积极支持配合，形成推进交通物流业发展的合力。

（二）加强交通物流市场监管

省法制办要会同省交通运输厅积极开展规范我省交通物流业发展的立法调研。省交通运输部门所属物流发展机构要加强对物流服务各环节的质量监督，建立交通物流业市场诚信评价和投诉处理制度，深入交通物流园区、交通物流企业，开展明察暗访，会同有关部门依法查处“卷货卷款”、合同违约等违法违规问题。充分发挥交通物流行业协会的作用，引导交通物流企业诚实守信，规范经营。

（三）加强自身建设，全面履行职责

全省各级交通运输部门所属的物流发展机构要加强自身建设，认真贯彻执行国家有关的法律、法规、政策和技术标准，规范服务行为，提高服务能力，全面履行职责。拟订交通物流业发展规划，广泛调动各方面力量，推进传统运输业向现代物流业转型。要加大对交通物流专业人才的培养力度，建立多层次的物流人才培养体系。依托我省高等院校、重点物流园区、物流企业和物流行业协会等单位，多渠道培养交通物流专业人才，全面推进交通物流业发展。

2012年10月30日

湖北省收费公路重大节假日免收小型客车通行费实施方案

（鄂政办函〔2012〕97号）

根据《国务院关于批转交通运输部等部门重大节假日免收小型客车通行费实施方案的通知》（国发〔2012〕37号）要求，为进一步提升收费公路通行效率和服务水平，方便群众快捷出行，结合我省实际，现就我省在重大节假日期间免收小型客车通行费有关问题制定如下实施方案：

一、实施范围和免费方式

（一）免费通行的时间范围为春节、清明节、劳动节、国庆节等四个国家法定节假日，以及当年国务院办公厅文件确定的上述法定节假日连休日。免费时段从节假日第一天的00：00开始，节假日最后一天的24：00结束（普通公路以车辆通过收费站收费车道时间为准，高速公路以车辆驶离出口收费车道的时间为准）。2012年国庆节免费通行时间范围为：9月30日00：00—10月7日24：00。

（二）免费通行的车辆范围为行驶我省收费公路的7座以下（含7座）载客车辆，包括允许在普通收费公路行驶的摩托车。

（三）免费通行的收费公路范围为符合《中华人民共和国公路法》和《收费公路管理条例》规定，经省人民政府批准设置的我省收费公路（含收费桥梁和隧道）。武汉机场高速公路和武汉市城市路桥隧收费所涉道路暂不纳入免费通行范围。

（四）各高速公路收费站（点）仍实行“入口领卡、出口收卡”的收费管理模式，对于免费通行的小型客车，在入口发放通行卡，在出口时收卡免费放行。实施高速公路联网电子不停车收费(ETC)的收费车道，应继续开通运行ETC专用车道，并通过ETC系统升级改造等方式，在确保ETC车辆不停车通过的同时，确保小型客车在免费期间驶离高速公路收费道口时显示通行费交费金额为零。

二、工作要求

(一)各地交通运输主管部门、各收费公路经营管理单位要结合本路段重大节假日期间车辆通行特点，制定车辆通行方案，做好前期筹备，优化操作流程，加强收费站和收费公路服务设施运行管理，合理布置、并充分利用现有道口资源，有条件的应在收费广场左侧设置免费专用车道，引导车辆分类分道快速有序通行，确保收费站交通畅通有序。

(二)各地公安交警部门要加强对重大节假日期间的交通安全管理，提前对车流形势进行调查分析，发布交通拥堵预警，引导车辆合理通行。加大对容易造成车辆拥堵的重要收费站口、进城路口等地的重点管控和巡查力度，及时疏导拥堵，确保道路顺畅。

(三)各地监察、纠风部门要加大对相关单位的监督检查力度，确保我省重大节假日期间免收小型客车通行费相关政策严格贯彻执行到位。

(四)各地气象、国土资源部门要及时发布相关气象以及地质灾害信息，在重大节假日期间引导群众驾驶车辆安全出行。

(五)各级地方人民政府以及公安、交通运输等部门、收费公路经营管理单位要制定并完善重大节假日期间车辆出行可能引发的突发事件的应急预案，建立相互间信息共享的机制，加强联动。一旦出现突发事件，要迅速启动应急响应机制，及时采取有针对的应对措施，确保公路收费站正常运行和车辆有序通行。特别是对连接大中城市、景区、陵园、机场、客运站场、港口码头等车流量(客流量)集中、易发生交通拥堵的区域，要制定有效的疏导分流方案，确保道路安全畅通。

三、保障措施

在重大节假日期间免收小型客车通行费是国家调整和完善收费公路政策的重要举措，有利于提高收费公路在重大节假日的通行能力和服务水平，有利于降低公众假日出行成本。各级地方人民政府、有关部门和收费公路经营管理单位要从服务经济社会发展大局、保障和改善民生、促进社会和谐以及建设“五个湖北”的高度出发，精心组织筹划，认真贯彻落实。

(一)加强领导，明确责任。为了切实做好这项工作，省人民政府成立由省交通运输厅、省发展改革委、省公安厅、省监察厅(省纠风办)、省财政厅、省国土资源厅、省物价局、省气象局、省交投公司为成员单位的联合工作小组(小组办公室设在省交通运输厅)，加强对我省重大节假日期间免收小型客车通行费工作的指导、协调和督查，及时协调解决出现的问题。各成员单位要根据本部门职责细化实施方案，落实责任，明确分工，密切配合，共同做好实施工作。

(二)注重宣传，营造氛围。各地、各有关部门和单位要结合实际，采取多种形式，加大对重大节假日期间免收小型客车通行费政策的宣传力度和舆论引导，强化收费公路经营管理单位的社会责任意识，使社会各界能够及时、全面了解政策实施的内容和重要意义，全力支持和保障实施工作的平稳顺利推进，共同营造公路交通健康发展、道路安全畅通的良好环境。

2012年9月14日

中共湖北省交通运输厅党组关于在全省交通运输系统开展“抓作风，抓环境，抓落实，促跨越”主题活动的实施方案

（鄂交党〔2012〕9号）

各市州交通运输局(委)、省交投公司、厅直各单位、各重点工程建设指挥部、厅机关各处室：

根据省委、省政府《关于在全省开展“喜迎十八大、争创新业绩”主题实践活动的通知》精神和省直机关工委“三抓一促”活动要求，为深化创先争优活动，巩固治庸问责成果，以“服务提升年”的优异成绩迎接党的十八大和省第十次党代会的召开，厅党组决定，在全省交通运输系统开展“抓作风、抓环境、抓落实、促跨越”活动。为确保活动深入扎实的开展，特制定如下实施方案。

一、指导思想

以邓小平理论和“三个代表”重要思想为指导，深入贯彻落实科学发展观，以迎接党的十八大、学习贯彻十八大精神为主线，以贯彻落实省第十次党代会精神、推动湖北交通科学发展、跨越式发展为主题，以全面落实湖北交通“服务提升年”目标任务为根本，紧密联系湖北交通运输工作实际，引导全省交通运输系统干部职工转作风、优环境、抓落实、促跨越，立足岗位创先争优，以实际行动和优异成绩向党的十八大献礼。

二、主要目标

紧紧围绕“推动科学发展、促进社会和谐、服务人民群众、加强基

层组织”的总体目标，牢牢把握党的十八大和省第十次党代会召开的重大机遇，按照“思想领先、工作争先、业绩创先、作风率先”的要求，转变工作作风，优化发展环境，狠抓工作落实，促进跨越发展，确保全面完成湖北交通运输“服务提升年”目标任务，全面提升湖北在全国综合交通运输中的枢纽地位，努力把湖北建设成为全国综合交通运输和中部地区崛起的“立交桥”，充分发挥交通在湖北经济社会跨越式发展中的先行引领作用。

1. 转变工作作风

充分发扬湖北交通运输人特别能吃苦、特别能战斗、特别能奉献、特别能争先的优良传统，牢固树立为社会发展干交通、为人民幸福干交通、为中部崛起干交通的广阔胸襟和高远志向，引导广大党员干部在一线砥砺品质，在基层锤炼作风，在实践中增长才干，以饱满的热情和高昂的斗志在湖北交通跨越发展的主战场体现价值、有所作为。

2. 优化发展环境

强化“发展第一，服务至上”的理念，全力打造“六型”机关，努力创交通运输最优的投资环境、最优的服务环境、最优的政务环境，提高办事效率，提升服务质量，全身心为企业服务，为投资者服务，为施工单位服务，让最优质的资源带得来，用得上，留得住，用交通运输最好的环境，最好的姿态，最好的措施服务湖北科学发展、跨越式发展。

3. 狠抓工作落实

认真贯彻落实省委省政府的重大决策部署，结合交通实际，将湖北交通“服务提升年”各项工作目标任务分解到单位、落实到处室、具体到个人。要明确责任，健全制度，强化督办，奖勤罚懒，大力弘扬新型交通办事文化，增强“等不起”的紧迫感、“慢不得”的危机感、“坐不住”的责任感，确保全面完成今年各项工作目标任务。

4. 促进跨越发展

开展“三抓一促”活动，最终目的就是要“争创一流业绩，提升服务水平，实现全年目标，加快跨越发展”。要引导广大党员干部立足本职，勇挑重担，创先争优，以奋发有为的精神面貌和真抓实干的实际行动，力争全省公路水路交通运输固定资产投资突破600亿元，完成交通规费108亿元，力争突破110亿元；续建35条共2261公里高速公路；完善干线路网结构，新增一级公路400公里、二级公路1000公里、农村公路10000公里；力争“十二五”规划重点港航项目全部开工，在建投资规模达到180亿元；新建17个客货运站场，建成5个物流园区，新建46个、改建34个农村综合运输服务站；培树十佳示范物流园区、十佳示范物流企业和3大农村物流试点；全面推进城乡道路客运一体化发展，推进交通运输节能减排；完成200艘老旧渡船更新改造和水上搜救系统“一江十六湖”重点布局；完善四大信息平台建设，提升科教信息水平等主要发展目标，更好地服务于全省经济社会发展大局，服务于人民群众交通运输新需求，用实际行动和优异成绩打牢交通“大底盘”，建设祖国“立交桥”，为湖北科学发展、跨越式发展当好先行。

三、主要内容

这次“三抓一促”活动以转变工作作风、夯实基层组织、优化发展环境为重点，主要包括六大专项行动：

1. 开展重点项目大推进专项行动

围绕全省“重大项目建设年”活动，成立“重大项目建设年”活动领导小组，做好交通运输重大项目建设协调、推进工作。进一步充实完善全省交通运输“十二五”规划项目库，重点策划实施一批投资规模大、带动作用强、辐射范围广的交通运输重大项目。加快高速公路项目前期工作进度，加强前期工作质量督导和重大问题协调，为确保实现“十二五”规划建成的高速公路项目全部开工提供条件。抓好已开工的交通运输重大项目建设，定期组织和调度重点工程建设，开展重点工程劳动竞赛，确保按时保质保量完工。力争全省“十二五”期间内建成的高速公路项目今年上半年开工，努力实现2015年高速公路里程达6500公里目标；“十二五”期间，力争全省新增高等级航道里程240公里，港口吞吐能力达到3亿吨，建成一批综合运输枢纽及交通物流工程，全面提升湖北在全国综合交通网中的枢纽地位。完善和强化各项保障措施，加大融资力度，化解土地资源制约，省市合力，部门联动，确保交通运输全年建设目标任务全面实现。〔责任单位：厅计划处、综交处、建设处、财务处、重点办、前期办，市州交通运输局(委)，各重点工程建设指挥部〕

2. 开展基层党建大加强专项行动

按照“基层组织建设年”的工作部署，在厅机关和厅直系统大力推进“五个基本”、“七个体系”建设，科学践行湖北交通“强基固本、六位一体”党建工作法，按照项目申报、项目实施、项目总结、项目表彰的步骤，开展“基层党建工作特色品牌”创建活动，征集基层党建工作特色品牌案例，通过创建活动规范基层组织建设，增强基层党组织工作动力。加强与街道、社区党组织的“结对共建”工作，定期开展党建工作学习交流活动，指导、支持街道、社区党组织加强自身建设，激发组织活力，在经常性的联系中与街道、社区党组织互相学习，互相促进，互相提高。在广大党员干部中深入推进“学党史、知党情、跟党走”活动，不断增强党员的党性意识、忧患意识、责任意识和大局意识。完善党建工作先进单位创建标准，积极参加全省第四届“党建工作先进单位”评比。“七一”前夕，评选表彰一批党建工作先进单位、先进基层党组织、优秀共产党员、优秀党务工作者。〔责任单位：厅机关党办，厅直各单位、各重点工程建设指挥部〕

3. 开展服务提升大竞赛专项行动

围绕“服务提升年”目标任务，以省直机关第二届干部职工技能大赛为契机，深化公务员岗位练兵活动，在厅机关和参公单位组织一次公务员技能竞赛，全面提高公务员的办文、办会、办事和抓落实的能力，努力做到“提笔能写、开口能讲、问策能对、遇事能办”。以提升服务水平，提升队伍素质，提高办事能力为目标，在重点工程开展“双优杯”劳动竞赛、标准化建设技能比武、“平安杯”质量安全竞赛等活动，确保35条、2261公里在建项目顺利推进。在公路系统开展养护、路政技能大培训、大比武活动；在运管物流系统开展物流振兴立功竞赛、营运车辆二级维护技术比武等活动；在港航海事系统开展第二届“航标工”技术比武、“三抓一促”劳动竞赛；在高速公路系统开展比岗位奉献、比业务能力、比服务水平竞赛活动；在全省交通运输系统开展以“六比六看”为主要内容的“平安杯”安全竞赛活动，坚决预防和遏制重特大事故发生；在厅(局处)机关开展“我为跨越发展建言献策”活动，凝聚发展共识，动员机关干部在打牢交通“大底盘”中当好先导，做好服务，贡献智慧，率先为湖北交通跨越式发展提供智力支持。〔责任单位：厅交通工会、重点办、人劳处，省公路管理局、运管物流局、港航海事局、高管局、质监局，市州交通运输局(委)〕

4. 开展“十行百佳”大培树专项行动

在全省公路、运管物流、港航海事、高速公路、城市公交、出租车、科技教育、规划勘测、路政执法、质量安全等十个行业选树100名标兵。工青妇在“十行百佳”评选基础上，开展“五一”劳动奖状、青年文明号、青年服务先锋、巾帼建功示范岗等评选活动，加大先进典型的宣传力度，提炼总结出先进典型的核心价值和主旨精神，发挥典型示范引领作用，营造学比赶超的浓厚氛围。〔责任单位：厅机关党办、交通工会、厅团委，省公路管理局、运管物流局、港航海事局、高管局、质监局，市州交通运输局(委)〕

5. 交通作风大转变专项行动

大力弘扬“湖北交通一线工作法”，深入推进“三万”活动，巩固提升“城乡互联、结对共建”活动成果；深入开展“双联双促”(机关联基层、干部联群众，促科学发展、促社会和谐)活动，结合交通实际，认真开展“交通干部走基层访一线解难题”专项工作，实行领导分区包片，处(科)室分点到人，组织机关干部深入重点工程建设工地，深入收费所、养护站、路政队，深入交管站、治超站、客运站等交通基层一线，督办工作、锤炼作风、增长才干。推进机关作风建设，加强机关学习培训，认真开展承诺、践诺、评诺工作，积极践行“交通办事文化”，带头在厅(局)机关树典型，树标杆，营造风清气正、干事创业的良好氛围。开展“三短一简”活动，进一步贯彻落实《省交通运输厅关于进一步强化治庸问责 改进机关作风 提升办公效能的通知》(鄂交办〔2011〕572号)，切实改进会风、文风、话风、事风。〔责任单位：厅办公室、人劳处、机关党办，市州交通运输局(委)〕

6. 交通环境大提升专项行动

进一步落实“四减五制三集中”要求，精简办事程序，提高办事效率。继续深化行政审批制度改革工作，努力把湖北交通打造成为中部地区交通审批事项最少的省份。积极开展“万人评交通服务窗口”活动，采取问卷调查、网络投票、上门征求意见、会议集中评议等方式，对直接服务社会群众的交通窗口进行评议，以评促服务，以评促作风、以评促效能。在交通运输行业窗口单位开展“五亮五比五创”活动，亮化窗口形象，让人民群众受益于交通、理解交通、支持交通。〔责任单位：厅法规处、监察室、机关党办，厅直各单位，市州交通运输局(委)〕

四、活动步骤

活动从2012年1月开始，至2012年12月结束。具体分为学习动员、组织实施、巩固提高三个步骤。

1. 学习动员(1月31日～2月初)

1月，召开全省交通运输系统“喜迎十八大、争创新业绩”主题实践活动视频会议和厅直系统“抓作风、抓环境、抓落实、促跨越”动员大会。认真组织学习传达省委省政府有关会议精神，对全省交通运输系统开展主题实践活动进行动员部署。各单位各部门要结合实际，制定活动方案，细化活动内容，活动方案要于2月15日前报省厅活动领导小组办公室。

2. 组织实施(2月～10月)

全年，把“三抓一促”主题活动的检查督促贯穿始终。1～7月，开展“十行百佳”评选活动；2月，组织各单位开展“机关联基层、干部联群众、促科学发展、促社会和谐”活动，督促检查“万名干部进万村挖万塘”活动进展和实效；3月至4月，全面推进“基层组织建设年”活动，组织开展“五个基本”、“七个体系”落实情况和创先争优公开承诺的检查，推动基层组织的科学化、规范化、制度化建设；5月至6月，组织开展第四届“党建工作先进单位”检查考核、评比推荐；7月至8月，组织开展厅第二届公务员技能大赛活动，搭建提升能力的平台，全面展现厅直单位干部职工的能力和风采。9月至10月，组织开展“万人评窗口”活动，以窗口单位和服务行业为重点，推动创先争优活动取得实际成效。全年，分段开展各类竞赛活动；全面推进重点项目建设。

3. 巩固提高(11～12月)

围绕学习党的十八大，各单位要认真总结主题实践活动开展情况，通过举办“三抓一促”活动图片展、编写丛书等形式，集中展示“三抓一促”活动成果；对活动中行之有效的做法用制度的形式固定下来，形成“三抓一促”的长效机制。省厅活动领导小组将编辑“三抓一促”经验交流文集和《全省交通运输行业“十行百佳”先进事迹汇编》。

五、组织领导

一要强化组织领导，力求有序有力有效。省厅成立由厅党组书记、厅长尤习贵任组长，其他厅领导任副组长的“三抓一促”活动领导小组；成员由省公路管理局、运管物流局、港航海事局、高管局、质监局、厅办公室、法规处、综交处、计划处、建设处、财务处、人劳处、运输处、安监处、科教处、机关党办、团委、监察室、交通工会、重点办、记者站主要负责人组成，领导小组下设办公室，张月斌同志兼任办公室主任，覃万兵同志兼任办公室副主任，具体负责“三抓一促”活动的组织实施、指导协调、督办检查等工作。省厅将成立“三抓一促”活动督导组，分片分点督导各地各单位活动开展情况。各地各单位主要负责人是“三抓一促”活动的第一责任人，要切实加强组织领导，成立相应的领导机构和工作专班，及时组织动员，制定工作方案，认真组织实施。要充分发挥工青妇等群团组织优势，开展各有特色的主题活动，形成党群共创的新局面。

二要强化宣传发动，力求入耳入脑入心。各地各单位要组织广大干部职工认真学习省委领导和厅领导重要讲话精神，及时召开动员部署会进行宣传发动，要充分发挥报刊、网络和宣传橱窗、简报等作用，采取基层党员和群众喜闻乐见的方式，大力宣传开展“三抓一促”活动的重要性和必要性，总结“三抓一促”活动的好经验、好做法，宣传先进典型事迹，营造学习先进、崇尚先进、争当先进的良好氛围。省厅将在湖北交通网开辟“三抓一促”活动专栏，印发活动简报，各单位各部门要及时将活动开展情况上报省厅活动领导小组。

三要强化督促检查，力求求实务实落实。按照上级部署和要求，省厅将采取召开座谈会、经常性督查、随机抽查等方式，不定期对各地各单位活动情况进行检查，了解活动进展，通报活动情况，总结交流经验，研究解决问题。对“三抓一促”活动思想上不重视、工作上不得力的，及时提出批评，要求限期整改。各地各单位要把开展“三抓一促”活动与创先争优活动结合起来，与“基层组织建设年”结合起来，与“万名干部进万村挖万塘”活动结合起来，与创建“六型”机关结合起来，立足部门特点和行业特色，科学制定方案，周密安排部署，扎实有效推进，确保活动取得实实在在的成效。

2012 年 2 月 10 日

关于在全省交通运输系统开展民主评议政风行风工作的实施方案

（鄂交党〔2012〕34 号）

根据省委办公厅、省政府办公厅转发《省纠风办关于 2012 年全省民主评议政风行风工作的意见》(鄂办文〔2012〕18 号，以下简称“18 号文件”)的部署，交通运输部门及全系统被列为 2012 年全省政风行风民主评议对象。为扎实推进全省交通运输系统民主评议政风行风(以下简称“行评”)工作，制定如下实施方案：

一、指导思想

深入贯彻落实科学发展观，坚持“以人为本、执政为民”、“标本兼治、纠建并举”的工作方针，坚持“谁主管谁负责”、“管行业必须管行风”的工作原则，以“优化经济发展环境、促进湖北跨越发展”为主题，以规范行政审批和行政执法行为为重点，以人民群众和市场主体满意为标准，不断提高行政效能和依法行政水平，着力解决严重损害群众利益和市场主体合法权益的突出问题，把服务民生落到实处，全面加强交通运输系统政风行风建设，为促进全省经济社会又好又快发展当好交通先行。

二、主要目标和任务

深入开展民主评议，确保政风行风建设取得新成效，推进湖北交通运输“服务提升年”目标任务全面完成，力争行评工作取得优异成绩。

(一)转变工作作风

深入开展创先争优、“三抓一促”活动、“万人评交通服务窗口”活动、“信访积案化解”活动、服务提升大竞赛和“十行百佳”大培树专项行动，大力弘扬“湖北交通一线工作法”，认真治理庸懒散软问题，严肃处理慢作为、不作为、乱作为等行为，进一步密切党群干群关系，队伍建设、作风建设明显加强。

(二)创优发展环境

把加强政风行风建设、优化发展环境列入重要工作日程，及时完善工作措施，狠抓工作落实。进一步落实“四减五制三集中”要求，优化工作流程，精简办事程序，提高办事效率。完善湖北交通运输地方性法规规章体系，不断提高依法治交水平。切实解决影响发展环境的突出问题，努力创最优的投资环境、最优的服务环境、最优的政务环境。

(三)坚持服务民生

不断改善交通服务基础设施条件，建立完善以普通公路为主的非收费公路体系。严格执行鲜活农产品运输政策，确保“绿色通道”网络畅通。积极推动落实公交优先战略，全面推进城乡道路客运一体化建设，推进物流业健康发展，切实提升交通运输公共服务能力和水平，更好地满足人民群众交通运输新需求。

(四)纠正不正之风

巩固纠风工作成果，以规范“治超”为重点，加大源头监管力度，坚决纠正以罚代纠、以罚代管、乱收乱罚和收费罚款不开票据等违纪违规问题，强化执法监督、执法考核和责任追究，规范执法行为。继续推进收费公路专项清理工作。加大解决工程建设领域损害群众利益问题工作力度，严肃查处拖欠征地拆迁补偿费和农民工工资的行为。

(五)加强廉政建设

以保持“党的纯洁性”为主题，全面落实党风廉政建设责任制，切实履行好“一岗双责”。大力推进“廉政交通”主题教育、廉政风险防控体系建设、“廉政阳光工程”建设、行业廉政文化建设、“十个全覆盖”和工程建设领域突出问题专项治理工作，不断提升反腐倡廉建设科学化水平。

(六)推进科学发展

提高综合运输管理效能，强化市场监管和公共服务职能。围绕“十二五”规划目标，加快综合交通运输枢纽建设、加快打造水运强省、加快完善公路路网结构、加快长江中游城市群综合交通发展，努力把交通基础设施建设的“大底盘”打牢，把综合交通运输和中部地区崛起的“立交桥”建好，在湖北经济社会跨越式发展中发挥先行引领作用。

三、评议内容

按照“18号文件”的部署，2012年全省行评工作，重点对以下4个方面进行评议：

(一)转变作风，优化发展环境的情况

是否贯彻落实科学发展观，认真执行各级党委、政府重大决策和改革措施，建立健全促进经济社会发展的制度机制；是否围绕“抓作风、抓环境、抓落实、促跨越”的要求，制定优化经济发展环境的具体措施；是否切实解决影响经济发展环境和市场主体反映强烈的突出问题；是否把加强政风行风建设、优化发展环境列入重要议事日程，及时完善工作措施，狠抓落实，取得新的明显成效。

(二)履行职责，严格依法行政的情况

是否实行政务公开和落实公示制、承诺制、首问负责制、失职追究制；是否顺应企业和市场需求，最大限度减少行政许可项目；是否按照“简化程序、缩短时限、减少费用”的要求，制定履行审批、许可、执法等职责的最优工作标准；是否存在乱办班、乱收费、乱罚款、乱摊派等问题；是否存在有法不依，执法不规范、不公正、不文明问题；是否存在利用职权吃拿卡要、拿了好处乱办事等滥用职权问题。

(三)反腐倡廉，提升效能和执行力的情况

是否落实党风廉政建设责任制和纠风工作责任制；是否把政风行风建设与经济发展环境建设需求相结合；是否履行“一岗双责”，在党风廉政建设和政风行风建设中发挥领导干部表率作用；是否以务实、高效、勤政、廉洁为标准，改进工作作风；是否认真纠正不作为、慢作为等影响机关效能和执行力的问题。

(四)整改问题，加强自身建设的情况

是否建立健全政风行风考核管理制度；是否加强职业道德、社会公德、家庭美德教育，提高全员整体素质；对市场主体通过政风行风热线举报投诉和政策咨询的问题，是否给予认真解决和及时解答；市场主体的诉求渠道是否畅通，“三抓一促”活动和治庸问责工作中解决市场主体诉求问题的整改效果如何，市场主体是否满意等。

四、组织实施

本次行评采取“统一组织、分级负责、条块结合、面向社会、群众参与、上下联动”的方法，在全省范围内同步进行。各市州、县(市、区)交通运输局(委)及其系统参加同级纠风办组织的民主评议工作。

(一)动员部署阶段(4月)

全省交通运输系统行评工作启动后，各单位、各部门要结合实际，进行安排部署。

1.深入动员部署。层层召开动员会，组织全体干部职工认真学习有关文件，做到人人知晓，充分调动交通运输系统广大干部职工、交通运输从业单位、从业人员参与行评工作的主动性和积极性。

2.作出公开承诺。向社会作出政风行风建设公开承诺，公布监督方式，并聘请行评监督员。

3.营造良好氛围。要充分利用报纸、网络等媒体和板报、标语、政务公开栏等多种形式，宣传行评工作的内容、步骤、方法和目标，宣传部门职能，宣传行评工作举措，营造良好的行评氛围。

厅直各单位、各市州交通运输局(委)的实施方案或意见，于4月30日前报厅民主评议政风行风工作领导小组办公室(以下简称厅行评办)。

(二)查找问题阶段(5～6月)

1.广泛征求意见。采取走出去、请进来、通过上门征求、召开座谈会、设意见箱、网上征求意见等多种方式，广泛听取和征集党委、人大、政府、政协、有关部门、行评代表、服务对象及社会各界，对本部门、本系统政风行风建设方面的意见和建议。积极参与电视台、广播电台举办的“政风行风热线”节目，坚持主要领导亲自上线，现场受理社会群众的咨询投诉，接受社会各界和新闻媒体的监督。

2.认真自查自纠。围绕评议的重点内容和目标任务，在本单位、本部门、本系统深入开展自查自纠，收集意见和建议。

3.开展明察暗访。邀请省行评督察员、组织厅行评监督员和新闻媒体对本系统各单位、各部门履行职责、依法行政、服务质量、作风建设、反腐倡廉等情况进行明察暗访，发现问题及时通报，督促整改。

厅直各单位、各市州交通运输局(委)、厅机关各处室征求意见情况于6月10日前报厅行评办。

(三)集中整改阶段(7～8月)

对查摆出来的问题认真疏理归类，把问题整改落实、建章立制作为行评工作成果的重要标准。对能及时解决或通过努力能解决的问题，要限时解决；对暂时无条件解决的问题，要列出整改计划；对涉及政策性的问题，要作出说明，赢得群众的理解与认同。要通过信息报送、召开专题座谈会、面对面沟通交流等方式，及时向各级纠风办、省行评督察员、厅行评监督员、有关部门和新闻媒体等，反馈、沟通、汇报问题整改情况，让广大人民群众和社会各界真切感受到交通运输部门行评工作的力度和效果。厅直各单位、各市州交通运输局（委）要加强督导检查，及时了解掌握本系统、本地区问题整改、建章立制进展情况，形成专题报告，于8月10日前报厅行评办。

（四）集中测评阶段（9月）

省民主评议行风实行百分制考核，其中：中介机构电话抽样调查结果50分，社会问卷调查结果20分，集中评议大会评议结果15分，“政风行风热线”考核结果5分，省直机关“万人评窗口”评议结果10分。

1. 中介机构电话抽样调查。由参评部门提供本部门、本系统近两年来的10000名服务对象信息，省纠风办统一委托专门的调查机构采取电话随机抽样调查方式，开展服务对象满意度调查。各市州交通运输局（委）要按照厅统一安排及时将选定的人选信息报厅行评办。

2. 社会问卷调查集中测评。由各地纠风办组织开展。调查对象为参评部门服务对象、人大代表和政协委员、党政机关干部、企业法定代表人和职工代表、农民、下岗职工、个体业主、离退休人员以及事业单位、群团组织、乡镇（街道）的工作人员等，从市州纠风办提供的10000名（直管市和神农架林区5000名）人选中随机摇号抽选500人（直管市和神农架林区200名），其中，参评部门服务对象人数不少于总人数的2/3。调查方式为在各市州设立固定测评点，集中调查，现场填写，现场收回，省纠风办委派省行评督察员现场督察，集中汇总。各市州交通运输局（委）要主动介入，实时跟踪，及时了解掌握动态，并按省纠风办要求做好现场监督。

3.“政风行风热线”考核。根据全省各地“政风行风热线”和全省各级纠风办日常受理的群众投诉，对各参评部门办理情况进行量化考核。考核结果由各市州、直管市、林区纠风办于9月30日前报省纠风办。各市州交通运输局（委）要同时将结果报厅行评办。

4. 召开集中评议大会。集中评议大会由省纠风领导小组主持，邀请省人大、省政府有关领导和省直部门负责同志，以及参评部门服务对象代表和省行评督察员参加，进行面对面评议，省领导进行点评，并组织现场投票测评。

5. 省直机关“万人评窗口”评议。按照“三抓一促”活动中“万人评窗口”专题活动的统一部署组织进行。

（五）总结阶段（10月）

省纠风办汇总评议结果，对综合得分85分（含85分）以上的单位，授予“民主评议政风行风优秀单位”；综合得分在85分以下，75分（含75分）以上的单位，授予“民主评议政风行风合格单位”；综合得分低于75分的单位，为民主评议政风行风“不合格单位”。将以适当方式向社会公布，开展总结表彰。评议结果与党风廉政建设责任制及纠风工作责任制考核、文明行业（单位）评选等挂钩，并作为政府目标责任制考核及其主要领导干部工作绩效考核的重要依据。

各地各单位要对行评工作进行全面总结，于10月10日前报送厅行评办。厅行评办汇总后，于10月20日前报送省纠风办。省厅将对在行评工作中作出突出贡献的单位和个人进行表彰。

五、组织领导

为加强对全省交通运输系统行评工作的领导，省厅成立行评工作领导小组：

组长：尤习贵

副组长：唐元、徐佑林、徐健、马立军、张云、谢强、田文彪、张月斌、程武、姜友生、高玉玲、魏公民

成员：范建海、石先平、朱晓光、陈缅、章征春、阮云旻、李敢、徐文学、施载玲、陈飙、周拥军、陶维号、陈光斌、刘立生、余建平、覃万兵、徐锴、吴正强、胡焰华、徐海洋、姜清浩、石斌、周文卫

领导小组下设办公室，挂靠厅监察室，负责日常工作。

各市州交通运输局（委）和厅直各单位也要成立由主要负责人任组长的领导小组，组建工作专班。领导小组及工作专班组成人员名单、联系方式与本单位实施方案一并报厅行评办。

六、工作要求

（一）加强组织领导，明确工作责任。要坚持党委统一领导，班子成员分工负责，工作专班组织协调，部门各负其责的领导体制和工作机制。主要领导要负总责、亲自抓，积极协调解决工作中的重大问题，分管领导要集中主要精力具体抓，班子成员要按工作责任制的具体要求抓好分管范围内的行评工作。坚持“谁主管、谁负责”和“管行业必须管行风”的工作原则，切实履行行业管理职能，全力以赴做好评议工作，确保全省交通运输系统评议工作健康、有序进行。

（二）把握工作重点，精心组织实施。要认真研究本次行评工作特点和重点环节，准确把握行评工作的内容、步骤、方法、目标和要求，采取有针对性的措施，不折不扣地抓好落实，切实把行评的各项要求落到实处。要坚持边查边改，把广泛征求意见、查找和解决存在的突出问题、落实整改措施贯穿于评议工作的始终，注重建立长效机制，不断巩固成果，深化提高。要积极支持、配合好专门调查机构的电话抽样调查、社会问卷调查等工作，高度重视、精心提供社会调查服务对象，确保广泛性、代表性、公正性和信息的真实有效。

（三）加强宣传引导，营造良好氛围。要高度重视宣传舆论工作，充分利用各种媒体和多种手段，向社会广泛宣传交通运输法律法规、工作职能、建设成就、先进典型和本地区本单位便民利民惠民的政策措施，宣传报道评议工作的进展情况和典型事例，及时反馈查处媒体曝光问题的情况，让社会各界充分了解和认识交通运输系统开展民主评议、加强政风行风建设的决心和信心，感受交通运输部门虚心听取意见、全力督促整改的力度和诚意，营造良好的舆论氛围。

(四)强化工作措施，务求取得实效。本次行评工作任务重、要求高，各级交通运输部门要高标准、严要求，通过扎实细致的工作，争取获得最佳的评议效果。要按照各级纠风办的统一部署，周密组织，加强协调，引导社会各界广泛参与，密切配合。要及时向各级地方党委、人大、政府、政协、纠风办及有关部门、行评督察员、行评监督员、有关新闻单位、上级行评部门等汇报行评工作进展情况，积极争取支持和指导。要规范工作程序，严格遵守评议工作纪律，以好的作风搞好行评工作，真心诚意敞开大门接受代表和社会各界的评议和监督。行评工作要纳入各单位年度目标责任制管理，对因工作失误、工作不力等原因造成不良影响的，要取消本单位、本部门和有关责任人年终评先评优资格，实行跟踪问责、进行一票否决。

2012年1月18日

中共湖北省交通运输厅党组关于在全省交通运输行业开展向张兵同志学习活动的决定

(鄂交党〔2012〕37号)

各市州交通运输局(委)、厅直各单位、厅机关各处室、各重点工程建设指挥部：

张兵同志是武汉市公交集团公司531路驾驶员，中共党员。他1984年参加工作以来，始终以雷锋同志为榜样，视人民群众的利益高于一切，立足岗位，创先争优，全心全意为人民服务，在平凡的岗位上创造了不平凡的业绩。

26年来，他每天走着同一条线路，服务着不一样的乘客，行车80万公里，相当绕赤道20圈，创下“零投诉、零违章、零事故”的纪录，被称为武汉公交史上“最牛司机”，先后荣获武汉市技术能手、武汉市优秀共产党员、全省交通运输系统服务明星、武汉市劳动模范、湖北省劳动模范等荣誉称号，当选为武汉城市精神代言人，2011年底他当选感动荆楚的“2011楚天年度敬业人物”。

张兵同志牢记为人民服务的宗旨，心系乘客，爱民为民，是雷锋精神忠实的实践者，他对老年乘客关心、对年幼乘客细心、对外地乘客耐心、对残疾乘客爱心、对急性乘客有宽容心，深受乘客爱戴，被江城乘客赞誉为“微笑哥”。

张兵同志把2平方米的驾驶室当作实现人生价值的沃土、把十米车厢视为展示瑰丽青春的舞台，26年始终对社会讲责任、对企业讲忠心、对乘客讲真诚、对同志讲团结，以饱满的工作热情和勤奋扎实的工作作风，干一行，爱一行，钻一行，练就了“开车一杯水不洒、停站一步上站台、服务一眼看出乘客需求、安检一听判断故障”的硬功夫，创造了独特的“三零四一”工作法，成为公交为民服务的排头兵，张兵同志以爱岗敬业、忠于职守的敬业精神，勤学苦练、刻苦钻研的探索精神，默默耕耘、吃苦耐劳的奉献精神，争创一流、追求卓越的进取精神，相互关爱、和谐共进的团队精神，展现了新时期交通人的时代风采和精神风貌，抒写了交通窗口单位共产党员无私奉献、为民服务创先争优的华丽诗篇。

中央创先争优活动领导小组办公室《深入开展创先争优活动简报》及《人民日报》、新华社、中央电视台、《中国交通报》和湖北省、武汉市主流媒体对张兵的事迹进行了深入宣传报道，“三零”司机张兵同志的先进事迹在荆楚大地广为流传、反响强烈。省政府领导在他的事迹材料上批示：“平凡之中显伟岸，普通之处见卓越”。为了激励全省交通运输行业广大党员干部职工以张兵同志为榜样，在推进湖北交通运输科学发展、跨越式发展中充分发挥先锋模范作用，厅党组决定，在全省交通运输行业广泛深入开展向张兵同志学习活动。

向张兵同志学习，就是要学习他牢记宗旨、坚定信念的政治品格；爱岗敬业、忠于职守的敬业精神；勤学苦练、刻苦钻研的探索精神；默默耕耘、吃苦耐劳的奉献精神；争创一流、追求卓越的进取精神；相互关爱、和谐共进的团队精神。全省交通运输行业要迅速掀起向张兵同志学习的热潮，把开展向张兵同志学习的活动与当前正在深入开展的“喜迎十八大、争创新业绩”主题实践活动、窗口单位为民服务创先争优活动紧密结合起来，坚定信念，恪尽职守，克难奋进，立足岗位，创先争优，着力打牢交通发展“大底盘”，建设祖国中部崛起的“立交桥”，为实现湖北交通运输跨越发展、科学发展做出新的更大贡献。

2012年5月7日

湖北省交通运输厅干部选拔任用监督暂行规定

（鄂交党〔2012〕70号）

第一章 总 则

第一条 为进一步加强对干部选拔任用的监督，预防和杜绝“重选拔、轻监督”的现象，深入推进干部选拔任用工作的规范化、制度化建设。根据《党政领导干部选拔任用工作条例》、《党政领导干部选拔任用工作监督检查办法(试行)》等干部选拔任用监督制度，制定本暂行规定。

第二条 以邓小平理论、“三个代表”重要思想和科学发展观为指导，坚持党要管党、从严治党的方针，构成事前要报告、事后要评议、离任要检查、违规失责要追究的监督体系，使选人用人的全方面、全过程都纳入监督范围，坚决防止和杜绝选人用人上的不正之风，确保干部选拔的公平、公正、公开。

第三条 干部选拔任用的监督工作遵循下列原则：坚持党管干部，分级负责的原则；坚持实事求是、客观公正的原则；坚持发扬民主、群众参与的原则；坚持预防为主、违规必究的原则。

第四条 各级党组织(党组、党委、党支部)及组织人事部门对干部选拔任用工作的情况进行监督检查，受理有关干部选拔任用工作的举报、申诉，制止、纠正违反干部选拔任用工作有关规定的行为，并对有关责任人作出处理或者提出处理意见。

第二章 干部选拔任用监督纪、内容

第五条 干部选拔任用条件、资格，严格按照《党政领导干部选拔任用工作条例》执行。

第六条 干部选拔任用监督纪律：严格按照《党政领导干部选拔任用工作条例》明确的十条即职数管理、会议制度、组织决定、干部回避、选举约束、考察任用等规定执行。

第七条 干部选拔任用监督工作的主要内容：

(一)学习宣传《党政领导干部选拔任用工作条例》等中央、省委及组织人事部门关于干部选拔任用的政策法规的情况；

(二)坚持选拔任用干部的原则、基本条件，遵守任职资格规定的情况；

(三)执行干部选拔任用工作程序，重点是民主推荐、组织考察、讨论决定的情况；

(四)执行公开选拔规定的情况；

(五)执行干部交流、回避和免职、辞职、降职等制度的情况；

(六)遵守干部选拔任用工作纪律的情况；

(七)对干部选拔任用工作开展监督检查的情况；

(八)对群众反映的有关干部选拔任用方面问题调查处理的情况；

(九)其他需要监督检查的情况。

第三章 干部选拔任用监督方式

第八条 干部选拔任用采取的竞争上岗、“两推一述”以及民主推荐等方式，都应加强民主监督。要做好干部选拔任用的全过程记录和监督。

第九条 竞争上岗一般经过下列程序：1.公布职位、报考人员的资格条件、基本程序和方法等；2.报名与资格审查；3.统一考试；4.民主测评；5.确定考察对象；6.组织考察。

第十条 “两推一述”一般经过下列程序：第一阶段：首次会议投票推荐；个别谈话推荐；第二阶段：个人自述、会议投票推荐；第三阶段：确定考察对象、组织考察。

第十一条 民主推荐选拔干部一般经过下列程序：1.民主推荐，提出考察对象。民主推荐包括会议投票推荐和个别谈话推荐；2.组织考察。

第十二条 竞争上岗、“两推一述”、民主推荐选拔干部应当在党组织领导下进行，由组织人事部门组织实施。在组织考察结束后都要经过充分酝酿，研究提出人选方案；人选方案上报党组织会议讨论前，需书面征求纪检监察部门意见；经党组织讨论决定后，对拟任干部实行任前公示、任前谈话、任前法律考试。

第十三条 提交党组织讨论内容：民主推荐(测评)情况；干部简要情况表；考察材料；任免职建议等。

第十四条 参加省管干部民主推荐人员范围由省委组织部确定，参加厅管处级干部民主推荐人员范围原则上为科级以上干部，参加科级干部民主推荐人员范围原则上为中层以上干部。

第十五条 在干部选拔任用工作中有下列情形之一的，在作出决定前需征求上一级党组织及组织人事部门意见：1.破格提拔干部的；2.领导干部的近亲属在其所在单位内提拔任用的；3.厅直单位提拔组织人事部门主要负责人应报厅审批，提拔正科级干部应书面邀请厅组织人事部门负责人及相关人员列席党委(支部)会；4.其他需要报告的事项。

第四章 干部选拔任用日常监督及责任追究

第十六条 实行领导干部选拔任用回避制度。党组织讨论干部任免，涉及与会人员本人及其亲属的，本人必须回避。干部考察组成员在干部考察工作中涉及其亲属的，本人必须回避。

第十七条 实行领导干部任职回避制度。领导干部任职回避的亲属关系为：夫妻关系、直系血亲关系、三代以内旁系血亲以及近姻亲关系。有上列亲属关系的，不得在同一机关担任双方直接隶属于同一领导人员的职务或者有直接上下级领导关系的职务，也不得在其中一方担任领导职务的机关从事组织人事、纪检监察、审计、财务工作。

第十八条　加强干部选拔任用的信息化管理，要充分利用干部管理软件平台，将干部选拔任用的全过程纳入信息化管理系统，完善干部选拔任用全过程的信息化记录，实现干部选拔任用全过程的监督。

第十九条　坚持组织原则，遵守干部工作纪律，对党组织的干部工作计划、民主推荐、组织考察等都要加强规范管理和制度化建设。

第二十条　要加强对干部选拔任用的总体规划和统一部署，根据实际工作需要和干部成长发展需求，做好干部选拔任用的长远规划，按计划、依程序、讲效率、重质量，有步骤地开展干部选拔任用工作，党组织一般每季度研究一次干部工作，并尽快做好干部到岗履职工作。

第二十一条　进一步加强厅直各单位主要领导任职期间及离任的管理与监督。厅直各单位党、政主要领导因提拔使用、轮岗交流等原因离任时，党组织主要负责人在离任后20天以内要提交任职期间本单位干部选拔任用工作报告。内容包括：1.选拔任用干部的情况；2.遵守干部选拔任用有关规定、制度的情况；3.加强干部监督管理工作的情况；4.其他需要说明的情况。省厅对行政主要负责人任职期间及离任时要进行任中、离任经济责任审计，下达任中、离任经济责任审计通知书，财务审计部门具体组织实施。

第二十二条　对干部选拔任用情况，党组织每年要组织实施“一报告两评议”。专题报告一般包括下列内容：1.选拔任用干部的总体情况；2.贯彻执行党的干部路线方针政策的情况；3.建立健全干部选拔任用和监督机制的情况；4.整治用人上不正之风的情况（包括上年度评议整改措施落实情况）；5.存在的主要问题和改进的措施；6.其他需要报告的情况。同时组织填写《干部选拔任用工作民主评议表》和《新选拔任用干部民主评议表》。评议对象包括近一年内选拔任用的下列人员：1.副处级及以上干部；2.厅直单位科级干部。“一报告两评议”结束后，根据评议结果，厅党组将对有关情况进行通报。

第二十三条　厅党组不定期组织开展巡视工作，其中对厅直各单位干部选拔任用情况进行重点巡视，对巡视情况及时进行反馈。对巡视中发现的问题，要求限期整改，促进厅直各单位干部选拔任用工作规范、严谨、科学。

第二十四条　对干部选拔任用工作实行责任追究。严格按照《党政领导干部选拔任用工作条例》及有关规定、纪律执行。

第五章　附　　则

第二十五条　厅直各单位干部选拔任用工作的监督实施，按照本办法执行。

第二十六条　本办法由省交通运输厅人事劳动处负责解释。

第二十七条　本办法自印发之日起施行。

2012年8月14日

关于加强厅直单位党政领导班子建设的指导意见

（鄂交党〔2012〕83号）

为认真贯彻省第十次党代会精神，根据《2009—2013年全国党政领导班子建设规划纲要》、《中共湖北省委关于加强换届后领导班子和领导干部作风建设的意见》要求，结合“喜迎十八大，争创新业绩”和“三抓一促”主题实践活动及全省党政主职领导干部廉政教育大会部署，大力加强厅直各单位党政领导班子建设，进一步理顺关系，明确职责，规范管理，形成合力，切实提升领导班子的领导水平和执政能力，特提出本意见。

一、加强领导班子建设的重要性和紧迫性

目前，省交通运输厅厅直单位性质较为多样，既有实行行业管理的参照公务员法管理的事业单位，也有面向社会的公益性事业单位，还有人才密集型的科技教育事业单位等。厅直单位领导班子的配备既有党政分设，也有党政“一肩挑”。近期根据《党政领导干部选拔任用工作条例》及全省严肃换届纪律整治用人上不正之风总结推进视频会议精神的有关要求，结合省委巡视组巡视及对厅直各单位巡视工作，厅党组对厅直单位领导班子建设状况进行了调查了解。长期以来，厅直各单位领导班子都能认真贯彻执行党的各项路线方针政策，政治纪律、大局意识较强，尤其在具体落实厅党组关于深入开展“创先争优”、“三抓一促”以及“服务提升年”等各项活动的部署与要求中，不仅工作抓得紧，而且将班子建设、干部队伍建设、政风行风建设和党建、廉政工作融入其中，取得了实实在在的效果。但也要看到个别厅直单位领导班子还存在思想解放不够、发扬民主不足、决策执行落实不力、凝聚力不强等问题，这在一定程度上既降低了领导班子的战斗力，又影响了交通运输事业的发展。

建设一支政治上过硬、业务上过硬、作风上过硬的干部队伍，领导班子处在关键地位。交通领导班子的强弱直接关系到交通队伍管理的好坏、素质的高低、事业的成败。班子建设是事业发展的基石和关键，是整个干部队伍建设的重点，是交通持续健康发展的根本保障。面对全国交通大格局、中部崛起大使命提出的新要求，交通体制转轨、发展转型、职能转变面临的新使命，交通运输部门既要“拼命”更要“拼智”，要完成这些任务关键靠人，靠班子。交通各级领导班子要紧紧抓住历史性发展机遇，增强使命感、紧迫感，全面加强领导班子建设，创新发展思路，为坚决打牢经济社会发展的“大底盘”，建设祖国“立交桥”，实现湖北交通新的跨越提供坚强的领导核心和组织保证。

二、指导思想

以邓小平理论和“三个代表”重要思想为指导，深入贯彻落实科学发展观，突出发展、和谐，务实、创新，结构、效能，从严、问责相统一的原则，切实加强领导班子建设，充分调动领导班子工作激情，积极发挥领导班子在保持党的纯洁性等方面的核心领导和示范带头作用，不断提高领导班子的凝聚力和战斗力，不断增强领导班子整体功能和合力，努力把党政领导班子建设成为政治坚定、团结和谐、求真务实、勤奋好学、服务人民、顾全大局、发扬民主、勤政廉政，具有把握大局，驾驭交通工作能力的坚强领导集体，为推进全省交通运输事业科学发展、跨越式发展提供坚强的政治保证和组织保证。

三、基本目标

深入开展以学习好、团结好、纪律好、作风好、政绩好为内容的“五好”班子建设，厅直各单位领导班子要按照作政治坚定、顾全大局的表率；尽职尽责、敢抓敢管的表率；发扬民主、团结共事的表率；求真务实、改革创新的表率；勤奋学习、学以致用的表率；严于律己、清正廉洁的表率等“六个表率”要求，积极发挥引领示范作用，努力把领导班子建设成为“六型”的坚强集体。

(一)建设学习型领导班子

坚持把思想理论建设放在首位，牢固树立终身学习的思想，增强学习的自觉性和计划性。深入学习邓小平理论、“三个代表”重要思想、科学发展观，把握中国特色社会主义的实践特色、理论特色、民族特色、时代特色，深入学习党的十七大、省委十次党代会等会议精神以及科学文化知识等，加快知识更新，优化知识结构，不断增强科学决策、依法行政、有效管理的领导能力。

(二)建设务实型领导班子

坚持求真务实，讲政治、顾大局，在政治上、思想上、行动上同上级党组织保持高度一致，做到政令畅通，令行禁止。大力选用心系群众，脚踏实地，深入基层的领导干部，进一步优化班子结构，提高执政能力和创新能力，增强整体功能，使党政领导班子成为整体素质优良、成员优势互补的坚强集体。

(三)建设开拓型领导班子

着眼于交通发展中的实际问题，积极推进交通理论创新、政策创新、体制创新、科技创新和服务创新。树立创先争优意识，准确把握时代特点和发展趋势，敢于挑战发展难题，勇于突破发展困局，具备推动本单位又好又快发展的战略决策能力、管理能力、创新能力和应对复杂局面能力，不断提升本单位科学发展水平。

(四)建设团结型领导班子

认真落实党委行政集体领导下的分工负责制，充分发扬民主，善于集中各方智慧，形成推动事业发展的强大合力，充分认识肩负的使命，增强责任意识，把是否推动事业发展作为检验班子建设的标准，做到思想统一，行动自觉，步调一致，营造作风民主、包容互信、相互补台、干事创业的团结的氛围，形成干事创业的合力。

(五)建设服务型领导班子

坚持深入基层调查研究，坚持一线工作法，注重服务基层的意识进一步增强。掌握实情，体察民情，体恤下情，努力为基层和群众办实事、办好事、解难事。关心基层，关注民生，落实保障和改善民生的各项政策措施，在思路上紧贴发展大局，在行动上深入基层一线，在工作上全力依靠群众，热情服务基层。

(六)建设廉洁型领导班子

落实党风廉政建设责任制，模范遵守《廉政准则》，自觉践行“十不准”承诺，按照自重、自省、自警、自励的要求，筑牢拒腐防变的思想防线，培树廉政典型，做为民、务实、清廉的表率，以优良的党风带政风促行风。领导班子成员不但要严格要求自己，保持自身纯洁，还要带好班子、管好队伍，爱护干部，接受监督，努力营造风清气正的发展环境。

结合目标管理和年度考核量化指标的有关要求，厅直各单位要围绕建设“六型”领导班子的目标，切实做到：

——中心组学习每年不少于8次；

——民主生活会每年召开1～2次；

——廉政主题教育活动每年不少于3次；

——班子成员基层调研每年不少于2个月时间；

——班子成员基层联系点每年不少于2个基层单位；

——主要领导与班子成员，班子成员之间、班子成员与基层干部、职工之间每年开展1～2次交心谈心活动。

四、保障措施

(一)完善领导机制和明确职责分工

1. 领导机制：厅直单位实行党委(支部)行政领导下的分工负责制，即实行党委(支部)行政领导，党政分工合作、协调配合的工作机制，共同对本单位的改革、发展和稳定承担领导责任。党委要支持行政依照法律和制度独立负责、步调一致地开展工作；行政紧紧围绕党委决策部署开展工作，确保党委重大决策部署的有效落实。

2. 职责分工：党委(支部)主要负责人全面负责本单位党委(支部)和干部管理工作；行政主要负责人全面负责本单位行政管理工作和人事管理工作；各分管业务副职协助行政主要负责人抓好各自分管范围的工作；纪委书记、工会主席协助党委(支部)主要负责人抓好党建、群团等工作。

3. 党委(支部)主要职责：一是认真贯彻落实上级党组织的工作部署和决定；二是研究决定本单位改革发展稳定的重大事项，推动和保证各项决策的贯彻落实；三是负责本单位领导班子建设和干部管理工作；四是负责本单位党的思想、组织、作风、制度和反腐倡廉建设，发挥各级党组织的战斗堡垒和党员的先锋模范作用；五是加强对本单位工会、共青团等群团工作的领导；六是其他应由党委(支部)履行的职责。

4.行政的主要职责：一是贯彻执行国家关于行业管理的政策、法律、法规、规章和上级主管部门的指示决定；二是研究制定本单位的中长期发展规划，对本单位的重大问题进行研究部署，确保各项工作有序开展；三是负责本单位的资金使用管理和财务运转监测，完善财务内控制度；四是加强人事工作管理，组织职工的管理教育和培训；五是其他应由行政履行的职责。

(二)进一步加强领导班子思想、组织、作风建设

1.加强领导班子思想建设。

(1)坚持以思想理论武装为出发点，提升党政领导班子的学习力。在新的历史条件下，加强理论学习不仅是一种任务，更重要的是一种责任，是集中体现领导干部成为政治上合格领导者的必然要求。厅直各单位领导班子要增强理论学习的自觉性，真正把学习当作一种神圣职责、一种精神境界、一种终身追求，静下心来读书、深入进去思考，做到理论、业务学精学通学透；不断提高理论素养、党性修养和领导水平。从而，不断保证政治上的坚定，解放思想、实事求是、与时俱进，更好地担当起科学发展的重任，团结和带领广大群众为共同的理想和事业努力奋斗。

(2)坚持以内部和谐团结为着力点，增强党政领导班子的凝聚力。厅直各单位领导班子成员要严格遵守政治纪律，讲政治、顾大局，坚定政治立场和政治方向，在思想上、政治上、行动上自觉同党中央、省委、厅党组保持高度一致，党政领导班子要牢固树立全局观念和“一盘棋”的思想，党政主要负责人之间要团结协作，加强沟通，相互理解，充分协商，发挥龙头示范作用。实行党政“一肩挑”的厅直单位领导班子要严格落实集体决策制度，科学分工，完善内部监督机制，主要领导要充分发挥副职的作用，副职也要积极当好参谋，履行职责，不断增强班子的凝聚力、战斗力和执行力。

在分工负责上，要以抓落实为中心，做到“四个必须”：一是必须正确对待集体的决策。集体决策一经做出，班子成员必须无条件地服从和执行，按照各自的分工，独立负责地抓好落实。二是必须正确对待权力和分工。班子成员要正确地对待权力，树立全心全意为人民服务的根本宗旨，真正把手中的权力用好。三是必须正确把握个人负责的原则。集体决策后，班子成员必须按照个人分工，独立、负责、求实、创新地完成各自的工作，保证集体决策得到贯彻执行。四是必须正确协调班子内部关系。每个班子成员都要自觉维护班子的团结和领导集体的权威，既要根据集体的决定和分工切实履行好自己的职责，承担起应该承担的责任，又要关心全局工作，积极参与集体领导。每一位班子成员都要时刻以事业为重、以大局为重，善于换位思考，做到大事讲原则、小事讲风格、好事不揽功、错事不推诿、难事不回避、急事敢担当。

在领导班子调整过渡期，班子牵头负责人要代表党委挑起担子，既要服从大局，在单位工作中履行牵头负责人职责，全面负责，敢抓敢管，确保单位各项工作的顺利推进；又要维护稳定，以身作则，引领示范，做好干部职工队伍的稳定工作。

2.加强领导班子组织建设。

(1)坚持民主集中制，提高班子的能力和水平。领导干部要主动发扬民主，自觉接受监督，认真执行民主集中制各项制度。要按照中央要求，在重大决策、重要干部任免、重要项目安排和大额资金使用等方面，坚持集体领导、民主集中、个别酝酿、会议决定的原则，严格按照规则和程序办事。坚持重大问题充分酝酿协商、集体讨论决定。完善党政议事规则和决策程序，对提交会议讨论的重大事项议题，党政主要负责人应在会前主动交换意见，再提交会议讨论；对有分歧的重大问题和重要事项，一般暂缓提交会议讨论决定，并进行深入调查研究，多方征求意见，科学论证，进一步沟通协商，达成共识。对涉及职工切身利益的重大事项，应在决策前通过职代会等，广泛听取意见，聚集群众智慧，接受群众监督。厅直各单位召开民主生活会，要坚持高标准、严要求，交流思想，开展批评与自我批评，厅直单位党组织召开民主生活会，应邀请厅机关有关处室到会指导。

(2)优化班子成员结构，选优配强领导班子。厅党组根据事业发展需要，结合实际需求，选好配强党政正职领导干部，按照岗位相宜，发挥优势，人尽其才的原则，打造一个素质优良、专业合理、气质互补、团结合作的合理班子成员结构。合理配备女干部、少数民族干部和非中共党员干部。进一步加大领导班子后备干部建设，形成梯次配备。继续坚持“两推一述”、竞争上岗等竞争性方式选拔领导干部。进一步加强新提拔领导干部的培训力度，进一步提高领导干部的理论水平和政治水平，增强组织能力和协调能力，提升综合素养，更好地适应新的工作岗位需要。

(3)强化干部挂职交流力度，充分激发干部队伍活力。厅直各单位党委(支部)，要按照省委有关“年轻干部成长工程”有关要求，加大年轻干部培养，要着眼于年轻干部的健康成长，采取“上挂下派”等方式进行干部挂职交流。选派年轻干部到艰苦地区、复杂环境、关键岗位砥砺品质、锤炼作风、增长才干，对那些思想政治素质好、工作能力强、发展潜力大的年轻干部加大实践锻炼力度，充实工作一线，促进年轻干部健康成长，为厅直各单位领导班子建设储备新生力量。

(4)完善内部监督制度，促进干部健康成长。厅直各单位要认真贯彻党风廉政责任制，落实班子成员“一岗双责”制度；落实党政主要领导任职期间及离任经济责任审计制度；落

实党委(支部)书记离任干部选拔任用报告制度，执行干部选拔任用监督有关规定，进一步提高选人用人公信度；建立健全领导班子建设报告制度和考核制度，厅直各单位要定期向厅党组报告班子建设相关情况；不定期开展干部巡视工作，针对厅直各单位党政领导班子建设、作风建设、干部选拔任用和廉政建设工作等进行监督检查，坚持群众路线，广泛听取群众意见，自觉接受群众的评议和监督；落实交心谈心制度，谈心要结合干部的思想、工作和生活等情况，适时地提醒、告诫和鼓励；认真开展领导干部任职谈话、免职谈话、诫勉谈话、廉政谈话等，完善函询、问责等制度。

3. 加强领导班子作风建设。

(1) 加强工作作风建设。坚持一线工作法，全面落实领导班子到基层调研、建立基层联系点、开通"领导信箱"和定期接访等制度，进一步拓宽领导班子联系基层群众的渠道，建立健全群众利益调解机制，通过深入调查研究，及时掌握信息动态，积极化解矛盾，切实解决基层和群众反映的热点、难点问题，为班子科学决策提供依据；在规范管理的前提下，尊重基层组织和群众首创精神，鼓励先行先试、探索创新，进一步调动基层组织和群众的积极性和创造性，多为基层和群众办实事，解难事，坚持原则、真抓实干，着力解决本单位发展中存在的突出问题；着力推进"三短一简"，坚持改进会风文风，提高工作效率，大力弘扬交通办事文化，以优良的作风破难题、见实效，以实际行动赢得职工群众的信赖和支持。

(2) 倡导良好生活作风。进一步加强对厅直各单位领导班子成员社会主义核心价值体系和世界观、人生观、价值观教育，坚持艰苦奋斗、勤俭节约，生活正派、情趣健康。班子成员都要带头模范遵守社会公德、职业道德、家庭美德、个人品德，讲党性、重品行，做表率，坚决抵制腐朽没落思想观念和生活方式侵蚀。注重培养健康的生活情趣，保持高尚的精神追求，坚持择善交友，多同普通群众交朋友，多同基层干部交朋友，多同先进模范交朋友，多同专家学者交朋友。积极参加交通文化建设活动，提高文化修养，保持身心健康。逐步加强干部"德"的考核和监督。

在厅党组的领导下，厅人事劳动处、机关党办、监察室、工会等部门实行分工负责、密切配合，形成合力，共同做好本意见的落实、指导等工作。厅直各单位要结合本单位实际，研究制定并出台本单位加强党政领导班子建设的具体办法和措施，注重总结研究加强领导班子建设的新情况、新问题、新方法、新途径。抓好自身建设，加强基层单位党组织建设，形成加强领导班子建设的长效机制。

2012 年 9 月 20 日

开短会发短文讲短话　简办事　强督查工作规范(试行)

(鄂交办〔2012〕308 号)

根据《中共湖北省委关于进一步加强和提升督促检查工作的意见》(鄂发〔2012〕6 号)、《省委办公厅、省政府办公厅印发〈关于进一步精简会议、文件和领导同志事务性活动的规定〉的通知》(鄂办发〔2012〕1 号)、《关于印发省政府办公厅落实文不过夜、事不隔天、会不超时、首办担责、勤廉和谐的具体办法(试行)的通知》(鄂政厅字〔2012〕7 号)等规范性文件要求，制定本工作规范(试行)。

1　范围和目的

1.1　开短会，切实改变会风。

1.2　发短文，切实改进文风。

1.3　讲短话，切实改进话风。

1.4　简办事，切实改进事风。

1.5　强督查，切实推动落实。

2　开短会

2.1　控制会议数量

2.1.1　全省交通运输工作会议每年原则上不超过 1 次。

2.1.2　可以文件形式布置的工作、以电话或电报形式解决的问题，不专门召开会议。

2.1.3　可开可不开的会议坚决不开。

2.1.4　可以合并召开的会议不单独召开。

2.1.5　尽量采用电视电话会议或视频会议形式。

2.1.6　以省交通运输厅(以下简称省厅)名义召开的全省性会议数量在 2011 年基础上逐年调减。

2.1.7　厅办公室建立全省性会议台账，并定期通报。

2.2　严格会议审批

2.2.1　以省厅名义召开的全省性会议，由厅长办公会从严审批；特殊情况由厅长审批。

2.2.1.1　承办会议的机关处室或厅直单位，原则上应提前 1 周拟出会议方案，分别以会议签报、文件形式提交厅办公室汇总报批。

2.2.1.2　厅办公室重点审核会议召开依据、会议内容和时限等，提出拟办意见。

2.2.2　以省厅名义召开的专题会议，由分管的厅领导审批；确需厅主要领导出席的，由厅长审批。

2.2.2.1　承办会议的处室或厅直单位原则上应在会议召开前 3 天向厅办公室报备。

2.2.3　厅直单位召开的全省性会议，和其他确需厅领导出席的重要会议，原则上应提前 1 周拟出会议方案，以文件形式提交厅办公室汇总报批。

2.2.3.1 厅办公室负责向厅长报告，统一协调厅领导出席会议。

2.3 控制会议规格

2.3.1 能以厅直单位名义召开的会议，不以省厅名义召开。

2.3.2 除少数重要会议外，以省厅名义召开的专题会议，一般由分管厅领导出席。

2.3.2.1 只安排与会议内容密切相关的单位、处室参加。

2.3.3 厅直单位召开的工作会议，原则上由分管厅领导出席；专题会议，原则上由对口处室派员参加。

2.3.4 不把厅领导是否出席会议作为评价工作的标准。

2.4 控制会议规模

2.4.1 全省性会议只开到市州一级，不延伸到县(市、区)，与会人员原则上不超过80人。

2.4.1.1 确有必要并经批准开到县(市、区)的，与会人员原则上不超过180人。

2.4.2 个别确需县(市、区)人民政府负责同志参加的会议，须在报经省政府同意后方可召开。

2.4.3 专题会议的与会人员原则上不超过60人。

2.5 控制会议时间

2.5.1 会议通知必须明确时长，限定发言时间。

2.5.2 厅党组会议、厅长办公会、专题会议等安排的汇报，以书面材料为主，汇报人只重点介绍情况，汇报时间原则上不超过15分钟。

2.5.2.1 提交会议审议或讨论的文件及汇报材料一般应至少提前1天提交厅办公室，并分送与会领导审阅。

2.5.3 全省性会议一般不超过1天。

2.5.4 专题会议一般不超过半天。

2.5.5 电视电话会议和视频会议一般控制在1小时以内，特殊情况不超过2小时。

2.5.6 会议一般不安排分组讨论和大会发言，原则上以书面方式(字数控制在3000字以内)报告和交流工作。

2.5.6.1 确需大会发言的，发言人数一般不超过5人，每人发言不超过8分钟。

2.5.7 控制在会议上安排表彰、颁奖等活动。

2.5.8 不得安排与会议主题无关的参观考察。

2.6 严格会议纪律

2.6.1 禁止与会人员缺席、迟到、早退，设立“迟到席”，建立缺席、迟到、早退通报制度。

2.6.2 试行会风会纪提示卡制度、发言超时提醒制度、到会情况统计制度等。

2.6.3 禁止与会人员进行与会议无关的活动。

2.6.4 会议应当安排在政府采购的接待宾馆酒店，不得安排到风景名胜区或豪华宾馆、涉外宾馆。

2.6.4.1 会议不在政府采购的接待宾馆酒店安排，由会议主办单位的主要负责人审批。

2.6.5 会议除统一发放的会议材料和文具外，不得安排其他纪念品。

2.7 实行无会月制度

2.7.1 每年防汛、春运等重点时段，除特殊情况外，一般不召开全省性会议。

2.7.2 无会月期间，领导集中时间下基层，调研和督导交通运输管理、重点项目建设、防汛救灾、应急疏运等工作。

3. 发短文

3.1 控制发文数量

3.1.1 法律法规规章已有明确规定的，不再发文。

3.1.2 国家和省已发至县或已公开发布的文件，只提出一般性贯彻要求，或者只是照抄照转的，不再发文。

3.1.3 非涉密文件原则上通过OA网、门户网站等发布。

3.1.4 厅领导讲话一般在门户网站适时发布；不宜公开发布的，以《交通情况通报》印发。

3.1.5 实行文件总量控制，省厅(包括厅办公室)制发的公文，按近5年发文字号平均数逐年适度调减。

3.1.6 会议通知一律以明传电报或通过OA的通知公告形式印发。

3.2 控制发文规格

3.2.1 能以厅办公室或厅直单位名义印发的，不以省厅名义印发。

3.2.2 能以便函印发的，不以正式文件印发。

3.2.3 非常设机构的会议纪要和厅领导会议讲话，由非常设机构行文；其成员需作调整的，报非常设机构主要领导同意后，由非常设机构行文。

3.3 压缩文件篇幅

3.3.1 文件要突出主题，简明扼要，不“穿靴戴帽”，做到意尽文止。

3.3.2 省厅(包括厅办公室)文件一般不超过4000字；个别确需增加篇幅的重要文件，原则上不超过5000字。

3.3.3 省厅报送省委省政府，及各单位报送省厅的请示、报告，一般控制在2000字以内，特殊情况应控制在3000字以内。

3.3.4 《交通情况通报》摘要刊登的厅领导讲话，篇幅一般不超过5000字。

3.4 严格行文程序规则

3.4.1 各单位报送省厅的公文，由厅办公室统一办理，不得直接报送厅领导个人(厅领导直接交办事项除外)。

3.4.2 省厅不得向市州、县(市、区)党委、政府发布公文尤其是指令性公文，也不能要求其向省厅报文。

3.4.3 除厅办公室根据授权可以对外正式行文外，厅其他内设机构不得对外正式行文。

3.5 精简各类简报

3.5.1 省厅只保留《湖北交通运输政务信息》1种简报，并报省委办公厅和省政府办公厅备案。

3.5.1.1 确需继续编报的其他简报，统一以《湖北交通运输政务信息》专刊形式编报。

3.5.2 各单位原则上只保留一种简报，并报厅办公室备案；未经备案的简报不予受理。

3.5.3 厅直单位的简报不得直接报送省委、省政府。厅直单位内设机构和下属单位的简报，不得直接报送省厅。

3.5.4 简报一般不超过1500字，登载的调研报告一般不超过4000字。

4 讲短话

4.1 减少会议讲话

4.1.1 省厅召开的会议，只安排1位厅领导主题讲话。

4.2 限定讲话时间

4.2.1 全省性重要会议讲话、报告原则上控制在90分钟以内，专题会议讲话原则上控制在60分钟以内，一般性会议讲话控制在30分钟以内。

4.3 提倡即席讲话

4.3.1 提倡领导亲自起草文件和讲话。

4.3.2 除重要会议外，提倡领导作即席讲话。

4.3.3 调研、检查等工作中的会议，领导原则上只作口头讲话。

4.3.4 讲话坚持“能少则少、能短则短，能精则精、能简则简”原则，增强针对性和感染力、传播力。

5 简办事

5.1 控制事务性活动数量

5.1.1 除具有重大影响，或省委、省政府有明确要求等特殊情况外，从严控制剪彩、奠基、挂牌、颁奖等活动，以及研讨会、报告会和检查、总结、评比、竞赛、周年纪念等活动，不搞不必要的活动。

5.1.2 厅直单位和市州交通运输局组织的上述各类活动，确需厅领导出席的，原则上安排1名厅领导出席。

5.2 严格报批程序

5.2.1 厅领导不出席未经统一安排的公务活动。

5.2.2 报请厅领导出席公务活动，须提前与厅办公室衔接。厅办公室负责审核报批。

5.2.2.1 不得通过其他渠道直接邀请厅领导参加活动。

5.2.2.2 需请厅领导讲话的，一并提供相关背景材料。

5.3 简朴办活动

5.3.1 办活动要控制规模，节约开支，务求实效，不搞层层效仿，注重公务形象和社会反应。

5.3.2 厅领导到基层调研，不到辖区边界迎送，接待用餐、住宿严格执行有关规定，不安排专场文娱活动和旅游观光活动，不准以任何名义赠送贵重礼品、纪念品。

5.3.3 会议活动新闻宣传要注重反映工作动态，宣传工作实绩，营造舆论环境。

6 强督查

6.1 加强督查推动落实

6.1.1 围绕中心工作、全局性工作，围绕上级和厅重大决策、阶段性重要工作部署的贯彻落实，以及人民群众关注的热点难点问题开展督促检查，推动重要决策和重要工作落实，丰富完善再决策。

6.2 健全督查工作体制

6.2.1 构建党组统一领导、责任主体明确、部门共同落实、一级抓一级、层层抓落实的大督查工作格局。

6.2.2 厅领导班子是省委省政府决策落实的具体承担者，是抓落实的领导者和组织者，对督促检查工作负总责。

6.2.3 厅主要负责人是第一责任人，班子成员按决定和分管工作范围开展督促检查。

6.2.4 督促检查具体工作归口厅办公室管理，实行主办处室负责制。办公室主任全面负责厅督查具体工作，各处室主要负责人为本处室督查具体工作的第一责任人。

6.2.5 主办部门发挥牵头、组织和协调、督办作用，对主办工作事项负全面责任。协办部门对承担的分工任务认真抓落实，并主动向主办部门反馈工作落实情况。

6.3 突出重点强力推动

6.3.1 督促检查要集中力量抓住影响全局的突出问题、时限性强的具体问题、主要矛盾和薄弱环节。

6.3.2 突出重大问题的决策督查，强化关键问题的跟踪督查，狠抓热点问题的调研督查，加强疑难问题的复核督查。

6.4 建立健全工作机制

6.4.1 督查事项分解立项制度。上级和省厅作出的重大决策部署，厅办公室及时进行分解立项，下发督查通知，明确责任单位和落实时限，并有计划、有重点地开展各种形式的督促检查。

6.4.1.1 厅党组会、厅长办公会议决定和部署事项，1个工作日内启动落实工作。

6.4.1.2 部省领导批示、交办事项，厅领导在会议、调研期间及会见市州政府领导等时明确的事项，在1个工作日内启动落实工作。

6.4.2 完善工作方式方法。坚持综合反馈、催报检查、督查调研、实地督办等有效方式方法，坚持把集中督查与不定期抽查、明察与暗访等结合起来。

6.4.3 督查落实报告制度。对已立项督查的决策部署，督促下级按规定时限上报贯彻落实情况，并在汇总整理后向厅领导报告或上报，产生闭环效应。

6.4.4 督查情况通报制度。对督查事项落实情况，厅办公室定期整理汇总，及时制发督查情况通报。对软拖不办、办而不力，造成不良影响的，督促限期整改；整改达不到要求的，可通报批评或公开曝光，追究有关人员的责任。

6.5 建立专兼职督查队伍

6.5.1 督查专职人员列席旁听厅涉及工作议题的会议、现场办公会等相关重要会议，参与重大事项的协调督查，参与重大突发事件的处置，及时了解情况。

6.6 加强其他政务督办

6.6.1 公文、人大建议、政协提案及公文性批示件、交办件、查办件，按照公文处理程序登记、办理和督办。

6.6.2 目标责任落实按照目标责任制管理规定执行。

6.6.3 政务值守、信访和突发事件按有关规定办理。

7 实施

7.1 本工作规范自2012年5月15日起试行。

7.2 与《湖北省交通厅加强政务督查工作管理暂行办法》(鄂交办〔2008〕351号)、《省交通运输厅关于进一步强化治庸问责改进机关作风提升办事效能的通知》(鄂交办〔2011〕572号)不一致的，按本工作规范执行。

2012年5月13日

湖北省农村公路安保工程建设实施方案

(鄂交法〔2012〕288号)

农村公路是我省覆盖范围广、服务人口多、公益性强的交通基础设施，是社会主义新农村建设的重要基础和支撑条件。近年来，我省农村公路增长迅猛，截至2011年底，全省共有农村公路19.4万公里，其中，县道20063公里，乡道63340公里，村道110558公里。但是，受资金不足等因素的制约，我省大多数农村公路技术水平低，安保设施不完善、不配套，一些山区坡陡弯急、临崖临水的农村公路缺乏必要的安全防护设施，导致交通事故多发频发，给人民群众生命财产安全构成严重威胁，农村公路安全形势十分严峻。为了尽快提高我省农村公路安保设施服务水平，保障广大农村地区人民群众出行安全，按照《湖北省人民政府关于加强全省农村公路交通安全工作的意见》的精神，省厅决定：2012年在全省农村公路实施以“消除隐患、关爱生命”为主题的农村公路安保工程建设大会战。为保证这项工作的顺利实施，特制定本方案。

一、总体要求

以科学发展观为指导，坚持“以人为本、安全第一、生命至上”的理念，按照“统筹规划、分步实施、因地制宜、综合治理”的原则，动员各方力量，强化政策支持，创新体制机制，广泛筹措资金，加快推进农村公路安保设施建设，力争2012年10月底前完成特别危险(高危)路段安保设施建设任务，“十二五”未完成县、乡、村道安保工程建设任务，尽快提升农村公路交通安全水平，坚决扭转农村公路交通事故多发频发势头，大幅度减少农村公路交通事故起数和伤亡人数，促进农村公路交通安全形势逐步好转。

二、实施原则

我省农村公路建设是一项复杂的系统工程，在推进过程中要坚持以下原则：

一是统筹规划原则。以尽快堵住农村公路交通安全漏洞为目的，对农村公路危险路段实行统一领导，统一规划，动态管理，分级负责，分批推进，有序推进农村公路安保工程建设。

二是分步实施原则。在调查摸底基础上，排出先后次序，实行高危(特别危险，下同)路段优先，交通流量大优先，旅游线路优先，逐步推进农村公路安保工程建设。

三是因地制宜原则。在设计、建设环节，充分考虑地形、材料、成本和当地经济条件，实事求是，注重实效，以最小的投入获得最佳的使用效果。

四是综合治理原则。以提升农村公路安保水平为目的，在高危路段设置防撞墙、波形钢梁护栏、反光凸镜、标志标牌等安保设施，其他危险路段以诱导、警示为主，综合应用多种安保措施。

三、实施步骤

农村公路安保工程建设涉及面广、工程量大、资金不足，实施条件差、困难大、任务重。各级交通运输主管部门要按照目标要求，周密筹划、精心组织、认真实施，确保实施工作顺利推进。今年的主要任务是开展农村公路安保工程大会战，主要工作和实施步骤如下：

1. 调查摸底及启动阶段(5月15日之前)。省厅组织各市州交通运输主管部门对农村公路安保设施需求进行调查，摸清各地农村公路安保工程建设需求的路段数量和分布情况，特别要对同时满足急弯R(平曲线半径)< 15米、陡坡i(纵坡)> 7(村道i > 9)、临崖临水h(高度)> 4米三个条件的特别危险路段要逐个标号。同时，召开全省农村公路安保工程建设推进会，提请省政府与各市州(区)政府签订目标责任书，全面部署全省农村公路安保工程建设工作。

2. 组织动员、拟定计划和建设方案阶段(5月30日前)。各市州(区)召开农村公路安保工程建设动员会，层层签订目标责任书，将任务落实到县(市)乡政府和村委会。各地以县乡政府为主，组织力量对特别危险路段和一般危险路段逐个等级标号，根据《湖北省农村公路交通安全设施实施技术指南(试行)》，对当地农村公路进行安全保障技术和经济分析，认真编制安保工程建设计划和实施方案，并在实施路段现场进行设计方案论证和校核。市州交通部门要汇总各县市计划和实施方案，形成市州安保工程计划和实施方案，并报省交通公路部门备案。

3. 安保工程建设阶段(今年底前)。主要开展三项工作：

一是实施特别危险路段安保工程建设(必须赶在10月底冬季到来之前完成)。各县(市、区)根据安保工程实施方案和计划安排，组织实施本辖区内农村公路特别危险路段安保工程建设，在急弯、坡陡、临崖临水等特别危险路段以及事故多发地点，建设符合质量标准和设计规范的防护栏、防护墩、防护墙等安全防护设施，逐个消除重大安全隐患。

二是实施一般危险路段安保工程建设和设置交通安全标志标识。鼓励地方因地制宜地推进农村公路安保工程建设，重点是在一般危险路段建设必要的防护栏、警示墩、警示桩等安全防护设施，在弯急、坡陡、窄桥、村庄、学校、交叉路口等路段设置必要的交通安全标志，在农村公路“丁”字形路口、行人与公路的交汇处等地设置警示标志、防护措施等。

三是完善农村公路配套工程。各地动员农村地区广大群众，以村为单位，采取投工投劳等方式，完善农村公路配套工程，提高农村公路安全防护水平。重点是：在有条件的地方，填实农村公路路肩，将路面宽从3.5米拓宽到4.5米；按照每200～300米一个的标准增加错车台；在农村公路路边植树；在路宽的危险路段路边堆放防撞土石堆等。

4. 验收总结阶段(2013年1月底前)。各县(市、区)交通运输主管部门负责对本辖区内安保工程建设情况进行验收并向市州交通运输主管部门提交总结报告，对已经消除的特别危险路段隐患要逐个销号。省、市州交通运输主管部门进行抽查，在充分论证基础上，对有条件的农村公路及时开通客运线路。各市州交通运输主管部门汇总本辖区内的工程实施情况，并报省厅。省对全省农村公路安保工程实施情况进行总结和通报，对完成的工作量给予资金奖励。

2013年以后的安保工程建设工作，将按照实施计划和工作方案继续抓紧实施，争取在2015年年底前完成已建农村公路安保设施的全面建设任务。

四、工作措施

(一)加强组织领导、落实目标责任

各地交通运输主管部门要进一步提高认识，加强组织领导，主要负责人要亲自研究部署，分管领导要切实履行职责具体落实，建立健全相应的组织机构。要根据本方案要求，结合本地区、本部门工作实际，尽快制订加强农村公路安保工程建设工作计划，明确工作目标。各地公路部门要按照交通运输主管部门的统一部署，充分发挥技术优势，积极配合乡镇人民政府，加强技术指导和质量巡查，促使农村公路安保设施质量好、功能强、外观美。在省与市州签订目标责任书的基础上，市州要与县(市、区)、县(市、区)要与乡镇、乡镇与村层层签订目标责任书，实行严格的目标责任制和奖惩机制，确保农村公路安保设施建设任务落到实处。

(二)实行规范建设、严格质量监管

各地交通运输主管部门要规范安保工程项目建设程序，坚持先设计后施工，凡符合招标条件的，必须公开招标，择优选择施工单位，严格控制工程造价，做好项目管理。安保工程要推行“业主负责、社会监督、行业监管、企业自检”的质量管理体系，全面落实质量责任制。各级交通运输主管部门及其质监机构，要加强对安保工程建设施工质量、现场安全生产的监督，具备条件的要引入社会监理制度，强化施工全过程监管，严格按工程竣(交)工标准进行验收，确保工程建设质量，杜绝“豆腐渣”工程。各地交通部门要定期组织基层技术人员进行专项培训，使基层技术人员掌握农村公路安保工程实施技术指南、施工要求、质量管理要点及控制方法等内容。

(三)广开融资渠道、筹措建设资金

要积极争取各种政府资金，建立地方政府投资和社会各界共同参与的多渠道筹资机制，确保农村公路安保工程建设有稳定的资金来源。要积极推广神农架林区鼓励社会资本参与农村公路安全保障工程建设的经验，按照“统一标准、鼓励投资、合理利润、分年返还”的原则，鼓励企业和个人垫资建设、带资进场，尽快推进农村安保设施建设。要鼓励农村公路沿线受益单位和个人捐助安保设施建设，鼓励利用道路冠名权、安保设施冠名权、路边资源开发权、绿化权等方式筹集社会资金，投资农村公路安保设施建设。

(四)加强教育培训、营造舆论氛围

各地交通运输主管部门及其运管机构要配合当地政府组织开展农村公路交通安全教育，扎实推进交通安全宣传教育进乡村、进单位、进学校、进家庭，并以学生、村民、运输企业驾驶人为重点，加大宣传力度，增强宣传实效，力求应宣尽宣、应教尽教、应训尽训。各地、各有关部门及交通运输企业要依法履行交通安全宣传职责，开展形式多样的宣传教育活动，切实增强广大交通参与者的法制观念和安全意识。要充分利用报纸、电视、电台、互联网络等各新闻媒体，大力宣传实施公路安保工程的必要性和重要性，形成良好的舆论氛围，争取各方支持。

2012年5月4日

省级交通运输行政审批事项运行工作机制(试行)

(鄂交法〔2012〕306号)

为认真贯彻落实全国、全省深入推进行政审批制度改革工作电视电话会议精神，实现省委省政府提出的“把湖北打造成为全国审批事项最少、发展环境最优的省份”的目标，强力推进交通运输“四减五制三集中”审批制度改革，提升服务水平，优化发展环境，特制定《省级交通运输行政审批事项运行工作机制(试行)》。

一、总体原则

实事求是，方便群众；分类推进，分步实施。

二、总体目标

按照“审批项目全国最少、行政成本全省最低、办事流程全省最简、工作效率全省最高”的总体要求，加快推进“四减五制三集中”改革(即减行政审批事项、减审批环节、减审批时限、减审批费用；窗口受理制、首问负责制、限时办结制、一次告知制、责任追究制；人员、事项、职能向一个部门集中),进一步提升服务,优化环境,为促进我省科学发展、跨越式发展作出应有贡献,并走在省直部门前列。

三、运行机制

(一)即办件即时办理:坚持"精简流程,即时办结"原则,采取高度授权,压缩审批程序和环节,直接由厅政务服务大厅窗口工作人员行使受理、审查、决定权限,原则上当场办结。

1. 即办件包括:船员证、超限证(超几何尺寸)。

2. 流程:

①受理:全部集中到厅政务服务大厅,各业务局不再受理。

②审查:由厅行政审批办公室(筹)工作人员审查。

③决定:由厅行政审批办公室(筹)工作人员根据许可条件依法做出决定。

(二)承诺件限期办理:坚持"责权明确,管控有序"原则,原审查责任主体不变,实施主体不变,把关部门不变,厅直各业务局的相关业务处室仍然是行政许可的实施主体和责任部门。厅行政审批办公室(筹)在审查过程中积极参与,加强协调、服务、指导、监管、督办,合力推进,有序运作,阳光运作,科学运作。

1. 厅公路局、运管局、港航局、高管局承诺件:除即办件外,所有其他的行政审批事项。

2. 流程:

①受理:各基层受理窗口(含县、市级局窗口,厅直各业务局窗口除外)或办公自动化系统、专用审批系统受理的,继续受理。新增厅政务服务大厅受理窗口。

②审查:由原审查部门—厅直各业务局组织审查,厅行政审批办公室(筹)根据审批业务范畴(如需专家审查、现场查验等),会同厅机关相关业务处室参与审查。法律法规规定需要听证、招标、拍卖、检验、检测、鉴定和专家评审的,应当依法组织,所需时间不计算在法定及承诺期限内。

③决定:由原审查部门报局分管领导审查并提出审查意见,经厅行政审批办公室(筹)审核,报厅分管领导决定后,由厅政务服务大厅发放决定。

3. 厅机关承诺件(含省厅初审,报省直机关审批的并联审批事项):交通建设项目的工程可行性研究报告(项目建议书)审批,初步设计审批,施工图设计审批,施工许可(开工备案),竣工许可,公路水运工程丙级监理资质审批,施工企业资质会审。

4. 流程:

①受理:由厅办公自动化系统统一受理,增设厅政务服务大厅现场受理,按照"受办分离"、"批办分离"原则,各业务处室不再受理。

②审查:由厅相关处室组织审查,厅行政审批办公室(筹)参与审查。法律法规规定需要听证、招标、拍卖、检验、检测、鉴定和专家评审的,应当依法组织,所需时间不计算在法定及承诺期限内。

③决定:由厅分管领导决定。

四、运行保障

1. 人员管理:厅直各业务局应当选派政治素质高、业务能力精、服务态度好的工作人员到厅政务服务大厅政务服务办事岗位工作,工作人员的业务学习培训、人事组织关系、生活环境待遇纳入厅机关管理。建立厅直各业务局(处室)联系人沟通衔接机制,具体负责试运行期间,办件过程中出现的相关问题,维护厅政务服务大厅业务办理的正常运转。

2. 资金保障:厅政务服务大厅的建设、管理、运行经费列入财政预算。

3. 制度建设:厅行政审批办公室(筹)要创新审批审批制度,建立首席代表制、首问负责制、限时即时办结制、并联审批制、AB 角工作制、服务质量考核、行政审批统计、定期协调通报、跟踪督导等制度,进一步创新服务品牌,提升服务质量。

4. 廉政风险防控:厅行政审批办公室(筹)应当会同纪检监察部门开展廉政风险防控工作,组织排查廉政风险点,制订风险防控措施,编制廉政风险防控流程图。

5. 立体监督制约:厅政务服务大厅设立监督投诉电话、网上投诉平台、公众评价器、意见箱(簿),自觉接受人大代表、政协委员、新闻媒体和服务对象的监督。

2012 年 5 月 12 日

关于加快推进湖北省集中连片特困地区特色公路建设的通知

(鄂交综〔2012〕889 号)

襄阳、十堰、宜昌、恩施、黄石、咸宁、神农架等市(州、区)交通运输局,厅直有关单位,厅有关处室:

为加快湖北省集中连片特困地区交通扶贫开发,积极推广大别山红色旅游公路建设的成功经验,省厅根据交通运输部《集中连片特困地区交通建设扶贫规划纲要(2011 ~ 2020 年)》、《湖北省人民政府 交通运输部 落实中央扶贫开发会议精神 促进秦巴山区、武陵山区、大别山区交通运输发展的共建协议》、《湖北省公路、水路交通运输发展"十二五"规划》和《湖北省集中连片特困地区交通建设扶贫"十二五"规划》等文件,结合区域发展实际,组织编制了《湖北省集中连片特困地区特色公路规划》(以下简称《规划》),规划在秦巴山、武陵山、幕阜山等三个片区各建设一条对促进地方扶贫开发具有明显带动效益的特色公路。为加快《规划》项目实施,现将有关事项通知如下。

一、《规划》项目构成

《规划》提出了建设秦巴山库区

生态环保路、武陵山绿色旅游公路、幕阜山生态旅游公路等三个特色公路项目。其中：

秦巴山库区生态环保路由“一主四支”构成，路线全长约1390公里，均为国省干线公路。其中利用路段380公里，路面改造323公里(其中国道185公里、省道138公里，全部纳入部扶贫规划)，升级改造687公里(其中纳入部扶贫规划329公里，纳入省“十二五”规划289公里，其他项目69公里)。

武陵山绿色旅游公路由“一环七支”构成，路线全长约1564公里(含片区外80公里利用路段)，由国省干线公路和重要县乡公路组成。其中利用片区内国省干线578公里，国省干线路面改造412公里(其中国道380公里、省道32公里，全部纳入部扶贫规划)，国省干线升级改造357公里(其中纳入部扶贫规划215公里，纳入省“十二五”规划137公里，其他项目5公里)，新、改建重要县乡公路137公里。

幕阜山生态旅游公路由“一主一支”构成，路线全长328公里，均为国省干线公路。其中利用路段48公里，路面改造54公里(其中国道26公里、省道28公里)，升级改造226公里(其中纳入省“十二五”174公里、其他项目52公里)。

三个特色公路项目路线总长3282公里(含片区外80公里利用路段)，其中利用国省干线1086公里，国省干线路面改造789公里(其中国道591公里、省道198公里，全部纳入部扶贫规划)，国省干线升级改造1270公里(其中纳入部扶贫规划544公里，纳入省“十二五”规划600公里，其他项目126公里)，新、改建重要县乡公路137公里。

二、相关要求

1.各地交通主管部门要高度重视、精心组织，切实落实责任，扎实有效推进，确保圆满完成建设任务。

2.省厅将根据部、省交通扶贫相关支持政策，提高规划项目资金补助标准，加大对规划项目的资金支持力度。各地要加大配套资金的落实力度，保证配套资金及时、足额到位，以保证规划项目的顺利实施。

3.各地交通主管部门要加快推进规划项目的前期工作进度，确保规划项目在“十二五”期间建成。

4.厅直有关单位、厅机关有关处室要进一步加大对项目建设的指导、督导、协调和服务力度，确保项目顺利实施。

附件：略

2012年12月26日

湖北省交通建养计划管理办法(试行)

(鄂交计〔2012〕207号)

第一章　总　则

第一条　为确保全省交通建养目标的实现，进一步加强和完善我省交通建养计划统筹管理，明确管理职责、管理程序、管理措施，提高投资效益，依据交通运输部《国道建设项目计划管理规定(试行)》、《车辆购置税投资补助农村公路建设计划管理办法》、《公路路网结构改造工程管理办法》、《航道养护管理规定》等相关管理办法，结合《湖北省“十五”交通建养计划管理办法》和实际工作情况，特制定本办法。

第二条　本办法适用于申报、审核(审查)、下达、执行交通建养计划的各级交通主管部门和业务部门及高速公路建养项目法人(各高速公路建设指挥部及管理单位)。

第三条　交通建养计划管理的范畴包括全省公路水路交通基础设施建设、生产运输配套设施、公路和航道养护、支持系统重点改造项目及其他。

全省交通建设、养护计划按使用资金性质分为国家投资计划和省投资计划，按项目类别分为高速公路、普通公路、运输站场(物流设施)、内河航运、支持系统保障及其他。

第四条　交通建养计划工作需遵守国家相关保密规定。

第二章　计划管理职责

第五条　按照“统筹计划、条块结合、定额投入、确保产出”的模式，全省交通建养计划实行分级管理。

(一)省厅主管全省交通建设、养护计划管理工作，主要包括：制定投资政策和计划管理办法，拟定全省交通投资规模和建设项目，明确资金使用计划，审核、下达各类交通建养计划，与国家及省级有关部门衔接和协调相关计划。

(二)省公路局、运管(物流)局、港航(海事)局、高管局(以下简称省业务局)按照省厅的部署和要求，负责各自行业范围内的计划管理工作，主要包括：组织编制、汇总、审核各市州交通部门报送的相关建议计划并上报省厅；转发或分解下达省厅下达的有关计划；监督计划执行和落实情况，及时收集、整理和上报计划执行统计信息。

(三)各市州交通部门负责收集、编审管辖范围内交通建养计划，并分别上报省厅和省业务局；分解下达本地区支出计划目标，督促县(市、区)完成项目前期工作，负责本地区交通建养按计划执行和落实，及时收集、整理和上报计划执行统计信息。

(四)各高速公路建设单位负责编制年度建设建议计划并上报省厅，负责组织落实和执行省厅下达的计划，并按期报送统计报表。

第三章　计划工作流程

第六条　遵循“二上二下”的工作程序。“一上”即：省业务局提出各分管行业的年度建养规模和投资目标方案报省厅审核；“一下”即：经厅长办公会审定后，由省厅下达高速公路、普通公路、内河航运、运输站场(物流设施)建养的年度投资目标预安排计划；“二上”即：市州交通主管部门和省业务局依据省厅要求，结合各类别项目前期工作实际，申报年度建养项目投资建议计划；“二下”即：省厅按项目类别进行审核，经厅长办公会审定后，分批下达年度建养项目投资计划。

第七条　高速公路建设年度计划由建设单位编制并上报省厅，省厅审核批准计划并下达到项目建设单位。其他工程建养计划，由县(市、区)业务部门负责编制本辖区年度建议计划，经同级交通主管部门审核后上报市州交通主管部门，抄送市州业务部门；市州业务部门审查汇总后报同级交通主管部门综合平衡审核，市州交通主管部门上报省厅，抄送省业务局；省业务局综合平衡、汇总审核后报省厅审批。省厅审批计划并下达到市州交通主管部门和省业务局；省业务局转发或分解下达到市州交通业务部门，同时抄送市州交通主管部门；市州交通主管部门会同同级业务部门分解下达到县(市、区)交通主管部门；县(市、区)交通主管部门下达同级业务部门执行。

第四章　计划的申报

第八条　交通建设计划申报时必须同时符合以下条件：

(一)已列入省级交通建设规划或三年项目库的项目。

(二)二级及以上公路项目、独立的公路桥梁和隧道工程、其他农村公路建设项目、港航、站场项目工程可行性研究报告已批复，初步设计已完成审查。

(三)原则上只有具备上述前期工作批复文件，项目建设资金构成方案已明确，方能纳入全省年度建设投资计划。

(四)国家有相关规定的从其规定。

第九条　交通养护计划申报时必须同时符合以下条件：

(一)符合省级交通养护规划要求。

(二)公路大修、路网结构改造等养护工程项目已纳入省级项目库。

(三)原则上工程可行性研究报告或初步设计方案已批复，项目资金构成方案已明确。

(四)国家有相关规定的从其规定。

第十条　高速公路建设单位须于上一年的8月底前编制完成年度建议计划并按程序上报。各市州交通部门须于上一年的8月15日之前，编制完成本辖区交通建养年度目标建议，分别按程序上报，由省公路局、运管局、港航局分别汇总、审核并编制相应的年度投资目标预安排建议计划，于8月底之前上报省厅。从元月份起，省业务局按“二上”要求及时对接和申报具体项目投资建议计划。三年项目库每年应动态更新，并于9月份之前将更新情况按程序报省厅审核。

第五章　计划的审核

第十一条　交通建养计划审核应遵循以下原则：

(一)需要与可能相结合原则。省业务局根据项目推进情况，省厅结合当年落实资金情况，对申报计划进行审核和批准。

(二)项目重要度排序原则。建养计划应结合“十二五”规划目标，以国家政策符合度、区域经济需求度、路网属性等因素综合确定项目重要度。公路建设计划按照续建项目、原国省道提等、新增国省道提等的顺序安排，水运和站场建设计划按照保竣工、保续建、保开工、保重点的顺序安排；公路养护计划应对具有交通拥堵、路况较差、超期服役等特点的国省道路段，按照原国省道路面改造、新增国省道路面改造的顺序安排。

(三)统筹兼顾原则。从提高路网整体服务水平出发，将改造项目与新改建重大项目统筹计划；坚持政策支持与资金引导，注重上档升级和行业服务。

第六章　计划的下达

第十二条　省厅结合“一上”申报的分行业项目投资规模拟定年度建养投资目标，经厅长办公会审定后，于元月份下达本年度建养投资目标预安排计划；结合规划项目重要度排序情况，于3月份下达后两年的建养项目前期工作计划；再结合“二上”申报项目的对接情况拟定投资建议计划，经厅长办公会审定后，根据落实资金分批下达年度建养项目投资计划。省公路局、港航局和运管局在收到省厅计划文件后于10个工作日内按程序转发或分解下达；市州交通主管部门会同同级业务部门及时按程序分解下达。

第十三条　普通公路通行费、过渡费支出计划下达流程为：由市州公路管理机构负责编制年度计划，经同级交通主管部门审核后，报省公路局；省公路局审查汇总后，上报省厅审批；省厅批准后，由省公路局分解下达市州公路管理机构执行，并抄送市州交通主管部门核备。

第七章　计划的监督

第十四条　交通建养计划执行应严格监督，分级负责。

(一)加强计划管理责任。高速公路建设、管理单位要积极筹措项目建设、养护资金，明确目标要求，确保年度计划完成。省业务局应加强行业建设、养护监督管理，检查、督促年度计划的执行，总结、交流经验，收集、整理和上报有关信息。各地方交通主管部门要依据区域交通建设、养护规划，结合地方配套资金落实情况，科学编报年度建议计划，全面负责计划的实施，及时收集、整理和上报有关信息。

(二)强化计划的严肃性。各有关单位要进一步加强建议计划的编报、审核工作，严禁多头、重复申报项目。年度计划一经下达后，必须严格执行，任何单位或个人不得以任何理由擅自调整项目，变更投资、建设规模和技术标准，确需调整变更的，须履行相应的审批程序。

省厅将组织省业务局通过不定期检查、抽查、明察暗访等多种形式加强计划执行情况的监督检查，支持先进并实行考核制度。凡计划管理严格，执行情况良好，完成年度任务的市(州)和单位，省厅将予以表彰奖励；凡提供虚假情况或多头重复申报骗取补助资金、擅自更改项目规模、变更技术标准或者无正当理由未按计划实施的市(州)和单位，省厅将对其下一年度的项目安排、投资补助进行核减，并通报批评或追究相关人员责任。

(三)强化计划管理基础工作。各有关单位在执行交通建设、养护计划过程中，要按现行统计报表制度规定及有关要求，及时报送统计数据和其他信息。同时，要不断研究加强计划管理的新思路、新方法，提升计划管理软硬件水平。

第八章　附则

第十五条　本办法由省交通运输厅负责解释。

第十六条　本办法自印发之日起实施，《湖北省“十五”交通建养计划管理办法》同时废止。

2012年4月9日

2012年湖北交通重点工程建设“双优杯”劳动竞赛活动实施方案

（鄂交建〔2012〕81号）

2012年是实施“十二五”规划承上启下的重要一年，也是推进湖北交通运输跨越发展、加快构建综合交通运输枢纽的关键一年，做好今年的工作至关重要。为全面贯彻全国交通运输工作会议和全省经济工作会议精神，提升优质服务，争创优异成绩，深入开展“重大项目建设年”主题实践活动，进一步打牢支撑湖北跨越式发展的“大底盘”，全力推进建设“祖国立交桥”，省厅决定开展2012年湖北交通重点工程建设“双优杯”劳动竞赛活动(以下简称劳动竞赛)。

一、指导思想

坚持以科学发展为主题，以加快转变发展方式为主线，以科技创新、管理创新为支撑，加快综合交通运输枢纽建设，大力推行现代工程管理，提升服务质量，保证工程质量，保障安全生产，推进廉政建设，以优质的服务促进交通事业跨越式发展，以优异的成绩喜迎党的“十八大”召开。

二、总体要求

以“喜迎十八大、争创新业绩”为导向，深入开展“重大项目建设年”和“抓作风、抓环境、抓落实、促跨越”主题实践活动，以争创“优质服务”和“优异成绩”为主题，以交通重点工程为载体，抓作风转变、抓环境优化、抓工作落实，抓服务水平、抓工程质量，促进诚信守约，实现服务提升、工程优质、成绩优异，推进我省交通重点工程建设跨越式发展。

三、活动范围和时间

劳动竞赛活动在我省所有市州交通局(委)及交通重点工程建设指挥部(项目部、项目公司)、设计、施工、监理单位中全面开展。活动时间为2012年2月4日～2012年12月31日。

四、活动目标

(一)工程建设目标。

1.坚定不移做大底盘，保持投资规模较快增长，各相关部门应积极争取信贷资金支持，拓宽融资渠道，力争2012年全省公路水路交通固定置产投资突破600亿元，其中：高速公路435亿元，普通公路104亿元，港航建设42亿元，物流和站场建设19亿元。

2.加快构建高速公路骨架网，着力推进高速公路项目建设，续建宜巴、九江桥北接线、十白、十房、谷竹、机场二通道、咸通、硚孝、洪监、襄樊东外环、麻竹黄冈段、麻竹孝感段、黄鄂、郧十、保宜宜昌段、恩来、宣黔、江南、武汉城市圈环线大冶段、咸宁东段、孝感段、通界、保宜襄阳段、荆州长江二桥及连接线、老谷、麻竹襄阳西段、利万、武汉城市圈环线仙桃段、麻竹襄随州西段、麻竹襄阳东段、黄鄂高速公路延长段、麻阳麻武段、银北建恩段、武深嘉鱼至通城段、武汉市四环线吴家山至沌口段等“三十五路”2261公里。完成棋盘洲长江大桥接线、宜昌至张家界高速公路当阳至枝江段、宜都至鄂湘界段、武汉城市圈环线嘉鱼长江大桥接线、武汉至嘉鱼高速公路、潜江后湖至石首高速公路潜江段、江陵段、神农架至保康、岳阳至宜昌高速公路宜都段等9条约357公里高速公路的前期工作并全部开工。

3.完善干线路网结构，提高路网服务能力。继续推进路网建设，适度发展一级公路，大力发展二级公路，确保公路网建设规模、均衡状况、连通水平、等级水平、铺装水平满足经济社会发展需求。提高干线路网路况水平，力争干线公路实施大中修工程比重不少于17%，努力消除国省干线公路中的断头路、等外路，省际通道与相邻省市公路技术等级基本匹配。新增一级公路400公里、二级公路1000公里、农村公路10000公里，安排大修改善1186公里、中修600公里。

4.强力推进水运强省战略，力争“十二五”规划重点港航项目全部开工建设，加快武汉新港阳逻三期、三江港区、林四房配煤中心码头、港口枢纽及港区集疏运通道等重点项目建设，基本建成宜昌云池二期、荆州盐卡三期多用途泊位、黄石棋盘洲一期主体工程，开工新建宜昌白洋工业园区码头一期工程等项目，续建引江济汉通航工程和汉江兴隆至汉川、白河至丹江口、清江、黄柏河航道整治工程，加快推进雅口航运枢纽前期工作。

5.加快构建现代综合交通运输枢纽，全力推进以武汉、宜昌、襄阳、黄石等试点城市为代表的现代综合运输体系建设，加大综合运输枢纽的建设力度。加快建设武汉天河机场综合交通体、襄阳东站综合客运枢纽、荆州郢城客运换乘中心、黄石团城山综合客运枢纽等客运转乘设施，及武汉高桥和花山、孝感华中锦龙、宜昌白洋和伍家岗、荆州楚都和襄阳汽车产业物流园等物流示范工程。

(二)质量安全目标。

严格执行国家、交通运输部、省交通运输厅有关质量安全法律、法规及规定的要求，健全质量保证体系，落实质量责任制度，前移质量安全监管关口，加强过程中的质量监督，严把试验检测关，开展诚信体系建设，促进全省交通重点工程建设质量逐步提升。继续深入开展混凝土质量通病的治理活动，全面推进高速公路建设标准化，使工程建设各环节的运行、管理更加系统化、专业化、标准化、精细化、规范化、信息化，进一步提升工程质量、安全水平和行业文明施工形象。继续加大农民工培训力度，开设“农民工讲堂”，印发《刚毅工法》等实用教材，完善技术和安全交底制度，用深入浅出、生动直观的培训使农民工能够看得懂施工图、学得懂新技术、干得了新工艺。各重点工程质量监督面100%，质量管理责任制落实率100%，各项目分部、分项工程合格率100%，优良率90%以上；钢筋、水泥、砂、石等原材料一次抽查合格率90%以上，抽检项目一次合格率90%以上。

严格执行安全生产责任制，认真落实各项安全生产操作规程和安全检查制度、隐患整改制度、事故报告制度以及事故查处制度，建立健全“横向到边、纵向到底”各负其责的安全监管网络，建立健全安全预警和应急体系。施工单位项目主要负责人和专职安全生产管理人员持证上岗率100%，特种作业工种人员持证率100%，杜绝重特大安全事故，努力减少一般安全事故，力争零死亡。

(三)建设市场管理目标。

严格执行工程建设管理有关法律法规和国家基本建设程序，依法实行项目法人责任制、招投标制、工程监理制、合同管理制、廉政建设和安全生产责任制。严格建设市场监管，健全市场准入与退出机制，不符合的市场准入条件的从业单位和从业人员不得进入建设市场。切实加强对项目建设单位的管理，充分发挥项目建设单位的主导作用。全面推行诚信体系建设，加强过程中的考核管理，规范从业单位和从业人员行为，构建行政执法、行业自律、舆论监督、公众参与相结合的市场监管体系。项目经理、总工、驻地、主要监理人员合同到位率100%，项目业主资本金到位率100%，工程计量款按合同规定按时支付率100%，民工工资按时支付率100%，无违约毁约现象发生。

(四)廉政阳光工程建设目标。

继续深化“廉政交通”主题教育，健全廉政风险防控体系，深入推进“廉政阳光工程”建设，打牢坚实廉政建设基础。进一步加强党的基层组织建设，积极推行把党支部建到项目上，建到工地一线，继续开办“网上交通党校”，实现党的基层组织覆盖面达到100%。全面落实党风廉政建设责任制，建立与纪检监察检察司法审计等部门的联动共建机制，实现综合治理，确保干部优秀。

五、工作措施

(一)统一思想，切实加强组织领导。为确保竞赛活动取得实效，顺利实现重点工程建设目标任务，省厅决定成立交通重点工程建设2012年“双优杯”劳动竞赛活动领导小组，尤习贵同志任组长，唐元、徐佑林、徐健、马立军、张云、谢强、田文彪、张月斌、程武、姜友生同志任副组长，徐文学、施载玲、陈飚、陶维号、陈光斌、周拥军、高进华、章征春、姚沅、徐锴、吴正强、曹慧娟、同志为成员。劳动竞赛活动领导小组下设办公室，由重点办、综交处、计划处、建设处、运输处、安监处、财务处、质监局、造价站、监察室、交通工会、团委指定专人负责活动的组织策划、工作推动、综合协调、检查督办和总结表彰等日常工作，办公室设在重点办。

各单位各部门要把“双优杯”劳动竞赛活动作为深入开展“重大项目建设年”和“抓作风、抓环境、抓落实、促跨越”主题实践活动的重要载体，摆在重要位置，成立工作专班，要按照劳动竞赛活动的目标和要求，围绕工程建设的重点、难点、制约点，把工程建设每一个指标，层层分解，确定目标，制定方案，确保竞赛活动扎实有序推进。

(二)营造氛围，认真做好宣传发动。各相关单位要通过报刊、网络等媒体及时开展宣传发动，广泛宣传劳动竞赛活动的指导思想、工作要求、目标任务，使劳动竞赛的组织发动工作深入到基层，形成全员全过程参赛，营造良好的劳动竞赛氛围。要加强信息交流与沟通，将劳动竞赛活动好的经验、好的作法及时报给厅劳动竞赛活动办公室，厅劳动竞赛活动办公室要及时进行总结和推广，电子文档通过OA邮件报厅重点办，联系人：左小明，电话：027-83460665。

(三)完善措施，狠抓工作目标落实。各相关单位要紧扣目标，更加注重实干，切实增强等不起的紧迫感、慢不得的危机感、坐不住的责任感，克难奋进，完善和强化各项保障措施，狠抓各项工作的落实。各市州要加大项目招商力度，抓紧推进前期工作，确保“十二五”规划项目早日开工建设；努力优化施工环境，保障开工建设的重点项目顺利推进。各项目业主要创新融资方法，加大融资工作力度，积极筹集工程建设所需配套资金，为确保建设项目又好又快推进提供必需的资金保障；积极协调相关部门千方百计化解土地资源制约。各重点工程参建施工、监理单位也要建立相应目标责任制，层层分解目标，层层细化施工组织方案，确保各项目标落实到人，全面落实旬、月、季、年工程进度计划。

(四)跟踪督办，全力推进竞赛开展。省厅将继续实施交通重点建设项目领导责任制和目标管理责任制，厅领导在各自分工的基础上具体负责2～3个交通重点工程项目，带头深入工程一线，定期进行调研督办，对建设项目进度、质量、安全等工作进行跟踪管理，实行定项目、定专人、定责任，保目标责任制。继续实施重点工程建设定期调度制，对重点工程建设情况进行跟踪调度，及时通报各市州、各项目的目标任务完成情况，要求有针对性的采取措施确保年度目标的实现。继续挂职调研督导制，抽调厅机关处室负责人、厅直单位技术骨干组成督导组，深入交通重点工程一线，有针对性地进行指导、协调和服务，确保建设目标实现。重点办将充分发挥作为省政府交通重点建设领导小组办公室的职能，实行重点项目建设情况报告制度，及时将重点项目建设情况及存在的问题向省政府及相关部门报告，或向各市州主要领导进行通报。

（五）强化考核，认真做好总结表彰。各单位要加强对劳动竞赛活动的过程管理，制定科学合理的劳动竞赛考核标准，进行定期与不定期相结合的检查考核，制定项目内部表彰奖励机制，充分调动职工积极性，及时总结表彰劳动竞赛中涌现的先进集体和个人，培树一批重大项目建设的先进典型。

省厅劳动竞赛活动领导小组办公室将组织专班定期或不定期进行督查督办，检查考核。到年底劳动竞赛结束后，省厅在各单位推荐的基础上，结合厅劳动竞赛活动办公室平时检查考核情况，将评选“十佳前期工作者”、“十佳参建单位”、“十佳农民工”、“十佳项目经理”、“十佳监理人员”，并对劳动竞赛优胜单位和个人给予表彰和奖励，评比结果作为各单位信用评价的重要依据。

各市州交通运输局（委）、厅直各单位、各重点项目参建单位要以此次劳动竞赛活动为契机，充分调动广大职工、广大建设者的积极性、主动性和创造性，为推动湖北交通跨越式发展做出新的更大贡献！

2012年2月14日

关于加强农村公路安保工程建设质量监督管理意见

（鄂交建〔2012〕273号）

为认真贯彻落实《省人民政府关于加强全省农村公路交通安全工作的意见》，适应我省农村公路安保工程建设需要，确保农村公路交通安保工程建设质量水平，现就加强农村公路安保工程建设质量监督管理工作提出如下意见：

一、充分认识农村公路安保工程建设质量的重要性

农村公路安保工程对提高农村公路安全性能，树立交通公路行业的社会形象具有积极意义，是保障人民群众生命财产安全的民心工程和生命工程。各级交通、公路、质监部门、各参建单位要切实提高认识，高度重视安保工程建设质量，本着对人民群众生命财产安全负责的态度和质量就是生命的理念，抓好农村公路安保工程质量监督管理，以高度的责任感和使命感共同建设好这项民心工程。

二、切实履行好农村公路安保工程质量监督管理职责

1. 厅质监局负责全省农村公路安保工程质量监督工作指导。加强对市州质监机构组织建设和能力建设的检查，推动有条件的县市设立专职质量监督机构，构建省、市、县三级质量监督网络。

2. 各市州交通质量监督机构要切实担负起农村公路安保工程质量监督的检查和指导职责。通过开展质量检查、技术培训、现场交流等多种形式指导农村公路安保工程质量管理。每季度至少开展一次质量抽查，并将抽查情况进行全市通报，并及时报送厅质监局，对检查中发现的质量问题要及时督促整改到位。

3. 各县级交通质量监督机构（部门）具体承担本行政区域内农村公路安保工程的质量监督工作。应因地制宜，探索适合本地特点的质量监督方式方法，明确安保工程质量监督程序和要点，把好安保工程实施质量关，每月应对检查情况进行通报，并及时上报信息，对检查中发现的质量问题要及时督促整改到位。

三、认真落实农村公路安保工程质量管理责任

1. 各级交通部门要切实加强行业监管。应明确工程建设管理程序，制定质量管理制度，建立工程质量目标考核管理制度。

2. 建设单位应切实履行质量管理责任。应建立质量管理制度，加强施工过程质量检查，突出对施工和监理单位的工作能力和工程重要部位、重要工序质量的检查。

3. 设计单位（人员）应确保设计质量。安保工程设计应依据国家和省相关标准、规范、指南等进行设计，确保设计质量。四级以上农村公路工程和大桥、特大桥、隧道安保工程的设计，应当由具有相应资质的设计单位承担；其他农村公路安保工程的设计，可以由县级交通部门组织有经验的技术人员承担。

4. 施工单位应对工程质量负责。施工单位应具备相应的资质和能力，配备必要的施工设备和质量技术管理人员，建立健全质量保证体系，编制工程施工组织方案，并认真贯彻执行，确保工程质量。

5. 监理单位（人员）应承担相应的监理责任。农村公路安保工程可由县级交通部门组建监理组进行监理，有条件的，可通过招标方式，委托具有资质的监理单位进行监理。监理单位（人员）应切实加强对施工方案、材料、主要工序、隐蔽工程等方面的监理，及时发现和纠正施工过程中出现的质量问题。

四、突出加强农村公路安保工程建设关键环节的监督管理

1. 加强对安保工程设计方案和施工方案的审查审批。安保工程设计方案应由县级交通部门负责审批，施工方案应由监理单位负责审批。

2. 加强主要材料的质量管理。各参建单位必须按照有关规定落实原材料的质量检验制度，特别要加强对水泥、钢筋、防撞护栏（立柱）材料等的检查检验，坚决杜绝不合格的材料使用到工程中。

3. 加强隐蔽工程的监管。要强化安保工程护栏立柱埋（打）入深度、混凝土护栏基础和钢筋配置等重要隐蔽工程施工各环节的检查、巡视和监理旁站。

4. 认真开展安保工程技术交底和教育培训工作。市州及县级交通部门应结合本地实际，组织对县乡村有关参建的人员进行必要的技术培训，在项目开工前应做好技术交底，明确质量管理要点、质量控制方法。

5. 认真把好安保工程验收关。安保工程完工后应按有关规定组织验收，不合格的工程必须按照要求整改到位，不合格的工程不得通过交竣工验收。

2012 年 4 月 29 日

省交通运输厅关于进一步加强高速公路工程设计变更管理的通知

（鄂交建〔2012〕328 号）

省交投公司、各交通重点工程建设指挥部（项目公司）、各市州交通运输局（委）、厅重点办、厅质监局、厅造价站、省公路局：

为更好地贯彻落实交通运输部 2012 年工程建设领域突出问题专项治理工作要点，严格执行交通运输部《公路工程设计变更管理办法》和省交通运输厅《湖北省公路工程设计变更管理办法》，进一步规范我省高速公路工程设计变更管理，现就有关要求通知如下：

（一）规范设计变更管理，是工程建设领域突出问题专项治理工作的重要内容之一，也是加强“廉政阳光工程”创建的必然要求。各有关单位要把规范设计变更管理作为推进工程建设管理制度化、规范化、科学化的重要手段，进一步提升认识、强化管理、严格执行。

（二）实行变更决策制度，严格设计变更程序。各建设管理单位要健全和严格重大、较大设计变更的决策制度，进一步提高设计变更决策的科学化、民主化和专业化水平。要按照设计变更的规定程序，认真组织开展调研、咨询与评估工作，对地质条件复杂、技术难度高、规模和投资大的设计变更应实行专家评审制度和设计咨询审查制度。严禁以建设管理单位办公会议、四方签字会议等形式代替设计变更审批程序，严禁越权审批设计变更。

（三）严肃设计变更纪律，强化设计变更监管。高速公路各参建单位，尤其是建设管理单位要提高设计变更监管的自觉性，加强施工图设计的现场核查、专项审查和综合评审工作，把握住项目的重点、难点和疑点，将设计变更的发生频率降低到最低水平。严格设计变更中的设计、监理、施工和管理“四方”职责，突出项目建设管理单位的责任主体作用，坚决杜绝通过设计变更达到扩大差额补贴、增大贷款额度、调整设计概算等目的，严禁肢解变更、人为变更和虚假变更。

（四）规范建设主体行为，落实建设管理责任。建设管理单位作为项目建设管理的责任主体，是设计变更的第一责任人。建设管理单位要带头执行设计变更管理制度，坚持“先批准、后变更”的原则，在设计变更的管理上不缺位、不放松、不被动，杜绝指令变更、串通变更和虚假变更，自觉规范变更设计行为，严格设计变更过程控制，强化建设管理程序，从制度上堵住违规变更的廉政风险。

（五）履行参建各方职责，推行变更“阳光”操作。严格履行设计变更的建议、核查、论证、申请、设计、评审、确认、批复、归档职责，确保设计变更符合建设程序和工程审计等相关规定。设计单位应本着客观公正、实事求是的原则，对设计变更进行详细调查、充分比选、科学论证；施工单位应从了解现场、掌握实际、针对问题、结合施工经验，提出变更设计实施方案的可行性意见；监理和设计咨询单位应从变更设计依据的充分性、基础资料的完整性、准确性及设计方案的合理性、可行性、经济性和风险性等方面提出咨询审查意见；建设管理单位对设计变更进行综合评估，组织好对设计变更的路线、桥梁、隧道等工程方案的安全性评估，发挥变更设计的决策者、组织者和执行者的主导作用，严格设计变更的报批原则，对重大、较大设计变更实行“阳光”操作，将审批情况及时在信息公开平台公开，接受参建各方和社会监督。

（六）健全变更台账管理，强化变更过程控制。项目建设管理单位要加强设计变更的建档归档和台账管理工作，及时对所有设计变更情况进行分类汇总，建立设计变更管理台账和管理档案，强化过程控制与过程管理，确保设计变更台账和档案的可追溯性与完整性。设计变更台账在规定时限内，应按要求报送省厅备案。

（七）执行监督管理制度，提升行业监管水平。省厅对高速公路建设项目通过进一步采取设计变更专项检查、建设市场督查和质量安全综合督查等手段，加强设计变更监督管理。厅质监局要加强对高速公路建设管理单位设计变更管理的日常监督检查，对未严格履行报批手续、设计变更台账管理不规范等行为应书面责成整改，并上报省厅相关部门，情节严重的，应责令停工整顿。

（八）建立健全违规变更、虚假变更、过失变更的责任主体追究制度。对严重违反基本建设程序，造成严重后果的，追究建设管理单位主要负责人的管理责任；对由于勘察、设计、施工、监理、咨询和建设管理等单位的过失引起公路工程设计变更并造成损失的，有关单位应当承担相应的责任，并纳入建设市场信用等级考核内容。

（九）其他公路工程的设计变更管理可参照本通知执行。

2012 年 5 月 22 日

省交通运输厅关于进一步加强交通工程建设质量管理的通知

（鄂交建〔2012〕330号）

各交通重点工程建设指挥部（项目公司）、各市（州）交通局（委）：

近期，厅质监局组织了全省交通重点工程的质量督查，针对各项目工程质量存在的问题进行了通报。从质量抽查的结果来看，虽然全体建设者克服了各种不利因素影响，迎难而上，奋力攻坚，全省重点工程建设质量处于可控状态，但形势不容乐观，质量管理面临严峻挑战。为遏制工程建设质量下滑趋势，有力促进交通建设持续、稳定、科学发展，现将有关要求通知如下：

一、认清形势，统一思想，进一步增加强化质量管理工作的紧迫感和责任感

“十二五”期间，我省交通将继续保持大建设、大发展态势，建设资源供给与建设规模需求不适应的矛盾依然十分突出，影响工程质量的深层次问题不断积累，经济社会进步和发展方式的转变对工程质量又提出了新的更高要求。各级交通部门和各项目建设管理单位必须清醒认识当前我省交通建设质量管理面临新的压力与挑战。一是工程建设难度加大。我省高速公路建设大部分转入秦巴山区、武陵山区等山岭重丘区，地质地形复杂，建设难度大。存在项目多、单项规模大、技术含量高、施工难度大的项目多于以往，建设难度总体高于以往，对管理的要求更高。二是工程建设管理力量相对薄弱。我省投资主体多元化、建设规模大等客观实际，项目建设管理单位在技术、质量等建设管理力量的配置方面相对薄弱。三是社会对工程质量安全期待越来越高。交通基础设施由过去以“数量”的增长为主，向“量质”并重转变。四是一线作业队伍素质不够适应。当前，我省的交通建设项目特大桥、特长隧道等结构物更多，技术难度更大，施工环境更复杂。而我们的一线施工人员往往是刚刚“放下锄头、拿起榔头，跳下拖拉机、爬上挖掘机”的农民工，缺乏基本施工技能培训，素质较低。五是当前的资金压力对我们现阶段的质量管理工作带来巨大影响。近期，由于建设资金压力，带来诸多问题，致使施工质量风险加大。其一，施工、监理单位合同到位率低，质量管理人员不足。其二，有些项目未全面展开，建设、施工、监理单位质量管理人员思想松懈，监管措施不到位，手段不强硬。其三，农民工队伍不稳定，熟练技工流失。其四，少数项目原材料控制不严，赊账供应的不合格原材料进入了施工现场。

针对这一非常时期，特别是目前建设资金紧张带来的不利影响，各有关单位应高度重视，强化管理，再添措施，进一步增强紧迫感和责任感，确保工程建设质量。

二、强化措施，明确责任，进一步加大质量管理工作力度

1. 建设单位要切实履行质量管理中的主导作用。项目建设单位对质量问题引起高度重视，深入贯彻全省交通建设质量工作暨标准化推进会议精神，迅速开展“质量大整改”活动，深化标准化建设活动的开展，以“三铁”措施，强化工程质量管理，对不合格工程坚决返工，确保工程质量稳中有升。要加大对各施工、监理单位合同履约情况的检查，把好合同主要人员变更的审批关，要按照合同条款要求督促施工、监理单位整改到位。要切实履行好管理职责，举一反三，加大对厅质监局督查中发现质量问题整改的督办力度，尤其在当前资金紧张、施工人员、设备等投入不足的情况下，要防止各类无证人员上岗，杜绝劣质原材料进入施工现场。通报的质量问题要按厅质监局规定时限内报送整改报告，并报厅建设处备案。

2. 施工单位要切实履行好工程质量的主体责任。要严格履行合同，确保组织机构、人员配备、设备配置满足合同要求和施工需求；要完善质量管理体系，确保质量保证体系正常运转，岗位责任全面落实；要加大现场质量控制，确保施工工艺和工序质量控制的各项要求落到实处；要加大施工原材料、成品半成品的自检力度，严格抽检频率和质量标准，杜绝不合格材料、成品半成品进入施工现场。

3. 监理单位要切实履行“质量保护神”的职责。要向工程施工现场派满足监理任务和合同要求的监理机构和监理人员，要严格合同管理，要求施工单位人员、设备按合同到位；要认真审查和审批施工方案和技术措施，并监督实施；要严格质量标准和工序控制，加大对隐蔽工程和其他关键部位、关键工序的旁站力度，确保施工的每一道工序质量符合要求；要强化现场监管力度，及时纠正不符合要求的各种行为，确保标准化的各项要求落到实处；要严把施工原材料关口，按合同频率进行抽检，确保工程施工原材料符合要求。

4. 继续加大质量通病治理力度。参建各方要科学分析工程质量通病状况，总结质量通病治理的经验，找准关键问题和关键环节，促进成熟工艺、工法的提炼总结和实际应用。要继续强化落实工程“首件验收制度”，规范施工各环节的质量控制标准，总结施工工艺要求。

三、狠抓落实，务求实效，进一步增强质量监管的有效性

厅质量监督局要在落实好交通运输部2012年公路水运建设市场督查迎

检工作、加大巡检巡查工作力度的同时，在严格质量问题整改工作的基础上，对质量问题背后反映出的质量保证体系漏洞，向有关单位提出整改处罚措施，防止检查一过，问题照旧，提高监管有效性。建设单位要在建立健全从业单位信用档案的基础上，把日常监督检查管理结果纳入信用评价考核体系，真正把日常履约行为和信用评价结果挂钩，防止检查走过场，考核靠关系，进一步提高公路建设市场信用评价的权威性、有效性。

2012年5月23日

湖北省高速公路项目建设单位考核评价办法(试行)

(鄂交建〔2012〕438号)

第一章 总 则

第一条 为加强我省高速公路项目建设单位的管理，根据交通运输部《关于进一步加强公路项目建设单位管理的若干意见》(交公路发〔2011〕438号)的要求，结合我省高速公路建设的实际，制定本办法。

第二条 本办法所称建设单位是指承担工程建设管理职责的项目法人及其派驻工程现场的管理机构。

采用BOT+EPC等建设模式的总承包单位应成立独立的建设管理机构。

第三条 高速公路项目是指新建、改扩建高速公路和独立特大型桥梁、隧道项目。

第四条 省交通运输厅负责对建设单位进行考核评价，考核评价每年进行一次，考核评价结果向社会公布，并纳入公路建设市场信用评价体系。

第二章 资格要求

第五条 建设单位应设有综合、计划合同、技术、质量、安全、财务、协调、纪检等职能部门。

总投资在30亿以内的项目，质量、安全部门应单独设置，其他职能部门可根据实际情况进行合并。

第六条 管理人员总人数应不低于下列要求：

$N \leq 30$亿 20人

$30 < N \leq 50$亿 30人

$50 < N \leq 100$亿 40人

$100 < N \leq 150$亿 50人

$150 < N \leq 200$亿 60人

$N > 200$亿 70人

其中N为投资总额。

第七条 工程技术人员不少于管理人员总数的65%，高、中级以上专业技术职称的人员应占工程技术人员总数的70%以上。

第八条 管理人员应具备以下条件：

建设单位负责人应具有中级以上专业技术职称，具有在2个及以上新建、改扩建高速公路和独立特大型桥梁、隧道项目从事建设管理的经历。

技术负责人应具有高级及以上专业技术职称，具有在2个及以上新建、改扩建高速公路和独立特大型桥梁、隧道项目从事技术管理的经历。

财务负责人应具有中级及以上职称，具有在1个及以上新建、改扩建高速公路和独立特大型桥梁、隧道项目从事财务管理的经历。

技术、质量、计划、合同、安全部门负责人应具有中级专业技术职称，且应具有在1个及以上高速公路项目从事建设管理的经历。

第九条 建设单位人员及资格条件实行核备制度。在报批项目初步设计文件时，建设单位应将其管理机构、管理人员及资格条件报省交通运输厅核备。

第十条 在审批施工许可前，省交通运输厅将对建设单位机构设置、人员资格进行核验。

第三章 考核内容及标准

第十一条 考核内容包括：基本建设程序和法律法规执行情况、建设管理机构及人员资格、质量管理、安全管理、进度管理、环境保护、合同及资金管理、廉政建设、信用等级评价、信息化管理及工程档案资料、标准化建设等方面，具体考核内容及评分标准详见附表。

第十二条 考核评价采用百分制，考核评价结果分4个等次：90分以上(含90)为优良，90分~80分(含80)为合格，80分~70分(含70)为基本合格，70分以下为不合格。

第十三条 有下列情形之一的，建设单位年度考核结果一票否决，均评为“不合格”：

(一)发生重大工程质量、安全责任事故，或者发生重大事故后瞒报、谎报、拖延报告及破坏事故现场、阻碍事故调查的；

(二)出现违法、违纪、违规现象，情节严重的；

(三)发生恶意拖欠工程款，引发群体性事件的；

(四)被省级及以上行业主管部门书面通报批评，情节严重或拒不整改的；

(五)无特殊情况，未能完成年度目标建设任务的。

第十四条 建设单位在管理创新、应用四新技术及工法创新方面取得明显成效的，给予考核加分，每项加2分，最高不超过5分。

第十五条 考核评价结果公布前应予以公示，公示期为7日，公示期内建设单位如有异议，可向省交通运输厅提出书面意见，并提交相关证明材料。

第四章 奖 惩

第十六条 在审批施工许可前，对建设单位机构设置、人员资格核验达不到要求的，责成其补充完善；整改后仍达不到要求的，责成其委托具备相应管理能力的单位代建；对拒不按要求整改到位的，不予办理项目施工许可。

第十七条　建设期间，对考核评价不合格的，责令其限期整改；到期仍整改不到位的，责令其停工整顿，或责成其委托具备相应管理能力的单位代建。

第十八条　省交通运输厅将建立奖惩激励机制，对建设单位管理创新、质量优良、安全有序、投资节省的予以表彰奖励；对管理混乱、发生质量和安全生产责任事故的，依法责成撤换或清退有关单位或人员，并追究其责任。

第五章　附　　则

第十九条　国省干线公路项目建设单位的考核工作参照本办法。

第二十条　本办法由省交通运输厅负责解释。

第二十一条　本办法自发布之日起施行。

2012年7月4日

附表：

建设单位考核评价内容及评分标准

序号	考核项目	扣分标准
1	基本建设程序和法律法规执行情况（10分）	1. 未按规定执行项目审批程序扣3分/项
		2. 招标程序不符合规定（如招标方式、评标报告备案、评标过程等）扣1.5分/1次
		3. 未按规定招标，中标单位资质不符合相关规定扣1.5分/1次
		4. 有转包或违法分包，违规指定分包扣3分
2	建设管理机构及人员资格（10分）	1. 职能部门设置（2分），每少一个职能扣1分
		2. 工程技术人员不少于管理人员总数的65%的（2分），每少5%扣1分
		3. 具有高、中级以上专业技术职称的人员占工程技术人员总数的70%（2分），每低5%扣1分
		4. 机构负责人、技术负责人、财务负责人（2分），不符合条件扣1分/人
		5. 其他关键岗位人员（2分），不符合条件扣1分/人
3	质量管理（15分）	1. 结合项目特点健全了项目质量保证体系，制定了质量管理办法（3分），不满足扣1～3分
		2. 落实了各项质量责任登记制度，层层签订了质量责任书并制定相应的检查和问责制度（3分），不满足扣1～3分
		3. 对交通运输主管部门或质量监督机构提出的质量问题及时进行督促整改，并对整改情况进行复查，及时将整改结果反馈给检查部门（9分），发现一次未落实扣3分
		4. 发生一般质量事故扣3分/次，发生较大以上质量事故扣5分/次
		5. 发生较大质量事故瞒报或未按规定及时上报扣5分/次
4	安全管理（15分）	1. 结合项目特点制定了安全管理办法，编制了应急预案，健全了项目安全保证体系（2分），不满足扣1～2分
		2. 层层签订了安全责任书，并制定相应的检查和问责制度（2分），不满足扣1～2分
		3. 未按规定进行桥隧安全风险评估（3分），扣1分/项
		4. 对交通运输主管部门或质量监督机构提出的安全隐患及时进行督促整改，并对整改情况进行复查，及时将整改结果反馈给检查部门（8分），发现一项未落实扣2分
		5. 发生一般安全事故扣3分/次；发生较大安全事故扣6分/次
		6. 发生安全事故迟报、瞒报扣10分/次
5	进度管理（10分）	1. 无总进度计划和年度计划扣3分
		2. 未按工程实际进展情况调整进度计划扣2分
		3. 因非不可抗拒因素未按进度计划完成阶段目标扣2分
		4. 无故要求压缩或拖延工期扣1.5分/每半年
		5. 进度滞后未采取有效措施扣2分
6	环境保护（5分）	1. 环评报告及批复中提出的环保要求未落实扣1分/项
		2. 施工期未按要求进行环境监测扣2分
		3. 未按环评“三同时”要求组织实施，随意弃、挖方、排放废渣，以及土地复耕、弃方复绿工作不力扣1分/处；造成不良影响被省及以上有关部门通报的扣1分/次

续上表

序号	考核项目	扣分标准
7	合同及资金管理（10分）	1. 未对参建单位人员设备履约情况进行检查及动态管理的扣3分
		2. 降低合同规定的人员资格标准进行主要人员变更批复的扣0.5分/人
		3. 无资金计划与年度计划扣1分
		4. 资金到位不及时影响工程建设酌情扣0.5～2分
		5. 未制定工程计量与工程款支付的相关程序及规定扣1分
		6. 未认真执行工程款支付程序扣1分/次
		7. 无故拖欠工程款扣2分/次
		8. 未按合同文件变更与索赔扣2分/次
		9. 严格设计变更，制定详细的变更管理办法和变更台账，严格执行交通运输部和省交通运输厅的相关工程变更管理办法，按照要求进行报批，如不满足要求扣1分/次
		10. 因拖欠民工工资，引起群体性上访事件扣2分/次
8	廉政建设（5分）	1. 未制定廉政建设规章制度扣1分/项
		2. 未签订廉政合同扣1分/份
		3. 发生不廉洁行为，但未构成犯罪扣1分/次
		4. 发生不廉洁行为未构成犯罪，但未按制度进行党纪.政纪处分扣2分/次
9	信用等级评价（5分）	1. 未及时按信用评价办法对参建单位进行信用等级评价加减分奖惩扣1分
		2. 对参建单位信用等级评价初评不实事求是，不公平公正扣2分/次
10	信息化管理、工程档案资料及标准化建设管理（15分）	1. 建设单位应建立并应用覆盖公路项目管理全过程的信息系统，将工程质量、安全、进度、投资以及设计变更和试验检测等管理内容纳入系统，实行动态管理（4分），不满足要求扣1～4分
		2. 并与交通主管部门建立的信息化建设管理系统对接（1分），不满足要求扣1分
		3. 未按有关规定建立档案管理制度或管理制度未落实，未设立专人管理，不满足要求扣2分
		4. 工程资料收集整理不符合规定扣1分/项
		5. 在招标过程中将省交通主管部门制定的相关标准化要求纳入招标文件中，不满足要求扣2分
		6. 在建设过程中督促各参建单位执行标准化的相关要求，并进行检查考核（3分），不满足要求扣1～3分

注：表中十个考核项目中所有考核内容（子项）累积扣分值不应超出该考核项目的总分

湖北省高速公路养护管理办法

（鄂交建〔2012〕492号）

第一章　总　　则

第一条　为规范我省高速公路养护行为，加强养护监督管理，提高养护质量和服务水平，根据《中华人民共和国公路法》、《收费公路管理条例》、《公路安全保护条例》、《湖北省高速公路管理条例》等法律法规和规定，结合本省实际，制定本办法。

第二条　本办法适用于本省行政区域内高速公路和纳入我省高速公路网的长江大桥（以下简称高速公路）养护管理工作。

高速公路改扩建工程按照国家和省高速公路基本建设程序和相关规定执行。

第三条　省交通运输厅主管全省高速公路养护管理工作，省交通运输厅高速公路管理局（以下简称省高管局）具体负责全省高速公路养护工作的行政管理，其主要职责：

（一）贯彻执行国家有关高速公路养护管理的法律法规和规章、行业标准和技术规范，制定本省高速公路养护管理的相关规定与办法；

（二）对高速公路经营管理单位（以下简称经营管理单位）制订的养护规划与计划、养护资金的落实情况、招投标、养护质量等进行监督管理；

（三）组织对高速公路养护工作定期和不定期的检查；

（四）对高速公路养护作业市场进行监督管理，维护高速公路养护市场秩序；

（五）组织全省高速公路养护管理人员的业务技能培训和考核工作；

（六）新技术、新材料、新工艺、新设备的推广应用；

（七）承办省交通运输厅交办的其他事项。

第四条　经营管理单位负责所辖高速公路的养护管理工作，是所辖高速公路的养护责任主体，保证公路经常处于良好技术状态。其职责：

（一）按照国家和省有关法律法规以及高速公路养护标准、规范和要求，做好公路养护工作；

（二）建立专门的养护管理机构，配备足够的养护管理和技术人员，制定完善的养护管理制度；

（三）制定养护规划和年度养护计划，安排足够的养护资金；

（四）按规定组织实施高速公路养护招标投标工作，优选合格的养护作业单位；

（五）负责养护工程质量、安全、进度、资金、合同、信息等管理工作；

（六）组织落实养护专业应急队伍，做好养护应急工作；

（七）按规定及时向省高管局上报各种统计资料；

（八）积极采用现代化管理手段和先进养护技术，推广应用新技术、新材料、新工艺、新设备，不断提高高速公路养护管理水平；

（九）有关法律法规和规章、政策规定的其他职责。

第五条　高速公路养护作业单位（以下简称养护作业单位）根据养护工程合同，具体实施高速公路养护作业。

养护作业单位应当诚信履约，依法生产，安全作业。

第二章　一 般 规 定

第六条　省高管局应根据国家规定的高速公路养护标准，建立高速公路技术状况定期评价制度，每年定期组织对高速公路技术状况进行评定。根据评定结果，向经营管理单位提出养护意见。

省高管局应将定期评定结果向社会进行公开。

第七条　省高管局应依法组织做好自然灾害和突发性毁损等高速公路养护突发事件应急处置工作。

经营管理单位应做好高速公路养护突发性事件应急处置工作：

（一）编制高速公路养护突发性事件应急预案；

（二）落实必要的应急养护队伍、设备和材料；

（三）及时组织清除冰雪等自然灾害造成的通行障碍，修复毁损的高速公路；

（四）按国家规定收集、汇总公路毁损及交通流量信息；

（五）开展高速公路养护突发事件的监测、预报和预警工作；

（六）及时向社会发布有关高速公路运行信息并将相关信息上报省高管局；

（七）其他应急处置工作。

第八条　省高管局应统筹协调，实现全省高速公路养护管理系统联网管理，实现信息共享。

经营管理单位应按照国家和省交通运输主管部门的规定，建立包括高速公路养护数据库、路面管理系统(PMS)和桥梁管理系统(BMS)等在内的高速公路养护管理系统，并及时做好相关数据的更新和维护工作。

第九条　经营管理单位应按照国家和省有关规定，及时更新、报送高速公路养护基础数据和统计、检测评定、交通量调查等资料。

第三章　养 护 管 理

第十条　经营管理单位应制定高速公路养护的五年规划，提出养护总体目标、年度目标以及实现目标采取的措施，并报省高管局备案。

第十一条　经营管理单位应根据养护规划和公路技术状况评定结果制定年度养护计划，并于每年的第一季度末之前将本年度养护计划报省高管局备案。

省高管局应统筹协调全省高速公路养护作业计划，避免集中进行公路养护作业造成交通堵塞。

省际交界区域高速公路养护作业，可能造成交通堵塞的，省高管局应会同相关高速公路管理机构和公安机关高速公路交通安全管理机构，共同制定疏导预案，确定分流路线。

第十二条　经营管理单位每年应安排足够的资金用于高速公路养护，按照国家有关规定管理，专款专用，保证高速公路经常处于良好技术状态。

经营管理单位应每年度评定一次高速公路技术状况指数(MQI)。高速公路技术状况应达到《公路技术状况评定标准》规定的“良”以上等级，其中每公里高速公路路面行驶质量指数(RQI)和路面损坏状况指数(PCI)应保持在90以上。

第十三条　经营管理单位应按照国家和省有关规定，制定养护巡查和检查制度，并按照养护技术规范要求，进行养护巡查和检查，并做好巡查和检查记录。高速公路日常巡查每天不少于一次。高速公路夜间巡查每月不少于一次。

发生洪水、台风、冰冻、雪灾、地震等自然灾害和其他有可能对高速公路及其附属设施造成较大破坏的异常情况时，经营管理单位应当及时进行特殊检查。

经营管理单位对养护巡查、检查中发现的问题应及时处置。影响交通安全的，应及时通报公安机关高速公路交通安全管理机构。

第十四条　中修工程应按有关规范、标准进行设计。大修和桥隧维修加固工程，经营管理单位应委托具有相应资质的勘察、检测、设计单位进行勘察设计，报省高管局审批。

大修、中修及桥隧维修加固工程应实行社会监理制度，建立健全“政府监督、社会监理、企业自检”三级质量保证体系。

第十五条　经营管理单位应严格执行国家和省关于桥梁养护的有关规定，加强桥梁养护管理工作，按规定配备专职的桥梁养护工程师，负责桥梁养护技术管理工作。特大桥和特殊结构桥梁应该编制专门的养护手册，加强桥梁技术状况监测和养护工作。

经营管理单位对被评定为四、五类的桥梁以及严重影响桥梁结构安全的情况，应及时采取相应临时处置措施，迅速组织制定维修改造方案并限期完成。

第十六条　除日常维护外，经营管理单位应依法通过招投标方式，优选具有相应资质的单位对高速公路进行养护。

经营管理单位应按规定将招标文件、评标报告报省高管局备案。

第十七条　养护作业单位应具备相应资质，严格按照国家和省规定的技术规范和操作规程实施作业。

养护作业单位施工前，应制定切实可行的施工计划，保证养护工程的质量和进度及施工安全。

养护作业需要半幅封闭或中断交通的，由养护作业单位提出申请，经营管理单位审核后，报省高管局及公安机关高速公路交通安全管理机构批准，配合相关单位做好社会公告，并且在高速公路入口处进行信息提示。

前款情形，除紧急情况外，养护作业单位应在作业开始之日提前5日向社会公告，明确绕行线路，并在绕行处设置标志。

第十八条　高速公路中修、大修工程应按国家有关规定组织进行验收。

(一)高速公路中修工程完工后，经营管理单位应及时组织验收，并将竣工验收资料报省高管局备案；

(二)高速公路大修工程完工后，经营管理单位应及时组织交工验收，并向省高管局提交竣工验收申请，省高管局应及时组织有关单位和人员对工程进行竣工验收。

第十九条　经营管理单位应保证养护文件、巡查记录、检查记录、路况基础数据、年度养护计划、养护工程设计、施工和验收文件、图纸等档案资料真实、完整、合法、有效，并按照规定分类、归档。

经营管理单位应及时将所有公路基本信息录入公路养护数据库，采用计算机进行储存和管理。

第四章　监 督 管 理

第二十条　省高管局应对经营管理单位和养护作业单位贯彻法律、法规、规章以及国家和省制定的规范、规程和标准执行情况进行监督检查。

第二十一条　省高管局应定期和不定期地对高速公路养护规范化管理工作进行检查。

第二十二条　省高管局应建立养护作业单位的信用考核制度及信用考核档案，对考核情况定期发布。

经营管理单位不得将养护工程发包给连续两次信用考核不合格的养护作业单位。

第二十三条　经营管理单位养护达不到高速公路养护技术标准的，省高管局应责成限期采取相应措施；未按照国家技术规范和操作规程进行公路养护，影响高速公路安全运行的，省高管局应责令限期改正。必要时，依法责令其停止收费。

经营管理单位应在规定期限内整改，并在3日内将整改情况报送省高管局。在规定期限内拒不整改的，省高管局可以依法实施代履行。

第二十四条　按照《公路安全保护条例》(国务院2011第593号令)规定，公路养护作业单位未按照国家技术规范和操作规程进行公路养护作业的，由省高管局责令改正，处1万元以上5万元以下的罚款。

高速公路养护作业单位拒不改正的，由省高管局依法处理。

第二十五条　按照《湖北省高速公路管理条例》规定，经营管理单位有下列情形之一的，由省高管局责令限期改正；逾期不改正或者有其他严重情节的，可处5000元以上2万元以下的罚款：

(一)随意停止使用照明、通风等设施，影响车辆安全通行的；

(二)未按照规定设置电子信息设备，及时向社会发布交通状况、施工作业等相关服务信息的；

(三)养护作业擅自半幅封闭道路或者中断交通的。

第五章　附　　则

第二十六条　本办法由省交通运输厅负责解释。

第二十七条　本办法自2012年7月1日起施行。2003年11月18日印发的《湖北省高速公路养护管理办法(试行)》同时废止。

2012年7月24日

省交通运输厅关于加强在建和拟建高速公路电子不停车收费系统建设的通知

(鄂交建〔2012〕608号)

省高速公路管理局、省交通投资有限公司、各高速公路建设管理单位、厅通信信息中心、厅质监局、厅造价站：

按照交通运输部、国家发展改革委、财政部《关于促进高速公路应用联网电子不停车收费技术的若干意见》(交公路发〔2010〕726号)，为提升我省高速公路通行效率和服务水平，促进交通运输节能减排，推进我省高速公路联网电子不停车收费系统(以下简称“ETC”)建设，现将有关事项通知如下：

一、建设依据

1.交通运输部、国家发展改革委、财政部《关于促进高速公路应用联网

电子不停车收费技术的若干意见》(交公路发〔2010〕726号);

2.《湖北省公路水路交通运输信息化“十二五”发展规划》(鄂交科教〔2011〕650号)。

二、总体目标

至“十二五”期末:

1. 全省高速公路ETC覆盖率达到60%，非现金支付使用率达到40%，并按照交通运输部统一部署实现与长三角等区域的高速公路ETC联网收费。

2. 高速公路各路段的ETC覆盖率不低于60%；高速公路电子支付用户达15万个，电子支付客服网点覆盖率达到全省通高速公路县市总数的80%以上。

三、设置原则

全省在建和拟建高速公路ETC车道的建设按照如下设置原则进行:

1. 省界主线收费站设置的ETC进(出)车道数应进行论证，原则上按照不少于1进1出的数量进行建设。

2. 武汉市辖区高速公路所有收费站原则上应设置不少于1进1出的ETC车道。

3. 连接县级以上城区、3A级以上旅游景区的收费站应设置1进1出ETC车道。

4. 连接乡镇及其他较重要区域(港口、码头、矿区、站场等)的收费站按其预测交通量量级进行ETC车道设置论证,原则上设置1进1出ETC车道。

5. 为满足设置专用ETC车道的要求，所有收费站车道数总量原则上不少于3进3出。

6. 在建、拟建高速公路的收费站应按照ETC车道全覆盖的要求，采取土建同步、机电预留的设置原则实施，建成通车时其ETC车道的实际覆盖率(设置ETC车道收费站数量占高速公路收费站点总数量的比例)以不低于60%为控制标准。

四、实施方案

1. 在建高速公路

对于在建高速公路，各高速公路建设单位应严格执行《电子收费专用短程通信》(GB/T20851)和《收费公路联网收费技术要求》等相关标准规范的要求，按照本通知的设置原则，及时组织实施ETC系统的建设，确保与主体工程同步设计、同步建设、同步运营。

各高速公路建设单位应及时组织设计单位进行专项论证，按照本通知的设置原则设置ETC系统，修改相关设计文件，按设计变更程序办理并报批，相关费用纳入高速公路建设总投资中，确保每个收费站建设或预留ETC车道。

ETC系统的建设内容将作为项目交(竣)工验收的工程内容之一，并作为高速公路联网收费并网检测的控制标准。

2. 拟建高速公路

拟建高速公路ETC系统的设置，在项目工可阶段应按照本通知的设置原则进行设置或预留，其费用纳入高速公路项目总估算中。

项目审批时，ETC系统的设置情况作为项目工可批复(或项目核准)的审查内容之一。

本通知自发布之日起执行。

2012年8月30日

湖北省交通运输厅部门预算管理办法

(鄂交财〔2012〕71号)

第一章 总 则

第一条 为规范和加强厅机关及厅直事业单位预算管理，强化预算监督，提高预算资金使用效益，根据《中华人民共和国预算法》、《湖北省省级基本支出预算管理办法》、《湖北省省级项目支出预算管理办法》等国家和省有关规定,结合我厅工作实际，制定本办法。

第二条 本办法适用于厅机关及厅直事业单位。

第三条 部门预算管理应遵循以下原则:

(一)依法依规，实事求是原则。部门预算管理应以党和国家的方针政策以及相关法律法规为依据，以湖北交通运输行业特点和发展规划为基础实事求是编制。

(二)科学预算，真实完整原则。收支预算应按照财政部门规定的计算依据和计算方法测算，测算方法科学合理，不得估算。部门预算应包括本单位的全部财务收支，不重不漏。

(三)统一领导，分级负责原则。各单位应在省厅的统一领导下实施部门预算管理。厅机关和厅直单位分别负责本单位部门预算的编制和执行，省厅负责审核、汇总、上报、分解各单位预算，监督指导预算执行工作。

(四)求真务实，厉行节约原则。各单位应秉承“勤俭办事业”的方针，在满足工作正常需要的情况下，严格控制各项行政运行成本，尤其要从严控制因公出国(境)费、公务用车购置及运行费、公务接待费等“三公经费”支出，充分发挥资金使用效益。

(五)讲究绩效，全面监督原则。各单位应严格按批复的预算执行，建立预算责任追究制度，对预算的执行过程和完成结果进行跟踪问效。部门预算编制与执行,要按规定接受人大、财政、审计、监察等部门的监督，接受预算信息公开后的社会监督。

第二章 机构设置

第四条 为强化部门预算的组织领导，省厅成立预算工作领导小组，厅长任组长，副厅长为小组成员。领导小组主要负责确定预算编制原则，审核年度预算分配方案，对重大经济事项进行决策，监督指导预算执行，审批部门决算报告等。领导小组下设预算编审工作专班，由分管预算工作副厅长任专班负责人，厅财务处、计划处、办公室、人劳处等部门相关人员为专班成员，具体负责部门预算编审、上报以及督促预算执行以及部门决算编制等工作。

第五条　各单位应相应成立预算管理工作领导小组及工作专班。领导小组主要负责制定本单位预算管理工作目标及规章制度，确定年度工作计划、审核预算草案，对重大项目支出进行集体决策，检查并督促预算执行等；工作专班具体负责预算编制、审核上报、修改完善、分解下达，督促预算执行和监督项目实施，做好预算执行情况总结、分析，项目支出绩效考评和部门决算编制等工作。

第三章　预 算 内 容

第六条　部门预算内容包括收入预算和支出预算。

第七条　收入预算包括财政一般预算收入、成品油价格和税费改革专项收入、行政事业性收费收入、历年结余、国有资产收益和其他收入等。

第八条　支出预算包括基本支出预算、项目支出预算等。

第九条　基本支出预算是单位为保障机构正常运转，完成日常工作任务而编制的资金支出计划，按其性质分为人员经费和日常公用经费。

人员经费包括工资福利支出和对个人和家庭补助支出。

日常公用经费包括办公费、水电费、差旅费、购置费、培训费、招待费等。

第十条　项目支出预算是单位为完成特定工作任务或事业发展目标，在基本支出预算之外编制的资金支出计划，分为经常性项目和专项项目。

经常性项目是指单位为履行管理职能，完成日常工作任务，每个预算年度均需安排的项目。该类项目主要特征是发生频率较大，支出内容与人员、资产、工作量、道理状况等因素关联性较强，具有一定支出规律等。如行业管理经费、物业管理、网络租赁、公路小修保养、航道维护等项目。

专项项目是指单位为完成某一特定的工作任务而设立的项目。该类项目的主要特征是发生频率较小，预算金额较大，前期工作充分，可实施性较强，具有一定的经济和社会效益等。如基础设施建设、房屋购置及修缮、网络系统建设、大型专业设备购置等项目。

第四章　预 算 编 制

第十一条　收入预算的编制。收入预算应全面反映单位的各项收入，收入项目应符合国家和省的有关政策规定。

（一）科学合理编制非税收入计划。各单位应在分析近年收入情况基础上，结合政策调整和经济情况变化等因素，科学合理编制当年非税收入征收计划。非税收入征收计划一经确定，当年不予调整。为合理确定部门预算控制数，各单位在上报非税收入征收计划时，要对本年度收入超收情况进行合理预计并上报，同时还应上报已缴入财政国库预计将在次年安排预算的收入情况。

（二）加强结余资金管理。编制预算时，应优先使用结余资金；需动用以前年度结余资金时，必须先纳入部门预算，经批准后方可使用。

（三）加强国有资产收益管理。各单位应将房屋出租、设备处置等收入全额上缴省财政厅，据实编报收入预算。

第十二条　基本支出预算编制。

（一）基本支出预算应如实准确反映各单位的机构编制、人员、经费类型等基础数据及变化情况，严格按照省厅有关标准和省财政日常公用经费标准进行编制；应优先保障国家统一政策规定的开支范围和开支标准的在职人员工资、津补贴、各项社会保障费用、离退休人员费用以及机构正常运转的需要。

（二）人员经费支出预算应按照国家政策规定的工资、津补贴、奖金、公积金、社会保障费用等标准和适用范围，依据经批准的编制内实有人数和人均标准等情况，按预算支出科目内容规定逐项测算编列；离退休费用应根据国家统一规定的标准，按实际离退休人数、人均标准等测算编制。

（三）日常公用经费支出预算应按照经省编办或省厅人事部门核定的编制人数，参照省财政厅定额标准（有行业标准的参照行业标准）编制。

第十三条　项目支出预算的编制。

（一）编报的项目应符合国家和省有关方针政策、法律法规以及财政资金支持的方向、范围，充分体现单位职责履行和事业发展需要，有明确的工作目标、组织实施计划和科学合理的项目预算。

（二）经常性项目预算应与人员情况、资产情况、行业职能、工作实际等因素挂钩，体现定额化、标准化。

（三）专项项目预算应至少提前一年进行充分的研究论证，有明确的项目实施计划、时间进度和证明资料。基本建设项目应具备可行性研究和初步设计批复等文件，其他项目应具备专家论证意见或上级单位立项批复文件。纳入部门预算的专项项目须通过项目库进行申报、遴选、论证、审核。

（四）对跨年度项目应编制分年度项目安排计划，根据项目进度逐年纳入预算实施。

（五）项目支出预算应按省财政厅统一制定的项目申报文本编制。

第十四条　各单位可根据省财政厅的相关规定，按照基本支出和项目支出的一定比例安排不可预见费。除不可预见费项目及有特殊规定的项目外，其他项目内严禁安排机动经费。

第十五条　各单位在编制预算时，应按照“应编尽编，应采尽采”的原则，对照每年公布的湖北省政府集中采购目录及标准，认真编制政府采购预算。

第十六条　各单位应根据省财政厅资产配置、更新标准以及单位的资产存量和实际需求，认真编制资产配置预算。

第十七条　部门预算编制采取“二上二下”工作程序。

“一上”阶段：各单位应于每年7月份启动预算编制工作，通过“超前调研、专题论证、部门联审、集体决策”等流程，科学合理制定下年度收入及支出规模。8月底前，各单位报送预算编制基础资料，主要包括人员和资产情况、非税收入和国有资产收益征收计划、资产配置计划等。9月中旬前应形成预算编制初稿，主要包括预算编制汇报文件(单位基本情况、编制原则、编制总体情况、与上年度差异分析、其他情况说明)、预算编制报表、项目申报证明资料等，经本单位预算管理工作领导小组审核后报送省厅。

“一下”阶段：省厅预算工作专班根据部省相关政策及文件规定，行业工作开展和各单位的实际情况，对各单位申报的预算进行初步审核，审核内容主要包括：

(一)是否按规定的格式、时间和方式报送，是否签章齐全、规范行文。

(二)预算表格和相关材料是否齐全，数据勾稽关系是否准确。

(三)各项收入是否符合国家和省规定的收入项目，各项支出是否符合财政部门规定的开支范围与标准，是否有应纳未纳预算的收支项目。

(四)项目证明资料是否真实有效，专项项目是否纳入项目库管理。

(五)是否符合国家和省部门预算管理其他规定和要求。

审核后，省厅预算工作专班提出修改意见，并于10月上旬前将意见反馈各单位。

“二上”阶段：各单位对预算初稿进行调整并报送省厅，厅预算管理工作专班对各单位预算进行审核汇总，并向厅预算管理工作领导小组汇报。根据领导小组意见，厅预算管理工作专班对预算再次进行审核，并将审核意见反馈给各预算单位，各单位根据意见修改后编制完整的项目申报文本，形成预算修改稿，于10月底前以正式文件上报省厅。

“二下”阶段：省厅预算工作专班对上报资料进行审核，审核内容包括：

(一)是否严格按照修改意见对单位部门预算进行了完善。

(二)项目申报文本是否符合规定的格式和填报要求，项目的申报依据是否真实可靠，是否有明确的项目目标和组织实施计划，项目预算是否合理。

(三)财政拨款是否符合省财政厅下达的预算控制数。

审核后，省厅预算工作专班报厅预算管理工作领导小组审定，于11月底前形成正式预算报告报省财政厅，同时报分管省长审签。分管省长和省财政厅修改意见反馈我厅后，再组织各预算单位进行修改完善，在12月底之前形成部门预算修改稿再次报省财政厅，省财政厅汇总后报省政府审核，经省人大批准后执行。

第十八条　省厅预算工作专班在收到省财政厅转批的部门预算后，要在十五日内批转给厅机关和厅直预算单位；厅机关和厅直单位要在十日内批转给各处(科)室、部门和所属基层单位。各单位批复的预算与上报的预算资料不符的，按批复的预算执行。

第五章　预算执行与调整

第十九条　交通行政事业性收费以及国有资产收益等收入应严格执行“收支两条线”管理规定，及时、足额上缴，不得截留、滞留、坐支、挪用。

第二十条　基本支出预算按规定的开支范围和标准执行。人员经费遵守各项财务制度和费用开支标准，按实际人数、工资结构，以及相应的计提基数与比例办理支出；日常公用经费结合单位工作计划和事业任务完成情况，以合法、有效的原始凭证列支。

第二十一条　项目支出按财政部门批复的预算，在规定的用途和范围内结合项目实施进度，拨付和使用资金，并保证项目资金专款专用。

第二十二条　各单位应采取切实有效的措施，努力增强预算执行的时效性和均衡性。

(一)各单位应根据自身业务特点和项目实施的具体情况，进一步优化预算执行流程，确保预算项目顺利实施。

(二)各单位应制定详细的项目支出预算执行计划，原则上项目支出执行率6月底不低于45%，7月底不低于52%，9月底不低于70%，11月底不低于90%。对预算执行率低于进度目标的单位，省厅将采取通报、约谈等方式，及时督促解决。

(三)对预算执行不力且无正当理由的单位，省厅将按未执行预算占年度预算的比例，同比核减单位下年度的预算经费。

(四)各单位应建立健全预算支出责任制度，将预算执行工作落实到岗，任务落实到人，并与工作业绩考核挂钩。

第二十三条　有预算分配权的公路、运管、物流、港航海事等部门要及时做好资金分配方案的细化和指标下达工作。原则上4月30日前转移支付预算执行率不低于50%，要尽量在6月30日前全部落实分解到具体单位或项目，超过9月30日仍未分解落实到单位或项目且无正当理由的，全部收回预算，调剂用于其他支出或平衡预算。省业务主管局应做好本系统人员基本支出、公路小修保养、航道维护等项目的预拨工作。

有代编预算的单位要尽量在6月30日前将代编预算落实到具体单位或项目，超过9月30日仍未分解到具体承担单位而无法执行的预算，全部作调减预算处理。

第二十四条　各单位应按照财政国库管理制度改革的相关规定，认真做好预算资金请拨款工作。基本支出预算用款计划按照年度均衡性原则分月编制按季报送，项目支出用款计划按照项目进度分月编制分月报送。各预算单位要及时汇总本单位资金需求，每月20日开始上报下月用款计划，15日以后不再批复当月用款计划。用款计划批复后按规定的支出用途及时办理用款支付手续。各单位应加强资金支付管理，防止超预算、超进度拨款，对于有上、下级预算隶属关系的单位，不得以合同、协议名义转拨预算资金。

第二十五条　各单位应严格按照批复的政府采购预算和资产配置计划制定年度实施方案，做好政府采购和资产配置工作，确保按批复预算严格执行。

第二十六条　各单位应坚持厉行节约，大力压缩公务出国、公务接待、车辆购置及运行、大型会议、职工培训等支出，切实降低行政运行成本。

第二十七条　各单位应建立预算执行情况报告制度，及时掌握预算执行动态，加强预算执行情况总结分析，对预算执行中发现的问题及时提出处理意见或改进措施。各单位应按规定的格式、内容和要求，每季结束10日内(年度预算报告可推迟至15日)向省厅报告预算执行情况，内容主要包括：预算批复和执行情况、本期和累计预算收支情况、项目建设进度和支出情况、政府采购预算执行情况、预算执行中存在的问题、提高预算执行率的具体措施等。

第二十八条　预算调整是指经批复的年度预算，在执行过程中因出现上级部门临时交办工作、突发紧急事件、人员情况变化等年初不可预见因素，导致预算的部分变更。

第二十九条　各单位原则上每年可对年初预算进行一次调整，遇特殊紧急事件的，可实行一事一报。调整预算应按照以下程序办理。

(一)单位需要对预算进行调整的，须于7月31日前(遇特殊紧急事件可随时上报)提出预算调整申请，并以正式文件报送省厅，文件须附相关表格和证明资料。

(二)省厅预算工作专班审核、汇总各单位的申请，报领导小组审核确定后报送省财政厅。

(三)省财政厅批复后，各单位按照调整后的预算执行。

第六章　预算绩效管理

第三十条　预算绩效是指预算资金所达到的产出和结果。预算绩效管理就是要求在预算编制、执行、监督的全过程中更加关注预算资金的产出和结果。各单位要逐步建立“预算编制有目标、预算执行有监控、预算完成有评价、预算结果有反馈、反馈结果有应用”的预算绩效管理机制。

(一)绩效目标管理。各单位在编制下一年度预算时，要根据编制预算的总体要求和本单位事业发展规划，科学合理编制预算绩效计划，报送绩效目标。预算绩效计划要详细说明为达到绩效目标拟采取的工作程序、方式方法、资金需求、信息资源等，并有明确的职责和分工。

(二)绩效运行跟踪监控管理。各单位要建立绩效运行跟踪监控机制，定期采集绩效运行信息并汇总分析，对绩效目标运行情况进行跟踪管理和督促检查，纠偏扬长，促进绩效目标的顺利实现。

(三)绩效评价实施管理。预算执行结束后，要及时对预算资金的产出和结果进行绩效评价，重点评价产出和结果的经济性、效率性和效益性。各单位要对预算执行情况进行自我评价，提交预算绩效报告，要将实际取得的绩效与绩效目标进行对比，如未实现绩效目标，须说明理由。

(四)绩效评价结果反馈和应用管理。各单位要根据绩效评价结果，完善管理制度，改进管理措施，提高管理水平，降低支出成本，增强支出责任；同时还要将绩效评价结果作为安排以后年度预算的重要依据，优化资源配置。

第七章　决 算 编 制

第三十一条　各单位应按照有关要求做好部门决算编制工作。

(一)决算前的准备。

1.清理各项收支。对照年度预算，全面清理当年各项应收、应支、应缴款项，及时核实结清单位与财政部门、与所属单位之间、与其他单位之间的往来账款，保证决算数据真实可靠。

2.清理国有资产。对单位占有、使用的固定资产进行全面清查，做到账账、账实相符，确保资产财务信息的真实、准确、完整，资产信息应与部门决算软件中的资产信息保持一致。

(二)填制决算报表。各单位在准备工作的基础上，按照决算编制的相关要求，真实完整地编制单位决算报表。

(三)编写决算编制报告。决算编制报告应包括如下内容：

1.单位总体概况。包括单位基本概况(人员的总量与构成、资产的总量与构成、工作职能、工作范围、资产负债数据分析等)、单位年度事业发展概况。

2.预算收支总体情况。主要指预算收支的完成情况，应与年初预算对比、与上年数据对比。

3.预算收入完成情况。具体分析到收入的明细项目，应与年初预算对比、与上年数据对比；分析收入的增减变化原因，影响收入的重要因素等。

4.预算支出执行情况。具体分析到预算支出的底级科目，应与年初预算对比、与上年数据对比；分析支出的增减变化情况及原因。

5.预算分析。主要分析预算执行过程中存在的问题，提出意见或建议。

6.财务预算管理工作年度开展情况及下年度工作打算。

第三十二条　各单位应提高决算分析利用水平，将决算结果作为编制下年度部门预算的重要参考依据。

第八章　监 督 检 查

第三十三条　各单位应综合运用信息化等技术手段，加强预算管理全过程的监督检查。

(一)强化事前监督，着力推进监督关口前移，认真开展部门预算编制审查以及重大项目预算审核等工作。

(二)加强事中监督，实现对部门预算执行情况的实时分析监控，及时发现和纠正预算执行中存在的问题。

(三)定期开展项目预算执行情况的重点抽查，进一步完善预算编制和执行工作。

第三十四条　各单位应积极配合人大、财政、审计、监察等部门对单位预(决)算管理工作进行监督、检查。对违反有关法律、法规和财务预算规章制度的，严格按照《财政违法行为处罚处分条例》等规定进行处理，并把监督、检查结果作为加强预(决)算管理及以后年度预算安排的重要参考依据。

第九章　附　　则

第三十五条　本办法由省交通运输厅负责解释。

第三十六条　本办法自发布之日起实施。

2012年2月10日

湖北省交通运输厅国有资产管理办法

（鄂交财〔2012〕72号）

第一章　总　　则

第一条　为了规范和加强我厅国有资产管理，维护国有资产的安全和完整，合理配置国有资产，提高资产使用效益，根据《行政单位国有资产管理暂行办法》(财政部令2006年第35号)、《事业单位国有资产管理暂行办法》(财政部令2006年第36号)、《湖北省行政事业单位国有资产管理实施办法》(鄂财行资发2006年第6号)、《湖北省行政事业单位国有资产使用管理暂行办法》(鄂财行资规2009年第5号)和《湖北省省直行政事业单位国有资产处置管理暂行办法》(鄂财行资发2009年第12号)等法律法规,结合我厅实际情况,制定本办法。

第二条　本办法适用于省交通运输厅机关及厅直事业单位(以下简称各单位)。

第三条　本办法所称国有资产，是指省交通运输厅机关及厅直事业单位占有、使用的,依法确认为国家所有,能以货币计量的各种经济资源的总称,即各单位的国有(公共)财产。

各单位国有资产包括各单位用国家财政性资金形成的资产、国家调拨给各单位的资产、各单位按照国家规定组织收入形成的资产，以及接受捐赠和其他经法律确认为国家所有的资产，其表现形式为流动资产、固定资产和无形资产、对外投资等。

第四条　各单位国有资产管理的内容包括：资产配置、资产日常管理及使用、资产处置、资产清查、资产信息化管理、资产统计报告和监督检查等。

第五条　各单位国有资产管理活动，应当遵循以下原则：

(一)资产管理与预算管理相结合。制定和完善资产管理与预算管理相结合的相关规章制度，逐步将资产的配置、购置、使用、变动处置等方面的管理纳入预算管理轨道。

(二)资产购置与政府采购相结合。属于政府采购范围的资产购置，必须严格按照政府采购规定执行。

(三)实物管理与价值管理相结合。核实国有资产存量、合理编制增量资产预算、加强实物资产监管、调控实物资产使用管理、强化国有资产处置监管。

(四)资产使用与效益评价相结合。建立和完善国有资产与预算有效结合的激励和约束机制。

第二章　管理机构及职责

第六条　省交通运输厅(以下简称省厅)作为省级交通运输行业主管部门，对各单位的国有资产实施监督管理。主要职责是：

(一)根据国家、省有关国有资产管理的规定，制定符合交通运输行业特点的国有资产管理办法并组织实施;

(二)履行国有资产的产权管理、监督和业务指导职能；

(三)负责审核各单位利用国有资产对外投资、出租、出借和担保等事项,按规定权限审核或者审批有关资产购置、处置等事项；

(四)负责各单位长期闲置、低效运转和超标准配置资产的调剂工作，优化各单位国有资产配置；

(五)督促各单位按规定缴纳国有资产收益；

(六)组织各单位国有资产清查登记、统计报告及绩效考核等工作；

(七)接受财政部门的指导和监督，报告本部门国有资产管理工作；

(八)负责组织国有资产管理人员的培训和考核。

第七条　各单位作为国有资产的具体管理、使用和经营单位，其主要职责是：

(一)根据国家、省国有资产管理的有关规定及省厅国有资产管理办法，制定本单位国有资产管理的具体办法并组织实施；

(二)负责本单位资产购置、验收入库、维护保管等日常管理，负责本单位资产的账卡管理、清查登记、统计报告及日常监督检查工作，负责本单位存量资产的有效利用；

(三)办理本单位国有资产配置、处置和对外投资、出租、出借和担保等事项的报批手续；

(四)具体承担本单位用于对外投资、出租、出借和担保的国有资产保值增值责任，按照规定及时、足额缴纳国有资产收益；

(五)接受省厅和省财政部门的监督、指导并向其报告有关国有资产管理工作。

第八条　各单位要建立国有资产管理部门，配备专人专岗负责国有资产管理的具体工作。

第三章　国有资产配置管理

第九条　国有资产配置是指根据各单位履行职能的需要，按照国家有关法律、法规和规章制度规定的程序，通过购置或者调剂等方式为单位配备资产的行为。

第十条　国有资产配置应当坚持“保障需要、节约使用、节能环保、从严控制”的原则。各单位有下列情形之一的，可以申请配置资产：

(一)新增机构或人员编制的；

(二)增加工作职能和任务的；

(三)现有资产按规定处置后需要配置的；

(四)现有资产无法满足工作需要的其他情形。

第十一条　各单位国有资产配置内容包括：

(一)土地、房屋和建筑物。包括

办公用房，公共服务用房（会议室、接待室、档案室、文印室、资料室、收发室、计算机房、储藏室、卫生间、公勤人员用房等），设备用房（变配电室、电梯、通信机房等），附属用房（食堂、车库、消防设施等）；

（二）一般设备。包括交通运输工具、办公设备、被服装备等；

（三）专用设备。包括专用车辆、各种仪器仪表、机械设备、医疗器械、文体设备等；

（四）图书（资料室的藏书及科学技术资料）等；

（五）其他固定资产。

第十二条　对国家有统一配置标准的房屋、土地和车辆，参照国家规定的相关标准执行：

（一）房屋建设及办公使用面积参照国家发改委制定的标准；

（二）土地使用标准参照国土资源部制定的标准；

（三）公务用车配备标准参照省委、省政府办公厅制定的有关文件规定执行，专业用车配备标准参照国家相关部委的有关规定执行。

第十三条　各单位国有资产配置应当符合配置标准；没有规定配置标准的，应当从严控制，合理配置。各单位资产配置由省厅审核，省财政部门审批，除国家另有规定外，按以下程序报批：

（一）年度部门预算编制前，各单位资产管理部门会同财务部门全面分析存量资产的质量、结构和分布情况，研究单位完成工作任务或履行其管理职能需占用资产的合理额度，根据分析结果，提出本单位下一年度拟购置资产的品目、数量，测算经费额度，报省厅审核；

（二）省厅根据单位资产存量状况和有关资产配置标准，审核同意后，报省财政部门审批；

（三）经省财政部门审批同意，各单位可以将资产购置项目列入年度部门预算，并在上报年度部门预算时附送批复文件等相关材料，作为财政部门审批部门预算的依据。未经批准，不得列入部门预算，也不得列入单位经费支出。

第十四条　各单位购置的资产，属于政府采购范围的，必须依法实施政府采购。未经批准的资产购置，省厅不予受理。

第十五条　各单位应当对购置的资产进行验收、登记，录入资产信息管理系统，并及时进行账务处理。

第四章　国有资产使用管理

第十六条　行政单位国有资产的使用包括单位自用和出租、出借等方式。行政单位不得用国有资产对外投资、担保，法律另有规定的除外。

第十七条　事业单位国有资产的使用包括单位自用和出租、出借及对外投资、担保等方式。

第十八条　各单位应当建立健全本单位国有资产购置、验收、使用、保管、维护等内部管理制度，规范资产使用管理流程，细化对资产登记、资产变动、资产清查、资产处置等各个环节的管理。在国有资产的使用管理中，各单位财务部门负责按国有资产的价值分类核算，审核国有资产的预算并对国有资产管理进行监督检查；国有资产管理部门负责国有资产配置的预算编制、计划采购、维修保养、调拨处置等具体管理；技术部门负责专用设备的技术鉴定；使用部门负责合理、有效使用和日常维护，杜绝浪费。

第十九条　各单位应当建立严格的国有资产管理责任制，建立资产使用定期清查制度，做到账卡相符、账实相符、账账相符，将国有资产管理责任落实到人。

第二十条　各单位利用国有资产出租、出借的，办理报批手续时，须提供下列材料，并对材料的真实性、有效性、准确性负责：

（一）单位拟办理国有资产出租、出借的书面申请、申报审批表及主管部门的审核意见书；

（二）单位出租、出借可行性论证报告；

（三）单位同意国有资产出租、出借的内部决议或会议纪要复印件（加盖单位公章）；

（四）拟出租、出借资产的价值证明及权属证明，如购货发票、工程决算副本、国有土地使用权证、房屋所有权证、股权证等凭据的复印件（加盖单位公章）；

（五）单位法人证书复印件、拟出租出借单位法人证书复印件或企业营业执照复印件、个人身份证复印件等；

（六）按国家有关规定，其他需要提交的文件、证件及资料。

事业单位利用国有资产对外投资和担保的，办理报批手续时，须提供下列材料，并对材料的真实性、有效性、准确性负责：

（一）单位拟办理国有资产对外投资和担保的书面申请、申报审批表及主管部门的审核意见书；

（二）对外投资可行性论证报告；

（三）事业单位同意对外投资的内部决议或会议纪要复印件（加盖单位公章）；

（四）拟对外投资和担保资产的价值证明及权属证明，如购货发票、工程决算副本、国有土地使用权证、房屋所有权证、股权证等凭据的复印件（加盖单位公章）；

（五）拟创办经济实体的章程；工商行政管理部门下发的企业名称预先核准通知书；投资双方签订的合作意向书、协议草案或合同草案；

（六）拟合作方、被担保人的营业执照复印件、法人登记证或个人身份证复印件；

（七）事业单位及合作方近三年财务报表或中介机构审计报告；

（八）按国家有关规定，其他需要提交的文件、证件及资料。

第二十一条　各单位出租、出借、对外投资的国有资产，其所有权性质不变，仍归国家所有；所形成的收入，按照政府非税收入管理的规定，实行“收支两条线”管理，收入进财政专户，支出列部门预算。国有资产有偿使用收入上缴财政专户后，由财政部门统筹安排，用于缴入单位津补贴的规范化发放和事业的发展。

第二十二条　各单位资产占用费的缴纳按省政府第233号令及省财政厅相关文件执行。

第二十三条　对各单位超标配置、低效运转或者长期闲置的国有资产，由省厅在系统内调剂使用，报省财政部门备案。

第五章　国有资产处置管理

第二十四条　各单位国有资产处置，是指对其占有、使用的国有资产进行产权转让、使用权转移或者核销产权的行为。具体包括：

(一)调剂。调剂国有资产是指将国有资产以无偿转让方式变更占有、使用权的资产处置。

(二)出售。出售国有资产是指将国有资产以有偿转让的方式变更所有权，并按有关规定收取相应收益的资产处置。其方式可采用公开竞价、拍卖等方式进行。

(三)置换。置换国有资产是指以非货币性交易的方式变更行政事业单位国有资产所有权或占有、使用权的资产处置。

(四)报废。报废国有资产是指经有关部门科学鉴定或按有关规定，对已经不能继续使用的国有资产产权注销的资产处置。

(五)报损。报损国有资产是指对发生的坏账损失、非正常损失等，按照有关规定进行产权注销的资产处置。

(六)捐赠。捐赠国有资产是依照《中华人民共和国公益事业捐赠法》，自愿无偿将其有权处置的合法财产赠与给合法的受赠人用于公益事业的资产处置。包括实物资产捐赠、无形资产捐赠和货币性资产捐赠等。

(七)货币性资产核销。货币性资产核销是指对已核定的行政事业单位货币性资产损失注销的资产处置。

第二十五条　处置国有资产范围包括：

(一)闲置的资产；

(二)因技术原因并经过科学论证，确需报废淘汰的资产；

(三)因单位分立、撤销、合并、改制、隶属关系改变等原因发生的产权或者使用权转移的资产；

(四)盘亏、呆账及非正常损失的资产；

(五)已超过使用年限且无法使用的资产；

(六)由于被其他新技术代替或已经超过了法律保护期限，造成使用价值和转让价值降低或丧失的无形资产；

(七)依照国家有关规定需要进行资产处置的其他情形。

第二十六条　各单位处置国有资产应当严格履行审批手续，未经批准不得处置。处置国有资产要符合以下程序：

(一)使用单位应及时提出国有资产处置申请。

(二)提交国有资产处置相关证明和资料报请省厅审查。包括资产价值的凭证，如购货单(发票、收据)、工程决算副本、记账凭证复印件、国有资产卡片等；具有合法资质的评估机构出具的有关资产评估报告；技术部门鉴定资料和非正常损失责任的处理文件；行政事业单位国有资产产权登记证及其他资料。

(三)省厅根据权限对各类资产处置进行核实后，报经省财政部门批复。

(四)使用单位根据批复意见进行资产处置。

(五)资产处置完毕后，各单位凭财政资产管理机构下达的《行政事业单位国有资产处置批复书》，调整相关会计账目，办理产权过户和资产(电子)台账变更登记等手续。

第二十七条　国有资产的处置权限：

各单位处置房屋建筑物、土地、车辆及单位原始价值(或批量价值)在20万元以上(含20万元)的仪器设备等，由单位提出申请，经省厅审核报财政厅批准后核销；20万元以下的，报省厅批准后核销，并报省财政厅备案。

货币性资产核销一律由财政部门审批；重大资产处置应报省政府审批。

撤销、合并、改制的单位，其资产要进行全面的清查，登记造册，报财政部门核查审批后，方可办理移交、调拨、封存、拍卖等手续，任何单位或个人无权随意处置。

经批准召开的重大会议、举办大型活动等临时购置的国有资产，由主办单位在会议、活动结束时，按照本办法规定报批后进行处置。主办单位要对资产的安全、完整负责，不得擅自占有或处置。

第二十八条　各单位出售房屋、建筑物、土地使用权、车辆及大型(贵重)仪器设备等，必须经有资质的评估机构评估并报省财政厅核准或备案后，采取招标或拍卖等形式进行公开处置。

第二十九条　各单位国有资产处置变价收入和残值收入，均属国家所有，应当按照政府非税收入管理规定，实行“收支两条线”管理，在扣缴国家税金及允许列支的有关处置费用后，应于合同约定的缴款期限5个工作日内，由执收单位或购买人直接将款项缴入省财政专户。

第三十条　各单位资产处置收入，主要用于缴入单位的固定资产更新改造和事业的发展。

第六章　国有资产清查

第三十一条　本办法所称资产清查，是指各单位根据实际工作需要，按照规定的政策、工作程序和方法，定期或不定期进行账务清理、财产清查，依法认定各项资产损益，真实反映各单位国有资产占有使用状况的工作。

第三十二条　各单位有下列情形之一的，应当进行资产清查：

(一)根据省厅或省财政部门专项工作要求，纳入统一组织的资产清查范围的；

(二)进行重大改革或者改制的；

(三)遭受重大自然灾害等不可抗力造成资产严重损失的；

(四)会计信息严重失真或者国有资产出现重大流失的；

(五)会计政策发生重大变更，涉及资产核算方法发生重要变化的；

(六)省财政部门认为应当进行资产清查的其他情形。

第三十三条　省厅每两年开展一次国有资产检查工作，组织相关专业人员或委托社会中介机构，对各单位资产清查工作情况进行检查或抽查。

第三十四条　资产清查工作内容

包括：单位基本情况清理、账务清理、财产清查和完善制度等。

(一)单位基本情况清理是指根据资产清查工作的需要，对应当纳入资产清查工作范围的所属单位户数、编制和人员状况等基本情况的全面清理。

(二)账务清理是指对各单位的各种银行账户、会计核算科目、各类库存现金、有价证券以及各项资金往来等基本账务情况进行全面核对和清理。

(三)财产清查是指对各单位的各项资产进行全面的清理、核对和查实。各单位对清查出的各种资产盘盈和盘亏、报废及坏账等损失按照资产清查要求进行分类，提出相关处理建议。

(四)完善制度是指针对资产清查工作中发现的问题，进行全面总结、认真分析，提出相应整改措施和实施计划，建立健全资产管理制度。

(五)对于资产清查中发现的，已使用但尚未办理竣工决算手续的基本建设项目，各单位应当按照基本建设财务管理规定及时办理竣工决算手续。

第三十五条　各单位进行资产清查，应当向省厅提出申请，报省财政部门批准立项后组织实施，但根据省政府及省财政部门专项工作要求进行的资产清查除外。资产清查申请报告应当说明资产清查的原因、范围以及工作基准日等内容。

第三十六条　各单位资产清查工作除国家另有规定外，按照下列程序进行：

(一)各单位在省厅、省财政部门的监督指导下设立或明确资产清查工作机构，制订本单位资产清查工作实施方案；

(二)各单位按照资产清查工作实施方案，实施自查；

(三)各单位的自查结果须委托社会中介机构进行专项审计及相关工作；

(四)各单位向省厅报送资产清查工作结果报告，经省厅审核后报省财政部门；

(五)根据省财政部门资产核实批复文件及时进行账务处理，并办理相关资产管理手续；

(六)根据资产清查工作情况，建立完善各项规章制度。

第三十七条　各单位在资产清查中违反本办法规定程序的，不组织或不积极组织，未按时完成资产清查工作的，由省厅责令其限期完成；对资产清查工作质量不符合规定要求的，由省厅责令其重新组织开展资产清查工作；对拒不完成资产清查工作的单位，省厅予以通报批评。

第三十八条　各单位负责人对本单位申报的资产清查工作结果真实性、完整性承担责任；社会中介机构对单位资产清查专项审计报告的准确性、可靠性承担责任。

第七章　国有资产信息化管理

第三十九条　国有资产信息化管理是指利用计算机网络技术，对各单位资产的现状以及配置、使用、处置等环节进行动态管理的一种手段，是实现各单位国有资产管理的制度化、规范化、科学化的重要保证。

第四十条　各单位应将本单位管理的各类国有资产的信息(包括资产数量、结构、原值、现值、实物图片)等资料录入国有资产信息化管理系统，在此基础上，做好国有资产统计、报告、分析工作，实现国有资产动态管理。

第四十一条　国有资产信息化管理的内容包括：资产购置计划、资产出租、出借、对外投资及资产处置等资产管理事项。

第四十二条　各单位要利用国有资产信息化管理系统，采集相关资产使用及绩效信息，对本单位资产使用状况进行分析，对资产进行绩效管理，提高资产使用效益。

第四十三条　各单位要利用国有资产信息化管理系统，严格按照国有资产管理部门的报表格式及内容，做好资产统计报告工作，并对国有资产占有、使用、变动、处置等情况做出文字分析说明，提高资产管理水平。

第四十四条　各单位国有资产占有、使用状况，是省厅、省财政部门编制和安排各单位预算的重要参考依据。各单位应当充分利用国有资产信息化管理系统和资产信息报告，全面、动态地掌握国有资产占有、使用状况，建立和完善国有资产与预算有效结合的激励和约束机制。

第八章　国有资产监督管理

第四十五条　各单位国有资产监督应当坚持单位内部监督与财政监督、审计监督、社会监督相结合，事前监督与事中监督、事后监督相结合，日常监督与专项检查相结合。

第四十六条　各单位在国有资产监督管理中，发现下列行为之一的，责令其改正，并按管理权限追究相关责任人的责任：

(一)未按其职责要求，放松管理，造成国有资产流失的；

(二)擅自转让、处置国有资产和用于经营性投资的；

(三)不如实进行登记和填报资料，隐瞒真实情况的；

(四)未经批准自行购置国有资产或超标准购置国有资产的；

(五)弄虚作假，以各种名目侵占国有资产和利用职权谋取私利的；

(六)未按规定缴纳、使用国有资产收益的。

第四十七条　各单位应建立和完善国有资产损失赔偿制度。将国有资产低价折股、低价出售或者无偿分给个人的，除要求直接负责的主管人员和其他直接责任人赔偿外，应按照有关规定给予行政处分。构成犯罪的，依法追究刑事责任。

第四十八条　对造成国有资产损坏、遗失的直接责任人，应追究责任，视情节给予经济和行政处分，并对其他直接责任人追究管理连带责任。

第四十九条　违反本办法有关国有资产管理规定的其他行为，依据国家有关法律、法规及规章制度进行处理。

第九章　附　　则

第五十条　本办法由省交通运输厅负责解释。

第五十一条　本办法自发布之日起实施。

2012年2月10日

湖北省交通运输厅省级部门预算项目库管理办法(试行)

(鄂交财〔2012〕73号)

第一章 总 则

第一条 为了进一步推进我省交通运输部门预算项目规范化、程序化、科学化管理,根据《湖北省省级项目支出预算管理办法》、《湖北省交通运输厅部门预算管理办法》等有关规定,结合交通运输部门实际,制定本办法。

第二条 本办法所称项目是指省交通运输厅机关及厅直各事业单位(以下简称各单位)为完成其特定行政工作任务或事业发展目标,除日常管理维护类项目以外的,一次性或阶段性发生的发展建设类专项项目。

第三条 项目库是对专项项目进行规范化、程序化管理的数据系统,由各单位根据行业规划目标和事业发展需要,对未来年度需要实施的专项项目进行收集、归类、论证或评审后设立。

第四条 项目库管理遵循以下原则:

(一)统一规划,分级管理。省厅统一制定项目库管理办法、项目申报文本、统一设计项目库管理系统应用软件。各单位按照规定进行项目申报,经省厅审批后根据当年财力纳入年度预算并由各单位组织实施。

(二)动态管理,合理排序。各单位应按照"储备一批,实施一批,完结一批,清理一批"的程序对项目库进行动态管理。入库项目应按照轻重缓急、择优遴选等原则进行排序。

(三)绩效考评,全面监督。各单位应推进项目库建设绩效考评工作,对入库项目申报、执行及完成情况进行跟踪问效,并主动接受上级有关部门的监督指导。

第二章 项目库分类

第五条 项目库分为备选库、申报库、执行库、完结库。

(一)备选库中的项目是指各单位根据工作职责和事业发展目标确定的,有明确的规划目标和项目预期但尚未报省厅审批的项目。

(二)申报库中的项目是指各单位从备选库中选取的,已完成可行性研究,有明确的项目实施方案和资金来源,经各单位预算领导小组审核同意上报,正在履行审批程序的项目。

(三)执行库中的项目是指已完成项目审批程序,按照轻重缓急等原则并结合当年财力排序后,纳入预算进入正式实施阶段的项目。

(四)完结库中的项目是指已建设完成的项目。

第三章 项目入库

第六条 项目入库是指各单位根据工作职责和事业发展目标,编制项目支出预算,填写项目申报文本(由省厅统一版本),提出入库申请,经各单位预算领导小组审核同意后,纳入备选库管理。

第七条 入库项目应具备以下条件:

(一)符合国家和省的有关方针政策;

(二)符合财政资金支持的方向和财政资金供给的范围;

(三)符合单位事业发展和履行行业管理职能的需要;

(四)符合省财政厅关于项目支出预算编制的相关规定和要求;

(五)有明确的规划目标、项目绩效目标和组织实施计划;

(六)项目预算科学合理,资金来源可行。

第八条 入库项目按照其性质分为基本建设类、大型修缮类、维护养护类、信息网络类、专业设备购置类和其他类等。

(一)基本建设类项目,是指按照基本建设程序,进行新建、改扩建基础设施的项目。

(二)大型修缮类项目,是指房屋、建筑物及附属设施修缮和大型专业设备修理的项目。

(三)维护养护类项目,专指高速公路专项养护类项目。

(四)信息网络类项目,是指根据信息化建设的相关要求,搭建具有交通运输工作特色的软、硬件系统。

(五)专业设备购置类项目,是指为满足特殊工作需要购置的专业设备,如大型应急抢险车辆、专业养护设备等。

(六)其他类项目,是指除上述项目以外发生的其他专项项目。

第四章 项目申报

第九条 备选库中符合上报条件的项目,经本单位预算领导小组同意,通过省交通运输财务管理信息系统上报至省厅。

第十条 项目申报采取集中申报与常年申报相结合,以集中申报为主,常年申报为辅。各单位应于每年6月1–20日通过财务管理信息系统向省厅集中申报下一年度预算项目。

第十一条 申报的项目应同时具备以下条件:

(一)项目基本信息填写真实、完整。按财务管理信息系统的要求,认真填写申报项目的各项内容,不缺项,不漏页;

(二)手续完备,材料齐全。须提交符合要求的项目申报文本,包括项目申报书、项目可行性论证报告及相关材料等;

(三)金额在200万元以上新增项目或者专业技术复杂的项目,应按要求提交专家论证意见和审批单位评审意见;

(四)按照规定属于政府采购的项目,应当编制政府采购预算。

第十二条 项目申报实行投资总

量控制。各单位每年度上报省厅的项目，投资总量原则上不得超过上一年度下达项目投资总量的120%。

第五章　项目审核及批复

第十三条　项目审核内容主要包括：

（一）项目单位及所申报的项目是否符合规定的申报条件；

（二）项目申报书是否符合规定的填报要求，相关材料是否齐全等；

（三）项目的申报内容是否真实完整；

（四）项目的规模及开支标准是否符合规定；

（五）项目排序是否合理等。

第十四条　省厅预算审核小组（由相关业务处室组成）对申报项目进行评估论证，提出评审意见后报省厅预算领导小组审批。

第六章　项 目 执 行

第十五条　省厅预算领导小组根据交通运输部门工作任务、事业发展目标、年度财力状况和项目排序，将10月底前完成审批流程的项目分年度纳入次年部门预算，报送省财政厅、省人大批复。预算一经批复，项目单位不得自行调整。

第十六条　各单位按照批复的项目预算组织项目的实施，严格执行项目计划和项目支出预算，并按年度上报项目执行情况及形象进度。在预算执行过程中，如发生项目变更、终止，必须按照项目支出预算管理规定的程序报批，并进行预算调整。

第十七条　属于政府采购类的项目，须严格按照政府采购制度有关规定执行。

第十八条　项目执行完毕后，应及时补充竣工验收等相关后续资料，积极开展项目绩效考评工作。

第十九条　省厅每年对项目执行情况进行分析、评估、考核，并视情况对各单位执行情况进行通报。

第七章　项目库维护及监督检查

第二十条　项目库实行滚动管理。已通过审批的项目，由于时间、财力等原因本年度未能安排的，可滚动至下年度继续备选安排。

第二十一条　各单位应根据项目的进展情况，定期开展项目清理工作，出现下列情况之一的项目，及时调整出项目库。

（一）项目撤销或被有关部门勒令终（中）止的；

（二）项目实施中因不可抗力无法继续实施的；

（三）项目实施中被发现有严重违反国家法律、法规行为的；

（四）项目入库三年内仍不具备实施条件或项目实施延期一年以上的；

（五）项目申报资料严重不实的；

（六）项目内容出现重大调整但未重新申报的。

第二十二条　各单位应高度重视项目库管理工作，设专人负责项目库管理，及时更新项目库信息，确保项目库基础信息真实、有效，切实提高项目申报质量，及时上报项目执行情况。

第二十三条　各单位应重点推进项目库建设绩效考评工作，根据项目库建设、入库项目采纳及执行情况，采取科学有效的评估方法进行绩效考评，并将绩效考评结果作为以后年度项目库管理的参考依据。

第二十四条　省厅每年对各单位申报项目的质量情况进行评比，并视情况进行通报。

第二十五条　有下列行为之一的，经核实后，将对相关单位做出核减下一年度项目预算额度的处罚，情节严重的，将按照规定对相关负责人给予相应处罚：

（一）未按批准的项目预算使用项目资金，擅自改变项目内容，变更项目资金使用范围的；

（二）未按规定实施政府采购的；

（三）未按规定上报项目执行情况及分析报告的；

（四）项目执行进度缓慢的；

（五）未按规定及时进行项目验收和总结的；

（六）项目结束后，未及时办理项目财务决算的；

（七）项目管理不善、有违反财经纪律和其他违反本办法的行为。

第八章　附　　则

第二十六条　本办法由省交通运输厅负责解释。

第二十七条　本办法自发布之日起实施。

2012年2月10日

省交通运输厅关于加强普通公路建设筹融资工作的指导意见

（鄂交财〔2012〕243号）

各市（州）、县交通运输局：

为深入贯彻落实《省人民政府办公厅关于促进全省普通公路持续健康发展的意见》（鄂政办发〔2012〕9号）精神，进一步加强普通公路建设筹融资工作，全面提升行业发展资金保障能力，确保湖北普通公路科学发展、跨越式发展。现结合工作实际，提出如下意见：

一、充分认识加强普通公路建设筹融资工作的重要意义

（一）“十二五”期，是我省普通公路克难发展、转型发展、跨越发展的重要时期。根据《湖北省公路发展“十二五”规划》，普通公路建设需完成投资852亿元。随着国家成品油价格和税费改革以及取消政府还贷二级公路收费政策的实施，普通公路原有的融资平台不复存在，新的投融资机制尚未建立，普通公路建设发展与资金筹措的矛盾突出。为此，各地要

充分认识加强普通公路建设筹融资工作的重要意义，统筹各方资源，积极筹措资金，切实保障普通公路持续健康发展。

二、进一步明确各级事权，建立普通公路建设筹融资长效机制

(二)明确各级事权。普通公路发展实行各级地方人民政府负总责。国省道干线公路建设，中央、省实行定额补助，市(州)、县(市、区)人民政府负责落实配套资金。农村公路建设，县级人民政府是责任主体，并负责筹措资金，中央、省实行以奖代补、定补包干政策。

(三)建立长效机制。围绕普通公路发展大局，建立既能有效发挥省级统筹协调职能，又能充分调动市县积极性，责权利相统一的新型普通公路建设筹融资机制，切实落实省、市(州)、县(市、区)三级普通公路建设资金，保证"十二五"规划目标任务全面完成。

三、完善省对普通公路建设的支持体系

(四)落实补助资金。补助资金来源：车购税资金、中央预算内资金、成品油税费改革转移支付资金、国家专项扶贫开发资金、省级财政预算资金、地方政府债券以及通过其他方式筹措资金等。以上资金，省通过专项补助、奖励、切块等形式分配给市县用于普通公路建设。

(五)完善补助办法。对于列入"十二五"规划且前期工作已批复的项目，采取按建设项目年度完成情况确定省补助资金总额，实行多建多补、少建少补、不建不补，省根据年度全省普通公路建设补助资金额度和补助标准，分年分批安排。

(六)建立激励机制。鼓励各地在中央、省补助资金尚未到位的情况下，对于规划内的项目，早部署、早启动、早完工。对地方先实施的项目，省承诺按政策确保中央和省补助资金到位，并采取补助资金"先建先补"优先安排的方式，给予激励。在同等条件下，优先安排提前基本完工的项目，优先安排提前启动的项目，优先安排地方配套资金到位的项目，优先安排国省道干线项目。

四、争取地方政府对普通公路建设的支持力度

(七)加大财政资金投入。根据《省人民政府办公厅关于促进全省普通公路持续健康发展的意见》精神，各地交通部门要争取市(州)、县(市、区)人民政府，每年从本级一般财政预算收入安排普通公路建设配套专项资金，统筹安排基础设施建设资金、国债资金、水利基金、扶贫资金、支农资金等向普通公路倾斜。

(八)协调财政预借资金。在中央、省补助资金尚未到位的情况下，各地交通公路部门要争取财政部门采取周转借款方式给予支持，待中央、省补助资金到位后，予以归垫。

(九)积极争取信贷资金。协调银监部门，将政府交通融资平台转化为一般类贷款平台，解除贷款限制。以平台收储的土地抵押贷款，所得资金用于普通公路建设，土地适时进行开发，开发获得的资金用于归还银行贷款。

(十)深化与金融机构的合作。通过信托产品、中期票据、短期融资券、商业票据、企业债券、工程款保理业务、融资性售后回租业务等方式筹措资金。

(十一)利用中央预算内投资和车购税资金在公路交通领域投资形成的收益，用于普通公路建设。利用公路沿线土地依法依规开发、拍卖冠名权、交通基础设施对周边土地价值提升等获得的收益，用于普通公路建设。争取从土地出让金中提取专项资金，用于普通公路建设。旅游公路建成后，从增加的旅游收入中提取一定比例的资金，用于普通公路建设等。

(十二)充分发挥地方交投、城投等融资平台作用。争取政府通过土地储备、资源开发等形式将资源向交通公路部门倾斜，通过挂牌拍卖方式筹集资金。利用地方城投筹集的贷款资金用于普通公路建设。

(十三)对于具备条件的重点项目，采取BT模式、BOT模式融资。

(十四)争取政府出台优惠政策。公路建设征地及费用实行公路沿线政府统征包干和总负责制。涉农的土地补偿、房屋拆迁费用由地方政府负责。公路建设涉及的相关收费，国家和省有减免规定的，按减免规定执行。没有减免规定的，在省政府权限范围内按标准的下限收取。免征建设单位城市基础设施配套费等行政事业性收费等。

五、完善普通公路建设发展相关配套措施

(十五)成立领导小组和工作专班。省交通运输厅成立筹融资工作领导小组和普通公路建设筹融资工作专班。省公路局成立普通公路建设筹融资工作小组，负责具体工作。各市州交通公路部门要相应成立领导小组和工作专班，切实抓好组织实施。

(十六)加强资金监管。规范公路建设资金的使用、分配监管机制，确保资金规范使用。健全资金使用的绩效考核管理，加强对公路基础设施领域社会资金的引导和监管，依法加强对各类资金使用情况的审计监督，切实提高资金使用效益。

(十七)妥善处理债务问题。政府还贷二级公路债务偿还工作由政府主导，正确处理公路建设发展与偿债的关系，落实偿债责任，抓紧重组债务，确保不出现新的逾期和欠息，建立债务偿还长效机制。

(十八)进一步加强协调指导。各级交通公路部门根据各自职责，密切协同配合，加快资金到位，提高使用效率，加强指导和监督检查，及时解决工作中出现的问题。

2012年4月17日

关于进一步加强内部审计监督工作的意见

(鄂交审〔2012〕64号)

各市(州)交通运输局(委)、厅直各单位、各重点工程建设指挥部、厅机关各处室:

为加强交通运输行业内部审计监督工作,完善财务监管体系,强化和规范行业管理,建立健全内部控制和风险约束、评价机制,促进交通运输部门党风廉政建设,根据《审计署关于内部审计工作的规定》、《交通行业内部审计工作规定》等的规定,经研究,现就进一步加强我省交通运输行业内部审计监督工作提出如下意见:

一、指导思想和总体目标

坚持"依法审计、服务大局、围绕中心、突出重点、求真务实"的工作方针,认真履行审计监督职责,全面提高依法审计能力和审计监督服务水平,推进内部审计工作制度化、规范化、科学化发展,进一步建立完善具有交通运输行业特色的内部审计监督制度,为交通运输事业又好又快发展提供保障。

二、工作原则

1. 围绕中心、服务大局。紧紧围绕交通运输中心工作,以提高交通运输经济增长质量效益为出发点和落脚点,认真研究审计环境,部署审计项目,履行审计职责,充分发挥内部审计在规范行业管理、严肃财经纪律、加强干部队伍建设等方面的职能作用。

2. 统筹安排、突出重点。在确保审计监督覆盖面的同时,要突出审计重点,抓住牵动和影响全局的主要工作、重点问题,抓好建设项目(建设资金)审计和经济责任等重点工作,着力推进、重点突破、带动全局,提升审计监督工作的效率和效果。

3. 依法审计、客观公正。牢固树立法制意识和依法行政意识、依法实施审计、依法规范审计行为,严格制度规范、统一工作标准和审计程序,确保审计结果的真实可靠、实事求是和客观公正。

4. 分级监管、分级负责。各级交通运输主管部门和所属业务主管机构、交通企事业单位,按预算、财务、项目管理级次和干部管理权限,对本单位和所属单位开展内部审计监督工作。

三、工作重点

(一)着力推进建设项目(建设资金)审计

1. 落实重点建设项目前期审计制度。重点建设项目必须根据《关于实施公路建设项目施工许可工作的通知》(交公路发〔2005〕258号)、《航道建设管理规定》(交通部〔2007〕3号令)要求,在办理施工许可程序(开工备案)前,按照项目管理权限由交通主管部门进行建设项目前期审计,未经审计不得办理施工许可。由省厅批复办理施工许可(开工备案)的项目,由省厅组织项目前期审计。

2. 加强重点建设项目跟踪审计。全面推行重点建设项目跟踪审计,创新和改进跟踪审计方法和手段,充分发挥跟踪审计在建设项目管理、资金管理中的预防和控制作用。

3. 加强建设项目竣工决算审计。严格执行《交通建设项目审计实施办法》(交审计发〔2000〕64号)的规定,进一步完善建设项目竣工决算审计工作,落实"建设项目未经审计,不得付清工程尾款,不得办理竣工验收手续,不得报批竣工决算"要求。

切实强化省级交通重点建设项目跟踪审计和竣工决算审计管理。落实《湖北省省级交通重点建设项目跟踪审计暂行办法》(鄂审投发〔2006〕19号)的规定,政府投资(政府收费还贷)项目纳入省审计厅审计计划的,由省审计厅实施跟踪审计和竣工决算审计,未纳入审计机关计划的,由省厅组织实施跟踪审计和竣工决算审计。企业投资项目由省厅根据《交通建设项目审计实施办法》和《交通部建设项目委托审计管理办法》的规定,加强对跟踪审计和竣工决算审计工作的监督管理,必要时省厅组织对项目进行审计复核。

4. 规范建设项目委托审计管理。建设项目审计委托社会中介机构实施的,要严格按《交通建设项目委托审计管理办法》(交通部令2007年第4号)规定的方式选择受托人,受托人资质和能力必须符合规定要求。各级交通主管部门、企事业单位要加强委托审计的归口管理,强化委托审计质量控制,防范审计风险。

(二)不断深化经济责任审计

1. 严格落实任期经济责任审计制度。认真贯彻《党政主要领导干部和国有企业领导人员经济责任审计规定》等制度的有关规定,交通企事业单位主要领导人员不再担任所任职务时,应当对其任期进行离任经济责任审计,确保离任审计覆盖面100%,领导人员任期超过三年且未离任的,应实行届中经济责任审计。

2. 深化经济责任审计内容。重点审计领导干部贯彻执行党委、政府的重大方针政策和决策部署情况,重大经济决策的制定和执行,本单位财政收支的真实、合法和效益,国有资产的管理和使用,债务的举借、管理和使用,重大投资项目的建设和管理,以及遵守有关廉洁从政规定等情况,客观公正评价领导干部工作业绩和经济责任,促进领导干部勤廉自律和依法行政。

3. 完善经济责任审计联席会议制度。要重视发挥经济责任审联席会议作用,将联席会议作为加强审计工作、解决审计发现问题、提高审计权威的有效平台，促进审计信息共享和成果运用、加快领导干部权力运行监督和制约机制建设。

省厅负责厅管领导干部的任期经济责任审计工作。每年底定期召开经济责任审计联席会议，厅组织人事部门提出下一年度经济责任审计建议，厅审计部门研究后提出经济责任审计计划草案，报请分管审计工作厅领导审定后，纳入年度审计工作计划。未列入年度审计工作计划的干部离任事项，由厅组织人事部门在领导干部离任时，及时提出委托建议书，厅审计部门应及时组织力量进行审计。

(三)深入开展预算执行和其他财务收支审计

1.加强部门预算和财务收支审计。要将全部政府性资金和所属企事业单位纳入审计监管范围；要加强对重点单位、重点部门的审计监督；要抓好各项交通重点规费征管审计，加强和规范规费征收管理；要关注企事业单位债权债务、对外投资和对外担保情况，防范资金和经营管理风险，防止挤占、挪用、损失浪费、违规担保、不合理举债等问题发生；要注重从体制、机制和制度上揭露问题，分析原因，提出建议，促进预算和财务管理不断规范。

省厅将配合省审计厅加强对厅直单位的预算执行和其他财务收支审计。

2.加强专项资金审计(调查)。紧紧围绕交通工作重点，找准审计切入点，抓住社会关注、行业影响较大或存在问题较为突出的专项资金，积极组织开展专项审计(调查)，揭示专项资金管理中存在的普遍性、倾向性问题，加强全省交通专项资金监督管理。要继续加强农村公路建设资金审计，各市(州)县(市)交通主管部门要以资金为主线，采取“上审下”、“交叉审、联合审”、“委托审”等灵活有效的审计检查方式，整合审计资源，克服农村公路建设项目点多面广、资金来源复杂的监督难点，切实加强农村公路建设资金审计(调查)，及时揭示和纠正管理中存在的不规范问题，确保建设资金及时、足额到位，安全和高效使用。

厅每年将选择1～2个行业影响较大的专项资金进行审计或审计调查，为领导提供决策服务。

(四)大力开展管理绩效审计

全面推进管理效益审计，逐步提高管理效益审计项目比重。继续开展交通预算项目绩效考评，对项目预期计划目标的实现程度及其经济性、效益性、效果性和可持续性进行综合性考核与评价，提高交通预算项目管理水平；继续加强交通企业审计管理效益审计，紧紧围绕“质量、责任、绩效”，按照“把握总体、揭露隐患、服务发展”的审计思路，监督国有资产安全，揭示违法违规问题以及经营和财务风险，促进国有资产保值增值和企业的可持续发展。

省厅将在经济责任审计、部门预算和财务收支审计、专项审计(调查)中积极探索真实性、合法性审计与绩效审计相结合的工作方法，逐步扩大管理绩效审计(评价)覆盖面。

四、保障措施

(一)切实加强审计“人、法、技”建设。一是加强审计队伍建设。要完善组织机构，根据内部审计工作规定，结合工作实际设置审计机构、配备审计人员；要严格实行内部审计人员从业准入制度，未取得内部审计人员岗位资格证书不得从事内部审计工作，审计机构负责人应持有审计师(会计师)中级专业技术资格证书；要分层次、分类别加强审计业务培训，提高审计人员的专业胜任能力，审计人员每两年参加业务培训的时间不低于80个学时。二是加强审计制度建设。构建标准明确、结构合理、功能完备的交通内部审计制度体系，重点抓好制度的执行和落实，严格执行审计工作各项规定和工作要求，提高内审工作制度化、规范化管理水平。三是加强审计信息化建设。加大审计软件的推广应用力度，扩大计算机辅助审计覆盖面。

(二)切实加强审计项目计划管理和检查考核。要重视审计立项环节，保证审计项目计划的科学性合理性；强化计划执行的跟踪督办考核，确保年度审计目标任务如期完成，维护审计项目计划的严肃性；要加强审计工作的检查考核，省厅将按《湖北省交通审计工作考核评分标准》，定期对各市(州)交通局(委)、厅直单位内部审计工作开展情况进行考核。

(三)切实加强审计项目质量管理。严格审计程序，规范审计行为，按《中国内部审计准则》的规定，规范履行审计通知书送达、审计实施方案制定、审计取证和报告、征求意见、下达审计决定等各项程序；要严格审计项目质量控制，树立精品意识、成果意识，切实提高审计项目质量；要加强对受托审计机构的监督管理，加强审计质量检查；督促坚持客观公正、实事求是、廉洁奉公、保守秘密的原则，遵守审计回避制度和审计纪律，对存在弄虚作假、徇私舞弊等违规执业行为的，要及时予以辞退，并作出通报等相应处理。

(四)切实加强审计成果运用。要把领导干部经济责任审计同领导干部任用管理有机结合起来，把审计结果作为考察考核、评价任用和教育管理领导干部的重要依据之一；要把被审计单位财务收支审计和领导干部经济责任审计的结果，作为被审计单位年度党风廉政建设责任制考核的一项重要内容；要组织及时督促和整改审计发现的问题，进一步规范财务管理，健全内部控制制度。

(五)切实优化审计工作环境。各单位要采取切实有效措施，积极推动和强化本单位的内部审计工作；各级审计部门要牢固树立“监督服务并举”、“监督就是服务”理念，不断提高审计工作质量和服务水平，充分发挥内部审计监督服务作用，不断优化行业审计环境。要因地制宜，采取多种形式全面推进和继续深化与审计机关的联合共建，积极做好沟通协调、配合支持、整改反馈工作，促进国家审计机关审计监督和交通系统内部管理的有机融合，形成更为有效的监管合力，共同促进交通事业的良性发展。

2012年2月8日

省交通运输厅直属事业单位实施绩效工资指导意见

(鄂交人劳〔2012〕791号)

根据省委省政府统一部署、省人力资源和社会保障厅相关要求，为规范收入分配秩序，经研究，决定在厅直事业单位实施绩效工资。现结合我厅实际，制定本指导意见。

一、指导思想

适应事业单位改革总体要求，根据交通事业单位服务国民经济公益性、基础性、服务性和先导性的特点，结合岗位管理与全员合同聘用制度，逐步建立起关系合理、机制健全、调控有力、秩序规范的绩效工资管理运行体系，促进交通运输事业单位的稳定发展。

二、基本原则

(一)坚持按劳分配，多劳多得。以工作人员实绩和贡献为依据，建立与岗位职责、工作业绩、实际贡献紧密联系的分配机制。充分发挥绩效工资的激励导向作用，重点向关键岗位、业务骨干和作出突出贡献的工作人员倾斜。

(二)坚持科学设岗，按岗聘用。落实省委省政府关于事业单位岗位设置管理的有关意见，结合实际工作需求设置岗位。严格按照岗位职责任务和任职条件，聘用工作人员，签订聘用合同。根据岗位聘用和岗位考核情况，确定基本工资和实施绩效工资。

(三)坚持实施绩效工资与清理规范津贴补贴相结合。规范厅直事业单位财务管理和收入分配秩序，严肃分配纪律。

三、实施范围和时间

厅直各非参公管理事业单位均应实施绩效工资。经组织、人社部门批准录(聘)用的在册在岗工作人员，原则上从2010年1月1日起实施绩效工资。2010年1月1日以后正式聘用和调入人员，从聘用和调入下月起执行。调离单位的，从调离的下月起不再执行。

四、清理核查津贴补贴

清理核查现行发放的津贴补贴和奖金，摸清收入来源、支出去向、账户情况、实际人数、实际发放水平。对清理核查后的津贴补贴进行归并，作为规范后的津贴补贴纳入绩效工资。

五、绩效工资总量和水平的调控及核定

(一)绩效工资水平分为基准线和控制线。目前基准线按省人社厅意见确定为年人均24400元。首次确定的水平低于基准线的，应提高或逐步提高到基准线；高于基准线的，通过控制线予以调控。

(二)全额拨款事业单位原则上按基准线调控。差额拨款事业单位一般按不超过基准线的2.5倍掌握。自收自支事业单位绩效工资水平原则上按上年基数核定，以后年度随经营效益和效能增减而浮动。对知识技术密集、高层次人才集中事业单位，在核定绩效工资总量及调控时给予适当倾斜。

(三)绩效工资总量原则上每年核定一次。绩效工资总量核定后，除政策性调整工资、津贴补贴标准以及人员增减变化等情况外，一般当年不做调整。

(四)厅各事业单位应在报批年度预算前，提交本单位下年度绩效工资总量，经厅汇总报省人社厅核定并纳入预算后，在下年度实施。

六、绩效工资的分配

(一)绩效工资由基础性部分和奖励性部分构成。厅各事业单位基础性绩效工资，一般应占绩效工资总量的40%，具体分配应以岗位管理为基础，体现岗位特点、鼓励专业发展、保障职工基本生活需求，一般按月发放。基础性绩效工资分配系数原则上参考《省直其他事业单位工作人员基础性绩效工资岗位系数表》执行，具体分配方案由厅各事业单位根据实际情况制定报厅批准后实施。

厅各事业单位奖励性绩效工资，一般应占绩效工资总量的60%，主要体现工作量和实际贡献等因素，在岗位考核的基础上发放，具体分配方案由厅各事业单位根据实际情况制定报厅批准后实施。绩效工资考核不能单纯注重经济效益，要同时考虑公益目标完成情况及社会效益。

(二)厅各事业单位主要负责人的基础性绩效工资按照规定标准执行，奖励性绩效工资根据考核结果在单位的奖励性绩效工资总量内分配。单位主要负责人与本单位工作人员的绩效工资水平，要保持合理的关系。其中全额拨款事业单位主要负责人的绩效工资原则上控制在本单位工作人员平均绩效工资的2倍以内；差额拨款和自收自支事业单位主要负责人的绩效工资原则上控制在本单位工作人员平均绩效工资的2～3倍以内。

(三)厅各事业单位制定绩效工资分配方案要按照公开、公正、公平的原则，充分发扬民主，广泛征求职工意见。其分配方案由领导集体研究后，须在本单位进行公示。

七、保留津贴补贴

按省人社厅规定，厅直各事业单位统一保留或另行规范的津贴补贴如下：

(一)国家和省规定的1993年工改冲销64元后的结余津贴56元、特殊岗位津贴、艰苦边远地区津贴、女同志卫生费；改革性补贴，主要包括住房补贴、住房公积金、交通补贴等。

(二)奖励性补贴，主要包括社会治安综合治理先进单位奖、绿化先进单位奖、目标责任奖、档案达标先进单位奖、党建先进单位奖及文明单位创建奖。

(三)通过科技开发经营、技术服务等方式取得合法收入自行发放的津贴补贴，超过核定和调控绩效工资总量的部分。

除上述项目外，其他津贴补贴(含过渡性补贴)纳入绩效工资总量。实施绩效工资后，不再发放原年度考核一次性奖金。按规定由政府投入的人才基金、创业基金和引进高层次人才的特殊报酬，以及临时性科研课题(项目)等在可分配绩效工资和保留津贴补贴之外核定。

八、其他政策执行

(一)在工作人员实施绩效工资的同时，对离退休人员发放补贴。离休人员的补贴执行机关公务员同职务离休人员补贴标准(已实施)。退休人员的补贴标准，在职人员缴费基数，按省养老保险局相关规定实施。

(二)按照国家规定执行见习期、初期、学徒期、熟练期工资待遇人员，其基础性绩效工资分别按照转正定级后拟聘岗位的最低标准执行；奖励性绩效工资由单位根据实际情况在核定的奖励性绩效工资额度内确定。

(三)对事业单位工作人员请病事假及年度考核确定为不称职的，其绩效工资的发放办法按省人社厅规定执行。

(四)厅各事业单位借调重点工程工作人员，其工资收入结构由岗位工资、薪级工资、同岗位在岗人员标准基础性绩效工资、保留津贴补贴(包括国家和省规定津贴补贴、改革性补贴)组成。其他福利待遇按照省交通运输厅鄂交人劳〔2003〕586号文件执行。

九、经费保障与财务管理

(一)厅直各事业单位实施绩效工资所需资金，按照现行渠道进行调整。

(二)各单位必须按《财政部关于印发〈行政事业单位工资和津贴补贴有关会计核算办法〉的通知》(财库〔2006〕48号)的规定设立绩效工资会计科目，用于核算本单位发放的绩效工资，其他科目一律不准再核算发放工资及各种津贴补贴。

(三)各单位一律不得自行提高绩效工资标准和扩大实施范围。按照规定发放的绩效工资，一律以银行卡的形式发放，不得发放现金，并依法代扣代缴个人所得税。

十、组织实施

(一)厅直各事业单位要高度重视，切实把实施绩效工资工作作为一件大事抓紧抓好。厅人事劳动、财务、审计、纪检监察部门将会同对厅直事业单位津贴补贴清理及实施绩效工资等情况进行监督检查，并严肃查处各种违纪行为。

(二)实施事业单位绩效工资要与事业单位人事制度改革、推进岗位管理与合同聘用制以及加强人才队伍建设等工作有机结合，及时研究和妥善处理实施中出现的各种矛盾和问题。

(三)绩效工资政策性强，社会关注度和职工敏感度高，在实施过程中，要严格执行政策规定，耐心细致地做好政策解释和思想政治工作，确保绩效工资平稳实施。

2012年11月23日

湖北省城市公共交通规划编制管理办法

(鄂交运〔2012〕31号)

第一条　为了加强城市公共交通规划编制工作，促进城市公共交通规划编制的规范化、标准化，保障公共交通专项规划的科学性和可操作性，根据《湖北省城乡规划条例》和省政府办公厅《关于进一步加快发展城市公共交通的若干意见》，结合我省实际情况，制订本办法。

第二条　本办法适用于全省设市城市、县人民政府所在地的镇公共交通专项规划和城乡一体化交通规划的编制。

第三条　城市公共交通规划应列入城市总体规划，要与土地利用规划、综合交通运输体系规划等相衔接，并纳入城市经济、社会发展计划。

第四条　城市公共交通规划坚持的原则：

(一)统筹规划、合理布局、有序衔接、方便换乘。

(二)因地制宜、合理超前、远近结合、持续发展。

(三)政府主导、公众参与、专家论证、科学决策。

第五条　城市人民政府是城市公共交通专项规划编制的责任主体。城市公共交通专项规划由市、县交通运输部门组织住建、规划、国土、公安等部门编制。

城市公共交通规划评审由上一级交通运输主管部门组织，委托当地交通行政主管部门组织相关部门和邀请有关专家进行，报省交通运输厅备案，经同级人民政府批准实施，并向社会公布。

第六条　编制城市公共交通专项规划应当遵循有关法律、法规和技术规范、规程。要充分收集资料，详细分析，评价和预测，组织技术审查，广泛征求政府各部门、有关单位及公众意见。

第七条　城市公共交通专项规划应参照《湖北省城市公共交通规划编制指南》编制，应包括：

(一)主要内容：现状分析、发展目标、客流预测、线网规划、交通方式、运输结构、运输组织、场站布局、车辆配置、公交专用道、信息化建设。

(二)期限：近期为5年，远期15～20年。

(三)其他：强制性内容，保障性

措施，有关建议。

第八条　承担城市公共交通专项规划编制工作的单位，应当符合有关规划设计资格的规定，由各地交通运输主管部门择优选取并签订合同。

第九条　规划编制所需经费纳入地方财政预算，省交通运输厅给予适当补助。

第十条　规划成果主要包括：规划文本、规划说明书、规划图件和相关附件。

（一）规划文本：规划文本根据规划编制指南，把城市公共客运交通规划内容作提炼表述，提出纲领性条款和强制性内容，文字明确简练。

（二）规划说明书应对规划文本条款详细表述和解释，文字表达应当规范、准确、肯定、含义清楚。

（三）规划图件主要包括：城市用地现状图、公交线网及站场布局现状图、公交站点、公交OD分布图、公交客流分配图、城市总体规划图、城市综合交通体系规划图、公交线网规划布局图、公交专用道布局规划图、公交枢纽与站场规划图、轨道交通线网规划图（快速公交系统规划图、主要适用于特大城市、大城市或城市群地区）。

（四）相关资料汇编：社会经济资料、土地利用资料、居民出行调查、流动人口调查、城市公共客运交通现状调查、机动车出行调查、城市道路设施、交通流量调查材料，以及相关的文件和参考资料。

第十一条　交通专项规划编制要以近期为重点，做出较为详细的安排，并对城市公共交通设施远景发展做出轮廓性的规划描述和安排；根据社会发展需要及变化，检查规划执行情况，按法定程序适时修改城市公共交通规划，以保证规划的指导作用和其自身的滚动式发展。

第十二条　省级交通运输行政主管部门应当加强对城市公共交通专项规划编制工作的加强指导，及时纠正规划编制中的违法违规行为。

第十三条　本办法自发布之日起实施。

2012年1月18日

湖北省道路运输从业人员素质提升工程实施方案

（鄂交运〔2012〕762号）

为进一步提升全省道路运输从业人员的整体素质，不断提高服务能力和服务水平，扎实推进道路运输科学发展、安全发展，依据有关法律、法规、标准和政策规定，结合湖北实际，特制定本实施方案。

一、指导思想

以党的十八大精神为指导，深入贯彻落实科学发展观，服务“五个湖北”，践行“发展大底盘”和建设“祖国立交桥”战略，坚持以人为本、依法行政，坚持一手抓素质提升，一手抓规范管理，以道路运输驾驶员及经理人、教练员为重点对象，发挥道路运输企业、驾校的主体作用，着力抓好素质提升“十大举措”，大力培树“五个一百”典型品牌，力争用3年左右时间，培育一支遵纪守法形象佳、爱岗敬业服务优、勤学苦练技术精、诚实守信操守好、文明安全质量高的道路运输从业人员队伍，为道路运输业科学发展、安全发展提供坚强保障。

二、主要工作措施

（一）强化两项清理，严把源头关口。

一是认真清理培训机构资格条件。全面清理机动车驾驶员培训机构和从业人员考试培训机构资格条件，由市州运管机构向社会公告合格的培训机构名单。对清理、复核不合格的，责令限期整改，限期整改仍不合格的，责令其停止招收新学员或从业资格培训业务，同时对驾培机构不合格的，通报公安部门停止受理其驾驶员考试申请。经停业整改仍不合格的，依法吊销其经营许可证。运管机构要开展定期或不定期监督检查，严肃查处未按教学计划和大纲培训、采用虚假广告招揽学员或者只收费不培训的培训机构。坚决取缔“黑驾校”，从严查处挂靠经营、乱设报名点、乱设校外训练场、异地培训、乱收费等各种违规经营行为。每年定期抽查驾校质量信誉考核情况。省级运管机构对质量信誉考核为AAA级驾校的抽查面不低于20%，市、县级运管机构对驾校质量信誉考核抽查面不低于50%。抽查结果由省、市、县分级向社会公告。

二是认真清理从业人员资格条件。全面清理道路运输驾驶员、教练员和经理人从业资格档案，对不合要求的应迅速整改，对资格条件弄虚作假的，一律责令清退，取消其从业资格。严格规范教练员教学行为，落实教练员注册登记与教学评议制度，设立教练员培训质量排行榜，推行末位淘汰制，加强社会和舆论监督。严禁教练员以任何形式向学员索取财物和不文明教学。凡违反鄂运物综运〔2012〕136号文件规定的五项禁令的，一律列入“黑名单”，限制受理或不再受理其教练员从业资格考试申请，并对受聘驾校扣除质量信誉考核相应分值，并核减相应的招生指标。

省运管局要制订清理整顿方案，加强指导，市州交通运输局（委）要加强领导和监督，市州运管机构负责组织实施，清理工作自2012年12月20日开始，2013年4月20日结束。

（二）强化三项制度，提升执行能力。

一是切实落实诚信考核制度。完善道路运输从业人员诚信档案，规范诚信考核工作，建立信息发布机制。督促道路运输企业将道路运输从业人员诚信考核等级，与从业人员的聘用、培训、辞退挂钩。道路运输企业对从业人员诚信考核为B级或存在重大安全隐患的驾驶员，要采取停岗学习措施或者调离岗位。驾驶员诚信考核结果要与企业质量信誉考核、行政许可、班线审批、评先评优挂钩。

二是切实落实注册管理制度。落实道路运输从业人员注册登记与合同管理制度。省级运管局依据相关规定探索建设从业人员注册登记管理办法，统一合同文本，建立从业人员进退机制。在统一证书信息基础上，建立全省联网的证件管理和查询系统。鼓励企业设立首席技师、技能带头人津贴，实现以能力定工资、以贡献定薪酬。驾驶员的安全行驶里程、职业技术等级应与收入挂钩，对连续三年诚信考核AAA级，安全生产零事故、零违章、零投诉的道路运输驾驶员，优先参加行业评先表彰活动。督促企业逐步建立和完善从业人员的职业技能等级、诚信考核等级与调整工资、实施奖励相结合的激励机制。

三是切实落实责任追究制度。严肃查处驾驶员培训和从业资格考试工作中的违法违规行为。对驾龄在3年以下、发生一次死亡3人以上的重大交通责任事故，要配合有关部门对培训、考试和发证情况进行责任倒查，对未按照规定核发的《经营许可证》和《从业资格证》，要依法撤销。对未经培训或达不到规定学时而核发培训记录的，依法追究有关责任人。对列入“黑名单”的教练员、考核员、驾驶员，依据相关规定通报全省。

(三)强化两项教育，提升职业技能。

一是抓好资格培训。严格按照国家《道路旅客运输驾驶员及道路货物运输驾驶员从业资格考试大纲》、《放射性物品道路运输从业人员从业资格培训计划与大纲及考试大纲》、《道路危险货物运输从业人员培训教学计划与教学大纲》、交通运输部《出租汽车驾驶员从业资格考试大纲》、《道路运输经理人从业资格考试大纲》和《中、高级道路运输经理人考试大纲》和相关文件政策，切实抓好道路客货运输、危险货物运输、城市出租汽车、机动车驾驶培训经营者和驾驶员、机动车驾驶培训教练员资格培训。确保交通运输部统编教材和培训学时、内容、效果的落实。对未按规定要求执教、未填写教学日志、未按规定发放结业证书等的培训机构，要进行严肃查处，情节严重的，要进行停业整改，整改后不达标的，依法取消培训资格。

二是抓好继续教育。依据交通运输部《道路运输驾驶员继续教育办法》和国家《道路客货运输驾驶员继续教育大纲》、交通运输部《出租汽车驾驶员从业资格管理规定》等文件精神，切实抓好道路客货运输、危险货物运输、城市出租汽车驾驶员和机动车驾驶培训教练员的继续教育。

省运管局要在全省合理布局建设若干省级道路运输从业人员素质培训基地，同时积极整合社会资源，利用发挥省交通职业学院等现有资源的作用。

(四)突出三项抓手，提升综合素质。

一是运用科技手段监管。大力推进道路运输从业人员教育培训信息化建设，建立全省素质提升工程专题网站，搭建远程教育和网络服务平台，开通方便快捷的政策咨询、职业服务、就业指导、技能培训和信息服务渠道，为广大员工参与教育培训提供指导服务体系；建成省、市、县三级运管部门与交警部门、驾驶员培训机构互联的信息网络；构建省、市、县三级驾驶员培训、考试数据中心，建立并完善驾驶员培训信息资源共享交换体系。

二是培树文化品牌。广泛开展岗位练兵、结对子、师带徒等活动，不断提升道路运输员工安全生产组织管理、文明驾驶、自觉抵制违章、隐患排查治理、应急处置等“五种能力”，积极开展文明宣教活动。以比学习、比技能、比安全、比服务、比奉献、看业绩(五比一看)为重点，加强班组建设，定期评出学习之星、安全之星、服务之星、奉献之星、文明驾驶岗、安全红旗岗、技能状元岗(四星三岗)，不断创新班组管理理念和管理模式，增强团队凝聚力、向心力和职业荣誉感，创建运输企业文化品牌，培树一批品牌企业和示范班组。深入开展“外学吴斌、内学张兵和王静”的活动。继续开展出租车“双创”、“文明行动进公交”、“优质服务进驾校”等活，培树100名张兵式的标兵模范、100名技术专家能手、100名优秀经理人、100名优秀教练员和100名优秀驾驶员。

三是开展关爱活动。配合有关部门督促企业依法与驾驶员建立劳动关系，签订劳动合同，按规定落实养老保险等各项政策。鼓励企业建立健全民主管理制度，完善企业内部劳动关系矛盾调处机制，引导驾驶员通过合法渠道表达利益诉求。严格落实驾驶员休息制度，落实长途客运驾驶人停车换人、强制休息、落地休息制度，保障驾驶员身心健康。会同有关部门督促道路运输企业建立驾驶员交心谈心机制，引导驾驶员树立正确的行业核心价值观、职业道德观和社会责任意识。鼓励企业建立驾驶员心理健康咨询中心，开展家访等心理咨询活动，化解驾驶员心理困惑，调解生活压力，解除后顾之忧。鼓励企业建立救助基金、关爱基金，帮助驾驶员解决工作、生活上的实际困难；鼓励企业以多种形式改善驾驶员福利，开展“夏天送清凉”、“冬天送温暖”，在重大节假日向驾驶员发放纪念品、慰问品等。完善企业内部文化娱乐设施，丰富驾驶员业余文化生活，开展形式多样、喜闻乐见、广泛参与的行业节会等活动。

三、方法步骤

(一)宣传发动阶段(2012年12月~2013年1月)。省将组织召开活动启动仪式，各地要结合实际制定细化工作方案或计划，召开专题会议和动员大会，落实到各部门、单位，明确职责。广泛宣传驾驶员素质提升工程的目的和意义，充分调动广大干部群众的积极性、参与性和创造性，努力营造社会各界高度重视、全体驾驶员积极参与的浓厚氛围。

(二)整体推进阶段(2013年2月~2015年10月)。以实施教育和强化培训为主要环节,以重点区域、重点行业、重点人群和人们普遍关注的社会热点和难点问题为突破口,扎实有效地组织开展驾驶员素质提升活动。要采取召开座谈会、经常性督查、随机抽查等方式,及时了解各项活动进展,通报活动情况,总结交流经验,研究解决问题。

(三)总结阶段(2015年11~12月)。总结驾驶员素质提升工程实施过程中的经验做法,查找存在的问题与不足,探索和完善长效管理机制,对在活动中涌现出来的先进典型进行表彰奖励。

四、相关要求

(一)加强领导,提高认识。省厅成立以尤习贵厅长为组长,唐元副厅长、石先平局长为副组长,陶维号、陈光斌、刘立生、覃万兵、李敢、徐锴、王泉、秦介飞为成员的领导小组,领导小组办公室设在省运管局,具体负责日常的组织和协调工作。各级交通运输主管部门和运管机构要加强对此项工作的组织领导和经费保障,成立相应的领导小组,制定切实可行的工作方案,建立工作机制,明确工作任务和工作措施,确保实施素质提升工程各项活动按进度落实到位。

(二)精心组织,落实责任。要把此项活动作为加强道路运输行业思想道德建设的一个着力点,和优化交通运输发展环境的重要抓手,作为建设幸福湖北、和谐交通的重要载体列入议事日程。要落实企业的主体责任,引导企业创建"学习型班组",学习基本技能和专业技能,开展实战演练,完善标准化作业、危险源辨识及其预控措施。

各地要结合部门、单位实际,按照实施方案中明确的责任分工,制定本部门、单位具体活动实施方案,于2012年12月20日前报省领导小组办公室。

(三)广泛宣传,营造声势。在主流媒体栏目大力宣传实施素质提升工程的具体要求、成功做法、取得的成效和先进经验,充分发挥各类宣传平台的舆论监督作用,及时宣传素质提升工作中的先进典型人物和典型事迹,提高全社会的关注度和参与意识,营造良好社会和舆论氛围。

(四)完善机制,力求实效。驾驶员素质提升工程需要全社会共同参与,要继续完善联创共建机制,进一步整合社会各方面的力量和资源,形成交通为主、社会支持、全员参与的工作机制,精心组织好各项具有针对性、可操作性、重实效的驾驶员素质提升活动,加强活动情况的跟踪督查和考核,建立健全工作考核评估机制,加强责任奖惩措施,确保各项工作取得明显成效。

2012年11月17日

全省交通运输系统继续深入扎实开展"安全生产年"活动实施方案

(鄂交安〔2012〕204号)

一、总体要求

认真贯彻落实《国务院关于坚持科学发展安全发展促进安全生产形势持续稳定好转的意见》(国发〔2011〕40号)精神,按照《国务院办公厅关于继续深入扎实开展"安全生产年"活动的通知》(国办发〔2012〕14号)和湖北交通运输"服务提升年"的总体部署,坚持以科学发展、安全发展为主线,以"安全生产年"、"平安杯"安全竞赛活动和"喜迎十八大,争创新业绩"主题实践活动为载体,以强化安全生产责任制为重点,以安全生产标准化建设为着力点,以事故预防为主攻方向,以规范管理为重要保障,以科技创新为重要支撑,加强基层和基础工作,加强责任落实,加强依法监管,全面推进安全应急各项工作,有效减少事故总量、严格防范和坚决遏制重特大事故发生,持续推进交通运输安全生产形势稳定好转,为党的十八大胜利召开提供坚强可靠的交通运输安全保障。

二、工作目标

在我省地方交通海事部门监管的通航水域内,水上船舶安全面达98%以上,船舶每万总吨死亡率控制在0.45人以内,船舶每载货吨直接经济损失控制在4.5元以内,遏制因海事部门失职渎职造成的一次死亡失踪10人以上的水上交通事故。加强道路运输和交通建设工程安全监管工作,努力实现全省道路、水路和交通建设工程领域安全形势进一步稳定好转。

三、活动内容

(一)突出思想建设,坚持科学发展安全发展。

1. 深刻把握《国务院关于坚持科学发展安全发展促进安全生产形势持续稳定好转的意见》(国发〔2011〕40号)精神实质。充分认识坚持安全发展既是贯彻落实科学发展观的必然要求,又是科学发展观的重要内容,时刻牢记安全生产事关人民群众生命财产安全,事关改革发展稳定大局,事关党和政府形象和声誉,牢固树立科学发展安全发展理念,切实把安全生产放在一切工作的重中之重。按照交通运输部和省厅关于贯彻落实国务院坚持科学发展安全发展促进安全生产形势持续稳定好转的意见要求,结合各地、各部门、各单位实际,分解工作任务,细化工作措施,全面贯彻落实国发〔2011〕40号文件部署的各项工作。

2. 大力开展全员宣传教育活动。创新宣传教育方式,运用多种形式,采取人民群众喜闻乐见的方式，以宣传培训新出台的安全生产政策、法规为契机，强化从业人员安全意识教育和安全知识普及，广泛组织开展安全发展公益宣传教育活动。以第11个“安全生产月”活动为载体，大力推动交通运输安全生产、应急避险和职业健康知识进企业、进学校、进乡村、进社区、进家庭，大力营造“关爱生命、安全发展”的社会氛围，努力提高安全应急能力。

3. 大力推进行业安全文化建设。通过学习宣贯、技术创新、完善制度等方法，不断提升企业、行业本质安全水平和安全发展能力。积极主动关心、支持企业的安全发展和可持续发展，通过交流、走访、调研等方式，进一步加强主管部门和企业间的沟通、协调、互动；将安全文化建设与精神文明活动相结合，使科学发展安全发展成为凝聚共识、汇集力量、推动安全生产工作的文化源泉和思想动力。

(二)突出责任落实，强化激励约束机制。

1. 强化企业安全生产主体责任。严格落实企业主要负责人和实际控制人安全生产第一责任人的责任，强化岗位、职工的安全责任。严格落实安全生产相关方针政策和法规，完善安全生产规章制度和操作规程，严禁发生违章指挥、违规作业、违反劳动纪律的“三违”行为。保障安全生产投入，加大安全生产设备设施改造力度，确保良好的安全生产条件，切实落实企业安全生产主体责任。

2. 强化管理部门安全监管责任。严格落实行政首长安全生产第一责任人的责任和领导班子成员安全生产“一岗双责”，进一步完善安全生产层级责任制，完善责任链条，切实把安全生产责任落实到各环节，落实到各岗位。不断强化现场安全监管，继续保持对非法违法生产经营建设行为的高压态势，进一步巩固和扩大“打非”专项行动成果。不断创新安全监管方式方法，大力提升主动服务能力，充分依靠科技信息化手段，扩大安全监管覆盖面，消除安全监管盲区，提高安全监管和执法能力，全面履行安全监管主体责任。

3. 加强考核兑现和责任追究。加强事故调查处理，坚持科学严谨、依法依规、实事求是、注重实效的原则，严肃事故查处。严格执行重大事故挂牌督办制度，加大企业安全生产事故责任和安全监管责任追究力度，严肃追究相关责任人的责任。及时公布重特大事故调查进展和查处结果，强化事故警示教育作用。加大激励约束力度，强化企业安全生产绩效考核，坚持“一票否决”，严格奖惩兑现。

(三)突出“双基”(基层、基础)建设，夯实科学发展安全发展保障基础。

1. 进一步完善安全生产体制机制。继续推进交通运输安全管理长效机制建设，建立健全交通运输安全生产重大事故挂牌督办制度、重大隐患挂牌督办制度、安全约谈制度、交通运输突发事件信息报送制度，进一步完善安全生产管理制度、岗位职责、操作规程和相关标准。

2. 深入开展“平安杯”安全竞赛活动。以“落实安全责任、规范安全管理、优化安全环境、服务交通发展”为主题，以“六比六看”为主要内容，以创建平安交通为主要目标，继续深入开展“平安杯”安全竞赛活动，努力营造安全生产的良好氛围。

3. 扎实推进安全生产标准化建设。按照交通运输企业安全生产标准化实施方案的部署，大力推进交通运输企业安全生产标准化建设，结合各地实际，制定相关配套实施细则。积极推进交通运输企业安全生产标准化管理信息系统建设，加快实施交通运输企业安全生产标准化考评机构、考评人员认定等工作，保证企业标准化考评工作的高效、公开、公正、公平。尽快启动交通运输客运企业、危险品运输企业的标准化达标考评工作。

4. 切实加强交通运输安全生产队伍建设。加大交通运输安全生产队伍建设支持保障力度，完善各级安全生产机构和人员配置。完善安全培训体系，制定培训计划，重点强化企业和管理部门负责人、安全管理人员、一线重点岗位人员、劳务工不同层次的专业知识和技能培训。利用有效载体通过典型事例、事故案例等多样方式开展安全生产责任意识和防范意识教育。年内省厅将组织一期安全应急管理人员培训班。

5. 加强安全监管执法和应急装备配置。各级交通管理部门要逐步为专门从事安全监管和应急管理工作的部门和人员配备必要的交通工具、监督检测设备、事故调查取证和分析设备及个人防护设备等，不断提升应急处置能力和效率。

6. 大力加强交通安全信息化建设。加快省厅安全应急平台建设。加快推广高速公路应急预警管控系统。改造升级营运车辆GPS平台，逐步将营运车辆GPS信息服务向公交、出租车行业延伸覆盖。推进船载AIS终端设备安装和船舶动态信息管理系统使用，加大对重点水域视频监控力度，提升监管能力。

(四)突出重点领域，坚决遏制重特大事故的发生。

1. 加强道路客运安全监管。会同有关部门深入开展“道路客运安全年”活动，严格履行“三关一监督”安全监管职责，严格落实“三不进站、五不出站”安全管理规定。督促企业加强承包车辆安全管理，强化客运车辆安全监管，严禁非法改装车辆从事旅客运输。加强客运驾驶员管理，严格资格准入。严厉打击超员、超速、高速公路违规停车等行为。继续按照规定安装具有行驶记录功能的卫星定位装置并实行联网联控。继续集中精力开展道路旅游客运安全专项整治，确保取得实效。大力推行道路客运安全告知制度，积极会同有关部门在高速公路客运方面推广使用安全带。

2. 加强渡口渡船安全管理。严格落实地方政府安全管理责任，加大资金投入，落实管理机构、人员和经费，推进撤渡改桥，完善渡口渡船安全设施，严格按规定配备安全防护及消防器材，强化维护保养，杜绝重特大事故的发生。海事管理机构要加大对渡船的安全监管，严格从业人员资格管理，加强培训教育，提升安全意识和操作技能。继续推进未完成地区的渡口渡船专项整治工作，争取2012年底前在全省范围内完成渡口渡船达标验收。

3. 组织开展农村公路安保设施及危桥改造大会战。以神农架林区、恩施州、十堰市试点，先行先试，积累和创造经验，力争2012年优先完成山区和丘陵地带临崖、临水等高危路段的安保设施建设，努力使农村公路成为造福人民的平安路、幸福路、致富路。

4. 加强长大桥隧通行安全监管。加大危桥改造资金投入，进一步完善长大桥隧安全防护设施，加大长大桥隧实时监控监测，建立完善的安全监测和预警机制，及时采取措施，有效整改重大安全隐患。严格开展拟建长大桥隧安全评估工作，加强在建长大桥隧工程安全监管，加强重要通航水域桥梁的通航风险评估。继续加大治超工作力度，坚决遏制超载车辆引发的桥梁垮塌事故。

5. 加强砂石运输船舶监管。以防止砂石船舶超载、防碰撞为重点，切实加强砂石船舶通航安全监管。强化从事砂石运输船舶船员培训教育，提升船员安全意识和安全操作技能。密切关注天气水文情况，加强船舶安全巡查，有效遏制事故多发势头。

6. 加强城市轨道交通运营安全管理。进一步完善安全生产责任体系，建立健全城市轨道交通运营安全管理制度。严格新开通的城市轨道交通线路试运营基本条件评审，评审合格的方可进行载客试运营；定期组织对已开通城市轨道交通线路开展运营安全评价，及时发现、有效解决安全问题。严把关键岗位和专职安全管理从业人员资格关。建立日常安全监管长效机制，强化城市轨道交通安全运营管理。完善应急预案，加强培训教育，定期组织演练，全面提升应急处置能力和水平。

7. 加强交通运输工程建设安全管理。按照“谁发证、谁审批、谁负责”的原则，进一步落实建设工程招投标、资质审批、施工许可、现场作业等各环节安全监管责任，严把安全生产条件准入关，强化建设项目安全核准。严格执行相关法律规范和标准规范，落实建设项目安全设施“三同时”制度。推进“平安工地”建设活动向长效机制转化。建立建设项目安全生产管理系统，逐步推进施工现场安全监管信息化，提升工程建设安全保障水平。

8. 加强消防安全管理。严格执行国家有关法律法规，按要求配齐交通运输领域人员密集、易燃易爆等火灾高危场所消防设施、设备及器材，并指定人员维护保养和管理，确保消防设施、设备及器材处于良好状态。加大消防安全知识宣传教育，积极开展消防安全咨询，提升全员消防安全意识。定期开展消防应急演练，提高全员排查火灾隐患、扑救初起火灾、组织疏散逃生和消防宣传教育能力。重点加大“两客一危”车辆、“四客一危”船舶和客运场站、码头等重点场所消防安全监管力度。

9. 加强港口危险货物码头、储罐、堆场的安全监管。按照《危险化学品安全管理条例》的要求，严格落实港口危险货物建设项目的安全条件审查，完善安全措施“三同时”制度。严把从业人员资格管理，加强培训教育，提升港政管理部门和港口企业相关人员的安全意识及技能水平。严格落实港口码头企业安全生产主任责任，建立日常安全监管的长效机制，提升安全应急处置能力和水平。

（五）突出重点时段，严防死守确保安全稳定。

1. 做好节假日、“十八大”等重点时段的安全稳定工作。要结合实际，早谋划、早安排、早部署节假日客流高峰和“十八大”期间安全生产工作，严格落实责任，细化工作措施，重点加强车辆、船舶维修保养，加强重点区域、领域现场安全监管，严禁超载、超员、超速和疲劳驾驶等非法违法行为，确保重点时段人民群众出行的安全、便捷。

2. 加强汛期和冰冻雨雪及寒潮大风期间的安全管理。进一步完善与气象部门间的沟通协调，加强预警，通过电视、广播、互联网、报纸等媒体和手机短信、公共场所电子显示屏等方式，及时发布强降雨、寒潮、雾霾、冰冻等天气预警信息，提醒有关车辆、船舶和运输场站、港口堆场、码头、船闸以及公路水运工程在建项目等重点区域采取措施确保安全。完善应急物资储备，做好应急抢通准备，一旦发生紧急情况，迅速采取措施，最大限度减少人民群众生命财产损失。

（六）突出预防预控，继续深入开展隐患排查治理。

1. 加强形势研判。深入分析安全生产工作面临的挑战和压力，理清存在的主要问题和突出矛盾，查找重点薄弱环节，制定有针对性的工作措施，突出预防预控，做到形势有判断，任务有安排，工作有目的，应对有措施，行动有实效，有效提升预防预控水平。

2. 强化隐患排查治理。进一步完善安全隐患排查治理长效机制，重大安全隐患实施报备、挂牌督办和整改销号。着重抓好“两客一危”车辆、“四客一危”船舶、客运站、港口客运码头、危险货物码头、库区、桥梁隧道、渡口渡船、城市轨道交通和大型结构工程施工现场等领域的安全隐患排查治理，对发现的安全生产隐患，要加强跟踪管理，确保得到及时有效治理，并按相关规定，及时报送安全生产隐患排查治理信息。

3. 加强督导落实。要关口前移、重心下移，狠抓现场安全生产隐患排查治理工作的落实，要采取日常检查和重点抽查相结合的方式，注重对重大安全生产隐患治理工作的督促指导，严格落实整改措施、责任、资金、时限和预案“五到位”，确保取得实效。加大责任追究力度，对安全隐患排查治理排查不力、整改不力、监管不力的有关人员，要严格责任追究。

三、相关要求

（一）加强组织领导。厅安委会负责交通运输系统继续深化“安全生产年”活动的组织领导，厅安委办承担活动的日常工作。各级交通运输管理部门、交通运输企业负责职责范围内相关工作的组织开展。各地、各部门、各单位要按照国务院办公厅通知要求和省厅部署，结合各自实际，制定切实可行的工作方案，建立工作机制，明确工作任务，细化工作措施，加强活动情况的跟踪督查和考核，确保“安全生产年”活动各项工作落到实处、取得实效。

（二）加强协调配合。各地、各部门、各单位要加强内部部门间协调配合，形成齐抓共管、齐心协力良好工作氛围。要注重加强与相关单位的沟通协调和信息共享，形成部门配合、社会支持、全员参与、协调高效的安全生产工作机制。

（三）加强信息报送。各地、各部门、各单位要加强活动的舆论引导，构建良好的活动氛围。要及时报送活动信息，省厅将利用《湖北交通运输安全简报》及时反映各地“安全生产年”活动的开展情况，交流经验。各地、各部门、各单位要认真做好活动的总结，于2012年12月1日前报厅安委办（联系人：孙春红，联系电话：027-83460623，邮箱：AJC@HBJT.GOV.CN）。

2012年4月8日

关于进一步加强全省公路水运工程建设安全管理的若干规定（试行）

（鄂交安〔2012〕747号）

为了进一步加强全省公路水运工程建设安全管理，防止和减少生产安全事故，保障人民生命和财产安全，促进工程建设，根据国家和省有关法律法规，结合我省公路水运工程建设实际，制定本规定。

一、安全管理“八严禁”

（一）严禁在危险区域设置施工驻地或加工场所

严禁在泥石流区、爆破区、滑坡体、洪水位下等危险区域设置施工驻地或加工场所。施工现场的办公区和生活区应与作业区分开设置。

（二）严禁安全管理人员无证上岗

施工单位项目负责人、专职安全生产管理人员以及监理工程师必须取得交通运输主管部门颁发的安全生产培训考核合格证书。安全管理人员的配置应满足施工安全管理需要。

（三）严禁作业人员未经安全教育培训和技术交底上岗作业

施工单位必须对作业人员进行安全生产教育和培训，保证作业人员具备必要的安全生产知识，熟悉有关安全生产规章制度和安全操作规程，掌握本岗位安全操作技能。未经安全生产教育和培训合格的作业人员不得上岗作业。特种作业人员必须持特种作业操作资格证书方可上岗。作业人员上岗前必须由施工单位技术人员对其进行安全技术交底。

（四）严禁作业人员安全防护不到位上岗作业

施工单位应建立安全防护用品管理制度，配置必要的安全防护用品。安全防护用品必须具有产品合格证书。作业人员上岗作业时必须正确佩戴和使用安全防护用品。

（五）严禁特种设备未经检验合格投入使用

施工现场的特种设备必须经有相应资质的检验检测机构进行验收，验收合格后方可投入使用。施工单位必须对特种设备进行定期检查和维修、保养。

（六）严禁未开展安全风险评估组织施工

项目单位必须建立风险源管理制度，强化风险源管理。施工单位必须按规定开展施工安全风险评估。监理单位应审查施工安全风险评估报告，无风险评估报告的，不得签发开工报告。

（七）严禁危险性较大工程未编制安全专项方案施工

危险性较大工程开工前必须编制安全专项施工方案，经监理工程师审批后方可实施。必要时，安全专项方案应组织专家评审。危险性较大工程施工时，必须执行项目领导带班制度。

（八）严禁在恶劣自然条件下进行露天施工

当出现雷电、暴雨、冰雹等恶劣天气或发生泥石流、滑坡等自然灾害时，必须提前做好防范措施，停止露天作业，及时撤离危险区域人员。

二、路基施工“四不准”

（一）基坑开挖防护不到位不准施工

基坑开挖应合理确定边坡坡度，设置安全通道，完善排水设施和支撑防护措施。基坑四周必须设置安全防护栏杆和警示标志；必要时，应设置夜间警示红灯和反光标识。

（二）高边坡开挖分级防护不到位不准施工

高边坡开挖必须完善排水系统，严格按照设计从上而下分级开挖、分级防护，严禁违规交叉作业，同时应做好边坡稳定性监测监控。

（三）爆破作业安全管理不到位不准施工

爆破作业应按规定编制爆破设计书或爆破说明书，并经有关部门审批同意。必须划定警戒区，设置警戒线、警戒标志和警戒岗哨，起爆前应进行清场。爆破须经15分钟后方可接近现场检查；发现盲炮须由原爆破人员按规定处置，确认安全后方可解除爆破警戒。

（四）弃渣场防护不到位不准施工

弃渣场选址应符合相关规定要求，并经设计单位确认。弃渣场应完善排水系统和防护措施，严格遵循“先支挡、后弃渣”原则。

三、桥梁施工“八不准”

（一）桩基防护不到位不准施工

桩基作业周边应设置隔离护栏和警示标志。挖孔桩作业时，孔口必须高出地面30厘米；须经常检查孔壁的稳定性及吊具设备的安全可靠性；应加强孔内气体监测，完善通风措施；暂停作业时，孔口须用牢固可靠的罩盖进行覆盖，并设置警示标志。钻孔桩作业时，泥浆池应设置明显的安全标志和有效的安全防护设施。

（二）高空作业安全措施不到位不准施工

墩柱施工必须搭设之字形步梯或安装施工电梯，严禁使用钢筋制作的简易爬梯，严禁作业人员在墩柱模板或钢筋笼上徒手攀爬，严禁吊车吊人。施工电梯使用不得超过设计荷载，载人时不得超过9人。立起的钢筋笼和安装后的模板超过8米时必须设置缆风绳。高空作业必须规范设置操作平台和临边防护设施；必要时，高墩大跨作业区须设置人员安全通道。采用施工挂篮作业时，施工挂篮必须经检验合格后方可使用，作业时不得超过2人。

（三）起重吊装管理不到位不准施工

起吊前必须试吊。吊装作业必须有专人指挥，吊物空中停留时操作人员不得脱岗。塔吊、施工电梯的地基承载力必须满足规定要求。轨道式起重设备须设置有效的限位和保险装置，未作业时必须使用夹轨钳。不良施工条件下起重吊装应采取有效的防范措施，必要时应暂停作业。水上吊装作业时，起重设备在旋转、变幅、移船和升降钩时必须缓慢、平稳，起重船吊重不得超过额定负荷的80%。

（四）支架、脚手架搭设不规范不准施工

支架、脚手架必须经过设计验算。基础必须按规定处理，并完善排水设施。支架、脚手架钢管、扣件等材料必须合格，杆件设置、连接必须符合要求，并按规定设置剪刀撑、缆风绳，不得随意堆放材料及杂物。脚手架应与永久性设施有效连接，严禁与便桥、支架、砼泵管相连。支架必须经过预压，验收合格后方可投入使用。

（五）挂篮安全管理不到位不准施工

悬臂浇筑采用挂篮施工时，混凝土浇筑前必须检查挂篮锚固、水平限位、吊带和限位装置，并进行静载试验。挂篮移动时，必须加强观察，严禁超速。不得在已浇筑的悬臂箱梁上设置钢筋加工作业区，临时荷载堆放必须合理、均衡。

（六）跨线作业防护措施不到位不准施工

跨线施工前必须办理相关报批手续。作业时应设置安全通道和防撞、警示等防护设施，必要时现场应设专人管理。

（七）大型模板安全性能不满足要求不准施工

大型模板必须具有足够的刚度和强度，连接杆件牢固，爬升或提升系统运行正常，并经验收合格后方可投入使用。大型模板存放必须采取防倾覆措施。

（八）安装拆除管理不到位不准施工

塔吊、门吊、缆索吊、电梯等起重设备及拌和站、大型支架等设施必须委托具备相应资质的单位进行安装与拆除。作业现场应设置警戒，有专人指挥，严禁违规上下交叉作业。

四、隧道施工“八不准”

（一）洞口管理不到位不准施工

隧道施工必须封闭管理，严格执行人员进出登记制度。洞口应设置消防设施，加强边坡防护，并设置截水沟。长大隧道必须按规定设置人员电子管理系统或视频监控系统。瓦斯隧道严禁携带火源或易产生静电的物品进入。

（二）开挖支护管理不到位不准施工

隧道开挖面作业人员不得超过9人。隧道开挖必须采用与围岩地质条件相适应的工艺工法施工。初期支护必须紧跟开挖面，并严格控制仰拱、二衬与开挖面的安全距离。浅埋段或IV级以上围岩隧道严禁全断面开挖。

（三）地质超前预报不到位不准施工

长大及以上隧道或地质不良隧道必须开展超前地质预报。出现异常情况时必须立即停止施工，在调整支护参数和工艺、工法，制订相应的处置方案，经审查同意后方可恢复施工。

（四）监控量测不到位不准施工

隧道施工必须进行监控量测。发现围岩变形、支护开裂、地面沉降或者数据异常的，必须停止施工，并制定相应的处置方案，经审查同意后方可恢复施工。

（五）洞内通风不到位不准施工

隧道开挖150米后必须采用机械通风，送风口与开挖面距离须符合有关要求，并加强空气质量检测。瓦斯隧道必须按要求安装瓦斯自动报警仪，实行不间断通风，并组织监测专班加强监测。瓦斯浓度大于1%时必须采取安全防突措施。

（六）爆破管理不到位不准施工

隧道施工必须实行控制爆破。严禁在隧道内同时运输、储存炸药、雷管。富水地段敷设爆破网络时，接头应做好防水、绝缘处理。瓦斯隧道爆破必须进行爆破设计，报经有关部门审批，并使用煤矿专用雷管和炸药，在洞外起爆，爆破前后须喷雾洒水，渣体用水浇透后方能运出洞外。

（七）防排水措施不到位不准施工

隧道施工必须制定防排水方案。反坡施工应采用多级泵站接力排水，顺坡施工应做好侧向排水沟。洞顶有河、塘、池、沟等时，应对底层进行防渗铺砌，溢水段应加以疏导。水位较高、围岩软弱的浅埋隧道应降低地下水位，提高地层稳定性。

（八）应急救援措施不到位不准施工

隧道施工必须制定应急救援预案，建立应急救援队伍，储备应急救援物资和设备，并经常组织开展应急演练。施工现场必须按规定设置救生和逃生管道、消防设施，布设应急照明、报警系统。

五、水上水下施工“四不准”

（一）未按规定办理水上水下施工

许可不准施工

在通航水域从事施工作业前，必须按规定向有关部门办理水上水下施工许可，并发布航行通告。

(二)潜水作业安全管理不到位不准施工

潜水作业必须严格执行作业时间和替换周期规定。作业时，潜水员必须按照规程下潜，值班人员不得脱岗。危险水域无安全预防措施严禁从事潜水作业。

(三)船舶施工管理不到位不准施工

施工船舶必须具有有效证件，并按规定显示水上作业号型、号灯、信号旗。严禁施工船舶超载或偏载。挖掘机、装载机等陆用机械设备在驳船上作业时，必须严格控制驳船的纵横倾角，并对挖掘机、装载机等进行封固。沉排、铺排作业时，滑板、排体上不得站人。抛枕作业时，船上的活动物件必须固定。打桩作业时，必须测量水深，清除水下障碍物，采取必要措施预防溜桩。夜间作业时，照明的照度值必须满足要求。

(四)水下爆破管理不到位不准施工

水下爆破作业前必须发布爆破通告，设置警戒人员或警戒船。水下起爆网路必须满足要求，装药时须采取必要的安全措施，并严格按照规程起爆。遇到恶劣的天气、水文情况时，不得从事水下爆破作业。

六、隐患排查治理“四强化”

(一)强化隐患排查制度

施工、监理、建设单位必须建立隐患排查制度，开展安全隐患排查。隐患排查必须严格执行领导带班，做到全覆盖。施工单位隐患排查每旬不少于1次，监理单位隐患排查每月不少于1次，建设单位隐患排查每季度不少于1次。

(二)强化隐患逐级报送制度

施工、监理、建设单位应建立月度隐患报送制度，隐患信息与安全生产事故月报信息一同报送。施工单位应将较大及以上隐患报送监理单位，监理单位应将重大及以上隐患报送建设单位，建设单位应将特别重大隐患报送相应的交通运输主管部门或交通运输质量监督机构。

(三)强化隐患分级督办制度

特别重大隐患由相应的交通运输主管部门或交通运输质量监督机构督办，重大隐患由建设单位督办，较大隐患由监理单位督办。隐患督办单位应及时下达隐患督办通知书，并提出督办要求。必要时，重大及以上隐患应报请县级及以上人民政府挂牌督办。

(四)强化隐患复查销号制度

施工单位是隐患整改的责任主体，必须加强隐患整改落实，对较大及以上隐患应制定整改计划和方案，做到整改措施、资金、期限、责任人、应急预案“五到位”。安全隐患整治后，施工单位应向督办单位提交销号申请；督办单位应及时对隐患整改情况进行现场核查，确认达标后，予以销号。

七、责任追究“五从严”

(一)安全生产保证体系不健全的从严追究责任

未按规定设置专职安全管理机构、未足额配备专职安全管理人员、安全生产责任制不健全、安全管理制度不落实、安全专项经费投入不足的，应当对负有责任的建设、施工或监理单位进行通报，必要时可约谈单位负责人。

(二)安全专项活动不落实的从严追究责任

未按国家和省有关安全生产的要求组织开展各项安全专项活动的，应当对负有责任的建设、施工或监理单位责任单位进行通报。

(三)隐患排查治理不到位的从严追究责任

未建立安全隐患排查治理制度、安全隐患整治不力、未认真履行安全监理职责、对隐患排查治理监管不力的，应当对负有责任的建设、施工或监理单位进行通报，必要时约谈单位负责人。施工单位拒不整改或多次整改后仍存在较大及以上安全隐患的，相应的交通运输主管部门或交通运输质量监督机构应将其列入安全监督检查重点名单，并录入安全生产信用管理系统，必要时可向有关部门提出降低其资质等级、暂停或吊销相关安全管理人员证书的建议。

(四)应急管理不到位的从严追究责任

未编制应急救援预案、未组建专兼职应急救援队伍、未储备应急救援物资或落实应急管理资金、未定期进行应急演练的，应当对负有责任的建设、施工或监理单位进行通报。

(五)发生生产安全责任事故的从严追究责任

发生一般生产安全责任事故的，建设单位应对负有责任的施工、监理单位进行通报，必要时约谈企业负责人，并录入信用体系。发生较大及以上生产安全责任事故、一年内发生二次及以上生产安全责任事故或发生生产安全事故后迟报、瞒报、谎报的，相应的交通运输主管部门或交通运输质量监督机构对负有责任的建设、监理、施工单位进行通报，约谈其负责人，必要时向有关部门提出降低或取消其资质等级，暂停或吊销相关安全管理人员证书的建议。

2012年11月4日

关于进一步开展湖北省交通运输行业信息安全等级保护工作的通知

（鄂交科教〔2012〕582号）

各市（州）交通运输局（委）、厅直各单位、厅机关各处室：

为贯彻落实《中华人民共和国计算机信息系统安全保护条例》和《信息安全等级保护管理办法》等法规要求，做好全省交通运输行业信息安全等级保护工作，进一步提升全省交通运输行业信息安全等级防护能力和水平，维护公共利益、社会秩序和国家安全。根据交通运输部办公厅《关于进一步开展交通运输行业信息安全等级保护工作的通知》（厅科技字〔2012〕120号）通知要求，结合全省交通运输行业实际，现就全省交通运输行业信息安全等级保护有关事宜通知如下：

一、指导思想

深入贯彻落实科学发展观，遵照国家、省政府、交通运输部有关信息安全等级保护政策规定、技术标准规范和指示要求，紧密结合全省交通运输行业信息化发展实际，按照准确定级、科学评估、统筹考虑、突出重点、注重实效、完善机制的原则，推进全省交通运输行业信息系统等级保护体系建设，完善信息安全管理制度，建立健全信息安全防控技术措施，切实提高信息系统安全防护能力，保障和促进全省交通运输行业信息化科学健康有序发展。

二、总体目标

到2015年三季度前，基本建立全省交通运输行业信息安全等级保护常态化运行和监督检查机制，完善管理制度和技防手段，切实提高全省交通运输行业信息安全防护能力、隐患发现能力、应急处置能力，为全省交通运输行业信息化健康发展提供可靠保障。主要是：完成安全保护等级为第二级以上（含第二级）的已运营（运行）信息系统的定级备案、安全建设整改和测评；新建、扩建、升级改造的信息系统在规划建设阶段同步开展信息系统定级、备案、安全建设及测评；建立行业信息安全等级保护工作情况动态报送和监督机制。

三、主要依据

（一）《中华人民共和国计算机信息系统安全保护条例》（国务院147号令）；

（二）《关于信息安全等级保护工作的实施意见》(公通字〔2004〕66号)；

（三）《信息安全等级保护管理办法》（公通字〔2007〕43号）；

（四）《关于开展全国重要信息系统安全等级保护工作的通知》（公通字〔2007〕861号）；

（五）《信息安全等级保护备案实施细则》（公信安〔2007〕1360号）；

（六）《关于开展信息系统等级保护安全建设整改工作的指导意见》（公信安〔2009〕1429号）；

（七）《关于加强国家电子政务工程建设项目信息安全风险评估工作的通知》（发改高技〔2008〕2071号）；

（八）《计算机信息系统安全保护等级划分准则》(GB17859)；

（九）《信息安全技术信息系统安全等级保护定级指南》(GB/T22240—2008)；

（十）《信息安全技术信息系统安全等级保护实施指南》(GB/T25058—2010)；

（十一）《信息安全技术信息系统安全等级保护基本要求》(GB/T22239—2008)；

以上政策文件和标准均可从中国信息安全等级保护网(http://www.djbh.net)查询下载。

四、主要任务及实施步骤

(一)信息系统摸底调查(8月底前)

根据部统一部署，组织开展全省各单位信息系统的摸底调查，全面掌握本单位信息系统的数量、分布、业务类型、应用或服务范围、系统结构等基本情况，研究定级对象。

组织对本单位信息系统情况进行摸底调查，完成《信息系统安全等级保护情况统计表》（见附件），于8月底前完成统计填写工作报厅科教处。

（二）信息系统定级备案

按照《信息安全技术信息系统安全等级保护定级指南》，认真分析信息系统业务信息安全和系统服务安全，科学准确开展系统的定级。

1. 已运营（运行）、但尚未定级的重要信息系统要进行补充定级；

2. 新建、扩建和升级改造信息系统在规划设计阶段要同步完成系统定级工作。

3. 对于安全保护等级为二级（含第二级的系统），各单位应按照《信息安全等级保护备案实施细则》要求，到相应公安机关备案。

4. 2012年9月15日前，各单位要开展已运营（运行）和新建、扩建、升级改造的信息系统的定级，并履行备案手续，定级备案结果同时报厅科教处。

（三）等级保护安全整改

对已定级的系统，各单位应对照《信息安全技术信息系统安全等级保护基本要求》等标准规范，扎实开展已建信息系统安全保护现状评估，分析查找存在的安全隐患和差距，逐一制定信息安全等级保护建设方案并组织实施。

新建、扩建和升级改造信息系统要在项目立项及规划设计阶段，同步规划等级保护总体设计方案，并在项目建设过程中同步完成信息安全等级保护建设工作。

信息系统正式运行后，要继续做

好安全运行维护管理，在制度、人员、资金等方面给予保障，形成常态化的信息安全保障机制。

2012 年 11 月底前，完成第三阶段以上（含第三级）已定级信息系统的安全建设和整改工作。2013 年 11 月底前，完成第二级以上（含第二级）已定级信息系统的安全建设和整改工作。

（四）等级保护评测

系统建设整改之后工作完成后，应当按照《信息安全等级保护管理办法》要求，从全国信息安全等级保护评测机构推荐目录（见 www.djbh.net）中选择取得《信息安全等级保护评测机构推荐证书》的评测机构，开展等级评测。第四级信息系统应当每半年进行一次等级测评；第二级、第三级信息系统每年至少进行一次等级测评；做好测评结果登记。

（五）等级保护工作监督检查

各单位每季度应开展一次等级保护自查，重点检查信息安全责任落实情况、安全管理制度的落实情况、重要信息系统的安全防护状况、建设整改状况、信息安全等级测评状况、检查中发现问题整改情况，并编写年度信息安全等级保护工作报告，于每年 11 月 15 日前报厅科教处。

厅将组织对各地各单位信息安全等级保护工作进行督导检查。

五、职责分工

按照“谁主管、谁负责”、“谁运维、谁负责”的原则，信息系统的主管部门及运营、使用单位按照等级保护的管理规范和技术标准进行信息安全建设和管理。

厅负责全省交通运输行业信息安全等级保护工作的指导、监督和检查，组织研究制定有关政策文件和标准规范。

各市（州）交通运输局（委）和厅直单位，负责本地区本系统交通运输信息系统安全等级保护工作的组织实施和监督检查。

六、工作要求

（一）加强领导，明确责任。各单位要进一步提高对信息安全等级保护工作重要性和紧迫性的认识，切实加强对等级保护工作的组织领导，建立安全管理机构、明确职责，落实信息安全等级保护管理岗位和人员，确保信息安全等级保护工作的落实。

（二）保障经费，加强监管。各单位要建立稳定的信息安全等级保护经费投入机制，将信息安全等级保护建设整改、等级测评、信息安全服务、技术培训等费用纳入信息化建设经费预算，保障等级保护工作的有效开展。

（三）突出重点，同步建设。各单位要根据自身实际情况，对等级保护体系建设进行统筹规划，优先抓好重要信息系统的测评整改建设。对新建、扩建、升级改造的信息系统要确保等级保护措施的同步规划、同步设计和同步实施。

（四）加强培训，建设队伍。各单位要加强安全建设管理、安全运维、应急保障队伍、行业信息安全联络员队伍建设，积极组织开展相关人员进行安全管理政策制度和技术技能培训，为信息安全等级保护工作开展提供有效的人员队伍保障。

（五）建章立制，常抓不懈。要注重等级保护工作的统筹协调推进，建立健全等级保护工作情况报送汇总、督促检查、工作交流机制，使信息安全等级保护检查督导工作制度化、常态化。

2012 年 8 月 22 日

全省交通运输系统领导名录

厅领导及厅机关处（室）负责人名单

厅领导

厅　长、党组书记：尤习贵
副厅长、党组副书记（正厅级）：唐　元
副厅长、党组成员：马立军　张　云
谢　强　田文彪（—2012.08）
程　武（2012.11—）
纪检组长、党组成员：
张月斌（—2012.02）
总工程师、党组成员：
程　武（—2012.11）
党组成员、重点办主任：姜友生
巡 视 员：徐佑林　徐　健
张月斌（2012.02—）
副巡视员：高玉玲　魏公民

厅机关处（室）负责人

办公室

主　　任：阮云旻
副 主 任：林　浩（—2012.10）
何军梅
调 研 员：吕思齐（2012.06—）
副调研员：张小萍（—2012.04）
戚　媛

研究室

主　　任：王阳红（2012.02—）

政策法规处

处　　长：李　敢
副 处 长：徐海洋
副调研员：张　宏

综合交通处

处　　长：徐文学
副 处 长：廖向东　王　勇
调 研 员：谢圣松　沈雪香（2012.01—）

计划处（交通战备办公室）

处　　长：施载玲
交通战备办副主任（正处级）：
陈　璋（—2012.02）
曹　翃（2012.10—）
副 处 长：罗红燕　宋征难

建设管理处

处　　长：陈　飚
副 处 长：周炎新
副调研员：彭建光（2012.10—）

财务处（审计办公室）

处　　长：周拥军
副 处 长：桂永胜　夏智勇（2012.10—）
调 研 员：叶强筠（—2012.02）

运输处

处　　长：陶维号
副 处 长：胡树江
副调研员：李庆九

安全监督处（应急办公室）

处　　长：陈光斌
副 处 长：张　建　李裕民
调 研 员：周爱民（—2012.01）
孙春红（2012.01—）
冯泽刚（2012.01—）

人事劳动处

处　　长：刘立生
副 处 长：钱　兵（—2012.04）
丁红林（2012.10—）
副调研员：方　敏

科技教育处

处　　长：余建平
科技专员：白山云
调 研 员：杨运娥　王中宝
周建勋（2012.06—）
副调研员：刘传文

机关党委

专职副书记、办公室主任（正处级）：
覃万兵
办公室副主任：曹慧娟
副调研员：江　飞（2012.02—）

监察室

主　　任：徐　锴（2012.07—）
监察专员：刘　畅
副 主 任：徐　锴（—2012.07）
夏志钢（—2012.07）
鲁　撰（2012.10—）
调 研 员：夏志钢（2012.07—）
副调研员：鲁　撰（—2012.10）

交通运输工会工作委员会

专职副主任（正处级）：吴正强
调 研 员：尹寿林（2012.06—）

离退休干部处

处　　长：胡焰华
督查专员：谢志宽
副 处 长：黄　凌
调 研 员：徐小文
副调研员：王　强

厅直属单位领导名单

湖北省交通运输厅公路管理局

局长、党委书记：范建海
副巡视员：王小璜 (—2012.02)
柯营之 (2012.02—2012.08)
副局长、党委副书记：洪文革
副局长、党委委员：谢俊杰　毕　俊
彭公权　蒋明星
纪委书记、党委委员：张　春
公路建设养护质量监督长：关爱军
调研员：柴　野　方晓睿

湖北省交通运输厅道路运输管理局 湖北省交通运输厅物流发展局 （湖北省交通运输厅客运出租车管理办公室）

局长、党委书记：石先平
副巡视员：莫惠健 (—2012.10)
王宪龙 (2012.11—)
副局长、党委委员：
闵　力　邵　迈　邓其春
王阳红 (—2012.09)
纪委书记、党委委员：王义华
运管征稽监督长：秦介飞 (—2012.10)
调研员：王　泉　秦介飞 (2012.10—)

湖北省交通运输厅港航管理局 湖北省地方海事局 （湖北省船舶检验局）

局长、党委书记：朱晓光
副巡视员：陈　新
副局长、党委委员：
王宪龙 (—2012.11)　王　伟
罗　毅　田红旗
纪委书记、党委委员：
姜建路 (—2012.05)
张　洁 (2012.08—)
港航建设养护质量监督长：邵爱军
调研员：汪声祠　罗　进

注：2012 年 4 月湖北省船舶检验处改为湖北省船舶检验局。

湖北省交通运输厅高速公路管理局 （湖北省交通运输厅高速公路路政执法总队）

局长、党委书记：谢　强
副巡视员：宋继宏
副局长、党委委员：
陈　缅　乔　亮 (—2012.04)
方贻立　何雄伟
纪委书记、党委委员：黄　辉
调研员：周大华

湖北省交通运输厅工程质量监督局

党支部书记、纪委书记：李正友
局　长：章征春
副局长：冯光乐　李长民 (2012.02—)
总工程师：李长民 (—2012.02)
卢　柯 (2012.02—)

湖北交通职业技术学院

党委书记：熊友山
院长、党委委员：王进思
党委副书记、副院长：向　阳 (正处级)
副院长、党委委员：
王同庆　陈方晔　李　全
纪委书记、党委委员：严若仪 (正处级)
工会主席、党委委员：谢　彤
党委委员：陈方先 (副处级)
调 研 员：叶道清　余建平
西区主任：夏守云
北区主任：徐太长

湖北省交通规划设计院

党委书记：陈刚毅
院长、党委委员：詹建辉
副院长、党委委员：
孟建丹　兰志雄　干学军
周俊波　丁　鹰 (—2012.02)
张厚记 (2012.04—)
纪委书记、党委委员：钟元菊
总工程师、党委委员：陈　军
工会主席、党委委员：
刘艳旸 (2012.04—)
总会计师、党委委员：夏亚玲

湖北省交通基本建设造价管理站

党支部书记：周秀汉 (—2012.01)
曹传林 (2012.02—)
站　长：姚　沅
副站长：付红勇

湖北省交通运输厅规划研究室

党支部书记：杨世武 (2012.01—)
主　任：张昌伟
正处级干部：张其斌 (—2012.02)
副主任：杨世武 (正处级)(—2012.01)
余厚振　邓国清 (2012.01—)

湖北省交通运输厅机关后勤服务中心

党支部书记、主任：姜清浩
副主任：陈　浩　李四新 (2012.01—)

《省志・交通志》编辑室

主　　任：周佑林
副 主 任：刘智明 (2012.10—)
甘惠萍 (2012.10—)
副调研员：刘智明 (—2012.10)

湖北省交通运输厅世界银行贷款项目办公室 （湖北省交通运输厅援外办公室）

党支部书记：杜金烈
副主任：刘　江　黄建国 (2012.01—)

中国交通报湖北站

站　长：柯营之 (—2012.02)
石　斌 (2012.04—)

正处级干部：安　宏 (—2012.02)
副　站　长：石　斌 (—2012.04)
潘庆芳 (2012.10—)

湖北省交通重点建设领导小组办公室

副主任：高进华 (正处级)　叶志华

湖北省交通运输厅通信信息中心（湖北省交通科学研究所）

主任、党支部书记：周文卫
副主任：杨厚新　朱　严　郑　红

湖北省交通运输厅京珠高速公路管理处

党委书记：郑　建
处长、党委委员：王凡昌
副处长、党委委员：
舒鄂南　夏　敏　李厚海
纪委书记、党委委员：王　升
总工程师、党委委员：李满来
工会主席：朱业贵 (2012.01—)
路政支队长、党委委员：简海云

湖北省交通运输厅汉十高速公路管理处

党委书记：周宇红 (2012.04—)
处长、党委委员：王伯禹
党委副书记：
苏　敏 (正处级)(—2012.04)
副处长、党委委员：
李　方　吴玉升
陈长江 (2012.02—)
纪委书记、党委委员：
秦家华 (—2012.04)
曹公霞 (2012.04—)
总工程师、党委委员：廖卫东
工会主席、党委委员：欧阳亮
路政支队长、党委委员：丁进军
正处级干部：秦家华 (2012.04—09)

湖北省交通运输厅鄂西高速公路管理处

党委书记：周爱民 (2012.04—)
处长、党委委员：韩宏伟
副处长、党委委员：
付克俭 (—2012.10)　刘华北
陈骞臻　张剑彪 (2012.10—)
纪委书记、党委委员：
顾俊阶 (2012.01—)
总工程师、党委委员：聂品荔
工会主席、党委委员：
顾俊阶 (—2012.01)
方新兵 (2012.01—)
路政支队长、党委委员：
方新兵 (—2012.01)
刘群峰 (2012.01—)

湖北省交通运输厅随岳高速公路管理处

党委书记：苏　敏 (2012.04—)
处长、党委委员：
沈雪香 (—2012.01)
乔　亮 (2012.04—)
副处长、党委委员：
张业红　周宇红 (—2012.04)
康　喆 (2012.04—)
纪委书记、党委委员：
王和龙 (2012.02—)
总工程师、党委委员：张　曦
工会主席、党委委员：
王和龙 (—2012.02)
胡道政 (2012.02—)
路政支队长、党委委员：李新明
襄荆路政支队长：唐汉春

湖北省交通运输厅黄黄高速公路管理处

党委书记：钱　兵 (2012.04—)
处长、党委委员：王　炜
副处长、党委委员：
朱书武　程　慧
曹传林 (—2012.02)
杨孟林 (2012.02—)
纪委书记、党委委员：
范汉清 (2012.01—2012.04)
总工程师、党委委员：赵华耕
工会主席、党委委员：
范汉清 (—2012.01)
工会主席：徐明华 (2012.01—)
路政支队长、党委委员：
杨孟林 (—2012.02)
汪忠胜 (2012.02—)

湖北黄黄高速公路（鄂港合作）经营有限公司

董事长、党委书记：王　炜 (—2012.08)

湖北省交通运输厅武黄高速公路管理处

党委书记：周秀汉 (2012.01—)
处长、党委委员：田晓彬
副处长、党委委员：唐红伟　周永生
纪委书记、党委委员：
杨天富 (2012.02—)
总工程师、党委委员：齐建模
工会主席、党委委员：
杨天富 (—2012.02)
白亚子 (2012.02—)
路政支队长、党委委员：汪家声

湖北省汉江崔家营航电枢纽管理处

党委书记：尹武东
处长、党委委员：童奇峰
副处长、党委委员：王小峰　刘惠玲
副处级干部、党委委员：胡绍东
总工程师、党委委员：
谢　红 (2012.04—)

龙泉山庄（湖北省交通职工教育培训中心）

董事长、党支部书记：
王南军 (—2012.02)
董事长、党支部书记 (培训中心主任)：
范汉清 (2012.04—)
副总经理、党支部委员：
曹公霞 (—2012.04)
游　峰 (2012.04—)
陈元华 (2012.04—)

湖北省高速公路联网收费中心

主任 (正处级)：林　浩

市(州)交通运输局(委)、县(市)交通运输局领导名单

武汉市交通运输委员会

党组书记、主任：彭　俊
党组成员、副主任：李亮平　陈佑湘
　　夏焕运　涂平晖
党组成员、纪检组长：郭万水
副巡视员：罗有柱(—2012.07)
　　梅焕武(—2012.12)

江岸区交通运输局

党委书记：王国民
局长、党委副书记：蔡正环
副 局 长：陈　明
纪委书记：王　辉(2012.08—)

江汉区交通运输局

局长、党委副书记：
　　吕　良(—2012.02)
局长、党委书记：祝家平(2012.02—)
副 局 长：田明谦(—2012.06)
　　李保松(2012.06—)
纪检组长：邓年红(2012.05—)

硚口区交通运输局

党委书记：康小汉
局　　长：陈志高(—2012.12)
局长、党委副书记：
　　蒋昌洪(2012.12—)
党委副书记、纪委书记：
　　周结明(—2012.06)
　　舒宝祥(2012.06—)
副局长：张君英　王爱书

汉阳区交通运输局

局长、党组书记：王同生(—2012.03)
　　李乐义(2012.03—)
副局长、纪检组长：
　　甘　霖(—2012.03)
　　向培金(2012.03—)
副局长：畅继恩　邹其斌(—2012.10)
副调研员：邹其斌(2012.10—)
　　韩守田

武昌区交通运输局

党委书记：陈　勇
局长、党委副书记：邓彬生
副 局 长：张　军　张其德

青山区交通运输局

党委书记：吴　慧(—2012.09)
　　周京京(2012.09—)
局长、党委副书记：黄　翔
党委副书记、纪委书记：曾凡刚
副局长：肖国新　何兴迁

洪山区交通运输局

党委书记、局长：颜昌连
党委委员、副局长：魏世和
　　匡晓栋(2012.12—)
　　郑　锋(2012.11—)

东西湖区交通运输局

局　　长：赵　运
党委书记：胡　峰
副局长、纪委书记：王文全
副 局 长：李克银(公路局局长)
　　(2012.08—)

汉南区交通运输局

局长、党委副书记：刘又喜(2012.01—)
党委书记：刘又喜(—2012.01)
　　何爱明(2012.06—)
党委副书记、纪委书记：杨　军
副调研员：赵　勤

江夏区交通运输局

局　长：徐先成
党委书记：倪立松(公路局局长)
党委副书记：张忠敏
副 局 长：汪训保　路　江
纪委书记：王承驰
副调研员：万兴良(公路局党委书记)
总工程师：许应礼(2012.12—)

蔡甸区交通运输局

党委书记：周卫星
局长、党委副书记：李绍斌
副 局 长：赵祥林　陈国桥　邓水桥
　　胡春安
纪委书记：李旺生

黄陂区交通运输局

党委书记：周义勇
局长、党委副书记：柳育青
党委副书记：祁建文(公路局局长)
党委委员、副局长：江海明　李华松
党委委员、纪委书记：
　　范良俊(2012.03—)
党委委员、总工程师：
　　蔡崇华(2012.03—)
党委委员：胡　鸿

新洲区交通运输局

党组书记、局长：
　　张辉平(2011.12—)
党组副书记、副局长：
　　江福元(—2012.11)
　　桂旺华(2012.05—)
副局长：胡先进　张建义(2012.05—)
　　夏正求(2012.05—)
　　孙峰清(2012.05—)　兰永康
纪检组长：余春梅
党组成员：孙峰清(—2012.05)
　　廖志斌(2012.05—)

黄石市交通运输局

党委书记、局长：黄曲波

党委委员、副局长：赵　健　吴建春
伊仕宏　方朝阳 (2012.08—)
党委委员：郑治发
党委委员、总会计师：吴素英 (女)
调 研 员：汤银成　杨如松
副调研员：李红卫 (女)　陈刚军

大冶市交通运输局

党委书记：曹宏亮
局长、党委副书记：尹又如
党委副书记、副局长：纪应长
党委委员、副局长：李家相
钟贤文 (公路局局长)
吴金玲　李冬晨 (2012.08—)
党委委员：袁　松 (农路局局长)
陈敬乾 (2012.09—)
党委委员、工会主席：柯庆敏 (女)
总会计师：石　红
总工程师：冯江华 (2012.09—)

阳新县交通运输局

局长、党委副书记：周光来
党委书记、副局长：王义江
党委副书记、副局长：成家强
党委委员、副局长：
刘道军　童德铭　赵建斌
刘合松　徐为大
党委委员、纪委书记：柯昌水
党委委员、工会主席、总会计师：
贾　青
党委委员、总工程师：余云名
党委委员：李建生　乐庸兴　李祥柏
钟江宏　陶　杰　佘家柏

十堰市交通运输局

党委书记、局长：王晋洪
党委副书记：王国春
党委委员、副局长：卫　真　汪来富
周吉礼　郭　婕
党委委员、纪委书记：徐　涛
工会主席：王志勇
总工程师：程新国 (—2012.01)
范柳锋 (2012.04—)

丹江口市交通运输局

党委书记、局长：朱　丹
党委副书记、副局长：
张吉喆　胡正军
党委副书记：姚启升 (2012.06—)
张正强 (2012.11—)
党委委员、副局长：王瑞华　杨　琴
张修华 (2012.02—)
王喜明 (2012.02—)
陈永红 (2012.02—)
党委委员：梁吉莲 (—2012.12)
纪委书记：张正强 (—2012.11)
工会主席：侯建平
总工程师：王爱军

郧县交通运输局

党委书记、局长：韩高虎
党委副书记、副局长：
尹明章　罗书贵
党委委员、副局长：
卢光华　李美清　金元鹏
刘秀英　李建军
党委委员、纪委书记：杨保国
党委委员、工会主席：田　勇
党委委员、总工程师：康正权

郧西县交通运输局

党委书记：李宪斌
局长、党委副书记：程　骏
党委委员、副局长：李作祥　王成国
刘诗成 (2012.05—)
党委委员、纪委书记：庹文举
党委委员、工会主席：詹学龙
党委委员、总工程师：周雪琴

房县交通运输局

党委书记：赵崇江 (—2012.11)
谢详全 (2012.11—)
局长、党委副书记：杜　胜
副 局 长：邓青国
副局长、总工程师：付　强
党委委员：赵国伟
工会主席：童　芳

竹山县交通运输局

局　长：沈　军
党组书记：邓龙昌 (—2012.04)
党组书记、副局长：柯友朝 (2012.04—)
副 局 长：杨正典　陈四海
冯　勇 (2012.04—)
全　波 (2012.04—)

竹溪县交通运输局

局　长：王　林
党支部书记：李新华 (2012.01—)
党委委员、副局长：
严玉根　周益斌　胡智力
吴立祥 (2012.12—)
党委委员、纪委书记：
吴立祥 (—2012.12)
副 局 长：杨　波
党委委员：徐晓琴　李新安
工会主席：张　波
总工程师：谢　明

茅箭区交通运输局

局　长：郑勤忠
党支部书记：刘青山
副局长：陈其兵　孙秋生 (2012.09—)
李勇进 (2012.10—)

张湾区交通运输局

局　　长：梅元华
副 局 长：梁正平
总工程师：舒　伟

武当山特区交通运输局

局　长：陈玉明
副局长：张　玲　梁　宏　谢　军

襄阳市交通运输局

党委书记：张丛玉
局长、党委副书记：沈雪香 (2012.03—)
党委副书记、纪委书记：余建立
党委委员、副局长：朱云地　李四清
金国联 (2012.12—)
彭祥森 (2012.12—)
党委委员、副县级干部：水　波

党委委员、总工程师：姜　舰
调 研 员：魏明亮　陈岘山　刘耀兴
副调研员：赵　莉　杨孝华

枣阳市交通运输局

党组书记：文斌武
局　长、党组副书记：张继跃
党组副书记、副局长：
赵广合　田德常
党组成员、副局长：
王昌建　李德才(纪检组长)
刘全红

宜城市交通运输局

党委书记、局长：尚显合
党委副书记、纪委书记：高　峰
党委副书记、副局长：温红卫
党委委员、副局长：
龚家川　陈国荣　黄章友
盛远清　王祖春(2012.01—)
党委委员、总工程师：程天晴
工会主任：王升华

南漳县交通运输局

局　长、党组副书记：齐贤林
党组副书记、副局长：万林芳
党组成员、副局长：殷静泉　冯祖军
杜永清　刘先华
党组成员：别川银　王晓红
总工程师：张天俊

保康县交通运输局

党组书记、局长：张祖涛
党组副书记、副局长：
曾建军(—2012.06)
陈远圣(工会主任)(2012.11—)
党组成员、副局长：
杨德义　陈耀全(—2012.06)
梁万久(2012.11—)
党组成员、纪检组长：
徐　萍(2012.06兼总工程师)
党组成员：
刘　涛(物流局局长)(2012.11—)

谷城县交通运输局

局长、党委副书记：
朱正春(—2012.02)
局长、党委书记：张国富(2012.03—)
党委副书记、副局长：
何正尧(—2012.04)
张汉东(2012.05—)
党委副书记、纪委书记：张光辉
党委委员、副局长：
卢光文　江之忠　王文平
党委委员：张萱琳
党委委员、总工程师：
蔡　艳(2012.06任党委委员)
副局长：王　欢(2012.12—)

老河口市交通运输局

党组书记、局长：王山宏
党组成员、副局长：周　兵　陈大伟
党组成员、工会主席：查　宁
党组成员：范　炜(公路局党委书记)
王雪峰(乡道处主任)
刘建明(运管所主任)
总工程师：杨立新

襄州区交通运输局

党委书记：罗全义(—2012.10)
局　　长：罗全义
党委副书记、副局长：
方道顺　吕焕成
党委委员、副局长：
张　宏(—2012.06)　张志荣
宋少林　谢远余　董　峰
党委委员、总工程师：赵　华

襄城区交通运输分局

局　长：王定柱

樊城区交通运输分局

局　长：王仁炳

宜昌市交通运输局

党组书记、局长：马宏彦
党组成员、副局长：
胡开德　胡朝晖(女)
李中华(2012.07—)
党组成员、纪检组长：梅昌建
党组成员、工会主任：张德义
党组成员、总工程师：唐云伟
副调研员：张天一

宜都市交通运输局

党委书记：谭玉明(—2012.01)
党委书记、局长：
李德全(2012.08任党委书记)
党委副书记、副局长：王先志
党委副书记、驻交通纪工委书记、监察分局长：艾　俊(—2012.05)
党委委员、副局长：
牟永太(—2012.01)
江晓临　黄治兵(2012.01—)
党委委员、总工程师：涂长禧
党委委员、工会主席：覃玉玲(女)

枝江市交通运输局

党组书记、局　长：骆　圣
党组成员、副局长：王家春　李新平
胡庆洪(2012.05—)
党组成员、工会主席：
袁　平(2012.05—)
党组成员、总工程师：
周　明(2012.05—)

当阳市交通运输局

党委书记、局长：杨兴中
党委副书记、副局长：鲁永发
党委委员、副局长：
林万清　余祖民(—2012.04)
雷　华　刘爱军(2012.04—)
党委委员、工会主任：彭红斌
党委委员、总工程师：杨　勇

远安县交通运输局

党组书记、局长：徐圣华
党组副书记：毛祖荣(—2012.05)
杨春芳(女)(2012.06—)

党组成员、副局长：

孙云洲 (—2012.06)

杨春芳 (女)(—2012.06)

陈　涛　苏先科 (2012.5—)

党组成员、总工程师：李玉银

党组成员：王丽鹏

工会主席：陈　红 (女)

兴山县交通运输局

党委书记、局长：余宏珊

党委委员、副局长：

冯　森　李　涛　陈行达

党委委员、工会主席：彭业勋

党委委员、总工程师：

龚明泉 (—2012.11)

总工程师：李明泽 (2012.11—)

秭归县交通运输局

局长、党组副书记：谭健康 (2012.01—)

党组书记：秦考学 (2012.01—)

党组副书记：

梅云友 (公路局局长)(2012.01—)

党组副书记、副局长：

李祖顶 (港航局局长)(2012.01—)

党组成员、副局长：郑　琼 (女)

王　勇 (2012.04—)

黄文清 (2012.04—)

杜　俊 (—2012.07)

党组成员、总工程师：郑宏伟

党组成员、工会主席：马尚钦

党组成员：胡学林 (2012.04—)

长阳土家族自治县交通运输局

党委书记、局长：李永清

党委副书记、副局长：

覃　红　刘小红 (女)

党委委员、副局长：

刘建国　胡　卫　李晓华

王春成 (工会主席)(2012.07—)

党委委员：秦　晴 (女)　钟和平

李建民

五峰土家族自治县交通运输局

局长、党组副书记：熊钰彩

党组书记、副局长：黄家兵

副 局 长：唐守疆

党组成员、副局长：胡学虎　邓阳峰

党组成员、纪检组长、工会主席：

冯世菊

党组成员：赵业勇 (—2012.07)

夷陵区交通运输局

党组书记、局长：赵学军 (2012.01—)

党组副书记、副局长：刘　平

党组成员、副局长：

孙朝刚　柳　忠　周学海

党组成员、工会主席：周　卫

党组成员、总工程师：覃发波

党组成员：房长麟

西陵区交通局

局长、党支部委员：钟仕田

党支部委员、副局长：

饶声海　易国芝 (2012.12—)

伍家岗区交通局

局长、党支部委员：周克华

党支部书记、副局长：王国栋

党支部委员、副局长：刘海彦

点军区交通运输局

党支部书记、局长：李　波

党支部委员、副局长：

张建新　汪　军　陈新玲

猇亭区交通运输局

党支部书记、局　长：陈　健

党支部委员、副局长：张于锦

荆州市交通运输局

党组书记、局长：郑道柏

党组副书记、副局长：

卢有志 (2012.10 任党组副书记)

副局长：肖元芳 (—2012.05)　丁　玻

张黎明　沈先武 (—2012.08)

李　义 (2012.10—)

毛丽萍 (2012.10—)

纪检组长：彭　进

工会主席：邹国欣

总工程师：李　义 (—2012.10)

许先平 (2012.10—)

调 研 员：刘良才　肖元芳 (2012.05—)

卢有志 (2012.10—)

副调研员：陈家泉　张　红 (2012.05—)

鄢贤才 (2012.05—)

荆州区交通运输局

党委书记、局长：秦富明

党委副书记、副局长：

彭刚武　韩庆华 (—2012.08)

副局长：姚　军　熊昌春 (—2012.08)

车孝金 (2012.06—)

贺光斌 (2012.08—)

胡华钧 (工会主席)(2012.12 任副局长)

纪委书记：贺光斌 (—2012.08)

总工程师：隋士发

沙市区交通运输局

局长、党委书记：

吴　迪 (2012.01 任党委书记)

党委书记：郑华清 (—2012.01)

副 局 长：熊又川 (—2012.01)

李先才　何才联

何　辉 (—2012.02)

纪检组长：张正德

工会主席：钟玉平

总工程师：周德生

党委委员：陈继军 (2012.02—)

江陵县交通运输局

党委书记、局长：何永明

党委副书记、副局长：

曾白珩 (2012.11 任党委副书记)

副 局 长：杨诗义 (—2012.01)

朱贤格　何文平

赵行权 (2012.01—)

纪委书记：伍业廷 (—2012.01)

工会主席：黄发高

总工程师：黄发高 (—2012.11)

张向静 (2012.11—)
党委委员：袁丹眉 (2012.12—)

松滋市交通运输局

党组书记、局长：吴林文
党组副书记、副局长：刘家贵
副 局 长：印保华　刘志刚
熊　艺 (2012.10—)
纪委书记：周会平 (—2012.10)
工会主席：顾继平
总工程师：荀中华 (2012.10—)
党组成员：郑章军 (2012.10—)

公安县交通运输局

党委书记、局长：苏振巨
党委副书记、副局长：孙家军
副 局 长：朱建军　李　健　董延平
纪委书记：王武成
工会主席：王政平

石首市交通运输局

党委书记、局长：田道锋
党委副书记、副局长：严若军
副 局 长：周继红　顿耀山
纪委书记：雷运宏
工会主任：陈　杰
总工程师：王中武

监利县交通运输局

党委书记、局长：熊绍友
党委副书记、副局长：王训富　李家位
副 局 长：何劲松　肖友谊　刘　斌
钟明志　王少云 (2012.09—)
纪委书记：曾德智
工会主席：李爱平
党委委员：许亚平 (—2012.03)
胡超胜　徐燕子
张汉平 (2012.05—)

洪湖市交通运输局

局长、党委书记：杨元俊
党委委员、副局长：
雷正浩 (—2012.01)　徐开南
胡学秋 (—2012.01)　杨思友
黄俊杰　陈安法 (2012.01—)
卢天举 (2012.01—)
党委委员、纪委书记：艾庭舫
党委委员、总工程师：雷艳舞
党委委员：史玉峰

荆州开发区交通运输局

局　长：张丰立

荆门市交通运输局

党组书记、局长：李友生 (—2012.02)
伍应彪 (2012.02—)
党组副书记、副局长：
彭敬宝 (2012.03—)
党组成员、副局长：
吴献俊 (—2012.05)
李学军 (—2012.08)　杨小明
肖世怀 (—2012.05)　罗楚平
高宏林　黄祥清 (2012.08—)
党组成员：李学军 (2012.08—)
党组成员、纪检组长：
宋慧琼 (2012.05—)
党组成员、总工程师：程修泽
党组成员、工会主席：陈立新

京山县交通运输局

党组书记、局长：雷云安
党组副书记、副局长：徐　彬
副 局 长：何兴龙 (—2012.08)
丁金武　李培雄
纪检组长：曾祥宏
工会主席：赵金山
总工程师：许文华
党组成员：徐利兵

沙洋县交通运输局

局　　长：吴传斌
党委书记：李成宝
副局长：刘望平 (—2012.11)　杨　波
罗金华（纪委书记）(2012.04
任副局长）
肖华锋　王幸辉 (2012.04—)
工会主席：杨后军 (2012.04—)

钟祥市交通运输局

局　长：姚自学
党组书记：陈晓芳
党组副书记：范志彪 (2012.04—)
吴学斌　胡　敏 (2012.12—)
党组成员、副局长：
张星海　徐　军　刘从东
副 局 长：胡志强 (—2012.09)
纪检书记：胡　敏 (—2012.12)
工会主任：孔长春
总工程师：王晓明
党组成员：杨学清　陈　军 (2012.02—)

东宝区交通运输局

局　　长：何全才
党委书记：何全才 (—2012.12)
付正佳 (2012.12—)
党委副书记、副局长：苏克家
党委委员、副局长、工会主席：王剑
党委委员、纪委书记：邵红秀
党委委员：周远智（公路局局长）
乔兴平
党委委员、总工程师：戴宗祥

掇刀区交通运输局

党组书记、局　长：郑育生
党组成员、副局长：蔡道斌　龙　云
邹俊涛（纪检组长）(2012.05
任副局长）

漳河新区交通运输局

局　长：胡维亮 (2012.06—)
副局长：张金华 (2012.06—)

屈家岭交通运输分局

局长、党组副书记：李　超
党组书记：吴友生
党组成员、副局长：熊建宏(纪检组长）
黄　斌(运管所所长)

鄂州市交通运输局

党组书记、局长：黄立楣

党组成员、副局长：王红山　朱志刚
党组成员、纪检组长：张劲松
党组成员、总工程师：朱　进
调 研 员：王焰林　张建中　卫　军
秦有平
副调研员：张达洲

鄂城区交通运输局

局　长：徐祖民

华容区交通运输局

局　长：朱延平
副局长：陈珍秀　宋建停

梁子湖区交通局

局　长：谢金春
副局长：陈志安

孝感市交通运输局

党组书记、局长：李清华
党组成员、副局长：
胡广清 (—2012.05)
简明云　胡艳和
党组成员、纪检组长：
张建友 (—2012.05)
党组成员、总工程师：左振中
党组成员：黄凤高
调 研 员：胡广清 (2012.05—)
张建友 (2012.05—)
副调研员：周新元

孝南区交通运输局

党组书记、局长：陈　靖
党组副书记、副局长：黎春林
党组成员、副局长：万峰凌　岳　军
秦儒平　王　斌
党组成员、纪检组长：李敬明
党组成员、工会主席：张承文

汉川市交通运输局

党组书记、局　长：赵炎华
党组成员、副局长：李金战　何正喜
周仕祥 (—2012.05)
黄汉桥 (—2012.05)
李文明 (2012.06—)
副局长：李四凤
党组成员、纪检组长：
王　耀 (—2012.05)
刘启华 (2012.06—)
党组成员、总工程师：
刘启华 (—2012.06)
党组成员：李文明 (—2012.06)
黄汉桥 (2012.05—)
张鸿彬
王卫东 (2012.06—)
田世鹏 (2012.06—)

应城市交通运输局

党组书记、局长：韩想宗
党组成员、副局长：范志虹　杨延年
谢天超　王雄鹰
党组成员、工会主席：杨洪山

云梦县交通运输局

党委书记、局长：张　颖
党委委员、副局长：
汪兰清　邓　刚　游喜安
总工程师：彭　斌 (2012.11—)

安陆市交通运输局

党组书记、局　长：吴以安
党组成员、副局长：李新明　罗光涛
刘　洪　胡定超 (公路局局长)
党组成员、纪检组长：余祥军
党组成员、总工程师：余幼成

大悟县交通运输局

党委书记、局长：丁彩祥
党委副书记、副局长：
黄康明 (—2012.03)
党委委员、副局长：
刘洪文 (2012.03—)
程保社 (2012.04—)
谌　兵 (2012.04—)
党委委员、工会主席：陈双泉
党委委员：张　健 (公路局局长)
党委委员、总工程师：
邓传友 (2012.04—)

孝昌县交通运输局

局　　长：胡仲杰
党组书记：王国芳
党组副书记、副局长：
陈镜新 (公路局局长)
何有为
党组成员、副局长：
郭砚卿 (—2012.08)
王小华 (2012.08—)
田俊军 (2012.08—)
党组成员、工会主席：刘晓春
党组成员：刘晓林
总工程师：汪鹏兴 (2012.08—)

黄冈市交通运输局

党组书记、局长：刘新华
党组副书记：杜光荣
党组成员、副局长：吴秀梅　周银芝
王正高　郑志武　高华强
党组成员、纪检组长：黄文浩
党组成员、工会主席：邵百坤
总工程师：柯平飞

黄州区交通运输局

局　长：吴　丹
党委书记、副局长：丰　群
副局长：林敏坤 (—2012.09)
张　明　何裕聪
纪委书记：桂博文
工会主席：丁秋生

团风县交通运输局

党委书记、局长：周建平
党委委员、副局长：
吴华明 (—2012.03)
卢　慧 (—2012.03)
王光林 (2012.03—)
王仲文
袁　远 (2012.03—)
王新林 (—2012.02)

党委委员、纪委书记：
刘建安 (—2012.03)
余东平 (2012.03—)
党委委员、工会主席：董劲松
党委委员：张　琼
总工程师：王国清

红安县交通运输局

党组书记、局长：詹才春
党组副书记、副局长：许顺清
党组成员、副局长：陈忠禄　冯兴潮
党组成员、总工程师：戴松林
党组成员、纪检组长：
戴立世 (2012.01—)
党组成员：赵全松 (公路段段长)
王　玲　秦　遥　徐仕贤

麻城市交通运输局

局　长：严志峤
党委副书记、副局长：余仲华
党委委员、副局长：
邹功兵　史克勤　章德馨
党委委员、纪委书记：梅济海
党委委员、工会主席：戴福正
党委委员、总工程师：
刘兴旺 (2012.04—)

罗田县交通运输局

局长、党委副书记：郑　耿
党委书记：何晓刚
党委委员、副局长：雷德成　方丛富
丁丽君　陈海军
党委委员、纪委书记：
李　强 (—2012.05)
蔡忠良 (2012.05—)
党委委员、工会主任：
丁国满 (—2012.05)
党委委员：李　强 (2012.05—)
总工程师：汪先锋

英山县交通运输局

局长、党组书记：徐　飞 (—2012.09)
局长、党组副书记：余勇 (2012.09 任党组副书记，2012.11 任局长)
党组书记：王　曙 (2012.09—)
副 局 长：方金林　袁建国 (2012.11—)
工会主任：余胜球

浠水县交通运输局

局长、党委副书记：夏志坚
党委书记：陈邦林
党委委员、副局长：
郭春风　郁金桥　刘　剑
张成彬　何光雄 (—2012.08)
党委委员、纪委书记：杨泽新
党委委员、总工程师：吴　辉
党委委员、工会主任：邱凌志

蕲春县交通运输局

局　　长：陈中华
党委书记：陈　军
副 局 长：叶仕祥　甘应安　康晓阳
纪委书记：李先明
工会主任：文玉生
总工程师：余　清

武穴市交通运输局

党组书记、局长：张美基
党组副书记：陈瑞山
党组成员、副局长：吕灿华　李志方
党组成员：项国盛 (公路局局长)
周少红 (运管局局长)
高小胜 (港航局局长)
范保生　胡筱武
徐　瑜 (农路局局长)

黄梅县交通运输局

局　　长：鲁　峰
党组书记：卢胜民
副 局 长：张亚良　石建中　桂国发
聂时新 (2012.01—)
纪检组长：张申红
工会主任：乐正二 (2012.01—)
总工程师：赵　丽 (2012.01—)

黄冈市交通运输局龙感湖分局

局　长：彭正凯
副局长、党总支书记：
徐先军 (公路局局长)
副 局 长：陈建华
总工程师：陈　刚

咸宁市交通运输局

党组书记、局长：汪凡非
党组成员、副局长：叶金才　王永红
毛小列 (2012.02—)
王　荣 (2012.02—)
党组成员、纪检组长：黄学农
党组成员、工会主席：余　智
党组成员：胡　斌　柯翔兵

咸安区交通运输局

党委书记、局长：田海湖
党委委员、副局长：
陈　清　王　刚　章建国
黄建国　余晓林 (2012.04—)
党委委员、工会主席：朱泳桦
党委委员：陈四林　陈次一　余道继
艾启明 (2012.04—)
总工程师：姜　庆 (2012.04—)

嘉鱼县交通运输局

党组书记、局长：张玉双
党组副书记、副局长：
张　旭 (2012.05 任党组副书记)
党组成员、副局长：金敬东　鲁万清
周高清 (纪检组长)　陈小丹
周万勇 (2012.03—)
陈文辉 (2012.03—)
工会主席：张盆发

赤壁市交通运输局

局　　长：谢　华
党委书记：廖南平
副 局 长：李乐观　卢小年
蔡正文 (2012.05—)
陈　功　宋孟洲
工会主席：江欣生
总工程师：李建国
党委委员：宋桂平　雷贤武　定贵平
黄立新 (2012.08—)
宋献东 (2012.08—)

通城县交通运输局

局　　长：戴有才
党委书记：李　亭
党委副书记：李宏志
副 局 长：魏向党　雷晨光(2012.05—)
黎亮平　黎乾富(—2012.04)
黎俊丽　李学军
邓书龙(2012.05—)
纪检组长：严　辉(—2012.05)
张华平(2012.05—)
总工程师：邓书龙(—2012.05)
刘国富(2012.05—)

崇阳县交通运输局

局　　长：廖维斌(—2012.03)
周国香(2012.03—)
党委书记：廖维斌
党委副书记、副局长：
甘邦豪(2012.04 任党委副书记)
党委委员、副局长：熊细明　饶广清
余金刚　谭初华　石雄军
党委委员、总工程师：肖建平
党委委员、工会主任：黄　斌

通山县交通运输局

党组书记、局　长：李　俊
党组成员、副局长：张自修　朱江华
邵　陌　焦尔格　方宏彬
纪委书记：蔡永厚(—2012.01)
郑晓东(2012.05—)
工会主席：黄慧芳(—2012.05)
夏淑芳(2012.05—)
总工程师：徐飞翔

随州市交通运输局

党组书记、局长：
陈家堂(—2012.03)
曹　平(2012.03—)
副 局 长：曹　平(—2012.03)
刘宇宙(工会主任)
万晓熙　孙志友　沈新燕
纪检组长：谢洪斌
总工程师：赵克银

随州市交通运输局曾都分局

党委书记、局长：王福明
副 局 长：李运举　姜　琴
纪委书记：孙建国
工会主席：彭　辉
党委委员：
王文海(公路段段长)(2012.06—)
侯长文(2012.06—)

广水市交通运输局

局　　长：杨祥勤
党组书记：朱明举
副 局 长：李双庆　喻　斌　李世献
余元福　郑世权　徐晓春
孙章勇(2012.04—)　罗永明
工会主席：邓真珍
党组成员：黄小华　吴穆田

随县交通运输局

党组书记、局长：汪家强
副 局 长：张　涛　黄启斌　张自炳
工会主席：胡学刚
总工程师：龚传刚

恩施土家族苗族自治州交通运输局

党组书记、局长：李　义
党组成员、副局长：邢宗排　王和群
宋杰成　杨国卫
党组成员：朱克清(公路局局长)
党组成员、总工程师：王　勇
党组成员、纪检组长：
安之禄(2012.08—)
党组成员、高路办副主任：
袁　涛　隗祖锦
州人大专职常委、州交通运输局正县级干部：冷亚军(2011.12—)
调 研 员：颜永杰(—2012.11)
副调研员：郭　英

恩施市交通运输局

党委书记、局长：杨　穆
党委副书记、纪委书记：
刘长富(—2012.03)
李剑锋(2012.04—)
党委委员、副局长：张　生
党委委员、总工程师：于　晔
党委委员：尹锡峰
廖兆锡(公路段段长)(—2012.11)
柳景平(高路办主任)
刘　政(运管所所长)
夏　斌(物流局局长)
朱爱平(2012.07—)

利川市交通运输局

党组书记、局长：李易禄
党组副书记、副局长：
王智清(公路局局长)
党组成员、副局长：
周银娣(高路办主任)
刘学平　郎远才
冯　梅(2012.11—)
党组成员：陈青松(运管所所长)
陶仁魁(物流局局长)
郭德亮(2012.11—)
总工程师：周汉生

建始县交通运输局

党组书记、局长：李泽斌
党组副书记、副局长：向国安
党组成员、副局长：杨知青　冉再民
黄国益(2012.07—)
党组成员：赵学成(公路局局长)
马建宇(高路办主任)
总工程师：冯双鸣

巴东县交通运输局

党组书记、局长：王从林
党组副书记、副局长：向会东
党组成员、副局长、纪检组长：
宋建国
党组成员、副局长：
李建平(高路办主任)
袁红卫
郑开顺(2012.12—)
党组成员：田　维(公路局局长)
总工程师：谭春魁(—2012.03)
宋子云(2012.04—)

宣恩县交通运输局

局　　长：姚　敏
党组书记：洪学文
副 局 长：杨友国　余志成
　　　　孙京保(公路局局长)
　　　　苏志勇(高路办主任)
　　　　谭家庆(物流局局长)
党组成员：李立发　屈代慧
总工程师：李艳生

咸丰县交通运输局

党组书记、局长：刘爱国
党组成员、副局长：
　　　　秦绍国　李　捷　覃龙敏
　　　　陈君红(2012.04—)
党组成员、纪检组长：
　　　　王建廷(—2012.06)
　　　　魏　东(2012.06—)
党组成员、总工程师：
　　　　鲁邦国(2012.06—)
副 局 长：张　鹏(—2012.05)

来凤县交通运输局

党组书记、局长：周　涛
党组成员、副局长：
　　　　林义兵　尹　宾
　　　　闵远国(—2012.12)
　　　　李兴国(2012.12—)　朱永林
　　　　李凌峰(2012.12—)
党组成员、纪检组长：曹洪佑
党组成员：李　毅
总工程师：谭贤忠

鹤峰县交通运输局

党委书记、局长：周昌华
党委副书记：姚福忠(—2012.02)
党委副书记、纪检组长：
　　郭晓波(2012.02 任党委副书记)
党委委员、副局长：明传学　金友斌
党委委员：戴成学
总工程师：何翠屏

仙桃市交通运输局

党组书记、局长：刘惠民(—2012.02)
　　　　　　　　张克非(2012.02—)
党组副书记、副局长：
　　秦前荣(2012.07 兼任总工程师)
党组成员、副局长：
　　　　王艾清(—2012.07)
　　　　李水祥　唐从龙
　　　　傅长春(公路局局长)(—2012.02)
　　　　李飞雄　韦团聚(2012.07—)
　　　　彭少章(2012.07—)
　　　　刘　俊(2012.07—)
党组成员：韦团聚(—2012.07)
　　　　别　异(2012.07—)
党组成员、工会主席：
　　　　杨祥林(2012.07—)
党组成员、局长助理：
　　　　李少华(2012.06—)
党组成员：邹　冲　严庆九　朱　军

天门市交通运输局

党组书记、局长：曾令慧
副 局 长：彭圣平　赵　杰　周亚辉
　　　　石仁鑫　王华山　张成顺
副局长、总工程师：黄国祥

潜江市交通运输局

党委书记、局长：邓定优
副 局 长：赵仕安　刘爱国　周定林
总工程师：詹登振
纪委书记：陈铁良
工会主任：彭兴无
党委委员：徐一平(2012.01—)

神农架林区交通运输局

党组书记、局长：李纯清(—2012.11)
　　　　　　　　姜　忠(2012.12—)
党组成员、副局长：
　　　　黄宏波　袁玉福　李　涛
党组成员、总工程师：杨健琳(女)
党组成员：戴光明(运管局局长)
　　　　周立新(公路局局长)
　　　　杨　权

获奖名录

全国五一劳动奖状（章）、全国工人先锋号

（中华全国总工会，总工发〔2012〕34 号）

1. 全国五一劳动奖状

湖北省交通运输厅汉十高速公路管理处

2. 全国五一劳动奖章

詹建辉　湖北省交通规划设计院院长

3. 全国工人先锋号

武汉葛洲坝出租车有限公司万文庆车队

武汉市公交集团有限责任公司第六营运公司 606 路

黄石市城市公交集团有限公司 1 路线 121 号车组

十堰市城市公交集团有限公司公交 4 路女子品牌线

2012 年度全国交通建设系统“工人先锋号”

（中国海员建设工会全国委员会，海建工总字〔2012〕70 号）

1. 孝感市公路工程质量检测站湖北省保康至宜昌高速公路宜昌段 BYYCTJ-3 合同段工地试验室

2. 孝感市公路管理局汉十项目部

3. 湖北省广水市公路段长岭公路管理站

4. 湖北省石首市公路管理局三义寺渡口管理所

5. 樊城公路段 207 国道宜城城区段改造工程三工区项目部

6. 仙桃市四达公路建设有限公司石油刷黑项目部

7. 湖北省交通科学研究所软件研发部

8. 湖北省交通运输厅随岳高速公路管理处第一养护管理站

9. 湖北省交通运输厅随岳高速公路管理处天门管理所

10. 湖北省交通运输厅随岳高速公路管理处随岳南收费管理中心

11. 湖北省交通运输厅武黄高速公路管理处路政二大队

12. 湖北省交通运输厅武黄高速公路管理处武东管理所

13. 湖北省谷竹高速公路建设指挥部工程管理部

第十三届“金锚奖”

（中国海员建设工会全国委员会，海建工总字〔2012〕42 号）

1. 叶大双　湖北省武汉市港航局艇长

2. 田红旗　湖北省汉江兴隆至汉川段航道整治工程建设指挥部常务副指挥长

全国道路客运行业开展节能减排达标竞赛先进企业、先进班组

（中国海员建设工会全国委员会、交通运输部，海建工总字〔2012〕80 号）

1. 全国道路客运行业开展节能减排达标竞赛先进企业

黄冈市东方运输集团有限公司

湖北宜昌交运集团股份有限公司

中国石化集团江汉石油管理局客运管理处

2. 全国道路客运行业开展节能减排达标竞赛先进班组

黄冈市东方运输集团有限公司黄州——武昌专线

湖北宜昌交运集团股份有限公司旅游客运分公司行车十班

中国石化集团江汉石油管理局客运管理处陶庆技师工作室

全国公路交通系统模范职工小家、金桥奖和重点工程劳动竞赛先进单位

（中国海员建设工会全国委员会、交通运输部精神文明建设办公室，海建工总字〔2012〕75 号）

1. 全国公路交通系统模范职工小家

湖北省襄阳市公路管理局樊城公路段工会

湖北省孝感市公路管理局朱湖治超检测站工会

湖北省仙桃市公路局安捷养护公司工会

湖北省交通运输厅道路运输管理局机关工会

湖北省交通运输厅京珠高速公路管理处凤凰山管理所工会

湖北省交通运输厅随岳高速公路管理处天门工会

湖北省交通运输厅黄黄高速公路管理处蕲春工会

湖北省交通运输厅武黄高速公路管理处通山工会小组

2. 全国公路交通系统金桥奖

姚　沅　湖北省交通基本建设造价管理站站长

杨世武　湖北省交通运输厅规划研究室工会主席

荣小宏　湖北省仙桃市公路局四达公路建设有限公司总经理

李梦雨（女）　湖北省钟祥市公路局工会主席

罗林芳（女）　湖北省交通运输厅高速公路管理局党总支副书记

丁望星　湖北省交通规划设计院副总工程师

欧阳亮　湖北省交通运输厅汉十高速公路管理处工会主席

褚新华　湖北省交通运输厅黄黄高速公路管理处麻武高速党总支书记、麻武养护站站长、麻城东管理所所长

叶道清　湖北省宜昌至巴东高速公路建设指挥部党委副书记、纪委书记

方晓睿　湖北省谷城至竹溪高速公路建设指挥部副指挥长、总监

3. 全国公路交通系统重点工程劳动竞赛先进单位

湖北省交通运输厅鄂西高速公路管理处第二养护站

湖北省宜昌至巴东高速公路建设指挥部

湖北省谷城至竹溪高速公路建设指挥部

湖北省郧县至十堰高速公路建设指挥部

全国水运系统船舶、班组安全竞赛先进集体

（中国海员建设工会全国委员会交通运输部安全委员会，海建工海字〔2012〕43 号）

1. 全国水运系统安全优秀船舶

湖北省宜昌市兴山县港航海事处鄂海巡0114号

湖北省荆门市沙洋县航道段鄂标401艇

湖北省孝感市振兴航运有限公司鄂孝感华0168号

湖北省鄂州市华禹船业有限公司兴禹268号

2. 全国水运系统安全优秀班组

湖北省钟祥市地方海事处鄂海巡0938号

2012年春运农民工平安返乡（岗）安全优质服务竞赛先进集体、先进个人

（中国海员建设工会全国委员会、交通运输部，海建工总字〔2012〕21号）

1.2012年春运农民工平安返乡(岗)安全优质服务竞赛先进集体

湖北省交通运输厅春运领导小组办公室

湖北省交通运输厅道路运输管理局

湖北省交通运输厅港航(海事)局

2.2012年春运农民工平安返乡(岗)安全优质服务竞赛先进个人

朱　淼　武汉市道路运输管理处处长

秦介飞　湖北省交通运输厅道路运输管理局监督长

曾昳斐　湖北公路客运(集团)有限公司副总经理

董　蓉(女)　湖北宜昌交运集团股份有限公司站长

王　浩　十堰市道路运输管理处党委书记

马　珊(女)　湖北省十堰市港航海事局副局长

董志刚　湖北省宜昌长江高速客轮有限责任公司金山2号船船长

全国工会帮扶工作先进个人

（中华全国总工会）

陆红涛　湖北省交通运输厅港航管理局工会科员

湖北省劳动模范

（湖北省人民政府，鄂政发〔2012〕36号）

张　兵　武汉市公共交通集团有限责任公司第三营运公司驾驶员

方晓睿　湖北省谷竹高速公路建设指挥部常务副指挥长

李超洪　荆州市公路管理局工会副主席

庞莲玉（女）　沙市区公路局观音垱站站长

王华君　宜昌市康龙实业有限责任公司出租车驾驶员

江明建　湖北大通运输公司董事长

韩士法　荆门市东宝区公路管理局栗溪公路站站长

陈　靖　孝感市孝南区公路管理局段长

周全寿　麻城市公路段养护工

吴新政　通山县公路局养护公司经理

罗春风　湖北兴达路桥股份有限公司总经理

王　刚　天门市交通基本建设造价管理站站长

刘　丰　湖北公路客运集团有限公司驾驶员

刘念（女）　十堰市城市公交集团客运二公司驾驶员

袁渊远　十堰市天顺运输公司党支部书记

董新利　宜昌交运集团股份有限公司董事长

宋俊明　宜昌公交集团有限责任公司班长

刘伟华　赤壁市公汽总公司经理

黄光菊（女）　恩施市公共汽车公司工人

湖北五一劳动奖状（章）、湖北省工人先锋号

（湖北省总工会，鄂工发〔2012〕20号）

1. 湖北五一劳动奖状

石首市公路局

2. 湖北五一劳动奖章

彭建堂　湖北省十房高速公路建设指挥部指挥长

周明星　中铁大桥局黄冈长江大桥项目部总工程师

3. 湖北省工人先锋号

湖北省谷竹高速公路建设指挥部工程技术部

湖北省宜巴高速公路建设指挥部第16合同段项目部

湖北省十房高速公路建设指挥部

湖北省引江济汉通航工程建设指挥部

武汉市公路勘察设计院

石首市汽运总公司汽车综合性能检测站

神农架机场公路建设项目经理部

湖北省路桥集团麻竹大随段土建工程13标项目部

湖北省女职工建功立业标兵岗、湖北省女职工建功立业标兵

（湖北省总工会，鄂工发〔2012〕10号）

1. 湖北省女职工建功立业标兵岗

黄石市城市公交集团有限公司二路线220号车组

宜昌公交集团有限责任公司22路公交线

2. 湖北省女职工建功立业标兵

易志芳　湖北省交通运输厅京珠高速公路管理处武汉西管理所收费监控员

汤守云　十堰市城市公交集团有限公司第二客运公司驾驶员

刘玉平（土家族）　恩施州交运运输集团有限公司工人

湖北省工会系统创先争优先进单位、先进个人

（湖北省总工会，鄂工发〔2012〕23号）

1. 湖北省工会系统创先争优先进单位

湖北省交通运输厅规划研究室工会委员会(省五一劳动奖状)

2. 湖北省工会系统创先争优先进个人

任博容（女）　湖北省交通规划设计院工会干部

查丽萍（女）　湖北交通职业技术学院工会副主席

王健民　湖北省交通运输厅公路

管理局工会副主席

湖北省职工代表大会工作先进单位

（省纪委、省委组织部、省委宣传部、省经信委、省国有资产监督委员会、省监察厅、省总工会、省工商联，鄂工发〔2012〕19号）

湖北交通职业技术学院

第九届湖北省职工职业道德建设先进单位、先进个人

（湖北省职工职业道德建设指导协调小组，鄂职发〔2012〕1号）

1. 先进单位

武黄高速公路管理处

武汉大通汽车出租有限公司

恩施市公共汽车公司

2. 先进个人

易艳平　潜江市公路管理局工程师

张　兵　武汉市公交三公司二分公司531路驾驶员二级技师

湖北省交通运输行业“十行百佳”

（湖北省交通运输厅，鄂交办〔2012〕746号）

1. 公路

叶宗节（女）　黄石市公路养护中心下陆管理站站长

韩士发　荆门市东宝区公路管理局栗溪公路管理站站长

卢登奎　神农架林区公路管理局红坪公路管理站站长

徐咏兵　武汉市新洲区公路管理局养护中心副主任

代红艳（女）　孝感市云梦县公路管理局养护工人

庞莲玉（女）　荆州市沙市区公路管理局公路管理站站长

罗春风　咸宁市湖北兴达路桥股份有限公司董事长

郭传武　随州市公路管理处总工程师

张华先　鄂州市公路管理局副局长

张祚琼（女）　恩施州巴东县公路段绿葱坡公路养护管理站养护工人

2. 运管物流

席　君（女）　宜昌市长途客运站“彩虹桥”服务小组站务员

冷宣武　襄阳市国邦实业有限公司董事长

刘晓华（女）　黄冈市蕲春县道路运输管理所计财股股长

徐　瑛（女）　武汉市公路运输管理处信访投诉处理中心副科长

谭　杰　随州市道路运输管理处曾都运管所所长

张运宗　孝感应城市道路运输管理所所长

杨　进　鄂州市公共交通客运管理处主任

谭德军　黄石市交通物流发展局办公室主任

徐臣胜　咸宁市通山县道路运输管理所副所长

蒋雪峰　荆州洪湖市道路运输管理所法规科副科长

3. 港航海事

王恩君　宜昌市兴山县港航海事处书记、主任

库敬慧（女）　黄冈武穴市港航管理局武穴管理站站长

贺　飞　黄石市港航海事局西塞所所长

张文均　恩施州利川市地方海事处主任

程建华　鄂州市五丈港港航管理所所长

梅兴旺　黄冈市港航管理局港航科负责人

余静波　襄阳市航道段生产科科长

彭宏安　潜江市港航局兴隆水利枢纽安全维护中心副主任

曹道国　十堰市郧县南化塘镇滔河大坝渡口渡工

任晓娟（女）　荆州市荆州区港航管理处行政服务大厅负责人

4. 高速公路

易志芳（女）　京珠管理处武汉西管理所监控员

黄建荣（女）　黄黄管理处鄂东大桥散花管理所收费班长

王建峰　武黄管理处黄石管理所收费班长

饶　丹（女）　汉十管理处谷城管理所收费员

姜　炜　宜昌长江公路大桥总公司养护管理中心主任

刘云贵　鄂西管理处服务区管理所现场办主管

贾丽芬（女）　黄黄管理处监控分中心主任

陈小平（女）　随岳管理处天河口管理所收费班长

何萍莉（女）　楚天高速公路股份有限公司北河管理所收费班长

方　晟　京珠管理处京珠南服务区管理所现场管理员

5. 城市公交

张　兵　武汉市公交集团三公司驾驶员

罗英富　恩施州恩施市公共汽车公司驾驶员

王　静（女）　武汉市公交集团五公司驾驶员

郑　端（女）　荆州市公交公司驾驶员

汤守云（女）　十堰市公交集团女子品牌线路公交车驾驶员

段梅梅（女）　天门市公共汽车公司售票员、调度员

宋俊明　宜昌市公交集团一分公司公交车驾驶员

李　敏（女）　襄阳市公交总公司三分公司线路长

刘晓舟　孝感市公共汽车公司驾驶员

姜　鹏　咸宁市枫丹公交有限公司驾驶员

6. 出租车

万文庆　武汉市葛洲坝出租车有限公司驾驶员

邓永智（女）　宜昌市盛龙出租车有限公司驾驶员

袁正华　十堰市享运集团万顺达出租车公司驾驶员

胡旺洲　黄石市昌达实业有限责任公司驾驶员

薛　冬　襄阳市华奥汽车出租服务有限公司驾驶员

李万富　恩施州宏昌出租汽车公司出租车队长、驾驶员

别发兵　神农架林区中发出租汽车公司驾驶员

彭时忠　天门市经茂汽车出租有限责任公司驾驶员

吴越南　荆州市金洪商贸有限公司驾驶员

吴军涛　仙桃市天马出租车有限公司驾驶员

7. 科技教育

罗星海　湖北交通职业技术学院科研处处长

王三军　湖北省交通运输厅通信信息中心信息开发科科长

朱宏伟　武汉市交通科学研究所工程室主任

白山云　沪蓉西高速公路建设指挥部副指挥长

张厚记　湖北省交通规划设计院副院长

陈小雄　湖北交通职业技术学院副教授

陆　由　汉十管理处监控中心主任

王孝斌　湖北交通职业技术学院院长助理

苏风华　襄阳市交通职业中等专业学校党支部书记、校长

汪继泉　中交二公院有限公司副总经理

8. 规划勘测

常　英(女)　湖北省交通规划设计院第七勘察设计室主任

夏齐勇　湖北省交通规划设计院第三勘察设计室党支部书记

张才平　鄂州市经纬公路规划设计研究院院长

朱慧芳(女)　恩施州宣恩县交通运输局测量设计室主任

童亚雄　武汉市公路勘察设计院副主任

宋官宝　宜昌市交通规划勘察设计研究院院长、书记

胡金成　湖北省交通运输厅规划研究室审核科副科长

谢功元　郧十高速公路建设指挥部质量技术处主任

邵爱军　引江济汉通航工程建设指挥部副指挥长

叶士昭　襄阳市交通规划设计院党总支副书记、副院长

9. 路政执法

散发祥　襄阳市谷城县公路段纪委书记、副段长

袁　军　武汉市江夏区公路管理局路政大队中队长

杨胜召　恩施州利川市公路局马峰坳超限检测站站长

马昌勇　十堰市城区公路管理局路政执法大队副大队长

邹　勇　随岳管理处路政三大队队长

郑玉典　鄂西管理处路政一大队副大队长

陈　明　京珠管理处路政二大队外业办公室主任

陈国发　汉十管理处路政三大队大队长

夏新群　武黄管理处路政支队副支队长

陈海燕(女)　楚天高速公路路政支队三大队副大队长

10. 质量安全

郭卫兵　黄冈市地方海事局副局长

付少艾(女)　黄石市道路运输管理局安全科科长

徐志刚　武汉市交通运输委员会安全处处长

寿建英(女)　咸宁市交通基本建设质量监督站副站长

雷斌峰　荆门市交通运输局工程质量监督站站长

黄在英(女)　恩施州巴东县交通基本建设质量监督站质监股长

张德军　湖北省交通运输厅工程质量监督局安全监督处处长

黄志刚　宜巴高速公路建设指挥部质量管理处主任

瞿月平　汉江航道整治工程建设指挥部总工

周新桥　谷竹高速公路建设指挥部一标农民工(钢筋工)

2012 年度湖北省交通运输系统先进集体、先进个人

(湖北省交通运输厅，鄂交办〔2013〕8 号)

1. 先进集体

武汉市交通委员会物流发展处

黄石市交通投资公司

罗田县交通运输局

鄂州市港航管理处(地方海事局)

大悟县交通运输局

荆州市交通运输局

咸宁市交通运输局

宜昌市交通运输局

襄阳市公路管理局

十堰市城市公交集团有限公司

随县交通运输局

京山县交通运输局

潜江市交通运输局

天门市交通运输局

神农架林区道路运输管理局

湖北省公路管理局

湖北省运管物流局安全监督处

湖北省港航海事局综合计划处

京珠高速公路管理处鄂南管理所

汉十高速公路管理处武当山管理所

鄂西高速公路管理处

随岳高速公路管理处荆岳桥管理所

武黄高速公路管理处黄石管理所

黄黄高速公路管理处

湖北交通职业技术学院

湖北省交通规划设计院第五勘测设计室

汉江崔家营航电枢纽管理处

保宜高速公路建设指挥部

引江济汉通航工程建设指挥部

郧十高速公路建设指挥部

2. 先进个人

王长青　武汉市港航管理局局长

周银芝(女)　黄冈市交通运输局副局长

董进行　鄂州市公路管理局局长

高红新　孝感市公共汽车公司公交 4 路车队队长

吴林文　松滋市交通运输局局长

张玉双　嘉鱼县交通运输局局长

李德金　宜都市交通运输局局长

刘全红　枣阳市交通运输局副局长

朱成军　恩施州交通规划设计院院长

汤守云(女)　十堰市城市公交集团 4 路女子品牌线路驾驶员

代大林　随州市城市营运车辆管理处党委书记

姚自学　钟祥市交通运输局局长

秦前荣　仙桃市交通运输局副局长

伍云辉　湖北省运管物流局城市公共客运管理处处长

陈　新　湖北省港航海事局副巡视员

林景飞　湖北省高速公路管理局办公室主任

饶　丹(女)　汉十高速公路管理处谷城管理所收费员

陈绍良　黄黄高速公路管理处路政科科长

万　雯(女)　湖北交通职业技术学院管理工程系教师

谭石康　湖北省交通规划设计院高级工程师

刘晓波　湖北省交通运输厅工程质量监督局实验检测处处长

曹　枫　湖北省交通运输厅通信信息中心副科长

徐美霞(女)　湖北省交通运输厅规划研究室综合办公室副主任

杜金烈　湖北省交通运输厅世界银行贷款项目办公室党支部书记

余佩群(女)　湖北省交通运输厅造价管理站概预算科科长

高进华　湖北省交通运输厅重点办副主任

曹慧娟(女)　湖北省交通运输厅机关党办副主任

姜清浩　湖北省交通运输厅后勤中心主任

王中宝　厅新农村工作队队长

关爱军　谷竹高速公路建设指挥部副指挥长

统计资料

2012 年主要指标表

指 标 名 称	计算单位	2012 年	2011 年	指 标 名 称	计算单位	2012 年	2011 年
一、全省公路里程	公里	218151	212747	（长度）	延米	1704056	1688551
1. 按技术等级分				其中：特大桥（数量）	座	164	163
(1) 等级公路	公里	203145	196452	（长度）	延米	314247	312145
高速公路	公里	4006	4006	大桥（数量）	座	2624	2578
一级公路	公里	2515	2354	（长度）	延米	635397	627653
二级公路	公里	17233	17135	2. 公路隧道　（数量）	处	475	466
三级公路	公里	12269	12093	（长度）	米	388272	379587
四级公路	公里	167122	160864	3. 公路渡口	处	167	171
(2) 等外公路	公里	15006	16295	其中：机动渡口	处	136	139
等级公路占总里程比重	%	93.12	92.3	三、公路密度及通达情况			
其中：二级及以上公路	%	10.89	11.0	公路密度	公里/百平方公里	117.35	114.44
2. 按路面等级分				乡镇通达率	%	100	100
(1) 有铺装路面里程	公里	155488	145312	乡镇通沥青（水泥）路率	%	99.92	99.92
其中：沥青混凝土路面	公里	14433	13893	行政村通达率	%	100	100
水泥混凝土路面	公里	141055	131419	行政村通沥青（水泥）路率	%	97.6	96.53
(2) 简易铺装路面里程	公里	21056	22114	四、全省内河航道通航里程	公里	8475.3	8465
(3) 未铺装路面里程	公里	41607	45321	1. 等级航道	公里	5960.32	5950
铺装路面（含简易）里程占总里程比重	%	80.93	78.7	一级	公里	269	269
3. 按行政等级分				二级	公里	769	769
国道公路	公里	6556	6556	三级	公里	235.11	124
省道公路	公里	11413	11419	四级	公里	520.91	621
县道公路	公里	20126	20063	五级	公里	1064.50	1065
乡道公路	公里	63802	63341	六级	公里	1810.90	1811
专用公路	公里	810	810	七级	公里	1290.90	1291
村道公路	公里	115443	110558	2. 等外航道	公里	2515.00	2515
二、全省公路桥梁、隧道、渡口				等级航道占内河航道通航总里程比重	%	70.33	70.3
1. 公路桥梁　（数量）	座	35367	35340	其中：三级及以上航道所占比重	%	15.02	13.7

续上表

指标名称	计算单位	2012年	2011年	指标名称	计算单位	2012年	2011年
五、全省内河港口码头泊位	个	1949	1954	干散货	万吨	16886.2	15650.20
生产用码头泊位个数	个	1874	1878	件杂货	万吨	3034.6	2680.08
非生产用码头泊位个数	个	75	76	集装箱	万标箱	95.14	86.21
六、营运汽车拥有量					万吨	1090	1178.18
载货汽车	辆	431655	397721	滚装汽车	万辆	50.4	54.45
	吨位	2107064	1861456		万吨	1562.37	1579.98
载客汽车	辆	42075	41567	十、交通固定资产投资总额	亿元	627.83	558.24
	客位	895002	874718	1. 公路建设	亿元	532.73	485.80
七、全省水路运输船舶拥有量				其中：重点工程	亿元	336.8	297.69
1. 机动船　（艘数）	艘	4531	4884	2. 港航建设	亿元	63.17	50.85
（净载重量）	吨位	7989735	7392409	3. 站场建设	亿元	31.93	21.59
（载客量）	客位	38020	38724	十一、水上安全			
（集装箱位）	标箱	1994	2853	水上交通事故	件	0.5	0
（功率）	千瓦	1978982	1926695	死亡人数	人	1	0
2. 驳船　（艘数）	艘	364	621	沉没或全损船舶	艘	0	0
（净载重量）	吨位	350912	697817	事故直接经济损失	万元	0	0
八、公路、水路运输量				十二、其他			
1. 公路客运量	万人	118369	104971	1. 地区生产总值(按当年价格计算)	亿元	22250.16	19594.19
公路旅客周转量	亿人公里	804.07	700.06	第一产业	亿元	2848.77	2569.3
2. 公路货运量	万吨	97136	82741	第二产业	亿元	11190.45	9818.76
公路货运周转量	亿吨公里	1565.45	1277.71	第三产业	亿元	8210.94	7206.13
3. 水路客运量	万人	444	368	2. 全社会固定资产投资额	亿元	16504.17	12931.75
水路旅客周转量	亿人公里	2.99	2.60	3. 社会消费品零售总额	亿元	9562.5	7927.76
4. 水路货运量	万吨	19927	17741	4. 对外贸易总额	亿美元	319.59	335.19
水路货物周转量	亿吨公里	1957.18	1579.54	其中：进口	亿美元	125.59	139.84
九、全省内河港口货物吞吐量	万吨	23518.3	21662.91	出口	亿美元	194.01	195.35
其中：液体散货	万吨	699.3	574.46				

注：1. 自2006年全国农村公路通达情况专项调查后，公路里程和通达率按专项调查统计标准进行统计。

2. 2012年全省经济指标来源于《湖北省2012年国民经济统计月报》。